U0921172

2014

中国税务稽查年鉴

China Taxation Auditing Yearbook

国家税务总局稽查局　编

中国税务出版社

图书在版编目(CIP)数据

中国税务稽查年鉴.2014/国家税务总局稽查局编.
--北京:中国税务出版社,2015.6
ISBN 978-7-5678-0264-3

Ⅰ.①中… Ⅱ.①国… Ⅲ.①税收管理-中国-2014-年鉴
Ⅳ.①F812.423-54

中国版本图书馆CIP数据核字(2015)第125709号

书　　名:中国税务稽查年鉴·2014
作　　者:国家税务总局稽查局　编
责任编辑:陈金艳　崔盛业　王　玥
责任校对:于　玲
技术设计:刘冬珂
出版发行:中国税务出版社
北京市丰台区广安路9号国投财富广场1号楼11层
邮政编码:100055
http://www.taxation.cn
E-mail:swcb@taxation.cn
发行中心电话:(010)83362087
传真:(010)83362049
经　　销:各地新华书店
印　　刷:北京联兴盛业印刷股份有限公司
规　　格:787×1092毫米　1/16
印　　张:32.75　彩插:3.5
字　　数:1025000字
版　　次:2015年6月第1版　2015年6月第1次印刷
书　　号:ISBN 978-7-5678-0264-3
定　　价:280.00元

《中国税务稽查年鉴（2014）》
编辑委员会

《中国税务稽查年鉴（2014）》

审　稿

（以姓氏笔画为序）

一、国家税务总局稽查局

尹　雁　张宝江　李亚兵　李光辉　汪永标　邹秀芹
陈　杰　陈居奇　金　鑫　徐　平

二、各省（自治区、直辖市、计划单列市）国家税务局稽查局、地方税务局稽查局

万　宏　于　波　仇应广　王　廉　王　冀　王书剑
王发升　王永春　王财兴　卢秉刚　叶重德　叶继海
石卫斌　石惠明　边宏庆　刘　宇　刘小冬　刘绪东
向垣树　孙建东　江亚庆　许国荣　达娃云丹　邢汝霖
余振荣　吴　鸿　张　目　张　红　张　宏　张巧珍
张梦桂　张维俊　张雅军　李　丹　李　斌　李天星
李垂福　李显著　李培仁　杨　楠　杨小河　杨英群
杨晓东　杨敬秀　汪明荣　沈金元　陆友清　陆绍康
陈　霞　陈岸颖　岳克健　欧阳海珠　武建春　罗志伟
罗德雪　金　岩　侯树森　姚明军　柳现青　胡峻峰
赵灿奇　赵国宏　赵新科　唐陇利　唐岱君　聂　霞
袁　淮　郭树安　高国青　章　程　黄乃田　黄明松
强宝贵　彭正国　葛敬书　蒋　勇　楼锣银　窦晓军
蔡木卿

《中国税务稽查年鉴（2014）》
撰　稿

（以姓氏笔画为序）

一、国家税务总局稽查局

孔向荣　艾　玥　田海涛　刘征宇　张宝江　杨旦丹
沈甫明　金　鑫　赵琦峰　黄　鑫　曾静蓉

二、各省（自治区、直辖市、计划单列市）国家税务局稽查局、地方税务局稽查局

丁占伟　刁学权　王　佐　王伟域　王作斌　王国播
王泽民　王顺麒　王雪松　王雅丹　邓华平　冯红梅
冯烨华　史晓泳　仝进红　刘　洋　刘　珏　刘　琪
刘元元　刘心宁　刘家祥　宇文峰　安　宁　朱义翔
朱惠清　许俊刚　何勇飞　吴姝虹　张　艳　张　惠
张　翼　张云峰　张正国　张立君　张径优　张晓阳
张海峰　李　未　李　伟　李　凯　李　铭　李　燕
李辰钰　李佳懋　李春连　李昭婕　李科全　李清香
杨　蕾　杨家意　肖　立　辛茹奕　邹敏敏　邹梦琪
陈　冰　陈　钢　陈小丹　陈奕妤　陈艳荣　周铁锋
周燕玲　季晓丽　松晓鸿　罗　文　苗丽晓　范　瑞
郑于鸿　金　岩　姜　伟　娄开峻　段晓峰　胡东胜
赵　慧　赵子剑　夏　莉　徐彦华　班　烨　翁旭东
钱　庆　陶　磊　高　剑　高　楠　屠小东　康　勇
曹　蓉　曹映君　梁　丁　梁俊杰　章　强　黄小璇
黄丽芳　黄德群　温　博　舒　娜　蒋巧巧　蒋冰琼
雷顺玉　靳兰英　蔡燕青　谭　红　谭昭民　樊　健
潘　英　魏丽萍

《中国税务稽查年鉴（2014）》
编辑出版人员

总　编　辑：马毅民　张铁勋

副总编辑：李国成　于海春　文月寿
　　　　　沈甫明　黄　琳　朱承斌

文字编辑：张宝江　孔向荣　刘淑民
　　　　　陈金艳　崔盛业　王　玥

彩页编辑：张　雷

校　　对：于　玲

监　　制：刘冬珂

发　　行：张　雷

编 辑 说 明

《中国税务稽查年鉴》由国家税务总局稽查局组织编写，中国税务出版社编辑出版发行，是记录全国税务稽查年度工作的文献资料性工具书。

《中国税务稽查年鉴（2014）》全面反映2013年度中国税务稽查工作的总体情况，收录税务稽查大事记、重大案件、规范性文件、统计数据、机构人员、文选等内容。

本年鉴共分九个篇目：

第一篇　重要文献。本篇收录国家税务总局领导、国家税务总局稽查局领导关于税务稽查工作的重要讲话和相关重要文件。

第二篇　全国税务稽查工作。本篇综述全国税务稽查各项业务工作开展的基本情况。

第三篇　各地税务稽查工作。本篇收录各省、自治区、直辖市和计划单列市国家税务局、地方税务局稽查工作情况。

第四篇　大事记。本篇按照时间顺序收录2013年度全国税务稽查工作重大举措、国家税务总局稽查局及税务稽查系统重大事件和税务总局稽查局领导的重要活动等。

第五篇　重大案件辑要。本篇收录2013年度国家税务总局稽查局督办、查处的部分重大案件及各省、自治区、直辖市和计划单列市国家税务局稽查局、地方税务局稽查局直接查处的大要案件。

第六篇　法规及规范性文件。本篇收录2013年度发布的与税务稽查相关的法律、法规、规章及规范性文件，包括国家税务总局发布的规范性文件及各省、自治区、直辖市和计划单列市国家税务局、地方税务局根据本地情况制定的规范性文件目录等。

第七篇　统计资料。本篇收录全国税务稽查机构查处税收违法案件情况、行政强制措施及移送司法机关案件情况、违法举报案件情况、协查工作情况及机构人员、装备情况等统计资料。

第八篇　机构和人员。本篇收录国家税务总局稽查局领导名单、处级机构及副处级以上人员名单，各省、自治区、直辖市和计划单列市国家税务局稽查局、地方税务局稽查局副处级以上人员名单、领导任免情况、机构设置和人员基本情况，税务稽查系统表彰情况等。统计时间截至2013年12月31日。

第九篇　文选。本篇选录2013年度税务稽查理论研究及调研的重要成果和优秀税务稽查论文。

本年鉴收录的资料不包括中国台湾和香港、澳门特别行政区。

本年鉴在编辑出版过程中得到各方面的大力支持，在此表示衷心感谢！同时，为进一步提高质量，希望读者提出意见和建议。

《中国税务稽查年鉴》编辑部

2014年12月

2013年2月4日，2013年全国税务稽查工作视频会议在北京召开。会议明确了2013年税务稽查工作的总体思路，部署了2013年工作任务并提出具体要求，强调要深入学习贯彻党的十八大精神，以提升执法能力为主线，扎实推进税务稽查现代化建设；要充分发挥税务稽查职能，牢固树立依法行政理念，努力提高税务稽查队伍业务素质，切实转变工作作风，不断提高税务稽查整体水平，为全面完成税收工作任务作出新贡献。国家税务总局副局长解学智（右三）、总经济师张志勇（左三）出席会议。

2013年2月4日，国家税务总局副局长解学智出席2013年全国税务稽查工作视频会议并讲话。

2013年7月22日，国家税务总局稽查局东北、西北地区税务稽查工作座谈会在辽宁省沈阳市召开，国家税务总局副局长解学智（左排中）出席会议并讲话。

2013年2月4日，国家税务总局总经济师张志勇出席2013年全国税务稽查工作视频会议。

2013年1月17日，“四省一市”稽查体制改革座谈会在河北省廊坊市召开，国家税务总局总经济师张志勇（正排左三）出席会议并讲话。

2013年5月8日，国家税务总局稽查局局长马毅民出席全国税务系统税务稽查局长培训班并讲话。

2013年8月27日，国家税务总局、公安部联合开展骗取出口退税违法犯罪活动集中打击行动部署会议在厦门市召开，国家税务总局稽查局局长马毅民（中）出席会议并讲话。

2013年4月12日，国家税务总局稽查局副局长刘建国在2013年证券基金企业检查工作座谈会上发言。

2013年3月21日，国家税务总局稽查局、公安部经济犯罪侦察局、海关总署缉私局联合举办的2013年打击骗取出口退（免）税违法犯罪活动工作部署会议在宁波市召开。国家税务总局稽查局副局长刘建国（中）出席会议并讲话。

2013年12月13日，国家税务总局稽查局副局长于海春在税务总局稽查局党支部大会上谈学习党的十八届三中全会体会。

2013年10月8日—24日，国家税务总局稽查局副局长于海春（左排左三）带领税务稽查系统培训团赴德国培训。图为黑森州高级财税局官员介绍税务稽查情况。

2013年8月6日，国家税务总局稽查局副局长文月寿在税务总局稽查局党的群众路线教育实践活动座谈会上发言。

2013年6月27日，国家税务总局稽查局部分地区“营改增”专项稽查工作会在青海省西宁市召开，国家税务总局稽查局副局长文月寿（右一）主持会议。

河北省地方税务局稽查局

2013年，河北省地方税务局稽查局深入贯彻落实全国税务稽查工作会议和全省地税工作暨党风廉政建设工作会议精神，按照“三优两促进”总体目标要求，以落实稽查工作新机制和改进稽查管理方式为重点，加大稽查工作力度，着力提升稽查执法能力，不断加强稽查队伍建设，稽查工作水平显著提高。全年共检查纳税人6108户，查补收入共50.33亿元，其中：四环节查补收入近12亿元，同比增长14.09%。

重拳出击，各项重点工作成效显著。在全省范围内组织开展了对资本交易项目、房地产等五个指令性行业项目的税收专项检查，共检查纳税人3524户，查补收入5.68亿元，组织企业自查收入14.28亿元。圆满完成了税务总局部署的80户重点税源企业的自查和重点检查工作，企业自查收入14.28亿元。全年共查处重大税收违法案件639件,查补收入9.7亿元，重大税收违法案件查处工作创历史最好水平。高度重视举报案件工作，强化案件基础管理，共受理举报案件589件，立案查处498件，查补收入9937.32万元，举报案件管理工作得到省局主要领导的批示肯定。

积极探索，不断改进稽查管理方式。2013年，全省地税稽查部门把省、市两级直查作为改进稽查管理方式的突破口，并将其列入年度稽查工作要点加以落实。省级稽查局在全省抽调100名稽查业务骨干，分两批对全省范围内54户大中型企业进行检查，共组织入库收入4.6亿元、罚款1.01亿元、滞纳金6240万元，调增亏损企业所得额7000多万元，充分发挥打击震慑作用。市级稽查局在直查工作中也积极探索实践创新稽查组织管理模式，提升稽查执法层级，增强稽查执法刚性和统一性。

河北地税局党组成员、稽查局局长谢江宜在全省地税稽查工作会议上讲话

筑牢基础，进一步完善制度建设。全系统大力加强稽查制度建设，积极谋划制定长远规划，努力构建现代化稽查工作制度体系。进一步修订和完善《河北省地方税务局关于进一步加强和规范稽查工作的意见》等制度和相关具体办法。组织人员编写银行、保险等2个行业的检查指南。编制了《税务稽查文书使用样本》，对全省执法文书使用标准进行统一和规范。建立税源监控、税收分析、纳税评估和税务稽查“四位一体”互动机制，制定《纳税评估与税务稽查互动办法》，积极探索以查促管新方式。

提高素质，大力加强队伍建设。深入开展廉政执法教育，做到警钟长鸣，强化责任意识、勤政意识、廉政意识，教育和警示广大稽查干部筑牢反腐倡廉的思想防线。加大问责和责任追究力度，坚决查处滥用稽查执法职权、以权谋私等违法违纪行为。大力培育具有河北地税特色的核心价值理念，培养稽查干部敬业奉献、健康向上的人格操守。加强稽查人才库管理，形成专业精、门类广、多元化的专家型人才库格局。狠抓业务培训，组织全省稽查骨干举办电子查账和稽查实务培训，重点培养掌握选案分析、重大案件查处及重点行业检查技能的现代化人才，有效提升了稽查干部队伍的整体素质。

河北地税局稽查局稽查干部参加行风热线节目直播

河北地税局稽查局稽查干部进行税法宣传

内蒙古自治区国家税务局稽查局

内蒙古自治区国家税务局稽查局组建于1994年8月。截至2013年底全区国税系统有稽查人员1314名，96%以上人员具大专以上学历，注册会计师、注册税务师、法律、计算机等各类型专业人员248人。自治区国税稽查局有人员20人，内设办公室、综合选案科、检查科、审理科、执行科和举报中心等6个部门。

2013年，按照内蒙古国税局和税务总局稽查局的工作要求，全区国税稽查系统以党的十八大精神为指导，深入贯彻落实科学发展观，围绕中心，服务大局，本着“夯实基础、狠抓落实、开拓创新”的工作原则，以查处税收违法案件、整顿和规范税收秩序为重点，以稽查信息化建设为突破口，以稽查制度化、规范化建设为保障，不断强化稽查核心业务能力建设，加强稽查队伍建设，努力提升稽查现代化水平，不断创新稽查工作方式，扎实推进稽查工作整体水平：2013年全区国税稽查部门共检查纳税户1302户，稽查收入合计31.09亿元，入库税款31.04亿元，入库率98.84%。继2012年稽查收入突破20亿大关后，又历史性突破30亿元大关。检查非法受票企业586户，查处虚假发票6227份，查补税额5508.31万元，移送公安机关案件15起，曝光发票违法案件3起。医药行业发票专项整治查处生产经营单位115户，营利性医疗机构2户，查处违法发票1848份，涉及金额1.1亿元，查补税款、滞纳金、罚款合计1178.22万元，有10起发票违法案件移送公安机关，117户违法企业被列入黑名单。成功督办和组织查办“4·08”吉林虚开增值税专用发票案、“12·12”和“8·06”等大要案件。有力打击和震慑了违法犯罪分子的嚣张气焰，为维护地方良好的经济发展环境，为税收事业的发展作出了应有贡献。2013年，全系统加快稽查现代化建设步伐，改革稽查管理模式、探索和推行“延伸稽查”“关联稽查”“阳光稽查”“集中式互查”等多种稽查方式和手段为稽查工作提供了新的动力；通过健全和落实稽查互动机制、办案协作机制、督查督办机制等稳步推进稽查机制建设；通过强化培训和加强稽查人才库管理使稽查队伍建设得到明显加强。

内蒙古国税局副局长霍文刚在全区稽查工作会议上讲话

内蒙古国税局稽查局局长郭树安

2013年3月，内蒙古国税局稽查局在全区国税稽查工作会议上召开稽查局长座谈会

辽宁省国家税务局稽查局

2013年是“十二五”承前启后的关键年，辽宁省国家税务局稽查局在国家税务总局和辽宁省国家税务局的正确领导下，以开展第二个“能力提高年”主题活动为载体，以“打造数字稽查”为抓手，紧紧围绕“在稽查理念上由收入型向执法型转变，在稽查模式上由粗放型向集约型转变，在稽查主体上由学历型向能力型转变”三个维度，准确履职，提升能力，彰显威慑，促进遵从，不断拓展稽查的广度、深度、力度，加快推进稽查现代化建设。全年检查纳税人6131户，发现有问题5822户，其中偷税4080户；稽查选案准确率95%、案件结案率99%、偷税案件率70%；查补总额24.5亿元，较2012年增长83%；查补偷税税款占总查补税款的54%，较2012年提高31个百分点；平均处罚率47%，较2012年提高29个百分点。

辽宁国税局打造的数字稽查，就是利用现代数字技术和装备对传统税务稽查进行改造、武装和升级，旨在提高稽查能力。此项工作包括四个方面内容：第一，稽查选案、检查、审理、执行工作数字化；第二，稽查运行监控、报表生成、绩效考评、工作交流等管理工作数字化；第三，稽查案例管理数字化；第四，建立数字化稽查队伍。其目标是，在广泛涉猎“税收征管信息”“纳税人生产经营和财务核算信息”“第三方信息”基础上，科学运用数据分析工具挖掘和寻找“打击”的对象，直至实施精确打击。

辽宁国税局总经济师何力出席2013年全省稽查工作会议并讲话

2013年以稽查数字化带动稽查现代化，主要开展了四项工作：一是成立了省市两级IT检查支持中心；二是确定锦州市局为全省国税系统数字稽查示范单位；三是启动了“辽宁国税数字稽查操作平台”；四是大规模开展数字检查。全省共对500余户企业开展了数字检查，查补收入逾1.5亿元。

辽宁国税局稽查局召开2013年全省国税稽查工作会议

辽宁省地方税务局稽查管理处

2013年，辽宁省各级地税机关稽查部门认真贯彻落实全省地方税务工作会议和全国税务稽查工作会议精神，紧紧围绕税收中心工作，创新稽查方式、方法，不断提高稽查执法效能，深入开展税收专项检查，扎实推进稽查现代化建设，充分发挥稽查的打击震慑作用，各方面工作取得了显著效果。

税收专项检查成效显著。成效表现在三个方面：一是查处了一批重大税收违法案件，全省查结超千万元案件10件，超百万元案件68件，偷税案件118件；二是保障了"营改增"工作的顺利进行；三是深化稽查数据的增值利用，总结了行业税收流失风险，发挥以查促收、以查促管、以查促改的作用。

重点税源企业涉税风险得到控制。一是对中国中信集团公司等12家重点税源企业100家在辽成员企业或分支机构进行检查，查补收入4781万元。二是组织开展全省证券、基金公司检查工作，查补收入2256万元。三是测算行业平均税负、查询预警信息，部署对346户重点企业开展自查，对174户企业进行了重点检查，查补收入3.2亿元。

区域税收专项整治效果明显。分别采取抽调省局稽查人才库人员直接检查和市局检查、省局督办的方法，对两个县局各15户企业，实施重点检查，共查补税费收入1.28亿元。各市结合本地实际开展了重点行业的专项检查。

发票违法犯罪打击有力。发挥打击发票违法犯罪活动工作协调领导小组办公室的作用。会同纠风等相关部门开展了医疗行业发票使用情况专项整治活动。共查处发票违法企业1516户，非法发票215.56万份，查补收入1.19亿元。

稽查管理进一步加强。一是加强制度体系建设，出台了《辽宁省地方税务局税务稽查案卷制作规范》及其规范样本；二是加强系统整体工作的考核，客观全面反映全省稽查工作现状、存在的问题；三是加强对大要案的督办与管理，规范执法行为。

辽宁地税局稽查管理处召开2013年全省稽查工作会议

安徽省国家税务局稽查局

2013年6月，税务总局重点税源企业及证券、基金公司税收检查工作汇报会在安徽召开

安徽国税局副局长徐光伟（右三）参加安徽国税局稽查局党支部专题组织生活会

2013年，安徽省国税稽查部门紧紧围绕国家税务总局、安徽省国家税务局工作部署，切实履行稽查职责，积极发挥职能作用，努力保障税收中心工作，打击涉税违法行为，整顿规范税收秩序。全省共检查各类纳税人2299户，其中有问题户2108户，选案准确率91.7%，查补税收收入13亿元，入库收入12.88亿元，入库率达到99.1%，较好地完成了各项工作任务。

精心组织税收专项检查，保障税收中心工作。全省国税稽查部门结合安徽国税实际，精心组织、周密部署，较好地实现了任务目标，共检查纳税人1129户，有问题户772户，查补收入5.36亿元，企业自查收入近2亿元，合计入库收入7.22亿元，占全部稽查查补入库收入的56.1%。

重点突出大案要案查处，打击涉税违法犯罪行为。全省重点突出大要案案件查处，强化对涉案税额300万元以上案件的跟踪督办，建立重大税收违法案件分户台账，实施跟踪管理。2013年，全省大要案案件查处工作硕果累累。合肥市联合公安部门破获“2·21”特大虚开增值税专用发票案，被税务总局、公安部列为联合督办案件。安庆市查处了枞阳县某石化销售公司利用虚假海关完税凭证抵扣增值税案件，为国家挽回巨额损失。淮北市查处了利用农业合作社虚开发票的新型案件。省局稽查局受中纪委“602”专案组委托，组织查处了安徽大昌矿业集团有限公司涉税案，查补收入近6亿元，受到中纪委专案组和省纪委领导的充分肯定。

安徽国税局副局长徐光伟（右）同党员交流谈心

有序开展重点税源企业检查和税收风险应对工作，着力提高纳税遵从。全省国税稽查部门深刻认识和准确把握重点税源企业的经营特点和检查规律，以提高纳税遵从为最终目标，实行“三步走”，即查前做好稽查服务，查中注重“总分结合”，查后协助落实整改，保证了检查成效，巩固了稽查成果，提高了纳税遵从。全省重点税源企业共入库查补税款6000万元，落实整改涉税问题200余条。

深入推进打击发票违法犯罪活动，整顿和规范税收秩序。2013年，全省国税稽查部门始终保持着对虚假发票“买方市场”的高压打击态势，依法严厉查处“营改增”试点行业和其他行业骗取出口退税、虚开发票、制售假发票等重大案件，工作成绩得到税务总局稽查局充分肯定，被国家税务总局在全国通报表彰。全省共查处各类发票违法犯罪案件2743起，查获各类虚假发票572.37万份，查补收入5.61亿元。

认真开展案卷复查工作，规范稽查执法行为。为进一步提高稽查工作质量和执法水平，强化执法监督，全省用一年时间开展了稽查案卷复查工作，对2010–2013年间的6811卷稽查案卷实施了全面自查和重点抽查，从执法主体适当性、执法程序合法性、取证充分性、定性准确性、处理适当性、执行到位和管理规范性等7个方面从严复核，发现问题卷2016卷，全部进行了整改。通过案卷复查工作，稽查人员规范执法意识显著增强，各地稽查工作质量和执法水平进一步提高。

安徽省地方税务局稽查局

2013年，安徽省地方税务局稽查局面对严峻复杂的税收形势，严格规范抓执法，积极稳妥促增收，各项工作取得了良好成效。2013年共查处税收违法案件4907户，查补收入总额13.12亿元，入库12.95亿元。省局稽查局直接组织检查38户，查补收入2.34亿元，其中5000万元以上大要案3件，移送公安部门追究刑事责任1件。

2013年3月12日，安徽地税局稽查局召开安徽省地税稽查工作会议，安徽地税局副局长洪晓建到会并作题为《坚持依法行政　提高执法能力　扎实推进稽查现代化建设》的主题报告。

大力整顿和规范税收秩序。一是税收专项检查成效显著。严格按照“查全面、查细致、查深透”的原则，组织开展税收专项检查，查补收入7.83亿元，入库收入7.07亿元。二是重点税源企业检查稳步推进。认真开展税务总局布置的重点税源企业检查工作，查补收入合计2579.1万元，其中联合利华一案，获税务总局通报表彰；开展全省重点税源企业检查工作，查补收入合计2.04亿元。三是打击发票违法犯罪活动成效明显。全省共对9106户企业的受票情况进行检查，查处违法企业2183户，查补税款1.1亿元，比上年同期增长25.7%。四是大要案查处扎实有力。全省共查处百万元以上案件77件，查补税款2.87亿元，移送公安部门追究刑事责任17件。查办了一批中纪委、省纪委交办的税收违法案件，得到了有关领导和部门的充分肯定。

2013年10月10日，安徽地税局稽查局举办基层稽查人员培训班，来自全省各地的100名基层稽查业务人员参加培训。

积极推动稽查现代化建设。一是深入推进稽查管理方式改革，积极构建适应现代税源结构特征的稽查资源配置模式和管理机制。二是有序开展分类分级管理，建立起市、县（市、区）两级统一指挥、分类稽查、协调高效的运转体系。三是创新开展调研式检查，查找税收征管薄弱环节和税收政策缺陷，提出整改措施和完善建议。四是加速推动稽查信息化建设，全面运行AHTAX2013稽查业务域，全省稽查信息化工作迈上新台阶。五是提高稽查案件质量，开展全省地税稽查案卷评审工作和稽查案件飞行检查，真实掌握全省各地稽查案件质量情况。

2013年4月27日，安徽地税局副局长洪晓建（左一）带队深入企业开展稽查案件回访活动，进一步加强对稽查工作的监督制约，提高稽查执法透明度。

有效加强系统管理。一是深化稽查执法监督，组织开展稽查案件回访活动，全省共回访企业698户，回收《稽查案件回访调查表》729份。二是丰富稽查交流平台，通过《安徽地税稽查信息》《安徽地税》杂志稽查之窗和安徽地税稽查案例库等信息平台，报道全省稽查工作动态，促进稽查工作成果转化。

深入推进稽查干部队伍建设。一是全力推进专业能力建设，突出业务培训，着力培养有专业特长的稽查精兵。二是切实加强廉政风险防控建设，形成纵向直接控制、横向相互牵制、内部循环约束、运转高效顺畅、监督制衡有力的权力运行程序。三是扎实开展党的群众路线教育实践活动，征求基层稽查干部和广大纳税人的意见，切实找准找全“四风”问题。

广东省国家税务局稽查局

2013年，广东省国家税务局稽查局以整顿和规范税收秩序为目标，以提升稽查执法能力为抓手，补短板、强基础，突出抓好重点工作，不断创新管理方法，改进工作作风，充分发挥稽查职能作用，为推动全省国税事业科学发展作出新贡献。全年共计检查企业15062户，查补收入49亿元，同比增长113%，入库总额47亿元，同比增长126.6%，选案准确率98.5%，结案率97.7%，入库率95.9%。

广东国税局副局长朱江涛出席2013年全省稽查工作会议并讲话

紧抓重点，稽查职能充分彰显。一是重大违法案件查处有力。全年共查处税款超千万元案件24宗，超百万元案件184宗。广东国税局稽查局积极会同公安部门做好税务总局及公安部联合布置的“8·27”打击出口骗税专项行动，对联合督办的集群案件进行集中收网，对省内的其他骗税案件进行立案查处，打骗行动取得重大进展，一举突破了两部局联合督办的3宗重点案件及13宗其他虚开骗税案件，抓捕犯罪嫌疑人60名。二是重点税源检查效果明显。全年共检查重点税源企业176户，查补收入8.79亿元，降低了税收流失风险，促进了大企业的税收遵从度。其中，税务总局部署检查的珠海格力电器股份有限公司和美的集团有限公司分别实现查补税款1.87亿元和1.23亿元，查补数列全国统一部署17户重点税源企业的前列。三是发票违法犯罪活动得到有效遏制。广东国税局稽查局配合公安机关打击制售假发票案件60起，抓获犯罪嫌疑人140名。与纠风办等部门联合开展历时一年的药品、医疗器械生产经营单位和医疗机构发票使用情况专项整治，查处违法企业314户。四是税收专项检查成效显著。根据税务总局的指导，对成品油、电子服装、家具、金融、房地产建筑安装、医药等行业立案检查和辅导自查企业17387户，查补收入23.42亿元，冲减增值税留抵税款3204万元，调减企业申报亏损1.4亿元，不予退

团结奋进的广东国税局稽查局领导班子（从左到右：副局长李才波、副局长叶松、局长张巧珍、副局长陈继明、副局长张智洪）

税 4572 万元。

探索创新，稽查现代化水平再上新台阶。在专项检查中，广东国税局稽查局创新稽查手段，针对行业特殊性，检查过程中尝试创新采用审计型检查、信息技术查账、调研式检查等多种手段，有效促进检查的广度和深度。此外，稽查标准化管理试点取得阶段成果。试点单位广州市稽查局，对稽查工作全环节的程序和实体标准进行全面规范，形成了 50 万字的稽查标准化管理规范文本，为 2014 年在全省的推广应用奠定基石。同时，稽查信息化应用持续推进。稽查局成功研发和运用选案分析系统，该系统是一套专门应用于稽查选案分析及管理的软件，具有数据来源宽广、选案指标丰富、系统功能全面、选案方法多样、系统拓展性强等多方面的特点，有效提升了全省国税稽查信息化应用的整体水平。

广东国税局副局长朱江涛（左二）带队到湛江市调研稽查选案系统开发工作

税务总局稽查局、广东国税局稽查局深入打击制售假发票现场指挥工作

规范管理，稽查基础建设不断夯实。一是稽查执法行为日趋规范，内控制度进一步完善。广东国税局稽查局与省检察院和省公安厅共同调研建立行政执法和刑事司法“两法衔接”机制，并在部分市搭建了行政执法和刑事司法衔接信息共享平台等，积极推动稽查执法相关制度的出台及完善。同时，积极推广应用税收执法风险防御系统，建立以预防、监督、持续改进为核心的稽查执法内部监控机制，通过跟踪管理、内部监督、外部监督等手段，加强对稽查运行全过程的监督制约，实现了业务操作和风险防控的同步性。二是以查促管作用有效发挥。征稽部门在案源线索推送、区域税收整治规划、跨部门联合检查和调研、业务培训、税收宣传、政策法律支持等方面深化部门协作与反馈。稽查局牵头召开稽查与征管互动工作交流会，邀请政策法规处等 8 个业务部门参加，向征管和税政部门反馈当前税收违法行为的主要手段、共同规律，并提出加强管理堵塞漏洞的工作政策建议。三是稽查队伍建设进一步加强。广东国税局稽查局在长沙税务干部学院组织了 3 期稽查业务培训班，共计培训 180 余人，针对近年来打击出口骗税的严峻形势，增设了打击骗取出口退税专题培训班，提高了稽查业务培训的针对性和时效性，进一步增强一线稽查人员的实战能力，一定程度解决稽查工作面临的理论和实践难题。

广东省公安、海关、国税三部门执法人员现场统一部署办案

广西壮族自治区国家税务局稽查局

2013年，广西国税稽查部门在国家税务总局稽查局和广西壮族自治区国家税务局党组的正确领导下，以“打虚开、打骗税、打假票”为重点，严厉查处重大税收违法案件，稽查职能得到充分发挥；税收秩序得到良好改善；稽查绩效得到全面提升。

广西国税局副局长杨辉（中）在2013年全区国税稽查工作会议上作报告

积极创新，充分发挥稽查职能作用。积极探索检查工作新模式，不断完善稽查管理体制，全面推行“统一选案、交叉检查、集中审理、分级执行”税务稽查扁平化管理体制，进一步整合、优化稽查资源配置，强化一级稽查，推进分类分级稽查体系建设，做大做强地级市和省级稽查局，稽查职能得到充分发挥。

团结奋进，开拓创新的广西国税局稽查局领导

转变观念，着力开展执法型稽查。紧紧抓住“三打两查一整治”工作主线，积极开展税收专项检查、重点税源企业检查和区域税收专项整治，大力打击虚开、骗税及发票违法行为，税法遵从和税收秩序得到良好改善。据统计，全区国税稽查部门立案检查企业1356户，有问题1326户，查结1325户，查补收入11.8亿元，同比增长7%。

强化管理，全面提升稽查绩效。建立健全稽查绩效考核机制，强化绩效管理，稽查工作指标落实到位，综合考评达到全国中上水平。一是认真做好协查与举报管理工作，协查选票准确率46.15%、受托协查按期回复率100%，举报案件查处率86.88%、查结率89.93%。二是加强案件的审理和执行，积极清理稽查积欠案件，防止新增积案欠案，案件查办效率进一步提高。三是大力推动稽查信息化应用，广泛推广稽查选案软件和查账软件，不断积累信息化条件下的稽查工作经验。四是积极开展以“工作标准化、行为规范化、手段现代化、成效最优化”为主要内容的稽查“四化”建设，进一步明确工作标准和行为规范，并在全系统开展稽查装备达标建设，稳步推进稽查工作现代化。

税务人员在打击假发票新闻发布会现场向记者介绍如何鉴别真假发票

重庆市国家税务局稽查局

近年来，重庆市国家税务局在国家税务总局的关怀支持下，积极顺应税务稽查现代化改革方向，按照“积极稳妥，布局合理，管控有力”的原则，稳步推进稽查管理体制机制改革。从2011年3月起至2013年11月，重庆国税局第一、第二、第三、第四、第五稽查局相继成立，“涉税举报统一受理，稽查案件集中选取和下达，定性处理统一尺度”的市级一级稽查模式全面覆盖重庆市主城区，被税务总局稽查局领导誉为“大城市、直辖市的基本模式”。

重庆国税局副局长卢自强

全面再造一级稽查业务流程。重庆国税局稽查局积极落实税务总局税源专业化管理及分类分级稽查的要求，合理厘定了市局稽查局、跨行政区稽查局与征收管理局的税务稽查职能职责，建立和完善了“集中选案、分类实施、分级审理、属地入库、全面反馈”的市级一级稽查业务流程，实现了重大税收风险集中识别、分类应对、持续改进的闭环运行，标志着重庆国税税源管理专业化和税收现代化建设又迈出了关键的一步。

大力加强稽查执法能力建设。牢牢把握依法行政税收工作生命线，以提高稽查执法公信力为根本目标，牢牢抓住稽查执法能力建设工作主线，塑造良好的“素养专业，勤政廉洁，文明规范，公平正义”的专业稽查形象。依托信息技术，拓展第三方信息共享渠道，全面推广电子查账，提升精准打击能力；自主研发税务稽查流程管理系统，对稽查全过程实施痕迹管理，提升执法风险和廉政风险内控水平；加强稽查力量配置和稽查骨干人才培养，提升稽查队伍战斗力。自2010年以来，全市国税稽查系统坚持依法行政，在立案检查数和稽查查补收入高速增长的同时，连续保持“零违纪、零投诉、复议（诉讼）零败诉”。

重庆国税局第四稽查局挂牌成立

体制机制活力进一步释放。2013年，充分履行稽查业务系统管理、案件查处指挥及打击发票违法犯罪协调职能，进一步释放市级一级稽查体制机制活力。2013年，全市国税稽查部门共检查纳税户6935户，查补税收收入连续第三年突破10亿元大关，达11.9亿元，较2012年增长13%，有力地规范了税收秩序；收缴假发票539万余份，抓获犯罪嫌疑人167人，捣毁制售虚假发票窝点18个，治理发票违法短信息34万余条，宣传曝光案件34件，有力遏制了全市发票违法犯罪活动势头。主城区5支跨行政区专业稽查队伍，认真履行各项稽查职能，以不足全市国税稽查1/3的力量，覆盖了全市国税50%的纳税人和75%的税源，完成了80%以上的稽查案件检查和查补收入，一线稽查人员人均查补税收收入超过1000万元。在2014年，全国税务稽查工作会议上，税务总局总审计师孙瑞标对重庆国税局稽查局市级一级稽查模式的大胆实践及成效给予了充分肯定。

重庆国税局稽查局局长向垣树（左排中）一行深入第二稽查局指导案件审理工作

云南省地方税务局稽查局

云南地税局稽查局党组书记、局长李培仁

2013年，云南省地方税务局稽查局在云南省地方税务局党组正确领导下，以科学发展观以“总目标、总要求”为方向，贯彻“以人为本、规范管理、提高效能”的工作方针，加强稽查基础建设和队伍建设，逐步实现了稽查工作的科学化、精细化、专业化管理，为地方经济发展作出了积极贡献。

抓稽查查补收入，成效显著。一年来积极应对各种挑战，认真履行工作职责稽查查补收入屡创新高，累计开展稽查6969户，查补税款入库达22.15亿元，比上年增长77.43%，为全省地税组织收入工作做出了积极贡献（其中，省局稽查局查补入库税款达1.16亿元，比上年增长83.71%）。

抓大案要案查处，威力突显。按“打防结合、以防为主、以打促防”的工作方针，认真履行稽查职能，严格查处大要案件，一年来，共查处1000万元以上案件1起，补交税款1861.87万元，查处100万元以上涉税案件44起，补交税款1.47亿元，起到了极大的震慑作用。

抓税收专项检查，效果明显。一年来，集中力

云南地税局稽查局党组理论中心组学习演讲汇报现场

云南地税局稽查局邀请税务总局稽查局邹秀芹处长（主席台右）到昆明进行协查系统培训讲座

量开展了对以建筑安装、房地产业、电力、石油、煤炭、餐饮、金融保险、移动通信、服务等行业为重点的税收专项检查工作查补税收收入 6.5 亿元，有力地促进了地方税收秩序的持续好转。

抓举报案件办理，快速有力。一年来，共受理群众举报案 379 起，查结 364 起，查补税款 7127 万元，无一起差错案件。

抓发票专项整治，成绩斐然。一年来，全省开展打击发票违法犯罪活动工作以来，积极落实各项工作部署，严厉打击虚假发票"买方市场"，贯彻"四查四必"原则，共查处发票违法企业 427 户，查处非法发票 12970 份，虚假发票涉及金额 5.65 亿元，查补收入合计 574.95 万元，先后查获重大违法案件 17 起（总局督办），1 名稽查干部被国家税务总局授予全国打击发票违法犯罪活动先进个人。建立警税联合打击机制，积极配合公安机关开展打击假发票"卖方市场"工作，移送侦查及联合查办案件 17 件，缴获假发票 101.2 万份，捣毁犯罪窝点和打掉团伙 36 个，抓获犯罪嫌疑人 34 名。

抓好促进组织收入完成的巡查工作。为切实贯彻落实全省地税系统 2013 年底第二次地税收入分析会议精神，确保今年全省各州市局收入目标的完成，按照省局统一部署，分别派出 2 个巡查小组，先后对 9 个州市开展了巡查工作，"以查促收、以查促管"的成效十分显著，税收缺口由之前的 58 亿很快缩减了 30 多个亿，进一步核清税源底数，深挖税源潜力，为全年收入任务的完成贡献了积极的力量。

2013 年是我国历史上极其重要的一年，地税稽查任务繁重而艰巨，使命光荣而神圣。我们要以党的十八大精神为指导，深入贯彻落实省委、省政府和国家税务总局的各项工作部署，在省局党组的坚强领导下，不断提高稽查工作水平，维护良好的经济税收秩序，为促进地税事业科学发展作出新的更大的贡献，为云南经济社会发展提供坚实的财力保障。

深圳市国家税务局稽查局

深圳国税局稽查局召开2013年全市稽查工作会议

2013 年，深圳市国税局稽查系统紧紧围绕税收中心工作，努力提升稽查执法能力，严厉打击涉税违法行为，税务稽查工作整体水平不断提升，共检查纳税人及组织纳税人自查 1125 户，合计实现查补收入 7.8 亿元，入库 7.2 亿元，圆满完成了各项工作任务。

重大违法案件查处成绩突出。共查处税收违法案件 620 户，查补收入 5.1 亿元。严厉打击出口骗税，查处"闪电三号"骗税案，一举摧毁 4 个虚开骗税团伙，配合公安抓捕犯罪嫌疑人 24 名，涉案金额 13.2 亿元，税额 2.2 亿元，挽回国家税款损失 4747 万元。组织查处"闪电四号"骗税案，成功捣毁两个特大骗税团伙，涉案金额 35 亿元，税额 5.6 亿元，挽回税款损失近 2 亿元。打骗工作得到税务总局领导的充分肯定和高度评价。2013 年 10 月份，税务总局通过新华社集中曝光我国八大典型税收违法案件，其中深圳市国税局主查的"闪电一号""闪电三号"案件位列前两位。

税收专项检查取得一定成效。选取 38 户企业开展行业性税收专项检查，涉及资本交易项目，房地产企业，资本交易项目，办理电子、服装、家具类产品出口退（免）税的企业等，查补入库 4438 万元，行业税收秩序进一步得到规范。

深圳国税局与深圳市公安局座谈研究加强双方合作

重点税源企业税收遵从有所提高。认真完成税务总局下达的重点税源检查任务，共涉及企业 52 户。开展本市重点税源企业检查，组织 240 户本市重点税源企业开展自查和重点检查，共查补入库 1.1 亿元。

发票违法犯罪打击有力。共检查"买方市场"企业 769 户，查处违法受票企业 423 户，查补合计 2.1 亿元；协同公安部门开展打击制售假发票专项行动 4 次，抓获犯罪嫌疑人 47 人，缴获虚假国税发票 25 万份，缴获假发票份数同比增长超过 300%。开展医药

深圳国税局联合深圳公安等部门举办协作查处涉税违法犯罪案件培训班

行业发票使用专项整治，采集发票信息 26 万份，查处企业 26 户，查补收入 204 万元。

稽查现代化建设取得新进展。积极响应、持续探索推进稽查现代化建设，在体制机制、业务统筹、稽查手段等方面作出了许多有益的尝试，市局稽查局选取四个具有地区经济特色、税务检查价值的代表性行业或项目，建设了 4 个专业化检查科室，加大对重点行业（项目）的检查力度。

稽查执法基础进一步夯实。清理 2011 年及以前年度的积压案件 62 户，清理稽查欠税入库 1.4 亿元，成功清理中华自行车、亚捷电子等积压多年的欠税。认真落实中央八项规定，大力推进内控机制建设，进一步改进工作作风。开展一系列稽查业务培训，累计组织培训 481 人次。

深圳市地方税务局稽查局

深圳地税局稽查局2013年全市地税稽查工作会议

深圳地税局举行税务稽查能手证书颁发仪式

2013 年，深圳市地方税务局稽查局紧紧围绕深圳市地方税务局党组工作部署，真抓实干、克难攻坚，发挥好大要案查处和系统管理双重职能，围绕服务转型升级，深入加强稽查现代化建设，各项工作取得全面进展。

案件查处工作成果显著。一是检查数量和质量实现双提升，全年组织检查 1381 户，结案户数 1373 户，查补收入 8.18 亿元，检查户数相比 2012 年增加了 1.29 倍。二是专项检查和重点税源企业检查深入推进，对证券基金、房地产等行业 424 户企业开展行业专项检查，查补收入 4.36 亿元；对 9 家集团 62 户在深总部及分支机构开展重点税源企业检查，补税 929 万元。三是严厉查处发票违法行为，对药品与医疗器械等 7 个重点行业 1347 户开展发票检查，查处违法企业 700 户，查获非法发票 1.06 万份，补税 6035 万元；联合公安、国税部门协同办案，出动 300 多人次，抓获犯罪嫌疑人 33 个，查获地税假发票 22 万余份。四是检举案件处理依法有序，受理检举案件 1016 宗，查补收入 2.25 亿元。

风险管理实践推进顺利。一是由市局选案委员会集中选案，确定重点稽查行业，包括房地产、股权转让、租赁及物业管理等领域，推送各稽查局。二是落实管查、评查联动机制，接收区局移交风险案源 6 宗，与各区局共同组织并辅导企业自查 800 多户，自查补税超过 1.5 亿元；及时将稽查中发现的涉税问题传导反馈给相关区局，调增纳税定额并追补税款 383 万元。三是将风险传导延伸至纳税人端，针对纳税人在财务管理、会计核算和税收缴纳方面存在的问题，向纳税人提出风险建议，全年共发出稽查建议书 105 份，在新闻媒体曝光典型案例 20 宗，有力地推动以查促管和管查良性互动。

稽查队伍素质全面提升。一是选拔稽查业务能手。首次在稽查系统组织开展两轮大规模稽查岗位竞赛，最终确定 34 名稽查能手进入稽查人才库。达到了“以考代学”“以考促训”的目标。二是开展多形式的业务培训工作。选派 17 批 100 多人次赴国内高校、香港会计师事务所参加金融行业业务与税收管理、电子商务税务稽查等培训。

2013 年市局稽查局被省委省政府授予集体三等功，12 人被授予一等功、三等功和嘉奖，市局稽查局审理科被授予“深圳市青年文明号”称号，1 篇论文在税务总局与中国税务报联合主办的“跨境税源管理”专题征文中获得一等奖。

深圳地税局稽查局稽查干部案件查账现场

青岛市国家税务局稽查局

青岛国税局副局长赵福增

2013年，青岛市国家税务局稽查局认真履行税务稽查职能，全面查处税收违法案件，积极推进稽查专业化，加强队伍建设，不断提高稽查工作质量和效率，各项工作取得较好成效。全市国税稽查部门共检查1724户，查补收入总额5.2亿元，共查处大要案件44起，移交公安机关涉税案件 6起。

查处涉税大要案成效显著。与公安机关共同查处的多起重大案件，被青岛市政府、税务总局评为优秀案例。查处的“世纪龙力”骗取出口退税案，被列为2013年全国集中整治行动14个集群战役重点案件之一。

以查促管工作不断推进。对市局有关处室和基层局移交的涉税疑点线索开展检查，并及时回复检查情况，参与研究管理措施。充分发挥审理部门信息集聚优势，敏锐捕捉送审案件反映的征管和政策漏洞，向市局有关处室提报综合性稽查建议240余份。

稽查信息化建设取得新突破。以涉税信息获取的便捷化为重点，开发应用网络涉税信息获取工具；以检查工具的智能化为着力点，开发应用稽查查账辅助软件；以管理决策的科学化为目的，开发应用稽查案件管理系统。初步建立起了源头控制、操作留痕、风险预警、过错追究的稽查信息化建设新格局。

稽查队伍建设不断加强。一是以加强稽查党建工作为统领，持续改进工作作风。二是以培养稽查高层次人才为重点，提高稽查队伍专业化技能。三是以完善稽查内控机制建设为保障，提高稽查人员廉洁从税的自觉性。认真落实“一本手册、两个软件、三个机制”的执法风险和廉政风险防控机制。

青岛国税局稽查局运用查账辅助软件分析涉案线索

青岛国税局稽查局召开项目制检查工作专题会

武汉市国家税务局稽查局

武汉市国家税务局2010年1月推行“一级稽查”改革，目前全市国税稽查系统有干部职工568人，占全市国税干部总数14%。其中：市局稽查局49人，直属五个稽查局519人。稽查系统干部职工平均年龄为42.4岁。本科以上学历人员所占比例为84.8%，研究生以上学历人员所占比例为11.8%。

市局稽查局内设7个正科级机构，即办公室、综合选案科、检查一科、检查二科、案件审理科、案件执行科、举报中心。

直属五个稽查局分别成立党组，内设9个正科级机构，即办公室、综合选案科、检查一科、检查二科、检查三科、检查四科、案件审理科、案件执行科、人事教育科。

2014年，全市国税稽查系统共检查结案2546户次，查补收入合计167334 万元，同比增长15.69 %。全市国税稽查系统查补税款100万元以上且执行完毕的案件有131件，查补收入合计64016万元。其中移送涉嫌犯罪的案件有33件。

武汉市国税局稽查局召开2014年重点工作研讨会

近年来，武汉市国税局稽查局多次被省局评为国税稽查工作绩效考核先进单位，上报省局的税务稽查案件、稽查案卷，连续四年被省局评为“十佳稽查案件、十佳稽查案卷和优秀案例”。2010-2012年，市局稽查局连续三年被总局评为全国税务系统打击发票违法犯罪活动先进单位。2012年，市局稽查局被总局评为税务系统药品医疗器械生产经营单

勇于创新的武汉市国税局稽查局领导班子

位和医疗机构发票使用情况专项整治工作成绩突出单位。2013年，在全省国税稽查收入情况通报中，武汉市稽查收入总额、查补收入、查补收入占比、稽查收入入库、人均检查户数、人均检查有问题户、人均查补收入、稽查户均查补收入以及结案率、偷税处罚率等10项指标均位列全省第一 。近年来，

武汉市国税局稽查局开展法制宣传

以落实税务总局领军人才培养计划、湖北省局稽查领军人才遴选和武汉市局“551” 专业人才培养计划为契机，积极培养国税稽查专业人才队伍。2014年，通过选拔考试、组织考核，共有177名干部入选武汉市国税稽查业务骨干；17人获湖北省国税稽查领军人才选拔考试通报表彰；1人入选全国税务领军人才。

上海市宝山区国家税务局稽查局

税务总局稽查局领导来到宝山区国税局稽查局听取工作汇报

宝山区国税局召开税务工作会议

上海市宝山区国家税务局稽查局成立于 2009 年底，下设综合科、案件审理科和三个检查所，现有干部职工 61 人，负责宝山区域内各类企业的税务检查工作。

稽查工作成效显著。该局在市局和区局的正确领导下，紧紧围绕服务科学发展、共建和谐税收的主题，充分发挥税务稽查职能，组织实施了“烈火”“厉剑”“ 飓风” 等一系列专项整治行动，稳、准、狠地查办了一批有社会影响力的大要案，降低了涉税风险，规范了辖区内的税收秩序。2013 年共组织稽查 758 户，查补收入 2.3 亿元，其中查补金额 100 万元以上的有 35 户，全年移送公安机关的各类线索和案件 45 件。选案准确率 95%，结案率 100%，入库率 100%，各项指标排名在全市均名列前茅。

2013 年该局查处的增值税虚开发票案件荣获上海市税务稽查典型案例评比一等奖并刊登在《中国税务报》第 3763 期，另一信息化案件荣获上海市税务稽查信息化案例评比特别案例奖。2013 年该局查处的“营改增”试点行业虚开系列案件在 2014 年初被评选为全国税务机关“十大经典案例”，获公安部、国家税务总局联合发文通报表扬，并作为交流单位在总局稽查局召开的二次“营改增”行业专项整治工作会议上作经验介绍。

队伍建设再上台阶。为建立一支廉洁高效的新时期稽查队伍，该局始终坚持两手抓、两手硬的指导思想。一抓廉政建设和作风建设。一是开展形式多样的教育活动；二是建立起多层次的监督网络；三是以党的群众路线教育实践活动为契机，大力推进作风建设，增强队伍的凝聚力和战斗力。二抓职业素质培养。一是利用税校资源开展短期集中培训；二是举办

宝山区国税局稽查局召开案情通报会

案例分析会、典型案例讲评会以及编撰案例汇编；三是开展稽查能手选拔、十大精品案件评选活动；四是开展各类稽查管理、以查促查、以查促管等项目的调研工作。近三年以来，该局有近 10 位干部先后走上副科级领导岗位，有 5 位稽查干部陆续充实全国税务稽查人才库和上海市税务稽查专业人才库，有 1 人入选税务总局全国税务领军人才库，有 1 人获上海市“五一”劳动奖章和“全国税务系统先进工作者”荣誉称号。

目　　录

第一篇　重要文献

第二篇　全国税务稽查工作

第三篇　各地税务稽查工作

第四篇　大事记

第五篇　重大案件辑要

少缴税款案例

发票违法案例

骗取出口退（免）税案例

第六篇　法规及规范性文件

第七篇　统计资料

第八篇　机构和人员

第九篇　文　选

第一篇

重要文献

以十八大精神指引稽查现代化建设
全面完成2013年税务稽查工作任务

——在2013年全国税务稽查工作视频会议上的讲话

解学智

（2013年2月4日）

同志们：

这次全国税务稽查工作会议的主题是，认真贯彻落实党的十八大、全国经济工作会议和全国税务工作会议精神，总结2012年税务稽查工作，部署2013年税务稽查工作任务。下面，我讲三个问题：

一、2012年税务稽查工作回顾

2012年，全国税务系统认真贯彻党中央、国务院一系列政策部署，积极落实结构性减税政策，不断改进纳税服务，依法加强税收征管，实现了税收收入稳定增长。全年共组织税收收入110740亿元，同比增长11.2%，增收11175亿元。各级税务稽查部门坚持依法行政，认真履行职责，共直接检查企业19.1万户，入库查补收入连续第四年超过1000亿元，达到1213亿元，圆满完成了各项年度工作任务。

税收专项检查和区域税收专项整治成效显著。在行业税收专项检查和区域税收专项整治中，各地共直接检查纳税人及组织纳税人自查31万户，查补收入646亿余元，入库528亿元。检查户数和查补收入均创历史最高水平。河北、内蒙古、江苏、浙江、安徽、山东、江西、西藏等省（区、市）国税局和黑龙江、辽宁、山东、广东、重庆、江西、大连等省（市）地税局在专项检查和专项整治中狠抓落实，各项指令性和指导性检查项目都取得较好成效。

重点税源企业税收遵从度有所提高。在总局组织的13户重点税源企业税收检查工作中，相关地区共查补税款并加收滞纳金20.3亿元。黑龙江、吉林、上海、湖北、河南、广东等省（市）国税局和河北、深圳、吉林等省（市）地税局通过查前集中约谈、查中政策辅导、自查效果核定、扩大抽查比例、实施重点检查等手段，使自查与重点检查有机结合，检查与纠错有机结合，罚处与教育有机结合，在一定程度上破解了属地管理和跨区域经营之间“管得着看不见”“看得见管不着”的难题。

查处税收违法案件更加高效。各地税务稽查局共立案查处税收违法案件18.9万起，查补收入（含税款、滞纳金和罚款）557亿余元；受理税收违法检举36669件，立案查处

23217件；通过协查系统委托协查增值税专用发票和其他可抵扣凭证59.3万份，查实有问题发票、凭证16.7万份。在打击骗取出口退税专项行动中，总局加强了宏观指导和案件督办工作，重点地区税务机关改进工作方法，加大执法力度，相继查处了一批重大骗取出口退税和虚开增值税专用发票案件。北京高铁专案、江苏金泰克骗税案、深圳“闪电一号”专案、浙江康盛纺服有限公司等9户企业骗税案、广东昊洋进出口有限公司骗税案、青海宏融进出口贸易有限公司骗税案、厦门睿华工贸有限公司骗税案、大连福允国际贸易有限公司骗税案、广西凭祥进出口贸易有限公司骗税案、云南“3·22”虚开发票和骗税案、黑龙江王志成虚开发票案、贵州黔北税案、新疆“1·4”系统虚开发票案等一大批重大税收违法得到有力查处，起到了较好的震慑和警示作用。

发票违法犯罪活动得到遏制。各地税务机关按照全国打击发票违法犯罪活动工作协调小组和总局的统一部署，认真履行职责，着力组织查处了金融、保险、广告、餐饮娱乐、房地产、建筑安装等社会公众关注且发票违法问题多发的行业；会同国务院纠风办、卫生部等相关部门开展了医药、医疗器械生产经营单位和医疗机构发票使用情况专项整治活动；对部分大型企业集团及其分支和成员机构共3.7万余户企业开展了发票使用情况检查。会同公安、通信管理等部门共查处制售假发票和非法代开发票案件11.2万余件，查处各类非法发票1.35亿余份，捣毁发票犯罪窝点1388个，打掉犯罪团伙660个；对5506名犯罪分子判处刑罚；关停、整顿登载发票违法信息网站978个，治理发票违法手机短信息4512万余条。税务机关查处违法企业10.2万户，查补税款77.5亿元，加收滞纳金7.6亿元，罚款和没收非法所得16.4亿元。河南、甘肃、重庆、四川、青岛、湖南、宁夏等省（区、市）国税局和北京、浙江、湖北、湖南、河南、陕西、青岛等省（市）地税局部署周密，措施得力，发票违法犯罪活动得到初步遏制。

依法行政工作取得初步成果。各级税务稽查部门将依法行政作为稽查工作的生命线，严格按照《税收征管法》及其他相关法律法规履行职责。贯彻落实《税务稽查工作规程》，积极参与《税收征管法》（修正案）的起草和论证，开展审计式检查工作底稿试点，坚持刚柔相济的重点税源企业检查方法；明确了“优势互补、衔接紧密、共同查处、保障有力”的税、警协作目标，并就协作机制、协作平台、工作程序等达成了共识。扎实推进税务稽查依法行政工作取得了实实在在的回报，在国家统计局委托第三方调查机构开展的2012年度全国纳税人满意度调查中，税务机关打击税收违法行为情况在四个宏观评价题目中获得了最高分。

在不断加大执法力度的同时，各地税务稽查部门积极开展税务稽查现代化建设的理论探索与实践创新，江苏省地税局开展的试点工作丰富了市级一级稽查的内容和形式；广西自治区地税局通过设立若干区局稽查局的方式，强化了省级稽查力量。在有关地区国地税稽查部门的积极参与下，总局稽查局完成了税务稽查现代化建设研究报告并遵照肖局长指示起草了推进税务稽查现代化建设的实施方案，明确了税务稽查现代化的内涵与外延，提出了稽查现代化建设的主要内容，近期和中远期的工作目标以及具体措施。根据方案中逐步强化省局稽查力量的总体思路，在总局党组的关心和人事部门的大力支持下，税务稽查管理方式改革试点工作已于2012年5月17日在河北、河南、安徽、湖南省和青岛市国税局实施并取得明显成效。稽查管理方式改革试点工作的正式启动，标志着税务稽查现代化建设迈出了重要的一步。

回顾过去的一年，各级税务稽查部门圆满完成了各项工作任务，这是各级党委、政府和税务机关党组正确领导和关心支持的结果，是广大纳税人积极协税护税的结果，是公安等相关部门大力支持的结果，是全体税务稽查人员锐意改革创新，规范文明执法和努力工作的结果。实践证明，税务稽查干部能战斗、能吃苦、能忍耐，税务稽查队伍是一支称职的、合格的干部队伍。值此辞旧迎新之际，我代表国家税务总局党组向辛勤工作在税务稽查一线的全体税务稽查人员表示诚挚的慰问！向长期给予税务稽查工作关心支持的各级领导和有关部门表示衷心的感谢！

在肯定成绩的同时我们也清醒地认识到，当前稽查工作中还存在着一些突出问题：一是税务稽查工作体制机制还没有完全理顺；二是税务稽查现代化建设仍有差距；三是税务稽查执法能力还不完全适应当前形势和任务需要；四是税务稽查队伍的工作作风有待进一步改进。对这些问题，我们必须高度重视并在今后工作中采取有针对性的措施认真加以解决。

二、深入学习贯彻党的十八大精神，以提升执法能力为主线扎实推进税务稽查现代化建设

为深入学习贯彻党的十八大精神，积极推进税收事业科学发展，肖捷局长在全国税务工作会议上要求各级税务机关要围绕高举中国特色社会主义伟大旗帜，进一步明确税收工作前进方向；围绕全面落实五位一体总体布局，进一步发挥税收职能作用；围绕深入推进改革开放，进一步创新税收体制机制；围绕全面提高党的建设科学化水平，进一步加强税务干部队伍建设，围绕全面建成小康社会宏伟目标，进一步规划税收发展前景。税务稽查工作要贯彻落实好党的十八大精神，就要从肖局长提出的这五个方面入手，认真分析税务稽查工作面临的形势和任务，立足全局，放眼长远，突出重点，狠抓落实，确保实现全国税务工作会议中提出的2013年税务稽查工作目标并不断推进税务稽查现代化建设。

近年来的税务稽查执法实践表明，当前我国税收遵从度仍然不高，虚开增值税专用发票、骗取出口退税等重大税收违法案件仍处于多发阶段，在某些地区甚至呈现增加趋势。营改增试点地区虚开和接受虚开各类可抵扣发票、凭证的违法活动出现新的苗头。一些大型企业集团缺乏有效监控，税收流失风险较高；以用假票、做假账、报假表为特点的中小企业税收违法行为没有得到根本遏制。以上种种情形也表明，税务稽查工作任务依然十分繁重，税务稽查执法能力的提升极为迫切。

税务稽查执法能力是稽查部门依法履行自身职责所应具备的主观条件。执法能力直接决定执法效率，进而影响税收征管效率。税务稽查现代化是通过调整职能定位，优化资源配置，改进业务流程，塑造专业化人才队伍，实现对税务稽查管理机制、组织结构、法律架构、制度保障、技术手段、工作方法等要素的现代化改造的过程，其直接目的是提高税务稽查执法能力，进而提高执法效率和征管效率，其根本目的是提高税收遵从度。

各级税务机关和稽查部门要认清当前形势，坚持以提升执法能力为主线，以创新稽查工作体制机制为基础，以完善执法手段和执法方式方法为途径，以强化稽查队伍素质为保障，扎实推进税务稽查现代化建设。当前，应特别注意把握好以下四个方面的工作：

第一，充分发挥税务稽查职能作用。经过十余年的税收征管和稽查执法实践，通过税

收立法和各项规章制度的创建，总局逐步明确了税务稽查部门查处税收违法行为，开展常规税收检查、牵头开展税收专项检查和区域税收专项整治以及打击发票违法犯罪活动工作等基本职责。总结归纳出了税务稽查部门“以查促收、以查促管、以查促改、以查促查”的职能作用。以查促收，包括两个方面的含义，一是通过稽查执法活动，震慑潜在的税收违法行为，从而促进税收遵从度的提高，保障税收收入应收尽收，这是以查促收的主要方面；二是稽查执法直接带来查补收入，这是以查促收的另外方面。以查促管，就是在稽查执法中，通过分析纳税人存在涉税问题的原因，发现税收征管薄弱环节，经向管理环节的反馈，达到改进税收管理方式，提高管理水平的目的。以查促改，就是在稽查执法中，通过分析纳税人存在涉税问题的原因，发现税收政策漏洞和税制的不完善之处，经向税政部门反馈，达到不断完善税收政策，优化税制的目的。以查促查，就是在稽查执法过程中，通过总结归纳税收违法行为规律、特点和手段，不断改进检查方式方法，逐步提高稽查执法能力。以上四个方面，“查”是关键，只有先“查”才能后“促”。各级税务机关要确保稽查部门依法充分履行其自身职责，发挥稽查部门“以查促收、以查促管、以查促改、以查促查”的职能作用，才能为税务稽查部门在执法过程中不断改进方式方法，强化自身素质，提升执法能力提供坚强保证。

第二，牢固树立依法行政理念。依法行政是税收工作的基本准则，总局党组和肖捷局长多次指出，“依法行政是税收工作的生命线”。税收法律法规是国家实现税收利益的基本依据，是税收执法的行为准则。税务稽查执法是对纳税人违反税收法律法规行为的纠正，是直接调整微观经济主体经济利益的强制行为，因而必须依法实施。税务机关任何偏离税收相关法律法规的行为都会侵害国家利益或纳税人的合法权益。各级税务稽查部门必须牢固树立依法行政理念，在选案、检查、审理和执行各环节落实依法行政的具体措施，严格依照法定权限和程序行使职权；要坚持严格、规范、文明执法，通过严格执法提高税收遵从，依靠规范执法规避执法风险，倡导文明执法维护自身形象。当前，各级税务机关正在积极探索现代税收征管体系，税务稽查部门也在全力推进税务稽查现代化建设。在这一过程中，各级税务机关和稽查部门都要严格坚守依法行政这条生命线。税务机关内部不管如何改革，凡涉及纳税人的事项必须依照现行的法律法规进行约束和规范。这是基本的底线，否则就会出乱子。近期有的纳税人反映，一年内曾被税务部门多次检查，意见很大。对此，还要进一步核实，如果属实，要引起我们高度重视和警觉，要查找我们在哪方面出了问题，是统筹不力，还是各自为政，要下决心及时解决。避免重复多头检查纳税人是总局一贯的要求，希望各级税务机关深刻领会，落到实处。在这方面，有关单位有一些好的做法，在刚才的交流发言中已经作了介绍，希望各地认真加以借鉴，牢固树立依法行政理念，依法规范相关工作，使税务稽查现代化建设和税务稽查执法能力的提升始终处于法律的约束之下。

第三，努力提高税务稽查队伍业务素质。高素质的稽查队伍是实现税务稽查现代化和提升稽查执法能力的关键。随着经济全球化和社会信息化的快速发展，跨国、跨地区、跨行业的大型企业集团日益增多，纳税人的组织结构、经营方式和管理形式不断创新，税务稽查工作难度显著加大，同时也促使税务稽查业务范围不断拓展，税务稽查工作不断介入新的领域，因而对税务稽查队伍的业务素质提出了越来越高的要求。今后一个时期，各级税务稽查部门必须强化信息化条件下的核心业务能力，通过各种途径提升现有人员素质，同时要严把入口和出口，提高一线稽查人员比例，不断凝聚高素质人才。要培养一批查处重大税收违法案件的领军人才，确保重大税收违法案件能够得到及时有力查处。要选拔一批能够胜任检查大型企业的骨干人才，根本解决对大型企业集团“进得去，出不来”的问题。要扶植一批学有特长的专家型人才，彻底解决对一些特殊行业不懂不通的问题。通过以上努力，塑造专业化的税务稽查干部队伍，确保对本地区重点行业、骨干企业实施有效的税收监控。

第四，切实转变工作作风。近期，中央对转变工作作风做出明确规定，提出严格要求，总局党组也做出专门布置，税务稽查队伍要坚决贯彻落实并将其作为提升执法能力的重要推动力和抓手。各级税务稽查局的领导要切实抓好自身作风建设，克服工作上的懈怠情绪、畏难情绪和得过且过的做法；要率先垂范，带头钻研稽查业务，要求别人做到的，自己首先要能够做到，要成为稽查队伍思想上的领路人和业务上的带头人，使自己的一言一行都能够符合领导干部的标准，成为下属的楷模。要充分发扬稽查队伍令行禁止的优良传统，自觉服从上级税务机关的领导，提高上级稽查部门对下级稽查部门的案件指挥能力和系统管理能力，确保各项工作统一于总局的部署。要强化服务意识，坚持文明执法，做好缠诉、缠访案件的矛盾化解工作，维护税务机关良好社会形象。要按照总局纪检监察部门的要求，结合稽查工作实际完善稽查执法内控机制，抓紧建设稽查执法“痕迹工程”，落实责任追究制，扎实推进稽查队伍的反腐倡廉工作。

三、努力完成2013年税务稽查工作任务

根据全国税务工作会议精神，今年税务稽查工作的总体思路是：深入贯彻党的十八大精神，认真落实中央经济工作会议和全国税务工作会议精神，扎实推进税务稽查现代化建设，努力提升稽查执法能力，突出案件查处、税收专项检查和专项整治、重点税源企业检查、打击发票违法犯罪活动四项重点工作，严格依法行政，加强队伍建设，不断提高税务稽查工作整体水平，为全面完成税收工作任务做出新贡献。

对今年的税务稽查工作，我提几点希望：

第一，突出重点，依法严厉查处重大税收违法案件。今年税务稽查工作要紧紧抓住查处虚开增值税专用发票和骗取出口退税这个重点，加大查处力度。一是各省级税务机关要及时向总局报告大要案件或案件线索，总局稽查局要认真督办，防止苗头性问题演变为趋势性问题，及时挽回税收损失；对那些不及时报告案件线索造成税收损失的，要追究责任。二是要全力以赴做好总局督办案件的查处工作，总局督办案件以党中央、国务院领导批示案件以及中纪委、审计署等交办、转办案件为主，对这些案件，承办单位必须限时结案，没有特殊原因不能按时结案的，要追究责任。三是“营改增”试点地区要坚决查处相关行业虚开和接受虚开可抵扣发票、凭证违法行为，及时向征管、税政部门提出改进征管及税收政策建议，保障“营改增”试点工作顺利进行。四是高度重视案件协查工作。委托协查单位要增强协查的针对性，受托协查单位要把协查信息作为重要案件来源线索查深查透；要强调协查工作纪律，受托地区稽查局必须按委托协查要求派人进行实地核查，不得将协查相关资料交由被查企业填报。五是高度重视案例分析和稽查成果利用，及时发现税收征管薄弱环节，深入总结重大案件和典型案件的作案手法、案发规律以及案件查处的经验教

训，积极探索现代化稽查方法，切实做到以查促管、以查促查。

第二，注重实效，扎实开展税收专项检查和区域税收专项整治工作。根据各地反馈情况，在兼顾国、地税工作量的考虑下，总局已基本确定了今年的税收专项检查项目。其中，指令性项目包括成品油批发、零售企业，部分办理出口退税的企业，证券和基金公司三个项目。2012 年，总局先行组织开展了对部分基金公司和证券公司的调研式检查，发现一些涉税问题。针对这些问题，总局决定今年对这两类企业开展税收专项检查。希望各级国地税稽查部门按照总局的检查方案，集中骨干力量，认真开展检查。检查中，各地要及时向总局稽查局汇报情况，相互之间要加强交流，取长补短，力争通过检查规范该行业的纳税行为。专项检查和专项整治工作涉及面广，影响力大，要加强工作成果的宣传报道，努力营造良好的执法环境，震慑潜在的不法分子，净化行业和区域税收秩序。

第三，加强协调，继续开展重点税源企业检查工作。2013 年，总局稽查局已确定对 17 户内外资重点税源企业开展税收检查。希望相关地区税务机关坚决按照总局统一要求，依照自查、抽查和重点检查相结合的组织方式，通过税收检查实施对大型企业集团的税收监控。稽查部门要会同税政和管理部门，加强自查阶段的政策辅导，引导企业提高认识，主动规范自身纳税行为。要坚持抽查比例不低于 30% 的标准，通过抽查评估企业的自查情况，对自查不彻底、未能发现自身存在问题的企业，要实施重点检查。对以前年度发现问题线索较多，未能深入检查的大型企业集团要实施跟进检查，把问题查清查透，提高税收监控的实时性和有效性，规范企业的纳税行为。

第四，点面结合，全面落实打击发票违法犯罪活动工作部署。要认真落实全国打击发票违法犯罪活动工作部署，认真履行协调小组办公室职责，加强与相关成员单位的配合沟通，协调中央综治办继续加大考核力度，进一步提高各地区各部门对此项工作的重视程度。要继续选择重点行业和重点企业开展发票使用情况检查。各地要高度重视药品、医疗器械生产经营单位和医疗机构发票使用情况专项整治工作，按照总局要求做好各项工作。要制定分阶段实施目标，继续推动打击发票违法犯罪活动工作长效机制建设。

第五，多管齐下，努力夯实税务稽查执法基础。紧紧围绕税务稽查四项重点工作，加快制定、完善稽查工作相关制度，推进分类分级管理，进一步强化税、警合作机制，落实具体制度和办法。要采取有效措施进一步强化系统管理，确保上级稽查部门对下级稽查部门的案件指挥和业务指导。要结合实际开展检举案件立案检查率、按时查结率、及时回复率的考核工作，提高检举案件查办质量。进一步完善金税三期协查系统需求和试点测试运行情况监测，扩展协查信息管理系统应用范围，健全工作制度，保证系统平稳运行。

同志们，党的十八大已经为全党全国制定了全面建成小康社会的宏伟目标，让我们以更加昂扬的斗志，更加高效的执法，更加优良的作风，为实现这一宏伟目标，为全面完成今年的各项税收工作任务做出新的贡献。

在东北西北地区集中调研税务稽查工作时的讲话

解学智

（2013 年 7 月 22 日）

同志们：

利用半天的时间听了两个大区上半年稽查工作的介绍，时间比较紧，但收获比较大。总体感觉大家工作抓得比较紧，取得了一定成效。下面，结合全国税收工作形势和税务稽查工作基本情况，我谈三点意见，供大家参考。

一、上半年的基本情况

上半年，全国税收收入累计完成 63427 亿元，比上年同期增长 5.7%，增收 3432 亿元，完成预算安排税收计划的 52.8%。其中税务部门组织的税收收入完成 57062 亿元，同比增长 9.2%，增收 4741 亿元。“营改增”试点工作顺利推进，试点地区相关行业和企业的税负下降。各地税务稽查机构共检查企业 7.5 万户，查补收入 571 亿元，入库 526 亿元。尽管检查户数和查补收入同比均略有下降，但 2 季度以来，上述数据逐月快速增长，显示出稽查工作节奏加快、工作力度显著增加的趋势。同时，各项重点工作也取得了一定成效。

今年以来，税务总局把虚开增值税专用发票和其他可抵扣凭证、骗取出口退税作为查处税收违法案件工作重点，布置和督促相关地区开展专项工作。在“营改增”试点地区，稽查部门通过查处典型案件，认真分析虚开和接受虚开交通运输发票税收违法手段，开展专项检查和专项整治活动，清理了大量利用过渡期优惠政策逃避纳税义务的涉税问题，为确保试点工作顺利运行提供了坚实保障。为促进出口退税工作健康有序运行，防范骗取出口退税违法行为，加大对骗取出口退税违法案件的查处力度，税务总局专门组织召开了部分地区国税局座谈会，听取了有关地区国税局主要负责人对出口退税工作的建议；会同公安部和海关总署确定了 15 个重点地区开展打击骗取出口退税专项行动，目前上述地区税务机关已经锁定一批重点案件并正在会同公安等部门开展调查取证工作。通过上述努力，案件查处工作已取得明显进展。上半年，各地税务稽查部门共立案查处税收违法案件 4.6 万件，查补收入 298 亿元，其中查处百万元以上税款案件 2201 件，比上年同期增加 691 件。

在税收专项检查中，各地共检查企业 4.4 万户，查补收入 126 亿元。其中，在指令性项目中共检查企业 5140 户，查补收入 5.6 亿元；在指导性项目中共检查企业 12387 户，查补收入 60.5 亿元；在各省自行确定的检查项目中共检查企业 27934 户，查补收入 55.1 亿元。为做好三个指令性项目的专项检查工作，税务总局已组织了两期证券基金公司和成品油产销行业税收检查工作培训班，培训各地骨干260余人次；各地在税收专项检查中认真分析成品油产销企业可能存在虚开的环节、手段和规律，为案件查处提供了一批重要案源；认真组织证券和基金公司自查阶段工作，不仅查处了一批涉税问题，而且发现了该行业存在的政策问题，为进一步规范行业秩序做了大量的先期工作。在区域税收专项整治中，各地把交通运输企业较为集中的区域，利用“营改增”过渡期优惠政策进行违法活动和农产品加工企业较为集中的区域，服装、木器、食品、药品等企业利用农产品收购发票虚抵进项税款行为多发的区域作为重点区域和检查对象，共检查企业5249户，查补收入4.6亿元。

在重点税源企业检查中，税务总局确定的17户重点税源企业自查阶段工作已经结束，自查补税19.2亿元；各地在自行确定的重点税源企业检查中，已要求14.8万户企业开展自查工作，自查阶段查补收入318亿元。

在打击发票违法犯罪活动工作中，全国共查处制售假发票和非法代开发票案件2.5万起（其中税务部门查处案件22391起），查处违法企业2.7万户，抓获犯罪嫌疑人1932人，查处各类非法发票2171万余份，查补税款30.99亿元，加收滞纳金2.45亿元，罚款和没收违法所得11.41亿元，合计44.85亿元，查补收入同比增长52%。在药品、医疗器械生产经营单位和医疗机构发票使用情况专项整治工作中，自2012年9月—2013年6月，全国共采集药品和医疗器械企业各种发票信息1498万份，各级税务机关共查处违法案件1.2万起，涉案发票38万余份，查补收入30.63亿元。移送公安机关处理196户企业，共抓捕犯罪嫌疑人151人。

在完成各项稽查执法工作的同时，各地积极推进税务稽查现代化建设，在稽查体制机制调整改革方面进行了积极探索和有益尝试。除稽查管理方式调整改革试点单位以外，一些地区正在针对税源分布与稽查资源分布不匹配的现状采取相应的资源优化配置措施。如北京、江苏、广西、云南等省市地方税务局，通过采取统一调配省辖市稽查力量、构建区域化稽查格局和直接增加省市级稽查力量的做法，使稽查资源向省（市）级和省辖市级集中，为强化重点税源企业的税收监控和查处重大税收违法案件提供了坚实的人力保障和物质基础。

二、当前形势和下半年的工作任务

今年上半年，受国际经济形势和国内经济结构调整等因素影响，我国经济总体保持了中低速增长趋势，税收收入同比增长5.7%，低于同期GDP的增幅。其中中央级收入增长仅为0.1%，税务部门组织的中央级收入同比增长4.9%，均低于经济和税收收入增长的总体水平。如果下半年经济运行不发生大的变化，预计可基本完成全年收入计划。但从结构上分析，完成中央级税收收入任务的压力较大。

从稽查工作面临的形势看，当前税收违法行为仍以虚开、骗税和偷逃税为主要表现形式，主要呈现以下四个特点：

一是虚开增值税专用发票等可抵扣凭证案件仍呈高发和多发态势。从近两年这类案件情况看，发案数量在发达地区和欠发达地区增长较快，呈现“两头冒尖”特点；涉案行业多集中在农产品收购加工企业、药品和医疗器材生产经营企业、成品油产销企业、建筑材料销售企业和矿产品生产加工销售企业；个案金额越来越大，涉案地区越来越广，如上海

“4·19”虚开增值税专用发票案，虚开金额高达24亿余元，除港澳台和西藏自治区外，全国各地都有涉案企业；虚开行为持续期较短，不法企业虚开获利后迅速注销走逃，一般不超过一年。

二是偷逃消费税案件应引起高度关注。一些地区发现，成品油生产、购销企业存在两个明显的问题。第一，通过三个环节实现偷逃消费税行为，即：生产企业将应税消费品按非应税消费品申报纳税，中间商贸企业销售时又将产品名称改为应税消费品，下游生产企业购进后再予抵扣消费税。第二，不法企业利用消费税退税政策，将其实际生产销售的非芳烃产品仍按芳烃产品申报，骗取消费税退税。此外，一些地区还出现了珠宝行业通过少报收入、不申报消费税等手段偷逃消费税的违法行为。

三是骗取出口退税形势较为严峻。2012年，全国办理增值税出口退（免）税额已占国内环节征收总额的近40%，深圳、厦门、宁波等口岸城市全年办理的增值税出口退（免）税额已超过其国内环节征收总额。我们在查办案件和分析调研中发现，当前出口退税环节可能存在较大隐患，骗取出口退税形势仍然严峻。

四是偷逃税款问题比较严重。特别是房地产行业和部分中小企业利用假账、假票、假表等违法手段，隐瞒收入和虚列成本，大肆偷逃税款，其手段恶劣，情节十分严重，偷逃税款金额总量巨大。

在这种形势下，稽查工作自身还存在一些不容忽视的问题：一是稽查工作总体力度有待加强。主要体现在检查户数和入库查补收入均出现同比下降情况；税收专项检查指导性检查项目投入力量较大，工作重心出现偏差；在执法手段上更倾向于组织企业自查，收入导向性明显而执法刚性不足。二是部分地区工作上存在畏难和懈怠情绪，特别是在打击虚开和骗税等重大税收违法行为上，开拓意识不强，主动性不足，一些重大税收违法案件迟迟难以结案。三是部分地区行动迟缓，表现在税收专项检查和专项整治方面仅满足于上传下达，没有能够认真分析本地区重点行业存在的税收征管薄弱环节和税收秩序较为混乱地区存在的突出问题，采取有针对性的措施加以整顿和规范，使这项工作存在总体上开展不平衡的现象。

根据当前形势和稽查工作中存在的问题，下半年应着重抓好以下稽查工作任务。

一是狠抓稽查重点工作。抓住稽查四项重点工作，就抓住了稽查工作的关键。结合上半年的情况和年初确定的工作目标，有必要进一步明确下半年的工作任务。首先，要以依法查处重大虚开、骗税案件为重点加大稽查执法力度，特别是要重点打击推行“营改增”过程中出现的虚开和骗取劳务退税等违法案件。各地要认真分析虚开、骗税案件多发的原因、案发地域和行业、作案手段等情况，协调公安等有关部门凝聚执法合力，加大打击力度，最大限度挽回损失。同时要积极向征管、税政等有关部门提出改进建议，加强防范措施，避免同样的问题连续发生。其次，要扎实做好税收专项检查工作。成品油产销企业、出口退税企业和证券基金公司是我们今年确定的指令性检查项目，尤其是前两个行业，近年来发现存在较大较多问题，是虚开和骗税案件多发的重要源头，各地一定要予以高度重视，要科学分析这些行业的各项指标，准确发现问题，投入必要的力量坚决查处和打击在这两个行业出现的虚开、骗税等重大税收违法行为。再次，要做好重点税源企业重点检查阶段的工作。税务总局稽查局和各地都要认真分析17户重点税源企业和各地自行确定的重点税源企业自查阶段情况，自查的项目是否齐全，发现的问题是否全面深入，补税后整体税负是否符合行业整体税负，都需要税务机关特别是稽查部门科学分析，作出结论。对自查不认真、效果不明显的企业必须要通过重点检查予以规范。重点检查是否到位，不仅决定着企业的纳税行为是否能够得到规范，而且还决定着稽查执法是否具备足够的威慑力。因此，各级税务稽查部门务必提前做好检查计划，周密部署，严格实施，依法对企业发现的税收问题进行处理处罚，对自查提纲已经列明但企业自查未主动补税的问题，应当依法定性，依法加大处罚力度，杜绝企业的侥幸心理，提高稽查执法权威。最后，要继续做好打击发票违法犯罪活动工作。要根据工作总体部署，在中央、国务院牵头部门的领导下，履行好协调小组办公室职责，协调各有关部门并督促各级税务机关完成工作部署中明确的各项工作任务。下半年，要在建立长效机制方面多思考、多研究，力争拿出几条得力措施，把这项工作做得更主动些。

二是深入开展稽查体制机制改革，积极推进稽查现代化建设。在各地稽查部门的大力支持配合下，税务总局稽查局经反复调研论证和修改，现在已经正式向税务总局领导签报了稽查现代化建设实施方案。当然，目前税收征管调整改革的总体方案还没有确定，这个方案还需要税务总局有关领导和部门进一步研究，但这个方案的积极意义主要在于它鲜明地提出了稽查部门对征管改革工作的思考和建设性意见，局长王军在听取税务总局稽查局工作汇报时对此表示充分肯定。下半年，希望各地能够更多地在实践方面作出探索，要在充分借鉴和吸纳国外基本经验的基础上，结合本地区、本单位的实际，积极开展实践活动。税务总局稽查局已经着手组织人员开展了对国外相关资料的收集、整理和翻译工作，希望年底前能够出些成果，为税务总局的改革提供依据，为各地的探索提出指导性意见。在改革实践方面，地税部门可能更有优势，希望地税部门能够在借鉴国内外成功经验和通行做法的前提下，结合我国实际情况，为全国范围内走出一条中国特色的稽查现代化之路提供鲜活的样本和成功的范例。

三是着力打造高素质的稽查队伍。王军局长在听取税务总局稽查局工作汇报时特别指出，要把稽查手段作为税收工作的一把利剑来使用，稽查工作要起到四两拨千斤的作用，不仅要直接查补税收收入，更重要的是体现税收执法的震慑作用。这既是对稽查部门的鼓舞，更是一种鞭策，实际上是对稽查部门提出了更高的要求。锻造无坚不摧的税收利剑，最重要的是各级税务机关党组和主要领导高度重视稽查工作，要想方设法为稽查执法创造有利条件，关心支持稽查干部和业务骨干的成长，使稽查部门成为人心所向，凝聚力量的人才洼地。锻造税收利剑，核心是提高稽查人员的政治和业务素质，各级税务机关要为改善稽查人员的知识结构、提高业务水平提供保障。下半年，各地要结合税务总局稽查人才库建设，着手制定稽查人才梯次配置计划，逐步形成稽查领军人才、行业检查骨干、计算机专家人才和人才后备力量合理搭配的稽查人才队伍。下半年，各级税务机关要认真结合党的群众路线教育实践活动，了解稽查干部队伍的思想状况和动态，切实加强廉政建设，防范执法风险。要采取有效措施使稽查人员在政治上有所进步，业务上有所突破，创造拴心留人的工作环境，为提高稽查执法能力提供雄厚的人才保障。

三、几点工作要求

结合下半年税收工作的总体安排，我对稽查工作提几点希望：

第一，要准确研判形势。下半年及今后一段时期，国外主要经济体经济复苏趋势得到确认，我国内需增长仍有较大空间，新一轮城镇化将创造巨大的投资和消费需求等因素都是我国经济发展的有利条件。同时，我国经济也面临着投资意愿较低，金融对实体经济支持弱化，房地产市场调控难度较大等不利因素，导致经济增长总体趋缓，给完成税收收入带来一定困难。在这种形势下，各级稽查部门应当做好两方面的工作。一方面，要准确研判形势，看到经济增长和完成收入任务的有利因素，紧紧把握稽查执法这一主题，坚持把依法查处各类税收违法行为、整顿和规范税收秩序作为自己的首要任务，避免一切从收入出发的做法。另一方面，要妥善处理执法与收入的关系，充分估计可能发生的不利局面，根据本地税源结构和收入结构，制订切实可行的行动预案，做到心中有数，预有准备，一旦形势需要，就要做到来之能战，战之能胜。这两个方面归纳起来就是，大张旗鼓抓执法，不动声色保增收。

第二，要克服懈怠情绪。上半年的稽查工作数据表明，消极懈怠情绪在某些地区依然存在，使稽查工作主要指标整体上出现下滑。举个例子，个别地区上半年税收专项检查的查补收入仅1000多万元。这说明稽查部门的领导思想认识还不到位，工作力度明显弱化。下半年，希望各地要对照自己上半年的各项工作指标，找出差距，结合实际重新调整工作计划和工作措施，总的要求就是加快节奏，加大力度。税务总局稽查局和省局稽查局要加强监控，及时督导，确保今年的稽查工作比去年有所强化，绝不能允许各项主要指标同比下降的情况发生。

第三，要坚持规范文明执法。在税收收入面临比较困难的形势下，各级税务机关和稽查部门一定要从税收服务经济社会发展大局的角度考虑问题，坚持组织收入原则，坚持规范执法，坚决不做超越法定权限和违反法定程序的事情，坚决不做损害纳税人合法权益的事情，坚决不做加重纳税人负担的事情。在执法过程中，要坚持公平、公正原则，坚持文明执法，树立和维护税务机关的良好社会形象。

第四，要狠抓工作落实。各项任务要想取得预期的成效，必须狠抓落实。希望各级税务稽查部门要以抓铁留痕的精神抓好四个落实。一是责任落实。要把每一项工作、每一个环节和每一项措施逐项落实人员责任，做到人人有责，适时问责，严格追责。二是项目落实。无论是案件查处、税收专项检查还是重点税源企业检查，都要细分项目，把每一个项目落实到人，提出质量要求和时限要求，实现项目化执法。三是措施落实。完成各项工作任务离不开统筹协调等各项强有力的措施，离不开各方面的支持配合，离不开人力、物力的充分保障。希望各级稽查部门要充分考虑完成各项重点工作任务可能遇到的困难，有针对性地制定和落实各项保障措施，为稽查执法提供强有力的支持。四是成果落实。要尽可能地量化各项重点工作的目标成果，以目标的达成度衡量工作绩效，落实任务，使全体同志既能够准确地评价自己已经取得的成绩，又能够明确进一步努力的方向。税务总局稽查局要把税收收入占比较大省份作为重点地区加大工作督导力度，确保全国范围内圆满完成上述重点工作任务。

最后，借此机会向半年来为税收工作和稽查工作付出艰苦努力的各位和全国稽查人员表示衷心感谢。希望大家认清形势，坚定信心，勤奋工作，再创佳绩。

在全国税务稽查局长培训班上的讲话

马毅民

（2013 年 5 月 8 日）

同志们：

刚才，建国局长（国家税务总局稽查局副局长刘建国，编者注）就今年稽查工作的主要安排和具体要求进行了非常详尽的阐述，我完全同意。下面，我想对如何做好今年的税务稽查工作讲几点意见：

一、今年一季度工作的基本情况

今年一季度，全国税收收入 27399 亿元，同比增长 6%，增速比去年同期回落 4.3 个百分点；各地税务稽查机构共检查企业 2.5 万户，同比减少 3.6 万户；入库查补收入 133.6 亿元，同比减少 8.6 亿元，减幅为 6%。

税收收入增速回落与我国经济增长趋缓、需求乏力、出口额下滑以及实施结构性减税有关。稽查机构检查户数和入库查补收入同比减少，说明我们的工作力度有所减弱，需要引起我们的高度重视。

二、稽查工作面临的形势

从近些年全国国地税稽查工作总体来看，无论是依法行政水平、稽查查补收入、稽查干部素质、案件查办质量、信息化程度、稽查装备等，各方面都比过去上了一个台阶，全国稽查的整体工作我是基本满意的。

但是，当前各类税收违法案件仍然呈现多发和高发状态，特别是部分地区虚开增值税发票和骗取出口退税问题比较严重。一是从近几年查处虚开增值税专用发票案件情况来看，虚开金额越来越大，涉案企业越来越多，涉案地域越来越广，作案主要手段向“票货分离”“变票”等手法转变，违法活动集团化、信息化、职业化，跨区域作案趋势明显，虚开源头由沿海地区向内陆地区转移；二是从已经查处的骗税案件分析，骗税分子团伙化、骗税手段专业化，骗税涉案地区向内地延伸，骗税高发商品多为高退税率的产品，报关行、货代公司等中介机构成为骗税的关键环节，涉及走私、骗贷等多个领域；三是“营改增”试点后，由于试点地区与非试点地区货运企业及货代企业适用的税收政策不同，非试点地区和试点地区纳税人之间虚开发票、虚增抵扣项目案件迅速增加。4 月 17 日，李克强总理在国务院第 5 次常务会议上专门指示，公安机关要会同税务部门继续严厉打击假发票，下半年要搞一次打击虚开发票、骗取出口劳务退税专项行动。税务总局王军、解学智等局领导部署稽查部门，“为确保‘营改增’改革顺利推进，要严厉打击虚开增值税专用发票和骗取劳务出口、服务产业出口税收违法犯罪活动”；四是从稽查部门面临的内部要求来看，稽查工作任务越来越重，办案标准越来越细，稽查工作的敏感度越来越高，社会关注度越来越深，各项监督越来越严，执法风险越来越大。而稽查现代化建设还需要进一步推进和加强，稽查体制、机制建设还不能完全满足查办重大税收违法案件和开展重点税源企业检查的需要。

4 月底，我们召集部分地区国税局主要负责同志开了一个座谈会，重点就是分析虚开和骗税情况，讨论《关于建立防范和打击虚开增值税专用发票违法犯罪行为长效机制的调研报告》和《关于建立防范和打击骗取出口退（免）税违法犯罪行为长效机制的调研报告》。解局长（国家税务总局党组副书记、副局长解学智，下同）和张总（国家税务总局党组成员、总经济师张志勇）对此事非常重视，亲自到会听取了大家反映的情况、意见和建议，并指示税务总局有关司局要作进一步研究。从税务总局领导对此事的关切程度，也反映出当前虚开和骗税违法案件多发和高发的情况已经到了比较严重的情况。希望大家能够对本地税收违法形势有一个清楚的认识，增强工作的责任感，不能麻木不仁。

三、做好全年稽查工作任务

1. 转变作风，坚定信心，狠抓落实

3 月 26 日，税务总局局长王军在税务总局党组（扩大）会议上作了重要讲话，要求各司局认真学习贯彻中央精神，切实转变作风，安下心来干工作，用起心来搞改革，聚起心来谋发展，把税收事业继续推向前进。这是新任领导对税收工作深入谋划的最新指示。各级稽查局都要结合工作实际，将其作为提升稽查执法能力的重要推动力和抓手予以坚决贯彻落实，把该担当的事情担当起来，把该推进的工作推进起来，把该创新的工作创新起来，工作节奏要扎实有序，工作方法要讲究科学，推进工作要善于突出重点，充分发挥稽查“以查促收、以查促查、以查促管、以查促改”的职能作用。

一是转变作风，克服浮躁。切实抓好自身作风建设，稽查局长要沉得下心，坚持真抓实干，克服工作上的懈怠情绪、畏难情绪、浮躁心理和得过且过的思想，扎扎实实带头钻研稽查业务，率先垂范深入基层，下苦功夫带头突破案件，要成为稽查队伍思想上的领路人、业务上的带头人、行动上的楷模人。

二是坚定信心，提前研判。在当前世界经济复苏缓慢，需求持续低迷的背景下，我国经济将面临总体趋缓的形势。今年全国人大安排的税收收入预算数同比增长是 7.5%，而今年一季度税收收入增长为 6%，中央收入是下降的，同比下降 0.2%。税收工作特别是完成全年的税收收入任务面临着比较大的压力。在这种情况下，稽查部门怎么办，会不会重现 2009 年那样的情况，税务总局党组目前还没有要求。但是，我们稽查部门要增强忧患意识，预先研判形势，把困难估计得更充分一些，努力克服压力大、任务重、头绪多等不利因素，更加周密地做好应对复杂形势的准备。同时要坚定信心、振奋精神，善于把握住各种有利因素，要根据本地税源结构和重点税源情况做好预案，做到心中有数、有备无患。

三是要狠抓落实，确保实效。要把应对措施考虑得更周密一些，把各项重点工作做得更扎实一些，利用好这次培训机会，互相学习借鉴、取长补短，从稽查工作的领导、组织、方案、措施等方面考虑得更周全一些，把工作进度、责任落实得更到位一些，为完成税收组织收入任务和维护税收秩序作出积极贡献。各级稽查局对布置的各项工作，要定期进行督查，逐项抓落实，确保抓出成果、抓出实效，避免只布置不落实或抓而不实。特别是，对于一些重大涉税违法案件的检查督办，不能停留在开会、听汇报或看材料上面，要联系实际出对策、用实招、见成效。举个例子，医药卫生行业发票整治6个督导组的督导工作就较有成效，去全国13个省市的督导工作有效地发现和纠正了部分地区进展不平衡、工作拖沓甚至敷衍了事等问题。

2. 认真完成四项重点工作

建国局长（国家税务总局稽查局副局长刘建国）已经谈了很多，再强调三点，一是尽快拿出全面的工作部署，妥善安排和调度好稽查力量，要做到全面完成，防止顾此失彼。有些同志反映，工作头绪太多，忙不过来。我认为一是要对各项工作有一个总体的认识，周一我在稽查局司务会上仔细梳理了当前稽查的重点工作，一共有10项：要开展一次打击“营改增”中虚假发票专项行动，税收专项检查中指令性项目，17户重点税源企业检查，15个省市打击骗税，医药卫生行业整治，重大案件督办，打击虚开发票和骗税长效机制及报国务院的打击骗税工作报告，筹办打击虚假发票第6次协调会，稽查现代化工作方案，以及全国“营改增”实施中打击虚开发票、骗取劳务出口、服务产业出口税收违法犯罪行动工作方案。

你们也要对这些工作按照重要性排排序，抓重点工作、重点环节，据此合理调配稽查力量，尖子人员干什么，骨干力量干什么，一般人员干什么，尽量做到人尽其才，好钢用在刀刃上，确保重点，兼顾一般。比如说虚开发票和骗税案件是当前查处重大税收违法案件的两个重点，要迅速采取措施，查办一批有影响力和威慑力的重大案件，遏制虚开发票和骗税活动高发趋势。证券、基金公司税收检查是专项检查指令性项目中税务总局领导重点交代和突出关注的项目，特别是证券、基金公司总部所在地密集的北京、上海、深圳等省市务必要做出表率、拿出成绩。二是平衡好执法和收入两个方面。今年税收专项检查和对医疗行业发票整治工作都涉及这一点。比如专项检查中对成品油批发零售企业的检查，不能只查虚开发票不查其他违法，要两者兼顾，要各税统查，有所收获。三是对重点税源企业的检查，不能放任自流，要在企业自查前或企业自查的同时有重点的先跟进一两户企业，只有抓住典型，才能对企业可能发生的税收问题做到心中有数，才能更好地指导企业的自查工作。

3. 全力推进税务稽查现代化建设

4月中旬，我们向解局长专题汇报了稽查现代化建设实施方案。解局长对实施方案作出了重要指示，要求我们分为三个阶段实施。即，2013年的具体工作，今后5年达到的目标和中长期的努力方向。其中特别指示我们要在四省一市稽查管理方式改革试点的基础上，进一步扩大试点范围。基本思路是收缩县局稽查力量，增强省、市级稽查力量，推进市级一级稽查，取消设区市的区一级稽查机构。对于稽查分类分级管理方式，解局长予以充分肯定，指示我们要尽快在试点地区实行这一管理方式，充分发挥稽查工作对重点税源的税收监控作用。希望各地多找几个人才，对世界发达国家稽查体制、机制现状、理论查找资料，开展针对性研究，并报送税务总局稽查局。

4. 积极参与税收征管改革工作

王军局长到税务总局上任后，提出的一个观点就是要把税制改革工作作为当前的重点工作。税收征管改革工作如何搞，税务总局目前仍然在探索阶段，没有形成定论。当前的一个观点是，征管改革就是要形成风险管理机制，对此我们完全同意。但风险管理应由税务局各部门按照征管法和税务总局文件规定的职责共同参与，在征、管、查各环节中，形成一个大的闭环的风险管理机制，而不能搞小而全，以风险管理之名，行“管查一家”倒退之实。我们对深化税收征管改革的态度是非常认真的，一贯支持并积极参与这项改革，近几年推行的一级稽查和分类分级检查，都是深化征管改革的重要措施。但是，我们也认为，深化征管改革是一个不断实践、不断完善、不断扬弃的渐进过程，对切合现实征管的好做法应当坚持并发扬，不应轻率否定和舍弃，更不应刻意图“新”、一味求“变”。有些观点我在多个场合也都表达过，我再重申一下，希望全国稽查系统上下能统一认识：一是当前进一步深化税收征管改革必须要遵循现行《税收征收管理法》及其实施细则确立的分工制约原则；二是深化税收征管改革必须避免多头、交叉、重复税务检查和重迭税收执法；三是税务审计提法于法无据，不可与税务稽查并列存在，只是不同国家或著述的不同提法、不同翻译而已，系统审计无论在实质上，还是形式上，就是税务稽查，应当由稽查局实施；四是纳税评估职责应明确定位为内部管理行为，避免纳税评估部门实施与税务稽查部门内容相近、程序相似的税务检查；五是税收风险管理贯穿于税收征管全过程，应由税务局各相关部门分工实施，风险管理和纳税服务一样是税务局各部门的义务和职责，绝不仅是税务局某一部门的义务和职责，更不可以风险管理为由将某一类纳税人划归某一部门全方位监管。

希望大家在税务总局组织的调研中，积极反映基层税收征管实际情况、稽查工作面临的形势和承担的任务以及税务稽查的基本诉求，这一基本诉求就是各部门都要依法依规履行职责，切实做到依法行政。

5. 大力提升稽查执法能力

解局长在今年的全国税务稽查工作会议上提出要全面提升稽查执法能力。我认为，提升稽查执法能力的核心就是提高稽查人员的业务能力。当然，执法能力的提升需要一定的客观条件和环境，需要规范我们的执法，需要改进我们的工作作风，但归根结底，还是要苦练内功。这里面包括两个方面的含义：一是提高执法水平，也就是发现税收违法情节和固定证据的能力；二是提高执法质量，包括履行程序是否严格，政策执行是否准确，文书使用是否规范等。

各地在这方面做了很多努力，包括人才的培养、使用和激励机制等，形式也是多种多样。有的地区注重领军型人才的发现和培养，有的地方通过擂台赛的方式选拔优秀人才，形成人人争当人才的良好氛围。希望各地多交流，促进稽查执法能力的整体提升。

6. 科学稽查工作绩效管理

科学合理地评价各地区稽查工作绩效是鼓励先进、鞭策后进，促进稽查工作水平全面提升的重要途径。当然，由于各地税源环境、人文环境和地理环境各不相同，在全国范围内建立起评价各省稽查工作的指标体系比较困难，评价起来很难做到客观和公平。但是各省的这种差异要小得多，因而建立健全一整套科学评价稽查工作的考核指标体系相对就比较客观和公平些。我了解，很多地区都有这种考核指标体系，当前需要在指标的科学性上下功夫，既要考核收入完成情况，也要考核案件质量；既要考核班子情况，也要考核队伍的整体素质。要能够全面、真实地反映各地的工作业绩和队伍综合素质。

大家在这里学习非常辛苦，希望大家在学习期间既要学到新东西，又要调整好身心，回去以后能够以更饱满的热情做好今年的税务稽查工作。

2013 年全国税务稽查工作要点

2013 年全国税务稽查工作的总体思路是：深入贯彻党的十八大、中央经济工作会议和全国税务工作会议精神，扎实推进税务稽查现代化建设，努力提高稽查执法能力，突出“四项重点工作”，坚持依法行政，加强队伍建设，不断提高税务稽查工作整体水平，为全面完成税收工作任务作出新贡献。

2013 年税务稽查工作考核指标包括：稽查选案准确率达到 90% 以上；稽查案件结案率达到 90% 以上；稽查查补收入入库率达到 90% 以上；协查信息完整率达到 90% 以上。

一、大力整顿和规范税收秩序

1. 认真开展常规税务检查，强化案源管理。认真履行税务稽查法定职责和授权职责，制定科学合理的年度常规检查计划，提高常规检查工作的主动性、积极性。拓宽选案渠道，通过选案信息系统主动选案、科学选案、准确选案，充分利用征管信息、协查数据、第三方信息等案源信息，筛选出纳税零申报、负申报、低税负企业和“长亏不倒”企业以及连续多年未开展检查的企业等纳税疑点企业作为稽查案源，防止苗头性问题演变成趋势性问题。选择部分社会热点、新型产业和征管监管薄弱行业开展调研式检查，及时发现企业避税、逃税的手段和方法，为开展全面检查提供可靠依据。

2. 严厉查处重大税收违法案件。继续保持对税收违法犯罪活动的高压态势，加强上级稽查局对下级稽查局案件查办和异地协查的指挥力度，督促落实大要案件报告制度、重大案件督办管理办法，提高受理案件的反应力、查处案件的打击力、督办案件的结案率和案件曝光的影响力。联合公安部、海关总署等部门部署开展打击虚开增值税专用发票和骗取出口退（免）税违法犯罪行为的专项行动，联合督办查处一批重大涉税案件。重点查处成品油、煤炭、运输和现代服务业等行业存在的虚开发票问题，重点查处利用电子、家具、服装类产品等骗取出口退（免）税违法行为。加强“营改增”试点地区税务稽查风险防范和案件查处工作。始终树立协查地就是案发地的理念。在案件查处过程中，要注重发挥国税、地税稽查合力。探索建立防范和打击虚开增值税专用发票、骗取出口退（免）税违法犯罪行为的长效机制。

3. 科学部署税收专项检查和区域税收专项整治。税收专项检查指令性项目：①成品油批发、零售企业；②办理电子、家具、服装类产品等出口退（免）税的企业；③证券公司、基金公司。

税收专项检查指导性项目：①房地产业、建筑安装业；②承接出口货物业务的货代公司、报关公司（报关行）；③资本交易；④中介、培训服务机构；⑤高收入者个人所得税。

各地应结合实际情况对“营改增”地区货运货代企业、农产品加工企业、矿产品（包括煤炭）采选经销企业及走逃、注销企业等虚开发票易发、多发行业开展区域税收专项整治。税务总局选择部分地区直接督导整治工作。

4. 有序开展重点税源企业税收检查。继续对近几年未检查过的重点税源企业按照行业和税收风险类别等级确定检查重点，促进企业提高纳税遵从度。对全国性重点税源企业的检查，要强化税务总局牵头、多省联动、国税、地税联合的督导协调和省际稽查联动协作机制，继续推行查前辅导、查中约谈，以自查为先导、抽查与重点检查相结合的检查方式，做到上下联动、政策统一、查深查透。省（区、市）、市级稽查局要根据当地重点税源企业纳税和税收风险类别等级，选择当地部分重点税源企业开展税收检查工作。

5. 深入开展打击发票违法犯罪活动工作。按照“打击与建设相结合、治标与治本相结合”的原则，会同相关部门认真落实全国打击发票违法犯罪活动工作协调小组确定的各项制度建设和根本性措施，建立综合整治发票违法犯罪活动的长效机制。继续做好全国打击发票违法犯罪活动工作协调小组办公室、药品、医疗器械生产经营单位和医疗机构发票使用情况专项整治工作办公室的协调沟通、督促指导作用，实施社会综合治理工作考核评比。结合税收专项检查、区域税收专项整治、重点税源企业检查和税收违法案件检查，认真开展虚假发票“买方市场”整治工作，除会同卫生部、国务院纠风办等部门继续组织做好对药品、医疗器械生产经营单位和医疗机构发票使用情况的检查外，对金融、保险、电信、电力、房地产与建筑安装、商业批发和零售以及普教以外的营利性教育培训等行业开展发票使用情况的重点检查，做到“查账必查票”“查案必查票”“查税必查票”。积极会同公安部门加大制售假发票“卖方市场”的打击力度，联合查办一批发票犯罪大要案件。积极配合通信管理、公安、工商等部门开展发票违法信息的整治工作。

6. 切实加强协查工作。要把协查信息管理系统作为案件信息传递和异地取证的重要工具，发挥协查系统快速、便捷、实时监控的优势为案件查处服务。在地税稽查系统逐步推广应用协查系统，将货物运输发票纳入协查系统，完善税务稽查案例库业务需求。除另有规定外，能够通过协查系统发起的增值税抵扣凭证协查，一律通过协查系统开展。加大稽查协查工作的考核力度，进一步提高协查选票准确率、按期回复率和信息完整率。税务总局重点考核税务总局督办案件和税务总局组织发起协查案件的协查质量并定期通报。各省级国税局稽查局要进一步加大对协查发函、受托回函情况的监控力度，既要监控委托协查准确率、受托协查的按期回复率，也要监控协查的信息完整率、回函的质量。

二、坚持依法稽查文明执法

7. 着力完善稽查制度体系。深化贯彻《国务院关于加强法治政府建设的意见》，建立健全适应稽查工作现代化的稽查制度规范，为推进依法行政、规范稽查执法行为提供制度保障。积极参与《税收征收管理法》及其实施细则修订工作。调研起草、印发《重点税源企业轮查管理暂行办法》。在四省一市试行的基础上，在全国推广实施《税务稽查分类分级管理暂行办法》。草拟、印发《税务稽查案卷管理暂行办法》。起草论证《税收违法案件异地协助调查取证及执行管理暂行办法》。协同中央司法机关起草论证涉税刑事司法解释。会同公安部门进一步探索警税协作机制，调研拟定改进和加强警税协作执法制度。调整设计稽查相关文书式样。

8. 着力规范稽查执法行为。依法稽查、文明执法理念是稽查执法的生命线。坚持稽查执法的公正与效率，提高文明执法水平，更加尊重和保护纳税人合法权益。严格依照法定权限和法定程序实施稽查，增强执法的统一性和规范性，加强对税务稽查内部选案、检查、审理、执行四个环节工作环节的监督制约。强化稽查执法质量意识，细化办案质量标准，严格审核证据和适用法律，坚持重大税收违法案件集体审议制度，确保权限合法、程序无误、事实清楚、证据确凿、定性准确、处理得当。

9. 着力改进为纳税人服务工作。坚持“执法＋服务＝纳税遵从”理念贯穿稽查工作始终。一方面加大执法刚性、依法查处税收违法行为，另一方面改进执法方式方法，注重运用宣传、疏导、教育等柔性执法手段，为守法纳税人提供优质服务。积极推行国税、地税联合检查，减少重复检查。提高稽查执法透明度，提示税收违法风险，充分听取纳税人意见，主动接受社会监督，切实保障纳税人的知情权和监督权。加大对涉税案件的打击力度和曝光力度，发挥税务稽查的教育、惩治、警示、震慑效应。

10. 着力提高检举案件管理质量。贯彻落实《税收违法行为检举管理办法》，实施检举案件分类处理，明确分类权限和程序，抽查交办案件检查处理情况，提高检举案件管理和查处质量。引导检举人准确检举税收违法行为，树立稽查窗口良好形象。严格为检举人保守秘密，依法确认、计算和兑付奖金，积极为检举人兑奖提供优质服务和方便。做好检举案件的矛盾化解、疏导、说服工作。

三、积极推进税务稽查现代化、国际化建设

11. 深入推进稽查现代化、国际化建设理论研究和实践。积极参与税收征管模式改革工作，修订完善税务稽查现代化建设实施方案，大胆探索和积极实践税务稽查现代化、国际化建设，加强稽查国际业务交流，拓宽稽查人员国际化视野，对税务稽查管理体制、组织架构、法律架构、制度保障、技术手段、工作方法等稽查各要素持续进行现代化改造，逐步实现税务稽查的法律体系法治化、组织机构扁平化、人才队伍专业化和稽查手段信息化，显著提升稽查现代化、国际化水平。

12. 深化税务稽查管理方式改革。鼓励各地国税、地税开展稽查管理创新，进一步加快稽查管理方式改革步伐，合理调配管理与稽查之间的资源配置，加强对重点税源企业和重大税收违法案件的检查力度。在国税系统总结和推广四省一市税务稽查管理方式改革试点工作经验。进一步调整、充实省、市两级稽查力量，做强省级稽查局；全面推行市（地）级一级稽查体制，做实市级稽查局。因地制宜发挥好县级稽查局职能。职责制宜初步构建适应税源日益集中和企业跨地区、跨行业经营的稽查资源配置模式和管理机制。

13. 全面推行税务稽查分类分级管理。实施分类分级稽查管理方式，按照税源分布结构和税收风险等级，赋予不同层级稽查局相应的执法任务，使稽查人力、物力、财力等稽查资源与稽查执法对象的分布相对应。税务总局稽查局和省局稽查局负责对重点税源企业和重大税收违法案件的稽查工作；市、县局稽查局负责对中小企业、个体工商户、个人（非重点税源）实施常规检查和一般税收违法案件的查处。

14. 强化稽查系统办案管理。始终树立协查地就是案发地的理念，明确相互职责和协作流程，提高税收违法案件异地协助调查取证及执行管理水平。以案件查办质量为纽带，

加强对虚开发票和骗取出口退税案件多发、税收秩序较为混乱地区的工作督促指导力度，强化上级稽查局的案件查办指挥权，做到令行禁止、指挥有力。继续建立健全国、地税稽查协作机制，提倡联合检查，提高对共管户的信息交换和税收专项检查、区域税收专项整治及大要案件查处的协作水平，及时办理案件移交，确保查补税款足额入库。

15. 大力创新稽查方法手段。完善稽查信息基础管理，提高举报软件和协查软件应用水平，逐步建立完善包括税收违法企业信息库在内的稽查案源管理系统、以预警指标为基础的预警模型分析系统。鼓励各地使用查账软件和数字化检查工具等现代化手段，提高对信息化管理企业的稽查办案能力，有效应对企业利用电子账簿虚假记账、隐匿或销毁电子账簿的违法情况。国税稽查系统对大中型企业等会计核算较为健全的纳税人全面推广应用稽查审计型检查工作底稿模式，地税稽查系统开展审计型检查工作底稿模式的试点工作。深化稽查成果运用，应用税务稽查案例库，发现和总结作案新手段和违法新情况，加强重大案件、复杂疑难案件、复议诉讼案件的案例分析，形成有指导意义和参考价值的典型案例。

16. 完善部门协作办案机制。继续建立健全与征管、法规、税政和电税中心等部门的良性互动机制。巩固完善税警协作办案机制和情报交换制度，发挥打击涉税违法犯罪的合力优势。进一步会同公安、海关等部门完善打击骗取出口退（免）税联合工作机制。拓宽第三方信息获取渠道，探索建立与公安、海关、工商、银行、外汇管理、审计等相关经济管理部门及司法纪检部门的信息共享与沟通协作机制。

17. 严格稽查办案专项经费管理。认真贯彻《税务稽查办案专项经费管理暂行办法》和《财政部关于印发〈中央财政对地方税务部门专项补助经费管理暂行办法〉的通知》，严格遵循专款专用、厉行节约的原则管理、使用稽查专项办案经费。加大对一线稽查办案和基层稽查办案的经费投入，逐步加大稽查办案设备、科技装备投入，夯实稽查工作现代化发展的物质基础。提高稽查办案专项经费使用效益，加大对经费预算执行进度的管理，坚持大要案件查办和异地协查的数量、质量等工作实绩与稽查办案经费挂钩。加强稽查专项办案经费的管理和使用监督，纠正超权限审批、超范围使用、超标准支出办案专项经费行为。

四、强化税务稽查队伍建设和廉政建设

18. 加强稽查整体力量。坚持以人为本，研究制定中长期稽查人才培养战略规划，注重培养掌握选案分析、重大案件查处及重点行业检查技能的现代化人才。规范稽查人员入口和出口管理，保障稽查队伍基本稳定。落实人才奖励制度，对在稽查执法中作出贡献的优秀人才予以表彰奖励。调整充实稽查人才库，强化各级稽查人才配置和管理，进一步提高稽查人员占税务人员的比例；进一步提高一线检查人员占全体稽查人员的比例；进一步提高具备独立查账能力人员和电子查账能力人员占一线检查人员的比例；进一步提高拥有注册税务师、注册会计师、律师（三师）资格人员比例。

19. 提高稽查队伍整体素质。以公正合法为核心、以专业化为导向强化对稽查人员的教育、管理、监督，建设适应稽查工作现代化、国际化需要的稽查队伍。税务总局加强处级以上稽查干部和稽查专家型人才的培训工作，举办资本交易、查处骗取出口退（免）

税、稽查信息化等项目培训班，提高对重点税源企业的检查质量。省级稽查局要重点开展针对提高稽查干部的税收政策水平、法律素质、查账技能等实用型培训，重视稽查人员调查取证、电子税务稽查和执法办案策略的训练。

20. 探索完善稽查执法内控机制。初步建立以预防、监督、持续改进为核心的稽查执法内部监控机制，通过跟踪管理、内部监督、外部监督等手段，加强对稽查运行全过程的监督制约。建立完善高效、标准的稽查岗位流程，有效监督选案、回避、检查时限、案件撤案、调查取证、税收保全、税收强制执行、结案等流程，加强对稽查执法风险的有效控制。深入开展廉政执法教育，教育和警示广大稽查干部筑牢反腐倡廉的思想防线，提高廉洁自律意识，严于执法、廉洁奉公。

税务稽查　十年之路不寻常
理念创新　实践改革不止步

十年（2003—2012 年）来，在国家税务总局的正确领导下，全国各级税务稽查部门和广大税务稽查干部紧紧围绕税收中心工作，切实履行了整顿规范税收秩序的法定职责和授权职责，依法查处涉税违法案件，深入开展税收专项检查和专项整治，有效组织重点税源企业税收检查，严厉打击发票违法犯罪活动，积极推进稽查现代化建设，有力地促进了税收秩序的好转，保证了税收收入的平稳较快增长，充分发挥税务稽查以查促查、以查促管、以查促收和以查促改的职能作用，较好地完成了税务总局交办的各项工作任务，取得了显著的成绩。

一、以查促收成绩显著

2003—2008 年，中国税务稽查年平均查补入库在 400 亿元以下。2009—2012 年，中国税务稽查加大力度、勇挑重担、狠抓重点，稽查查补入库收入迈上新台阶，创造历史新起点，跃升到千亿元左右。2009—2012 年查补入库额分别为 1176 亿元、1140 亿元、957 亿元、1213 亿元。

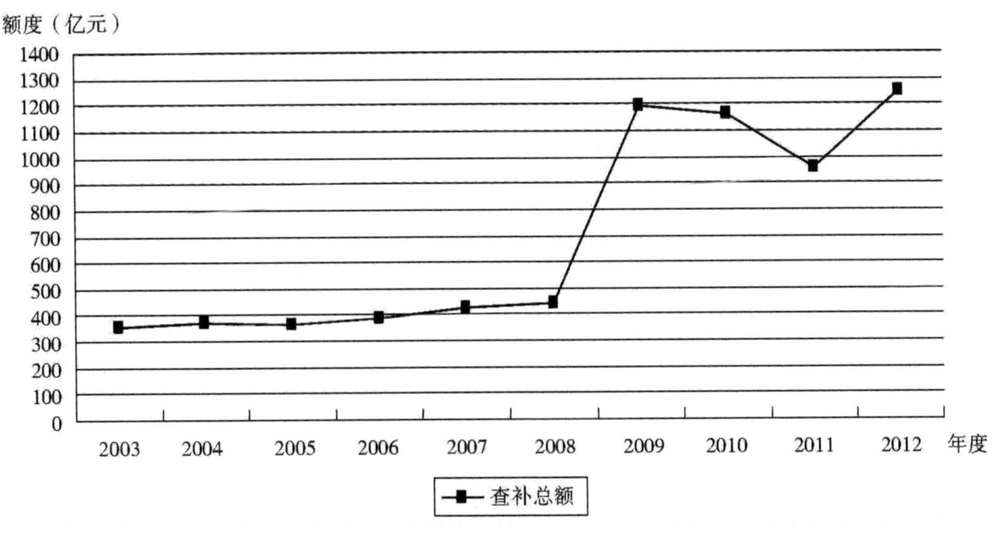

图 1　2003—2012 年全国税务稽查查补总额情况图

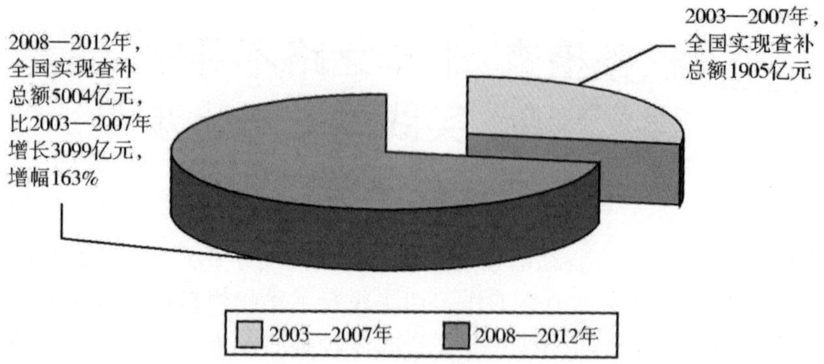

图2　2003—2012 年全国税务稽查查补总额示意图

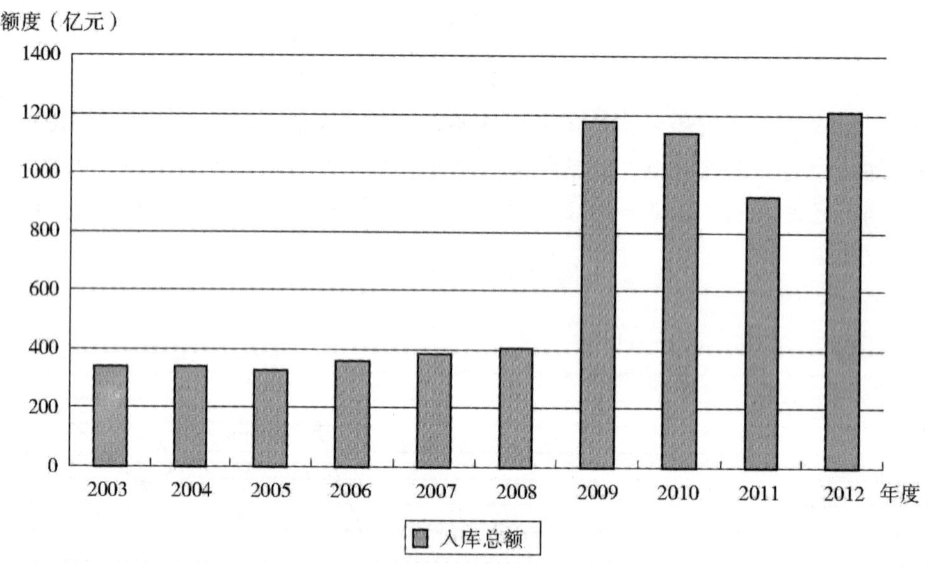

图3　2003—2012 年全国税务稽查入库总额情况图

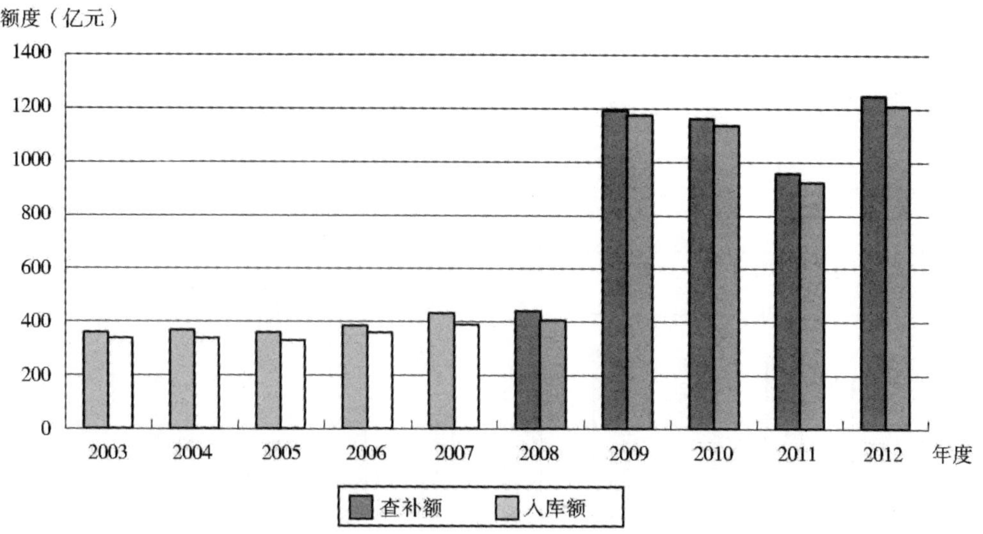

图 4　2003—2012 年全国税务稽查查补和入库额情况图

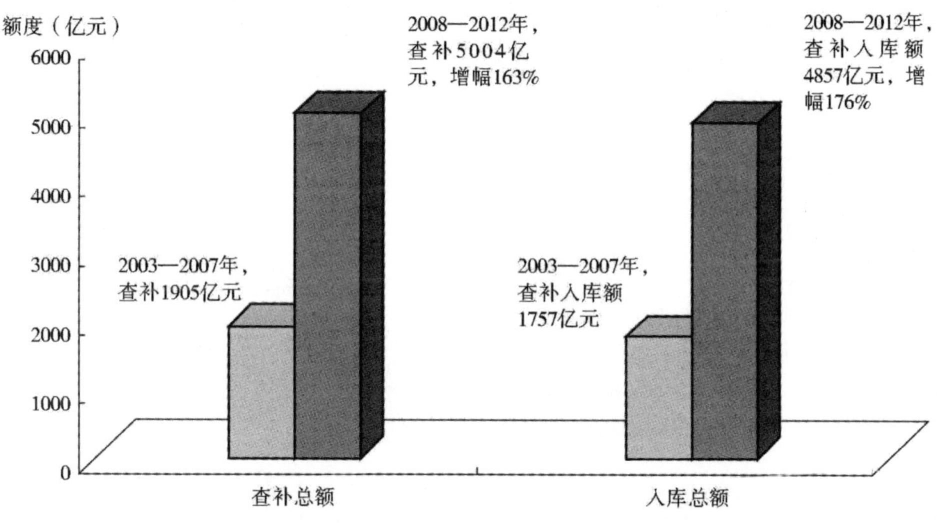

图 5　2003—2012 年每 5 年稽查查补和入库额比较

二、严厉查处重大涉税案件

以“利剑二号”“雷霆一号”“闪电一号”“纵深行动”、利用黄金交易虚开增值税专用发票案、山东“2・24”虚开成品油增值税专用发票案、“8・27”收网行动等为代表的一大批重大案件得到彻底查处，一些地区、一些行业虚开发票、骗税、偷税蔓延的趋势得到有效遏制，震慑效果显著。2003—2012 年全国税务稽查查补税款达到百万元、千万元和亿元以上案件数量呈逐年上升趋势。

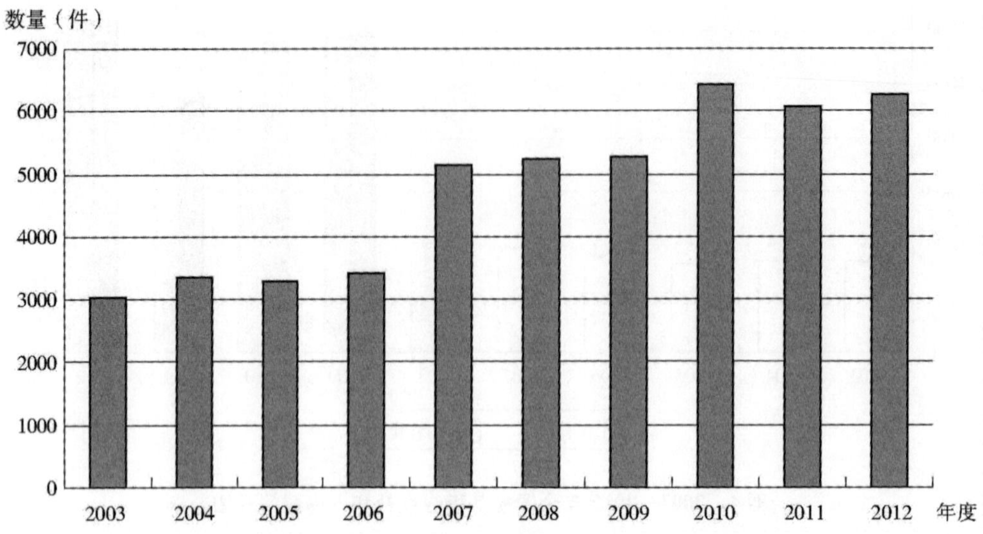

图 6　2003—2012 年查补税款百万元以上案件趋势图

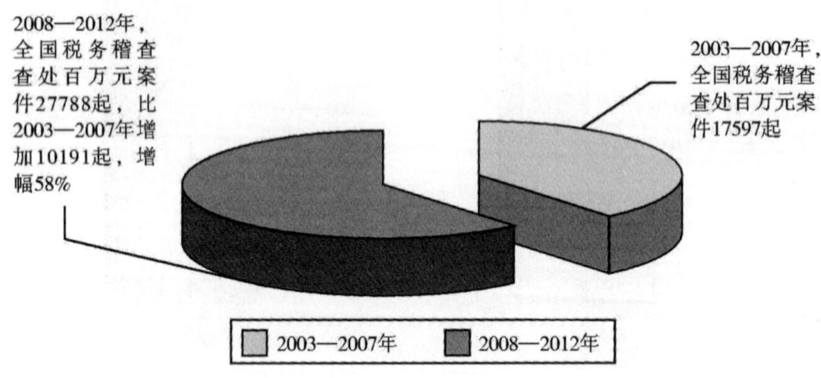

图 7　2003—2012 年每 5 年查补百万元以上案件比较

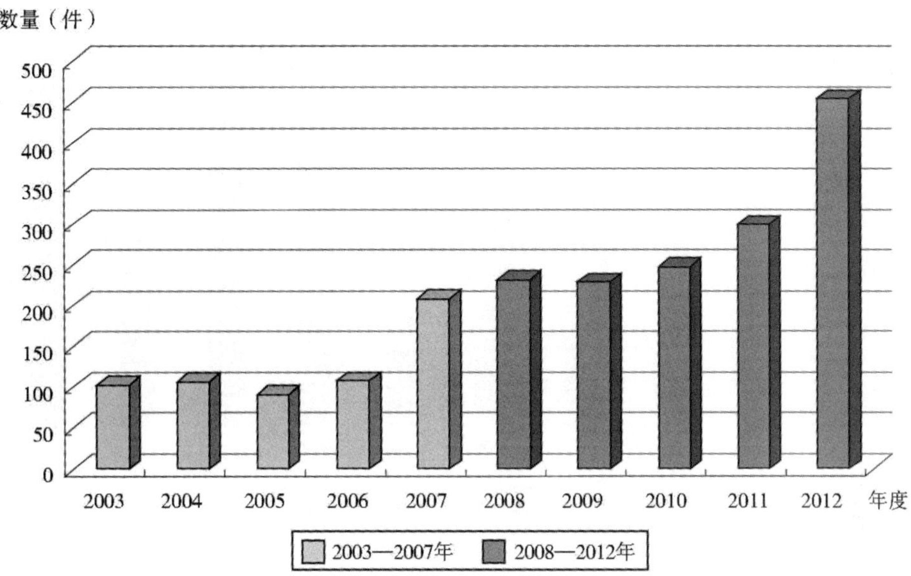

图 8　2003—2012 年查补税款千万元以上案件

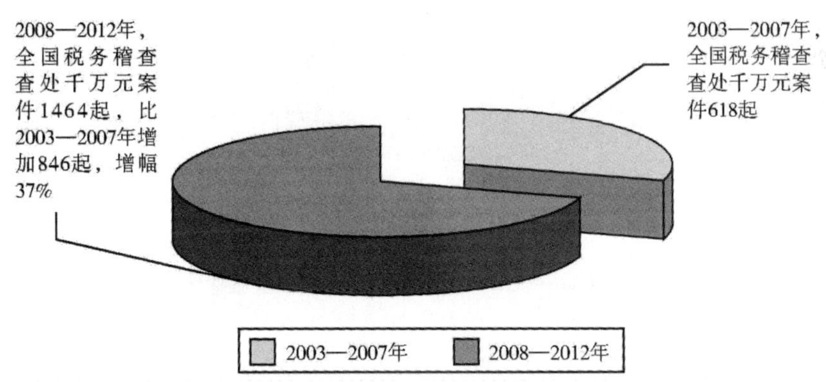

图 9　2003—2012 年每 5 年查补千万元以上案件比较

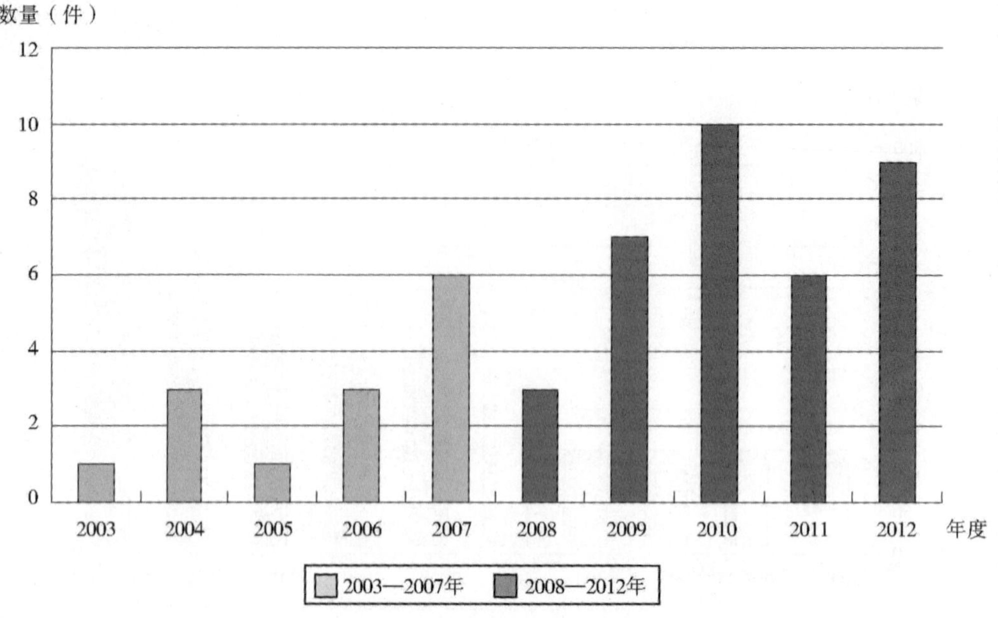

图 10　2003—2012 年查补税款亿元以上案件

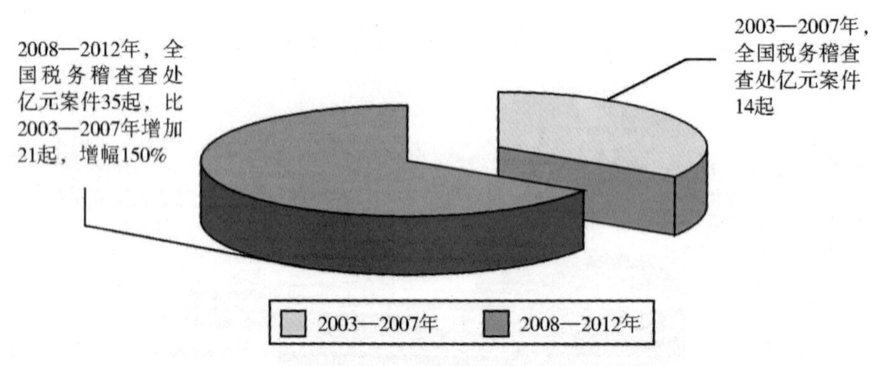

图 11　2003—2012 年每 5 年查补亿元以上案件比较

三、税收专项检查整顿税收秩序成效明显

十年来，各级税务稽查部门持续不断地集中力量对税收秩序相对混乱的行业开展税收专项检查，集中整治了房地产及建筑安装业、大型连锁超市及电视购物企业、通信业、金融保险业、煤炭生产及运销企业、废旧物资回收经营企业及用废企业、资本交易、出口退（免）税企业、高收入行业及个人的个人所得税，共查补收入 3136.13 亿元，为国家挽回了巨额税收损失。在检查要求、项目确定、检查频率上，经历了从指令性到指导性、从自上而下到自下而上、从每年两次到每年一次的转变，显著地提高了专项检查的质量和效率，收到了检查一个行业、清理一个行业，整顿一个行业、规范一个行业税收秩序的良好效果。

如近年来对限售股解禁的检查填补了资本交易项目检查的空白，为完善税收政策、堵塞征管漏洞提供了重要依据；房地产行业的税收检查，基本摸清了房地产行业的成本结构和财务状况，为有关部门决策提供了重要参考。区域税收专项整治工作重点治理了广东潮汕、河北枣强、安徽界首、湖北荆州、内蒙乌海等地区，有效地整顿了当地虚开农产品收购发票、运输发票和增值税专用发票、骗取出口退税等混乱状况。

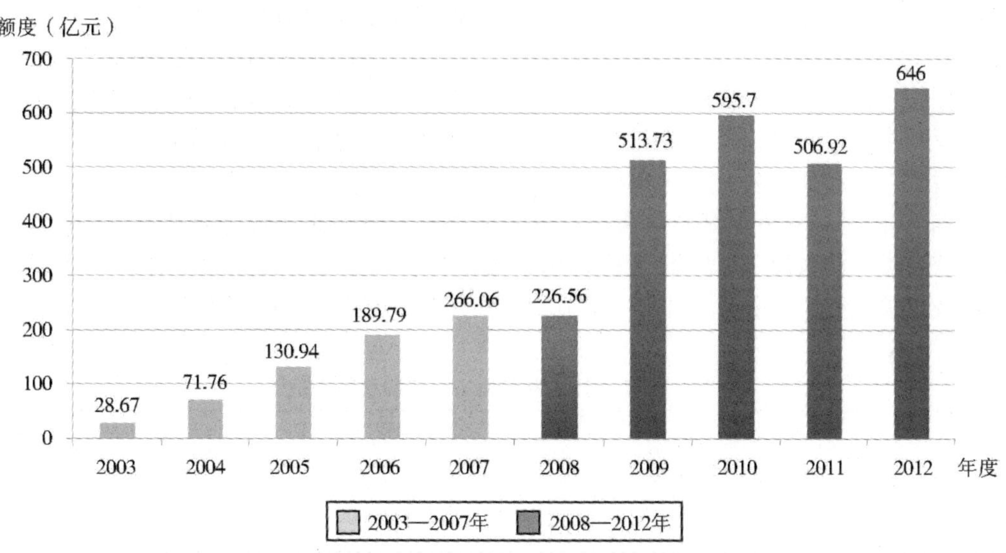

图 12　2003—2012 年查补税收收入

四、重点税源检查提高企业纳税遵从度

自 2006 年起，为加强对重点税源企业的监控，税务总局统一组织对包括铁道、金融、保险、通信、石油、石化等行业的 150 多户重点税源企业实施税收检查，已查补入库税款 600 多亿元。对重点税源企业开展检查是适应我国经济发展水平、服从服务于税收中心工作大局、提高稽查工作的质量效率、提高纳税人税法遵从度、与国际惯例接轨的必然选择，对于进一步强化税务稽查职能，促进重点税源的监管起到了积极的作用。逐步摸索出一套由税务总局统一牵头、全国联动检查的全新重点税源企业检查模式，不仅解决了汇总纳税和属地管理之间“看得见的管不着、管得着的看不见”的矛盾，强化了税务机关对大型企业集团的税收监控与管理，为保障税收收入作出了贡献，而且帮助企业化解了潜在的税收风险，有效地提高了其纳税遵从度，在同行业中起到了良好的示范作用。

五、严厉打击发票违法犯罪活动

2008 年 11 月，根据国务院文件精神，成立了由国务院副秘书长任组长、包括税务、公安、财政、工信等 17 个部委组成的全国打击发票违法犯罪活动工作协调小组，协调小组办公室设在税务总局稽查局，组织协调各部门、各地方在全国范围内对发票违法犯罪进行综合整治。各地区、各有关部门坚决贯彻落实国务院和协调小组的统一部署，精心组织，通力合作，形成严厉打击发票违法犯罪高压态势，积极探索建立整治发票违法犯罪活动的长效工作机制，逐步形成群防群治的工作局面。一是深入开展整治非法印制、销售、代开、购买、使用发票等一系列专项行动，对兜售、贩卖假发票重点部位进行集中整治，重拳打击虚假发票“卖方市场”。二是创新方法，将打击发票违法犯罪活动工作与开展税收专项检查、区域税收专项整治、重点税源企业检查、税收违法案件查处工作相结合，切实做到“查税必查票”“查账必查票”“查案必查票”，“买方市场”整治工作取得明显成效。三是完善发票管理机制，加强普通发票日常管理，从源头上防范发票违法犯罪。四是通过各种形式广泛宣传发票知识，及时曝光大要案件，在媒体上专题报道，播放公益宣传片，教育规范纳税人，引导社会公众。

根据统计，自2009年以来，全国共查处制售假发票和非法代开发票案件26.61万余起，查获各类非法发票12.37亿余份，捣毁发票犯罪窝点1.1万个，打掉作案团伙3497个；税务机关查处违法受票企业28.31万户，直接为国家挽回税收损失235.37亿元。

表1　　2009—2012年打击发票违法犯罪活动数据统计

项目＼年度	2009年	2010年	2011年	2012年	合计
案件（万起）	2.17	4.43	9	11	26.61
发票（亿份）	0.92	6.6	3.5	1.35	12.37
端窝点（个）	1498	3291	4771	1388	10948
打掉团伙（个）	844	1593	400	660	3497
检查户数（万户）	2.83	7.48	8	10	28.31
挽回损失（亿元）	16.96	45.9	71	101.51	235.37

六、改革创新之路不止步

十年来，中国税务稽查坚持实践稽查现代化建设，走出了一条成功的改革创新之路，理念不断创新，体制更加健全，制度更加完备，检查更加高效，队伍素质更加提高，基本建立了适应我国税收征管现实的稽查体制，为稽查执法工作有效开展和系统管理水平全面提升提供了有力保障。

理念不断创新。牢固树立依法治税理念，把依法行政作为稽查执法的基本准则。牢固树立人本理念，既注重维护纳税人权益，将“执法＋服务＝纳税遵从”理念贯穿稽查工作始终，又注重体现组织对稽查干部的关怀，以实现人力资源的优化及合理配置。牢固树立风险理念，积极探索税务稽查风险管理的特点和规律，实施税务稽查风险管理。牢固树立绩效理念，既注重提高税务稽查的工作质量和效果，又注重稽查管理资源优化配置，节约税收稽查成本和纳税成本，提高税收行政效率。

体制更加健全。省以下稽查局的独立执法地位得到确立，解决了长期困扰稽查执法的根本性问题，为进一步规范稽查体制奠定了法律基础。稽查工作凝聚力不断增强，全国国税稽查部门先后完成了市（地）、县两级稽查机构级别调整，实现了稽查组织体系改革的历史性突破。稽查体制和管理模式不断创新完善，共有70%左右的市级国税局和地税局实现市（地）级一级稽查模式，稽查取证标准和处理处罚尺度更加统一，稽查执法更加公平，稽查工作成效更加突出。

制度更加完备。修订、制定了《税务稽查工作规程》《税务稽查办案专项经费管理办法》《重大税收违法案件督办管理暂行办法》《关于加强国家税务局和地方税务局稽查协作工作的意见》《全国统一执法文书式样》《涉税举报管理办法》《增值税抵扣凭证协查管理办法》，从制度上为稽查执法工作有效开展和系统管理水平全面提升提供了有力保障。协同立法机关起草论证的《刑法》第201条“逃避缴纳税款罪”条款修正案，获得全国人大常委会通过，稽查执法的法律保障更加充分，对税收违法犯罪行为的威慑作用进一步增强。

检查更加高效。积极探索分类分级稽查方式，明确了省、市、县三级稽查局的检查对象，稽查资源配置更加合理，稽查执法针对性更加显著。稽查方式方法逐步改进，在检查大型企业集团时推广应用审计式检查工作底稿模式，自查抽查和重点检查相结合、政策辅导和工作督导相结合的检查方式，不仅降低了稽查成本，提高了工作效率，而且减轻了企业负担。稽查信息化不断推进，协查系统在发票协查中发挥重要作用，对信息化管理企业检查和发现问题的能力不断提升。

队伍素质更加提高。中国税务稽查从改革发展初期的步履维艰，到今天的小有所成，其间凝聚了全国稽查干部的智慧和心血。税务稽查全体干部在承受巨大压力、经受严峻困难和挑战的情况下，以高度的责任感和使命感，忘我的工作热情书写了稽查工作新的历史篇章。税务稽查队伍活力更加迸发，整体素质取得了新提高，逐步形成稽查领军人才、行业检查骨干和人才后备力量合理搭配的稽查人才队伍。实践证明，稽查队伍是一支听指挥、能战斗、讲奉献，在关键时刻可以委以重任的队伍。

十年磨一剑，今朝显锋芒。作为我国税收征管的最后一个环节和最后一道屏障，作为税收遵从管理体系的重要支撑，这把稽查利剑将永远高悬于不法分子的头顶之上，担负起有效维护税收秩序、提高纳税遵从、保障税收收入的重要职责，从而为营造公平的税收竞争环境、提升税收管理现代化水平、完成税收组织收入任务作出积极贡献。

第 二 篇

全国税务稽查工作

全国税务稽查工作综述

【总体情况】　2013年，税务总局稽查局砥砺前行、奋发有为，围绕税收中心工作，服务经济社会发展大局，依法履行职责，大力推进稽查现代化建设，严厉打击虚开发票、骗税、偷逃税等违法行为，牵头组织税收专项检查和区域税收专项整治，组织重点税源企业开展税收检查，有针对性地开展了打击骗取出口退（免）税、打击“营改增”试点行业虚开增值税专用发票违法犯罪活动和打击发票违法犯罪活动三项专项整治行动，充分发挥了维护税法尊严、规范税收秩序、促进税收征管、增加税收收入的积极作用，为推动税收事业的不断发展提供了有力保障。2013年，全国各级税务稽查部门共检查纳税人17.68万户，入库稽查查补收入（含税款、滞纳金和罚款）连续第五年超过1000亿元，创造了查补收入1284亿元、入库1234亿元的历史最高水平，分别比上年同期增加34亿元、23亿元。

【重大税收违法案件查处】　2013年，税务总局稽查局积极指导并督促各地税务稽查部门认真落实查大案、严执法的稽查工作要求，进一步加大对虚开增值税专用发票和骗取出口退（免）税违法犯罪活动的打击力度，查办了一批国务院、中纪委领导交办和审计署等部门转办的税收违法案件。全国各级税务稽查部门共立案查处税收违法案件17.59万起，查补入库收入567.7亿元。税务总局稽查局共直接组织查处和督办206起重大税收违法案件，广州“7·05”系列骗取出口退税案件、上海“4·21”特大骗取出口退税案、珂兰商贸有限公司涉税案、河北“1·29”虚开发票案、黑龙江“5·15”虚开发票案、“闪电二号”“闪电三号”和“闪电四号”打骗行动等一大批重大税收违法案件得到有效查处。

通过打击骗取出口退税、打击“营改增”试点虚开发票和整治发票违法犯罪活动三项专项行动，有力地推动了重大案件查处工作，打击和震慑了各类税收违法犯罪活动。其中，与公安部联合开展的“8·27”打击骗取出口退税专项行动共破案172起，涉案金额92亿元；“营改增”试点行业虚开增值税专用发票违法行为专项整治行动共检查纳税人6858户，查补税收收入2.89亿元，确保了以“营改增”为重点的税制改革顺利推进。

【税收专项检查与区域税收专项整治】　2013年，税务总局印发了《关于开展2013年税收专项检查工作的通知》（税总发〔2013〕8号），部署了税收专项检查与区域税收专项整治工作。

2013年税收专项检查部署成品油批发、零售企业，部分办理出口退（免）税的企业，证券和基金公司3个指令性项目，以及房地产、建筑安装业，承接出口货物业务的货代公司、报关公司（报关行），资本交易项目，中介、培训服务机构，高收入者个人所得税等5个指导性检查项目。

全国各级税务机关共直接检查和组织纳税人自查31.8万户，查补收入共计618.64亿元。在区域税收专项整治中，各地共检查纳税人2.6万户，同比增加1.2万户。其中，“营改增”专项整治共检查试点企业6958户，查补税款3.9亿元，移送公安机关251户。税收专项检查和专项整治工作取得了显著成效：一是有力查处了一批重大税收违法案件，规范了部分行业和地区的税收秩序；二是通过对交通运输企业的“营改增”专项整治，保障了改革试点工作顺利运行；三是深化稽查数据增值利用，归纳行业税收流失风险特征，使检查成果有效转化为加强税收征管的重要依据。

【重点税源企业检查】　在以监控税收流失风险为目的的重点税源企业检查中，税务总局继续推行查前辅导、查中约谈，以自查为先导、以重点检查为保障的检查方式，共组织对17户重点税源企业开展检查，查补收入67.8亿元；各地共对2.8万户重点税源企业开展检查，查补收入162.6亿元，有效规范了被查大型企业集团的纳税行为，减少了重大税收流失风险。

【打击发票违法犯罪活动】　2013年，根据全国打击发票违法犯罪活动工作总体部署，税务总局会同公安部在全国范围内组织开展打击整治发票违法犯罪专项行动，集中梳理发票违法犯罪线索，联合督办了300多起重大发票违法犯罪案件。据统计，全国共查处制售假发票和非法代开发票案件9.1万起，查获各类非法发票1.3亿份；税务机关查处违法受票企业 8.9 万户，查补收入 138 亿元。

根据纠正医药购销和医疗服务中不正之风部际联席会议的要求，自 2012 年 8 月以来，税务总局会同有关部门在全国范围内对药品、医疗器械生产经营单位和医疗机构的发票使用情况开展专项整治，严厉查处医药购销领域发票违法行为。据统计，共核查医疗机构 6599 户，检查药品、医疗器械生产经营单位和营利性医疗机构 3.3 万户，查处违法企业 1.2 万户，涉及非法发票 43.7 万份，查补收入 36.9 亿元。

【稽查现代化、国际化建设】 2013 年，税务总局稽查局积极参与进一步深化税收征管改革工作，多次就税务总局税收征管改革方案提出独到、建设性意见，建议继续贯彻实施分工制约原则、检查归口管理原则、明确划分职责。学习借鉴国外税务稽查模式，反复研究、修改完善稽查现代化建设研究报告和实施方案，分析当前税务稽查工作的诸多制约因素，详细阐述稽查环境法治化、稽查组织体系扁平化、稽查执法环境与模式建设、稽查队伍专业化、稽查执法工作运行机制科学化、稽查执法业务国际化等内容。税务总局在四省一市进行的稽查管理方式改革平稳运转，成效明显，2013 年四省一市比上年查处百万元以上案件增加 317 起，检查重点税源企业增加 192 户，查补收入和入库查补收入分别增加 27 亿元和 18.8 亿元，人均查补税款增加 178.6 万元。其他没有纳入试点的地区也积极开展有益探索。

【举报和案件公告】 2013 年，全国税务机关共受理税收违法检举线索 4.4 万宗，立案查处 2.6 万件，查补收入 41.3 亿元；税务总局稽查局共受理举报案件 1479 件。印发《税收违法行为检举案件管理考核办法》，以切实提高税务检举案件查办工作质量和效率，提升纳税人对检举案件处理工作的满意度。大力推进重大税收违法案件曝光工作，探索建设并完善“黑名单”制度，进一步明确报送时间、报送范围、报送内容等事项，在税务总局内网公告重大税收违法案件 431 件，促进社会信用体系建设。

【协查】 2013 年，发票协查网络已覆盖全部县以上国税、地税稽查局，协查系统在地税稽查局开通运行，标志着协查网络已经覆盖全国，大大提高了税务稽查工作的技术含量和现代化水平。积极发挥数据和网络优势，提供了部分重大案件涉案企业的相关分析数据，协查增值税专用发票和其他可抵扣凭证 59 万份，查实有问题发票、凭证 20 万份，为案件高效查处提供了便利。印发《国家税务总局关于印发〈税收违法案件发票协查管理办法（试行）〉的通知》，加强对协查信息管理系统运行情况的管理。

【稽查队伍建设】 组织全国税务稽查局长培训班，对当前税务稽查工作中的重点问题进行研讨，部署下一步工作任务；组织两期证券、基金行业专项检查培训班，邀请稽查专家对证券、基金行业特点、检查难点进行培训；组织税警协作培训班，对税警合作办理涉税违法案件的热点、难点问题进行分析，评析当前涉税违法行为特点和趋势。协助人事司制定税务稽查人才库管理办法、拟定稽查人才入选标准，完成全国税务稽查人才库人员的筛选、上报工作。共有 24 名（其中税务总局稽查局 3 名）税务干部入选首批全国税务领军人才税务稽查专业培养班。

（孔向荣）

稽查系统管理

【总体情况】 2013 年，全国各级税务稽查机构共检查各类纳税人 17.88 万户，比上年同期减少 1.46 万户，降幅 7.5%；经查，有问题 17.26 万户，比上年同期减少 1.3 万户，降幅 7%；结案户数为 17.39 万户，比上年同期减少 1.1 万户，降幅 6%。查补总额为 1301 亿元，占全国工商税收收入的 1.2%，其中：组织企业自查查补收入总额 672 亿元，稽查机构查补总额 629 亿元，稽查机构查补总额比上年同期增加 57 亿元，增幅 10.1%，其中：查补税款 497 亿元，比上年同期增加 49 亿元，增幅 10.9%；滞纳金 54 亿元，比上年同期减少 1.5 亿元，降幅 2.7%；罚款 77 亿元，比上年同期增加 10 亿元，增幅 15.4%。入库总额 1251 亿元，其中：组织企业自查查补入库总额 666 亿元，稽查机构入库总额 585 亿元。稽查机构入库总额比上年同期增加 44 亿元，增幅 8.2%，其中：入库税款

471 亿元，比上年同期增加 43 亿元，增幅 10%。

【税收专项检查】　2013 年，税务总局在年度税收专项检查中共安排 3 个指令性检查项目和 5 个指导性检查项目。其中：指令性项目为成品油批发、零售企业，办理电子、家具、服装类等产品出口退（免）税企业和证券、基金公司；指导性项目为房地产、建筑安装业，承接出口货物业务的货代公司、报关公司（报关行），资本交易项目，中介、培训服务机构，高收入者个人所得税以及各地根据本地实际情况开展的其他项目。

区域税收专项整治为“营改增”试点地区内交通运输企业较为集中区域，矿产品（包括煤炭）采选经销企业较为集中且企业利用成品油增值税专用发票虚抵进项税款行为多发区域，农产品加工企业较为集中且相关服装、木器、食品、药品企业利用农产品收购发票虚抵进项税款行为多发的区域（以下简称“三项区域整治”）。

根据 2013 年 10 月底汇总的税收专项检查数据分析，2013 年税收专项检查总体情况如下：

（1）查补收入有所减少但入库查补收入有所增加。各地税务机关对 31.83 万户纳税人开展了税收专项检查，查补收入 618.64 亿元，同比减少 27.96 亿元，降幅为 4.32%；入库查补收入 545.94 亿元，同比增加 18.08 亿元，增幅为 3.43%。

（2）税收专项检查工作质效进一步提高。一是结案率与选案准确率均保持较高水平。税务机关直接检查纳税人 10.48 万户，查结 8.67 万户，查结率为 82.73%，发现有问题户 7.52 万户，选案准确率为 86.74%。二是执行力度进一步加大。今年税收专项检查的查补收入入库率为 88.25%，同比增长 6.6 个百分点。

（3）税务稽查职能得到充分发挥。一是税务稽查执法刚性继续增强。税务机关直接检查纳税人入库 251.80 亿元，同比增加 13.79 亿元，增幅 5.8%；入库罚款 20.53 亿元，同比增加 1.77 亿元，增幅 9.43%；罚款比率 3.76%，同比增加 0.21 个百分点。二是税务稽查服务意识持续增强。在税收专项检查中，税务机关共对 21.35 万户纳税人开展检查辅导工作，同比增加 1.03 万户。通过检查辅导促使纳税人自查自纠，帮助纳税人化解了税收违法和财务风险。在今年的税收专项检查中，各地税务机关共移送公安机关涉嫌税收违法犯罪案件线索 450 户，减少 3117 户，降幅 87.1%。

（4）区域税收专项整治服务税收工作全局作用进一步增强。各地在区域税收专项整治工作中共检查纳税人 2.60 万户，同比增加 1.21 万户，增幅 87.06%。其中，对“营改增”试点地区内交通运输企业检查成效最为明显，共检查相关纳税人 2070 户，查补收入 1.75 亿元，分别占三项区域整治项目的 45.44% 和 20%，有力地保障了“营改增”工作的顺利开展。

税收专项检查的主要做法：（1）强化指导、服务基层，着力提高税收专项检查科学化水平。一是科学确定检查行业。税务总局和省局稽查局根据涉税违法行为发展趋势和征管工作实际，参照各地区税源分布实际，明确专项检查项目、重点内容、年限和要求，统筹安排检查进度，根据新形势、新任务，及时优化检查重点、调整检查方向，极大地提高了专项检查的针对性。二是加强专项检查业务指导。税务总局和省局稽查局组织编写了行业检查指南、重点税源企业自查提纲，提供规范化的检查方案，举办指令性检查项目培训班，及时听取各地工作进展并加以督导，使各地明确了检查重点、方法，强化了工作指导力度，保证了税收专项检查工作进度。三是及时调研解决新问题。税务总局和省局稽查局注重基层调研，及时汇总、研究各地专项检查中遇到的共性税收政策问题及税企争议事项，加强与税政部门的协调沟通，推动解决专项检查中遇到的税收业务问题，践行服务基层的要求，保障了专项检查的顺利进行。四是完善了税收专项检查技术手段。税务总局稽查局完善了专项检查总结报送制度，设计优化数据报表。一些地区开发并应用系统管理软件系统，实现了涵盖税收专项检查各环节的绩效管理，构建了省、市、县三级联动的操作平台，实现了检查效率的提升。

（2）创新提升、服务税户，着力改进税收专项检查方式。一是深化稽查体制机制改革。四省一市试点地区税务机关深化稽查体制机制改革，完善“一级稽查”体制，充分发挥集约稽查优势。一些地区提升专项检查层级，实行省、市稽查局直查，两级机构明确分工，统一实施，上下联动、取得良好效果。二是探索团队化管理模式。一些地区按照“项目化管理、团队化运作、专业化分工”的总体思路，以高层次、专业化骨干人才为主力，组建专业化团队，实行统一调配，通过团队协作，拓宽了税收专项检查工作的广度和深度。三是提升信息化应用水平。各地按照“服务于检查、适用于实战”的原则，在税收专项检查中充分运用税务稽查信息化建设成果，将信息化稽查的技术手段和方法，与检查人员的查账技巧有机结合，有效突破了税收专项检查中对信息化管理企业检查的瓶颈。四是纳税服务全程融入税务稽查执法。一些地区坚持“三段式服务”，即查前告知，查中辅导，查后建议，把柔性检查和刚性处罚结合起来。试点“社会陪审员”参与案件审理，提高了稽查办案的透明度和公信力。推进国税、地税联合检查工作模式，试行专项检查“计划制”，避免重复、多头检查，切实减轻纳税人负担。

（3）多措并举，服务大局，着力拓展税收专项检查成效。一是引领重大税收违法案件查处。各地在开展税收专项检查工作中，始终密切关注税收违法犯罪发展趋势，注重发现税收违法案件线索，通过税务、公安、海关协作机制，依法严厉查处和打击骗取出口退税、虚开发票等税收违法犯罪行为，切实发挥专项检查整顿规范税收秩序职能，净化了市场经济秩序。二是保障税制改革工作大局。“营改增”试点工作开展以来，各地税务稽查部门按照税务总局统一部署，始终将“营改增”试点地区交通运输企业虚开虚抵增值税专用发票违法行为作为区域税收专项整治重点项目，严厉打击利用“营改增”政策虚开发票和虚抵进项税款违法行为，有力地保障了“营改增”工作的顺利开展。三是注重稽查成果转化。各地积极开展查后剖析，归纳税收征管薄弱环节、税收政策缺陷和稽查工作自身存在的不足，有针对性地向征管、税政等部门提出稽查建议或整改意见。一些地区深化稽查数据增值利用，归纳行业风险特征，为风险应对指标提供借鉴，为完善征管措施和税收政策提供依据。四是广泛开展税法宣传。各地利用报纸、电视、广播、网络等舆论工具开展宣传发动工作，扩大社会影响，提高纳税人对税收专项检查的认知度和税收遵从度，形成强大的舆论声势，在全社会营造诚实守信、依法纳税的良好社会氛围。

【重点税源企业轮查】 总体情况：2013 年税务总局共安排 17 户重点税源企业集团进行检查，截至 2013 年 10 月底，各地共辅导纳税人自查 5205 户次，自查税收收入 25.23 亿元，入库 15.28 亿元，调减增值税留抵税金 0.63 亿元，调减亏损额 1.18 亿元；开展重点检查 3374 户次，重点检查税收收入 42.56 亿元，入库 1.89 亿元，调减增值税留抵税金 0.08 亿元，调减亏损额 2.86 亿元。

各省根据本地区实际，自行开展了本地区重点税源企业检查，共辅导纳税人自查 13513 户次，自查税收收入 44.96 亿元，入库 40.27 亿元，调减增值税留抵税金 0.14 亿元，调减亏损额 0.89 亿元；开展重点检查 6753 户次，重点检查税收收入 49.91 亿元，入库 35.60 亿元，调减增值税留抵税金 0.77 亿元，调减亏损额 3.28 亿元。

主要做法：（1）加强指导，服务基层，提高重点税源企业检查科学化水平。一是科学确定检查名单。税务总局稽查局根据重点税源企业检查工作实际，兼顾所有制形式、地区分布、行业等因素，附以第三方信息和风险指标进行综合分析，选取了 17 户重点税源企业开展检查，并将其分支机构企业名单清分各地，提高了检查的针对性。二是强化检查业务指导。税务总局稽查局根据重点税源企业主营业务所属行业，组织编写、下发 1 个通用提纲和 6 个分行业自查提纲，明确了重点税源企业开展自查的重点，有利于基层税务机关开展自查辅导，提高了检查的效率。三是提高系统管理水平。税务总局稽查局注重基层调研，加强与税政部门的协调沟通，及时汇总、研究检查中遇到的共性税收政策问题及税企争议事项，推动解决专项检查中遇到的税收业务问题。完善专项检查工作总结报送制度，优化数据报表，减轻基层税务机关工作负担，保障检查的顺利进行。

（2）创新机制，服务税户，提高重点税源企业检查现代化水平。一是发挥稽查体制改革优势。四省一市税务机关深化稽查体制改革，充分发挥稽查体制改革优势，实施集约式稽查。部分地区发挥省局直属稽查局的层级优势和龙头作用，将汇总纳税企业总部和部分省级以上规模较大的重点税源企业作为检查重点，省管市负责各地分支机构和其他重点税源企业检查，实施分级分类检查。二是提升信息化稽查水平。各地根据重点税源企业集团化运营、财务核算信息化高的特点，积极开展税务稽查信息化建设，研发、应用电子查账软件，开展不同层次信息化稽查培训，将信息化稽查的技术手段和方法，与检查人员的查账技巧有机结合，突破信息化管理企业税务稽查瓶颈。三是纳税服务贯穿检查始终。税务总局稽查局组织召开重点税源企业集团总部纳税辅导会议，公布检查内容、重点和程序，解答纳税人疑问，取得纳税人的理解与支持。各地在辅导自查和重点检查工作中，采取国税、地税联合下户形式，避免重复检查，最大程度减轻对纳税人正常经营的干扰。

（3）履职尽责，服务经济社会发展，提高重点税源企业检查系统化水平。一是认真履行稽查职责。各地针对重点税源企业体量大、核算较规范的特点，在提高纳税服务水平的同时，按照“以企业自查为先导、以税务机关重点检查为保障”的工作模式，着力提高税务稽查执法刚性，切实履行税务稽查部门打击涉税违法行为的职责，提高重点税源企业税收遵从度，防范重大税收流失风险。二是注重征管查互动。各地注重与各业务部门协作，积极开展查后剖析，归纳重点税源企业税收征管薄弱环节、税收政策缺陷和稽查工作自身存在的不足，为税制改革积累经验。一些地区深化稽查数据增值利用，归纳企业风险特征，为风险应对指标提供借鉴，为完善税制、加强征管提供依据。三是广泛开展税法宣传。各地利用党报、电视、广播、网络等舆论工具开展宣传发动工作，扩大社会影响，提高纳税人对重点税源企业检查的认知度和税收遵从度，形成强大的舆论声势，为全社会营造诚实守信、依法纳税的良好社会氛围。

存在问题：一是自查税款比重过大，税收执法刚性有待增强。重点税源企业检查成果集中在企业自查阶段，有些税务稽查部门或者存有畏难情绪，或者对重点税源企业纳税遵从度盲目乐观，检查执法刚性有待进一步增强。二是检查浮于表面，检查深度有待增强。重点税源企业检查中发现的问题较多集中在常规项目上，较少发现普遍存在的行业性问题。三是工作进度不均衡，检查的广度有待增强。各地对重点税源企业检查认识不一，部分地区启动较晚、成效不显著，重点检查阶段检查比例较低。

【稽查现代化调研】 在前两年工作的基础上，深入开展调查研究，广泛征求各地意见，继续深入开展税务稽查现代化建设专题调研，进一步修改完善《关于加强和推进税务稽查现代化建设的研究报告》（以下简称《研究报告》）。组织研究报告起草小组深入税收工作一线，听取各地税务机关分管稽查工作的领导、稽查局长和基层稽查骨干对稽查现代化建设的意见，不断吸收、借鉴各地研究成果和实践经验，在完善《研究报告》的基础上，起草小组将《研究报告》的核心部分进行提炼，同时，分“十二五”和长远期规划两个阶段草拟了《加强和推进税务稽查现代化建设实施方案》（初稿）。2013 年 4 月，税务总局稽查局向税务总局副局长解学智、总经济师张志勇进行了专题汇报。税务总局领导对进一步修改完善《研究报告》、继续推进税务稽查现代化建设提出了明确要求，为稽查系统继续深入推进现代化建设指明了方向。

【稽查管理方式改革试点】 根据《四省一市税务稽查管理方式调整改革工作方案》部署和要求，继续大力推进稽查管理方式改革试点工作。自 2012 年 9 月 1 日起，试点工作正式启动。一年来，试点单位稽查各项工作均取得了长足进步。据统计，四省一市查处百万元以上案件同比增加 317 起，检查重点税源企业增加 192 户，查补收入和入库查补收入分别增加 27 亿元和 18. 8 亿元，人均查补税款增加 178. 6 万元。各省市下设的第一稽查局在查处重大税收违法案件、规范重点税源企业纳税行为方面发挥了重大作用，同期共检查纳税人 731 户，查办百万元以上案件 85 起，检查重点税源企业 145 户，查补税款 18. 2 亿元，人均查补税款 526 万元，远远高于 2012 年全国平均水平。试点情况表明，稽查管理方式的改革，有效提升了稽查整体执法水平，促进了纳税遵从度的提高。

【税务稽查经费】 编制 2014 年国税系统税务稽查办案专项经费预算分配方案，编制 2013 年地税系统税务稽查办案专项补助经费分配方案，协助财政部分配下拨 2013 年地税系统税务稽查办案专项补助经费，并预拨 2014 年地税系统税务稽查办案专项补助经费。加强税务稽查办案专项经费管理与监督，完善税务稽查办案专项经费分配制度，要求各地贯彻落实中央八项规定精神，遵循“专款专用、专项管理、厉行节约、注重实效”的原则切实用好用足经费，坚决杜绝超范围使用、超标准支出及挤占挪用税务稽查办案专项经费。

【教育培训】 参与制定《国家税务总局税务稽查领军人才培养方案》，提出第一期税务稽查领军人才培养课程设置建议。

举办资本运作税务稽查培训班。培训对象为各省区市国家税务局稽查局从事税务稽查的业务骨干，培训人数为 90 人。培训班由国家税务总局税务干部进修学院承办，着重培训资本市场基础知识、资本交易具体事项的税务稽查实务，提高了国税、地税稽查人员资本交易税务稽查业务水平。联合公安部举办第一届税警协作班。

【稽查数据统计分析】 按月、及时汇总和分析全国税务稽查机构查处税收违法案件情况；按季分析各省稽查主要指标完成情况，并适时通报各地国税、地税稽查部门。编写《全国税务稽查机构查处税收违法案件情况统计表》数据采集分析业务需求，统一报表填报口径，调整修订部分报表填报项目，明确报表上报审批流程。与电税中心沟通数据支持等有关问题，与软件公司计算机设计人员沟通稽查报表设计的相关业务问题，落实稽查统计报表系统具体研发事项。

【整治“会所中的歪风”】 根据中央党的群众路线教育实践活动领导小组办公室的要求，组织北京、上海、黑龙江、湖北、广东、深圳等省区市地方税务局稽查部门对建造在市级以上历史建筑、公园等公共资源中的会所情况进行摸底调查，并对税收情况进行检查。

【打击侵权假冒工作】 参加全国打击侵犯知识产权及制售假冒伪劣商品工作领导小组会议，按照全国打击侵权假冒工作领导小组办公室的要求，查处全国打击侵权假冒工作各成员单位移送的涉税违法案件，参加全国打击侵权假冒工作绩效考核。

（田海涛）

税务稽查制度建设

【税务稽查制度建设总体情况】 2013年，国家税务总局稽查局根据《“十二五”时期税收发展规划纲要》以及推进税收立法和制度建设的总体安排，参与《税收征管法》修订工作，参与深化税收征管改革方案稿研究；在充分征求各方面意见、广泛讨论的基础上，调研起草论证一些税务稽查制度；与局内外相关部门协商税收执法相关问题；开展相关法律、法规及政策研究；认真研究各地提出的执法办案适用法律政策疑难问题。加强与局内外相关部门协调合作。

【税务稽查规章制度调研论证】 国家税务总局稽查局调研起草了《税务稽查分类分级管理暂行办法（稿）》《税收违法案件异地协助调查取证和执行暂行办法（稿）》《税务稽查案卷管理暂行办法（稿）》《税务稽查案卷电子影像资料管理指导规范（稿）》《税务稽查案卷管理基本文书式样（稿）》《税务稽查案卷排列顺序（稿）》，征求各省级国家税务局稽查局、地方税务局稽查局意见，并召集部分地区人员进一步讨论修改。积极配合政策法规司研究《重大税收案件审理办法（修改稿）》，将文稿印发各地税务稽查部门征求意见，在认真整理汇总各地意见的基础上，研究提出具体修改意见书面反馈政策法规司。积极参与《关于进一步深化税收征管改革方案（稿）》研究，参加《税收征管法》修订工作，多次结合税务稽查改革及相关税收征管立法提出具体意见。参与国际税收征管与税务稽查体制比较课题研究。为了争取解决当前税务稽查执法难题，结合党的群众路线教育实践活动，对需要完善的现行税务稽查基本制度和需要解决的税务稽查执法相关问题进行深入研究。

【相关政策法律研究】 积极配合政策法规司开展清理税务行政审批事项工作，多次就行政许可和非行政许可审批等涉及税务稽查问题相关事项提出书面意见；认真研究和积极落实推进依法行政等相关税务稽查执法事项。对全国人大常委会预工委、全国人大常委会法工委、国务院法制办公室、公安部、国家发展和改革委员会、国家工商行政管理总局以及国家税务总局相关部门起草的数十份文稿认真研究提出具体意见。会同中央相关部门研究涉税案件政策法律疑难问题，对涉税案件行政执法与刑事司法衔接协调问题提出具体意见。会同相关部门认真研究、统筹考虑将税收犯罪纳入洗钱犯罪的上游犯罪相关问题，积极探索研究在现行法律框架内反洗钱部门与税务稽查部门的合作方式、合作内容等事项。

【部门协调与合作】 加强与公安部、国家发展和改革委员会、工业和信息化部、中国人民银行、国家外汇管理局、审计署、人力资源和社会保障部、国家工商行政管理总局等部门的沟通和协作。召开公安部经济犯罪侦查局、国家税务总局稽查局联席会议，并印发会议纪要。与公安部出入境管理局磋商阻止欠税人出境等相关问题。多次参加反洗钱工作部际联席会议工作会议，提供税务系统开展反洗钱相关工作情况和税收违法犯罪相关信息。会同政策法规司、货物劳务税司、所得税司、国际税务司、征管科技司等司局研究异常外汇资金流动监管协调机制涉税事项和问题，多次参加该机制相关会议，并提供相关情况和意见材料，提出下一阶段防范和打击异常外汇资金流动的政策和相关举措。参与处置非法集资部际联席会议相关工作。会同征管科技司、所得税司、监察局对国家发展和改革委会同财政部研究起草的关于“反食品浪费行动”的文稿研提具体意见。对国家能源局起草的炼油企业进口原油文稿相关税收问题函复意见。

（赵琦峰）

税收违法案件检举和案源管理

税收违法案件检举

【总体情况】　2013 年，全国各级税务机关共受理税收违法检举案件 44413 件，查处 26377 件，查补税款 35.16 亿元，罚款 11.01 亿元，加收滞纳金 6.26 亿元，合计 52.43 亿元。2013 年各级国税、地税税务机关共支付检举奖金 533.48 万元。

【检举受理】　2013 年，全国各级国税、地税税务机关共受理税收违法检举案件 44413 件，与 2012 年同期的 36669 件相比增长了 21.12%，其中税务总局稽查局举报中心直接受理 1504 件，较 2012 年的 1475 件相比增长了 1.97%。

【检举案件查处】　2013 年受理的 44413 件涉税违法检举案件中，查处 26377 件，查补税款 35.16 亿元，罚款 11.01 亿元，加收滞纳金 6.26 亿元，合计 52.43 亿元，比 2012 年的 43.44 亿元增加 20.7%。

【检举案件特点分析】　一是从案发地看，受理的检举案件主要集中在地（市）级税务机关，其次是省级税务机关。2013 年，全国共受理检举案件 44413 件，其中地（市）级机关受理 19880 件，占总数的 44.76%；省级机关受理 16166 件，占总数的 36.40%。

二是从被检举企业的所有制性质看，以有限责任公司、个体经营和私营企业居多。在全国受理的各种类型企业的检举案件中，有限责任公司检举案件 11382 件，占受理总数的 25.63%；个体经营户 7475 件、私营企业 5346 件，分别占受理总数的 16.83%、12.04%。具体情况如图 1 所示。

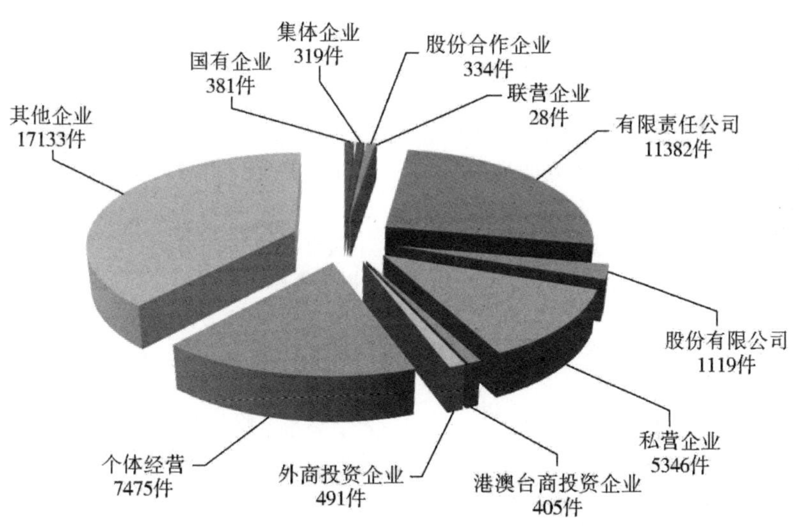

图 1　2013 年受理税收违法检举案件企业类型分析图

三是从行业上看，受理的案件最多为批发和零售贸易、餐饮业，共有 10810 件，占总数的 24.34%；其次为制造业和服务业检举案件，分别有 5266 件和 3134 件，占总数的 11.86% 和 7.06%。具体情况如图 2 所示。

四是从税种上看，主要以增值税、营业税为主。全国共查处检举案件 26377 件，有问题案件 19847 件，其中以增值税违法问题为主的案件 6429 件，占总查处案件数的 24.37%；其次是以营业税违法问题为主的案件 4450 件，占总查处案件数的 16.87%。

五是从违法类型看，被检举人涉及偷税和

发票违法违反税务管理规定所占比重最多，分别为 7440 件和 4369 件，占查处案件总数的 28.21%、16.56%。

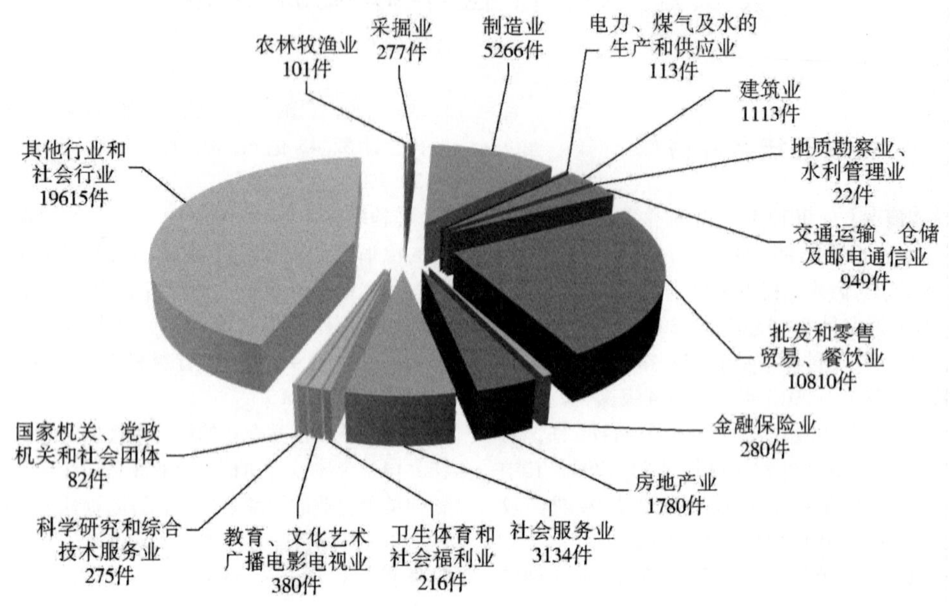

图 2　2013 年受理税收违法检举案件企业行业分析图

六是从检举人类型看，检举人是被检举单位内部人员的仍占有较大比重。2013 年，共受理此类举报案件 3505 件，占举报案件受理总数的 7.89%。

【检举奖励】　2013 年，全国查处的检举案件中，应计奖案件 1934 件，占检举案件查处件数总数的 7.33%；应计奖案件入库税款金额为 2.76 亿元，入库罚款金额为 0.61 亿元，总计为 3.37 亿元。全国各级税务机关共支付检举奖金 533.48 万元。

案源管理

【重点税源企业检查选案】　基于对税收征管和稽查管理现状的宏观分析和对重点税源企业深入调研，确定 2014 年全国重点税源企业检查名录。

【研究建立重大税收违法案件公布制度】　为贯彻落实《国务院关于印发社会信用体系建设规划纲要（2014—2020 年）的通知》（国发〔2014〕21 号）精神，惩戒严重涉税违法行为，提高纳税人依法纳税意识，规范税务机关执法行为，推进社会信用体系建设，根据《中华人民共和国税收征收管理法》及其实施细则、《国家税务总局关于印发〈税务违法案件公告办法〉的通知》（国税发〔1998〕156 号）、《国家税务总局关于发布〈纳税信用管理办法（试行）〉的公告》（国家税务总局公告 2014 年第 40 号）的规定，国家税务总局制定了《重大税收违法案件信息公布办法（试行）》（以下简称《办法》），以公告形式予以发布，并于 2014 年 10 月 1 日起施行。

《办法》共计 12 条，对重大税收违法案件公布原则、公布机关、发布途径、工作载体、公布标准、公布内容、惩戒措施、公布期限、异议处理等进行了明确。

《办法》是税务总局落实党中央、国务院的总体部署，推进社会诚信体系建设的一项重要举措，对加快税务领域诚信体系建设，充分发挥社会监督和舆论监督的作用，提高纳税人依法纳税意识，规范税务机关执法行为，促进税收法治建设，规范经济秩序和税收秩序，形成良好、诚信的社会氛围具有重要意义。

通过向全社会公布重大税收违法案件信息、依法发挥社会监督和舆论监督作用、制定相应的一系列褒扬和惩戒失信措施，发挥税务稽查的警示和震慑作用，有效打击各种严重税收违法行为，提高纳税人的依法纳税意识和税法遵从度，维护社会公平和法制公平的税收经济秩序，保护纳税人的合法权益，真正做到“诚实守信者一路绿灯，违法失信者寸步难行”。

（杨旦丹）

稽查一处工作情况

【总体情况】　2013年，稽查一处认真贯彻落实全国税务稽查工作会议精神和工作部署，充分发挥税务稽查的职能作用，努力推动各项工作深入开展，取得一定成效。工作内容主要包括：组织查处和督办中南区重大税收违法案件；组织、协调和指导中南区税收专项检查工作和区域税收专项整治工作，牵头组织总部在中南区的大型企业集团的重点税源企业税收检查工作；继续做好中南区打击发票违法犯罪活动的督导工作；继续加强打击骗取出口退（免）税方面的政策研究、分析以及案件查办工作；完成领导交办的其他工作。

【案件查办情况】　2013年，稽查一处共督办案件32起，其中上年结转18起，本年新增14起；本年结案11起，在查案件21起，结案率34%。结案案件的查补总额约为3.8亿元，已入库2.2亿元。

【案件特点分析】　案件来源分布情况：32起案件中，公安部、审计署等其他部委转办10起，占案件总数31%；税务总局领导批办的举报案件9起，占案件总数的28%；稽查局领导批办的举报案件2起，占案件总数的6%；各地上报申请督办案件11起，占案件总数的34%。

案件类型分布情况：32起案件中偷税案件7起，占案件总数的22%；虚开、接受虚开增值税专用发票案件7起，占案件总数的22%；骗税或违规退税案件9起，占案件总数的28%；其他少缴税款案件8起，占案件总数的25%；暂无问题1件，占案件总数3%。

企业类型分布情况：32起案件中，涉及医药经销企业的案件5起，占案件总数的16%；房地产企业2起，占6%；食品加工企业2起，占6%；服装制造企业2起，占6%；家具制造企业1起，占3%；电子产品制造企业2起，占6%；服务行业企业4起，占13%；矿产加工企业2起，占6%；外贸出口企业3起，占9%；其他企业9起，占28%。

【重大案件查处和督办】　2013年，稽查一处紧紧抓住案件查处这个重点，通过发函督办、电话督导、实地督查和直接组织查办等多种形式提高对重大案件的查处力度，主要工作内容如下：

一是切实加大对骗取出口退税类案件的查办力度。2011年年底，深圳市宝安区国税局稽查局按照税收专项检查的要求，到深圳市隆泰祥进出口有限公司办公场所核实其出口退税情况，发现不法分子涉嫌利用多家外贸企业和生产企业骗税的线索。深圳市国税、公安部门成立“7·18”专案组进行调查，税务总局稽查局会同公安部经侦局联合督导。在两部局的统一指挥下，“7·18”专案组开展了4次收网行动，成功摧毁4个犯罪团伙，捣毁26处作案场所，查扣作案电脑25台及大批财务账册凭证、印章、银行卡等物品，抓捕犯罪嫌疑人24名。该案中，不法分子通过编造虚假出口业务和虚开增值税发票手段，取得申报退税必需的出口货物报关单和购进货物的增值税专用发票，最终达到骗取出口退税款的目的。其中深圳市勇冠服装有限公司等18家生产企业自2008年年底至案发日止，共虚开增值税专用发票1.66万份，涉及金额13亿元，税额2.2亿元；隆泰祥公司等7家外贸企业利用上述虚假单证已申报办理退税1.2亿元。深圳市国税局稽查局将18家生产企业定性为虚开增值税专用发票，将7家外贸企业以涉嫌骗取出口退税罪移送公安机关，追缴已退税额1060万元，暂停办理出口退税3687万元，挽回税款损失共计4774万元。该案24名犯罪嫌疑人被移送深圳市检察院进行起诉。

2011年7月，根据税务总局稽查局移送线索，广西国税局联合公安部门对广西凭祥越港进出口贸易有限公司等企业开展检查。检查人员以“退税单证、财务资料为线索，以退税款、支付货款、结汇资金流向为主线，以出口报关环节的票流、物流和海关备案单证为重点”对出口退税各环节进行全面、深入的调查取证。经查，广西凭祥越港进出口贸易有限公司等2户企业采取私刻他人（单位）

印章，伪造买卖合同，骗取、变造海关报关单出口退税专用联等不法手段骗取出口退税 2259 万元；广西凭祥源豪工贸有限公司等 2 户企业在没有货物（手机）交易的情况下，虚构经营活动，通过中间人以支付手续费方式取得虚开货物名称为手机的增值税专用发票 413 份，涉及发票金额 3874 万元，税额 658 万元。

二是及时督导虚开增值税专用发票案件的查处。2011 年 9 月，河南省长垣县公安局经侦大队在对一起伪造发票案进行侦查时，发现犯罪嫌疑人赵飞（系长垣县公安干警）存放大量电脑、打印机、会计资料凭证。经过一个多月的调查，发现犯罪嫌疑人赵飞团伙（共 18 人）在 2009 年 11 月—2011 年 9 月期间，借用他人姓名陆续成立了长垣县长丰物资有限公司等 7 家公司，并通过提供虚假资料取得一般纳税人资格，在无真实货物交易情况下，按票面金额的 2.8% ~4.9% 支付手续费，购买了 5697 份增值税专用发票用于进项税抵扣，又以票面金额 6.5% ~7.5% 的价格对外开具 8878 份增值税专用发票。上述共涉及虚开发票 14575 份，票面金额 17.61 亿元，税额 2.99 亿元。该案被移送当地公安机关，抓捕 6 名犯罪嫌疑人，下游受票企业补缴税款 2567 万元、滞纳金 20.78 万元。

2011 年年底，广西壮族自治区国税部门多次接到群众举报，反映广西来宾市展宏电脑制衣有限公司等 4 户制衣企业涉嫌虚开增值税专用发票用于骗取出口退税。经过初步核查，广西来宾市国税局于 2012 年 7 月将该案移送来宾市公安局立案侦查。税务总局稽查局和公安部经侦局将此案列为督办案件。2013 年 1 月，广西国税局稽查局与区公安厅经侦总队成立联合专案组，先后抽调 32 人集中开展检查。经查，广西来宾展宏制衣公司等 4 户制衣企业将他人生产经营活动虚构为自己的生产经营活动，虚开增值税专用发票 2378 份，金额 22086 万元，税额 3753 万元；同时为了掩盖其虚开增值税专用发票的犯罪行为，让他人为自己虚开增值税专用发票 106 份，金额 1013 万元，税额 172 万元。来宾市公安机关逮捕 7 人，刑事拘留 3 人，案件被移送检察机关起诉。

三是认真组织股权转让案件的检查。2012 年 8 月，收到审计署《关于广西中金矿业有限公司未计股权转让收入 1.52 亿元造成少缴企业所得税 3500 余万元问题的审计移送处理决定书》，立即将该案列为督办案件，责成广西壮族自治区地税稽查局调查处理。广西壮族自治区地税稽查局抽调力量组成专案组，于 2012 年 11 月起开始实地检查。经过调查取证工作，查明该公司未将 1.52 亿元股权转让收入入账的问题。检查过程中，该公司主动申报缴纳 2741 万元税款。

【税收专项检查和打击发票违法犯罪活动】 根据税务总局对税收专项检查和打击发票违法犯罪活动工作的要求，认真对中南地区专项检查及打击发票违法犯罪活动等工作进行督促，并派人实地督导、听取工作汇报，推动各地切实贯彻文件精神，做好税务总局布置的各项工作。

2013 年，指令性检查包括成品油批发、零售企业，办理电子、家具、服装类等产品出口退（免）税企业，证券、基金公司，各地除对税务总局指令性检查项目开展检查外，还有针对性地结合当地实际情况确定了指导性检查项目。如河南省国税局将房地产及建筑安装行业、资本交易项目列为指导性检查项目，湖北省地税局将资本交易项目、房地产业、非银行金融机构为指导性检查项目，海南省地税局根据税务总局《关于做好营业税改征增值税试点工作的意见》，把“‘营改增’试点行业——交通运输业、部分现代服务业”补充作为专项检查项目之一。截至 2013 年 6 月底，中南区国税、地税稽查局专项检查共检查企业 4.4 万户，查补收入 75 亿元。此外，各地选取了部分地区或行业开展税收区域专项整治，如河南省国税局对涉农、涉矿、涉油企业，湖南省国税局对煤炭采选、经销企业，海南省地税局对国营农场的土地使用和房地产开发项目进行了专项整治。

截至 2013 年 9 月底，中南地区国、地税稽查局共查处发票违法企业 1.2 万户，缴获非法发票 2993 万份，查补收入 14 亿元。打掉犯罪团伙 79 个，抓获犯罪嫌疑人 641 人，曝光案件 94 件。

【重点税源企业检查】 根据 2013 年稽查工作安排，税务总局稽查局布置了 17 户企业作为重点税源进行检查，承办了 3 户企业税收检查的督导工作，3 户企业共自查、检查补缴税款及滞纳金合计 3.91 亿元。

【打击骗取出口退（免）税违法犯罪活动工作】 2013 年，为遏制骗取出口退（免）税高发、多发的态势，会同公安部经侦局、海关总署缉私局进一步加大打击力度，多措并举、重拳出击，组织全国国税稽查部门开展各项工作：

一是加强骗税案件的选案工作。为增强检查的针对性和准确性，根据稽查局领导的指示精神，于 2013 年年初，商请税务总局电子税务中心提供了三大类数据，分别是海关报关单数据、出口退税审核信息和纳税人基础信息。在综合分析三大类数据的基础上，使用风险管理方法，根据各地以往查办骗税案件的经验，设立了系统的选案指标和评估模型，运用计算机从海量的出口企业中筛选出风险较高的企业名单。统一筛选、分两批下发了6.6万条重点线索信息，涉及重点企业529户。

二是深入开展打击骗税违法犯罪活动。为继续保持对骗税违法犯罪活动的高压态势，维护国家税收安全，2013年，经国家税务总局、公安部和海关总署三部局领导批准，在全国范围内继续联合开展打击骗取出口退（免）税违法犯罪活动工作。2013年3月，会同公安部经侦局、海关总署缉私局在宁波召开了工作部署会议。2013年4月，会同公安部经侦局、海关总署缉私局联合下发《国家税务总局、公安部、海关总署关于继续深入开展打击骗取出口退（免）税违法犯罪活动工作的通知》，明确了工作目标、工作重点和具体的工作要求，要求各地税务、公安和海关部门加强组织领导，加大查处力度，密切部门协作，并做好分析总结工作。2013年7月，为及时了解各地打骗工作开展情况，下发通知要求各地国税稽查部门上报打骗工作开展情况。据统计，2013年上半年，15个重点地区的国税稽查稽查部门共检查出口企业1010户，查补收入11亿元，其中追回已退税款、不予退税4亿元，暂停退税7亿元。

三是开展集中打击骗取出口退税违法犯罪行动。为贯彻落实税务总局领导关于进一步开展打击骗取出口退（免）税违法犯罪活动工作的重要指示精神，会同公安部经济犯罪侦查局联合开展了集中打击骗取出口退税违法犯罪行动（代号“8·27”行动）。打击重点包括公安机关正在经营的18起集群战役、正在侦办的10起个案和税务机关正在调查的34起重大线索。2013年8月，会同公安部经侦局于厦门召开工作部署会。参加会议的除15个重点地区的国税稽查局、公安厅（局）经侦总队的负责同志外，还有9个涉案地的公安厅经侦部门的领导。税务总局稽查局领导对集中打击行动提出三点要求：一是高度重视，周密准备；二是明确责任，严守纪律；三是狠抓后续，确保实效。会后，税务总局稽查局会同公安部经侦局下发《关于开展集中打击骗取出口退税违法犯罪行动的通知》，对行动重点、行动时间、工作要求进行了明确。为确保集群战役发起地、参战地和重大案件立案地能够及时立案、破案和抓捕犯罪嫌疑人，税务总局稽查局会同公安部经侦局派出11个联合督导组分赴各地，对发起集群战役较多以及参战集群战役较多的省份加强督导。“8·27”行动于2013年9月12日统一收网。全国税警在江苏、广东、上海等27个省、自治区、直辖市同时行动。截至2013年9月17日，全国税警共破案172起，抓获犯罪嫌疑人291名，涉案金额92亿元，挽回直接税收损失2.6亿元。中央电视台、新华社、中国税务报等多家媒体作了相关报道，起到很到新闻宣传效果，增强了震慑力量。及时总结，起草了国家税务总局和公安部上报国务院的《国家税务总局、公安部关于开展集中打击骗取出口退税违法犯罪行动的报告》（税总发〔2013〕102号）。

四是做好防范和打击骗税长效机制的调研和任务分解工作。2013年4月，税务总局副局长解学智、总经济师张志勇主持召开专题座谈会，集中听取了河北、浙江、福建、江西、广西、宁波、深圳7省（区、市）国税局主要负责人对建立防范和打击骗税长效机制的意见和建议。根据此次专题座谈会的有关精神，对《建立防范和打击骗取出口退（免）税违法犯罪活动长效机制的调研报告》进行了修改并上报。2013年6月，根据税务总局局长王军的指示精神，稽查一处对上述调研报告涉及的工作任务进行了梳理，明确了责任分工和完成时限，提交相关司阅提意见，并根据反馈情况进行了修订。

五是做好中南区骗税案件的查办工作。对深圳“7·18”骗税案、广西凭祥越港进出口贸易有限公司骗税案、深圳市利德发塑胶电子有限公司等4户企业骗税案等加强督办，定期了解工作进展，及时协调解决查处中遇到的问题，推动查处工作深入开展。

六是做好打击骗税的相关工作。一是针对各方反映一些不法货运代理公司、报关行等中介机构参与骗税问题严重的情况，2013年7月，会同公安部经侦局和海关总署缉私局赴深圳市，就货代公司、报关行等中介机构参与骗税问题进行实地调研并形成报告上报税务总局领导；二是提供涉及走私相关材料，会签海关总署涉及走私的相关文件；三是配合做好打击骗税相关新闻宣传工作。

【工作建议】 一是严厉打击药品经销企业虚开增值税专用发票行为。医药行业发票使用情况专项整治是2013年打击发票违法犯罪活动的重点工作之一。督办案件中，涉及药品经销企业利用虚开增值税专用发票、接受虚开增值税专用发票手段偷逃税款案件5起，反映出药品经销企业虚开、虚受发票违法行为确实较为严重。应进一步加大打击力度，对一些问题突出的地区尽快开展专项整治。

二是继续加大力度查处骗取出口退税违法犯罪行为。目前，不法分子骗取出口退税的手段层出不穷。从获取海关出口报关单的角度看，由最初的空箱闯关或者把不退税商品伪报成退税商品，发展到后来的“以少报多，低价高报”，再到现在的“配货、配票”，作案手段日益繁多、隐蔽。所谓“配货、配票”，就是由于报关行或货代公司等中介机构掌握着一些小规模纳税人出口免税货物或来料加工免税货物以及其他无税货物、无需申报办理退税的出口货物信息和报关资料，一些不法货代公司、报关行等中介机构就将上述货物伪报成不法分子控制的外贸企业出口货物，从而使不法企业和不法分子取得票面形式真实而内容虚假的出口货物报关单；根据上述货物出口信息，不法分子再通过一些不法生产企业向外贸企业虚开申报退税所需的增值税专用发票，用以申报办理退税。可以说，之所以能够成功“配货、配票”使整个骗税活动得呈，关键在于货代公司、报关行等中介机构掌握了真实的出口货物信息。建议税警协作，集中时间和力量，查办一批重大骗税案件，摧毁一批职业骗税犯罪团伙，惩处一批参与骗税的中介机构。同时，建议有关部门规范并加强货代公司、报关行等中介机构的日常监管。

三是探索资本交易类涉税案件查处的突破口。根据审计署移交的线索，查实广西中金矿业有限公司少缴企业所得税3500多万元。资本交易类案件涉案金额一般都比较大，查补税款实际入库情况也较好，建议税务总局协调证监会等有关部门，定期收集资本交易方面的线索信息，下发给各地税务稽查部门进行核实。加大此类涉税问题的检查力度，对于保证稽查收入、维护资本市场正常的交易秩序都具有非常重要的意义。

（黄　鑫）

稽查二处工作情况

【总体情况】 2013年，稽查二处紧紧围绕全年税收中心工作和年初制定的工作计划，坚持依法行政，以查处重大涉税案件为中心、以税收专项检查和区域专项整治、打击发票违法犯罪活动为重点。一方面，加大了查案力度；另一方面，配合系统处、制度处落实稽查局统一部署，抓好重点工作。

一是加强督导，确保东北和西北地区各项稽查工作任务的完成。及时分析全年稽查工作形势，配合系统处和制度处，认真督导、协调重点税源企业检查、专项检查、打击假发票和税务总局督办案件检查工作，要求各地统一思想认识，增强信心，创新思路，确保完成全年各项稽查工作任务。还派人赴甘肃、青海、大连实地督导案件检查，听取工作汇报，协调解决税收政策问题。东北、西北地区9省国、地税稽查局根据2013年稽查工作面临的新形势、新任务，按照税务总局稽查局下发的工作要点和年初视频会议提出的要求，以查处虚开和骗税违法案件、重点税源企业检查、税收专项检查和打击发票违法犯罪活动为重点，更新稽查理念，注重工作创新，在稽查管理方式、方法、手段上求转变，在提升执法水准、干部队伍建设、以查促管、专业化稽查上求突破，各项工作都取得了很大成效。

二是加大案件查处和督办力度。2013年，在工作任务重、人员紧张的情况下，处内根据每人的分工，进一步完善了案件的日常管理工作。加强了对税务违法案件的稽查力度，不定期深入办案现场，强化了案件督办工作，提高办案效率，保证办案质量，努力保障和促进税收收入的增加和税收环境的改善。

三是坚持查处大案要案不放松。2013年，稽查二处共督办案件21起，涉及东北、西北9省市。其中：上年度结转14起（占66%），本年列入督办7起（占33%），已经结案并且退出督办4起（占20%），结转下年度继续督办17起（占80%）；属国税局查办案件13起，属地税局查办案件5起，属国地税联合查办案件3起。这些案件中，虚开发票案件11起，偷税案件19起，伪造倒卖发票1起；特别重大案件7起（其中央批6起），重大案件14起。从2013年的案件性质看，偷税案件数量有所上升，已经超过虚开发票案件。虚开发票案件中，利用“招商引税”奖励政策注册皮包公司以及利用“金税工程”不比对文字信息，套打发票比较严重，虚开交通运输发票和加油票比较普遍。

四是深入开展税警协作查大案。2013 年，稽查二处与公安部门联合督办了黑龙江齐齐哈尔部分企业涉嫌虚开发票案、辽宁“8·22”王建等团伙虚开发票案、“9·13”丁勇等团伙虚开发票案、辽宁济康药业公司虚开发票案、辽宁华阳药业公司偷税案、河北和辽宁“1·29”案件、辽宁和吉林“9·17”案件、吉林“4·08”案件 8 个涉税案件，涉及税额 67.8 亿元。其中辽宁济康药业公司虚开案件和辽宁华阳药业公司偷税案属于联合查办的中央领导批示的重大案件，涉及税额高达 5.3 亿元。两部局联合下发协查函 3 件，联合召开协查会议 2 个。

【重点税源企业检查】　稽查二处在对重点税源企业检查工作督导中，负责新疆金风科技集团、辽宁华晨汽车集团的检查工作督导，2 户企业自查补税 6000 万元。各地还配合其他省市，对重点税源企业的二级公司进行了辅导自查，同时结合本地情况选择省内重点税源企业，共自查补税 5.59 亿元。

【专项检查和专项整治】　东北、西北地区税务稽查部门在开展税收专项检查过程中，检查 10129 户，查补税款 25.47 亿元，专项检查成效比较突出的是黑龙江地税局、辽宁地税局和陕西国税局、陕西地税局。稽查二处针对当前医药行业涉税案件时有发生的态势，配合稽查六处，督导医药行业税收专项整治工作，共整治企业 4943 户，查补收入合计 8.22 亿元。

【打击发票违法犯罪活动】　东北、西北地区税务稽查部门密切和公安部门配合，在 2012 年发票打假取得一定成效的基础上，不断加大工作力度，创新工作方法，对发票违法犯罪活动保持了持续的高压态势，破获了一大批重大案件，有效地震慑了发票违法犯罪。东北、西北地区地税局稽查局在打击发票违法犯罪活动中，共查获虚假发票 277370 份，通过发票检查查补税款 4.13 亿元。

【协调解决疑难问题】　按照《国家税务总局稽查局关于开展部分重点税原企业税收检查工作的通知》要求，辽宁省国税局稽查局对鞍钢集团及其下属公司实施税务检查，检查中发现，其中 2006 年和 2007 年鞍钢集团及其下属公司按照企业利用“三废”所得税减免税政策，免征所得税近 20 亿元。针对辽宁鞍山钢铁集团和辽宁国税局在对企业利用“三废”所得税减免税政策上有争议的情况，稽查二处协调所得税司要求明确了有关税收政策问题。

【调查研究】　及时分析全年稽查工作形势，配合其他处室，认真督导、协调重点税源企业检查、专项检查、打击假发票和税务总局督办案件检查工作，要求各地统一思想认识，增强信心，创新思路，确保完成全年各项稽查工作任务。一是为了及时总结案件检查情况，达到检查一个行业规范一个行业的目的，委托辽宁省国税局稽查局，对该省今年医药行业专项检查工作进行总结和分析，提出了检查建议。二是赴甘肃和吉林，对两省国税、地税局稽查局的全面工作进行了调研，对税务总局督办的案件进行督导。

（沈甫明）

稽查三处工作情况

【总体情况】　2013 年，税务总局稽查局三处共督办、组织查处中央有关部门批办的以及案发地在华北地区的各类涉税案件 52 件，其中上年结转 31 件，今年新交办 21 件，查补入库税款 14 亿余元。税收专项检查共计组织自查、检查纳税户 3.63 万户，自查查补税款 78.16 亿元。同时组织了对华北地区重点税源企业的检查以及区域税收专项整治工作，查补税款 31.56 亿元。开展了打击发票违法犯罪工作，查补税款 22.17 亿元。以上共计查补税款 145.89 亿元。

【重大案件查处和督办】　督办、组织查处华北片区重大涉税案件，并组织、协调各地税务稽查部门对涉及所得税和其他税种的重大涉税违法案件进行深入检查。加强各地税务稽查部门的信息沟通交流，积极与公安机关、海关、金融等部门的沟通和配合，查处了一批大案要案，特别是组织并查处中纪委、中央维稳办、政法委、监察部、外交部、审计署等部门交办和转办的大案要案。2013 年，共督办案件52件，上年结转29件，今年新交办23件，已查结18件。

【案件特点分析】 一是案件分布不均衡，仍以京津地区为主。其中北京31件，天津8件，共占案件总数75%；河北5件，山西1件，内蒙古4件，江苏1件，福建1件，青岛1件。二是案件来源渠道较多。从案件来源看，国务院领导、中纪委等部门批办案件11件，审计署、公安部等部门交办案件12件，其他为公民举报29件。举报案件仍为案件主要来源。

【税收专项检查】 华北地区国税、地税稽查部门根据税务总局统一部署，对区域内总局确定的重点行业和企业，以及结合本地区实际确定的行业和企业开展税收专项检查，认真组织，周密部署，取得了较好的效果。共计组织自查、检查纳税户3.63万户，查补税款78.16亿元。内蒙古国税稽查局在税务总局稽查局指令性检查项目以外，把房地产业、建筑安装业、承接出口货物业务的货代公司、报关公司（报关行）、资本交易、中介、培训服务机构等作为指导性检查项目。全区共完成专项检查户数1086户，其中有问题户数973户。各地自行开展检查529户，有问题508户。稽查查补税款、滞纳金、罚款合计1.97亿元，企业自查补税合计8.99亿元。山西地税稽查局结合实际，对证券及基金公司、房地产及建筑安装业、全国性股份制商业银行及城市商业银行3个行业进行专项检查。通过开展查前培训、推行分级分类等方式整合稽查资源，提高执法效能，组织1825户企业自查，自查补税金额6.6亿元，已入库6.52亿元；共检查纳税户608户，直接查补收入为1.55亿元。税务部门直接查补收入和企业自查补税金额分别较上年同期增长31.51%和22.87%，成效显著。

【区域性税收专项整治】 根据税务总局统一部署安排，华北地区各局继续开展药品和医疗机构发票使用情况的专项整治工作，共检查纳税人2429户，检查非法发票2.1万份，涉及金额11.16亿元，查补税款、滞纳金和罚款3.14亿元。针对税务总局部署的"营改增"专项整治，各地高度重视，采取多种形式，对本地区部署"营改增"专项整治工作，目前已取得初步成效。天津国税稽查局经分析选取了65户企业下发有关单位查处，已发现9家企业存在违法行为，涉及运输发票700余份。北京国税稽查局与公安部门密切合作，成功破获了北京第一起涉嫌"营改增"虚开增值税专用发票案，涉案企业对外开具505份发票，价税合计2095.3万元，涉及受票企业186户，其中在京单位134户，外埠单位52户。此案已被公安部列为督办案件，并拟作为集群战役在全国展开。在公安部、税务总局部署的"8·27"和"闪电四号"集中打击骗取出口退税违法犯罪专项行动中，河北国税稽查局积极配合公安机关开展工作，取得了显著成果，参与集群案件9起，涉及3829户企业，立案15起，抓捕犯罪嫌疑人1120人，传唤2人，网上追逃1人。内蒙古自治区涉案企业9户，抓捕犯罪嫌疑人3人。山西国税稽查局要求各市结合当地实际情况，对农产品加工企业、矿产品（包括煤炭）采选经销企业及走逃、注销企业等虚开发票易发、多发行业开展区域税收专项整治，整治工作由省局督办，共检查企业180户，查补税款5127万元。

【重点税源企业检查】 在税务总局部署重点税源企业检查名单的基础上，华北地区国税、地税稽查局结合实际确定本省的重点税源企业名单，共组织自查、检查重点税源企业1743户，查补税款28.42亿元。河北国税稽查局全面推行重点税源企业检查的集约化管理，实行省局稽查局直接选案，选取40户省属重点税源企业部署检查；抽调292人，采取了省、市局直查、交叉检查等多种方式，开展检查工作，40户企业已检查税款13.49亿元，查补预缴4.3亿元。内蒙古自治区地税稽查局认真督促税务总局确定的9家重点税源企业在本区的成员单位开展自查，自查补税1.01亿元，已全部入库。

【打击发票违法犯罪活动】 华北地区国税、地税稽查局按照税务总局的安排和部署，会同公安机关严厉打击倒买倒卖和制售假发票等违法行为，及时查处了使用非法发票企业，有力地促进了税收环境的改善。全年共检查纳税人2.12万户，查获非法发票24.65万份，涉及税款、滞纳金和罚款22.17亿元。天津地税稽查局和公安机关联动严厉打击制售假发票，共配合公安机关破获1189起发票犯罪案件，捣毁窝点158处，打掉发票犯罪团伙82个，依法缴获各类假发票共计608万份，有力地打击了发票犯罪的猖獗势头。河北地税稽查局将企业发票使用情况作为检查重点，结合专项检查、案件查处等工作，进一步加大对发票"买方市场"的检查力度。同时加强工作督导，及时掌握发票专项整治进展情况，适时进行情况通报，督促和推动工作落实。全省共计查处发票违法企业2033户，涉及非法发票4.25万份，涉及金额16.68亿元，查补入库税款8557万元。

【稽查机制、体制优化探索工作】　2013年，华北区国税、地税稽查局结合本地实际，对优化稽查管理体制及稽查工作机制进行了积极探索。北京地税按照“稽查机构扁平化、稽查手段现代化、稽查队伍专业化”的要求进行了改革，市局直属稽查局由2个机构增加到4个机构，内设机构由10个科室简并为5个。北京国税稽查局通过增加检查科室，依托区县稽查局骨干人员，构建形成应对“两重案源”检查骨干力量，由市局统一指挥调度，开展检查工作。天津地税稽查局对两个市级稽查局进行了全面调整，按管辖地域重新划分了检查范围，增加了业务科室数量，充实业务骨干。

【工作建议】　一是制定稽查体制机制改革的整体规划和目标，明确实施阶段和具体步骤，根据省、直辖市、大中型城市的不同特点，提供分类指导，设置不同的实现路径。二是继续加快建立与公安、海关、工商、银行等相关经济管理部门及司法纪检部门的信息共享与沟通协作机制，解决基层案件办理中一些关键数据信息的缺失问题，如协调人民银行恢复向税务部门提供企业全部账户信息等。三是尽快细化或明确稽查工作规程及相关税收规范性文件的部分条款，增强基层执行工作的可操作性。四是对不同稽查岗位拟定有针对性的培训方案和培训计划，以提高稽查队伍的整体素质和专业化水平。

（艾　玥）

稽查四处工作情况

【总体情况】　在税务总局稽查局领导的领导下，稽查四处按照2013年稽查工作要点的要求和税务总局稽查局的统一部署，继续做好涉税案件督办工作，组织华东片区开展了区域税收专项整治、专项检查、重点企业检查等工作和打击发票违法犯罪工作，较好地完成了本处今年的各项任务。

2013年，四处共督办案件29件，其中以前年度未查结转今年案件16件，今年新增案件13件。督办案件中，举报案件16起，公安部、财政部、海关总署移送案件各1起，中央督导组移送案件1起，各省市上报案件9起。按地域统计，江苏省6起，宁波市4起，安徽省3起，山东省、福建省、江西省各2起，上海市、浙江省、厦门市、山东省各1起，另2起涉及多省市。已结案16起，未结案16起，未结案中16起。已结案19起，结案率66%。

已下达处理处罚决定书的查补收入2.1亿元。不含虚开案件受票企业所在地税务机关处理处罚收入。

【查补收入】　2013年，华东地区税务稽查部门查补收入418.33亿元，入库402.75亿元。其中：国税稽查部门查补收入272.38亿元，入库收入259.87亿元；地税稽查部门查补收入145.95亿元，入库收入142.88亿元。华东地区查补收入占全国查补收入的32.59%，入库收入占全国的32.64%。其中：国税部门查补收入、入库收入分别占全国国税部门查补收入、入库收入的41.21%、41.85%；地税部门查补收入、入库收入分别占全国地税部门的23.44%、23.3%。华东地区综合查补收入入库率96.28%。

【重大案件查处和督办】　督办案件中，办案效果较好的案件有：（1）根据《财政部关于移送处理联合利华服务（合肥）有限公司涉嫌利用关联方交易定价少缴企业所得税问题的函》（财监函〔2012〕30号），安徽省国税、地税稽查局对联合利华服务（合肥）有限公司及其关联企业涉税案联合进行检查。对调查发现的问题，经过税企双方的多次磋商谈判形成了调整方案，最终联合利华中国公司调增企业所得税应纳税所得额161327万元，弥补亏损81955万元，应补企业所得税9984万元，其中特别纳税调整税款6898万元；查补增值税3390万元，合计查补税款13375万元。联合利华服务公司调增企业所得税应纳税所得额66333万元，应补企业所得税3430万元，其中特别纳税调整税款2996万元；查补增值税款121万元，合计查补税款3552万元。涉及的地方税费合计360余万元已在向国税部门补缴税款的当期全部缴纳入库。企业自查查补印花税、个人所得税税款合计862.94万元。

（2）宁波市国家税务局第三稽查局在对低税负规模企业专项检查中，发现宁波经济技术开发区虹成贸易有限公司、宁波保税区南央贸易有限公司存在虚开增值税专用发票重大嫌疑。经查，2户企业在2008年3月—2010年9月经营期间，共接受虚开增值税专用发票697份，价税合计1.98亿元，税额2882万元。对外虚开增值税专用发票285份，金额2541万元，税额351万元。稽查部门追缴2户企业接受虚开虚抵的增值税2882万元，并处2倍罚款；对虚开增值税专用发票行为，处以导致他人少缴税款1倍罚款。同时追缴虚列成本造成的所得税损失1820万元并处1倍罚款。

【“营改增”专项稽查】 根据国务院领导和税务总局领导关于严厉打击涉税违法犯罪活动，确保“营改增”改革顺利推进的指示精神，按照税务总局“营改增”工作总体部署要求，税务总局稽查局高度重视，精心组织，立足“打苗头、防蔓延”的工作思路，部署全国税务机关开展“营改增”试点行业专项整治工作。目前专项整治工作已圆满结束，全国共组织检查“营改增”试点企业6598户，查补税款32.9亿元，移送公安机关251户，抓捕犯罪嫌疑人223人，有力地打击和震慑了涉税违法犯罪，保持了打击“营改增”试点企业虚开行为的高压态势，达到了为“营改增”税制改革保驾护航的预期效果。

【工作开展情况】 （1）提高认识，强化专项整治组织领导。按照《国家税务总局关于开展“营改增”试点行业虚开骗税违法行为专项整治工作的通知》要求，税务总局成立“‘营改增’试点行业虚开骗税违法行为专项整治工作领导小组”，税务总局领导亲任领导小组组长。办公室设在税务总局稽查局。同时要求各省（区、市）相应成立办公室，按税务总局要求组织指挥各省市开展此项工作。

（2）认真研究，制定详细整治方案。为做好专项整治工作，在总结前期试点地区工作经验的基础上，税务总局稽查局认真研究制定了《国家税务总局关于开展“营改增”试点行业虚开骗税行为专项整治工作方案》，并召集上海、浙江、江苏和安徽等国税、地税稽查部门进行了座谈，对方案进行了具体讨论、修改。方案明确了专项整治的对象和重点，确定了工作步骤和时间，提出了工作要求。

（3）积极动员，专项部署整治工作。经税务总局领导批准，2013年6月18日、25日，税务总局稽查局分别在昆明、西宁分片组织召开了8月1日开展试点的省（区、市）“营改增”专项稽查工作会议。会议请财政部税政司、税务总局货物劳务税司和上海市国家（地方）税务局介绍了“营改增”相关工作，上海市国家（地方）税务局、江苏省国税局介绍了开展“营改增”专项整治、专项检查的工作经验，税务总局稽查局局长马毅民对“营改增”专项稽查工作提出了要求，专门部署试点地区的专项整治工作。要求各地提高认识，明确要求，周密部署，确保质量。

（4）警税协作，确保专项整治实效。为确保专项整治工作踏石留印、抓铁有痕，税务总局稽查局和公安部经侦局联合制定下发了《打击整治发票违法犯罪专项行动方案》，将打击“营改增”试点行业虚开发票、骗取劳务退税等违法犯罪行为作为打击发票犯罪活动的重点工作，明确了工作步骤，提出了工作要求。税务总局稽查局和公安部经侦局按照专项整治工作的打击重点，联合督办、组织查办一批重大案件，组织相关地区破获一批“营改增”试点行业虚开增值税专用发票、骗取出口退税案件。对存在重大虚开线索的案件，税务总局稽查局组织各地稽查部门加强案件线索移送，积极协调公安部门提前介入，联合侦办，形成合力，重拳打击犯罪团伙。2013年10月，两部局联合开展统一收网行动，破案72起，涉案金额12.17亿元，抓捕犯罪嫌疑人113人，有力地打击和震慑了违法犯罪，“营改增”行业虚开发票违法犯罪活动势头得到遏制。

（5）认真开展工作，专项整治工作成效明显。在专项整治工作开展期间，各地税务稽查部门按照税务总局稽查局工作部署，科学制订指标，合理选取案源，突出工作重点，排查异常线索，及时梳理作案手法，积累检查经验，提高工作效率，确保工作质量。其中，北京、上海、江苏、安徽省（市）税务稽查部门工作认真、成绩突出。北京市国税稽查局与公安机关相互配合，查处了北京市实施“营改增”以来发现的运输企业虚开增值税发票违法犯罪第一案，查实海河（北京）物流有限公司2012年9月—2013年3月虚开运输发票505份，金额合计2095.3万元。

（6）加强曝光，震慑涉税违法犯罪。税务总局稽查局会同办公厅积极与各新闻媒体联系，有计划、有重点地开展“营改增”试点行业防范虚开、骗取出口退税违法犯罪的舆论宣传，报道打击整治成果，曝光典型案例，进一步增强纳税人的法制意识，震慑违法犯罪分子，营造良好的舆论环境。2013年10月底，中央电视台、《法制日报》、新华网、《中国税务报》等七家主要媒体对“营改增”专项整治工作进行了报道。

【发现的主要问题和存在困难】 （1）主要问题。①企业虚开发票问题。从各地上报的情况来看，发生虚开发票行为的企业主要为交通运输企业和货物运输代理服务企业（以下简称货运、货代企业），货运、货代企业虚开专用发票作案手段多样，隐蔽性较强。利益驱使是虚开发票的直接原因，巨大的市场需求是虚开的存在基础，企业经营人员法律意识淡薄、宏观经济形势不利也导致虚开案件多发，管理机制存在漏洞以及查处手段欠缺等因素，也为虚开发票提供了可乘之机。地方政府招商引资，片面追求 GDP 增长客观上助长了虚开等违法犯罪行为。主要表现有：一是利用伪造铁路运输费用结算单据或非试点地区虚开的普通发票虚列进项税额，对外虚开专用发票。二是部分地方政府为争抢税源，对货运、货代企业给予财政奖励返还成为普遍现象，返还比例大部分在 90% 以上，变相鼓励运输企业落户本地，放纵这些企业随意多开货运发票，客观上成为开具虚假货运发票的推手，增加了企业为营造经营业绩而虚开专用发票的风险。三是财务核算混乱。首先是无成本无抵扣，企业运输车辆修理等必要支出，账上没有合法凭证列支，很大一部分企业的增值税税负接近 11%；其次是成本发票与实际不符，虚列成本，有的公司油料费及路桥费占其营业收入的 90% 以上，取得的发票和运输企业业务不关联不匹配，非法取得他人发票充抵本公司成本费用；再次是资金流向异常，有的公司收到运费后立即转入个人账户。四是部分货运、货代企业还存在以下问题：混淆不同税率收入或应税与非应税收入降低税负；销售额抵减试点前未扣除的项目；少计销售收入等。分析原因，除少数企业恶意偷税外，大部分是由于企业对“营改增”政策理解有偏差、财务管理制度混乱所致。②“营改增”税收政策问题。从各地上报的情况来看，部分“营改增”税收政策性问题尚不明确，影响了有关案件的查处、定性和处罚。一是货运开票企业为挂靠车辆开具发票，挂靠车辆为车主拥有，且自主经营，自担费用，是否确定虚开。二是货运开票企业虽有挂靠车辆，但所开具发票非挂靠车辆所从事运输业务，是否确定为虚开。三是货运开票企业形式上与运输业务需求单位签订运输合同，再将运输业务转包给其他从事运输业务的单位或个人，其开票收取运费后，再将运费支付给实际承运人，运费支付时，未取得发票，以白条入账，所得税纳税均采用定额方法。这种行为如何处理。四是货运企业将运输业务分包给社会车辆运输，因社会车辆不能提供发票，而让非“营改增”试点地区企业为其开具发票，并支付开票手续费，但其与开票企业形式上签订运输合同，并由开票企业出具付款委托书，将运费付给实际承运人，这种行为是否定性虚开；或者货运企业将接受货运发票的资金付给开票企业后，资金回流至货运企业相关人员的银行卡，再支付给实际承运人，是否定性虚开。

（2）存在的困难。在“营改增”试点行业专项整治工作中存在一些困难，主要有：①货运、货代企业虚开发票的对象众多，分布较广，且虚开、代开现象由来已久，查证耗时耗力，需要调动充足的稽查力量；另外，货运行业管理较为混乱，个体运输户众多，流动性强，存在大量的现金交易，给稽查人员调查取证带来很大困难。②当地政府配合的积极性不高，税务机关对这些企业实施外调检查时，阻力较大。特别是有些地方的乡镇政府工作人员直接成为“中间人”参与虚开，如“江西吉安金辉物流案”，由乡政府人员携带空白发票前往上海代开、虚开运输发票金额 6700 余万元。③由于部分地区警税协作不够紧密，再加上公安部门警力不足等原因，导致案件线索移送公安后进展较为缓慢。

【工作建议】　（1）加强税源管理。在货运、货代企业办理税务登记时，认真审核企业车辆等相关资料，杜绝“纯开票货运企业”的设立。

（2）加强纳税评估。对货运、货代企业加强日常纳税监控和评估工作，深入了解企业生产经营状况、生产经营模式，运用征管数据和外部资料开展科学评估，发现异常线索，及时移交稽查部门。

（3）建立长效机制。以“营改增”专项整治为契机，加强行业引导，促进行业整合。建立与运管、金融、海关等部门的信息沟通、情报交换、案件移送、调查取证、资金查控等方面的协作机制，建立衔接紧密、联合查处的长效工作机制，提升打击违法犯罪整体效力。

（4）加大打击力度。我们要会同公安部开展破案会战，对涉及地区广、案情复杂、打击难度大的案件联合挂牌督办，统一调度国税、地税全面检查，重点打击一批职业犯罪团伙、“中间人”和以虚开为目的、没有真实货物或劳务交易的空壳公司。

（5）加大宣传曝光。加大“营改增”税制改革政策宣传力度，结合重大典型案例曝光，深入开展宣传报道，营造强大声势，推动形成全民参与、自觉抵制虚假发票的有力舆论氛围，打击震慑违法犯罪分子，为税制改革深入推进营造良好环境。

（金　鑫）

稽查五处工作情况

【总体情况】 2013年，稽查五处围绕2013年稽查工作要点，结合西南地区工作实际，按照职责分工，突出大要案查处，强调大局观念，认真做好税收专项检查、重点税源检查、打击发票违法犯罪等工作。截至2013年12月31日，组织、协调、督导西南各省税务稽查局共检查纳税户12490户，发现有问题户12147户，查结12243户，查补收入合计140.77亿元，已入库139.06亿元，入库率98.79%；组织督促企业开展税收自查69114户，查补税104.13亿元，已入库103.34亿元。与2012年相比，2013年检查户数减少824户，自查户数减少6157户；查补收入增长12.59亿，增长9.82%，其中稽查查补收入减少2.47%，企业自查增长14.92%；稽查入库减少0.7亿元，减少1.9%；企业自查入库增长14.02亿元，增长15.7%。

【重大案件查处和督办】 2013年，稽查五处共督办案件51起。与2012年相比督办案件数量增长8起，增长19.5%。其中，上年结转24起，占全部督办案件的47%；本年度新列督办案件27起，占全部督办案件的53%。有13起案件列入打击虚假发票专项行动与公安部联合督办。截至2013年年底，已办查结案件25起，占全年督办案件的49%，已查补收入10.02亿元。比较典型的案件有南疆税案，查补收入1.78亿元；“4·07”专案，查补收入4.38亿元；四川德阳“5·29”涉嫌虚开农副产品收购发票和增值税专用发票案件，查补收入4295万元；重庆天江投资有限公司涉税违法案件，查补收入2266万元；西藏拉萨、那曲和日喀则3地区部分企业涉税案，查补收入3178万元；贵州贵阳“4·28”虚开增值税专用发票案，查补收入3952万元；重庆商业投资集团公司涉税案，查补收入1275万元；贵州赤水市黔兴精煤商贸有限责任公司偷税案，查补收入1294万元。

2013年，西南地区共查办千万元案件31起，查补收入7.63亿元，已入库6.72亿元；百万元案件422起，查补收入10.47亿元，已入库9.93亿元。

【案件特点分析】 职业犯罪趋势明显。涉案企业具有以下共同特征：一是虚开企业的实际控制人是外省籍人员，找注册地的当地人员充当企业的法定代表人，实际控制人隐藏于幕后，由本地人出面与税务机关进行接触，也有部分企业使用外省籍人员身份证注册；二是同一控制人在不同区域多次注册农产品购销商贸企业，在不同税务管辖区域中形成独立经营公司。表面看似独立的单个企业，但实际是由一人或团伙统一操作、作案。三是涉案企业注册资本少，一般都在100万元以下；四是为了掩人耳目，虚开企业在注册地租用经营、办公场地，或有少量的农产品库存作掩护，公司组织机构看似健全；五是犯罪分子对现行税收管理的程序、内容和征管方式比较熟悉，按照当地商贸企业增值税整体税负情况调整出当期应缴增值税，并按时申报纳税，同时，还在账上反映少量利润并按期申报预缴企业所得税，伪装出正常经营的假象。

涉案企业作案手段隐蔽性较强。一是犯罪嫌疑人利用农产品税收政策的漏洞、核实农产品收购业务真伪困难以及查找农产品销售业户困难等特点，大肆虚开农产品收购发票用于抵扣税款，为虚开增值税专用发票打下基础。二是犯罪团伙内部分工明确，单线联系。犯罪团伙内部专门有人充当“中间人”联系受票企业，再将受票企业有关信息转发给开票环节，开票人员将专票开好后，单线转交“中间人”环节再转交受票企业，每个环节都是单线联系。三是分散注册企业，多是一人操纵，相互串通，虚开企业申请一般纳税人资格后，短期内领购发票并大量虚开农产品收购发票，继而达到无货虚开、为他人代开增值税专用发票牟取非法利益的目的；四是经营时间一般在一年左右，非法获利后一有风吹草动即申请注销或走逃，以逃避打击；五是收购业务的资金流以现金为主，销售业务的资金流多以往来记账，然后通过资金频繁转账，形成“正常”的销售资金流入情形，而基本账户留存资金很少，多数通过个人账户进行资金划转；六是经营期间将增值税税负维持在当地管理的正常值范围内，一般以虚开出去的增值税专用发票形成的销项税额，倒推应虚开的农产品收购量和收购金额计算抵扣的进项税额，形成符合当期正常税负的应纳增值税额，以避开主管国税机关的监管。七是药品经销企业GSP标准认证较难取得，能同时具备GSP和增值税一般纳税人资格的药品企业更是少之又少，但各地个人或批发市场上个体经营户经销中药材、药品的人数众多，这些个人由于没有药品经销GSP和增值税一般纳税人资格，无法开具增值税专用发票，影响其药品销售，因此，很多个人便想方设法“挂靠”开票企业，从而形成“有货代开”的违法事实。

【税收专项检查】　根据2013年度税收专项检查工作部署，稽查五处要求西南地区各省认真落实税务总局的要求，抓好指令性和指导性税收专项检查工作。

2013年，税务总局布置了对成品油批发、零售企业，办理电子、家具、服装类等产品出口退（免）税企业，证券、基金公司等3个指令性检查项目的税收专项检查工作，西南地区累计检查企业40090户，合计查补收入807617.2万元，其中稽查直接检查查补收入233008万元，企业自查查补收入574609.2万元；查补入库总计711887.2万元，其中稽查直接检查入库193714.1万元，企业自查入库518173.1万元。

在认真做好指令性项目检查的同时，西南各省根据税务总局部署的指导性项目，结合本省实际，立足依法稽查与组织收入良性互动，开展了本地区专项检查工作，取得较好效果。贵州省国税局组织开展了建材生产及经销行业等项目的税收专项检查工作。云南省国税局将邮电通信、医疗业、水务等行业纳入检查，并按照“省局稽查局先解剖式检查两户，再指导各州市开展检查”的工作方式，开展了旅游购物企业专项检查。云南省地税局开展了以资本交易项目为主的税收专项检查，并结合税务总局的安排组织开展了矿产资源行业、医药行业、交通行业等专项检查。四川省国税局统一部署开展了对中药材收购、药品生产企业，城市商业银行，房地产、建设安装业、中介服务机构等行业的专项检查。西藏自治区国税局结合工作实际对租赁业、矿业、服务业等实施了税收专项检查。重庆市国税局利用CTAIS后台数据库，防伪税控系统以及日常征管信息等获取纳税人基础数据，再运用行业经济技术指标和计算机统计分析技术，进行信息比对和疑点户筛选，提高选户科学性和准确性，减轻了基层单位工作量，并大大提高了专项检查效率。

【区域性税收专项整治】　2013年，西南地区各省按照税务总局的要求，分别在辖区内开展了区域税收专项整治工作。

贵州省国税局开展了重点地区矿产品（包括煤炭）采选经销企业利用成品油增值税专用发票虚抵进项税款，服装、木器、食品、药品企业利用农产品收购发票虚抵进项税款，家电经销行业“家电下乡”企业的区域税收专项整治工作，并于2013年8月在全省范围内组织开展“营改增”试点行业虚开骗税违法行为专项整治工作。全省区域税收专项整治共组织检查130户，立案检查122户，检查有问题102户，移送司法机关2户，组织自查8户，自查有问题8户。查补收入共计1319.22万元；入库查补共计1319.22万元，自查查补入库税款187.32万元。检查中发现的主要问题：煤炭生产企业账外经营，虚开增值税专用发票；“家电下乡”企业开具大头小尾发票逃避缴纳税款，利用上游企业开具发票规避税收等。

贵州省地税局专项整治的重点地区是贵阳市和六盘水市。贵阳地税稽查一局重点对全市工程机械市场、汽车交易市场、物业管理行业进行税收检查，共涉及256户企业，查补税款1147.19万元，入库税款1147.19万元。贵阳地税稽查二局将开阳县作为重点整治区域，对开阳辖区内5户矿产品采选经销企业进行清理检查，企业自查查补税款562.87万元。六盘水市地税稽查局主要针对矿产品（包括煤炭）采选经销企业及走逃、注销企业等虚开发票易发、多发行业开展区域税收专项整治，共检查2户，督促企业自查户数451户，自查有问题户数105户，查补收入0.21亿元，合计入库税收收入0.18亿元。

四川省国税局根据税务总局部署，重点开展了四方面的整治工作：一是药品、医疗器械生产经营单位和医疗机构发票使用情况专项整治。二是“营改增”试点地区内交通运输企业较为集中的区域。三是矿产品（包括煤炭）采选经销企业较为集中，且这些企业利用成品油增值税专用发票虚抵进项税款行为多发的区域。四是农产品加工企业较为集中，相关服装、木器、食品、药品企业利用农产品收购发票虚抵进项税款行为多发的区域。区域税收专项整治查补总额7696.24万元，入库7639.12万元，冲减增值税留底税金131.23万元，调减亏损额390.33万元。其中：稽查检查451户，已查结440户，有问题414户，移送司法机关3户，查补总额6690.73万元，入库6633.61万元；组织企业自查483户，有问题212户，自查查补总额1005.51万元，入库1005.51万元。

重庆市国税、地税与公安等部门成立了“专项整治领导小组”，各部门紧密配合，结合实际情况，有针对性地开展区域性整治工作。一是结合税收宣传月做好宣传动员工作，在龙头寺火车站等人流量较大的地区开展税法知识宣传；二是通过集中座谈及下户辅导等形式与纳税人进行面对面的税法宣传，使纳税人意识到依法纳税的真正意义和税收违法的严重后果，从而提高依法纳税的自觉性；三是结合2013年区域性税收专项整治工作，积极落实“查案必查票”的工作要求，继续加强和整顿农产品加工行业税收秩序。

云南省国税局将曲靖、红河、玉溪、昭通、丽江地区矿产品（包括煤炭）采选经销企业列为省级专项整治区域，重点整治矿产品（包括煤炭）采选经销企业，利用成品油增值税专用发票虚抵进项税款、销售产品不开具发票以及无合法票据所得税前列支等问题。同时对农产品加工企业较为集中，相关服装、木器、食品、药品企业利用农产品收购发票虚抵进项税款行为多发的区域，或对农产品进项税额数额大、占比高的纳税人和销售农产品发票开具多、数额大的纳税人，实施专项整治、专项检查，重点整治利用虚开销售农产品发票、虚抵进项税以及无合法票据所得税税前列支等问题。本年度专项整治企业自查337户，自查税款及滞纳金合计2548.30万元，实施重点检查110户，查结98户，有问题83户，查补收入总额590.31万元，查补税款465.11万元，加收滞纳金103.71万元，罚款21.49万元，已全额入库。

云南省地税局确定了以矿产品（包括煤炭）采选经销企业、农产品加工企业较为集中区域和走逃、注销企业及虚开发票易发、多发行业集中的地区为重点，开展区域税收专项整治。制定了税收专项检查的目标、范围、内容、检查时限、方法步骤等，取得很好的成效。

西藏自治区国税局组成专项整治工作组赴山南地区开展为期20天的区域税收专项整治工作，主要内容为：一是对山南地区稽查局人员配备及近两年工作开展情况进行了调查了解；二是对办案经费使用情况、档案管理情况进行检查；三是对大要案件进行复查；四是根据重点税源企业专项检查要求，选择山南地区水泥行业进行专项检查；五是对山南地区货运货代企业、农副产品收购企业、矿产品采选经销企业进行行业税收调研。经检查，暂未发现违规企业。在此次区域专项整治工作中，对地区重点税源水泥行业2011年及2012年度纳税情况进行了深入检查，共计查补税款、滞纳金、罚款等收入120.43万元。

【重点税源企业检查】 2013年税务总局部署17户重点税源企业检查，首次涉及总部在西南地区的有3户，分别是新希望集团、东方电气集团和云天化集团。在自查中，总部在四川省的新希望集团有限公司和东方电气集团公司，共计自查补缴税款6.731亿元（其中，四川省的新希望集团5.19亿元，东方电气集团1.52亿元）；总部在云南省的云天化集团有限责任公司在2012年稽查的基础上，按照2013年的总体要求，进行了补课，自查应补税款3468.18万元，冲减增值税留抵税额67.56万元，自查税款已全部入库。由于自查组织得力，效果显著，税务总局对此3户企业免抽查。

贵州省国税局由省局稽查局牵头成立督导组，组织对税务总局安排的在黔33户重点税源开展自查，自查补税45万元，调增应纳税所得额1874万元；对其中10户企业进行检查，补缴增值税2.4万元、企业所得税428万元、调增应纳税所得额107万元。同时，开展本省部分重点税源企业检查，对中国烟草总公司贵州省公司及下属分支机构2009—2011年纳税情况进行了全省联查，检查应补税额合计9060万元，抵减税收风险评估和纳税申报时多缴税额2970万元，实际应补税额6090万元；中电投金元集团自查入库收入1128万元，中国移动、电信贵州分公司检查入库税收799万元。

贵州省地税局对税务总局安排的在黔8大企业集团34户纳税人进行了检查。另外，结合本省实际，还自行开展了电力和烟草行业的检查。自查阶段企业自查出地方各税5357.6万元。其中营业税986.98万元，企业所得税594.93万元，个人所得税1789.35万元，资源税52.93万元，其他各税1933.41万元。加收滞纳金62.41万元。入库税款5357.6万元，滞纳金62.41万元，入库率100%。重点检查阶段共计查补地方各税1505.7万元，其中营业税0.8万元，企业所得税47.06万元，个人所得税162.06万元，资源税52.93万元，其他各税1242.85万元，加收滞纳金41.38万元，罚款31.93万元。入库税款1505.7万元，滞纳金41.38万元，罚款31.93万元，入库率100%。

四川省国税局认真落实对重点税源企业税收自查、重点检查工作。查补总额14359.37万元，入库10478.15万元，查增应纳税所得额予以调减以前年度亏损3576.90万元。总部设在四川省的2户企业（新希望集团有限公司、中国东方电气集团有限公司）自查查补总额10438.71万元。因自查效果显著，税务总局决定免于重点检查。总部不在四川省的8户企业所辖64户分支机构自查查补总额

2571.37 万元。重点检查阶段，四川国税对税务总局选定 6 户企业在四川省的 21 户分支机构实施重点检查，查补总额 1349.29 万元。

四川省地税局对新希望集团有限公司（以下简称“新希望”）、中国东方电气集团有限公司（以下简称“东方电气”）及其他重点税源企业在川分支机构进行了专项检查工作。在自查阶段，新希望和东方电气两家企业组织集团本部和下属成员企业共计 502 家单位开展了税收自查工作，应补缴地方税收 4.02 亿元，已入库 3.96 亿元。重点检查阶段，四川地税对中国化工集团公司、中国铁路物资股份有限公司、中国机械工业集团有限公司、海尔集团公司、美的集团有限公司、中国国际海运集装箱（集团）股份有限公司、华晨汽车集团控股有限公司 7 家重点税源企业的下属 21 家成员单位开展重点检查工作，查补税款、滞纳金及罚款 668.23 万元，已入库 88.44 万元。

重庆市国税局在综合考虑企业综合税负、经营规模、地区分布等因素的基础上，按不低于 30% 的比例确定了重点检查对象，其中，对杭州娃哈哈集团公司和华晨汽车集团控股有限公司分支机构的检查比例不低于 70%，由国税、地税共同确定对 18 户成员企业开展重点检查工作。对 60 户成员企业检查共计查补税收收入 1196.4 万元，已入库 1081 万元。同时，结合重庆市 2012 年对重庆市盐业（集团）有限公司检查情况，将食品加工用盐量较大的 102 户下游重点用盐企业纳入专项检查，共计查补税收收入 936.5 万元，已入库 936.5 万元，调减亏损 90.2 万元。

重庆市地税局在方案制定、部署动员、进场辅导、实地检查、总结报送等各个环节与国税部门密切协作，共同实施，形成合力，对税务总局部署的 17 家大型企业集团在渝机构进行了全面检查，共检查企业 60 户，查补税款 1244 万元。同时，重庆地税坚持以三年为一个轮查周期，对纳入轮查的 1391 户企业进行了自查或检查，自查、检查面接近 38%。自查收入达到 6.3 亿元，重点抽查 496 户企业，查补收入 2.25 亿元，其中市局稽查局重点税源轮查企业 81 户，查补收入达到 1.09 亿元。

云南省国税局对总部设在云南的云天化集团进行自查督导，自查入库企业所得税、增值税共计 1751.93 万元。对云天化集团成员企业云天化集团有限公司、云天化国际化工三环分公司等 2 户企业进行了重点检查，查补税款 116.66 万元。2013 年是云南地税实施分级分类稽查工作的第 8 年，也是第三轮分级分类稽查的第二年。本次组织企业自查 1959 户，自查税款及滞纳金合计 20670.84 万元；实施重点检查 353 户，查结 328 户，有问题户 316 户，查补收入总额 4444.08 万元，其中：查补税款 3533.99 万元，加收滞纳金 623.09 万元，罚款 287.00 万元，调减增值税留抵税额 647.95 万元，调减亏损企业申报亏损额 2180.69 万元，入库总额 4053.15 万元。

云南省地税局对总部在本省的云天化集团有限责任公司及下属公司进行了自查督导，通过自查合计共查补地方各税费 1681.73 万元（其中营业税 21.09 万元，企业所得税 542.74 万元，个人所得税 204.01 万元，其他各税费 742.06 万元，滞纳金 171.83 万元），已全部入库。

西藏自治区国税局从税务总局列出企业名单中，属重点税源的企业有杭州娃哈哈集团有限公司的成员企业西藏娃哈哈食品有限公司及中国黄金集团公司的成员企业墨竹工卡县甲玛工贸有限公司。西藏国税及时对两户企业 2011—2012 年的税收申报和缴纳情况进行了重点检查，从检查的情况看，西藏娃哈哈食品有限公司未发现涉税违法行为，墨竹工卡县甲玛工贸有限公司案件仍在审理当中。另外，2013 年西藏国税确定水泥行业作为重点检查行业，共对 5 户规模较大的水泥行业进行了检查，查补税款及罚款收入合计 920 万元。

【工作亮点】　一是税务总局的工作思路发挥了示范作用。西南地区各省按照税务总局的工作思路，探索开展本地重点税源检查，自选了一批重点税源企业开展了重点检查，共计查补 8.63 亿元，成绩斐然。例如，重庆市地税根据本省纳税实际情况，制定了“对 3660 户大型重点税源企业三年轮查一遍”的工作方案，2013 年对其中的 1391 户企业进行了轮查，轮查面达 38%，通过辅导企业自查和对重点企业进行抽查，共查补收入 7.57 亿元；贵州省地税局稽查局自选电力、烟草行业查补税款 4604 万元；贵州省国税局稽查局自选烟草行业补税 6000 万元，电力行业 60 户企业查补入库 1078 万元；云南省国税局按照分级分类稽查的思路，对辖区内企业进行了三轮第二年的检查，积累了丰富的经验。

二是积极探索稽查机制体制改革迈出关键的步伐。例如，重庆市国税局积极开展一级稽查探索，详细拟定该市主城区跨区稽查实施方案和市级一级稽查的推进计划，在前期设立第一、第二稽查局的基础上，2013 年 11 月 5 日，第三、第四、第五稽查局正式挂牌成立，主城区再增加 3 支专业稽查力量。

跨区稽查覆盖了全市国税75%的税源和50%的纳税人，国税税源管理专业化又迈出了关键的一步。云南省地税党组十分重视稽查工作，经过多方努力，在省局将稽查局设立为人、财、物完全独立的全职能局，稽查系列的科级干部由省局稽查局直接任命；16个地（市州）设副处级稽查局，稽查局长进党组，从而大大提高稽查工作的地位，进一步激发了稽查干部的活力。重庆市地税局在进行了大量的调查研究后，将进一步深化稽查机制体制改革的思路书面向重庆市政府进行了专题汇报，此举得到了市政府的大力支持，拟于2014年具体实施。

三是协查系统在地税稽查局开通运行。在2013年一季度举办三期地税师资300余人的培训后，税务总局协调技术力量积极帮助各省地方税务局进行骨干力量和操作人员的培训，为协查系统在地税的顺利开通运行奠定了技术和业务基础。在去年全面试行的基础上，经过进一步的研究修订，2013年5月，下发了《国家税务总局关于印发〈税收违法案件发票协查管理办法（试行）〉的通知》（税总发〔2013〕66号）。该文件的下发执行，进一步提高了案件协查法律文书的级次，明确了纸质协查的程序和操作规范，强化了责任，规范基层案件协查工作。在各地的大力支持和税务总局电税中心的积极配合下，协查系统在国税稽查局运行12年后于2013年6月1日起在全国31个省、市自治区、直辖市和计划单列市地税稽查局开通运行。虽然目前只能传输货运发票，但我们将根据税务总局信息一体化的安排和基层工作的需要，逐步研究开通其他普通发票的网上协查工作。协查系统在全国地税稽查局开通运行，标志着协查网络已经覆盖全国，这将大大提高税务稽查工作的技术含量，向稽查现代化大大迈进了一步。

四是结合党的群众路线教育实践活动整改措施的落实，积极开展工作调研。10月和12月，稽查五处分两个调研组，到四川省、贵州省、重庆市的国税、地税进行了工作调研。调研组深入基层稽查一线，听取基层稽查干部的呼声，了解一线稽查工作的实际困难及工作建议，及时向领导报告调研情况，为领导决策提供依据，此举得到稽查局领导的认可和好评。

协查工作情况

【协查系统运行情况】 2013年，全国各地税务机关稽查局不断强化措施，加强协查信息管理系统（以下简称协查系统）管理与应用，发挥协查系统统计与监控作用，有效地查处了各类涉税违法犯罪案件，充分发挥了协查工作为案件服务、为稽查服务、为征管服务的作用。现将有关情况通报如下：

地税机关稽查局协查系统上线运行良好。为进一步加强全国各地税务机关的相互协作，严厉打击各类涉税违法犯罪活动，实现各地税务机关稽查局信息网络互通，根据税务总局信息化建设的总体安排，2013年6月1日协查系统在全国各地税机关稽查局上线运行。自上线工作开展以来，各省地税局稽查局高度重视，树立“全国一盘棋”的思想，按照税务总局的工作要求，积极计划部署，加强协调配合，通过成立协查系统推广协调小组，建立协查系统运行工作机制，开展操作人员业务培训等工作，按时完成了人员培训、用户授权、技术支持和维护上线等推广工作。目前，除个别省外，绝大多数省地税机关稽查局协查系统运行情况良好，部分省地税机关稽查局已经通过协查系统成功发起协查。

国税机关稽查局协查系统平稳顺利运行。①委托情况。全国各地国税机关稽查局通过协查系统发起委托协查发票59.20万份，涉及企业3.46万户（次），金额1027.40亿元，税额172.33亿元，收到协查回复发票56.80万份，已确定查结果发票45.19万份，其中有问题发票19.76万份，选票准确率为43.72%，查补收入1.45亿元，已入库1.37亿元，移送司法机关案件142起。委托发出协查发票量前六位的国税局稽查局依次是上海、广东、浙江、福建、天津、黑龙江，占全部委托协查发票量的51.8%；选票准确率前三位的国税局稽查局依次是河南、辽宁、吉林。2013年，通过协查系统发起协查的税务总局督办案件，有河南长丰物资有限公司虚开增值税专用发票案、齐齐哈尔“5·15”虚开增值税专用发票案、西藏“8·30”系列虚开增值税专用发票案、云南“5·31”案件、广西来宾团伙虚开增值税专用发票案、上海美梭骗税案、浙江临安天茂木业有限公司案、辽阳“6·20”虚开案件协查、甘肃白银刘军宽等人涉嫌虚开增值税专用发票案件、重庆勇鹏毛发制品有限公司虚开增值税专用发票案、常山兴宇电子科技有限公司虚开增值税专用发票案、贵州独山宝成镍业有限公司虚开增值税专用发票案、浙江海宁张广训虚开发票专案、杭州“6·4”专案等。这些案件涉及范围广，协查发票量大，查实有问题企业多。通过协查系统的实时监控和跟踪，保证了回复率，提高了协查质量，取得了较好的效果。②受托情况。全国各地国税机关稽查局受托收到协查发票58.79万份，涉及企业6.70万户（次），金额1021.36亿元，税额171.50亿元，协查回复发票56.87万份，累计回复率为100%，其中有问题发票12.49万份，查补收入9.73亿元，移送司法机关案件704起。受托协查发票量前六位的国税局稽查局依次是广东、河北、江苏、浙江、山东、河南，占全部受托协查发票量的41.59%；受托协查查实有问题发票量占全部协查发票量比率高的前三位的国税局稽查局是湖南、广西、安徽。③查补收入情况。2013年，委托协查及受托协查查补收入合计列前六位的国税局稽查局依次是江苏、安徽、深圳、广东、山东、上海。上述地区通过协查系统累计查补收入6.57亿元，占全国通过协查系统组织协查查补收入总量的58.71%。查补收入已全部入库的有天津、内蒙古、辽宁、黑龙江、上海、江苏、宁波、福建、江西、青岛、陕西、甘肃、青海、宁夏等。

【协查工作管理】　一些省税务机关稽查局在协查系统应用管理中不断总结经验，研究改进工作流程，协查系统信息化优势得到了充分发挥。如吉林国税局稽查局建立了集体审议定性制度，大大提高了协查回复质量；上海国税局稽查局对协查典型案例进行综合评比，督促基层重视对协查案件的总结和分析；江苏国税局稽查局将评估引入协查，建立了合理的考核机制和健全的激励机制；河北、大连、江西国税局稽查局运用协查系统挖掘案源线索，在科学选案、案头分析等方面实现了信息的有效利用；天津国税局稽查局开发了协查系统短信平台，对协查系统内协查发票流程进行全程跟踪监控；陕西国税局稽查局、浙江地税局稽查局对协查系统进行了专项健康检查，保证了系统的正常运行。

部分省国税局稽查局结合工作实际，通过深入分析协查数据，总结提炼出本地区涉税案件的一些新情况和新趋势，对税务总局全面了解各地实际情况，进一步加强稽查选案、案件协查等起到了重要作用。如辽宁国税局稽查局对虚开发票案件的发展动向及趋势进行了分析，指出要对新注册企业大量开票行为加以重视；山东、湖北国税局稽查局认为当前通过变造发票的票面信息和克隆增值税专用发票进行虚开的方式呈上升趋势；新疆国税局稽查局指出外贸出口企业仍然是取得虚开增值税专用发票案件的重点行业；江苏、云南国税局稽查局指出“营改增”政策调整后，运输发票已成为虚开发票犯罪行为的多发地；北京国税局稽查局认为“无法核实”背后可能隐藏着大量虚开行为；宁波国税局稽查局归纳总结了医药、药品行业作案手法和特点，形成案例，为今后类似案件检查提供了参考和示范。

当前，协查系统管理还存在一些问题。一是各省地税局稽查局协查系统利用率低。虽然自2013年6月1日起，协查系统在全国地税机关稽查局上线后能够顺利运行，但各省地税局稽查局协查系统利用率很低，只有辽宁、吉林、宁夏、上海、广西、黑龙江、福建、四川地税局稽查局通过协查系统发起过协查。其原因，一方面是由于部分省地税局稽查局协查系统布点晚，还未完全熟练掌握协查系统的基本功能和业务流程；另一方面也与个别省地税局稽查局重视程度不够，没有做好协查系统宣传、培训、授权、应用和维护工作有关，一些货物运输发票（“营改增”前）涉税案件协查仍然沿用以前的纸质邮寄发函，大大降低了工作效率。二是各省国税局稽查局委托协查选票准确率差异较大。2013年，各省国税局稽查局协查系统选票准确率差异较大，有的省份高达90%以上，有的还不到10%。通过数据分析，主要原因为：案件因素。2013年，按照税务总局稽查局的部署，部分省国税局稽查局查处了一批典型的虚开增值税专用发票涉税违法犯罪案件，涉案发票全部定性为虚开，并及时通过协查系统发出协查，已确定虚开发票占委托发出发票数量比重较高，如河南、吉林、辽宁、黑龙江、新疆、安徽等国税局稽查局。回函因素。从委托协查回复结果来看，“有疑问”发出的协查回复结果为“正常”的发票数量较多，直接影响了选票准确率。造成这种结果的原因，一方面是有的委托单位在发函时，为规避责任，没有对发票进行认真分析、筛选，就将企业取得的进项发票全部委托发出协查；另一方面是部分受托单位对协查不够重视，回函质量不高。计算因素。为更加客观反映选票准确率的真实性，税务总局对选票准确率计算方法进行了调整优化，新的计算方法将回复结果为“无法核实”的发票从选票准确率基数中剔除，使得部分“无法核实发票份数”较多的省份，其选票准确率要稍高一些。三是各省国税局稽查局协查数据存在差距。各省国税局稽查局之间协查查补收入差距非常明显。一些地区受托协查虽然查实了大量的“有问题发票”，但查补收入很少，甚至为零；个别省国税局稽查局虽有查补税款，但入库率很低。各省国税局稽查局累计按期回复率虽基本达到100%，但个别地区协查发票累计按期分捡率与2012年相比有所下降。信息完整率与以往相比，虽然有所提高，但是一些协查函件没有按照要求执行，发出的协查函件内容过于简单，或要求不明确。个别地区稽查局还存在为逃避对选票准确率和信息完整率的考核，不按照《税收违法案件发票协查管理办法（试行）》（税总发〔2013〕66号）的要求通过协查系统发起协查函，仍坚持用纸质邮寄的方式组织协查的现象。四是协查系统日常管理和维护有待加强。个别地区税务机关稽查局对协查工作重视不够，不能严格按照税务总局提出的协查工作要求开展工作。一些单位未能及时建立节点或节点建立不完全，不能及时维护操作人员权限；在节点变更、人员调整后不能及时上报，系统维护不及时不到位。这些问题暴露出一些地区税务机关稽查局对协查系统的管理不严格，严重影响了协查工作的正常开展，应引起各级税务机关稽查局的高度重视。

针对上述问题，今后协查工作应从以下几方面采取措施：一是努力提高协查系统应用效能。凡已纳入协查系统发票类型的涉案发票（增值税专用发票、废旧物资专用发票、机动车销售统一发票、货物运输业发票、货物运输业增值税专用发票，包括税务机关为小规模纳税人代开的上述发票），除税务总局另有规定外，都要通过协查系统发起协查函。凡是没有通过协查系统发起协查的纸质协查函，受托方稽查局应逐级向税务总局稽查局报告，税务总局稽查局将对有关情况进行通报并根据系统绩效考评评价标准进行处理。要以协查系统为依托，综合协查、预警、评估、稽查等数据资源，强化案件协查信息查前分析，针对“营改增”行业、企业，深入开展案源信息分析，查找有价值的案件线索，选择部分涉及范围广、涉案数额大、犯罪手法新颖的案件开展查处工作，加大稽查防范力度。二是进一步规范协查函质量管理。2014年，税收违法案件发票协查选票准确率和协查函按期回复率将纳入税务总局《税务系统绩效考评指标》中，各地税务机关稽查局要根据实际运行情况，研究制定适合于本省的考核制度和办法，强化对协查系统运行质量的日常考核，进一步加强对本辖区内协查函件质量的监控。委托方在录入协查函时，协查函的名称要统一规范，为“××省××纳税人案件协查”或“××省××专案协查”；必须录入涉案发票的全部票面信息，属于税务机关代开的发票必须录入代开税务机关名称及代码、完税凭证号码等信息；要根据案件的特点，有针对性地提出协查要求，必须要注明委托方税务机关名称、地址、联系人、联系电话等信息。受托方回函时，选择的协查结果代码要准确，要认真核实相关信息，与协查结果相对应的纸质证明材料要按规定及时寄送。三是加大对大案要案的协查力度。要加强对大案要案，特别是税务总局督办案件和组织协查案件的监管工作。协查系统V3.3.00版，对于设有直属分局的省级税务机关，将增加“税务总局组织的协查函在受托方省税务机关稽查局停留”功能，各省税务机关稽查局要重视对这些案件的组织和检查工作，要加强对基层的指导和监督。案件案发地和涉案地税务机关稽查局要通力协作，密切配合，加强互动，做到信息的及时沟通和互补，确保案件查办质量和效果。各地税务机关稽查局上报的案例一律通过协查系统案例库上报，通过其他途径上报的，将不再受理。四是拓展协查系统业务范围。2014年，税务总局稽查局要将具备条件的部分普通发票纳入协查系统的业务应用范围，实现国税局、地税局协查信息的实时传递和信息共享。各地税务机关稽查局要采取有效措施，认真落实协查岗位制度，做好协查系统参数设置、节点税务机关名称、通讯地址、邮政编码、操作人员权限、经办人姓名、联系电话、案例库等信息（即协查通讯录）的登记和更新工作，加强对协查系统运行和管理情况的维护与监控。各省地税局稽查局要加大对协查系统的重视程度，充分利用协查系统，“营改增”试点行业纳税人在试点运行之前的货物运输业发票依然由原主管地税局稽查局负责协查。此外，税务总局计划将“稽查统计报表采集分析系统模块”和“打击发票违法犯罪活动管理系统模块”两个系统模块纳入协查系统中推广运行，各地税务机关稽查局要认真开展推广运行工作，发现问题及时逐级上报，并及时与相关部门协调解决，确保协查系统的平稳顺利运行，逐步提高协查工作信息化管理程度。

（刘征宇）

稽查六处工作情况

【打击发票违法犯罪活动总体情况】　（1）保留全国打击发票违法犯罪活动工作协调小组机构。为王军局长国务院第3次常务会议研究讨论协调机构去留问题提供《继续保留全国打击发票违法犯罪活动工作协调小组的建议》，具体汇报了协调小组组建情况、四年来的工作成效及当前工作中的难点和问题。根据国务院第3次常务会议精神，向国务院报送继续保留协调小组的请示。最终全国打击发票违法犯罪活动工作协调小组作为国务院临时机构予以保留。

（2）筹备第六次协调小组会议。提请国办秘书二局适时召开协调小组第六次会议，根据协调小组各成员单位提供落实《协调小组第五次会议纪要》所确定的工作任务及开展打击发票违法犯罪活动工作所取得的主要成效、下一步工作建议，草拟《国务院有关领导在全国打击发票违法犯罪活动工作协调小组第六次会议上的总结讲话（提纲）》（送审稿）、《全国打击发票违法犯罪活动工作协调小组办公室关于2012年全国打击发票违法犯罪活动工作开展情况及下一阶段重点工作建议的汇报》（送审稿）。

（3）向国务院副秘书长肖亚庆报告2013年全国开展打击发票违法犯罪活动工作情况。为了及时向协调小组组长、国务院副秘书长肖亚庆报告2013年全国开展打击发票违法犯罪活动工作情况，稽查六处以协调小组办公室的名义向有关成员单位发函，了解其今年开展打击发票违法犯罪活动的工作情况及下一步的工作建议。根据各成员单位提供的材料，结合治理发票违法犯罪活动的具体情况，起草了《全国打击发票违法犯罪活动协调小组办公室关于2013年全国开展打击发票违法犯罪活动工作情况的报告（送审稿）》，报送国务院副秘书长肖亚庆。

（4）认真组织税务系统、协调各有关成员单位贯彻落实第五次协调小组会议的各项工作部署。据各省、自治区、直辖市和计划单列市打击发票违法犯罪活动工作协调小组办公室上报情况汇总统计，2013年1—12月，全国共查处制售假发票和非法代开发票案件9.1万起，查处违法企业8.9万户，抓获犯罪嫌疑人9799人，缴获假发票1.36亿份，查处各类非法发票605万余份，查补收入138亿元。

（5）认真做好协调小组办公室的日常工作。发挥协调小组办公室组织协调、情报沟通、督促指导等职能，积极督促各成员单位制订具体实施方案。做好数据统计、上传下达工作，起草全国打击发票违法犯罪活动工作简报9期。

（6）部署2013年税务系统打击发票违法犯罪活动工作。起草印发《国家税务总局关于认真做好2013年打击发票违法犯罪活动工作的通知》（税总发〔2013〕20号）。

（7）通报表彰2012年税务系统打击发票违法犯罪活动工作。印发《国家税务总局关于2012年税务系统开展打击发票违法犯罪活动工作情况的通报》（税总发〔2013〕16号），印发《国家税务总局关于表彰2012年度税务系统打击发票违法犯罪活动工作成绩突出的单位和个人的决定》（税总发〔2013〕46号）。

（8）认真做好宣传工作。整理各地上报打击发票违法犯罪典型案例，结合2013年4月税收宣传月活动，在《中国税务报》连续刊发11个典型案例。在4月8日头版刊发《保持打击发票违法犯罪活动高压态势》；4月12日头版刊发《追源头端窝点严打发票违法犯罪——国家税务总局稽查局有关负责人答记者问》；在6月17日头版刊发《以六大行业为突破口税务机关严查违法使用发票案件》，该新闻被放在了国家税务总局网站显著位置。给办公厅提供2013年全国人大、政协会议税收问题涉及打击发票违法犯罪活动工作有关材料。草拟了《国家税务总局有关人士就打击发票违法犯罪活动工作答记者问》。向国务院副总理张高丽、国务委员杨晶、副秘书长肖捷、副秘书长丁向阳上报稽查要情第三期《广东省地方税务局会同公安机关联合开展“清票行动”严厉打击网络发票违法犯罪》。

（9）配合公安、工信等部门开展发票违法短信的治理工作。根据2011年5月11日工业和信息化部通信保障局、公安部经济犯罪侦查局、国家税务总局稽查局《〈发票违法短信息关键词动态调整机制〉征求意见会会议纪要》要求，坚持定期将收集的发票违法短信息及提取的关键词转公安部经济犯罪侦查局依法予以处置。

（10）认真做好2013年打击发票违法犯罪活动的一系列考评工作。根据中央综治办的工作部署，会同公安部、工业和信息化部、最高人民检察院、最高人民法院起草研究《2013年综治考核评比打击发票违法犯罪活动考评实施方案》并报送中央综治办；组织各地开展2013年打击发票违法犯罪活动综治考评自评和考评工作；待汇总各有关部门考评结果报副秘书长肖亚庆审批后提交中央综治办。

为配合做好2013年综治考评工作，全面客观反映2013年各地税务机关开展打击发票违法犯罪活动工作情况，充分调动各地工作积极性，为奖惩提供依据，制定下发了《2013年税务系统打击发票违法犯罪活动工作考核方案》，为税务机关组织开展打击发票违法犯罪活动提供工作考核标准。

为配合做好税务总局绩效管理工作，研究了打击发票违法犯罪活动绩效考核指标，重点考核各地税务机关打击发票违法犯罪活动指令性任务完成情况。

（11）完善基础工作建设。为全面客观反映各地打击发票违法犯罪活动工作情况，推动各项工作落实，提高工作质量，我们联系长城软件公司，组织部分基层同志研究起草《协查系统打击发票违法犯罪活动工作业务需求》，并根据工作实际，适时修改整合了《打击发票违法犯罪活动工作开展情况统计表》和《发票使用情况检查统计表》。

【打击整治发票违法犯罪专项行动工作情况】 为落实李克强总理继续严厉打击假发票，“营改增”试点行业虚开犯罪、骗取出口劳务退税专项行动的指示精神，会同稽查四处与公安部经侦局研究专项行动的有关事项，印发了《公安部、国家税务总局关于转发〈打击整治发票违法犯罪专项行动方案〉的通知》（公转发〔2013〕303号），决定于2013年5—10月在全国范围内组织开展打击整治发票违法犯罪专项行动。为研究推进专项行动有关事项，与公安部经侦局召开2013年第二次警税协作联席会议，并形成纪要。两部局陆续下发了打击整治发票违法犯罪专项行动四批联合督办案件名单。为加强专项行动工作力度，会同公安部经济犯罪侦查局相继印发《关于加强打击整治发票违法犯罪专项行动战果报送工作的通知》（公经〔2013〕573号）和《关于对非法制售发票违法犯罪开展集中打击的通知》（公经财税〔2013〕85号）。

各地警税密切合作，迅速行动，取得显著战果，破获各类发票犯罪案件10043起，涉案金额519.57亿元，累计查补入库税款49.28亿元。联合公安部草拟了《关于打击整治发票违法犯罪专项行动工作情况的报告》，将专项行动取得战果向国务院作了汇报，组织开展打击整治发票违法犯罪专项行动先进单位和个人的表彰，组织宣传十个案例，并在《中国税务报》上头版刊发《国家税务总局、公安部打击整治发票违法犯罪专项行动取得显著战果》。

【医药卫生行业发票专项整治】 （1）医药卫生行业发票专项整治工作取得较大成效。自2012年8月以来，国家税务总局会同国务院纠风办、监察部、卫生部、公安部、工商总局、国家食品药品监管局七部门在全国范围内部署开展药品、医疗器械生产经营单位和医疗机构发票使用情况专项整治工作（以下简称专项整治工作），并取得预期成效。据不完全统计，截至2013年10月底，各地共核查医疗机构6599户（其中公立医院1700余户），采集1498万份发票信息（其中单张金额万元以上发票921万份）。各地税务机关对有疑问发票和药品、医疗器械生产经营单位征管相关数据差额较大的，列为重点检查对象，查处违法企业1.2万户，涉及非法发票43.71万份，涉及金额150.36亿元，查补收入36.92亿元，移送司法机关291户。各地公安、纠风、工商、药监等部门联合行动，充分发挥综合治理作用。公安机关抓捕犯罪嫌疑人186人，工商部门查处医药购销不正之风案件114起，有关部门给予党纪政纪处分和组织处理36人。

（2）发挥办公室指导协调作用。充分发挥专项整治工作办公室在汇总分析、组织协调、督促指导等方面的作用，先后两次牵头召开由各有关成员单位参加的专项整治工作办公室会议，通报近期专项整治工作情况，组织研究专项整治工作开展中存在的重大问题。每月10日定期汇总统计上月工作进展数据，加强趋势分析、进度监督和质量考核；及时向局领导报告工作进展情况、反映问题、提出建议，在专项整治工作期间共向税务总局领导、中纪委领导上报工作情况12次；编发31期专项整治工作简报，向各成员单位通报阶段性工作情况，指导各地加快工作进度。为新闻媒体提供相关宣传稿件，在《中国税务报》头版刊发《七部委专项整治严厉打击医药购销领域发票违法行为》和《药品、医疗器械生产经营单位和医疗机构发票使用情况专项整治工作取得较大成效》，在《厉风》杂志上刊发《医药卫生行业发票专项整治工作取得阶段性成果》，向办公厅提供资料在新华社等媒体刊发。向国务院总理李克强、副总理张高丽、副总理刘延东、国务委员杨晶、副秘书长肖捷等上报稽查要情第五期《医药卫生行业发票使用情况专项整治工作取得较大成效》。

（3）督促指导各地全面准确采集发票信息。积极配合国务院纠风办和卫生部有关部门，组织协调各地相关部门全面开展公立医院药品、医疗器械购销发票信息采集工作。针对个别地区以医疗机构自查代替部门联合检查的问题，要求天津、上海、浙江、湖北、广东五省（市）对公立医院取得发票的采集情况认真开展抽查工作。根据工作实际，印发《国家税务总局稽查局关于加强医药卫生行业发票采集和核对工作的通知》，要求各地 1 万元以上医药购销发票必须采集。

（4）组织开展医药购销发票协查和核查工作。针对采集购销发票大量由外省生产经营企业开具，发票跨地区协查任务重、难度大，部分生产经营单位已走逃或注销的问题，统一组织各地税务机关开展全国性医药购销发票的协查工作。在税务总局电税中心数据库管理处的大力支持下，对各地税务机关上报的由外省生产经营企业开具的 54 万余份增值税普通发票进行了多次计算机比对，陆续筛选出 17 余万份有疑点发票信息交由各地税务机关再组织核查和协查。经各地再次核查，目前已累计发出协查发票 12.60 万份，涉及金额 116.46 亿元。根据工作实际，印发《国家税务总局稽查局关于加强医疗机构采集发票核查工作的通知》，要求各地切实做好对公立医院和营利性医疗机构采集单张金额万元以上发票的核查工作，按时上报单张金额万元以上发票核查工作进度。

（5）创新工作方法，提高工作效率和质量。针对专项整治工作中发现的生产经营单位开具假发票和真票虚开的问题比较严重的情况苗头，及时创新工作方法，要求各地税务机关对单张金额万元以上发票要做到每份发票核查有结果、每户企业检查有结论；通过科学细化和丰富每月工作情况统计上报表格的内容和要求，建立每月情况通报制度，加强趋势分析、进度监督和质量考核，有效促进了各地工作进度，提高了工作效率和质量。

根据医药卫生行业涉税案件的特点和发展趋势，要求各地税务机关一方面从核查出的问题发票入手，对涉嫌开具、使用非法发票的生产经营单位企业开展深入的涉税问题检查；另一方面从征管数据分析和比对入手，对差额在 100 万元以上的企业开展全面深入的涉税问题检查。通过建立各地上报“涉嫌违法企业名单”（简称“黑名单”）的工作机制，在全面铺开发票核查和检查工作的同时，抓住专项整治工作的切入点和重点嫌疑企业，集中力量重拳出击。

（6）协调会同专项整治工作办公室各成员单位适时开展实地联合督导检查。落实专项整治办公室开展联合督导工作部署，起草《督导检查工作方案》，协调各有关成员单位落实，并要求各地对照开展自查。2013 年 4 月中下旬六个联合督导组分赴北京、天津、辽宁、山东、上海、浙江、福建、湖北、广东、陕西、四川、重庆共 12 个省（市）开展实地督导检查工作，督导工作取得了预期收效。在各督导组的工作全部结束后，及时汇总督导工作情况、分析工作中存在的问题、提出下一步工作建议，形成《联合督导工作报告》，向相关领导汇报。

（7）积极配合纠风办、工商、药监等部门做好医药卫生行业不正之风案件的查处工作。督促各地税务机关将发票检查中发现的相关违法违纪案件线索及时移交相关部门，积极开展联合检查工作予以查处。配合国务院纠风办协调督促北京市国税局认真做好对北京某医院收取药品采购回扣等问题进行的调查取证工作。在 2013 年 1 月中旬中央电视台曝光记者暗访广东省高州市人民医院收受药品回扣等问题后，立即要求广东省国税局稽查局对此予以密切关注，及时报告相关情况。

（8）及时做好专项整治工作总结工作。起草《稽查局关于开展药品、医疗器械生产经营单位和医疗机构发票使用情况专项整治工作的总结报告》，上报局领导；草拟《国家税务总局关于开展药品、医疗器械生产经营单位和医疗机构发票使用情况专项整治工作有关情况的函》（税总函〔2013〕653 号），函告监察部专项整治工作开展总体情况、取得成效及发现的主要问题；以专项整治工作办公室名义，向专项整治工作办公室各成员单位通报专项整治工作开展情况；印发《国家税务总局关于开展药品、医疗器械生产经营单位和医疗机构发票使用情况专项整治工作的通报》（税总发〔2013〕133 号），通报各省（区、市）国家税务局、地方税务局开展专项整治工作情况；与人事司沟通后，拟对工作开展积极、工作成效明显的 38 个单位和 80 个个人予以表彰。

（曾静蓉）

第三篇

各地税务稽查工作

北京市国家税务局稽查局

【概述】　2013年，北京市国家税务局稽查局（以下简称北京国税稽查局）坚持服务于税收中心工作，以整顿和规范税收秩序为目标，以提升稽查工作质量和效率为重点，完善机制体制，创新工作方法，强化基础工作，充分发挥税务稽查职能，为推动北京国税事业的全面发展作出积极贡献。

【稽查查补收入及分析】　2013年，北京市国税稽查系统共开展检查1724户，全年稽查查补收入12.83亿元，入库12.83亿元，同比增加3.37亿元，增幅35.77%。入库收入中自查入库5.82亿元，占比45.37%；检查入库7.01亿元，占比54.63%。检查入库中，税款4.32亿元，占比61.63%；滞纳金1.49亿元，占比21.25%；罚款1.2亿元，占比17.12%。

【案件查办情况】　2013年，北京市国税稽查系统开展重点税源企业检查47户，税收专项检查和区域专项整治1026户，查处发票违法企业1146户。北京国税稽查局将税务总局督办案件及其他税收重大案件、重点税源企业检查作为“两重案源”着力强化管理，提高重点突破能力和稽查威慑力。2013年共计安排123户“两重案源”，包括税务总局督办案件62户、重点税源企业47户、证券基金公司14户。

【重大案件查处】　2013年，北京国税稽查局承接税务总局督办案件16件，以前年度转来未结税务总局督办案件16件。2013年查结8件，查补税款16912.24万元，罚款15788.64万元，合计32700.88万元。

【税收专项检查】　北京国税稽查局统一领导全市税收专项检查工作。分批部署开展针对证券基金企业、出口退税企业、成品油企业等行业性税收专项检查。各区、县（地区）国家税务局稽查局（以下简称各区县稽查局）高度重视，成立了以稽查局为牵头单位，各业务科室为主要成员的税收专项检查工作领导小组，具体负责组织本辖区内专项检查政策辅导、检查实施等工作。截至2013年12月底，共检查企业252户，组织自查27户，查补收入合计（含自查）9609.70万元。

【接受成品油增值税专用发票企业检查】　针对成品油企业特点，以发票和企业资金流向为重点开展工作。共检查企业45户，截至2013年12月底，完成检查的企业27户，有问题企业13户，查补税款14.63万元。

【证券、基金公司行业检查】　在税务总局稽查局确定的建信基金管理有限责任公司等6户证券、基金公司的基础上，选取21户证券、基金企业开展自查，列入自查共27户企业，有问题企业24户，问题率88.88%。自查补税收入3716.37万元。

【出口退（免）税企业及货代公司检查】　按照整体工作部署，2013年共安排出口退税专项检查17户。首先对其中1户开展剖析式检查，根据检查结果调整确定该行业的检查重点方向，对其余16户企业全面展开检查。截至2013年12月底，完成检查13户，有问题12户，问题率92.31%，查补收入229.95万元。

【区域性税收专项整治】　根据税务总局工作安排，结合北京市实际情况，对辖区内营利性医疗机构和药品、医疗器械生产经营单位进行区域专项整治。截至12月底，共对55户营利性医疗机构和787户医院供应商开展检查，查结780户，有问题621户，问题率为79.62%。发现问题发票10710份，涉及金额5.08亿元，查补税款10570.71万元，罚款7899.99万元，滞纳金2885.58万元，合计21356.28万元。

【重点税源企业检查】　根据税务总局工作要求，部署开展中国黄金集团公司等5户重点税源集团企业和12户外埠重点税源企业的在京单位共计347户企业的检查工作。工作分为自查和重点检查两个阶段。自查有问题企业155户，问题率44.67%。自查补税入库共计21569.37万元，其中增值税3358.25万元，企业所得税16066.21万元，滞纳金2144.91万元，调减增值税留抵税额304.02万元，调减企业所得税税前可弥补亏损13071.62万元。截至2013年12月底，已安排47户重点税源企业由专业化检查团队开展重点检查，完成检查42户，查补税款2.45亿元。

【打击发票违法犯罪活动】　结合税收专项检

查和税收违法案件检查，共组织对1511户企业发票使用情况开展检查，查处发票违法企业1146户，查处违法发票份数27408份，涉及金额110606.69万元，查补收入34269.18万元，其中：税款18581.08万元，加收滞纳金5778万元，罚款9910.1万元。因涉嫌发票犯罪而向公安机关移送案件9件，在公开场合或向社会媒体曝光发票违法案件18件。与公安部门联合行动，打掉2个非法制造和销售假发票的犯罪团伙，捣毁犯罪窝点10个，缴获各类作案机器40台、国税发票4199份。

【涉税违法案件检举】 2013年共受理检举材料5583件次，其中：信函检举610件，来访检举219人次，涉税检举邮箱862件，局长信箱151件，666－12366检举专线话务量3741人次。全年共处理各类税收违法检举信息1716件，其中：发票快速处理559件，立案检查321件，实地核查281件，向工商、地税、公安、海关、打假办等部门移交转办77件，并案处理194件，留存待查2件，通过电话沟通或实地核查后直接办结282件。

【案件协查】 2013年，全市通过协查系统共发起委托协查案件1786起，涉及发票16041份，收到回复发票16235份，其中有问题发票447份，无法核实4757份，查补税款804.71万元，罚款165.60万元，滞纳金105.44万元，查补金额合计1075.75万元。入库金额1013.68万元，移送公安机关1件。同期收到受托协查案件1664起，涉及发票15926份，累计回复发票14439份，其中有问题1452份，无法核实2575份，累计回复率100%，查补税款627.76万元，罚款95.51万元，滞纳金91.43万元，查补金额合计814.7万元。入库金额724.68万元，移送公安机关1件。2013年接收税务总局及省级税务机关纸质协查案件16件，涉及企业56户，涉及发票373份，接待来人协查35单位81人次。

【稽查制度建设】 通过建立“一套健全的管理制度”和“一系列统一的标准”，全面实现标准化稽查执法，提升执法水平。一是抓住稽查工作重点部位，制定了《北京市国家税务局重点税源企业和重大税收违法案件审理工作流程》《北京市国家税务局稽查局集体审理案件标准》等管理制度。二是探索稽查人才培养长效机制，制定了《北京市国家税务局税务稽查人才培养意见》及其具体实施方案。

【稽查系统建设】 树立稽查服务征管大局的理念，在合理界定双方职责权限基础上，建立协调、沟通、信息共享等多项机制，实现以查促管，查管互动。一是建立案源推送和反馈机制。北京国税稽查局分三次组织召开与区县稽查局、市局业务处室和专业化税源管理机构的选案工作研讨会，充分听取各单位的建议，进一步拓宽选案渠道，建立两级稽查机构之间、稽查部门与税源管理、纳税评估部门之间的案源推送和反馈机制。二是加强查后建议反馈，针对征管漏洞拟写相关征管建议，及时反馈市局征管部门。

【稽查队伍建设】 一是完善稽查考核工作机制。北京国税稽查局根据案件结案率、查补收入入库率等11个指标，按季对各区县稽查局进行考核。考核结果作为市局目标管理考核和稽查经费分配的重要依据。经过2013年前三个季度考核，各区县稽查局在考核中发现并改进工作中存在的问题，考核成绩逐步提高，各项工作得到有效推进和强化。二是全面提升稽查干部业务素质。积极组织有针对性的业务培训，充分发挥集中培训的优势，解决工作中的重点、难点和热点问题，在检查中学习，在学习中工作。通过对电子查账软件、税收相关法律知识等方面的培训，稽查干部之间交流了办案技巧，培养了稽查人员的实务操作能力，提升了稽查队伍的整体素质和税收执法水平。三是注重党风廉政建设，组织学习相关文件规定等内容，加强党性修养和廉洁从税教育，树立公正、廉明、高效的税务稽查形象。

【稽查人才库建设】 2013年结合稽查执法能力建设，依托“两重案源”的检查工作，北京国税稽查局建立分层次、差别化的人才培养方案，通过与税务总局干部学院合作，探索稽查人才培养长效机制。构建形成108人的“两重案源”检查骨干力量，通过“两重案源”的检查实战来锻炼、培养人才。2013年年底，通过对上述人员的案件检查质效考评，确定稽查人才培养范围，并推优产生部分“稽查能手”，尝试评选“稽查专业化人才”，初步形成三个层次的人才格局。根据梯队人才的不同特点和定位实施差别化培养。一是对稽查骨干人员以查前培训、提升实战能力为主；二是对“稽查能手”在查前业务培训基础上以拓展知识培训为主，旨在提升稽查专业技能。三是对“稽查专业化人才”的培训，在业务培训和实战锻炼的基础上，更加侧重宏观理论的学习和深造。

【稽查业务培训】 2013年，北京国税稽查局业务培训工作以“实战”为主题，紧密结合“两重案源”检查需要，以提升实战能力为主，邀请全国稽查系统内的专家、能手进行案例式教学，突出培训内容的实战性和应用的及时性，实现培训与检查需求的无缝对接。2013 年 5—6 月，分三个模块组织市局检查科、城五区稽查局电子查账科全员和其他区县稽查局电子查账科（组）骨干人员进行了企业所得税查账技巧、证券基金、房地产企业的检查技巧和方法培训；成品油、出口退税检查的实战培训和电子查账软件应用培训，累计 393 人次参加。

【稽查信息化建设】　一是推广使用查账软件。为“两重案源”检查团队统一配备安装江苏税软软件科技有限公司开发的电子查账软件，开展了软件应用培训，并在“两重案源”的检查中实战运用，着力提升北京稽查的稽查信息化水平。二是充分运用税收征管系统和第三方涉税信息，实现信息情报资源的深度处理和高度共享，依靠优质信息资源提高选案准确率。

【稽查宣传】　充分重视稽查信息宣传作用。一是在医药整治工作中，北京国税稽查局以医药卫生行业发票专项整治办公室名义发函 8 份，编写简报 14 期，反映医药专项整治工作动态。二是通过《北京税务》稽查主页，宣传全市稽查工作，展示稽查干部风采。

【稽查调研】　为顺应国际国内经济社会发展潮流，适应我国新一轮税收征管改革需求，大力推进税务稽查执法能力，结合北京市稽查系统实际，撰写《税务稽查执法能力建设研究》调研报告。报告共 15000 余字，从税务稽查执法能力的基础概念、发展历程、现阶段的探索和实践、税务稽查执法能力建设的目标和路径选择四方面，探讨如何加强税务稽查执法能力建设。

【稽查工作会议】　2013 年 3 月 12—13 日，北京国税稽查局召开 2013 年税务稽查工作会议。会议首先传达了全国税务稽查工作会议精神，北京市国税局总经济师郑怀远代表市局党组作了题为《加强服务税收工作大局能力　持续推进北京国税稽查现代化进程》的工作报告。报告总结了 2012 年的稽查工作，部署了 2013 年的稽查任务，深入分析稽查工作面临的新形势，提出把推进稽查现代化作为稽查工作的主题，提升服务大局能力，走好北京国税局实现稽查现代化坚实的第一步。

（李　燕）

北京市地方税务局稽查处

【概述】　2013 年，北京市地方税务局稽查处（以下简称北京地税稽查处）带领全市地税稽查系统紧紧围绕“收好税、带好队、执好法、服好务”的工作目标，启动稽查改革，完善体制机制，壮大专业队伍，加强工作管理，使全市税务稽查工作迈上新台阶，全面完成全年稽查工作任务。

【稽查体制机制改革】　2013 年，针对稽查工作存在着机构设置不科学、工作环节多、对重点企业检查力度不够等问题，北京地税局于 6 月启动税务稽查体制机制改革工作，到基层调研，借鉴外省市先进管理模式和工作经验，按照“稽查机构扁平化、稽查手段现代化、稽查队伍专业化”的工作要求，实现税务稽查“职能强化、配置优化、管辖明确、机制健全、技能突出”的改革总体目标。12 月 18 日，市局印发了《北京市地方税务局关于深化税务稽查体制机制改革的意见》（京地税稽〔2013〕189 号），12 月 24 日又印发了《北京市地方税务局税务稽查机构改革方案》（京地税人〔2013〕194 号）。此纲领性文件，制定了改革的总体目标、主要内容和实施步骤；明确了稽查机构和稽查人员调整的具体实施要求。全市稽查人员定编 1255 人，其中：市局直属稽查局由 2 个增加到 4 个，人员编制由 255 人增加到 437 人，直属稽查局内设机构由 10 个科室简并为 5 个；20 个区县（分）稽查局 818 人，内设机构由 4 个简并为 2 个；全市稽查局均增加了检查科数量，并针对重点监管行业进行专业化分工，4 个直属稽查局共设置 40 个检查科，16 个区县稽查局共设置 66 个检查科，全市一线检查人员 950 人，占全市稽查人员定编的 76%。

【稽查查补收入及分析】　2013 年，北京地税稽查系统共对各类纳税人立案 3316 户，实施检查 3086 户，有问题 2974 户，有问题率 96%，结案 3029 户，结案率 98%。查补收入共计 174243.49 万元（其中：税款 149353.28 万元，滞纳金 18890.89 万元，罚款 5999.32 万元）；入库收入合计 175972.85 万元（其中：税款 153058.26 万元，滞纳金 19228.35 万元，罚款 3686.24 万元），入库率 101%。

【重大案件查处】 2013 年，北京地税稽查共受理中纪委、税务总局等上级机关督办（交办）案件 20 件，涉及 48 户企业，分别由第一、第二稽查局、西城、朝阳、海淀、昌平、通州稽查局承办。各稽查局共查补税款 50 万元以上的重大案件 140 件，查补收入合计 3.97 亿元。

【税收专项检查】 按照税务总局专项检查工作的要求，结合北京市地方税收征管状况，2013 年，全市重点开展了证券基金、房地产业、建筑安装业、承接出口货物业务的货代公司、报关公司、工程设计监理公司及中介、培训服务机构等税收专项检查项目，部署了对部分大型房地产公司、脱媒金融企业、涉外企业和两所高等院校共 36 户的专项检查工作。全市地税系统开展专项检查共立案检查 2346 户，查补收入 43378.15 万元（其中：查补税款 33581.20 万元、滞纳金 7891.05 万元、罚款 1905.90 万元）；实际入库 45430.09 万元。组织 133 户企业开展税收自查，自查组织收入 7145.43 万元。

【区域性税收专项整治】 2013 年，北京地税系统开展了无税申报清理工作，7 月 5 日北京地税稽查处向稽查系统下发了《关于对无税申报户开展税务稽查工作的通知》，要求对一定比例的无税申报企业开展税务稽查。全市稽查部门共接到征管部门转来的无税申报户 594 户，其中，立案稽查 334 户，调查核实 345 户；检查有问题 304 户，占总承办任务量的 51%。稽查查补收入共计 1257.72 万元，其中：税款 1006.79 万元，加收滞纳金、罚款 250.93 万元。通过检查分析向征管部门反馈了无税申报的成因，促进了征收管理工作。

【重点税源企业检查】 按照税务总局工作部署，围绕市局中心工作，重点开展对中国中信集团、中国化工集团、中国铁路物资股份有限公司、中国机械工业集团公司、中国黄金集团 5 户重点税源企业在京总部及分支机构、成员单位共计 349 户企业的税收自查工作，自查收入 1.95 亿元。对其中 42 户自查不彻底、效果不明显的企业开展重点检查工作，查补收入 334.3 万元；为规范企业属地管理，针对中海油存在的异地缴纳税款问题，组织对其下属在京二级企业共 18 户开展自查检查工作，自查收入 187.2 万元，并确定对第一批 8 户企业开展重点检查。

【打击发票违法犯罪活动】 2013 年，北京地税稽查处认真履行作为北京市打击发票违法犯罪活动牵头单位的工作职责，全面开展虚假发票“卖方市场”和“买方市场”整治工作。制定了《发票违法信息动态监控及综合治理制度》《公安、税务、通信部门联席会制度》《警税协作联合办案制度》等工作制度，切实提高工作的科学化、规范化水平；拟定了《进一步加强北京市打击发票违法犯罪活动工作的意见》，在市政府专题会议后正式印发并部署工作；2013 年，对房地产与建筑安装、餐饮、娱乐、药品与医疗器械、营利性教育培训等行业的 497 户企业开展发票使用情况重点检查，对 22 户律师行业和 1 户广告企业开展发票使用情况专项检查，取得预期的检查效果；集中开展兜售、代开虚假发票专项整治行动，配合公安机关破获“1·11”团伙制售假发票案、“5·05”特大出售非法制造发票案，收缴各类假发票 273 万份。查处违法受票企业 777 户，查获非法发票 7314 份，查补收入 1.84 亿元。

【涉税违法案件检举】 2013 年，全市地税系统共受理检举案件 4368 件，到期结案 4308 件，到期结案率 99%；对 1714 件检举案件进行立案检查、评估约谈和征管核查，结案 1702 件，检查有问题案件 747 件，有问题率为 44%，查补收入 16076.99 万元（其中：税款 9606.9 万元，滞纳金 3349.87 万元，罚款 3120.22 万元），入库合计 9818.77 万元；奖励 7 名检举人，支付检举奖金 1.6 万元。

【案件协查】 按照税务总局工作部署，开通了税务总局协查信息管理系统，确保全国地方税务局协查信息管理系统全面应用。2013 年，全市共收到受托协查 974 户次，涉及发票 2715 张，完成 973 户次发票协查工作，全市平均回复率 99.9%。

【稽查制度建设】 为规范税务稽查案件协查工作，提高协查质量和效率，依据《税务稽查案件协查管理办法》及相关法律法规，2013 年 4 月 24 日，市局重新修订印发了《北京市地方税务局税务稽查案件协查管理办法》。为进一步规范重大税收违法案件审理工作，根据国家税务总局《重大税务案件审理办法（试行）》的有关规定，2013 年 10 月 12 日，市局印发《北京市地方税务局重大税收违法案件审理工作办法》，恢复市、区两级重大案件审理委员会工作机制，明确各级重大案件审理委员会审理范围、程序，完善了重大案件审理工作。调整了北京市地方税务局重大税收违法案件审理委员会组成人员。9 月 25 日，市局印发了《北京市地方税务局关于加强税务检查证管理工作的通知》，进一步明确税务检查证使用管理中的职责划分、发放范围、办证流程、证件管理，完成了全市税务检查证统一管理工作。

【稽查队伍建设】　2013 年 12 月 7 日，市局稽查处及宣教处共同组织全系统稽查岗位人员业务知识练兵考试，强化基本技能。通过竞争性遴选税务干部，有 90 名优秀基层干部加入稽查系列，充实了稽查人员，他们将为稽查事业贡献自己的智慧与力量。市局深化稽查体制改革，根据北京市编办批准，增加两个市属直属稽查局即北京市地方税务局第三稽查局、第四稽查局，并于 2013 年 12 月 20 日举行揭牌仪式。壮大了稽查队伍。

【稽查人才库建设】　2013 年 1 月，根据《国家税务总局税务稽查人才库 2012 年入库人员选拔工作方案》，北京地税局从稽查系统业务骨干中选拔出靳辉、尤鹏南、易守权、任嵘 4 名同志进入国家税务总局稽查人才库，并获取国家税务总局荣誉证书。

【稽查业务培训】　2013 年 4 月 1—3 日，市局稽查处在昌平培训中心组织召开 2013 年税收专项检查业务培训会，对全市 180 名稽查业务骨干进行了业务培训和典型案例经验交流。聘请专家讲解证券基金、房地产行业和工程设计监理公司的运作模式及税收政策，为开展专项检查提供帮助，收到较好的学习效果。

【稽查信息化建设】　2013 年，北京地税积极试点推广电子查账软件，制定电子查账操作规程，提高稽查工作质效。将建立以“电子稽查操作指南”为依托、以“征管数据和第三方信息”为支撑，以“电子会计资料”与“电子业务资料”检查相结合为主要内容的工作规范，并针对电子数据信息“易篡改、易隐匿、易销毁”的特点和工作中存在的主要问题，重点研究和完善“现场勘验检查电子数据程序”和“电子数据分析方法”“重点行业检查底稿”等内容，逐步构建北京地税稽查系统的“电子税务稽查”工作体系。

【稽查宣传】　2013 年 4 月 25 日，市局召开了稽查工作新闻发布会，通报 2012 年稽查工作情况及 2013 年稽查工作重点。曝光一些重大税收违法案件，有多家新闻媒体参加新闻发布会。

【稽查调研】　2013 年，北京地税稽查深入开展深化税务稽查体制机制改革的调研工作，形成《北京市地方税务局税务稽查体制机制改革的意见》调研报告，最终转化成调研成果，形成工作方案加以落实。根据专项检查工作的研究，北京地税稽查处形成了《建筑业税务稽查基本方法探析》的调研报告及《浅议税务文书的公告送达》调研报告，并在北京地税刊物发表。

【稽查工作会议】　根据税务总局 2013 年工作要求，北京地税稽查处于 2013 年 1 月 24 日组织召开北京市地方税务稽查工作视频会议，稽查局副科级以上领导干部参加会议。会议总结了 2012 年全市稽查工作，部署了 2013 年工作任务，通报了 2012 年度十大重大案件、十大精品案例和 23 名查账能手。12 月 20 日，市局召开北京市地方税务局稽查体制机制改革工作会议暨第三稽查局、第四稽查局揭牌仪式。国家税务总局稽查局局长马毅民、北京市地税局局长杨志强作重要讲话，市局全体局领导、各处室处长、各区县（分）局局长参加会议。

（周燕玲）

天津市国家税务局稽查局

【概述】　2013 年，天津市国税系统各级稽查部门在税务总局稽查局和市局党组的正确领导下，认真贯彻落实各项工作部署，增强服务意识和责任意识，紧紧围绕税收中心工作，夯实基础建设，创新工作理念，狠抓工作落实，大力整顿和规范税收秩序，坚持依法稽查文明执法，扎实推进税务稽查现代化建设，强化税务稽查队伍建设和廉政建设，不断提高税务稽查工作整体水平，为全面完成税收工作任务作出了新的贡献。

【稽查查补收入及分析】　2013 年，天津市国税系统各级稽查部门共开展检查、组织纳税人自查 5072 户，稽查查补收入 24.99 亿元，比 2012 年同期增长 80%，创历史新高。其中：稽查部门检查查补收入 16.44 亿元；组织纳税人自查查补收入 8.55 亿元；入库收入 15.72 亿元。平均选案准确率 90%；案件结案率达到 90% 以上；查补收入入库率63%；税务总局督办案件和协查按期回复率均达到100%；选票准确率34.68%。

【案件查办情况】 2013年，天津市接受虚开和对外虚开增值税专用发票案件呈明显上升趋势。全市各级稽查部门认真落实税务总局及市局交办和督办案件查处任务，持续加大重大税收违法案件查办督导力度，不断提高案件查办质效。2013年备案案件101件，涉及税款9.22亿元，其中达到税务总局备案标准案件10件，涉及税款5.92亿元。查办了“7·03”涉嫌虚开增值税专用发票案件、“6·20”涉嫌虚开增值税专用发票案件和“12·26”涉税案件等重大涉税违法案件，涉及税额高达3.45亿元。督办案件16件，其中列为税务总局及公安部联合督办案件11件。按照《重大税收违法案件督办管理暂行办法》的要求，市局稽查局对有重大影响的案件和疑难案件进行组织查办和派员参办，并定期召开税警联席会议通报案情，充分发挥指挥协调查办重大案件的作用。

【税收专项检查】 天津市国税系统各级稽查部门按照《国家税务总局关于开展2013年税收专项检查工作的通知》（税总发〔2013〕8号）要求，在全面落实税务总局税收专项检查工作的基础上，通过组织开展行业企业纳税自查和重点辅导自查，实施点、面结合的检查方式，有重点地组织了对成品油批发，办理电子、家具、服装类等产品出口退（免）税企业，证券、基金公司，房地产、建筑安装业和资本交易项目的税收专项检查。共组织纳税人自查及开展重点检查3440户，查补税款、滞纳金及罚款12.28亿元，调减增值税留抵税额2832.01万元，调减企业申报亏损额9119.10万元。

【重点税源企业检查】 天津市国税系统各级稽查部门按照《国家税务总局稽查局关于开展2013年重点税源企业税收专项检查工作的通知》（稽便函〔2013〕27号）及《关于2013年重点税源企业重点检查阶段工作安排的通知》（税总稽便函〔2013〕55号）文要求，积极部署开展相关工作。在组织企业自查工作结束后，天津市国税部门与地税部门联合确定了重点检查企业并开展相关检查工作。截至12月底，国税部门开展自查60户，自查有问题16户，自查查补收入665.43万元，已全部入库；开展税务检查17户，查结12户，查有问题4户，检查查补收入27.10万元，已全部入库。

【房地产及建筑安装业企业检查】 2013年，天津市对房地产及建筑安装企业进行了全面筛选，确定了三年未检查的企业名单。组织企业自查86户，自查有问题43户，自查补税1.52亿元，已入库税款1.49亿元；开展税务检查114户，查有问题76户，检查查补收入1.08亿元，检查入库收入8450.84万元。

【出口退（免）税企业及货代公司检查】 天津市国税系统各级稽查部门按照税务总局稽查局在宁波召开的会议精神，以税务总局下发企业疑点信息为重点，逐条核实，深入排查，对涉嫌骗取出口退税或违规办理退税的出口企业依法进行处理处罚。加强与公安、海关部门的配合，围绕出口企业的购进货物、报送出口、申报办理退税、涉案人员等关键环节，逐项调查其是否存在涉税违法问题。重点对税务总局稽查局分两批下发天津市的75户企业开展检查，已查结企业53户，有问题企业27户，检查查补收入合计537.05万元，检查入库收入合计413.70万元。

【打击发票违法犯罪活动】 2013年，天津市国税系统各级稽查部门认真落实全国打击发票违法犯罪活动工作协调小组各项工作部署，结合税收专项检查、重点税源企业检查和税收违法案件查处，布置了全市国税系统打击发票违法犯罪专项整治工作，选取部分重点行业、重点企业开展发票开具、取得情况的重点检查，统一做到“查账必查票”“查案必查票”“查税必查票”。在天津市打击发票违法犯罪活动工作协调小组办公室的统一部署、指挥下，积极开展了违法受票企业专项治理工作。2013年全市各级稽查部门查处违法使用发票企业1301户、查获涉案发票76351份、涉及金额62.82亿元、查补税款、罚款、加收滞纳金共计9.31亿元，向公安机关移送案件26起。完成了税务总局“查处违法受票企业不少于700户”的工作任务。

【涉税违法案件检举】 2013年，天津市国税系统各级稽查部门共检查检举件428件，查结401件，查补税款、滞纳金及罚款4738.61万元。具体措施如下：一是严格落实税收违法行为检举管理办法。严格履行三级审批手续，做到了不压件，不瞒件，件件有着落。二是严格实行分类管理。对重大检举件作为督办案件管理，定期掌握案件检查进度。三是严格采取监管措施。将所有检举案件纳入《税收违法检举案件管理系统》管理，将案件受理、审批、结案、入库、归档等环节信息录入到管理系统，提升了检举案件的信息化水平。四是加大督办力度。凡是督办案件，检查前，下达督办函，提出工作要求。检查中，采取请进来与走出去相结合的方法，听取检查单位阶段性检查情况汇报，督促检查进度。检查后，及时写出案件整体查办报告报送给有关领导。五是加大催办力度。针对不能按期查结的案件，采取电话催办、下达文书催办和深入实地催办等方式，并制发通知集中清理以前年度未结案件，促进了案件查结率的提高。六是加大做好疏导检举人思想工作的力度。对待缠访者晓之以理，动之以情，积极宣传政策，耐心细致地做好解释工作。发现检举人有上访迹象的，以超前意识，做好疏导工作，尽量把问题解决在萌芽状态，做到诉求合理的解决问题到位，诉求无理的思想教育到位，行为违法的依法处理到位，思想偏执的心理疏导到位，重复检举和越级上访案件较上年同期下降21%。

【案件协查工作】　2013年，天津市国税系统各级稽查部门协查信息管理系统运行平稳，各项工作开展顺利。网络协查委托发出协查1915起，涉及发票43197份、金额7.24亿元，税额12.16亿元；委托收到协查发票42624份，涉嫌违规发票14783份（不含“无法核实”发票，下同），选票准确率34.68%，查补税款、滞纳金、罚款合计162.6万元，已全部入库。全市受托收到协查函2277起，涉及发票26797份，涉及金额44.43亿元、税额7.49亿元。累计回复发票26214份，累计回复率100%。经查实确定为正常发票11349份，涉嫌违规发票14865份，查补税款、滞纳金、罚款合计1103.74万元。派人及纸质协查共接待来人102批，人员263人，涉及202户企业。收到纸质协查函161起，涉及企业842户，发票32792份，涉及金额65亿元、税额17.98亿元。有问题企业456户、发票26541份。

天津市国家税务局以提高协查工作质量为工作中心，运用自主开发的协查系统短信平台，对协查系统内协查发票流程进行全程跟踪监控，及时提醒各岗位人员开展相关工作，不断促进协查工作的稳步提升。

【稽查队伍建设】　根据天津市国家税务局稽查干部教育培训整体规划，为加强稽查干部队伍建设，市国税稽查部门开展了“稽查业务知识竞赛系列活动”。根据《关于开展全市稽查业务知识竞赛系列活动的工作方案》，稽查业务知识竞赛分为全员笔试考试、模拟实务账套考试和稽查知识竞赛三个阶段。第一阶段全市共有20个单位参加，实际参考稽查人员567人，考试平均成绩62.08分（满分100分），及格率为59.61%。第二阶段共有20个单位组成代表队参加，评选出前六名参加第三阶段竞赛。第三阶段经过三轮必答、抢答环节，现场评选出前三名单位代表队，至此，稽查业务知识竞赛系列活动的各项赛事圆满完成。

此次竞赛历时之久，规模之大，是天津市国税系统有史以来的第一次，在整个筹备的过程中，领导周密部署，各相关部门积极配合，使得整个赛事环环相扣；参赛选手意气风发，水平不相上下，现场气氛活跃。通过“稽查业务知识竞赛系列活动纪实片”反映出各个代表队团结协作、顽强拼搏、文明参赛、公平竞争的优良作风，赛出了水平，赛出了风格，不仅展现出天津市稽查人员良好的精神风貌和职业素养，达到以考促训、以赛促学、学用结合的目的，也在全市税务系统中营造善于学习、勤于钻研、勇于争先、积极进取的工作氛围，兴起了学习税务稽查知识的新风。

【稽查信息化建设】　天津市国家税务局稽查系统积极推进稽查现代化建设。一是不断深化税务稽查管理方式改革，推行分类分级管理，逐步实现税务稽查组织机构扁平化、人才队伍专业化和稽查手段信息化。二是强化稽查系统办案管理，提高案件查办质量。始终树立协查地就是案发地的理念，明确协查职责和协作流程，提高税收违法案件异地协助调查取证及执行管理水平；继续推行“稽查任务执行系统”的开发和应用，提升稽查案件综合管理和案件数据源的信息化管理水平。三是大力创新稽查方法手段，提高电子稽查能力。逐步推行稽查案源管理系统、预警模型分析系统，建立全市稽查信息基础数据仓库。全面推行使用网络查账软件和ETA软件等现代化手段，提高对信息化管理企业的稽查办案能力。四是完善部门协作办案机制，加强涉税信息共享。继续保持与信息中心、征管、法规和税政等部门的良性互动，处理好评估与稽查的关系。巩固完善税警协作办案机制和情报交换制度，发挥打击涉税违法犯罪的合力优势。

【稽查工作会议】　2013年2月21日，天津市国税系统2013年稽查工作会议在市局九楼会议室召开。会议传达了税务总局时任局长肖捷对税务稽查工作的重要批示；传达了全国税务稽查工作会议精神；总结回顾了天津市2012年的稽查工作，部署了2013年的稽查工作任务；市局党组书记、局长程安亭对稽查工作给予高度重视，参加此次会议并作重要指示，进一步鼓舞了士气，振奋了精神，坚定了全体同志完成好全年各项稽查任务的信心。会议对2013年稽查工作提出五项具体要求：一是切实提高对稽查工作重要性的认识。二是正确把握税务稽查的主要任务。三是建立健全科学规范严谨的稽查工作规程。四是加强稽查机构和稽查干部队伍自身建设。五是稽查局要参与征管改革，融入税收风险管理和专业化管理的全过程。

2013年4月27日，天津市国税系统稽查工作推动会议在西青宾馆召开。市局党组成员、副局长郭凤鸣代表市局党组做了重要讲话，要求全市稽查干部要认清当前形势，坚决贯彻税务总局和市局对稽查工作的指示要求。为更好地开展稽查工作，今后科长、副科长要带头参与一线检查工作，做好检查记录和工作底稿，主管局长督办的案件要做好督办记录。稽查人员要将有导向性和创新性的案件形成典型案例，以大讲堂、专项交流会等形式进行交流和借鉴。要在建立稽查人才库的同时，更加注重培养电子稽查的专业人才，提高稽查的威慑力。

（刘　珏）

天津市地方税务局稽查处

【概述】 2013年，天津市地方税务局各级稽查部门认真贯彻落实全国税务稽查工作会议和市财政工作会议精神，围绕全年税务稽查工作要点，主动适应稽查现代化改革要求，以提高质效为目标，以改革创新为动力，努力发挥稽查部门“以查促收、以查促管、以查促改、以查促廉”的职能作用，为全市税收事业的发展作出了积极贡献。在稽查查补收入、大要案件查处、打击发票违法犯罪、稽查规范化管理和稽查队伍建设等方面都得到进一步发展和完善，全面完成国家税务总局各项考核指标。

【稽查体制机制改革】 按照“充实市级稽查力量，强化一级稽查，稳定区县稽查力量”以及“调整职能、理顺流程、完善机制”的工作原则和思路，大力推行专业化稽查。将第一、第二稽查局的职能范围调整为“地域+行业”的管辖模式，充分发挥市级稽查局在重点税源企业检查方面的优势。从区县局选调38名具有征、管、查经验的业务骨干，以及财税、会计、审计等经济类专业的应届大学毕业生，充实市级稽查的一线检查力量，缓解重点税源企业检查任务重、人员力量不足的矛盾。两个市级稽查局全年共检查企业215户，查补收入6.9亿元。

【稽查查补收入及分析】 2013年，全局共检查纳税人4676户，查补收入17.2亿元，入库17亿元，同比增长16.8%。其中：立案检查1453户，查补收入10.8亿元；纳税人自查3223户，查补收入6.4亿元。全市平均选案准确率91.3%，入库率97.4%，结案率92.2%。

【案件查办情况】 2013年，全局共查结税收违法案件1340起，其中，百万元以上大要案件62起，查补税款2亿元，千万元以上大要案件8起，查补税款1.3亿元。强化对大要案件的系统管理、跟踪督导，实行查中概要汇报、查后全面汇报、疑难事项及时汇报、案卷移交后集体审理等制度。在完成税务总局“5·09”税案督办任务中，联合市公安、国税部门成立专案组，抽调精干人员，合理安排力量，定期沟通检查进度，及时反馈查处情况。通过内查外调，严谨取证，认定了涉税违法事实，查明应补税款200余万元，涉案人员已被公安机关控制。

【税收专项检查】 按照税务总局稽查局税收专项检查的工作要求，结合辖区实际，选取具有区域特点的行业、项目开展检查。研究制定了《天津市地方税务局关于开展2013年税收专项检查工作的安排》，相继开展了成品油出口加工企业和证券基金行业、房地产业、建筑安装业、中介培训服务机构和市级以上重点税源企业等10个行业和项目的检查。通过加强调研、对比分析、案例交流等形式，推动检查工作的深入开展。全年共检查纳税人4368户，查补收入13.4亿元。

【重点税源企业检查】 按照组织架构集约化、稽查管理规范化、检查方法专业化的重点税源企业检查模式，对各级重点税源企业开展全面检查。全年共检查重点税源企业899户，查补收入5.6亿元。按照税务总局稽查局的部署，联合市国税局全面核查78户税务总局重点税源企业在津成员单位近两年的申报纳税情况，并对其中38户企业实施立案检查，查补收入近百万元。与市财政局、国税局成立联合检查组，对全市28家重点工业企业开展调研式检查，基本摸清了企业经济指标与税负不匹配的原因，查补税款8095万元。

【房地产及建筑安装业企业检查】　以《房地产业税务稽查标准化指南》为指导，将问题多发的土地增值税作为房地产企业的重点检查项目，采用“六查六看”的检查方法，强化与征管部门的互动沟通，加大对未清算房地产项目的检查力度。全年共检查房地产企业188户，有问题99户，查补收入2.1亿元。对建安企业延迟纳税和“甲供材”问题，以及建安发票违法行为开展专项检查，并对区县主要建设工程及新农村建设中的涉税违法问题开展调研式检查。全年共检查建筑业企业185户，有问题158户，查补收入1.2亿元。

【打击发票违法犯罪活动】　将发票检查与重点税源企业检查、税收专项检查、大要案件查办等紧密结合，与市国税局联合制订了《2013年打击发票违法犯罪活动工作安排》，明确了检查重点，细化了检查要求。全年共查处违法受票企业965户，涉及非法发票8716份，查补收入5779.4万元。严厉打击发票制假售假违法行为，配合公安机关共破获1189起发票犯罪案件，捣毁窝点158处，打掉发票犯罪团伙82个，依法缴获各类假发票共计608.9万份。按照税务总局稽查局的部署，联合相关部门对全市三级以上公立医院和营利性医疗机构的发票信息进行核查。共检查营利性医疗机构216户，采集地税发票5.8万份，立案查处违法开票企业26户，查补收入1903.7万元。

【涉税违法案件检举】　2013年3月，“天津市地方税务局税收违法案件举报中心”进行重新整合，统筹管理全局税收违法行为检举工作。各级举报中心严格执行税务总局《税收违法行为检举管理办法》，坚持分级分类管理，注重做好对检举人的解释、疏导工作。对实名举报、多头举报、缠诉缠访、群诉群访案件，指定专人负责，做好政策宣传，及时化解矛盾，维护检举人合法权益。全年共受理税收违法检举案件1173件，查结1144件，查补收入2635.3万元。

【案件协查工作】　按照税务总局稽查局的工作部署，顺利完成协查信息管理系统上线运行工作。坚持“协查地就是案发地”的工作理念，加强对协查线索的分析，对受托协查案件，及时交办、及时反馈，对有重大嫌疑的及时立案检查，确保协查信息回复质量。全年共向外省市税务部门和本市国税部门发送协查110件，收到回复76件；接受外省市和本市国税部门协查109件，回复102件，协查回复率达93.6%。

【稽查制度建设】　细化对不同行业、不同税种、不同环节的检查要求，印发并推广使用《房地产行业税务稽查标准化指南》和《工业企业税务稽查标准化指南》，实现了检查内容的具体化、检查流程的规范化以及表证单书的固定化。在对不同行业、类型企业共性问题进行总结的基础上，组织编写了《税务稽查模板》，逐步实现了稽查全过程的规范化和痕迹化管理。坚持推行电子查账，研发的网络版电子查账系统，大幅缩短案件查办时间，提高了工作效率。

【稽查系统建设】　一是继续成立重点税源企业检查组，以案件查处为抓手，坚持在依法稽查、提高检查质效上下功夫，全年共检查企业45户，查补收入3.7亿元。二是采取统一部署、集中力量、分步实施的方式，组织市内六区和新四区60名稽查人员，对开发区、保税区、高新技术产业园区的28户企业开展跨区域稽查，缓解了重点税源分布不均，区域稽查力量不足的状况，查补税款6100万元。

【稽查人才库建设】　以分级分类管理为基础，以信息化手段为支撑，以稽查人才库培养使用为重点，将全市40名一线业务骨干集中整合，作为一级稽查的有效补充。按照“市局指挥，处长挂帅，骨干搭台”的组织构架，充分调动稽查人才库人员的潜能，强化与管理、评估人员协调配合，形成了一支专司重点税源企业检查的“精锐部队”。全年共检查重点税源企业45户，查补收入3.7亿元。

【稽查业务培训】　兼顾短期需求与长期目标，专门制定专业化稽查培训规划，采取分层分类的培训方式，有计划、分层次地组织长期培养。坚持“领军人才、稽查能手、后备人员”三个层次相结合的组队方式，以及学习、引领、锻炼、提高的培养目的，将重点税源企业检查、大案要案检查作为青年干部的锻炼平台，让稽查干部在实战中检验业务学习成果，在困难面前摸索检查技巧，在团队协作中提高作战能力。

【稽查信息化建设】　2013年1月，税务稽查管理系统与网络化电子查账软件正式上线运行，通过对全市稽查数据大集中的平台管理，实现了借助信息化平台，推动税务稽查工作高效化、规范化水平的不断提升。该系统重点突出“管理”特点，不仅规范了稽查选案、检查、审理、执行各环节工作，而且强化了涉税信息综合分析工作，实现了对全市稽查案件的实时动态管理和全程监控。

【稽查工作会议】　2013年3月，天津市地方税务局专门召开税务稽查工作会议，传达全国税务稽查工作会议精神，市局副局长高秋丰参加会议并讲话，各单位主管稽查工作的局长及各稽查局有关同志参加了会议。会议总结回顾了2012年全市地税稽查工作，分析了工作中存在的问题，对全年稽查重点工作进行部署。部分稽查局在会上交流了工作经验，并对十佳稽查案例和优秀稽查征文进行表彰。会议的召开，进一步统一了思想，明确了目标，为做好全年地税稽查工作打下基础。

（曹映君）

河北省国家税务局稽查局

【概述】 2013年，河北省国税局稽查系统紧紧围绕省局中心工作，依法履行职责，狠抓工作落实，圆满完成了税务总局稽查局和省局党组部署的各项任务，在规范税收秩序、促进税收征管、增加税收收入等方面发挥了积极作用，各项重点工作取得显著成绩。总体看，重点税源检查成绩比较突出，专项检查抓得比较到位，打击发票违法犯罪扎实有效，协查、举报、督办案件等日常工作不断改进。“1·29”专案、重点税源检查、专项检查等工作得到了税务总局的通报表彰和肯定；全系统超额完成全年稽查收入任务，查补入库收入29.6亿元，同比增加5.8亿元，增长24.2%。做好历年积压案件清理工作，全省上下共清理积案14943件，未结案件由年初的16633件减少为1690件。

【稽查体制机制改革】 在“集中征收，重点稽查”征管模式的取向下，为保证重点稽查的实施，在2012年大胆尝试省级一级稽查新路子的基础上，2013年，又实行了稽查工作“五统一”，即“案源统一管理、任务统一分配、人员统一调度、审理统一组织、文书统一出具”，切实解决市局稽查局与跨区稽查局之间管理不畅、职责交叉的问题，将跨区稽查局人员从内部管理、选案、审理等环节解放出来，保证检查力量投入。继续深化“一级稽查”改革，提升工作水平，增强稽查活力，细化分级分类标准，规范分级分类稽查，稳步推进稽查工作由多级向一级、由分散向集中转变，使稽查效能有了新提高，进一步推进了“一级稽查”的改革进程。

【稽查查补收入及分析】 2013年河北省国税局稽查机构共检查纳税人10354户，与2012年同期（10123户）相比增加231户，增长2.28%；查补总额合计30.46亿元，与2012年同期（25.08亿元）相比增加5.38亿元，增长21.45%；查补总额入库合计29.56亿元，与2012年同期（23.8亿元）相比增加5.76亿元，增长24.20%。

【重大案件查处】 从制度、责任、过程控制等方面加大对督办案件的管理力度，督办案件平均查结时间较2012年缩短了63天；户均查补税款较2012年提高了1.4倍。2013年，督办案件19件，是近年来税务总局督办案件最多的一年。应查结16件，已全部查结，查补总计3837万元，移送公安机关涉嫌虚开发票案件38户。出色地完成了税务总局督办的“1·29”虚开增值税专用发票案件，认定涉案企业虚开增值税专用发票6286份，批捕犯罪嫌疑人9人，为国家挽回损失5256万元，税务总局通报进行表彰。

【税收专项检查】 统筹安排部署了税务总局下达的成品油、出口退税、证券公司3项指令性检查，并根据河北情况安排了钢铁生产、信用社、汽车经销3项指令性检查，以及税务总局、省局部署的区域专项整治工作。全省税收专项检查和区域整治工作，累计检查各类纳税人1151户，实现查补收入5.04亿元。

【区域性税收专项整治】 结合河北省近几年对煤炭经销企业虚抵成品油行为、虚开农产品收购发票的打击工作情况，确定廊坊文安县、保定安国市、邢台广宗县为农产品生产加工企业的重点整治区域。指定承德市、张家口、秦皇岛、邯郸市局在辖区内选定重点区域开展矿产品（包括煤炭）采选经销企业的专项整治。组织自查2275户，自查收入2.36亿元；开展检查510户，查处不符合规定发票12736份，查补收入5795.36万元。自查与检查收入合计2.94亿元，已入库2.92亿元。

【重点税源企业检查】 一是集中力量组织好税务总局17户企业集团重点税源企业检查工作。完成17户企业集团的88户成员单位的自查部署和重点抽查工作，查补合计1016万元。二是突出重点抓好省级重点44户税源企业检查。已部署检查的44户省属重点税源企业中，省局直查16户、省局抽调人员交叉检查8户、省局督导市局直查20户。对44户省属重点税源企业的检查税款13.49亿元，已查补预缴4.3亿元。三是抓好对88户市属重点税源企业检查和督导。88户市属重点税源企业查补税款1.4亿元。

【出口退（免）税企业及货代公司检查】 已完成税务总局下发疑点线索核查工作，经与出口企业备案留存提单信息比对，656条线索不符，暂停办理退税款8233.16万元。公安、税务机关联合办案，立案查处2户企业（涉嫌卖单出口骗税和涉嫌虚开骗税），抓捕3人、取保候审2人，涉及追缴退税款89万元、偷税175万元。另外，公安机关已介入调查1户。

【打击发票违法犯罪活动】 查处违法企业3529户，超额完成了税务总局下达的查处不少于1000户的工作任务，查处非法发票15万份，查补税款5.35亿元，向公安机关移送案件65件，曝光4件；配合公安机关打掉大型发票印制窝点4个、信息窝点4个，缴获发票387.48万份。

【涉税违法案件检举】 举报案件接访热情细致，查办认真负责，最大限度化解各种矛盾风险，确保维稳工作不出问题。共受理举报267件，较2012年同期下降14%。从来源看，信件举报151件，电话举报97件，网络举报19件；从内容看，涉嫌虚开案件37件，偷税案件136件，骗税案件9件，其他案件80件。查办情况：立案查处举报案件242件，已结案101件，结案率42%；查补税款、罚款总计9688.6万元；移送公安26件。

【案件协查工作】 完成两部局督办纸质来函协查案件2起（齐齐哈尔“5·15”案、天津“6·07”案），涉案企业324户，发票8235份，涉案金额29亿元，涉案税额5亿元。已追缴入库税款8967.7万元，罚款33.34万元，滞纳金21.08万元，合计入库9022.12万元。完成金税协查系统内受托协查涉案3588户次，发票39282份，涉案金额102亿元，涉案税额17亿元。已查补入库税款1683.8万元，罚款187万元，滞纳金130.54万元，合计入库2001.34万元。切实把握好吉林三县市虚开发票的协查工作。2013年8月初以来河北省国税局各地陆续收到吉林省双辽、辉南、柳河等县（市）发来的系列虚开增值税专用发票案的协查函，涉及河北省1007户企业，涉案发票88068份，涉案金额206亿元，涉案税额35亿元。河北省国税局稽查局于8月14日下发了《关于全力做好吉林省双辽、辉南、柳河三县（市）系列虚开增值税专用发票案件协查工作的紧急通知》，至年末该案已追缴入库税款和滞纳金3.32亿元。

【稽查制度建设】 为进一步规范督办案件管理工作，提高督办案件的查办效率和质量，结合河北国税稽查工作实际，制定《重大税收违法案件督办管理实施办法（试行）》，加强重大税收违法案件督办管理工作，提高工作水平。

【稽查队伍建设】 2013年，以建设一支执法严格、纪律严明、业务精湛、清正廉洁的干部队伍为目标，多管齐下推进河北省国税局稽查队伍建设。推进稽查系统内控机制建设，重新梳理业务流程，排查风险点，履行“一岗双责”“一案双查”，加强对税收执法权的有效监督。加强反腐倡廉教育，促进稽查干部依法稽查、文明执法。

【稽查人才库建设】 为贯彻落实人才强税战略，加快培养急需紧缺高端人才，根据税务总局关于领军人才培养的有关要求，结合河北省国税系统实际，制定河北省国税系统领军人才培养方案（稽查评估方向）。通过实施该培养方案，造就一批在税务稽查、评估领域具有专家水平、统领素质、攻坚能力、创新意识的实战型业务工作带头人。通过层层选拔，50名同志成为稽查评估领军人才班学员，领军人才的培养周期为两年半，2013年8月开班，预计2015年年底结束。

【稽查业务培训】 分层次组织稽查专业骨干培训、行业检查技能培训和稽查岗位基本业务操作培训，河北省国税局稽查局重点对市级稽查人员进行培训，着力打造稽查领军人物和骨干力量，构建全省性检查工作的核心业务团队，2013年共组织培训383人次，坚持做到重点检查前结合实际专题培训，加强学习和思想政治工作。通过培训，提高税务稽查人员的业务技能和综合素质，为开展稽查工作打下良好的基础。

【稽查信息化建设】 牢固树立信息管税理念，推进稽查工作信息化。根据国家税务总局的《税务稽查工作规程》和相关表证单书，完善征管信息系统中稽查模块的功能，采取有效措施，确保稽查业务全部在CTAIS运行，规范稽查选案、检查、审理、执行各环节工作，定期通报各级稽查局工作开展情况。充分发挥电子查账软件和省局重点培训会计电算化稽查人才的作用，在工作实践中运用查账软件调取、比对、分析相关数据，有效应对利用电子账簿虚假记账、转移、隐匿或销毁电子账簿等违法行为，提高信息化条件下稽查应对能力。

【稽查宣传】 全省各级稽查部门开展稽查宣传活动，普及税法知识，宣传稽查成果，营造良好的舆论氛围，扩大稽查工作的社会影响。通过广播、电视、报纸等新闻媒体和网络新媒体，以及散发宣传单、宣传册等形式，向纳税人宣传税收政策，传播税收知识，解答税收难题，宣传报道税收专项检查、案件查处、打击发票违法犯罪工作情况。

【稽查工作会议】 3月18—19日，河北省国税局稽查工作会议在石家庄阳光大厦召开。会议贯彻落实全国税务稽查工作会议、全省国税工作会议以及全省“改进作风、服务基层”活动动员大会精神，总结回顾2012年全省国税稽查工作，安排部署2013年稽查工作任务。各市局主管稽查工作的局领导、市稽查局局长参加会议。省局党组成员、副局长韩月朝作题为《改进作风 求真务实 进一步开创稽查工作新的局面》主题报告，报告提出2013年全省稽查工作思路是：围绕全省税收工作大局，以强化稽查风险管控为导向，以统筹配置稽查资源为核心，以打击税收违法行为、整顿和规范税收秩序为重点，坚持依法行政、完善管理体制、改进工作作风、加强廉洁执法，进一步提高稽查工作整体水平和纳税人满意度。围绕贯彻落实好这一思路，提出以下四点要求：第一，切实改进稽查工作作风。第二，全面推行分类分级稽查。第三，不断优化稽查管理方式。第四，进一步加强稽查队伍建设。为完成好2013年税务稽查工作任务，对稽查重点工作提出几点具体要求：一是税收专项检查和区域整治要有所突破。二是重点税源企业检查质量要上台阶。三是大要案件查处工作要抓住重点。四是打击发票违法犯罪专项活动要有所深入。五是稽查执法基础建设要取得新建树。

【工作建议】 从稽查工作面临的形势看，当前虚开、骗税频发高发，数额越来越大，偷逃税款比较普遍，部分重点税源企业纳税遵从度大打折扣，制售假发票比较多，打击空间很大，我们的稽查手段还很不到位，如缺乏侦查手段，没有技术力量，特别是发现疑点但没有证据支持，或很难取得证据。建议税务总局增加技术人员和技术手段，或为省局配备相关技术编制、人员；出台行政执法的取证原则等规范。

（高 剑）

河北省地方税务局稽查局

【概述】 2013年，河北省地税稽查系统在税务总局和省局党组的正确领导下，深入贯彻全国税务稽查工作会议和全省地税工作暨党风廉政建设工作会议精神，按照“三优两促进”（组织优质税收、提供优质服务、打造优秀团队，促进经济科学发展、促进社会和谐稳定）总体目标要求，以落实稽查工作新机制和改进稽查管理方式为重点，扎实推进税务稽查现代化建设，着力提升稽查执法能力，加强稽查队伍建设，不断提高稽查工作整体水平，全力推进，真抓实干，全省共检查纳税人6108户，查补收入50.33亿元，充分发挥稽查职能作用。

【稽查体制机制改革】 为深入贯彻落实税务总局“严厉查处重大税收违法案件”的工作要求，河北省地方税务局稽查局针对河北地税系统稽查实际情况，以省局对涉税案件的直查为引领，积极探索适合河北地税系统大案要案查处的思路和方法，省局稽查局直接组织抽调系统内业务骨干，对省内62户大中型企业进行了全面深入检查。全年共组织入库税费款等约4.8亿元，罚款1.01亿元，滞纳金6240万元，调增亏损企业所得额7000多万元；对涉税金额超过500万元的5起重大涉税案件移交省局重大税务案件审理委员会，在社会上引起了极大反响，取得显著效果。

【稽查查补收入及分析】 2013年，全省共检查纳税人6108户，发现有问题户6090户。全省地税稽查系统实现收入（大口径）50.33亿元，组织企业自查收入38.33亿元，稽查收入入库率99.99%。全省稽查查补总额（四环节）12亿元，同比增长14.09%，其中：查补税款9.36亿元，滞纳金0.88亿元，罚款1.76亿元。四环节查补收入入库率99.97%，罚款率14.70%，选案准确率99.71%，四环节查补总额占稽查收入的比例23.84%。

【案件查办情况】 省局不断加大直查工作力度，集中各市稽查业务骨干100名，对全省范围内的重点纳税人开展了直查工作，共立案检查了62户纳税人，组织税、滞、罚收入总额4.8亿元，调增亏损企业所得额0.7亿元。同时，向被查纳税人提出稽查建议68条，形成专题工作报告7个，向有关部门传递加强征管、完善政策、规范执法等意见建议累计10条。

【案件特点分析】 虽然税务机关不断加强打击发票违法犯罪工作，但企业利用发票偷逃税款问题仍然屡禁不绝。一是取得收入未按规定开具发票。部分企业取得营业收入不按规定开具发票或以白条代替发票，以达到收入不入账隐匿收入的目的。二是以虚假发票入账。部分企业心存侥幸，受利益诱惑，通过各种渠道取得虚假发票，虚增成本费用，偷逃企业所得税。三是发票违法犯罪多发势头尚未得到有效遏制。企业发票违法行为屡禁不止，发票违法犯罪手段日趋复杂。

【重大案件查处】 全省各级稽查部门把大案要案查处作为衡量稽查工作成效的重要指标，把大案要案查处工作与税收专项检查、区域税收专项整治、重点税源企业检查等工作紧密结合，提高大案要案占稽查案件数量的比重，严厉查处各类大案要案，进一步强化稽查执法刚性，加大对税收违法行为的打击力度，大案要案查处工作取得实效。全省累计查处百万元以上大案要案165件，同比增长19.57%，查补税款46752万元，同比增长35.90%。

【税收专项检查】 根据税务总局安排部署的检查项目，河北省将证券、基金公司、资本交易项目、交通运输业、房地产及建筑安装业、高收入行业（特别是垄断行业）个人所得税列为指令性项目开展了专项检查，并制发了《河北省地方税务局关于开展2013年税收专项检查工作的通知》（冀地税发〔2013〕15号），对全省税收专项检查工作进行了具体安排部署，要求各地务必按照税务总局和省局有关税收专项检查工作的要求开展工作，确保税收专项检查工作落到实处，收到实效。全年全省地税稽查系统共检查纳税人3524户，有问题户3158户，查补收入56765.64万元，入库54136.24万元，组织企业自查收入142788.36万元，有力地整顿和规范了河北省行业税收秩序。

【区域性税收专项整治】 河北地方税务局稽查局制发了《河北省地方税务局区域税收专项整治实施方案》，重点对辖区内“营改增”地区交通运输业、采矿业较为集中的区域进行专项整治。专门成立了以主管领导为组长的专项整治工作领导小组，领导小组办公室设在稽查局，成员有征管处、信息中心等十个单位，负责组织领导、安排部署、政策解释和监督检查，协调解决工作中出现的各类问题，确保区域税收专项整治工作顺利进行。全省组织检查457户，查结425户，发现有问题户425户，查补收入2339.91万元；组织企业自查590户，发现有问题255户，自查金额1931.28万元。

【重点税源企业检查】 根据国家税务总局稽查局关于重点税源企业税收检查的工作要求，河北省地税局稽查局及时与河北省国税局稽查局协调沟通重点税源企业检查有关事项，并与河北省国税局稽查局联合下发通知，对自查工作进行了细致的安排部署和动员，要求各自查企业认真组织并依照自查提纲对检查年度存在的税收问题深入开展自查工作。各地相应成立了专门检查领导小组，制定工作方案，明确工作任务，各级税务机关在企业自查中为企业自查提供优质服务，及时解答企业自查中提出的税收问题，积极督导企业按规定做好自查工作。自查结束后，结合企业对自查工作的组织情况、重视程度、配合情况、查出问题的深度和广度、对自查问题的整改措施等方面认真加以分析评估，确定对重点检查对象进行实地检查。河北省80户重点税源企业中，经自查发现问题的有40户，共涉及税款669.17万元，重点检查企业20户，查补收入181.56万元。

【房地产及建筑安装业企业检查】 检查房地产及建筑安装企业983户，发现有问题户919户，查补收入32668.47万元。其中，查补税款27051.86万元，加收滞纳金1893.98万元，罚款3722.63万元；已入库税款26021.36万元，滞纳金1863.98万元，罚款3682.63万元。企业自查补税95879.21万元。

【资本交易项目检查】 检查资本交易项目18户，有问题户数15户，共查补收入24.05万元。其中，查补税款11.86万元，滞纳金0.38万元，罚款11.81万元，已全部入库。

【打击发票违法犯罪活动】 各级地税稽查部门认真履行打击发票违法犯罪活动领导小组办公室的工作职责，在全省组织开展了对房地产、建安、药品与医疗器械等12个行业和项目发票使用情况的重点检查，完成了组织协调、信息情报沟通、数据统计汇总上报、考核评比等各项工作任务；配合公安等部门开展了对虚假发票“卖方市场”的重点打击整治工作。全年共对3450户企业进行了发票重点检查，查处发票违法企业2033户，比税务总局下达任务多1033户，涉及非法发票42460份，涉及金额16.68亿元，查补入库收入8557万元。

【涉税违法案件检举】 2013年，全省各级地税稽查举报部门认真贯彻落实《税收违法行为检举管理办法》等各项法律法规，不断加大涉税检举案件的管理力度，着重抓好案件管理和维护稳定两大工作重点，规范和加强检举案件管理，一手抓案件管理、接访服务的规范化和标准化建设，一手抓重大案件、缠诉案件的督办和协调管理工作，认真处理各类涉税违法检举案件，促进全系统涉税违法案件处理工作的顺利开展。全年共受理税收违法举报案件589件，其中，税务总局督、交办32件，省级受理256件，市县级受理333件；立案查处案件498件，占举报案件的84.55%。查补税款8720.81万元，加收滞纳金317.6万元，罚款898.72万元，合计9937.13万元，已入库税款、滞纳金及罚款6898.94万元。查处的举报案件中，应计发奖金的案件11件次，支付举报奖金总额4.05万元。

【案件协查工作】 2013年，全省共受理协查案件218件，涉及发票587份，金额9816万元；发起委托协查34件。一是不断提高稽查信息化应用水平，积极配合税务总局协查工作的安排部署，高度重视并积极落实协查管理系统上线工作，保证了税务总局协查系统6月1日全面上线工作的开展，实现了全省11个市130多个县的协查系统全覆盖。二是充分利用现代信息处理涉税信息，强化税务案件协查工作，深入分析协查数据信息，把协查信息作为新的案件线索来源，做到立案必深查、一查必到底，不放过任何可疑线索，全方位提高协查工作质效。三是在日常工作中，加强协查管理，指定专人负责受理协查工作，建立协查台账，及时登记协查信息，扎实开展调查取证和资料对比工作，确保调查资料的准确性和完整性。对发现的新情况、新问题及时与委托方沟通和交流，确保协查质量，为案件查处争取时间，最大限度挽回经济损失。严格按照委托单位的要求和时限回复协查结果，保证协查效率。四是注重加强税务机关之间的合作，牢固树立"协查地就是案发地"的思想，有效查处跨行政区域的税务违法活动。2013年8月，省局稽查局收到天津市地税局第二稽查局专程送来的写有"津冀地税一家人，互相支持兄弟情"锦旗，对河北地税局的工作热情及办案效率表示感谢。

【稽查制度建设】 积极谋划制定长远规划，加快实施步伐，推进全系统大力加强稽查工作制度建设，努力构建稽查工作制度体系。在巩固和落实查前告知、分级分类稽查、大案要案补助经费、选案、一案双查、房地产、建筑安装、钢铁、采掘等4个行业的检查指南、《河北省地方税务局关于进一步加强和规范稽查工作的意见》等现有制度和办法的同时，进一步加强调查研究，把建立完善科学的稽查工作机制作为一项突破性工作。组织编写并印发全系统银行、保险等2个行业的检查指南，以进一步加强对全省行业性稽查工作的业务指导。依据国家税务总局设置的新文书和式样标准等相关规定，编制了《税务稽查文书使用样本》，以模拟案例形式对税务稽查各环节常用文书和部分非常用文书的实际填制、使用要求和式样标准进行了规范统一，以解决税务稽查文书方面标准不一、内容随意、填制使用不够规范等问题，进一步提升税务稽查工作标准化水平，提高税务稽查工作整体质效，防范稽查执法风险，使稽查全过程严密有序。同时，倡导和激励全系统大力推进制度和方法创新，针对关键部位和薄弱环节，开拓思路，推陈出新，及时拿出解决问题的对策和办法，在稽查执法服务、稽查成果转化及提高稽查选案准确率等领域进行了积极有益的尝试，不断提高全系统稽查执法能力和工作管理水平。

【稽查队伍建设】 在稽查队伍建设中大力培育具有河北地税特色的核心价值理念，丰富稽查干部精神生活，创新活动载体，培养稽查干部敬业奉献、健康向上的人格操守。通过干部交流、强化培训和岗位练兵、绩效激励等有效措施，重点培养掌握选案分析、重大案件查处及重点行业检查技能的现代化人才。调整充实稽查人才库，强化各级稽查人才配置和管理。深入开展廉政执法教育，做到警钟长鸣，强化责任意识、勤政意识、廉政意识，教育和警示广大稽查干部筑牢反腐倡廉的思想防线。加大问责和责任追究力度，坚决查处滥用稽查执法职权、以权谋私等违法违纪行为，树立地税稽查良好形象。

【稽查业务培训】 全年省局共组织2期培训班，累计培训128人次。分别是全系统市级稽查局长培训班，进一步提升了新任稽查领导干部的自身素质和领导能力；省局集中使用人员稽查电子查账培训班，进一步提高了直查人员的电子查账技能，为开展省局直查工作奠定了基础。各市及县（市、区）局稽查局也采取多种形式，大力组织学习培训，有效提升了稽查干部队伍的整体素质。

【稽查信息化建设】 升级完善稽查系统软

件，加强对选案、检查、审理、执行四环节工作流程的监督制约，实现稽查四环节的工作标准化，强化上级稽查部门对一线稽查工作的业务指导。把电子查账软件作为稽查信息化建设的重点项目，把实施电子查账作为提升稽查执法质量的重要突破口，支持鼓励各地使用查账软件等现代化手段，提高对信息化管理企业的稽查办案能力。

【稽查宣传】 一是严格按照税务总局要求上报信息、简报、典型案例等资料，通过上报资料全面反映河北地税稽查亮点工作和精神风貌。二是利用内部局域网广泛宣传全省稽查动态，及时发布领导讲话、图片新闻、信息简报、调研报告等各类信息，加强各地经验交流，保持全省步调一致，促进地税稽查工作提质提效。三是充分发挥新闻媒体社会效应，在《河北日报》地税在线专版设置"曝光台"，全年共对全省 13 起税收违法案件进行曝光，充分发挥税务稽查震慑作用。

【稽查调研】 注重加强省市两级税源监控与稽查部门的沟通，建立健全纳税评估与稽查的选案、信息反馈互动机制，稽查部门参与撰写《建立纳税评估与税务稽查互动机制的探索》，该课题通过探讨纳税评估和税务稽查衔接现状、存在的问题和解决措施等方面，进一步提高选案的准确率和检查的针对性，合理使用各级稽查资源，实现上下级稽查部门以及与税源监控部门之间的良性互动。

【工作建议】 一是进一步加强综合治税工作，增加税务稽查执法强制手段，提高稽查执法刚性；二是从执法手段、信息化建设、经费保障等方面加强稽查立法和制度建设，为加快推进稽查现代化进程提供法律支持；三是组织省际间稽查人员多样性交流活动，提高稽查人员综合素质。

（宇文峰）

山西省国家税务局稽查局

【概述】 2013 年，山西省国税系统各级稽查部门以服务经济社会发展为导向，以查处重大涉税案件和开展各类税收检查为重点，紧紧围绕税收中心工作，充分发挥稽查职能作用，严厉打击各种涉税违法行为，着力整顿和规范税收秩序。全年各级国税稽查部门共检查纳税人 4711 户，实现查补收入总额 167430 万元，为维护公平公正的纳税环境、促进税收事业的顺利发展保驾护航。

【稽查查补收入及分析】 2013 年，山西国税稽查系统共检查纳税人 4711 户，查补税款 167430 万元，其中：税收专项检查检查纳税人 1632 户，查补总额 79758 万元；区域税收专项整治共检查企业 180 户，查补税款 5127 万元；重点税源企业检查 115 户，实现查补收入 23273. 11 万元，调减企业亏损 11384. 51 万元；全省打击发票违法犯罪专项行动共计检查企业 5916 户，查处违法企业 3630 户，查处非法发票 38995 份，查补收入 48159 万元，协助配合公安机关立案 189 件，抓获犯罪嫌疑人 117 人，移送起诉案件 22 起。捣毁发票犯罪窝点 6 个，打掉团伙 1 个，缴获作案机器 6 台，缴获发票份数 1619817 份，涉税案值金额 23 亿元。

【税收专项检查】 将税收专项检查和专项整治作为规范税收秩序的重要着力点，组织开展了 4 项税收专项检查，共检查企业 1632 户，查补总额 79758 万元。一是成品油批发零售企业专项检查。按照税务总局 2013 年税收专项检查工作的部署和山西国税稽查工作总体安排，从 5 月 13 日起在全省范围内开展了对中石油和中石化企业的税收检查工作。全年共检查"两油"企业 3811 户，查补税款 6586. 65 万元。二是办理电子、家具、服装类产品等出口退（免）税企业检查专项检查。在税务总局下发的 10 户疑点线索企业的基础上，确定了太原、大同、晋城、晋中、临汾、运城等市为重点检查地区，重点检查出口单价偏高的电子产品、高新技术产品以及市场价格差异较大的纺织服装、毛皮、家具等产品。全省共检查企业 33 户，查补税款 1899 万元。三是证券、基金公司专项检查。前期召开专题会议进行研究部署并协调省地税局成立联合检查组，采取由省局直接检查和省局督办的方式，开展对总部设在山西的证券、基金公司的检查工作。全年共检查证券、基金公司 27 户，查补税款 2159 万元。四是经销钢材、水泥及水泥制品的建材经销企业专项检查。共安排部署了 340 个钢材、水泥和水泥制品经销企业的税收专项检查，查补税款 2206. 97 万元。此外，在统一完成省局指令性专项检查项目的同时，各市有针对性地自行组织安排了各类行业性专项检查工作，共检查企业1191户，查补收入66454万元。

【区域性税收专项整治】 针对山西省行业发展特点和税收征管现状，科学分析筛选，将长治市屯留县和忻州市宁武县确定为省级税收专项整治重点区域，采取省局全程督导、市级具体实施的方式，对区域内煤炭开采和煤炭运销企业开展了税收专项整治工作，检查初期召开重点区域税收专项整治工作整治动员会，明确自查补报要求及时限，认真做好相关税收政策的宣传辅导，并在重点行业上寻求突破，对不合常规或逻辑关系不符的疑点问题进行重点核查，提高检查的针对性。要求各市根据当地实际情况，选择农产品加工企业、矿产品（包括煤炭）采选经销企业及走逃、注销企业等虚开发票易发、多发行业开展区域税收专项整治。全省各地开展区域专项整治共检查企业180户，查补税款5127万元，其中省级重点区域专项整治检查企业29户，查补税款434.21万元。

【重点税源企业检查】 一是全面开展税务总局重点税源企业检查工作。根据《国家税务总局稽查局关于开展2013年重点税源企业税收专项检查工作的通知》（税总稽便函〔2013〕27号）要求，组织开展了对中国铁路物资股份有限公司等6大集团企业在山西省设立的50户分支机构（或下属单位）的税务检查工作。根据企业自查情况，省局选择了其中10户企业组织相关地市进行了重点检查工作，查补税款共计200.72万元。二是认真做好全省重点税源企业检查工作。按照《山西省国家税务局分级分类稽查办法》的有关规定，在组织开展总局重点税源企业检查工作的基础上，在全省范围内选案筛选了118户重点税源企业，采取先自查后检查的方式开展了税收检查工作。全年共检查企业115户，实现查补收入23273.11万元，调减企业亏损11384.51万元，其中省局直接检查阳泉煤业（集团）有限责任公司，查补收入1亿元。

【打击发票违法犯罪活动】 按照税务总局部署要求，在全省范围内继续开展了打击发票违法犯罪专项行动，将打击虚假发票竞赛活动作为主要抓手，要求各市结合专项检查和案件查处工作，在检查中做到“查账必查票”“查案必查票”“查税必查票”，严肃清理整顿虚假发票“买方市场”。同时，认真履行打击发票违法犯罪活动协调小组办公室职责，联合省公安厅、省地税局多次召开税警联席会议，对全省税警联合打击发票违法犯罪整治工作进行了全面动员和统一部署，并与中国人民银行太原中心支行、省地税局共同签署了合作备忘录，为推进税银双方在打击涉税违法犯罪活动方面的合作奠定了基础。2013年，全省打击发票违法犯罪专项行动共计检查企业5916户，查处违法企业3630户，查处非法发票38995份，查补收入48159万元，协助配合公安机关立案189件，抓获犯罪嫌疑人117人，移送起诉案件22起。捣毁发票犯罪窝点6个，打掉团伙1个，缴获作案机器6台，缴获发票1619817份，涉税案值金额23亿元。

【税收违法案件检举】 坚持举报案件及时转办、不拖不压，认真督办、严格查处、及时反馈查处结果的工作思路，不断提高举报管理工作质效。一是对税务总局和省局督办的举报案件，要求各市稽查局指定专人负责，直接查处，省局全程跟踪督办督导，保证案件的快查快结、查深查透。二是各市接受的检举案件，要严格按照省局工作要求，做到迅速查处、及时上报。2013年，全省共受理公民举报涉税案件92件，其中税务总局转办20件，省局直接受理33件，市、县直接受理39件，查结82件，实现查补收入727.17万元。

【案件协查】 按照“协查地就是案发地”的工作理念，严格落实“认识到位、管理到位、职责到位、处罚到位”四到位工作要求，以提高协查选票准确率为抓手，积极采取适时监控、紧急排障、定量分析、及时通报等措施，不断加大对全省协查工作的管理和督导力度，确保了协查工作顺畅运行。2013年全省协查系统共委托发出协查发票5063份，委托收到协查结果发票4437份，委托收到有问题发票1269份；受托协查发票10919份，受托回复发票10490份，其中回复有问题发票2109份，协查系统实现查补收入2438.94万元。

【稽查制度建设】 2013年3月，先后制定下发了《山西省国家税务局税务稽查选案实施办法》《山西省国家税务局税务稽查实施办法》《山西省国家税务局税务稽查审理实施办法》《山西省国家税务局税务稽查执行实施办法》和《山西省国家税务局税务稽查档案管理实施办法》等5个办法，为稽查工作规范有序开展进一步提供了制度保障。4月，制定下发了《山西省国家税务局违法普通发票联动查处暂行办法》，为全省广泛深入开展打击发票违法犯罪活动提供了统一的工作尺度。

【稽查系统建设】 继2012年全省国税系统稽查文书及档案管理检查展评会后，2013年12月上旬，省局再次开展了全省国税系统稽查文书及档案管理检查展评会，对各市、县稽查局2013年度的110份稽查案卷进行了检查评比。通过稽查案卷展评，各市以往年度比较频繁出现的执法过错已得到根本扭转，稽查执法质量相对以往有了整体性提高。主要表现在：一是基本消除了稽查执法程序过错现象，执法风险得到有效控制；二是进一步规范制作使用了稽查执法文书，执法水平有了全面提升；三是稽查案卷的立卷装订质量不断优化，案卷管理开始进入全省统一的标准化管理模式。

按照《山西省国税系统工作综合考核办法（试行）》的总体要求，结合近年来稽查工作考核情况，2013年确定了稽查工作考核主要反映各项工作在各市之间存在的差距，以促动各市在今后工作中有针对性的整改为目标，进一步细化了考核项目指标，将以往的11项考核内容细化为18项，采取年终从CTAIS系统提取数据案头审阅、按季通报和实地考核相结合的方式，对全省各级稽查工作开展情况进行了认真考核。

【稽查体制机制改革】　按照税务总局有关稽查体制改革的内容和目标，2013年年初，在连续两年试点并取得成功经验的基础上，全省各市按照省局的统一工作部署和要求，一个“案源统一管理，检查统一实施，审理统一组织，人员统一调配，资源优化配置”的“全市稽查一体化”新型稽查工作模式开始正式运行。“全市稽查一体化”工作模式经过一年的有效运行，其成果已初步显现，稽查执法进一步规范，稽查质效进一步提升。

【稽查业务培训】　2013年4—5月，组织全省稽查人才库100名稽查干部参加了为期15天的电子税务稽查专门业务培训，重点培训了信息化环境下有效运用电子技术、电子手段实施税务稽查的理论和方法，尤其注重对稽查干部熟练掌握和使用税收查账分析软件动手能力的培养，为打造一支适应新形势、新环境要求的专业化的稽查队伍奠定了基础。

【稽查工作会议】　2013年3月13日，全省国税稽查工作会议在太原召开。会议学习传达了全国税务稽查工作会议和全省国税工作会议精神，总结回顾了2012年全省国税稽查工作情况，安排部署了2013年稽查工作任务，省局党组成员、副局长范扎根在会上作了题为《认真贯彻落实十八大精神　奋力推进稽查工作再上新台阶》的工作报告，会议对2013年全省稽查工作提出了“五个新”的工作要求。一是领导干部要有新姿态。二是依法行政要有新进展。三是稽查质效要有新提高。四是纳税服务要上新水平。五是队伍建设要有新举措。

（范　瑞）

山西省地方税务局稽查局

【概述】　2013年，山西省各级地税稽查部门紧紧围绕“落实精神、强化管理、促进收入、惠及民生”的工作主题，按照“落实上级精神，突出三个重点，推进三项工作，夯实基础管理，全面完成任务”的工作思路，以组织收入为中心，以整顿和规范税收秩序为己任，积极开展税收专项检查和专项整治、重点税源企业检查，狠抓涉税违法案件查处，大力开展打击发票违法犯罪活动，扎实推进税务稽查现代化建设，不断夯实税务稽查执法基础管理，继续提高干部职工政治业务素质，锐意进取，真抓实干，各项工作都取得新成效。

【稽查查补收入及分析】　2013年，全省地税稽查部门科学运用管理手段，以大要案查处为突破，以专项检查和重点税源检查为线索，以打击发票违法犯罪活动为重点，深入开展整顿和规范税收秩序工作，充分发挥税务稽查职能作用。全年共完成查补收入11.01亿元，实际入库11亿元，稽查查补收入入库率99.96%。其中，稽查部门直接检查纳税户1523户，有问题户1517户，结案1516户，查补税款1.2亿元，加收滞纳金2696万元，罚款5557万元，查补收入合计2.03亿元，实际入库为2.03亿元；组织2112户企业开展自查，自查收入8.98亿元，实际入库8.97亿元。

【案件查办情况】　2013年，共查结税收违法案件1516件，实现查补收入总额11.01亿元（其中自查收入8.98亿元）。稽查选案准确率为99.61%，稽查案件结案率为99.93%，稽查查补收入入库率为99.96%，稽查案件偷税处罚率为53.18%，均超额完成税务总局确定的稽查工作考核指标。

【重大案件查处】 2013年，共立案查处涉税案件1523件。其中：立案查处税款在100万元以上1000万元以下的重大违法案件24起，查补收入7437万元。

【税收专项检查】 2013年，山西地税稽查局税收专项检查主要内容是对证券及基金公司、房地产及建筑安装业、全国性股份制商业银行及城市商业银行等行业开展检查。各级地税局认真落实税务总局文件精神，精心部署，统筹安排，开展查前培训，推行分级分类，整合稽查资源，提高执法效能，确保专项检查工作取得实效。专项检查从3月启动，历时8个月，全省直接检查纳税户608户，组织企业自查1825户，税务部门直接查补收入和企业自查补税金额共计为8.14亿元，入库合计7.36亿元，分别较上年同期增长31.29%和22.87%，专项检查工作成效显著。

【重点税源企业检查】 2013年，积极实行“以企业自查为先导、以稽查部门重点检查为保障”的工作模式，扎实做好重点税源企业税收检查工作。按照税务总局的重点税源企业检查通知，对中国中信集团公司等17户重点税源企业涉及省内的43户分支机构进行检查。共组织重点税源企业自查税款282.33万元，入库282.33万元；重点检查查补收入117.34万元，实现入库117.34万元。将省局2012年度税收预警信息处理疑点纳税人列为各级稽查部门2013年度选案对象，实施税务检查。省局稽查局组织省局一分局、高新局、经济局的10户税收预警信息处理疑点纳税企业自查，自查补税金额245.34万元。

【打击发票违法犯罪活动工作】 2013年，全省各级稽查局遵循“打击与建设相结合、治标与治本相结合”的原则，结合省、市、县成立发票整治专门机构这一契机，强化部门协作，注重区域联动，继续保持打击发票违法犯罪活动工作的高压态势，全面推进打击发票违法犯罪活动工作。全年共检查企业3418户，查处违法企业1144户，查处非法发票9981份，实现查补收入1809.69万元，移送案件4件，曝光案件33件。积极联合国税、卫生等相关部门，对全省范围内从事药品、医疗器械生产经营的单位以及三级以上公立医院、营利性医疗机构发票使用情况进行了专项整治。全省检查医疗机构112户，检查发票份数5203份，涉及非法发票份数1415份，实现查补收入348万元。加强对重点行业重点企业的发票检查工作，重点开展虚假发票“买方市场”整治工作。2013年税务总局下达山西地税局检查处理的违法受票企业不少于700户，省局下达了920户的检查任务，全省全年共查处违法受票企业1144户，超额完成了税务总局指令性计划。

【涉税违法案件检举】 进一步加大对税务违法举报案件的查处力度，2013年共受理税务违法举报案件524起，其中：税务总局交办9起，省局受理83起，市局受理252起，县（市、区）局受理180起，查处384起，查补税款1163.34万元，加收滞纳金169.02万元，处以罚款597.6万元，查补合计1929.96万元，入库合计1805.99万元，入库率达93%。

【案件协查工作】 山西省各级地税稽查局高度重视案件及发票协查工作，精心安排，合理部署，认真查证落实，使案件及发票协查做到了及时、准确、完整。截至2013年12月底，山西省地税稽查局受托协查15起，全部按时进行了回复。

【稽查制度建设】 根据税务总局的安排部署和实际工作情况，制定下发了《2013年全省地税稽查工作要点》《2013年全省地方税收专项检查方案》《山西省地方税务局稽查工作考核暂行办法》等多项制度，从大局出发仔细筹划，明确重点，有的放矢，全面安排全省稽查工作，为2013年各项稽查工作的开展奠定了坚实的基础。各市稽查局也紧贴实际，相继出台了一系列的管理制度，如《稽查案件限时办结制度》《税务案件取证规范办法》《税务稽查选案工作暂行办法》等，进一步推进了稽查工作的科学规范管理水平。

【稽查系统建设】 （1）继续落实稽查指标考核机制。为保障稽查工作稳步推进，2013年山西地税稽查工作继续落实稽查指标考核机制：全省平均稽查选案准确率达到90%以上；稽查查补收入入库率达到90%以上；稽查案件结案率达到90%以上；稽查案件偷税处罚率达到50%以上；上级督办案件协查按期回复率达到100%，协查信息完整率达到95%以上。（2）强化稽查工作考核。建立健全稽查工作考核评价体系，积极发挥工作考核导向作用，认真考核检查2013年度各市稽查工作、发票整治工作，对稽查工作考核优秀单位以及发票整治先进单位进行了通报表彰。各市稽查局对照省局考核办法，加强对县级稽查局的考核，通过逐级考核，促进了全系统稽查工作效率和工作质量的提高。（3）稽查工作管理创新。不断细化分级分类标准，规范分级分类稽查；继续完善“一级稽查”改革，进一步理顺管查职能、科学整合资源，提升工作水平，增强稽查活力；为深入打击发票违法犯罪行为，完善税收稽查机制，为全省各级地税局稽查局增设发票检查机构。

【稽查体制机制改革】 “一级稽查”改革全面实施，实现了专业化、集约化管理的新突破，市级稽查局稽查力量全面加强，各市稽查局占市局人员比例由12.49%提高到19.66%，稽查队伍平均年龄由41.39岁下降到40.4岁，省级业务能手由40人增加到72人，稽查工作水平明显提高。同时，根据山西省实际，继续全面推行分级分类稽查模式，并且根据税收征管实际情况，按纳税人纳税数额的大小适时调整稽查管辖范围。2013年，根据税务总局的有关要求，省局为全省各级地税局稽查局增设发票检查机构。省局稽查局增设发票检查科，各市局稽查局增设发票检查分局，各县（市）局稽查局增设发票检查股，并相应配置领导职数和人员。各级发票检查机构充分发挥主观能动性，按照总体部署和要求，明确工作任务，创新方式方法，强化部门协作，注重区域联动，积极会同相关部门深入开展打击发票违法犯罪活动，工作取得明显成效。

【稽查队伍建设】 一是强化思想建设。党员干部积极学习宣传和全面贯彻党的十八大精神，掀起了学习十八大的高潮，各级稽查局举办了“贯彻落实十八大、立足岗位作奉献”为主题的演讲活动，领导干部积极宣讲十八大精神，深入基层进行专题调研。二是强化业务培训。省局举办了省、市稽查业务骨干100余人参加的税务稽查查账软件培训班；组织近百名稽查干部开展了金税三期稽查部分模拟操作活动；举行由40多名稽查业务骨干参加的全省稽查案例分析点评活动，讨论和交流已查结的重大、复杂疑难的典型案件。三是强化作风建设。全体党员按照“照镜子、正衣冠、洗洗澡、治治病”的总要求，积极参加党的群众路线教育实践活动。通过活动，全体稽查人员激发了旺盛的创造力、凝聚力、战斗力，为税收事业的发展聚集了更强的正能量。

【稽查人才库建设】 山西省各级地税稽查局按照稽查人才库管理办法，充实调整稽查人才库人员，努力造就一支精干的稽查快速反应队伍。省局组建了由100名业务能手组成的稽查人才库，各市地税稽查局也组建了市级稽查人才库。通过强化稽查人才库建设，并在各项检查中大胆使用，充分调动了稽查骨干的积极性。

【稽查业务培训】 2013年9月，省局举办了省、市稽查业务骨干100余人参加的税务稽查查账软件培训班，学习稽查查账软件的数据采集、分析、评估，税种检查，结案处理等内容，并取得较好效果；11月，组织近百名稽查干部开展了金税三期稽查部分模拟操作活动，为金税三期上线后稽查工作的顺利运行奠定了基础；11月底，举行由40多名稽查业务骨干参加的全省稽查案例分析点评活动，讨论和交流已查结的重大、复杂疑难的典型案件，发现管理中存在的问题，达到提高政策水平、促进征收管理的目的，同时交流经验体会，积累工作经验，对提高办案质量、水平和效率发挥了积极作用。

【稽查信息化建设】 （1）强化目标责任制考核。省局稽查局将稽查现代化建设作为2013年全省稽查重点工作大力推进，并将其列入全系统工作目标责任制进行严格考核，充分调动了各级税务机关做好工作的积极性，使稽查现代化在全省的推进得到有力保障。（2）金税三期稽查业务顺利上线后，省局明确要求全省新查办的案件必须通过金税三期系统处理，案件查处从选案、检查、审理、执行直到立卷归档全程内网办公，做到了审批流程控制严密，职责划分明确到人，稽查文书统一规范，既有效杜绝了执法随意性，又有效防范了执法风险。(3）省局要求各级稽查部门开展专项检查、重点企业检查时，对使用电子财务软件的企业原则上使用稽查电子查账软件开展检查。通过电子查账软件的实际应用，各级稽查部门在数据采集、辅助查账、分析利用、电子取证等方面积累了一定经验，使用效果逐步显现，既有效打击了利用信息化手段逃避缴纳税款的行为，又大大减少了工作量，有效提升了检查效率。

【稽查工作会议】 2013年3月12日，召开全省地税稽查工作座谈会，省局党组成员、副局长刘建光对2012年全省地税稽查工作进行了回顾和总结，就贯彻全省地方税务工作会议和全国税务稽查工作会议精神及2013年稽查工作的主要任务作了重要讲话。

（张　惠）

内蒙古自治区国家税务局稽查局

【概述】 2013年，按照内蒙古自治区国税局和税务总局稽查局的工作要求，内蒙古国税稽查系统以党的十八大精神为指导，深入贯彻落实科学发展观，围绕中心，服务大局，本着“夯实基础、狠抓落实、开拓创新”的工作原则，以查处税收违法案件、整顿和规范税收秩序为重点，以稽查信息化建设为突破口，以稽查制度化、规范化建设为保障，不断强化稽查核心业务能力建设，加强稽查队伍建设，努力提升稽查现代化水平，不断创新稽查工作方式，扎实推进稽查工作整体水平，稽查各项工作均取得阶段性成果。

【稽查体制机制改革】 转变方式，创新发展，提高稽查检查质量。一是改革稽查管理模式。根据自治区地域广阔，稽查人员相对较少，税源分布不均衡，税源结构差异明显等特点，为了充分发挥旗县区级稽查局的职能作用，自治区在部分盟市级稽查局探索试行“统筹人员、统一选案、区域稽查、集中审理、属地执行”的新型稽查工作模式。其目的主要是整合稽查力量，分行业进行专项稽查，实现专业化稽查检查。二是创新稽查检查方法。不断探索和转变稽查检查思路和手段，在全系统全面推行“延伸稽查”“关联稽查”“阳光稽查”“调研式检查”和“审计型检查工作底稿模式”等多种稽查检查方式方法，还建立了税务稽查案例分析制度，形成行业、税种税收检查指南，不断改进和创新稽查手段，为稽查工作提供了新的动力。三是大力推进分级分类检查。进一步完善《分级分类稽查管理办法（暂行）》，对各级稽查部门的检查权限进行了明确，打破各地各自为战的检查格局，进一步调动各级稽查部门工作的积极性和主动性，创新性地开展稽查工作。

【稽查查补收入及分析】 2013年，全区各级稽查部门检查纳税户1302户，其中有问题户数1293户，选案准确率99.31%。结案户数1292户，查处案件结案率99.23%。查补税款7.03亿元，加收滞纳金4635.95万元，罚款6138.86万元，查补收入合计8.1亿元。稽查机构组织企业自查收入22.99亿元，查补和自查合计31.09亿元，入库31.04亿元，入库率99.84%。超额完成30亿元的收入任务，继2012年稽查收入突破20亿元大关后，又历史性突破30亿元大关，为全区国税收入任务的完成作出了应有的贡献。

【案件查办情况】 加大了案件的查处和督办力度，继续保持对税收违法犯罪活动的高压态势。2013年年初以来，全区国税稽查部门与海关、公安等部门联合开展打击虚开增值税专用发票和骗取出口退（免）税违法犯罪行为的专项行动。重点查处成品油、煤炭、运输和现代服务业等行业存在的虚开发票问题和利用电子、家具、服装类产品等骗取出口退（免）税违法行为，探索建立防范和打击虚开增值税专用发票、骗取出口退（免）税违法犯罪行为的长效机制。

【案件特点分析】 对受理案件的反应力、查处案件的打击力、督办案件的结案率和案件曝光的影响力等提出了极高的要求，促使稽查工作全面提升。

【重大案件查处】 2013年，全区查结了内蒙古某煤炭有限公司特大虚开增值税专用发票案、内蒙古某中药企业虚开增值税专用发票案、内蒙古某煤炭运销有限责任公司虚开增值税专用发票案；下半年，又查获了以虚开增值税专用发票案为代表的一批税收违法大要案件；税务总局交办督办的“4·08”吉林虚开增值税专用发票案，“12·12”涉嫌虚开增值税专用发票案和“8·06”深圳出口骗税案涉及自治区案件正在查办中。

【税收专项检查】 2013年，根据税务总局要求，将成品油批发、零售企业，办理电子、家具、服装类产品等出口退（免）税的企业和证券公司、基金公司作为指令性检查项目，把房地产业、建筑安装业，承接出口货物业务的货代公司、报关公司（报关行），资本交易，中介、培训服务机构作为指导性检查项目。各地在专项检查中采取多种措施确保检查效果：改进选案方式，提高计算机选案的比例和成效，利用网络数据与人工经验相结合，综合分析，科学选案，提高选案准确率；有针对性地开展查前培训；积极推进分级分类稽查办法，合理确定不同层级的检查范围；改进专项检查方式方法，充分利用税收自查、抽查和重点检查相结合的方式；加强部门协作，增强执法合力；以查促管，标本兼治。全区共完成专项检查户数1086户，其中有问题户数973户。各地自行开展检查529户，有问题508户。专项检查收入合计10.97亿元，其中，稽查查补合计1.97亿元，入库1.79亿元。企业自查补税合计8.99亿元。

【区域性税收专项整治】 针对农产品加工企业、矿产品（包括煤炭）采选经销企业及走逃、注销企业等虚开发票易发、多发行业开展区域税收专项整治。针对乌海地区部分行业出现税收管理散乱现象，部署开展了矿产品经销企业的经营和发票开具、使用情况区域性专项整治，共检查5户企业，有问题5户，查补税款、滞纳金、罚款合计154万元，入库税款、滞纳金、罚款合计62.4万元。

【重点税源企业检查】 按照“以企业自查为先导、以税务机关重点检查为保障、以组织稽查税收收入及时足额入库为抓手”的工作模式，在全区范围内组织开展了重点税源企业税收专项检查工作。2013年税务总局部署的重点税源企业检查涉及自治区9个总部的60户所属企业，对税务总局要求开展的涉及自治区的9户企业的自查和重点检查工作已全部结束，共计组织自查入库300万元，稽查查补收入554.36万元。针对严峻的税收形势，区局稽查局结合辅导式检查开展了全区的重点税源企业检查。各盟市也对本地区重点税源企业进行辅导式检查。在检查过程中，采取企业先进行自查，然后根据企业自查情况，再进行辅导式检查的方式进行。对自查不彻底，不配合辅导式检查的企业，进行稽查检查。全年共计组织企业自查收入近20亿元，成效显著。

【打击发票违法犯罪活动】 按照全国打击发票违法犯罪活动工作协调小组第五次会议精神和国家税务总局的统一部署，会同公安等部门，继续对发票违法犯罪活动进行严厉打击。在税务机关内部，继续将发票整治工作与税收各类检查工作有机结合起来，做到“查账必查票”“查案必查票”“查税必查票”。除税务总局部署的对房地产与建筑安装、药品与医疗器械、发电、供电、餐饮娱乐、营利性的教育培训等行业开展发票使用情况的重点检查工作外，我们还将违法使用发票情况较为严重、社会关注度较高的皮革皮毛、木材加工、家具生产与销售、食品制造以及酿酒五个行业作为全区发票整治的重点行业。在打击发票违法的外部协作方面，积极配合公安机关对制售假发票犯罪活动的严厉打击，充分发挥“职责明确、优势互补、衔接紧密、共同查处”的协作机制效能。国税、地税和公安部门还联合制订了打击整治工作的行动方案和考核办法，进一步提升了合作的范围和层次。同时还强化与其他有关部门之间的协作机制和保障措施，深化信息沟通，多渠道获取案源，深挖涉票线索。全区国税系统就发票问题检查纳税单位586户，查处非法发票6227份，涉及金额3.79亿元，查补税款、滞纳金、罚款合计5508.31万元。移送公安机关案件15起，曝光发票违法案件3起。医药行业发票专项整治工作基本结束，查处生产经营单位115户，营利性医疗机构2户，查处违法发票1848份，涉及金额1.1亿元，查补税款、滞纳金、罚款合计1178.22万元，有10起发票违法案件移送公安机关，117户违法企业被列入黑名单。

【涉税违法案件检举】 2013年全区共受理各类举报案件43件，查结38件，查补入库税款、罚款、滞纳金1715万元。认真落实税收违法案件举报的各项管理制度，严格执行案件受理程序，提高案件受理水平，依法查处举报案件，优化举报案件管理工作。努力做到受理一件，解决一件，矛盾不上交，问题不下推，把问题解决在基层、解决在当地。尤其重视对缠诉案件的处理，做好疏导与排查工作，防止矛盾激化，为维护社会稳定作出了贡献。

【案件协查工作】 进一步加强了对协查系统运行数据信息的监控和分析，全区协查系统运行平稳。通过协查系统发出增值税专用发票协查函743起，涉及企业761户，发票4371份，金额1087亿元，税额1.81亿元，已证实有问题发票325份，选票准确率7.46%；共收到全国各地受托协查函1262起，涉及发票26274份，企业1533户，金额79.02亿元，税额13.41亿元，经检查证实有问题发票1191份，按期回复率100%。由协查系统提供案源，全区查补税款745.64万元，滞纳金72.75万元，罚款103.21万元。

【稽查制度建设】 全系统不断加强稽查基础性工作，夯实稽查基础建设。区局进一步修订和完善了《重大税收违法案件督办管理暂行办法》《税收违法行为检举管理办法》。在全区建立了《税务稽查案例库》，继续推行使用区局组织编写的《国税稽查文书指引》，进一步规范稽查检查工作。逐步建立了全区稽查执法监督制度和“一案双查”制度。全系统以贯彻执行新《税务稽查工作规程》为契机，加强了内控机制建设，稽查制度建设得到了进一步完善，使各级稽查部门工作有法可依，有制度可行，有标准可参照。

【稽查系统建设】 围绕构建税源监控、税收分析、纳税评估、税务稽查“四位一体”的互动机制，积极探索以查促管的新机制；加强了与地税、公安等部门的协作配合，以定期召开联席会议、联合调研、联合宣传、研训等形式，进一步健全办案协作机制；强化了督查督办机制。继续修订完善《内蒙古自治区国税系统税务稽查工作管理考评办法》，为配合该项考评办法有效落实，除严格执行稽查工作报告制度、大案要案报告制度等已经制定的各项工作管理制度外，区局稽查局通过制定稽查检查工作报表报告制度，详细了解各盟市稽查检查工作的开展情况，强化监督，增强区局稽查局对盟市稽查局的案件指挥权。

【稽查队伍建设】 全系统按照全区党风廉政建设工作会议的要求，围绕保证权力正确行使，促进廉政建设目标的实现，突出加强了对税务稽查内部工作环节的监督制约和提高稽查干部廉洁自律意识，完善案件查办中的制约措施，实现科学分权、强化流程监督。深入开展廉政教育，提高稽查干部的政治敏锐性，警示稽查干部筑牢反腐倡廉的思想防线。引导稽查人员爱岗敬业，转变作风，增强了执法风险意识和廉洁自律自觉性。

【稽查人才库建设】 进一步完善《稽查人才库管理办法》，对政治素质过硬、廉洁律己、业务精湛、专长突出的稽查干部，实行人才库的动态管理，优化人才专业、年龄结构，逐步形成多行业、多门类、多元化的专家型稽查人才库格局，目前全区已经选拔了50余人进入了人才库。

【稽查业务培训】 坚持提高综合素质与岗位练兵相结合，积极开展全员岗位练兵活动，狠抓办案业务建设。组织全区稽查骨干举办专项业务和稽查实务培训；各盟市也都通过汇编稽查案例、开展优秀案例评选和案例讲评、组织稽查人员脱产培训、举办查账技能专题培训等方式，开展了形式多样、内容丰富的业务培训和岗位练兵活动。

【稽查信息化建设】 结合金税三期上线契机，利用征管数据平台，整合现有的稽查信息系统，真正实现人机结合，提高选案的准确率、相关数据统计质量和分析水平，提高运用信息化手段的检查能力。积极推进稽查电子数据采集与“查账系统”的应用，加强对信息化管理企业的检查工作，有效应对企业利用电子账簿虚假记账、转移、隐匿或销毁电子账簿，提高运用信息化手段进行涉税违法行为检查的能力。建立稽查信息共享机制。对内与征管、大企业管理、税政等部门建立信息共享平台；对外与地税、工商、银行、财政、海关、审计、外贸、外汇、国土、房管等部门建立信息共享机制、搭建信息共享平台。

【稽查工作会议】 2013年年初，全国税务稽查工作视频会议结束后，随即召开了全区税务稽查工作会议。会上传达了全国税务稽查工作会议精神，总结了2012年全区的稽查工作，安排部署了2013年的稽查工作，向各地下达了2013年国税稽查收入计划和考核指标。会议着重强调2013年各盟市稽查部门的稽查组织入库收入不低于当地税收收入总额（不含海关代征“两税”和车购税）的1.5%。要求各地要提高对组织查补收入工作的认识，采取有效措施，坚持依法稽查，切实加强组织和检查督导，合理安排各种检查项目。同时要求各级税务机关要高度重视税务稽查工作，进一步加强对稽查工作的领导，大力支持稽查工作，为稽查执法提供必要的人力物力保证。针对大局严峻的税收收入形势，9月下旬召开了全区国税稽查工作工作会议，就如何发挥稽查以查促收职能作用和重点税源检查有关问题作了强调和部署，并传达区局党组关于增加稽查收入任务的要求，即全年完成稽查收入30亿的奋斗目标。会后区局稽查局组成督导组对各盟市工作开展情况进行实地督导检查，取得了很好的效果。

【工作建议】 （1）进一步完善税务稽查岗责体系，优化稽查资源配置。明确税务稽查各环节的岗位职责，使税务稽查内部各岗位之间分工明确、各司其职、相互衔接、相互制约，最优化地配置税务稽查资源，激发税务稽查工作活力。（2）加强内控机制建设，注重稽查执法风险防范。按照区局内控机制总体工作部署，继续完善稽查内控机制，特别要加强对稽查检查环节的监督和管理，统一规范检查流程，强化检查环节痕迹管理。规范税务稽查行政裁量权，尽量统一执法尺度，避免处罚不公或越权执法带来负面影响。（3）严格执行和建立健全大要案报告、重大案件集体审理、举报管理等稽查各项工作制度，加强稽查案件管理和督办。（4）继续巩固与公安部门的警税协作机制。进一步健全公安提前介入制度，建立移送案件信息反馈制度，稳定同公安机关之间的执法合作关系，不断完善协税护税体系，共同打击各类税收违法犯罪活动。（5）完善稽查综合考核机制和稽查绩效管理。结合全区国税绩效管理工作，在《税务稽查工作考评管理办法》的基础上继续细化完善全区稽查系列考核项目，加强对全区稽查系统的绩效管理，提升稽查工作质量，提高稽查工作效率，推进稽查执行力建设。探索建立对所辖区域的监督管理和治理规范的成效考核。

（辛茹奕）

内蒙古自治区地方税务局稽查局

【概述】　2013 年，内蒙古自治区地税稽查系统认真贯彻落实全国税务稽查工作会议精神和全区地税工作会议的各项要求，紧紧围绕税收中心工作，更新理念，调整思路，以整顿和规范税收秩序为目标，以查处税收违法案件为中心，认真组织开展税收专项检查和重点税源企业检查，严厉打击发票违法犯罪活动，强化稽查管理，加强队伍建设，规范执法行为，优化稽查服务，较好地完成了各项稽查工作任务。

【稽查体制机制改革】　2012 年年初，自治区地税系统稽查内部上划管理的“一级稽查”垂直管理体制进行了新的调整，将盟市级稽查机构内部下划至各盟市地税局进行管理，并同时成立旗县级稽查局。至 2013 年底，全区各级地税稽查机构由原来的 18 个增加到 125 个，按三级设置：其中自治区级稽查机构 4 个（包括区局稽查局和区局直属东、中、西部稽查分局），级别为正处级；盟市级稽查局 15 个，级别为正科级；旗县级稽查局 106 个，级别为正股级。稽查局内部实行选案、检查、审理、执行四环节分工负责的工作机制。稽查人员由原来的 300 人增加到 730 人，其中自治区级 77 人，盟市级 226 人，旗县级 427 人，稽查体制逐步理顺，机构逐步健全，人员逐步充实。

【稽查查补收入及分析】　2013 年内蒙古自治区地税系统共稽查检查各类纳税人 746 户，其中有问题户数 570 户，立案户数 570 户，结案户数 566 户，查处案件结案率为 99. 3%；查补收入 1. 42 亿元，其中：查补税款 1. 03 亿元，加收滞纳金 1433 万元，罚款 2435 万元，综合处罚率为 24%；实际入库收入 1. 27 亿元，入库率为 90%。共组织 5893 户企业开展税收自查，自查收入 5. 35 亿元，入库收入 3. 36 亿元。稽查查补和组织自查合计 6639 户，累计查补收入 6. 77 亿元，累计入库收入 4. 63 亿元。

【案件查办情况】　内蒙古自治区地税系统坚持把查办案件作为推进稽查工作的着力点，不断加大对各类税收违法案件的查处力度，突出做好税收专项检查、税收专项整治和重点税源企业检查工作，集中力量查办涉税举报案件、协查案件和督办案件，严厉打击各类税收违法行为。2013 年，全区地税稽查部门共查结各类税收违法案件 566 件，查补收入 6. 77 亿元（包括自查），实际入库 4. 63 亿元（包括自查）。其中：查处百万元以上案件 24 件，查补收入 6074 万元，百万元以下案件 542 件，查补收入 8077 万元。共受理涉税举报案件 67 件，查处 58 件，查补收入 2217 万元，查补入库 1521 万元。税务总局交办税收违法检举案件 8 件，已查结 5 件，查补收入 665 万元。

【案件特点分析】　一是设置“两套账”，利用账外经营的手段隐匿经营收入，逃避缴纳税款。二是不设账，利用金融工具结算，如收取现金或运用个人信用卡等结账，隐瞒收入。三是房地产企业坐收坐支，隐匿预收款收入。四是利用复杂的金融创新工具的出现，掩盖金融交易的税收实质。五是配合纪检等有关部门检查的涉税案件，涉税金额均较大。

【税收专项检查】　按照国家税务总局 2013 年税收专项检查工作要求，结合本地税收工作实际，内蒙古自治区地税系统重点对矿产品（重点煤炭）采选及运销企业，房地产、建筑安装企业，证券公司、基金公司，交通运输及综合物流企业，电力生产企业，中介、培训服务机构等行业开展地方税收专项检查工作。据统计，2013 年全区地税系统共检查及组织企业自查 15991 户，查补收入合计 9. 4 亿元。其中，税务机关直接检查企业 6228 户，查结 5623 户，有问题 803 户，查补收入 3. 63 亿元，查补入库 3. 1 亿元；组织企业开展税收自查 9763 户，自查有问题企业 581 户，自查查补各项税款 5. 77 亿元，自查税款入库 3. 4 亿元。通过持续不断的开展税收专项检查，进一步整顿和规范了税收秩序，提高了社会整体纳税遵从度。

此外，按照税务总局要求，在确保完成上述指令性检查项目的基础上，将资本交易项目和重点建设项目列为全区指导性检查项目。同时各地根据本地实际情况还开展了部分其他项目的专项检查工作。全区各级地税部门自行开展的其他项目共检查纳税人5195户，查结户数4751户。累计查补收入1.76亿元，其中税款1.58亿元，滞纳金746万元，罚款1062万元。累计入库1.59亿元，其中税款1.45亿元，滞纳金677万元，罚款732万元。各级地税部门开展其他项目自查7550户，其中有问题的402户，自查查补税款1.2亿元，入库税金1.17亿元。

【区域性税收专项整治】 2013年内蒙古自治区地税系统区域性税收专项整治工作重点对锡林郭勒盟锡林浩特市范围内萤石采掘业开展检查，共检查2户，查补税款、滞纳金合计1.5万元。

【重点税源企业检查】 按照国家税务总局稽查局关于开展2013年重点税源企业税收专项检查工作的通知要求，内蒙古自治区地税稽查系统完成了对中国铁路物资股份有限公司、中国机械工业集团、中国黄金集团、中国国际海运集装箱股份有限公司、云天化集团、中国东方电气集团、新希望集团、金风集团、华晨汽车集团控股有限公司等涉及的17户集团企业的9家成员单位（共有独立核算的总分支机构59家）的重点稽查工作。截至10月底，共组织企业开展税收自查57户，自查有问题企业26户，自查查补各项税款1亿元，自查税款入库1亿元。税务机关直接抽查检查企业51户，有问题企业10户，查补收入78万元，查补入库47万元。通过税收检查不断加强了对重点税源的监控，发现和纠正了企业存在的涉税问题，有效地避免了税收流失，在社会上起到了很好的示范作用。

【房地产及建筑安装企业检查】 2013年共组织房地产、建筑安装企业税收专项检查及组织企业自查合计2714户，查补收入合计6.31亿元，查补入库合计3.63亿元。其中，税务机关直接检查企业741户，查结623户，有问题157户，查补收入1.76亿元，查补入库1.42亿元；组织企业开展税收自查1973户，自查有问题企业161户，自查查补各项税款4.55亿元，自查税款入库2.21亿元。

【打击发票违法犯罪活动】 一是重点对对房地产、建筑安装、电力、中介及营利性教育培训机构、餐饮娱乐、交通运输及综合物流等行业的发票使用情况开展重点检查，全区共对3323户纳税人开展了发票检查，查处发票违法企业265户，涉及违法发票计3271份，涉及发票违法金额1199万元，共计查补收入215万元，其中查补各项税款103万元，加收滞纳金25万元，罚款87万元。二是对药品和医疗机构发票使用情况开展专项整治工作，全区各级地税部门共检查药品、医疗器械生产经营单位和医疗机构285户，核查医疗机构发票5006份，核查金额205501.5万元；查处发票违法企业31户，对其中的44433份发票的填开、使用情况进行检查，查处违法发票809份，涉及发票违法金额32.36万元，查补税款3.77万元，加收滞纳金0.71万元，罚款9.73万元。三是继续与公安部门紧密配合，严厉打击制售假发票的“卖方市场”。特别是通过公安机关查办虚开、骗税案件协助税务机关实际追缴入库税款154万元，有效遏制了制售假发票违法犯罪活动的势头，整顿和规范了税收秩序。

【涉税违法案件检举】 按照“有报必接、有案必查、有查必复、违法必究”的原则，内蒙古自治区地税系统着力完善涉税违法案件检举办案机制，严格规范案件的受理、登记、转办、督办、查处、反馈、奖励等各环节工作，提高税收违法检举案件工作质量和效率，继续完善税收违法检举案件管理制度，积极做好税收违法检举案件管理各项工作。2013年，全区共受理税收违法检举案件67件，查处58件，查补收入2217.11万元，与2012年相比增加1528.35万元，增长222%，其中：税款1411.3万元，滞纳金194.92万元，罚款610.89万元。入库收入1520.62万元，与2012年相比增加1094.16万元，增长257%，其中：税款1143.21万元，滞纳金97.67万元，罚款279.74万元。此外，税务总局交办税收违法检举案件8件，已查结5件，其余3件正在查处中。查补收入665.13万元，其中：税款411.02万元，滞纳金52.49万元，罚款201.62万元。税务总局督办的税收违法检举案件1件，区地税局稽查局接案后立即召开会议进行专题研究并向区局领导汇报，成立了由区局副局长担任组长的重大税收违法案件督办领导小组，抽调业务骨干组成由区局稽查局副局长领队的检查组查办此案并及时向税务总局稽查局进行了汇报。

【案件协查工作】 内蒙古自治区地税系统高度重视并加强和规范案件协查工作，认真开展案件协查，努力提高案件协查质量和效率；明确专人负责案件协查工作，建立协查台账，明确受理时间、人员、处理结果等内容，对协查函、查证材料等资料进行整理存档；加强对案件协查的催办、督办力度，保证协查案件在规定的时间内查结完成，并按照委托单位的要求及时寄送相关材料。2013年，内蒙古自治区地税局稽查局共收到外省（市）委托协查发票151份，全部受理并第一时间交办到各级地税局稽查局。同时加大了监控力度，确保了所有案件全部按时、按要求反馈到了委托单位，按时回复率达到了100%。

【稽查制度建设】 2013年，内蒙古自治区地税局不断加强稽查制度建设。在原有制度基础上对《稽查选案管理办法》《稽查案件审理管理办法》和《稽查案件执行管理办法》等三个制度、办法进行了修订完善，经区局2013年第一次党组会审议通过后印发各地执行，进一步加强了稽查四环节管理。

【稽查系统建设】 一是逐步理顺稽查体制，健全机构设置，充实稽查人员。二是重视发挥稽查系统整体合力的作用，在三级联动的稽查工作体制基础上，根据稽查工作需要科学合理调配稽查资源，充分发挥上下稽查部门合力，以老带新，提高效能，如在2013年全区证券基金行业税收专项检查中，抽调全区20名稽查业务骨干，对税务总局部署的证券公司及营业部开展了集中重点检查工作，取得了较好的效果。三是开展工作通报制度，区局稽查局定期对各项工作，如稽查查补入库、稽查选案、案件查处、打击制售假发票、稽查案件审理管理、稽查案件执行及涉税案件检举、协查等工作的开展情况进行通报，提出工作要求，促进质量提高。四是加强稽查工作督导，通过实地督导、会议培训、案件督办等形式，及时了解掌握稽查工作及案件查办进展情况。五是加大对稽查系统的绩效考核力度，下达绩效考核指标，明确考核要求，严格绩效管理考核。

【稽查队伍建设】 内蒙古自治区地税系统始终把稽查干部队伍建设摆在工作的首要位置，坚持统筹规划，抓住关键，整体推进，全面提高稽查干部综合能力，有力地促进了稽查工作水平的整体提升。一是借助党的群众路线教育实践活动，认真开展职业道德教育，树立爱岗敬业、奉献、服务的宗旨意识，在干部思想上贯彻稽查执法与服务并重的理念，尝试查前约谈的方法，把“纳税人的满意、地税人的追求”的理念落实到稽查工作中。二是大兴业务学习之风，鼓励干部以自学为主、自觉深造，通过在职学历教育、考“三师”资格、进行集体研讨、以案说法、案例剖析等多种形式，锻炼和提高每位干部的业务水平和办案能力。三是在稳定稽查队伍的基础上充实各级稽查新鲜力量，尽可能把年龄轻、懂业务、会查账、素质高的干部充实到稽查部门，优化稽查人员素质结构，并通过建立健全良性的竞争激励机制，营造优秀人才脱颖而出的良好氛围。四是加大稽查人才培养力度和深度，通过举办各类稽查实用型业务培训、鼓励稽查人员上挂锻炼或深入工作一线进行岗位锻炼等方式，提升稽查骨干专业技能。五是采取有效措施，加强廉政建设。采取措施加强内外监督，把廉政建设的有关规定落实到稽查各个环节，布置、检查、考核稽查工作的同时，把廉政建设和纠风工作作为一项重要内容长期来抓。

【稽查业务培训】 为适应税务稽查工作的新形势，加强稽查人员的业务能力，提高稽查工作的效率和质量，内蒙古自治区地税系统深入开展形式各样的稽查业务培训工作。一是针对全区稽查机构和人员变动较大，新增稽查人员较多，不熟悉稽查工作的现状，于2013年6月23—29日举办为期一周的稽查业务培训班，聘请辽宁税务专科学校的税务专家教授对全区80多名稽查业务骨干进行了稽查业务培训。二是根据全区金税三期试点运行工作进度安排，抽调30名稽查业务骨干，在全面培训的基础上，对金税三期试点运行新建系统稽查域集中进行适应性测试和功能性差异分析培训，进一步完善了稽查域岗责工作流配置，使新建系统适应全区各级稽查工作流程和管理要求，为单轨运行奠定基础。三是举办了税务协查信息管理系统操作人员培训班，对税务协查信息管理系统软件操作进行了培训，使大家准确掌握并熟练使用协查管理软件，确保全区地税稽查人员更好地运用协查信息管理系统。四是利用协查培训的机会，对电子查账软件进行了初步培训和讲解，使稽查人员逐步了解掌握查账软件的操作系统，为下一步的推广使用奠定基础。此外各盟市局还通过查前培训、以查代训、稽查骨干“传帮带”等其他多种形式开展业务学习和交流，努力提高稽查干部的业务技能。积极选派稽查干部参加由国家税务总局稽查局、自治区地税局以及各盟市地税局组织的各类培训班，充分利用网络资源优势和网上税校的功能，发挥年轻干部自学能力强的优势，鼓励稽查干部积极参加注册税务师、注册会计师等考试，引导干部自学提高。

【稽查信息化建设】 一是为适应形势发展及内蒙古地税系统金税三期试点运行工作要求，进一步完善了稽查域岗责工作流配置，使新建系统适应全区各级稽查工作流程和管理要求，为单轨运行奠定基础，并对各盟市地税局稽查业务骨干进行了适应性测试和功能性差异分析培训。二是根据国家税务总局税务协查信息管理系统工作要求，举办税务协查信息管理系统操作人员培训班，对税务协查信息管理系统软件操作进行培训。三是为各盟市地税局稽查局配备了稽查查账软件，并对电子查账软件进行了初步培训和讲解，使稽查人员逐步了解掌握查账软件的操作系统，为进一步推行电子查账软件，开展电子稽查奠定基础。

【稽查宣传】 一是坚持日常宣传。进一步强化宣传意识，针对稽查工作特点，捕捉、挖掘日常工作中的宣传亮点，充分利用现代媒体、报纸等宣传工具多角度、多方位地宣传稽查各项工作。二是突出特色宣传。结合工作特点，深入挖掘宣传素材，在做好专项检查、重点检查、查处涉税检举等工作的同时，开展税收宣传，进一步丰富宣传内容，增强税收宣传的吸引力和针对性。三是主抓重点宣传。突出新法规、新政策、新举措；突出国家税务总局和自治区地税局的重点工作；突出纳税人最关心、最现实、最直接的涉税问题。坚持把工作重点融入到每一次宣传活动中去，贯穿于全年的各项宣传工作，使宣传工作的主旋律更加鲜明，税收宣传的服务保障作用得以充分发挥。

【稽查工作会议】 2013 年 3 月，全国税务稽查工作会议结束后，区地税局稽查局在 3 月底前将此次会议精神向自治区地税局主要领导和分管领导进行了专题汇报，分别召开了盟市及旗县地税局座谈会传达会议精神，并形成具体贯彻落实意见。2013 年 11 月 5—7 日，内蒙古地税稽查工作座谈会在呼和浩特市召开。区局党组成员、副局长包清泉出席会议并代表区局党组作了重要讲话。自治区地税局直属东、中、西部稽查局局长及各盟、市、计划单列市地税局（包括区局直属征收管理局）分管稽查工作的局领导和稽查局长、检查科长等共 60 余人参加了会议。会上，各地就 1—10 月各项稽查工作开展情况、工作中存在的问题、今后的努力方向以及稽查职能定位、稽查体系建设等方面进行了汇报、讨论与交流。与会同志畅所欲言，结合本地实际对开展好今后一段时期稽查工作提出了很好的意见和建议。会议期间，区局稽查局就稽查选案、稽查检查实施、打击制售假发票、稽查案件审理管理、稽查案件执行及涉税案件检举、协查等工作前 10 个月的开展情况进行了通报，并对下一步工作进行了安排部署，提出了工作要求。与会期间，参会人员还对各地选送的稽查案卷进行了观摩、学习、点评，相互交流、借鉴。

【工作建议】 一是加强稽查工作顶层设计，科学合理地划分稽查检查与征收管理及与大企业税收管理检查的职责。二是稽查工作进行统筹协调部署，如各项税收专项检查。三是加强稽查工作制度建设，强化稽查执法刚性。四是改进税务稽查管理方式。五是加强稽查工作信息化建设。提高查处工作质量。

（潘　英）

辽宁省国家税务局稽查局

【概述】 2013 年，全省国税系统 77 个各级稽查机构共 2558 名稽查干部，围绕构建现代税务稽查这一主题，以开展第二个“稽查能力提高年”主题活动为载体，继续努力实现在稽查理念上，由收入型向执法型转变；在稽查模式上，由粗放型向集约型转变；在稽查主体上，由学历型向能力型转变。

按照分类检查机制，对税收专项检查项目开展先评后查的常规型检查，对重点税源企业开展以涉税风险为导向、以专用底稿为载体、以信息技术为支撑的审计型检查，对重大税收违法案件开展以税警协作为基础的打击型检查。对各类检查中实现会计电算化的被查对象以 ETA 软件（辽宁省国税局开发的稽查查账软件）为依托开展数字稽查，提高检查质效。

【稽查体制机制改革】 强化查账软件的使用，积极推行数字稽查。对于会计电算化重点税源企业 100% 使用 ETA 软件开展检查，对于其他会计电算化被查对象利用 ETA 软件开展检查面不低于 15%。

省局稽查局按照既覆盖稽查法定职责、划定职责和衍生职责，又体现稽查广度、深度和力度的总体思路，完善考评指标体系，在全省 13 个市局稽查局、29 个专业稽查局、34 个县局稽查局三个业务系列稽查局之间分别开展稽查“同业务”竞赛，将各个稽查局竞赛结果与稽查经费分配挂钩，充分调动各级稽查机构和广大稽查干部的积极性，实现扁平化管理。

【稽查查补收入及分析】　2013年，全省检查6131户，发现有问题5822户，结案5762户，其中偷税4080户；稽查选案准确率95%，案件结案率99%，偷税案件率70%；查补总额24.5亿元，较2012年增长83%；查补偷税税款占总查补税款的53.5%，较2012年提高31个百分点；平均处罚率47%，较2012年提高29个百分点。

【案件查办情况】　依托辽宁省税警协作长效机制，通过借助公安机关刑事侦查权和治安管理权，强化有限的税务检查权，对重大涉税涉票违法行为实施打击型检查，保证稽查法定职责履行到位。

【案件特点分析】　大案要案查补额集中度较高。2013年，通过税警协作集中办案查处的大案要案，查补合计占查补总额44%。

【重大案件查处】　2013年，税警协作、集中办案查处医药行业特大案件5宗，检查终结4宗，查补合计10.7亿元。

【税收专项检查】　根据国家税务总局统一部署，对成品油批发、零售企业，办理电子、家具、服装类等产品出口退（免）税企业，证券、基金公司等3个指令性项目及其他各市自选项目、区域开展专项检查和专项整治。共检查纳税人2512户，发现有问题户2119户，查补总额4.74亿元。

【区域性税收专项整治】　检查118户，有问题111户。查补收入2596万元，入库查补收入2190万元。冲减增值税留抵税金9万元。纳税人自查入库税款428万元。

【重点税源企业检查】　按照省局稽查局统一指定检查对象与各市稽查局自行确定检查对象相结合方式，组织人员对重点税源企业开展以涉税风险为导向、以工作底稿为载体、以信息技术为依托、以复核指导为保障的审计型检查。共检查纳税人80户，发现有问题80户，查补总额1.4亿元。

【出口退（免）税企业及货代公司检查】　对鞍山、辽阳出口退税企业检查时发现有2户企业具有骗取出口退税行为，涉及出口退税款合计4000万，主要涉案人员均已被公安机关立案抓捕，实现了查处骗取出口退税案件的重要突破。

【打击发票违法犯罪活动】　税警联合打击发票违法犯罪工作共查处违法企业336户，缴获发票11.5万份，入库查补收入2.7亿元。公安机关抓捕犯罪嫌疑人36人，打掉团伙7个，追究刑事责任16人。

【涉税违法案件检举】　2013年共受理税收违法检举案件461件。其中，税务总局交办25件，省局直接受理93件，市、县级受理343件。查补涉案金额1.05亿元。移送公安机关案件10件。

税收违法检举案件的动态变化特点：一是企业所得税在检举案件的查补收入中所占比重增大；二是外资企业在检举案件中所占比重有所增加；三是检举虚开、买卖或不开、不规范开具发票案件继续呈上升趋势。

【案件协查工作】　协查信息管理系统委托协查信息完整率98.75%，受托协查信息完整率99.85%，受托协查按期回复率100%，委托协查选票准确率40.11%。

【稽查制度建设】　拓展领域，进一步完善审计型检查底稿体系。受税务总局稽查局委托，在已有适用于工商业检查通用底稿的基础上，与上海市国税局稽查局合作，深入研究银行业务及其信息管理系统的特殊性，初步完成了《银行业审计型检查工作底稿》编写任务。

【稽查队伍建设】　围绕稽查干部业务能级认定管理和业务培训积分管理，组织调研和讨论，为探索建立相应激励机制积累经验、创造条件，以激发广大稽查干部活力，创新队伍管理。

【稽查人才库建设】　认真总结辽宁省选聘省市两级首席稽查专家经验做法，结合税务总局有关人才库建设指示精神和相关要求，组织调研和讨论，为探索建立稽查人才库积累经验、创造条件，以充分发挥稽查人才的引领、示范作用。

【稽查业务培训】　2013年，开展了稽查办案设备使用、银行业审计型检查底稿使用、ETA软件使用、稽查业务骨干培训等培训班，全面提升了稽查干部的综合业务素质，为构建现代税务稽查打下了坚实基础。

【稽查信息化建设】　统筹推进全省数字稽查进程，以数字化带动现代化。一是成立了省市两级IT检查支持中心。2013年8月14日，省局稽查局“IT检查支持中心”挂牌成立，其后，锦州市局稽查局也成立了“IT检查支持中心”。省市两级IT检查支持中心将为全省国税稽查部门提供远程技术支持和现场技术指导。二是确定锦州市局为全省国税系统数字稽查示范单位。三是启动了“辽宁国税数字稽查操作平台”。四是大规模开展数字检查。2013年全省共对500余户企业开展了数字检查，查补收入逾1.5亿元。

【稽查调研】 2013年，围绕推行数字稽查、稽查人才库建设、稽查业务能级管理以及建立健全集中选案、分类检查、分级审理、强化执行等制度办法，开展全省范围各级稽查机构广泛调研，为2014年建立或修改完善相关制度办法提供了依据。

【稽查工作会议】 2013年3月14日，全省国税稽查工作会议在沈阳召开。这次会议是全面贯彻全国税务稽查工作会议和全省国税工作会议精神，确保完成年度稽查工作任务的一次重要会议。省局稽查局领导班子及中层干部、各市局主管领导及市局稽查局主要负责同志参加了会议。省局党组成员、总经济师何力主持会议并作了题为《稽查的逻辑》的讲话。

会议的内容是：总结2012年稽查工作，部署2013年稽查工作任务；表彰2012年度全省国税系统稽查系列同业务竞赛优胜单位；解读2013年度绩效考评办法；分析2012年稽查工作绩效；交流工作经验；解读数字化稽查。

总经济师何力在讲话中指出，稽查的逻辑是：准确履职，能力过硬，彰显威慑，促进遵从。要求广大稽查干部要围绕稽查法定职责、划定职责和衍生职责，不断拓展稽查的广度、深度、力度；要让稽查能力跟上时代发展的脚步，具备驾驭重点税源企业检查能力、借助警方力量强化对大要案的查处能力、开展数字稽查能力、领军能力和构建现代税务稽查能力；要在“准确履职”和“能力过硬”的前提下，通过有效发挥“规范”和“打击”职能作用，向涉税违法者和潜在违法者主动“亮剑”，促进指导遵从、威慑遵从、强制遵从等各类纳税人的纳税遵从度。

【工作建议】 建议税务总局加强对稽查干部信息化知识和能力的培训力度，不断提高广大稽查干部应对信息化对稽查提出挑战的能力。

（丁占伟）

辽宁省地方税务局稽查管理处

【概述】 2013年，辽宁省各级地税机关稽查部门认真贯彻落实全省地方税务工作会议和全国税务稽查工作会议精神，紧紧围绕税收中心工作，创新稽查方式、方法，不断提高稽查执法效能，深入开展税收专项检查，扎实推进稽查现代化建设，充分发挥稽查的打击震慑作用，各方面工作取得了显著效果。

【稽查查补收入情况】 辽宁地税（不含大连，下同）共组织企业自查和税务机关检查22893户，实现查补收入（含滞纳金、罚款，下同）181066万元，入库163120万元，其中，税务机关检查3012户，查补收入105046万元，入库94623万元；组织企业自查19881户，自查应补税款76020万元，入库68497万元。

【重大案件查处】 辽宁继续强化对涉税大要案查处的指挥、督导与管理工作，各市局通过提高执法效率，集中稽查资源，查办了一系列涉税案件，全省查办涉税额千万元以上案件9件，百万元以上案件224件。其中省局稽查局组织开展了对哈大铁路客运专线有限公司以及负责施工的中国中铁、中国建筑等下属的29家施工核算单位及项目部的税收专项检查，查补收入共计3.07亿元，创下了辽宁省单户查补税款数额最高记录；沈阳市局对各区县土地储备中心开展检查，查补入库税款3.58亿元。

【税收专项检查】 2013年税收专项检查工作具有以下四个特点。一是继续实行税收自查与税收检查相结合的方式，进一步提高稽查服务水平。通过《辽宁日报》等新闻媒体在重要版面发布企业税收自查公告，并在省局网站上同时公告，明确了自查工作步骤、措施，各市通过报纸、电视台、电台等新闻媒体开展宣传，同时在地税征收窗口以大屏幕发布通告，并对建安、交通运输以及房地产、医疗等重点行业的财务人员进行约谈辅导。通过系统上下联动、税企互动，自查工作取得了显著成果。二是统一执法依据，加强稽查审理。为提高工作质量，对税务总局、省局部署的跨地区集团企业检查，省局加强督导，听取检查情况汇报，发现问题统一研究处理；对相同类型的重点企业检查，如房地产、建筑等行业企业，省局不定期召开检查工作调度汇报会，实施重点跟踪管理，统一处理标准；对相同涉税项目问题的检查，如资本交易项目、年金等涉税问题等，由省局统一执法标准。三是服务大局，对“营改增”相关行业开展重点检查。结合“营改增”划转工作，专门安排“营改增”企业自查和检查，组织自查和检查企业6500户，查补收入近1.2亿元。检查的634户企业发现有问题463件，占同行业有问题案件的73.02%。四是有力查处了涉税违法大案要案。全省查结超千万元案件10件，超百万元案件68件，偷税案件118件。

【区域性税收专项整治】 辽宁地税在总结2012年工作经验的基础上，分别选取营口市西市区、抚顺市顺城区开展区域税收整治。对西市区的整治采取省局抽调省稽查人才库的人员检查，省局直接负责的方法；对顺城区的整治采取抚顺市局检查，省局督办的方法。省局依据金税三期征管系统，负责选案工作，侧重了现代服务业、医疗单位，以及房地产和建筑企业。分别在每个区局管户中抽取了15户企业，实施重点检查，共查补税费收入1.28亿元，其中西市区查补税费收入1514万元，顺城区查补税费1.12亿元。各市结合本地实际开展了重点行业的专项检查，都取得了较好效果，规范了税收秩序。

【重点税源企业检查】 一是按照税务总局的统一部署，辽宁地税对中国中信集团公司、中国化工集团公司、华晨汽车集团控股有限公司等12家重点税源企业100家在辽成员企业或分支机构税收自查工作进行了部署和督导，自查查补地方税款731.02万元。根据自查情况选取其中63户企业开展了重点税收检查工作，查补税费收入4050万元。

二是根据税务总局的部署和要求，辽宁地税成立证券、基金公司检查工作领导小组，组织开展全省证券、基金公司检查工作，共计查补收入2256万元。其中省局从稽查人才库抽选6名业务骨干，成立2个检查小组，分别对总部在辽宁省的中天证券有限责任公司、诚浩证券有限责任公司及其分支机构和成员单位开展专项检查，查补税费收入1765万元。

三是对省内重点税源企业进行检查。省局利用金税三期数据，测算行业平均税负、查询预警信息，部署对390户重点企业进行自查，自查收入4500万元，入库4030万元。根据自查情况，分别由省、市稽查局对其中174户企业开展了重点检查，查补收入3.2亿元。省局从全省纳税百强中选取了沈阳煤业（集团）所属44户企业，由省局稽查局对其开展税收专项检查，自查查补税款1499万元，已全部入库。根据自查情况选取的25户企业的重点检查，查补收入2.14亿元。

【重大案件查处】 一是严格落实《辽宁省地税局重大税收违法案件督办管理实施办法》，对税务总局转来的沈阳中港地产有限公司偷税案件进行督办，查补收入140万元。向税务总局上报了5件重大税收违法案件，共查补收入8910万元。二是对公安部、税务总局部署的专案，在公安等部门密切配合下，采取封闭办案的方法，在较短时间内取得了突破，受到公安部、税务总局领导的充分肯定。

【打击发票违法犯罪活动】 发挥打击发票违法犯罪活动工作协调领导小组办公室的沟通协调、督办指导作用，组织召开了工作协调会议，制定了《2013年全省打击发票违法犯罪活动工作方案》，量化了检查指标并及时考核监督。一是与辽宁公安、辽宁国税共同召开了视频会议，联合下发《辽宁省打击发票违法犯罪专项整治行动实施方案》；二是通过集中约谈和重点检查等方式，继续开展医疗行业专项整治工作，共查补税费收入5003.87万元，其中税款524.42万元，费款4479.45万元；三是加强与各成员单位的沟通协调，对案件线索移送、情况信息通报、重大案件联合查处等重要事项与各成员单位进行研究解决，共同推进打击行动扎实开展。全省共查处发票违法企业1516户，查处非法发票2155686份，查补税款、滞纳金、罚款合计11895万元。

【涉税违法案件检举工作】 辽宁地税各级举报中心坚持“涉税检举无小事”的原则，加强管理，提高案件受理、转办、查处、督办的工作质量和效率；强化服务意识，减少重复举报和上访案件的发生。截至目前，全省共受理举报案件177件，查处142件，查补收入150.33万元，并已全部入库。

【案件协查工作】 为使系统顺利上线，4月22—27日，辽宁地税对全省150名相关人员进行了培训，下发了《辽宁省地方税务局关于协查信息管理系统上线有关事项的通知》。税务总局稽查局和电税中心在设备安装、软件调试、系统搭建、培训师资等方面给予了大力支持，协查信息系统于6月1日顺利上线运行。共通过协查信息系统发出协查函14份。

【稽查制度建设】 下发《辽宁省地方税务局税务稽查案卷制作规范》及其规范样本，对全省地税系统稽查案卷制作、管理提出了详细的要求。进一步提升稽查工作的系统化、专业化管理水平，促进稽查执法工作质量全面提高，受到了省局领导的充分肯定和各基层稽查机构的欢迎。

【稽查业务培训】 辽宁地税于2013年11月，举办了一期全省稽查业务骨干培训班。聘请的老师包括税务总局法律顾问、全国律师协会税务分会主任委员王家本律师、税务总局征管科技司、《征管法》修订案执笔人王涛、省高法行政庭庭长徐福庆等。培训内容包括：行政执法中的证据取得与应用，约谈心理与约谈技巧，《税收征管法》修订背景、变化点及对稽查工作的影响，稽查执法风险防范，股权转让与重组业务的涉税检查技巧等。培训内容无论是理论的前瞻性，还是工作的实践性都很强，真正把税务稽查理论与实际工作相联系。学员们一致认为，通过培训接收到了最前沿的税收业务信息和相关内容，有效更新了知识结构，提升了理论高度，取得了良好的效果。

【稽查宣传】 为提高稽查队伍素质和稽查工作质量，宣传和交流稽查工作的先进经验和工作方法，研究涉税违法犯罪规律，在《辽宁地税》杂志开辟了稽查专栏，刊发各地稽查的好经验，为领导决策和促进稽查工作起到了很好的作用。

【稽查案件复查】 下发《辽宁省地方税务局关于全系统2011—2012年税务稽查案件复查工作情况的通报》，对全省市级以上稽查局2009年、2010年和2011年部分稽查查结案件的案件复查工作进行了客观评价，列举了案件复查时发现的主要问题，并对其成因进行了认真分析，提出了改进措施。

【稽查工作会议】 2013年3月1日，召开了2013年全省地方税务稽查工作视频会议，省、市、县三级地税局的主管局长、稽查管理部门、稽查局全体同志参加了会议，省局党组成员、副局长赵振芳代表省局党组作了工作报告，沈阳、铁岭、盘锦等三个市局进行了经验交流。会议通过视频形式使全省稽查干部更深入直观地了解和把握税务总局、省局的工作思路，取得了很好的效果。

（安 宁）

吉林省国家税务局稽查局

【概述】 2013年，吉林省各级国税稽查部门认真贯彻落实全国税务稽查工作会议和全省国税工作会议精神，紧紧围绕税收中心工作，以整顿和规范税收秩序为目标，以查处税收违法案件、开展税收专项检查、打击发票违法犯罪为重点，充分发挥税务稽查职能作用，圆满完成全年各项稽查工作任务。

【稽查体制机制改革】 积极开展市（州）级“一级稽查”体制改革试点工作。结合税源结构和稽查队伍实际情况，2013年吉林省着力做强市（州）级稽查局，逐步开展选案权和审理权上收试点，试点运行效果较好。认真实施分类分级稽查，合理确定省、市、县三级稽查机构检查范围和检查对象，使稽查人力、物力、财力等稽查资源与重点税源的分布相匹配。省级稽查局逐步承担起对省级重点税源企业和重大税收违法案件实施查处的职责。

【稽查查补收入及分析】 2013年全年查补收入9.5亿元，直接检查企业2534户，有问题2421户，选案准确率96%，直接检查查补税款、滞纳金、罚款8.4亿元，2012年直接检查查补税款、滞纳金、罚款4.1亿元，2013年检查数是上年的两倍还多。组织企业自查合计查补税款、滞纳金、罚款1.1亿元。

【案件查办情况】 吉林省国税稽查局认真组织开展打击虚开增值税专用发票和“营改增”中虚开货运发票工作，重点查处了“4·08”虚开增值税专用发票案件。“4·08”案件涉及虚开企业121户，是迄今为止吉林省发现的最大的虚开案件。

【案件特点分析】 2013年，吉林省打击虚开增值税发票违法行为力度空前，“4·08”案件辐射全国，分析这类虚开案件特点有十个：一是短时间内便完成公司注册开业和税务登记，当月即办好一般纳税人认定手续；二是实际经营者均为打着招商引资旗号的外省籍人员，冒用他人身份和相关信息注册公司，实际经营者不在注册地居住；三是营业伊始销售额便呈爆发式增长，有70户在第一个月的销售额就达到亿元以上；四是存续时间很短。平均存续时间在4个月左右，最短的只有2个月，最长的不超过7个月；五是经营地址具有临时性、虚假性特点，只用很少租金临时租用民房或宾馆房间即开业；六是购销货物采取两头在外“空中飞”的方式经营，既不在企业注册地营销，也不经过注册地运输；七是经营品种非常单一，均为煤炭、铁精粉或其他矿产品；八是发票使用不合常规，集中小段时间按最高限额顶格开具几百份发票；九是进项税发票主要集中于成品油专用发票和运费发票，特别是成品油发票占进项抵扣的90%；十是利用银行承兑汇票虚构资金流，然后进行资金回流。

【重大案件查处】　吉林省汇通药业有限公司涉税案（简称“8·20”案件）和吉林省药品经营有限公司涉税案（简称“9·17”案件）都是涉税超亿元的案件，并且是国家税务总局、公安部、审计署交吉林省查处的央批案件。吉林省国税局、吉林省地税局、吉林省公安厅高度重视，联合成立领导小组，统一指挥，合力查处。“8·20”案件查补收入1.2亿元，“9·17”案件查补收入2.2亿元。经过吉林省局和长春市稽查局的共同努力，上述央批案件均已办结并上报公安部和国家税务总局，得到了公安部和国家税务总局的充分肯定。吉林省局还对审计署长春特派办转交的吉林省金港医药有限公司涉税案进行全程督办，查补收入7300万元。吉林省局加大大案要案督办力度，各地集中力量查处大案要案，全年共查处百万元以上案件114件。

【税收专项检查】　2013年，吉林省国税稽查局明确了成品油批发、零售企业、出口退（免）税企业、证券、基金公司、房地产、建筑安装业为指令性检查企业。各地认真筛选检查对象，详细制定检查方案，加强部门沟通协作，全年吉林省直接检查和组织企业自查1742户，合计查补入库收入6.8亿元。

【区域性税收专项整治】　2013年，吉林省国税稽查局将利用成品油增值税专用发票虚抵进项税的煤炭铁粉企业和利用农产品收购发票虚抵进项税的加工企业集中区域作为区域专项整治重点的对象，全年共计检查169户，查补收入合计7612万元；组织企业自查1户，自查补税105万元。

【重点税源企业检查】　2013年，吉林省局稽查局开始直接查办案件，集中优势兵力分别对中国石油天然气股份有限公司吉林分公司、吉林烟草工业有限责任公司、吉林信托投资有限责任公司、东北证券股份有限公司、吉林油田和湖南中烟股份有限公司四平卷烟厂6户省级重点税源企业实施了纳税检查，进入案件审理阶段。各地稽查部门根据税务总局下达的重点税源企业名单，认真开展了对相关重点税源企业的检查。大家积极收集相关信息，认真组织企业自查自纠，推广审计型检查，注重检查环节的痕迹管理，做到了税种查全、环节查到、项目查清、问题查透。通过重点税源企业检查，共组织稽查收入3543万元，已入库3535万元。

【房地产及建筑安装业企业检查】　2013年，全省共计检查该行业企业154户，查结81户，有问题79户，查补收入合计9092万元；组织企业自查10户，有问题8户，自查补税522万元。

【出口退（免）税企业及货代公司检查】　2013年，全省共计检查该行业企业26户，查结21户，有问题14户，查补收入合计281万元；组织企业自查2户，有问题0户。

【打击发票违法犯罪活动】　2013年，共对1804户受票企业进行了检查，处理处罚违法企业854户，涉及非法发票15330份，票面金额25937万元，涉及税额3467万元，查补税款3178万元，加收滞纳金和罚款合计2645万元。捣毁制售假发票窝点3个，移送案件4件，抓捕犯罪嫌疑人20人，曝光违法犯罪案件36件。

【涉税违法案件检举】　2013年，吉林省各级稽查部门按照税务总局审计小组和省局的要求加强对检举案件的管理，完善检举台账，熟练应用举报管理软件，严格按照《税收违法案件检举管理办法》的规定处理检举案件，对检举内容翔实、线索清晰的案件及时组织查处。

【案件协查工作】　2013年，吉林省各级国税稽查部门认真开展案件协查工作，全省发出协查函330起，委托协查准确率为45.85%，比上一年增加了42个百分点。受理协查函671起，受托协查按期回复率为100%，均达到或超过了税务总局的相关要求。

【稽查制度建设】　2013年，吉林省国税稽查局制定了《吉林省国家税务局重点税源企业稽查选案管理办法》，明确了省、市、县三级重点税源企业的选案权限及管理，为分级分类稽查奠定坚实的基础。

【稽查系统建设】　一是开展积案清理专项行动。各地稽查部门对2012年年底以前立案目前仍然未办结的案件进行了清理，截至2013年年末，全省已经清理积案166件。二是执法问题有效整改。税务总局审计小组对吉林省稽查执法进行了审计，提出稽查执法中存在7类大问题，30个小问题。针对这些问题，吉林省局专门召开会议研究制定整改方案，并派专人跟进涉案地区的整改工作，共性问题全省统一口径统一解决，个性问题个别解决。全部问题均已整改到位。三是工作考核逐步加强。在税务总局考核的基础上按照“工作要有程序，程序要有控制，控制要有标准”的要求，修改和完善了税务稽查工作考核办法，细化各项指标的考核内容及评分标准，有效地提高了税务稽查执法工作水平和质量。

【稽查队伍建设】 中央政治局出台改进工作作风的八项规定后，吉林省局党组出台了转变工作作风二十项规定，吉林省各级国税稽查部门能够严格贯彻落实中央八项规定和省局的相关要求，特别是关于勤俭节约的要求，并将其作为提升队伍素质和增强执法能力的契机和动力，工作作风有了明显转变。

【稽查人才库建设】 为进一步推进人才库建设，采取三项措施。一是抓好信息系统维护，及时更新人才管理信息，确保库内信息的客观、准确。二是抓好在库人才的培养，有针对性地开展不同专业类别的人才培训工作，建立健全各类专业人才的培养机制。三是加强对在库人才的考核使用管理，制定统一科学的考核标准，实施动态化的进出管理机制。

【稽查业务培训】 2013 年，吉林省各级稽查部门普遍加大培训力度，始终把培训作为稽查工作的一件大事来抓。通过查前培训、以查代训、稽查骨干“传帮带”等多种形式开展业务学习和交流，努力提高稽查一线干部的核心业务技能。全年共举办各类培训班 70 期，召开案例分析会 54 次，累计培训学员 3412 人次。

【稽查信息化建设】 吉林省局稽查局在组织查处中石油等 6 户省级重点税源企业的过程中，首次应用电子查账软件，效果较好。11 月举办了全省电子查账软件培训班，软件使用效果和培训反馈效果很好，电子查账软件的应用使吉林省稽查信息化建设迈出了一大步。

【稽查宣传】 2013 年，吉林省各级国税稽查部门加大稽查宣传力度。一是在报纸、杂志上刊发稿件；二是在广播、电视上做宣传节目；三是积极参加国家税务局组织的税法宣传月活动，采取散发宣传单，深入企业、学校讲解税法、上街设立税法咨询台、设立税法咨询电话等多种宣传方式，大力宣传税收法律知识。全省各级稽查部门共在国家级宣传媒体上发稿 5 篇，省级媒体上发稿 125 篇，市级媒体上发稿 105 篇，通过互联网和新闻媒体上曝光涉税违法案件 11 件。

【稽查调研】 一是本着发现问题、解决问题的原则进行多种形式调研，形成调研文章 15 篇，推动稽查工作的顺利开展。二是开展“预防和打击虚开增值税专用发票违法行为”“稽查现代化建设”“稽查信息化”专题调研。三是开展“建立打击发票违法犯罪长效机制”专题调研；四是为提前谋划 2014 年稽查工作，为领导决策提供参考和依据，开展了稽查人员、装备、培训、改组人才库等方面的调查研究。

【稽查工作会议】 2013 年 3 月 6 日，吉林省国税稽查工作会议在四平市召开。各市（州）稽查局局长和省局稽查局的全体同志参加了会议。会议的主要任务是：深入贯彻落实全国税务稽查工作会议和全省国税工作会议精神，总结 2012 年稽查工作，研究稽查工作中存在的主要问题，安排部署 2013 年全省国税稽查工作。会上，省局党组成员、总审计师于颖哲作了讲话，回顾了 2012 年全省国税稽查工作取得的成绩，指出了工作存在的问题，要求各地要高度重视并采取有效措施认真加以解决。他强调，2013 年全省国税稽查工作的总体思路：认真贯彻落实全国税务稽查工作会议和全省国税工作会议精神，突出案件查处、税收专项检查和专项整治、重点税源企业检查、打击发票违法犯罪活动四项重点工作，强化系统管理，规范执法服务，改进作风建设，不断提高税务稽查工作整体水平，为全面完成税收工作任务作出新贡献。一是加大工作力度，认真做好案件查处工作；二是强化系统管理，抓好稽查基础工作；三是规范执法行为，优化纳税服务；四是狠抓作风建设，提高队伍素质。四平市局党组书记、局长王仙虎介绍了四平市和国税局的相关情况。会议交流了稽查工作经验，长春局介绍了医药卫生行业发票使用情况专项整治工作做法，四平局介绍了“一级稽查”工作经验，延边局介绍接受成品油专用发票企业专项整治工作经验。会议深入讨论了《2013 年全省国税稽查工作要点》《关于开展 2013 年税收专项检查的通知》《2013 年稽查工作考核办法》《税务稽查案件复查实施办法》等文件，与会代表达成广泛共识。会上，省局稽查局针对重点工作进行了工作部署，与各地稽查局长进行充分互动。会议要求各地要切实抓好会议精神的落实工作，统一思想，真抓实干，全面完成各项工作任务。

【工作建议】 一是建议将打击虚开工作进行到底，形成全国联动效应。二是建议健全税收制度，堵塞虚开增值税专用发票漏洞。三是建议进一步完善协查工作机制，落实协查工作责任。四是建议设立独立的稽查经费账户，提升稽查工作质效。五是建议建立科学的稽查抽查制度，更新稽查工作理念。六是建议以《税收征管法》修订为契机，强化稽查执法力度。七是建议加强与银行的沟通协调，突破资金流核查瓶颈。八是建议加大对新兴行业的关注，整顿行业税收环境。

（刘　洋）

吉林省地方税务局稽查局

【概述】　2013 年，吉林省地方税务局稽查工作认真贯彻落实全国税务稽查工作会议、全省地税工作会议精神，按照税务总局稽查局和省局部署，突出重点工作，更新稽查理念，完善体制机制，规范执法行为，创新工作方法，强化措施，狠抓落实，专案检查、专项检查、专项整治、队伍建设和系统管理等工作取得显著成效。2013 年全省各级稽查部门立案 2808 户，实施检查 2807 户，有问题户数 2623 户，结案户数 2793 户。全年实现稽查收入 18.75 亿元，稽查收入同比 2012 年增长 30.59%。一是发挥稽查职能作用，整顿规范了税收秩序，促进了纳税人遵从税法。二是牵头协调组织，打击和整治了发票违法犯罪，净化了经济社会环境。三是实施稽查改革试点，推进了稽查现代化建设，积累了改革经验。四是牢牢把握目标要求，扎实开展了党的群众路线教育实践活动，转变了工作作风。五是实施人才培养战略，建设高素质专业化稽查队伍，提升了执法办案能力。六是强化系统业务管理，实行分类分级稽查机制，提高了整体工作水平。

【稽查机制体制改革】　实行“项目化”管理，实施分类分级稽查，健全督导考核机制，实施绩效考核，强化系统稽查业务管理，促进了工作落实和管理水平提升。探索推进稽查改革，在通化、白城地区进行稽查现代化改革试点，实行“市一级稽查”体制。两个地区的县级稽查局加挂市局稽查局分局牌子，实行条块结合、双重领导、稽查业务以市稽查局为主的管理体制；重构了组织形式、业务流程，优化了稽查资源配置；实行统一调度、统一选案、集约检查、集中审理、分级执行的稽查模式，提升了稽查效能，积累了改革经验。具体做法：一是调整业务管理体制。推行市（州）一级稽查管理方式，县局稽查局人员、编制、经费管理体制保持不变，加挂市局稽查局第×稽查局的牌子；县局稽查局局长为所属局党组成员，行政级别仍为副科级；县局稽查业务以市局稽查局管理为主，实行条块结合、双重领导的管理体制。二是实行分类分级稽查管理。省局稽查局负责省局收入规划核算处监控的省级重点税源企业税收检查和全省重大税收违法案件的组织或查处工作；市局稽查局负责市级重点税源企业检查和本市区域内一般性税收违法案件的查处工作；县局稽查局负责本级税源企业检查和案件查处工作。三是完善市级稽查局职能。市级稽查局代表市局负责组织、指导、协调、考核全市稽查工作；对全市区域内税收违法案件查处进行指挥和协调；受理涉税违法检举，接收上级机关交办、征收管理局和县级稽查局提请及其他单位推送、移交的各类案源；负责领导交办案件、市级重大涉税案件、市级重点税源企业的组织查处或直接查处等工作。四是调整稽查业务流程。在分类分级稽查管理的基础上，上收县域内重点税源企业、重大案件的选案、检查、审理权，按照执法主体和职责范围，实行统一选案、集约检查、主体审理、分别执行的业务流程和工作机制。市级稽查局对本级重点税源企业实行统一选案，对县级稽查局的检查人员进行统一调度，集中实施税收检查、案件查处；稽查执法主体承担审理职责，按税收属地原则，直接或委托税款属地稽查局负责执行工作。

【稽查查补收入及分析】　2013 年，全省地税系统共对纳税人立案 2808 户，实施检查 2807 户，有问题户数 2623 户，结案户数 2793 户。全年实现稽查收入 18.75 亿元（其中：查补税款 12.51 亿元，滞纳金 0.35 亿元，罚款 0.36 亿元，自查补税 5.53 亿元），稽查收入同比 2012 年增长 30.59%。全省稽查综合选案率 94%，结案率 99%，入库率 97%。全年各项指标均超过税务总局稽查局设定的标准，在全国稽查系统保持中等偏上水平。全省稽查贡献率达到2.53%，高于全国平均水平。

【案件特点分析】 全年重点检查了石油石化、药品经销、建安房地产、森工、证券等行业。主要特点：一是建安房地产行业错漏环节较多，税收风险仍然较大；二是查补税款中契税、企业所得税、营业税、土地增值税四个税种占比较大，达到稽查收入的82%。应继续加强建安房地产等行业、契税、企业所得税等税种的税收管理。

【重大案件查处】 2013年，重点查处了石油石化、药品经销、建安房地产、森工、证券等行业发生的一批重大税收违法案件，其中查处千万元以上的案件26件，查补税款6.7亿元。千万元案件占比与往年相比有上升趋势。应进一步加强对重点行业、重点税源企业的税收监管，实行抽查、轮查制度。

【税收专项检查】 按照统筹、精选、查透、求效的工作思路，创新管理方式方法，对税务总局指令性、指导性项目、省局项目、各地自选项目严格实施“项目化管理”，全面组织开展检查工作，查补收入呈现逐年递增的态势，实现了连续4年突破10亿元的目标。全年查补收入达到17.78亿元，比上年同期增加3.33亿元，增长22.79%。检查企业2616户，比上年同期增长6.73%，有问题2229户。查补收入125520.97万元，比上年同期增长10.24%，其中，查补税款117573.52万元，加收滞纳金5623.89万元，罚款2323.56万元；组织企业约谈自查5088户，比上年同期增长59.35%，有问题企业1015户，查补收入52254.82万元，查补收入增长69.17%。

【重点税源企业检查】 对税源精确分类，科学整合人力，有效实施分级分类检查，税源专业化管理水平显著提高。一是根据检查任务独立分类立项，实施分级检查。二是根据企业规模进行分类立项，开展分级分类检查。省局将收入规划核算部门监控的812户企业确定为省级重点税源企业，由省局稽查局实行统一稽查管理，统一部署自查和查前约谈，有计划地开展检查。各地按本级局收入规划核算部门监控的重点税源企业确定本级稽查管辖范围，实行统一稽查管理。对税务总局部署的重点税源企业查补收入2952.84万元；对省内、省外集团所属的分支企业全部安排了自查，自查查补收入1465.23万元。自7月开始，省地税稽查局积极与省国税局沟通，按照主体税种管辖，确定了31户分支企业作为重点检查对象，检查发现有问题企业22户，占检查户的71%，查补收入1487.61万元。

【税务总局部署的指令性检查项目】 结合省地方税务工作实际和业务管辖，与省国家税务稽查局密切协作，从海关、工商等部门采集相关信息，认真分析出口退（免）税企业及货代公司、股权转让交易的企业及个人和证券基金公司等行业特点，共同确定案源，按照企业所得税管辖分别确定检查对象，在配合好省国家税务局对增值税专用发票检查的同时，实施重点检查，共检查49户，查补收入2191.28万元。重点对总部在吉林省的东北证券进行了检查，查补收入383.9万元。

【房地产及建筑安装企业检查】 房地产及建筑安装业一直被列为专项检查项目，但其仍是涉税问题高发行业，2013年省局稽查局继续将该行业列为专项检查项目，以组织自查为先导，开展检查工作。全年累计查补收入101668.60万元，其中重点检查554户，查补收入74298.35万元，组织319户企业进行自查，查补收入27370.25万元。

【打击发票违法犯罪活动】 认真履行省打击发票违法犯罪活动工作协调小组办公室职责，在省委、省政府的直接领导下，建立16成员部门紧密的沟通渠道，以省政府办公厅名义先后向各市、州、县人民政府、省政府各厅委办及直属机构印发了《全省打击发票违法犯罪活动工作方案》和《关于严厉打击发票违法犯罪的意见》等，号召全省广大干部群众增强打击发票违法犯罪的自觉性和主动性，发挥部门职能优势，认真履行职责，合力开展打击发票违法犯罪活动工作，有效地规范了市场经济秩序。全省累计查处发票违法案件1647起，捣毁窝点3个，打掉团伙1个，缴获作案机器18台，抓获犯罪嫌疑人8人，缴获发票37776份，治理违法短信116887条；省地方税务局、国家税务局出动7217名执法人员，检查纳税单位3600户，查处违法企业1638户，查补收入2.83亿元，其中：国税查补1.25亿元，地税查补1.58亿元；查处非纳税单位7户，查处非法发票10份，涉及金额11336.5万元；发票教育宣传曝光案例16件。按照税务总局下达的国、地税分别完成查处700户的任务指标，全省共完成1795户，完成任务的129%。其中：国税查处882户，完成任务的126%，地税查处913户，完成任务131%。9月初，打击发票违法犯罪活动工作协调小组办公室牵头，联合公安、国税、地税成立督导组，对10个市州协调小组开展打击发票违法犯罪活动、重点行业使用发票情况检查工作和“营改增”行业专项整治情况进行全面检查督导。国税、地税、卫生、公安、工商、监察、药监、纠风办等8厅局开展药品、医疗器械生产经营单位和医疗机构发票使用情况专项整治工作，联合印发了《关于做好药品、医疗器械生产经营单位和医疗机构发票使用情况专项整治工作的通知》（吉国税联字〔2012〕11号），省国家税务局、地方税务局联合印发了《关于开展药品、医疗器械生产经营单位和医疗机构发票使用情况专项整治工作的具体工作部署》（吉国税稽查联字〔2012〕1号）。省国家税务局牵头，组织8个厅局3次召开专题会议，印发《会议纪要》通报工作开展情况。与省公安厅、国家税务局立联合专案组，查办5起药品经销企业虚开增值税发票案件，央批2起，审计署转办1起，群众举报2起，目前已查结3起，查补税款、滞纳金、罚款合计5.4亿元，其中：国税查补合计4亿元，地税查补1.4亿元。开展了“营改增”试点行业虚开骗税违法行为专项整治工作，全省累计检查141户“营改增”企业，查处违法企业67户；查处违法发票97份，其中虚开发票5份，非法取得发票92份；涉及金额139.52万元；查补收入合计269.04万元，其中，税款174.25万元，罚款58.58万元，滞纳金36.21万元。通过专项整治行动，巩固了打击整治发票违法犯罪成果，行业的税收秩序得到了有效规范。与省公安厅、国家税务局、地方税务局联合制定了《关于开展打击整治发票违法犯罪专项行动实施方案》，建立了“职责明确、优势互补、衔接紧密、共同查处”税警协作机制，破解不法分子利用税制改革实施发票犯罪的特点，创新技战方法和侦破手段，结合公安和税务优势技术，确定不同的工作重点，对发票违法犯罪实行全程化和规模化打击。

【涉税违法案件检举】　2013年，省地税稽查系统严格贯彻执行税务总局《税收违法行为检举管理办法》《检举纳税人税收违法行为奖励暂行办法》及相关法律规定，高度重视涉税违法检举案件管理工作，以依法督办、交办、转办、查办各类涉税检举案件为中心，特别重视“缠访”检举人的疏导工作，强化服务意识，提高检举工作效率。全年共受理各类涉税检举案件141件，立案查处132件，移送公安机关3件。为国家挽回经济损失8630.95万元，其中：查补税款7657.20万元，征收滞纳金336.71万元，处罚款637.04万元。支付检举奖励0.55万元。

【案件协查工作】　受理税务总局及浙江、江苏、广东、福建等协查案件11起，协查发票368张，转办26件，协调接待2省的外调人员。完成税务总局协查管理系统上线培训及各项准备工作，按照税务总局稽查局五处的工作安排，做好全国地税协查信息管理系统的筹备、推广和上线，多次与税务总局信息中心调试，建立了培训模式，组织了协查管理信息系统师资培训，各市州局稽查局协查岗和电子税务处理中心骨干人员参加了培训，培训期间，完成了工号分配和指令分工，现该系统已投入使用。

【稽查制度建设】　为贯彻落实《税务稽查工作规程》，全面推进依法行政，不断加强稽查规范化、制度化、专业化建设，以《税务稽查工作规程》为依据，省局稽查局编写了《稽查业务操作规范指南》，该书规范了稽查岗位职责、操作流程、稽查卷宗范本，落实了立案审批和限时检查制度，减轻了纳税人负担。该书的编发对于保障税收法律、行政法规的贯彻实施，规范税务稽查工作，强化监督制约，促进合法合理行政，公平公正执法，具有重大意义。

【稽查系统建设】　持续加强对下级稽查局稽查业务的管理、指导、考核、监督。统筹部署全省稽查工作，下达检查计划。加强对执法办案的指挥协调，全面提升基层稽查局案件查处质量。在全省地税稽查检查系列开展“稽查员”评议工作。全省稽查系统共368名税务稽查员参与评议，评议结果全部为优秀。为进一步提高稽查干部查处涉税案件的业务能力和执法水平，搭建沟通和交流的平台，推广优秀稽查案件的查处经验，省局稽查局以税务总局稽查局征集典型案例为契机，组织开展2013年全省优秀稽查案例评审工作。共有来自各市州局稽查局的10个稽查典型案例参评，涉及房地产、建筑安装、交通运输、广告业和文化业5个行业。评出一至三等奖，编辑成册发放各地。优秀案例评比活动，不仅为推进规范执法、依法行政和纳税服务打下扎实基础，充分体现出稽查“一查五促”的职能作用，也深化了稽查业务教育培训工作，是“以案施训”“实战实训”的好教材。

【稽查队伍建设】　坚持高标准站位，全面落实高素质人才培养规划，建立主要领导、责任科室、分工负责教育培训组织体系。坚持宽视野创新，建立以考促学、以评促学、以奖促学、以用促学等励学机制，形成全员学习氛围。运用灵活的培训方式，采取大课堂、小课堂学习、在线学习等开展提高干部综合素质；与吉林大学联合办学，重点开展运用现代信息技术培训，提高电子税务稽查能力；与扬州税务学院、吉林财经大学等院校协作，突出税收专题培训和稽查实务模拟演练，提升干部实战能力；聘请省外稽查专家讲座，提升稽查核心业务能力。截至2013年年末，全省稽查系统干部中博士研究生、硕士研究生、取得“三师”资格人才已达到干部总数的16.5%。

【稽查人才库建设】 为加强省级税务稽查人才库管理工作，发挥税务稽查执法整体合力，培养税收业务高端人才，经过市州局推荐、考试选拔的形式选取104人为稽查人才库人员。同时注重发挥入库人才作用，抽取人才库人员参加重点行业的税务专项检查、重大税收违法案件查办工作，以实战锻炼和检验稽查人才队伍。

【稽查业务培训】 紧扣工作需要，开展稽查业务培训工作。一是配合企业所得税检查工作，特邀请扬州税务学院教授专题讲解企业所得税汇算清缴政策。二是突出培训的实战性，开展以案代培工作。将2013年案例评审会获奖的房地产、建筑安装、交通运输、广告业和文化业5个行业的案例编辑成书，作为培训教材，在全系统开展案例巡讲，实现了以案释法、信息互通、经验共享，提高了全省稽查系统整体执法办案水平和质量。

【稽查信息化建设】 为了提高稽查干部的实战能力，不断提升执法办案水平，省稽查局于7—11月间完成了一套房地产行业的模拟账。模拟账套复制某房地产的真实账簿，经过选账、调账、查账、拓账、隐账、改账和复印7个环节整理成形。具有三个特点：一是拥有海量的会计数据，分4个年度，49本账簿，277本传票，5万余张原始凭证，20余万笔会计业务；二是涵盖了房地产企业的所有业务流程，具有立项、规划设计、建设、竣工、销售、移交物业等业务流程；三是包括全税种的涉税环节，涉及契税、营业税、城市维护建设税、教育费附加、地方教育费附加、企业所得税、土地增值税、印花税、个人所得税、土地使用税、房产税等11个税种。

【稽查宣传】 全省各级稽查部门积极开展稽查宣传活动，普及税法知识，宣传稽查成果，曝光典型案件，努力营造良好的舆论氛围，不断扩大稽查工作的社会影响。利用广播、电视、报纸、网络等新闻媒体和散发宣传单、宣传册等形式，大力宣传、报导税收专项检查、案件查处、打击发票违法犯罪工作情况。通过短信、微信、QQ等灵活便捷的方式，向纳税人宣传税收政策，传播税收知识，解答税收难题。省稽查局利用信息简报、机关网站等载体宣传稽查成果，反映工作动态。各地稽查局也采取多种形式积极开展宣传活动，普及税收知识。

【稽查调研】 为全面、高效、优质地完成各项稽查工作任务，省稽查局进一步加强了调查研究工作，通过调查研究，提出符合稽查发展趋势的新思想、新观念、新理论；发现和提出问题，分析问题产生的深层次原因，提出恰当的理论和对策。2013年又针对稽查体制、人力配备、职能定位、协调机制、系统管理及税务检查等方面存在的问题，展开深入的调查研究。全省各级稽查部门制定措施，狠抓落实，扎实开展调查研究工作。一是领导要带头搞调研。省、市（州）稽查局局长每年至少安排10个工作日到基层开展调查研究工作，每年至少亲自撰写一篇调研报告，通过主要领导实地调研和撰写报告，掌握稽查工作第一手资料，为有针对性地加强稽查工作指导提供依据。二是在全省稽查系统建立理论研究骨干队伍。各市（州）稽查局和省稽查局各科分别推荐一名稽查理论研究骨干，建立全省稽查系统理论研究人才库，由省稽查局负责人才库管理。每名理论研究骨干每年至少撰写一篇调研报告上报省稽查局。省稽查局创造条件加强理论研究人才的选拔、培养和提高工作。三是认真抓好调研课题的部署、上报、评价和成果运用等工作。省稽查局年初布置一批指令性或指导性调研课题，各市（州）稽查局和省稽查局各科室结合工作实际，自选调研课题，包括队伍建设、作风建设、廉政建设和政务工作、思想政治工作、系统管理工作等方面。确定专人，确定时限，落实责任，在调查研究的基础上撰写调研报告。调研报告上报归集，由省稽查局组织评审小组统一评审。对调研报告实行署名制度和奖励办法。省稽查局对不同等次的调研报告予以相应的奖励，同时将调研成果汇编文集，刊发在省稽查局网站、省局网站，并筛选出了优秀调研报告提供有关领导审阅，向省税收研究会、《中国税务报》等国家级报纸、刊物推荐。调研成果作为考核稽查干部工作业绩、评先创优的重要参考内容。2013年共有3个课题研究论文分获得全省优秀税收科研成果一、二、三等奖，并均被收录入《吉林省国际税收研究会2013年论文集》中。

【稽查工作会议】 2月26日，吉林省地税稽查工作会议在长春召开。会议传达贯彻了全国税务稽查工作会议和全省地税工作会议精神，总结2012年工作，部署2013年任务。会议由省局稽查局党组书记、局长李茹宝主持，省局副局长傅圣方作工作报告。会议回顾了2012年全省地税稽查取得的成绩，明确了2013年全省稽查工作总体要求，重点抓好四个方面的工作：一是突出重点，把握核心，全面提升稽查效能；二是实践探索，总结经验，创新推进税务稽查现代化；三是依法行政，强化管理，提升稽查系列整体水平；四是提高素质，改进作风，加强党风廉政和干部队伍建设。会议强调，全省地税稽查要加强“一体化”“一个家”建设，自觉维护和营造良好和谐的工作局面。省局稽查局要进一步改进工作作风，强化系统管理职能，加强业务指导，严格系统考核，加强队伍建设，沟通建立干部协管机制；各地对省局稽查局安排部署的工作，要认真执行，落实到位。会议由省局稽查局局长李茹宝主持，各市州局稽查局局长、选案科长、省局稽查局全体人员参加了会议。

【工作建议】　一是建立大企业抽查、轮查机制。税务总局部署重点税源企业检查、定点联系企业检查、高风险企业检查和风险管理等工作，吉林省采取相应措施进行了全面落实。大型集团企业的税收检查、风险管理工作对于保障税收收入、防范规避税收风险、强化税收征管十分重要，建议税务总局建立大企业定期抽查、轮查机制，每年按一定比例（至少2%）对大企业进行检查。二是加强对稽查现代化建设的指导。税务总局围绕稽查现代化建设，进行了“四省一市”试点，各省、市也进行了尝试性探索。吉林省按照税务总局部署，通过调整稽查职能定位、优化稽查资源配置、持续改造稽查要素，做大、做强、做实省市稽查，推行一级稽查体制等方面也进行了改革实践。建议税务总局进一步明确税务稽查现代化建设的指导性意见，以便于指导吉林省及全国税务稽查现代化建设工作。

（张立君）

黑龙江省国家税务局稽查局

【概述】　2013年，黑龙江省国税局稽查局认真落实全国税务稽查工作会议和全省国税工作会议精神，坚持以党的十八大精神为统领，认真开展党的群众路线教育实践活动，以提升执法能力为主线，坚持依法行政，完善稽查体制机制，扎实推进稽查现代化、信息化建设，充分发挥税务稽查的职能作用，努力使全省稽查工作取得新成效。

【稽查体制机制改革】　按照“一级稽查”体制改革总体工作部署，牡丹江、七台河、伊春三个试点单位撤销了市内城区国税局的稽查机构，将原分级行使的稽查执法权统一集中到市级稽查机构，稽查人员由分级管理变为归口管理，检查权由分散行使变为集中行使，定案权由分级确定变为一级确定。目前，三个试点地区“一级稽查”体制框架搭建工作圆满完成，人员全部到位，各项工作有序进行。第二批试点单位稽查模式改革工作正在省局指导下，按照“统筹协调、稳步推进，职责明晰、务实高效，管理科学、监督制约”的总体原则有序推进。

【稽查查补收入及分析】　2013年，黑龙江省国税稽查机构共检查纳税人户数11719户，有问题户数3790户，查补总额12.9亿元，比2012年同期增加6.2亿元，增幅93.29%，实际入库13亿元，比2012年同期增加6.5亿元，增幅101.02%。稽查选案准确率99.2%，稽查案件结案率99.6%，查补收入入库率（含自查）101%，受托协查累计按期回复率为100%，受托协查信息完整率为99.91%，委托协查信息完整率为99.96%，各项工作均已达到或超过税务总局考核指标。为做好税务稽查查补收入情况分析工作，黑龙江省国税局稽查局在充分调研基础上制定了税务稽查查补收入情况分析框架，通过对总体情况、查补收入、案件三大项31个子项的统计汇总和详细分析，及时掌握了全省查补任务完成进度，并通过评析总结稽查工作成果，更好地服务于税收中心工作。

【案件查办情况】　为切实做好2013年稽查工作，黑龙江省国税局稽查局牢牢把握“稳中求进”的总基调，以组织税收收入为中心，整合力量，深挖细查，充分发挥了稽查部门打击涉税违法活动的震慑和警示作用。2013年，全省国税稽查部门直接检查户数1819户，有问题户数1805户，直接检查查补收入2.8亿元，直接检查查补入库2.8亿元。

【重大案件查处】　重大案件一：齐齐哈尔“5·15”虚开增值税专用发票案。其中9户涉案企业共计开具增值税专用发票1548份，金额13.2

亿元，税额2.24亿元，价税合计15.45亿元。抓捕犯罪嫌疑人4人，取保候审1人。重大案件二：佳木斯市两户商贸企业虚开增值税专用发票案。会同公安机关联合办案追捕涉案嫌疑人，按照有关规定将两户企业2013年4月已开具的增值税专用发票转入失控系统，对488份进项发票和456份销项发票全部发起协查函，向受票企业主管税务机关稽查局发送《已确定虚开通知单》。

【税收专项检查】 按照税务总局要求并结合黑龙江省实际，部署全省税收专项检查指令性项目为：成品油生产、批发、零售企业，办理电子、家具、服装类等产品出口退（免）税企业和金融、证券、基金公司三个行业；指导性项目为：房地产、承接出口货物业务的货代公司和报关公司、资本交易、机动车生产和销售企业5个行业。同时赋予各地一定的灵活性，将当地自选行业纳入检查计划。2013年，全省各类专项检查共检查企业1394户，查结1252户，发现有问题企业1032户，查补税款合计1.4亿元，入库8999万元；组织8485户企业开展自查，自查查补合计9.4亿元，入库9.5亿元。

【区域性税收专项整治】 一是选择除齐齐哈尔以外的12个县（区）开展了以农产品加工、矿产品采选、信用社等行业为重点的区域税收专项整治。同时要求齐齐哈尔市所辖7区9县内自2010年1月1日起办理税务登记的商贸企业全部开展专项整治。2013年共检查企业2081户，检查查补935万元，自查查补762万元，入库合计1778万元；二是继续推进医药行业专项整治。成立以省国税、省地税、省纠风办、省卫生厅等7个单位为成员的省专项整治办公室，明确了由纠风办负责协调，各级税务、卫生部门联合实施检查，其他各部门各司其职、协同配合的工作分工的工作机制。全年全省共检查三级以上公立医院81家，营利性医疗机构224户，采集发票41万余份，发现有疑点发票2.6万份，涉及票面金额8.3亿元，涉及企业1063户，查补税款合计2520万元。

【重点税源企业检查】 按照税务总局统一部署和省内重点税源企业检查工作安排，要求对近几年未检查过的重点税源企业按照分级分类的原则，由省局负责督导总部企业自查，各地负责督导分支机构自查。通过召开税企协调会、强调自查重要性、明确工作安排等有效手段，截至12月31日，全省国税稽查部门共检查重点税源企业47户，查补税款合计1031万元，入库984万元；组织重点税源企业自查348户，查补税款合计5.2亿元，入库5.3亿元。

【打击发票违法犯罪活动】 2013年，黑龙江省国税局稽查局在重点做好医疗和药品行业发票检查的同时，对煤炭、商业、成品油、建材等行业开展有针对性的检查。结合黑龙江省实际，将税务总局部署查处700户违法受票企业的任务增加至1000户，2013年全省国税稽查部门共检查企业2179户，查处违法企业1085户，其中违法受票企业1037户，查处非法发票份数7826份，涉及金额10.14亿元，查补金额合计1.25亿元，较好地完成了税务总局部署的查处任务。及时开展“营改增”专项整治，选取了525户货物运输企业及货代企业进行检查，从发票信息着手进行重点核查。积极联合公安部门对非法制售发票活动开展专项打击整治，配合公安机关捣毁制售假发票窝点49个，打掉团伙38个，抓捕犯罪嫌疑人100人，缴获作案工具26台，缴获发票353万余份。

【涉税违法案件检举】 2013年，黑龙江省国税各级稽查部门严格按照《举报案件管理办法》及《检举纳税人税收违法行为奖励暂行办法》的工作要求，严格相关工作流程，加大督办反馈力度，强化举报服务意识，提高检举服务质量。全年全省国税稽查机构共受理举报案件99件，其中省局直接受理37件，收到税务总局交办13件，共查补税款285万元，罚款99万元，滞纳金23万元，合计407万元。

【案件协查工作】 按照税务总局对协查工作的总体要求，黑龙江省国税局稽查局继续强化对委托发起及受托检查质量的跟踪和监控力度，凡是能够通过协查系统发起的协查一律通过协查系统发起，确保协查系统的正常运行和协查函的按期回复。2013年，全省通过协查系统共发起委托协查2152起，委托方户次2534户，发票36045份，金额167亿元，税额28亿元。委托收到发票8754份，有问题发票579份。受托收到协查847起，受托方户次1122户，发票6316份，金额19亿元，税额3亿元。累计回复发票6187份，有问题发票1063份。

【稽查系统建设】 黑龙江省国税局稽查局本着“稳中求进”的总基调，努力在“稳”字上下功夫，在“进”字上求实效。实行任务分解责任制，按照“三落实”即落实任务目标、落实工作时限、落实责任人的原则，制定重点工作任务分解落实表，对各项工作任务进行了部署。同时为推动局内工作制度化、规范化，相继建立了局长办公会、工作例会等制度，全面提升省局稽查工作质效和水平。局长办公会主要研究贯彻落实上级决定、指示，通报近期全省国税稽查工作中的重大事项，部署落实具体措施，按规定每周召开一次。工作例会主要听取各科室工作汇报和下一步工作安排，部署近期重要工作，协调各科室工作，每半月召开一次。

【稽查队伍建设】　一方面按照税务总局稽查局考核指标和省局绩效考核目标管理各项工作要求，按照日常考核和年度考核相结合的办法，继续对各市、地工作的开展情况进行全程监控，定期通报工作进度和质量，确保工作目标的实现。同时将重点工作任务分解到各科室，明确责任分工，确保各项重点工作有序推进。另一方面全面加强廉政风险防控建设。在全省稽查工作中实行廉政监督提示卡制度，其中涉及廉政执法方面问题5条，涉及文明执法方面问题1条，征求纳税人意见和建议1条，通过致纳税人的一封信连同监督卡和省局稽查局信封，由检查人员在执行税务稽查任务时提交给纳税人，由纳税人填好后寄回省局稽查局，旨在树立国税稽查人员良好的形象，共同构建和谐的征纳关系。

【稽查业务培训】　2013年3月27日，在黑龙江省税务干部学校举办了全省协查信息管理系统师资及技术运维培训班，通过系统培训增强了协查人员和技术维护人员的熟练程度，全省协查管理水平得到进一步提高；11月18日，举办全省国税系统稽查局长培训班。培训分别从稽查工作实务、综合管理能力、执法风险防控、党风廉政建设等方面进行了授课，进一步提高了各地稽查局长综合分析和解决疑难问题的能力，也为部分新任稽查局长更快适应工作岗位增加了推进力。

【稽查信息化建设】　2013年10月，召开了全省信息化稽查现场交流会，总结了近年来全省信息化稽查工作，观摩了部分单位的案例演示，明确了下一步的努力方向，部署了下一阶段的主要任务。哈尔滨、牡丹江、鸡西、黑河等地积极学习借鉴先进地区电子查账方面的经验做法，在检查中应用查账软件和数字化检查工具等现代化手段，不断提高稽查人员对信息化管理企业检查和发现问题的能力。大庆、绥化等地制定了推行电子查账工作实施方案，在开展电子查账业务培训的基础上，及时总结查账软件应用技巧，提高稽查检查工作质效。

【稽查宣传】　2013年，黑龙江省电台、电视台对黑龙江省开展打击发票违法犯罪活动情况进行了专题报道，《黑龙江日报》在主要版面刊登了打击发票违法犯罪活动相关信息，中国新闻网、中国日报网、中国网等分别报道了《哈尔滨市税警联动破获特大制售假发票案》和《团伙倒卖增值税发票获利千万“法人”不知开“公司”》两个典型案例，有效震慑了不法分子的嚣张气焰。此外还开展不同形式的发票教育活动20余次，曝光典型案例62件；报送省局网站信息14篇，上报税务总局《稽查工作要情》4篇，及时、全面地反映了全省稽查工作情况。

【稽查工作会议】　2013年2月28日，黑龙江省国家税务局在哈尔滨召开2013年全省国税稽查工作会议。参加会议的有：各市、地国税局及试点县（市）国税局分管稽查工作的局领导、稽查局局长，省局稽查局相关人员。省局党组成员、总审计师许峰代表省局作重要讲话，全面总结了2012年全省国税稽查工作，并结合当前工作实际，明确部署了2013年全省税务稽查工作任务。为使全省国税稽查工作顺利推进，黑龙江省国税局稽查局于5月24日再次召开全省稽查重点工作推进会议，听取各地稽查局前5个月组织收入和重点工作情况汇报，深入分析当前组织税收收入形势，并对省内石油石化（不含原油生产）、金融行业开展联合检查工作进行了部署并提出具体要求。

（高　楠）

黑龙江省地方税务局稽查局

【概述】　2013年，黑龙江省地税稽查部门在国家税务总局和省局党组的正确领导下，认真贯彻落实国家税务总局和省局的工作部署，以组织收入为中心，以整顿和规范税收秩序为目标，以税收专项检查和查处大要案为重点，以推进信息稽查为手段，进一步加大稽查力度，不断规范执法行为，加大重点税源检查力度，严厉打击涉税违法行为和发票违法犯罪，坚持以查促查、以查促管、以查促收、以查促改，较好地发挥了稽查部门的职能作用。

【稽查查补收入及分析】 2013年，黑龙江省地税稽查部门共检查企业2939户，有问题企业2834户，选案准确率为96.43%，查补收入19亿元，入库收入18.8亿元，入库率达到98%，其中，入库稽查税款15.3亿元，占2012年地方税收收入的2%；入库滞纳金和罚款3.5亿元，占入库税款的22.9%，稽查查补入库收入创历史最好水平。

【税收专项检查】 按照国家税务总局和省局的统一部署，对房地产业、建筑安装业、采掘业、银行业、保险业、证券、基金公司、餐饮业、物流业、大型连锁商业企业进行了专项检查，根据各行业生产经营特点，将营业税、企业所得税、土地增值税、城镇土地使用税、城市维护建设税和“利息、股息、红利所得”项目个人所得税等列为重点检查税种，认真开展各类税收专项检查。全省共组织企业自查和税务机关检查3552户，应补税收11.5亿元，已入库收入10.6亿元，其中税务机关检查1802户，查补收入7.9亿元，入库收入7.5亿元；组织企业自查1750户，自查应补税收3.6亿元，入库税收3.1亿元。

【区域性税收专项整治】 按照省局统一安排，将税收征管基础薄弱、税收秩序相对混乱、发生重大涉税案件较多的地区，作为区域税收专项整治的重点。针对双鸭山市辖区内有国营农场12个，年税收规模已达2亿元之多，占当地全年税收收入10%左右的情况，通过“实行三个集中、突出稽查重点、建立责任机制、强化税款入库”的“组合式稽查”工作模式，根据农场生产经营特点，采取自查与重点检查相结合的工作方式，抽调28名业务骨干对12个国营农场进行了全面检查，查补税款1.1亿元，促进了地区税收秩序规范，推动了地方税收增长。

【重点税源企业检查】 按照税务总局的部署，对中国黄金集团公司等9个集团所属37户成员开展了检查，企业自查应补收入712万元，其中税款672万元，滞纳金40万元，已全部组织入库。同时，根据企业经营状况、自查效果及税负水平等因素，对13户企业进行了重点检查，查补收入1360万元。各市（地）局按照计划，对重点税源企业开展轮查，共检查629户，应补收入3.4亿元，入库收入3.1亿元。鸡西市局针对棚户区改造项目日常管理弱、稽查不到位的情况，对棚户区改造企业进行专项检查，查补入库税款9476万元；绥化市局对17户粮食储备企业开展检查，查补税款1043万元，堵塞了征管漏洞。

【打击发票违法犯罪活动】 按照税务总局要求，全省稽查部门坚持把发票检查与税收专项检查相结合，统筹兼顾，同步进行。注重加强部门协作，与公安机关联合下发了《打击整治发票违法犯罪专项行动方案》，并建立了联席会议制度，增强了整治合力；对相关部门在查处涉及发票案件过程中请求鉴定发票真伪的，依法提供支持和帮助；对涉及国税部门管理的发票问题，及时将情况传递给国税部门处理。全省各级稽查部门共检查企业2757户，累计出动执法人员1063人次，查处违法受票企业1203户，完成税务总局任务目标的172%，查处非法发票份数4387份，查补税款335万元，罚款227万元，加收滞纳金25万元。移送公安机关案件2起。省局组织哈尔滨市局与公安经侦部门联合开展“扫街”行动，收缴假发票信息卡片3000余份；大庆市局通过媒体曝光一起虚开发票案件，对发票违法犯罪分子起到了警示作用。

【税务违法案件检举】 进一步加大举报案件查处力度，努力排除案件查处过程中的各种干扰，提高转办、督办举报案件的办案质量和效率，特别重视举报“缠诉”案件的处理，避免和减少重复举报和上访案件的发生，不断提高举报工作水平，对举报案件接访认真，查处及时、有力，答复明确，有效打击了涉税违法行为。全年共受理举报案件531件，查处520件，查补税款1794万元，加收滞纳金255万元，罚款489万元，滞补罚合计入库1296万元。

【案件协查工作】 全省进一步加强协查案件管理，对自办协查案件由主管局长督办，对转办协查案件，由省局督办，限时反馈结果。牢固树立协查地就是案发地的思想，对收到的协查函都根据协查请求，依照法定权限和程序调查取证，认真复函，及时进行处理，加大对协查案件线索的追查，对协查中发现的新案源及时查处。全年共收到北京、天津、河北等地的协查函558件，协查企业605户，协查发票1904份，全部按照规定程序进行了处理。积极应用协查信息管理系统开展涉税案件协查，受到了税务总局的表扬。

【稽查制度建设】 为加大稽查力度，严厉打击涉税违法行为，堵塞征管漏洞，黑龙江省年初制定了稽查工作目标，即：稽查查补税款占2012年地税实际税收收入比重达到2%；入库滞纳金、罚款占查补入库税款比重达到25%；典型案件上报数量与地方税收收入挂钩。要求各地以“三项指标”为牵引，达到“四个比率”：稽查选案准确率达到90%以上；案件结案率达到90%以上；稽查查补收入入库率达到90%以上；协查信息完整率达到90%以上；查处违法受票企业700户以上。进一步增强了工作主动性，提高了检查效率，强化了稽查职能作用。

【稽查系统建设】　全省稽查系统建设从完善机制，提高工作水平上下功夫。一是严格工作考评机制。省局制订了考核方案，细化考核指标，对稽查“三项指标”完成情况、税收专项检查“七项预期目标”完成情况和选案准确率、案件结案率、稽查查补入库率、督办案件协查按期回复率、协查信息完整率等指标进行全面考核，按月通报稽查指标完成情况。二是建立部门协作机制。建立健全与征管、法规、税政和信息中心等部门的良性互动机制；加强与国税部门合作，及时进行信息交换，提高案件查处协作水平；巩固完善与公安部门的协作办案机制和情报交换制度，发挥打击税收违法犯罪的合力作用。三是完善稽查经费保障机制。严格稽查办案专项经费管理，认真贯彻《税务稽查办案专项经费管理暂行办法》，按照专款专用、厉行节约的原则，管理和使用稽查办案专项经费。加大了对一线稽查办案和基层稽查办案的经费投入，提高了稽查办案专项经费使用效益。

【稽查信息化建设】　为进一步提高稽查工作的信息化程度质量，黑龙江省在成功研发房地产开发、煤炭采掘、银行、保险和建筑安装业5个信息稽查软件的基础上，结合地税工作实际，继续进行了装备制造、电力、通讯业信息稽查软件的研发工作，并通过调研式稽查，验证了软件功能。目前，8个行业信息稽查软件已全部上线运行，涵盖了地税管理的主要行业，切实解决了稽查办案难，检查不深入问题，大大提高了稽查的针对性和时效性。

【稽查队伍建设】　大力加强稽查队伍建设。一是加强稽查局领导班子建设。要求稽查局主要领导加强政治业务修养，提高抓班子、带队伍的本领和依法稽查能力。二是切实抓好稽查队伍的充实提高。各市（地）局按照省局要求，通过选拔、考试等方式，提高稽查人员占一线工作人员的比例，把系统内优秀人才充实到稽查队伍中。三是加强廉政建设。要求各级稽查干部严格遵守廉政纪律和中央关于改进作风的八项规定，加强对稽查案件的流程监控和痕迹管理，防止出现违法、违纪问题。

【稽查业务培训】　为进一步提高稽查人员依法行政能力和风险防范意识，于10月举办了全省地税系统防范税收执法风险培训班。此次培训邀请了国家税务总局常年法律顾问王家本律师，结合具体案例，讲解了税务稽查证据、征管法相关内容、税务稽查规程适用、税务稽查与刑事司法衔接以及如何防范稽查工作风险等内容，进一步提高了稽查干部的执法水平，为稽查重点工作的顺利完成提供了保障。

【稽查宣传】　在稽查工作过程中，广泛宣传税收法规、政策，向纳税人认真讲解税收知识，并通过设立举报箱、公布举报电话的方式，发动群众积极举报涉税违法行为，震慑涉税违法犯罪分子。在打击发票违法犯罪活动中，通过电视、广播、办税服务厅电子屏幕等多种途径广泛宣传与发票相关的政策法规，打击发票违法犯罪工作的意义、内容，教育纳税人和社会公众依法取得和正确使用发票，鼓励并要求受票企业或消费者积极索要发票，扩大了社会影响，形成了良好的舆论氛围。

【稽查调研】　按照省局工作安排，依据2012年末对各地稽查基础性工作考核情况，通过分析稽查收入报表、案件复查等情况，制定了深入基层重点推进稽查工作落实实施方案，明确了深入基层工作目标、工作内容和工作方式。组成三个调研小组，分别对齐齐哈尔、佳木斯等8个市（地）进行了稽查工作调研，深入了解了稽查工作开展情况，全面掌握基层稽查工作动态，查找出了当前基层稽查工作存在的主要问题，特别是制约基层稽查职能发挥的瓶颈问题，并及时召开会议进行解决，提高了稽查工作质效。

【税务稽查工作会议】　2013年3月，全省地方税务稽查工作会议召开，对2012年全省地税稽查工作进行了总结，通报了各市（地）稽查重点工作完成情况，安排部署了2013年稽查工作任务；5月召开了稽查工作推进会，对稽查调研中发现的问题逐一进行了解决，进一步促进了稽查职能的充分发挥。

（康　勇）

上海市国家（地方）税务局稽查处

【概述】 2013年，上海市各级税务稽查部门深入贯彻上海市税务工作会议和全国税务稽查工作会议精神，围绕税收中心工作，服务经济社会发展大局，以严厉打击涉税违法犯罪活动、整顿规范税收秩序、促进税法遵从为目标，以深入推进稽查现代化建设为抓手，着力做好重大税收违法案件查处、税收专项检查和区域税收专项整治、打击发票违法犯罪活动、重点税源企业检查、稽查信息化建设等五项重点工作，坚持依法行政，加强队伍建设，不断提高税务稽查工作整体水平。全年共检查纳税人6700多户，组织企业自查1.70万户，查补税收收入总额达到84.70亿元。

【稽查查补收入及分析】 上海市税务稽查部门共完成查补税收收入84.70亿元，当年入库82.47亿元，入库率97.37%。其中，税务机关立案检查各类纳税人6774户，查有各类税收违法行为的6588户，占检查户数的97.25%，检查查补收入22.97亿元（其中，税款19.91亿元，滞纳金1.07亿元，没收违法所得23万元，罚款2.00亿元），当年入库20.74亿元；组织16957户企业开展税收自查，自查收入61.73亿元，当年入库61.73亿元。

【重大案件查处】 将打击虚开增值税专用发票和骗取出口退税等涉税违法犯罪作为工作重点，进一步加大重大税收违法案件的查处力度。充分运用综合征管软件数据、金税系统数据及工商部门股权登记信息等第三方数据，依托稽查案源管理系统，并主动搜集检举、协查中有价值的案源线索，有针对性地选取案源，提高选案的准确性。制定并实施了重大税收案件督办制度和预案管理制度，提高了案件查办质效。充分利用税警协作机制及税务、公安、海关三方联席会议制度，加大信息共享、案件移送、调查取证等方面的工作力度，联合开展打击“营改增”试点行业虚开发票专项整治行动和打击骗取出口退税专项行动，推动重大税收案件的查处工作，增强打击税收违法犯罪活动的震慑力。完善以查促管长效机制，强化“以查促管、管查互动”，不断提高征管质效，市区两级风控部门共向稽查部门移送案件170余户，查补税收2.33亿元；及时向评估部门反馈稽查结果，提出改进风险指标、评估模型的建议。统一组织开展了打击骗取出口退（免）税专项行动，检查出口企业200多户，追回已退税款5100余万元，不予退税400多万元，查补其他收入近2000万元。

【税收专项检查】 组织成品油批发零售企业、办理电子、服装、家具类产品出口退（免）税企业和证券基金公司等行业的税收专项检查。3—4月，运用综合征管软件、出口退税审核系统等，主动联系证券监管、海关等部门，综合分析进行选案；选派稽查骨干人员参加税务总局组织的出口退税、证券基金公司等行业检查培训班。5月，梳理税收政策，剖析行业业务流程，归纳涉税问题，明确检查方法；统一组织全市证券基金、出口退税等行业税收专项检查培训班。6—9月，采取“走出去督导”和“请进来汇报”等多种方式，督促各稽查局落实各项工作方案，深入细致开展检查。8月，在证券基金和报关公司等行业中进行解剖式检查，在电子商务、食品加工等部分社会热点、新型产业和征管盲点行业开展调研式检查。税收专项检查共查补收入22.53亿元。其中，税务机关直接检查纳税人4281户，检查查补13.07亿元；组织纳税人开展税收自查3055户，自查补税9.46亿元。

【区域性税收专项整治】 7月起，在全市范围内开展“营改增”试点行业虚开骗税违法行为专项整治工作。7月22日，召开“营改增”专项整治工作专题会议，总结2012年开展“营改增”试点行业专项打击行动的经验教训，全面分析案情，编写典型案例，梳理犯罪分子作案手法，制作了“营改增”试点行业专项打击行动宣传片。结合2012年已定性虚开案件的受票企业情况，联合财政部门和中石化等大型国企，积极梳理财政扶持清算企业信息、加油卡充值信息，通过构建“营改增”选案指标体系，从增值税税负率低、收入扣除比率高、开票量明显增加等特征入手，开展集中选案。税务稽查部门充分利用警税联合办案机制，与公安经侦部门协同作战，共对849户企业开展检查（其中开票企业90户，涉及发票4600余份，价税合计2.35亿元)，查出有问题企业439户，移送公安机关78户，抓捕犯罪嫌疑人9名，查获虚开发票近2000份，查补收入近4300万元，查处了上海精信国际物流公司、上海双瑞物流有限公司、上海锦航货运代理有限公司等企业虚开发票案件，为“营改增”试点改革保驾护航。

【重点税源企业检查】 认真贯彻“以企业自查为先导、以税务机关抽查和重点检查为保障”的原则，积极探索新时期重点税源企业税收自查、检查方法。2月，市税务局与各稽查局同步开展选案，统一确定80余户市局级重点税源企业开展自查检查。3月，成立重点税源企业督导领导小组，制定工作方案，召开专项工作布置会和税企沟通会，布置检查任务。4月，开展查前准备，进行业务培训。5月，相关稽查局及征管分局组织企业开展自查工作，同步开展调研式检查，重点对企业经营模式以及各个经营环节的纳税申报情况进行调研，全面掌握企业的经营状况、财务核算以及纳税申报情况。6—10月，结合税收专项检查和打击发票违法犯罪活动等工作要求，开展调研式、信息化和审计型三位一体检查。11月，总结分析检查工作，提出完善政策和加强税收征管的建议。各级稽查部门共组织了214户重点税源企业及其分支机构开展了税收自查工作，自查补税2.79亿元。另外选取177户企业实施重点检查，查补税收收入4.11亿元，有效规范重点税源企业的纳税行为，减少税收流失风险。

【打击发票违法犯罪活动】 进一步明确“标本兼治、综合治理、打防并举、注重实效”的工作方针，通过强化组织领导，集合各方力量，围绕发票违法犯罪的关键环节和难点问题，多管齐下，打防并举，查管结合，大力破解工作难题，巩固打击发票违法犯罪活动长效机制。3月，印发《关于认真做好2013年打击发票违法犯罪活动工作的通知》；5月，召开了2013年打击发票违法犯罪活动工作布置推进会，对2012年度上海市打击发票违法犯罪活动工作先进单位和个人进行了通报表彰；部署开展本市药品、医疗器械生产经营单位和医疗机构发票使用情况专项整治和普通教育外营业性教育培训行业专项整治。全市共查处发票违法案件6000多件，捣毁犯罪窝点100多个，打掉犯罪团伙9个，缴获作案机器14台、涉案发票230万份；联合上海市通信管理局对群发1000条以上的违法短信息实施监测封堵，封堵发票违法手机短信460余万条；移送司法机关处理229起，抓捕犯罪嫌疑人近1700名。对税务总局确定的房地产、建筑安装、药品与医疗器械等行业，以及上海确定的成品油批发和零售、出口退（免）税、金融保险等行业实施发票使用情况检查，共查处违规企业6300余户，违规发票70余万份，涉及金额53亿元，查补各类收入7.2亿元。

【涉税违法案件检举】 市、区两级税务机关共受理涉税违法检举案件2400余起，查补各类收入1.57亿元，核发检举奖励20.46万元。从检举反映问题分析，二手房交易中故意做低房价、网上销售隐匿收入、冒用他人个人信息虚列工资等内容仍然居多。从查处案件的案发地分析，中心城区的检举案件数量仍低于郊区。从所有制性质分析，反映私营企业和有限责任公司涉税违法行为的比例较高。从行业类型分析，批发和零售贸易、餐饮业不开发票或隐匿收入的检举案件较多。从查补税款中涉及的税种分析，货物和劳务税、个人所得税案件数比例较高。从案件的检举人结构分析，非企业内部人员检举占总数的九成以上。坚持把重点检举人的疏导安抚，营造和谐稳定的社会环境作为检举管理工作的重中之重，因人而异、因势利导地做好政策宣传工作，既鼓励检举人检举税收违法行为，又使检举人了解了税法知识，使检举事项更加具有针对性。

【案件协查工作】 认真落实“协查地就是案发地”的理念，充分利用协查信息系统和《税收宏观经济分析系统2.0》的数据查询功能，深入分析相关数据，及时发现重大案源线索。全年委托发出协查涉及发票共计6.44万份，增值税税额18.30亿元，收到回复结果6.42万份（含上年度未查结票），有问题发票646份；受托收到协查发票共计3.13万份，增值税税额7.17亿元，受托累计回复3.31万份，其中回复结果有问题的发票1.57万份；收到海关代征进口增值税专用缴款书协查8231份，发现2362份完税凭证存在问题，涉及海关代征增值税3.14亿元，其中可以确认属于伪造的完税凭证1557份，涉及海关代征增值税1.95亿元，平均每份涉案发票的税额12.52万元。

【稽查信息化建设】 继续推广应用税务稽查案源管理系统。2月，拟订升级开发方案；3月，召开项目启动会，走访金山、奉贤等区税务局稽查局，详细了解金山选案模型设计和区县选案管理情况；11月，举办案源管理系统师资培训班。案源管理系统的有效应用，丰富了选案的数据来源，拓展了外部信息的采集和分析，建立了个性化的指标和选案模型，成功发现了“4·12”等一批案件线索。深入推进信息化管理企业税务稽查，2月，制定信息化稽查工作方案；3月，组织学习税务总局下发的《信息化管理企业税务稽查工作指南》；4月，举办信息化稽查骨干班（第三期）；11月，对骨干班学员信息化稽查实战演练成果以擂台赛形式进行交流总结，并对骨干班表现突出的学员及优秀实战案例进行通报表彰；12月，举行信息化稽查案例评比，各稽查局共上报26篇案例参评，其中宝山区税务局稽查局《多管齐下，电商“狐狸”终显原形》等案例获奖。全市共对1300多户企业开展了信息化稽查，约占稽查总户数的20%；通过采集企业的财务电子数据、业务经营数据以及相关电子文档，提高稽查效率和数据的准确性，信息化稽查实现查补收入9.63亿元。

【稽查宣传】 通过门户网站、新闻发布会、税收公益广告和税收漫画专栏等形式广泛宣传发票知识，及时曝光6件重大税收违法案件，发票教育宣传24次，曝光使用虚假发票的企业和单位名单，提高纳税人税收遵从度，引导社会公众，积极营造出共同打击防范发票违法犯罪的良好氛围。税法宣传月，组织相关执法部门在上海红星美凯龙家居装饰市场真北店北广场召开“履行法律义务，依法诚信纳税，严厉打击制售假发票的犯罪行为”主题税法宣传活动，活动现场进行了税法咨询和假发票鉴别等展示。第一稽查局与中国平安保险（集团）股份有限公司联合开展“税税有平安，年年结硕果”主题系列活动。活动现场播放了公益作品《平安税岁》，召开了“税法进企业”税企座谈会，开设了“税企直通车”微博进行在线访谈直播，进行互换岗位“微体验”活动。

【稽查调研】 组织第四稽查局、松江区税务局稽查局等单位对市局级重点课题“规范税务稽查流程管理”进行调研，形成《依托信息化手段 规范税务稽查流程管理》调研报告，就加强案源管理、检查实施、案件审理、检查执行、综合管理环节的内部控制和流程管理、提升税务稽查管理质量和效率，提出了新的建议。各稽查局根据理论研究和制度建设的需要，也分别组织开展课题项目调研工作，形成了第一稽查局《关于内资银行涉税检查方法的探讨》、宝山区税务局稽查局《探索建立税务行政处罚与刑事处罚衔接机制》等12篇调研报告。加快课题调研成果运用，制定了《重大税务案件审理工作规程（试行）》《重大税务案件审理委员会议事规则（试行）》《税务稽查预案操作规范（试行）》等制度，并于2014年起在全市范围内试行。

【稽查工作会议】 2013年2月26日，市局召开2013年全市税务稽查工作会议。市局党组书记庄晓玖出席会议并作重要讲话，市局副巡视员吴立民主持会议。党组书记庄晓玖指出，全市税务稽查部门要把学习贯彻党的十八大精神作为当前和今后一个时期税务部门的首要政治任务，并把全面推进各项税收工作作为贯彻落实十八大精神的重要体现。要保持奋发有为、奋力争先的精神状态和工作态度，做到真抓实干，着力提升税务稽查执法能力，扎实推进税务稽查现代化建设。准确把握税务稽查的职能定位，妥善处理稽查查补收入和稽查数量的关系，始终牢记依法行政这条生命线，努力提高税务稽查队伍整体素质，切实转变工作作风。2013年的稽查工作，一是紧扣重点，依法严厉查处重大税收违法案件；二是注重实效，认真组织税收专项检查和区域税收专项整治；三是点面结合，深入开展打击发票违法犯罪活动工作；四是加强协调，有序开展重点税源企业税收检查；五是创新方法、积极推进税务稽查信息化建设。会上，第六稽查局、奉贤区税务局、嘉定区税务局、虹口区税务局等单位进行了交流发言。各区县税务局、各直属分局负责同志和有关人员，以及稽查处全体人员参加了会议。

（梁　丁）

江苏省国家税务局稽查局

【概述】 2013年，江苏省国税总收入达到5142.4亿元，同比增长8.03%。全省共有稽查机构87个，其中：省级1个，地级17个，县级69个。共有稽查人员2229人（其中：省级17人，地级881人，县级1331人），占税务机关人员总人数的1.55%。省局稽查局继续在体制、方式、手段和人员4个方面稳步推进全省稽查现代化建设，以“两个打击”为重点，认真组织税收专项检查和专项整治、重点税源企业检查、大要案件查处和打击发票违法犯罪活动，努力在大案、要案、难案查办中求突破。

【稽查体制机制改革】　2013年，江苏国税继续稳步推进分类分级稽查，结合稽查管理方式改革深入调查研究，要求有条件的市在机构保持不变的情况下，试行“人员统一调配、案源统一管理、检查统一实施、审理统一组织”的一级稽查管理模式，徐州率先开始进行试点并积累了一定的经验。

【稽查查补收入及分析】　2013年，江苏省各级国税稽查部门共检查各类纳税人6549户，有问题的企业6160户，查补收入24.38亿元，其中：查补税款18.08亿元，滞纳金1.98亿元，罚款4.31亿元，没收非法所得193万元，平均入库率96.42%。

【案件查办情况】　江苏省各级稽查局2013年以党的十八大精神为指引，深入贯彻落实全省国税工作会议和全国税务稽查工作会议精神，服务税收工作大局，坚持依法行政，继续在体制、方式、手段和人才等方面推进稽查现代化，以“两个打击”为重点，努力在大案、要案、难案查办中取得新突破，充分发挥稽查威慑作用，不断提升稽查工作的整体水平。按照“让守法者感觉不到稽查存在，让违法者感觉到稽查无处不在”的工作要求，严厉打击重大涉税违法犯罪活动，全年查处千万元以上税款的大要案20件，查补收入5亿元；百万元以上税款的大要案255件，查补收入6.46亿元。

【案件特点分析】　对骗取出口退税案件的分析中发现，骗税犯罪分子一般需要通过主控、炒单、配单、报关、虚开、资金和退税7个涉案平台的协作，才能达到骗取出口退税目的。犯罪团伙各涉案平台的骗税利益分配情况如下：主控平台，负责组织串联其他平台，收益约占退税款的15%；炒单配单平台，负责买单、炒单和配单，收益约占退税款的11%；报关平台，负责货物出口报关，收益约占退税款的7%；虚开平台，负责为骗税提供虚开的增值税专用发票，收益约占退税款的55%；资金平台，通过地下钱庄向退税平台付汇，收益约占退税款的6%；退税平台，负责申报退税，收益约占退税款的6%。对“营改增”企业虚开发票案件的分析中发现三个凡是的案发规律：凡是一个地区货运企业税负普遍高（8%以上）且企业多，本地区又存在财政垫税和返税现象的，虚开发票可能性很大，这种现象全国“营改增”全面实施后，在经济欠发达地区将大面积发生；凡是从经济欠发达地区企业取得大量货运发票用于抵扣的，本地货运企业接受虚开发票的可能性很大；凡是开具普通发票且与申报情况不比对地区的“营改增”广告、咨询类等其他企业，只要用票量大，虚开发票的可能性很大。

【重大案件查处】　2013年，江苏省共发生虚开发票大要案17起，虚开金额超过50亿元。这些虚开案件中，既有涉农产品以及纺织、服装、煤炭、钢材等传统行业的虚开，也有“营改增”后在国税部门新出现的货运企业虚开。通过分析发现了虚开案件的主要特点：一是案件多、案值大；二是案件多发于经济欠发达地区；三是涉农产品虚开案件依然频发，主要集中在家具、食品、纺织、服装等行业；四是成品油、煤炭、钢材、铜材加工、木制品等行业税收秩序比较混乱；五是注册空壳公司、无生产能力企业虚开发票用于出口骗税呈上升趋势；六是虚开团伙专业性强，组织网络较为严密。省局及时组织查处，并对作案的手法、特点进行了深入分析，提出防范虚开发票税收风险管理的6条针对性建议，形成专题报告上报税务总局。

【税收专项检查】　2013年，江苏国税的专项检查继续采用项目化管理、团队化运作、专业化分工的总体思路，按照“三统一”“三加强”“三总结”的方法对成品油、出口退税和证券基金3个行业开展税收专项检查。“三统一”是指省局采取了统一培训布置、统一选取案源、统一检查方法的做法，保证了专项检查顺利开展。“三加强”是指省局通过加强组织领导、加强团队协作、加强督查辅导的做法，促进专项检查的深入开展。“三总结”是指省局通过总结查案思路、总结发案规律、总结处理标准的做法，专项检查效果明显。全省共检查各类企业7684户，查补收入合计8.82亿元。其中，稽查部门直接检查1367户，已查结884户，发现1016户有问题，移送司法机关77户，查补收入6.46亿元；组织企业自查6317户，自查有问题3549户，入库2.36亿元。

【区域性税收专项整治】　2013年，江苏国税对“营改增”交通运输行业虚开发票的打击作为专项整治工作任务的重点。（1）对高税负货运企业开展检查。省局布置各地对37户货运开票企业的检查，揭示了高税负交通运输企业业务操作的各种类型，至2013年10月末，已定性虚开货运增值税专用发票1544份，金额7677.36万元，税额

830.89万元；已发现虚开疑点，尚待查证的发票3871份，金额12330.93万元，税额1303.25万元；向公安部门移送20户，公安部门已立案7起。虚开发票收取的手续费从2.9%～11%不等，多数集中在4%～6.05%。目前检查仍在深入进行中。地市国税稽查局还查处10起“营改增”货运企业虚开发票案。定性对外虚开发票573份，金额1561.66万元；接受虚开增值税专用发票147份，金额1050.99万元，税额166.01万元；接受虚开的非“营改增”地区运输普通发票11份，金额625.48万元；向公安部门移送4户，公安部门均已立案。（2）对高扣额货运企业开展检查。通过对59户扣额超千万元的交通运输企业的检查，至2013年10月末，已定性接受虚开扣额申报的发票1700份，金额24854.13万元；有接受虚开疑点，尚待查证的发票5178份，金额46663.78万元；向公安部门移送17户，公安部门已立案3起。（3）对虚开普通发票“营改增”企业开展检查。在专项整治行动过程中，发现查处了其他行业虚开普通发票案件，涉及8户广告、咨询等“营改增”企业，共虚开通用机打平推式发票1078份，金额54007.33万元，目前公安部门均已介入侦办。通过对交通运输企业为主的“营改增”纳税人虚开发票专项整治，及时遏制了“营改增”后虚开发票案件的暴发，震慑了发票违法犯罪分子，保证了“营改增”后相关行业税收管理的平稳过渡。

【重点税源企业检查】 2013年，江苏国税对税务总局布置检查的17个大型企业集团所属的185户成员企业进行了自查，查补收入4419万元，冲减增值税留抵338万元，调减亏损1062万元。根据自查结果分析，确定了10户企业开展重点检查，查补收入890万元，另外冲减增值税留底29万元，调减亏损1585万元。

【出口退（免）税企业及货代公司检查】 2013年，江苏国税各级稽查部门共检查出口退（免）税企业81户，发现有问题企业55户（其中，涉嫌骗取出口退税12户、涉嫌违规取得出口退税20户、接受虚开发票1户），查补收入9007万元，已入库3364万元。另外冲减增值税留抵税金476万元，调减亏损455万元，不予退税金额2240万元；暂扣退税款2564万元。公安部门抓捕犯罪嫌疑人19人，取保候审7人，网上追逃4人。在公安部经侦局、国家税务总局稽查局的统一部署下，江苏公安、国税部门于2013年3月20日在深圳参与开展“闪电2号”打击系列骗取出口退税案件专项行动。专项行动采取部局主导、江苏主办、相关涉案地共同侦办、公安税务捆绑作战的模式。此次行动江苏警税投入人员40多人，奋战72小时，抓捕犯罪嫌疑人8人。9月12日，国家税务总局、公安部专程来江苏启动了全国27省打击出口骗税“8·27”集群战役集中收网行动，江苏国税联合江苏公安对本次行动进行了周密组织。新华社、《人民日报》、央视一套和二套节目、《中国税务报》《法制日报》等多家主流媒体对收网行动进行采访报道。江苏省参与集群战役的5起案件，累计破案65起，抓获93名犯罪嫌疑人，涉案价值26亿元，挽回税款8079万元。

【打击发票违法犯罪活动】 为遏制发票违法犯罪的反弹蔓延，为“营改增”为重点的税制改革保驾护航，2013年江苏国税按照“标本兼治、查买打卖、整防管控、着眼长远”的指导方针，认真履职，强化部门协作，增进整治合力，深入开展打击发票违法犯罪专项行动，形成了“综合治理、长效推进”的格局。2013年，全省各级税务机关共查处违法企业3770户，查处非法发票34.4万份，查补税款5.33亿元，加收滞纳金5078万元，罚款1.62亿元；查处虚开企业851户，虚开发票6.35份，虚开金额32.57亿元；查处骗取出口退税企业1016户，骗取出口退税额6.47亿元，已追回骗税额3.34亿元；移送案件246户，曝光案件162户。加强与公检法、通信部门的合作，抓获并刑拘犯罪嫌疑人1175名，捣毁各类制售发票窝点399个，起诉各类发票违法案件733件，审判发票违法案件725件，治理发票违法短信476万条。

【涉税违法案件检举】 2013年，江苏国税各级举报中心共受理税务违法举报案件2761件，查处2095件，查处率75.9%，查结2087件，结案率75.6%，查补税款35420.58万元，滞纳金4948.43万元，罚款8986.72万元，滞补罚合计49355.71万，实际入库税款29837.55万元，滞纳金766.67万元，罚款471.67万元，滞补罚合计29837.55万，移送公安48件。根据《税务违法行为检举管理办法》《江苏省国税系统税务违法案件举报管理的规定》以及其他的相关法律、法规，省局进一步健全和完善了检举案件分类管理制度、检举管理制度、接待制度、查办制度、保密制度、重大案件报告制度，使检举工作纳入了规范化、制度化管理之中。

【案件协查工作】 2013年，随着《税收违法案件发票协查管理办法（试行）》实施，省局稽查局一是从建章立制入手，认真细化工作职责，明确工作流程，分别制定了省、市、县（区）局稽查局、三个层面的《协查管理工作规范》，梳理了协查工作流程中涉及的执法风险和廉政风险点，从建立和完善制度入手规范全省协查管理工作。二是以培训为手段，以服务为核心，提高协查工作质量。不定期组织各类协查工作专题业务培训，尤其是协查人员有变动时，要求原岗位的人员对新人员协查工作流程和程序进行培训辅导，确保协查工作的顺利进行。通过各类政策讲解和业务指导，不仅使得新、老协查人员充分明确了协查工作的各项要求，而且对各级协查部门协查工作的开展具有指导意义，提高了协查工作的质量。三是以考核为抓手，加强机制建设，激发工作积极性。建立合理的考核机制，根据江苏省金税协查实际情况，合理制定委托协查和受托协查各项考核指标，以利于客观公正地评价全省各级稽查部门委托协查工作。建立健全激励机制，将委托协查选票准确率和受托协查回复质量列入考核体系，全面调动和激发各级协查部门工作积极性。江苏国税各级稽查部门2013年通过协查系统委托协查增值税专用发票2.69万份，查实有问题发票1.02万份，选票准确率43.14%，查补收入3958万元；受托协查发票3.86万份，查实有问题发票8836份，查补收入1.91亿元。协查按期回复率100%，累计按期分捡率100%，委托协查信息完整率99.98%，受托协查信息完整率99.88%。

【稽查制度建设】　2013年，为进一步规范税务稽查管理，实现稽查案件管理系统与税源管理平台的有机衔接，提高税收综合检查质效，依据《税收检查任务管理办法》和《税务稽查工作规程》相关要求，省局稽查局制定了《〈税收检查任务管理办法〉稽查实施办法》，规范了全省稽查人员实地检查的流程。

【稽查系统建设】　随着江苏省国税征管改革发展的进程，省局稽查局继续积极探索适合稽查工作发展的新的体制模式，以推行地市一级稽查为重点，逐渐上收县级稽查局选案、审理职能，实现市、县级稽查局的职能重组和人力资源的优化，逐步做实省级稽查局、做强市局稽查局。

【稽查队伍建设】　一是认真贯彻落实党风廉政工作会议精神，加强廉政教育、法制教育和风险教育，筑牢反腐思想防线；二是完善稽查内控机制，认真查找选案、检查、审理、执行四环节的执法风险，逐步建立健全制度完备、流程规范、责任明晰、监督到位的部门内控机制，强化对稽查执法过程的监督制约，防范执法风险；三是提升稽查队伍整体素质，加大培训力度，逐步建立一支以稽查领军人才为核心、以高层次专业化骨干人才为主力的干部队伍，为组建专业化团队奠定基础。

【稽查人才库建设】　以领军人才培养为引领，加强尖端人才储备；注重专业化团队建设，提升稽查核心工作质效；做好基础培训工作，提高稽查队伍整体素质。到2013年，全省累计培养领军人才81名，对已有的13个专业化稽查团队的150名稽查骨干进行了调整，并开展了丰富多彩的团队活动，加强团队成员之间的沟通和交流，更好地发挥专业化稽查团队的作用。

【稽查业务培训】　2013年，在全省组织开展分层次、分类别的稽查业务培训。9月10日—12月10日，举办了第三期稽查领军人才培训班，35名稽查领军后备人选接受了“理论+实训”的培养，对14户重点税源企业开展检查，查补总收入1198万元。同时对一、二期学员组织了继续培训。有针对性地组织了省局专业化稽查团队培训和专项检查专题业务培训。

【稽查信息化建设】　2013年，全省各级稽查部门统一使用税务稽查管理系统，加强过程控制，打造痕迹工程，及时通报运行和使用情况。在专项检查、重点税源企业检查中加强省级数据集中分析，充分运用选案软件提高选案科学性。在检查中实行预案管理，无预案不检查的观念已深入人心，并在稽查领军实训中率先试行了竞标式预案。同时积极推广运用查账软件。在2012年单机版查账软件应用的基础上，大力推广查账软件网络版，年底前各省辖市已全部安装，部分市已经完成培训工作；开展查账软件升级业务需求研究，与税软公司合作研究开发了数据流向分析模块，将案件票流、货流、资金流集中分析，提高电子数据应用分析能力。

【稽查宣传】　一是加强稽查工作成效宣传，省局稽查局全年向总局和省委、省政府报送打击发票违法犯罪、开展专项治理、打击骗取出口退税等方面信息8篇；二是突出对打击发票违法犯罪活动成效的宣传力度，充分利用“税收宣传月”等时机开展宣传教育活动，集中曝光一批发票违法犯罪典型案件，扩大打击发票违法犯罪活动工作的社会影响力；三是积极协调当地主要媒体、行业报刊、门户网站，宣传打击骗取出口退税开展情况，2013年9月12日央视的《新闻联播》中报道了江苏省打击骗取出口退税的工作情况。

【稽查调研】　2013年，省局稽查局集中了出口退税检查团队部分成员，对2012年以来江苏国税系统打骗工作经验，特别是探索出来的出口骗税查处新思路（即“逆查法”）进行了系统梳理和总结，形成了内容丰富翔实、理论性较高、操作性较强的报告材料。检查中，省局不断总结经验教训，努力完善检查方法，在继续对海运方式出口进行有效查证的基础上，又进一步探索了公路运输方式出口的查证思路。省局集中了出口退税检查团队部分成员，对照相关法律法规，提出了四种税务行政处理的证据标准，供各市根据实际案情参照使用，从而为全省检查取证指明了方向。

【稽查工作会议】 2013年3月，江苏省国税系统稽查工作会议召开。会议总结了2012年全省国税稽查工作，确定了2013年工作思路，部署了2013年稽查工作任务。部分地、市作了稽查现代化、打击骗税、打击虚开、电子查账、成品油检查等方面的经验交流。江苏省国税系统2013年稽查工作思路是：以党的十八大精神为指引，深入贯彻落实全省国税工作会议和全国税务稽查工作会议精神，服务税收工作大局，坚持依法行政，继续在体制、方式、手段和人才等方面推进稽查现代化，以“两个打击”为重点，努力在大案、要案、难案查办中取得新突破，充分发挥稽查威慑作用，不断提升稽查工作的整体水平。

（季晓丽）

江苏省地方税务局稽查局

【概述】 2013年，全省地税稽查部门围绕“积聚发展新优势，推进管理现代化”的工作主题，务实创新，大胆实践，稽查各项工作取得新成绩、实现新突破。各级稽查部门牢固树立大局观念，积极推进税务稽查管理改革；涉税大要案查处力度不断加大，稽查打击威慑功能得到进一步彰显，促进了税法遵从度持续提升，稽查职能作用得到有效发挥。

【稽查查补收入及分析】 2013年，全省各级稽查部门按照税务总局和省局的统一部署，组织开展了重点行业税收专项检查和专项整治、重点税源企业检查、打击发票违法犯罪活动等，查处了一批重大税收违法案件，规范了部分行业的税收秩序。全年共检查5192户，查补收入36.7亿元，比上年同期增长68%，其中千万元以上案件55起，增长205%。

【案件查处】 强化税务稽查执法力度，通过大案要案的查处，震慑不法纳税人，带动整个地区税收秩序的好转，树立地税稽查部门的威信和形象。2013年，全省选案准确率97%，入库率93.2%，处罚率24.32%，偷税处罚率52%。查处5000万~1亿元案件2起，税款13258万元；查处1000万~5000万元案件29起，查补税款56583万元；查处500万~1000万元案件42起，查补税款28961万元；查处100万~500万元案件208起，查补税款48608万元。移送司法机关处理案件19起。

【税收专项检查】 在以行业整治为重点的税收专项检查中，全省稽查部门共组织4143户纳税人自查，自查补税金额8.61亿元；对3807户纳税人实施了专项检查，查补各项收入15.17亿元。

【重点税源检查】 按照税务总局统一部署，组织对14家重点企业集团在江苏省分支机构的检查，查补地方税收1264.83万元。此外，省局区域检查分局自2013年7月组建以来，共对70户重点税源企业开展了检查，共查补税款、滞纳金和罚款合计8.68亿元，其中税款6.7亿元。

【打击发票违法犯罪活动】 坚持“打击与建设相结合，治标与治本相结合”的原则，集中开展了制售假发票、虚开和非法取得发票专项整治活动，配合公安部门重点打击整治假发票“卖方市场”。全省共查处违法受票企业1376户，查获非法使用发票67965份，查补收入2.2亿元。全系统共有3家单位4名个人受到国家税务总局表彰。

【税务违法行为举报】 全系统全年共受理涉税举报案件3363件，稽查部门直接立案查处案件2116件，共查补税款、滞纳金及罚款4.64亿元，其余转交有关部门处理。各地进一步规范检举管理工作，狠抓办案质量，重视服务疏导，有效化解了涉税舆情。

【案件协查工作】 牢固树立全国一盘棋思想，把协查工作作为日常检查的重要内容，不折不扣做好发票协查等案件协查工作。2013年，共收到外省（市）协查函30余份，涉及北京、上海、重庆等直辖市和浙江、安徽、福建、山东、云南、江苏（国税）等10余个省级税务稽查部门，共转发至各省辖市地税稽查系统协查函100余份。

【稽查制度建设】 省局经过调研论证，将改革的着力点和突破口放在整合稽查资源及体制机制创新上。研究出台了《江苏地税稽查管理改革总体方案》，明确了稽查改革的基本原则、总体目标、主要内容和实施步骤；统一了稽查局内设机构，理顺了工作职责和业务关系。省级层面按照“机构虚拟，实体运作”的模式，通过业务考试层层选拔出141名有丰富查账经验的稽查干部，成立了省局稽查局第一、二、三分局。市、县层面，全面推行省辖市一级稽查，将各县级稽查局作为市局稽查局派出机构，对辖区范围内重点税源企业的检查实施统一管理。省局优化稽查业务流程，将稽查工作规程具体化、标准化，制定《区域稽查分局案件查处管理办法》《稽查案件审理规程》等，以制度形式固化案件集体审理机制，对稽查执法活动实施有效监督制约。

【稽查信息化建设】 江苏省对省级大集中系统进行适应性改造，完善大集中系统稽查模块，开发稽查管理信息化平台，强化对稽查改革的支撑。

【稽查队伍建设】 江苏省健全稽查干部队伍建设管理机制，建设凝聚力强的高素质税务稽查队伍。全省稽查人员占同级税务人员的比例为10%，“三师”比例占24%。按照计划至“十二五”末，稽查人员占比还要有所提高。围绕提高稽查人员税收政策水平、法律素质、查账技能等，开展各类业务知识培训。完善专业化人才库管理，建立省、市两级分类稽查人才库，分为专家型、稽查型、制度型等专业人才。探索建立稽查干部能级管理制度，创新稽查人才管理方式。

【稽查业务培训】 先后举办专项检查查前培训班、稽查业务骨干培训班、协查信息管理系统操作人员师资培训班等，对行业税收政策、财务制度、税收难点问题、新兴产业涉税业务、税务案件协查业务及相关制度等方面进行了专题培训，提高了全省稽查干部的业务能力和实战技巧。

【稽查宣传】 充分利用广播电视、报纸、网站等媒体，加大对税收违法案件的曝光力度，大力宣传打击发票违法犯罪工作；制作稽查案例情景宣传片，生动再现案件查处过程；在《新华日报》设立“稽查现代化建设”专版，扩大稽查工作影响力。

【稽查调研】 全省地税稽查系统按照税源专业化管理要求，从优化稽查工作机制、推进稽查管理改革等方面入手，积极探索和推进稽查现代化建设。各地在稽查高风险快速应对、稽查会计服务外包、国税、地税联合稽查等方面都进行了有益的调研探索，为下一步的稽查体制机制创新奠定理论基础。

【税务稽查工作会议】 2013年3月15日，江苏省地税系统稽查工作会议召开。会议传达了全国税务稽查工作会议精神，总结了2012年全省地税稽查工作，部署了2013年稽查工作任务。局领导在会上充分肯定了2012年全省地税稽查工作取得的成绩，对做好2013年稽查工作强调了三点意见：一是统一思想，凝聚共识，充分认识稽查管理改革的必要性和可行性；二是明确任务，积极稳妥，努力开创稽查现代化发展新局面；三是加强领导，强化支持保障，确保稽查管理改革顺利推进。副局长陈筠作了题为《抓作风　促改革　努力开创江苏地税稽查工作新局面》的工作报告，指出要积极应对面临的挑战，主动抓住蕴含的新机遇，因势利导，开拓创新，认真履行稽查职能，切实推进稽查管理改革，推动江苏省地税稽查工作再上一个新台阶。提出2013年稽查工作的总体思路是：创新稽查体制机制，建设稽查人才库，优化人力资源配置，健全高风险应对体系，促进稽查成果增值利用，规范稽查执法，夯实工作基础，推进税务稽查现代化建设。

（娄开峻）

浙江省国家税务局稽查局

【概述】 2013年，浙江省各级国税稽查部门认真贯彻落实全国税务稽查工作会议和全省国税工作会议精神，牢记“为国聚财、为民收税”的神圣使命，围绕“服务科学发展，共建和谐税收”的工作主题，紧密结合党的群众路线教育实践活动，坚持依法行政，创新工作方法，加强队伍建设，不断提高税务稽查整体工作水平，有效发挥了税务稽查“以查促收、以查促管、以查促查”作用，达到执法效果与社会效果双赢的局面。

【稽查查补收入及分析】 2013年，浙江国税稽查部门全年共检查企业9023户（不含宁波，下同），累计查补收入22.46亿元，实际入库21.45亿元，入库率95.50%。累计查补收入中，自查收入11.67亿元，占收入总额的51.96%；重点检查收入10.79亿元，占收入总额的48.04%；检查收入中，税款7.23亿元，占检查收入的67.00%；滞纳金1.28亿元，占检查收入的11.86%；罚款2.26亿元，占检查收入的20.95%。

【案件查办情况】 按照国家税务总局和省委、省政府关于整顿和规范市场经济秩序的总体部署和要求，浙江国税稽查部门积极开展整顿和规范税收秩序工作，大力查办涉税违法案件，实施检查企业户数3689户，已发现有问题户数3598户，查实率为97.53%；结案户数3596户，结案率为99.94%。一是按照国家税务总局部署，结合浙江实际情况，积极开展重点税源企业检查、税收专项检查和区域税收专项整治工作；二是积极拓宽案件线索，充分结合税收专项检查、打击发票违法和骗取出口退（免）税犯罪活动，密切部门协作，认真落实重大案件的督办和报告制度，严肃查处了一批金额巨大、性质严重的重大涉税违法案件；三是重拳出击，严厉打击虚假发票“买方市场”和“卖方市场”，净化市场环境，取得了良好的社会效果；四是做好案件协查工作；五是做好举报案件的受理、查处和督办工作。

【重大案件查处】 2013年，浙江国税稽查部门共立案查处税收违法案件3689起，本期结案3596起；查处百万元以上税款案件130起，查补税款合计4.05亿元。其中查补税款100万~1000万元123户，查补税款2.80亿元；1000万元以上7件，查补税款1.24亿元。

【税收专项检查】 按照税务总局的统一工作部署，结合浙江省实际，2013年浙江省国税局稽查局将成品油批发、零售企业，办理电子、家具、服装类等产品出口退（免）税企业，证券和基金公司3个项目列为全省各地必查的指令性项目；将房地产建筑安装行业、中介、培训服务机构、资本交易等项目列为指导性项目。各地市结合本地实际有针对性地选择了部分行业开展税收专项检查。在检查实施过程中，全省各级国税部门成立了税收专项检查领导小组，确保了专项检查工作从方案制订到具体落实，环环相扣，层层督导，保证整个专项检查工作的总体要求得到落实。全年共实施检查企业5367户，其中有问题3365户，查补税收收入10.65亿元，入库收入9.85亿元。

【“营改增”试点行业虚开骗税专项整治】 2013年，浙江省国税局稽查局采取了点面结合的方式推进“营改增”试点行业虚开骗税专项整治工作。一是抓重点企业检查。通过对“营改增”试点行业原始数据的分析筛选，决定对浙江大恩物流有限公司等50户企业开展重点检查，要求各地组织稽查骨干认真开展检查工作。年底前已查结企业37户，查补税款817.67万元，移送公安线索3起。二是抓好面上推进。全省各市、地共计检查“营改增”试点行业企业206户，查结161户，查补收入1961.64万元，移送公安线索9起。

【重点税源企业检查】 2013年，浙江省的重点税源检查工作主要包含两大部分内容，分别是税务总局部署的重点税源企业专项检查和省局开展重点税源企业风险应对。全年共检查企业132户，查补收入7045.56万元。其中，税务总局部署的重点税源企业检查涉及浙江省6市7大集团公司成员企业合计95户，自查入库税款2513.18万元。省局分别于3月和9月分两批布置的重点税源企业22户，累计查补税款2093.15万元，并处罚款971.94万元，调减企业申报亏损额1327.66万元，其中查补税款在100万元以上的企业8户。

【出口退（免）税企业及货代公司检查】 2013年，浙江省国税稽查部门继续加强与公安、海关的合作，协同推进打击骗取出口退（免）税违法犯罪活动工作，先后查获了“杭州1·28专案”“嘉兴7·18专案”“义乌3·19专案”等多起重特大骗税案件。主要做法：一是明确工作思路，选定了本次打击行动的重点地区、重点企业、重点产品；二是注重工作协调，加强和公安、海关等部门的分工协作；三是加大督办力度，加强对“诸暨达亨案件”“杭州1·28案件”等重点案件的督办；四是扩大打击效果，开展了“8·27”集中打击行动。全年全省共检查出口退（免）税企业916户，有问题557户，累计查处税款2.96亿元，已有33户有问题企业移送公安机关侦查。

【打击发票违法犯罪活动】 浙江省各级国税稽查部门根据税务总局的统一工作部署，通过采取“点面结合、突出重点”的方法，在2013年加大了对重点企业的检查力度，确保打击发票违法犯罪活动工作成效。“买方市场”方面，全年共检查企业2164户，其中有问题企业1770户，查处虚假发票10.72万份，涉及金额35.48亿元，查补税收收入6.13亿元；“卖方市场”方面，共破获、查处制售假发票和非法代开虚开、收受发票案件2216件，捣毁制售假发票窝点24个、团伙24个，抓获犯罪嫌疑人365人，缴获各类虚假发票610.55万份。在对税务总局要求的房地产、建筑安装、发电、供电等重点行业重点企业发票使用情况检查工作中，全省国税和地税稽查部门共查处违法企业677户，查补税收收入3.03亿元。

【涉税违法案件检举】　2013年，浙江各级国税稽查部门认真贯彻执行税务总局《税收违法行为检举管理办法》和《浙江省国家税务局税收违法行为检举管理制度》，实施检举案件分类处理，明确分类权限和程序，提高检举案件管理水平，努力化解检举工作中易产生的矛盾，减少缠诉案件，维护和谐稽查。全年全省共受理税收违法举报案件2149起，其中已查处1307件，转其他部门463件，查补收入4.54亿元，入库4.47亿元。

【案件协查工作】　2013年，全省各级国税稽查部门牢固树立全局意识、责任意识和协作意识，积极做好案件协查工作。全年全省通过协查系统发出委托协查1895起，涉及企业2009户，发票5.71万份，金额63.29亿元；收到受托协查2350起，涉及企业5620户，发票总计3.62万份，金额45.43亿元，按期回复率始终保持100%。纸质协查方面，共完成税务总局督办案件和各省市协查案件239件，发票2.46万份，金额38.45亿元。

【稽查体制机制改革】　根据税务总局开展稽查体制改革试点的精神，联系浙江实际，2013年浙江省国税稽查系统继续大力推进省、市两级稽查部门“下查一级”工作力度。全省共实施“下查一级”案件91件，共计查补税款1.53亿元。其中省局共实施“下查一级”检查案件6件，已完成3件“下查一级”案件的复核工作，共计查补税款1124.44万元，罚款40.82万元，已入库税款1027.99万元，罚款13.01万元，滞纳金667.37万元。

【稽查制度建设】　2013年，浙江省国税局稽查局在完成日常业务工作的基础上，还积极调研，积极推进各项稽查制度建设。一是认真完成税务总局制度调研和修改工作，对《税收违法案件异地协助调查取证和执行暂行办法（初拟稿）》、税务总局《关于涉税案件中涉案纳税人对外开具增值税专用发票有关问题的公告（稿）》提出了系统的修改意见。二是认真完成省局政策法规意见征求工作，对重大案件审理推行说理性文书的可行性进行了调研。

【稽查系统建设】　2013年，浙江国税系统继续加强对稽查工作的领导，统筹安排好稽查工作必需的各类保障，主要领导经常听取稽查工作及重大案件查处情况的汇报，协调解决出现的问题和矛盾，为稽查工作提供坚强后盾。上级稽查局继续加强对下级稽查局的业务指导和工作考核，完善稽查体制机制建设，提升稽查系统各项工作质量。一是加强案件督办工作。全省稽查系统严格贯彻落实《重大税收违法案件督办管理暂行办法》，明确省、市两级重大税收违法案件督办范围和标准，认真执行相关立案审批和相关报告、报表的报送工作。二是加强系统日常管理。省局稽查局进一步做好系统日常管理工作，局领导多次到各地调研，掌握各市、地稽查局对上级任务的执行力度、工作进展、工作成效，对个别工作推进慢、工作成效不明显的地区及时进行督导。三是认真开展案件复查工作，对复查结果进行总结分析，制定整改措施，监督整改成效，推进案件查处质量。

【稽查队伍建设】　2013年，浙江省各级国税稽查部门紧密围绕稽查工作的需求，根据省局党组的统一部署，做到政治素质和业务素质两手抓。认真学习党的十八大和十八届三中全会精神，积极落实践行党的群众路线教育实践活动，严格遵守党中央关于作风建设的八项规定和省委的“六个严禁”。全省国税稽查干部将上述规定要求进行细致认真的学习，做到铭记在心，落实于行，效果显著。

【稽查业务培训】　2013年，浙江省国税稽查系统按照分级培训的要求，因地置宜、按需施教，开展了一系列形式多样的培训活动。其中3月在湖州税校举办了全省协查工作培训班，就协查信息管理系统的操作进行了业务培训与经验交流。4月在辽宁税务高等专科学校组织了一期稽查局局长业务培训班，参加对象为各市、县稽查局分管业务工作的副局长，针对当年要开展的税务稽查任务强化业务方面的拓展培训。11月在淳安举办了市、县稽查局局长培训班，培训内容涵盖了电子化税务稽查、税收执法风险防范等，有力提升了各地稽查局局长的业务水平和领导能力。通过这些培训，提升了稽查人才的能力素质，为全省稽查工作的有效展开和全年稽查任务的顺利完成提供了坚强的智力保障。

【稽查案件评审】　为了更好地总结国税稽查的成功经验，切实提高税案查处质量，浙江省国税局稽查局于6月初启动了2013全省优秀税务稽查案件评选工作。通过参评单位介绍、初评小组成员点评、专家组提问和综合评分几个环节，报经省局评选工作领导小组审核，评定了入围案件的奖励等次，确定特等奖1件，一等奖2件，二等奖3件，三等奖4件，优秀奖5件，进行了通报表彰。抽取其中两件特别具有典型意义的优秀案例在全省稽查局长培训班上进行了交流，取得了良好的效果。为了便于全省稽查干部学习、借鉴和参考，省国税局稽查局将本次获奖案例统一汇编成册，发放给广大稽查干部。

【稽查工作会议】 2013年3月，浙江省国税稽查工作会议在永康召开，参加会议的有各市国家税务局及义乌市国家税务局分管稽查的局领导和稽查局局长。会议传达贯彻了全国税务稽查工作会议精神，在全面总结和回顾2012年全省国税稽查工作开展情况的基础上，交流稽查工作经验和做法，全面落实2013年稽查工作重点和各项任务。省国税局总会计师崔成章到会并作了重要讲话。会后各地也及时召开了会议，将上级精神贯彻落实到位。7月在舟山组织召开了全省地、市国税稽查局长会议，会议传达了税务总局华东片区会议精神，部署2013年下半年重点工作。此外，浙江省国税局稽查局还多次组织召开稽查工作例会及座谈会，及时了解各地稽查工作情况，不断分析、研究存在问题，改进和完善稽查工作。

（章　强）

浙江省地方税务局稽查局

【概述】 2013年，浙江省各级地税稽查部门认真贯彻落实全省财税工作会议和全国税务稽查工作会议精神，一方面狠抓涉税违法案件查处，整顿和规范税收秩序，发挥以查促管、以查促收的职能作用；另一方面扎实深入开展规范执法活动，大力强化案件质量管理，加强稽查制度建设和信息化应用，提高稽查干部案件查办能力，全面完成了各项年度工作任务。

【稽查查补收入及分析】 2013年，浙江地税稽查部门（不含宁波，下同）共对10229户纳税人组织实施了检查，占正常企业纳税人户数的1.3%；查补各项收入20.64亿元，占地税部门组织收入总额（不含社保费）的0.77%。其中，重点检查4510户（含责成自查转重点检查2585户），查补税款4.62亿元，罚款2.2亿元。全省稽查入库率98.8%，重点检查选案准确率93.8%，案件查结率99.2%，复查率20.7%。

【案件查办情况】 坚持采用责成自查和重点检查相结合的检查模式，有序开展行业税收专项检查、重点税源企业检查、区域专项整治工作。通过责成自查给予企业充分的自查自纠机会，并根据企业自查自纠情况选择30%比例进行重点检查，确保专项检查效果。落实大要案的报告制度和加强案件线索信息的分析传递，积极开展联动协查、延伸检查。全年共查处查补金额100万元以上案件121件，其中：金额1000万元以上案件4件，500万～1000万元案件16件。各级地税稽查部门共移送公安机关案件32件，曝光案件119件，公告案件3937件，听证案件2件，复议案件1件，诉讼案件9件。

【税收专项检查】 围绕浙江省委省政府“腾笼换鸟”政策导向和浙江省地税局组织税收收入的中心任务，贯彻落实国家税务总局布置的检查项目，确定证券、基金公司和多年未查的工业、商贸企业为全省指令性检查项目，房地产业及下游企业、建筑安装业，非学历教育培训业、拍卖业、劳务中介、培训服务机构高收入行业个人所得税，高污染、高耗能企业为指导性检查项目。部分地区根据自身情况安排了资本交易项目、社会中介机构、国有企事业单位、亩产税收较低企业等的专项检查。其中，多年未查的工业企业、商贸企业共查补收入3.49亿元。

【重点税源企业检查】 根据国家税务总局稽查局的统一布置，与省国税局稽查局协作，开展对广厦控股集团有限公司、杭州娃哈哈集团有限公司和其他15个集团企业在浙分支机构共114户的检查工作。共计查补收入9388.83万元，其中自查查补6968.76万元，重点检查查补2420.07万元。

【打击发票违法犯罪活动】 按照打防结合、综合治理的要求，加大对发票违法犯罪行为的打击力度：一是部署开展对房地产与建筑安装、药品与医疗器械、发电、供电、餐饮娱乐、营利性的教育培训等行业发票使用情况的重点检查工作，共查处虚假发票受票企业1276户，涉及违法发票份数48609份，查补税款、滞纳金、罚款合计2.82亿元。其中，对医疗卫生企业发票使用情况检查成效显著，得到国家税务总局稽查局发文表扬。二是落实公安部、国家税务总局联合部署的打击整治发票违法犯罪专项行动，5—10月联合省公安厅、省国税局开展专项行动，全省各市县地税局稽查局共向公安机关移送税务案件或线索11件，收缴非法发票400余万份，合力侦破温州“1·22”虚开发票案、苍南“5·30”非法制造发票案、台州非法制售发票案等5件特大发票违法案件及一批大案要案。

【案件协查工作】 各级地税稽查部门继续保持对税收违法犯罪活动的高压态势，通过落实大要案的报告制度和加强案件线索信息的分析传递，积极开展联动协查、延伸检查，组织查处了一批重特大虚开普通发票案件。温州市地税局通过对某房地产公司的检查，发现有2家广告公司虚开发票，根据这一线索深挖细掘，共联动检查房地产企业56户，发现并查处违法企业12户，查处非法发票119份，涉及金额2.48亿元，查补税款1.29亿元。根据2012年公安部门侦破的嘉兴“6·29”特大虚开普通发票案件有关线索，2013年省局稽查局先后组织布置了针对省内1622户受票企业、近25000份发票、票面金额近4.2亿元的核查与延伸检查工作，有效查处了涉案企业税收违法行为，充分发挥了稽查合力与威慑力。

【涉税违法案件检举】 浙江省各级地税局稽查局税收违法案件举报中心，按照“谨慎、规范、及时”的原则，认真做好税收违法案件的举报受理和查处工作，全省地税各级税务违法案件举报中心共受理举报案件1201件，同比减少443件。其中由稽查部门直接查处597件，查处举报案件查补税费、滞纳金、罚款共计1.67亿元；通过举报线索，查处大要案17件，移送司法机关案件5件；共对92件举报案件的举报人发放了举报奖励，奖励金额共计7.98万元。

【稽查制度建设】 全面完成稽查制度清理工作，对现有四大类218个稽查工作和业务制度进行认真甄别梳理，分类提出处理意见，发文废止了10个文件。完成税务稽查责成自查办法修订工作，重新印发《税务稽查责成自查办法》，并起草了配套的内部操作办法。修订后的办法突出强调自查是企业自主行为，责成自查由稽查局发起，但不是稽查部门实施重点检查前的必经程序这一制度定位。同时对不得实施责成自查的纳税人范围进一步规范，对责成自查中稽查局的禁止性行为予以明确，将责成自查办法打造成全省地税系统稽查执法与稽查服务的有效结合点。抽调各地稽查业务骨干组成专家组，启动对《稽查工作规程》具体执法要求的梳理和举报工作操作指南的编写工作，对相关法规逐条进行细化解读和分类整理，进一步明确操作规范。

【以查促管】 加强案情分析，以点代面，积极发挥以查促管职能作用。一是推动建立发票三方比对制度：通过温州“1·22”特大虚开发票案件暴露的网络发票比对存在的问题，提出将企业受票信息纳入发票信息采集范围并进行比对的稽查建议，省地税局据此下发了《浙江省地方税务局关于开展纳税人受票信息查验比对有关事项的公告》，对纳税人收到的单张金额在1万元（含）以上的发票信息进行采集比对。二是推动开展公司改制时个人获得股权有关个人所得税政策的全面清查工作：针对上市公司股份改制个税问题的系列举报案，提出尽快对公司上市前个人获得股份缴纳个人所得税情况进行清理的建议，联合税政二处共同布置全省范围对个人股份制改制获得的股权有关政策及相关企业实际缴纳情况进行全面清查。

【稽查信息化建设】 研究明确全省地税稽查信息化工作目标，即近期稽查信息化应从加强《税友龙版》现有数据的应用能力、完善查账辅助软件和提升第三方信息应用水平3个方面突破。进一步完善《税友龙版》稽查功能模块。结合稽查文书的式样调整，完善文书操作流程；新增适应下查一级模式的案源管理功能；完善稽查指标自动取数和统计报表功能。尝试开展“人机结合”的案件复查方式，利用《税友龙版》指标对2012年、2013年的稽查案件试行自动复查，发现5905件（次）稽查案件存在异常指标，要求各地分析原因，自查自纠。明确查账软件修改完善方案，考察学习山东、上海等地地税稽查部门稽查软件的应用情况，研究确定完善现行查账软件的总体思路。启用案件协查管理系统，按照国家税务总局推广协查信息管理系统的工作要求，于6月1日起正式启用协查信息管理系统。

【稽查体制机制改革】 针对现行税务稽查管理体制与现代企业监管需要间的不适应性和稽查人力资源整体不足等问题，浙江地税稽查部门结合当地实际进行稽查管理机制的探索与创新，稳步开展了以税收专项检查为切入点的稽查管理模式改革实践活动。舟山市地税局采取“四统一”稽查管理模式实施下查一级；绍兴市地税局进一步深化全市联动稽查模式；温州、丽水等地也尝试性地对部分行业企业开展全市统一的专项检查。同时，省地税局对《税友龙版》相关功能进行了完善，实现稽查案源全市集中选取、稽查任务跨市县局实施功能，为各地的探索实践活动提供了技术支持。

【稽查队伍建设】 根据税务总局要求，完成全国稽查人才库的更新选拔，7名稽查业务骨干入选国家税务总局税务稽查人才库。省局稽查局初步完成稽查程序、举报管理、案件质量、稽查信息化等若干专家团队的组织筹备工作。积极做好稽查干部记功嘉奖，配合人教部门做好基层大要案查处重大贡献的单位与个人记功嘉奖的申报评审工作，成功对舟山市局稽查局查处“舟山市沥港船舶修造有限公司重大偷税案”中有突出贡献的单位和两位主查人员给予记三等功及嘉奖。在各类先进评选活动中，全省地税稽查系统涌现出不少先进榜样：仙居县局稽查局被省委、省政府授予“浙江省文明单位”称号；丽水市局稽查局叶荣伟同志荣获省委组织部、宣传部、省人社厅等部门授予的全省“人民满意的公务员”称号。

【稽查业务培训】 积极组织开展多渠道、多形式业务培训，着力提高稽查人员的业务素质和查账能力。省局稽查局分别在国家税务总局税务干部进修学院举办了全省地税系统稽查业务专题研修班，在浙江财经大学下沙学术中心举办稽查骨干ERP系统专题培训。各地也通过采取“师徒结对”“传、帮、带”等形式，充分发挥稽查骨干在业务能力经验上的优势，培养新进稽查岗位干部。杭州市地税局开展了声势浩大的稽查岗位业务技能比武活动，动员全市范围的稽查干部全员参与、全员学习，并将比武结果与职务晋升相挂钩，取得了显著效果。

【稽查工作会议】 2013年3月12日，省地税局召开全省地税稽查工作视频会议，省局副局长王平作了题为《转变作风　真抓实干　进一步开创全省地税稽查工作新局面》的重要讲话。讲话对今后一段时期的稽查工作提出了新的要求：一要认真履行职责，正视现实要求，稳守稽查基本职能，通过优化与协调促合力；二要重视执法能力建设，充实手段，稳定机制，优先提升信息化水平；三要积极探索稽查管理方式改革，坚持结合实际，稳步推进，体现垂直管理、扁平化管理优势；四要加强队伍建设，弘扬实干精神，稳固风险防控体系，营造优良税收执法环境。

（翁旭东）

安徽省国家税务局稽查局

【概述】 2013年，在社会经济和税收工作形势较为严峻的情况下，安徽国税稽查部门紧紧围绕税务总局、省局工作部署，切实履行稽查职责，积极发挥职能作用，努力保障税收中心工作，致力打击涉税违法行为，整顿规范税收秩序。全年共检查各类纳税人2299户，其中有问题户2108户，选案准确率91.7%；查补税收收入13亿元，入库收入12.88亿元，入库率达到99.1%，各项指标均达到或超过税务总局要求，较好地完成了各项工作任务。

【稽查体制机制改革】 创新和改进稽查工作方式方法，推进稽查现代化建设。加大省级稽查机构组织实施稽查的力度，强化督导管理职能，对大型企业集团、总分机构企业实行省局组织协调、市局检查的模式。以检查标准化为突破口，制定、实施和强化了项目化、团队式、解剖式检查。根据稽查资源分布情况，合理调整市、县级稽查机构职责范围和权限，进一步理顺工作关系。

【稽查查补收入及分析】 全年共立案检查企业2299户，检查发现有问题户2153户，结案户数2108户，组织企业自查1601户，其中查补税款千万元以上案件11件，查补收入2.08亿元；百万元以上案件106件，查补收入2.61亿元；偷税案件577件，查补收入3129万元。组织企业自查收入3.26亿元。

【案件特点分析】 2013年，随着对发票违法犯罪活动打击力度的不断加大，全省涉税违法案件呈现出新特点：一是利用农产品收购发票等进行虚开、骗税的犯罪行为呈现专门化、集团化趋势，且以产业承接转移的名义向内地发展的势头不减；二是违法犯罪分子对税收政策的研究日趋深入，利用“营改增”、成品油消费税等新的政策漏洞进行虚开、偷税的案件呈多发趋势。

【重大案件查处】 重点突出大要案案件查处，强化对涉案税额300万元以上案件的跟踪督办，建立重大税收违法案件分户台账，详细登记案件查办机构、查办人员、涉案税额、基本案情、案件进展、会议纪要等内容，实施跟踪管理。2013年，全省共查处千万元以上案件11件，查补收入2.08亿元；百万元以上案件106件，查补收入2.61亿元。其中，合肥市联合公安部门破获"2·21"特大虚开增值税专用发票案，查处涉案企业虚开增值税专用发票7482份，金额5.14亿元，税额8674万元。安庆市查处枞阳县某石化销售公司利用虚假海关完税凭证抵扣增值税5909万元，涉嫌向外虚开增值税专用发票金额3.52亿元，税额5978万元。

【税收专项检查】 全省确定证券、基金公司、房地产、建筑安装业和办理电子、服装、家具类产品出口退（免）税的企业为指令性检查项目；将中介、培训服务机构、承接出口货物业务的货代公司列为指导性检查项目。全年共检查纳税人1129户，有问题户772户，入库收入7.22亿元，占全部稽查查补入库收入的56.1%。

【区域性税收专项整治】 丰富专项整治工作内涵，由整顿区域、行业税收秩序延展到规范税务机关征管秩序。4月，安徽省国税局牵头组织对马鞍山市当涂县国税局代开增值税专用发票问题开展专项整治，对4户引税平台企业和2户接受虚开企业开展检查，查处代开增值税专用发票12574份，金额12.22亿元，税额2.08亿元，制止企业违法行为，依法处理引税平台企业和接受虚开企业，积极追回少缴税款，并提出征管建议和责任认定建议，既整顿了区域、行业税收秩序，又规范了税务机关征管秩序。

【重点税源企业检查】 准确把握重点税源企业的经营特点和检查规律，以提高纳税遵从为最终目标，有序组织、开展重点税源企业检查工作，实行"三步走"，即查前做好稽查服务，查中注重"总分结合"，查后协助落实整改。2013年，按照税务总局工作要求，安徽省国税局稽查局将海尔、美的集团等7户企业在皖分支机构共25户列为重点税源企业检查对象。同时，选定了省内中铁四局集团、中冶十七局集团和三安光电集团3家大型企业集团组织开展重点检查，取得良好效果。全年共检查企业1129户，有问题户数772户，稽查机构查补收入5.4亿元，企业自查收入2亿元。

【房地产及建筑安装业企业检查】 2013年，全省将房地产行业检查放在专项检查工作的突出位置，将重要资源、主要力量向此集中，查处了淮北云天、安徽胜华房产等一批收入过千万的案件。全省共检查房地产企业237户，入库收入3.6亿元，占全部稽查收入的30.3%。

【出口退（免）税企业及货代公司检查】 探索新型检查组织模式，成立"总部"检查组和"分支机构"检查组，省市两级联动。实施"项目化检查"，全面整理和排查涉税风险点。加强外调协查工作，派出调查组4批20余人次，调查企业120余家。2013年，全省出口退（免）税行业共检查企业88户，查补收入2575万元。

【股权转让交易的企业及个人检查】 以税务总局清分名单为突破口，重点对合肥永天机电等企业开展项目化检查，对其持股情况、交易情况和申报纳税情况进行了全面排查。

【打击发票违法犯罪活动】 依法严厉查处"营改增"试点行业和其他行业骗取出口退税、虚开发票、制售假发票等重大案件，集中力量整治药品、医疗器械生产经营单位和医疗机构、房地产等一批高危行业和发票违法犯罪活动猖獗的重点地区。全省共查处各类发票违法犯罪案件2743起，查获各类虚假发票572.37万份，查补收入5.61亿元。

【涉税违法案件检举】 强化案件责任落实，实施"下查一级"和"分管领导负责制"，即市局承接省局交办案件不得下转，分管领导承担案件查处相关责任。2013年，全省案件查处数量和查补收入大幅上升，共检查检举对象167户，比2012年同期增长89.8%。查补收入2433万元，增长147.3%。

【案件协查工作】 进一步规范电子数据的录入，把好数据入口关，深化数据分析利用，建立起上下级税务机关协同配合有梯次的涉税信息分析机制，及时进行案情总结和趋势分析。2013年，全省共发出委托协查1100起，协查发票12300份，共涉及金额16.18亿元，税额2.71亿元。全省共收到受托协查1267起，协查发票26007份，共涉及金额25.6亿元，税额4.25亿元。2013年，全省委托协查选票准确率为53.42%，同比增长107.78%。

【稽查制度建设】 加强对稽查工作特点和规律的分析研究工作，制定、完善全省统一的稽查作业和项目化检查标准，建立科学化、规范化操作流程。进一步修改、完善全省性稽查工作制度、办法，制定了《安徽省国税系统稽查检查人员监督制约办法》，强化重大税务违法案件审理、大案要案报告等制度实施运行，加强稽查案卷复查工作，推动稽查工作更加规范统一。

【稽查系统建设】 制定全省国税稽查系统依法行政考核指标体系，依法开展稽查工作考核。加强工作督察督导，将各地落实工作制度的情况列入当年目标管理考核内容。

【稽查队伍建设】 强化对稽查人员的教育、管理、监督，切实加强思想政治教育、职业道德教育和纪律作风建设。加强内控机制建设，提升稽查干部风险防范意识。狠抓稽查业务培训，改进培训形式和内容，突出制度建设和人才培训相结合，业务培训和强化实战演练相结合。

【稽查人才库建设】 着重培养一批工作作风优良、业务水平娴熟、敬业精神执著的高素质稽查领军人才和后备领军人才，调整、充实、优化省级稽查人才库，以适应项目化、团队式、解剖式检查的需要。全年共打造专家型、复合型稽查领军人才51人，在重点税源企业检查、重大涉税违法案件查处、专项整治等工作中发挥了突出作用。

【稽查业务培训】 举办2期稽查业务培训班，累计完成120人次培训任务。以培养稽查领军人才和后备领军人才为重点，突出财会、电子查账等核心业务能力培养，将发票知识和虚假发票检查方法作为必学项目列入教学大纲。蚌埠、淮南、合肥等地采取岗位练兵、以查代训等多种形式，开展全员培训，全面提高稽查人员在行业税收政策、行业检查技能、查账软件使用等方面的核心业务能力。各地也相继开展了形式多样的培训活动。

【稽查信息化建设】 2013年，全省稽查信息化建设稳步推进。安徽省国税局通过数据仓库平台，构建数据模型，按照规模、行业等不同条件，对全省纳税人进行风险扫描，自动生成风险识别报告，对于高风险的纳税人，省局将作为稽查案源派发至各级稽查局。专人负责分析、调控、督促税务工作流系统运行，做到系统信息及时应用，出现情况及时报告，发现问题及时处理，工作成果及时反映，稽查建议及时反馈。

【稽查宣传】 2013年，全省各级稽查部门继续开展形式多样的宣传教育活动。4月，组织开展了“万人签名拒绝假发票”税收宣传月活动。5月，和省公安厅、省地税局等部门共同开展以“打击预防经济犯罪，共建和谐美好生活”为主题的打击经济犯罪宣传日活动。同时，认真做好系统内稽查要情、报表、工作信息、宣传报道、典型案例等材料的报送工作，畅通业务和信息交流渠道。全年共上报税务总局税务稽查要情3期，稽查信息10篇，安徽国税稽查信息简报21篇，《厉风》约稿1次。

【稽查调研】 2013年，安徽国税局稽查局深入基层，围绕稽查工作中存在的问题和稽查业务需求进行了多次调研，提高了稽查工作的针对性。系统上下高度重视稽查调研工作，鼓励广大稽查干部结合工作实际进行调研，促进了稽查工作的有效开展，也形成了一批有较高质量的调研文章。

【稽查工作会议】 2013年2月26日，全省国税稽查工作视频会议在合肥召开，省局党组成员、副局长徐光伟作了题为《提升执法能力　履行工作职能　全面建设现代化安徽国税稽查》的工作报告，明确了2013年全省国税稽查工作思路。4月1日，召开2013年全省国税稽查工作座谈会，会议就严格规范执法，狠抓工作落实，办案经费管理、使用，稽查机构、人员以及稽查队伍素质等问题进行了重点强调，确保实现全年工作目标。

【工作建议】 2013年，全省各级稽查部门积极建言献策，共提出工作建议18条，内容涵盖重大案件查处、税收专项检查、涉税案件举报等多方面。包括建议继续以查处重大案件尤其是跨区域、有组织、链条式重大税收违法案件为重点，对上游原料为难以监管的农产品收购发票开具对象的纺织服装、家具等行业出口行为进行重点检查，同时加大对纳入“营改增”范围的运输企业、货代公司涉嫌虚开行为进行严厉打击。

（夏　莉）

安徽省地方税务局稽查局

【概述】 2013年，安徽地税稽查系统深入贯彻落实全国税务稽查工作会议和全省地税工作会议精神，面对严峻复杂的税收形势，严格规范抓执法，积极稳妥促增收，各项工作取得良好成效。

【稽查体制机制改革】 按照“做实省级稽查局，做强市级稽查局，做精县级稽查局”的思路，在现有人员、机构、编制三不变的前提下，进一步推进市、县稽查资源、业务的整合和城区一级稽查，积极构建适应现代税源结构特征的稽查资源配置模式和管理机制。通过上收选案、审理等部分执法权限，盘活稽查资源，提高查办大要案质效。对只管辖一县的市和设区稽查局的市，上收县（区）稽查局全部执法权限，稽查人员由市局稽查局统一调配使用；对管辖多县的市，上收选案、审理等部分执法权限，相应稽查人员，由市局稽查局调配使用。

【稽查查补收入及分析】 2013年，全省地税稽查部门共查处税收违法案件4970户，查补收入总额13.12亿元，其中税务机关检查查补收入6.65亿元，同比增长31.7%；入库12.95亿元，同比增长4%。选案准确率94.5%，结案率102.2%，入库率98.7%，均比2012年提高。省局稽查局共组织检查企业38户，查补收入2.34亿元。

【重大案件查处】 加强对案件查办和异地协查的督办力度，落实大要案件报告制度、重大案件督办管理办法，对采取做假账、设置账外账和虚假申报等手段偷逃税款，金额较大、影响范围较广的案件加大惩处力度。全省共查处百万元以上案件77件，其中5000万元以上大要案3件，查补税款2.87亿元，比上年同期增加近28%，移送公安部门追究刑事责任17件。查办了一批中纪委、省纪委交办的税收违法案件，得到了有关部门和领导的充分肯定。

【税收专项检查】 全省各级地税稽查部门严格按照“查全面、查细致、查深透”的原则，通过开展查前培训，运用解剖式稽查、调研式稽查、审计式稽查等创新工作手段，加强与国税、公安、工商、金融、房管等部门联动的协作办案机制，认真组织开展税收专项检查。全省组织专项检查3974户次，查补收入7.83亿元，其中自查2388户，自查补税5.22亿元；检查1586户，查补收入2.6亿元，自查及检查合计入库收入7.07亿元。

【重点税源企业检查】 认真开展税务总局布置的重点税源企业检查，周密组织对联合利华、格力集团等10家集团公司下属121户在皖成员单位开展税收自查和重点检查工作，查处收入合计2579.11万元。其中总局督办的联合利华一案，获税务总局通报表彰。在全省2012年地税纳税400强企业中选择3年未检查的84户企业开展全省重点税源企业检查工作，自查和检查收入合计2.04亿元。其中，由省局稽查局带队，抽调稽查人才库人员，对16户重点税源企业实施异地交叉稽查，自查和检查查补收入4825万元。

【打击发票违法犯罪活动】 2013年，省局稽查局继续突出打击重点，充分利用宣传媒介，针对发票违法问题严重的行业开展发票整治工作，持续开展医疗卫生行业专项整治工作和对药品、医疗器械生产经营单位和营利性医疗机构开展的检查、自查工作。全省共对9106户企业的受票情况进行检查，查处违法企业2183户，比上年同期增长45.9%；查获非法发票5.1万份，涉及金额18.25亿元；查补税款1.1亿元，比上年同期增长25.7%，加收滞纳金810万元，罚款1853万元，通过媒体曝光案件6起，向公安部门移送的案件18起。

【涉税违法案件检举】 2013年，全省地税部门共受理检举案件410件，累计查处298件。合计查补收入5174.76万元。建立检举奖励基金管理制度，实行市、县（区）分级管理，专门设立科目，据实列支，支付检举奖金1.85万元。

【案件协查工作】 高度重视案件协查工作，坚持树立协查地就是案发地的观念，从协查过程中发现有价值的信息，作为本级案件来源。对全国各地发来的协查案件，认真对待，及时回复。全年共接到全国各地协查函10件，分解下发协查函20余份。

【稽查制度建设】 按照党的群众路线教育实践活动的要求和省局工作部署，根据稽查工作实际，省局稽查局先后出台《检举接访制度》和《稽查回访暂行办法》，进一步提高服务纳税人水平。

【稽查系统建设】 一是开展2012年度全省地税稽查案卷评审工作。对优秀稽查案卷给予通报表彰；对发现的问题，下发《整改通知书》，提出整改要求，限期整改，切实提高稽查工作质效，促进稽查文书和案卷制作的标准化。二是制定《安徽省地方税务局稽查局稽查案件飞行检查暂行办法》，开展全省地税稽查案件实施随机性或突击性检查。12月，省局稽查局分成4组，对全省16个县共48户案卷开展检查，对于检查中发现的问题，及时提出整改建议。通过飞行检查，掌握了全省稽查案件质量情况，促进了稽查规范化、法制化建设。

【稽查队伍建设】 一是切实加强廉政风险防控建设。以正面典型和反面案例为"镜"，通过开展廉文鉴读、警示教育等教育活动，筑牢稽查人员的思想道德防线，强化风险教育。大力改进工作作风，狠抓勤俭节约、科学管理，切实减轻基层和纳税人的负担。二是扎实开展党的群众路线教育实践活动。采取集中学习、自学、小组学习等方式，重点学习中央、省委和省局活动文件、领导讲话。结合领导班子基层联系点制度，采取座谈、走访、纳谏、调研等方式，征求基层稽查干部和广大纳税人的意见，切实找准找全"四风"问题。省局稽查局领导班子制定六条公开承诺，公开接受群众监督。切实发挥领导带头作用，全体税务干部针对查摆出来的问题和群众反映突出的问题对号入座，各自领题，明确整改任务书、时间表。

【稽查人才库建设】 开展稽查能手选拔活动，向税务总局报送5名业务特长人员入选税务总局稽查人才库。对全省稽查人才库进行调整，补充调整100名稽查人才库人员，做到人才库动态管理。

【稽查业务培训】 以涉税法律和相关税收政策、稽查工作规程等为主要内容，采取专题讲座、集中培训，个人自学等方式，不断提升稽查人员应对新型会计业务、解决疑难问题的能力。年初，开展专项检查视频培训，全省1000多名稽查一线人员参加培训；8月和10月分别在大连税校、汤池培训中心组织开展全省地税系统稽查业务骨干和基层稽查人员培训班，全省共150人次参加培训。

【稽查信息化建设】 一是继续购进电子查账软件100套，截至2013年12月，全省稽查部门共购进电子查账软件274套，实现省局稽查局每个检查人员人手一套，市局稽查局每个检查组、每个县局稽查局至少保有一套，进一步加大了查账软件的推广应用。对全省所有稽查一线人员实施电子查账培训，要求每个检查组成员都能熟练使用查账软件。二是安徽地方税收综合管理信息系统AHTAX2013稽查业务域于2013年11月成功全面上线运行，标志着全省稽查信息化工作又上新台阶。AHTAX2013稽查业务域以消息推送的方式，将稽查全部流程纳入到管理平台，根据岗责配置，严格按稽查的选案、实施、审理、执行四环节流转。三是发票协查系统按照总局要求如期上线运行，开展全系统培训，强化案件协查管理。

【稽查宣传】 充分发挥《安徽地税稽查信息》《安徽地税》杂志稽查之窗和安徽地税稽查案例库等信息平台作用，报道全省稽查工作动态，整理全省地税稽查系统调研报告和案例，展示工作业绩，交流工作经验，促进稽查工作成果转化。全年编发《安徽地税稽查信息》24期；向《安徽地税信息》报送信息8篇；撰写专题送阅材料4篇；通过《安徽地税》稽查之窗，编发稿件25篇，图片新闻6篇，发表特稿等8篇。

【稽查调研】 积极关注税制改革动向，深入研究稽查工作面临的新问题，切实加强稽查调研工作，撰写了《信息化手段在稽查现代化中的应用》《加强稽查执法能力建设的几点思考》《税收检查中电子取证问题研究》《税务稽查案卷管理实践与思考》等调研文章。整理编印全省稽查系统年度调研报告集和案例集，加强稽查系统工作交流和学习。

【稽查工作会议】 2013年3月，全省地税系统稽查工作会议在汤池召开。会议传达了全国税务稽查工作会议精神，全面总结了2012年全省稽查工作，针对地税稽查管理转型升级、专项检查、重点税源企业检查、打击发票违法犯罪活动、队伍建设、廉政建设等方面工作进行讨论。8个市地税局分别进行了会议交流。会后，制定印发了《2013年全省地方税务稽查工作要点》，从整顿规范税收秩序、加快稽查现代化建设、提升稽查工作质效和强化稽查队伍建设等四大部分，确定了22项具体工作。

（陶　磊）

福建省国家税务局稽查局

【概述】　2013年，福建国税稽查部门以群众路线教育实践活动为引领，以绩效管理为抓手，全面贯彻落实国家税务总局、福建省国税局工作部署，开展行业性税收专项检查、重点税源企业检查、打击发票违法犯罪活动、打击骗取出口退（免）税犯罪等重点工作，充分发挥税务稽查“以查促收、以查促管、以查促查、以查促改、以查促廉”职能作用，卓有成效完成各项工作任务，稽查依法行政水平得到新提升，稽查现代化建设得到新进展，稽查工作质效取得新突破。

【稽查查补收入及分析】　福建国税稽查部门累计检查和组织企业自查1980户，实现查补收入14.10亿元，入库13.23亿元，同比增加1.99亿元，增长17.70%。其中：稽查机构直接查补收入12.71亿元，入库11.84亿元，占收入总额的89.49%；组织企业自查收入1.39亿元，入库1.39亿元，占收入总额的10.51%。检查收入中，税款10.21亿元，占检查收入的86.23%；罚款0.76亿元，占检查收入的6.42%；滞纳金0.87亿元，占检查收入的7.35%。

【案件查办情况】　以虚开增值税专用发票和骗取出口退税案件为重点，通过查处税收违法案件，做到“处理一个、教育一批、治理一片”，增强稽查威慑力，促进税法遵从度。全省立案检查企业1363户，发现有问题企业1327户，选案准确率97.36%。其中：查办千万元以上案件7件，查办百万元以上案件122件。全年移送公安机关立案查处案件68件，公安机关立案查处59件，增长145.83%。

【案件特点分析】　一是虚开增值税专用发票案件特点分析：（1）涉案行业相对集中。涉案虚开企业大多为小型商贸企业、农副产品收购加工企业、成品油经销企业等。（2）虚开行为“短、平、快”。涉案企业经营期限短，一般不超过一年，虚开获利后迅速注销或走逃。（3）违法手段隐蔽。不法分子大多通过伪造、借用他人身份证件办理工商登记、税务登记等手续，借用、租用身份证开具收购发票，编造资金流、货物流和生产能耗、成本，伪装生产能力进行假生产，隐蔽性强。（4）招商引资企业成为虚开案件的重点。二是骗取出口退（免）税案件特点分析：（1）骗税分子团伙化、骗税手段专业化。（2）骗税高发商品多为高退税率的产品。用于骗税的商品主要为体积小、价值高、退税率高、运输便利的手机、耳机、太阳能晶片、液晶显示板、数码相机、笔记本电脑等电子产品和市场价格差异大、退税率高的服装、皮毛制品、家具等产品。（3）报关行、货代公司等中介机构成为骗税的关键环节。报关行、货代公司等中介机构与骗税团伙或中间人相互勾结，买卖报关单证和出口信息，甚至帮助不法分子将低退税率的商品伪报成高退税率的货物，再由不法分子配单配票，实施骗税。

【重大案件查处】　紧抓大要案查处工作，集中力量查办了一批有影响力、威慑力的重大案件。全年承办国家税务总局、公安部联合督办案件4件，承办国家税务总局、督办案件2件；福建省国税局自行督办案件4件，自行组织查办案件7件；查处了“8·22”虚开增值税专用发票案、福建省金紫阳实业有限责任公司虚开骗税案、龙岩盛泉进出口有限公司骗取出口退税案、南山（福建）炭业有限公司虚开农产品收购业务发票案等大要案。全年共有11起案件、27名稽查干部受到福建省国税局立功嘉奖。

【税收专项检查】　根据国家税务总局2013年税收专项检查行业指令性和指导性检查项目的统一部署，结合福建省实际，成立以局长臧耀民为组长、总经济师雷致青为副组长、相关业务处室为成员的税收专项检查领导小组，确定成品油批发、零售企业，办理电子、家具、服装类等产品出口退（免）税企业，证券、基金公司，房地产、建筑安装业，承接出口货物业务的货代公司、报关公司（报关行），资本交易项目等为专项检查必查项目。全省累计检查企业951户，组织企业自查886户，查补收入8.28亿元，同比增加2.28亿元，增长37.98%；入库8.20亿元，入库率99.01%。其中：稽查部门直接查补入库收入7.07亿元，辅导企业自查入库收入1.13亿元。

【区域性税收专项整治】　福建省国税局部署各设区市局重点查处以下税收违法行为高发或高风险区域：一是实施“营改增”的交通运输企业，

重点查处利用“营改增”政策缝隙虚开、虚抵增值税专用发票的违法活动；二是矿产品（包括煤炭）采选经销企业，重点查处利用成品油增值税专用发票虚抵进项税款的违法行为；三是农产品加工企业，重点查处相关服装、木器、食品、药品企业利用农产品收购发票虚抵进项税款行为。其中：福建省国税局指定龙岩地区为矿产品（包括煤炭）采选经销企业区域税收专项整治重点区域，指定南平、三明、漳州地区为农产品加工企业区域税收专项整治重点区域。区域性税收专项整治直接检查企业51户，查补入库收入844.38万元。

【重点税源企业检查】 按照“以企业自查为先导、以税务机关抽查和重点检查为保障”的方式，探索重点税源企业税收自查、检查方式，落实对重点税源企业自查检查工作。全省以税收风险分析监控中心筛选和纳税评估部门移交的高风险重点税源企业为重点检查对象，对企业开展解剖式检查。例如，福建省国税局稽查局抽调稽查业务骨干组成专案组对福建省第一纳税大户——龙岩烟草工业有限责任公司开展辅导自查和重点检查。

【房地产及建筑安装业企业检查】 全省直接检查企业88户，查补入库收入3.33亿元；组织企业自查133户，自查入库收入2559.06万元。检查发现企业主要存在如下问题：一是未正确核算收入。例如，未按规定及时确认已售商品销售收入、应纳税所得额；开发产品符合完工条件未及时办理完工项目结算；隐匿预收房款；发生视同销售行为没有申报销售收入等问题。二是成本费用支出不实。例如，赞助支出、业务招待费、管理费用、广告费用等支出虚假和手续不合规；多列支营业外支出和与收入无关的其他支出等问题。

【出口退（免）税企业及货代公司检查】 根据国家税务总局、公安部、海关总署“宁波会议”精神，开展打击骗取出口退（免）税违法犯罪活动。全省共对69户出口企业（包含税务总局下达5825条重点线索涉及的26户企业）和9户省内生产供货企业开展检查，累计查补税款6908.45万元，暂缓出口退税4.28亿元，其中：税务总局分两批下达26户重点线索企业累计查补税款1667.55万元，暂停出口退税2.43亿元。在税务总局、公安部部署的“8·27”统一收网行动中，全省出动税务人员102名，涉及厦门“5·30”集群战役、福建龙岩“1·18”个案收网行动等8个案件，涉及集中行动企业30户，涉案金额6.82亿元。

【打击发票违法犯罪活动】 会同公安、地税等部门联合开展打击发票违法犯罪专项行动，对房地产与建筑安装、药品与医疗器械、发电、供电、餐饮娱乐、营利性教育培训、金融、保险等八大行业和“营改增”试点行业开展重点检查，有效地遏制了发票违法犯罪行为。一是查处发票违法犯罪情况。出动执法人员5153人，查处制售假发票、非法代开或虚开发票和非法取得发票2158起（其中：税务部门查处案件2104起），捣毁制售假发票窝点2个，打掉作案团伙11个，缴获作案机器18台，缴获发票45万余份。二是税务机关整治虚假发票“买方市场”情况。检查1337户企业，查处发票违法企业1060户，圆满完成税务总局下达检查处理的违法受票企业不少于1000户的任务。查处非法发票56640份，查补收入2.30亿元。三是药品、医疗器械生产经营单位和医疗机构发票使用情况专项整治工作情况。检查三级以上公立医院及营利性医疗机构115户，采集发票87.52万份，涉及票面金额144.99亿元，查补收入5378.24万元。

【涉税违法案件检举】 落实举报案件批办、督办、反馈制度，完善人工受理来电、来函、来访和互联网电子信箱举报等方式，提高举报案件受理效率。全省各级税务违法案件举报中心受理税收违法检举案件568件，立案查处案件343件，查结案件273件，查补入库收入5579.50万元。

【案件协查工作】 围绕协查质量、协查成果两大任务，强化“协查为稽查服务、协查为选案服务”的工作目标，落实协查工作规范，执行协查工作流程，稳步推进协查系统V3.2.01升级工作，取得了较好成效。一是委托协查方面。全省共委托发出协查1393起，涉及发票5.18万份，金额60.19亿元，税额9.73亿元，收到回复发票5.04万份，其中正常发票2.78万份，有问题发票0.48万份，无法核实发票1.78万份，选票准确率9.6%。二是受托协查方面。全省受托收到协查1043起，发票1.33万份，金额21.53亿元，税额3.61亿元，累计回复发票1.27万份，累计回复率100%。

【稽查系统建设】 一是推进外部协作。5月下旬和6月中旬，福建省国税局稽查局与福建省公安厅经侦总队、福建省地税局稽查局召开二次联席会，并形成会议纪要下发各地市。二是完善横向互动。福建省国税局稽查局加强与征管、进出口、大企业、信息中心等部门的沟通衔接，会同征管、货劳、进出口等部门共同开展2013年全省税收专项检查，会同货劳处、进出口处、征管处等部门共同开展全省打击生产企业虚开增值税专用发票专项评估行动。三是强化福建省国税局稽查局与各设区市局稽查局之间的协作配合。

【稽查队伍建设】　一是完善内控机制建设。坚持“凡检查必立案、凡检查必审理”的工作原则，防止案件“体外循环”，做到权限合法、程序无误、事实清楚、证据确凿、定性准确、处理得当。二是强化廉洁自律意识。结合党的群众路线教育实践活动和党的十八届三中全会精神，加强对稽查人员廉政执法教育，防范稽查执法风险。三是表彰先进。对稽查专案补罚收入达3000万元以上或案件复杂、查办难度较大、对全省查办案件有指导意义的案件办案人员给予记功评奖。

【稽查人才库建设】　抽取全省反避税专家、征管能手、所得税业务能手、出口退（免）税业务能手等顶尖人才组建房地产税收检查、金融企业税收检查和查处出口骗税三个专业稽查人才库，大要案件、重点税源企业的检查所需人员优先从人才库中抽取。全省共有1名稽查人才入选全国领军人才，6名稽查人员入选全国稽查人才库。

【稽查业务培训】　一是福建省国税局稽查业务培训。契合当前经济税源跨区域、跨国境和财务核算电算化的趋势要求，福建省国税局于4月和9月下旬举办了以稽查人才库为主的3期稽查业务培训班，累计参训学员200多人。二是各设区市局稽查业务培训。契合检查需求、干部素质提升等要求，举办税收政策、查账技能等业务培训班。例如，福州市局在扬州税校举办15批次的培训班，培训内容涵盖所得税汇算清缴、稽查高级业务研修、税务分析、税收风险管理、资本交易检查、税会差异分析、房地产税务稽查等。

【稽查宣传】　注重稽查成果宣传，提升稽查威慑力。例如，在打击发票违法犯罪活动中，开展发票宣传教育活动38次。在“1·4”制售假发票案突击行动中，中央电视台、《人民公安报》《法制日报》记者随同拍摄，中央电视台一套新闻频道播出了现场侦破行动的全过程，全国打击发票违法犯罪活动工作简报第339期也对此作专门介绍。

【稽查工作会议】　2013年3月5—6日，福建省国家税务局稽查局在福州召开全省国税稽查工作会议，各设区市分管稽查工作的局领导、稽查局局长参加会议。会议总结2012年全省国税稽查工作，部署2013年全省国税稽查工作任务。福建国税局党组成员、总经济师雷致青作重要讲话，对2013年工作提出六点要求：一是各地主要领导和分管领导要从更高层面上关注重视稽查工作；二是改进工作方式，把握关键环节，突出稽查工作重点；三是进一步完善一级稽查体制，优化力量组合；四是推进稽查现代化建设进程，全面提升稽查队伍综合素质；五是积极推进优势互补的涉税案件协作机制，突破重大涉税案件的瓶颈问题；六是切实防范执法风险，全面加强稽查人员廉政建设。

（蔡燕青）

福建省地方税务局稽查局

【概述】　2013年，福建省地方税务局稽查部门认真落实全国税务稽查工作会议精神，紧扣全省地税中心工作，以整顿和规范税收秩序为目标，以重点行业稽查为主线，以大要案查处为突破口，以强化队伍建设为手段，更新工作理念，夯实制度基础，规范税收执法，防范执法风险，增强稽查威慑力，各项工作取得成效。

【稽查体制机制改革】　福建省地税系统2012年开展机构改革工作，改革后全省九个设区市地税局稽查局内设机构统一设置为综合选案科、检查科、审理科、执行科；在设区市局所属城区局设置了区局稽查局，内部不设固定机构；县（市）局稽查局取消了综合、检查、审理等内设股室的机构设置。按照税务总局稽查管理方式改革的思路，在现有的机构设置下进一步优化稽查管理机制，部分设区市局在主城区实行一级稽查体制；部分设区市局对区局稽查局只在所属区局保留编制，日常工作列入市局稽查局管理，实际只承担检查工作职责，市、区局稽查局实行“人员统一调配、案源统一管理、检查统一实施、审理统一组织”。

【稽查查补收入及分析】　2013年，福建地税稽查部门共检查纳税户1911户，查出有问题户数2043户（累计数），结案户数2187户。组织稽查收入14.91亿元，其中：稽查查补税款8.25亿元，罚款1.05亿元，加收滞纳金0.89亿元；组织企业自查补缴收入4.72亿元。累计入库14.72亿元

（含以前年度查补本期入库及检查期间纳税人主动补缴数）。全省稽查选案率106.91%，同比增长2.02%，结案率107.05%，同比增长13.28%，案件平均处罚率12.77%，入库率97.23%。

【案件查办情况】 2013年，福建省地税稽查系统立案检查2004件，上年移案1494件，本期查结2187件，本级存案1311件。已结案件查补总额10.18亿元，已入库9.89亿元。

【案件特点分析】 在已查结的2187件案件中，涉及内资企业1694户，占已结案件总数的77.46%；港澳台商投资企业88户，占已结案件总数的4.02%；外商投资企业95户，占已结案件总数的4.34%；个体经营234户，占已结案件总数的10.70%；其他76户，占已结案件总数的3.48%。

在已结案件中，存在偷税行为的79户，查补收入4101万元；存在逃避追缴欠税行为的1户，查补收入1万元；存在编制虚假计税依据行为的26户，查补收入35万元；存在不进行纳税申报行为的532户，查补收入2.27亿元；存在发票违法行为的518户，查补收入256万元；存在其他违法行为的1878户，查补收入7.47亿元。

【重大案件查处】 福建地税稽查部门以大要案查处为突破，严格执行重大税收违法案件报告制度及督办管理规定，注重提高受理案件的反应力、查处案件的打击力、督办案件的结案率和案件曝光的影响力，有力地打击了税收违法行为。2013年，全省地税稽查共查结100万元以上的涉税案件119起，同比增长10.19%，其中1000万元以上14起；查结偷税案件76起。

【税收专项检查】 2013年，福建省地税稽查开展专项检查组织收入7.1亿元，入库6.61亿元。其中，稽查立案检查1395户，查补地方收入3.73亿元，入库3.28亿元；开展企业自查1166户，企业自查补缴3.37亿元，入库3.32亿元。在部分行业性税收专项检查中，与国税稽查部门联合部署，采取“一次告知、联席座谈、统一口径、加强沟通”的方式，尽量减少企业负担。

【重点税源企业检查】 按照国家税务总局稽查局部署，认真开展4户重点税源企业成员单位自查和重点检查。按照分类分级稽查管理办法要求，有序实施省内重点税源企业轮查，从A、B类重点税源企业备查库中选取110户列为2013年检查对象，其中省局重点监控53户。

【房地产及建筑安装业企业检查】 组织开展房地产、建筑安装行业税收专项检查，共立案检查263户，查结80户，有问题企业80户，开展企业自查355户，实现稽查收入2.3亿元，已入库2.01亿元。

【股权转让交易的企业及个人检查】 继续对股权转让交易项目进行重点检查，加强与工商部门合作实现股权转让信息共享，突出对未按照规定申报纳税、低价、平价交易等问题的检查，实现查补收入2092.62万元。

【打击发票违法犯罪活动】 全省地税稽查机构强化部门协作，注重区域联动，合力整治发票违法犯罪“卖方市场”；明确工作任务，创新方式方法，遏制发票违法犯罪“买方市场”，重拳打击发票违法犯罪嚣张气焰。2013年，共查处发票违法企业1442户，涉及违法发票70954份，涉及金额15.2亿元，查补税款1.38亿元，滞纳金1452.49万元，罚款1561.46万元，合计1.68亿元。配合相关部门检查企业2户，涉及违法发票209份，涉及金额186万元。移送公安案件16件，曝光案件4件。制定下发《福建省地方税务局稽查局、票证装备分局关于加强发票甄别鉴定工作的通知》，进一步强化部门沟通联系，共同配合做好发票核查工作，提升工作质效。主动联系国税、卫生行政主管部门等联合对盈利性医疗机构及药品医疗器械生产经营企业开展专项整治。全省地税共采集三级以上公立医院36家购进药品、医疗器械发票79.72万份，金额达137.36亿元；采集营利性医疗机构149家购进药品、医疗器械发票7.16万份，金额达1.81亿元。积极参与公安收网专项行动，配合收缴发票163万份；收集、整理有价值发票违法信息88条移交公安经侦部门进一步侦查。与工商、通信管理部门建立互联网发票违法信息和名片、传真等发票违法信息的交换通报机制，联合开展发票违法信息治理工作。

【涉税违法案件检举】 利用税收宣传，扩大税收案件举报的宣传力度和影响面，引导公民积极举报税收违法行为。规范举报流程管理，严格依法受理、分流、督办、转办，保持举报案件信息渠道畅通。按照“举必接、查必果”的原则，认真分析梳理案件线索，积极组织精干力量查深查透。2013年福建省地税各级税收违法案件举报中心共受理各类涉税举报案件1222件，查处239件，转管征单位处理811件，转外系统68件，重复件45件，证据线索模糊暂存件59件，查补总额7059.18万元，入库总额6273.36万元。

【案件协查工作】 明确协查工作专人专岗，

建立协查台账登记制度，严格协查期限，加强对受托案件发票协查的督办力度。举办了全省地税协查信息管理系统培训班。6月协查信息管理系统顺利上线运行。据统计，2013年全省地税稽查部门累计发出委托协查568件，委托协查发票7826份，涉及发票金额12亿元；收到委托协查回复343件，回复涉及发票3519份，涉及发票金额5.7亿元；累计办理受托协查266件，受托协查发票2980份，涉及发票金额13.59亿元；办理协查回复231件，协查回复发票2519份，协查回复涉及发票金额9.6亿元。

【稽查制度建设】　制定《福建省地方税务局稽查局税务稽查突发事件应急预案》，规范突发事件处置工作。完善稽查考核制度，针对各地反映的收入总量、稽查人数、企业规模、个案金额等区域性差异，增加动态系数，全新引入了当期稽查选案率、当期稽查结案率、当期稽查入库率三项动态分项目，作为原有稽查选案率、稽查结案率、稽查入库率的附加加分项。坚持稽查案件复查，对厦门、泉州、南平三个设区市局稽查案件开展复查，采用单位自查、系统选户、案头审计与实地调查相结合的方式，共抽取稽查案卷46件，实地复查6户，复查面达20.2%。省局对复查情况进行了通报，督促各地对照整改，及时纠正。

【稽查系统建设】　在初步探索实践的基础上，2013年福建省地税局稽查局继续推进和深化柔性执法对提升稽查执法服务的质效，坚持合法行政与合理行政相结合，切实把以人为本落实于具体的执法过程中。各级稽查部门开展了一系列措施，将柔性执法的工作理念融入实际工作，认真落实好企业自查、查前告知、查中沟通、查后反馈等柔性执法服务举措，注重通过服务、疏导、说理和教育的手段实现税收执法目的和效果。省局进一步明确了刚性执法和柔性执法的关系，强调稽查柔性执法并不否定稽查执法的刚性，而是执法方式方法的柔性化、人性化，其实质是依法稽查、文明稽查、尊重被查人、维护纳税人的合法权益，并研究制定《关于处理稽查案件行政处罚具体适用口径问题的意见》，对柔性执法从轻或减轻行政处罚的适用口径进行细化，在全省统一规范。

【稽查队伍建设】　积极开展党的群众路线教育实践活动，坚持学习教育、听取意见、查摆问题、整改落实，对基层反映的9个重点问题，均按时限要求进行了整改。认真落实“一岗双责”，按照稽查各环节的具体要求，把党风廉政责任落实到岗、落实到人，做到操作有规范、行为有标准、执法有责任、过错有追究，进一步增强干部职工拒腐防变的自觉性和坚定性。分析稽查执法风险点，紧抓“选、查、审、结”四个重点环节和涉及“人、财、物”关键部门的风险防控。

【稽查人才库建设】　为进一步加强省地税系统稽查人才库建设，发挥税务稽查业务骨干作用，重新组织开展了省局税务稽查人才库入库人员选拔工作，采取自愿报名、逐级推荐、公开考试、审核评定、公示审批、书面通知的程序共选拔了79名各项专长人员。一是首次将稽查人才库纳入省局专业人才库范畴，并与省局人事部门联合实施；二是为适应稽查现代化建设的要求，在专业类别划分上首次增设了“计算机类”，并将10名具有计算机技术和应用专长的人员纳入省级稽查人才库；三是为持续提高依法行政水平，在原有审理类别的基础上，吸纳具有法规专长的人员，形成新的“审理法规类”，并将19名具有审理和法律法规专长的人员纳入省级稽查人才库；四是首次为全省稽查人才库人员颁发专业证书。

【稽查信息化建设】　加强查账软件应用，组织全省地税系统稽查查账软件推广应用交流会，归纳、总结查账软件在应用中存在的问题，会同软件公司针对4类具体问题进行软件维护升级，提高查账软件性能适应企业电子化发展现状，提升税收稽查工作质效。

【稽查调研】　福建省地税局稽查局围绕稽查管理体制问题，深入基层稽查单位，与被查企业座谈，听取基层干部和纳税人的意见和建议，撰写了《关于福建省地税稽查管理体制问题的调研报告》，分析了当前福建省稽查工作在职能定位、机构设置、管理体制、激励和保障机制等方面集中存在的突出问题，立足实情，参考兄弟省份经验，提出一系列解决和改进的办法和建议，得到省局领导的批示，拟进一步推动全省稽查管理体制改革和稽查工作质量效率的提升。

【稽查工作会议】　2013年3月11—12日，全省地税稽查工作会议在莆田召开，各设区市局稽查局长，省局有关处室负责人、稽查局领导及科室人员参加会议。会议传达了全省地税工作会议和全国税务稽查工作会议精神，认真总结了2013年以来全省地税稽查工作，深入分析了当前稽查工作面临的形势和问题，研究部署了2014年稽查工作任务。会议还邀请了省公安厅、省检察院、省高院相关部门领导出席，就部门配合协作进行指导。

（曹　蓉）

江西省国家税务局稽查局

【概述】 2013年，江西省国税稽查部门紧紧围绕税收中心工作，锐意进取，勇于担当，以查促收、以查促管和打击犯罪方面取得明显成效。查补入库收入16.66亿元，占国税收入的1.83%。江西省国税局稽查局荣获“全国税务系统打击发票违法犯罪活动工作成绩突出单位”“全省先进行政执法单位”“全省打击发票违法犯罪活动工作优秀单位”。

【稽查体制机制改革】 在鹰潭市推行县（区局）选案、审理权上收工作，提高选案针对性和监督能力。落实工作机制创新，强化省局指挥、引导和协调职能，落实“无疑点不下户、无检查思路不下户”的要求，实施省局集中选案；开展分类检查，推进交叉检查、委托检查和直接检查，提高检查成效；创新处理机制，落实统一处理，强化检查公平与公正。

【稽查查补收入及分析】 2013年，稽查入库总额16.66亿元，其中稽查查补收入5.18亿元（税款4.22亿元，滞纳金4763万元，罚款4853万元）；组织企业自查1946户，企业自查入库收入11.48亿元。稽查查补入库额同比减少1.47亿元，下降8.11个百分点，但自查入库收入同比增加6449万元，增长6个百分点。自查入库收入占稽查入库收入的比重由上年的60%提高至69%。

【案件查办情况】 2013年，全省立案检查1774户，发现有问题户1711户，选案准确率为96.45%，比2012年同期上升3.65个百分点。查补税款在100万元以上案件65起，查补税款1.92亿元。税款在1000万元以上案件5起，查补税款1.08亿元。查处偷税案件1011户，查补税款8108万元。移送公安机关案件37起，同比增加17起。

【案件特点分析】 一是利用“富余”发票对外虚开。二是不法分子团伙作案，日趋专业化。跨地区成立多家公司，虚开发票、贷代报关、外汇结算“一条龙”，骗取出口退税。三是化整为零，一人或几人操控多家企业。四是以他人身份注册，虚列工人工资，虚构业务、伪造货物运输事实，伪造货物过磅单、入库单、结算单，虚构收购业务，对外虚开。五是不法分子反侦查意识较强，一旦有风吹草动，马上注销或走逃。

【重大案件查处】 2013年，全省立案查处税收违法案件1774起，其中税务总局督办大要案1起，省局督办大要案40起。“8·27”集中打击出口骗税专项行动，税警联合查办7起公安部交办骗税案件，涉案金额5291.96万元，税额815.19万元，刑事拘留6人。18起再生资源重大涉税案件2013年全部结案，对32名犯罪嫌疑人采取强制措施，有力打击了再生资源行业涉税违法犯罪活动。

【税收专项检查】 省局积极推进“集中选案、统一检查、两级审理、属地执行”的稽查工作新模式。2013年完成了证券公司，基金公司，成品油批发、零售企业，办理电子、服装、家具类出口退（免）税企业等税务总局指令性项目检查；结合江西实际，选择房地产建筑安装，接受运输发票（海关专用缴款书）抵扣税款异常的企业，部分金融企业开展检查；组织对江钨集团等16户省级重点税源企业税收自查及检查。全省共检查企业4251户，其中组织企业自查1742户，查补收入1.5亿元，已经入库收入1.5亿元，入库率99.82%。

【区域性税收专项整治】 区域税收整治主要有：一是九江、吉安市开展打击竹木制品、食品、药品企业利用农产品收购凭证抵扣税款整治行动。二是新余市开展打击矿山企业利用运输发票、不动产增值税专用发票抵扣税款。三是景德镇市对陶瓷行业进行专业整治。各项整治工作检查企业52户，入库查补收入479.16万元，税款全部入库。

【重点税源企业检查】 2014年5月，组织江钨集团、南方水泥、南华医药等16户省级重点税源企业（集团）税收自查工作，引导自查和辅导自查相结合，企业自查补税1214.78万元；通过分析自查情况，再选取部分企业进行重点检查。各设区市局按照省局分级分类管理要求，分别组织了辖区内重点税源企业的检查工作。全省共检查企业254户，入库查补收入3.21亿元。

【房地产及建筑安装业企业检查】 作为重点检查项目，采取“省局集中选案切入，企业自查先行、省局直接检查与委托检查支撑”的工作模式，持续推进。全省共组织检查160户，共计查补税款6.48亿元。

【出口退（免）税企业及货代公司检查】　落实税务总局部署，开展了办理电子、服装、家具类产品出口退（免）税的企业检查。全年共检查企业131户，查结130户，查补税款1141.42万元，税款已经全部入库，向公安部门移送案件1起。

【股权转让交易的企业及个人检查】　省局稽查局会同征管科技处，对从省工商局采集的股权变更信息进行比对、分析，发现36户企业股权转让存在问题，共查补税款3867万元，加收滞纳金8.7万元，税款已全部入库。

【打击发票违法犯罪活动】　2013年，省局稽查局以发票专项整治、打击制售假发票为抓手，遵循“打击与建设相结合、治标与治本相结合”的原则，统筹安排、周密部署，积极行动。全年查处违法受票企业3158户，查获各类假发票、非法代开发票524.76万份。税务机关查补税款、罚款共计3.4亿元。通信管理部门共拦截涉及发票的垃圾短信7万余条，税务、公安联合查获发票犯罪案件110起，抓捕犯罪嫌疑人73人，打掉发票犯罪团伙2个，捣毁发票储藏窝点6个，移送检察机关起诉案件4起。

【涉税违法案件检举】　2013年，省局稽查局共受理举报案件218件，查处154件，结案159件。查补收入4805.63万元，其中：税款3843.43万元，滞纳金400.71万元，罚款561.47万元。入库收入3084.54万元，其中：税款2198.19万元，滞纳金403.15万元，罚款483.17万元。发放举报奖金1.6万元，移送司法机关6件。

【案件协查工作】　2013年，办理由公安部经侦局、税务总局稽查局联合督办的西藏“8·30”案件、吉林“4·08”案件、福建“8·22”案件等大要案件7起。涉案企业353户，协查发票20531份，发票金额36.59亿元，税额6.22亿元。

【稽查制度建设】　为切实减轻企业负担，省局稽查局下发《江西省国家税务局关于进一步规范税务检查工作的通知》，进一步明确检查计划及审批，规定评估、日常管理事项由征管科部门扎口审批，稽查事项由稽查部门负责管理；进一步明确检查要求，实行税务检查约谈管理，下户检查原则上人员不超过4人、时间不超过15日。严肃查处为税不廉、徇私舞弊、跑风漏气、干扰检查等违法违纪行为。

【稽查系统建设】　一是落实稽查定位，全省稽查工作“一盘棋”，服从大局听指挥。二是增强工作互动，基层全面参与省局组织稽查专项检查工作，形成了上下联动的工作格局；解剖麻雀形成统一方案，全省统一检查和统一处理。三是严格执法监督，落实一案双查和痕迹管理，实行过程监督，推进以查促查。四是强化工作保障，稽查经费坚持向基层倾斜，向办案倾斜，提高保障能力。

【稽查队伍建设】　一是树理念，树立“以人为本，倾情带队，善待严管”的工作理念，加强对干部的教育和管理，努力造就一支能干事、会干事、干成事、不出事的稽查队伍。二是带作风，开展党的群众路线教育活动，聚焦“四风”，梳理四个方面15个问题，逐一整改到位。三是促廉洁，学习《税收违法违纪行为处分规定》，强化廉政纪律，增强稽查干部思想上的坚定性，行动上的自觉性和工作上的创造性。

【稽查人才库建设】　人才是事业兴衰的根本，2013年组织开展税收执法岗位技能竞赛，以赛代训，以赛代考，一些稽查干部通过层层推荐、竞赛选拔脱颖而出，在省局组织的决赛中40名稽查干部成绩优异，纳入稽查人才库管理。

【稽查业务培训】　紧跟发案形势和工作要求，采取省、市二级培训的方式，组织实施了协查信息管理系统操作人员以及出口退税业务骨干培训，省、市、县级稽查部门200名稽查干部进行了重点培训，掌握工作要领，提高操作技能，提高稽查人员应对案件新动向的业务能力。

【稽查信息化建设】　按照“强装备、通节点、重应用”的指导方针，一是加强便携式计算机配置，提高信息化装备水平；二是畅通数据节点，加强数据共享，利用CTAIS系统申报数据和房管、建设部门取得的第三方信息进行比对分析，确定企业所得税实际税负率等选案指标，确定54户重点检查企业；三是推广查账软件应用，积极应用查账软件开展查前分析、疑点过滤，提高检查效果。

【稽查宣传】　坚持常态宣传，每月编发《江西国税稽查》，反映工作动态、稽查观点。坚持典型宣传，2013年2月20日，江西省国税局稽查局以《锐意创新　积极探索　不断提升税收专项检查效能》为题在全国税务稽查工作会议作书面经验交流；2013年《江西税务》第6期作为稽查专刊，全面宣传近年来省、市稽查部门取得的工作创新成果。

【稽查调研】　深入基层贵坚持重务实，2013年开展稽查检查制度、专项检查、执法车辆和稽查工作建议等方面的专题调研，为税务总局完善稽查工作制度提供了第一手资料，为推行痕迹管理奠定了创新基础，为改善稽查办案装备明确了努力方向。

【稽查工作会议】 2013 年 3 月 6 日，江西国税稽查工作视频会议在南昌召开，江西省国税局总会计师黄中根作工作报告，要求 2013 年稽查要进一步加大涉税案件查处力度，进一步加快税收专项检查创新步伐，进一步提升稽查执法水平，进一步规范稽查各项管理，进一步提高稽查干部综合素质和进一步转变稽查干部工作作风，实现稽查选案准确率、稽查案件结案率、稽查查补收入入库率和协查信息完整率均达到 90% 以上目标。要锐意进取，坚持继承与创新相结合，深化稽查管理方式改革，探索集约稽查、分类管理、调研式检查新路径；坚持整顿和规范相结合，严厉打击税收违法行为，将查办案件、专项检查和打击发票有机结合，深入推进；坚持当前与长远相结合，不断提升稽查执法能力，进一步打造专业团队、深化信息应用和强化协作机制；坚持引导与约束相结合，切实转变干部工作作风。

【工作建议】 一是强化税务稽查力度。建立健全税务稽查制度体系，赋予稽查机构必要的侦查权力，增强执法手段。二是完善部门协作机制。税务与公安、检察机关等外部部门协作机制不完善，获取第三方信息较难。三是推进信息共享平台的建立。建议由各级政府主导，尽快建立税务与银行、海关、交通运输、公安等相关部门的信息共享平台，拓宽部门间协作的深度与广度。

（张晓斌）

江西省地方税务局稽查局

【概述】 2013 年，江西地税稽查系统按照“夯基础、抓规范、防风险、求创新、促发展”的稽查工作思路，以“三项建设”（作风建设、业务建设、人才建设）为抓手，坚持依法行政，创新工作方法，不断提升稽查工作质效，圆满完成了各项工作任务，分别荣获“税务系统打击发票违法犯罪活动工作成绩突出的单位”和“全省打击发票违法犯罪活动工作优秀单位”荣誉称号。

【稽查查补收入及分析】 2013 年，江西地税稽查部门以整顿和规范税收秩序为目标，紧紧抓住案件查处这个重点，通过严格执法，充分发挥稽查职能作用，积极维护社会公平正义。组织自查、开展检查共计 4599 户，稽查查补和自查补缴收入共计 15.3 亿元，入库总额 15.03 亿元，同比增长 17.6%。其中：稽查部门检查 2137 户，查补收入 6.51 亿元，同比增长 61%，查补收入再创历史新高。

【重大案件查处】 坚持把大要案查处作为工作重点，在税收专项检查、重点税源检查、税收违法检举中找准案件线索，安排精干力量，集中查处了一批房地产、股权转让项目等重大涉税案件。2013 年，共查处百万元以上大要案共计 127 起，其中千万元案件 4 起，查补税款合计 3.97 亿元，同比增长 93.66%。

【税收专项检查】 选取了证券基金公司、房地产业、建筑安装业、资本交易项目四个行业项目为指令性检查项目，选取高收入者个人所得税、中介和培训服务机构、各地根据本地实际情况开展的其他项目为指导性检查项目，全年共检查各类纳税户 1101 户，组织企业自查 1844 户，稽查机构查补和企业自查补缴收入共计 8.54 亿元，其中稽查机构查补收入 3.48 亿元。

【区域税收专项整治】 创新工作思路，分设区市有针对性地选取征管基础比较薄弱、税收违法行为较为集中的汽车销售、驾校、工业园区、矿产品采掘加工、陶瓷行业、大型超市、城市建设投融资项目等 7 个行业（区域）开展区域税收专项整治工作，全年检查企业 340 户，组织自查 1754 户，稽查机构查补和企业自查补缴收入共计 7268.58 万元，其中稽查机构查补收入 2376.81 万元。

【重点税源企业检查】 按照税务总局稽查局重点税源企业检查工作部署，对省内的 26 户重点税源企业分支机构组织开展了自查，对其中 6 户企业进行重点检查，自查补缴和稽查查补税款合计 325.6 万元，滞纳金 40.29 万元，罚款 7.45 万元。积极开展省内重点税源企业检查工作，选取金融业、房地产业、制造业等多个行业的 203 户重点税源企业进行自查，各级地税稽查部门积极做好自查跟踪辅导，重点税源企业纳税遵从度不断提高，自查补缴税款3.07亿元，选取其中44户企业进行重点检查，检查查补税款3582.8万元。

【房地产及建筑安装企业检查】　2013年，江西地税稽查系统将房地产业、建筑安装业列为专项检查指令性检查项目，开展检查和组织企业自查1216户，查补收入总额6.53亿元。其中：稽查机构检查472户，查补收入2.63亿元。

【股权转让交易的企业及个人检查】　各地拓展工作思路，强化与工商部门的协作，充分利用第三方信息，开展检查和组织企业自查50户，查补收入总额2217.17万元。其中：稽查机构检查26户，查补收入1462.16万元。

【打击发票违法犯罪活动】　选取房地产、建筑安装、药品与医疗器械、广告业等发票违法问题较为严重的八大行业开展发票使用情况的重点检查，加强与公安、通信、国税等部门的协作，有针对性地查处了一批大案要案，进一步巩固和扩大了打击发票违法犯罪活动的工作成果。2013年，共计查处发票违法企业1303户，完成税务总局下达任务数的186%，查处违法发票8.28万份，查补税款、滞纳金、罚款合计2458万元；配合公安机关捣毁了4个犯罪窝点，缴获非法发票113万份，抓获犯罪嫌疑人11人。

【涉税违法案件检举】　全省各级举报中心坚持依法行政，加强部门协作，规范案件查办和回复工作，积极化解缠诉案件，在打击涉税违法行为、促进社会和谐等方面发挥了积极作用。2013年，共受理检举案件154起，已查处90起，查补收入总额2224.39万元，向公安部门移送查处的检举案件2起。

【稽查制度建设】　制定了《关于加强全省地税稽查业务建设的意见》《地方税收违法行为检举管理实施办法》《重大税收违法案件管理办法》等业务工作制度，强化了系统管理，规范了稽查执法行为，在全省地税稽查系统形成政令通畅、指挥有力、反应快捷、管理有序的良好工作格局。

【稽查系统建设】　完善系统绩效考核指标，加大考核力度，以考核促效率、促提高，稽查选案准确率99.34%，稽查案件结案率99.95%，稽查查补收入入库率99.89%，各项指标均达到或超过税务总局稽查局下达的考核指标要求。

【稽查队伍建设】　健全内设机构，实行稽查人员资格准入机制，各地通过竞岗选拔了一批稽查人才，进一步提高稽查战斗力；积极开展岗位练兵，积极组织和参加系统内各类业务竞赛，以考代训，成功举办了全系统稽查能手竞赛，大胆创新引入实战比赛的新模式，提高了稽查干部的实践操作能力。

【稽查业务培训】　强化专业人才培养，江西地税局先后组织了全系统稽查实务培训班、全省地税系统业务专家和稽查骨干培训班、全省地税系统协查系统操作培训班等业务培训活动，培训对象涵盖了省、市、县稽查局业务专家、骨干，全面提高了稽查干部的综合素质；坚持学习制度，通过拜师学、网上学、读书学、讲座学等方式增强干部的工作技能，鼓励干部参加在职学历教育、“三师”资格等考试。

【稽查信息化建设】　在全系统顺利完成税务总局统一推广的协查信息管理系统上线工作，以信息化手段提高协查委托发函质量和受托检查、受托回函质量和效率。不断完善稽查执法软硬件设施，部分地市逐步设立询问室、查账室，为保证公正公平执法、规避执法风险提供更有力的支持。

【稽查调研】　建立领导分片挂点联系基层制度，要求每季度深入基层开展工作调研，为基层解决实际困难。深入开展党的群众路线教育实践活动，机关干部深入基层蹲点，体验基层工作生活，指导基层工作。11月，派出5个调研组到各地开展实地调研，召开座谈会12次，发放调查问卷840份，对当前稽查工作存在的困难和问题进行了全面分析，并向省局领导作了专题汇报。

【稽查案件复查】　抽查了110户各地市2013年度查结的案件，发现并及时纠正各地稽查部门在执法程序、证据材料收集、法律法规引用、定性处理和案卷管理等方面存在的问题。各地市结合案件复查工作，对各县（市、区）级稽查局开展案件复查或案卷评审，确保复查工作在系统内的全覆盖。

【稽查工作会议】　3月20日，在南昌召开全省地税稽查工作会议，会议回顾总结了2012年全省地税稽查工作，明确了2013年全省地税稽查工作总体要求和任务，各地就各自的工作特色和亮点进行了经验交流。各地市也于4月中上旬召开了会议，传达贯彻全国税务稽查工作会议和全省地税稽查工作会议精神，结合当地实际，明确工作目标和重点，研究布置2013年稽查工作任务。

（黄德群）

山东省国家税务局稽查局

【概述】 2013年，山东国税稽查系统紧紧围绕国税中心工作，服务经济社会发展大局，以整顿和规范税收秩序、提高纳税遵从度为目标，以提升稽查执法能力为主线，突出抓好税收专项检查和区域整治、重点税源检查、案件查处、打击发票违法犯罪活动四项重点工作，推进稽查信息化建设，加强稽查队伍建设，充分发挥稽查职能作用，为全省国税事业发展作出了突出贡献。

【稽查体制机制改革】 积极构建“以查促收、以查促管、以查促改、以查促查”的长效控管机制，在做好案件查处工作的同时，注重打防结合，不断增强发现和预防大要案的能力。及时向有关部门反馈案件检查中发现的征管问题，2013年，全省各级国税稽查部门共提交征管建议和意见2600多条，各地征管部门据此采取相应的税源监管措施，有力地促进了税收征管质量和效率的提高。

【稽查查补收入及分析】 2013年，共检查和组织企业自查8500户，查补总额48.8亿元，比上年增加6.4亿元，增长15.09%；入库总额41.85亿元。平均稽查选案准确率为100.14%，稽查收入入库率为99.27%，稽查案件综合处罚率为13.22%。从稽查项目对稽查查补收入的贡献看，专项检查是对查补收入贡献最大的项目，重点税源检查则是投入产出比最大的项目。从分地域情况看，稽查查补收入呈现出明显的经济关联性，山东东部沿海较为发达的地区对全省稽查查补收入的贡献较大。

【案件查办情况】 以严厉打击虚开增值税专用发票和骗取出口退税为重点，查处虚开发票涉税犯罪案件386起，抓捕352人，挽回国家税款损失6.32亿元。将案值大、跨地区、性质严重的虚开案件作为主攻方向，成功查处了潍坊“6·20”、东营“5·30”等16起部局督办、虚开金额过亿的案件。

【案件特点分析】 一是涉税犯罪案件发案数量激增，涉案金额越来越大，户均案值不断提高，涉案人员越来越多。二是虚开发票及制售虚假发票等涉票案件大幅上升，涉票案件已经成为当前涉税犯罪的主要类型。三是偷、骗税犯罪案件减少，暴力抗税和逃避追缴欠税等粗暴、简单方式的犯罪行为已基本杜绝。

【重大案件查处】 紧密结合税收专项检查，将虚开成品油、煤炭行业专用发票违法犯罪行为，开票金额波动较大、短时间内集中向外省市企业开具增值税专用发票等存在较大虚开嫌疑行为，利用电子、家具等产品骗取出口退（免）税等违法犯罪行为列为重点打击对象。2013年，全省查处的重大案件中，共有25起案件查补税款过千万元，查补税款10.95亿元，是2012年的2.5倍。

【税收专项检查】 按照税务总局要求组织开展成品油生产、批发、零售企业，办理电子、家具、服装类产品等出口退（免）税企业，证券、基金公司等3项指令性检查项目和4项指导性检查项目等专项检查工作，共检查企业4565户，有问题3721户，移送司法机关9户，查补税款10.37亿元，加收滞纳金1.26亿元，罚款1.6亿元，查补收入合计13.23亿元，入库12.14亿元；组织企业自查4129户，有问题2869户，自查查补税额11.73亿元，自查入库税额11.29亿元。

【区域性税收专项整治】 选择税收秩序较为混乱、税收违法行为较为集中的地区开展区域专项整治，重点关注“利用成品油增值税专用发票虚抵进项税款”和“利用农产品收购发票虚抵进项税款”行为多发的区域，共检查农产品加工企业146户，有问题119户，查补入库合计918.06万元；检查矿产品采选经销企业179户，有问题161户，查补入库合计5422.05万元。

【重点税源企业检查】 积极完成税务总局部署的重点税源企业检查任务，深入开展涉及山东的191户分支机构重点税源检查，在企业自查补税0.3亿元的基础上，对42户成员企业进行了重点检查，查补税款2.57亿元。有序开展重点税源企业轮查，采取省局初选、市局精选、省局核准的选案流程，对266户企业开展检查，查补收入3.75亿元。

【房地产及建筑安装业企业检查】 共检查企业125户，查结100户，有问题90户；查补税款

2.77亿元，加收滞纳金2756.16万元，罚款658.84万元，合计3.11亿元；入库合计2.85亿元。组织企业自查75户，有问题41户，查补税额5889.33万元，入库税额5791.11万元。

【出口退（免）税企业及货代公司检查】 共检查办理电子、家具、服装类产品等出口退（免）税企业122户，查结111户，有问题85户；查补合计897.88万元，入库合计800.68万元；组织企业自查25户，有问题17户，查补入库税额193.78万元。共检查承接出口货物业务的货代公司、报关公司4户，查结4户，有问题3户，查补合计37万元。

【股权转让交易的企业及个人检查】 共检查企业7户，查结户数6户，有问题4户；查补税款9235.77万元，加收滞纳金31.41万元，罚款322.50万元，合计9599.68万元；入库合计9599.68万元。

【打击发票违法犯罪活动】 紧密结合税收专项检查、重点税源企业检查和违法案件查处，做到查税必查票、查账必查票、查案必查票，严厉打击发票违法犯罪行为。根据国家7部委部署，与7个厅局联合开展药品、医疗器械生产经营单位和医疗机构发票使用情况专项整治，共采集发票71.4万份，查补税款1.75亿元，被评为全国医药行业发票专项整治先进单位。严厉打击虚假发票“买方市场”，共查处违法企业4023户，查处非法发票143.19万份，查补总额9.42亿元；配合公安机关打击制售虚假发票，查处发票犯罪案件199起，打掉团伙19个，抓获犯罪嫌疑人255人，缴获假发票253.83万份。

【涉税违法案件检举】 规范涉税检举管理工作，不断加大检举案件查处力度，积极做好对检举人的疏导工作，广泛宣传检举相关政策。全省三级举报管理机构共计受理检举事项2095件，其中税务总局交办案件55件，省局自行受理320件；查处举报案件1592件，查补税款5267.82万元，罚款2287.53万元，加收滞纳金1088.37万元，共计8643.72万元，入库8511.7万元，移送司法机关9件。

【案件协查工作】 联合省公安厅经侦总队开展部局督办18起案件的协查取证工作，涉及企业734户，查处有问题发票1.74万份，查补入库税款4.75亿元。充分利用协查系统开展协查取证工作，发挥其在案件信息传递和异地取证中快速反应、实时监控、便捷统计的优势，发现并查处有问题发票2.6万份，查补税款5.12亿元。成功突破税务总局部署成品油消费税协查难题，查清了成品油企业改换货物名称逃避消费税的问题，得到税务总局肯定。

【稽查制度建设】 积极开展“营改增”试点涉税风险分析，牵头制定《山东省国家税务局营业税改征增值税试点工作涉税风险防控预案》，部署完成“营改增”试点行业虚开骗税违法行为专项整治工作，为“营改增”的顺利推进保驾护航。进一步规范选案、检查、审理、执行各环节的工作程序，完善各环节的工作制度，强化对各环节执法风险点的监控。落实省局《税务稽查文书使用范例》，规范稽查文书使用。

【稽查系统建设】 以工作调研、实地督导、信息宣传、经验交流等方式为纽带，密切省、市、县三级稽查部门的联动配合，加强上级稽查部门对下级稽查部门的业务指导，推动稽查工作顺利开展。通过建立科学合理的稽查工作考核指标，引导各级高效开展工作。围绕上级部署和省局重点工作任务，成功实现金税三期稽查管理模块单轨上线运行。

【稽查队伍建设】 采取多种方式充实省、市级稽查力量，积极探索稽查队伍激励机制，持续增强稽查队伍动力和活力。不断加大培训力度，提高培训层次，开展分层分级分类培训，进一步提升稽查人员的组织指挥能力、统筹规划能力、办案实战能力、总结分析能力和沟通协调能力。加强稽查队伍的勤政廉政建设，强化风险控制，确保稽查工作的廉政责任落实到岗到人。

【稽查人才库建设】 持续推进省级稽查人才库建设，强化人才配置和管理，按照“择优入选，定期考核，统筹调配，规范管理”的原则，选拔骨干人才进入省局稽查人才库。鼓励稽查干部在职在岗参加各种非学历教育和注册会计师、注册税务师等资格考试，培养一支精通稽查信息化技术、多专业协作配合的稽查专家型队伍。

【稽查业务培训】 分级分类开展岗位技能培训和专门业务培训，针对当年检查项目开展查前培训，加大对中青年骨干的培训力度，重点组织信息技术专业培训，反复轮训一线稽查业务骨干。会同大企业处、信息中心等处室进行联合培训，借助高校优势，聘请社会精英，对稽查局长、检查能手和技术骨干、青年稽查干部等400余人，进行知识更新培训。

【稽查信息化建设】 深入应用第三方工具软

件，共对2482户信息化管理企业开展检查，占同期稽查户数的67%，查补收入10亿余元。积极探索大型企业复杂业务信息系统的数据检查工作，对山东移动和齐鲁证券的检查取得突破，成功获取了不同信息平台的业务数据。深度挖掘纳税人涉税电子数据信息，建立案源分析数据库，进行定向数据分析，提高选案准确性。

【稽查宣传】 结合各类税收宣传活动，借助报刊、媒体、网络等媒介，广泛宣讲税收政策和稽查相关制度规定，与省电台联合举办了2期《阳光政务热线》节目。加大税务违法案件公告及曝光力度，公告14户，曝光4户，充分发挥了税务稽查的教育、惩治和警示效用。

【稽查调研】 积极开展工作调研，完成《提升税务稽查执法能力的实践与思考》等多个重点综合性稽查课题，开展大要案查处、查管互动、协查取证、工作考核等稽查工作制度机制专项调研。深入发掘先进典型，总结先进经验并加以深化推广，精选优秀稽查案例供检查人员交流学习借鉴，进一步提高稽查干部实际操作能力和办案水平。

【稽查工作会议】 2013年4月9日，山东国税稽查工作会议在济南召开，总结回顾了2012年全省国税稽查工作，研究部署了2013年全省国税稽查重点工作任务，交流了各地稽查工作经验。会议强调新形势下稽查工作面临着新的考验，全省各级稽查部门要进一步明确稽查职能定位，创新稽查体制机制，完善稽查方法手段，始终做到五个“坚持”，即坚持服务大局、坚持依法行政、坚持创新驱动、坚持统筹兼顾、坚持加强领导，在稽查实践中不断提高执法能力和稽查工作整体水平，为全面完成各项国税工作任务作出应有的贡献。

【工作建议】 一是加强制度建设，进一步争取税务稽查执法权限，解决或改善当前调账难、取证难的问题。依据征管法有关规定研究制定纳税人会计核算软件报送备案办法、税务机关行使代位权、撤销权操作办法，前者为基层实施信息化查账奠定制度基础，后者为基层稽查执行提供具体指引。二是持续推进稽查现代化进程，按照构建高效的稽查管理体制、有序运转稽查运行机制、完备的稽查工作制度、符合信息化趋势的现代稽查方式的有序实施。

（刘心宁）

山东省地方税务局稽查局

【概述】 2013年，在税务总局稽查局和省局党组的正确领导下，全省各级地税稽查部门围绕中心，服务大局，严格执法，认真履责，圆满完成了各项稽查工作任务。全省稽查查补收入23.98亿元，比2012年增长27.76%，对于整顿税收秩序、服务经济社会大局发挥了重要作用。行业专项检查、重点税源企业检查以及打击发票违法犯罪活动等重点工作，得到了国家税务总局的肯定和表扬，在2014年2月底召开的全国税务稽查工作会议上，山东省介绍了经验做法。

【稽查查补收入及分析】 2013年，全省共检查各类纳税人10301户，同比减少13.94%；查补收入23.98亿元，同比增长27.76%；追缴入库23.83亿元，同比增长27.64%。其中，组织企业自查7303户，同比减少19.31%，自查查补收入15.36亿元，同比减少1.67%；重点检查企业2998户，同比增加2.74%，重点检查查补收入6.67亿元，同比增长82.24%。从稽查查补收入结构比例看，重点检查查补收入占全部查补收入的27.81%，同比增加8.31个百分点。从重点检查工作效率来看，全省重点检查人均检查户数为1.32户，全省人均查补收入105.78万元，户均查补收入23.28万元。全年，全省实现选案准确率100%，结案率100%，入库率99.36%，重点检查查补税款平均处罚率20.16%。

【案件查办情况】 2013年，全省共查处各类税收违法案件4005起，其中：偷税案件498起，编造虚假计税依据案件26起，不进行纳税申报案件968起，发票违法案件474起，其他案件2025起，查补各项税收收入8.62亿元，其中：税款6.67亿元，滞纳金6015万元，罚款1.34亿元。

【税收专项检查】 按照全国统一安排，结合山东省地税实际，将垄断性、高利润行业和个人高收入者以及地方商业银行、股份制银行等与地税关联度高的行业列入全省指令性检查项目，在此基础上，科学选案，精心组织，整体推进，提升质效。

全年，全省专项检查共查补收入19.35亿元，同比增加20.56%，其中：组织企业自查6917户，同比减少14.53%，自查查补收入13.26亿元，同比增加5.74%；重点检查企业2262户，同比减少9.34%，查补收入6.09亿元，同比增加73.5%。

【区域性税收专项整治】　2013年，全省对辖区内税收秩序较为混乱、税收违法案件线索指向较为集中的营利性教育及技能培训服务机构、列入“营改增”试点范围的物流等交通运输企业、矿产品采选经销企业集中整治，开展了专项整治，共检查1188户，其中，组织企业自查973户，重点检查215户；共实现查补收入1.59亿元，其中：自查补缴税款1.46亿元；重点检查查补各项收入1350.23万元。

【重点税源企业检查】　对税务总局确定的全国性重点税源企业的检查，认真落实“总局牵头、多省联动、国税、地税联合”的督导协调制度，采取“省局检查驻济总部，各市检查驻市分部，统一政策，上下联动”的方式进行。对驻济总部的检查，省局组成证券、基金、股份制银行三个检查组，对股权（信托）基金、股份制银行和证券公司共48户驻济成员企业实施专项检查。在检查中，各检查组采取人工查账经验与计算机专业技能相结合的方式，深入挖潜、分析、利用其电子账套，在查处金融业、资本交易难点、疑点方面取得了重大突破。同时，按照分级分类检查和税源管理的工作要求，各市局在确保完成税务总局、省局指令性检查任务的基础上，从地市级以上监控的重点税源企业中选择部分企业进行了检查。全年，省市两级共检查648户，查补各项收入6.81亿元。其中：组织企业自查补缴5.51亿元，重点检查查补1.3亿元。

【出口退（免）税企业及货代公司检查】　根据税务总局下发国税稽查部门的案源线索，各市地税稽查部门积极协调同级国税稽查部门，根据选案情况重点选择企业所得税归地税管理的电子、服装、家具类产品出口退（免）税企业实施重点检查。全年，全省实现各项查补收入86万元，其中：组织企业自查15户，有问题8户，自查补缴税款55万元；重点检查企业21户，查补各项收入31万元。

【打击发票违法犯罪活动】　按照“查税必查票”“查案必查票”“查账必查票”的总体要求，把发票整治寓于各项检查工作中，加强同国税、公安部门的协作配合，依托网络协查系统，实行信息共享、联合检查、联合办案，取得了明显成效。一是医药卫生行业发票使用情况专项整治工作情况。全省各级地税部门依托计算机技术，认真进行涉税发票信息的对比分析，锁定疑点信息，精心组织检查，共查补收入2949.1万元，进一步增强了医院及医疗机构的发票管理意识，规范了发票监管，有效地遏制了医药购销领域商业贿赂行为的发生。二是重点行业发票使用情况检查工作情况。2013年，全省共查处违法受票企业1283户，查处非法发票3.95万份，涉及金额7.98亿元，查补收入8357.44万元；共查处非法代开或虚开发票案件233起，查获非法发票6.23万份，查补收入7386.4万元；配合公安机关查处制售假发票案件13起，非法出售发票案件21起，捣毁制售假发票窝点8个，打掉作案团伙11个，收缴作案机器25台，抓获犯罪嫌疑人36人，收缴发票221.32万份；配合相关部门检查46户，涉及非法发票13.65万份，涉及金额6709万元。

【涉税违法案件检举】　下发了《关于进一步加强税收违法行为检举管理工作的通知》（鲁地税办发〔2013〕10号），从提高认识，完善制度，规范程序，工作方法，建立长效机制等方面，对全省涉税检举管理工作提出了一系列具体要求，并加强了对涉税检举案件的跟踪督导，加大了检举案件的查处和督办力度，有效化解了潜在的越级、集体上访隐患。全年，全省共受理涉税检举案件428件，查结380件，查补各项收入3482.22万元，入库3360.1万元。

【全省稽查文书规范管理】　为统一全省税务稽查文书使用，规范稽查执法行为，防范稽查执法风险，结合山东地税稽查实际，组织人员在2012年整理和下发的新税务稽查外部执法文书和内部管理文书基础上，制作了《山东地税税务稽查文书流程及范本（试行）》并下发执行，有效地促进了全省稽查文书的统一、规范管理。

【稽查系统建设】　紧扣稽查主题，一手抓服务，一手抓管理，进一步提高系统管理质效。一是围绕整顿和规范税收秩序重点工作，加强工作调度和督查指导，定期调研基层在各项检查工作中遇到的困难和问题，并进一步深入基层，对检查阻力大、制约因素多和进展慢的地区进行实地督导检查，确保全省工作同步向前推进。二是加强与外部门的沟通协调。借助社会综合治税系统，积极协调省产权交易所，及时获取全省各类产权、资产转让信息，在整理、分析和分类汇总的基础上以重要案源线索的形式下发各市局，助力其科学有效选案。三是积极培养、及时推广基层的经验做法，对各市涌现出来的好的经验做法，在全省地税稽查范围内及时转发推广。

【稽查业务培训】 一是以全省视频的形式，邀请业内专家对列入今年专项检查工作重点的金融、证券和基金等行业的业务流程、核算方法和检查技巧等进行查前集中视频辅导。二是按照税务总局在全国推广应用协查信息管理系统的要求，在潍坊税校组织了一期全省协查信息管理系统操作人员师资培训班。三是举办了一期为期9天、培训人数100人的全省稽查骨干人才培训班，进一步提升了参训人员的稽查核心业务能力和稽查实战水平。

【稽查信息化建设】 在全省全面推行电子查账的基础上，对山东省自主研发推广的具有地税特色的电子查账软件进一步优化升级，将工业制造业、房地产业和餐饮业3个行业的检查模板固化到电子查账软件中，将信息化稽查手段和稽查业务有机融合，进一步提高了电子查账软件的智能化水平。为有效检验全省地税系统电子查账应用水平，进一步提升全省现代化稽查工作质效，2013年10月成功举办了全省地税系统电子查账技能竞赛，根据竞赛成绩，对威海、青岛、烟台、济宁、临沂、东营、聊城和济南8个市局稽查局予以通报表彰。全年，全省使用电子查账软件检查纳税人1330户，占全部重点检查户数的比例为58.8%，实现查补收入5.02亿元，比上年增长202.41%，户均查补收入37.75万元。

【稽查宣传】 一是为促进各项重点检查工作的顺利启幕，2013年3月20日，在《大众日报》《齐鲁晚报》等媒体刊发了《关于开展2013年全省地方税收专项检查和打击发票违法犯罪活动的通告》，新华社山东分社、山东电视台等省内外多家新闻媒体从不同角度进行了相关宣传报道。各市地税局也仿照省局做法，采取税务公告、座谈会等多种形式，广泛进行稽查宣传。二是按照税务总局要求，加大了对涉税违法案件的宣传曝光力度，自11月起，通过齐鲁网、中国税务网山东分站等省级媒体曝光了四起典型涉税违法案件。以上宣传工作的开展，引起了社会各界的较高关注和反响，进一步发挥了稽查的教育、惩治、警示、震慑效应。三是认真做好《税务稽查要情》报送工作，及时向税务总局呈报山东地税稽查工作成果，为税务总局领导决策和税收中心工作提供有效参考。

【稽查调研】 一是为更好地为山东省的稽查体制改革谋划思路、探讨路径，按照税务总局、省局相关要求，省地税局组成稽查体制改革调研组赴税务总局稽查体制改革试点地区进行学习考察，对深化山东省地税稽查体制改革进行了专题调研，撰写了《关于深化山东省稽查体制改革的调研报告》，对改革完善山东地税系统稽查管理体制提出了初步建议。二是将加强稽查执法能力考核作为一个重大课题，组织撰写了《在山东省地税稽查系统实施执法能力考核的探讨》，在全省地税系统科研成果评选中名列前茅。三是组织撰写的《建立纳税评估和税务稽查良性互动机制的思考》科研课题，荣获2011—2012年度全国税务系统优秀税收科研成果三等奖（税总发〔2013〕68号文件公布）。

【稽查工作会议】 2013年3月12日，全省地税稽查工作会议在济南召开，会议的主要内容为贯彻落实2013年全国稽查工作视频会议精神，总结交流全省有特色的稽查工作经验，进一步分析2013年面临的形势和任务，把握好务实干事、节俭办事的主基调，扎实工作、开拓创新，全面推动全省稽查工作再上新台阶。省局巡视员吕凤强作了题为《顺势而为　稳中求进　推动全省稽查工作再上新台阶》的讲话。讲话对去年全省地税稽查工作进行了全面总结和充分肯定，在此基础上，结合当前形势下全省地税稽查工作实际，重点就增强执法刚性、稽查管理体制改革、稽查队伍建设和稽查风险防范等影响和制约稽查发展的问题进行了系统阐述，指出要提高认识，进一步增强税务稽查的执法刚性；统筹兼顾，稳步推动稽查体制改革；强基固本，着力提升稽查核心业务能力；依法守纪，进一步强化风险防范意识。会议要求，各级稽查部门要顺势而为，稳中求进，全面完成新一年的稽查工作任务，并对2013年税收专项检查、打击发票违法犯罪活动、电子查账和税收违法行为检举工作等重点工作进行了部署要求。

（吴姝红）

河南省国家税务局稽查局

【概述】　2013年，河南省国税局各级稽查部门身担开展检查、规范秩序的根本职责，肩负推进稽查管理方式调整改革的试点任务，面临全省组织收入的严峻形势，坚持整顿与促收并重，检查与改革同行，探索与创新共进，执法与服务互促。紧紧围绕组织收入中心任务，按照税务总局稽查工作安排，以税收专项检查、重点税源企业检查、打击发票违法犯罪和重点案件查处四项工作为重点，创新方法，加大力度，拓展领域，积极作为，大张旗鼓抓执法，不动声色保增收，全面开展各项税收检查，共检查纳税人14967户，查补税收232328万元，入库税收241682万元，查补率连续6年保持1.5%以上。积极推进稽查管理方式调整改革，加大系统管理工作力度，不断提高国税稽查工作整体水平，各项工作取得了较好的成效。

【稽查体制机制改革】　河南省国税局作为稽查管理方式改革试点单位之一，进一步深化稽查体制改革。2013年3月，围绕优化稽查资源配置，按照“业务不断、人员不减、资产不乱”的原则，河南省国税局撤销77个区级稽查局，人员并入19个市级稽查局，市级一级稽查体制全面调整到位；7月，依照“公平公正、竞争择优”的原则，45名省局第一稽查局人员进一步补充到位。全省各级稽查局根据税源分类情况，实施分类分级稽查，形成了省局稽查局协调指导、省局第一稽查局引领攻坚、市局稽查局主体承担、县局稽查局集约防控的河南国税稽查新格局。

【稽查查补收入及分析】　2013年，河南省国税局各级稽查部门共检查纳税人14967户，查补税收23.23亿元，入库税收24.17亿元。整体查补率1.54%，入库率104%，选案准确率97%，结案率98%，各项指标全部达到或超过了税务总局要求的目标。在全省经济增长速度明显放缓，国税系统组织收入压力空前增大的环境下，各级稽查部门结合大局收入进度情况，创新检查方法，拓展稽查领域，结合本地区工作实际，选择当地有潜力的重点行业作为检查对象，充分发挥市级一级稽查优势，集中时间、集中人力查办大要案，全省稽查部门查补税款在100万元以上的案件354起，查补税款91699万元，案件数量比2012年增加了32起，增大了对大型企业集团的检查数量，加大了对重点案件的查办力度，充分发挥了大案要案的示范效应，有力地弥补了收入缺口，拉动了税收收入的提高。

【案件特点分析】　两部局督办的30起案件中，虚开增值税专用发票22起、代开及套开发票3起、制售假发票5起，涉及虚假发票1216万份，金额34亿元，税额5亿元。虚开增值税专用发票案件特点：一是法定代表人普遍虚假，借用他人的身份证成立公司；二是无货交易，成立公司的目的就是为了虚开发票；三是虚构资金流和货物流；四是进项发票多为购买的增值税专用发票或虚开的农副产品收购发票；五是犯罪团伙成员职业化，涉及地域广，涉案金额大，犯罪链条长。六是犯罪手段现代化，利用便捷的网络和通讯平台，跨多个省份实施团伙作案。代开及套开发票案件特点：一是从外地购买空白发票；二是印制大量名片，雇佣人员四处散发，或通过QQ群、网上发帖、手机短信、传真等方式开展业务；三是采用大头小尾、真票虚开等犯罪手段虚开发票；四是收取手续费均通过银行收款。制售假发票案件特点：一是涉案发票数量大；二是涉案地集中；三是涉案人员成分复杂，涉及多个省市。

【重大案件查处】　2013年，根据税务总局稽查局及省局党组的工作要求，始终保持高压态势，紧盯虚开发票易发区域、易发行业，严厉查处虚开发票案件，与公安机关密切配合，共同打击虚开发票违法犯罪活动，充分发挥了稽查的震慑作用。2013年，全省查办大要案件122起，涉案发票1214.54万份，入库税收67402万元。按案件类型分：其中偷税案件4起，入库税收225万元；少缴税款案件78起，入库税收62116万元；虚开、虚抵增值税专用发票案件31起，涉案发票1.91万份，入库税收5061万元；代开及套开发票案件3起，涉及发票10.15万份；非法制售假发票案件5起，涉及发票1202万份；非法出售机动车销售发票案件1起，涉案发票0.48万份。重点查处两部局督办的22起虚开增值税专用发票案件，成功查结郑州市通洛利商贸有限公司虚开增值税专用发票案、开封杞县金明棉业有限公司虚开增值税发票案、登封华润矿产品有限公司虚开增值税发票案、安阳市钰辉金属材料有限责任公司等企业虚开增值税专用发票案等重大案件，已入库税收5103万元，涉案人员最高被法院判处有期徒刑15年，并处罚金40万元，最大限度挽回国家税收损失的同时维护了税收经济秩序。

【税收专项检查】 河南省国税局稽查局严格按照国家税务总局指令性检查计划的要求，组织开展了成品油批零企业、证券基金公司、办理电子、服装类产品出口退（免）税企业等指令性项目的税收检查，同时结合河南实际情况，选择房地产建筑安装业、资本交易项目、黑色金属压延加工等自选项目开展税收检查。在工作机制上，加大督促指导力度，定期听取地市检查项目进展情况的汇报，及时进行督导、指导，形成省、市两级沟通顺畅、联系紧密的组织指挥体系；在检查方法上，坚持重点解剖式检查与全面检查相结合，通过解剖式检查进行案例分析，归纳典型问题，总结检查经验，充分发挥典型引路，以点带面的作用，指导全面检查，确保税收专项检查的案件查处质量。2013年，河南专项检查共检查纳税人2863户，有问题2206户，查结2241户，查补税收71532万元，入库税收77423万元，147户企业自查入库228万元。

【区域性税收专项整治】 按照国家税务总局要求，河南省国税局稽查局与征管部门联合开展“三锁定一加强”区域税收专项整治工作，即“把防范税收流失风险锁定在省、市两级重点税源企业；把防范税收管理秩序风险锁定在涉农、涉矿、涉油等虚开虚抵企业；把打牢征管基础的重点锁定在管理关键环节；结合纳税申报和定额调整加强票税、票票、票面、购销比对管理”。2013年，河南省国税局稽查局参与涉农、涉矿、涉油、“营改增”试点等虚开虚抵专项整治工作，检查222户，发现有问题208户，查结194户，查补收入2107万元，入库3412万元。检查发现的主要问题有：销售货物未按规定时间计税、外购货物用于非应税项目未作进项税转出、取得虚假发票抵扣进项税等。

【重点税源企业检查】 2013年，按照国家税务总局重点税源企业检查工作要求，河南省国税局稽查局开展了中国中信集团公司等17户集团企业在河南设立的162成员企业的税收自查、抽查和重点检查；省国税局稽查局从《税收分析监控管理系统》中选取了3年以上未检查的省控重点税源企业数据资料，辅以第三方信息和风险指标进行综合分析，经过与地、市稽查资料进行详细核对，最终选取了200户重点税源企业开展税收自查和重点检查，各省辖市国税局稽查局在此基础上，参照省国税局稽查局选案标准也自选了部分重点税源企业开展了税收自查和重点检查。检查组织上，采取“省局直查、省市联查、省局督办市局检查”等模式，注重发挥河南省国税局第一稽查局的层级优势和龙头作用，重点检查汇总纳税企业总部和部分省级以上规模较大的重点税源企业，各省辖市国税局稽查局负责各地分支机构和其他重点税源企业检查，基本形成了分级分类检查、省市联动联查、信息有效沟通的检查机制。检查方法上，检查前实行查前预告，鼓励企业自查自纠，督促企业及时主动地整改涉税违规问题。自查期间深入企业沟通，做好自查宣传、政策辅导等工作；检查期间，省国税局稽查局定期到各地现场督导，及时就政策问题进行沟通和明确，各省辖市国税局稽查局抽调了一批业务骨干参加重点税源企业检查，确保了检查工作的质效。通过对重点税源企业实施有计划的、常规性的检查，避免了重复检查，在检查频度上体现出执法的公平性，提高了企业的纳税遵从度和税收风险防范能力，促进了稽查收入的增长，全年共组织检查495户，有问题366户，查结342户，查补税收48398万元，调减亏损426万元，入库48844万元；164户企业自查入库收入1495万元，冲减留抵11万元，调减亏损1649万元。

【房地产及建筑安装业企业检查】 2013年，河南省国税局稽查局检查了158户房地产及建筑安装企业，通过实地检查与账簿检查相结合的方法，实地查看企业平面图、结构图，查清企业建造的各种房地产项目，计算其可售项目、已售项目、未售项目，通过监控财务部、售楼部、物业管理部等重点部门的电脑、账册、凭证、合同及其他重要资料，成功提取各部门真实的电脑数据，调取其纸质账册凭证，使行业检查取得了较好成效，房地产检查查补收入23207万元，入库22343万元。检查发现的主要问题有：预售房和地下室收入未及时结转，少缴企业所得税；人为调节各个项目开发成本，将应计入未完工项目的开发成本计入完工项目开发成本、应计入未售产品的成本计入已售产品的成本，造成少缴企业所得税；房地产开发企业虚开建安等发票，虚增成本等。

【出口退（免）税企业及货代公司检查】 按照《国家税务总局、公安部、海关总署关于继续深入开展打击骗取出口退（免）税违法犯罪活动工作的通知》要求，河南省国税局稽查局以国家税务总局下发的10户疑点企业为主开展检查，重点核实供货企业的设备生产能力、生产工艺是否匹配，原材料来源和产品报关是否存在舍近求远，提货单、检验检疫证明等是否虚假，资金是否回流等，联合公安、海关深入打击虚开增值税专用发票、骗取出口退税等违法行为。2013年，河南省国税局稽查局共检查55户出口退（免）税企业及货代公司，有问题29户，查结41户，查补收入1144万元，入库558万元。检查中发现：河南金万利进出口有限公司将实际以广州东恒经济发展有限公司名义订船由俄罗斯客户自行购买出境的按规定不予退税的货物，通过伪造备案提单、装箱单等资料虚构成自己出口的货物向深圳九龙海关申请报关，涉嫌骗取出口退税款8万元，对该公司处以骗取出口退税款两倍罚款计16万元，已移交公安部门进一步查明其违法犯罪事实并追究其刑事责任；漯河亚澳工艺品有限公司等6户企业，从西藏那曲等地善意取得虚开的增值税专用发票421份，金额5079万元，多抵扣增值税863万元，已追缴入库343万元。

【股权转让交易的企业及个人检查】　通过工商管理、产权交易中心、国资委、证监局、商务局等部门以及股票交易软件、互联网、大宗交易平台等途径收集上市公司和非上市公司的产权变更、股权交易、金融商品交易等信息，将获取的线索与企业电子税源档案的纳税申报资料进行核对分析，确定9户重点检查对象，查补收入553万元，入库2029万元。检查发现的主要问题有：虚增成本，大小非减持收入、企业重组收益未计收入等。

【打击发票违法犯罪活动】　2013年，河南省国税部门继续深入开展打击发票违法犯罪活动工作，全省共查处虚假发票案件3891起，收缴各类虚假发票1794万份，查处非法开具或非法使用发票41万份，查补税款4.7亿元；配合公安机关打掉职业犯罪团伙138个，抓获犯罪嫌疑人308名；治理发票违法短信息11万条。主要工作措施：一是领导重视，及早部署工作开展。省国税局于2月27召开全省稽查工作会议，于3月12日召开“2013年河南省警税协作联席会”，部署、推进打击虚假发票工作。二是部门协作，严惩发票违法犯罪。税警协作配合，查处了登封“10·9”虚开增值税专用发票案等30起重大案件，均被列为公安部、税务总局联合督办案件，其中虚开增值税专用发票案22起，代开及套开发票案3起，制售假发票案5起，涉及虚假发票1216万份，金额34亿元，税额5亿元。卫生、税务、纪检、公安等多部门协作，查处了河南益康药业有限公司虚开发票案件，虚开增值税普通发票806张，虚开金额6650万元。三是多措并举，全方位整治用假行为。开展了税务总局统一部署的房地产与建筑安装、药品与医疗器械、发电、供电等行业的发票使用情况检查；加强与审计、财政等部门的配合，联手查处10余起虚假发票案件。四是宣传曝光，努力营造打假氛围。在4月的税法宣传月期间，全方位宣传发票知识；自9月开始，省国税局通过媒体每月曝光2起重大发票违法犯罪案件。

【涉税违法案件检举】　2013年，认真贯彻落实税务总局工作思路，严格按照《税收违法行为检举管理办法》等相关法律法规规定，规范检举管理工作程序、优化服务质量、强化检举案件查处力度，严守保密制度，积极兑付检举奖励，做好检举人沟通疏导、矛盾化解工作，切实保护了检举人、被检举人的合法权益，净化了税收环境。全省各级举报中心全年共受理各类税收违法检举案件496件，已结案件359件，查补税收3303万元，入库税收2387万元。重点查处了税务总局督办的河南新野县新纺集团公司、上海珂兰商贸有限公司郑州分公司涉税检举案，已入库税收1642万元。对查结的河南省张弓酒业有限公司偷税案，依法向举报人兑付奖金4万元，创河南省单笔兑付举报奖金历史最高。

【案件协查工作】　2013年，河南省国税局稽查局严格执行《税收违法案件发票协查管理办法（试行）》，结合稽查管理方式改革的新情况，加强协查队伍建设，强化对税务总局督办大案、要案协查的监督管理，确保协查系统平稳运行和案件协查的有序开展，较好地完成了各项协查工作任务，取得了明显成效。河南省国税局稽查局全年通过协查系统委托发出协查信息890起，涉及发票6755份，金额9.07亿元，税额1.53亿元。收到协查结果12995份，其中有问题发票5739份、无法核实3538份、正常发票3718份，选票准确率44.16%，委托协查信息完整率99.97%；收到受托协查1843起，涉及发票28574份，金额37.74亿元，税额6.19亿元，回复发票27607份。受托收到纸质协查1061起，涉及企业1950户，涉及增值税专用发票10856份，其他抵扣凭证181份，其他票证11017份。全年通过协查共计查补税收7309.88万元，入库税收 6930.63 万元。2013 年 4 月 14—21 日组织了两期协查业务骨干培训班，参训人员 150 人，集中讲授新版协查系统的相关知识、操作技巧和疑难问题，为提高新版协查系统运行质量和管理水平夯实了基础。

【稽查制度建设】 2013 年，河南省国税局不断加强制度建设。根据《国家税务总局稽查局关于征求加强税务稽查制度建设意见相关问题的函》要求，按照税务稽查的基本法律、法规、规章类、税务稽查四环节运行类、税务稽查系统管理监督类、税务稽查考核激励类、税务稽查协作保障类五大类型，对国家税务总局以及河南省国税局现行 39 项稽查制度进行了梳理；为深化稽查管理方式改革，巩固改革成果，发挥稽查局职能作用，结合河南省国税局第一稽查局工作特点，制订了《河南省国税局省、市税务联合检查组人员工作职责与分工办法》；为更好服务税户，整合各种进户事项，切实减少和避免多头、重复进户的问题，制订了《河南省国家税务局关于规范税务人员进户工作的意见》等。

【稽查系统建设】 参照税务总局指标，结合河南国税稽查实际，坚持以“查补率”衡量稽查基本状况，以“审结增长率”衡量稽查工作效率，以“整体处罚率”衡量案件查处力度，通过强化考核调动地、市积极性；加强税收检查计划管理，以信息化手段为依托，提高选案准确性，根据分级分类稽查职责，制定科学合理的全省稽查年度检查计划；加强上级稽查局对下级稽查局案件查办和异地协查的指挥力度，增强稽查主管领导对查办案件特别是大要案件的关注程度，经常分析案情，掌握查处过程，及时跟进指导。

【稽查队伍建设】 健全稽查干部队伍建设管理机制，建设凝聚力强、素质高的税务稽查队伍。稽查管理方式调整改革到位后，稽查人员总数 3756 人，占全体税务人员的比例为 17%，其中，省局稽查局 56 人，市局稽查局 2064 人，省市两级稽查力量得到扩充，使稽查资源与稽查执法对象匹配情况进一步优化，为分类分级稽查管理提供了组织保障；采取各省辖市国税局稽查局局长任同级国税局党组成员的方式，进一步加强市局党组对税务稽查工作的领导。同时，不断增强稽查人员廉政意识，加强对税务稽查人员的反腐倡廉教育，加强稽查局内控机制建设。

【稽查人才库建设】 2013 年，河南省国税局坚持根据稽查业务实绩选拔人才，按照《国家税务总局税务稽查人才库 2012 年入库人员选拔工作方案》，结合日常稽查工作业绩和全省国税系统业务技术能手选拔成绩，向税务总局推荐刘慧玲、徐超、冯建功、赵海章、张凌鹏、赵仲虎 6 名稽查人员入选税务总局稽查人才库；坚持通过稽查业务实践锻炼人才和发挥骨干中坚作用，为稽查能手和专业化人才提供培训深造机会和实践锻炼平台，推行重大案件、重点行业稽查人才领办制度和疑难案件人才库专家会审、会诊、会查制度。

【稽查业务培训】 河南省国税局根据年初培训计划，针对培训对象特点，先后组织省局稽查人员、全省稽查业务骨干培训班共 2 期，培训各类稽查人员 200 余人次；参加税务总局稽查人员培训 70 余人次；各地、市也结合工作安排，采取集中培训、以会代训、以查代训等各种方式，分层次分类别组织培训班 20 余期，培训人员 800 余名，有力提高了稽查人员的理论水平和查案能力。

【稽查信息化建设】 继续推进稽查信息化建设。建立选案信息库，加强对信息的收集、整理和分析，探索运用选案分析软件，提高选案的准确性和发现税收违法行为的敏锐性；对一些通用财务软件进行分类研究，广泛运用查账软件，通过提高电子查账水平和查办效率；依托网络平台，开展网上审理，提高审理工作效率，促进公平公正。2013 年购买查账软件 25 套，省国税局第一稽查局查账软件使用率达 100%。

【稽查宣传】 2013 年是在河南推行“营改增”试点工作的第一年，河南国税局稽查局紧抓这一热点问题加强宣传工作。按照“打防并举，服务为先”的原则，根据前期试点地区出现的虚开发票案件情况，向广大纳税人发放《河南省国税局稽查局致“营改增”纳税人的友情提醒》，宣传“营改增”试点工作的重要意义，提醒广大纳税人不为非法利益诱惑，不被违法分子利用，倡导自觉守法经营；借助征管各层级、单位搭建的税企 QQ 群、政策培训班、座谈会、热线电话、印发传单、走访企业等多种宣传渠道，宣传服务提醒内容，解答纳税人关心的问题。

【稽查调研】 根据税务总局稽查现代化建设要求，结合河南国税稽查实际，深入开展调查研究，组织人员撰写了《构建税务稽查现代化模式的思考》文章；结合当前稽查改革调整工作，对稽查队伍现状，特别是稽查领导干部配备、任用方面情况进行调研，向局党组汇报了《关于加强河南省稽查领导干部队伍专业化的思考》；注重总结宣传，及时分析总结稽查改革利弊得失，组织人员撰写了《河南省国家税务局稽查局关于税务稽查管理方式调整改革情况的报告》，积极向税务总局反馈改革成效，为税务总局下一步推广和深化改革提供参考；根据省局党组提出的“优化资源配置，提高稽查效能”的要求，部署开展调研工作。

【稽查工作会议】 2013 年 3 月 1 日，河南省国税系统稽查工作会议在郑州召开。省局党组成员、副局长席七万作了题为《坚持围绕现代化建设　努力推进河南省稽查工作再上新台阶》的重要讲话，总结回顾了 2012 年全省稽查工作，分析了当前国税稽查工作面临的形势任务和工作中存在的问题，对 2013 年工作进行了安排。会议还对 2013 年度税收专项检查工作进行专题部署。会议期间，各市局围绕深化稽查管理方式调整改革、组织开展各项税务检查、强化系统管理等方面，进行了深入的讨论，提出做好 2013 年稽查工作的意见和建议。各省辖市局、郑州新区局主管局长、稽查局局长、稽查局综合科长、省局部分相关处室人员参加了会议。

【工作建议】 持之以恒推进稽查现代化建设，狠抓《国务院办公厅关于转发国家税务总局深化税收征管改革方案的通知》（国办发〔1997〕1 号）落实工作，明确稽查定位，坚持管查分离，坚持“查字归口”，不断提高稽查人员占全部税务人员比例；从更高层级加强税务部门与公安、金融等各个部门协调，形成涉税案件查处合力。

（张正国）

河南省地方税务局稽查局

【稽查体制机制改革】 按照税务总局深化税务稽查现代化管理方式改革的总体要求，在全省开展专业化稽查调整改革工作，郑州作为试点单位，先行先试，通过打破区域设置，建立专业化稽查组织架构；整合人力资源，组建专业化稽查人才队伍；优化业务流程，建立专业化稽查运作机制三项重要举措，初步建立了一套适应征管改革、适应税源管理的专业化稽查框架，形成了“组织有重点、部门有专攻、个人有专长”的工作格局，做到了“有领导、有部署、有措施、有制度、有落实、有成效”，为全省逐步实施专业化稽查管理模式积累了宝贵的经验。

【稽查查补收入及分析】 2013 年全省稽查部门共查补收入 294121 万元，同比增长 31%。入库 292398 万元，同比增长 31%。其中立案查补税款 56540 万元，滞纳金 13826 万元，罚款 20155 万元。稽查部门组织企业自查查补收入 203600 万元。立案查补入库税款 56339 万元，滞纳金 13819 万元，罚款 19225 万元，自查入库税款 203015 万元。检查面为 2%，结案率为 97%。全省稽查机构平均检查 116 户，同比增长 76%，全省稽查机构平均查补收入 2131 万元，同比增长 31%。人均检查 7 户，同比增长 73%，人均查补收入 129 万元，同比增长 29%。全省处罚率为 36%，入库率为 99%。滞纳金加收率为 24%，税款流失率为 3%，偷税案件处罚率为 37%。

【案件查办情况】 2013 年，全省地税稽查部门累计检查 15987 户（其中立案检查 2093 户，自查 13894 户），同比增长 75%。有问题户 2051 户。查结案件 2044 件，查实率为 100%。全省曝光案件 3 件，移送司法机关案件 1 件。

【重大案件查处】 各级坚持以查处大要案为突破口，充分发挥税务稽查的职能作用，组织查处了一批重大涉税违法案件。省局针对全省稽查大要案件查处重点、难点问题，在全省范围内广泛搜集重点行业、重点区域的重点企业基本信息，科学比对、认真分析，确定检查对象，由省局统筹调配稽查力量集中统一组织查处，在查办大要案件中发挥了积极的引领示范作用，在全省产生了较大的震动，有力地打击了涉税违法犯罪行为，彰显了稽查威力。全省查处千万元以上案件 1 件，百万元以上案件 28 件，查补税款 17651 万元。

【案件特点分析】 （1）涉及证券、基金公司案件特点：该行业在河南省涉及户数不多，多为总公司的营业部，业务较单一。①证券公司多为中央级企业，会计核算体系完备，账簿资料完整，财务管理规范，从账目上检查，发现存在向职工变相发放各种补助，规避了公司的薪酬体系，造成了少代扣代缴个人所得税的事实。②证券公司营业部均属于地方性营业部，无自营盘，也未办理过限售股减持业务。证券公司营业部的特点决定了对地方营业部的检查很难对主营业务部分进行核实。③证券公司营业部属于地方性营业部，为了防止违规操作，发生金融风险，公司总部把地方营业部的公章全部收走集中统一管理，造成了税务稽查部门的相关文书及案卷取证资料盖章困难。（2）涉及房地产业案件特点：①房地产企业销售房屋过程中收取的定金、水电开户费、管道设施费、城建配套费、代办证件费等未并入营业收入申报纳税。②土地增值税在预征过程中预征率使用错误，造成少缴税款。③税法规定，对于以房地产作价入股，凡所投资、联营的企业从事房地产开发的，或者房地产开发企业以其建造的商品房进行投资和联营的，或是投资、联营企业将上述房地产再转让，要征收土地增值税。另外，对于一方出地，一方出资金，双方合作建房，建成后转让的，未按规定缴纳土地增值税。④部分企业除主营业务外，还存在房屋租赁等其他业务。企业未按规定为承租方开具发票，同时少缴租赁环节相关税款。⑤纳税时间滞后。企业已申报过的税款，由于资金紧张，不能及时纳税。⑥房产税计税依据错误及部分房产未按规定申报纳税。⑦计算错误少缴税款。

【税收专项检查】 2013年，全省开展了证券基金、房地产及建筑安装业2个指令性和成品油批发等6个指导性项目的检查，并重点要求房地产建安业开展全行业自查。部分地、市结合实际，增加粮食储备、教育培训、煤炭等行业及车船使用税的专项检查。工作中全省各级稽查部门从前期工作安排、舆论宣传，中期重点复查、立案检查，到后期工作督导、总结整改，部署周密、措施有力，落实到位，成效突出。全年累计查补收入13.86亿元，其中企业自查补税10.66亿元，立案查补收入3.2亿元。

【区域税收专项整治】 2013年，河南省结合自身情况安排的区域税收专项整治主要是对单位和个人开办的各类教育培训机构及个人开办的培训班的纳税情况，特别是大型教育集团的纳税情况进行专项整治。郑州市被确定为重点整治地区。具体成效：共组织466户单位和个人开办的各类教育培训机构及培训班进行自查，收回自查情况报告及自查表466份，自查率100%，有问题户39户，共自查税款412.69万元，已入库414.61万元。

【重点税源检查】 2013年，统筹税务总局部署的重点税源企业检查任务和全省重点税源企业检查计划，强化分级分类执法，合理分配省、市、县三级检查任务，科学确定企业自查、重点检查工作对象，注重运用信息手段，加强部门协作配合，工作成效显著。全年检查282家重点税源企业和单位，其中税务总局部署41家，省局确定241户，共查补收入5.78亿元。

【打击发票违法犯罪活动】 坚持“查税必查票、查案必查票、查账必查票”工作思路，结合行业税收检查，重点开展了餐饮、娱乐、药品与医疗器材等9个行业的发票检查。全年全省各级地税部门联合当地公安机关打掉作案团伙11个，捣毁窝点13个，收缴作案工具28台，抓获犯罪嫌疑人53人，缴获假发票1215万份。检查发票使用企业10993户，查处违法使用发票企业1723户，查补收入9863.13万元，超额完成税务总局部署的查处违法受票企业不少于1000户的目标要求。连续5年获全国税务系统打击发票违法犯罪工作先进单位荣誉称号。

【受理案件查处】 全省各级稽查部门坚持教育与惩处相结合，执法与服务相结合，充分尊重执法相对人的权益，受理举报案件时，主动疏导、积极作为，一定程度上避免了社会矛盾激化；处理协查、交办督办案件时，责任明确，回复及时，做到了件件有落实，事事有结果，展现了地税稽查部门的良好形象。全年共受理案件490件，查处437件，查补收入合计4.04亿元。其中群众举报449件，税务总局督办1件，税务总局交办20件，其他部门转办20件。

【“稽查工作规范提升年”建设】 继2011年的“稽查工作基础年”、2012年的“稽查工作规范年”之后，2013年在总结前两年工作的基础上，持续了“规范”的工作思路，提出了“稽查工作规范提升年”建设，初步达到了“四抓四提升”的预期工作目标。一是抓案件查处质效，实现了整顿和规范税收秩序水平的提升。全年累计检查涉税案件15987户，查补收入29.41亿元，增幅分别为75%、31%。选案准确率98%，入库率99%，分别超过税务总局规定指标的8个、9个百分点。督办案件协查按期回复率、协查信息完整率达到100%。二是抓案件质量管理，实现了稽查法制化水平的提升。开展了全省稽查案件复查工作和“全省十大规范典型案例”评选活动，制定了《规范典型案例评审专家库管理办法》，组建了全省第一支规范典型案例参评专家库。三是抓执法基础建设，实现了风险防控水平的提升。完善部分稽查内部管理文书，印发《信息化企业稽查指南》，加强业务流程和各类制度的培训力度，探索完善以预防、监督、持续改进为核心的稽查执法内部监控机制。四是抓稽查成果的推广应用，实现了稽查职能作用的提升。加强重大税务违法企业信息库和税务稽查案例库建设，建立典型案例分析制度，编写行业税收分析报告，向税源管理部门发出风险预警，定期就稽查中发现的税收风险点提出管理建议，加大稽查成果的推广应用。

【稽查队伍建设】　认真研究稽查系统人员在年龄结构、知识结构、素质结构方面存在的问题，以提高“一个能力、两个比例”为重点（稽查人员业务素质和执法能力，一线检查人员占全体稽查人员的比例，具备独立查账能力人员和电子查账能力人员占一线检查人员的比例），开展了分级分类培训，创新培训内容和方式，注重培训成果考核，增强了培训的针对性、专业性和实效性。先后组织省级培训 8 期，培训人员 435 人次；市级培训 73 期，培训人员 4656 人次；县级培训 32 期，培训人员 1028 人次。通过分级、分类培训，有效地提高了稽查人员查账实务技能、业务素质和执法能力。

【稽查信息化建设】　树立“信息管税”理念，坚持以信息管理稽查、建设信息稽查平台。加大稽查硬、软件的经费投入，部分地、市建立了多媒体案件分析室、询问监控室，实施了电子汇报演示等新手段，深化了案件的日常控管。稽查查账软件试点取得进一步成效，近年来河南省在实践中一直积极探索应用查账软件，取得一些成效，在工作实践中不断充实完善试用软件，并选定开封、濮阳两地进行试点，运用软件的查询、过滤、分析、统计等功能，完成数据的完整采集，迅速查找出案件的突破口，确定各税种情况疑点，大大提高了工作质效，一定程度上弥补了手工查账的不足，增强了稽查办案的科技含量，以点带面实现了全省稽查系统信息化建设的整体推进。

【稽查宣传】　积极进行普法及法制宣传，及时宣传新的税收政策，解释广大纳税人关心的涉税事项。加强与主流媒体的合作，组织好第 23 个全国税收宣传月活动，表彰依法诚信纳税大户，曝光涉税违法案件，扩大宣传的辐射面和影响力，提高纳税人的税法遵从度。推进政务信息公开，维护纳税人合法权益，提高全社会依法纳税意识。

【稽查调研】　省局成立调研组，深入基层，以实地考察、分片工作座谈会、经验交流会等形式，围绕如何以“六个地税”为指引研究解决新情况、新问题进行调研。同时，完成了税务总局部署的“涉税刑事疑难问题司法解释”工作调研和省局安排的“《行政处罚裁量标准（征求意见稿）》及其适用规则的修改意见”的调研工作。撰写了一系列高质量、有参考价值的调研文章。多数省辖市局也都结合实际，突出重点难点，组织专题性研讨，取得成效并推动了工作。

【稽查工作会议】　2013 年 3 月，在郑州召开了全省地税系统稽查工作会议。省局副局长李建华出席会议，各省辖市局、省直属分局、省直属小浪底分局主管副局长、稽查局局长、综合科科长参加了会议。会议的主要任务是：贯彻落实全省地税工作会议和全国税务稽查工作会议精神，总结 2012 年全省地税稽查工作，部署安排 2013 年的稽查工作。会上，省局副局长李建华作了题为《规范提升　持续发展　努力推进地税稽查现代化建设》的工作报告。报告总结回顾了 2012 年稽查工作情况，安排部署了 2013 年地税稽查工作。会上，省局对 2012 年度全省地税稽查工作优秀单位、先进单位，全省地税打击发票违法犯罪工作优秀单位、先进单位，全省地税系统“十大规范典型案例”等进行了表彰。

【工作建议】　（1）稽查法制体系不够健全。建议尽快修改《税收征管法》，对“税收检查”章节的部分条款细化、补充、完善，提升《税务稽查工作规程》法律层次。（2）稽查信息化建设滞后。建议建立全国稽查业务网络化的远程支持平台，加强上级稽查部门对下级稽查部门和一线稽查工作的指导。（3）稽查体制改革问题。建议税务总局继续深化省级一级稽查体制改革，加快“四省一市”稽查管理方式调整改革试点工作成果的推广应用。（4）稽查入库权问题。建议授予稽查单独入库权，提高稽查工作质效，有效规避执法风险。（5）协作机制不完善。建议尽快解决征管软件兼容问题，实现国税、地税间无障碍的业务流转和信息共享。进一步推进信息共享立法程序，建立由各级政府主导，有关部门参与的信息共享机制。

（班　烨）

湖北省国家税务局稽查局

【概述】 2013 年，湖北国税稽查部门紧紧围绕服务大局的工作要求，以充分发挥稽查职能作用为动力，以“发展环境优化年”活动为抓手，迎难而上，苦干实干，锐意进取，各项稽查工作取得显著成绩。一年的工作大致可概括为“五四三二”。“五”是打好了“五场硬仗”，即查处税收违法大要案的突击战、税收专项检查的阻击战、重点税源企业检查的阵地战、医药卫生行业专项整治的攻坚战、打击发票违法犯罪活动的歼灭战；“四”是加强了“四个建设”，即基本制度建设、工作机制建设、基础业务建设、稽查队伍建设；“三”是开展了“三个稽查”，即拓展“一级稽查”、实施“阳光稽查”、试行“数字稽查”；“二”是实现了“两个突破”，即稽查收入和稽查质量的新突破。据统计，2013 年全年全省国税稽查部门共检查各类纳税户 4425 户，实现稽查收入 28.97 亿元，入库稽查收入 28.24 亿元，突破了稽查收入新纪录，名列中部六省第一、全国国税系统第七。与此同时，全省国税部门稽查选案准确率、入库率、结案率分别达到 94.73%、97.46%、99.41%，稽查质量的重要指标实现了新的突破。

【稽查查补收入及分析】 2013 年，湖北省国税稽查部门共检查各类纳税户 4425 户，立案 4419 户，有问题 4192 户（其中：千万元案件 24 户，百万元案件 161 户，偷税案件 1753 户），结案 4399 户，组织纳税人自查 4398 户。稽查收入总额共计 28.97 亿元，其中：稽查机构查补收入 15.50 亿元（税款 13.32 亿元，滞纳金 1.17 亿元，没收非法所得 290 万元，罚款 9749.94 万元），占稽查总收入 53.52%；稽查机构组织企业自查收入 13.47 亿元，占稽查总收入 46.48%。稽查收入入库 28.24 亿元，占全省国税收入 1.69%。稽查收入具有三个明显特点：一是稽查收入增幅创新高。在稽查户数减少近两成的基础上，稽查收入总额增加了 1.70 亿元，增幅 6.24%。二是稽查质效提升快。人均稽查收入 124.46 万元，增加了 1.72 万元，增幅 1.4%；户均查补收入 35.04 万元，增加了 4.41 万元，增幅 14.4%；选案准确率 94.73%，增长了 0.33%；偷税案件选案准确率 39.61%，增长了 0.5%；结案率 99.41%，增长了 1.95%；CTAIS 稽查模块系统应用率为 100%。三是惩处力度进一步加大。处罚率达 7.32%，增长了 1.39%，滞纳金占比 8.82%，增长了 0.53%。

【重大税收违法案件查处】 根据上级的统一部署，与公安部门联合开展“8·27”打击骗取出口退税专项行动、打击“营改增”试点虚开发票和整治发票违法犯罪活动，认真受理、查办涉嫌偷税、骗税、逃避追缴欠税、发票违法等各类税收违法举报案件，狠抓了大要案件查处，震慑了税收违法犯罪分子。全年共查处 113 件各类税收违法大要案，移送公安机关 7 件，查补收入（含滞纳金、罚款）共计 7.54 亿元，比上年增加 400 万元。

【税收专项检查】 认真组织实施税务总局部署的成品油销售企业，办理电子、家具、服装类等产品出口退（免）税企业，证券、基金公司及省局确定的乘用车经销企业 4 类指令性专项检查项目；同时，一些地方还结合实际选择了 1～2 个指导性项目开展了检查。武汉、荆州、黄石、襄阳、十堰、宜昌、仙桃等地，创新检查的工作方法，保证了检查成效。据统计，在 2013 年税收专项检查中，全省共检查纳税人 2108 户，组织自查的纳税人 4881 户，实现稽查收入共 12.45 亿元，其中：查补收入 9.1 亿元，自查收入 3.35 亿元。

【重点税源企业检查】 按照查前自查、查中约谈，自查为先导、抽查与重点检查相结合的检查方式，认真开展了重点税源企业检查工作，有效地监控和防范了重点税源流失的风险。全年共检查重点税源企业 234 户，有问题 162 户，已查结 148 户，查补收入 1.37 亿元，包括企业自查在内共实现稽查收入 2.22 亿元，入库收入 2.2 亿元。其中，对 74 户税务总局在鄂重点税源企业组织了自查，对 9 户集团企业所属 21 户重点税源企业开展了检查，共查补入库 2194 万元。

【医药卫生行业专项整治】 切实履行医药卫生行业联合整治的牵头责任，精心组织，狠抓协调，全力以赴地打了一场医药卫生行业联合整治的攻坚战，在规定的时间内圆满完成各项工作任务，取得了显著成效，税务总局多次予以肯定。在医药卫生行业专项整治工作中，湖北省医药整治成员单位共采集医药发票69.09万份，居全国发票采集数量第五位；核查发票64.37万份，稽查收入2.34亿元。同时，共查办医药卫生行业各类违法违纪案件4624件，涉案金额11.18亿元，抓捕犯罪嫌疑人26人，极大地震慑了医药卫生行业的不正之风，规范了行业管理秩序。

【打击发票违法犯罪活动】 按照“查账必查票、查税必查票、查案必查票”的工作要求，将打击发票违法犯罪活动与各项稽查工作紧密结合起来，协同公安、地税等相关职能部门，深入开展了端窝点、打团伙、治场所、查买方、截信息等专项行动，合力打击了各类发票违法犯罪活动，取得了较好成效。据统计，2013年，湖北国税稽查部门共查处非法发票52174份，涉及金额9.15亿元，查补税款1.71亿元，加收滞纳金1743万元，罚款3557万元。

【稽查制度建设】 围绕稽查业务需求和工作要求，重点建立了《湖北省国税系统推行“阳光稽查”实施方案》《湖北省国家税务局分类分级稽查管理办法（试行）》《关于进一步规范检举案件督办、交办制度的通知》等一系列管理制度和工作规范。与此同时，各地按照湖北省国税局规范稽查管理的要求，建立和完善了相关稽查管理制度体系，逐步理顺了稽查管理程序，规范了稽查管理。如武汉市稽查部门全面通过了省档一级标准的审核验收，在湖北省国税稽查系统尚属首例。

【稽查系统管理】 以强化税收征管为基础，各地普遍建立和完善了稽查与征管、法规、税政、监察等部门的互动工作机制，加强了部门间职能衔接，促进了业务融合，发挥了查管互动的叠加效应。武汉、黄石、宜昌等地通过建立稽查结果反馈单或查管互动联系制度，及时反馈稽查发现的征管问题，有效地强化了日常税源监控。各地通过开展解剖式检查和调研式稽查，并结合开展稽查案例和案卷评比等实践活动，准确地把握了税收违法行为规律、特点和手段，促进了检查方式方法的不断改善和查账技能的不断提高。2013年，湖北省发现了全国首例“真票假制、假票虚开”克隆发票的违法活动新动向，为全国深入开展打击发票违法犯罪活动提供了典型的案例。

【稽查管理体制建设】 按照“做实省局、做强市（州）局、做专县（市）局”的基本思路，继续巩固并推行了市（州）一级稽查管理模式，努力构建与税源结构相适应的稽查资源配置模式和管理机制。截至2013年年底，湖北省国税系统已有武汉、鄂州、黄石、荆门、宜昌、襄阳、十堰7个市实现了城区一级稽查模式。武汉、宜昌、十堰等地强化了市级局统一选案职能，进一步完善了市级局案件集中审理工作机制；孝感市统筹利用资源，采用了统一检查、授权检查、异地交叉检查等方式。

【阳光稽查建设】 作为“发展环境优化年”活动的一个重点项目，湖北省国税系统全面实施了以“公开透明、全程监督、文明执法、促进遵从”为主要内容的阳光稽查新机制，推动了稽查执法服务建设的新跨越。枣阳市建立了“全环节阳光、全过程透明、全结果公开”为特点的“阳光稽查”工作流程；孝感市构建了“6531”的阳光稽查新格局；荆州市“六化管理”打造“阳光稽查”；武汉市通过试点推行第一稽查局的红、黄、蓝三色稽查建议制度，推动了该市“阳光稽查”16个配套办法的落实。《湖北日报》和《中国税务报》先后重点报道了湖北省国税系统“阳光稽查”建设经验。

【数字稽查建设】 2013年5月，湖北省国税局稽查局在对襄阳市2011年“数字稽查”软件进行功能拓展和系统升级的基础上，按照边研发、边培训、边试点、边推行的工作方法，建立并应用了以信息技术为依托，以科学分析为手段，以绩效管理为目的，涵盖稽查工作各环节，实现省、市（州）、县（市、区）三级联动的“数字稽查”系统操作平台，实施稽查过程痕迹管理，对于快速发现问题、及时跟踪打击税收违法行为发挥了重要作用。总局稽查局副局长刘建国在调研湖北省国税稽查工作时给予了高度评价，认为该省的“数字稽查”系统“提高了稽查的科技含量和效率，在全国税务稽查系统来说，具有一定的先进性”。

【稽查业务建设】 适应税源专业化管理要求，探索了集约化、专业化案源管理模式，建立了案源管理新机制。武汉、宜昌等地试行将案源管理人员向市级倾斜和集中，强化检查预案分析，有效地加强了稽查案源管理，稽查选案准确率位居全省前列。充分应用协查管理信息系统，加大对协查发函、受托回函情况的监控力度，不断提高了协查委托发函和受托检查、回函的质量；推广并运行协查系统货物运输发票协查业务，加强了“营改增”后企业的涉税风险管理。积极利用协查发票信息线索进行延伸检查，有效应对企业利用电子账簿虚假记账、隐匿或销毁电子账簿的违法活动，预防重大税收违法案件的发生。

【稽查队伍建设】 湖北省国税稽查部门认真贯彻中央八项规定和税务总局“36字”要求，积极开展“三抓一促”为主题的实践活动，通过深入开展廉政执法教育和廉政文化建设，不断加强“两权监督”“一岗双责”“一案双查”等工作措施，切实加强稽查队伍作风建设。通过开展在职教育、网络课堂、专门培训、以会代训和专题讲座等形式，加强稽查业务知识学习培训，激发广大稽查干部的学习热情，业务素质得到了不断提高。黄石和孝感稽查局的“学习日”活动、随州稽查局的“冬季大练兵”活动、鄂州稽查局的“每日一题、每周一讲、每季一考”等学习活动，逐渐成为稽查干部在职充电的“品牌”。2013年，湖北省各级国税稽查部门接受专门培训人员达到1300余人次，其中，省局派出参加税务总局举办的高端稽查业务培训12人次。

【稽查工作会议】 2013年3月1日，全省国税稽查工作会议在孝感市国家税务局大悟培训中心召开。会前，省局局长刘勇专门就2013年国税稽查工作作出重要批示。省局副局长梅昌新和副巡视员、稽查局局长张有斌以及各市州、省直管市、林区国税局分管稽查工作的领导、稽查局长，武汉市国税局第一至五稽查局局长出席会议。省局副局长梅昌新在会上作了题为《树立良好作风　强化稽查职能　为优化全省国税事业发展环境作出新贡献》的主题报告。会上传达了全国税务稽查工作会议精神，总结了2012年全省国税稽查工作，交流了行业税务稽查案例与检查方法，部署了2013年全省国税稽查工作任务。

（王伟域）

湖北省地方税务局稽查局

【概述】 2013年，湖北地税稽查部门紧紧围绕税收中心工作，以“融入大征管、强化大征管、检验大征管、促进大征管”为核心，以深化全省税收征管改革为着力点，以税务稽查现代化建设为突破点，以税收专项检查、区域税收专项整治、打击发票违法犯罪为重点，广泛深入开展整顿和规范税收秩序活动，严厉打击重大涉税违法行为，稽查执法刚性不断增强，稽查职能作用充分发挥，稽查工作质效全面提升。省局稽查局先后被国家税务总局、湖北省委、省总工会、省地税局授予“税务系统打击发票违法犯罪活动工作成绩突出单位”“先进基层党组织”“工人先锋号”“全省地税系统信访工作先进单位”等荣誉称号。

【稽查体制机制改革】 湖北省地税局在稽查现代化建设试点地区探索了稽查体制管理改革，试点市、州、县地税局稽查局分别加挂上级稽查局牌子，实行一套班子，两块牌子的管理模式，将县（市）稽查选案、审理上收一级，探索实行“人员统一调配，案源统一管理，检查统一实施，审理统一开展，执行统一组织，成果统一利用”稽查管理新模式，取得了良好效果，湖北省地税局领导给予了充分肯定。

【稽查查补收入及分析】 全省地税稽查部门共查补地方收入230557万元（含自查收入42139万元），实际入库220508万元，加收滞纳金6570万元，罚款12091万元，选案准确率达到95%，追缴税款入库率达到96%，结案率达到93%。其中：立案检查各类税收违法案件2345户，比上年同期减少166户，减幅为6.6%；组织开展自查1156户，比上年同期减少1087户，减幅为48.5%；查补税收总额230557万元，比上年同期减少129828万元，同比减少36.02%；入库查补收入220508万元，比上年同期减少135276万元，同比减少38%。

【税收违法案件查处】 全省各级稽查部门采取多种形式，加大涉税案件查处力度，严厉打击各类税务违法行为。共立案查处涉税违法案件2345户，查结2184户，组织企业自查1156户，其中查处案值百万元以上的重大税收违法案件212起，查补税款5221万元，千万元以上重大税收违法案件28起，查补税款13228万元。

【税收专项检查】 全省地税各级稽查部门采取自查、抽查、重点检查相结合的办法，统一开展了证券基金公司和土地使用权交易项目等指令性税收专项检查，结合本地实际有选择地开展了资本交易项目、房地产业、非银行金融机构等指导性税收专项检查。共组织企业自查和开展税务检查2956户，其中检查1743户，结案1376户，查补税款总额124315.19万元（含自查查补税款31225.19万元），加收滞纳金1747.74万元，处以罚款2521.34万元，入库总额122540.94万元，入库率达到95.30%。

【区域性税收专项整治】 全省组织区域专项整治企业自查和开展税务检查129户，查补税款总额6061.88万元（其中自查查补税款435.60万元），加收滞纳金56.51万元，处以罚款50.70万元，入库总额6169.09万元。其中，对连续3～5年长亏不倒企业开展了调研式税收检查，共检查12户，查补企业所得税1153万元。

【重点税源企业检查】 湖北省地税局稽查局以分类分级为切入，打破区域限制，整合省市县三级优质稽查资源，抽调全省稽查精兵组建15个检查队对28户年缴纳地方税收3000万元以上的重点税源企业开展税收专项检查，严厉查处重大涉税违法行为，稽查威慑力有效释放。通过组织开展查前培训，明确检查重点、检查任务、检查纪律，各检查队队长与省局稽查局签订《2013年重点税源企业税收专项检查执法责任书》。查中，统一执法文书、执法口径，抽调检查人员全部编入省局稽查局进行管理，所有案件严格通过稽查管理系统运行，在技术上实现岗位职责分离、执法全程监控。查后，严格实行三级审理，确保查处案件违法事实清楚、证据充分、程序得当。省级重点税源共查补地方税费25747万元，加收滞纳金350万元，罚款1175万元。

【房地产及建筑安装业企业检查】 2013年，全省共检查房地产及建筑安装企业435户，查补税款总额77838.11万元（其中自查补缴税款16759.87万元），占税收专项检查成果的62.61%。其中查补税款61078.24万元，加收滞纳金612.68万元，处以罚款538.59万元。

【打击发票违法犯罪活动】 全省地税稽查部门充分发挥打击发票违法犯罪活动工作协调小组办公室协调作用，联合公安、国税、地税等部门开展了一系列富有成效的打击发票违法犯罪专项活动。全省查处发票违法企业1312户，查处非法发票36389份，涉及金额47270.74万元，查补税款4423.55万元，罚款365.71万元，加收滞纳金310.45万元。一是强化重点场所整治。全省公安机关全力投入“破案会战”，破获了一批制售假发票犯罪案件，摧毁了一批制假窝点和职业犯罪团伙。共捣毁窝点19个，打掉团伙6个，缴获作案机器36台，缴获发票5839639份。二是严厉整顿买方市场。各级稽查部门在专项检查、专案检查中将发票使用情况作为必查项目。2013年，省局稽查局将金融、保险、广告、餐饮娱乐、房地产与建筑安装等行业作为检查重点，超额完成了税务总局下达查处违法受票企业1000户的目标任务。

【举报案件查处】 严格落实《税收违法行为检举管理办法》，加强实名举报案件管理，严厉查处，限时回复，全省共受理、查处举报涉税违法案件356起（其中省局稽查局受理49起，自查5起，督办7起，交办28起，暂存9起），查补税款11687万元，加收滞纳金876万元，罚款1457万元。

【案件协查工作】 认真开展案件协查工作，做到了数据准确，事实清楚，回复及时。全年接收、承办并回复北京、上海、重庆等地12起案件协查需求，协助大连、北京两地稽查人员到湖北省进行实地检查2起。与此同时，积极向外发出协查需求，向上海、重庆和四川发送协查函，组织咸宁市稽查人员到福建、浙江等地进行关联企业税务检查。按照税务总局要求，及时开展税务协查信息管理系统培训，9月底，协查信息管理系统正式上线运行。

【稽查现代化建设】 一是明确总体思路，选取试点单位。按照税务总局推进税务稽查现代化建设工作部署，结合地税稽查工作实际，湖北省地税局确定了“试点先行、重点突破、全面推进”的税务稽查现代化建设总体思路，制定下发《关于开展地税稽查现代化建设试点工作的通知》，选择武汉市地税局稽查局、襄阳市地税局稽查局、恩施州地税局稽查局、当阳市地税局稽查局为全省地税第一批税务稽查现代化建设试点单位。二是强化调研督导，确保试点进度。省地税局党组成员、副局长肖厚雄亲自带领调研组赴武汉、襄阳、恩施、当阳等试点单位开展稽查现代化建设调研工作，为试点单位着力推进稽查现代化建设扫清了思想障碍，理顺了推进思路，注入了推进动力。三是健全岗责体系，夯实制度基础。研究制定《湖北省地方税务稽查现代化组织架构及省地方税务局稽查局岗责体系》，对全省地税稽查组织结构、岗位职责进行调整优化，健全岗位设置，建立岗责体系，组建科学、严密、高效的全省地税稽查组织结构，成立专题课题组开展了《现代税务稽查的职能与作用研究》课题研究，全方位论证完善稽查现代化建设的科学性、合理性，为推进税务稽查现代化建设夯实了基础。

【稽查信息化建设】 在全省地税稽查系统全面推广应用稽查查账软件，实现了电子查账与账面检查的有效融合，丰富了稽查手段，提高了稽查工作效率。《中国税务报》以《湖北地税局实现电子查账全省覆盖》为题对湖北地税稽查使用电子查账的经验与做法进行了专题报道。同时，进一步优化完善稽查管理软件。新增稽查报表系统，全省地税稽查报表实现了系统自动生成，提高了稽查报表的统计效率与准确率。编发《湖北地税稽查案例库》，新增案例63篇，税务稽查"以查促查"作用得以充分发挥。

【稽查队伍建设】 在省局人事处的大力支持下，继续抓好稽查队伍特别是市州级稽查队伍的调整充实工作，将一批近年新招录公务员择优充实到稽查部门工作，进一步优化了稽查队伍的年龄和知识结构。按照上级工作部署，认真组织开展党的群众路线教育实践活动，组织党员干部认真查摆问题，针对"四风"问题，进行自我剖析，开展批评和自我批评，撰写剖析材料，深化整改落实，到达了自我净化、自我完善、自我革新、自我提高的目的。与此同时，全省地税各级稽查局按规定配备了纪检监察专、兼职干部，狠抓廉政执法建设。省局稽查局制定《2013年重点工作责任分解意见》《2013年度工作目标考核指标与日常考核指标》和《稽查质量考核办法》，明确考核指标，量化考核细则，从执法质量、廉政遵从上订立标准，形成了完整的稽查工作绩效考核和责任追究体系。

【稽查业务培训】 分别针对稽查骨干、稽查局长、稽查人员以及综合人员开展差别化培训。3月，组织全省地税各级稽查局共51名稽查业务骨干在国家税务总局扬州税务进修学院进行了10天封闭业务集训。9月，组织省局稽查局部分处级干部、各市（州）、直管市、林区地税局稽查局局长及部分县（市、区）地税局稽查局局长共52人在中国人民大学举办了为期15天的全省地税稽查法律高级研修班。与此同时，针对信息宣传骨干的全省地税稽查信息宣传培训，针对稽查人员的重点税源企业税收专项检查查前培训、证券基金行业专项检查查前培训以及案件协查软件培训等多类别、深层次培训不断开展，提高了全省稽查人员核心业务能力和综合素质，为全省稽查工作有效开展提供了坚强的人才支撑。

【稽查宣传】 省局稽查局积极搭建学习、宣传、交流、展示平台，创办《税务稽查》内刊，力促稽查干部查有所获、查有所思、查有所用、用有所托。全年共编发《税务稽查》6期，刊发文章140余篇，反映各地工作信息60余条，总结宣传了稽查成果，推介了稽查经验，服务了稽查工作。

【稽查工作会议】 2013年3月12—13日，湖北地税稽查工作会议暨稽查业务培训在武汉举行，会议以党的十八大精神为指引，全面贯彻落实全国税务稽查工作会议和全省地税工作会议精神，总结交流了2012年全省地税稽查工作经验，点评介绍了稽查典型案例，开展了稽查业务培训，安排部署了2013年全省地税稽查工作。省局党组成员、副局长余伟宣读了省局党组书记、局长许建国对稽查工作的重要批示，省局党组成员、副局长肖厚雄作了《融入征管大格局 强化稽查现代化 充分发挥税务稽查职能作用》的主题报告。省局稽查局局长吴鸿对2013年稽查重点工作进行了部署，解答了各地在实际工作中的疑难问题。

（罗 文）

湖南省国家税务局稽查局

【概述】 2013年，湖南省国税稽查系统在总局稽查局和省局党组的正确领导下，认真落实全国税务稽查工作会议和全省国税工作会议精神，加强队伍建设，坚持依法行政，扎实推进税务稽查现代化建设，努力提高稽查执法能力，深入开展党的群众路线教育实践活动，税务稽查工作整体水平不断提高。

【稽查体制机制改革】 对省局第一稽查局与市州局稽查局的案源分配、协查分工进行了划分和细化。

【稽查查补收入及分析】 查补各项收入154779万元，其中税款126340万元，滞纳金8923万元，罚款19516万元，圆满完成了各项工作任务。

【案件查办情况】 共检查4971户，有问题4906户，其中偷税1091户，入库收入57190万元；编造虚假计税依据46户，入库收入966万元；不进行纳税申报141户，入库收入7403万元；发票违法 392 户，入库收入 2576 万元；其他 3236 户，入库收入 86644 万元。

【案件特点分析】　虚开增值税专用发票案件呈多发态势，源头多为农副产品发票、虚假的海关完税凭证，链条末端多为出口退税。整个链条完整，公司分散在各地，集团化、专业化作案明显。信息化、电子化、几套账作案明显。

【重大案件查处】　查处税务总局督办、交办案件 6 件，省局督办案件 10 件，查办千万元以上案件 5 件，百万元以上案件 164 件，查补税款 3.94 亿元。其中湖南大成科技有限公司利用账外账的方式隐瞒销售收入 7028.08 万元，偷税 1194.77 万元，涉嫌接受虚开的增值税专用发票 4161 份，金额 41358.99 万元，税额 7031.03 万元。

【税收专项检查】　2013 年，根据税务总局稽查局统一安排，湖南省国税局成立了以局长丁永安为组长、副局长皮本固为副组长，相关部门负责人参加的专项检查领导小组。指令性税收专项检查项目为：成品油批发、零售企业，办理电子、家具、服装类等产品出口退（免）税企业，证券、基金公司，非生活必需品销售业（以金银、珠宝销售为主），钢材贸易行业，中介、培训服务机构和出版行业；指导性检查项目为：房地产业，建筑安装业，建筑材料生产经营单位，资本交易项目，承接出口货物业务的货代公司、报关公司（报关行）。共检查 2964 户，其中有问题 2858 户，移送司法机关处理 14 户，查补各项税收收入 7.94 亿元，入库各项税收收入 7.69 亿元。一是税务总局规定的专项检查项目。中国石化湖南分公司经湖南省局重大案件审理委员会审理后，追缴入库税款 733 万元。证券、基金公司查补税款 175 万元，地方性商业银行共查补入库税款 5700 余万元。二是医疗卫生、教育培训中介、钢贸行业专项检查。全方位开展七部委关于开展药品、医疗器械生产经营单位和医疗机构发票使用情况专项整治工作，共向外省市发出协查函 1704 份，涉及金额 1.14 亿元，其中湖南博瑞新特药有限公司涉税案，已查补入库税款 601 万元。教育培训中介行业重点查处了一批广告公司、驾校。钢贸行业将工作重点转向其他收入的检查，查处了一批贸易公司，入库税款 1629 万元。三是以金银珠宝、高档汽车销售为重点的非生活必需品行业检查。全省共检查纳税人 346 户，查补入库 2235 万元，其中长沙世纪情百货有限公司案，涉及税款 100 多万元，娄底市非生活必需品销售行业查补税款总额是年定税额的 4.5 倍，湘潭市金银首饰行业个体工商户每户年均应纳税额增加 3 万元以上，实现了以查促管，提高行业管理水平的目的。

【区域性税收专项整治】　湖南省局决定对娄底市 2011—2012 年煤炭采选、经销行业税收秩序进行专项整治，共检查煤炭行业纳税人 86 户，查补税款 2840 万元。各市州局根据本地实际情况对矿产品（包括煤炭）采选经销企业较为集中、利用成品油增值税专用发票虚抵进项税款行为多发的区域和农产品加工企业较为集中，相关服装、木器、食品、药品企业利用农产品收购发票虚抵进项税款行为多发的区域自行开展区域整治。

【重点税源企业检查】　按照税务总局统一部署，开展了对中国中信集团公司、中国化工集团公司等集团在湘分支机构的检查工作。在自查补税 434 万元的基础上，对 5 户企业集团 17 户分支机构开展重点检查，查补入库各项税收 945.07 万元。

【房地产及建筑安装业企业检查】　共检查 147 户，有问题 124 户，查补入库各项收入 23384 万元，其中税款 22607 万元，调减亏损企业申报亏损额 252 万元。

【出口退（免）税企业及货代公司检查】　共检查 33 户，有问题 16 户，查补入库各项收入 496 万元，其中税款 449 万元，冲减增值税留抵税金 22 万元。

【股权转让交易的企业及个人检查】　共检查 12 户，有问题 7 户，查补入库各项收入 280 万元，其中税款 265 万元。

【打击发票违法犯罪活动】　共查处违法企业 3197 户，查处非法发票 43.07 万份。配合公安机关立案发票犯罪刑事案件 312 起，破案 285 起，抓获犯罪嫌疑人 317 人，捣毁制售假发票大型窝点 4 个，捣毁小型窝点和传播假发票信息窝点 24 个，收缴各类假发票 295.75 万份，挽回税款损失 1.38 亿元。湖南省经济电视台在新闻联播频道播出湖南省打击发票违法犯罪活动工作成果，国内主流媒体进行了报道。其中“1·4”非法出售发票团伙案，抓获犯罪嫌疑人 6 人，捣毁 2 个代开非法制造发票的窝点，缴获虚假发票 1 万多份，涉及发票金额 2 亿多元；娄底邓某等人非法制造、出售假发票案，抓获犯罪嫌疑人 6 人，一举捣毁 3 个大型制售假发票窝点，查获假发票 132 万余份及大批制假机械设备。

【涉税违法案件检举】　2013 年，全省举报中心共受理举报 246 起，查补税款 7047.12 万元，处以罚款 432.46 万元，依法移送司法机关案件 4 起。

全省各级共支付举报奖金6.82万元。

【案件协查工作】 通过协查系统发起委托协查发票15580份，涉及企业560户（次），金额36.22亿元，税额6.07亿元，查补收入36.71万元，移送司法机关案件3起；受托收到协查发票13525份，涉及企业977户（次），金额24.92亿元，税额4.14亿元，其中有问题发票5670份，查补收入1323.88万元，已入库795.05万元，移送司法机关案件11起。

【稽查制度建设】 根据党的群众路线教育实践活动收集的意见，对制度进行了清理，废止了2个文件，大幅减轻了基层资料报送负担，综合材料、信息报送减少量达70%。出台了《湖南省国家税务局稽查局关于进一步加强协查工作的意见》（湘国税稽便函〔2013〕10号）、《湖南省国家税务局税务稽查案件协查管理暂行办法（试行）》（湘国税发〔2013〕37号）、《湖南省国家税务局关于明确涉及湖南省国家税务局第一稽查局检查范围内企业协查工作职责的通知》（湘国税函〔2013〕47号）。

【稽查系统建设】 狠抓厉行节约，坚持大要案件查办质量等工作实绩与稽查办案经费挂钩，资金使用效率不断提高。组成4个督导组，对14个市州及县局稽查局的工作开展情况进行了全面督导，及时总结亮点，发现问题，找准努力的方向。4月开展了稽查案卷检查活动，重点检查稽查程序是否合法、证据是否确凿充分、自由裁量是否合理、内部审批文书是否规范等方面，发现各类问题180多个。

【稽查队伍建设】 全省共有1890名在职稽查干部，其中男性1359人，女性531人；研究生以上学历36人，大学及专科学历1771人；党员1483人；具有注册会计师资格的18人，具有注册税务师资格的72人，具有法律职业资格的5人。35岁以下的167人，35～45岁的794人，45岁以上的929人。

【稽查人才库建设】 共有税务总局稽查人才库人员6人，省局稽查人才库人员56人。突出稽查人才库人员的培养，在税务总局和省局稽查人才库人员中开展了岗位练兵活动，为他们提供更为宽广的平台，在实战中成长。对人才库人员给予了一定的倾斜照顾，订购了一批专业书籍，配备了笔记本电脑。

【稽查业务培训】 突出培训班的基础作用，全省共组织了协查案件、行业专项检查、小企业会计准则、稽查文书等90余期培训班，培训稽查人员达3000多人次。

【稽查信息化建设】 省局通过集中采购程序为市县一线稽查办案部门共配置336台笔记本电脑、33台复印机、31支录音笔。

【稽查宣传】 围绕“服务科学发展、共建和谐税收”的工作主题，统一思想认识，加强组织领导，不断加强稽查宣传工作。全省共上报各类稽查信息284篇，稽查调研49篇，案例公告274个，综合材料156篇，向社会公告案件23起，信息报道86篇，为省局工作部署决策提供了重要参考。

【稽查调研】 围绕稽查管理方式改革、重大案件查处、稽查绩效考核、稽查执法文书、稽查案件质量、稽查工作减负等方面开展了多方位、多层次的调研。

【稽查工作会议】 2013年2月28日—3月1日，全省稽查工作会议在长沙召开。会议总结回顾了2012年全省国税系统稽查工作情况，安排部署了2013年的稽查工作任务。省局党组成员、副局长皮本固出席会议并作重要讲话，稽查局局长李韧作工作报告。各市州局稽查局局长，省局办公室、监察室、政策法规处、货物和劳务税处、进出口税收管理处、所得税处、征管和科技发展处、国际税务管理处、大企业税收管理处各1名负责人，省局稽查局全体人员，第一稽查局科长以上干部参加了会议。

【工作建议】 建议税务总局适当减少检查项目，明确督办案件的具体查处要求，尽快出台《税务稽查案卷管理暂行办法》《税收违法案件异地协助调查取证和执行暂行办法》等制度。

（何勇飞）

湖南省地方税务局稽查局

【概述】 2013年，湖南省地方税务局紧紧围绕“一调两转三个确保”（调预期、转观念、转作风、保收入、保平安、保发展）工作基调和“三个地税”（责任地税、阳光地税、幸福地税）建设目标，坚持“底线思维”和“体制思维”，全年入库各项收入1265.50亿元，同比增收162.45亿元，增长14.73%。全系统连续7届保持“全省文明行业”称号，93%以上的地税机关在当地行风评议中名列前茅；省局机关连续8届保持“全省文明机关”称号，连续9年被评为“全省党风廉政建设先进单位”。

【稽查查补收入及分析】 全省地税稽查部门共检查3810户纳税户，查补收入36.48亿元（其中：组织自查17.48亿元，查补税款17.25亿元，滞纳金0.32亿元，罚款1.44亿元），同比增加6.15亿元，增长20.27%；入库各项收入35.99亿元，增长130.71%。

【重大案件查处】 全省地税稽查部门始终把查办大要案件作为稽查工作的重中之重，坚持“重点抓、抓重点”的思路，充分发挥了税务稽查“拳头”“尖刀”作用。全系统查办补税500万元以上大案要案52起，查补收入9.84亿元。其中补税1000万～1亿元的案件21起，查补收入3.58亿元；补税1亿元以上的案件3起，查补收入4.23亿元。有6起重大假发票案件移送公安机关处理。

【税收专项检查】 全省地税稽查系统通过严密组织税收自查，严格自查评审，实施重点企业进户检查，不折不扣地完成了税务总局确定的证券、基金公司、培训服务机构、城市商业银行、农村信用社等行业税收专项检查，查补收入15.74亿元。其中，组织企业自查1656户，自查补报税款11.69亿元；进户检查1053户，补税收入4.04亿元。

【重点税源企业检查】 全省地税稽查部门全面完成19家重点税源企业在湘单位127户企业的检查工作，查补收入3554万元。其中，检查税务总局部署的7家重点税源企业44户在湘纳税单位，查补收入1729.76万元。湖南省增选的中国银行股份有限公司湖南省分行、兴业银行股份有限公司长沙分行共检查83户纳税单位，查补收入1825.84万元。

【打击发票违法犯罪活动】 全省各级稽查部门以假发票“买方市场”清查为重点，查账必查票，查税必查票，重点检查金融、保险、电力、房地产与建筑安装、商业批发和零售以及普教以外的营利性教育培训等行业发票使用情况。全年共检查企业2125户，查处违法企业1469户，占税务总局下达的全年工作任务的147%，查获非法发票3.14万份，查补收入7892万元，6起案件移送公安机关。配合公安机关查获非法发票144万份，涉及金额53.8亿元。

【税收违法案件检举】 省地税稽查局专门下发了《关于进一步做好涉税举报电话管理的通知》，加强涉税举报服务通道建设，明确“专号、专岗”责任备案制、工作日上班时点必须及时接听、依法处理等要求，做好了涉税举报人政策答疑、矛盾化解、心理疏导等工作。全年共收到涉税举报线索556件（次），立案检查457起，共查补地方各税5290万元，加收滞纳金73万元，加收罚款417万元。

【稽查制度建设】 全年制定出台了《税务稽查一案双查双报告实施办法》《关于加强异地稽查工作的意见》等制度办法，进一步健全了稽查工作制度体系。专门编发《湖南地税稽查常用文书汇编》至各市州局稽查局，明确了自查、选案、检查、审理、执行和案卷管理等8类166种稽查文书的标准式样和填用要求，并开展“优秀稽查案卷”评选工作，加强了对稽查执法权力的监督制约。突出稽内职能，针对重点行业、重点企业开展“一案双查双报告”试行工作，较好地发挥了以查促收、以查促管、以查促改的职能作用。

【稽查风险防控】 全省各级稽查部门对外严格检查企业涉税问题，挽回国家税收损失；对内深入剖析税收征管存在的问题和疏漏，认真查找风险点，提出防范风险的建议。先后撰写了《房地产行业税收执法风险分析报告》《湖南华雅集团涉税案件剖析报告》，得到了省局领导的充分肯定。认真总结、推广了常德等试点单位的地税稽查审计式检查底稿查账模式，较好地实现了“税种查全、环节查到、项目查清、问题查透”的改革目标，最大限度地降低了执法风险。

【稽查系统建设】 通过文件通报、实地指导、会议培训等多种形式，督导大要案件查办、税收专项检查、重点税源检查、发票整治等重点工作。组成专门工作组分赴各市、州，对全系统2012年查结42户的稽查案件进行复查。复查采取分类随机抽样的方式进行，对复查发现的问题发文通报，并限期整改。实行局领导联系14个市州稽查局分片负责制，开展了稽查查账软件升级、操作难点释疑等专业化服务，专门下文规范稽查统计报表填报口径。扩大了内网腾讯通RTX系统使用范围，建立全系统稽查统计报表、文秘岗位联络QQ群，内部联系更加紧密，沟通更为便捷。

【稽查执法服务】 积极主动为纳税人排忧解难，坚持文明执法和人性化执法，稽查计划实行统一管理和备案制度，杜绝了多头、重复检查。积极探索和运用政策指导、服务、疏导、教育等柔性执法方式，着力加强涉税举报服务通道建设，做好了涉税举报人政策答疑、矛盾化解、心理疏导等工作。开通省地税局官网“稽查之窗”政务频道，推行地税稽查辅导QQ群等服务举措，全年共组织企业税收自查3577户，自查补缴收入达17.48亿元，占稽查成果总额的47.91%。

【稽查队伍建设】 按照上级要求，深入广泛地开展了党的群众路线教育活动，并根据各方面反映的意见和建议，确定了5大类21项整改任务，切实加强了整改。与此同时，着力提高稽查人员的综合素质和稽查执法能力，学习培训、文明创建、廉政管理常抓不懈，常抓常新。精心组织全省第七届稽查能手评选活动，全省地税系统20名第七届稽查能手脱颖而出。发布以“法律至上、公正为先、勤廉固本、务实创新”“忠诚、公廉、精业、和谐”为表述语的湖南地税稽查系统（干部）核心价值观，部署集中学习、上墙上刊、征文竞赛等形式多样的实践活动，内化于心，外化于行；创新推出“稽查大课堂”这一全新培训理念，内强素质，外树形象，得到了纳税人的一致好评。

【稽查宣传】 在省局网站上创设“稽查之窗”网页，设4大栏目和18个二级栏目，全年发布各类信息、新闻、动态309条，全方位报道和展示了近年来湖南地税稽查工作全景。“稽查之窗”现已成为湖南地税稽查发布权威信息、优化执法服务、展示工作形象、传播特色文化的重要平台和窗口。充分依托红网税务频道、省局互联网站主页、《湖南地税》杂志、《湖南地税稽查通讯》等报刊、媒体，全年编发稽查信息、调研152条（次），第一时间报道全省稽查工作实绩，取得了良好的宣传效应。

（李科全　全进红）

广东省国家税务局稽查局

【概述】 2013年，广东省国税稽查部门按照全国税务稽查工作会议和全省国税工作会议要求，围绕年初提出的四个量化指标，以整顿和规范税收秩序为己任，以提升稽查执法能力为抓手，补短板、强基础，突出抓好重点工作，不断创新管理方法，持续改进工作作风，充分发挥稽查职能作用，各项工作取得突出成绩。

【稽查查补收入及分析】 全年稽查查补收入实现同比翻番。2013年，全省各市均顺利完成查补收入目标。全省国税稽查部门共计检查企业15062户，查补收入49亿元，同比增长113%，入库总额47亿元，同比增长126.6%，选案准确率98.5%，结案率97.7%，入库率95.9%。

【案件查办情况】 2013年，全省国税稽查部门共组织检查各类纳税人15062户，发现有问题13244户。其中稽查部门直接检查3486户，发现有问题3433户，选案准确率98.5%；结案3405户，结案率97.7%；入库率95.9%。各项质量指标全面达到税务总局考核要求。

【重大案件查处】 全省国税稽查部门继续保持对税收违法犯罪活动的高压态势，进一步提升查处案件的打击力和影响力。全年共查处税款超千万元案件24宗，超百万元案件184宗。省局稽查局、广州、东莞市局稽查局积极会同公安部门做好税务总局及公安部联合布置的“8·27”打击出口骗税专项行动，对税务总局和公安部联合督办的集群案件进行集中收网，对省内的其他骗税案件进行立案查处，打骗行动取得重大进展，一举突破了两部局联合督办的3宗重点案件及13宗其他虚开骗税案件，抓捕犯罪嫌疑人60名。专项行动得到税务总局领导的充分肯定，并在《南方日报》《广州日报》《羊城晚报》和《中国税务报》等媒体进行了报道，有效震慑了涉税违法犯罪分子。在大案查处中，广州宝洁公司税案、梅州平远连兴矿产品贸易中心税案、湛江泰盈贸易有限公司税案、惠州巨洋集团有限公司税案等取得了明显效果。

【案件特点分析】 骗取出口退税特点分析：(1) 单证形式合法，业务内容虚假。基本上都有真实货物出口，从单证的表面上看与正规外贸业务流程几乎完全一致。(2) 骗税作案团伙化、专业化。团伙作案，骗税手段隐蔽，各道环节都有专人负责，而且越是涉嫌骗税业务，其退税凭证越是齐全。(3) 报关行、货代公司、外贸公司成为骗税链条的主要环节。(4) 骗税涉案地区向内地延伸。(5) 骗税高发商品一般均是高退税率的产品。(6) 出口骗税涉及的货物很多都来自于经济欠发达地区。(7) 出口环节普遍存在非法“买单”现象。(8) 出口骗税的进项来源主要是虚开增值税专用发票。(9) 涉及走私、骗贷等多个领域。

【税收专项检查】 全省统一部署了成品油批发零售企业、办理电子服装家具类产品出口退(免)税企业、证券基金公司等3个税务总局指令性检查项目，以及房地产建筑安装行业、资本交易项目等2个税务总局指导性检查项目，布置开展打击“营改增”试点行业虚开及骗税行为的专项行动，并将药品及医疗器械经销企业列为全省指令性检查项目。全省立案检查和辅导自查企业17387户，查补收入23.42亿元，冲减增值税留抵税款3204万元，调减企业申报亏损1.4亿元，不予退税4572万元。

【区域性税收专项整治】 根据税务总局部署，结合广东省国税“营改增”试点工作，2013年省局将“营改增”行业税收情况列为重点关注对象，要求各市加强分析，积极防范，适时开展区域专项整治。全省共检查“营改增”企业292户，其中自查户数202户；查补收入合计541.34万元，其中查补税款115.87万元；入库收入合计396.68万元。

【重点税源企业检查】 全省组织开展对珠海格力电器股份有限公司、美的集团有限公司、安利(中国)日用品有限公司、中国移动通信集团广东有限公司、广汽本田有限公司、广东欧派家居集团有限公司、广州屈臣氏个人用品商店有限公司等重点税源企业的检查工作，取得较好成效。全年共检查重点税源企业176户，查补收入8.79亿元。其中，税务总局部署检查的珠海格力电器股份有限公司和美的集团有限公司分别实现查补税款1.87亿元和1.23亿元，查补数列全国统一部署17户重点税源企业的前列。省局部署的46户重点税源企业检查中，安利(中国)日用品有限公司实现查补2.7亿元，中国移动通信集团广东有限公司实现查补1.17亿元，降低了税收流失风险，促进了大企业的税收遵从度。

【房地产及建筑安装业企业检查】 全省对房地产业及建筑安装业共检查企业733户，其中自查户数573户；查补收入合计109956.62万元，其中查补税款77364.03万元；入库收入合计100730.36万元。

【出口退(免)税企业及货代公司检查】 全省共检查办理电子、服装、家具类产品出口退(免)税的企业2501户，其中自查2268户；查补收入合计21119.56万元，其中查补税款5997.33万元；入库收入合计18396.71万元。成功破获广州“7·5”骗税案、东莞“3·27”和“3·30”骗税案等多宗大案要案。

【股权转让交易的企业及个人检查】 全省对资本交易项目共检查企业748户，其中自查715户；查补收入合计19525.36万元，其中查补税款3562.81万元；入库收入合计18453.00万元。

【打击发票违法犯罪活动】 全省共核查企业8393户，查处非法发票5.38万份，查补税款10.63亿元，移交公安机关47起，开展发票宣传教育470次，曝光案件12宗。联合公安机关打击制售假发票案件60起，缴获各类假发票2012万份，打掉制售假发票团伙12个，捣毁制售假发票窝点40个，抓获犯罪嫌疑人140名，查获制假设备113台。与纠风办等部门对全省93间三级公立医院和169间营利性医疗机构150多万条发票信息进行核查，票面金额达431亿元，查处违法企业314户，查处假发票1.13万份，金额不符发票5949份，查补收入1.56亿元。

【涉税违法案件检举】 2013年，各级国税稽查部门通过加强举报案件的案前分析、开案后的进度跟踪和案件延期管理，按层级、分环节加强对举报案件的质量监控和回函真实准确性的审核把关，切实提高了举报案源查处工作效率和查办质量。全年全省共受理举报案源1302宗，立案检查1229宗，查结案件792宗，查补税款、罚款、滞纳金合计2.27亿元。

【案件协查工作】 全省进一步强化对委托发起及受托检查质量的跟踪和监控力度，努力提高协查委托发函质量和受托检查、受托回函质量和效率。全省共通过协查系统发起委托协查 2466 起，涉及发票 26422 份，金额 32.91 亿元，税额 5.57 亿元，委托协查信息完整率为 99.95%，收到回复发票 37970 份，其中有问题发票 3817 份。受托收到协查 4084 起，涉及发票 57400 份，金额 87.85 亿元，税额 14.91 亿元，受托回复发票 67035 份，累计回复率和累计按期回复率均为 100%，受托协查信息完整率为 99.8%。

【稽查制度建设】 2013 年，省局稽查局与省检察院和省公安厅共同调研建立行政执法和刑事司法“两法衔接”机制，并在部分市搭建了行政执法和刑事司法衔接信息共享平台等，积极推动稽查执法相关制度的出台及完善。全省各地、市也在综合管理、举报选案、税务检查等环节加强相关制度建设，自行制定并出台制度 27 个，进一步促进了规范执法，防范执法风险。

【稽查系统建设】 2013 年，广东国税稽查局积极推进全省稽查标准化建设工作。省局选择广州市作为稽查标准化管理试点单位，对稽查工作全环节的程序和实体标准进行全面规范。试点一年来，按照分类管理理论，制定了案件评定标准，对稽查案件进行分级分类管理，并以有关法律、法规、规章和规范性文件为依据，全面总结稽查工作实践，制定了稽查工作程序标准、实施标准和管理工作标准，形成了 50 万字的稽查标准化管理规范文本。2013 年年底，组织召开了稽查标准化管理论证会，邀请税务和法律专家以及有关部门领导对稽查标准化管理体系的科学性、适用性和技术保障等问题进行充分论证，对试点成果进行验收，为 2014 年在全省扩大试点和更广泛的成果应用奠定了坚实基础。

【稽查业务培训】 在长沙税务干部学院组织了 3 期全省稽查业务培训班，共计培训 180 余人。在延续前两年稽查基础强化班和稽查核心业务提高班的基础上，针对近年来打击出口骗税的严峻形势，增设了打击骗取出口退税专题培训班，邀请了海关总署广东分署、江苏省出口货物代理协会、省局进出口税收管理处、深圳市国税局的相关专家进行授课。专题培训项目提高了稽查业务培训的针对性和时效性，进一步增强了一线稽查人员的实战能力，一定程度解决了稽查工作面临的理论和实践难题。

【稽查信息化建设】 省局稽查局顺利完成选案分析系统的研发工作，并在广州、梅州、湛江、佛山、珠海 5 市开展试点运行。在推动全省电子查账工作方面，省局提出稽查一线人员 100% 配备和 100% 应用稽查查账软件的目标，并组织对相关人员进行了系统培训，督导各地贯彻执行。截至年底，全省已实现“两个百分百”的要求。

【稽查宣传】 根据《国家税务总局稽查局关于进一步加强打击涉税违法活动宣传工作的通知》的要求，省局稽查局迅速转发了该文件，分解任务，责任到人，并联合有关部门在各地宣传曝光案例的基础上挑选部分优秀案例在省级媒体曝光。2013 年，全省共开展打击发票违法犯罪整治工作等税收宣传教育 470 次，曝光案件 12 宗。

【稽查调研】 组织人员对稽查标准化管理、打击骗取出口退税等重点课题进行深入研讨分析，形成了相关的调研报告。稽查标准化调研报告从标准化的内涵及特点、做法与成效、后续思考等方面进行了分析，对实际工作中具有一定的指导意义。该报告的部分章节也作为书面材料在 2014 年全国稽查会议作经验介绍。

【稽查工作会议】 2013 年 3 月 22 日，在广州组织召开了全省国税系统稽查工作会议。省局党组成员、总会计师朱江涛，各市分管稽查工作的局领导、稽查局长以及省局税收专项检查领导小组成员单位负责人参加了会议。省局党组书记、局长胡金木对会议的召开作重要批示。会上，总会计师朱江涛作了工作报告。报告提出 2013 年全年稽查查补收入要占国内税收比重达 1%，实现查补收入较 2012 年翻一番的目标。另外，稽查部门要争取在查办大要案，特别是查处虚开、骗税等方面有较大突破，提高稽查的震慑力和影响力。同时，要认真做好税收专项检查、信息化建设及以查促管等重点工作。

（梁俊杰）

广东省地方税务局稽查局

【概述】 2013 年，广东省地税稽查部门在省局党组和税务总局稽查局的正确领导下，坚持依法行政，推进稽查现代化建设，强化系统指导和协调职能，创新办案方式方法，健全部门协作执法机制，严厉打击涉税违法行为，有效发挥了税务稽查在优化税收征管、促进税收遵从方面的重要作用，圆满完成了各项工作任务。

【稽查体制机制改革】 从 2013 年年初开始，由广东省地税局分管稽查工作的副局长带队，省局稽查局组成专题调研组，赴粤东、粤西地区有关市局开展调研，深入调查全省集中选案和集中审理后稽查体制存在的问题以及队伍现状，在此基础上下发《关于进一步明确加强审理内部管理有关问题的通知》，继续完善县级稽查局立案检查、审理案件的程序问题和市级稽查局审理复核案件的时间问题。通过采取这些措施，合理界定全省市、县级稽查局的行政执法权限，进一步理顺行政执法关系，实现稽查业务向市局、省局有针对性集中，提高执法层级，强化执法刚性。

【稽查查补收入及分析】 2013 年，全省各级地税稽查部门检查纳税户 1123 户，其中立案 1118 户，同比增长 19.32%；立案查补收入 5.75 亿元，同比增长 6.58%，入库 5.78 亿元，同比增长 13.22%。选案准确率为 91.27%，结案率为 92.84%，入库率为 100.66%，处罚率为 22.98%。全省组织企业自查 5425 户，组织企业自查收入总额 33.13 亿元，入库总额 33.02 亿元。立案查补和自查查补收入总额 38.88 亿元。

【重大案件查处】 全省各级地税稽查部门查补税款 100 万元以上的案件 77 宗，其中查补税款 100 万～500 万元案件 68 宗；查补税款 500 万～1000 万元案件 5 宗；查补税款 1000 万～5000 万元案件 3 宗。大要案查补税款共计 3.2 亿元，占查补税款总额的 79.65%。

【税收专项检查】 2013 年，广东省地税稽查部门结合工作实际，统一开展以证券基金公司、资本交易项目、房地产业和建筑安装业为指令性检查项目，以中介和培训服务机构、高收入者个人所得税、工业企业、矿产资源开发企业、“营改增”企业为指导性检查项目的地方税收专项检查。同时，各地还结合实际，有针对性地开展对营利性教育培训机构、资源税等 6 个指导性项目地方税收专项检查。全省共立案检查纳税户 702 户，查补收入 0.99 亿元；组织 9205 户企业开展自查，有问题企业 2506 户，自查查补收入 11.33 亿元。

【重点税源企业检查】 根据国家税务总局工作要求，全省先后共组织珠海格力电器股份有限公司、美的集团股份有限公司及其分支机构、13 家集团公司在广东省内的 85 家分支机构，对 2011—2012 年度纳税情况进行了自查，并对 23 户重点税源企业的分支机构进行了检查，共查补地方税费、滞纳金及罚款 1.35 亿元。

【房地产及建筑安装企业检查】 抓好房地产业和建筑安装业专项检查，全面开展对房地产中介企业的摸底调查，截至 2013 年 10 月底，全省共检查纳税户 209 户，已查结 82 户；发现有问题业户 103 户，查补税款 3134.39 万元，罚款 1642.16 万元，加收滞纳金 680.36 万元，查补收入合计 5456.90 万元，已入库 3553.13 万元；组织 3871 户企业开展自查，有问题业户 595 户，自查查补收入 86884.43 万元，已入库 84741.21 万元。

【股权转让交易的企业及个人检查】 积极开展股权转让交易专项检查：一是通过到南方联合产权交易中心实地调研，以及网上查询广州、深圳、珠海、江门等 8 个产权交易中心的公开信息，获取交易量在 500 万元以上的各地股权交易信息 215 条，将相关 102 条下发各地核查；二是组织召开全省资本交易项目专项检查片区推进会，各市局现场交流专项检查工作的经验和体会；三是向全省纳税人发出了限期缴纳股权转让所得税的通告，要求发生股权转让的纳税人在限期 3 个月内申报缴纳股权转让所得税；四是密切部门协调，加强与各级工商部门、证券监管部门的联系和沟通，多渠道挖掘税源信息。

【打击发票违法犯罪活动】 2013 年，广东省各级稽查部门充分利用公安、税务联合执法工作平台，借助全国公安系统开展打击发票违法犯罪“集群战役”的东风，保持对发票违法活动的高压态势。从年初开始，重点检查房地产业、建筑安装业、旅游业及中介机构的用票行为，同时抽查交通运输业、餐饮娱乐业、营利性教育培训机构的用票行为，共检查企业 14828 户，查处违法企业 1084 户，查处各类非法发票 1263 万份，挽回税款损失 2.05 亿元，查处违法使用假发票企业的户数和清缴制售假发票的份数均创近年新高。相继破获了湛江市“1·06”特大制售假发票案、佛山市特大虚开发票窝案、广州市“0606”专案等三个重大涉票违法案件。

【清票行动】 2013 年 8 月开始，广东省地税局稽查局及时联合省公安经侦部门，在全省范围内统一部署开展了打击发票违法犯罪的“清票行动”，对三大案件查出的违法使用“网络发票”的单位，开展拉网式清查；同时将这些案件涉及的外省用户报国家税务总局转相关省、市税务部门进行核查。全省共检查企业 223 户，发现有问题企业 64 户，达到移送公安条件户数 31 户，涉及非法开具和使用的假发票 26.72 万份，涉及发票金额 9.86 亿元。

【涉税违法案件检举】 2013 年，广东省地税系统共受理检举案件 1699 件（不含深圳市，下同），其中省级直接受理 102 件，地市级受理 1299 件，县级受理 298 件，共查处案件 1517 件，查补金额 14207.66 万元，其中税款 10485.85 万元，滞纳金 1056.28 万元，罚款 2665.53 万元；执行入库金额 11710.26 万元。2013 年共向公安机关移送案件 5 件。从检举案件的受理和检查件数来看，比去年同期分别上升 1.02% 和 1.07%。

【案件协查工作】 2013 年，共接到国家税务总局稽查局、国家税务总局政策法规司、省局纳税服务处、征管科技处要求协助调查了解有关企业偷逃税记录的函件 21 件，对 7652 户企业有无偷逃税记录进行核查和回复。

【稽查人才库建设】 2013 年，广东省地税局稽查局着力抓好全省稽查专业队建设。一是根据现有《广东省地方税务稽查专业队管理暂行办法》，研究草拟《实施意见》，进一步规范和加强全省稽查专业队的管理。二是充分利用省局师资库力量，加强对专业队员的业务培训。三是组织骨干力量，编写一套模拟查账试题资料，以案件检查实务为例，以考促学，促进学员们电子查账的实战能力。四是在全省范围内，通过组织推荐考察、自愿报名、集中面试等程序，选定和培养电子稽查专业人才，正式成立了广东地税技术稽查专业队，逐步缓解了技术专业人才紧缺难题。

【稽查业务培训】 着眼于提升税务稽查核心能力，在 2012 年开展“岗位练兵”活动的基础上，创新教育培训方式，针对稽查一线、业务骨干、领导干部等不同层次岗位的业务要求，分类开展专业化培训，先后举办了全省稽查局长培训班、全省专业队员培训班、全省百名稽查岗位能手培训班，10 月配合省局教育处，顺利完成了对新疆地税稽查人员的培训任务。2013 年参训人员达 200 人次，培训效果良好。

【稽查信息化建设】 继续稳步推进稽查电子化建设，为各项重点工作的开展提供有力的技术支撑。一是加强对基层信息化建设工作的指导，逐步搭建统一的高端数据应用平台。二是抓好金税三期工程稽查系统部分的前瞻性研究和分析，在此基础上，升级“计算机辅助查账软件”，增加“广东省地税最新法规”模块，收录最新税收政策汇编，统一采购和普及应用“个人所得税专用检查工具”软件。三是完成《税务稽查数据分析平台项目》和《计算机辅助查账软件维保和开发服务项目》立项及招投标工作。四是加强硬件配备，为电子稽查工作开展提供坚实的物质保障。

【稽查工作会议】 2013 年 2 月 28 日，全省地税稽查工作会议在南海市召开。省局党组成员、总会计师杨荣华，省局稽查局和相关处室领导，各市局分管稽查工作的局领导、各市局稽查局长等 90 多名与会代表参加了会议。会议传达了税务总局稽查工作会议精神，全面总结了 2012 年全省地税稽查工作，并对 2013 年稽查工作进行了安排部署。

（杨　蕾）

广西壮族自治区国家税务局稽查局

【概述】 2013 年，广西国税稽查部门以“三打两查一整治”为工作主线，严厉查处重大涉税违法案件，大力打击虚开、骗税及发票违法犯罪活动，认真组织开展税收专项检查和专项整治，加强重点税源企业检查，税务稽查职能得到有效发挥，各项稽查工作取得良好成效。

【稽查体制机制改革】 全面推行“统一选案、交叉检查、集中审理、分级执行”的税务稽查扁平化管理体制改革，突出调整“选案”和“审理”两个环节的集中管理职能，体现“扩充一线检查力量，实现专业化稽查”的工作思路。在市、县稽查局保留原有机构不变的情况下，通过上收地级市跨城区稽查局及县稽查局的选案和审理工作由市稽查局统一集中进行、稽查案件实行异地交叉检查和查补收入按属地原则分级执行入库等一系列改革，不断理顺稽查四环节的职能关系，确保一级稽查落实到位。

【稽查查补收入及分析】 共检查纳税户 3743 户（其中存案 30 户，立案检查 1326 户，组织企业自查 2387 户），发现有问题 3212 户（其中立案检查有问题 1326 户，组织企业自查有问题 1886 户）。查补总额 11.8 亿元，比上年同期增加 7799 万元，增长 7%，其中，稽查机构查补收入 2.51 亿元，组织企业自查 9.29 亿元。入库总额 11.8 亿元，比上年同期增加 7873 万元，增长 7%。

【案件查办情况】 全区查处 100 万元以下案件 1302 件，查补税款 8888 万元，查处 100 万～500 万元以下案件 21 件，查补税款 4260 万元；检查 500 万～1000 万元以下案件 2 件。全区查处的税收违法案件 1449 户，其中偷税 627 户，编造虚假计税依据 101 户，不进行纳税申报 19 户，发票违法 537 户。

【案件特点分析】 从案件类型来看，既有虚开增值税专用发票的，也有利用虚开增值税专用发票骗取出口退税的，还有利用假发票列支成本费用和隐瞒销售收入偷逃税的；从作案主体来看，既有个人单独作案，也有有预谋、有组织、智能化的团伙作案；从查处的案件来看，作案手法主要是以合法形式掩盖非法目的，采取虚假注册手法迅速成立多家空壳公司，企业法人代表或高管人员交叉“任职”，组织虚假生产，虚构财务账册，虚开专用发票。

【重大案件查处】 广西国税稽查部门坚持“划片管理、责任到人、分工包案、挂牌督办、定期汇报”的督办管理原则，狠抓重大税收违法案件查处工作，全区共查办各类重大税收违法案件 113 起，已结案 36 起，查补税款 1.99 亿元，加收滞纳金 0.56 亿元，罚款 1 亿多元。其中查办税务总局督办案件 3 起，查办公安部经济犯罪侦查局和国家税务总局稽查局打击整治违法犯罪专项行动联合督办案件 14 起，查办群众举报、协查、专项检查、稽查选案、其他部门移送等重大税收违法案件 96 起；移送公安机关 33 起。

【税收专项检查】 对成品油批发零售企业、办理电子、家具、服装类产品出口退（免）税企业、证券基金公司等 3 个指令性项目，房地产及建筑安装业、资本交易项目等 2 个指导性项目开展税收专项检查；同时，结合广西实际，自选了食糖生产批发企业、药品医疗器械经销企业等项目（企业）开展税收专项检查。全区税收专项检查立案检查企业 559 户，查结 488 户，有问题 480 户，立案查补收入 1.6 亿元；组织企业自查 1749 户，有问题 1060 户，自查补缴税款 6.36 亿元。两项合计查补收入 7.96 亿元，入库 7.82 亿元。

【区域性税收专项整治】 主要对农产品加工企业、矿产品采选企业开展区域税收专项整治。立案检查 99 户，查结 84 户，有问题 84 户，移送司法机关 3 户；组织企业自查 353 户，有问题 275 户；查补收入 6120.49 万元，其中：立案查补收入 1000.01 万元，自查补缴税款 5120.48 万元。主要涉税问题有：一是多列支各种费用；二是隐瞒销售收入；三是不按规定开具农产品收购发票进行抵扣税款。

【重点税源企业检查】 组织对税务总局下达的重点税源企业涉及广西国税管辖的 8 个集团 35 户成员企业进行检查，组织企业自查 35 户，有问题 13 户；立案检查企业 13 户，有问题 8 户；共查补收入 1097.36 万元，冲减增值税留抵税金 37.49

万元，调减亏损额144.82万元，其中：立案查补收入60.69万元，自查补缴税款1036.67万元，查补入库1034.51万元。

【房地产及建筑安装业企业检查】 全区立案检查企业71户，有问题47户，查补入库3361.19万元；组织企业自查268户，有问题132户，自查补缴税款2.04亿元。主要涉税问题有：利用假发票或不合法的票据虚列成本；不按规定结转销售收入申报纳税；企业所得税年度申报错误，多列销售佣金、业务宣传费，多扣除成本费用，少调整减少额。

【出口退（免）税企业及货代公司检查】 立案检查出口企业36户，有问题6户，组织企业自查14户，有问题5户，查补收入共计162.9万元。主要涉税问题：一是涉嫌骗取出口退税；二是来料加工复出口产品所耗用的材料不作增值税进项转出，少缴增值税；三是取得不符合规定的普通发票列支费用。

【股权转让交易的企业及个人检查】 全区立案检查企业1户，有问题1户，立案查补收入64.79万元；组织企业自查2户，有问题2户，自查补缴税款7304.33万元；自查、查补收入全部入库。主要涉税问题：以固定资产进行长期投资取得收入未申报纳税；以收回投资及股息红利为名取得股权转让所得，偷逃企业所得税。

【打击发票违法犯罪活动】 广西国税部门会同公安机关等相关部门对房地产与建筑安装、药品与医疗器械、发电、供电、餐饮娱乐、营利性教育培训等行业的发票使用情况开展重点检查。全区共查处发票违法企业992户，涉及非法发票16740份，涉及金额7.64亿元，查补税款9355万元，加收滞纳金703万元，罚款1152万元，合计查补收入1.12亿元；配合公安机关破获发票违法犯罪案件69起，捣毁违法发票窝点6个，打掉违法犯罪团伙4个，收缴作案机器23台，抓获犯罪嫌疑人78人；司法机关起诉和判决10人；缴获各类违法发票85万份；配合通信管理部门治理发票违法短信息18万条、信息网站登载信息420条，关停手机号码4626个；曝光案例14件，发动发票教育宣传405次。

【涉税违法案件检举】 认真做好检举案件的受理、查处、督办、反馈、保密、奖励等各项工作，全区国税系统各级稽查举报中心共受理各类检举案件160件，查处139件，结案125件，结案率89.93%，查补税款、滞纳金、罚款共计3080.85万元，入库2918.06万元，向公安机关移送案件6件。

【案件协查工作】 严格按照增值税专用发票和其他抵扣凭证协查的有关规定，按时处理信息，及时回复受托协查，协查系统平稳运行。全区通过协查系统发起委托协查464起，协查发票1.21份，收到有问题发票2225份，无法核实发票2053份，委托协查选票准确率46.15%。全区受托收到协查455起，发票6024份，累计回复发票5754份，受托协查按期回复率达到100%。其中：有问题发票2880份，占回复发票总数的50.05%，查补收入660.40万元。

【稽查制度建设】 进一步强化稽查执法内控机制建设，坚持用制度管人管事，认真抓好稽查各环节有关制度的落实。认真执行税务总局《税收违法案件发票协查管理办法（试行）》，印发《税务稽查办案专项经费拨付办法》和《广西国税系统税务稽查工作目标管理考核办法》，强化基础管理。

【稽查系统建设】 一是转变观念，打造执法型稽查；二是推行“查前告知、辅导自查，抓住重点、强化抽查，查后建议、引导遵从”专项检查新模式；三是大力推动稽查信息化应用和稽查装备达标建设，夯实选案、实施、审理和执行各环节基础工作，开展以“工作标准化、行为规范化、手段现代化、成效最优化”为主要内容的稽查“四化”建设，在不断完善工作制度的同时，进一步明确工作标准和行为规范，稳步推进稽查现代化。

【稽查队伍建设】 加强执法风险防控和党风廉政建设，通过“一岗双责”“一案双查”和“一书一卡”等廉政工作制度和措施，把风险防控和预防腐败工作落实到每一项工作中去，全区国税系统稽查人员违法违纪案件零发生。印发《学习身边好榜样》（2012广西国税“税收卫士”和稽查榜样人物先进事迹汇编），在各级国税局推出广西国税“十大税收卫士”事迹宣传板报，大力弘扬“榜样和卫士”精神，在全区国税系统掀起学卫士、学榜样高潮。

【稽查人才库建设】 加强稽查人才库和高层次专业人才队伍建设，在全区国税系统建立4个稽查专家组和11个行业稽查专业化团队，充分发挥高层次稽查人才的领军示范作用。

【稽查业务培训】 加强业务培训，提高干部队伍业务素质，自治区国税局全年举办各类稽查业务培训班6期，参训稽查人员390人次。

【稽查信息化建设】　加强稽查信息化建设，大力推动稽查信息化应用，全面推广稽查选案软件和查账软件，搭建税务稽查实训平台，开展电子查账业务培训，全区各市每年至少应用查账软件检查5户企业，稽查信息化水平得到很大提高。

【稽查宣传】　广西国税稽查部门加大信息宣传力度，在国家级新闻媒体或税务报刊发表稽查信息稿件26篇，在省级新闻媒体或税务报刊发表稽查信息稿件280篇，在市级新闻媒体或税务报刊发表稽查信息稿件180篇，通过宣传报道，充分展示稽查部门规范执法、文明稽查，立足岗位、积极奉献，服务大局、争创佳绩的良好形象。

【稽查调研】　区局就稽查工作热点、难点、重点问题开展专题调研，全年对全区税收专项检查、稽查人才库人员管理、大要案件查办、审理执行工作情况等进行了调研。通过调研，及时掌握了全区国税稽查工作进展情况及工作中存在的问题，为推动自治区全面完成稽查工作起到了很好的促进作用。

【稽查工作会议】　2013年3月28日，召开了广西国税稽查工作视频会议，会议传达贯彻全国税务稽查工作会议精神，总结2013年全区国税稽查工作，部署2014年全区国税稽查工作。区局党组成员、副局长杨辉在会上作了《抓住机遇　提升能力　不断推进广西国税稽查现代化建设》的主题报告，报告总结了2013年稽查工作开展情况，对2014年的稽查工作作出整体部署。区局局长唐颖昭也就如何贯彻税务总局、区局稽查会议精神，抓好各项工作的落实提出了具体要求。

（蒋巧巧）

广西壮族自治区地方税务局稽查局

【概述】　2013年，广西各级地税稽查部门深入贯彻落实党的十八大、全国税务稽查工作会议、广西地方税务工作会议精神，以开展“基础管理年”“信息化建设年”活动为契机，扎实开展稽查工作，坚持依法行政，强化稽查职能，稽查工作成效明显，各项工作均达到了国家税务总局稽查局和自治区政府下达的考核目标，充分发挥了稽查以查促收、以查促管、以查促查的职能。

【稽查体制机制改革】　（1）大力推进“一级稽查、两级联动”体制建设，在探索稽查现代化建设上作出了不懈努力。广西南宁、贺州地税稽查部门结合当地税源和征管实际，积极推行一级稽查工作模式，通过集中选案、统一审理、分级检查，有效调配稽查资源，稽查工作成效突出。（2）积极配合人事部门稳步推进税务稽查体制改革。2012年联合相关部门形成的调研成果《广西地税系统稽查管理体制改革研究》，得到国家税务总局的充分肯定，为加快推进改革步伐、推动科研成果的转化，自治区地税局稽查局积极协助人事部门整理相关材料呈报给自治区编办和编委，尽早促成自治区人民政府加快对广西地税系统稽查管理体制改革方案审批的步伐，稳步推进税务稽查管理体制改革。

【稽查查补收入及分析】　2013年，广西各级地税稽查部门共对4233户企业开展检查，其中重点检查1619户，组织企业自查2614户，重点检查发现有问题1593户，结案1606户，稽查查补收入合计16.62亿元，入库16.47亿元，入库率达99.1%，完成全年稽查收入任务的132.74%，约占同期广西地税收入的2%。

【案件查办情况】　（1）加大力度查办大案要案。2013年广西各级地税稽查部门共立案检查各类税收违法案件1619件，同比增长78.5%；查补税款、加收滞纳金和罚款合计5.36亿元，同比增长65.77%；其中查处百万元税款以上案件48件，追缴税款合计2.01亿元，同比增长12.37%。（2）加大力度打击偷逃税行为。广西各级地税稽查部门立案查补收入5.36亿元，处以罚款4887万元，罚款同比增长91.72%，罚款入库率达84.02%；查处偷税案件166户，同比增长86.52%；偷税案件查补税款2592万元，同比增长2.78倍；偷税罚款1411万元，同比增长3.71倍。

【税收专项检查】　根据全国税收专项检查工作部署，自治区地税局成立了以局长关礼为组长、分管副局长赵汉臣为副组长、各业务处室负责人为成员的广西地方税收专项检查工作领导小组，广西14个地、市及各县局也都成立了税收专项检查工作领导小组，切实加强对专项检查工作的指挥、协调、督查。根据国家税务总局下达的指令性税收专项检查计划和指导性计划，结合实际，将证券基金公司、房地产建筑安装行业、中介培训服务机构、高收入者个人所得税、资本交易项目、土地增值税检查、区域税收专项整治和重点税源企业轮查作为重点检查项目，集中优势资源，加大工作力度，扎实推进税收专项检查。2013 年，广西各级地税稽查部门在税收专项检查工作开展期间，直接检查企业 1137 户，组织企业自查 2189 户，稽查收入合计 12.37 亿元，入库 12.19 亿元，入库与 2012 年相比增加 4.48 亿元，增长 58.11%。在税收专项检查开展的同时，为有效提升稽查效能，继续完善交叉检查制度，从全区精选 52 名稽查骨干，组成 14 个小组，对 33 户重点税源企业开展跨区域税收交叉检查，共查补税费 2.12 亿元。

【重点税源企业检查】 结合税收专项检查和交叉检查等工作的开展，将近 3 年未检查过的重点税源企业分类分级确定为重点检查对象，集中对房地产、建筑安装、运输等行业的部分重点税源企业开展检查，促进企业提高纳税遵从度。按照“以企业自查为先导、以税务机关重点检查为保障”的工作模式，继续推行查前辅导、查中约谈，抽查与重点检查相结合的检查方式，在国家税务总局的统一部署下，加强与国税部门的协作，做到上下联动、政策统一、查深查透。根据国家税务总局稽查局工作统一部署，2013 年 4—6 月为组织企业自查阶段，自治区地税局稽查局与自治区国税局稽查局成立了证券基金公司和重点税源企业联合检查协调督导组，联合召开了 2013 年区直重点税源企业自查动员会，强化业务指导和税政宣传，督促重点税源企业按照自查提纲进行全面、彻底自查。截至 6 月 30 日，广西各级地税稽查部门共组织 1416 户（含国家税务总局组织的 37 户）重点税源纳税户开展自查，自查应补税款及滞纳金合计 2.99 亿元，入库 2.97 亿元。7—10 月为重点检查阶段，企业自查结束后，通过全面比对分析企业自查情况，认真确定重点检查对象，统一组织对企业及其分支机构开展系统、全面的重点检查。截至 10 月 31 日，共组织检查重点税源企业 571 户，查补税款及滞纳金合计 1.30 亿元，入库 1.11 亿元。

【房地产及建筑安装业企业检查】 在全区开展房地产及建筑安装企业税收专项重点稽查，同时加大房地产及建安业使用假发票的打击力度。2013 年共组织 179 户房地产及建安企业开展检查，发现有问题 169 户，查结 138 户，移送司法机关 2 户，查补税款 6903.85 万元，加收滞纳金 580.67 万元，处以罚款 488.95 万元；共组织 534 户企业开展自查，发现有问题 376 户，自查补税 4.13 亿元。查补收入合计 4.93 亿元，入库 4.87 亿元，占全年稽查查补收入的 29.66%，有力地堵塞了房地产及建筑安装企业税收征管漏洞。

【打击发票违法犯罪活动】 根据国家税务总局《关于认真做好 2013 年打击发票违法犯罪活动工作的通知》（税总发〔2013〕20 号）要求，自治区地税局成立了以副局长赵汉臣为组长的打击发票违法犯罪活动工作领导小组，下设办公室在自治区地税局稽查局。结合广西具体情况，明确了发票检查和整治的重点行业为：房地产与建筑安装行业，药品与医疗器械行业，发电行业，供电行业，餐饮娱乐行业，普教外营利性教育培训行业；同时将查处违法受票企业不少于 700 户的任务分解到各地，具体为：南宁市不少于 90 户；柳州市、桂林市不少于 60 户；其他各市不少于 45 户，自治区地税局直属税务分局不少于 10 户。2013 年打击发票违法犯罪活动工作深入推进，成效显著：（1）双管齐下、全力打击整治假发票买方、卖方市场。在打击整治假发票“买方市场”方面：广西各级地税部门共查处发票违法企业 1055 户，完成全年任务 700 户的 150.71%；查处非法发票 16.08 万份，涉及金额 2 亿元，查补税款、加收滞纳金及罚款 1927.94 万元，移送案件 9 件，曝光案件 31 件。在打击整治假发票“卖方市场”方面：联合公安、国税等部门共查获发票犯罪案件 70 件，捣毁窝点 18 个，打掉犯罪团伙 5 个，缴获作案机器 31 台，缴获各类假发票 260.57 万份。其中柳州市地税局通过税警联合办案机制，与市公安局开展联合行动，成功端掉一个特大制售假发票二次加工窝点，查获各类假发票达 39 万份。（2）加大科技投入，全力破解发票打假重大难题。在钦州市地税局开展建筑安装业发票核查比对试点工作，核查比对对象为 2010—2013 年 8 月广西行政、企事业单位已入账的票面额为 5 万元以上建筑安装业发票（含代开、自开），通过软件比对发现入账的假发票。在试点工作期间，钦州市地税局共组织录入发票信息 24242 条，涉及纳税户 587 户，发票票面金额约 390.9 亿元；已对录入信息全部比对完毕，最终确定涉嫌假发票 103 份，假发票涉及金额 3834 万元。

【涉税违法案件检举】 严格执行《税收违法行为检举管理办法》等相关法规，继续完善举报渠道和举报方式，加大对举报案件转办、督办和查办过程跟踪，耐心细致地做好举报人的疏导工作，及时向举报人反馈查处结果，逐步健全和完善举报管理机制。2013 年广西地税系统共受理税收违法检举案件 209 件，查处 133 件，查补税款、加收滞纳金及罚款共计 4366.46 万元，入库 3793.09 万元，兑现举报奖励金额 3.51 万元。与 2012 年相比，受理举报案件减少 33 件，减幅 13.64%。

【稽查制度建设】 （1）在区局党组和人事处的大力支持下，通过竞争上岗，择优配备科级领导干部，有效充实区本级稽查力量，加大了区局稽查局直接查办案件和对全区地税稽查工作的督导力度。（2）充分利用绩效考核平台，继续完善稽查系统绩效考评制度。2013 年通过科学制定七项重点考核指标，促使各级稽查部门合理增加检查人员，减少行政管理人员，稽查工作质效明显提升，七项指标均超额完成。查补入库累计 16.47 亿元，完成全年稽查收入任务的 132.74%；稽查选案准确率达 98.39%；稽查查补收入入库率达 99.1%；稽查案件结案率达 100.82%；立案查结 1606 户，完成人均查结户数任务数的 106.57%；立案查补入库占稽查入库收入任务的 41.6%（目标比例为 30%）；查处发票违法企业 1055 户，完成国家税务总局下达任务 700 户的 150.71%。

【稽查队伍建设】 在稽查干部中深入开展反腐倡廉教育，锤炼纯洁的党性，塑造高尚的人格；规范稽查工作流程，加强内控机制建设，从源头防治腐败；积极响应自治区党委和自治区人民政府号召开展“美丽广西 清洁乡村”活动，组织稽查党员干部深入基层开展走访慰问生活困难党员和老党员活动。深入开展党的群众路线教育实践活动，聚焦“四风”、查找问题、破除积弊，加强稽查领导班子建设，提高稽查党员干部的战斗力。认真贯彻执行中央八项规定，严党风、肃党纪，转作风、变思路，精办文，简办会，完善规范并严格执行稽查经费、公务接待、公车使用、财务管理、工作职责等各项规章制度，全年稽查干部无违纪违法事件和不廉洁行为发生。

【稽查业务培训】 自治区地税局针对稽查工作需要，举办了广西地税稽查系统电算化实务与税务稽查师资培训班、稽查系统领导干部培训班、发票协查系统培训班等业务培训，广西地税稽查系统约 200 名业务骨干受训，提高了一线检查人员电子查账技能等实用业务技能，培养了一批业务精湛的稽查师资力量；同时，还开展了税收专项检查和交叉检查工作查前培训，做实查前准备工作，为检查工作顺利开展提供充足的业务人才和组织纪律保障。

【稽查信息化建设】 （1）全面推广应用稽查管理信息系统。加大该系统在全区范围内推广应用的力度，初步实现计算机辅助选案、稽查工作的动态监控等，有效规范稽查工作流程，提高稽查工作质效，降低稽查执法风险。（2）加快推进查账软件的应用、开发。在全区范围内推广运用电子查账软件查办案件，有效提高稽查办案水平和效率。联合自治区地方税务信息中心进行查账软件的采购、招标，加快开发适合广西地税稽查工作需要的查账软件，大力推进电子税务稽查。（3）开展建筑安装业发票核查比对试点工作，加大科技投入力度，深入开展打击发票违法犯罪活动。

【稽查宣传】 为有效打击震慑涉税不法分子、提高地税稽查威慑力，2013 年 4 月结合税收宣传月的税法宣传工作，精心筛选了 2012 年度查处的 10 个典型涉税违法案件，在《南国早报》等新闻媒体进行曝光，集中宣传，以案说法，有效提高了纳税人的税法遵从度。

【稽查调研】 以稽查传统薄弱环节为突破口、开展理论调研，为稽查工作高效开展提供理论支持。2013 年由自治区地税局稽查局负责主持的自治区地税局课题《关于提高稽查选案效率的思考》《防范税务稽查风险的实践和探索》，就是分别从选案、审理两个环节入手，深入探究建立科学选案、规范审理的工作机制，有效促进稽查部门严格规范文明执法、防范和化解税务稽查执法风险。课题《防范税务稽查风险的实践和探索》荣获 2013 年度广西地税系统优秀科研成果评选三等奖。

【稽查工作会议】 2013 年 3 月 1 日，广西地税系统稽查工作会议在南宁召开，会议对 2012 年广西地税稽查工作进行了总结，对 2013 年稽查工作进行了部署。自治区地税局局长关礼作了《振奋精神 昂扬斗志 再谋广西地税稽查工作新发展》的重要讲话，自治区地税局副局长赵汉臣作了《充分发挥稽查职能 全面推进地税稽查事业科学发展》的工作报告，明确了 2013 年广西地税稽查工作重点及稽查科学发展的长远目标。各市地税局稽查局局长，南宁市、桂林市地税局政策法规科科长，自治区地税局直属税务分局稽查科科长及自治区地税局稽查局全体人员参加会议。

（谭 红）

海南省国家税务局稽查局

【概述】 2013年，海南省国税稽查系统认真贯彻落实税务总局稽查局和省局党组的决策部署，以查处重大税收违法案件为重点，以风险管理为抓手，坚持依法行政，强化队伍管理，推进体制建设，较好地完成了全年的工作任务，稽查质效得到明显提升。2013年稽查查补收入再创历史新高，查补各项税收收入4.85亿元，追缴入库4.62亿元，为全省完成税收任务和营造公平税收环境作出了积极贡献。

【稽查查补收入及分析】 2013年，海南省国税系统直接组织税收收入276亿元。按照“稽查查补税款占全省国税入库税收总额的1.5%以上”的任务要求，全省各稽查局在经济形势十分复杂的情况下，坚持直面困难，迎难而上，积极采取措施，圆满完成了既定的工作目标。全年共检查纳税人378户，发现涉税问题349户，选案准确率92%；其中立案查处163户，查补各项税收收入4.85亿元，追缴入库4.62亿元，入库率97%。上述查补收入按税种构成比例分析，主要集中于企业所得税和增值税，其中企业所得税占比67%，增值税占比25%，同比去年，企业所得税查补收入无明显变化；按行业分布情况分析，查补收入高度集中于房地产行业，其次为股权交易和资本交易，占比分别为15%和9%；按区域分析，查补收入主要集中于海口、三亚及洋浦三大市、县（区），其他市、县查补收入普遍较少，收入区域分布不均衡。

【税收专项检查】 根据税务总局税收专项检查工作部署，海南省国税稽查系统把成品油批发、零售企业，办理电子、家具、服装类产品等出口退（免）税的企业，证券公司、基金公司，房地产业、建筑安装业，承接出口货物业务的货代公司、报关公司（报关行），资本交易项目6个项目确定为专项检查重点，通过强化管理、查前培训、跟踪指导以及加强与地税、工商部门协作等手段，检查企业174户，查补收入1.3亿元，有效堵塞了税收流失漏洞，提高了纳税遵从度；在区域税收专项整治工作上重点检查文昌、万宁、洋浦三个市、县（初定）的矿产品（包括煤炭）采选经销企业以及琼海、澄迈、海口三个市、县（初定）的农产品加工企业，检查企业62户，发现有问题企业57户，查补收入1711万元，有效整顿了该行业的税收秩序。税务总局对海南省税收专项检查工作给予了“狠抓落实，创新方法，成绩突出”的评价。

【打击发票违法犯罪活动】 海南省国税稽查系统始终保持打击发票违法犯罪活动工作的高压态势，联合省公安厅、省地税局严厉打击出售假发票犯罪活动，先后成功破获“3·15”“5·23”以及“8·16”等8起特大制售假发票案件，打掉犯罪团伙4个，捣毁打印制假窝点7个，储藏窝点8个，信息发送窝点1个，抓获主要犯罪嫌疑人15名，缴获各类假发票13.8万份，票面最大可开金额145亿余元，避免国家税收损失32亿余元，有力打击了制售假发票犯罪分子的嚣张气焰，得到了税务总局稽查局和公安部经侦局的通报表扬。

【税收违法案件检举】 海南省国税稽查系统高度重视税收违法案件举报受理工作，坚持专人负责、统一管理、严格保密、接受社会监督的原则，加强税收违法举报案件管理，加大重大税收违法案件查处力度，注重加强部门协作，通过认真受理、查办涉嫌偷税、发票违法等各类税收违法举报案件，适时分析税收违法案件发案规律，强化稽查案源管理，促进了税务稽查选案的针对性和准确性，使税收违法案件查处工作收到良好的效果。2013年全省共受理税收违法举报案件80件，其中网上受理39件，接待群众来访举报9件，电话举报14件，来信举报18件；已经安排检查60件，不属海南国税稽查局管辖转其他单位处理的4件，线索不清暂存的16件。检查案件中已查结案件55件，查补总额1427万元，其中税款836万元，罚款315万元，滞纳金276万元，查补款项已全部入库，无移送司法机关案件。综合受理查处的涉税举报案件的分析，海南省税收违法举报案件存在如下发案趋势和特点：一是税收违法案件举报数量多，但举报质量高的少；二是以票控税，资金转账是查处私营企业和个体税收违法的主要形式；三是消费者索要发票，商家拒绝不开票的举报案件明显增加。

【案件协查】 2013年，海南省国税稽查系统充分发挥协查管理信息系统作用，不断提高协查委托发函和受托检查、受托回函的质量和效率，有效促进了案件协查特别是各类发票网上协查工作的顺利开展。全年通过协查系统共委托发出协查发票23906份，涉案税额265620.33万元；累计收到受托协查发票3679份，涉及金额42284.49万元，均按期回复，按期回复率100%。

【稽查制度建设】　2013年，海南省国税稽查系统联合省公安厅、省地税局召开警税联席会议，针对当前警税协作工作中较为突出的问题进行了深入研究，在涉税案件移送、提前介入、信息交流机制等方面达成了共识，以此为基础联手推出《海南省警税协作规定》，重新构建协作机制，进一步强化了行政执法和刑事执法的有效衔接。

【稽查系统建设】　2013年，海南省国税稽查系统加快推进稽查工作现代化、国际化进程，着手构建以风险为导向的现代税务稽查体系。按照“制度标准化、标准流程化、流程信息化”的总体思路，海南省国税稽查系统以风险理念审视和优化了稽查工作流程，首先实现了分类标准化、风险疑点标准化、应对标准化和程序标准化；在此基础上，以风险为导向、以会计科目为核心、以工作底稿为载体、以标准化为基础、以信息化为支撑，按照选案、实施、审理和执行四个业务环节着手开发税务稽查管理信息系统。这一系统将涵盖风险导向型现代税务稽查体系的主要业务，借助于计算机技术既实现了结果管理，又实现了稽查过程管理，对稽查选案、实施、审理、执行各个环节的各项工作内容都制定了精细化、程序化、专业化的工作要求和工作标准。在稽查管理创新方面先行先试，进行了有益的探索。

【国地税联合稽查】　在税务总局稽查局的指导下，海南省国税稽查局联合省地税稽查局探索以“联合检查”“委托检查”为方式的协作。2013年，在重点税源企业的检查工作中全面实行联合检查，构建起海南特色的国税、地税联合办案协作机制，减少了重复检查、多头检查的问题，有效减轻了纳税人的负担，取得了较好的效果。

【稽查队伍建设】　2013年，海南省国税稽查系统着力提升稽查队伍核心业务能力，以三大措施重点就行业稽查、特殊业务稽查、电子查账软件等内容，对全省稽查骨干进行系统培训：一是举办“成品油”“证券基金”两期行业型检查培训班和“小企业会计准则”辅导班，为分类稽查培养专业型稽查人才；二是联合货劳处下发《税务人员查询发票信息真伪的途径和方法》手册，组织检查人员学习掌握发票查验的业务知识并应用于检查工作；三是购买新版软件和加强模拟操作培训，在全省检查工作中推广应用《稽查电子查账软件》，有效提升了查账效率。同时，以党的群众路线教育实践活动为契机，在文昌等市、县直属稽查局中针对“四风”问题广泛征求意见开展调研，查准了“效率不高”“落实不力”“基层反映问题解决不及时”等8个问题，在全省稽查干部上下深刻反省自身根源的基础上，修订《稽查工作考核办法》，通过完善机制从根源上铲除“四风”问题滋生的土壤，切实整治“四风”问题，全面提升稽查效能，激发出队伍新的活力。

【稽查人才库建设】　按照“考试成绩与工作实绩相结合，以工作业绩为主”的原则，通过考试和实绩选拔，不断充实稽查人才库。一是组织人才库稽查人员按照专业化稽查方向到省外开展有针对性的调研及培训，坚持实行人才库动态化管理，形成竞争态势，根据承担工作的考核结果，合理调整人员进出，不搞终身制；二是细化稽查人才库工作职能，设立重案组（侧重案件查处）、审理组（侧重案件审理及政策解释）、综合组（侧重业务综合及后勤保障）、项目组（侧重稽查理论研讨、项目开发）、技术组（侧重电子查账及数据恢复），建立起与分类稽查管理相配套的人才储备。

【稽查业务培训】　根据省局党组建立现代稽查体系工作的要求，2013年海南省国税稽查以“各稽查局胜任主查、主审、主选岗位的人员占检查人员的比例达到50%以上”为目标，分别于7月、12月举办了两期“三员”资格考试培训班，培养适应现代稽查体制、掌握风险管理技能的稽查干部，收到了良好的效果；同时，海南省国税稽查还注重培养掌握选案分析、重大案件查处及重点行业检查技能的会计、法律、电子查账等稽查专业人才，先后举办“成品油”“证券基金”以及“小企业会计准则”“电子查账”辅导班，加大专业型、行业型检查人员的培养力度。

【稽查信息化建设】　为推进稽查工作现代化、国际化，以信息化手段实现对稽查执法活动、管理工作的有效监督，满足稽查工作管理的需要和提高稽查办案效率，2013年，海南省国税稽查局在前期应用风险管理成功经验的基础上，立足省一级稽查运行模式的实际，加大开发进度，组织稽查业务骨干和开发项目组全新调整了《稽查管理信息系统》的开发方向，对其构架和核心内容进行了重新调整和改进，截至 12 月底，完成了风险评估、风险测试等核心检查工作的标准化工作。

【稽查宣传】 秉承“在服务中执法，在执法中服务”的理念，海南省国税稽查系统以多种方式强化稽查宣传，提高宣传效果。一是由稽查人员发挥“零距离”接触和税收政策掌握全面的优势，对检查对象做好税收政策的宣传、辅导工作，使税务稽查与税收宣传实现有机融合。二是以公告栏、在线访谈、广告等媒介为载体，开展税法知识辅导、有奖竞答、政策解答等丰富多彩的活动，面向广大干部群众普及税收知识。三是通过新闻发布会这一形式，借助报刊、电视及网络等媒体，对制售假发票、重大涉税犯罪案件进行曝光，有力震慑了违法犯罪分子。

【稽查工作会议】 2013 年 3 月 17 日，海南省国税稽查工作会议在海口召开。省局党组书记、局长林明鹊针对“海南国税稽查如何实现治理体系和治理能力现代化的问题”作了重要讲话。他指出，税务稽查体系的现代化发展必须以建立风险导向的体制机制为基础，省局党组明确提出建立以风险为导向的税务稽查体系，是税务总局提出的推进税务管理现代化的要求，是实现海南国税全面实现税收风险管理，改革现代化目标的重要组成部分。当前稽查工作必须紧抓四个重点，一是建立以风险为导向的税务稽查信息化系统；二是建立能主导和适应现代化稽查体系发展的税务稽查干部队伍；三是加强稽查干部培训和学习为新系统的尽快上线应用做好准备；四是从理念上、意识上、能力上做好准备，贯彻树立“大稽查”、风险管理理念。省局纪检组长蒋焕民作了题为《立足先行优势　勇于创新突破　加快提升稽查现代化水平》的报告，在全面总结 2013 年稽查工作的基础上，深刻分析了海南省在推进稽查工作现代化进程中的优势和存在问题，并对 2014 年全省稽查工作提出四点要求：第一，突出整顿和规范税收秩序的重点；第二，加快建设以风险为导向的现代稽查体系；第三，加强稽查队伍建设；第四，强化绩效考核。蒋焕民还指出，保持先行优势力争走在税收现代化的前列，是省局党组对稽查工作寄予的厚望。为实现海南国税税务治理体系和治理能力现代化的改革总目标，今年必须要“抓好现代税务稽查体系建设，完善和落实稽查主查员、主审员、主选员‘三员’制度，促进稽查工作规范、高效。”这是解决稽查当前存在的问题和矛盾的治本“药方”，必须坚定不移地贯彻落实。

（陈　钢）

海南省地方税务局稽查局

【概述】 2013 年，海南省地方税务局稽查系统在税务总局和总局稽查局以及省局党组的正确领导下，紧紧围绕全省地方税务工作的总体要求和税务总局稽查局 2013 年工作要点，以十八大精神为指导，以整顿和规范税收秩序为中心，以大力开展税收专项检查和区域税收专项整治为手段，集中优势力量、重拳出击，严厉打击各类涉税、涉票违法行为，健全稽查管理机制，深化稽查机构改革，不断提高稽查队伍素质，充分发挥了稽查职能作用，稽查工作质量和效率得到全面提升。

【稽查体制机制改革】 以充分发挥稽查“四大效应”，优化稽查机构设置、人力资源配置和业务管理流程为目标，进一步深化和完善“一级稽查”体制改革。2013 年年初，省局组成完善稽查体制专题调研组，对现行稽查体制机制及运行情况开展专题研究，形成《海南省地税局完善稽查体制机制调研报告》，指导稽查改革工作。在此基础上，借鉴先进地区经验做法，明确“先易后难分步实施”改革原则，制定《海南省地税局稽查系统派驻机构集中办公实施方案》，组织召开全省稽查系统视频动员大会，自 2013 年 8 月起正式启动方案，2013 年 9 月底第一至第五稽查局基本完成机构集中片区办公以及内设机构职责调整工作，并按照方案要求，向省局汇报了机构集中以及人事调整等具体情况。

【稽查查补收入及分析】 2013 年，全省共检查各类企业 1440 户，查补收入 24.3 亿元，入库 20.6 亿元，比上年同期增加 4.34 亿元，增幅为 35.35%。其中，立案检查 101 户企业，查补收入 2.61 亿元，入库 1.07 亿元；共有 1336 户企业开展了自查，查补收入 21.69 亿元，入库 19.53 亿元。为整顿重点行业税收秩序和地税组织收入的稳步增长，作出了积极的贡献。

【案件查办情况】 2013年，全省地税稽查系统检查案件105件，立案101件，有问题案件97件，查结案件86件，查补税款总额2.61亿元，入库总额1.07亿元。查处百万元以上的案件19件，千万元以上的案件4件，亿元以上的案件2件。其中，省局稽查局查结案件12件，查补税款总额5.65亿，入库总额1957.05万元。

【税收专项检查】 组织开展了证券基金公司、房地产业、建筑安装业和资本交易项目4个指令性检查项目及中介培训服务机构、高收入者个人所得税和银行、保险业3个指导性检查项目的地方税收专项检查。与此同时，根据国家税务总局《关于做好营业税改征增值税试点工作的意见》（税总发〔2013〕44号），下发《关于开展2013年部分行业地方税收专项检查工作的补充通知》（琼地税函〔2013〕253号），在全省范围内把"'营改增'试点行业——交通运输业、部分现代服务业"补充作为今年地方税收专项检查指令性项目。截至10月底，全省地税系统共组织4920户纳税人开展自查自纠工作，比去年同期自查4688户，增加232户；自查有问题1336户，比去年同期有问题1030户，增加306户；自查补报税费共计144796.93万元，比去年同期自查补报税费137056.78万元增长6%，增加7740.15万元；入库税费及滞纳金共计131614.26万元，比去年同期入库120651.60万元增长9%，增加10962.66万元。重点检查阶段，全省已检查纳税人105户，查结75户，发现有问题67户，查补税费总额25462.86万元，入库总额12235.41万元。

【区域性税收专项整治】 针对海南省农垦系统土地使用、流转和房地产开发（如投资合作商品房建设、经济适用房建设、集资房建设）等方面税收秩序比较混乱、税收违法行为比较集中等问题，省局在全省范围内组织开展了国营农场土地使用以及房地产开发项目区域税收专项整治。截至10月底，全省地税系统共组织43户纳税人自查，有问题4户，自查税费132.37万元。同时对3户国营农场进行立案检查，查结3户，查补总额1171.57万元。

【打击发票违法犯罪活动】 一是强化与省公安厅、省国税局的工作联合部署、信息共享与沟通，形成了长效警税协作机制，有力保障了打击发票违法犯罪活动工作的顺利开展。二是集中整治虚假发票"卖方市场"。2013年3月26日、8月25日和10月31日展开了3次收网行动，成功破获发票违法犯罪案件11起，抓获发票违法犯罪人员25人，缴获假发票12万份，摧毁犯罪团伙8个，捣毁制假窝点9个，储藏窝点10个，信息发送窝点1个，发起集群战役1起，主战1起，参战4起，涉案金额约近百亿元，挽回税款流失约17亿余元，对发票违法犯罪活动保持高压态势。三是深入查处虚假发票"买方市场"。按照税务总局"查案必查票""查税必查票"和"查账必查票"工作要求开展受票企业检查，截至今年10月底，已检查企业534家，查处违法企业271户，涉及非法地税发票2117份，涉票金额34190万元，查补税款1414万元，加收滞纳金295万元，罚款692万元。与此同时，针对联合公安部门打击"卖方市场"工作中所发现的违法"套购虚开"发票活动，省局稽查局及时组织第一稽查局和海口市地税局等单位，专门展开了打击海口地区套购虚开发票专项行动，分别对违法开票公司和受票企业的发票和税款清理工作，测算开票公司偷逃营业税2171万元、企业所得税9692万元，税款损失上亿元。目前已经追缴受票企业税款241万元，加收滞纳金36万元，罚款42万元。四是以查促管，促进提高发票管理水平。根据打击发票犯罪活动开展情况，省局稽查局建议省局对征管系统的"网络发票管理系统"进行了重新评估和改造，实现实时监控、方便查询，从而降低管理成本、提高开票效率。

【重点税源企业检查】 根据《国家税务总局稽查局关于开展2013年重点税源企业税收专项检查工作的通知》（税总稽便函〔2013〕27号）的要求，省地税局稽查局与国税局稽查局联合成立重点税源企业税收专项检查协调督导组，对税务总局部署的11家重点税源企业以及47家省级重点税源企业开展税收专项检查工作，查补各项收入12912.79万元，目前已全部入库。

【稽查制度建设】 根据新的形势需求和稽查工作实际，我局重新修订稽查选案、检查实施、稽查审理、稽查执行、税务征管与稽查工作协作和税收违法行为检举管理等6个稽查基础工作制度和出差、车辆管理、公务接待和财务管理等4个综合管理制度，并起草了《稽查人员能级制度》《海南省地方税务局稽查大要案激励办法》《海南省地方税务局稽查廉政风险防控制度》，出台了《海南省地方税务局税务稽查成果利用管理办法》《海南省警税协作规定》等制度办法，进一步解决了稽查工作应该做什么、应该怎么做，以及如何能做好的问题，逐步理顺了稽查与其他部门之间的业务协作流程，增强稽查工作规范的可操作性，提高了工作管理效率，推进了稽查工作规范化进程。

【稽查信息化建设】 整合信息，从稽查查前的案头分析、查中的数据监督审核、查后的汇总总结各个环节入手，利用信息化技术深挖企业涉税数据信息，有效提高了案件查处针对性。目前，稽查各业务部门梳理各自的稽查流程，整理出固定的"表证单书"，将需求与省局电税中心、神州数码公司进行三方商议、沟通，充分依托海南省地税征管信息系统涉税数据大集中优势，通过整合录入稽查有效信息数据，通过精确筛选、分析审核，初步实现了稽查案源指标化、分析结论规范化、实施稽查标准化、案件管理系统化，发挥了信息技术对全省稽查工作的有力推动作用。

【稽查队伍建设】 省局稽查局鼓励、组织全体稽查干部参加省局机关组织举办的"庆祝建党92周年送歌献给党，唱响中国梦歌咏比赛"，获得二等奖。此外，严格维护局内工作秩序和环境卫生，在每月的省局机关部门卫生评比活动中，每次均保持在前两名内，获得省局表彰。

【稽查业务培训】 把业务培训作为提升稽查人员业务能力的核心手段，在总结以往工作经验的基础上，按照缺什么补什么、按需施教的原则，有针对性地开展稽查业务培训。2013 年 7 月 9 日—8 月 6 日在厦门大学经济学院举办了两期稽查业务培训班，共培训学员 70 人。重点讲解财务会计、税会知识结合运用以及稽查工作新突破等方面专业知识，为稽查用于指导今后实践工作提供人员素质保证。同时，按照省局稽查领军人才培养工作部署，认真组织稽查干部参加考核选拔以及培训工作，为省局输送稽查领军人才队伍。

【党风廉政建设】 为贯彻落实省局党组深入开展党的群众路线教育实践活动，7 月 10 日下午省局稽查局立即组织召开省局稽查局领导班子和干部参加的党支部扩大会议，对活动工作进行具体动员布置。7 月 12 日开始，基本坚持了每周至少组织开展一次群众路线教育实践活动的集中学习会议，将政治理论学习抓落实到位。通过边学边查和广泛征求基层、群众意见的方式，认真开展了"四风"问题查摆工作，制定了具体的整改方案。为把活动引向深入，省局稽查局党支部组织党员干部进行深入谈心交流、多次召开学习讨论会议研究对照检查材料和整改措施，精心组织召开专题组织生活会，认真开展批评与自我批评，着力解决"四风"问题。最后，用一个月时间开展教育实践活动"回头看"工作，巩固和扩大教育实践活动成果。通过教育实践活动，使支部的党员干部提高了思想认识、转变了工作作风、密切了党群干群关系，树立为民务实清廉地税形象，从而构建起和谐的税企征纳关系。

【稽查工作会议】 2013 年 3 月 20 日，全省地税稽查工作会议在海口召开。这次会议是全面贯彻全国税务稽查工作会议和全省地税工作会议精神、确保完成年度稽查工作任务及部署全年税收专项检查工作的一次重要会议。省纪委驻地税局纪检组领导、全省稽查全体同志、征管和科技发展处负责人、各市、县、区地方税务局局长、分管税收专项检查的副局长及业务骨干参加了会议。省局党组成员、副局长刘自更主持会议并作了题为《围绕中心服务大局　提高税务稽查工作水平　为全省地税工作任务的完成多作贡献》的工作报告。

会议指出，2013 年全省稽查系统要坚持服务大局，把为税收事业科学发展保驾护航作为稽查工作的光荣使命；坚持真抓实干，把公平、公正、公开执法作为稽查工作的灵魂核心；坚持真抓实干，把改革创新作为推动稽查工作不断前进的动力；坚持人才强税，把着力培养高素质的专业化稽查队伍，作为稽查工作的重要支撑。按照省委、省纪委和省局党组的部署，继续推进"慵懒散奢贪"专项整治工作，特别是要加强责任心、提升执行力和整治奢侈浪费、以税谋私等问题，把稽查队伍建设成为一支政治坚定、业务熟练、作风优良、团结和谐、清正廉洁的稽查干部队伍。

【工作建议】 首先，进一步推进稽查工作管理规范。在 2013 年修订、制定并出台系列制度的基础上，夯实稽查法制基础，深化稽查制度建设，扎实将相关的制度在全省稽查系统进行普及、推广，进一步明确税务稽查内涵，以强化监督内控机制为出发点，进一步规范稽查程序，完善选案、检查、审理、执行四环节之间的分工制约，解决制约基层执法的难点问题。第二，创新推进稽查工作，有效提高稽查工作质量效率。强化案源管理工作。将选案的重点主要放在房地产和建安行业的同时，提高资本性交易、农场土地开发等项目的选案比例，加强对第三方信息的调查比对，融入计算机选案，提高系统数据应用，减少选案工作的盲目性，提高选案的准确性。查办案件实现案件查办类型、检查方式方法、稽查办案透明化程度、稽查办案取证标准不一难题和破解执行钉子户难题等"五突破”，及时查办一批有影响的大案要案，保持对各类税收违法活动的高压态势。第三，以人为本，全面加强稽查队伍勤政廉政建设。一是通过适当增加稽查系统人员、实施考调稽查干部办法、明确稽查业务考核激励办法等方式方法，提高稽查干部素质能力。二是继续抓好稽查队伍廉政建设，认真落实稽查领导班子“一岗双责”和稽查系统廉政风险防控制度制度，教育和警示广大稽查干部特别是领导干部筑牢反腐败的思想防线，梳理规范执法、清正廉洁的稽查队伍形象。第四，加强稽查宣传，促进纳税遵从。实施税务稽查要情发布、在省级重要刊物上开辟地税稽查专栏、网络发布稽查公开信息、不定期召开媒体发布会、编制“税案说法”电视节目等稽查宣传一揽子方案，扩大税法影响，促进依法纳税。

（陈奕妤）

重庆市国家税务局稽查局

【概述】　2013年，重庆市国税稽查部门认真贯彻落实税务总局稽查局和市局的各项工作部署，围绕全市税收中心工作，服务经济社会发展大局，坚持依法稽查，提升执法能力，突出抓好税收专项检查、大要案件查处、打击发票违法犯罪活动等重点工作，取得明显成效，为促进全市国税收入持续稳定增长和税收秩序的不断规范作出了积极贡献。

【稽查体制机制改革】　在第一、第二稽查局成功试点的基础上，市局结合重庆市实际，积极推进跨区稽查模式扩围。2013年11月5日，按照税务总局批示，重庆市国税局第三、第四、第五稽查局正式挂牌成立，市级一级稽查模式全面覆盖重庆市主城区。次日，税务总局稽查局局长马毅民、副局长刘建国作出批示，盛赞重庆稽查改革模式为“大城市、直辖市稽查体制机制改革的基本模式”。

【稽查查补收入及分析】　2013年，重庆市国税稽查部门共检查纳税户6935户，查补税收收入11.88亿元，比2012年增长13%，其中：税款11.27亿元，滞纳金0.3亿元，罚款0.31亿元；已追缴入库11.06亿元，入库率为93%。

【案件查办情况】　通过合理配置稽查资源，充分利用信息化等手段，不断强化对重大涉税违法案件的精确打击力度。2013年，全市国税稽查系统立案检查涉税违法案件724件，已查结692件，移送司法机关处理案件33件。案件共查补税收收入2.44亿元，较去年同期增长22%，其中：税款1.83亿元，滞纳金0.3亿元，罚款0.31亿元。

【案件特点分析】　2013年，案件查办情况表明，由于社会综合治税体系建设滞后以及涉税信息共享渠道不畅，给不法分子偷逃国家税款、扰乱税收管理秩序提供了可乘之机，突出表现在两个方面：一是利用账外经营的手段隐匿经营收入，逃避缴纳税款，以商品混凝土行业尤为突出。二是发票虚开特别是利用增值税专用发票虚开偷逃税款或直接牟利的违法犯罪现象突出。

【重大案件查处】　查补税款在100万元以上的大要案件25件，1000万元以上的大要案件6件。其中，税务总局督办案件9件，共计查补税收收入9460万元。

【税收专项检查】　税务总局2013年专项检查工作布置后，重庆市国税稽查局科学划定检查范围，明确检查重点，精心组织实施，组织税收专项检查5034户，现已发现有问题户数1175户，共计查补税收收入9.96亿元，调减企业申报亏损5320万元，有效提高了纳税人的税法遵从度。

【区域性税收专项整治】　2013年，重庆市检查药品、医疗器械生产经营单位和营利性医疗机构1442户，核查发票107910份，其中涉嫌非法发票7608份，价税合计金额26504万元，涉嫌违法单位户数169户，查补各项税款4253万元，加收滞纳金472万元，加处罚款及没收违法所得1337万元，向公安机关移送涉嫌犯罪案件7起，移送犯罪嫌疑人8人。由于组织有力、措施得当，重庆市医药行业专项整治工作于2013年4月顺利通过了国务院督导组的抽查并得到了督导组的充分肯定。

同时，充分运用2012年重庆盐业集团检查成果，将重庆市食品加工业中用盐量较大的102户下游重点用盐企业纳入专项检查，共计查补税收收入964.9万元，调减亏损90.23万元。

【重点税源企业检查】　按照“以企业自查为先导、以税务机关重点检查为保障”的工作模式，重庆市国税、地税稽查部门统一部署和实施家电制造、汽车、化工等相关行业12家重点税源企业集团60户成员企业税收专项检查工作，查补国税收入1177万元。

【出口退（免）税企业及货代公司检查】 垫江县国税稽查局根据税务总局下发的出口退税疑点核查信息为线索，深挖细查，查处重庆市方丰商贸有限公司骗取出口退税案，追缴税款223万元，罚款223万元，系重庆市近年来成功定性为骗取出口退税的典型案件。

2013年10—12月，全市共安排检查交通运输企业和货物运输代理服务业纳税人112户，查补税收收入886万元，遏制了“营改增”发票违法苗头，为“营改增”的顺利实施保驾护航。

【股权转让交易的企业及个人检查】 积极拓展重庆股份转让中心、重庆联合产权交易所等第三方涉税信息获取渠道，将199户企业的217笔资本交易纳入专项检查范围，查补税收收入1257万元。

【打击发票违法犯罪活动】 2013年，重庆市国税稽查局充分履行打击发票违法犯罪活动工作协调小组办公室职责，在全市各成员单位共同努力下，打击发票违法犯罪活动工作成效明显，收缴假发票539万余份，抓获犯罪嫌疑人167人，捣毁窝点18个，对发票类案件起诉137件142人；治理发票违法短信息34万余条，宣传曝光案件34件，开展各类发票教育宣传活动722次，有力遏制了发票违法犯罪活动势头。以药品与医疗器械、发电、供电等重点行业发票使用情况检查为切入点，全市国税稽查部门大力开展虚假发票“买方市场”整治工作，共计查处违法受票企业788户，涉及非法发票2万份，查补税收收入1.17亿元。

【涉税违法案件检举】 2013年，重庆市国税稽查局接收涉税违法检举527件，除快捷处理外，转立案检查159件，其中：实名检举65件，匿名检举94件。

【案件协查工作】 2013年，重庆市国税稽查系统发出金税协查416件，涉及发票4254份，协查有问题发票1106份，选票准确率26.6%；受托金税协查470件，涉及发票5920份，金税协查按期回复率保持100%，协查信息完整率达到98%。

【稽查制度建设】 结合重庆实际，重庆市国税稽查局细化了《税收违法行为检举案件管理考核办法》的具体执行措施；制定了《重庆市国家税务局优秀稽查案例评选办法（试行）》。

【稽查系统建设】 2013年，重庆市国税稽查局不断完善内外协调机制，制定《市稽查局局领导班子及科室挂钩联系基层工作制度》，加大了各稽查单位的对口考核督导力度；加强与征管、税政、信息等部门的内部协作，利用征管信息，发掘涉税疑点，提出稽查建议，堵塞征管漏洞；完善与地税、公安、海关、审计、银行等部门的外部协作机制，增强稽查合力。

【稽查队伍建设】 全市国税稽查系统深入开展党的群众路线教育实践活动，加强作风建设，认真落实责任制，不断完善内控机制，防范执法风险。重庆市国税稽查系统有4人入选税务总局税务稽查类专业人才库。

【稽查业务培训】 2013年，重庆市国税稽查局组织全市稽查人员400余人次参加了以稽查核心业务为主要内容的岗位技能培训，稽查人员的业务水平和综合能力不断提升。

【稽查信息化建设】 采购查账软件30套，每个稽查单位均配备1套以上，由前期10个试点单位对口帮扶过渡到电子查账软件全市覆盖，为促进重庆市国税稽查现代化建设形成助力。

【稽查宣传】 重庆市国税稽查局制作了“主动索取发票”“不得使用假发票”“发票维权”“禁止制售假发票”4个专题的公益广告，通过商圈、火车站集中宣传及网络、电视媒体滚动播报等形式教育和引导社会公众，积极营造诚信纳税的良好社会风尚。

【稽查调研】 重庆市国家税务局把“一级稽查理论与实践”列为2013年市局重点科研课题，继续开展税务稽查现代化建设的理论研究，并启动市级一级稽查实践。13个课题成员单位结合重庆市实际，对市级一级稽查的实现途径、机制建设、制度创新、功能优化进行了充分论证，市局稽查局在此基础上详细拟定了市级一级稽查的推进方案。课题成果《重庆市国税系统一级稽查改革探析》《着力“五个提升”，打造专业稽查》还被税务总局《税收经济调研》及《中国税务稽查》分别采用。

【稽查工作会议】 2013年3月12日，重庆市国税稽查工作会议召开。市局副局长卢自强代表市局党组作了题为《坚持依法稽查　提升执法能力　开创重庆国税稽查工作科学发展新局面》的报告，总结2012年全市国税稽查工作，部署了2013年稽查工作任务。

【工作建议】 为提升今后稽查工作质效，特提出以下建议：一是对发票虚开、逃避缴纳税款、骗税等重大涉税案件查处，建议税务总局稽查局牵头，建立跨省、跨区的工作衔接机制。二是进一步加大典型案例的宣传力度，充分利用网络、报纸、电视等公共媒体，持续曝光一批典型稽查案件，充分发挥税务稽查的震慑和教育功能。三是合理设置税收专项检查指令性项目和指导性项目，充分考虑各地税源结构差异，缩小指令性项目范围，扩大指导性项目范围；各地因地制宜、因时制宜需要借助税务总局稽查局力量加大检查力度的行业，适时增补为指令性项目。四是对于税务稽查中证据认定、定性处理、部门协作、执法尺度、权能配置等执法重点、难点、热点问题，建议税务总局稽查局加强调研，并与税务总局业务司和公安、法院等有关部门沟通协调，形成指导性意见，解决稽查人员执法困惑。

（邓华平）

重庆市地方税务局稽查处

【概述】 2013年，重庆市地税局累计组织税费收入1688.4亿元，同比增长13.8%。税收收入首次突破千亿大关，达到1024.7亿元，同比增长14.4%。全市各级稽查部门共开展检查4408户（其中立案检查1432户），查补收入16.77亿元，同比增长1.01亿元，占税收收入的比重达到1.64%。全市稽查案件选案准确率达到96.09%，结案率达到98.95%，入库率达到99.63%，偷税案件处罚率达到57.27%。

【稽查查补收入及分析】 2013年，重庆市地税稽查部门共开展检查1432户，组织企业自查2976户，查补收入16.77亿元，户均查补收入38万元。从稽查收入类别看，稽查机构查补收入4.05亿元，其中税款3.69亿元，滞纳金1169.4万元，罚款2453.43万元，占稽查总收入的24.27%，稽查机构组织企业自查收入12.70亿元，占稽查总收入的75.73%。

【案件查办情况】 全市共立案查处各类税收违法案件1432件，查补税款3.71亿元，处罚款2453万元。其中，查处偷税案件76件，查补税款915万元，查处百万元以上大要案件56件，查补税款1.19亿元，查处千万元以上的案件5件，查补税款4581.65万元。

【案件特点分析】 数据显示，房产税违法问题发生率较高，违法手段多样。如重庆市地税局稽查局查处的119起案件中涉及房产税问题39起，占比为32.8%；查补房产税2613万元，占比为17.3%。其违法手段有：一是将房屋租赁收入涂上防护色，巧作伪装。如某股份有限公司以收取折旧费用名目将厂房租赁给下属成员企业，仍按房屋原值申报缴纳房产税。二是将应及时转入固定资产的房产延迟入账。如某公司将高尔夫球场会所及练习场投入经营使用，未及时按会计制度规定，将达到预定可使用状态的自建房屋及时结转固定资产，计提房产税。三是拆分房屋租赁收入。如某商业地产开发企业，将房产租金收入拆分为房屋租赁和管理费。四是将固定资产打捆核算。如某水泥公司打包取得某水泥厂138项资产后，将房产混入其他明细科目。

【税收专项检查】 重庆市地税局组织开展了对证券基金公司、房地产建筑安装业和成品油批发零售企业等3个指令性检查项目和资本交易、中介培训服务机构以及高收入者个人所得税等3个指导性检查项目的税收专项检查，共检查纳税人5518户，其中直接检查1412户，组织企业自查4106户。查补各项收入14.07亿元，其中税款13.81亿元，加收滞纳金729万元，处罚款1904万元，促进了行业和地区税收秩序的好转及纳税人税法遵从度的提高。

【重点税源企业轮查】 重庆市地税局继续开展了以自查为先导，以重点检查为保障的市级重点税源企业轮查工作。2013年，纳入市级重点税源监控的户数共有3661户，轮查企业1391户，轮查面接近38%，为国家挽回税收流失8.67亿元，其中企业自查收入达到6.3亿元，重点抽查企业496户企业，查补收入2.25亿元。

【房地产及建筑安装业企业检查】 重庆市地税局通过主动与市国土房管局沟通协调，及时获取房地产、建筑安装业第三方涉税信息，采集了2008年以来全市土地交易涉税信息，并对相关信息认真进行了评估分析，进一步提高了检查工作的针对性和准确性。全市共开展检查和组织自查房地产及建筑安装企业1795户，查补收入9.69亿元，占专项检查查补收入的69%。

【证券、基金公司检查】 重庆市地税局将证券、基金公司作为税收专项检查的重点，对全市151家证券、基金公司（含私募基金公司）开展检查，查补收入477.62万元，其中自查查补收入304.67万元。检查中发现部分费用未按规定代扣代缴个人所得税的问题，包括发放的员工旅游费、奖金、过节费、休假补贴、生日费、清凉饮料费等各项福利、不符合规定的个人报销凭证、业务宣传、拜访客户、展业促销等活动中向客户赠送礼品、超标发放职工通讯费和超额缴纳商业保险等内容。

【打击发票违法犯罪活动】 重庆市地税局进一步巩固和扩大虚假发票"买方市场"和"卖方市场"整治成果，先后部署开展了房地产与建筑安装、药品与医疗器械、发电、供电、餐饮娱乐、营利性教育培训等重点行业的发票检查工作，共查处违法受票企业853户，涉及非法发票份数18301份，涉及金额4.17亿元，查补收入9552.39万元，其中罚款1000.54万元，移送案件2件，曝光案件27件。协助公安机关先后在渝北、合川、万州、北部新区等地查处了一批大要案件，收缴假发票452万余份，抓获犯罪嫌疑人116人，捣毁窝点18个，缴获作案机器设备66台。

【涉税违法案件检举】 2013年，重庆市地税局各级税务违法案件举报中心共受理各类群众检举220件。其中市级举报中心受理群众检举46件，区级举报中心受理群众检举126件，县级举报中心受理群众检举48件。全年共查结各类群众检举案件187件，查结率为85%，共计查补收入5881.01万元，入库5074.81万元，入库率为86.27%，其中查补税款4166.77万元，滞纳金45.72万元，罚款1668.52万元。从企业性质看，私营企业案件数为107件，有限责任公司案件数为62件，个体经营案件数为26件，分别占全年检举案件数的48.6%、28.2%和11.8%。从行业情况来看，房地产业、建筑业、其他行业所占比重较大，查补金额分别为2425.66万元、1379.56万元、1269.53万元。全年群众检举涉税案件220件中，172件集中在经济较发达的地、市级中心城市，占78.2%，其余48件分布在县级城市。

【稽查成果应用】 重庆市地税局各级稽查部门共撰写典型案例88篇，报税务总局案例库6篇，通过内网建立网上稽查案例交流平台，开通全市地税稽查QQ群，按季编辑出版《稽查信息》，及时召开重点税源检查情况通报会、片区稽查工作会和稽查、征管联席会，向征管、税政部门发出稽查建议书400余份。其中加强增量房契税管理，加强对驾校和民政福利企业的专项检查，加强企业集团"资金池"涉税管理等多篇建议被市局采纳，多渠道多层次实现了稽查成果信息的共享利用。

【稽查制度建设】 重庆市地税局在开展党的群众路线教育实践活动中，认真落实税务总局"三个服务"工作要求，制定出台了《关于规范税务稽查有关事项的通知》。对内，进一步强化了税务检查计划审批和备案管理、国地稽查协作、查前告之等制度；对外，积极创新稽查服务形式，建立了面向被查对象的个性化稽查建议服务制度。要求各级稽查局在税务检查结束后，除了履行法定程序，出具法定文书外，还应当结合自身的专业优势，针对检查中发现的问题，从纳税人涉税问题的账务调整，税收政策适用，税务登记，纳税申报，发票管理，收入、成本、费用核算以及财务管理等方面提出改进建议，以书面形式送达纳税人，帮助纳税人提升财务管理水平，降低涉税风险。截至目前，累计送达稽查建议书300余份，得到纳税人一致好评。

【查账软件应用】 重庆市地税局采取有效措施积极推进查账软件应用。一是成立稽查信息化工作领导小组，制定了工作方案，对稽查信息化建设工作进行总体安排。二是多次邀请软件公司人员开展深度应用培训，与稽查人员进行互动。三是组织开展实战演练。如在重庆市地税局稽查局开展电子查账演练，各科室在对同一企业进行检查的基础上，主查人员分别讲述使用查账软件的体会和感悟，引导稽查人员从不同角度进行数据筛查、比对，找出案件突破口，让全局人员深受启发。四是收集相关行业指标区间值，将纳税人出现偷逃税或少缴税款表现出的数据异常分行业设置为疑点筛查模板，不断提升软件的智能化水平。以市局稽查局为例，截至目前，该局稽查人员基本能运用数据准备、分析评估、税种检查等模块实施稽查，骨干人员掌握了数据提取、导入账套、筛查分析等功能。2012年8月以来，该局使用查账软件检查企业43户，查补收入5076万元。

【稽查调研】 按照税务总局加快稽查管理方式改革的总体思路和要求，重庆市地税局及时启动了稽查管理体制改革专题调研工作，顺利完成调研任务，形成了专题调研报告。市局党组还专门就此问题进行研究，形成共识，为稽查体制改革奠定基础。

【稽查工作会议】　2013 年 3 月 13 日，重庆市地税系统稽查工作会议召开。市局党组成员、纪检组长涂放姑，市局党组成员、总会计师冯邦富出席会议，各区县局和直属单位分管稽查工作的领导、稽查局全体干部及相关业务科室的负责人参加了此次会议。会上，纪检组长涂放姑宣读了市局局长刘有恒和党组书记廖涛对稽查工作的重要批示。总会计师冯邦富作了大会主报告，报告全面总结和回顾了 2012 年地税稽查工作，明确提出了 2013 年地税稽查工作的总体思路：以党的十八大精神为指导，认真落实全国税务稽查工作会议和全市地方税务工作会议精神，扎实推进税务稽查现代化建设，充分发挥稽查职能，努力提升执法能力，突出案件查处、税收专项检查、重点税源检查和打击发票违法犯罪活动重点工作，严格依法行政，加强队伍建设，为全面完成税收工作任务作出新贡献。报告还对全力做好 2013 年稽查各项工作提出了具体要求。

【工作建议】　一是建议税务总局从法律层面进一步厘清税务稽查与日常征管职能职责，比如税务稽查与纳税评估、实地核查、土地增值税清算审核、大企业风险管理（税务审计）之间业务边界不太清晰，容易形成税务机关对纳税人的多头重复检查，导致纳税人不满，建议税务总局作进一步的研究和规范。二是建议税务总局对基层报送的各类稽查报表数据，尽量植入金税三期系统，由系统自动生成报表数据，实现系统网上直报，逐步缩减直至取消各类人工报表，既能减轻报表人员工作负担，更能确保数据统计的及时性、准确性和规范性。

（张　翼）

四川省国家税务局稽查局

【概述】　2013 年，四川省国税局稽查局认真贯彻落实税务总局、省局的工作部署，以整顿规范税收秩序、完成收入任务为目标，以重点税源企业检查和重大违法案件查处为重点，认真组织开展税收专项检查和专项整治，严厉打击发票违法犯罪活动，各项工作圆满完成。

【稽查体制机制改革】　按照省局“五个集中”的要求和关于推进集中集约稽查工作的意见，各地结合实际，采取切实可行的措施抓落实。遂宁、资阳、广安、雅安、甘孜等地全面实行一级稽查，宜宾、自贡、绵阳等地实行一级稽查和分级分类稽查相结合，成都进一步规范跨区稽查机构职责，大力推行分级分类稽查，促进了稽查资源的优化配置，充实了一线检查力量，加大了对重点区域、重点行业、重点税源的检查力度，在一定范围内较好地统一了处理处罚标准，稽查整体效能得到进一步提高。

【稽查查补收入及分析】　2013 年，共立案检查纳税人 3238 户，查补总额 16.83 亿元（其中，税款 15.64 亿元，滞纳金 6729 万元，罚款 5165 万元），比上年增长 30.8%，入库 16.89 亿元（其中，税款 15.7 亿元，滞纳金 6856 万元，罚款 5032 万元），入库率 100%，选案准确率 98.2%。

【案件查办情况】　全省立案检查企业 3238 户，有问题企业 3179 户，其中，查补总额达千万元案件 4 户，共查补收入 2.4 亿元；查补总额达百万元案件 117 户，共查补收入 2.1 亿元；定性为偷税案件 313 户，查补收入 3187 万元。全年移送司法机关处理案件 30 件，公安机关提前介入及联合办理案件 13 件，已判决案件 13 件，25 人分别被判处有期徒刑，1 人被判处无期徒刑，1 人被判处死刑。

【案件特点分析】　一是大头小尾、克隆票等发票违法问题比较普遍，不法分子通过违法购买、使用、开具发票达到少缴税款目的。二是虚开发票案件的作案主要手段向“票货分离”“变票”等手法转变，违法活动呈集团化、信息化和职业化，跨区域作案趋势明显。三是骗税活动进一步活跃，并呈现出专业化、网络化、团伙化趋势。

【重大案件查处】　全年查处税务总局督办案件 6 件，已查结 3 件，查补收入 4500 余万元。以省局稽查局为执法主体对部分房地产企业、医药企业和证券、基金公司共 23 户企业实施了重点检查，查补收入 5000 余万元。对税务总局下发的 10 户出口骗税疑点线索企业，相关市、州局在公安、海关等部门的密切配合下，加大查处力度，先后派出 8

批次30多人，前往深圳、广东、上海等地进行外调取证，查明5户企业涉嫌虚构业务、骗取退税，涉及税款2300余万元，公安机关立案侦查4户。其中，内江市“9·10”涉嫌骗取出口退税案已查明存在假报出口，冒用他人出口信息，伪造备案单证骗取退税的情况，涉嫌骗税金额209万元。

【税收专项检查】 全省国税系统采取解剖检查、重点检查和全面检查相结合，省、市（州）、县（市、区）三级联动，点面结合的工作方式，精心安排部署，搞好查前培训，注重税收服务，强化执行落实，取得了明显成效。全省税收专项检查查补总额11.84亿元，比上年增长74.86%；冲减增值税留底税金2051.69万元，调减亏损额3.61亿元。

【区域性税收专项整治】 省局牵头组织开展了医药发票使用情况、“营改增”地区交通运输企业、矿产品采选经销企业和矿产品采选经销企业区域税收专项整治，共计查补收入7696.24万元，其中：医药发票使用情况检查查补收入4960.64万元，“营改增”地区交通运输企业检查查补收入125.04万元，矿产品采选经销企业检查查补收入1655.16万元，农产品加工企业检查查补收入955.40万元。

【重点税源企业检查】 税务总局部署的重点税源企业检查涉及10个大型企业集团，查补总额7.11亿元（涉及四川国税部分1.44亿元），调减亏损额3576.9万元。其中：总部设在四川的新希望集团有限公司、中国东方电气集团有限公司自查查补总额6.72亿元（涉及四川国税的1.04亿元）。因自查成效显著，税务总局决定对这两个集团公司免于抽查。

【房地产及建筑安装业企业检查】 全省安排检查房地产及建筑安装业企业161户，有问题企业148户，查补收入2.9亿元；组织开展自查企业1144户，自查发现问题企业101户，自查补缴收入4049万元。

【出口退（免）税企业及货代公司检查】 安排检查出口退（免）税企业34户，有问题企业21户，查补收入634.98万元；组织开展自查企业306户，有问题企业77户，查补总额762.41万元，入库762.41万元。

【打击发票违法犯罪活动】 2013年，全省查处发票违法企业2054户，查处非法发票29.2余万份，涉及金额10.42亿元，查补税款1.61亿元，罚款1675.98万元，加收滞纳金582.88万元，捣毁制售假发票窝点78个，打掉犯罪团伙31个，缴获非法发票1185.49万份；公安机关立案113件，抓获犯罪嫌疑人132人，检察机关起诉案件14件，10名涉案人员被判处有期徒刑。国务院七部局组成的工作督导组，对四川省取得的工作业绩给予充分肯定，并在第3期全国专项整治工作简报中进行了通报表扬。

【涉税违法案件检举】 全省举报系统共受理举报案件243件（省本级受理95件），已查结228件，查补收入7267.31万元，其中：税款5304.49万元，滞纳金646.93万元，罚款1315.88万元；入库收入7520.31万元，其中：税款5483.84万元，滞纳金678.23万元，罚款1358.24万元。

【案件协查工作】 全省通过协查工作查处案件查补税款8404.28万元，罚款387.49万元，滞纳金265万元，移送司法机关2起案件。其中，委托协查1316起，协查发票14645份，涉及金额18.21亿元，税额2.91亿元；受托协查1323起，协查发票14296份，涉及金额24.24亿元，税额4.03亿元。

【稽查制度建设】 结合执法内控机制建设，通过签订《党风廉政承诺书》，完善《稽查局重要职责及权力事项运行流程》《稽查局各环节工作标准及重点要求》等制度，认真落实执法责任制和过错责任追究，加强执法监督，形成以制度防控为核心，用制度管权、按制度办事、靠制度管人的良性工作机制，促进了稽查系统廉政建设。

【稽查系统建设】 按照党的群众路线教育实践活动统一部署，全省国税稽查部门结合工作实际，紧紧围绕“为民、务实、清廉”这一主题，查找“四风”问题，并将稽查案件质量和稽查内控机制作为对照检查的重点，对查找的问题及时进行了整改。通过建立科学的选案体系，制定切实可行的质量标准，落实选案、稽查、审理、执行四环节的工作职责和工作交接，严格集体审议和大要案件报请审理等制度。

【稽查队伍建设】 在集中集约稽查推进过程中，各地加强装备更新和人员充实工作，通过考试选拔了一批年轻业务骨干，省局稽查局也充实了4名稽查顶尖人才。各级稽查部门认真统筹稽查业务工作和党风廉政建设工作，深入开展党风廉政教育和法制教育活动，增强稽查人员法制意识，提高抵御不良风气的能力，自觉遵守中央八项规定，做到依法稽查、文明稽查、廉洁稽查。

【稽查人才库建设】 一方面积极向税务总局

稽查人才库推荐稽查业务骨干；另一方面，采取组织推荐和考试考核相结合的方式，遴选50名稽查业务骨干（平均年龄35岁，其中：省级征管稽查能手或岗位能手30名，注册税务师12名，研究生4名）参加递进式培训，通过集中理论培训、实战训练、案例分析等形式，全面提高参训学员业务技能，并纳入省局稽查人才库管理，以此带动全省稽查人员业务水平的提升。

【稽查业务培训】　一是组织了税收专项检查业务培训，使参训学员在短时间内熟练掌握相关税收政策，熟悉企业会计核算原则与方法，并能通过征管数据、行业特点、第三方信息和案例分析，把握行业检查重点和案件查办突破口，使整个检查工作做到方向明确，重点突出。二是开展稽查业务骨干递进式培训班。按照全省稽查业务骨干连续三年递进式培训工作安排，稽查业务递进式培训（理论培训）班第一期于8月31日—9月19日在长沙税务干部培训学院顺利举行。

【稽查信息化建设】　一是积极完善应用稽查情报信息系统。通过完善稽查情报信息系统架构和各板块功能，有效整合现有稽查信息资源，扩展第三方情报来源与内容，深化内外情报信息数据应用，选案准确率大幅提高。二是开发运行综合案例查询系统。结合稽查案例库使用过程中存在的问题，不断完善、丰富和更新，委托软件开发公司将稽查案例库开发为综合案例查询系统，扩大使用范围，提高查询速度。三是大力推广电子稽查查账技术。结合时代发展对稽查工作的新要求，各级国税机关注重培养电子税务稽查专业人才，提高电子财务数据分析水平，充分运用电子查账、数据恢复和文档解密等稽查软件，实现稽查查账方式从手工查账到电子软件查账的转变。

【稽查宣传】　一是通过网络、报刊等新闻媒体公告、曝光典型案例，以案说法，警示教育纳税人。二是结合税收专项检查自查辅导，向纳税人宣传税收政策。三是动态反映各地区、各部门的工作成果及工作开展中存在的问题，形成《国税稽查情况通报》19期，编发《打击虚假发票专项整治工作简报》12期。

【稽查调研】　一是围绕税务总局稽查局安排的现代化稽查等课题，全面调查研究，进一步完善调研报告。二是省局稽查局共派出调研组50余人次，对基层建设、整顿规范税收秩序、队伍建设等进行了调研，形成了《账外经营税务稽查方法初探》等优秀调研课题。三是各市、州局结合工作实际，针对稽查工作中的突出问题积极探索研究，共上报调研文章21篇。

【稽查工作会议】　2013年3月22日，全省国税稽查工作会议在成都召开，贯彻落实全国税务稽查工作会议精神。稽查局局长李波作了题为《务实奋进　开拓创新　推动全省国税稽查工作再上新台阶》的工作报告，明确了2013年全省国税稽查工作思路：深入贯彻党的十八大精神，认真落实全国税务稽查工作会议和全省国税工作会议部署，坚持依法行政，积极推进稽查现代化建设，提升稽查执法能力，整顿规范税收秩序，加强稽查队伍建设，为完成全省国税工作任务作出新贡献。省局副局长张兵对做好当前和今后一个时期的稽查工作，讲了三点意见：一是积极推进稽查现代化建设；二是切实加强稽查内控机制建设；三是全面完成2013年稽查工作任务。

【工作建议】　一是建议税务总局尽快出台纳税人税收自查管理办法，便于各地组织自查工作有章可循。二是建议税务总局明确汇总纳税企业总分支机构税务稽查管理办法，按属地化管理原则确定检查权限，查补额就地补缴入库。三是适时组织召开行业税收检查交流会，及时发布涉税违法新特点、新动向，便于各地迅速调整专项检查工作思路，改进工作方式方法。

（刁学权）

四川省地方税务局稽查局

【概述】　2013年，四川省各级地税机关围绕服务科学发展、共建和谐税收主题，坚持以整顿规范税收秩序为目标，以提高稽查执法能力为核心，以完善执法手段和执法方式方法为途径，以强化稽查队伍素质为保障，统筹兼顾，扎实推进，全面完成了全年各项工作任务。

【稽查体制机制改革】　2013年，四川省地税局继续推行税务稽查管理方式改革试点工作，按照

“机构保留、整合资源、优化职能”的思路，扩大试点范围，在现有的乐山、南充两市外，新增达州、雅安两个试点单位，以调整、充实市级稽查力量，做实市级稽查局为目标，初步构建适应税源日益集中和企业跨地区、跨行业经营的稽查资源配置模式和管理机制。

【稽查查补收入及分析】 2013年，四川省各级地税稽查部门共检查纳税人3163户，组织企业自查10525户，实现查补收入总额43.5亿元，占全省地税收入的2.18%，同比增长1.21%（其中：稽查部门直接查补收入8.86亿元、组织企业自查收入34.64亿元）；同期入库收入42.72亿元，同比增长2.25%。全省平均选案准确率96%，入库率97.86%，结案率98%，全面完成了2013年税务总局稽查局下达的各项工作指标，稽查查补收入位居历史最高水平。

【案件查办情况】 2013年，四川省各级地税稽查部门以深入整顿和规范税收秩序为目标，以查处税收违法案件和开展税收专项检查为重点，创新稽查思路，规范稽查行为，提高稽查质量，精心组织，集中力量查处各类案件，充分发挥了税务稽查以查促收、以查促管、以查促查的职能作用。2013年，全省共检查纳税人3163户，有问题户3061户，查结3111户，查补税款6.64亿元。其中：检查千万元以上案件6件，查补税款1.92亿元，入库1.01亿元；检查百万元以上千万元以下案件63户，查补税款1.96亿元，入库1.46亿元；检查偷税案件112件，查补税款2624万元，入库2499万元。

【重大案件查处】 四川省各级地税机关始终高度重视纪委交办、税务总局督办等各类重大税收违法案件的查处工作，有力打击了税收违法行为。省局稽查局直接组织查办了“成都某投资有限公司”“四川某高速机械化公司”等税收违法案件，坚持实施重点税源企业的审计式检查，加强内查外调，挽回国家税款损失，引导纳税遵从。同时，承办查处了“12·02专案”“会理专案”等纪委交办案件16件，有力配合了纪委查办案件，受到了省纪委及省局领导的肯定。

【税收专项检查】 2013年，四川省统一部署开展了全省成品油批发零售企业、房地产业、建筑安装业、证券基金、中介、培训机构、资本交易项目以及高收入个人等行业税收专项检查工作，并结合实际，选取了贸易、文化等行业的重点企业开展税收专项检查，专项检查工作呈现出覆盖面更广、针对性更强、成效更明显的特点。1—12月，全省地税稽查系统共检查1718户，稽查直接查补地方各税5.05亿元，入库4.67亿元。全省在专项检查工作中，一是注重查前准备，收集了解企业涉税基本情况，归集整理有关被查行业的税收政策，认真总结涉税风险点，做好案头分析，开展查前培训。二是灵活运用企业自查、重点检查、审计式检查等方式，推广运用电子查账、调账检查等手段，提升检查质效。三是强化情报导侦意识，及时从工商、国土等第三方信息平台获取相关涉税数据，提升了专项检查的针对性和准确性。

【重点税源企业检查】 按照年初的工作部署，一方面，省局稽查局履行系统管理职能，组织了全省各地继续对部分重点税源企业开展了以税收自查为先导的税收检查工作，进一步加强重点税源企业的监控和管理。据统计，全省组织企业自查10525户，自查收入34.64亿元，入库34.57亿元。另一方面，首先，按照税务总局要求，认真组织了新希望集团有限公司、中国东方电气集团有限公司两家集团本部及下属成员企业的税收自查，所涉502户企业自查补税4.02亿元，入库3.96亿元，因成绩突出，受到了税务总局领导的表扬和肯定。其次，做好税务总局统一安排的总部在川的华西证券、宏信证券等9户证券、基金公司的税收检查工作，自查补缴地方税收590.32万元，入库384.17万元。重点检查阶段对7户企业实施抽查，查补收入0.68万元。

【房地产及建筑安装企业检查】 在开展房地产及建筑安装企业税收专项检查工作中，一是认真开展查前分析和查前业务培训。二是加大宣传力度和案件曝光力度。三是注重与相关部门的协调，增强合力，创造良好的执法条件和外部环境。2013年，四川省地税系统对辖区内368户房地产、建筑安装业纳税户进行了检查，查补收入1.31亿元，入库1.13亿元。对1238户企业开展了自查，自查收入9.29亿元，入库8.78亿元。

【股权转让交易的企业及个人检查】 2013年，坚持“点面结合、统一部署、强力推进、提高效率”的原则，认真落实好税务总局部署的股权转让交易的企业及个人检查项目的税收专项检查。2013年，四川省地税系统共对该项目11户企业进行了检查，查补入库税款、滞纳金、罚款198万元。全省共有88户企业开展自查，自查查补入库税款及滞纳金59万元。

【打击发票违法犯罪活动】 四川省各级地税

机关高度重视打击发票违法犯罪活动工作，努力建立综合整治发票违法犯罪活动的长效机制。一是继续部署全省各地做好七部委统一安排的药品、医疗器械生产经营单位和营利性医疗机构发票使用情况的专项整治。2013 年，全省共对 1019 户药品、医疗器械生产经营单位、营利性医疗机构开展检查工作，检查发票 14.49 万份，查处违法单位 106 户，涉及非法发票 541 份，涉及金额 696 万元，查补税款、滞纳金及罚款 302.2 万元。二是认真开展虚假发票“买方市场”治理工作，做到“查账必查票、查案必查票”。

【涉税违法案件检举】　以“四川省地方税务局涉税违法案件举报中心”挂牌成立为契机，进一步理顺举报中心的具体职能、举报奖金管理等事宜，切实加强税收违法行为检举管理工作。2013 年，举报中心共受理检举案件 241 件，其中：省本级受理并立案查处 18 件，举报对象和事实不清，暂存待查以及重复举报 14 件，转税务系统外其他部门处理 32 件，转市（州）处理 177 件。

【稽查系统建设】　2013 年，四川省地税局稽查局进一步强化系统管理，牢固树立全省地税稽查上下“一盘棋”思想，不断增强系统上下互动机制，完善稽查管理体制，构建统一、规范、高效的稽查组织体系，提高税务稽查机构运转效率，建立健全政令畅通、指挥有力、反应快捷、保障有力的稽查系统管理体制。加强上级稽查部门对下级稽查部门的业务指导和案件查处的组织、协调、督办，加强稽查系统综合考核指标落实工作。

【稽查队伍建设】　全省坚持以人为本，改进作风，不断加强队伍建设。一是继续抓好党风廉政建设。落实党风廉政建设责任制，加强廉政风险防控机制建设，切实增强干部职工拒腐防变思想意识。二是不断提高干部职工履职能力。分层、分类、分批，开展稽查干部岗位技能和骨干人才递进式培训。三是切实巩固党的群众路线教育实践活动成果。以善始善终、善做善成的精神，以整治“四风”问题为切入点，针对突出问题，认真总结，不断健全防治“四风”的长效机制。

【稽查业务培训】　以强化能力需求为导向，以解决突出问题为切入点，干部队伍培训力度明显增强。一是局领导干部积极参加省级税务稽查局局长培训班、处级领导干部培训班以及新任处级干部培训，加强作风锤练。二是针对专项检查，开展多行业税收稽查以及多个专题培训。三是省局稽查局先后举办了全省地税稽查业务提高班、三州稽查业务培训班、扩权强县稽查人员业务培训班、全省市州稽查局长培训班以及全省地税稽查协查信息管理系统操作人员师资班，进一步加强了系统干部队伍履职能力建设。

【稽查信息化建设】　2013 年，四川省在总结经验的基础上，进一步推进了稽查信息化建设。一方面，扩大电子稽查试点范围。全省稽查信息化建设试点扩大到 10 个地区。另一方面，协查信息管理系统顺利上线。自 6 月 1 日起，全国地税系统协查信息管理系统 V1.0 在四川省正式上线启用。

【稽查调研】　一是为提高稽查效能，省局稽查局局领导及相关人员陪同省局副局长车伟先后对省局稽查局、宜宾市地税局、宜宾市翠屏区地税局就稽查相关工作开展了专题调研，了解各级地税稽查的工作情况，排查稽查工作中存在的难点、热点问题。二是省局稽查局局领导分别率队赴成都、宜宾、泸州、内江、凉山等地，调查了解情况，掌握当地稽查工作第一手资料，加强指导和协调。三是召开部分市（州）稽查工作座谈会，及时了解并指导基层局开展稽查职能整合试点，稳步推进稽查管理方式调整。四是加强稽查工作研究，在实践工作的基础上对稽查职能及资源进行了分析和研讨，组稿完成了省局《优化职能，整合资源，充分发挥稽查职能作用》的调研课题。此外，选派干部积极参与税务总局组织收入调研检查和执法监察工作，圆满完成了调研检查任务，受到了税务总局的通报表扬。

【稽查工作会议】　2013 年 4 月 25 日，四川省地税稽查工作会议在泸州召开。省地税局副局长车伟，省局稽查局、各市（州）地税局分管稽查工作的局领导、稽查局局长参加了会议。会上，车伟作了题为《转变作风　蹈厉奋进　努力推进地税稽查工作取得新成绩》的主题报告，报告传达了税务总局、省地税局重要工作会议精神，明确了 2013 年全省地税稽查工作要求，部署了工作重点和考核指标。车伟指出，全省地税稽查工作的总体思路是：深入贯彻党的十八大、全国税务稽查工作会议和全省地税工作会议精神，扎实推进税务稽查现代化建设，努力提高稽查执法能力，突出“四项重点工作”，坚持依法行政，加强队伍建设，不断提高税务稽查工作整体水平，为全面完成税收工作任务作出新贡献。会议要求：一要大力整顿规范税收秩序，深入开展税收专项检查，持续开展打击发票违法犯罪活动，认真开展常规性税务检查工作。二要深入查处涉税违法案件，有序开展重点税源企业检查，严厉查处重大税收违法案件，增强部门协作治税合力。三要积极推进税务稽查现代化建设，加快地方税收稽查信息化建设，深化税务稽查管理方式改革，全面推行税务稽查分类分级管理，推进税收违法行为检举工作，切实加强协查工作，强化风险防范机制。四要大力加强稽查干部队伍建设，加强业务培训，改进执法服务，强化廉政建设。四川省地税局稽查局局长陈友辉总结了2012年全省稽查工作。会议还通报了全省打击发票违法犯罪活动情况，对2012年度稽查工作目标考核情况进行了通报表彰。

（李佳懋）

贵州省国家税务局稽查局

【概述】 2013年，贵州国税稽查工作围绕中心，服务大局，以整顿和规范税收秩序为目标，以专项检查和案件检查为重点，更新稽查理念，规范执法行为，改进执法服务，创新工作方法，加强队伍建设，提高税务稽查整体工作水平，发挥税务稽查“以查促收、以查促管、以查促改、以查促查”作用，使贵州省国税稽查的依法行政水平得到新提升，稽查现代化建设取得新进展，稽查队伍建设取得新成就，努力达到执法效果与社会效果双赢的局面。

【稽查查补收入及分析】 贵州国税系统各级稽查部门检查和组织纳税户自查共1320户，其中立案检查纳税户982户，有问题纳税户966户，选案准确率98%；结案纳税户960户，结案率101%；查补收入6.80亿元，入库收入6.82亿元，入库率98%，入库查补收入占全省国税系统工商税收收入比例为0.93%；组织纳税人自查338户，查补收入2.34亿元，入库查补收入2.34亿元，占全部查补收入的34%。

【重大案件查处】 贵州国税系统各级稽查部门重点对虚开发票、偷税等违法行为进行严厉打击，共查处税收重大违法案件19件，其中税务总局督办案件14件，入库查补税收5132万元。贵阳“4·28”虚开增值税专用发票案、赤水黔兴公司偷税案、遵义“2·01”虚开发票案、六盘水“德兴源”虚开发票案等案件，领导重视，组织得当，查处有力，成效明显，有力打击了涉税违法犯罪行为，震慑了不法分子，其中，贵阳“4·28”案和赤水黔兴案件查办工作得到了税务总局稽查局的通报表扬。

【税收专项检查】 贵州国税系统各级稽查部门共开展了4个指令性项目和4个指导性项目的税收专项检查工作，开展检查、组织纳税人自查共计832户，查补收入共计20176万元。在工作中合理调配人力资源，实施全省联动检查，在整治所查行业中涉税违法行为的同时，加强查后分析建议，着力提高企业纳税遵从度，整顿和规范行业税收秩序。在虚开农产品收购发票专项整治中，各地积极组织了对辖区内农产品收购企业的全面核查，查办了一批重大案件，有效遏制了虚开农产品收购发票在贵州省有所蔓延的趋势；在对以前从未检查过的证券行业和航空服务业的专项检查中，发现和纠正了行业中存在的涉税问题，有效规范了企业的涉税财务处理方式，进一步加强了行业管理；在对中石油、中石化的检查中，纠正了行业中开具发票存在的问题，规范了行业开具发票的方式。

【区域性税收专项整治】 贵州国税系统各级稽查部门开展重点地区矿产品采选经销企业利用成品油增值税专用发票虚抵进项税款，服装、木器、食品、药品企业利用农产品收购发票虚抵进项税款，家电经销行业“家电下乡”企业的区域税收专项整治工作。2013年8月在组织开展“营改增”试点行业虚开骗税违法行为专项整治，省国家税务局、省地方税务局成立了分管稽查的局领导任组长的专项整治工作联合领导小组。省局组织力量，对全省“营改增”企业的申报、开票情况进行分析，并与省公安厅经侦部门密切配合开展专项整治工作。区域性税收专项整治共组织检查130户，立案检查122户，检查有问题102户，移送司法机关2户，组织自查8户，自查有问题8户。查补收入共计1319万元；入库查补共计1319万元，自查查补入库税款187万元。

【房地产及建筑安装业企业检查】 贵州国税系统各级稽查部门共组织检查、安排自查房地产及建筑安装业企业纳税人共计71户，其中立案检查纳税人46户，检查有问题25户，组织纳税人自查

25户，自查有问题18户。查补收入共计3815万元，入库查补共计3566万元，自查查补入库税款967万元。

【重点税源检查】 贵州省国家税务局稽查局牵头成立督导组，对税务总局安排的中国化工、海尔、娃哈哈等7大集团在黔单位的33户重点税源企业开展自查和重点抽查，选择贵州烟草公司、中电投贵州金元集团等企业作为省内重点税源企业检查项目，共查补收入9582万元。检查中通过查前集中约谈、加强自查辅导、做好自查分析、增加抽查比例、组织重点检查等方式，使自查与检查相结合、检查与纠错相结合、处罚与教育相结合，有效规范了重点税源企业的纳税行为，减少了重大税收流失风险。

【打击发票违法犯罪活动】 贵州国税系统各级稽查部门加强与公安、地税等部门的协调配合，形成打击发票违法犯罪活动的工作合力，共查处制售假发票、虚开和非法取得发票案件349起，查获虚假发票1117万份，抓获犯罪嫌疑人121人，查处违法受票企业270户，查补收入5649万元。特别是与公安、地税组成专案组布控侦查，于7月11日收网破获的一特大制售假发票案件，抓获犯罪嫌疑人10人，当场收缴假发票1020余万份，被税务总局选为全国打假十大经典案例之一。在医疗行业专项整治中，开展药品、医疗器械生产经营单位和营利性医疗机构发票使用情况检查，共检查166户，检查发票6271份，查处违法单位户数68户，查补收入共计2558万元。

【涉税违法案件检举】 贵州省各级国税机关共受理涉税违法检举案件136件，查处128件，查补收入6136万元，其中税款4056万元，滞纳金491万元，罚款1589万元。发生的税收违法检举案件中符合大案、要案标准的1件。

【案件协查工作】 2013年，贵州省通过金税协查系统共发出委托协查562起，涉及委托方590户次，协查发票7890份，发票涉及金额320281万元，涉及税额54409万元，收到回复发票8528份，其中有问题发票917份，无法核实发票1982份，选票准确率为11.62%。受托协查208起，涉及省内企业309户次，协查发票2965份，发票涉及金额90510万元，涉及税额15069万元，累计回复率为100%。协查信息完整率为99%。

【稽查制度建设】 一是围绕深化税收征管改革和稽查工作现代化建设，对贵州省稽查管理方式进行了调研，在全省国税系统深化税收征管改革方案制定中提出了最新的改革方案。二是全面建立警税协作机制。省局稽查局与各市（州）局都与同级公安部门联合发文，形成全省各市（州）、省市两级都有警税协作常态机制的局面，为打击涉税违法行为提供了组织保障。三是修改废止部分制度。通过调研分析，以转变作风、提高效能为出发点，修改完成《贵州省国税稽查工作绩效考评办法》《贵州省国家税务局大案要案报告制度》。废止了3个已有新规定的原规范性文件。

【稽查“练、比、争”活动】 在贵州国税系统组织开展了稽查人员“练岗位技能、比稽查能力、争工作先进”活动。一是多种方式开展“练岗位技能”。省局组织9期电子税务稽查培训，共489名稽查人员参加培训。举办稽查业务研讨班，针对当前稽查工作的重点、热点、难点问题，邀请国内较高水平的专家学者进行讲解、研讨。二是多个岗位开展“比稽查能力”。省局先后组织了全员考试和选案技能、案例编写、案卷档案的评比工作，举办电子税务稽查竞赛，从不同角度对全省各地稽查人员的业务能力进行检验和评比。三是多种形式开展“争工作先进”。省局通过“练、比、争”活动发现并挑选了76名稽查人员进入省局稽查人才库。对在竞赛中取得优异成绩的稽查人员进行通报表扬，根据各地“练、比、争”活动开展情况，评选出3个先进集体、20名先进个人，其中10名稽查业务能手，并给予一定奖励。

通过组织“练、比、争”活动，贵州国税稽查部门掌握电子税务稽查技能的稽查人员从不到10%增加到39.3%；专家和各地领军人员从不到10名增加至60人；70%的稽查人员接触和了解电子税务稽查的相关知识，提高了电子税务稽查的普及面；组织的“实战比武”在较短时间内查补收入3286万元，查补百万元以上案件8件，得到了税务总局稽查局的充分肯定。

【稽查工作会议】 2013年3月18日，贵州省国家税务局组织召开了全省国税稽查工作会议，对全国税务稽查工作会议的精神进行了传达，总结回顾了2012年贵州国税稽查工作，对2013年的工作进行安排部署。省局副局长付巧晨在会上作了题为《服务大局　改革创新　持续推进贵州省国税稽查工作现代化建设》的主题报告，对今后的稽查工作提出了“围绕一条主线、树立两个观念、遵循三化同步、提高四种能力、实现五个突破”的工作要求。

（雷顺玉）

贵州省地方税务局稽查局

【概述】 2013年，贵州省地方税务局稽查局扎实推进税务稽查现代化建设，努力提高稽查执法能力，突出重点工作，坚持依法行政，加强队伍建设，不断提高税务稽查工作整体水平。全年稽查工作紧紧围绕税务总局稽查局的工作部署，以税收专项检查为中心，以查处税收大要案件为重点，开展重点税源企业检查，推进打击发票违法犯罪活动，完善工作机制，强化队伍建设，共组织全省地税稽查部门检查纳税户186户，组织督促企业开展税收自查户1558户，共查补收入9.55亿元，圆满完成全年目标任务。

【稽查体制机制改革】 在贵州地税系统实施市、州级一级稽查体制改革的基础上，部分市、州地税部门深入推进一级稽查体制改革。贵阳市地税局积极开展驻地检查组试点工作，盘活稽查人力资源，形成“查管结合”的新稽查模式，稽查部门震慑力得到有效提升。作为强化系统管理、提高稽查执法质效的一种探索，贵州地税根据试点情况，及时总结经验，分析存在的问题，适时开展试点工作的推广。

【稽查查补收入及分析】 2013年，全省各级地税稽查部门共检查和组织纳税人自查1744户，其中立案检查纳税户186户，有问题户180户，查结211户，选案准确率97%；共查补收入9.55亿元，入库收入9.53亿元，入库率为99.79%。推行税收自查工作机制，将税收自查与重点检查有机结合起来，用企业自查作为税务机关扩大检查面的基础，而把税务机关实施重点检查作为确保企业自查质量的保障。督促企业开展税收自查户1558户，查补收入8.11亿元，占总查补收入的84.92%。

【案件查办情况】 2013年，贵州地税稽查系统共立案查处税收违法案件186件，结案211件，其中1000万元以上5000万元以下案件1件，100万元以上500万元以下案件33件，100万元以下案件177件。税收违法案件的及时查处对各种涉税违法行为起到有效震慑作用。

【重大案件查处】 针对税收违法犯罪活动的新特点和新趋势，全省各级地税机关集中力量查处影响突出、金额较大的偷税案件和重大税收违法举报案件以及税务总局督办和省局领导交办的重大涉税案件。2013年，重点查处了“4·25”特大制贩假发票案，打掉一制贩假发票团伙，捣毁假发票制造、仓储窝点3个，抓获犯罪嫌疑人6名，刑事拘留犯罪嫌疑人3名，缴获用于制售假发票的犯罪工具电脑7台、打印机2台、印章600余枚、打印假发票半成品纸张2箱、各类假发票130余万份。

【税收专项检查】 对全省地税系统的税收专项检查工作进行督导。主要抓好证券、基金公司、成品油批发、零售企业和办理电子、家具、服装类等产品出口退（免）税企业及房地产及建筑安装业、承接出口货物业务的货代公司、报关公司（报关行）、资本交易项目、中介及培训服务机构、高收入者个人所得税等指令性、指导性项目的检查。共检查纳税户421户，发现有问题户242户，查结314户；组织督促企业开展税收自查2312户，有问题户1159户。共查补收入7.74亿元，入库收入7.35亿元，入库率为94.96%。

【区域性税收专项整治】 贵州省地税系统专项整治的重点地区是贵阳市和六盘水市。贵阳市地税局重点对全市工程机械市场、汽车交易市场、物业管理行业及矿产品采选经销企业进行税收检查。六盘水市地税局主要针对矿产品（包括煤炭）采选经销企业及走逃、注销企业等虚开发票易发、多发行业开展区域税收专项整治。其他地区地税机关根据当地实际，自行选择部分行业开展区域税收专项整治。全省区域性税收专项整治共检查2户；督促企业自查户数451户，自查有问题户数105户，共查补收入0.21亿元，合计入库税收收入0.18亿元。

【重点税源企业检查】 检查工作主要以“企业自查为先导、税务机关抽查和重点检查为保障”的方式开展，涉及中化集团等8大企业集团34户在黔成员企业及分支机构。同时自行开展了电力和烟草行业的检查。自查阶段企业共自查地方各税5357.6万元，加收滞纳金62.41万元；入库税款5357.6万元，滞纳金62.41万元，入库率100%。重点检查阶段共计查补地方各税1505.7万元，加收滞纳金41.38万元，罚款31.93万元；入库税款

1505.7 万元，滞纳金 41.38 万元，罚款 31.93 万元，入库率 100%。

【房地产及建筑安装业企业检查】　根据税务总局税收专项检查指导性项目检查的要求，贵州各级地税机关加强了对房地产及建筑安装企业行业的检查。全省地税系统共开展房地产及建筑安装企业项目检查 114 户，查结 73 户，有问题 72 户。督促企业自查 753 户，自查有问题 519 户；共查补收入 52850.68 万元，其中，稽查部门检查查补收入 9949.27 万元，组织企业自查补税收入 42901.41 万元；合计入库税收收入 51111.71 万元。

【打击发票违法犯罪活动】　一方面抓好发票专项整治"买方市场"整治工作，重点开展对房地产与建筑安装行业、药品与医疗器械、发电、供电、餐饮娱乐、广告、旅行社、营利性教育培训机构等行业的发票使用情况进行重点检查；同时，各地选取发票违法犯罪问题较为严重的其他行业开展重点检查。共检查纳税户 1526 户，查处违法企业户数 286 户，涉及非法发票份数 1455 份，涉及金额 37327.42 万元，查补税款 3261.57 万元，加收滞纳金 101.4 万元，罚款 115.94 万元，移送公安机关处理 3 件。另一方面配合公安机关做好假发票"卖方市场"的整治工作，联合查办一批发票犯罪大要案件。在发票专项整治"卖方市场"方面共查处发票案件 2 件，捣毁假发票制造、仓储窝点 18 个，协助公安机关抓获犯罪嫌疑人 27 名，刑事拘留犯罪嫌疑人 3 名，缴获用于制售假发票的犯罪工具电脑 7 台、打印机 2 台、印章 5600 余枚、打印假发票半成品纸张 2 箱、各类假发票、假凭证 1150 余万份。三是做好药品、医疗器械生产经营单位和医疗机构发票使用情况检查工作，共检查非营利性及营利性医疗机构和药品、医疗器械生产经营单位 86 户，检查发票 3868 份，查处违法单位 19 户，涉及非法发票 138 份，发票涉及金额 79.57 万元，共查补税款 507.87 万元，加收滞纳金 13.99 万元，罚款 17.98 万元。

【涉税违法案件检举】　采取公布举报电话、设立电子举报信箱等方式，明确专人受理群众来信来访，扩大群众举报途径，对群众举报的各种税收违法案件，严格执行保密制度，充分保障举报人的切身利益。共受理电话、信函、来访、网上举报税收案件 92 件，其中：省局受理各类检举 26 件，占总件数的 28.26%；市、州局受理各类检举 66 件，占总件数的 71.74%；检举案件查补收入合计 3931.36 万元，其中：税款 3636.49 万元，滞纳金 34.21 万元，罚款 260.66 万元。实际入库收入 807.21 万元，其中：税款 725.89 万元，占查补额的 19.96%；入库滞纳金 34.21 万元，占应缴滞纳金的 100%；入库罚款 47.11 万元，占应缴罚款的 18.07%。兑付举报奖励 2 万元。

【案件协查工作】　2013 年，贵州省地税稽查局共收到税务总局及相关省、市地方协查案件 10 件，协查发票、凭证 84 份，对这些协查案件，及时进行分类整理，全部按照有关规定及时做好回函，对涉及各市、州地方税务局管辖的案件，除及时下发文件安排部署，提出办理时限要求外，同时还不定期进行相关政策及业务指导，保质保量完成协查工作。

【稽查制度建设】　落实制度管人的思路，制定和完善了一系列涉及队伍建设、工作流程、执法风险的相关建设措施，制定并印发《贵州省地方税务局关于切实加强全省地方税务稽查工作的意见》《贵州省地方税务局稽查局电子稽查应用管理办法（试行）》《贵州省地方税务局检举纳税人税收违法行为奖励暂行办法》等工作制度，不断完善和健全各项规章制度。

【稽查系统建设】　规范全省地税稽查系统依法行政、文明执法。积极推进稽查管理方式改革，大力推行市（州）一级稽查管理模式，积极探讨一级稽查模式下分类分级稽查工作。贵阳市地税局积极试行开展驻地检查组试点工作，强化对实施市州级一级稽查后加强系统管理、提高稽查执法质效的探索。

【稽查队伍建设】　一是切实加强思想政治建设。通过开展党的群众路线教育实践活动，抓好全体稽查干部的思想政治教育，教育和引导地税稽查干部树立正确的权力观、利益观、价值观。二是深入推进专业素质建设，着力提高地税稽查干部的执法水平。首先加强业务培训工作，大力提高税收业务和财务知识理论水平。其次是加强实战训练，将理论与实际相结合，切实提高全体稽查干部解决实际问题的能力。三是大力弘扬反腐倡廉意识，树立地税稽查部门的执法形象。通过定期开展纪检监察教育活动、党课党纪教育活动，树立廉政意识，构筑反腐倡廉防线。

【稽查人才库建设】　一是充实人员。在全省地税系统内开展稽查人才的充实，鼓励符合条件的业务素质强、政治思想硬的干部进入全省稽查人才库，同时要求各市、州地方税务局也相应建立本级地税稽查人才库，强大地税稽查队伍，充实稽查人员。二是加强人才库成员的培训。按照岗位需求，不定期组织人才库成员就稽查业务、财务知识、法律法规等方面进行专业、专项培训。三是强化实战锻炼。在办理大要案工作中，安排人才库成员参与重点行业、重点税源的税收专项检查和重大涉税案件的查办，使人才库成员不断积累查处涉税大要案的经验和提高案件查办能力；抽调人才库成员通过交叉检查、案件复查等方式，形成互相学习交流，推动税务稽查案件查处质量再上水平。

【稽查业务培训】 组织了证券、基金业务培训班，协查信息系统业务培训班、全省稽查局长、综合、选案科长业务培训班以及相关业务培训达160人次，培训内容涵盖了稽查电子查账、财会业务、稽查业务、所得税政策与实务、税收相关法律等重点内容，努力提升稽查干部的综合业务水平。建立一支思想上过得硬、行动上放得心、工作上拿得下、廉政上行得正的“铁军”。其次，加强实战训练，通过各地稽查人才库人员业务技能的挖潜提高，使干部职工的个人潜能得到最大限度的释放和使用，做到人尽其才、人尽其用。

【稽查信息化建设】 把提高稽查工作信息化应用水平作为稽查现代化建设的重要内容。印发《贵州省地方税务局稽查局电子稽查应用管理办法(试行)》，指导全省地税系统电子稽查工作的开展，规范电子稽查的程序和方法，加强税务稽查信息安全管理。下发《关于推广应用电子查账软件有关工作的通知》，要求各地在当年开展的纳税检查中，积极运用查账软件实施电子税务稽查工作，并明确了软件采购、培训工作和信息反馈相关事宜。

【稽查宣传】 一是向省局办公室及时报送信息简报，定期向国家税务总局稽查局报送信息，及时全面反映稽查工作动态，展示稽查工作成果。二是通过12366纳税服务热线、税收宣传月等方式，向纳税人宣传涉税举报、打击发票违法犯罪活动等稽查工作。

【稽查工作会议】 2013年3月19日，全省地税稽查工作会议在贵阳召开。省局相关业务处室负责人、各市州地税局分管局长、稽查局局长、综合科科长以及省局稽查局全体人员参加会议。会议总结回顾了2012年全省地税稽查工作，认真分析了当前全省地税稽查工作存在的问题和面临的形势，安排部署了2013年全省地税稽查重点工作任务。省局党组书记、局长季可出席会议并作重要讲话，省局党组成员、副局长杨军作了题为《突出重点　依法行政　扎实推进稽查现代化建设　全面完成2013年全省地税稽查工作任务》的主题报告。

大会期间，季可充分肯定了2012年全省地税稽查工作取得的成绩，分析了当前地税稽查工作面临的形势，并对稽查工作提出了总体要求：一要正确认识当前稽查工作面临的主要形势与基本任务，在取得成绩的同时也要清醒看到税务稽查工作面临的严峻形势。二要准确把握当前稽查工作的总体要求，从小事做起，讲实话、求实效、谋长远、不冒进、拒私利，认真抓好稽查重点工作。三要大力加强稽查干部队伍建设，不断提高做好稽查工作的组织保障能力。

杨军提出了2013年全省地方税务稽查工作的总体要求：第一，突出重点，依法严厉查处重大税收违法案件；第二，注重实效，扎实开展税收专项检查和区域税收专项整治工作；第三，加强协调，继续开展重点税源企业检查工作；第四，点面结合，全面落实打击发票违法犯罪互动工作部署；第五，多管齐下，努力夯实税务稽查执法基础；第六，重点推进，加快稽查现代化建设。

（李　铭）

云南省国家税务局稽查局

【概述】 云南国税稽查工作在省局党组和税务总局稽查局的领导下，以邓小平理论和“三个代表”重要思想为指导，全面落实科学发展观，深入学习贯彻全国税务工作会议精神，认真贯彻落实全国税务稽查工作会议和全省国税工作会议精神，以科技强税为引领，坚持依法行政，扎实开展涉税案件查处、税收专项检查和区域税收专项整治、打击发票违法犯罪活动工作，加强管理基础和队伍建设，努力推进全省国税稽查现代化建设。按照年初工作思路，各级局稽查局狠抓落实，圆满完成了各项工作任务，为促进云南省经济发展和社会和谐作出积极贡献。

【稽查查补收入及分析】 2013 年，云南国税稽查系统实现查补收入 128387 万元，实际入库 127644 万元，入库率 99.42%，其中：组织企业自查 35606 户，自查补税 102508 万元；稽查重点检查 1016 户，有问题户数 1000 户，结案 989 户，选案准确率 98.42%，结案率 98.9%，查补收入 25879 万元，实际入库 25136 万元。

【重大案件查处】 2013 年，云南国税稽查系统在认真开展常规性税务检查工作的基础上，进一步加大了对大要案件的查办、督办力度，持续保持打击涉税违法犯罪的高压态势，重点查处了一批涉税金额巨大、违法手段恶劣的重大税收违法案件，净化了税收环境，提高了稽查威慑力。各州市共查处达到省局大要案标准案件 58 件，至年末，在查 17 件，已结案 41 件，移送公安 11 件，入库查补收入 6976 万元，其中达到税务总局大要案标准案件 8 件，税务总局督办案件 6 件，税务总局交办案件 2 件。

【税收专项检查】 根据税务总局 2013 年税收专项检查的安排部署，云南及时发文对全省 2013 年税收专项检查工作作了总体安排部署。一是将税务总局安排部署与云南实际相结合，确定全省指令性和指导性专项检查项目。指令性专项检查项目确定为成品油批发、零售企业，证券、基金公司，办理电子、家具、服装类等产品的出口退税；指导性专项检查对象确定为房地产、资本交易。二是将税收违法犯罪新动向与区域税收专项整治相结合，确定区域税收专项整治重点。截至年末，全省专项检查共组织企业自查 2768 户，自查有问题户数 1476 户，自查入库税款及滞纳金 26249 万元；重点检查 665 户，查结 598 户，有问题户 540 户，实现查补收入 19395 万元，实际入库 17873 万元，调减增值税留抵税额 652 万元，调减亏损企业申报亏损额 4948 万元，检查成效显著。

【区域性税收专项整治】 云南国税结合工作实际，将曲靖、红河、玉溪、昭通、丽江地区矿产品（包括煤炭）采选经销企业列为省级专项整治，重点整治矿产品（包括煤炭）采选经销企业，利用成品油增值税专用发票虚抵进项税款、销售产品不开具发票以及无合法票据所得税前列支等问题。同时将农产品加工企业较为集中，服装、木器、食品、药品企业利用农产品收购发票虚抵进项税款行为多发的区域，农产品进项税额数额大、占比高的纳税人以及销售农产品发票开具多、数额大的纳税人列为重点整治对象，大力整治利用虚开销售农产品发票、虚抵进项税以及无合法票据所得税税前列支等问题。2013 年区域税收专项整治组织企业自查 337 户，入库自查税款及滞纳金合计 2548.30 万元，实施重点检查 110 户，查结 98 户，有问题 83 户，查补收入总额 590.31 万元，已全额入库。

【重点税源企业检查】 2013 年，税务总局先后部署开展的重点税源企业检查涉及云南的有中国化工集团公司、中国黄金集团公司、新希望集团有限公司等 22 户企业，云南国税稽查按照税务总局要求安排了检查工作。其中，总部在云南省的云天化集团通过自查，省内入库企业所得税、增值税共计 1751.93 万元。省国税局稽查局对云天化集团成员企业云天化集团有限公司、云天化国际化工三环分公司 2 户进行了重点检查，检查工作已结束，查补税款 116.66 万元。

【分级分类稽查】 2013 年是云南国税实施分级分类稽查工作的第八年，也是第三轮分级分类稽查的第二年。本次分级分类稽查工作，共组织企业自查 1959 户，自查税款及滞纳金合计 20670.84 万元；实施重点检查 353 户，查结 328 户，有问题户 316 户，查补收入总额 4444.08 万元，其中：查补税款 3533.99 万元，加收滞纳金 623.09 万元，罚款 287.00 万元，调减增值税留抵税额 647.95 万元，调减亏损企业申报亏损额 2180.69 万元，入库总额 4053.15 万元。

【房地产及建筑安装业企业检查】 云南国税共组织 148 户房地产、建筑安装业企业开展自查，自查有问题 50 户，自查补税、滞纳金入库额 2026.25 万元；入户检查 44 户，查结户数 38 户，问题户数 33 户，查补税款、罚款、滞纳金 13739.99 万元。其中省局直接检查的房地产企业有云南俊发房地产、云南中豪置业有限责任公司等 4 户，共查补税款 11515.27 万元。

【出口退（免）税企业及贷代公司检查】 为提高对办理出口退税企业检查的针对性，税务总局稽查局根据有关方面数据，统一筛选了一批疑点线索，涉及云南国税的有 11 户企业 995 条信息。云南国税以税务总局下发线索为此次税收专项检查的重点，逐条核实此次分发的疑点线索，开展自查的企业 12 户，自查有问题 2 户，开展重点检查 12 户，查补税款 0.41 万元，罚款 0.2 万元，加收滞纳金 0.08 万元。

【打击发票违法犯罪活动】 2013 年，按照国家税务总局、公安部有关部署和要求，云南国税一如既往地保持对打击发票违法犯罪活动工作的高度重视，及时和公安、地税等相关部门联系，及时向当地党委、政府报告，在省及各级打击整治发票违法犯罪活动工作领导小组的领导下，统一思想，提高认识，明确工作职责，作出具体工作部署，继续深入开展打击整治发票违法犯罪活动工作。一是持续对虚假发票“卖方市场”保持高压严打态势，进一步加大虚假发票“买方市场”整治力度，整顿和规范税收秩序，提高纳税人税法遵从度，营造公平公正的税收环境，确保以“营改增”为重点的税制改革顺利推进，为全省“十二五”时期经济社会发展创造良好的税收环境。二是各地公安、税务部门依法严厉打击整治虚开增值税专用发票、制售假发票违法犯罪活动，侦办了一大批涉税案件，有力维护了云南省税收征管秩序。截至年末，全省税务、公安部门共查获案件2328件，捣毁窝点51个，打掉团伙15个，缴获作案机器80台，缴获涉案发票4706582份（其中：交通运输业发票155509份、建筑安装业发票45161份、商业零售业发票26140份、饮食服务业发票2454964份、增值税专用发票4428份、其他发票2020380份），抓获犯罪嫌疑人188人；全省税务部门共实施检查2131户，查处违法企业1142户，查处非法发票30890份，查补税款4645.28万元，加收滞纳金803.17万元，罚款684.05万元，合计查补收入6132.5万元。三是医疗卫生行业发票使用情况专项整治工作成效突出。云南高度重视药品、医疗器械生产经营单位和医疗机构发票使用情况专项整治工作，与地税、卫生、公安、纠风办组成联合检查组，对全省44家三级以上公立医院及293家营利性医疗机构发票使用情况进行了专项整治。共从44家三级以上公立医院采集发票81315份，金额总计589269.36万元，采集发票金额在1万元以上的39214份，涉及金额497470.56万元；从293家营利性医疗机构采集发票47401份，涉及金额390428.58万元，采集发票金额在1万元以上的22716份，涉及金额364579.74万元。组织741户医药企业开展自查工作，重点查处医疗卫生行业违法单位197户，涉及非法发票12373份，涉及金额29889.16万元，实现查补收入4804.48万元。

【涉税违法案件检举】 2013年，云南国税各级局稽查局举报中心认真贯彻落实《税收违法行为检举管理办法》，积极引导检举人准确检举税收违法行为，严格为检举人保守秘密，依法确认、计算和兑付奖金，积极为检举人兑奖提供优质服务和方便，做好检举案件的矛盾化解、疏导、说服工作，树立了稽查窗口良好形象。全省各级局税收违法案件举报管理中心共受理涉税违法检举案件416件，已经查处351件，全年查补总额1722.21万元，其中：税款1246.65万元，滞纳金237.10万元，罚款238.46万元。全年实际入库1445.61万元，其中：税款1068.21万元，滞纳金173.00万元，罚款204.40万元，移送公安部门的举报案件4件，全年支付举报奖励4万元。

【案件协查工作】 2013年，云南国税各级局稽查局牢固树立协查地就是案发地的理念，积极做好案件协查工作。一是积极利用金税协查系统开展案件协查工作。把协查信息管理系统作为案件信息传递和异地取证的重要工具，发挥协查系统快速、便捷、实时监控的优势为案件查处服务。全省共发起委托协查680起，委托协查增值税专用发票8064份，涉及金额411737.63万元，涉及税额69905.46万元，统计期内收到回复增值税专用发票9405份，协查结果为正常发票4695份，有问题发票3729份，无法核实发票981份，选票准确率为39.65%。全省共收到受托协查的增值税专用发票537起，受托方户次1116次，涉及7664份增值税专用发票，涉及金额251814.54万元，涉及税额42489.41万元，统计期内累计回复增值税专用发票8253份，协查结果为正常发票4641份，有问题发票2799份，无法核实发票813份，累计按期回复率为99.96%，查补税款696.12万元，罚款83.28万元，加收滞纳金60.46万元，移送司法机关4起；二是认真做好专案协查工作配合大要案件查处。积极配合大要案查处工作，认真做好云南富源县长源商贸有限公司虚开增值税专用发票案件，曲靖超胜公司虚开增值税专用发票案件，昆明五华裘子涉嫌非法出售增值税专用发票案件，云南泸水县旺泸纺织有限公司、弘达纺织厂涉嫌虚开增值税专用发票等案件的协查工作；三是认真做好省外来人来函的协查取证工作。2013年共协助天津、江苏、浙江、广东、广西、贵州、四川等省外来人完成来滇协查取证工作，并组织完成了常州闪电二号、宁夏固原专案、山东麦迪格专案、浙江海贝专案、天津“7·03”等纸质函件的协查取证。

【稽查制度建设】 随着经济的发展，企业组织机构、经营方式、管理手段变革，税源结构特征在不断变化，当前的税务稽查体制中存在的问题、困难和矛盾日益突出，税务总局稽查局要求各省积极探索稽查管理方式改革，推进稽查现代化建设。2013年，云南国税结合实际认真探索适合于云南省国税发展实际的稽查体制改革之路，从做好调查研究、统一思想认识两个方面入手，扎实推进稽查体制改革前期准备工作。一是深入调研，明确云南国税稽查机构职能优化方案。省局稽查局积极开展对各州市局稽查局的稽查现代化课题调研，组织部分稽查局长到外省考察学习，由省局稽查局牵头组成专项课题组对云南省的稽查体制改革课题进行深入研究。通过调研、考察、课题研究，查找差距与不足，在全面分析稽查体制存在问题和各种改革方案风险的基础上，初步明确了云南国税稽查机构职能优化方案：鼓励有条件的州市局试行业务逻辑意义上的州市局一级稽查工作体制，充实加强州市局稽查局力量，健全机构；保留县区局稽查局机构；稽查四环节业务在州市局和县区局之间重新进行划分，县区局稽查选案和审理业务上划州市局，县区局只负责检查和执行环节业务以及协查等工作；州市局稽查局“统一管理案源，统一实施检查，统一案件审理，统筹稽查人员使用，统筹稽查经费开支和装备使用”。该方案，有利于提升执法主体层级，优化人力资源配置，可以更有效地开展专项检查、专项整治、专案查处的各项工作，更充分地发挥稽查在税源管理专业化中的应有作用。二是广泛宣传，统一全省各级稽查局思想认识。为在全省范围内就稽查机构职能优化方案达成共识，省局稽查局通过各类稽查会议、培训、《云南国税》杂志等多种途径，宣传业务逻辑意义上的州市局一级稽查工作体制内涵，并调动各级稽查局积极结合当地实际研究本地化的业务逻辑一级稽查改革方案，力求在全省各级稽查局中达成共识，为下一步改革的顺利开展奠定思想基础。

【稽查系统建设】　一是提高思想认识，明确税务稽查依法行政工作要求。在全省稽查工作会议上，省局分管稽查工作的总会计师刘卫民高度强调了依法行政工作的重要性，要求各级稽查局认真贯彻落实“依法行政是税收工作的生命线”这一要求，从依法正确履行职责、树立文明稽查理念、完善落实制度、强化监督制约四个方面对稽查依法行政工作提出了具体明确的要求。全省各级稽查局进一步统一了思想认识，强化了依法稽查文明执法工作理念。二是加大管理考核力度，确保稽查依法行政工作要求落到实处。加强日常考核，按照云南国税依法行政工作要求，从选案、检查、审理、执行、卷宗管理、案件移送等稽查环节的工作时限、质量要求入手，梳理明确了7项稽查依法行政综合绩效考核指标，纳入了省局对各州市局的目标管理考核内容，进一步加大对州市工作的督导考核力度，确保稽查依法行政工作要求落到实处。开展综合检查，提升稽查依法行政水平，省局稽查局组织工作组对16个州市及部分县区国税局2011—2012年稽查工作开展情况进行了综合检查，检查的内容包括稽查制度建设、稽查队伍建设、稽查执法情况、稽查办案经费及设备管理四个方面，检查结束后，将检查情况通报各地，对好的经验做法给予表扬，对存在问题逐一进行通报批评，要求各地稽查局对照存在问题举一反三进行整改。

【稽查队伍建设】　税务稽查位于税收征管体系的最后一道环节，是税收征管的最后一道防线，税务稽查肩负着外查偷逃骗税，内查征管漏洞的特殊职责，稽查人员承受着来自外部、内部的多重压力，为凝聚稽查干部力量，提振稽查队伍“精气神”，2013年全省国税稽查局推出了以倡导负责担当精神为核心的稽查文化建设，要求全省各级稽查局，敢于负责、勇于担当，在工作中要看得见问题，不推诿，不回避，有勇气想办法解决问题，要将稽查工作置于为全省经济社会科学发展服务的大局来开展，落实云南省“科技强税年”各项工作部署，大力打击偷逃骗抗等各种税收违法行为，大力治理和整顿规范税收秩序。

【稽查业务培训】　为提升稽查干部业务素质、执法水平，云南国税稽查部门积极开展多类别多层次的稽查业务培训。举办信息化业务全员培训，有效提升稽查干部信息化运用能力；举办“营改增”及协查业务培训，有针对性地对协查业务及其相关制度、“营改增”试点行业虚开发票行为动向及疑点选案指标作了系统介绍，有效提高了全省协查工作水平；举办电子账务查账技能竞赛，以赛促学，激发了全省稽查干部学习运用查账软件的热情，培养了一批能熟练运用查账软件独立进行账务检查的业务能手；举办稽查综合业务培训班，对新进稽查人员进行了全面综合的稽查业务基础培训，为使稽查新进人员更快适应稽查工作奠定了基础。

【稽查信息化建设】　信息化是提高稽查工作质量和效率的重要手段，2013年，云南国税稽查从三方面入手，进一步加大稽查信息化建设力度，夯实稽查信息化发展基础。一是以提升稽查干部信息化运用能力为导向，认真开展稽查信息化业务全员培训以及全省国税系统电子账务查账技能竞赛，提高稽查干部电子账务查账能力，信息化运用能力。二是以优化稽查业务流程管理软件为重点，积极做好综合征管软件稽查模块运维工作。三是以改善基层稽查局办案装备条件为目标，加大稽查办案设备投入力度。2013年通过政府采购为全省各级局稽查局配置笔记本电脑570台，多功能一体机600台，台式计算机160台，极大地改善了稽查办案装备，为稽查信息化建设奠定了良好的硬件基础。

【稽查宣传】 一是及时报送信息简报，向省局办公室报送信息，从内网“国税动态”栏目发布稽查信息，并按月向税务总局稽查局报送信息、公告、稽查要情，及时全面地反映了稽查工作动态，展示了稽查工作成果。二是积极参与大局税收宣传活动，通过12366纳税服务热线、金色热线、税收宣传月系列活动，向广大纳税人宣传涉税举报、打击发票违法犯罪活动、分级分类稽查等稽查工作，以赢得纳税人的认可和支持，努力构建和谐税务稽查。三是通过《云南国税》“稽查主页”展示大要案查办成果，展示各地稽查工作成效，搭建稽查交流平台。

【稽查工作会议】 2013年2月28日，全省国税稽查工作会议在江川瑞文培训中心召开，省局总会计师刘卫民、稽查局局领导和科长以及各州市分管稽查工作的局领导、稽查局长参加了会议。会上，刘卫民作了题为《依法行政 务实创新 稳步推进全省国税稽查现代化建设》的重要讲话，传达了省局局长李鸿文对稽查工作的重要批示，回顾了2012年全省国税稽查工作情况，提出了“围绕一个中心，紧扣一个主题，夯实三个基础，抓好五项工作，实现六项指标”的工作思路，并安排了2013年主要工作任务。

7月4日，全省国税稽查局长座谈会在昆明召开，省局总会计师刘卫民、省局稽查局全体干部以及16个州市国税局稽查局长参加了会议。会上，各州市局稽查局长分别汇报了2013年上半年稽查工作情况和下半年工作计划，在听取了各地的发言后，省局总会计师刘卫民作了重要讲话。刘卫民对上半年全省国税稽查工作给予了充分肯定；上半年全省国税稽查各项工作都取得积极进展，全体稽查干部做了大量工作。刘卫民对下半年稽查工作提出了三点要求，一是密切关注，有效控制“营改增”过程中虚开发票和虚抵税款的行为的发生；二是不动声色，坚决依法查处和打击涉税违法犯罪行为，围绕大局依法组织收入这个中心，确保各项目标的圆满完成；三是继续推进稽查体制机制完善，提高稽查干部素质，严格管理，落实责任，全面推进各项稽查工作取得进步。

（杨家意）

云南省地方税务局稽查局

【概述】 2013年，云南省地税稽查工作思路清晰，重点突出，亮点频现。各级稽查部门敢于亮剑、勇于担当，各项执法行动取得重要突破，给税收违法活动予以沉重打击；大胆改革、勇于创新，稽查现代化建设和税务稽查管理方式改革试点工作促进了税务稽查体制机制创新。重大违法案件查处有力，税收专项检查成效显著，税收流失风险得到控制，发票违法犯罪打击有力，稽查现代化建设取得新进展。统筹施策，加强了对稽查执法成果的宣传报道等工作，更好地展示了稽查成效，扩大了稽查威慑力，有力地推动稽查工作迈上了新台阶。全省稽查查补入库收入22.15亿元，创造了查补收入历史最高水平。

【稽查体制机制改革】 在稽查体制机制建设中，稽查局结合现代管理理念，充分整合、优化资源配置，围绕推行一级稽查管理体制和健全现代化稽查管理运行机制两个方面，大力推进稽查体制创新，促进了稽查质效提升。

【稽查查补收入及分析】 2013年，全省各级稽查局共检查6969户纳税人，累计查补收入合计221961万元，累计入库合计221568万元。与上年相比增长77.43%，增长幅度显著，较好实现了工作目标。全省地税稽查系统综合入库率为99.8%（含以前年度查补收入入库数），查补率为1.95%，选案准确率为99.6%，结案率为100%，协查信息完整率为100%。

【案件查办情况】 每查结一个案件，都及时组织检查人员讨论，结合违法事实，查找案件暴露出来的征管方面的薄弱环节，制作征管建议书，及时向被查纳税人所属主管税务机关反馈。利用稽查工作特点，在自查辅导过程中开展“蹲企服务”活动，通过正面宣传，畅通税企之间的沟通渠道，有效地增进了彼此之间的相互理解和支持，使得自查工作更好地推进。

【案件特点分析】　稽查案件类型以少缴税款案为主，造成纳税人少缴税款的原因主要有四类：一是新的税收政策出台，和原政策变化较大，企业财务人员掌握现行政策规定不全面；二是企业财务人员对税收政策理解有偏差；三是企业财务人员工作有疏漏；四是部分纳税人存有侥幸心理。

【重大案件查处】　按照“打防结合、以防为主、以打促防”的工作方针，认真履行稽查职能，严格查处大要案件，一年来，共查处1000万元以上案件1起，补交税款1861.87万元，查处100万元以上涉税案件44起，补交税款1.47亿元，起到了极大的震慑作用。

【税收专项检查】　指令性检查项目为成品油批发、零售企业和证券公司、基金公司；指导性检查项目有房地产、建筑安装业、资本交易项目、中介培训服务机构、高收入者个人所得税、勘察设计及测绘评估业。全省累计共对2978户企业开展了自查和检查，自查补税及检查收入合计为3.55亿元，入库金额为3.31亿元，综合入库率为93.24%。其中：开展自查的企业户数为2211户，自查补税2.90亿元，自查补税入库金额为2.76亿元，自查入库率为95.17%；对767户企业进行了检查，检查查补收入合计0.64亿元；检查入库收入合计0.5亿元，检查入库率为78.13%。

【区域性税收专项整治】　按照税务总局工作安排，云南省明确将矿山、煤炭、勘察设计及发票违法犯罪专项治理等确定为区域专项整治。其中，对矿山、煤炭、勘察设计等行业的专项整治，共自查、检查企业1281户，检查的205户中目前有问题175户，自查的1076户中目前有问题900户。检查查补收入合计1.06亿元，其中税款9038.05万元，滞纳金821.12万元，罚款796.96万元，查补营业税2583.08万元，查补企业所得税1080.95万元，查补个人所得税1372.63万元、其他各税4001.39万元。检查入库收入合计1.06亿元。自查补税2.35亿元，自查入库收入2.34亿元。对发票违法犯罪专项整治中，全省共对778户企业检查发票使用情况，查处发票违法企业427户，查处非法发票12970份，涉及金额9912.44万元，查补税款393.67万元，加收滞纳金42.78万元，罚款138.5万元。配合相关单位检查9户，协助检查涉及非法发票486100份。移送案件2件。

【重点税源企业检查】　按照“以企业自查为先导、以税务机关抽查和重点检查为保障”的方式，与省国税局加强协调配合，对云天化集团有限责任公司及下属公司开展了以自查为主的税收专项检查。通过企业自查共查补入库地方各税费1681.73万元。

【房地产及建筑安装业企业检查】　共自查、检查企业1381户，检查查补收入合计5378.76万元，其中税款4845.62万元，滞纳金277.7万元，罚款255.44万元，查补企业所得税532.89万元、个人所得税137.9万元、土地增值税1110.9万元，其他各税3063.93万元，自查补税26377.96万元；检查入库收入合计4191.16万元，其中税款3697.98万元，滞纳金243.25万元，罚款249.93万元，自查入库收入25627.91万元。

【打击发票违法犯罪活动】　2013年，全省共对778户企业发票使用情况进行检查，查处发票违法企业427户，查处非法发票12970份，涉及金额9912.44万元，查补税款393.67万元，加收滞纳金42.78万元，罚款138.5万元。配合相关单位检查9户，协助检查涉及非法发票486100份。移送案件2件。2013年全省税警协作共查获制售假发票案件7件，缴获假发票123.67万份，有效地打击了贩卖假发票犯罪分子的嚣张气焰。

【涉税违法案件检举】　举报服务质量有效提升。2013年，云南省地税系统各级税务违法案件举报中心共受理举报案件282件，查处264件，暂存12件，省局督办6件。举报案件查补收入共计6576.12万元，其中：税款5732.75万元，滞纳金363.8万元，罚款479.57万元。

【案件协查工作】　全面做好协查系统推广工作。根据税务总局和省局协查系统推广工作安排，顺利完成了协查系统培训、推广、上线工作。2013年，全省协查信息管理系统运行良好，协查案件回复率达到100%。

【稽查制度建设】　强化重点环节监督，规范税务执法。选案环节出台了《税务稽查案件管理台账》，规范选案环节文书，严格案件编号。检查环节出台了《检查工作管理台账》《纳税人基础信息台账》《案件管理台账》，分别从人员管理、案件动态监控、纳税人基础信息等不同角度强化各项工作的痕迹管理。审理环节出台了《稽查案件审理制度》，重点统一执法依据、执法程序、文书制作、处罚裁量权，提高了审理质量。执行环节进一步规范了执行程序、时限，确保无欠缴税款。制定稽查案件复查办法，要求复查率要达到10%，完善依法治税管理。

【稽查系统建设】 树立上下“一盘棋”的思想，不断增强系统上下的互动机制，确保政令畅通、指挥有力、反应快捷、管理有效。各级稽查局在省局党组、各地行政班子和云南省地税稽查局的领导下开展业务工作，着重集中力量以大要案查处、异地稽查、专项检查为主线，推进系统内规范办案和工作协调，增强系统内部的工作合力，努力实现“选案要准、查案要深、审案要严、执行要硬”的目标。

【稽查队伍建设】 树立全面发展理念，龙头带动理念，人才优先理念，刚柔并济管理理念，以文化人的理念来带队伍。以“七比七看”（比作风，看谁表现更优；比学习，看谁进步更快；比技能，看谁业务更精；比服务，看谁效率更高；比创新，看谁亮点更多；比廉洁，看谁口碑更好；比贡献，看谁成绩更大。）为抓手，推进稽查队伍建设，在全系统形成创先争优、比学赶超的良好氛围，推动效能型、学习型、专业型、服务型、创新型、廉洁型、发展型稽查的建设。

【稽查人才库建设】 进一步完善全省地税系统稽查人才库建设，加快专业化队伍的建立。积极组织选拔、审核、报送国家税务总局税务稽查人才库备选人员，经税务总局批准，云南省地税系统入选四人。

【稽查业务培训】 按照“抓培训、提素质、树形象”的思路开展了两批“以查代训”工作，实现了全体参训人员更新知识、开阔视野、完善知识结构，夯实理论基础的目标，更重要的是提高了稽查实战能力，增强了推进税收事业发展的责任感和使命感，努力走出一条符合云南地税稽查人才培养的有效途径。

【稽查信息化建设】 加快稽查执法管控平台建设。为实现运用信息化技术对稽查各环节的有效管理和质量控制，完成了稽查执法管控平台的需求分析。大力推广电子查账技术。2013年，云南省地税系统稽查机构电子查账软件的配置及使用率达到100%，提高了稽查查账的效能。

【稽查宣传】 结合税收宣传月、发票检查专项宣传活动，积极联系地方党委政府及相关部门，得到了政府重视和相关部门的支持配合；另一方面，通过广播、电视、报刊、网络及征收大厅宣传栏、电子屏幕等方式向社会广泛宣传税务稽查的要求及工作开展情况，争取社会各界对税务稽查工作的理解与支持，进一步提高了广大群众对税法的认知度，增强纳税企业依法纳税的意识，营造了和谐的社会环境。

【稽查调研】 积极开展调研，摸清全省稽查系统基本状况。针对稽查机构升格后全省稽查变动大的特点，一是对曲靖等7个州市进行了实地调研，征求意见、摸清差异、拓宽思路，形成了调研报告；二是通过问卷调查、实地调研等多种途径方式，对16个州市132个稽查机构（不含省局和省直征局）进行了调查，汇总了机构设置、稽查模式、人员、装备、使用软件、案件数量、查补税款等方面的内容；提出了以规范税收行政执法为重点的系统管理基本思路。

【稽查工作会议】 2013年8月30日，在昆明市召开全省稽查工作会议。云南省地税局分管稽查工作的局领导、相关处室负责人、全省16个州、市地税局和省局直属征收分局分管局领导和稽查局长参会。传达贯彻了全国税务稽查工作会议和全省地方税务工作会议精神，全面总结了2013年1—8月稽查工作，安排部署了后4个月各项稽查任务。

【工作建议】 一是建议国家税务总局稽查局尽快出台《税务稽查案卷管理暂行办法》。二是对协查系统现有业务拓展。增加发票种类：增加服务类发票、建筑业统一发票、销售不动产统一发票、租赁业发票、转让无形资产统一发票；加强信息共享：协查函信息的共享、协查结果的共享、税务处理结果的共享；完善功能模板：在“综合查询”模块中，增加其他普通发票的协查和协查结果信息的共享，在统计分析中将系统外的一些协查结果通过手工录入的形式录入到该系统中。三是建议制定全国统一的《税务违法案件举报奖励基金拨款办法》，明确奖励基金来源，有利于充分调动举报者的积极性，充分发挥协税、护税网络的作用。

（王雅丹）

西藏自治区国家税务局稽查局

【概述】 2013年是全面贯彻落实十八大精神的开局之年，西藏自治区国家税务局稽查局（以下简称西藏国税局稽查局）以科学发展观统领工作全局，严厉查处和打击各类涉税违法活动，转变执法理念，提升队伍素质，扩大稽查工作的社会影响力和震慑力，取得了较好的成绩。

【稽查查补收入及分析】 2013年，全区稽查部门共检查纳税户92户，查出有问题91户，选案准确率99%。已结案92件，结案率100%。稽查机构组织企业自查42户。全区稽查部门实现收入总额4045万元，其中：稽查机构查补税款1794万元，加收滞纳金326万元，罚款723万元，查补收入合计2843万元；稽查机构组织企业自查收入1202万元。实现入库4045万元，入库率100%。

【案件查办情况】 2013年，西藏国税局稽查局继续以查处重大税收违法案件作为工作重点，严厉查处各类涉税违法行为。全区稽查部门共查处100万元以上500万元以下的案件6起，查补税款1064万元；查处100万元以下的案件86起，查补税款730万元。有效打击了涉税犯罪分子的嚣张气焰，有力维护了西藏的税收秩序。

【重大案件查处】 一是西藏“8·30”系列虚开增值税专用发票案查办工作取得阶段性成果。国税、公安部门联合抽调40余名业务骨干组成联合专案组。经专案组实地检查、发函协查、区外调查取证等工作，“8·30”专案的具体检查协查工作基本结束。已确认19家企业虚开农副产品收购发票2366份，开票金额78250万元，抵扣农副产品收购税款10170万元，以上涉案企业相关人员全部已走逃，根据相关规定，自治区税务部门将该案全部移送公安机关。公安机关立案19起，确定犯罪嫌疑人36名，已抓捕归案14人，网上追逃22人，5名主要嫌疑人已被批准逮捕；二是被列为公安部经济犯罪侦查局和国家税务总局稽查局联合督办的“5·17”案件即西藏自治区拉萨、山南陈会仙等人出售非法制造发票案。5月17日，拉萨市国税局稽查局与公安经侦密切配合，在拉萨市一出租房内一举抓获犯罪嫌疑人陈会仙，当场缴获大量各类发票、税收通用完税证和税收通用缴款书10524份，以及26枚税务部门章戳和20枚企业章戳，连同电脑、打印机、税控开票机、移动硬盘等作案工具。对所查获的各类票据经鉴定发现：真票73份，其中未填开51份，已填开22份（涉及金额1912.74万元）；假票10451份，其中未填开10397份，已填开54份（涉及金额4717.14万元）。截至2013年年底，拉萨市国税局稽查局共完成对68户涉案单位的调查取证工作；立案查处23件，查结22件，涉及虚假发票80份，填开金额1856.13万元；查补入库合计27.19万元，其中税款2.55万元，滞纳金0.13万元，罚款24.51万元。

【税收专项检查】 按照国家税务总局关于开展2013年税收专项检查工作的部署和要求，全区各级税务稽查部门先后组织开展对成品油批发、零售业，证券公司、基金公司，中介、培训服务机构，药品、医疗器械生产经营单位，物流行业，农副产品收购业，资本交易项目，高收入者个人所得税等行业进行检查。一是加强组织领导，精心安排部署；二是采取多种形式举办查前培训，提高工作质效；三是分行业组织企业开展自查，自查工作取得实效。全区共组织148户企业开展自查工作，自查有问题60户，自查收入总额1457.57万元。全区共检查纳税户322户，已查结302户，查补税款、滞纳金及罚款共计3421.51万元，入库合计3227.11万元。其中：成品油批发、零售企业检查15户，有问题4户，查补收入113.76万元；检查证券、基金公司1户，未发现涉税违法行为；房地产及建筑安装业检查38户，有问题9户，查补收入192.17万元；办理电子、服装及家具类产品出口退（免）税企业检查10户，未发现涉税违法行为；中介、培训服务机构检查23户，有问题6户，查补收入104.76万元。高收入者个人所得税检查26户，有问题22户，查补收入910.12万元。资本交易项目检查7户，有问题7户，查补收入703.92万元。各地自行对租赁业、矿业、服务业等行业进行检查，共检查纳税户202户，有问题71户，查补收入总额1396.78万元。

【区域性税收专项整治】 2013年，确定山南地区为区域税收专项整治的重点区域。一是对山南地区稽查局人员配备及近两年工作开展情况进行调查了解；二是对办案经费使用情况、档案管理情况进行检查；三是对大要案件进行复查；四是选择山南地区水泥行业进行专项检查；五是对山南地区货运货代企业、农副产品收购企业、矿产品采选经销企业进行行业税收调研。在此期间，西藏国税局稽查局对地区重点税源水泥行业2011年及2012年纳税情况进行深入检查，查补收入总额120.43万元。

【重点税源企业检查】 根据国家税务总局稽查局重点税源企业检查工作部署，西藏国税局稽查局对涉及的2户企业进行重点检查，目前未发现涉税违法行为。2013年全区确定水泥行业作为重点检查行业。共对5户规模较大的水泥行业进行检查，查补税款及罚款收入合计920万元。

【打击发票违法犯罪活动】 根据全国打击发票违法犯罪活动工作协调小组第五次会议精神，全区各级税务机关一是强化对纳税人发票使用情况的检查力度。2013年，全区稽查部门共对484户企业进行发票使用情况检查和自查，查处违法企业户数152户，查处非法发票份数4756份；查补税款619.31万元，加收滞纳金242.33万元，罚款152.84万元。曝光发票案例4件；二是联合公安机关果断采取行动，扎实有效地开展打击发票违法犯罪活动工作。2013年全区查获非法代开或虚开发票案件28起，查处非法发票份数4088份，查补合计35.76万元。公安立案查处19起，均为西藏“8·30”系列虚开增值税专用发票案件所涉及企业；查获非法取得发票案件24起，查处非法取得的发票97份，查补总额84.88万元；依据全区出现的发放卡片兜售假发票的线索，公安机关与税务部门联合查办制售假发票案件7起，捣毁窝点3个，缴获作案机器13台，缴获虚假发票10981份，假完税证436份，税收通用缴款书复印件6份，假公章55枚（其中私刻税务部门公章36枚、私刻纳税人公章19枚），非法代开发票小名片72461张，以及各种电脑4台，打印机4台，税控开票机1台，手机4部，电话卡7个等作案工具。其中公安已立案查处5起，抓获犯罪嫌疑人4人，移送检察机关起诉案件2起，审判机关已审判案件2起，判处有期徒刑1人，取保候审1人。

【涉税违法案件检举】 2013年，全区累计受理各类涉税违法举报案件31件，查处案件31件，查实率100%；结案29件，结案率93%。累计查处举报案件金额225.35万元，其中：税款115.6万元，滞纳金23.85万元，罚款85.9万元。入库率100%。

【案件协查工作】 2013年，全区各级税务稽查部门通过协查系统发出委托协查18起，涉及增值税专用发票8181张，涉及金额126004.32万元，税额21419.95万元。委托收到协查结果发票8167张，其中正常发票2711张，有问题发票3517张，无法核实1939张。全区通过协查系统收到受托协查案件37起，涉及增值税专用发票222张，涉及金额8393.60万元，涉及税额1426.13万元，已按要求时限回复发票209张，其余13张发票正在协查过程中。已回复发票中正常发票118张，有问题发票1张，无法核实发票90张，累计回复率100%。2013年，全区委托发出的函件协查35起，委托户次92户，涉及发票1021张，金额7664.78万元，涉及税额807.16万元。收到回复发票1021张，其中正常发票902张，有问题发票48张，无法核实71张。全区收到受托协查函件62起，涉及各类发票214张，涉及金额4858.55万元，涉及税额498.65万元。已按时限累计回复127张，其中正常发票90张，有问题发票19张，无法核实发票18张，按期回复率100%，查补税款3.48万元，滞纳金0.9万元，罚款8.32万元。

【稽查制度建设】 一是按照税务总局稽查局的要求组织讨论加强税务稽查制度意见并已上报；二是为使稽查工作有计划、有落实，区国税局稽查局要求各科室汇报每月重要工作完成情况、下月计划，汇总形成“稽查要情”后上报税务总局；三是继续坚持重大税收违法案件集体审议制度。

【稽查系统建设】 一是根据税务总局2013年打击发票违法犯罪活动工作考核方案和自治区综治办考核要求，认真总结全区稽查工作，制定全区打击发票违法犯罪活动考核标准，并对7个地、市进行考核，进一步增强全区加强稽查工作的责任心和积极性；二是西藏国税稽查局印发《税务稽查建议反馈单（对内）》文书。旨在稽查部门将建议反馈给主管税务机关，供其对照分析，堵塞征管漏洞。

【稽查队伍建设】 一是以全区开展的“创先争优强基础惠民生”活动和党的群众路线教育实践活动为契机，加强政治思想建设。每周组织党员学习党的方针政策，交流学习体会，不断提升政治素养；二是以学习廉政准则活动为契机，加强廉政建设。在日常学习中开展正反典型案例教育，在执法过程中始终秉公执法，坚决抵御吃、拿、卡、要等不良风气的侵蚀；三是鼓励干部参加注册税务师、注册会计师、司法资格等考试，对通过考试者进行奖励，提高干部钻研业务的积极性。全区国税系统1名干部因2013年打击发票违法犯罪活动工作成绩突出，受到国家税务总局通报表彰。

【稽查业务培训】　为全面提高稽查干部业务水平，加强稽查人才建设，2013年，区国税局稽查局从全区各级稽查部门抽调业务骨干80多人次分别于4月、5月和12月参加了4期稽查业务培训。同时各级税务稽查部门结合本地区工作实际，分层次、分类别开展形式多样的稽查业务培训。

【稽查信息化建设】　一是根据国家税务总局关于做好全国地方税务局协查信息管理系统推广工作的通知要求，完成该系统在全区的安装，并于6月正式上线运行；二是拉萨市国税局、日喀则地区国税局创新工作思路，推广应用电子查账软件，全面提高稽查工作质效；三是开展定期或不定期的培训，提高稽查人员的计算机应用水平。通过以上措施，稽查系统信息管税的能力和手段进一步提升。

【稽查宣传】　一是将税法宣传与日常税收检查相结合，在日常检查中进行税法知识宣讲、辅导教育；二是利用税收宣传月及各类法制宣传活动，散发宣传资料，现场解答群众咨询问题；三是采取每月发送手机短信、在《西藏商报》《拉萨晚报》等主流媒体曝光案例，在公众场所LED屏滚动播放税法宣传片等多种形式开展宣传工作。

【稽查调研】　2013年，按照税务总局稽查局的工作部署和自治区国家税务局关于自治区税收科研工作有关事项的通知要求，全区各级稽查干部认真开展税务稽查课题科研工作，共提交80余篇调研文章。通过开展调研工作，推动了全区稽查干部善于实践、勤于思考、重视研究、不断创新的氛围形成，为指导全区稽查工作科学发展，提高管理水平奠定了基础。

（朱惠清）

陕西省国家税务局稽查局

【概述】　2013年，全省各级国税稽查部门深入贯彻学习党的十八大会议精神，积极落实税务总局“依靠打击税收违法增收、堵塞漏洞增收、科技管理增收”指示和省局领导提出的“眼睛向内抓管理，强化稽查促收入”的工作要求，紧扣税收工作主题，坚持依法行政，提升工作效能，以整顿规范税收秩序为目标，以“四项重点工作”为抓手，以求真务实、开拓创新为动力，以转变作风、狠抓落实为保障，全面完成全年各项稽查工作任务。

【稽查查补收入及分析】　全省各级国税稽查机构共对8773户各类纳税人实施了稽查，发现有问题户数8721户，选案准确率99.4%。查补总额116013万元，其中：查补税款74675万元，罚款20817万元，加收滞纳金8802万元，组织企业自查查补收入11719万元。入库总额115863万元，入库率99.9%。

【重大案件查处】　在开展药品、医疗器械生产经营单位和医疗机构发票使用情况专项整治工作中，西安市国税局稽查局与西安市公安经侦支队组织开展了“惊蛰行动”，联合检查组通过对涉票的陕西中天伟业商贸有限公司检查，发现其和关联企业陕西远大天诚医疗科技有限公司以非法手段购买假发票开具给公立医院，隐匿销售收入，并从陕西新佳摇科贸有限公司购买虚开的增值税专用发票。经查证，陕西中天伟业商贸有限公司以开具假发票及收入不记账等手段，隐匿销售收入71万元，造成少申报缴纳增值税12.2万元。以支付开票手续费的方式让陕西新佳摇科贸有限公司为自己虚开增值税专用发票159份，合计金额150万元，税额合计25.5万元，用于抵扣增值税，已抵扣增值税25.5万元。陕西远大天诚医疗科技有限公司以支付开票手续费的方式让陕西新佳摇科贸有限公司为自己虚开增值税专用发票124份，合计金额1181万元，已抵扣增值税200.8万元。目前，以上3户涉案企业依法移送公安机关作进一步查证，追究相关责任人的刑事责任。安康市汉滨区国税局稽查局在市局稽查局统一指挥下，联合公安机关成功查办了“4·12”专案，查获了一个以西安为据点覆盖全省，辐射河南、甘肃两省的制售假发票网络。捣毁其在西安发送涉税违法短信息窝点2个，藏匿、打印发票的窝点一个，抓获犯罪嫌疑人5名；当场查获空白国税新版机打普通发票1413份，陕西省增值税普通发票33份，国税完税证102份等；收缴作案笔记本电脑一台及作案通讯工具，发票打印机2台，票号打码机1台，各类印章111枚，有力打击震慑了违法犯罪分子。2013年收到公安部经济犯罪侦查局、国家税务总局稽查局下发的“黑龙江省齐齐哈尔市5·15虚开增值税专用发票案”“浙江诸暨9·27虚开增值税专用发票案”协查任务，涉案的5个地市稽查局已检查并按期回复，协查涉及纳税人6户，检查增值税专用发票37份，其中1户走逃，4户正常，1户确定未按规定开具增值税专用发票，罚款1.6万元。

【税收专项检查】 从3月起在全省范围内全面开展了成品油批发、零售企业；办理电子、家具、服装类等产品出口退（免）税企业；证券、基金公司和医药经销企业的专项检查工作。同时，将房地产业、建筑安装业，资本交易项目等列为指导性检查项目。各市在确保完成指令性检查项目和选定的指导性检查项目的基础上，结合本地区产业结构和税源分布特点，选择商业银行、邮电通信、高速公路建设项目等5个行业（项目）组织开展专项检查。陕西省各级稽查部门共组织专项检查4021户，查结3897户，检查有问题3834户，查实率为98.38%。自查418户，自查有问题393户；查补总额38653.51万元，处罚率34.95%；入库总额38653.51万元，入库率100%；自查补税7127.99万元。

【区域性税收专项整治】 按照税务总局部署，在进行深入调研和摸底调查的基础上，重点对农产品加工企业税收秩序相对混乱、税收违法行为比较集中的区域组织开展区域税收专项整治，同时，将区域税收专项整治同发票专项整治行动相结合，与公安、地税和内部相关部门联动协作，对违法行为线索指向较为集中的“两头在外”企业的发票违法犯罪活动，作为重点案件，集中力量加以突破，进一步提升了专项整治的力度和成效。通过区域整治与重点案件检查相结合的做法，进一步提升专项检查的力度和效果，取得了较好的成效。2013年根据各类市场的税收征管比较薄弱的实际，按照税收征管“提质、增效、强基”的工作目标，在全省范围内重点开展了建材（装饰）、家具（家居）、电子（电脑）、服装（纺织）等专业市场的税收秩序专项整治。通过省市县三级稽查部门联动，事先摸底、查前宣传、多部门协作、重点突破、查前辅导、查管互动等方式，达到了以查促管、以查促收、整顿和规范市场秩序的目标。检查户数为435户，已查结433户，检查有问题429户，查补收入2117.14万元，已全部入库。

【重点税源企业检查】 依托《稽查选案管理信息系统》的试运行，结合发票打假和专项检查工作，采取先省级后市级，上下联动、人机结合的选案方式，合理确定了100户省级重点企业检查名单，198户市级重点企业检查名单。对省级重点企业检查，采取省局直接检查和交办检查两种方式实施。2013年，税务总局下发的重点税源企业名单中涉及陕西的共有9个集团公司68家企业，自查补缴税款1018.09万元，其中增值税补缴税款435.73万元，企业所得税补缴税款582.36万元，已全部入库；按照税务总局检查面30%的要求，共对税务总局安排的重点税源企业实施重点检查13户，已结案10户，应补缴税款158.51万元，其中增值税139.26万元，企业所得税19.25万元。省级重点企业计划检查100户中，已开展检查90户，查结82户，查补总额6802.29万元。市级重点企业计划检查198户中，已开展检查195户，查结170户，查补总额14901.47万元。同时结合本省经济税源结构特点，2013年上半年抽调全省稽查人才库业务骨干20名，重点开展了对西安商业银行、陕西中烟公司的检查，初步查处涉及税款6200余万元。下半年9月，开展全省供电企业专项检查，分三个阶段对国网陕西省电力公司、陕西省地方电力（集团）有限公司及其所属的省直、市、县（区）单位全面开展重点检查。由各市局稽查局长亲自带队，先后抽调业务骨干300余名，组成101个检查小组，对169户供电企业进行重点检查，涉及增值税、企业所得税上亿元。

【打击发票违法犯罪活动】 对税务总局确定行业的发票使用情况共检查755户，查处违法企业375户，查处非法发票6907份，涉及金额20278万元，查补税款1686万元，加收滞纳金415万元，罚款854万元。自选行业共检查588户，查处违法企业461户，查处非法发票5313份，涉及金额23605万元，查补税款1791万元，加收滞纳金305万元，罚款516万元。税务总局下达陕西省国税局400户指令性检查工作任务已经顺利完成。

【税收违法案件检举】 全省国税系统共受理税收违法举报案件330件，查处248件，查补税款911.13万元、罚款363.16万元，滞纳金133.23万元，共计查补收入1452.4万元，移送公安机关6件。其中：税务总局交办和省局稽查局直接受理案件38件，转交地税部门3件，暂存待查和重复举报13件，查处24件，已查结19件，查补税款55.13万元，罚款48.73万元，滞纳金3.7万元，共计查补收入 107.56 万元。

【案件协查工作】 全省累计发出委托协查 713 起，委托协查发票 4070 份，共涉及金额 111815.36 万元，涉及税额 18866.29 万元。委托协查信息完整率 99.87%。全省共受托协查 952 起，发票 7097 份，涉及金额 140858.61 万元，税额 23666.51 万元，受托协查按期回复率 100%，受托协查信息完整率 99.87%。全省累计委托手工协查 33 起，销售金额 47999.62 万元，税额 7781.96 万元；受托手工协查 232 起，涉及金额 248474.48 万元，税额 31808.43 万元。

【稽查制度建设】 2013 年，全省普遍建立了"分级管理，各负其责，上下协调，加强监督"的工作体制，各级稽查审理部门按照各自工作开展情况实施案件审理，重大案件由各市局重大案件审理委员会审理决定，保证了各市局对所管辖案件的检查权，决策权。强化了对重点税源的监控。按照《纳税人信用缺失等级评定及监控实施办法》，对纳税人按照不同的信用缺失等级进行检查，加强了对税收违法企业的监控。普遍实行了税务稽查案件分类分级管理，各市局稽查局对分类分级标准进一步细化，合理确定了市县级稽查局直接检查的企业范围，准确定位各级稽查部门的工作职责，稽查资源得到有效整合，强化了对重点税源的监控。各市局积极推行重大税收违法案件报告及督办制度，明确重大案件标准，加大案件查处的督导督办和沟通协作力度。

【稽查系统管理】 树立全省稽查一盘棋的理念，不断强化上级稽查部门督导协调作用。一是重新修订、完善了绩效管理考核办法，对基础考核项目和重点（创新）考核项目进行了细化和量化，特别突出了对稽查工作创新、管理方式改革调研试点、重点行业调研分析工作的考核。二是建立健全工作制度体系，努力实现工作制度化、规范化、程序化。三是规范执法行为，切实提高稽查工作效能。2013 年对渭南市稽查案件进行了复查复审，并对其近 3 年税收专项检查、重点税源企业检查、大要案件及交办案件查处、金税工程协查系统运行、办案补助经费分配使用、系统资料报送情况等 6 方面工作进行了专题督导，达到了规范执法、固本强基的目的。

【稽查队伍建设】 坚持把以人为本、创先争优、创建学习型党组织的要求融入到国税科学发展的方方面面，努力把干部队伍建设成为高素质专业化的务实团队。一是扎实开展党的群众路线教育实践活动。二是紧密结合形式主义、官僚主义、享乐主义和奢靡之风等"四风"问题，从改会风、文风抓起，压缩会议活动数量，提倡开短会、短开会、重落实。三是努力建设节约型、效能型国税机关。对公务用车、办公设备等方面提出了严格要求。四是干部素质建设不断强化。采取请专家授课、鼓励干部参加"三师"资格考试等多种培训方式，力促干部素质的提高，塑造良好社会形象。五是加强作风纪律整顿，确保风清气正。开展了"六对照，六检查，六整改，六提升"为主要内容的纪律作风大整顿活动，党组成员轮流授课，通过教育和学习，干部服务意识和责任意识进一步增强。

【稽查人才库建设】 重新修订了《陕西省国家税务局稽查人才库管理办法》。为确保稽查人才库人员的业务水平持续增长，在 2013 年稽查工作中，抽调人才库成员参与重点税源检查和税收专项检查，使人才库成员不断积累查处涉税大要案的经验，促进了相互的学习和交流，提高稽查人才对大型企业独立带组检查的实战水平。

【稽查信息化建设】 按照"人机结合，信息化与制度化互补"的税务稽查选案工作改革思路，在充分调研的基础上，结合软件运行情况省局完善了《税务稽查选案管理信息系统》，开始在省局稽查局全面运行。该系统能够覆盖所有企业，拥有广泛的数据来源，具有快速、科学确定稽查对象等特点，并能够对案件查处情况进行动态跟踪，运行工作取得初步成效，稽查选案制度建设进一步加强。

【稽查宣传】 2013 年全省各级稽查局不断加大对外宣传力度，通过多种途径、多种方式反映全省重点稽查工作的开展情况，在全社会营造强烈抨击涉税违法行为，协税、护税的良好舆论氛围。各市局稽查局也积极与中国税务出版社、《中国税务稽查——厉风》、陕西电视台、中国税务报社、法制日报社、陕西日报社、省市电视台、广播电台、地方日报社等联系，踊跃投稿，加强宣传推介力度。

【稽查调研】 根据年初省局科研所和税务学会下发的税务稽查调研课题，省局稽查局积极开展稽查调研文章评选活动，及时交流调研成果，加强查管互动，有效实施成果转化。经过评选向省局报送了《进一步完善我国税务稽查法律制度的探讨》《在现代税收征管模式下的税务稽查改革探析》等稽查调研论文，在省优秀科研成果评比中获奖。向《中国税务》报送了《试论渭北煤炭生产企业税收管理问题与对策》并予以刊登。

【稽查工作会议】 2013年3月6日召开全省国税稽查工作会议，省局党组成员、副局长寇斌同志亲临大会并作题为《转变作风 求实创新 努力开创全省国税稽查工作新局面》的重要讲话，省局稽查局局长李杰作题为《牢记使命 固本强基 推动全省国税稽查工作再上新台阶》的主题报告，会议传达全国税务稽查工作会议精神，总结2012年全省国税稽查工作，明确2013年稽查工作的总体思路和主要目标，安排部署2012年稽查重点工作任务。2013年7月16日、11月10日召开全省国税各市局分管领导和稽查局长工作座谈会，回顾半年工作开展情况，安排部署阶段重点工作，分解落实工作任务，并就具体内容、完成时限、标准等提出明确要求，促进了各项重点稽查工作的开展。

（李清香）

陕西省地方税务局稽查局

【概述】 2013年，全省地方税务稽查工作在省局党组和国家税务总局稽查局的正确领导，全省各级地税稽查机关深入贯彻落实党的十八大和十八届三中全会精神，坚持以实现“依法治税、兴税强省”战略为目标，紧密围绕全省地方税收中心工作，面对全省复杂的经济形势和严峻的地方税收组织收入形势，坚持以税收专项检查和区域专项整治、重点税源企业检查、重大税收违法案件查处和打击发票违法犯罪活动工作为重点，自加压力，加强管理，进一步完善稽查信息管理系统，强化稽查业务培训和考核，积极推进稽查体制机制建设，严格执法，求真务实，各项税务稽查工作成效显著，充分发挥了税务稽查职能作用，为维护公平正义的税收秩序，推进全省地税事业科学发展和全面建设“三强一富一美”西部强省作出了积极贡献。

【稽查查补收入及分析】 2013年，面对复杂的经济形势和艰巨的税收任务，全省各级地税稽查部门紧紧围绕组织收入中心工作，强化责任、大局和征收部门“荣辱与共”的意识，自我加压，积极主动采取促收措施。年初的全省地税稽查工作会议明确提出了查补收入目标，增强了稽查部门的责任心和稽查工作的计划性、主动性，为全省稽查部门齐心协力抓促收奠定了基础。为确保顺利实现促收目标，各地稽查局创新思路，多措并举，在促收工作中采取了许多有力措施。西安稽查局主动与征管加强联系，协助促收。除承担4个亿查补收入任务外，还承担稽查“四位一体”互动机制任务指标3亿元，并将“四位一体”互动工作作为稽查的提前介入和选案工作的前置，做到既要促收，又促遵，助力征管局全面完成收入任务。宝鸡稽查局出台促收“六项措施”，将全局分成10个组，落实审理、检查、执行各环节责任，加快工作进度，杜绝案件积压，加大清欠力度。咸阳稽查局扩大检查面，推行“领导包抓制”，深化“一级稽查”，协助县稽查局开展执法检查，有效推进了以查促收工作。各级稽查局从稽查建议着手，积极发挥“以查促管”作用。省局稽查局认真梳理去年稽查结果，从重点税源、行业、税种征管以及整理了14篇稽查建议，提交到省局，受到省局局长姚炬高度重视，专门批转征管部门及全系统参阅，堵漏增收。咸阳稽查局向征管部门提交的加强汽车检测行业、民营加油站及发票比对等稽查建议47条，受到市局领导重视，批示相关职能部门组织落实。同时，各级稽查部门主动联系征管部门，一方面就职能划分、信息共享、案源移交、发票比对、执行入库等方面和征管部门座谈磋商，不断完善“征管评查”良性互动机制。一方面了解执行进度，督促稽查税款及时足额入库。截至12月底，全省各级地税稽查部门共检查各类纳税人3515户，累计查补收入19.28亿元，同比增长24.55%，增收3.80亿元，占全省地税税收总额1057亿元的1.83%，查补收入再创历史新高。其中稽查部门直接检查纳税人1667户，累计查补收入6.69亿元；组织1848户纳税人开展自查，累计自查补税12.58亿元。

【税收专项检查】 根据国家税务总局稽查局的统一安排，结合陕西省实际，全省于3月中旬确定了“3+4+1”的税收专项检查项目。即“成品油批发零售企业，证券、基金公司，房地产及建筑安装企业”3项指令性项目；“资本交易，中介、培训服务企业，高收入者个人所得税，汽车运输和服务类企业”4项指导性项目；将榆林地区矿产资源业作为全省区域税收专项整治重点，由榆林市局实施，省局稽查局督办。各地稽查局还根据全省“营改增”工作和本地实际，开展了“营改增”行业专项检查和其他项目专项检查工作。2013年的税收专项检查按照“统一选案、重点突破、集中治理、整体推进”的原则，突出统一性、针对性、实效性、协作性，注重“五个结合”。一是将扩大案源渠道与科学选案相结合。加强与税源、征管、基层、工商、交通、规划、房管等部门以及媒体的联系，拓宽案源信息渠道，加强了内部信息共享，通过征管系统初选、人工比对、集中审议、集体讨论等方式进行严格筛选，认真结合案头分析，筛选出检查和自查重点，保证了选案科学性、针对性和有效性。二是将查前外部调研和内部培训相结合。抓住“查前分析、内控评价、针对培训”三大重点，加强与征管单位的交流互动，根据被查对象的经营方式、财务处理方法等具体实际选准检查方法，制定出操作性较强的行业专项检查预案，做到了有的放矢。三是将企业自查与重点检查相结合。在专项检查前认真做好查前告知、税收辅导以及约谈等工作，进一步优化执法服务，争取广大纳税人和社会各界的理解和支持。四是将行业分析与成果运用相结合。重视稽查成果的运用，以点带面，通过对行业内重点户实施解剖式、调研式、体检式等检查，积极寻找同行业可能存在的普遍性和典型性涉税问题，适时扩大、延伸稽查。五是将分级分类检查与指导协作整体推进相结合。按照分级分类检查要求，省、市稽查局在做好本级检查的基础上，分别加强了对市、县检查工作的指导。截至12月底，全省各级地税稽查部门共对房地产及建筑安装业等7个行业2551户纳税人进行了检查，累计查补收入11.02亿元，同比增长7%，增收7244万元。其中，稽查部门直接检查1139户纳税人，查补收入3.73亿元，同比增收了1.76亿元，增幅达88.83%。对榆林地区矿产资源业进行了区域税收专项整治，共检查矿产资源类企业61户，有问题39户，查补收入4138万元。

【重点税源企业检查】　根据前两年重点税源企业检查的经验，2013年的重点税源企业检查继续按照“以企业自查为先导、以税务机关重点检查为保障”的原则，严格按照“统一检查对象、统一组织力量、统一实施检查、统一处理口径”的方式开展。除省局稽查局承担税务总局稽查局交办的中国黄金集团等9个集团68户大型企业集团自查工作外，全省各级稽查部门统一行动，集中对省级监控的房地产等7个行业两批476户重点税源企业组织了自查。为保障企业自查成效，重点加强查前调查、案头分析和稽查辅导三个环节工作，帮助企业及时发现涉税问题的线索，减少企业自查误差，确保自查资料准确完整。在企业自查阶段完成后，省局稽查局根据企业自查情况，采取了人工研判和数据盲评的办法对自查数据进行分析比对，将自查结果异常和自查有重大疑点的企业列为重点检查对象，同时按照重点检查面不低于自查企业60%的要求，确定了重点检查检查面，既促进了纳税人税法遵从，又保持了稽查执法的威慑性。截至12月底，全年共对476户省级重点税源企业实施了检查，累计查补收入7.27亿元，同比增长79.5%，增收3.22亿元，户均查补税收153万元。

【打击发票违法犯罪活动】　按照国家税务总局稽查局的要求部署，全省打击发票违法犯罪活动工作继续以整治虚假发票“买方市场”为重点，深入开展打击发票违法犯罪活动工作。一是做好违法受票企业的指令性检查工作。确定全年检查处理违法受票企业户数不少于600户，并要求各地结合以往虚假发票案件查办工作，认真梳理虚假发票信息，循线追查，深入查处购买、使用假发票的纳税单位和个人，对构成犯罪的，及时移送公安机关处理。二是对重点行业发票使用情况开展重点检查。各地自行组织对房地产与建筑安装、药品与医疗器械、发电、供电、餐饮娱乐、营利性教育培训等行业发票使用情况的重点检查工作，对部分企业集团开展重点检查。国家六部委在对陕西医疗卫生机构发票专项检查工作检查督导后，对陕西省打击发票违法犯罪活动工作给予了肯定。三是继续抓好重点区域发票专项整治工作。将西安市作为全省发票整治重点区域，咸阳、宝鸡、榆林、延安等地作为发票整治工作主要区域，集中精干力量，针对当地发票违法犯罪主要环节实施专项整治。四是开展了药品、医疗器械生产经营单位和医疗机构发票使用情况专项整治。全年对541户医疗、医药单位进行了检查，检查发票5.35万份；查处违法单位220户，涉及非法发票5286份，涉及金额2.23亿元，查补收入2267万元；移送公安机关3户，刑拘3人，促进了正规医疗行业发票的规范使用。五是联合公安、通信部门，加大了虚假发票“卖方市场”的打击力度。各地与公安部门联合制定下发实施方案，共同研究打击工作。西安市稽查局与市公安局联合查办了代号为“春雷行动”的发票案件，此案件目前正在积极推进，随着案件的告破，将会对发票违法活动起到巨大的警示威慑作用。六是树立持久作战思想，加强宣传攻势。树立长期作战的思想，创造性的开展工作，打持久战。在税法宣传月期间，咸阳稽查局制作专题节目、播放公益广告、在《今日咸阳》开展发票知识有奖竞赛等措施，大力开展经常性的发票知识宣传教育活动，扩大社会的影响力。铜川利用“牡丹节”开展税法宣传，向游客重点介绍了打击发票违法犯罪活动工作的重要意义，教授如何辨别发票真伪，并就关心的涉税问题现场给予了解答。部分市局稽查局联合公安部门开展了以“打击和防范经济犯罪”宣传活动，着重向广大群众讲解了发票管理的规定、鉴别虚假发票知识。截至12月底，全省共查办各类发票违法案件1283起，查获各类违法发票1.73万份，抓获犯罪嫌疑人21人，打掉团伙4个，捣毁窝点6个，收缴各类作案工具28台，阻截非法发票信息767万余条，查补税款、加收滞纳金、罚款共计5989万元，挽回经济损失近10亿元。

【重大案件查处】 全省各级地税稽查部门始终坚持把打击涉税违法行为作为发挥稽查职能作用的重要任务，加大了查处大要案件的工作力度。一是突出涉税举报职能作用。严格按照《举报管理办法》和《举报案件查处实施办法》的规定，加强涉税举报案件的受理、承办和查处。省局稽查局提高了对检举案件的重视程度，除将举报案件交办各地办理外，还派员对个别有重大疑点、当地干扰较大的澄城县某城乡建设综合开发公司举报案件进行直接检查。二是加强考核督办。各级稽查部门将大要案查处作为稽查工作质量考核的重点，认真落实重大案情上报制度，设立大要案件登记簿，实施跟踪案件进展情况，提高了案件查处的效率。同时省局和一些市局还建立了大要案件挂牌督办负责制，将重大要案件一抓到底。咸阳市局稽查局加强大要案件管理，量化查办大要案指标，明确了年度大要案查处市稽查局各检查科不少于2起、各县稽查局不少于1起的要求，并将大要案件查处数、质量情况纳入市局目标责任制考核项目，促进了全市涉税大要案查处工作的落实与突破。三是加大案件查办力度。集中查办利用做假账、两套账、账外经营和假发票入账等手段偷逃税款的案件，重点对房地产、建筑业等行业企业涉税大要案件进行了集中查处。省局稽查局将渭南、榆林、铜川3起涉嫌采取“虚假注销税务登记”手段逃税案件列为省局督办案件，由局领导带队深入查办单位进行督办，督促大要案件查办工作，保持了对涉税违法犯罪行为的高压态势。截至12月底，全省各级地税稽查部门共查处百万元以上重大税收违法案件83件，涉案金额共计3.9亿元，其中省局挂牌督办案件3件。

【稽查工作会议】 2013年2月28日，省地税局召开全省地方税务稽查工作视频会议。会议总结回顾了2012年全省地税稽查工作，认真分析了当前全省地税稽查工作存在的问题和面临的形势，安排部署了2013年全省地税稽查工作主要任务。省局党组书记、局长姚炬作重要讲话，省局副局长李有仓主持会议，省局稽查局局长张甲虎作了题为《围绕中心　发挥职能　为全省地税征管改革作出积极贡献》的工作报告。会议要求，一是围绕一个中心，为确保全省地税收入任务完成作出新贡献。强化全局意识，按照查补收入占地税总收入1.8%的比率不断提高稽查查补收入贡献率；加大稽查检查、处罚和执行力度，促进税收计划任务完成；主动配合征管，形成抓收入协作机制。二是抓好税收专项检查和区域税收整治、重点税源企业轮查、重大税收违法案件查办和打击发票违法犯罪活动工作四项重点，充分发挥稽查职能作用。三是推进五项管理，不断提高稽查业务工作质量与效率。强化稽查业务培训，提高整体业务素质；围绕税源专业化管理，健全征管评查互动机制；加强稽查信息管理，完善稽查管理业务平台；完善考核制度，提高稽查效率；认真贯彻省局《意见》，推进稽查体制机制建设。

【稽查制度建设】 为积极顺应全省税源专业化管理发展趋势，提高全省地税稽查管理水平，全省各级稽查局围绕稽查现代化建设目标，不断加强税务稽查管理。各地认真贯彻《陕西省地方税务局关于切实加强全省地方税务稽查工作的意见》（陕地税发〔2012〕6号）文件精神，不断健全规范稽查制度。西安稽查局草拟了《关于稽查、征管、评估互动　确保完成税任务》《税务稽查选案管理办法》。针对稽查查补税款入库难的问题，制定了《稽查查补税款入库督办单》，督促各管理局及时为稽查查补税款开票。咸阳稽查局在优化资源配置、规范完善制度上大胆创新，全面推行“6+1”标准化分行业检查工作底稿、《稽查主、辅查制度》《税务稽查管理台账》《双督办双考核》等制度，促进了稽查工作。

【稽查调研】 省局稽查局积极联系征管部门，开展征管查互动机制座谈及调研，研究完善征管评查互动机制的措施。认真落实党的群众路线教育实践活动调研工作，由局领导带队分别赴基层稽查局，征求纳税人、基层稽查局对稽查执法、廉政建设的意见和建议，并形成了调研报告。按照上级要求，还完成了省纪委打击和取缔非法收入的政策调研、财政部陕西专员办税收征管质量检查前期调查等工作。

【稽查信息化建设】　由省局稽查局购置56套电子查账软件，配发各市稽查局，对各地提高信息化企业检查能力和效率起到了促进作用。针对稽查查补收入执行入库难的问题，与信息部门协商，不断完善全省稽查信息系统模块功能。按照全省地税稽查工作会议要求，积极探索打造移动办案平台。

【稽查系统考核】　为确保各项任务落到实处，达到预期效果，全省各级地税稽查部门优化整合稽查工作评价指标体系，实行更科学合理、更有利于促进工作质量的考核办法。省局稽查局按照新阶段新任务的要求，修订下发了年度税务稽查目标责任考核办法，进一步加强了对稽查工作的监督指导力度，对各市局稽查局的工作进行量化、细化，对计划备案、资料报送、任务配合、交办工作等日常考核内容实行按月计分、按季考核、全年汇总。

【稽查业务培训】　省局稽查局先后组织了全省电子查账软件操作培训、协查系统操作培训。部分地市根据工作需求，先后开展了针对性很强的业务培训。宝鸡稽查局开展了“小企业会计准则”培训，铜川稽查局开设了“小课堂”，安康稽查局专程赴西安稽查局学习电子查账软件经验。继续鼓励稽查干部参加“三师”考试，今年的注册税务师考试，各级局参考人员较往年有所增加，学业务、比业务的风气日益浓厚。

【党的群众路线教育实践活动】　省局稽查局党的群众路线教育实践活动从2013年8月21日开始，在省局党组的正确领导和有力指导下，全局上下，特别是局领导班子成员和处级领导干部坚持以“为民、务实、清廉”为主题，以整风的精神聚焦“四风”找问题，以高度的政治责任感围绕“服务纳税人、服务基层”抓整改，大力弘扬延安精神，扎实有序推进各环节工作，全局上下在提高思想认识、坚定理想信念、转变工作作风、狠抓任务落实等方面取得了明显成效。一是狠抓理论学习，增强了全体干部职工“为民服务”宗旨意识的自觉性。开展“纳税人至尊，基层至上”大讨论，围绕“替基层着想，为基层说话，给基层办事，向基层学习”办好基层事，进一步树立了群众观点，强化了服务基层意识。二是认真查摆解决问题，班子建设水平明显提升。面向机关、基层和纳税人，认真开展了调研纳谏活动，广泛收集意见建议共9类56条。按照省局党组“衡量尺子严、查摆问题准、原因分析透、整改措施实”的要求，聚焦“四风”，正视问题，每名党员都能认真撰写个人对照检查材料。本着“时间服从质量”的原则，顺利召开了专题民主生活会。党员领导干部都能放下包袱，认真对待，不管是自我批评还是相互批评，都触及了思想和灵魂，真正收到了“红红脸、出出汗、洗洗澡、治治病”的效果。通过对照检查和民主生活会，局党总支和领导干部进一步端正了发展观、政绩观，在遵循税务稽查工作规律和队伍建设发展规律的基础上，提出了加强理论学习增强政治定力、提高工作效率、建章立制形成长效机制三个方面19项整改措施。三是作风全面优化，各项工作迈上新台阶。坚持一手抓学习教育，一手抓稽查工作，以党的群众路线教育实践活动推动稽查工作的开展。进一步发挥整顿和规范税收秩序的职能作用，认真开展税收专项检查、重点税源企业检查、大要案件查处和打击发票违法犯罪活动等“四项重点”工作；强化“以查促管”职能作用，与征管、评估部门召开联席会议，完善良性互动机制，通过反馈稽查建议堵漏增收；深入开展作风纪律整顿，切实加强干部教育培训和目标责任考核，积极推进机关规范管理、党风廉政和精神文明建设，全局干部的工作作风和精神面貌焕然一新，推动各项工作迈上了新的台阶，达到了教育实践活动与稽查工作两促进、两提高的目的。2013年，全省地税稽查部门共查补收入19.28亿元，同比增长25%，增收3.80亿元。其中，省局稽查局查补收入1.10亿元，同比增长3.2倍，实现了历史性的突破和跨越。全局还被全国总工会评为“全国模范职工小家”。

（史晓泳）

甘肃省国家税务局稽查局

【概述】 2013年，甘肃省国税稽查部门围绕税收中心工作，坚持依法稽查，突出质量效率，整顿规范税收秩序。按照年初确定的“稽查工作稳中求进，稽查收入稳中有升”的工作基调，开展税收专项检查、打击发票违法犯罪活动等工作。

【稽查查补收入及分析】 全省国税稽查部门全年共查补税收收入6.49亿元，入库6.49亿元，冲减增值税留抵税金2757万元，调减企业申报亏损额1.04亿元。其中，通过对3063户纳税人实施检查，发现有问题2975户，查补入库收入3.99亿元；组织1706户纳税人开展自查，入库税收收入2.50亿元。入库稽查收入占全省国税系统同期入库税收收入525.95亿元的1.23%，与2012年稽查收入入库数6.80亿元比，减少3100万元，降低4.56%。

国家税务总局确定的六项考核指标，选案准确率、查补税款入库率、稽查案件结案率、协查按期回复率、委托协查信息完整率、受托协查信息完整率，分别达到97.13%、99.85%、99.93%、100%、98.21%和99.89%，均高于考核达标值7个以上百分点。

【重大案件查处】 继续加大对偷税、骗税和虚开增值税专用发票案件查处力度，全年向公安机关移送涉嫌税收犯罪案件8起。按照国家税务总局督办的吉林“4·08”虚开增值税专用发票案、齐齐哈尔“5·15”虚开专用发票案等8起案件协查要求，对省内涉案的49户企业实施检查，入库税收189.85万元。与甘肃省公安厅经侦总队配合，对公安部和国家税务总局联合督办的甘肃省白银市李某团伙虚开增值税专用发票案进行重点查处。该案共涉及6省8家公司，涉案增值税专用发票236份，金额2.58亿元，税额3千余万元。抓获犯罪嫌疑人15人，7人因犯虚开增值税专用发票罪，被判处2~5年刑罚，并处5万~8万元罚金。

【税收专项检查】 开展包括行业专项检查、重点税源企业检查和区域税收专项整治三项内容的税收专项检查。入库稽查收入3.02亿元，冲减增值税留抵税金160万元，调减企业申报亏损额5671万元。

行业检查中，根据国家税务总局安排，结合全省实际，选择确定成品油批发、零售企业、金融企业等5个指令性检查项目；房地产业、建筑安装业、资本交易等4个指导性检查项目，作为专项检查行业检查项目。对国家税务总局等7部委部署开展的药品、医疗器械生产经营单位和医疗机构发票使用情况专项整治工作，进行重点督办，承担全省协调小组办公室具体工作。在2012年完成对省内40家医院和4家营利性医疗机构发票采集、对426户药品、医疗器械生产经营单位实施检查的基础上，组织开展省内外发票协查取证工作，累计组织经营医药及医疗器械的违法企业入库稽查收入1156.01万元。对医药行业发票使用存在的问题进行剖析，向相关部门提出针对性意见和建议的做法，得到国家税务总局通报表扬。

【重点税源企业检查】 2013年，国家税务总局部署对中国中信集团等17户重点税源集团企业实施专项检查。在甘肃有分支机构的企业9户，共有二、三级分支机构38户，对其中属国税部门管理的34户分支机构实施检查。另外，自行安排对甘肃省国税局监控的122户重点税源企业、各市（州）国税局监控的220户重点税源企业开展专项检查。重点税源企业共入库稽查收入1.89亿元，调减企业申报亏损额506万元。

【区域性税收专项整治】 结合打击发票违法犯罪活动，选择矿产品（包括煤炭）采选经销企业较为集中的酒泉市，作为区域税收专项整治地区重点整治，发现某矿产品公司以克隆增值税专用发票手段牟取非法利益的违法手段和动向。区域性税收专项整治中，共组织154户纳税人开展自查，自查有问题61户，自查入库收入309.09万元；检查170户，发现有问题170户，查补入库收入2264.37万元。

【房地产及建筑安装业企业检查】 印发《房地产、建筑安装业检查方法》，对有需求的个别市（州）国税局进行针对性查前培训。采取年度与项目相结合的选案思路，选取2010—2012年有完工项目的企业实施检查，对开发成本进行追溯检查和核实，提高检查成效。共组织53户纳税人开展自查，自查有问题16户，自查补缴税款3196.05万元；检查57户，发现有问题49户，查补收入1291.05万元。

【出口退（免）税企业及货代公司检查】 根据国家税务总局下发的出口退（免）税疑点信息线索，进行筛选清分，从《出口退税信息管理系统》提取了办理电子（CPU）、服装、家具类产品出口退（免）税企业的名单及相关数据，对可能存在涉嫌骗取出口退税或违规出口退税企业进行了检查。共检查17户，发现有问题7户，查补收入57.36万元。

【股权转让交易的企业及个人检查】 与工商、证监等部门联系，拓展第三方信息来源渠道，取得资本交易事项信息，选取疑点户开展检查。同时，对2011—2012年“大小非”减持情况进行了跟踪检查。对检查中从其他企业发现的股权转让及变更线索进行收集汇总，统一选案和检查。共检查纳税人1户，发现有问题1户，查补收入2006.49万元。

【打击发票违法犯罪活动】 全省国税稽查部门继续承担省、市、县三级打击发票违法犯罪活动工作协调小组办公室工作职责。全省全年共查处发票违法案件1198起，查处违法发票77.09万份，捣毁假发票窝点9个，打掉犯罪团伙3个，缴获作案机器19台，治理手机短信和网站发票违法信息50.35万条。其中公安机关立案207起，抓获犯罪嫌疑人82人，移送起诉46起。曝光发票典型案例52起，开展发票教育宣传717次。税务机关对3486户纳税人发票使用情况实施检查，发现违法企业982户，查处违法发票18172份，入库税收收入4685.57万元。其中国税部门检查2473户，发现有问题723户，查处违法发票13428份，入库税收3994.66万元，全面超额完成总局下达甘肃省国税系统2013年应完成检查发票违法企业不少于200户的工作任务。

【涉税违法案件检举】 全年共受理涉税违法举报案件58起，查结49起，入库税收290万元。其中国家税务总局交办案件7起，查结5起；符合检举奖励条件3起，入库税收120万元，发放举报奖金0.11万元。

【案件协查工作】 坚持协查地就是案源地、协查按期回复提醒等行之有效的原则和做法，保持系统运行连续13年零差错、零延期。落实国家税务总局新修订的《税务稽查案件协查管理办法》，举办协查系统软件升级培训班，自2013年7月1日起将货运发票纳入协查系统管理，为查处“营改增”企业利用货运发票从事偷逃税等违法行为奠定基础。全年共对4692份发票发出委托协查，收到受托协查发票2489份，合计查补税收收入423.92万元。

【稽查系统建设】 对张掖市国税局有效利用ETA软件开展审计式稽查等各地在稽查实践中探索出的好经验、好做法，及时进行总结指导，使其发挥辐射带动作用。通过开展稽查案件复查、配合法规部门开展稽查案卷评查等活动，加强系统监督检查，促进依法稽查。省局稽查局与省局直属税务分局探讨建立查管互动协作机制，使税务稽查职能发挥更大效应。

【稽查队伍建设】 组织党员干部参加以“为民、务实、清廉”为主要内容的党的群众路线教育实践活动，学习中央八项规定和廉洁从政要求。围绕推动全省国税稽查工作科学发展的目标，分三个层面征求基层稽查部门和局内相关处室对省局稽查局和省局稽查局党员领导干部在反对官僚主义、形式主义、享乐主义、奢靡之风等“四风”、加强作风建设方面的意见建议，并逐条梳理整改，增强干部的宗旨意识和廉洁从政意识。借年内参加税务总局培训和自身办班机会，提升干部的业务能力和实战水平。鼓励干部参加注册税务师等“三师”资格考试，更新理论知识，凝聚工作潜能。甘肃省国税局稽查局两名女干部被甘肃省妇女联合会授予“甘肃省三八红旗手”荣誉称号。

【稽查人才库建设】 结合全国税务稽查人才库人员选拔工作，从全省国税稽查部门中选拔50名干部，组建全省国税稽查人才库，提高稽查人才使用效益，其中3名被选入税务总局稽查人才库。

【稽查业务培训】 全年共举办协查系统软件升级培训班、稽查业务骨干培训班、稽查局长高级研修班等四期培训班，培训干部260人次。3月13—30日，在甘肃省税务干部学校先后举办全省国税系统协查系统软件升级培训班和稽查业务骨干培训班。省、市、县三级国税部门及矿区税务局协查系统各节点上的102名具体工作人员和全省国税系统50名稽查业务骨干分别参加培训。6月21—30日，在甘肃省税务干部学校举办全省国税系统2013年稽查领导干部高级研修班，16个市（州）、开发区国税局稽查局局长，部分县（市、区）国税局稽查局局长，共计60人参加培训；11月13—20日，在湖南长沙税务干部培训学院举办稽查业务骨干培训班，全省国税稽查部门50名业务骨干参加培训。

【稽查宣传】 通过省、市、县三级国税局门户网站，《甘肃国税信息》《信息专报》《甘肃经济日报·纳税人周刊》《中国税务报》《中国税务稽查》等媒体宣传稽查工作成果，全年在各种宣传媒体上发表信息30篇。借助税法宣传月、“5·15”打击和防范经济犯罪宣传日等时机，开展集中宣传。4月在《甘肃经济日报·纳税人周刊》等新闻媒体上公开曝光敦煌市辉煌药业公司虚开增值税专用发票案等5起典型案件，以案说法。在全国“5·15”打击和防范经济犯罪宣传日，配合公安部门开展以“打击防范经济犯罪，携手平安法治建设”为主题的宣传和咨询服务活动。

【稽查调研】 抽调专门人员，成立调研小组，利用两个月时间，开展一级稽查体制调研，探索分级分类稽查方式在全省落实办法。

【稽查工作会议】 全年共召开2次主要会议。2013年3月1日，在兰州召开2013年全省国税稽查工作视频会议，总结部署稽查工作。传达学习省局党组书记、局长牟可光对全省国税稽查工作的批示，省局党组成员、副局长梁云才作了题为《充分发挥职能作用 着力提高质量效率 努力推动全省国税稽查工作再创新佳绩》的工作报告。会议明确，2013年全省国税稽查部门要抓好重点税源企业检查、打击发票违法犯罪活动等七项重点工作。视频会议主会场设在甘肃省国税局机关24楼会议室；各市（州）、开发区国税局，各县（市、区）国税局设分会场。省、市、县三级国税局分管稽查工作的局领导，稽查局全体干部，分别在主会场和所在分会场参加会议。兰州、临夏、酒泉、庆阳四市（州）国税局分管稽查工作的局领导，在各自的分会场作经验交流发言。

2013年11月13日，甘肃省国税局稽查局和直属税务分局组织两部门全体干部，在华瑞大厦四楼第一会议室召开工作协调座谈会，对加强查管互动交换了意见。

（李昭婕）

甘肃省地方税务局稽查局

【概述】 2013年，甘肃省地方税务局稽查局紧紧围绕省地税局的工作思路和税务总局稽查局的工作部署，以整顿和规范税收秩序为主线，以税收专项检查、区域专项整治、重点税源检查和打击发票违法犯罪为重点，坚持依法行政，规范执法行为，大力推进税务稽查现代化建设，进一步健全体制机制，不断提高稽查队伍素质，有效促进征管，提升税法遵从度，圆满地完成了各项工作任务。

【稽查查补收入及分析】 2013年，甘肃省地税局各级稽查局共检查纳税户2379户，发现有问题户数2242户，已结案2345户，查补税款、罚款和滞纳金共5.05亿元，比上年查补收入3.93亿元增加1.12亿元，增长28.50%，入库4.96亿元，占全省地税系统地方税收收入337.86亿元的1.47%。单位查补税额在100万元以上500万元以下的为54户，共查补税款8351.51万元；单位查补税额在500万元以上的4户，查补税款5807.94万元。选案准确率达到96.39%，结案率达到98.57%，入库率达到99.59%，提前超额完成了税务总局稽查工作考核指标。甘肃省地税局稽查局查补收入能够保持平稳增长，主要原因是：一是重点检查了房地产业、建筑业、医疗机构、证券基金公司等重点行业。二是实行纳税人自查为先导、税务机关重点稽查的模式，有效地融合了税法的柔性和刚性。三是各级稽查局不断加大执法力度，提高执法水平，稽查各项工作能够落实到位。

【税收专项检查】 按照国家税务总局2013年税收专项检查工作计划，甘肃省地税局各级稽查局结合实际，积极贯彻落实税务总局的指令性检查项目和指导性检查项目开展税收专项检查。一是精心组织，督导落实。成立了省、市两级税收专项检查工作领导小组，负责专项检查各项工作的部署和落实。二是重点突出，科学选案。将证券基金公司、资本交易项目、中介服务机构、房地产业、建筑安装业、高收入者个人所得税作为稽查选案的重点行业，充分运用综合征管软件、纳税评估系统等软件进行对比分析，筛选有偷、漏税嫌疑的企业作为稽查对象。三是专题培训，确保实效。针对被检查行业的特点，对稽查干部进行专题培训，确保检查工作取得实效。四是积极与工商等有关部门衔接，获取更多企业信息。2013年，甘肃省14个市（州）、经开区地税局稽查局共检查企业997户，查补税款8515.61万元，加收滞纳金328.35万元，罚款1159.79万元。

【区域性税收专项整治】　在2013年区域性税收专项整治工作中，甘肃省地税局各级稽查局按照“检查一个行业，规范一个行业”的要求，制定详细检查方案，并狠抓落实。检查中，各地根据不同企业的特点采取不同的检查措施，既注重经营情况和财务状况的检查，也注重做好外围调查工作，做到了查透、查深、查细，促进了税收征管质量的稳步提高，较好地完成了区域性税收专项检查工作。2013年全省共检查纳税户54户，查补各类收入229.6万元。

【重点税源企业检查】　甘肃省地税局稽查局按照税务总局关于开展重点税源企业税收检查的要求和省局关于开展重点税源企业税收检查三年计划的部署，精心安排组织了2013年全省重点税源企业检查工作。一是按照税务总局关于推行查前辅导，自查为先的要求，甘肃省地税局稽查局突出了查前辅导的工作，通过培训，使纳税人明白自查的重要性和重点检查的严肃性，同时各级稽查部门按规定做好约谈等有关工作，促使企业自觉纳税，依法纳税。二是强化纳税意识，提高税法遵从度，发挥税务稽查震慑、警示的长效作用，防止一查了之、屡查屡犯现象，促进依法诚信纳税和征纳关系和谐。对于存在纳税问题的企业，除依法缴纳税款、滞纳金和罚款外，还对存在的其他纳税问题提出整改措施，限期整改，起到稽查一次自警多年的作用。2013年，甘肃省地税局稽查局对税务总局安排的重点税源分支机构，共安排自查34户，自查入库税款190.67万元，加收滞纳金5.31万元，开展重点检查31户，共计查补收入140.67万元。对于甘肃省地税局部署重点税源企业安排自查207户，自查入库税款5810.69万元，加收滞纳金130.88万元，开展重点检查286户，共计查补收入7661.87万元。

【打击发票违法犯罪活动】　按照税务总局关于打击发票违法犯罪活动的要求，为更好地开展打击发票违法犯罪活动，甘肃省地税局稽查局下发了《关于开展2013年打击发票违法犯罪活动的工作方案》，成立了工作领导小组，统一了检查内容、检查方法、检查要求，确保了发票专项行动的顺利实施。一是继续保持对发票违法犯罪活动的高压态势，有针对性地继续开展打击发票违法犯罪活动工作，遵循“打击与建设相结合、治标与治本相结合”的原则，在从根本上防范发票违法犯罪活动发生的同时，集中力量查办一批发票违法犯罪重大案件，使发票违法犯罪活动高发态势得到进一步遏制。二是重点对房地产与建筑安装、药品与医疗器械、发电、供电、餐饮娱乐、营利性的教育培训等行业的发票使用情况开展重点检查，同时，各地结合实际，选择发票违法问题多发的行业一并开展重点检查。三是将发票检查与税收专项检查、区域税收专项整治、重点税源企业检查和税收违法案件检查相结合，把纳税人发票使用情况的检查工作作为税收检查的必查步骤和必查项目。四是分解下达了238户违法受票企业指令性检查任务，落实工作责任，加大工作力度，加快工作进程，确保超额完成工作任务。五是加强与公安、国税、审计等部门的配合，做好假发票“卖方市场”的整治工作，进一步加大制售假发票犯罪活动的打击力度和虚假发票典型案例曝光力度，与甘肃省公安厅合作举办了“甘肃省暨兰州市2013年打击和防范经济犯罪5·15宣传日活动”，曝光了一批发票违法犯罪案件，起到了良好的宣传、警示、教育作用。2013年，甘肃省各级地税稽查部门共出动执法人员1963人次，检查纳税单位969户，查处违法受票企业257户，缴获发票4706份，查补税款447.29万元，加收滞纳金41.75万元，罚款191.28万元。

【涉税违法案件检举】　2013年，甘肃省地税局稽查局贯彻落实《税收违法行为检举管理办法》，本着“严谨、规范、及时”的原则，充分发挥举报中心的职能，进一步规范涉税违法案件举报管理工作，明确岗位职责，规范操作程序。以高度责任感，认真对待举报案件的受理和查处工作。在查处各项案件中，实事求是，坚持原则。严格按照新规程的要求，强化管理，严把检举信息处理关，对事实清楚、证据确凿的税收违法行为，从快从重予以处理，以达到处理一件案件，警示、规范一个行业的效果。今年共受理举报案件21件（其中税务总局交办5件），已结案14户，共查补收入311.8万元，其中税款246.8万元，滞纳金5.8万元，罚款59.2万元。

【案件协查工作】　一是按照税务总局要求，推进协查信息管理系统上线工作。为确保协查系统的成功上线，甘肃省地税局稽查局成立了协查系统推广领导小组，在兰州举办了为期4天的税收稽查协查信息管理系统操作及相关业务培训班，经过近3个月的精心准备和密切配合，保证了协查信息管理系统的成功上线。二是始终树立协查地就是案发地的理念，提高税收违法案件异地协助调查取证及执行管理水平，做到件件有回复。同时对于在协查中，发现被协查单位存在税收违法行为的，按有关规定及时处理，需延伸检查的，进一步延伸检查。2013年甘肃省地税局稽查局共办理委托协查案件6起，协查发票16份。

【稽查制度建设】 2013年，甘肃省地税局稽查局认真研究探索稽查工作的新思路，新方法，在不断健全完善各项规章制度上狠下功夫。一是为推进依法行政、规范稽查执法行为，甘肃省地税局稽查局以建立健全适应稽查工作现代化的制度为抓手，认真落实《税务稽查工作规程》及与之相配套的稽查执法文书，提出了稽查工作制度建设目标，在进一步完善稽查管理体制、建立分级分类检查、案件抽查复查管理、案件督办、强化与有关部门协作配合等方面有所突破。制定下发了《关于地税系统稽查办案中有关问题明确方式的通知》《税务稽查案件复查实施办法》，根据税务总局规定明确了省局、市局督办案件的标准。二是对现行的制度进行编纂整理，已经完成了15项稽查制度的整理工作，将在2014年统一下发《甘肃省地税局稽查制度汇编》。这对强化稽查人员依法行政意识，提高严格按照法定职责、法定权限和法定程序实施稽查的能力，对于加强廉政建设，减少执法风险等方面都具有积极的推动作用。

【稽查队伍建设】 甘肃省地税稽查系统按照省局和国家税务总局的部署，大力加强稽查干部队伍建设。一是通过以考促学提高素质。鼓励稽查干部考取注册会计师、注册税务师等资格考试，不断提升稽查干部业务素质。二是通过岗位练兵提高素质。组织开展岗位技能练兵等活动，通过稽查案例分析讲评、组织办案经验交流等形式，进一步提高了税务稽查人员的实务操作能力，提升了稽查队伍的整体素质和税收执法水平。三是通过廉政教育提高素质。各级稽查局始终把廉政教育贯彻到各项稽查工作中，积极开展政治素质和职业道德教育，实施案件复查、回访制度，有效防范执法风险。

【稽查业务培训】 甘肃省地税局稽查局结合当前稽查工作的实际需求及人员素质情况，认真分析研究，制定了详细合理的培训计划。一是根据全省各市（州）稽查局局长人员变动的情况，为全面提高全省地税市级稽查局局长与业务骨干实施新形势下稽查工作的能力和水平，在江西省税务干部学校组织举办了由各市级稽查局局长及部分业务骨干共54人参加的“稽查局长业务培训班”，学习了电算环境下的税务稽查、民商法在税务稽查中的适用、税务稽查案件的执行、税务稽查执法风险、中庸思想借鉴等内容，并结合工作实际使学员对税务稽查实务、案件执行、电子证据、法律应用等知识有了进一步的提高，对如何在新形势下处理好税务稽查与法律、案件执行与风险对应等关系有了深入了解，对防范稽查风险有了较强的认识，提升了稽查业务素质，进一步增强了更好地完成各项稽查工作的自信心。二是为了确保税务总局指令性专项检查项目的顺利实施，于2013年4月12日在兰州举办了在兰有关行业企业财务人员和各市州稽查业务骨干参加的证券、基金行业税务稽查业务查前培训班。培训班上对企业财务人员重点讲述了证券、基金行业税收政策并告知企业进行自查的有关事项；对稽查业务骨干则着重介绍了证券、基金行业税务稽查重点以及如何采用信息化手段对证券、基金行业进行税务稽查，为2013年此项检查工作的开展打下了坚实的基础。

【稽查信息化建设】 加强稽查信息化建设是国家税务总局要求各地探索推进的一项工作，也是甘肃省地税局稽查局2013年着力抓好的重点工作之一。通过认真研究全省稽查信息化建设的现状，总结近几年开展信息化稽查取得的成功经验，分析目前稽查信息化建设的薄弱环节和需要开展的主要工作，积极开展稽查信息化建设。一是继续开展电子稽查工作，推广应用电子查账软件，提高稽查工作效能。二是充分利用省级数据大集中平台，开展税务稽查案源管理信息系统建设，通过对企业涉税信息的采集、分析和使用，提高稽查案源管理能力。三是加强了对稽查人员计算机操作技能和应用能力的培训，不断提高稽查人员信息化稽查的能力，使得稽查信息化建设的效果得以充分发挥。

（屠小东）

青海省国家税务局稽查局

【概述】 2013 年，全省国税稽查工作在省国税局党组的正确领导和税务总局稽查局的指导、支持下，深入学习贯彻落实党的十八大精神，围绕税收中心工作任务，认真履行税务稽查法定职责和授权职责，以开展党的群众路线教育实践活动和“人才建设年”活动为契机，不断改进工作作风，加强队伍建设，坚持规范文明执法，夯实管理基础，强化廉洁从税，优化纳税服务，稳步推进稽查专业化建设进程，全面提升税务稽查执法能力，全力整顿和规范税收秩序，圆满完成了全年各项工作任务。

【稽查查补收入及分析】 根据当前经济形势和税收工作，妥善处理执法与收入的关系，按照“大张旗鼓抓执法，不动声色保增收”的工作要求，进一步提高税务稽查工作质量和效率，严厉查处各类涉税违法行为，充分发挥税务稽查职能作用，稽查查补税收工作取得显著成效，2013 年全省国税稽查查补总额 2.13 亿元，查补率 1.13%，其中：增值税 1.87 亿元（占主要涉案纳税人查补税收入库额的 81%），企业所得税 2515 万元，消费税 90 万元，车辆购置税 8 万元，有力地保障了税收中心任务完成。

【案件查办情况】 认真落实重大案件查处责任制，严格贯彻执行大要案件报告制度、重大案件督办管理办法，按照风险评估、控制测试、实质性程序和纳税人遵从度评价等四个程序，开展审计式检查，增强稽查检查环节痕迹管理。同时，进一步加大案源、案件分析力度，继续开展稽查案例和稽查选案评析活动，着力提高税务案件反应力、查处力，办案质量有效提升。2013 年查处 10 万元以上大要案件 37 起，查补收入 1.3 亿元。

【税收专项检查】 按照税务总局指导性和指令性项目，严格落实分类分级稽查工作要求，紧密切合实际，统一协调部署，优化资源配置，强化稽查分析，把握执法重点，抽调稽查人才库人员和业务骨干共 108 人，组成 37 个检查组，以煤炭等矿产资源、成品油生产经营企业，办理电子、家具、服装类产品等出口退（免）税企业，以及证券公司、基金公司等为重点检查对象的 106 户重点税源企业实施税收专项检查，累计查补税收 1.04 亿元。

【区域性税收专项整治】 在省发改委统一部署下，与工商、商务等部门密切配合，采取随机抽样方式，对 50 户机动车经销单位加价提车费、异地提车费、强制装修费等收费开票信息进行收集、分析，确定整治方向、开展重点检查，共查补税收 237 万元，有效整顿了西宁地区品牌汽车销售服务领域经济和税收秩序，得到省政府领导的肯定和表扬。与地税、卫生等部门紧密配合，相互协作，对全省 10 家三级以上公立医院和 1062 户药品、医疗机械生产经营单位，组织开展发票开具和使用情况检查工作，查处发票违法企业 55 户，查获非法发票 3672 份，涉及金额 2.49 亿元，查补税收 435 万元，公安部门立案查处违法企业 1 户，抓捕犯罪嫌疑人 3 人，行业税收秩序得到有效规范。

【重点税源企业检查】 根据税务总局的统一部署，认真完成全国重点税源中化集团和云天化集团在青企业青海盐云钾盐有限公司、青海云天化国际化肥有限公司的轮查工作。同时，根据本地区重点税源情况，采取抽查与重点检查相结合的检查方式，重点对 12 户省、州（市）级重点税源企业开展税收专项检查，检查有问题 6 户，查补税收收入 6732 万元，省国税局召开约谈会，责令重点税源企业对存在的涉税问题限期整改，企业逐项认真分析整改，有效降低企业税收风险，促进税法遵从度进一步提高。

【打击发票违法犯罪活动】 认真贯彻落实全国打击发票违法犯罪活动工作要求，立足标本兼治综合治理，以西宁、海西等 6 个地区为重点区域，以从事农副产品、金融、保险、建筑安装、电力等 5 个行业和接受成品油销售增值税专用发票企业为重点治理对象，与公安等部门着力打击“卖方市场”，整治“买方市场”，查处“青海省新绿洲药业集团有限公司格尔木药品配送中心虚开增值税发票案”等发票违法案件 518 件，查获非法发票 5834 份，涉案金额 4.09 亿元，查补税收 1592 万元，公安部门立案侦查 2 起，抓获犯罪嫌疑人 3 名，其中：已判处有期徒刑 2 人，严厉打击了不法分子的嚣张气焰，净化了经济和税收环境。

【涉税违法案件检举】 认真履行税务稽查法定职责和授权职责，严格贯彻落实《税收违法行为检举管理办法》，有效提高检举案件的受理、处理、转办和督办工作质量和效率，严厉打击各类税收违法行为。2013年全省各级国税举报中心共受理检举案件123起，查处120起，查结121起，查补税收4712万元，其中：税款4368万元，罚款46万元，滞纳金298万元，入库率100%。在受理查处的检举案件中，符合大要案标准的案件共有17件，共计查补税收2998万元。

【案件协查工作】 强化对委托发起及受托检查质量的跟踪和监控力度，充分发挥协查系统快速、便捷、实时监控的优势，着力加大涉税违法信息分析力度，根据套开、伪造增值税专用发票犯罪现象有所抬头的情况，以作案手法和违法犯罪特征为主要内容，制作下发《关于青海省近期查处套开、伪造增值税专用发票违法犯罪案件情况的预警分析报告》，为税收征管和案件查处服务。2013年累计收到受托协查发票1905份，涉及金额4.48亿元，按期回复率100%，发出委托协查发票3255份，涉及金额7.23亿元，证实虚开发票100份，涉及金额1776万元，委托、受托协查信息完整率分别为99.89%和99.63%，高于总局要求95%的标准，协查查补税收2328万元。

【稽查案件复查复审】 以全面自审为先导，复审和免审相结合，重点复查为保障，采取“一对一，卷卷见面”方式和边审查边督导边整改的举措，对2012年立案查处并已结案的131件稽查案件进行全面复审复查，覆盖面达到了100%，并抽取54件案件进行集中复审，对其中2件案件进行实地复查。同时，开展案卷观摩交流活动，进行案件存在常见问题分析讨论。会议交流西宁、海北审理工作经验，现场观摩学习优秀税务稽查案卷，以及邀请省国税局政策法规处作《税收执法与法律风险》专题讲座，进一步巩固案件复审复查工作成果，有效规范稽查执法行为，税务案件管理水平显著提升。

【稽查制度建设】 加大稽查重点工作绩效考评工作力度，严格落实重点考核指标要求，确保办案经费管理、工作报告、案情分析、督查督办、大要案报告、案件公告、稽查报表、稽查建议等制度落实到位，省国税局稽查局根据人事调整情况完善工作职责，建立ABC岗工作制度保证工作连续性，稽查执法内控机制得到进一步完善和落实，各项重点考核指标达到或超过目标要求。2013年稽查选案准确率100%，案件结案率99.88%，查补收入入库率达到99%，均高于税务总局要求90%的标准。

【稽查协作】 与公安、海关联合制定《青海省2013年打击骗取出口退（免）税违法犯罪活动工作实施方案》，充分发挥税务机关的专业优势、公安机关的侦查优势和海关的情报优势，重点对出口伪报、出口申报不实、出口贸易额异常增长、向出口企业虚开增值税专用发票的生产企业，以及从事骗税违法犯罪的职业犯罪团伙和犯罪分子等实施重点查处和打击，有力整顿规范出口退税管理秩序。与公安部门配合对捣毁的制售虚假发票窝点的联合查处工作，积极开展发票鉴定，以及接受虚假发票企业的查处工作。截至目前，抓获犯罪嫌疑人2人，查获假发票3.2万份，持续保持打击发票违法犯罪活动联合执法高压态势。

【稽查现代化建设】 以煤炭、信息化稽查、有色金属、资本交易等为重点专业化稽查建设项目，从全省国税系统稽查部门选抽业务骨干34名，成立由省国税局稽查局局领导分别任组长的4个专业化小组，完成项目摸底调研和行业违法风险点归集、整理工作，编撰印发了《资本交易项目稽查指南》《有色金属行业稽查指南》和《煤炭行业稽查指南》。

【稽查宣传】 利用定期案件公告、“深入开展社会管理综合治理暨平安建设，全面构筑青海省社会和谐稳定的基础屏障”主题宣传月活动、税法宣传月活动、税法“七进”等多种形式，并充分利用广播、电视、报刊、网络媒体和12366税收咨询热线等方式，广泛宣传税收法律法规，公开曝光违法性质恶劣、社会关注度高、影响面大且有典型性的案件70起，充分发挥税务稽查的教育、惩治、警示、震慑效应。

【稽查调研】 积极开展稽查专业化、现代化发展理论研究，围绕如何准确定位和理顺纳税评估和税务稽查协作关系，实现税收管理资源合理配置，以提升税收征管质效，以及资本交易项目税务检查开展专题工作调研，形成《新征管模式下纳税评估与税务稽查关系的思考》《关于开展资本交易项目检查的思考》等3篇调研报告。

【稽查队伍建设】 采取全省各级国税局稽查局推荐，报经省国税局主管领导批准方式，选派年轻业务骨干130人参加外省举办的7期稽查业务培训班，进一步加快稽查专业人才培养进度。认真开展稽查人才建设工作调研，形成《着力推进税收

专业化稽查　建设高素质稽查人才队伍》等调研报告和特约专稿，为提升新时期稽查队伍整体素质，进行有益的理论探索和研究。

【稽查廉政建设】　扎实抓好党的群众路线教育活动，按照“预防为主，防教结合”的工作思路，深入开展法制教育和警示教育，组织稽查干部观看廉政教育片，举办廉政教育、预防执法风险等专题讲座，着力提高稽查人员的法律意识。严格落实稽查执法内部监控机制，层层签订《2013 年党风廉政责任书》，增强稽查执法风险管理，切实加强“两权监督”“一案双查”，强化风险意识和责任意识，杜绝失职渎职行为的发生，全年未发生一起税务稽查干部违法违纪行为。

【稽查业务培训】　加大稽查核心业务培训力度，举办 2 期稽查人员会计知识培训班，对 100 名稽查业务骨干进行财务会计核算基础知识培训；省国税局稽查局与基层国税局稽查局组织开展资本交易项目、信息化稽查等稽查互动学习 15 期，并根据省国税局统一部署选派稽查干部分赴相关州县开展小企业会计准则辅导巡讲活动，累计培训人员 2000 人（次）；选派 51 人参加省外资本交易事项、信息化稽查等 5 期（次）专题培训，促进稽查人员综合业务水平不断提高。

【工作建议】　随着经济社会和税收事业的不断发展，税源结构日趋复杂、税收规模日益扩大，现有稽查人员配备不足，稽查力量相对薄弱；现代管理手段日新月异，企业信息化技术发展迅猛，且呈多样化，稽查检查方法和执法手段相对滞后，稽查现代化、信息化水平有待提高；不同领域、不同行业逃避纳税义务的违法行为呈现多样化，涉及的各具特色的专业化经营管理和财务核算知识给稽查检查工作带来严重挑战，需要给予更多的业务和技术支持，促进稽查执法质效进一步提升。

（李辰钰）

青海省地方税务局稽查局

【概述】　2013 年，青海省地方税务局稽查局（以下简称青海省地税局稽查局）紧紧围绕全国税务稽查工作会议和全省地税工作会议精神，及时召开 2013 年全省地税稽查工作会议，统一安排和部署了全年税收专项检查、区域税收专项整治、打击发票违法犯罪、整顿和规范税收秩序等稽查重点工作任务，制定了各项切实可行的工作实施方案，并且加大对各地稽查工作的监督、指导和协调力度，认真落实税务总局和省局确定的任务目标。工作中坚持依法行政，认真履行职责，努力拓展工作思路，狠抓稽查执法，加强队伍建设，强化系统管理，深入开展了全省税收专项检查和区域税收专项整治工作，严厉查处重点行业、重点地区存在的税收违法犯罪行为，打击发票违法犯罪活动。

【稽查体制机制改革】　青海省地方税务系统于 2010 年年底开始实施稽查机构改革，此次改革根据青海省地广人稀、经济发展不均衡、重点税源企业相对集中的特点，撤并了原有稽查机构，在全省设立了五个副处级稽查局，即西宁市地税局稽查局、海东市地税局稽查局、海西州地税局稽查局、海南州地税局稽查局、园区稽查分局，其中海东市地税局稽查局负责管辖海东市、黄南州、果洛州三个地区的稽查工作；海南州地税局稽查局负责管辖海南州、海北州、玉树州的稽查工作；工业园区稽查分局负责西宁周边四个工业园区的稽查工作，构建了跨地区市（州）一级稽查体制。在现行稽查体制下，实施分类分级稽查管理方式，按照税源分布结构和税收风险等级，给予各地稽查局相应的工作任务，使稽查人力、物力、财力等资源与稽查执法对象的分布相对应。

【稽查查补收入及分析】　2013 年青海省各地方税务局稽查部门累计查补并组织企业自查各项收入 1.7 亿元，其中：稽查查补税款 1.1 亿元，罚款 587 万元，滞纳金 604 万元。查补税款超过百万元的重大涉税违法案件 18 件，涉及税款 7800 万元；组织 72 户企业开展自查，共计补税 4299 万元。累计入库各项收入共计 1.63 亿元，入库率为 96%。

【案件查办情况】　2013 年青海省地税稽查部门共计查办涉税案件 256 件，其中专项检查 115 户，打击发票违法 118 户，税务总局重点税源检查 1 户，其他检查 22 户；有问题 253 户，选案准确率为 98.83%。结案 249 件，其中百万元以上案件 18 件，结案率为 97.26%。

【税收专项检查】 2013年根据税务总局稽查局的统一部署，将证券、基金公司、房地产、建筑安装业列为全省指令性检查项目。其中，各局对证券、基金公司的检查在案头分析的基础上，主动走访工商管理部门搜集相关信息资料，充分利用第三方信息查寻案源线索，确定被查对象，避免了选案的盲目性。同时，将资本性交易、中介和培训服务机构、高收入者个人所得税列为指导性检查项目。要求各局在完成好上述确定的指令性和指导性检查项目的基础上，结合本地实际，从管辖区内的重点税源企业中按行业自行选择1～2项作为指导性检查其他项目开展税收专项检查。全省地税税收专项检查共检查纳税人109户，查补收入9531万元（其中税金9024万元，罚款359万元，滞纳金148万元），执行入库6620万元，安排自查67户，自查有问题28户，自查补税2549万元。

【区域性税收专项整治】 2013年全省的区域税收专项整治工作结合税收专项检查分地区开展，其中：省会西宁市继续以打击发票违法犯罪活动作为专项整治的重点；其他地区根据本地实际情况开展对钾肥行业、矿产品（包括煤炭）采选经销企业开展区域税收专项整治。同时，强化横向联合，积极与国土、物价、电力、交通运输等部门沟通协调，实现对资源性企业采、运、销的全程监控，使整治工作有的放矢；共检查矿产品采选经销企业13户，查补收入301万元。同时，安排矿产品经销企业自查36户，自查税金共计1995万元。

【重点税源企业检查】 根据《国家税务总局稽查局关于开展2013年重点税源企业税收专项检查工作的通知》（税总稽便函〔2013〕27号）要求，与青海省国家税务局共同执行税务总局安排的对中国中信集团公司等17家重点税源企业进行实地调查，经调查核实，将在本省2家子公司确定为重点检查对象，自查补税53万元，稽查查补税金111万元，并全部入库。同时，结合本省实际，自行开展了重点税源企业的检查。继续对近几年来未检查过的3户重点税源企业按照行业和税收风险类别等级确定检查重点。在检查的组织上，由省局稽查局牵头，实施多地联动的督导协调和跨地区稽查联动协作机制。在检查方式上，继续推行查前辅导、查中约谈，以自查为先导、抽查与重点检查相结合的检查方式。共查补税金470万元。

【房地产及建筑安装业企业检查】 根据行业性质和特点，整理相关税收法规、政策，并分析违法动向及规律，拟定了检查指导提纲，将被查企业核算内容的真实性、纳税申报的及时性、应税收入的完整性、扣除项目的合理性、提供资料的可靠性、原始凭证的合法性作为必查项目。共安排检查58户，查补收入7771万元。企业自查17户，补税545万元。

【打击发票违法犯罪活动】 2013年，省局将打击发票违法犯罪活动工作任务层层细化分解到州、地、市局稽查局，做到任务明确、责任到人，并同各地征管部门密切协作，以税法宣传月活动为契机，组织稽查干部开展多种形式的宣传活动，取得了良好的社会效应。在税警双方协作方面，组织召开了青海省第十次国税、地税稽查暨第八次税警协作联席会议，通报了全省税警协作工作开展情况和取得的成绩，并积极寻找新的合作点，选准突破口，努力做好全省打击发票违法犯罪活动的情报交流、联合执法等工作，使打击工作有的放矢，形成打击合力，有效遏制虚假发票案件的高发态势。全省地税系统累计出动执法人员867人次，共对418户企业的发票取得及使用情况进行了检查，共查处违法企业（个人）206户，查获非法发票47298份（其中：税务部门查获3582份，与公安部门联合查获43716份）；并与公安部门联合查处案件10起，抓获犯罪嫌疑人12人，移送司法机关1人，查获联系出售假发票手机17部，电脑、打印机等作案工具13台，假印章201枚；共涉及金额8287.09万元，查补税款426.71万元，加收滞纳金21.62万元，罚款80.89万元。

【涉税违法案件检举】 2013年，青海省地税局稽查局坚持“举报畅通，有案必查”的原则，着力完善办案机制，认真落实《税务违法案件举报管理办法》，切实保障举报案件的受理、查处等各渠道的畅通，规范对税务违法案件的受理、登记和查处、反馈、奖励工作。全年共受理各类举报案件5起，共查补税款375万元。

【案件协查工作】 全年受理协查案件8起，协查发票57份，做到了按期回复协查结果，确保回函工作质量，回函率达到100%。

【稽查制度建设】 2013年，青海省地税局稽查局针对全省新的稽查体制运行过程中出现的一些问题，在学习外地经验的基础上，结合全省地税稽查工作的现状，参照现行法律法规制度等相关规定，从理顺稽查部门与所属地税局间的工作关系以及税务稽查“四环节”如何适应现行体制要求等方面入手，进行了认真梳理和分析，制定出台了《青海省地方税务局稽查工作规范》，明确规定了全省地税稽查系统现行体制下稽查管理、办案程序、调查取证、文书使用、档案管理、督办复查、工作报告、经费管理等方面的操作规范，为全省地税稽查工作的有效实施提供具体的指导和提示，使稽查人员有相对统一的工作参照规范，有效提高了依法行政和稽查执法水平。

【稽查系统建设】　2013 年，青海省地税局稽查局加大了对基层工作的协调、指导力度，强化税收执法监督，严格执法过错责任追究，促进税收执法行为规范化。先后以组织稽查工作会议、部署安排专项检查、听取案件查处情况汇报、走访基层实地调研等形式，加强对基层稽查工作的指导，并在稽查工作方式上实现了“五个突破”。一是突破“稽查事后惩处”的职能方式。通过调研式稽查，适时分析行业税收违法动向及规律，拟定自查提纲明确自查方向，提高企业自我纠错能力，实现稽查从事后惩处到事前预防的转变。二是突破“就账查账”思维定式。重点检查企业资金链，打破传统稽查思维模式，有效利用第三方信息，探究被查对象深层次税收问题。三是突破“数据瓶颈”。借助查账软件功能，对数据库不在本地区又不提供服务器密码的被查单位，从客户端导出序时账、科目余额表还原成原始账套方式展开检查，改变了以往实施稽查时，因得不到异地母公司的授权而无法采集数据的被动局面。四是突破“地域限制”。通过调研式稽查反映行业存在的普遍性、规律性和苗头性的税收问题及时与各级税源管理部门沟通，信息资源共享，有效解决了信息不对称问题，增强了稽查数据增值利用能力。五是突破传统稽查方式。在西宁市局稽查局试行“审计式稽查”，规范稽查程序，强化过程监督，推动稽查工作科学化、专业化、精细化管理，取得了较好效果。

【稽查队伍建设】　青海省地税局稽查局认真开展以“为民、务实、清廉”为主要内容的党的群众路线教育实践活动，在省局机关党委的统一组织领导下，切实加强群众观点、群众路线、群众立场教育，不断增强责任意识、服务意识和廉政意识，把“照镜子、正衣冠、洗洗澡、治治病”作为活动总要求，严格执行党风廉政建设各项规章制度，领导带头，全员参与，强化监督，认真实行“一岗双责”，努力实现思想、作风、纪律的进一步好转。在活动过程中深刻审视所处环境变化，深刻分析思想观念不足，深刻反思思想精神状态，讨论典型事例，撰写心得体会，抓好队伍的廉政建设、法制教育和风险教育，牢固筑起反腐倡廉的思想防线，切实做到进入思想、进入工作，确保了“时间、人员、内容、效果”四落实。把党风廉政建设和反腐败工作责任制作为一项政治纪律认真执行，高度重视本部门的党风廉政建设和反腐败工作，重点掌握职工思想动态，抓好职工素质教育，使干部职工的思想政治素质和精神境界有所提高，有力防范违法乱纪事件的发生。根据党风廉政建设工作目标，按照“一岗双责”的要求，把党风廉政建设具体要求和反腐败各项任务，分别落实到领导班子各成员分管工作的每个环节和领导干部责任之中，突出自律抓防范。

【稽查业务培训】　2013 年，青海省地方税务局继续强化稽查干部队伍素质建设，组织一线检查人员开展了专项检查查前业务培训以及稽查查账软件操作系统方面的培训，参训人数达到 80 余人次。培训内容的设计方面主要以帮助参训人员熟悉行业特点、法律知识、会计核算、小企业会计准则等稽查人员应具备的基础知识，进而了解税务稽查证据理论与实务及相关法律问题，准确把握稽查重点、难点，专题学习相关选案及检查技巧，有效提高了稽查干部的业务水平。

【稽查信息化建设】　2013 年，青海省地税局稽查局注重工作创新，尤其在完善工作模式、提高稽查信息化程度上作新的尝试。为全面提高稽查信息化管理水平，年内增配了 28 套电子查账辅助设备，将电子查账应用纳入稽查年度目标考核项目，要求对实行会计电算化企业检查时全部采取电子查账方式实施稽查。在总结以往工作经验的基础上，有针对性地开展了经营模式、纳税风险导向的调研式稽查。

【稽查宣传】　组织稽查干部展开多种形式的宣传活动，通过悬挂标语、设置展板、发票真伪鉴别台、宣传咨询台，向社会各界和广大纳税人重点宣传了发票整治工作的重要性、公布发票违法举报电话、推行有奖发票等活动，提高了广大人民群众依法取得和使用发票的意识，提高了发票防假防骗能力，营造了打击发票违法犯罪活动的强大声势和舆论氛围，既震慑了制售假发票的犯罪分子，又让群众了解并参与到打击发票违法犯罪活动工作中来，取得了良好的社会效应。

【稽查工作会议】　为贯彻落实好全国税务稽查工作会议精神，2013 年 3 月召开了全省地税稽查工作会议，通报了上年度全省地税稽查工作完成情况，传达了税务总局会议精神，并就做好 2013 年全省地税稽查工作提出了具体安排、部署和要求。7月又召开了全省地税稽查工作汇报会，听取各地稽查局就按照省局总体工作部署全面抓好稽查工作，组织开展好专项检查，提高打击发票违法犯罪工作成效等方面的专题汇报，同时对稽查工作落实中遇到的问题和困难进行共同研究和讨论，明确了工作要求，为顺利完成全年各项预定目标奠定了基础。

（刘 琪）

宁夏回族自治区国家税务局稽查局

【概述】 2013年，全区国税稽查部门按照“强化技能、突出管理、提升质效”的基本思路，把握依法行政的核心要求和税务稽查现代化的发展方向，大力整顿规范税收秩序，严厉查处涉税违法案件，不断提升科学管理水平，持续加强稽查队伍建设，较好地完成了各项工作任务。

【稽查体制机制改革】 全区国税鼓励各地稽查部门探索“统一选案、交叉检查、集中审理、联合执行”方法，推进稽查工作模式创新，在实施税收专项检查指令性项目检查、市级稽查部门对下案源管理进行“统一选案”，确定典型项目和案件组织多级联查、异地检查的“交叉检查”，对同类案件、人员较少的县级稽查部门检查案件进行“集中审核”或“集中审理”，对查结案件由检查人员和所在地稽查部门“联合执行”，提高了工作成效。

【稽查查补收入及分析】 全年全区国税稽查部门共查补收入3.35亿元，其中：税款22528万元，罚款4248万元，入库3.31亿元。增收的原因主要是加强了对重点税源企业的检查，查补收入5000万元；认真落实“查账必查票，查税必查票，查案必查票”的要求，深入查处虚开虚抵增值税专用发票和虚假发票列支成本等行为，查补5600万元；实行稽查能级管理、大要案件督办、案件限时查结等制度，工作提速增效增收近4000万元，尤其是银川市国税局稽查查补收入过亿元，固原国税局稽查查补收入跨上6000万元新台阶，推动了查补收入保持高位水平。

【案件查办情况】 2013年，全区国税稽查部门累计检查纳税人1374户（次），有问题1329户（次），结案1329户（次），其中：偷税案件1014起。检查户数比2012年增加54户，查补收入减少0.12亿元，个案案值100万元以上大要案件减少7户，偷税案件增加10户，2013年案件查办情况总体与2012年持平。

【案件特点分析】 一是偷税案件是涉税违法案件的主要类型，占全部检查有问题户数的76%，其他抗税、骗税涉税违法案件较少。二是虚开增值税专用发票违法案件发案较多，查处了固原鑫盛源等多起虚开增值税专用发票案件，具有涉案范围广、金额大、专业团伙作案、从区内经济相对发达地区向落后地区蔓延的特点。三是普通发票违法案件依然多发，以虚假发票列支成本问题突出，发现了开具家电下乡专用发票未申报纳税、园林绿化行业虚假发票问题等一批典型案件。四是涉税违法犯罪分子闪电式作案手段和管理部门难以实施及时监管，部分案件发现移交稽查部门迟缓，案件成功查处后税款损失无法挽回。

【重大案件查处】 全区国税各级稽查部门认真落实稽查案件分级分类管理制度，通过直接检查、授权检查、联合检查等方式，查处了固原鑫盛源农副产品有限公司涉嫌虚开、宁远精衣纺织有限公司取得套开发票抵扣税款、银川嘉敏商贸有限公司开具家电下乡专用发票未申报纳税等一批大要案件。全区国税稽查部门查处个案案值千万元以上案件1起、100万元以上案件34起，特别是石嘴山市国税局稽查局查处个案案值百万元以上大要案件超过全区的1/3。固原鑫盛源农副产品有限公司虚开增值税专用发票案被列为总局督办案件，涉及专用发票313份，金额7608万元，税额1293万元，价税合计8901万元，受票企业涉及福建、广东、内蒙古、上海等17个省、市（区）的35户企业。

【税收专项检查】 根据税务总局税收专项检查工作部署，确定了成品油批发、零售企业；证券、基金公司；电子、家具、服装类等产品出口退（免）税企业；3年未实施稽查的区内重点税源企业为指令性项目。组织了税收专项检查和专项整治涉及项目的查前培训。在征求征管、货劳、所得税等内部业务部门意见的基础上，积极与证监局、海关等外部单位协调收集信息，依托《稽查辅助平台》集中选案，经各地确认后下发待查企业名册，增强了税收专项检查的针对性和整体成效。系统专项检查共完成749户，查结626户，发现有问题588户，查补各项收入14874万元，入库13688万元，其中：税务总局指令性项目涉及141户企业，检查面达到100%。其中：房地产及建筑安装业企业共检查31户（次），查补税款994万元，加收滞纳金54万元，处以罚款104万元；出口退（免）税企业及货代公司检查7户（次），查结7户（次），查补税款6.5万元，加收滞纳金1.6万元，处以罚款6万元。

【区域性税收专项整治】　在全区范围内开展对农产品加工企业的税收专项整治活动，深入查处虚构收购、虚抬价格、虚增数量、将非农副产品按农副产品开具等行为，共安排检查农产品加工企业60户，查补收入631万元。

【重点税源企业检查】　一是根据税务总局关于重点税源企业检查的安排，本区国税、地税稽查部门联合对涉及全区的5户重点税源企业分支机构安排了自查，开展了查前辅导和查中督导工作，对辖3户进行了重点检查，查补收入26万元。二是安排了对全区3年未实施稽查的年缴纳货物劳务税500万元以上企业开展重点检查，检查56户，查结48户，发现有问题的43户，查补各项收入5000余万元。

【打击发票违法犯罪活动】　着力强化“政府领导、税务主管、公安严打、多方配合、社会参与”的打击发票违法犯罪活动工作机制，试点将城管部门纳入协调小组成员，制定工作方案，安排对房地产与建筑安装、药品与医疗器械、发电、供电、餐饮娱乐（未分设地区）、营利性教育培训及农产品加工等7个行业开展重点检查，下达检查处理违法受票企业户数任务，联合卫生等八厅局开展全区医药卫生行业发票专项整治，将发票检查与纳税评估、所得税汇算清缴、发票验旧、注销户清算等相结合，共立案查处各类发票违法案件694件，打掉2个发票储藏窝点，抓获59名犯罪嫌疑人，查处非法发票27万余份，查补各项收入5607万元。

【涉税违法案件检举】　认真贯彻落实《税收违法行为检举管理办法》，实施检举案件分类处理，在做好检举案件受理的同时，积极做好检举人的疏导和税法宣传工作，将举报中心逐步打造成一个既受理群众检举又为纳税人提供税法咨询服务的窗口。全年共受理检举案件119起，查处111起，结案109起，结案率为95%，查补税收收入240万元，发放检举奖金10000元。

【案件协查工作】　认真贯彻落实《税收违法案件协查管理办法》，狠抓协查基础工作，不断规范、优化协查工作流程，通过参加区局组织的协查管理工作培训，紧密联系协查工作实际，全面树立了科学协查的理念，协查工作效率得到了明显提高。全区共通过协查信息管理系统发出委托协查174起，协查发票834份，涉及金额2.2亿元，委托协查信息完整率99.87%，委托协查选票准确率8.24%；共接受协查委托278起，协查发票6881份，涉及金额17.1亿元，查补入库税款2225万元，受托协查信息完整率99.73%，累计按期回复率连续5年保持100%。全年共收到纸质协查70起，涉及发票1338份，发票协查结果已全部回复。

【稽查队伍建设】　完善稽查绩效考核管理办法、稽查能级管理办法、大要案件奖励办法，成立了稽查、监察、法规、督查等多部门组成的复查小组，抽调全区稽查业务骨干，抽取35户2012年度稽查案件组织实地复查。开展优化税务稽查服务和执法监督评议活动，通过对已查结纳税人进行问卷调查、实地走访、现场督查，加强了对稽查执法监督薄弱环节的监督。各地推行《税务稽查进点公告》制度防范执法风险，为企业举办了发票知识等3个专题5场次讲座，通过查后回访座谈等形式提醒企业存在的涉税风险，优化了稽查执法服务。

【稽查人才库建设】　根据税务总局有关工作要求，严格按照人才库入选人员标准、条件和选拔程序，从报名、资格审核、考试成绩排序、组织考核、区局审定等环节进行筛选，推选了综合调研类1名、检查类3名。

【稽查业务培训】　全区国税稽查部门紧紧围绕加强稽查执法能力建设的主线，到江西税务干部学院对全区国税系统稽查局（科）长开展为期9天的专门培训，举办了全区国税系统协查管理工作培训班，各级按照分级负责的原则，下发年度稽查人员业务培训通知，指导各地把握新税收政策法规、稽查工作规范等重点，通过小教员教学、典型案例剖析等方式，大力开展冬春季培训，提升了稽查人员业务能力。

【稽查信息化建设】　一是加大查账软件应用面。确定应用查账软件不低于15%的工作考核目标，对信息化管理企业使用财务软件等情况建立管理台账，举办信息化管理企业检查培训班，对已配备稽查查账软件进行升级，邀请软件公司人员对信息提取、数据分析、案件查处进行实地指导，应用稽查查账软件检查企业301户，检查面超过25%，查补收入5000余万元。二是积极推行审计型检查工作底稿方法。邀请了辽宁省国税专家对全区国税稽查部门的60多名学员进行了培训，各地分别选择典型企业开展检查，对审计型检查工作底稿方法的数据信息采集、工作底稿使用、系统软件操作以及涉税风险防控等检查方法进行实践，运用该方法共检查企业10户，查结7户，查补收入247万元。三是加强装备建设，为基层配备了150台台式机、70台打印机。

【稽查宣传】 强化工作宣传，《宁夏国税局稽查局规范化建设质效齐升》《宁夏国税局用查账软件获取企业涉税数据》《银川国税局严查发票违法案件》等做法被《中国税务报》采用。强化信息宣传，建立《税务稽查要情》报送制度，有关信息被区党委政府采用4篇，被区局采用15篇。强化舆论宣传，曝光了“6·06”等8起发票违法犯罪典型案件，制作抵制虚假发票公益宣传片、组织主题宣传活动，召开新闻发布会。

【稽查工作会议】 2月26日，召开了全区国税稽查工作会议，传达学习了税务总局稽查工作会议精神和区局主要领导对稽查工作的重要批示，总会计师杨勇代表区局党组作了《务实创新 狠抓落实 确保完成全年稽查工作任务》的工作报告，总结了2012年全区国税稽查工作，对2013年工作进行了部署。通报2012年全区国税稽查工作情况、稽查案件抽复查情况、优秀稽查案例评选情况。6月4日，在银川召开了全区打击发票违法犯罪活动工作会议，通报了2012年全区打击发票违法犯罪活动工作开展情况，部署了2013年工作，调整了协调小组成员单位。

（肖 立）

宁夏回族自治区地方税务局稽查局

【概述】 2013年，宁夏地税稽查部门以整顿和规范税收秩序为目标，以推进稽查现代化为抓手，以打击涉税违法行为为突破，以提高稽查执法质量为重点，以提升稽查执法能力为保障，坚持把稽查成果做大，积极把环境整治做实，努力把规范管理做好，有效把队伍管理做优，扎实开展党的群众路线教育实践活动，圆满完成各项工作任务。

【稽查体制机制改革】 认真探索建立“税费同查，以查促管”的工作机制，做好税收检查的相关法律、法规和文书配套工作。积极参与税收征管模式改革工作，大胆探索和积极实践税务稽查现代化、国际化建设，加强对稽查管理体制、制度保障、技术手段、工作方法等稽查各要素持续进行现代化改造，逐步形成与宁夏回族自治区现代税源结构特征相适应的稽查资源配置模式和管理机制。巩固完善系统内外部门协作机制，探索完善稽查执法内控机制。

【稽查查补收入及分析】 2013年，宁夏地税稽查部门共查补收入达23684万元，较2012年增收2414万元，增长11.35%。其中：税款16499万元，滞纳金1647万元，罚款3128万元；入库24430万元，较2012年增收4117万元，增长20.27%，其中：税款17226万元，滞纳金1918万元，罚款2879万元。

【案件查办情况】 2013年，宁夏地税稽查部门共检查各类案件427件，结案404件，结案率94.61%，比国家税务总局要求的90%高4.61个百分点。选案准确率97.19%，比国家税务总局要求的90%高7.19个百分点。

【案件特点分析】 从2013年宁夏地税稽查案件所涉及补查纳税人经济类型看，私营企业和有限责任公司是涉税违法行为主体；按行业分，房地产、建筑安装业是涉税违法行为高发行业。其中涉及营业税案件主要是未按照规定将取得的预售收入全额申报缴纳营业税，尤其是存在销售的车库、车位、地下储藏室未按规定申报缴纳营业税；企业所得税方面主要是少报或账外经营不计应纳税所得，违法列支以及不符合规定结转成本等问题。

【重大案件查处】 2013年，宁夏地税稽查查处税收违法案件百万元以上13户，结案8户，查补收入3062万元，入库收入2452万元；查处税收违法案件千万元以上3户，结案3户，查补收入7460万元，入库收入7460万元。

【税收专项检查】 结合国家税务总局检查计划，经充分调研，在征求基层单位和宁夏地税局职能部门意见的基础上，制定下发了《2013年全区地税稽查工作要点》和《宁夏地税局关于开展2013年税收专项检查工作的通知》，圆满完成资本交易、房地产和建筑安装业以及高收入行业的税收专项检查任务，入库收入24430万元中，税收专项检查查补入库收入21862万元，占入库总收入的89.49%，较好地完成了专项检查任务。

【区域性税收专项整治】　银川市地税局稽查局将交通运输行业及物流行业、石嘴山市地税局稽查局将煤炭市场、吴忠市地税局稽查局将建安企业及驾校、中卫市地税局稽查局将驾校确定为区域税收专项整治对象，同时各地结合发票检查对宁夏地税局辖区内近两年来未进行税务稽查的“营改增”重点税源企业安排了专项整治。宁夏地税局区域税收专项整治重点检查共安排检查企业77户，查补各项收入556万元。

【重点税源企业检查】　国家税务总局安排的重点税源企业在宁夏地税局辖区有6户分支机构，于2013年4—5月安排了自查，自查6户，自查补税4户，查补入库各项收入及加收滞纳金24万元。重点检查安排6户，结案6户，其中2户补税2.48万元，加收滞纳金0.18万元，罚款1.98万元，共计4.64万元，已全部入库；4户为结论户。

【房地产及建筑安装业企业检查】　2013年，宁夏地税稽查部门共安排检查房地产及建筑安装企业125户，结案113户，查补收入9437万元，入库收入10072万元。企业自查23户，自查补税金额1197万元，自查入库金额1197万元。

【打击发票违法犯罪活动】　制定下发了《宁夏地税局关于深入开展2013年打击发票违法犯罪活动工作的通知》，重点检查金融、保险、广告、餐饮娱乐、药品与医疗器材、移动电信、房地产与建筑安装等行业的发票使用情况。2013年宁夏各级地税机关开展打击发票违法犯罪活动共检查企业1411户，查处违法受票企业268户，查处非法发票877份，查补收入561万元，完成了国家税务总局下达的查处违法受票企业不少于200户目标任务的133.5%；其中银川市地税局稽查局工作突出，查处违法受票企业185户，完成了宁夏地税目标任务200户的92.5%。宁夏地税各级稽查部门与公安部门配合，联合行动14次，查处非法制售、出售假发票案件6起，抓获犯罪嫌疑人7人，刑拘5人，收缴用于作案的手机11部，查获宁夏地税定额假发票177400份，查获宁夏地税特种统一（代开）假发票304份，总计177704份，涉案金额6583万元，挽回税款损失465万元，有力地打击了发票违法犯罪行为，规范了税收秩序，进一步净化了税收发展环境。

【涉税违法案件检举】　严格落实《税收违法行为检举管理办法》，2013年共受理检举案件31起，查处18起，结案18起，结案率为100%，查补税款、罚款、滞纳金合计495.18万元。

【案件协查工作】　全年完成了5个省市6次涉税协查工作，并按规定程序予以回复，协查信息回复率100%。强化税务稽查案件《协查动态分析报告》《税务稽查案件协查管理办法的通知》的执行力度。积极协调，从软硬件环境、设备、人员等方面，严格落实国家税务总局稽查局对在地税系统推广税收协查信息系统上线的有关工作要求。

【稽查制度建设】　不断探索建立健全适应稽查工作现代化的稽查制度规范，为推进依法行政、规范稽查执法行为提供制度保障。

【稽查系统建设】　坚持上下“一盘棋”的思想，强化宁夏地税局稽查局的案件查办督导和指挥力度，做到令行禁止、指挥有力。进一步推进系统内规范办案和工作协调，增强系统内部的工作合力，做好信息调研、成果统计、情况反馈、优秀案例评选等基础工作，增强地税稽查工作的整体实力。

【稽查队伍建设】　坚持以队伍建设为根本，思想政治工作、业务能力培训、党风廉政建设常抓不懈，常抓常新，取得实效。一是主题教育如火如荼。按照宁夏地税局关于开展党的群众路线教育实践活动的总体要求，组织学习到位，征求意见到位，对照检查到位，整改措施到位，整个教育实践活动质量高，效果好，得到督导组的充分肯定和多次表扬。二是干事创业氛围浓厚。坚持做好干部的政治思想、职业道德教育和爱岗敬业教育，不断优化干部工作作风、提高干部履职能力。2013年，宁夏地税局荣获自治区党委、政府表彰的“2008—2012年落实党风廉政建设责任制先进集体”；王涛被自治区总工会授予“宁夏职业道德建设十佳标兵”和“全区五一劳动奖章”；贾建莉被自治区党委、政府表彰为“全区第七届民族团结进步模范个人”。7名干部的职务得到提拔和转任领导职务。全局形成了上下协同、左右和谐、风清气正、奋发向上的良好氛围。三是党风廉政建设常抓不懈。深入开展“学党章、守纪律”教育活动，加强稽查干部的理想信念、思想道德、作风纪律教育，有效落实稽查进点公告、稽查回访等执法监督举措，他律和自律相结合，关心和保护干部，干部队伍健康成长。

【稽查人才库建设】 为加大宁夏地税系统稽查人才培养力度，完善了人才库办法，调整建立了宁夏地税稽查人才库人才25名。

【稽查业务培训】 宁夏地税局稽查局邀请知名财税专家为全区60名稽查干部举办业务培训；各市地税局稽查局将培训学习和岗位练兵有机结合起来，组织了不同形式的业务培训及案例评审会，进一步提高稽查干部的业务理论和实战水平。各级地税稽查部门全年累计举办各类稽查业务培训12批次。

【稽查信息化建设】 2013年，宁夏地税局稽查局成立信息化领导小组，要求各市地税局稽查局要加大税务稽查查账软件在案件中的运用力度，凡使用电算化财务软件进行会计核算的纳税人，原则上都要使用稽查查账软件进行相关涉税信息数据的采集、分析与处理。为了提高税务稽查人员检查信息化管理企业的技能，同江苏税软软件科技有限公司签订了稽查查账软件服务合同，加强对宁夏地税稽查系统的业务指导。

【稽查宣传】 一是结合企业需要，深入企业边检查边辅导，引导纳税人及时掌握地方各税的政策法规。二是在车站、商场、集贸市场、商业街道等兜售、贩卖假发票问题严重的区域，开展以“发票使用、查询和辨伪”为主题的宣传教育活动，畅通12366纳税服务热线等查询渠道，为公众提供发票真伪查询平台。三是积极开展税收宣传月和“5·15”全国第四个打击防范经济犯罪活动宣传日活动，以发票违法犯罪为重点，开展税法宣传教育，制作宣传展板，印发纸质宣传材料，展示近几年与公安联合收缴的部分假发票，并设立“涉税咨询台”接受群众现场咨询。四是2013年在宁夏《税务快讯》刊发33篇文章，编办刊物《宁夏税务稽查》2期，编发《简报》21期。

【稽查工作会议】 2013年2月25日，宁夏地税稽查工作会议召开，传达各级领导对2013年稽查工作的要求和全国税务稽查工作会议精神，讨论研究《2013年全区地税稽查工作要点》；宁夏地税局党组成员、副局长杜学章作了题为《充分发挥稽查职能作用　为全区地税事业科学发展作出贡献》的讲话，总结2012年稽查工作，为2013年稽查工作指明方向，廓清思路，部署任务。2013年8月23日，召开宁夏地税稽查工作座谈会，通报2013年上半年全区地税稽查工作情况，部署下半年工作，四市地税局稽查局交流了工作经验。

（魏丽萍）

新疆维吾尔自治区国家税务局稽查局

【概述】 2013年，新疆国税系统各级稽查部门在税务总局稽查局和区局党组的正确领导下，认真落实全国税务稽查工作会议和全区国税工作会议的各项部署，以区局“能力建设年”为契机，围绕税收中心工作，以整顿和规范税收秩序为目标，以查处税收违法案件和开展税收专项检查为重点，积极推进稽查管理方式改革，不断加强稽查队伍建设，切实改进工作作风，有效提升依法行政能力，为自治区经济社会发展作出了积极贡献。

【稽查查补收入及分析】 2013年，新疆国税系统稽查入库收入创近年新高，实现查补收入6.97亿元，同比增长13%；入库收入6.95亿元，增长23%，以查促收职能作用得到有效发挥。稽查部门直接检查纳税人1176户，其中有问题1167户，结案1135户；组织690户企业开展税收自查。全年查补入库率99.7%，选案准确率99.2%，案件结案率97.2%，全面完成税务总局各项考核指标。

【稽查体制机制改革】 区局稽查局在深入调研的基础上，向区局党组提交《关于当前进一步加强稽查工作的几点建议》，党组高度重视，多次召开会议专题研究稽查管理改革工作，下发《新疆国税局关于进一步加强税务稽查工作的通知》，按照加强一级稽查体制建设、优化资源配置的思路，明确撤销县级稽查局，在管辖区域较大的地市国税局设置跨县（市）稽查局的机构调整原则。全区稽查体制机制及管理方式改革正式启动，至当年年底，各地、州、市国税局基本完成稽查机构改革的前期准备工作。

【重大案件查处】 以打击虚开发票、骗取出口退税为重点，严厉查处重大税收违法案件，成功查处了昌吉“6·5”案、巴州“6·26”案和乌鲁木齐高新区“6·29”案等一批大要案件。昌吉“6·5”案被公安部评为2013年全国打击整治发票违法犯罪专项行动“十大精品案件”。全年共查处税款千万元以上案件8起，查补税款1.75亿元，结案4起；查处税款百万元案件46起，查补税款1.14亿元，结案24起；查处偷税案件362起，查补税款6121万元，结案267起。

【税收专项检查】　按照税务总局统一部署，确定成品油批发、零售企业、办理电子、家具、服装类等产品出口退（免）税企业及证券、基金公司为新疆指令性检查项目，并将中石油新疆销售分公司列为区局重点督导检查企业。在此基础上，结合新疆实际，将房地产业、建筑安装业、承接出口货物业务的货代公司、报关公司（报关行）、资本交易项目、中介、培训服务机构、租赁场所从事生产经营的增值税一般纳税人列为指导性检查项目。全年专项检查累计检查收入3.54亿元，已入库2.72亿元，其中，稽查部门检查1079户，发现有问题667户，检查收入2.68亿元，已入库1.87亿元；组织企业自查1706户，自查应补缴税款8603万元，已入库8453万元。

【区域性税收专项整治】　以石河子为全区税收专项整治重点地区，重点整治矿产品（包括煤炭）采选经销企业和农产品加工企业利用发票虚抵进项税额的行为，检查企业73户，查补收入604万元，已全部入库。全区另有10个地区结合实际开展区域税收专项整治工作，共检查企业518户，查补收入3613万元，入库2530万元；组织868户企业开展自查，自查补缴税款2428万元，入库2394万元。

【重点税源企业检查】　一是组织重点税源企业开展税收自查。全区共组织179家企业开展自查，自查补税558万元，已入库554万元。其中，区局稽查局直接组织金风科技、中石油和宏源证券公司等3家跨地区汇总纳税企业开展税收自查。二是对重点税源企业进行重点检查。对税务总局下发的重点税源企业名单，按照不低于30%的比例筛选确定对中国中信集团公司等4家企业的9家在疆成员单位进行重点检查，共查补收入665万元，已入库153万元，调减亏损1.87亿元。

【房地产及建筑安装业企业检查】　稽查部门全年检查房地产及建筑安装业企业52户，查补收入6198万元，已入库4600万元；组织企业自查101户，自查补税1582万元，已全部入库。

【出口退（免）税企业检查】　打击骗取出口退税工作成效显著，查出了一批重大案件，其中昌吉“6·5”案、巴州“6·26”案和乌鲁木齐高新区“6·29”案被税务总局和公安部列为联合督办案件，3起案件涉案金额17.29亿元，已退税额2.83亿元，已查实骗取出口退税4300余万元，停止办理出口退税近2000万元。公安机关抓获犯罪嫌疑人14人，冻结银行账户35个，冻结资金800万元，查封扣押房产14处，车辆1辆。稽查部门全年检查电子、家具、服装类等产品出口退（免）税企业66户，查补收入517万元，已入库347万元；组织企业自查23户，自查补税105万元，已全部入库。通过对骗税行为的持续高压严打，有效遏制了全区骗税行为蔓延势头。

【证券、基金公司及资本交易项目检查】　稽查部门检查证券、基金公司9户，查补收入167万元；组织企业自查40户，自查补税156万元。对6户资本交易企业开展检查，查补收入273万元。

【打击发票违法犯罪活动】　有效发挥打击发票违法犯罪活动协调小组作用，全面部署全区打票工作。一是认真开展虚假发票“买方市场”整治工作，国税部门检查各类纳税人1209户，查处违法企业482户，涉及非法发票1.34万份，涉及发票金额9.13亿元，查补收入9446万元。二是积极会同公安部门加大制售假发票“卖方市场”的打击力度。查获各类虚假发票近20万份，移送公安案件52起，警税联合办案8起，抓获犯罪嫌疑人46人。成功破获全区首起非法代开、倒卖网络发票案件。三是认真落实“营改增”试点行业虚开骗税违法行为专项整治工作，与公安部门联合开展打击“营改增”试点行业虚开增值税专用发票犯罪集中行动。四是协调小组办公室对近年打票工作情况进行汇总，向自治区人民政府作专题汇报。

【涉税违法案件检举】　2013年，全区各级国税举报中心共受理检举案件135件，查处109件，查处率为80.74%；结案103件，结案率94.50%；检举案件查补收入4880万元，比上年同期增长197.72，已入库4827万元；发放举报奖金案件8件，兑付检举奖金4万元；移送公安部门案件7件。

【案件协查工作】　有效发挥协查系统快速、便捷为案件查处服务的优势作用。全年通过协查系统发出委托协查427起，涉及发票1.46万份，税额3.75亿元，其中确定虚开75起，涉及发票1.01万份，税额2.47亿元。收到受托协查390起，涉及发票4864份，税额1.36亿元，其中确定虚开35

起，涉及发票1000份，税额1900万元。举办全区新版协查信息系统操作培训班，培训各地稽查局分管协查工作的领导和协查节点操作人员66人，确保新版协查系统顺利上线。

【稽查制度建设】 加强稽查制度建设落实工作。一是及时掌握新修订的新疆国税系统稽查工作办法及配套文书的执行、使用情况，抓好规范化管理办法落实工作。二是建立稽查标准化模拟案卷，统一印制连同电子版下发各地，供学习工作中参照使用。三是落实好大要案件报告、征管建议反馈、稽查案例库报送、应用等工作制度，有效发挥税务稽查以查促管、以查促查职能作用。

【稽查系统建设】 一是加大省局对各地稽查工作督导、指导力度。采取集中听取汇报或深入基层调研的方式指导各地案件查办工作，积极协调解决各地工作中面临的问题和困难，认真践行服务基层的理念。二是加强案件交流工作。选取各地查办成效好、有代表性的案件，集中在乌鲁木齐开展案件交流，总结查办经验，剖析案件成因，探寻违法规律，归纳征管建议，有效促进稽查办案质量的提高。三是完善稽查绩效考核办法。将稽查绩效考评指标与工作实绩紧密结合，力求全面、客观地评价各地工作绩效，切实发挥鼓励先进、鞭策落后，提升稽查工作质效的作用。

【稽查队伍建设】 结合新疆国税局“能力建设年”活动，强化稽查队伍建设。一是加强各地稽查局领导班子建设。根据《新疆国税局关于进一步加强税务稽查工作的通知》要求，各地报经当地党委组织部门批准后，可在地市级稽查局设立党组，加强稽查局班子组织建设。二是严格稽查人员入口和出口管理。坚持“逢进必考”，将优秀人才选拔到稽查队伍中；同时，保障稽查队伍基本稳定。三是落实人才奖励制度。对在稽查执法中作出贡献的优秀人才予以表彰奖励。2013年，区局对稽查部门在近年打击涉税违法犯罪活动中涌现出的一批作风过硬、事迹突出的先进集体和个人予以通报表彰，3个集体、14名个人记三等功，5个集体、29名个人给予嘉奖。这是多年来全区首次对稽查系统单独表彰，是区局党组对稽查工作的肯定，极大鼓舞了稽查干部攻坚克难、再创佳绩的信心。四是加强廉政建设，改进工作作风。深入开展廉政执法教育，筑牢反腐倡廉思想防线。结合党的群众路线教育实践活动，不断改进工作作风。

【稽查人才库建设】 加强稽查人才库建设工作。对全区国税系统稽查人才库人员进行调整和补充，按照优化人员知识结构和年龄结构的原则，确定人才库人员120人，从中向税务总局稽查人才库推荐优秀稽查干部4名。对人才库人员按专业特点、技能绩效进行分类管理，培训工作向人才库人员倾斜，在实战工作中，充分发挥人才库人员骨干带头作用。

【稽查业务培训】 配合教育部门参与、组织稽查业务培训14个班（次），培训稽查干部322人，培训内容涉及协查管理、稽查财务高端研修、电子查账软件、证券基金、出口退税、成品油购销等行业税务稽查。通过培训，提高稽查人员业务技能和综合素质，提升稽查队伍整体素质。

【稽查信息化建设】 扩大审计式稽查底稿示范点，推动昌吉州、石河子、伊犁州、克拉玛依开展审计式底稿模式检查试点工作；委托石河子研发全区稽查选案信息系统并开展演示交流活动，在9个地州市率先推广应用；增加稽查信息化装备投入，为全区稽查部门采购台式计算机、笔记本电脑、税务稽查电子询问系统、稽查查账软件等一批信息化装备，为稽查信息化建设提供硬件保障。

【稽查宣传】 加强稽查案例曝光力度。有效发挥稽查案例库系统作用，对各地报送案例进行分析、整理，形成曝光案件和案例分析，在主流媒体和国税门户网站进行发布。在《新疆日报》《新疆经济报》、亚新网等主流媒体及国税门户网站曝光典型案例11起，在稽查局网页发布案例分析近30起，有效发挥了税务稽查的宣传、警示、震慑作用。

【稽查工作会议】 2014年3月15日，全区国税系统稽查工作视频会议在乌鲁木齐区局机关召开。会议传达了全国税务稽查工作会议精神，新疆国税局党组成员、总会计师李桓作了题为《深化稽查管理方式改革　加强稽查队伍建设　不断推进稽查现代化建设》的工作报告，全面总结2012年稽查工作，从大力整顿和规范税收秩序、做好稽查管理方式改革、强化稽查系统管理，加强稽查队伍建设、落实党风廉政建设改进工作作风五个方面安排部署2013年稽查工作任务。

（李　伟）

新疆维吾尔自治区地方税务局稽查局

【概述】 2013 年，新疆地税稽查部门在区局党组和各地（州、市）地税局党组的坚强领导下，深入贯彻落实党的十八大、十八届三中全会和自治区党委八届六次全委（扩大）会议精神，坚持走群众路线，不断改进工作作风，忠实践行“人民税务为人民”的治税宗旨，始终把“八个坚持”作为统揽工作的整体导向和方法路径，紧紧围绕税收中心任务，不断加强队伍建设，严格规范执法，全面发挥稽查职能作用，深挖细查，攻坚克难，圆满地完成了各项工作任务。

【稽查查补收入及分析】 2013 年，新疆地税稽查部门共检查纳税户 1520 户，有问题户 1342 户，结案 1496 户。稽查查补收入总额 10.84 亿元，入库收入总额 13.27 亿元，稽查查补入库收入占全疆地税系统同期地方级税收收入的 2%。全年稽查工作具有以下特点：一是稽查收入稳步增长。全疆地税稽查部门查补收入同比增长 4%，入库收入同比增长 9%。二是稽查工作质效进一步提高，选案率、结案率、入库率均达到工作要求。全疆地税稽查部门查处涉税案件平均选案率、结案率、入库率分别为 90%、111%、122%。三是稽查收入职能进一步增强，近 60% 的单位达到稽查入库收入占当地地方级税收收入 2% 以上。四是大要案查处稳步增加。全疆地税稽查部门查处的税收违法案件中，查补税款 1000 万元以上的案件 8 件，查补税款 1.16 亿元，比上年相比案件户数增加 2 户，查补税款增幅为 80%。

【案件查办情况】 2013 年，新疆地税稽查部门坚持走群众路线，不断改进工作作风，牢记宗旨，紧紧围绕税收中心任务，工作思路清晰，重点突出，亮点频现，敢于亮剑、勇于担当，有力打击了税收违法行为，案件查处实现了大的跨跃。根据新疆地税稽查实际情况，多措并举推进案件查办工作：一是职能作用充分发挥。二是开拓创新，稽查现代化建设取得新进展。三是稽查干部队伍建设实现较大突破，为案件查办奠定坚实稽查人才基础。

【案件特点分析】 2013 年，新疆地税稽查部门狠抓涉税违法案件的查处，但从查处的涉税案件看，当前涉税违法犯罪活动仍普遍存在，主要有以下特点：证券、基金公司：一是利用工会账户资金进行理财投资，取得收入未按规定申报缴纳地方各税。二是工会账支付公司员工婚丧嫁娶慰问金、孩子上大学奖励和长辈慰问金未按规定代扣代缴个人所得税。房地产、建筑安装业：一是未按销售合同及权责发生制原则确认收入，对房产抵顶工程款，不作销售处理。二是向非单位人员和购房户赠送的礼品等未按其他所得代扣代缴个人所得税；销售提成未计算扣缴个人所得税。中介、培训机构：一是服务对象基本为个人，存在不开票且收入不入账行为。二是不按规定履行印花税纳税义务。只对兑现的合同金额部分缴纳印花税，未按照合同总金额纳税。三是多列成本费用，少计收入以及会计科目错用等造成少缴企业所得税。

【重大案件查处】 2013 年，新疆地税稽查部门始终保持对重大涉税违法行为的高压态势。全区共查办百万元以上的大要案件 90 起，查补收入 4.06 亿元，比上年增长 156%，有力地打击了涉税违法行为。其中自治区地税局稽查局、乌鲁木齐市、巴州等地税局稽查局查处了 8 起超千万元的大要案件，社会影响力大，显现出稽查打击震慑力。同时加强案件曝光力度，各地通过新闻媒体曝光案件 99 起，自治区地税局稽查局从中选择了 4 起通过《新疆日报》曝光。

【税收专项检查】 2013 年，新疆地税稽查部门税收专项检查成效明显。全区地税稽查部门根据税务总局确定的指令性和指导性检查项目，有计划地对证券、基金、房地产、建筑安装业、资本交易项目、中介、服务培训机构以及高收入者个人所得税等行业开展税收专项检查。全年共检查纳税人 817 户，查补收入 2.05 亿元，入库 1.97 亿元，移送司法机关处理案件 1 起，通过媒体曝光案件 26 起。

【区域性税收专项整治】 2013 年，新疆地税稽查部门结合税务总局的工作部署，将区域税收专项整治重点落在继续深入开展打击发票违法犯罪活动工作中，制定并下发《全区地税系统 2013 年打击发票违法犯罪活动工作实施方案》，要求全区各级地税局认真部署，采取有效措施，积极开展打击发票违法犯罪活动。

【重点税源企业检查】 2013 年，新疆地税局稽查局按照税务总局稽查局安排部署，与新疆国税局稽查局共同组织了对新疆金风科技股份公司的自查，自查补税 1361 万元。区局自行部署了全区 194 户重点税源企业检查，自查补税 1.07 亿元；选取了其中 109 户企业重点检查，查结 97 户，查补收入 8711 万元。在安排部署重点税源企业检查方面有所创新：一是创新选案方式。采取自上而下联动，与各地充分沟通协调，通过集体研究确定存在纳税疑点和连续多年未检查的企业作为检查对象。二是采取“以查代训”方式，开展交叉检查，参加人员相互学习、相互促进，取得了良好效果。

【房地产及建筑安装业企业检查】 2013 年，新疆地税稽查部门共组织房地产、建筑安装企业自查 1048 户，自查有问题 439 户，自查收入 1.69 亿元，入库 1.4 亿元。组织检查 230 户，结案 172 户，有问题 168 户，查补收入 1.08 亿元，入库 1.18 亿元。

【打击发票违法犯罪活动】 2013 年，新疆地税局稽查局与自治区公安厅、自治区国税局召开联席会议，注重发挥公安机关的侦查优势和税务机关的专业优势。联合公安机关共破获发票违法案件 4 起，抓获犯罪嫌疑人 8 人，捣毁印制窝点 4 个，缴获假发票 82 万份，缴获印章、电脑、打印机、印刷机、模板铝片等作案工具一批。全年共查处违法受票企业 401 户，查处非法发票 3441 份，查补税款 874 万元，移送司法机关案件 1 起，曝光发票违法案件 44 起，完成了税务总局稽查局下达的查处任务。

【涉税违法案件检举】 2013 年，新疆地税系统各级税务违法案件举报中心，坚持“举报畅通，有案必查”的原则，进一步加大对涉税检举案件的查处力度，提升涉税检举案件办理质量和效率。全区地税稽查局举报部门共计受理检举事项 144 件，其中区局稽查局受理 82 件，各地州市地税局稽查局受理 62 件；按照对检举事项分类处理办法，查处 75 件；合计查补税款 7414 万元，加收滞纳金 551 万元；罚款 909 万元，已入库税款 3906 万元，入库率 52.68%；滞纳金 204 万元，入库率 36.97%；罚款 322 万元，入库率 35.43%。

【案件协查工作】 2013 年，新疆地税局稽查局认真做好协查工作，做好日常协查案件的受理、查处及回复，全年共计受理委托协查案件 11 起，委托地、州市地税稽查局协查案件 20 起，涉案发票 273 份，协查回复率 100%。

【稽查制度建设】 2013 年，新疆地税局稽查局通过完善系统管理各类制度，运用调研、督办、信息、简报等形式，不断强化对全区地税稽查部门的业务领导。通过区局下发了《进一步加强全区地税系统稽查工作的意见》，修订了《全区地税系统稽查业务考核办法》，制定了《全区地税稽查绩效奖励考评方案》，一系列制度的出台规范了稽查业务管理，有效提升了稽查质效，确保政令畅通、执行有力。

【稽查系统建设】 2013 年，新疆地税局稽查局强化系统管理，夯实稽查基础。一是在全区稽查工作会议上，从制度落实、专项检查等七个方面全面通报了各地 2012 年的稽查工作，表扬先进，鞭策后进。二是完善系统管理的各类制度。三是广泛开展业务调研。四是规范案件执行。按照属地执行原则，限时督办各地以前年度查补税款的组织入库，实地深入重点地、州、市查验执行结果，及时通报各地执行情况。

【稽查队伍建设】 2013 年，新疆地税稽查部门始终将稽查队伍建设作为提高稽查执法水平的主要抓手，以提升稽查干部素质为重点开展一系列卓有成效的工作，稽查队伍素质明显增强。一是稽查队伍坚持走群众路线，作风转变成效显著。二是稽查人员素质逐步提高。区局审时度势，遴选 23 名优秀人才做强区局稽查局，对优化人员结构、有效发挥业务领导作用提供了组织保障。三是廉政建设常抓不懈。全区地税稽查部门全面落实区局党组的“八条规定”，始终做到“四个融入”。

【稽查业务培训】 2013 年，新疆地税稽查部门不断加大稽查业务培训力度。一是在自治区地税局政治部和教育处的大力支持下，组织了全区 50 名稽查干部赴广东省学习交流稽查业务。二是举办了一期稽查查账软件运用培训班。三是结合重点税源交叉互查，开展以查代训。自治区地税局稽查局稽查人员全年参加税务总局和区局组织的各类稽查业务和师资力量培训班 12 期，参训 35 人次。各地也采取“引进来”“送出去”等形式加大对稽查干部的培训。

【稽查信息化建设】 2013 年，新疆地税稽查部门稽查信息化建设水平稳步提高。区局稽查局十分重视稽查信息化建设，举办一期数字化查账软件专题培训班，提升全系统稽查信息化水平和办案效率；通过调研论证，对“税务稽查管理及查账软件”进行再开发，使之功能更适应稽查工作实际需要；按时推广应用了税务总局协查信息管理系统。

【稽查宣传】　2013年，新疆地税局稽查局刊物《新疆地税稽查工作信息》共刊发12期，《新疆地税稽查简报》共刊发4期，各级地税稽查部门通过在相关媒体上对涉税典型违法案件的曝光，加强稽查工作的打击威慑力度，增强纳税人守法意识，推进税收秩序的好转。充分利用各级地税门户网站、报纸杂志等媒体，广泛开展稽查职能的宣传，提高税务稽查的透明度。

【稽查调研】　2013年，新疆地税局稽查局广泛开展各项工作调研，内容包括落实全区稽查工作会议情况、稽查任务完成进度情况和党风廉政工作开展情况等。尤其为督促各地稽查收入进度，局领导班子成员分别带队赴全区各地、州、市地税局稽查局实地调研，通过召开座谈会、查阅案卷资料、查验案件执行等方式，对稽查收入进度较慢和检查户数较少的单位进行督促，对新发现的问题及时提出整改意见，每次调研结束及时撰写调研报告和工作建议，及时掌握全区税务稽查工作开展情况的第一手资料。

【稽查工作会议】　2013年，新疆地税局稽查局为了认真贯彻落实全国税务稽查工作会议精神，总结2012年税务稽查工作，部署2013年税务稽查工作任务，于3月初在乌鲁木齐市召开了全疆地税系统税务稽查工作会议。自治区地税局党组书记王建新出席会议并作了重要讲话，自治区地税局副局长李体超作了题为《发挥职能作用　提升执法能力　扎实推进稽查现代化建设》的工作报告。报告对2012年的工作成绩给予了充分肯定，指出当前工作中存在的突出问题，对做好2013年新疆地税稽查工作提出要求。会议内容还包括从稽查工作制度落实、税收专项检查情况等7个方面通报2012年全疆地税系统税务稽查主要工作，6个地州市地税稽查局代表在大会上进行经验交流。

（陈艳荣）

大连市国家税务局稽查局

【概述】　2013年大连市国家税务局经受住复杂税收经济形势和繁重稽查工作任务的考验，紧紧围绕税收中心工作，不断推进大连市税务稽查工作，各类税收检查成绩显著，稽查基础工作持续加强，稽查创新力度不断加大，稽查执法质量明显提高。2013年共检查纳税人3442户，有问题2959户，查补总额48607万元。

【稽查体制机制改革】　2013年，大连市国家税务局积极探索稽查新机制，明确以优化资源为基础、以信息技术为依托、以创新体制机制为推手的工作思路，稽查工作取得实效。创新选案机制，切实加大信息技术在稽查办案中的应用力度，深度挖掘隐藏在企业生产经营过程中的涉税疑点信息，实现稽查对内的管理留痕和对外的精准打击。大连市国家税务局涉税疑点案源稽查共查补增值税980万元，所得税825万元，罚款72万元，调整增值税留抵税额145万元，调整所得税亏损额2523万元。

【稽查查补收入及分析】　2013年，大连市国家税务局查补总额48607万元，其中查补税款40273万元，加收滞纳金6643万元，罚款1691万元。已入库总额46800万元，入库率为96%。2013年查补的税款40273万元中，增值税15713万元，占查补税额的39%；企业所得税24432万元，占查补税额的61%；消费税128万元，占查补税额的0.3%。增值税和企业所得税的检查仍是目前税务稽查工作的重点。

【案件查办情况】　2013年，大连市国家税务局共检查纳税人3442户，其中日常检查案件2742件，有问题户2418户，查补税款39548万元，选案准确率88%；专项检查案件496件，有问题户382户，查补税款5387万元，选案准确率77%；专案检查案件197件，有问题户155户，查补税款3671万元，选案准确率79%；其他类型检查案件7件，有问题户4户，查补税款0.8万元，选案准确率57%。

【案件特点分析】　根据大连市国家税务局2013年度稽查电子台账统计结果显示，大连市查处的涉税违法问题集中表现为以下几大类：

增值税：（1）利用虚开的增值税专用发票抵扣进项税额案件比重较大。（2）假账、两套账、账外经营，以及将收入隐匿至账内科目等偷税行为案件比重较大。

企业所得税：（1）假账、两套账、账外经营，以及将收入隐匿至账内科目等偷税行为案件最为普遍。(2) 未按规定列支或超标准列支成本、费用案件也很普遍。(3) 未取得发票或取得不符合规定的发票列支成本、费用案件的比重较大。(4) 未按规定及时结转收入案件比重较大。(5) 资本运作中股权收益少计或未计应纳税所得额案件的比重较以往年度上升。

【重大案件查处】 大连市国家税务局 2013 年共查处重大案件(查补税额大于百万元)57 起,查补税额合计 18294 万元,其中,有 4 起案件查补税额超过千万元,超过千万元户查补税额合计 5468 万元。

【税收专项检查】 专项检查具有选案针对性强、检查重点突出等特点,近年来一直备受关注。2013 年度,大连市国家税务局对成品油批发、零售企业,办理电子、家具、服装类产品等出口退(免)税的企业,房地产、建筑安装业等六大类 547 户企业实施了专项检查,查补收入 6845 万元,调整增值税留抵税额 85 万元,调整所得税亏损 1926 万元。

【区域性税收专项整治】 2013 年大连市国家税务局继续在旅顺口区、金州区、普兰店市、瓦房店市、庄河市、长海县开展农产品加工企业税收专项整治工作。重点关注购买使用虚假农产品收购发票以及虚开农产品收购发票的违法犯罪活动。共检查纳税人 72 户,有问题 62 户,查补总额 246 万元。

【重点税源企业检查】 在税务总局下达的 2013 年重点税源企业成员单位名单中,大连地区涉及企业 33 户,大连市国家税务局对重点税源企业的检查按照"以企业自查为先导,以税务机关抽查和重点检查为保障"的方式进行,具体分为自查和重点检查两个阶段。联合大连市地方税务局稽查处共同部署开展重点税源企业自查工作,并在企业自查阶段结束后严格按照税务总局的要求对其中 9 家企业进行了重点检查。据统计,自查查补收入 739 万元,重点检查查补收入 2324 万元。

【房地产及建筑安装企业检查】 房地产及建筑安装企业通常涉案税额较大,一直被作为重点行业检查。2013 年,大连市国家税务局对该行业采取了专项检查与日常检查相结合的方式,共检查有问题房地产企业 92 户,查补税款 7221 万元。检查有问题建筑安装企业 148 户,查补税款 2151 万元。

【出口退(免)税企业及货代公司检查】 2013 年,大连市国家税务局拟定了《大连市国家税务局关于开展打击骗取出口退(免)税违法犯罪专项行动的实施方案》,与大连市公安局经济犯罪案件侦查支队、大连海关缉私局成立三部门专项行动领导小组,三方协作对办理电子、服装、家具类产品出口退(免)税的企业及承接出口货物业务的货代公司实施专项检查。共计检查 28 户,有问题案件 12 户,查补总额 330 万元。

【股权转让交易的企业及个人检查】 为适应新形势发展,大连市国家税务局注重对股权投资相关财务知识和税收政策的培训,加大对纳税人股权交易的检查力度。2013 年,大连市国家税务局股权转让案件查补额 2239 万元,占全年查补企业所得税额的 12%。

【打击发票违法犯罪活动】 为进一步遏制发票违法犯罪活动,深入贯彻落实全国打击发票违法犯罪活动工作协调小组第五次会议精神,按照"打击与建设相结合、治标和治本相结合"的原则要求,大连市国家税务局 2013 年深入开展打击发票违法犯罪活动工作,共查处发票违法企业 666 户,涉及非法发票 11325 份,查补总额 6773 万元。

【涉税违法案件检举】 2013 年,大连市国家税务局两级举报中心共接听检举专线电话 460 余次,接待来人来访检举 52 人次,全年共计形成受理税收违法检举案件 77 件,查结 69 件。本年度内税务总局转、交办案件 4 件,已查办完结 3 件。2013 年度涉税违法检举案件查补总额 1201 万元。

【案件协查工作】 2013 年,大连市国家税务局落实《增值税抵扣凭证协查管理办法》的有关规定,通过协查系统发出委托协查 294 起,涉及企业 259 户,发票份数总计 2466 份,金额 45072 万元,税额 7657 万元,收到回复发票 2446 份。受托收到协查函件 289 起,涉及发票 2060 份,涉及企业 408 户,金额 66488 万元,税额 11259 万元,受托回复发票 1996 份。

【稽查制度建设】 大连市国家税务局遵循抓管理、建机制、强基础、提质效的工作思路,以观念和考核为引领,强化永久性差异问题的查处,狠抓稽查质量。考核机制带来了不同凡响的效果,仅 2013 年稽查局的查补税额中,延迟纳税义务发生时间等时间性差异补税额只占 18%,较 4 年前下降了 40 个百分点。查补税额的构成有了质的变化,其中的"水分"被挤出,属于永久性差异问题查补税额占到了八成以上。2013 年 12 月 23 日《中国税务报》头版刊登的《大连市国家税务局提纯稽查含金量》,大篇幅、较全面地报道了这方面的工作成绩。

【稽查系统建设】　进一步落实《税务稽查〈税务处理决定书〉点评及范式》的要求，规范稽查执法文书的制作。推行说理式行政处罚文书，进一步统一证据规格和取证要求。

【稽查队伍建设】　为打造一支精良的稽查队伍，2013年大连市国家税务局做了如下工作：（1）积极营造文化建设的好氛围，不断提升稽查队伍软实力。（2）实施分级分类的教育培训与岗位配置，优化人力配置。（3）开展党的群众路线教育实践活动和明德堂道德讲堂，提升稽查人员道德素养。（4）规范稽查执法，营造征纳和谐氛围，确保稽查队伍顺利开展工作。

【稽查人才库建设】　2013年，大连市国家税务局进一步坚持以人为本，强化人才培养，合理配置各级稽查人才，落实奖励机制。人才培养更具全面性、前瞻性，旨在培养一批具有国际视野、业务精通、德才兼备的复合型领军人才。

【稽查业务培训】　为确保稽查成效，大连市国家税务局对稽查业务培训工作常抓不懈。2013年，大连市国家税务局对网上税校学习进一步完善、改进，开通“营改增”培训专栏，并推出了“易森会计实验平台”供广大税务干部进行模拟记账演练。组织开展了全市行政执法培训班、“营改增”培训班等较大规模的全市集中培训。参训人员达1000余人次，第一时间将新政策进行传达、落实，并推行“短信送政策”服务。

【稽查信息化建设】　编写了《大连市国家税务局2013年税务稽查数据分析报告》，从大连市税务稽查总体情况、查补情况统计分析（查补税款、检查户数、入库级次、检查对象结构、稽查类型结构）、税种问题类型结构分析等方面对全年工作进行分析、总结，为今后工作改进指明了方向。进一步推广“涉税疑点信息”采集工作，通过信息选案提高选案准确率。实现CTAIS系统升级，为稽查信息查询提供便利。

【稽查宣传】　大连市国家税务局与时俱进，在以往开展办税服务厅宣传、现场宣传、网站宣传的基础上，于第22个税收宣传月开展了“微话税收——税收题材微博有奖竞赛”，使税收宣传更加多样化、生动化、亲民化。2013年大连市国家税务局关于打击发票违法犯罪活动的宣传报道在《中国税务报》刊登12篇，《中国税务稽查》刊登1篇。通过大连电视台经济生活频道《国税之声》专题节目、大连电台财经频道《国税播报》、互联网中国·大连《在线访谈》《大连晚报》等多家主流媒体上宣传发票相关法律和知识，曝光典型案例，多场次、多角度开展宣传教育活动。

【稽查调研】　为全面掌握大连市稽查工作情况，贯彻开展行业稽查的工作思路，大连市国家税务局稽查局深入到各基层局进行调研。行业稽查具有整合资源、集中打击、工作效率高、震慑力强等优势，代表今后稽查工作的一个方向，但在具体实施和操作上还有很多的细节问题需要解决。就这些问题，调研组进行了广泛而深入的探讨，就行业如何划分、是否需要跨区域稽查、行业稽查与目前的专项稽查和区域性专项整治有何不同等问题进行了深入的调研。

【稽查工作会议】　为贯彻落实全国税务稽查工作会议精神，2013年3月，大连市国家税务局召开全市稽查工作会议，要求全市广大稽查干部牢记“为国聚财、为民收税”的神圣使命，始终突出“服务科学发展、共建和谐税收”这个主题，依托“作风建设年”这个抓手，勇于担当，奋发有为，出色地完成各项稽查工作任务，推动大连市国家税务局稽查工作更上一个新的台阶，为建设文化、和谐、创新、智慧的大连国税贡献力量。

（张云峰）

大连市地方税务局稽查处

【概述】　2013年，大连市地方税务局贯彻落实全国税务稽查工作会议精神，以整顿和规范税收秩序为目标，以查处重大税收违法案件、实施税收专项检查和打击发票违法活动为重点，坚持依法行政，发挥稽查打击震慑作用，创新工作方法，试行县区交叉检查，更新稽查理念，注重稽查信息反馈，加强稽查专业培训，提高队伍素质，累计实现稽查收入6.89亿元，比上年同期增长11%。

【稽查查补收入及分析】　2013年，大连市地方税务局累计实现稽查收入6.89亿元，比上年同期增加6857万元，增长11%，其中，企业自查收入0.5亿元，占比8%，税务机关稽查收入6.3亿元，占比92%；查补收入总额中，税款5.5亿元，占比81%，滞纳金1.1亿元，占比16%，罚款0.2亿元，占比3%；稽查查补入库5.91亿元，比上年同期增加4144万元，增长8%。

【案件查办情况】 大连地方税务局共立案检查纳税人1133户，比上年同期增加115户，增长11%，检查有问题纳税人1051户，选案准确率93%。全年查办千万元案件9件，百万元案件78件，偷税案件76宗，采取税收保全措施1件，其他行政措施2件，与公安经侦部门联合查办案件15件，依法移送公安机关案件10件。

【重大案件查处】 大连市地方税务局继续将大要案件查处作为税务稽查工作的重中之重。全年共查办查补税款超过500万元案件17宗，累计实现查补收入3.48亿元；查办查补税款超过200万元的重大税收违法案件44宗，累计实现查补收入4.49亿元，占稽查收入总额的67%。其中，集中力量查处了某房地产开发公司通过预收账款未按规定结转收入和多结转开发成本案件，涉案金额3406万元；查处了某房地产开发公司以顾问费名义列支利息未予资本化问题，涉案金额1404万元。

【税收专项检查】 大连市地方税务局按照国家税务总局要求并结合大连市的实际情况，将证券公司、基金公司、物流和短期融资行业作为专项检查的指令性行业；将房地产业、建筑安装业、货代公司、报关公司、中介和培训服务机构等作为专项检查的指导性项目。全年累计对1164户纳税人开展专项检查，查补收入6.38亿元，比上年同期增加1.03亿元，增长19%；查补入库收入5.71亿元，比上年同期增加7148万元，增长14%。

【区域性税收专项整治】 大连市地方税务局根据所辖各区域纳税人征管状况，选择部分区域、组织部分基层局开展区域性税收专项整治工作。其中，针对城乡结合部以及农村的村委会房地产开发情况、跨区房地产未缴纳房产税、土地税以及免征基础设施配套费项目未缴纳契税等涉税问题，有针对性地对相关行业纳税人开展税收专项整治活动，发现有问题企业40余户，查补收入1517万元。

【重点税源企业检查】 大连市地方税务局按照税务总局的统一部署，对税务总局指定的8户重点税源企业的33家分支机构组织了纳税自查。通过与大连市国税稽查局的沟通协调，共同制订工作方案、统一召开重点税源企业自查动员会，国税、地税联合部署重点税源企业自查工作。其中，涉及的30户纳税人通过纳税自查自行申报税款109万元，滞纳金4万余元。按照税务总局要求并根据企业自查情况，对其中的11户企业开展了重点检查，累计查补收入346万元。

【房地产及建筑安装业企业检查】 大连市地方税务局已连续4年将房地产业及建筑安装业确定为专项检查的重点行业。区别以往检查惯例，2013年除了重点检查有存续开发项目的房地产企业外，还有针对性地选取了连续3年未开展过纳税检查的房地产纳税人实施税务检查。全年累计检查上述行业纳税人241户，发现有问题纳税人223户，累计实现查补收入2.81亿元，查补入库收入2.79亿元。

【打击发票违法犯罪活动】 大连市地方税务局根据发票管理和检查工作中发现的相关问题，全面开展虚假发票“买方市场”整治工作，对发票违法犯罪活动猖獗的重点领域、重点行业发票使用情况进行检查，组织落实医药卫生行业发票使用情况专项整治工作，围绕“营改增”试点行业查处发票违法案件，重点查处虚开发票行为，查处发票违法企业457户，涉及发票2004组，开具金额1.31亿元，累计查补收入943万元，并向公安机关移送发票违法案件4宗。

【涉税违法案件检举】 大连市地方税务局秉承“重点案件重点查处，保证质量；一般案件及时查处，突出效率”的举报案件查办原则，对举报人提供的检举线索逐一核查，并在检查报告中一一明确，对构成重大案件的举报案件，由市局安排专人提前参与指导案件检查、审理工作，确保稽查资源合理高效配置，实现最大效用，重视举报工作纪律，认真倾听检举人诉求、严格保密检举信息、主动向实名举报人进行查结反馈。全年累计立案查办举报案件112宗，查结90件，举报案件查结率96.28%，累计查补收入5310万元。其中，查办税务总局交办举报案件5宗，构成重大税收违法案件3宗，按规定向实名检举人支付举报奖励金3.83万元，切实维护检举人合法权益。

【稽查制度建设】 2013年，大连市地方税务局稽查部门结合大连市地方税务局开展的规章制度清理工作要求，对已失效的税务稽查规章制度进行修订，并结合近年来工作实际情况，本着简化流程操作、方便实用的原则，先后重新制定出台了《税务稽查复查管理办法》和《税务稽查反馈管理办法》，为加强稽查部门内控和有效发挥稽查职能作用提供制度依据。加强外部协作配合，与人民银行大连市中心支行签订了《反洗钱工作合作协议》，成功搭建起与人民银行的信息共享与沟通协作机制。

【稽查系统建设】　贯彻和领会全国稽查工作会议精神，参照税务总局稽查工作要点，制定2014年度税收稽查工作要点。丰富选案方法，拓宽选案渠道，充分利用征管信息、第三方信息、互联网信息等案源信息，筛选稽查案源。制定稽查选案工作方案，调整市局与基层局两级选案比重，扩大市局选案范围和比率，突出一级稽查管理思想。根据年度工作重点调整行政评价考核指标，增加检查面指标，使工作量与稽查力量配比，提高查处偷税案件分值，切实体现稽查“外反偷逃”的职能，建立与实际工作相配套的科学考评体系。

【稽查人才库建设】　大连市地方税务局税务稽查人才库成员67人，其中隶属税务总局全国税务稽查人才库成员4人，在查处重大税收违法案件、打击涉税违法行为方面以及在全系统组织的执法检查、稽查复查工作中，注意培养锻炼税务稽查人才库成员，在复杂案情中培养辨别力，在疑难问题中提高查证力。

【稽查业务培训】　为了进一步提高稽查人员的工作技能，丰富稽查人员的办案经验，大连市地方税务局采取案例式、专题式、应用式教学方法分期分批开展培训。通过举办稽查典型案例培训，为稽查人员之间交流办案方法、共享办案经验、分享办案成果提供平台；通过组织开展证券、基金行业稽查业务培训，紧贴专项检查工作重点，切实提高稽查办案效果既效率；通过组织税务总局协查系统操作培训，为熟练运用系统处理各地间协查案件打下基础。

【稽查信息化建设】　一是在全系统中继续推广电子稽查，并将电子稽查技术使用情况纳入年度行政评价考核。二是加大电子稽查培训力度，在信息技术和工作规范上对稽查干部进行强化培训。三是优化稽查工作程序，结合选案、检查等稽查业务对管理流程再造，将部分稽查业务的管理模式由事后监督转变为事前控制，将原先人为管理的环节纳入信息管理系统中，提高稽查管理制度的遵从度和有效性。

【稽查工作会议】　2013年3月1日，大连市地方税务局召开2013年度稽查工作会议，传达贯彻全国稽查会议精神，总结2012年度税务稽查工作，部署2013年稽查工作任务。市局总经济师李敬忠参加会议并作了题为《强化税务稽查职能作用　为税收中心工作服好务》的工作报告，提出四点意见：一是认清形势，切实增强责任感、使命感，为服务于税收中心工作尽心尽责；二是统一思想，强化税务稽查职能作用，高质量完成各项稽查工作任务；三是注重方法，规避风险化解矛盾，有效开展税务稽查工作；四是科学管理，监督考核激励多措并举，促进税务稽查工作再上新台阶。7月31日，大连市地方税务局召开全系统上半年稽查工作调度会，总结上半年稽查工作，通报各基层局稽查指标完成情况，部署下半年工作重点。

（金　岩　刘元元）

宁波市国家税务局稽查局

【概述】　2013年，宁波市国税局稽查局以提升稽查执法能力为主线，扎实推进稽查现代化建设，突出案件查处、税收专项检查和专项整治、重点税源企业检查、打击发票违法犯罪活动四项重点工作，严格依法行政，改进执法服务，强化队伍建设，提升稽查质量效率，顺利完成工作任务，并实现了整体工作水平的稳步提升。

【稽查体制机制改革】　2013年，宁波市国税局稽查局按照“科学化、专业化、精细化”的原则，大力进行体制机制改革。一是根据《国家税务总局关于印发宁波市国家税务局主要职责机构设置和人员编制规定的通知》（国税发〔2012〕113号）文件精神，成立宁波市国家税务局第一稽查局、宁波市国家税务局第二稽查局，并与宁波市国家税务局稽查局合署办公。二是着力建设税收专项检查工作机制，建立专项检查指令性项目案件由市局稽查局集中选案机制，统一执法尺度；建立健全国税、地税稽查协作机制，提高执法效能。

【稽查查补收入及分析】　2013年，全市国税稽查部门共实现稽查收入9.47亿元，其中直接查补收入8.03亿元，另组织企业自查补税并加收滞纳金1.71亿元，有效发挥了稽查维护税法尊严、规范税收秩序、增加税收收入、服务经济社会发展大局的积极作用。

【案件查办情况】 2013年，宁波市国税局各级稽查部门共检查企业1755户，查有问题1658户，选案准确率为94.5%，查结1610户，有问题案件结案率为97.1%，全市平均处罚率为57.5%。

【案件特点分析】 2013年查处的涉税违法案件，在作案手段和方式上呈现以下四种特点：第一，匿报销售收入。不法分子往往采取账外销售、边角料销售不入账等手段来匿报销售收入，或采取设置两本账、假进仓单、开设多个银行户头等手段，导致稽查取证难度和工作量增加。第二，人为将销售实现的时间滞后，进行虚假申报。一些企业为了促销而采取分期付款、返利等优惠方式销售货物，并因此借口货款没有及时回收而不开具销售发票。第三，取得虚开的增值税专用发票入账抵扣税款。涉税违法企业在没有任何货物交易的情况下采用支付手续费等手段取得虚开的增值税专用发票，或者在购买材料过程中取得由第三方开具的增值税发票。第四，现金交易大量存在是各类涉税案件多发的诱因。在虚开增值税专用发票税案、匿报销售收入等偷税案件中，供销双方大多采取现金交易，而我国金融政策尚未对商品交易结算中的大额现金收付加以明令禁止。这就对查案取证工作造成相当大的难度，也影响了税务稽查的打击力度。

【重大案件查处】 2013年，全市国税稽查部门共查处100万元以上大要案58件，查补税款3.87亿元，同比增长195%，其中1000万元以上税款案件12件，查补税款2.83亿元，同比增长515%。全年阻止出境63人，向司法机关移送涉税案件113起，判处罚金310万元，16人被判处有期徒刑。查处的大要案中较典型的有：宁波奥森健身器材科技有限公司税案、宁波经济技术开发区德丰塑化有限公司税案、宁波保税区鲁塑贸易有限公司税案等，这些大要案的有力查处有效震慑了涉税违法犯罪分子。

【税收专项检查】 2013年，全市各级国税稽查部门以整治虚开增值税专用发票和骗取出口退（免）税为重点，对成品油批发零售企业，办理电子、家具、服装类产品出口退（免）税的企业，证券、基金公司以及3年以上未查规模企业等开展税收专项检查。全市共检查（含自查）企业2794户，发现有问题1776户，查补收入2.13亿元，调减亏损4979.72万元。其中，打击骗取出口退（免）税违法犯罪专项行动取得了突破性进展，同时顺利推行了“营改增”试点行业虚开骗税违法行为专项整治工作，全市先后组织123户“营改增”企业进行自查，并对其中部分企业开展重点检查，共补报经营收入1919.8万元，查补收入352.78万元。

【区域性税收专项整治】 2013年，全市国税部门对部分交通运输企业较为集中的地区开展了税收专项整治工作，在公安部门以及地税部门的配合下，在镇海区等地破获了多起虚开运输发票案件，涉案虚开的运输专用发票3281份。全年全市区域性税收专项整治共检查企业175户，查结138户，查有问题131户，移送司法机关2户。查补收入合计2007.38万元，其中增值税575.53万元，所得税710.57万元，加收滞纳金55.43万元，罚款665.85万元。

【重点税源企业检查】 2013年，根据税务总局文件要求，宁波市国税局稽查局对32家重点税源企业开展了自查工作部署，会同市地税局稽查局召开重点税源企业税收自查动员会，并抽调精干力量成立5个重点税源企业自查督导组，专门安排督办人员，以电话、面谈等多种形式接受自查企业的政策咨询。企业自查共补缴税款185.82万元，发现取得虚假发票共计984份。在全面自查的基础上，由税务总局稽查局统一部署对宁波市所辖的10户重点税源企业进行重点检查。到2013年10月底，已查结企业9户，查补增值税19.03万元，企业所得税130.59万元，罚款3.43万元。同时，根据专项检查工作要求，市局稽查局统一安排79家市级重点税源企业的检查工作，进一步实践“分类分级”检查方式，企业自查阶段共补缴税款2372.35万元，其中增值税436万元，所得税1882.76万元，加收滞纳金53.59万元。

【出口退（免）税企业及货代公司检查】 根据税务国家税务总局、公安部、海关总署的联合工作部署，会同宁波市公安局经侦支队、宁波市海关缉私局，成立了由各单位领导及相关部门负责人组成的宁波市打击骗取出口退（免）税违法犯罪活动工作领导小组，对打骗工作进行统一指挥、督导和协调。全市共检查出口退税企业52家，查结45户企业，查有问题企业29户，移送公安机关的涉案企业共5家；查补收入365.31万元（其中增值税252.99万元，所得税39.51万元，滞纳金14.69万元，罚款58.12万元），调减亏损企业申报亏损额155.85万元，不予退税数额1077.26万元，已暂停应退出口退税款9055.6万元，共计1.07亿元。期间，以市局第三稽查局查处的“3·06”特大骗取出口退税案为线索，基本查清了两部（局）督办的胡立群、王伟强团伙骗税案。

【股权转让交易的企业及个人检查】 根据税务总局要求，宁波市各级国税稽查局、地税稽查局成立联合检查组，对本市辖区内25家证券公司所属的59家分公司及营业部展开自查工作，自查有问题7户，查补收入19.77万元。2013年8月，市局稽查局对由税务总局稽查局确定的27家证券公司营业部开展重点检查，到2013年底，已检查27户企业，查结12户企业，查有问题7户，查补所得税5.7万元，责令企业自行向总机构汇总调整纳税所得额275.27万元。

【打击发票违法犯罪活动】 2013年，全市国税稽查部门会同公安部门，重拳打击制售和代开发票违法犯罪行为，全年共查处发票违法企业664户，涉及各类违法发票7189份，合计查补收入2.84亿元，没收违法所得270.6万元。期间与公安部门联合在全市范围内开展了为期6个月的打击整治发票违法犯罪专项行动，缴获假发票23.59万份，捣毁散布发票违法信息窝点18个，依法移送涉税案件71件，配合公安部门破案91起，抓获犯罪嫌疑人79人。另外，在税务总局部署的医药行业发票使用情况专项整治工作中，全市各级稽查部门共采集11家公立医院购置发票5.29万份，并对177家企业开展了重点检查，查处违法企业133户，涉及违法发票1183份，查补收入3254.28万元。其中，由市局稽查局查处的宁波无极限健康管理有限公司税案，查补收入合计2000万元，受到税务总局通报表扬。

【涉税违法案件检举】 全市国税稽查部门认真贯彻执行《税务违法行为检举管理办法》，做好检举案件中矛盾的化解、疏导和说服工作，引导检举人准确检举税收违法行为，并为检举人兑奖提供优质服务和方便。2013年，全市共受理各类涉税检举案件297件，查处256件，结案214件，查补金额合计9048.69万元，其中，查处符合大要案标准的案件53件，查补金额合计8003.26万元。

【案件协查工作】 2013年，全市案件协查工作继续保持较高水平，全市协查系统共委托发出协查443起，涉及发票1692份，委托收到回复结果1615份，委托协查信息完整率100%，查补总额708.73万元；收到受托协查897户次，涉及发票5747份，受托回复发票5126份，受托协查累计按期回复率100%，受托协查信息完整率100%，查补总额4547.19万元，移送司法机关12起。

【稽查系统建设】 为提高税务稽查工作的质量和效率，确保税务稽查各项工作的顺利开展，印发了《2013年度全市国税稽查目标考核办法》，明确稽查“六率”、案件查处、稽查质量三项考核指标，详细说明考核分值计算方法，并针对各级各部门制定落实措施，有效增强了执法效能，推进税务稽查专业化、集约化的发展。

【稽查队伍建设】 2013年，全市国税部门以建设一支执法严格、纪律严明、作风严谨、业务精湛、清正廉洁的干部队伍为目标，深入开展党的群众路线教育实践活动，在全局开展道德领域突出问题专项教育和治理活动，同时，积极推进稽查队伍专业化建设。在保持原有荣誉基础上，全市国税稽查系统新增2010—2012年度宁波市“模范集体”、浙江省“文明单位”等多项荣誉。此外，全市涌现出了多位优秀稽查干部，其中5人荣立二等功，20余人次荣立三等功，80余人次荣获嘉奖。市局第三稽查局邵坚荣获2013年全国税务系统先进工作者称号，这是宁波市稽查干部连续两年荣获该荣誉。

【稽查人才库建设】 宁波国税局稽查局高度重视稽查人才库建设，以人才库建设为依托，充分发挥人才激励的示范作用，激发干部队伍活力。根据税务总局要求，积极做好全市稽查人才的选拔和上报工作，目前已有阮涛等6人入库国家税务总局税务稽查人才库。

【稽查业务培训】 2013年，全市各级国税稽查部门以稽查业务知识和岗位技能培训为重点，开展了税收业务知识、相关法律知识、财务会计知识等实用型培训，重点加强稽查人员在调查取证、电子稽查和执法办案策略方面的训练。此外，对海关通关业务知识、加工贸易业务知识、外汇管理知识、出口退税业务知识、应纳税所得计算、税前扣除项目等方面也进行了查前培训。

【稽查信息化建设】 2013年，按照国家税务总局稽查现代化、信息化的工作要求，继续将稽查信息化建设作为工作重点之一，以完善网络与信息安全管理为重点，继续做好CTAIS日常维护、系统升级等工作。同时开发应用了“查前分析报告系统”，该系统借助CTAIS信息资源，自动整合税务部门已经采集的各类业务数据，并自动生成查前分析报告（即检查预案），在该报告中能自动进行企业相关财务指标的计算分析，为检查人员在第一时间掌握被查对象的情况提供便利。

【稽查宣传】 全市各级国税稽查部门重视稽查宣传工作，2013年《中国税务报》《宁波日报》《东南商报》《宁波晚报》等媒体多次对稽查工作进行宣传报道。一是在“5·15经济犯罪防范宣传日”当天，参与由宁波市公安局主办，市国税局、市地税局、人民银行、中国银联等多个部门联合参加广场大型宣传活动，以图片展示及向群众分发宣传资料等形式进行法制宣传，市局稽查局干部在向现场群众介绍税收基础知识和发票热点问题的同时，耐心解答群众提出的问题，获得了主办单位及现场群众好评。二是于2013年12月10日参加由市普法办、宁波人民广播电台共同举办的《法制时空》直播连线节目，市局稽查局相关干部精选骗取出口退税案例进行“以案说法”，接受主持人采访并就案例进行深入分析点评，有效宣传税收政策方针、普及法律法规知识。

【稽查工作会议】 2013年4月2日，全市国税稽查工作会议召开。市局副局长蒋荣富、市局稽查局局领导及副科长以上干部、市局第三稽查局局领导、各（县）市区国税局分管局长和稽查局局长参加了会议。蒋荣富作了题为《坚持依法治税 推进稽查现代化建设 全面完成2013年我市国税稽查工作任务》的报告，回顾总结了上一年全市国税稽查系统在稽查重点工作、现代化建设、干部队伍培养等方面取得的成绩和经验，同时深入分析了稽查工作面临的新形势，对2013年稽查工作的总体思路和重点任务进行了安排部署，其中特别强调了提升稽查执法能力、推进稽查现代化建设的工作思路和要求。市局稽查局副局长章程作会议小结，对会议情况进行总体评价的同时，传达了全市国税系统党风廉政建设工作会议精神，并对贯彻落实全市国税稽查工作会议精神提出具体要求。

（邹敏敏　蒋冰琼）

宁波市地方税务局稽查局

【概述】 2013年，宁波地税局通过调整职能定位，改进业务流程，塑造专业化的人才队伍等手段，提高税务稽查的执法效能。组织纳税人自查和实施重点检查共计1813户，累计查补各项收入30784万元，已入库30329万元，累计入库率98.5%。其中，组织纳税人自查1043户，查补收入19607万元，已入库19607万元；实施重点检查770户，有问题782户，选案准确率为101.6%。查补各项收入11177万元（其中，税款7857万元，滞纳金614万元，罚款2592万元，没收非法所得114万元），已入库10722万元。

【稽查体制机制改革】 2013年，宁波市地方税务局根据国家税务总局深化税收征管改革的要求，经过一年半时间的调研、论证和征求意见，报宁波市政府和浙江省地税局同意，最后形成了“1+5”的整体改革方案。即《宁波市地方税务局关于深化税收征管改革的实施方案》，还有与之配套的《关于全面推进全市纳税服务体系建设的具体实施方案》《关于进一步推进有效稽查的具体实施方案》《关于税收风险监控管理办法》《宁波市财政地税12366服务热线运行管理（暂行）办法》以及《深化税收征管改革中人员配置方案》等。总体方案已经报市政府批转，其余4个方案以讨论稿印发，另一个人员配置方案正在制订中，整个方案将于2014年起实行。

【稽查查补收入及分析】 2013年，组织纳税人自查和实施重点检查共计1813户，累计查补各项收入30784万元，比上年同期增加1051万元，增幅3.5%。其中，组织纳税人自查1043户，查补收入19607万元，实际入库19607万元；实施重点检查770户，查补收入11177万元（税款7857万元，滞纳金614万元，罚款2592万元，没收非法所得114万元），实际入库10722万元。

一是自查查补收入增幅明显。各级稽查机构普遍采用了查前自查的方法，成效更显著。2013年自查户数虽比上年同期减少了664户，但补税金额达19607万元，较上年同期有较大增长，增加6714万元，增幅52.1%。自查收入占全部查补收入达到63.7%。二是重点检查户数和查补金额下降。下降的因素是纳税人通过自查排除了税收风险，进入重点检查环节的企业户数比上年同期减少161户，查补收入减少5663万元。三是户均查补金额实现增长。全年共查处百万元以上案件10起，查补税款3515万元，占税款总额的44.7%。

【案件查办情况】　2013年，宁波地税在稽查工作中引入审计的理念与方法，确保做到“税种查全、环节查到、项目查清、问题查透”，实现稽查过程痕迹化。强化了电子查账软件的应用，稽查信息化办案能力进一步提高。选案准确率达101.6%，结案率98.9%，入库率98.5%，查处发票违法企业完成任务的121%。在案件查处中抓好资本交易项目（股权转让行为）、房地产业及建筑安装业为重点的税收专项检查工作。推行自查与重点检查紧密结合的检查方法，提高了选案准确率。推进以“提前介入、税务案件的移送、情报交换和协助取证”等方面内容为特征的国税、地税、税务与公安等其他部门沟通与协作税务稽查内外良性互动机制。如镇海区的“2·14”虚开用于抵扣税款发票案以及以后的收受虚假发票涉税企业的查处，都得益于这样一种机制。税警双方积极协作，提前介入使得一批重大违法犯罪案件成功突破。

【重大案件查处】　2013年，宁波地税系统抓住伪造、倒卖、虚开发票，利用做假账、多套账或账外经营手段进行偷税等涉税违法行为这个重点，集中力量打击恶意偷税的涉税违法行为。一是督办镇海、海曙、江北、北仑等局继续开展“2·14”案涉及企业的后续处理工作。二是结合区域行业经济的特点开展税务检查。如根据区域中小企业集中，配套加工小企业多的特点，重点查处购买原材料、配件等采用现金交易不入账、账外账等偷税行为。选择旅游业、评估公司、律师、会计师事务所等征管相对薄弱行业，规范行业税收秩序。

【税收专项检查】　2013年，宁波地税局确定了指令性检查的有：证券公司、基金公司，成品油批发、零售企业，办理电子、家具、服装类产品等出口退（免）税的企业；指导性检查的行业有：房地产业、建筑安装业，资本交易项目，中介、培训服务机构，高收入者个人所得税，报关公司（报关行）等。据统计，全市在税收专项检查中共组织检查纳税人1446户，查补收入23795.86万元。与上年同期相比，查补收入增加5025.92万元，增幅为26.78%。入库22921.54万元，入库率为96.33%。其中：组织纳税人自查1025户，查补收入18003.70万元，入库17954.63万元；实施重点检查421户，查结353户，有问题344户，查补收入5792.16万元，入库4966.91万元。

【房地产及建筑安装企业检查】　2013年，宁波地税局共组织全市135户房地产及建筑安装业的企业进行检查，采取先自查后重点检查的方式。其中：自查中有问题的纳税人78户，自查入库金额9424.20万元。开展重点检查的纳税人48户，查补各项收入3123.98万元，二项合计收入12548.18万元。

【股权转让交易的企业及个人检查】　在股权转让交易的企业及个人的检查中，宁波地方税务局积极利用第三方征信系统的相关资料，筛选企业及个人的股权变更登记信息，并根据这些股权转让信息开展调查。从中安排31户企业自查，其中28户有问题，自查查补714.93万元，入库714.93万元；确定11户企业重点检查，查补金额104.98万元。累计查补各项收入共计819.91万元，入库819.91万元。

【区域性税收专项整治】　2013年，宁波地税局区域税收专项整治工作以“市局督促指导，整治区域承担工作任务”的方式开展，整治工作重点是税警双方查办的重大发票违法案件的受票企业。在专项整治中共检查纳税人90户，查补收入1385.47万元，入库1378.76万元。其中：组织纳税人自查71户，查补收入1352.88万元，入库1352.88万元；实施重点检查19户，查结18户，有问题18户，查补收入32.59万元，入库25.88万元。

【重点税源检查】　一是认真做好国家税务总局布置的重点税源企业中涉及宁波的共36户成员企业或分支机构的专项检查工作。会同市国税局确定10户企业开展联合税收检查。据统计，地税方面自查查补额共计104.29万元。二是继续做好全市重点税源企业检查工作。市局稽查局选择确定20户企业，率先开展以自查为先导的检查工作。全市共检查纳税人154户，查补收入2588.56万元，入库2489.80万元。其中：组织纳税人自查135户，查补收入1875.79万元，入库1828.68万元；实施重点检查19户，查结19户，有问题19户，查补收入712.77万元，入库661.12万元。

【打击发票违法犯罪活动】　一是做好重点企业发票使用情况的检查。对房地产、建筑安装、餐饮娱乐、普教外营利性教育培训等行业开展发票使用情况的重点检查，规范用票行为。二是突出“营改增”企业的重点。注重与市公安局经侦部门、国税稽查部门密切配合，共同做好打击“营改增”政策过渡期缝隙虚开、虚抵增值税专用发票违法犯罪活动工作。三是重点核查发票及其对应业务的真实性，加大对非法开具、取得等使用虚假发票行为的查处力度，对一定金额以上发票及其业务的真实性，进行逐票比对、逐票核查。2013年，共查处违法受票企业484户，超额完成税务总局下达的任务。涉及各类违法发票共计5020份，涉及金额11628.19万元，其中，查补税款1099.45万元，罚款220.62万元，加收滞纳金310.16万元。

【案件协查工作】 按照税务总局在地税系统开展协查信息管理系统推广上线工作有关要求，组织开展了协查信息管理系统上线前的业务培训，各县（市）、区局共30人参加了培训。2013年累计收到国税比对货物运输发票1162份，回复国税比对货物运输发票1162份。累计收到地税比对发票211份，回复地税比对货物运输发票211份。组织开展医药发票协查调查取证，累计向本市国税局和异地省级稽查局发函41份，涉及医疗发票1015份，累计已收到协查回复的发票920份，为下一步查处有问题的纳税人提供了案源线索。

【稽查制度建设】 一是完善《宁波市地方税务局稽查局组织税收自查操作试行办法》。由原来侧重于数据掌握，变为对自查质量的全程监督。二是制定了《涉税案件检查预案实施办法（试行）》。三是起草《税务稽查人员业务培训三年规划试行办法》，对全市稽查人员的业务培训进行指导性的规范。

【稽查系统建设】 根据《宁波市地方税务局税务稽查工作报告暂行办法》规定，对各县（市）、区局2012年度稽查管理工作进行综合考评，评出鄞州、慈溪等6家地方税务局为先进单位。继续深入推进分级分类的税收检查方式方法的开展。按照税源分布结构，合理确定市、县稽查局组织检查和直接检查企业的分类标准，使稽查人力、物力、财力等稽查资源与重点税源的分布相对应。完善以自查为先导的检查方法，使稽查力量得到有力的整合，为全年案件的查处，提供有力的保障。

【稽查工作会议】 2013年2月，宁波市地税稽查工作会议召开。市局分管领导，各县（市）、区地税局分管领导、稽查局长，市局稽查局科长以上干部参加。会议中收看了国家税务总局召开稽查工作视频会议；研究确定了全市稽查工作任务。4月，召开了全市稽查局长会议，传达了宁波市财税工作会议精神，布置了2013年度税收专项检查工作及重点税源企业的稽查工作任务。8月，召开了全市稽查局长会议，研究分析全市上半年度稽查工作进度和效果，确定下半年工作重点。10月，召开稽查局长工作例会。分析报关行自查和证券公司检查事项。布置下一步稽查工作，研究明年稽查工作思路。

【涉税违法案件检举】 2013年，全市各级稽查部门根据税务总局《涉税检举案件分类管理暂行办法》要求做好接报接访工作。采取举报中心受理，网络、媒体公告举报电话及12366连接举报电话方受理等方式。加大对上级交办、市局领导批办、有关部门转办案件的检查力度。2013年全市共受理各类举报318件。其中，市局稽查局交、转由各县（市）区查处的43件。结案265件，结案率83.3%。查补各项收入1393.6万元。其中，查补税款811.93万元，加收滞纳金179.46万元，罚款402.21万元。

【稽查业务培训】 一是选择部分稽查人员为教员，将涉税案例或税务稽查方法、心得整理成教案，搬进课堂，制作授课PPT课件，上讲台为稽查系统干部授课和交流。二是借助税务总局组织《小企业会计准则》测试的东风，深化业务知识的培训。通过请税校老师辅导、组织稽查干部《小企业会计准则》模拟测试等手段，强化稽查业务训练。三是鼓励干部参加各种在职学历学位教育，引导帮助干部参加“两师一证”和专业技术职称考试，选送年轻干部攻读厦门大学会计硕士学位等方式方法培养稽查人才。

【稽查信息化建设】 为了适应企业信息化、电算化的形势，提高全市地税稽查人员电子查账能力，制定了信息化稽查的方案，积极推动信息化稽查工作。2013年确定在鄞州局、余姚局为审计型检查工作底稿试点单位。两个试点单位按照《税务稽查审计型检查工作底稿指引》，派遣干部专题赴天津地税局稽查局学习取经，已完成了方案的制定和符合当地实际的工作底稿制作。在宁海局推行了网络版电子查账软件查账的基础上，扩大了慈溪局电子查账软件查账，为全市更大范围内推行电子信息化查账结累经验。

【稽查人才库建设】 在加强业务人才工作中，宁波地税把稽查干部工作作风、提升执法能力，也当作人才库工作的一部分，作为推进税务稽查的现代化建设的重要环节来抓。认真落实国家税务总局的继续教育管理办法，鼓励稽查干部参加研究生学习和注册税务师、注册会计师、司法资格考试，加快培养税务稽查的高层次、复合型人才，充实人才库。根据税务总局有关人才库工作要求进行选拔，在全市稽查系统近300名稽查人员中，确定4人为税务总局级人才库人员，40人为市级人才库人员，为稽查干部适应现代税务稽查做好人才的贮备。

【稽查宣传】　宁波市地税稽查系统在稽查工作中充分听取被查对象的陈述申辩，检查环节完成后把发现的违法事实和拟处理（处罚）的决定交被查企业确认，由企业提出陈述申辩意见，充分保障纳税人的权利。形成查一个案件，宣传一部税收法律法规的工作模式。

【稽查调研】　宁波地税稽查系统结合税收检查工作的开展，对检查方式方法和制度进行分析，形成了一批前瞻性的调研材料。《新形势下建立新型地税稽查模式的探讨》获宁波市优秀财税调研论文评比二等奖，并作为科研成果上报省、市两级税收研究机构。

（王雪松）

厦门市国家税务局稽查局

【概述】　2013年，厦门市国税稽查部门紧紧围绕税收中心工作，以整顿和规范税收秩序为目标，统筹检查力量，坚持依法行政，规范执法行为，发挥稽查威慑力作用，在促进税收征管、维护公平正义等方面取得成效。在抓好税收中心工作的同时，着力加强党风廉政建设、干部队伍建设、制度建设和精神文明建设。稽查局党支部被市局授予“2011—2012年度先进基层党组织”称号，两位员工被评为优秀共产党员，一位员工被评为优秀党务工作者。

【稽查查补收入及分析】　2013年，全市国税稽查部门共立案检查企业171户，有问题127户，结案92户，组织140户企业开展自查；查补税款、罚款、滞纳金合计42422万元，同比增长10.90%，入库33006万元，同比增长9.08%。

【重大案件查处】　2013年，全市国税稽查部门共查处百万元以上重大案件22件，查补收入30229万元，入库10226万元（其中，市局稽查局查处千万元以上案件6件，查补收入25824万元，入库6121万元），重大案件占稽查总收入71.25%。

【税收专项检查】　根据税务总局税收专项检查的统一部署和要求，2013年，厦门国税局稽查局指令性检查项目为办理电子、家具、服装类等产品出口退（免）税企业，成品油批发、零售企业，证券公司、基金公司；指导性检查项目为房地产业、建筑安装业，承接出口货物业务的货代公司、报关公司（报关行），资本交易项目。全年，共检查企业49户，已查结28户，发现有问题26户，查补税收收入15733.23万元，入库税收收入11129.26万元；同时组织54户企业开展自查，自查有问题13户，查补税款466.36万元，入库税款466.36万元。

【区域性税收专项整治】　2013年，厦门国税局稽查局区域专项整治项目为从事农产品和水产品加工、生产和出口供货企业，重点整治农副产品收购发票开具混乱情况。全年共检查企业4户，已查结4户，发现有问题企业4户，共查补税收收入1913.39万元，入库1861.55万元。

【重点税源企业检查】　（1）重点税源企业自查情况：根据税务总局下发的二批重点税源企业名单，在厦门的成员企业共9户。厦门国税局稽查局联合厦门地税局于5月上旬组织全部9户企业进行税收自查，3户有问题，应补增值税及滞纳金4.86万元，企业所得税75.42万元，合计80.28万元，目前已全部入库。（2）税务总局下发的重点税源企业检查情况：根据税务总局稽查局工作安排和重点税源企业在厦9户分支机构自查情况，经集体选案研究确定3户重点检查企业。目前，3户企业均未查结，1户初查有问题，初查应补企业所得税59.93万元并加收滞纳金，增值税222.13万元并加收滞纳金。

【房地产及建筑安装业企业检查】　2013年，共检查房地产及建筑安装企业4户，已查结3户，发现有问题企业3户，查补并入库税收收入2499.35万元。另有1户企业在查，预缴企业所得税6000万元。

【出口退（免）税企业及货代公司检查】　厦门市国税局对打击出口骗退税工作历来十分重视，出口退税管理坚持“打击骗税与优化服务并重”

的工作思路。2013 年，在持续保持打击骗税高压态势的基础上，市局主要领导提出了“集中力量，整合人力资源，集中查处一批大、要案件”目标要求，并统筹稽查力量，抽调业务熟练、责任心强的干部，联合公安、海关等部门，开展了一系列打击骗税专项工作，惩处了一批违规退税和骗税的企业和个人，有效整顿退税秩序，维护合法经营。一是加强外部协作，组织召开国税、公安、海关三部门联席会议，统一工作思路和工作方法，形成稽查工作合力，推动打骗工作向纵深层次开展。针对税务总局下达的重点企业，主动与公安经侦部门共同制定检查方案，并多次与人民银行反洗钱部门沟通，协商查询涉案企业及相关个人银行账户事项，加强涉案企业的资金流向调查工作。二是密切内部协作，开展了税务稽查与出口退税的专项调研，从管理、政策及稽查三方面提出加强退税工作措施，进一步理顺了征管与稽查在打骗工作中的关系。三是制定周密的检查方案，采取的检查方式主要有：组织各检查小组针对税务总局提供的信息疑点进行排查分析；以纳税申报系统、出口退税审核系统、增值税防伪税控系统为依托，并结合海关信息查询系统，对相关公司的出口退税申报数据进行分析；向相关公司有关人员了解出口业务情况；检查出口退税单证备案资料；对船公司、货代公司等第三方进行实地调查取证等。2013 年，共检查涉嫌骗取出口退（免）税高风险企业 23 户，已查结 13 户，查补税收收入 11212 万元，入库税收收入 6659 万元（其中追回已退税款 6282 万元，入库增值税 87 万元，企业所得税 290 万元）。税务总局 2013 年下发的 10 户重点企业，7 户在查，预计可查补税款 2700 万元；其中 1 户企业涉嫌骗税 364 万元，应追还退税款 618 万元。

【打击发票违法犯罪活动】 2013 年，继续深入开展打击发票违法犯罪工作。根据《国家税务总局关于认真做好 2013 年打击发票违法犯罪活动工作的通知》（国税发〔2013〕20 号）及相关文件精神，年初就认真抓好组织部署，制定《厦门市国家税务局关于开展 2013 年打击发票违法犯罪活动的通知》（厦国税函〔2013〕40 号），成立了由厦门市国税局稽查局、地税局稽查局、市公安局组成的打击整治发票违法犯罪活动专项行动协调小组。按照税务总局 2013 年检查处理的违法受票企业不少于 400 户的任务要求，根据厦门市企业分布及税源分布情况，厦门国税局稽查局在年初就对税务总局下达的 400 户检查任务进行了任务分解，制定了详细的工作计划。在案件稽查过程中，认真做好药品与医疗器械、金融、保险、房地产与建筑安装等行业的发票检查。在行业税收专项检查、区域税收专项整治、重点税源企业检查、专案检查工作中，与发票检查有机结合，做到“查账必查票”“查案必查票”“查税必查票”，取得较显著的成效。截至 2013 年 11 月 30 日，全市国税部门共查处发票违法企业 406 户，涉及非法发票 8588 份，涉及金额 86413.49 万元，查补入库税款 6394.71 万元，入库滞纳金 924.72 万元，入库罚款 428.43 万元，移送公安机关 61 户，曝光 6 件。

【涉税违法案件检举】 2013 年，共受理税收违法检举案件 941 件，查处 847 件，查结 674 件，查补款合计 7247 万元，入库 4981 万元。

【案件协查工作】 2013 年，共完成金税协查 239 起，协查发票 3115 份，涉及税额 8156 万元，配合外地协查 64 批，调查处理外地来函协查 262 件。

【稽查制度建设】 为了增强税务稽查执法效能，依照《税收征收管理法》和《行政处罚法》等法律法规有关规定，制定了《稽查组织纳税人自查管理暂行办法》，明确了自查对象、范围、程序及责任，督导纳税人、扣缴义务人依法及时自查自纠税收违法行为。全年组织 140 户企业开展自查，查补税收入库 5965 万元。

为了切实转变工作作风，进一步提高稽查工作效率和水平，加强稽查绩效管理，厦门国税局稽查局制定了稽查绩效管理考核办法。

【稽查队伍建设】 （1）落实“三个禁止”，保持队伍清廉。①严格贯彻落实中央八项规定。认真执行市局《贯彻落实中央政治局八项规定实施办法》，牢固树立勤俭节约观念。重新修订了《公务接待管理办法》《财务报销审批手续若干规定》和《食堂管理办法》等制度，从严控制“三公”经费。规范财务报销和公务接待等工作，压缩公务接待支出，与上年同期对比节约支出 30 万元（其中公务接待预算内节约 5 万元，专项办案费节约 25 万元）；严格公车使用管理，公务用车实行派车单制度，明确使用人、事由、时间等事项，对公车的维修、停车及耗油等费用细化核算到具体车辆并在一定范围内定期公布；自 2013 年 10 月起，禁止处级干部驾驶公车，所有公车节假日期间一律入库定点停放。严格执行十个“禁令”，遏制利用公款吃喝、请客送礼和接受管理对象吃请、节礼的行为。②扎实开展党风廉政建设。依照“执法禁贪、服务禁懒、管理禁散”的要求，组织开展形式多样的廉政宣传系列教育活动。加强干部的理想信念教育、传统美德教育、党规政纪学习教育、预防职务犯罪教育和警示教育。邀请市委党校老师举办党章专题讲座，组织党员学习党内法规，参观反腐倡廉警示教育基地，观看警示教育片，参加反腐倡廉理论征文。引导党员干部进一步加强宗旨意识，强化党规政纪意识和预防职务犯罪意识，厘清并规避执法风险。③按照市局部署开展专项检查。继续加强对公务用车、“小金库”“庸懒散奢”“吃拿卡要报”、利用中介机构谋取不正当利益等专项治理，开展会员卡专项清退活动，领导干部的各类会员卡做到零持有，切实解决不符合八项规定的突出问题。

（2）落实“三个实在”，改进工作作风。①坚持走群众路线，求真务实地开展“四风”自查自纠。组织全体干部结合自身工作实际，逐一对比，查找形式主义、官僚主义、享乐主义和奢靡之风等“四风”方面存在的问题，进行自查自纠，并对发现的问题进行积极整改。对公务接待超标现象进行遏止；班子成员及时腾退超标用房问题，并将整改结果上报市局。②完善“一级稽查”工作衔接。推动稽查体制机制创新，实现稽查资源的优化配置，重点推进以专业化、信息化为主要特征的稽查管理创新，改进案源管理，对“一级稽查”模式下与区局之间的工作衔接问题，提合理化建议，加强部门配合与协作，加大对重大涉税违法案件的过程控制，提高案件的查办效率和质量。③加强职能转变工作。根据税务总局《关于做好税务系统职能转变工作的通知》（税总发〔2013〕56号）和市局通知要求，厦门国税局稽查局经研究提交稽查职能转变的五条措施并推动施行：稽查选案向科学选案、预警监控转变；稽查理念向“执法＋服务”型稽查转变；稽查方法向优化部门衔接转变；稽查方式向现代化稽查方式转变；绩效管理向考评与管理相结合转变。

（3）落实“三个服务”，促进阳光稽查。①推动政务公开。一是利用网站、报刊媒体公开稽查业务流程、相关政策法规、税收处理处罚依据、行政救济渠道、举报渠道、举报工作情况等内容，广泛接受社会监督。二是拓宽涉税举报案件受理途径，建立受理、调查、处理、传递、回访的“一条龙”快速反应机制，实现举报调查的快速启动。三是加大对查处涉税违法犯罪活动的曝光力度。4月，根据海关移送的9家共81条出口违法违规线索，梳理出6家公司的退税违法行为在《海西晨报》上进行了报道，为出口企业敲响警钟，为各部门共同采取措施打击骗贷骗税行为提供线索和思路；9月，在《中国税务报》《海西晨报》《厦门晚报》等主流媒体上披露了联合公安部门查办的成品油专项检查案例；11月，在《厦门日报》报道了开展专项行动查处的骗取出口退税案件情况。②做好干部选拔任用工作，优化人力资源配置。一是规范开展科级领导职务和科级非领导职务干部选拔任用工作，配全配齐科室负责人，健全机构，加强团结，增强队伍凝聚力和战斗力。二是结合人员晋升及新录用公务员的岗位安排，根据各科岗位需求和人员专业特长，对个别干部进行了岗位调整，推动干部交流轮岗，激发队伍活力，拓宽干部成长与发展渠道。③重视干部培训，提高队伍素质。一是举办了查账软件培训、新党章讲座等培训。二是积极组织参加市局举办的小企业会计准则培训，为干部提供练习册帮助巩固知识点。厦门国税局稽查局干部在第一次全员考试中取得了系统排名第二的好成绩。三是根据个人知识更新需求，鼓励干部自选项目参加扬州税院自主招生培训。四是选派一线人员参加总局、市局组织的各类培训班学习。五是支持干部在职学历教育和“四师”考试。④开展“稽查论坛”活动，交流查案成效。以各科接力的方式，由主办科室自拟方案、自定内容、自行备课、授课。以案件查处心得、案例分析交流等形式，共同探讨查办案件策略、方法，拓展思路。⑤聘请了一批财务会计领域的专家、学者成立顾问专家组，以第三方监督的方式促进提高税务稽查专业化执法水平。专家组将将参与稽查过程中存在争议以及疑难、复杂的涉税案件的分析和研讨，并从学术领域进行专业论证。⑥开展精神文明建设。开展了军民共建、“扶助贫困儿童”社会公益活动、文明志愿者服务活动；举办了“道德讲堂”；参加“凝心聚力跟党走、岗位建功绘蓝图”主题演讲活动。倡导奉献社会、关爱群众，努力营造敬业爱岗、廉洁勤政的良好氛围。

【稽查人才库建设】　2013年，厦门国税局稽查局共有6人入选税务总局税务稽查人才库。

【稽查业务培训】　厦门国税局稽查局十分重视干部业务培训工作。一是组织全体干部按照2013年扬州税务进修学院自主招生培训项目，根据个人培训需求，填报培训意向，分期分批参加培训。二是结合税务稽查各工作岗位，围绕“提升执法能力，推进税务稽查现代化建设”的主题，组织系统稽查干部参加查账软件、小企业会计准则等专题培训。三是有计划、有步骤地选派系统稽查业务骨干参加税务总局举办的各类培训班学习，加强稽查师资队伍力量。四是开展“稽查论坛”培训活动，分享案件查处心得，共同探讨稽查技巧，共享创新稽查新方法，拓展稽查工作新思路。

【稽查宣传】 为震慑涉税违法犯罪行为，在全社会营造依法诚信纳税的良好氛围，提高纳税遵从度，认真做好稽查宣传工作。一是选取2012年全局查处的典型案例，在《中国税务报》《厦门日报》《海峡导报》《海西晨报》、厦门网等主流媒体上公开曝光共13篇（其中，《中国税务报》4篇）。二是成立“稽查专业顾问团”，聘请财务、会计、审计方面的专家担任顾问，旨在进一步完善税务稽查疑难问题处置和保障体系，加强对相关疑难复杂的涉税案件的分析和研讨，进一步提高税务稽查专业化执法水平。

【稽查调研】 2013年，完成稽查绩效管理相关课题的调研。课题组撰写了《稽查绩效管理探讨》一文，从绩效管理理论入手，分析我国当前税务稽查绩效管理的现状及存在的问题，提出优化稽查绩效管理的对策和建议。

（黄小璇）

厦门市地方税务局稽查局

【概述】 2013年，厦门市地税系统共组织各项收入570.06亿元，其中税收收入363.71亿元。全市地税稽查部门共查补收入3.5亿元，实际入库3.57亿元，稽查查补收入占当期税收收入的1%，查补收入入库率达101.97%。厦门市地方税务局稽查局认真贯彻全市地税工作会议和国家税务总局稽查工作会议精神，围绕地方税收工作中心，更新工作理念，健全工作制度，坚持依法稽查，严厉打击偷税、逃避追缴欠税及发票违法犯罪行为，充分发挥税务稽查整顿和规范税收秩序的职能作用。

【稽查查补收入及分析】 2013年，厦门市地税稽查部门共检查纳税人357户，其中有问题户324户，结案311户。累计组织稽查收入3.5亿元，其中稽查查补税款2.74亿元，罚款1840万元，加收滞纳金3564万元；企业自查补缴税款2184万元。累计入库3.57亿元，入库率达101.97%。

【重大案件查处】 厦门市地税稽查部门查补收入100万元以上案件35件（其中1000万元以上6件），同比增加11件，补滞罚总额2.77亿元。百万元以上案件数占同期查实案件数的10.8%，其查补金额占总查补金额84.35%。全市地税稽查部门查处偷税案件35件，同比增加一倍；涉及偷税金额2263.86万元，同比增加150%，偷税案件处罚率为100%。全系统移送公安部门的偷税案件为15件，涉及金额1936.69万元，受理8件，3件已立案。偷税案件涉及运输、建筑安装、服务等行业，涉案企业主要采取账上少列收入、以虚开发票、假票、“克隆票”多列成本和抵扣金额等手段偷逃税款。其中，“海上游”系列偷税案案情复杂、牵涉面广，6家涉案企业合计偷税金额近300万元，已依法移送公安机关处理。

【税收专项检查与区域性税收专项整治】 以组织税收专项检查和区域税收专项整治为重点，科学开展地方税收专检和重点税源企业轮查工作。2013年厦门市地税稽查部门组织开展证券基金公司、资本交易项目、房地产业及建筑安装业、承接出口货物业务的货代公司、报关公司（报关行）、中介和培训服务机构、高收入者个人所得税、拍卖公司等行业和项目专项检查。2013年共组织开展专项检查立案268户，查结201户，补滞罚合计2.75亿元，已入库2.58亿元；另组织企业开展自查，查补入库2183.96万元。

【重点税源企业检查】 2013年分别组织9户税务总局重点税源企业、12户省局A、B类重点税源企业开展自查，自查查补收入合计51.62万元。自查后分别对3户税务总局重点税源企业、12户省局A、B类重点税源企业开展检查。目前税务总局重点税源企业查结2户，查补收入17.78万元；省局A、B类重点税源企业查补收入131.95万元。

【房地产及建筑安装业企业检查】 坚持标本兼治、惩防并举的方针，建立税警协作机制，创新打击手段，持续开展打击建筑安装业发票违法犯罪活动，取得明显成效。一是优化检查手段增强查处力度。通过调取征管系统中涉嫌虚开发票企业的发票领用存信息、查询开票企业银行资金往来等方式追踪虚开发票的去向，对受票企业进行拉网式的清查，加大打击发票违法犯罪的力度和准确度；采取多种检查方式对建筑安装企业工程成本加强审核，以发票真伪查验为起点，追查物流和资金流，审核工程预算、施工、监理、决算、验收等环节，切实审核工程成本的真实性；强化房地产开发项目造价评估，通过审核评估造价与账面成本差异，寻找成本虚增线索，进而查处虚开建安、装饰、材料发票等发票违法行为。二是加强部门协作形成打击合力。建立与公安、国税等部门的工作联系制度，加强信息反馈、情报交换，相互配合，形成打击涉税违法犯罪活动的合力。通过收集各个部门提供的涉税线索，建立厦门市208家涉嫌虚开发票企业黑名单，下发给稽查人员，提高检查发票效率。三是联动征管部门做好以票控税。联手管征局，充分发挥信息化优势，对开票数量大但平均金额小的建筑安装企业给予预警；对存在疑点的大额发票及时组织协查；把征管系统数据中“非正常户购买发票”的建筑安装企业作为重点评估和检查的对象，切实做到以票控税。

【打击发票违法犯罪活动】　建立与公安、国税等部门的工作联系制度，加强信息反馈、情报交换，相互配合，形成打击涉税违法犯罪活动的合力。通过及时收集各个部门提供的涉税线索，建立厦门市208家涉嫌虚开发票企业黑名单。在公安机关破获厦门龙襄广告有限公司、厦门祥源兴贸易公司等虚开发票案件后，筛选出16户受票金额较大的企业进行立案检查，确保案件查深查透。全市地税部门全年共查处发票违法企业407户，涉及非法发票25895份，涉及金额11.26亿元，查补税款1.16亿元，加收滞纳金1098.05万元，罚款453.02万元，各项指标连续4年保持全省第一名。

【涉税违法案件检举】　从规范制度入手，制定《厦门市地方税务局税收违法行为检举管理办法》，理顺案件受理、排查、催办、反馈答复及移送等工作流程，推动举报案件管理信息化，拓宽检举途径，保障举报人知情权，确保检举工作健康有序地开展。全年共受理各类举报510件，其中转管征局412件，稽查局立案55件，转外单位30件，暂存待办13件，总查补税额4214.46万元。

【案件协查工作】　积极做好税务总局协查信息管理系统推广工作。一是与信息技术部门密切配合，按照税务总局的阶段性工作部署，按时完成协查系统的安装，积极推广运用。二是提前准备好相关服务器及存储等设备，完成网络配置及安全配置的调整，确保安全便捷地访问税务总局协查信息管理系统。三是对稽查人员进行受托协查、委托协查等业务及受托管理、委托管理等模块操作的讲解，并完成系统用户权限配置，确保系统顺利投入使用。全年共收到受托协查函90件，涉及企业217户次，发票693份，涉及金额累计8663万元。已回复184户次，回复涉及发票615份，金额6832万元，其中有问题发票共计302份，涉及金额2566万元。

【稽查制度建设】　一是制定了《厦门市地方税务局稽查预案试行办法》，通过试行稽查预案的办法，加强稽查案件检查工作的针对性，明确检查目标，突出检查重点，提高稽查工作效能，加强过程控制，提升稽查工作质量。二是充分运用和实践税收柔性执法理念，结合近年来组织纳税人开展税务自查工作的实际，制定了《厦门市地方税务局税务自查管理暂行办法》，指导自查工作，规范自查制度。三是实施处级以上干部（包括岛外区局分管稽查的领导）对重点案件挂钩联系督办制度。市局稽查局各科、分局与岛外稽查局结对子，加强在查账软件及疑难案件等方面的指导与交流。

【稽查系统建设】　一是实行检查计划报批制，建立案源库，规范入户执法行为。明确专检案源必须从案源库选取，需调整或追加的案件，必须报局领导批准。二是推进案源管理信息化建设，依托风险管理平台，探索构建稽查选案分析架构，加强选案科学化，以进一步提高选案准确性。三是加强税警协作。主动与公安部门联系，实现信息情报共享与工作衔接，增加执法手段，减轻执法阻力，切实增强打击涉税犯罪的合力。四是积极加强与国税稽查局、地税管征局的协作，交换案件信息，统筹安排税收专项检查工作，确保专项检查与纳税评估、日常检查等工作的衔接配合。

【稽查工作会议】　3月29日，厦门市地税局召开2013年全系统稽查工作会议，会议总结了2012年稽查工作情况，回顾了全年工作亮点，部署安排2013年稽查工作。会上市局副局长张毅对全市2012年税务稽查工作取得的成效给予充分肯定，并对2013年工作提出了四点要求。

【稽查宣传】　根据《国家税务总局稽查局关于进一步加强打击涉税违法活动宣传工作的通知》（税总稽便函〔2013〕97号）的工作要求，自2013年12月起，确定全系统稽查部门案件曝光工作机制，采用岛内外稽查部门轮值，每月一期，每期一件的形式，选取偷税案件、假发票案件及大额欠税案件作为曝光的重点，进一步增强税务稽查的威慑力。以《厦门日报》为主要曝光平台，同时采用纵横结合的方式，纵向上在《中国税务报》《福建日报》与厦门本地媒体上选取部分案件同步曝光，横向上在厦门地税网站、地税微信公众平台等新型网络媒体同步刊登，确保社会影响力。

【稽查业务培训】 组织45人稽查骨干到西南财大开展业务培训，邀请税务总局、扬州税院、西南财大的名师授课，开拓稽查人员视野；派员参加税务总局、省局及市局有关小企业会计准则、OECD企业所得税管理、资本运作税务稽查、房地产建筑安装行业稽查业务等培训，培养稽查骨干力量。

【稽查队伍建设】 一是加强班子建设。以党的群众路线教育实践活动为契机，大力加强领导班子建设。班子成员紧紧围绕“照镜子、正衣冠、洗洗澡、治治病”的总要求，认真完成“学习教育、听取意见”环节，普遍开展了“交心谈心”活动，在此基础上深入查摆在“四风”方面存在的问题及原因，积极开展批评和自我批评。二是重视稽查队伍理论学习。组织全体人员认真学习党的十八大会议精神，深入贯彻中央八项规定的要求，将党中央大政方针入脑入心；拓宽文明创建的广度和深度，组织干部积极投入争创“省级文明单位”六连冠；举办预防渎职犯罪讲座、组织观看廉政警示片与电影，强化干部思想教育。三是重视稽查队伍各项管理。组织48周岁以下稽查人员参加稽查能级业务考试，参与全系统稽查能级考核，按照工作实绩考察定级，有效提升稽查人员素质，提高工作质量与效率。教育广大干部要时刻绷紧廉政这根弦，坚持原则，廉洁自律。针对稽查工作的特殊性，在工作中采取防范措施及时消除廉政风险，达到对权力运行的事中监控、提醒和处理。全体人员能坚持依法稽查，公平执法，廉政办税。

【稽查人才培养】 在2012年底机构改革人员更新、充实的基础上，实行新老搭配，以老带新，形成新老稽查人员的一传一、一帮一、一带一的机制，通过日常检查、培训学习，形成一批能够胜任检查大企业和查处重大税收违法案件的骨干人才。注重培养稽查业务师资力量，对一些平时工作能力突出、口头表达能力较强的骨干人才加强授课方面的培养，着力形成一支稳定的稽查师资力量。鼓励干部积极报考“三师”资格考试及系统内各类型的人才选拔，目前市局稽查局共有全国税务系统领军人才培养对象1人，税务总局稽查人才库人员4人，注册会计师1人，注册税务师4人，公职律师3人。

（陈小丹）

青岛市国家税务局稽查局

【概述】 2013年，青岛市国家税务局稽查局（以下简称青岛市国税局稽查局）认真贯彻落实国家税务总局的工作部署，认真履行工作职能，深入开展税收专项检查，严厉打击发票违法犯罪行为，积极推进稽查信息化、专业化建设，努力提高稽查队伍的整体素质，不断提高稽查工作质量和效率。全年共检查1791户，查补收入总额5.45亿元，查处达到税务总局标准的大要案件4起，移送司法机关11件，判决5件，判刑60人。

【稽查体制机制改革】 按照国家税务总局稽查管理方式调整改革试点工作思路以及相关要求，2013年青岛市国税局稽查局在试点工作落实中明确思路，抓住重点，结合已有稽查机构格局，突出稽查机构设置、工作职责、业务流程等方面的工作，实现了“两到位、四明确、六统一”，即：“稽查机构”和“工作流程”到位；“市局稽查局职责”“各直属稽查局及基层稽查局职责”“市局稽查局对各稽查局的领导和管理关系”和“分类分级检查管理工作方式”明确；市局及各直属稽查局“统一领导”“统一人事”“统一选案”“统一审理”“统一报表”“统一财务”。同时在具体运行中以“稽查工作项目制”“稽查队伍专业化”以及“稽查工作信息化”等为保证，稽查管理方式试点成效显著。

【稽查查补收入及分析】 2013年，青岛市国税局各级稽查部门查补总额54456万元，其中：税款34084万元，罚款4974万元，滞纳金6522万元，自查8876万元。入库总额53815万元，其中：税款33577万元，罚款4840万元，滞纳金6522万元，自查8876万元，入库率98.82%（不含自查），偷税处罚率69.5%。

【案件查办情况】 2013年，青岛市国税局各级稽查部门共检查纳税人 1791 户，有问题 1708 户，结案 1677 户，选案准确率 95.36%，结案率 93.63%。查处到达上报税务总局标准的大要案 4 起，其中：偷税案 1 起，金额 48715 万元，涉案税额 5375.08 万元，涉案发票份数 4 份，涉案人员 4 人；骗取出口退税案 1 起，金额 1869.02 万元，涉案税额 266.37 万元，涉案发票份数 214 份；虚开增值税专用发票案 2 起，虚开增值税专用发票共计 492 份，金额 2213.26 万元，税额 581.17 万元，价税合计 2794.43 万元。采取税收保全措施 2 起，冻结存款 1 万元，移送司法机关 11 件，判决 5 件，判刑 60 人。

【案件特点分析】　从 2013 年稽查案件所涉及被查纳税人经济类型看，私营企业、外商投资企业和有限责任公司是涉税违法行为主体；按照行业分，批发零售业、制造业以及房地产业也是涉税违法行为高发行业；从被查纳税人纳税规模看，非重点税源企业案发率高于重点税源企业。其中涉及增值税案件主要是实现销售或视同销售未计销项税额，以不符合规定的发票或违法（虚开）发票抵扣进项等问题；企业所得税方面主要是瞒报或账外经营不计应纳税所得，违法列支以及不符合规定结转成本等问题；此外发票违法案件主要是虚开增值税专用发票，普通发票、运费发票等假票及非法开具等问题。

【重大案件查处】　2013 年，共查办达到税务总局标准的大要案 4 起，其他较大案值的案件 18 起。在案件查办工作中，一是根据青岛地区涉税违法的特点和重点，加大对伪造、倒卖和虚开增值税专用发票，利用做假账、两套账和账外账经营等手段偷税案件的查处力度。为了增强案件查处的针对性，稽查部门广泛开拓案源，案件来源逐渐多元化，使大要案查处的主动性、针对性更强。二是严格落实重大案件报告制度和督办制度，确保重大案件的及时查处。重点查处了青岛世纪龙力国际贸易有限公司骗取出口退税案、青岛市源洲投资有限公司偷税案、毛从心虚开增值税专用发票案。

【税收专项检查】　2013 年，青岛市国家税务局在全市范围内部署开展成品油批发、零售企业、办理电子、家具、服装类等产品出口退（免）税企业、房地产、建筑安装业、资本交易项目等专项检查。同时结合青岛市税收征管实际，将企业所得税汇总纳税企业、长期微利经营和跳跃式盈亏中型企业作为自行确定的税收专项检查项目。全年专项检查共检查企业 2958 户，查结 2428 户，查补款项合计 32905.56 万元，冲减留抵税额 651.98 万元，调减亏损 3655.90 万元，已入库 32806.76 万元。采取的主要措施：一是加强组织领导，积极贯彻落实总局部署。二是集思广益确定检查项目，形成查管互动局面。听取其他业务处室对稽查选案工作的意见和建议。三是提高稽查选案准确率，加强专项检查的针对性。四是推行稽查“项目制”，提高专项检查工作质效。五是不断完善查账软件功能，推进稽查现代化、信息化、专业化建设。六是统筹兼顾，落实分级分类稽查工作机制。七是加强与相关部门、单位的配合协作，共同解决税收征管中存在的问题。

【区域性税收专项整治】　2013 年，青岛市国税局选定平度市的机械铸造行业和胶南市的水产品加工业作为青岛市区域整治重点项目，要求各单位结合打击发票违法犯罪活动工作，重点关注本辖区农产品加工企业较为集中、走逃、注销企业等虚开发票易发、多发行业以及利用成品油增值税专用发票虚抵进项税款行为多发的行业，进一步加强征管，堵塞漏洞。全年共检查企业 369 户，结案 257 户，有问题企业 209 户，查补税款 2217.71 万元，入库罚款、滞纳金 110.49 万元。

【重点税源企业检查】　重点开展税务总局指定的海尔集团在青注册企业和全国性企业集团 7 户在青注册企业等重点税源企业的检查。此外，按照重点税源按期轮查计划，选定 70 户市属重点税源企业立案检查。对于重点税源企业，采取查前自查和疑点突出企业重点检查相结合的工作思路。共安排检查 105 户，其中海尔集团在青注册企业 28 户，税务总局安排检查全国性企业集团在青注册企业 7 户，自行选定房地产企业 16 户和其他重点税源 54 户。共查结 78 户，其中已执行完毕 32 户，查补各项税款 1766 万元，已入库 836.68 万元。

【房地产及建筑安装业企业检查】　2013 年，安排检查 16 户，查补入库各项收入 2721.21 万元。行业主要问题：一是混淆成本核算对象，未按配比原则结转产品成本；二是出包工程多预提成本；三是扩大期间费用列支范围及标准，减少应纳税所得额；四是房地产项目已符合完工条件，应作为完工产品结转收入，而企业仍按照预售收入进行申报产生的差异；五是开发产品完工前的借款利息，一次性计入当期损益，虚增财务费用。

【出口退（免）税企业及货代公司检查】　2013 年，青岛市国税局稽查局检查出口退税企业

24户，查办出口退税违法案件6起，涉及税款及罚款等5800余万元。采取的主要措施：一是稽查局主要领导亲自指导“打骗”工作方案的制定，明确工作方向和趋势，督导工作进度。二是在组织保障上引入“项目制”组织形式，建立“打骗”专项工作组，实行工作统一布置，人员统一调配，标准统一要求。三是联合公安部门、海关等部门协同工作，多次召开国税、公安、海关打击骗取出口退（免）税违法犯罪专项行动联席会议，研究制订专项行动实施方案，建立联合工作机制。

【股权转让交易的企业及个人检查】 2013年，青岛市国税局稽查局将股权转让项目纳入重点检查项目，并将检查的落脚点拓展到取得、持有和处置等资本运作项目的全过程。针对多年以来股权转让专项检查始终未有突破性进展的现状，特别是依赖第三方信息对检查工作带来的困局，确立将“国地税投资方信息和税务登记变更信息”“长期股权投资所得（损失）明细表和鉴证报告”“资产负债表和现金流量表”以及地税部分税种（印花税——产权转移书据、土地使用税、房产税和契税等）入库信息等项目列为信息分析的主要着力点，并结合上市公司公告等外部信息开展涉税风险分析工作。该专项已实现入库7800万元。

【打击发票违法犯罪活动】 2013年，青岛市国税系统共计检查涉票企业2071户，查处发票违法企业891户（超额完成税务总局下达的400户指标任务），查处非法发票8763份，涉案金额75643.37万元，查补税款10548.85万元，加收滞纳金、罚款共计5962.51万元，移送公安部门案件12起，曝光案件3起。全市税警合作，捣毁制售假发票窝点2个，打掉团伙2个，收缴作案设备6台，抓捕犯罪嫌疑人35人，缴获各类非法发票9万余份。同时，积极协调公安、通信管理部门做好发票违法信息治理工作，累计治理发票违法短信息3600条，关停手机号51个，处置网站登载发票违法信息53条。主要做法：一是积极贯彻税务总局精神，制定工作计划。二是突出重点、有序开展各项工作。着重加大对成品油、煤炭经销、钢铁冶炼、农产品加工等行业的检查力度。三是加强与公安、海关、地税等职能部门的配合协作，形成工作合力。四是紧密结合各项专项行动和专项整治工作，有效净化社会经济环境。五是结合打击整治发票违法犯罪专项行动，有力打击虚假发票“卖方市场”，破获某茶行大头小尾开具增值税发票案、王传长等非法制售、虚开发票案等一批发票违法重大案件。六是大力宣传，通过网上公布税务系统受理举报电话发动群众检举制售假发票和非法代开发票违法犯罪线索，营造开展打击发票违法犯罪活动工作的良好氛围。

【涉税违法案件检举】 认真贯彻落实税务总局稽查局的工作思路，严格执行《税收违法行为检举管理办法》《检举纳税人税收违法行为奖励暂行办法》等相关法律法规规定，健全检举案件工作机制，强化服务和责任意识，加大对涉税违法检举案件的查办力度。2013年，共受理各类税务违法举报案件309件，查办123件，转地税部门及其他部门查处7件，暂存179件。已结案116件，查出有问题户79户，查补金额1993.38万元（其中税款1215.96万元，滞纳金477.03万元，罚款300.39万元），全部缴纳入库，入库率为100%。

【案件协查工作】 2013年，青岛市国税局各级稽查部门共发出委托协查326起，涉及企业328户，发票3518份，涉及金额33262.75万元，委托信息完整率99.67%。委托收到协查结果发票3697份，其中正常票2538份，有问题179份，无法核实980份，选票准确率4.84%。委托协查查补税款7.79万元，罚款5万元，滞纳金0.83万元，移交司法机关1起。2013年，青岛市国税局各级稽查部门共收到受托协查433起，受托户数582户，收到发票3013份，涉及税额8487.18万元。受托回复发票3030份，其中正常票2114份，有问题471份，无法核实445份，累计回复率100%。受托信息完整率99.72%。受托协查查补税款233.37万元，罚款43.46万元，滞纳金37.22万元。

【稽查制度建设】 2013年，青岛市国税局进一步建立健全各项内部管理制度和稽查工作业务流程，为各项工作顺利开展打下了基础。制定下发了《青岛市国税系统税收违法大要案报告制度》《青岛市国税稽查系统稽查工作交流制度》等5项文件，规范相关稽查工作制度。按照税务总局CTAIS系统升级要求，对有关文书工作流进行了设置调整，保证了系统升级后新文书的正常使用。完善加强稽查系统工作报告制度，全面领会税务总局对数据上报的工作要求，两次对青岛市国税局稽查局各环节上报稽查成果的2000余笔数据通过CTAIS系统逐案进行核对，并对全市各级稽查部门提出规范性要求，确保了青岛市国税局稽查工作报告的真实性和报表统计的连续性和正确性。

【稽查系统建设】 编发《2013年全市国税稽查工作要点》文件，确定年度系统重点工作项目，监督落实工作进展，按季总结。通过调取“综合数据管理系统”数据，对2011年以来全市国税系统稽查审结的6048起案件逐户进行细化分类，整理汇总各类稽查数据10万笔，形成《近三年稽查数据分析工作调研报告》，在全市国税系统进行通报，督促稽查工作效率的提高。

【稽查队伍建设】 结合稽查工作实际，深入开展社会主义核心价值体系教育；深入开展以树立正确权力观为重点的理想信念、廉洁从政、艰苦奋斗教育；深入开展以“为国聚财、为民收税”和“秉公执法、令行禁止、尽职尽责、廉洁自律”为重点的宗旨意识和职业操守教育；深入开展以掌握相关法律法规、规范执法为重点的法制纪律教育；结合身边发生的典型案例深入开展示范、警示、风险教育。深入开展“创先争优”活动，强化稽查人员的责任意识，充分调动稽查干部的学习和工作积极性，促进广大稽查干部爱岗敬业、勤奋工作，努力完成全年稽查工作任务。

【稽查人才库建设】 结合青岛市国税局“331”人才工程岗位能手选拔工作，不断加强稽查专业化人才的培养和锻炼，重点突出稽查队伍培训的专业性、实用性，选派业务骨干参加稽查专业化人才培训、税警协作培训、打击骗税行为培训、稽查资本交易项目培训、兼职教师培训、科级领导干部培训等专门业务培训，有效提升稽查干部队伍的整体素质。

【稽查业务培训】 2013年，大力实施专业化骨干队伍培训工程和检查一线能力提高工程。坚持以专业化培训为主线，以岗位技能为标准，以能力建设为核心，切实提高稽查业务培训的质量和效率。一是组织了稽查专业化人才培训班，对股权交易业务稽查，出口退（免）税业务稽查，稽查信息化业务和稽查证据及执法风险防范四个方面进行了系统培训。二是加强资本运作等前沿涉税问题查办技能的培训。三是开展稽查人员电子税务稽查的实用型培训，提高了检查人员对信息化管理企业的稽查办案能力。

【稽查信息化建设】 2013年，青岛市国税局稽查局组织了稽查“电子查账辅助工具”软件开发的工作。从7月开始，使用该查账软件对海尔集团31家被查企业实施电子查账，完成了企业电子数据与财务账套的转换，实现了对特大型企业的电子查账。在推广应用查账软件过程中，及时收集出现的问题，不断增加各种版本的财务软件接口，使查账软件不断优化。目前已实现对10余种主流财务软件的技术兼容，查账软件应用面不断扩展。

【稽查宣传】 青岛市国税局稽查局注重发挥信息通讯联络员的作用，加强与媒体的协调沟通，进一步规范信息、宣传工作，全年组织编写各类信息、新闻稿130篇次。一是撰写信息推行好的工作方法，宣传工作特色和成绩。通过网络、报刊等新闻媒体曝光各类税收违法案件20篇次，撰写、编辑稽查各类动态信息48篇。二是积极做好稽查相关会议的服务及宣传报道工作。承办了青岛市国税局“打击发票违法犯罪，保护消费者合法权益”巡展活动，在各大商场、超市和各基层局办税大厅巡展六期。积极参加国地税联合开展的“税收连接你我他，社区普法惠万家”系列税收宣传活动，撰写18例国税稽查热点问题编入宣传册。

【稽查调研】 一是认真完成市局确定的重点科研课题任务，自4月开始做好科研任务配档表发至各相关部门，顺利完成了课题报告《税务稽查信息化应用研究》；二是抓好调研工作，在市局《青岛税收论坛》发表4篇调研报告；三是做好税务稽查现代化调研，积极参加稽查工作学习交流，完成了《推进青岛市国税稽查信息化建设的调研报告》。

【稽查工作会议】 2013年6月13日，青岛市国税系统稽查工作会议在青岛市国税局综合办公楼召开。市局纪检组长董惠芳到会并讲话。各区市国税局分管检查和稽查工作的局长、各区市稽查局长和市局稽查局、第一、二、三稽查局局长及科长参加了会议。

会上听取了即墨市、平度市和开发区国税稽查局工作经验介绍。市局纪检组长董惠芳作了主题讲话，对两级稽查局工作成绩给予充分肯定，对下一步稽查工作提出要求：一是严厉查处涉税违法大要案，大力整顿和规范税收秩序；二是深入推进稽查现代化、信息化建设，完善系统内外部协作机制；三是强化税务稽查队伍建设和廉政建设，令行禁止，确保各项稽查工作紧紧围绕市局中心工作有条不紊地开展。市局稽查局局长于波主持会议并作了会议小结，要求全市稽查系统要统一思想，明确认识，做好此次会议精神的贯彻和落实；对下一步系统稽查工作，分别从稽查信息化建设、加强滞留票管理、案件线索移交等几方面提出了要求。本次会议还分别召开了不同层次的座谈会，围绕纪检组长董惠芳的主题讲话、本年稽查工作要点和实际工作中遇到的问题进行了交流。

【工作建议】 一是继续完善一级稽查体制，

合理划分市局稽查局与各区管理局在检查工作上的职责权限，完善相关工作流程。同时按照分级分类要求，统一、合理调配全市国税系统的稽查资源，实现集约化的检查组织方式。二是继续完善查账辅助软件的功能，推进稽查信息化建设。在进一步完善查账辅助工具软件的同时，结合对稽查工作过程管理的要求，从案件工作进度管理、稽查案件成果汇总、稽查与管理环节互动，以及稽查工作质效监控等多方面，实现稽查案件选案、检查、审理、执行四环节的网络化管理，初步形成以查账软件为基础的信息化稽查格局。

（李　未）

青岛市地方税务局稽查局

【概述】 2013年，青岛市地方税务局稽查局认真贯彻全国税务、全省地税稽查工作会议精神，紧紧围绕税收中心任务和新一轮征管改革发展大局，优化稽查管理，健全内控机制，防范执法风险，深化廉政建设，积极发挥“以查促收、促管、促治”职能作用，全面完成了税务总局、省局下达的稽查任务目标，先后获得全国打击发票违法犯罪活动工作成绩突出单位和全省税收专项检查、电子查账工作先进单位。

【稽查查补收入及分析】 2013年，全市各级稽查累计检查纳税人921户，完成稽查收入7.64亿元，占同期全市地税各项收入（不含耕契两税）总额的1.5%，其中查补入库4.77亿元，同比增长67%。

【案件查办情况】 建立高风险任务甄别的选案机制，实现了由自主选案向接收市局闸口推送高风险任务这一案源管理方式的转变；强化稽查执法过程管理，建立全过程风险排查的查账模式；积极发挥审理环节“质量管理中心”的枢纽作用，坚持“内部初审→查管共审→集体会审”的“三层审理”机制，建立完善大要案件“审前介入”制度，全年组织两级集体审理21次，审理大要案件68户次。加大税收强制执行力度，全年累计实施税收强制执行措施35户次，银行扣缴入库1.05亿元；清理以前年度积案67户，追缴执行入库3000万元，防范了稽查积案风险。

【重大案件查处】 成功查处了由中纪委、审计署交办、税务总局督办的青岛卓冠投资公司、青岛源洲投资公司两个专案，共追缴地方税收9000万元，得到了中纪委的充分肯定和税务总局的通报表彰。年内，累计查处千万元以上案件3起，百万元以上案件33起，偷税案件5起，曝光典型案件8个，执法力度与刚性进一步增强。

【税收专项检查】 立足青岛市征管实际，针对房地产、建安、交通运输及现代服务等地方税收支柱性行业开展了专项检查，累计查处房地产及建安企业293户，查补收入1.98亿元，查处交通运输及现代服务企业34户，查补收入7234万元，规范了重点行业税收秩序。

【打击发票违法犯罪活动】 税警联动，破获制售假发票和非法出售、虚开真发票的犯罪团伙4个，涉案票面金额近3亿元；组织各级稽查局检查发票违法单位80余户，查补入库4012万元；牵头开展了“营改增”试点行业涉案发票专项整治，会同管理局检查用票单位790户，核查发票3759份，查补收入642万元，税务总局发票整治专刊给予了通报表扬。

【查管互动】 加强信息交流和数据深度挖掘与应用，落实稽查建议书、稽查案件集体审理会议等制度；建立了征管工作联系单和执法协助函，向管理局发出联系单15件、协助函10件，推动了查管互动协作；向市局报送《稽查专报》6期，提出的以查促管工作建议受到市局领导的重视。

【稽查队伍建设】 积极开展“稽查先锋”党建品牌创建活动，按照“创先争优”工作要求，健全了党建基础制度，以此为引领，强化反腐倡廉、预防职务犯罪和行风建设，克服在部分干部身上存在的“慵懒散”现象，形成了和谐向上的良好氛围和团队形象。年内，21名干部获得科级职务晋升，7名干部走上科级领导岗位，实现了稽查人员合理流动。

【党的群众路线教育实践活动】 根据上级统一部署，扎实开展党的群众路线教育实践活动，顺利完成了集中学习、听取意见、研讨交流、对照检查等各项任务，整改落实了干部职工提出的问题建议7类44件，党的群众路线教育实践活动取得了实效。山东省地税局《党的群众路线教育实践活动简报》（第 39 期）专刊推介了青岛地税局稽查局的做法和成效。

【稽查业务培训】　着眼于增强稽查核心业务能力，分层、分类组织开展案例式、集中式、脱产式培训；启动了“7050”计划，提高年轻干部的综合素质；组织全系统稽查业务比武考试，选拔骨干人员参加全省电子查账业务比武，取得了第二名的好成绩。

【稽查信息化建设】　强化“信息化”理念和“大数据”意识，优化升级了审计式查账软件，实现了审计式查账软件与征管数据的对接；改进现行内控管理模式，探索开发、上线运行了“税务稽查智能管理系统”，细化各项业务流程，将选案流程、举报办理、稽查实施、案件状态、综合业务纳入计算机实时监控，通过强化执法风险节点控制，把 150 余个稽查执法与廉政风险点在平台上集中列示，设置执法风险扫描，实现了自动化预警、节点式防控，有效解决“执法风险要防什么和怎么防”的问题。

（李　凯）

深圳市国家税务局稽查局

【概述】　2013 年，深圳市国税局稽查系统紧紧围绕税收中心工作，努力提升稽查执法能力，严厉打击涉税违法行为，税务稽查工作整体水平不断提升，共检查纳税人及组织纳税人自查 1125 户，合计实现查补收入 7.8 亿元，入库 7.2 亿元，圆满完成了各项工作任务。

【稽查查补收入及分析】　深圳市国税局稽查系统共下派检查任务 631 户，处理、处罚有问题企业 620 户，稽查直接查补 51124 万元，实际入库 43907 万元；组织企业自查 494 户，查补税款并加收滞纳金 27313 万元，实际入库 27286 万元。合计实现查补总额 78437 万元，入库总额 71193 万元。2013 年稽查工作具有以下特点：一是自查户数和自查收入大幅增加。全年安排企业自查户数较 2012 年增加 289 户，同比增加 140.98%；自查查补总额、入库总额分别较 2012 年增加 22798 万元和 22771 万元，同比增长达 504.94% 和 504.34%。二是自查收入占比提高。2013 年自查查补收入占全年稽查机构查补总额的 34.82%，自查入库收入占全年稽查机构入库总额的 38.33%，分别较上年提高了 30 个和 33 个百分点。三是三项指标均达到国家税务总局考核要求。2013 年平均选案准确率 98.26%，结案户数与检查户数之比为 93.34%，入库率 90.76%，分别超过税务总局考核任务 8.26 个、3.34 个和 0.76 个百分点。

【案件查办情况】　一是依法开展立案检查工作。全市国税稽查系统共检查企业 631 户，其中：内资企业 526 户，港澳台商投资企业 50 户，外商投资企业 15 户，外国企业 3 户，个体经营 16 户，其他类型企业 21 户。全市共查处有问题企业 620 户，分别查补增值税 21677 万元，消费税 1 万元，企业所得税 19388 万元，其他税种 21 万元。二是加大对涉税金额较大案件的查处力度。全市各级稽查部门共查处查补税款 500 万元以上 1000 万元以下案件 9 例，合计查补税款 6540 万元；查补税款 1000 万元以上案件 6 例，合计查补税款 14543 万元。三是按要求完成上级督办案件查处任务。2013 年，全市国税稽查部门共查处税务总局督办重大税收违法案件 8 件，其中年底前查结 5 件。四是耐心辅导企业自查。共组织 494 户企业自查，查补共计 27313 万元。

【案件特点分析】　骗取出口退税案件特点分析：一是虚开、骗税形成一个市场且跨界经营。在利益驱动下，从事虚开、骗税违法犯罪活动主体不再限于几个团伙或者某部分人，而是汇集了庞大的从业群体，逐步形成分工明细的产业链条。一旦有人提供资金意欲利用骗税牟利，这个市场就迅速运作起来。二是违法手段更加隐蔽且不断变化。从“闪电三号”专案查处来看，不法分子与小规模纳税企业合作，“借壳”开展违法活动。从“闪电四号”专案查处来看，出口骗税行为由传统的“先配货再配票”向“先配票再配货”转变。三是专业化、网络化和跨区域化。骗税团伙分工明确，分别负责虚开发票、申请出口退税、伪造出口报关信息等。团伙成员趋向年轻化，受教育程度更高，熟悉退税政策。骗税团伙采用信息化管理，资金调拨全部通过互联网进行。

【重大案件查处】　督办案件查处情况：2013

年，全市国税稽查部门共查处税务总局督办案件8宗，涉及企业54户。全市国税稽查部门共查处市局督办案件5宗，涉及企业5户。2013年度查补合计7374万元，入库合计4324万元。

“闪电三号”专案：一举摧毁了4个虚开骗税团伙，涉及金额13.2亿元，有问题出口退税额1.9亿元，共挽回国家税款损失4747万元。该案已在2013年6月底依法将24名犯罪嫌疑人以涉嫌骗取出口退税罪名移送市检察院进行起诉。

【税收专项检查】 在全市范围内认真开展行业性税收专项检查、重点税源企业专项检查，共检查企业313户，已查补税款18403万元，入库税款15831万元。针对各项检查的侧重点不同，调整思路、优化税收专项检查各项机制，开展查前分析，完善检查方案；优化培训方式，提高业务技能；推行选案机制，周密部署工作；健全检查机制，提高工作效率；完善组织指挥体系，进一步规范各项工作。

【重点税源企业检查】 税务总局共选取17户重点税源企业，要求对上述企业集团总部及在各地分支机构开展税收专项检查，深圳市国税局共涉及52户企业。总部非深圳地区涉及9户总部集团共32家成员单位，经自查，其中7户有问题，共补缴税款119万元。总部在深圳的某公司已完成了自查阶段的工作，深圳地区补税（国税、地税合计）共计652万元。

【房地产及建筑安装业企业检查】 积极利用住房建设局、规划国土委等第三方单位相关信息，结合深圳市国税局征管系统数据，全面掌握国税管辖房地产企业的开发项目、竣工时间等数据，开展了细致的选案分析工作，并从中选取5户涉嫌存在较大税收问题的房地产业企业进行立案检查，目前已查补入库税款1.2亿元。

【出口退（免）税企业及货代公司检查】 (1) 检查税务总局下发案源。2013年深圳市国税局共下发检查企业22户，其中税务总局下发10户，情报交换来源企业12户。深圳市国税局要求对税务总局下发企业，按照提供的线索明细开展核查。对情报交换来源企业，全面核查这类企业2011—2012年度的出口业务，做好外地发函协查，向退税部门查询涉案企业相关出口退税信息及数据，同时分析比对海关相关数据、报关资料等取证工作。(2) 查处重大骗税案件。一是查处“闪电三号”专案，一举摧毁了4个虚开骗税犯罪团伙。二是查处深圳市利德发塑胶电子有限公司等4户企业涉税案，目前查实两笔出口货物的真实货主另有其人，两家涉案企业借货出口骗取出口退税。已将本案线索移交给公安经侦部门。三是查处永和公司涉税案。认定永和公司账上反映的生产销售业务是虚假业务，已开出给外贸公司用于退税的增值税专用发票是虚开行为。四是查处云南“3·22”专案。涉及的7户企业已基本检查完毕，其中已定性骗税企业1户，涉及税款19万元。

【股权转让交易的企业及个人检查】 (1) 股权交易。经过对市工商局提供的2006—2012年深圳企业股权交易信息进行整理、分析，排除了股权投资比例没有变动的数据，剔除了因增资扩股引起股权投资比例下降的数据，比对了CTAIS系统股权变更的申报纳税情况，并逐户与企业开展约谈。(2) “大小非”减持。一是根据早前从中国证券登记结算有限公司上海分公司采集的数据，结合CTAIS系统申报情况进行比对分析，发现共有8户企业未对“大小非”减持事项予以申报纳税。二是根据中国证券登记结算有限公司深圳分公司提供的数据，发现其中36户企业未对“大小非”减持事项予以申报纳税或申报不足额。故共计选取上海、深圳开户的“大小非”减持企业44户，选取其中7户进行检查，3户进行组织自查。共查补入库1739万元。

【打击发票违法犯罪活动】 一是检查企业753户，查处违法受票企业412户，圆满完成了查处400户违法受票企业的税务总局指令性工作任务。涉及非法发票19857份，金额184621万元，查补合计2.1亿元。二是协同公安部门开展打击制售假发票专项行动4次，成功破获4个制售假发票犯罪团伙，缴获作案机器36台，抓获犯罪嫌疑人47人，缴获虚假国税发票25万份。三是开展药品、医疗器械生产经营单位和医疗机构发票使用情况专项整治工作，共查处26户违法销方企业，查补合计204万元。

【涉税违法案件检举】 一是细心收集、认真处理每一份检举线索，各级举报中心共受理检举线索794件。二是按照有关规定对受理线索进行分类处理，其中立案检查313件，累计查补1980万元，入库1654万元。三是依法及时发放检举奖金。市、区两级举报中心应计奖检举案件6件，全部足额兑现。

【案件协查工作】 一是委托协查情况。全市共发出委托协查642起，涉及发票8929份，选票准确率为13.31%。二是受托协查情况。共收到受托协查 1895 起，涉及发票 28342 份。受托协查查补 9816 万元，入库 6292 元。三是纸质协查来函、来人协查。承办纸质案件协查来函 355 份，涉及企业 540 户，完成海关票协查复函 697 份。接待各地来人协查 142 批次 493 人次。

【稽查制度建设】 强化通报制度，每月定期通报各级稽查部门工作情况，明确工作要求，加强工作协调。完善工作督查制度，完善工作事项督办，有效落实上级工作部署。严格执行稽查专项经费管理和使用制度，合理分配稽查办案专项经费。

【稽查系统建设】 完善市区两级稽查工作机制，强化市局对区局稽查部门案件查办的指挥力度，保证案件查处力度。加大积压案件清理力度，重点清理了 2011 年及以前年度的积压案件 62 户。依法采用税收保全、强制措施、公告等方式追缴税款，组织稽查部门清理欠税入库 13981 万元。

【稽查队伍建设】 认真落实中央八项规定和市委有关要求，开展了主题为“严纪律、正作风、促廉洁”的纪律教育学习月活动。认真开展廉政回访工作，切实加强执法监察工作。认真落实“一案双查”报告工作制度，继续推进内控机制建设。抓好民主评议政风行风，进一步改进工作作风。

【稽查业务培训】 加大教育培训力度，完善各层次、各岗位的知识能力培训，累计组织业务类培训班 5 期，派人参加税务总局、市局组织的培训班 24 期，累计培训 481 人次。

【稽查信息化建设】 一是不断提升稽查部门的信息化装备水平，将超过更新年限、故障高发、维修成本大于设备现有价值的设备进行报废。二是大力推广电子查账技术，采取全员培训与重点培训相结合，理论培训与实战操作相结合，加强软件应用的培训力度。逐步摸索电子查账实践技巧。三是提高运维质量，确保稽查信息化工作平台平稳运行。

【稽查宣传】 加大信息宣传力度，2013 年累计编发《稽查通讯》12 期，刊出 70 余篇稿件。积极配合新华社、中央电视台等中央媒体对“闪电三号”案件的采访工作，在《厉风》杂志、《中国税务报》《深圳特区报》等多家媒体披露涉案违法典型案例。

【稽查调研】 一是开展“免抵退”税管理及稽查工作调研，前往局内各单位、基层单位及兄弟单位进行了工作调研，梳理“免抵退”税工作中存在的难点和问题，充分探讨如何提高生产企业“免抵退”税稽查水平、切实防范退税风险等问题。二是开展协查工作调研，到各基层稽查部门开展协查工作调研，了解基层协查工作情况，进一步规范协查工作管理。

【稽查工作会议】 2013 年 2 月 27 日，深圳市国税局召开 2013 年全市国税稽查工作会议。市局相关处室领导，市局稽查局各局领导、各科长，各区局稽查局局领导、综合科科长，盐田区局、坪山新区局、光明新区局主管稽查工作的局领导、政策法规科科长参加会议。会议全面总结了 2012 年全市稽查工作情况，明确了 2013 年深圳国税稽查工作的主要工作任务：一是依法严查重大税收违法案件。二是科学组织税收专项检查和区域税收专项整治工作。三是有序开展重点税源企业轮查工作。四是深入打击发票违法犯罪活动。五是努力夯实税务稽查执法基础。六是持续推进队伍建设和党风廉政建设。

（陈　冰）

深圳市地方税务局稽查局

【概述】 2013 年，深圳地税稽查系统按照全国税务稽查工作会议精神，认真贯彻落实市局党组深化创一流的工作部署，以开展党的群众路线教育活动为契机，按照“主动、尽责、达标”的要求，围绕税收中心工作，服务经济社会发展大局，依法履行职责，发挥了维护税法尊严、规范税收秩序、促进税收征管、增加税收收入的积极作用，各项工作均取得了良好成效。市局稽查局被省委、省政府授予集体三等功，12 人被授予一等功、三等功或嘉奖，市局稽查局审理科被授予“深圳市青年文明号”称号。

【稽查查补收入及分析】 2013 年，全年组织检查 1381 户，结案户数 1373 户，查补收入 8. 18 亿元，其中组织自查 941 户，自查补税 2. 47 亿元，立案检查 440 户，查补收入 5. 71 亿元，其中 1000 万元以上 10 宗，1 亿元以上 1 宗。查结案件中，6

个月内办结率58%，同比增长7%，增加48宗，实现了检查数量和质量双提升。

【整顿和规范市场秩序】 2013年，全市地税稽查系统紧紧抓住整顿和规范市场秩序工作的主线，做好大要案查处、税收专项检查、打击发票违法行为等工作，严格稽查、从严执法，努力营造公正、公平的市场环境，全年稽查工作呈现三个特点：一是从行业来看，着重查处商品销售企业29户，房地产企业21户。二是从税种来看，查补个人所得税1.28亿元，查补企业所得税9740万元，查补营业税8177万元。三是从区域分布来看，罗湖盐田片区立案检查93户，已查结案件户数和查补收入最多的是福田片区，共83户，查补收入1.47亿元。

【案件查办情况】 深圳地税稽查系统以案件查办为主业，继续保持了对税收违法活动的高压态势，对上级交办专案和举报案件等恶意违法案件，加大查处和督办力度，提高处罚标准。严格依法稽查，提高执法刚性，在案件查处过程中做到权限合法、程序无误、事实清楚、证据确凿、定性准确、处理得当，办成铁案。根据税务总局稽查局税收专项检查确定的指令性和指导性项目，结合深圳地区实际，明确检查方向，统筹开展了税收专项检查和重点税源企业检查。对市局选案委员会确定的检查项目，各稽查局认真抓好组织实施。提高重点税源企业税收检查比例，加强对其核心企业和核心业务进行检查，运用大数据理念对其纳税情况进行分析，提升重点税源企业检查成效。

【税收专项检查】 按照国家税务总局税收专项检查工作的总体部署，2013年对证券基金、房地产等行业424户企业开展行业专项检查，查补收入4.36亿元；对中集集团等9大集团62户在深总部及分支机构开展重点税源企业检查，自查补税929万元，并对其中14户企业进行立案检查。组织对税务总局部署的1个指令性、4个指导性行业（项目）以及市局选定的8个自选行业（项目）开展行业税收专项检查，共组织检查企业424户，查补收入4.36亿元。其中，立案检查209户，查结165户，查补收入3.05亿元，移送司法处理1户；组织自查215户，有问题130户，自查补税1.31亿元。

【打击发票违法犯罪活动】 深圳地税稽查系统一直致力于构建打击发票违法犯罪活动长效机制。2013年，组织各基层局对房地产、教育培训、药品与医疗器械等7个重点行业开展发票专项检查，共检查企业1347户，查处违法企业700户，发现非法发票10589份，涉及票面金额7.55亿元，查补各项地方税款及滞纳金罚款共计6035.41万元。联合公安、国税部门出动300多人次，捣毁7个窝点，抓获犯罪嫌疑人33个，扣押各种制假设备14台，查获地税假发票22万余份，假发票菲林模板2万余套。配合公安等相关单位检查企业75户，协助鉴定非法发票505份，涉及金额110万元。

【涉税违法案件检举】 2013年，深圳市地税局稽查局税收违法案件举报中心共接听咨询、检举电话及接收来信超过6300人（次），接待来访80批117人（次），接收各类邮件2749个，协助有关单位核查关于77家企业涉税情况达2批次。共受理检举案件1016宗，查补收入2.25亿元。向3名符合奖励规定的检举人发放检举奖金合计8000元。全年没有发生上访、缠访案件。

【案件协查工作】 2013年，深圳地税稽查系统上线运用税务总局协查信息管理系统，实现协查任务的自动分类管理、自动分检发送、自动校验、自动催办等功能，建立连接税务总局、省局、市局和基层局的有效信息纽带。树立全国税务一盘棋的思想，积极配合各地协查案件。共受理来函166件，接待来人40多次，涉及企业206户，受理协查发票1167张，涉及发票金额1.49亿元，按照协查工作要求，现已全部查结回函，办结率100%。

【稽查制度建设】 深圳地税稽查系统通过制度创新，作为引领稽查工作创新的源泉和动力，在稽查工作实践中形成和完善了一些具有指导意义的制度性成果。一是强化了集约管理。制定《稽查部门组织纳税人自查工作指引》，进一步规范了稽查部门执法程序、取证要点和移送标准，优化稽查执法服务，夯实稽查基层基础工作。二是加强了经验交流。组织召开案卷管理工作现场会和电子稽查数据集中管理经验交流会，针对稽查信息化、管查联动等工作组织召开10场调研讨论会，广泛征求群众意见，及时响应基层迫切需求。三是制定《持有伪造发票案件稽查取证操作指引》，做好行政执法与刑事侦查的衔接。响应稽查减负需求，组织开展执法文书清理，优化工作流程；取消《开案申请》《不受理案件通知书》《纳税人基本情况表》3种表格文书，更换《税务稽查报告附表》《税务稽查实施延期审批表》2种表格文书，改变分局重大案件审理提请方式。

【稽查系统建设】 2013年，深圳地税稽查系统在系统建设方面着力抓好稽查系统内部管理、稽查业务建设、部门协作三个方面的工作。一是制定工作指引。制定税收专项检查、打击发票违法犯罪工作、组织纳税人自查等4个工作方案和1个工作指引，召开证券基金业专项检查等5次工作布置会，加强工作部署指导。二是对重点工作定期督办。按月下发办案情况简报，召开4次案件督办会，组织半年工作点评推进会，加强工作督查督导。在第一稽查局召开案卷管理工作现场会，在第五稽查局召开电子查账经验交流会，编发4期《稽查专刊》，推广交流工作经验。组织证券新兴业务、电子监察系统录入和发票鉴定知识等培训，提高稽查业务水平。启动案件管理系统建设，为案件管理提供信息化支撑。三是强化了部门协作。与市公安局联合制定《深圳市地税与公安部门执法协作实施办法》，全面规范和深化税警协作；加强与法院执行局的合作，推动解决稽查部门申请司法查控协助的程序和技术问题。召开各级别的税警、税司联席会议、协调会20多次，与经侦局联合举办2期税警协作专题研训班。向经侦部门移送案件11宗，在经侦、法院协助下清理欠税20宗，涉及金额3904万元。与深圳海关缉私局签订《关于联合打击走私和违反地方税收管理行为合作备忘录》，推动各层面执法协作。

【稽查队伍建设】　深圳地税稽查系统高度重视稽查队伍建设，充分认识到地税稽查事业的发展必须依靠高素质的稽查队伍，做到提高队伍能力素质和激发活力动力，加强教育培训和实践锻炼，以完善制度机制和激励为手段，调动稽查干部的积极性、主动性和创造性，以廉政教育和内控机制建设为保障，切实增强稽查人员秉公执法、廉洁从税的自觉性。一是各稽查部门根据市局党组的部署，深入开展党的群众路线教育实践活动，使党员领导干部经历了一次思想洗礼，“四风”问题得到有效纠正，党员队伍凝聚力和战斗力进一步增强。二是推进干部业务能力建设。组织稽查业务竞赛，评选出34名稽查能手，既为稽查人才脱颖而出提供平台，又推动了稽查业务学习；选派17批100多人次赴国内高校、香港会计师事务所参加金融行业业务与税收管理、电子商务税务稽查等培训。三是加强廉政和文化建设。开展“弘扬改革创新精神　树立优良工作作风”“整治庸懒散奢等不良风气、做好民主评议政风行风”等活动，以优良工作作风推动党风廉政建设，组织参观看守所等警示教育活动，组织廉政摄影、书法等活动，丰富廉政教育形式，筑牢反腐倡廉思想防线。

【稽查人才库建设】　2013年，深圳地税稽查首次在稽查系统组织开展两轮大规模稽查岗位竞赛，171名稽查干部参加第一轮稽查业务骨干选拔，一线人员参赛率100%，平均得分79.8分。各稽查局推荐36名稽查干部参加第二轮稽查能手选拔，平均得分71.6分。根据考试得分、各稽查局推荐，结合工作实绩，最终确定34名稽查能手。稽查业务竞赛既选拔了一批稽查能手，又推动了稽查业务学习，达到了“以考代学”“以考促训”的目标，竞赛组织和竞赛效果得到了市局党组的充分肯定。

【稽查业务培训】　深圳地税稽查系统按照以人为本的理念，重视人才队伍建设。一是通过完善“专业发展+项目管理”相结合的人才应用机制，加强稽查能手的管理、培训和使用，促进人才专业化发展，发挥人才合力。二是建立行之有效的绩效考核机制，以“能办案、办好案”作为衡量干部工作绩效的依据，激励干部“想干、敢干、会干、快干”。三是切实加强组织领导，明确工作要求，细化培训安排。开展税收业务大培训，使稽查干部全面了解、熟练掌握、熟化应用系统功能，全面提升稽查业务素质和工作能力。

【稽查信息化建设】　2013年，深圳地税稽查系统坚持以信息化作为贯穿稽查工作始终的主脉络，力求实现税收稽查工作与信息技术的高度融合，用信息化促进税收稽查事业的现代化。一是启动了稽查信息系统建设筹备工作，开展了前期调研和需求分析，进行总体规划。稽查信息化建设遵循“蹄疾而步稳”的原则稳步推进。二是电子查账软件应用全面铺开，对203户电算化企业开展电子稽查，占全年立案户数46%，丰富了稽查工作手段，提高了办案效率和质量。三是探索电子查账数据集中管理模式，电子查账数据管理从单机版向网络版的拓展，提高了数据利用率和共享度，提高了工作效能。四是应用纳税服务平台开展纳税自查，对32户纳税人通过纳税服务平台开展自查，一方面降低了税收成本，提高了工作效率；另一方面丰富了纳服平台功能，促进了业务与技术的融合。五是上线使用税务总局协查信息管理系统，实现协查任务的自动分类、发送、校验和催办，全年受理协查发票1167份，办结率实现100%。

【稽查宣传】　深圳地税稽查系统坚持稽查宣传要服务于税收工作这个中心，加大政策宣传和违法案件曝光力度，引导纳税遵从，促进税法遵从度和纳税人满意度“双提升”。参加5·15全国打击和防范经济犯罪宣传日活动，在《深圳特区报》组织专题报道1篇，在税务总局《中国税务稽查》发表专题文章3篇。结合建党92周年、纪律教育月等活动时机，观看《苦难辉煌》《“蚁贪”之祸》《沉沦》教育纪录片，参观市纪委反腐倡廉警示教育图片展、地税系统违法违纪案件警示教育展，组织党员参观东江纵队纪念馆，筑牢思想防线。开展“弘扬改革创新精神 树立优良工作作风”“整治庸懒散奢等不良风气、做好民主评议政风行风”等活动，树立优良工作作风。开展会员卡专项清退，落实稽查建议书整改情况，以实际行动贯彻中央八项规定。

【稽查调研】 2013年，深圳地税稽查系统紧紧围绕市局中心工作，加强了对创新稽查工作方式的调研、总结和提炼，努力提高稽查工作质量。一是开展调研式稽查。对203户高新技术企业税收优惠政策落实情况开展调研式稽查，深入了解优惠政策执行现状和企业需求，帮助企业解答300多个税政问题，撰写《高新技术企业税收优惠政策落实情况调研报告》。对非金融机构金融商品买卖行为，开展调研式稽查企业12户，及时进行纳税辅导，并对2户企业立案查处，查补收入7300万元，积极服务转型升级。二是优化稽查组织方式。在自选行业稽查中，推行“自查、抽查和重点检查”相结合的组织方式，组织10场税收宣讲会，强化查前告知与查中辅导，给予企业接受辅导和自查自纠的机会。三是积极支持中小企业发展，与深圳市中小企业上市办建立信息共享机制，在选案中为中小企业改制上市提供支持。

【稽查工作会议】 2013年3月14日，为进一步贯彻落实全国地税稽查工作会议精神，召开深圳地税稽查工作会议。会议的主要任务是结合全国税务稽查工作会议部署，总结2012年税务稽查工作，布置2013年稽查工作任务。会议提出要结合税务总局稽查工作要求和实际情况，深入贯彻党的十八大精神，围绕组织收入中心和服务转型升级主题，以稽查信息化为主线，以落实风险传导机制为抓手，以稽查现代化为导向，强化统筹管理，创新方式手段，改进工作作风，提升稽查执法能力和整体工作水平，为构建大征管体制、深化创一流作出新的贡献，将突出抓好四项工作：整顿和规范税收秩序、优化和完善稽查集约化水平、提升和拓展稽查服务大局能力、锻造和强化稽查队伍核心战斗力。

（舒　娜）

黑龙江省国家税务局稽查局

2013 年，黑龙江省国家税务局稽查局认真落实全国税务稽查工作会议和全省国税工作会议精神，坚持以党的十八大精神为统领，认真开展群众路线教育实践活动，以提升执法能力为主线，坚持依法行政，完善稽查体制机制，扎实推进稽查现代化、信息化建设，充分发挥税务稽查的职能作用，努力使全省稽查工作取得新成效。

黑龙江国税局总审计师许峰

发挥职能作用，整顿和规范税收秩序。黑龙江国税局稽查局牢牢把握"稳中求进"的总基调，充分发挥税务稽查以查促收、以查促管、以查促改、以查促查的职能，充分发挥稽查部门打击涉税违法活动的震慑和警示作用。在全省各级稽查部门的共同努力下，较好地完成全年各项重点工作。2013 年，全省国税稽查机构共检查纳税人户数 11719 户，有问题户数 3790 户，查补总额 128808 万元，比去年同期增加 62169 万元；实际入库 130066 万元，比去年同期增加 65362 万元，增幅达 101.02%。稽查选案准确率 99.2%，稽查案件结案率 99.6%，查补收入入库率（含自查）101%，受托协查累计按期回复率为 100%，受托协查信息完整率为 99.91%，委托协查信息完整率为 99.96%，各项工作均已达到或超过税务总局考核指标。

创新工作方法，加快推进稽查现代化步伐。通过改革稽查管理模式，推进税务稽查现代化建设等有效手段，进一步增强了稽查执法工作效能。一是开展三级联合检查。积极对检查模式、方法进行创新和尝试，经省局批准组织对省内石油石化、金融行业开展省、市、县三级联合检查。工作中积极发挥"五统一"特点：省局统一部署、统一培训、统一时间进驻、统一政策界限、统一时间处理，保证了税收专项检查工作的高质保量完成。二是稳步推进稽查体制机制改革。确定牡丹江、七台河、伊春等三个市地为"一级稽查"试点单位，撤销市内城区国税局的稽查机构，将原分级行使的稽查执法权统一集中到市级稽查机构，稽查人员由分级管理变为归口管理，检查权由分散行使变为集中行使，定案权由分级确定变为一级确定。三是稽查信息化建设日趋完善。积极探索和深化税务稽查业务与现代化信息技术的融合，进一步确立和完善我省税务稽查信息化建设方向和措施。通过召开信息化稽查推广现场会、信息化稽查推进会，鼓励各地积极使用查账软件、选案管理软件和数字化检查工具，进一步提升了全省稽查办案硬件水平。

强化基础管理，稽查整体素质进一步提升。通过采取举办全省国税系统稽查业务骨干培训班、查前培训等方式，有效强化了稽查干部综合分析和解决疑难问题的能力。通过成立重点工作督导组，对各地稽查工作进展情况进行跟进，为全面完成全年稽查工作任务提供有力保障。通过实行廉政监督提示卡制度，主动接受纳税人监督，进一步提高稽查人员的风险防控意识和能力。

黑龙江国税局稽查局召开2013年全省国税稽查工作会议

江苏省地方税务局稽查局

2013年，江苏省地税系统积极推进稽查现代化建设，围绕“积聚发展新优势，推进管理现代化”的工作主题，以优化稽查资源配置为基础，积极探索稽查管理改革，大胆实践，务实创新，各项工作取得新成效、实现新突破。2013年，全省地税稽查检查户数5192户，直接检查查补收入36.7亿元，比去年同期增长68%，其中千万元以上案件55起，增长205%。

优化机构设置。制定出台了《江苏地税稽查管理改革总体方案》，明确了改革的基本原则、总体目标、主要内容和实施步骤；统一了稽查局内设机构。提出“机构虚拟，实体运作”的组建区域稽查局的新思路，在省级层面上成立了三个跨地市的区域检查分局，人员由各市稽查骨干通过考试遴选产生，对全省重点税源企业开展检查。2013年，共对70户重点税源企业开展了检查，共查补税款、滞纳金和罚款合计8.68亿元，其中税款6.7亿元。市、县层面全面推行省辖市一级稽查，将各县级稽查局作为市局稽查局派出机构，对辖区范围内重点税源企业的检查实施统一管理。

江苏地税、国税、公安三部门联合开展打击假发票宣传活动

规范业务流程。按照风险管理要求，改造、优化稽查业务流程，将《税务稽查工作规程》的各项要求具体化、标准化。制定了《区域稽查分局案件查处管理办法》《稽查案件审理规程》等，明确稽查案源、检查、审理、执行等环节工作的目标及具体流程，形成对稽查执法活动的有效监督制约。加强和规范业务管理，先后下发四期《关于税务稽查中若干业务问题的处理意见》，针对各检查组对一些特殊企业处罚尺度把握上的差异，专门研究下发了《关于对上市公司等涉税违法行为实施行政处罚的意见》。通过稽查管理改革，加大稽查业务统筹力度，实现政策执行、执法尺度的规范和统一。

加强信息化建设。为适应稽查现代化建设的需要，强化现有大集中信息系统的稽查功能，我局编写了《稽查信息化建设框架》，并撰写了系统开发需求，实现对稽查管理改革后新稽查模式下稽查执法全过程、全方位的支撑。功能包括：通过工作日志及内控管理等方式和手段，解决如何在稽查工作开展过程中进行有效监控的问题；通过网络版查账软件，实现远程办公和过程监控，通过与影印系统的有效融合，实现在线审理，通过CA认证等方式，实现稽查文书异地网上出件，解决异地检查出差时间长、办案成本高的问题；通过在线交流，解决对一线执法人员的远程支撑问题；通过量化考核指标，自动提取数据，增强绩效考核的透明度和公正性，实现对稽查人员的绩效考核。

强化税务稽查增值利用。制定了稽查会计服务外包工作管理办法等，引进专业中介服务来弥补稽查资源的不足。探索“稽查建议”制度化、规范化运作，深化稽查成果运用。区域检查分局针对检查中发现的区域性问题，形成稽查建议，报送省辖市地税局；根据行业稽查发现的问题，编写行业税收分析报告，并提出针对性征管建议，充分发挥税务稽查促管、促改的职能。不定期编辑刊发《稽查动态》，宣传我省稽查工作取得的成效，交流稽查工作经验。通过新华日报、江苏卫视等载体，曝光税收违法案件，发挥了税务稽查的教育、惩治和警示效应，宣传稽查改革成果，展示江苏地税稽查新形象。

泰州地税局稽查局召开稽查案件听证会

江西省国家税务局稽查局

江西国税局局长张贻奏（中）深入江西国税局稽查局调研

2013 年，江西省国税局稽查系统紧紧围绕税收中心工作，以稽查现代化建设为目标，以五型稽查建设为路径，锐意进取，勇于担当，稽查工作取得明显成效。省局稽查局荣获“全国税务系统打击发票违法犯罪活动工作成绩突出单位”“全省先进行政执法单位”“全省打击发票违法犯罪活动工作优秀单位”等荣誉称号。

打击型稽查取得新成效。秉承“依法查处、快速查处、重拳查处”理念，强力打击涉税犯罪。2013 年，集中力量查结再生资源重大涉税案 18 起，对 32 人采取强制措施。税警联合对 37 户虚开“营改增”发票企业以及 94 户电子、服装、家具出口退（免）税企业实施专案检查，刑拘 6 人。查获各类假发票、非法代开发票 524.76 万份，打掉发票犯罪团伙 2 个，捣毁窝点 6 个，公安抓捕犯罪嫌疑人 73 人。

收入型稽查取得新进展。2013 年检查企业 1774 户，查结 1787 户，查补入库 16.66 亿元，占全省税收收入 1.83%。一是推进重点行业与重点企业检查，房地产业和 16 户省级重点税源企业检查，分别查补收入 7.16 亿元和 3.21 亿元。二是推进疑点企业与疑点项目专项检查，建筑安装、部分金融企业疑点项目查补收入 1.5 亿元。

江西省公安厅、国税局、地税局、检察院、法院联合召开新闻通气会

创新型稽查实现新突破。一是创新工作体制，部分设区市实行县级稽查选案权、审理权上收试点。二是创新工作机制，专项检查中推行“集中选案、分类实施、过程控制和统一处理”的工作模式。三是创新检查方法，强化查前分析，实施典型检查和调研检查，确定检查重点和线索，快速、精准指引后续检查。

管理型稽查呈现新面貌。切实发挥省局统筹和管理职责。实施分类管理，建立分类标准，构建省市县专项检查和案件查处分类管理体系。严格内控管理，落实稽查选案、检查、审理、执行四分离制度，推行工作底稿制度，实施“痕迹工程”。实施稽查岗位人员技能认证，全省稽查岗位 1071 人和非稽查岗位 91 人通过了稽查岗位技能认证，达到以考促学、以学促能的目的。

江西省公安厅、国税局召开福建“8·22”协查案件推进会

效能型稽查迈上新台阶。一是组建专业化检查团队，灵活运用省局直查、交叉检查、异地检查和委托检查等方式，统一调配检查力量，优化资源配置。二是实施重大案件省局督办，市县局按周报告查处进展，按时保质查结案件。2013 年省局督办大要案 41 件，成效明显。三是在手段应用上提高效能，加大查账软件使用力度，深化培训和拓展运用，提高检查效率。

江西国税局稽查局召开犯罪专项行动推进会、集中打击骗取出口退税行动部署会

广东省地方税务局稽查局

广东地税局稽查局召开2013年全省地方税务稽查工作会议

广东省证券、基金公司税收专项检查工作动员会

2013年，广东省地方税务局稽查局在上级的正确领导下，带领全省地税稽查部门，紧紧围绕税收中心工作，坚持依法行政，推进稽查现代化建设，强化系统指导和协调职能，创新办案方式方法，健全部门协作执法机制，严厉打击涉税违法行为，有效发挥了税务稽查在优化税收征管、促进税收遵从方面的重要作用。

大要案查处取得新突破。2013年，全省各级稽查部门立案查补和自查查补收入38.88亿元，连续多年稳步增长。大要案查处数量和查补金额大幅提升。全年查补税款100万元以上的案件77件，同比增长67.39%；大要案查补税款共计3.2亿元，占查补税款总额的79.65%。稽查执法力度明显增强。全省各级稽查部门采取税收保全措施7户，合计金额2433万元。

专项检查取得新突破。2013年认真开展了以证券基金公司、资本交易项目、房地产业和建筑安装业为指令性检查项目，以中介和培训服务机构、高收入者个人所得税、工业企业、矿产资源开发企业、“营改增”企业为指导性检查项目的地方税收专项检查。全省共立案检查纳税户702户，查补收入0.99亿元；组织9205户企业开展自查，有问题企业2506户，自查查补收入11.33亿元。

打击发票违法犯罪活动取得新突破。从年初开始，重点检查房地产业、建筑安装业、旅游业及中介机构的用票行为，同时抽查交通运输业、餐饮娱乐业、营利性教育培训机构的用票行为，共检查企业14828户，查处违法企业1084户，查处各类非法发票1263万份，挽回税款损失2.05亿元，查处违法使用假发票企业的户数和清缴制售假发票的份数均创近年新高。

稽查现代化迈出新步伐。大力推行电子稽查，加强对各级地税稽查部门信息化建设工作的指导，继续加大电子稽查专业人才培养力度，升级“计算机辅助查账软件”，逐步在全省搭建统一的高端数据应用平台；实施查案“集团作战”。对规模较大、电算化程度高的企业集团，地区影响较大的大型企业，抽调省局和各市局稽查专业队员开展“集团作战”；推进部门联合办案。深化与国税、公安、工商等部门执法协作，凝聚打击涉税违法犯罪的执法合力，一大批重大疑难案件得以成功突破；大力清理稽查积案。组织力量对全省稽查部门历年来的稽查案件进行集中清理，加强工作督办和考核问责，全力消除执法风险隐患，全省共清理354宗。

广东地税局稽查局办案人员讨论案情

稽查队伍呈现新面貌。以教育实践活动为契机，加强机关作风建设；以内控机制建设为支撑，防控稽查执法风险；以专业教育培训为基础，强化岗位人才培养。队伍凝聚力、战斗力大大提高，呈现崭新的面貌。

海南省国家税务局稽查局

2013年，海南省国家税务局稽查局以查处重大税收违法案件为重点，以风险管理和信息化为抓手，坚持依法行政，强化队伍管理，推进体制建设，较好地完成了上级交办的各项工作任务，稽查质效明显提升，2013年查补各项税收收入4.85亿元，同比增长13%，增收0.53亿元。

海南国税局纪检组组长蒋焕民

税收专项检查和区域税收专项整治成效显著。2013年海南国税稽查以房地产、成品油批发零售、证券基金公司等12个行业为专项检查重点，以海口、三亚、文昌等地为税收专项整治重点区域，全面深入开展了覆盖海南省主体行业的专项检查工作，共检查纳税人198户，查补收入2.6亿元，大大高于历史最高水平，有力地堵塞了税收流失漏洞，整顿和规范了税收经济秩序。

发票违法犯罪活动得到有效遏制。海南国税稽查充分发挥牵头组织协调的职能作用，与海南省公安经侦部门和地税稽查部门密切配合，严密布控，联合开展了多个打击制售假发票和非法代开发票的专项整治行动。在“秋风”行动中，成功破获“12·23”非法出售发票案件，抓获违法犯罪人员9名，收缴增值税专用发票等各类假发票近万份；在医药行业发票专项整治工作中，查处大头小尾发票、假发票2657份，涉及开票金额8940万元，查补税款678万元。

稽查体系建设全面推进，稽查工作质效不断提升。海南国税稽查按照“管理制度化、制度标准化、标准流程化、流程信息化”思路，以风险理念审视和重新优化稽查工作流程，在完成分类标准化、风险疑点标准化、应对标准化和程序标准化四项工作基础上，以“涉税风险”为导向、以“会计科目”为核心、以“工作底稿”为载体全力开发稽查管理信息系统，为现代稽查体系提供了信息化支撑，同时在全省稽查业务骨干中组织培训和资格考试，为现代稽查机制建设提供了组织保障。

稽查队伍政治和业务素质明显提升。海南国税稽查致力于打造一支人员结构优化、素质突出、廉洁高效的稽查干部队伍。2013年，先后组织了药品生产及经销、房地产等多个行业的稽查实务、电子查账等培训1350人次。同时，全面梳理了稽查执法过程中易于滋生腐败的关键环节和风险点，构建起稽查反腐倡廉工作机制，有效防范了稽查执法风险。

海南国税局稽查局在海口召开2014年全省稽查工作会议

贵州省国家税务局稽查局

2013年7月，华东、西南地区国税稽查工作会议在贵阳召开

2013年3月，贵州国税局稽查局召开全省国税稽查工作会议

贵州省国家税务局稽查局是贵州省国家税务局正处级直属单位，现有人员17名，下设办公室、综合选案科、检查科、审理科、执行科、举报中心六个内设机构。2013年全省各级稽查部门检查和组织纳税户自查共1320户，选案准确率98%，结案纳税户960户，结案率101%，查补收入6.80亿元，入库收入6.82亿元，入库率98%。

重大涉税案件查办取得新突破。重点对虚开发票、偷税等违法行为进行严厉打击，共查处税收重大违法案件19件，其中税务总局督办案件14件，入库查补税收5132万元。其中，贵阳“4·28”案和赤水黔兴案件查办工作得到了税务总局稽查局的通报表扬。

税收专项检查纠正新问题。组织开展了4个指令性项目和4个指导性项目的税收专项检查工作，开展检查、组织纳税人自查共计832户，查补收入共计20176万元。在对从未检查过的证券行业和航空服务业的专项检查中，发现和纠正了行业中存在的涉税问题，有效规范了企业的涉税财务处理方式。在对中石油、中石化的检查中，纠正了行业中开具发票存在的问题。

2013年11月，全省国税系统稽查人员“练、比、争”活动电子税务稽查技能竞赛颁奖典礼

重点税源企业检查取得新成效。成立督导组，对税务总局安排的中国化工、海尔、娃哈哈等7家集团在黔单位的33户重点税源企业开展自查和重点抽查，选择贵州烟草公司、中电投贵州金元集团等企业作为重点税源企业检查项目，共查补收入9582万元。

打击发票违法犯罪活动取得新成果。加强与公安、地税等部门的协调配合，形成打击发票违法犯罪活动的工作合力，共查处制售假发票、虚开和非法取得发票案件349起，查获虚假发票1117万份，查补收入5649万元。特别是与公安、地税组成专案组布控侦查破获的特大制售假发票案件，抓获犯罪嫌疑人10人，当场收缴假发票1020余万份，被税务总局选为全国打假十大经典案例之一。

稽查现代化建设取得新进展。在推进执法行为法治化上，制定了《稽查内控管理办法》和《稽查案例分析工作制度》，各地均建立警税协作机制。在推进管理方式集约化上，税务总局稽查局批准了上报的稽查管理方式改革方案，并纳入全国稽查管理方式改革第二批试点单位。在推进人才队伍专业化上，选拔了6名稽查干部进入总局稽查人才库，挑选了76名稽查干部进入省局稽查人才库。在推进工作方法信息化上，搭建了贵州省第一家、全国第四家税务稽查博弈实训室，为培训电子税务稽查人才提供了必备的硬件设施。

“练、比、争”活动成为新亮点。全省各级国税机关通过多种方式开展“练岗位技能”、多个岗位开展“比稽查能力”、多种形式开展“争工作先进”活动，有效激发了全省国税稽查干部干事创业的积极性、主动性和创造性，在近期召开的全国税务稽查工作会议上，税务总局领导对“练、比、争”活动给予了充分肯定。

青海省国家税务局稽查局

青海国税局稽查局召开全省国税系统稽查局长工作会议

2013年，青海省国税稽查工作在青海国税局党组的正确领导和税务总局稽查局的指导、支持下，围绕税收中心工作任务，不断改进工作作风、加强队伍建设，坚持规范文明执法，夯实管理基础，强化廉洁从税，全面提升税务稽查执法能力，全力整顿和规范税收秩序，充分发挥稽查职能作用。

加大稽查收入查补力度，有效保障税收收入。正确处理执法与收入的关系，着力提高税务稽查工作质量和效率，严厉查处各类涉税违法行为，全年累计查补税收2.13亿元，查补率1.13%，为税收中心任务提供有力的保障。

加大税收专项检查力度，有效捍卫税法尊严。严格落实分类分级稽查工作要求，紧密切合实际、统一协调部署、优化资源配置、强化稽查分析、把握执法重点，对106户重点税源企业实施税收专项检查，累计查补税收1.04亿元，有效发挥了稽查震慑职能作用。

加大税收专项整治力度，有效规范税收秩序。与工商局、商务等部门密切配合，全力整顿品牌汽车销售服务领域经济和税收秩序，查补税收237万元，得到省政府领导的肯定和表扬。与地税、卫生等部门，深入开展药品、医疗机械经销专项整治，查处违法企业55户、查获非法发票3672份，查补税收435万元，公安部门立案查处违法企业1户，抓捕犯罪嫌疑人3人，行业税收秩序得到有效规范。

加大稽查监控执法力度，有效保证“营改增”行业试点工作稳步推进。建立省级协调机制，成立专门领导小组，以交通运输企业和货物运输代理服务企业为重点，围绕应税服务是否真实性，收入确认是否准确，进项税抵扣是否合法，差额征税项目扣除是否合规等主要内容开展专项整治工作，为“营改增”行业试点工作稳步推进打下坚实的基础。

加大发票违法打击力度，有效营造良好税收环境。与公安等部门着力打击“卖方市场”，整治“买方市场”，查处发票违法案件518件，查获非法发票5834份，涉案金额4.09亿元，查补税收1592万元，公安部门立案侦查2起，抓获犯罪嫌疑人3名，严厉打击不法分子的嚣张气焰，净化了经济和税收环境。

加大重点税源监控力度，有效引导纳税遵从。根据本地区重点税源情况，采取抽查与重点检查相结合的检查方式，重点对12户省、州（市）级重点税源企业开展税收专项检查，检查有问题6户，查补税收收入6732万元，并责令纳税人对存在的涉税问题限期整改，促进税法遵从度进一步提高。

青海省国税系统稽查案卷现场观摩交流会

新疆维吾尔自治区国家税务局稽查局

新疆国税局党组书记、局长佟伟

新疆国税局副局长李桓（左二）陪同税务总局稽查局领导一行参观打击发票违法成果展

2013年，新疆国税稽查部门在税务总局稽查局和新疆国税局党组的正确领导下，坚持围绕中心，服务大局，深入开展“能力建设年”主题活动，以整顿和规范税收秩序为目标，以查处税收违法案件和开展税收专项检查为重点，有效提升依法行政水平，积极推进管理方式改革，不断加强稽查队伍建设，为自治区经济社会发展做出了积极贡献。

新疆国税局稽查局获得年度集体荣誉

稽查查补收入再创新高。2013年，全区各级稽查部门共对1866户纳税人开展税收检查和自查，查补收入6.97亿元，同比增长13%；入库收入6.95亿元，同比增长23%；全年查补入库率99.7%，选案准确率99.2%，案件结案率97.2%，圆满完成税务总局各项考核指标。

税收专项检查扎实有效。在全面落实税务总局税收专项检查指令性任务的基础上，结合新疆实际，有重点地对房地产业、建筑安装业、承接出口货物业务的货代公司、报关公司（报关行）、资本交易项目、中介、培训服务机构、租赁场所从事生产经营的增值税一般纳税人等项目开展税收专项检查。全年初查收入3.54亿元，已入库2.72亿元。

打击出口骗税成效显著。成功查处一批骗税大案，其中昌吉“6·5”案、巴州“6·26”案和乌鲁木齐高新区“6·29”案被税务总局和公安部列为联合督办案件，昌吉“6·5”案被公安部评为2013年全国打击整治发票违法犯罪专项行动“十大精品案件”。3起案件查实骗取出口退税4300余万元，停止办理出口退税2000万元，抓获犯罪嫌疑人14人。通过对骗取出口退税行为的持续高压严打，有效遏制了全区骗税势头的蔓延。

稽查管理体制改革稳步推进。按照深化税务稽查管理方式改革的要求，结合区局党组加强稽查工作的意见，经过近几年的深入探索和调研，确定符合新疆实际的稽查管理模式。按照优化资源配置、撤销县级稽查局、加强地市一级稽查的原则，正式启动全区稽查体制及管理方式改革。

稽查队伍建设进一步加强。结合新疆国税局“能力建设年”活动，强化稽查队伍建设。一是在地市稽查局设立党组，加强稽查局班子组织建设。二是落实人才奖励制度。通报表彰近年一批稽查执法中作风过硬、事迹突出的先进集体和个人，3个集体、14名个人记三等功，5个集体、29名个人给予嘉奖，极大鼓舞了稽查干部攻坚克难、再创佳绩的信心。三是加强稽查培训，提升稽查队伍整体素质。

厦门市国家税务局稽查局

2013 年，厦门市国税稽查部门紧紧围绕税收中心工作，以整顿和规范税收秩序为目标，统筹检查力量，坚持依法行政，规范执法行为，发挥稽查威慑力作用，在促进税收征管、维护公平正义等方面取得成效。全年共立案检查企业 171 户，组织 140 户企业开展自查；查补税款、罚款、滞纳金合计 4.24 亿元，同比增长 10.90%，入库 3.3 亿元，同比增长 9.08%。查处百万元以上重大案件 22 件，查补收入 3.02 亿元，占稽查总收入 71.25%。在抓好税收中心工作的同时，市局稽查局着力加强党风廉政建设、干部队伍建设、制度建设和精神文明建设，被市局授予“2011-2012 年度先进基层党组织”称号，2 人被评为优秀共产党员，1 人被评为优秀党务工作者。

税务总局出口骗税标本兼治座谈会在厦门召开，税务总局总审计师孙瑞标（右）作重要讲话

打击骗税违法犯罪行为取得新突破。注重加强与公安、海关、商检等多部门协调配合，尤其是重视借助公安机关的技术侦查手段，及时成立联合办案工作领导小组，形成打击合力，保障了“5·30”“8·22”等系列案件工作顺利开展。充分利用海关、商检、银行、船货代等第三方信息，检查涉嫌骗取出口退（免）税高风险企业 23 户，查结 13 户，查补税收收入 1.12 亿元，入库税收收入 6659 万元。检查 113 户“8·22”厦门涉案企业，收回和暂扣税款 2.1 亿元，有力地打击了骗取出口退税违法犯罪活动。

整治发票违法犯罪行为取得新成效。围绕金融、保险、房地产与建筑安装、药品与医疗器械等六大行业开展打击发票违法犯罪活动，做到“查账必查票”“查案必查票”“查税必查票”。2013 年，全市国税部门共查处发票违法企业 406 户，涉及非法发票 8588 份，查补入库合计 428.43 万元，移送公安机关 61 户，曝光 6 件。

税收专项检查取得新进展。2013 年该局指令性检查项目为办理电子、家具、服装类等产品出口退（免）税企业；成品油批发、零售企业；证券公司、基金公司；指导性检查项目为房地产业、建筑安装业；承接出口货物业务的货代公司、报关公司（报关行）；资本交易项目。全年共检查企业 49 户，查补税收收入 1.57 亿元，入库 1.11 亿元。

厦门国税局稽查局局长李垂福（主席台右一）向外贸企业通报骗税要案情况

依法治税能力得到新提升。制定了《稽查组织纳税人自查管理暂行办法》，明确了自查对象、范围、程序及责任，督导纳税人、扣缴义务人依法及时自查自纠税收违法行为。全年组织 140 户企业开展自查，查补税收入库 5965 万元。采取冻结存款等税收保全措施 18 件次，保全涉案企业 6 家，保全税额 4183.99 万元；加大清理旧欠工作力度，追缴历年旧欠 3947.26 万元。

天津市地方税务局第一稽查局

天津地税局第一稽查局领导班子刘玉文（中）、郭俊杰（右二）、耿浩（左二）、丁胜（右一）、王国栋（左一）表彰优秀共产党员

天津市地方税务局第一稽查局内设11个科室，在编干部102人。作为天津市地方税务局直属稽查部门，第一稽查局始终秉承锐意进取、创新求变的现代化稽查理念，公正执法，扎实工作，以查处税收违法案件、开展税收专项检查和打击发票违法犯罪活动为重点，充分发挥稽查职能，不断优化管理制度，着力提升队伍素质，各项工作取得显著成效。

稽查职能充分发挥。2013年，面对复杂的经济形势，第一稽查局深挖税源潜力，多管齐下，攻坚克难，全年共开展检查94户次，发现问题企业85户，实现查补收入4.31亿元，组织入库4.47亿元，检查有问题案件滞罚率72.90%，有效提高了税务稽查的法制性和震慑力。为进一步发挥一级稽查优势，第一稽查局下大力气做好重点案件查办工作，全年查处百万元以上重大涉税案件23件，其中查补金额超千万元的6件，查补收入3.65亿元，占全年总额的84.58%。

体制机制不断创新。第一稽查局尝试在部分案件中推行管、评、查联动新模式。充分利用纳税风险评估平台，发挥多部门联动机制，形成稽查、征管、纳税评估合力，在短时间内梳理企业长期欠税问题，有效疏通了征管瓶颈。2013年，市级涉税举报中心在第一稽查局挂牌成立，建立了现代化、专业化、标准化的举报受理部门，全年共批转、处理各类举报案件96户次，接待举报人20余人次，切实提高纳税人满意度。

队伍素质稳步提升。第一稽查局围绕工作重点，有目标、有计划开展业务培训工作，采取查前培训、专题讲座、案例交流、实战练兵等多种方式，扩大培训范围，提高培训层次，努力提高稽查人员业务水平。完善廉政监督内控机制，配备廉政监察专员，使廉政工作与税务稽查有机结合、互相促进，实现了廉政教育常态化、廉政监督制度化，有效地防范了执法风险。

天津地税局第一稽查局开展青年税收业务知识竞赛

天津地税局第一稽查局组织干部参观廉政主题展览

大连市国家税务局第二稽查局

团结奋进的大连国税局第二稽查局领导班子

大连市国家税务局第二稽查局，现有干部职工85人。2013年，该局深入贯彻党的十八大、十八届三中全会精神，以法为剑，扬国税稽查之威，以人为本，铸国税干部之魂，凝聚梦想、砥砺奋进，各项工作都取得了突出的成绩。

以重大案件为突破 发挥稽查威慑力。大连国税局第二稽查局紧紧围绕税务总局、大连国税局稽查工作要求，以查处打击税收违法行为为中心，以整顿规范税收秩序为目标，以净化治理纳税环境为任务，攻坚克难、深度挖掘，通过重大案件的查处推动全局稽查工作的开展。深入某出口骗税大案，检查人员辗转千里调查取证，一举查获了涉案金额达1200万元的多家公司联合骗取出口退税的重大案件。在检查大连某仓储公司时，发现该公司的外资持股公司转让其股权的收益未缴纳企业所得税，历经多次艰难的沟通和谈判，最终使1400万元的非居民税款顺利收归国库。在与某房地产企业的几番博弈中，行政“一把手”更是身先士卒亲自出庭应诉并成功胜诉，对全市推行行政首长出庭制度起到了积极的推动作用。

大连国税局第二稽查局组织稽查干部进行业务考试

以服务性稽查为目标 探索工作新篇章。在依法治税、不辱使命的同时，该局注重稽查与服务同行，做到既要维护税法尊严，提高社会的纳税遵从度，又要加强引导、优化服务，尽量将与纳税人的矛盾化解到最小程度。在全市率先推行说理式行政处罚文书，运用充分的说理来论证处理违法行为的理由，做到晓之以法、明之以理，有效缓解稽查执法的矛盾冲突。坚持“局长走访制”和纳税人反馈制度，建立税企沟通绿色通道，认真倾听纳税人意见和心声，由本局具有注册会计师、注册税务师、律师资格的干部组成“三师”答疑小组，为纳税人加强纳税辅导和政策答疑，将纳税检查与税法宣传有效结合。

大连国税局第二稽查局稽查干部送达说理式处罚文书

以国税文化为指引 融铸时代新税魂。深入解读“自强不息、厚德载物、止于至善”的大连国税精神，秉持以人为本、求真务实的理念，加强思想教育和引导，全力打造优质高效、积极向上的干部队伍。通过专题讲座、案例交流、岗位练兵、知识竞赛、网上税校等多种形式对干部进行业务辅导和技能培训，为最大限度地提高税务稽查质量奠定坚实的基础。坚持有针对性的政治思想和廉政教育，加强内控机制建设和绩效考核，使爱岗敬业、公正执法、清正廉洁等要求变成干部的自觉行动。作为省局学雷锋先进集体，十年如一日地开展向希望工程捐资助学、向弱势群体扶贫帮困等公益活动。2013年再次被评为“大连市文明单位”，1人被评为全国打击发票违法犯罪先进个人，1人荣获大连市“俊青年”的光荣称号，3人被评为“大连市国家税务局稽查能手”。

天津市武清区国家税务局稽查局

武清区国税局局长刘东华（右一）向纳税人宣讲税收知识

武清区国税局局长刘东华（右）为特邀监察员颁发聘书

2013年，天津市武清区国家税务局稽查局在天津市国家税务局稽查局和武清区国家税务局党组的正确领导下，认真落实天津国税局税务工作会议和天津国税稽查工作会议精神，围绕税收中心工作，以整顿和规范税收秩序为目标，积极开展探索创新，坚持依法行政，强化稽查效能，税务稽查工作整体水平不断提升，圆满完成了全年各项工作。

稽查查补收入。2013年，武清国税稽查局稽查收入14231.02万元，同比增长36.16%，稽查查补户数74户，自查户数46户，选案准确率100%，入库率100%，查结率100%。

武清区国税局稽查局领导参加案情分析会

重大案件查处。加大对重大涉税违法案件的查处力度，查处了天洋滨海（天津）房地产开发有限公司案、天津宇傲渌侨工业科技研发有限公司案等一系列重大案件，全年共查处大要案3起，查补税款7314.34万元。

税收专项检查。该局成立税收专项检查工作领导小组，制定了专项检查工作方案，并开展好查前培训和宣传力度。全年共专项检查企业66户，查补收入8053.09万元，入库8053.09万元。

打击发票违法犯罪活动。一是联合公安、地税等部门建立了武清区打击发票违法犯罪活动联合工作办公室，开展假发票“卖方市场”的打击整治工作。全年开展联合行动5次，发放宣传材料4000余份。二是加大对纳税人发票使用情况的检查力度，整治虚假发票“买方市场”。全年查处违法企业50户，查处非法发票份数7870张，查补入库税款、滞纳金、罚款合计3345.54万元。

稽查队伍建设。一是加强政治理论素养提升，采取专题学习、座谈讨论等形式，学习了党的十八大、十八届三中全会精神和习总书记一系列讲话精神。二是加强业务知识学习，积极组织稽查干部参加区局组织的《小企业会计准则》、“营改增”政策等业务培训。三是以先进为榜样，推动各项工作水平进一步提高，在天津国税稽查业务知识竞赛中，武清国税代表队取得了综合成绩第二名的优异成绩。

稽查制度建设。一是建立自主选案制度，通过主动分析筛选疑点加大自主选案力度，2013年共自主选案74户，查补收入12342.41万元，选案准确率达到100%。二是健全管查联动机制，按月组织税源管理所、征管、评估、税政、收入核算、信息部门召开联席会议，为稽查选案提供依据。三是实行科长查户制度，科长带头，根据案件情况，拓宽检查思路，调整检查方向，改进检查措施。四是建立区域化检查制度，根据区域税源实际情况，推行区域化检查。五是建立审理提前介入机制，针对重大或有政策性疑难、争议问题的案件，将审理关口前移。六是建立稽查任务考核制度，将市局下达的检查任务分解到科、到组、到人，对稽查各科任务完成情况按月通报，确保按进度保质保量完成检查任务。

天津市津南区国家税务局稽查局

天津市津南区国税局稽查局局长尹爱东

2013年，天津市津南区国家税务局稽查局共查结各类案件159户，查补税款2686万元，自查税款3157万元，共计查补税收收入5843万元，完成全年稽查任务指标5700万元的102.5%，检查户数完成稽查指标150户的106%，选案准确率96%，入库率100%。

税收专项检查和区域整治工作卓有成效。按照市稽查局部署，组织开展了对重点税源企业、房地产行业、成品油批发，零售企业、通用设备制造业、通信及电子设备制造业的税收专项检查，共检查了49户，有问题的43户，查补滞补罚共计382万元，已全部入库。

一是企业自查工作成绩显著。及时组织人力，做好对企业自查的问题咨询、政策解释和报表统计工作，同时要求企业严格按照规定认真开展自查，使自查工作取得了良好效果。2013年,共自查企业316户，查补税款3157万元。

二是增进各部门协调配合，形成了打击涉税违法犯罪合力。积极推行“四位一体”的良性互动机制，建立稽查案件反馈建议制度，每项稽查工作终结后,将查处结果和分析及时反馈相关征管单位。全年，征管部门转稽查案件21户，查补入库滞补罚合计41万元。

三是依托网络化建设，发挥金税工程协查的职能作用。充分利用金税工程协查系统和稽查案件管理系统，强化协查信息系统数据的统计和分析，保证了金税工程协查子系统全年差错率为0，按期回复率100%。

四是举报案件查处工作得到有效落实。不断完善举报管理制度，狠抓各项规章制度的贯彻落实，充分发挥社会监督作用，维护举报人的合法权益，做到“案件登记、案件查处、举报奖励、信息反馈”四落实，取得显著成效。

五是打击发票违法犯罪工作成绩斐然。全年共查处发票违法企业80户，查处有问题发票750份，涉及发票金额共计4345万元，共计查补入库税款923万元，完成稽查指标50户的160%。

六是加大执行力度。对按期拒不履行纳税义务的企业，果断采取停售发票、冻结存款账户、扣缴税款等税收保全和强制措施保证查补税款的及时足额入库，清理欠税46万元。

津南区国税局稽查局在天津国税局举办的稽查业务知识竞赛中取得优异成绩

坚持和谐发展，强化干部管理，稽查队伍建设呈现良好的精神风貌。一是大力开展教育培训，充实科级领导队伍力量，并以知识竞赛为契机，搞好集中培训学习，该局组织参加市国税稽查业务知识竞赛中取得了综合成绩第三名。二是强化党风廉政建设，坚决贯彻执行党中央八项规定，坚持不懈地加强干部队伍廉政建设，树立以人为本的服务理念，理顺稽查与服务的关系，做到在执法中服务、在服务中执法，积极探索“服务＋执法”税收稽查模式。

锦州市国家税务局稽查局

辽宁国税局总经济师何力（前排左）到锦州市国税局稽查局指导数字稽查工作

辽宁省锦州市国家税务局稽查局为副处级建制单位，下设办公室、举报中心、综合选案科、案件审理科、检查科、执行科等6个科室，现有干部32人，具有全市稽查工作业务指导与管理以及案件查办双重职能。2013年被辽宁国税局确定为全省数字稽查示范运行单位。

勇于探索、大胆创新，数字稽查试点工作成果显现。2013年，锦州市国税局按照省局确立的构建现代稽查试点工作的总体部署，在全省率先开展了数字稽查试点工作。面对新的稽查模式，积极实践，成立了数字稽查IT检查支持中心，在省局指导下设计了数字稽查工作流程，充分运用省局开发的“稽查管理信息系统”和ETA检查软件，积极开展数字稽查实战演练。经过一年的探索实践，全市稽查部门在公安税侦、网监等部门以及市局相关处室的密切配合下，通过数字稽查方式共检查纳税人54户次，查补入库1675余万元，成效显著。以市局局长马辉为组长的课题组撰写的《数字稽查模式和方法研究》税收科研文章被省局刊发并向税务总局推荐，同时印发了6期《数字稽查工作动态》。

锦州市国税局局长马辉（前排左三）现场指导数字稽查工作

认真履职、务实进取，圆满完成全省各项稽查工作任务。2013年，全市国税稽查部门共检查纳税人348户，有问题341户，全地区查补入库9897万元，选案准确率98%，结案率100%，入库率100%，协查按期回复率100%。一是重大税收违法案件查处成效显著。全市共查处重大税收违法案件26件，入库总额5560万元。二是出色完成打击发票违法犯罪活动。全年查处违法企业164户，涉及发票3193组，入库税款1326万元、滞纳金204万元、罚款548万元，移送公安机关立案查处16件，被税务总局评为“药品医疗器械生产经营单位和医疗机构发票使用情况专项整治工作先进单位”。三是圆满完成税收专项检查工作。全年查结88户，查处偷税案件80件，选案准确率为100%，查补入库1408万元。四是做好案件协查工作。全年受托协查61起，户数70户，发票份数1220组，累计按期回复率100%。

辽宁国税局稽查局局长张保林（中）为锦州数字稽查IT检查支持中心揭牌

西藏自治区国家税务局稽查局

西藏国税局稽查局与西藏公安经侦总队召开案件联席会议

2013年，西藏自治区国家税务局稽查部门认真学习贯彻党的十八大精神，致力于整顿和规范税收秩序，突出提高稽查办案质量和效率，切实加强干部队伍建设，扎实推进党风廉政建设，全区稽查工作取得了较好成效。

加大稽查力度。2013年，全区稽查部门严厉查处各类涉税违法案件，充分发挥稽查职能，共实现查补收入总额4045万元，其中：稽查机构查补收入2843万元；稽查机构组织企业自查收入1202万元。入库率为100%。

转变稽查思路。在稽查办案过程中，牢固树立执法与服务并重的思想，要求既要做到规范执法，又要做好稽查服务，防止执法僵硬。

健全协作机制。2013年，各地稽查部门查结的案件通过《税务稽查建议书》的形式反馈给主管税务机关，供其对照分析，堵塞征管漏洞。加强与法规部门的沟通，明确对政策的理解和把握；加强公安、工商等部门之间的配合，形成合力打击税收违法犯罪活动。

加大宣传教育力度。将违法案件曝光与税法宣传相结合，将落实举报奖励与加大违法行为处罚力度相结合，进一步增强纳税人自觉纳税的遵从度，提高稽查震慑力。

坚持从严治队。全区稽查部门以开展培训为抓手，从政治素质、业务素质、廉政建设等方面入手，不断强化稽查队伍，提高整体素质。

甘肃省国家税务局稽查局

2013年，甘肃省国税系统稽查部门围绕税收工作大局，坚持依法稽查，突出质量效率，大力整顿规范税收秩序。在提高稽查工作质效、打击涉税违法行为、稽查机制建设等方面取得了显著成绩，为推进全省国税事业科学发展、稳步推进、提升站位做出了积极贡献。

全年查补入库税收收入6.49亿元，冲减增值税留抵税金2757万元，调减企业申报亏损额1.04亿元。税务总局确定的选案准确率等六项考核指标，均高于考核达标值。金税协查、涉税举报等常规工作顺利运行。创新工作成效明显：专项检查项目负责制组织方式，被确定为2013年全国税务稽查工作会议经验交流内容；开展稽查案卷评查活动，创新了稽查质量评价方式；与省局直属税务分局探讨建立查管互动协作机制，增强了稽查工作服务税收中心工作的能力。组织党员干部参加以为民、务实、清廉为主要内容的群众路线教育实践活动，学习中央八项规定和廉洁从政要求。通过理论学习、业务培训、在岗自学等方式，提升干部应对新时期税务稽查工作的能力。省局稽查局两名女干部，被甘肃省妇女联合会授予“甘肃省三八红旗手”荣誉称号。

2013年3月1日，甘肃国税局稽查局召开全省国税稽查工作视频会议，安排部署稽查工作（主席台左起：省局稽查局副局长徐长瑛，省局稽查局局长李榍，省局党组成员、副局长梁云才，省局稽查局副局长房全喜，省局稽查局副调研员田建浩）

金华市国家税务局稽查局

税收宣传月期间税务人员进学校宣传税收知识

浙江省金华市国家税务局稽查局现有干部61人，该局坚持“服务科学发展、共建和谐税收”主题，加强干部理想信念、思想道德和爱岗敬业教育，围绕国税中心工作，以重点税源企业检查和大要案查处为抓手，认真组织税收专项检查和专项整治，深入开展打击发票违法犯罪专项行动，充分发挥稽查的职能作用，为完成税收收入任务和规范税收秩序作出了应有的贡献。2013年查补入库税款7685.92万元，占当地国税收入487362万元的1.58%。

2009年被评为“全省国税系统文明单位”，2010年被评为“金华市文明单位”，2012年被评为“金华市思想政治工作先进单位”，2013年“阳光稽查、优质服务”被评为市直机关党建工作知名品牌。2011年、2012年，在当地市委、市政府组织的全市125个“涉企科级岗位群众评议”中连续两年获第一名，得到社会各界和广大纳税人的充分肯定。

金华市国税局成立纳税服务青年志愿者总队，稽查干部踊跃参加

咸阳市地方税务局稽查局

2013年，咸阳市地方税务局稽查局从积极推进税务稽查现代化建设的形势需要出发，秉承改革创新理念，着力拓展稽查职能，主动对接税源专业化管理，围绕岗位职责明晰化、稽查流程标准化、检查内容规范化、人员分工专业化和要素配置最优化五个方面，探索与实践了“纵横选、专业查、层级审、双向执”的稽查专业化管理新模式，有效实现了稽查重点工作质效提升、执法风险降低的目的。一年来，全市稽查部门累计查补收入15732 万元，同比增长5%。查补收入贡献率为2.7%；选案率、处罚率、入库率分别达到99%、25%和100%，专业化稽查的综合效应初步彰显。建立的《主辅查稽查员制度》，落实了检查进度和检查质量责任，全年查补50万元以上大要案5起，查补收入642万元，户均128万元。推行的“6＋1”标准化分行业检查工作底稿，彰显了项目设置标准化、风险排查同步化、发票采集固式化、实地勘察常态化、索取资料制式化等特点，实现了查前、查中、查后的融会贯通、相互印证，强化了地税发票检查，全年查处发票案件69起，收缴各类假发票660份，涉及金额1815万元，查补收入208万元，疏理的经验和做法在2014年全省地方税务工作会议上进行了书面交流。

咸阳市地税局稽查局领导深入一线检查指导工作

富德生命人寿保险股份有限公司
FUNDE SINO LIFE INSURANCE CO.,LTD.

生命人寿保险股份有限公司是一家全国性的专业寿险公司，成立于2002年3月4日，总部现位于深圳。股东由深圳市富德金融投资控股有限公司、东京海上日动火灾保险株式会社等国内外资金雄厚的企业构成。公司现注册资本84.5亿元，是国内资本实力最强的寿险公司之一。

公司遵从“爱心、服务、创新、价值”的经营理念，秉持“内诚于心，外信于行”的核心价值观，不断倡导求新、求变、求发展。

目前，公司总资产近700亿元，确立了中国加入WTO后新兴寿险公司领军企业的地位。

富德生命人寿总部大楼（在建）

生命人寿建立了覆盖全国重点省市区域的营销网络和多元化服务平台，目前共拥有800多个分支机构和服务网点（含在筹），超过13万人的管理和销售人员，为全国300多万客户提供包括人寿保险、意外险、健康险和养老保险在内的全方位风险保障解决方案和投资理财计划。公司开发的独具特色的保额分红产品，兼具保障与理财功能，已成为市场上具有很强竞争力的产品，被评为客户最喜爱的保险产品之一。

自成立以来，生命人寿相继获得了“亚洲品牌五百强”“中国寿险行业十大最具影响力知名品牌”“中国最具成长性保险公司”“十大最值得信赖的寿险公司”“金融中国·2010年度最具综合实力保险品牌”“2011年度最受信赖保险公司”等荣誉称号。

2011年7月15日，生命人寿控股子公司、深圳保险创新发展试验区金融创新试点企业生命保险资产管理有限公司开业；2011年10月25日，生命人寿控股子公司华信财产保险股份有限公司获保监会批筹，标志着生命人寿从单一寿险公司向综合金融集团迈进，生命集团化建设迈出实质性步伐。

生命人寿后援中心

生命人寿作为一家优秀的企业，在积极追求可持续价值增长的同时，致力于各类公益活动，履行企业的职责和义务。公司在南方冰灾、汶川地震、玉树地震等灾难发生后，积极主动奉献爱心，先后捐款捐物达千万元。公司还为中国维和警察和家属捐赠保额达5亿的意外伤害保险。2010年初，公司成立了“生命关爱基金”，成为业内首家专门为营销员队伍提供特别关爱和保障的爱心基金。

面向未来，生命人寿确立了“以价值为核心，以科学发展观为统领，以寿险行业的发展规律为指导，以全面优化公司法人治理为手段，强化经营，努力建设稳健、可持续发展的和谐生命”的基本指导思想，致力于发展成为业务结构合理、经营管理规范、制度机制完善、拥有可持续竞争优势的新兴寿险公司典范，为客户、为员工、为股东、为社会创造最大价值。

中国航空工业集团公司（简称中航工业）是由中央管理的国有特大型企业，是国家授权投资的机构，于2008年由原中国航空工业第一、第二集团公司重组整合而成立。中航工业设有航空装备、运输机、发动机、直升机、机载设备与系统、通用飞机、航空研究、飞行试验、贸易物流、资产管理、工程规划建设、汽车等产业板块，下辖200余家成员单位，有20多家上市公司，员工约50万人。

中航工业系列发展歼击机、轰炸机、运输机、教练机、直升机、通用飞机、无人机等飞行器，全面研发涡桨、涡轴、涡喷、涡扇等系列发动机和空空、空面、地空导弹，为中国军队提供先进航空武器装备；中航工业以"寓军于民、军民融合"为重要发展原则，研制生产新舟60、新舟600、新舟700系列涡桨支线飞机，运-8飞机、运-12飞机，直-9直升机等多种机型，是ARJ21新支线客机的主要研制者和供应商，是大飞机重大专项的主力军；还在世界航空工业领域进行广泛合作与交流；还将航空高技术融入汽车、摩托车及其发动机、零配件等领域，大力发展燃气轮机、制冷设备、电子产品、环保设备、新能源设备等机电产品，并提供飞机租赁、通用航空、交通运输、医疗服务、工程勘察设计、工程承包建设、房地产开发等第三产业服务项目，取得了良好的经济效益和社会效益。

中航工业秉承"航空报国、强军富民"的宗旨，践行"敬业诚信、创新超越"的理念，实施"两融、三新、五化、万亿"的发展战略，2009年成为进入《财富》世界500强的首家中国航空制造企业和中国军工企业，2014年排名跃升至第178名。多年来，中航工业始终坚持评选、表彰纳税先进单位，鼓励诚信经营、依法纳税，更好地履行社会责任。

中国东方航空集团公司（以下简称东航集团）总部位于上海，是中国三大国有骨干航空运输集团之一。2002年以原东航集团公司为主体，兼并原中国西北航空公司、联合原云南航空公司，组建了中国东方航空集团公司。2010年完成了与上海航空公司的联合重组。

截至2013年底，东航集团机队规模达到500架，其中大中型运输机465架，资产规模1504亿元人民币。经过持续的产业结构调整和资源优化整合，目前已基本形成以民航客货运输服务为主，以通用航空、航空食品、进出口、金融期货、传媒广告、旅游票务、机场投资等业务为辅的航空运输集成服务体系。

东航集团核心产业中国东方航空股份有限公司，1997年作为首家中国航企在纽约、香港、上海三地挂牌上市，年旅客运输量居全球前列，服务近8000万人次的国内外旅客。作为天合联盟成员，正致力于构建以上海为核心枢纽，通达全球178个国家1024个目的地的国际航空运输网络。

2009年以来，东航集团锐意改革、创新发展，得到社会各界广泛认可。荣膺“中国民航飞行安全五星奖”；荣登《财富》杂志“最具创新力中国公司25强”，进入《财富》（中文版）企业社会责任排行榜，2012年列25强，2013年入前十强；荣获第八届中国证券市场年会最高奖项“金鼎奖”；荣获香港2012中国证券最具品牌价值上市公司“金紫荆奖”、2013金紫荆奖“最佳上市公司”和“最佳投资者关系管理上市公司”；连续三年被全球品牌传播机构WPP评为“最具价值中国品牌50强”。实现连续五年盈利，累积利润超过180亿元人民币，净资产回报率位列央企前列。

在新的发展时期，东航集团明确了“打造世界一流、建设幸福东航”的战略目标，正迈开创新驱动发展的新步伐，努力推进商业模式升级，实现从传统航空承运人向现代航空服务集成商转型，以精准、精致、精细的服务为全球旅客不断创造精彩体验。

天士力——

大健康产品的创造者 大健康管理方案的设计者 大健康文化的践行者

推进全面国际化 发展大健康产业

天士力秉承“追求天人合一，提高生命质量”的企业理念和“创造健康，人人共享”的企业愿景，着力打造现代中药第一品牌，不断推进大健康产业持续快速发展。目前已成为以大健康产业为主线，以生物医药产业为核心，以生命健康产业、健康管理与服务业为两翼的高科技国际化企业集团。

多年来，天士力积极致力于倡导和推动大健康理念体系、大健康教育体系、大健康技术体系、大健康产业体系和大健康服务体系的全面建设和完善，围绕让人们“生得优、活得长、病得晚、走得安”的目标，努力打造“五个一”工程，即：设计好一套健康管理方案，做好一盒药、一杯茶、一瓶水、一瓶酒。

天士力立足于对传统产业的新型工业化，坚持用现代科技创新传统产业，使传统中药产业、传统茶产业和传统白酒产业，发生了根本性的变革，进入了现代先进制造的发展轨道。同时，立足于现代产品理念和消费方式，挖掘产品的核心价值和文化灵魂，提出“水润、茶清、酒通、药和”的全新产品文化内涵，为健康产品注入新的文化活力和价值要素。

实施“五个一”的企业工程

TIANYANG 天阳模具 TIANYANG MOLD

公司简介

天阳模具有限公司是中国重点骨干模具企业，设汕头天阳模具有限公司和揭阳市天阳模具有限公司。专业生产各类轮胎模具，轮胎成型鼓和其他橡胶模具等产品。

天阳模具有限公司是中国首家开发研制子午线轮胎活络模具获得成功的企业，拥有多项专利技术产权，公司自行开发研制的“子午线轮胎活络模具”填补了国内空白，获国务院“中华之最”荣誉称号，是国家“八五”火炬计划、“九五”国家级重点火炬计划项目，获国家科学技术部火炬优秀项目奖。公司于1994年被广东省科委确认为高新技术企业，1998年被国家科学技术部确认为国家级重点高新技术企业，企业通过了ISO 9001:2008质量管理体系国际标准认证，是广东省汽车轮胎模具工程技术研究开发中心。

狮子湖——中国顶层·24小时健康度假目的地

颐杰鸿泰狮子湖位于广东省清远市“南大门”，南靠花都空港经济圈，西往佛山三水。距离清远市区仅8分钟车程，到广州白云机场30分钟车程。

以“南中国城际商务休闲综合体”为模板建设的狮子湖，汇聚世界顶级团队机构（项目总策划王志纲工作室、EDAW、酒店外部建筑设计WATG、酒店内部装修设计威尔逊、酒店运营管理喜达屋、高尔夫球场设计全球前十Jacoboson、高尔夫球场建设桑潘、高尔夫球场运营管理Troon Golf、物业服务第一太平戴维斯），八年的倾力打造，狮子湖成就了南中国休闲生活的新地标，囊括超五星级酒店、国际锦标级高尔夫、温泉度假、游艇、文化博览园、健康休闲和高端物业6+1板块，此外，国际学校、温泉度假区、生活配套区现已全面启动，另规划中的温泉度假中心和被广东省列为省重点工程的五千年文化博览园也在筹建中，狮子湖，国际顶级浩瀚配套，豪迈气概领航中国。

·超五星级酒店

阿拉伯风情喜来登全球旗舰酒店

集地中海四大文化主题为一体的全球旗舰酒店，重塑一千零一夜的传奇，破立世间一切尊贵标准。酒店建筑面积达9.8万，坐落于风景绝佳的狮子湖之畔、凌驾于碧波荡漾之间，集地中海四大古代文明文化主题于一身而又深炼其精髓。狮子湖喜来登酒店拥有349间五星级酒店客房、带私人游艇码头的总统套房、顶级SPA房、意大利餐厅、中餐厅、20000超大会议中心等，尽显世界顶级奢享与尊贵。

·国际锦标级高尔夫球场

狮子湖乡村俱乐部（中国十佳俱乐部）

南中国炙手可热的高尔夫球场之一，以雄伟的球场、奢华的会所、完善的练习场及高尔夫学院而闻名。畅享最原始丹霞地貌的高球魅力，中西餐厅、高尔夫用品专卖店、宴会厅、SPA等高端商务休闲配套一应俱全。

广东侨盛防伪材料有限公司

广东侨盛防伪材料有限公司于2010年6月在东莞市工商局注册成立，注册资本3540万元，是目前全国税务发票纸市场占有率达到70%的民营高新技术企业，2012年8月被东莞市政府评定为上市后备企业。

公司坐落在望牛墩镇朱平沙产业园区，此地人杰地灵、物华天宝、商贾云集，是东莞市重点规划、重点发展的新型产业园区。

公司占地65亩，分两期建设。第一期占地40亩，建筑面积1.8万平方米，配置自主研发、具有自主知识产权、目前国内最为先进的防伪涂布生产线四套，固定资产投资1.3亿元，重点生产防伪发票纸及新型防伪材料；第二期占地25亩，项目正在规划设计中，主要研发生产市场更为广阔的防伪包装材料。

公司的前身是东莞市天盛特种纸制品有限公司，具有17年生产防伪票据纸的历史，研发、生产的防伪发票专用纸已供应到除西藏外的全国各个省、自治区、直辖市的国家税务局、地方税务局、财政厅用于印制财税票据。公司重视科技创新和管理创新，发展至今，已有20余项科学技术获得国家发明专利。

侨盛公司注重人文发展，以“创新、务实、合作”为企业精神；以“提供同仁梦想实现平台，满足客户独特防伪需求”为使命；宣扬“公平正义、专注专业、责任绩效、快乐共享”的核心价值观；树立“敬天爱人、厚德载物”的经营宗旨，为公司目标统一、思想统一、快速发展提供源源不断的动力。

2013年9月贵州习水县桃林乡捐资助学活动

新华海集团有限公司

黄金松

新华海集团有限公司董事会主席、总裁黄金松是十届全国人大代表，广东省第八届、第九届、第十一届、第十二届人大代表，中华全国工商联第十次、十一次代表大会代表。

黄金松牢牢把握时代脉搏，迎难而上，不断改革创新，在多元化领域探寻具有自身特色的发展模式，不断成为行业发展的领军人物。他白手起家，自强不息，勇立潮头。通过“公司+基地+农户”的合作模式，科技兴业，品牌创新。在光盘生产领域，凭借一双睿眼，主导中国制造行业的先进水平，他善于创新，锐意改革，推陈出新，力能扛鼎，勇担责任，在为企业创收的同时不忘回馈社会，根据“关于发展木木本粮油等特色产业”的政策精神，积极调整产业经营结构，在潮安、饶平两县规划实施一万公顷油茶种植示范基地建设。

黄金松董事长现任潮州市人大常委会委员，潮州市工商联主席、总商会会长，广东省工商联（总商会）副会长。他先后荣获“广东省第九届人大代表积极分子”“广东省改革开放30周年功勋企业家”、第二届广东省“十大新粤商”荣誉称号。

黄金松董事长创业成功之后，热心扶贫济困和公益事业，捐资助学，进行家乡建设，以实际行动回报社会，其爱国爱乡的热切之心和慷慨之举令人敬佩。在广东省举行的三届“扶贫济困，共建和谐”活动中，黄金松和他的企业截至2012年共捐出人民币407万元。

“华孚”牌冷冻烤鳗

潮州华榕公司规划实施中一万公顷油茶基地（饶平万亩示范区）
潮州港华LNG建设项目

公司采取“公司+基地+农户”的合作模式，在潮安、饶平两县已实施油茶种植基地建设项目，进行油茶生态农业的种植、开发、研究、示范与推广服务。该项目被列为广东现代产业500强项目和“十二五”重点规划项目。

潮州港华燃气有限公司是由香港中华煤气有限公司与新华海集团有限公司会副会长推出的企业，从事LNG项目的建设和燃气经营。目前，该项目的建设经营成为潮州市经济增长的亮点之一。

黄金松引领着新能源产业发展，他的目标是通过天然气这种环保节能、清洁高效能源的建设，促进贫困山区的经济发展，提高贫困山区乡镇企业经济效益，带动相关产业的发展，实现贫困山区乡镇企业安全生产，使天然气利用真正成为贫困山区新的经济增长点。

第四篇

大 事 记

2013 年税务稽查大事记

第一季度

1 月 16 日　公安部经济犯罪侦查局、国家税务总局稽查局召开联席会议。会议总结了 2012 年两部门联合开展打击涉税违法犯罪活动总体情况，研究确定了 2013 年进一步强化警税协作、共同推进重点领域打击涉税违法犯罪工作相关事宜。

1 月 16 日　国家税务总局发出《关于 2012 年协查信息管理系统运行情况的通报》（税总函〔2013〕27 号），通过协查系统发起委托协查发票 59.33 万份，收到协查回复发票 58.8 万份，其中有问题发票 16.77 万份，选票准确率为 28.52%。

1 月 23 日　国家税务总局稽查局发出《2013 年全国税务稽查工作要点》（税总稽便函〔2013〕1 号），全面部署了 2013 年全国税务稽查税收违法案件查处、税收专项检查和区域税收专项整治、重点税源企业检查、打击发票违法犯罪活动、税务稽查现代化建设等各项工作任务。

2 月 1 日　国家税务总局发出《关于开展 2013 年税收专项检查工作的通知》（税总发〔2013〕8 号），部署了成品油批发、零售企业，办理电子、家具、服装类等产品出口退（免）税企业，证券、基金公司等三个指令性检查项目，以及房地产、建筑安装业，承接出口货物业务的货代公司、报关公司（报关行），资本交易项目，中介、培训服务机构和高收入者个人所得税等五个指导性检查项目。

2 月 4 日　国家税务总局稽查局召开 2013 年全国税务稽查工作会议。国家税务总局副局长解学智作了题为《以十八大精神指引稽查现代化建设　全面完成 2013 年税务稽查工作任务》的报告。会议的主题是：认真贯彻落实党的十八大、全国经济工作会议和全国税务工作会议精神，总结 2012 年税务稽查工作，部署 2013 年税务稽查工作任务。

2 月 5 日　国家税务总局稽查局发出《关于 2012 年度国家税务总局交办和督办案件查处情况的通报》（税总稽便函〔2013〕10 号）。2012 年，税务总局稽查局共直接组织查处和督办 197 起涉税违法大要案件，已结案 96 件。

2 月 21 日　国家税务总局发出《关于 2012 年税务系统开展打击发票违法犯罪活动工作情况的通报》（税总发〔2013〕16 号）。2012 年全国各级税务机关会同公安等部门共查处制售假发票和非法代开发票案件 11.2 万余件，查处各类非法发票 1.35 亿余份；各地税务机关共检查企业 24 万余户，查处违法企业 10 万余户，查处非法发票 583 万余份，查补税款 77.49 亿元，加收滞纳金 7.62 亿元，罚款 16.19 亿元。

2 月 28 日　国家税务总局发出《关于认真做好 2013 年打击发票违法犯罪活动工作的通知》（税总发〔2013〕20 号），部署了税务系统 2013 年继续开展打击发票违法犯罪活动工作。

3 月 15 日　药品、医疗器械生产经营单位和医疗机构发票使用情况专项整治工作办公室召开第二次会议。专项整治工作办公室各成员单位的负责人参加了会议，通报了近期各地开展专项整治工作的情况及成效、当前专项整治工作中存在的困难及问题。

3 月 19 日　国家税务总局稽查局发出《关于开展 2013 年重点税源企业税收专项检查工作的通知》（税总稽便函〔2013〕27 号），要求对 17 户内外资重点税源企业及其分支机构开展税收检查工作。

3 月 21 日　国家税务总局稽查局、公安部经济犯罪侦查局、海关总署缉私局联合召开 2013 年打击骗取出口退（免）税违法犯罪活动工作部署会议。会议的主要内容是：总结 2012 年税务、公安、海关三部门联合开展打击骗取出口退（免）税违法犯罪工作，部署 2013 年三部门联合打击骗取出口退（免）税违法犯罪工作。

3 月 25 日　国家税务总局稽查局发出《信息化管理企业税务稽查工作指南（试行）》（税总稽便函〔2013〕31 号），进一步加强对采用电子信息化进行管理的企业的税务稽查工作，提高税务稽查人员检查信息化管理企业的业务技能，规范检查行为，提高税务稽查工作效率，减少税务执法风险。

3 月 29 日　国家税务总局稽查局召开部分省市国税、地税稽查局长和重点税源企业负责人参加的2013年重点税源企业税收专项检查工作布置会。

第二季度

4月9日 国家税务总局、公安部、海关总署联合发出《关于继续深入开展打击骗取出口退(免)税违法犯罪活动工作的通知》(税总发〔2013〕40号),决定2013年在全国范围内继续联合开展打击骗取出口退(免)税违法犯罪活动工作。

4月12日 国家税务总局稽查局召开部分证券、基金公司税收专项检查工作布置会,北京、上海、深圳国税、地税稽查局主要负责人和20家证券、基金公司参加会议。

4月18日—21日 由国家工商行政管理总局反垄断与反不正当竞争执法局副局长姚勇带队的全国医药卫生行业发票使用情况专项整治工作办公室第五督导组在湖北省进行为期3天的督导和检查工作。湖北省国税局党组成员、副局长梅昌新代表省医药卫生行业发票使用情况专项整治工作办公室陪同督导组检查工作,省国税局副巡视员张有斌向督导组作了前段工作情况汇报。

4月26日 国家税务总局召开专题座谈会,集中听取了七省(区、市)国税局主要负责人对建立防范和打击虚开增值税专用发票违法犯罪行为、骗取出口退(免)税违法犯罪活动长效机制的意见和建议。

5月5日—11日 国家税务总局稽查局在江西省举办全国省级税务稽查局局长培训班。

5月7日 国家税务总局稽查局、公安部经济犯罪侦查局召开2013年第二次税警协作联席会议,确定了联合开展2013年打击整治发票违法犯罪专项行动相关事宜。

5月11日—17日 国家税务总局、公安部在江苏省扬州市联合举办首届全国警税协作培训班。

5月20日 国家税务总局税务稽查人才库公示国税局、地税局349名拟入库人选名单。

6月14日 国家税务总局发出《关于开展“营改增”试点行业虚开骗税违法行为专项整治工作的通知》(税总发〔2013〕64号),在全国集中开展“营改增”企业虚开增值税专用发票、骗取出口退税违法行为的整治行动。

6月19日 国家税务总局发出《税收违法案件发票协查管理办法(试行)》(税总发〔2013〕66号),以规范税收违法案件发票协查工作,提高协查管理工作效率。

6月20日和26日 国家税务总局稽查局分别召开部分地区“营改增”专项稽查工作会议,统一部署“营改增”相关专项稽查工作。

第三季度

7月9日 国家税务总局稽查局发出《国家税务总局稽查局关于编辑〈2013年中国税务稽查年鉴〉的通知》(税总稽便函〔2013〕54号)。

7月15日 国家税务总局稽查局发出《国家税务总局稽查局关于2013年重点税源企业重点检查阶段工作安排的通知》(税总稽便函〔2013〕55号),对部分重点税源企业开展重点检查工作。

7月22日 国家税务总局稽查局召开东北、西北地区税务稽查工作会议,国家税务总局副局长解学智出席并讲话。会后印发《国家税务总局副局长解学智在东北、西北地区集中调研税务稽查工作时的讲话》(情况通报〔2013〕30号)。

8月5日 国家税务总局稽查局发出《国家税务总局稽查局关于2013年上半年税务稽查查补收入情况的通报》(税总稽便函〔2013〕65号)。2013年上半年共检查纳税人7.5万户,查补收入总额571.2亿元,查补入库总额525.9亿元。

8月27日 国家税务总局稽查局、公安部经济犯罪侦查局联合召开打击骗取出口退(免)税违法犯罪活动工作部署会议,对部分重点地区近期开展打击骗取出口退(免)税违法犯罪活动集中行动进行具体部署。

8月21日 国家税务总局稽查局发出《国家税务总局稽查局关于2013年上半年交办和督办案件查处情况的通报》(税总稽便函〔2013〕72号)。税务总局稽查局共交办和督办139起税收违法大要案件,已查结案件31起。

9月10日 国家税务总局稽查局发出《国家税务总局稽查局关于2013年1—8月各地税务稽查主要工作指标有关情况的通报》(税总稽便函〔2013〕78号)。

9月12日 国家税务总局稽查局和公安部经济犯罪侦查局联合开展集中打击骗取出口退税违法犯罪行动统一收网,当日破案54起,抓获犯罪嫌疑人122名,涉案金额合计61.1亿元。

9月17日 国家税务总局稽查局发出《国家税务总局稽查局关于协助做好《税务稽查要情》编发工作有关事宜的通知》(税总稽便函〔2013〕

81号）。

9月18日 国家税务总局稽查局发出《国家税务总局稽查局关于加强重大税收违法案件报告工作的通知》（税总稽便函〔2013〕82号）。

9月25日 国家税务总局稽查局转发《公安部经济犯罪侦查局、国家税务总局稽查局关于对非法制售发票违法犯罪开展集中打击的通知》（税总稽便函〔2013〕85号）。

第四季度

10月8日 国家税务总局稽查局发出《关于开展打击“营改增”试点行业虚开增值税专用发票犯罪集中行动的通知》（税总稽便函〔2013〕90号）。

11月1日 国家税务总局稽查局发出《关于进一步加强打击涉税违法活动宣传工作的通知》（税总稽便函〔2013〕97号）。

11月22日 公安部和国家税务总局在长春市召开“4·08”案件第一次全国协查工作会议。税务总局稽查局局长马毅民出席并讲话，吉林国税局局长张德志致辞。会议通报“4·08”虚开案件情况，安排部署全国协查工作。

11月25日 国家税务总局稽查局发出《2013年税务系统打击发票违法犯罪活动工作考核方案》（税总稽便函〔2013〕104号）。

11月28日 国家税务总局稽查局规范税务检查工作研讨会在武汉市召开，税务总局稽查局刘建国副局长主持会议并讲话，湖北省国税局党组成员、副局长柳现青致辞。辽宁、江苏、安徽、河南、青岛及湖北六省市国税局、地税局稽查局有关负责人参加了会议。

12月6日 国家税务总局发出《关于开展药品医疗器械生产经营单位和医疗机构发票使用情况专项整治工作的通报》（税总发〔2013〕133号）。

12月27日 国家税务总局发出《税收违法行为检举案件管理考核办法》（税总发〔2013〕142号）。

第五篇

重大案件辑要

偷税案例

北京康诺医疗设备有限公司偷税案

【案件类别】 偷税案例

【案件所属行业】 零售业

【案件来源】 本案为中纪委转办的举报案件，税务总局列为督办案件。

【基本案情】 北京康诺医疗设备有限公司，成立于2005年1月，经济类型为私营有限责任公司，注册资本为200万元，主营业务为销售医疗器械。用查账、实地检查、责成提供资料、询问、向其他有关单位和个人调查、记录和复印等检查手段对该公司2005—2011年度纳税情况进行检查。经查该公司存在不列、少列收入，进行虚假的纳税申报隐匿收入的偷税行为，应补缴增值税和企业所得税，对偷税等违法行为进行处罚。

【违法事实】 1. 不列、少列收入，进行虚假的纳税申报隐匿收入的偷税行为。经查，该公司合计开具给北京大学第一医院、阜外医院、北京华信医院、房山第一医院、朝阳医院、连云港第一医院、宝鸡市中心医院、淮北矿工总医院、连云港第二医院、中国医科大学附属第一医院、河北联合大学附属医院、青岛市海慈医疗集团、开滦（集团）有限责任公司医院、河北医科大学第三医院870份发票，金额合计37809806元（含税）。

从北京大学第一医院等14家医院取得的证据表明，上述870份发票所开具的金额能够与出、入库或者付款金额对应上，可以认定这870份发票所开具的金额该公司都存在相应的纳税义务，应当进行纳税申报，通过与申报数据（不含税收入12753834.72元）进行比对，上述870份发票所开具的金额远大于该公司实际进行纳税申报的金额，据此，认定该公司存在不列、少列收入，进行虚假的纳税申报的行为。

由于该公司始终以“公司经营到后期无人负责，无法找到”为由，不提供财务资料，无法从该公司取得上述870份发票所对应的存根联或记账联，因此从上述870份发票开具的金额与申报表所记金额进行比对来确定其少记收入及应补的增值税。

在企业所得税的计算方面，由于该公司始终以账簿、凭证无法找到为由变相的拒绝提供账簿、凭证，根据《中华人民共和国税收征收管理法》第三十五条的规定，属拒不提供纳税资料的行为，故对该公司的企业所得税采取核定征收的方式。经逐期计算，2005—2010年合计应补缴增值税538456.85元，应补缴企业所得税202474.02元。

2. 未按照规定将其全部银行账号向税务机关报告的行为。该公司在中国建设银行股份有限公司北京月坛南街支行、中国银行清华园支行和光大银行三里河支行设立三个银行账号，其中在中国银行清华园支行和光大银行三里河支行设立的账号未在税务机关备案，属未按照规定将其全部银行账号向税务机关报告的行为。

3. 逃避、拒绝或者以其他方式阻挠税务机关检查。该公司始终以“经营到最后无人负责，无法找到”为由不提供《税务事项通知书》所列的相关财务资料，变相的拒绝提供有关资料，属逃避、拒绝或者以其他方式阻挠税务机关检查的行为。

【处理处罚结果】 1. 根据《中华人民共和国增值税暂行条例》等规定，该公司不列、少列收入，进行虚假的纳税申报的行为，2005年应补缴增值税121599.23元、企业所得税249232.50元；2006年应补缴增值税220213.96元、企业所得税477584.88元；2007年应补缴增值税218695.54元、企业所得税502949.57元；2008年应补缴增值税12564.44元、企业所得税191006.25元；2009年应补缴增值税305575.47元、企业所得税225793.35元；2010年应补缴增值税538456.85元、企业所得税202474.02元。税款滞纳期间按日加收滞纳税款万分之五的滞纳金。

2. 根据《中华人民共和国税收征收管理法》的规定，该公司不列、少列收入，进行虚假的纳税申报的行为属偷税行为，并对5年内的偷税违法行为拟处以1倍罚款，罚款金额1500376.98元。

3. 根据《中华人民共和国税收征收管理法》及其实施细则的规定，对该公司未按照规定将其全部银行账号向税务机关报告的行为处以2000元罚款。

4. 根据《中华人民共和国税收征收管理法》及其实施细则的规定，对该公司变相的拒绝提供有关资料，逃避、拒绝或者以其他方式阻挠税务机关检查的行为处以20000元罚款。

【问题分析及工作启示】 1. 没有账簿资料、当事人不配合，检查工作依然可以进行。通过举报信提供的线索分析，该公司销售心脏瓣膜，购物单位一定是医院，医院购买心脏瓣膜一定需要发票，如果能找到医院，取得该公司开具发票的发票联，同样可以核查该公司是否将全部收入申报纳税。

由于举报信提供了详细的线索，结合银行对账单发现的线索，专案组从14家医院取得该公司开具的发票复印件和记账凭证等证据。记账凭证可以证实交易对象为该公司，与发票复印件上该公司加盖的印章相互印证。医院汇款回执（资金流）或者入库单（货物流）等证据，金额与发票复印件、记账凭证的金额一致，达到了相互印证的效果，该公司向14家医院销售心脏瓣膜取得收入37809806元事实清楚、证据充分。

发票是收付款的重要凭证，一般情况下，供货单位开具发票，购货单位取得发票，即使供货单位的发票丢失、毁损，购货单位的发票可以作为核查供货单位销售情况的重要依据，但关键是找到购货单位，本案中通过举报信和银行对账单查找购货单位的方法可以借鉴。

2. 重大案件、督办案件，适合采用现场取证的方式。为提高办案效率，专案组采取了现场取证和委托协查相结合的方式，实践证明现场取证的效果好于委托协查。委托协查的主要问题：一是部分证据质量没有达到标准，需要重新取证；二是此次协查的发票不是增值税专用发票，协查回函时间没有保证，此案最新的一个协查结果在11月中旬收到，此时，案件已经移交重大案件审理委员会。在委托协查的同时，专案组到5个省市多家医院现场取证，发现问题及时解决，保证了工作效率、提高了检查质量。

【稽查建议】 进一步明确罚款追溯期间的建议。根据《中华人民共和国税收征收管理法》第八十六条之规定："违反税收法律、行政法规应当给予行政处罚的行为，在五年内未被发现的，不再给予行政处罚。"

执行中的关键问题是确定"发现日"，法律没有明确规定，相关法规、部门规章或者规范性文件也没有给予明确。本案中以《税务稽查工作底稿(二)》的签字时间为"发现"违法行为的时间，以此为时间点向前追罚五年，符合《中华人民共和国行政处罚法》和《中华人民共和国税收征收管理法》的精神，执法相对稳健，但没有具体的依据，建议有关部门给予明确。

（北京市国家税务局稽查局供稿）

上海珂兰商贸有限公司石家庄分公司偷税案

【案件类别】 偷税案例

【案件所属行业】 批发零售业

【案件特点】 上海珂兰商贸有限公司在上海、南京、杭州、广州、深圳、西安等多个城市设有分支机构和体验中心，总公司及分公司利用政策漏洞少缴消费税并在检查阶段明知财税〔2013〕40号文件（钻石、钻石饰品的消费税调整为零售环节），仍在检查期间后的8、9、10月未申报钻石、钻石饰品的消费税。主要表现：财政部在2008年1月31日发布《关于废止失效财政规章和规范性文件目录的决定》，误将《财政部、国家税务总局关于钻石及上海钻石交易所有关税收政策的通知》（财税〔2001〕176号）文件列为废止文件。该公司利用财政部误将〔2001〕176号文件废止为由，未申报缴纳消费税。财税〔2001〕176 号文件，将钻石、钻石饰品的消费税调整为零售环节。税务总局 2013 年在组织对上海珂兰商贸有限公司及 5 个业务量较大的分公司进行查处时，发现企业以此文废止为由，未申报缴纳消费税。故向财政部反映，财政部在 2013 年 7 月又发布了《财政部、国家税务总局关于钻石消费税有关问题的通知》（财税〔2013〕40 号），并在财政部网站公告，再次明确从 2002 年 1 月 1 日起，钻石、钻石饰品的消费税调整为零售环节。

【案件来源】 国家税务总局督办的举报案件。根据税总督〔2013〕44 号《督办函》的要求和举报内容，河北省国家税务局稽查局于 2013 年 8 月 22 日对该公司进行查处。

【基本案情】 上海珂兰商贸有限公司石家庄分公司为非独立企业法人，由上海珂兰商贸有限公司投资设立，2012 年 5 月开业注册登记，6 月办理税务登记，8 月被认定为增值税一般纳税人。经营范围为金银、钻石首饰以及玛瑙、水晶等珠宝首饰。但在 2012 年上海珂兰商贸有限公司没有将其所属二级分支机构名单报送总机构所在地主管税务机关，没有向其所属二级分支机构及时出具有效证明；该公司在办理税务登记时，也没有提供总机构出具的二级分支机构的有效证明，故 2012 年其主管税务机关均按独立纳税人进行管理，企业也按独立纳税人进行申报纳税。2013 年总机构和分公司均在当地税务机关备案，故 2013 年主管税务机关均按分支机构对该公司进行所得税管理。

【违法事实】 1. 销售钻石饰品未申报缴纳消费税。该公司 2012 年 6 月—2013 年 7 月销售钻石饰品未申报缴纳消费税，造成少缴消费税 37311.84 元；鉴于此问题的原因是财政部将财税〔2001〕176 号文件误废止，故按照税务总局稽查局的督办意见，依据《中华人民共和国税收征收管理法》第五十二条规定，对此问题只追征税款，不加收滞纳金，不定性为偷税。

但是，该公司在检查组 8 月已明确告知其应依据财税〔2013〕40 号文件申报缴纳钻石饰品消费税的情形下，2013 年 8—10 月仍未申报缴纳，造成少缴消费税 12132.56 元。对此，定性为偷税，除追缴税款外，处一倍罚款 12132.56 元。

2. 2012 年 7—12 月将商品用于赠送他人未视同销售处理，少缴增值税、消费税。经查，该公司 2012 年 7—12 月将商品用于赠送他人未视同销售，按照组成计税价格计算税款，视同销售额为 160578.16 元，造成少缴增值税 19348.68 元、消费税 3484.75 元。

3. 2013 年 1—7 月将商品用于赠送他人视同销售，但计税价格不符合税法规定，少缴增值税、消费税。该公司所赠商品已按视同销售计提缴纳了增值税、消费税，但计税依据是按照 5% 的成本利润率计算且没有包含消费税（价内税），不符合《增值税暂行条例》第十六条以及《国家税务总局关于印发〈消费税若干具体问题的规定〉的通知》（国税发〔1993〕156 号）中成本利润率为 6% 的规定。对此，造成少缴的增值税 15120.49 元，消费税 4061.66 元。

4. 销售其他饰品未申报缴纳消费税。该公司销售的部分应税消费品未缴或少缴消费税 77.7 元，并处一倍罚款 77.7 元。

5. 取得汇总开具的增值税专用发票的销货清单不是防伪税控系统开具，其进项税额不得抵扣。2013 年 1—7 月取得上海珂兰商贸有限公司汇总开具的增值税专用发票 7 份，其销货清单为非防伪税控系统开具，金额 45857.18 元、进项税额 7795.72 元。对此进项税额不得抵扣，应补缴增值税 7795.72 元。

6. 房屋租赁费和房产税滞纳金等支出不得在税前扣除。该公司 2012 年房屋租赁费支出 183652 元，未取得相应的发票而在税前扣除，且在所得税汇算清缴结束前仍未取得合法发票，故此项费用不得在税前扣除，鉴于 2012 年度该公司亏损 49.7 万元，应调减亏损额 183652 元。

7. 未按规定设置账簿，账簿登记不规范。该公司在库存商品账中没有设置库存商品明细账即没有按货物名称、规格、数量、进价金额分别设置库存商品明细账。入库的货物在账簿上不能准确反映不同商品的出库入库情况及库存数量、金额、品种。根据《中华人民共和国税收征收管理法》第六十条规定，对该公司不按规定设置账簿的行为，处以 2000 元罚款。

【查办过程】 1. 在先行暗访的基础上突击调取账簿资料。鉴于举报信反映的主要问题之一是隐瞒无票收入，因此我们没有急于调取账簿，而是先到其经营场地进行了暗访，对其财务和库房的分布、销售基本流程和单据、内部信息管理系统、收款 POS 机的位置、财务人员上下班时间等进行了摸底了解。在此基础上，于次日进户突击调账，不仅调取了企业开业以来的账簿凭证及部分纳税资料，而且采集了企业内部使用的销售系统中开业以来的销售数据（共 4201 条），调取了企业开业以来按月归集保存的销售单（共 4186 张）等涉税资料。通过对调取的账簿检查，发现存在销售钻石饰品未申报缴纳消费税的问题。

2. 对销售单等原始凭据进行梳理核查。一是对采集的企业内部使用的销售系统中开业以来的销售数据进行了统计，销售系统中的销售金额合计为 168.61 万元。二是对调取的企业开业以来按月归集保存的销售单进行了录入统计，销售商品的单据共 696 张，销售金额合计 176.29 万元；赠品单据 3490 张，所涉及商品种类 10 余种，赠品总件数 8836 件，金额为零。以上两个方面的销售数据与其申报的销售额基本一致，未发现隐瞒收入的问题。

3. 围绕疑点问题进行询问外调。为进一步核实检查发现的疑点并查找是否存在账外经营的线索，一是对店长、会计、出纳、市场部经理逐一进行询问，了解掌握销售环节、进货渠道、资金控制、结算方式、赠品发放等情况。二是加强与上海国税机关稽查部门的沟通协作，赴上海进行外调，并将上海国税机关提供的总公司发往分公司的“转仓数”进行核对。未发现隐瞒收入的问题。

【处理处罚结果】 经查，该公司应补缴增值税 42261.29 元、消费税 57068.51 元、罚款 24210.26 元，调增应纳税所得额 183652 元，税罚款合计 123540.06 元。

【问题分析及工作启示】 今后依法规范企业自身的纳税行为，主管税务机关应加强管理，特别是对本次检查发现的问题要注意后续监管：一是要依据《国家税务总局关于〈跨地区经营汇总纳税企业所得税征收管理办法〉的公告》（国家税务总局公告 2012 年第 57 号）按照总分机构汇总纳税进行所得税管理，加强对预缴所得税的监管；二是依据财税〔2013〕40 号文件，对其今后是否足额缴纳消费税定期开展纳税评估。

（河北省国家税务局稽查局供稿）

围场某房地产开发有限公司偷税案

【案件类别】 偷税案例

【案件所属行业】 房地产开发

【案件特点】 本案以房抵施工费少缴税款在房地产企业中具有一定典型性，检查组在立案后，制定检查预案，采用详查法对地税所管税种进行了全面检查。

【案件来源】 日常检查

【违法事实】 1. 营业税。依据《中华人民共和国营业税暂行条例》第一条、第二条、第四条及《中华人民共和国营业税暂行条例实行细则》第二条、第三条之规定，以底商抵顶施工费未计收入 730800 元少缴营业税 36540 元。2. 土地增值税。依据《中华人民共和国土地增值税暂行条例》第二条、第三条、第四条、第七条，《中华人民共和国土地增值税暂行条例实施细则》第十条及《河北省地方税务局关于调整房地产开发项目土地增值税预征率和核定征收率的公告》规定少缴土地增值税 1158975.65 元。3. 城市维护建设税。依据《中华人民共和国城市维护建设税暂行条例》第一条、第二条、第四条，《中华人民共和国城市维护建设税暂行条例实行细则》第二条之规定，少缴城市维护建设税 1827 元。4. 教育费附加。依据国务院《征收教育附加的暂行规定》第二条、第六条及《国务院关于教育费附加征收问题的紧急通知》（国发明电〔1994〕2 号）第一条规定，少缴教育费附加 1096.20 元。5. 地方教育附加。依据《河北省地方教育附加征收使用管理规定》（河北省人民政府令 2003 年第 8 号）第二条及第五条规定，少缴地方教育附加 730.80 元。

【查办过程】 对该公司进行立案检查后，检查组对企业的涉税资料进行全面分析，制定了检查预案，将营业税、土地增值税列为此次检查的重点。1. 首先对企业 2012 年会计账目进行系统的检查。检查组通过对企业的总账、明细账进行系统检查发现，2012 年度全部商品房已经销售完毕，进行土地增值税清算。检查组逐户核对发票与合同。检查组初步掌握了企业的生产经营的相关资料，为案件的准确定性创造了先决条件。2. 迅速获取账内账外资料。在检查过程中，检查人员核实了企业缴纳的土地增值税及相关的税费，同时对企业其他生产经营记录进行核实。

【处理处罚结果】 1. 根据《中华人民共和国

税收征收管理法》第六十三条第一款之规定，责令纳税人补缴营业税 36540 元，补缴城市维护建设税 1827 元，并定性为偷税处 0.5 倍罚款，罚款额为 19183.5 元。根据《中华人民共和国税收征收管理法》第六十四条第二款之规定，责令纳税人补缴土地增值税 1158975.65 元。根据国务院《征收教育附加的暂行规定》第二条、第六条及《国务院关于教育费附加征收问题的紧急通知》（国发明电〔1994〕2 号）第一条规定，补缴教育费附加 1096.20 元。根据《河北省地方教育附加征收使用管理规定》（河北省人民政府令 2003 年第 8 号）第二条及第五条规定，补缴地方教育附加 730.80 元。

2. 根据《中华人民共和国税收征收管理法》第三十二条之规定，对该纳税人少缴的营业税、城市维护建设税自税款滞纳之日起按日加收万分之五滞纳金。以上查补税款 1199169.65 元、罚款 19183.5 元及滞纳金 3088.54 元，合计 1221441.69 元，已于 2013 年 6 月 25 日缴纳入库。

【问题分析及工作启示】　问题分析：一是管理部门对企业地方税缴纳依据等数据建立管理台账，同时做好与房产、土地等管理部门的信息沟通，做到对企业应税项目的控管，随时掌握企业生产经营情况，以便税务机关及时进行检查，减少征管漏洞。二是要加强对企业的纳税辅导，尤其是新政策的宣传，使纳税人充分了解税收政策，在日常管理过程中，除了对各项税收政策进行辅导以外，还要对纳税人申报纳税情况进行必要的日常检查，便于及时发现问题及时纠正，为纳税人减少不必要的损失，通过此举促进征纳关系良性发展，提高纳税人依法纳税意识，降低违规涉税事项的发生概率，进而改善税收征管质量。三是督促企业对财务人员涉税知识的培训，使企业财务人员严格遵守税法的相关规定，认真按照财务会计制度要求正确执行账务操作，进一步提高企业财务核算准确性，为纳税人办理各项纳税事宜奠定良好基础。

工作启示：1. 改进稽查服务，落实阳光稽查。稽查人员要提高认识，本着公平、公正、对纳税人负责的原则，客观公正地实施纳税检查。

2. 检查预案全面细致，检查重点明确突出。在进行纳税检查时，按照事先制定的检查预案进行全面检查，避免造成涉税事项的遗漏。

3. 针对不同的纳税人，采取不同的检查方式，确定不同的检查方法，便于查找线索，取得新发现。

4. 在检查过程中通过税收政策宣传，以及对企业财务人员的政策辅导，确定适用的政策依据。同时稽查立意要明确，要选准查办案件的突破口，取得关键证据，是查办铁案的重要因素。

（河北省地方税务局稽查局供稿）

春祥房地产开发有限公司偷税案

【案件类别】　偷税案例

【案件所属行业】　房地产开发业

【案件特点】　税警联手

【案件来源】　举报案件

【基本案情】　春祥公司成立于 2004 年 6 月，经济性质为有限责任公司。位于某县春元街北侧，注册资本 702 万元。主要从事商品房开发、销售等。主管税务机关是某县直属二分局。2004 年 6 月春祥公司取得春元街以南、太阳路以西 149188 平方米的土地使用权。至 2010 年已开发六层楼 14 栋，共计套数 404 套，建筑面积 77047.8 平方米。2010 年 10 月自查确认销售收入 55561956 元，并据此向主管税务机关办理了纳税申报。春祥公司截至 2011 年底实际缴纳各项税费 1098762.45 元。其中营业税 566443.30 元、土地增值税 409970.57 元。

2012 年 12 月 11 日，省局领导召集稽查一、二分局负责人、业务骨干组成检查组，着手制定检查预案。经查，2007—2011 年春祥公司采取虚假纳税申报手段少缴纳销售不动产营业税 2076940.53 元、城市维护建设税 103847.03 元，采取不进行纳税申报手段少缴纳印花税 21656.10 元、教育费附加 62308.22 元、价格调节基金 31154.12 元、地方教育费附加 11053.06 元；支付利息时少代扣代缴个人所得税 89140 元。截至 2013 年 8 月 5 日，春祥公司已缴清全部税费 2396099.06 元、罚款 1145791.84 元、滞纳金 1090158.50 元，共计 4632049.40 元。不再追究刑事责任。

【违法事实】　根据举报，运城市地方税务局稽查局对春祥房地产开发有限公司2004年6月—2011年12月地方各税的申报缴纳情况进行了检查，发现2007—2011年春祥公司采取虚假纳税申报手段少缴营业税2076940.53元、城市维护建设税103847.03元，采取不进行纳税申报手段少缴印花税21656.10元，教育费附加62308.22元、价格调节基金31154.12元、地方教育费附加11053.06元；支付利息少代扣代缴个人所得税89140元。

【查办过程】 1. 梳理案件线索，制定查前预案

检查组与举报中心根据综合征管信息平台的查询结果和主管税务机关反馈的信息，结合举报信反映的情况，对案件线索进行认真梳理，大家集思广益，制定了应对预案。

第一，与当地报纸、广播电台等媒体做好联系。一旦《税务检查通知书》等文书不能直接送达，或留置送达，就采取公告方式送达。税务检查可在公告期（一个月）满后再进行。该预案由检查组主查负责执行。

第二，与运城市公安局做好协调。如果出现公司相关工作人员拒不提供账簿资料和相关证据，或者拒不配合税务检查，接受询问，可由公安人员协助检查工作。该预案由分管副局长负责执行。

第三，通过工商、银行、土地、房管等部门开展外围调查。调查时如果遇到配合不力，行动滞阻，及时向当地县政府分管领导汇报，取得支持，确保及时收集证据资料。该预案由所在县局负责执行。

第四，与该公司有业务往来关系的施工、监理、供暖、供水、供电等单位及其相关人员及时保持联系，并有针对性地开展税收政策宣讲，阐明利害，扫清外围调查障碍。同时，通过大规模的行动，对春祥公司造成一种高压态势，并通过多种渠道给春祥公司的法人代表梁某吹风：只有尽早与检查人员联系，积极配合检查，才有获得从轻或减轻处理的机会。该预案由检查人员分头实施。

第五，准备各项文书，拟定检查提纲。检查人员根据了解到的情况，确定询问重点、询问对象，拟定询问提纲。通过做《询问笔录》，进一步摸清可售面积、已售面积、销售价格、税款申报缴纳情况。通过走访、观察小区现场和售楼部，进一步核实商品房的开发数量、销售数量，并制作《现场笔录》固定证据。向主要施工单位的主管税务机关发《委托协查函》，调查工程价款结算情况，以核实商品房的成本造价。该预案视检查进度由检查人员分头实施。

第六，运用风险导向稽查，分析确定检查重点。检查人员将通过综合征管信息平台查询数字与初步掌握的春祥公司的其他信息进行比对，特别是利用主营业务收入和预收账款的变动率指标与申报税款变动率指标进行配比分析。分析显示营业税税负率、营业税金增长率与营业收入增长率比值异常。销（预）售收入变动率与印花税变动率配比异常。于是确定将营业税、印花税列为检查重点，将核实销售收入作为案件查办的突破口，从而增强了检查的针对性。该项预案由检查人员实施。

2. 预案应对充分，检查进展顺利

2012年12月14日，经过精心准备的六名检查人员奔赴检查一线，按预案有条不紊地展开对春祥公司的检查。

当检查人员赶到春祥公司的营业地，如前所料，法人代表和财务经理都不在，只有一名新招的留守人员上班。检查组审时度势，立即启动第三套、第四套预案：决定先敲山震虎，再引蛇出洞。让开展工商、银行、土地、房管、监理、供电等部门外围调查人员先持《税务检查通知书（二）》全面铺开。检查人员有意将检查预案恰巧“遗”落在梁老板国土局“老伙计”的桌边。不到半天，“税务局对春祥公司动真的了”的消息就在这小县城传开了。

与此同时，另一组开始实施第五套预案：对留守人员做《询问笔录》。在询问过程中，留守人员面对询问只是低着头说：“我是新来的，还不到三个月，啥也不知道。”但机警的检查人员从其家庭住址、工作简历等信息中推猜出他与老板非亲即故。于是，反复对办税员做思想工作，详细讲解了各项税收政策规定，介绍了拒绝检查的严重后果。旁敲侧击地让他设法给老板带信：拒不配合，如查实偷税，将让公安机关进行网上追逃。

次日，检查人员继续在外围扩大战果。负责执行向政府汇报预案的人员也传来好消息：梁某明天中午前将到检查组报到。原来，负责执行第三套预案的人员，按统一口径“该案是省局督办的百万元举报大案”向分管副县长汇报后，分管副县长当即要求：“有关部门全力配合、鼎力协助”。听到这个消息，连梁某的丈母娘也坐不住了，几次三番电话催促梁某“务必到检查组说清楚。”远在河南的梁某也从不同渠道得知了这边的检查进展，如期到检查组办公室接受调查。

3. 风险导向稽查，效果事半功倍

通过将大量的外围调查与春祥公司账簿资料记载数字进行核实比对，确认所提供的账簿资料基本真实。检查人员再次运用风险导向指标，对营业税税负率、营业税金增长率与营业收入和预收账款的增长率比值进行分析比较；进一步对销（预）售收入变动率与印花税变动率配比进行分析，确认春祥公司营业税、印花税错报、少报的风险较高。通过检查人员细心检查，认真比对，层层梳理，缜密分析，并通过主管税务机关提供的税款入库分户台账，发现春祥公司涉嫌采取虚假纳税申报手段进行偷逃营业税、城市维护建设税和采取不进行纳税申报手段少缴印花税及支付利息时未按规定履行代扣代缴义务的违法事实。

检查组继续按第三套、第四套预案：兵分四路，展开外围调查。一路奔赴售楼部，逐份核对售楼合同、认购书等，了解售出楼盘情况；一路奔赴城建、农行、信用社等单位，调查了解销售收入情况；一路奔赴春祥小区现场，清查房源，了解开发的楼盘数量，入住户数等情况；还有一路对公司里与财务相关的工作人员进行问询，了解公司财务状况，以确定该公司提供的账簿资料的真实性。

【处理处罚结果】　经市局审理委员会审理决定：根据《中华人民共和国税收征收管理法》第六十三条、第三十二条之规定，追缴春祥公司2007—2011年采取虚假申报手段所偷营业税2076940.53元、城市维护建设税103847.03元，从滞纳之日起按日加收所偷税款万分之五的滞纳金，并处所偷税款百分之五十的罚款。如经依法下达追缴通知后，不补缴应纳税款和滞纳金，不接受行政处罚，移送司法机关依法追究刑事责任。

根据《中华人民共和国税收征收管理法》第六十四条、第三十二条、《国家税务总局关于未申报税款追缴期限问题的批复》（国税函〔2009〕326号）之规定，追缴春祥公司2009—2011年不进行纳税申报少缴印花税21656.10元。从滞纳之日起按日加收少缴税款万分之五的滞纳金，并处少缴税款百分之五十的罚款。

根据《中华人民共和国税收征收管理法》第六十九条、国税发〔2003〕47号文规定，责成春祥公司（扣缴义务人）15日内补扣2007—2011年应扣未扣税款89140元，对其处应扣未扣税款百分之五十的罚款44570元。

根据《征收教育费附加的暂行规定》《山西省价格调节基金征收使用管理办法》《山西省人民政府关于地方教育附加征收使用管理办法的通知》规定，追缴2007—2011年少缴纳教育费附加62308.22元、价格调节基金31154.12元、地方教育费附加11053.06元。

【问题分析及工作启示】　本案检查过程中，检查人员之所以能在“困难多、压力大、人难找、账难查”的情况下，取得如此大的检查成果，得益于查前制定了详细的应对预案。

1. 预案让检查有了可循的路径。整个预案就像一张路线图，指引着检查工作的开展。“凡事预则立、不预则废”，所谓稽查预案，就是在检查实施之前，通过查阅被查对象的纳税档案，了解生产经营情况、行业经营特点、财务会计制度、财务会计处理办法和会计核算软件，熟悉相关税收政策，以及国家对区域优惠和产业优惠的相关规定等，充分利用多方获得的信息，预先为检查中可能遇到的种种情况，量身定制一个全面系统、重点突出、针对性强、便于掌控的应对方案，以确保检查有的放矢。

2. 预案是风险导向稽查的载体。用风险导向确定检查重点，并将可能预见的种种情形预先设定好应对预案，有了稽查预案，无论是新手，还是政策不熟，只要按预案应对，遇到难题也可迎刃而解。

3. 预案需在检查中不断修正完善。稽查预案的设计一般遵循“假设—检查—修正—再验证”的流程。选案部门运用风险导向指标，评价误报、错报、少报的风险，并列出重点检查项目。检查人员根据预案确定的检查重点，再次运用风险导向指标，结合检查取证进行再验证，并根据检查中新发现的问题和疑点，对检查重点适时修正、调整。进入审理环节，继续运用风险导向指标对《稽查报告》和稽查预案进行再比对，以确认重点检查项目是否查清、违法事实是否查明。这样基本上实现了稽查四环节的无缝对接。

（山西省地方税务局稽查局供稿）

沈阳东方斯卡拉餐饮娱乐管理有限公司偷税案

【案件类别】 偷税案例

【案件所属行业】 餐饮娱乐业

【案件特点】 餐饮娱乐业是地方税收的主要税源之一，但却存在着经营灵活多变、现金交易为主的特点，存在着税收定额偏低、做“两套账”搞虚假申报等税收问题，成为税收征管和稽查的重点、难点。本案的成功侦破为大家提供了查办餐饮娱乐行业设立两套账隐瞒收入进行偷税案件的办案思路。

【案件来源】 该案件为沈阳市公安局经侦支队转办案件。

【基本案情】 公安转入、大量现金交易、原法定代表人和原财务负责人走逃、账簿等财务资料丢失，几项背景资料相互叠加，检查人员凭借多年的经验，采取了重外围调查和重询问的“双重”检查原则，成功侦破了此案。

【查办过程】 1. 反复询问，拼接涉税线索，复原企业经营原貌。该案件为公安经侦转办案件，和平区公安局经侦大队在发现线索后先行对企业经营场所进行了查封，次日，第二稽查局和公安局共同调取了企业账簿资料，当时企业法定代表人外逃，会计和财务人员被公安机关羁押，检查人员在公安人员陪同下，多次前往看守所对财务人员进行询问，经过对谈话中掌握的线索反复梳理，终于查清了该公司2011年初至2012年7月，采取记两套账的手段，以达到隐瞒收入、少缴税款的目的。该公司财务人员在原财务负责人的授意下，设立了内部账和外部账两套账簿凭证，内部账簿记载的是该公司真实取得的收入、真实发生的支出等项目，用以内部结算、分配利润等；外部账簿记录的则是随意编造的、虚假的收入、支出等数据，用以虚假申报纳税、编制报表等。据调查了解，外部账簿、报表所记载的数据，除了已纳税费的数据是准确的以外，其他数据均为编造的虚假数据。通过反复询问，有效线索拼接，最终查清了企业2011年实际取得收入628万元，而对外申报收入为467万元；2012年1—7月取得实际主营业务收入1312万元，对外申报收入293万元。

2. 内查外调，锁定涉税环节，理清企业纳税记录。检查人员对该公司所提供的2011年、2012年1—7月的部分内部账账簿和2009—2012年的部分外部账簿、报表等资料进行了详细核查，但由于该公司部分内部账簿、全部内部凭证及部分外部账簿资料丢失无法提供，检查人员又多次前往征收局调取企业征管资料和纳税记录，同时，通过外调也获得了企业历年缴税记录，对相关应交未缴税款的认定提供了基础依据。

【违法事实】 该公司采取设立两套账的方式隐瞒收入，造成少缴营业税金及附加、河道工程修建维护费、未按规定开具发票以及企业所得税申报不实的涉税违法事实。

【处理处罚结果】 根据《中华人民共和国营业税暂行条例》第四条，《中华人民共和国城市维护建设税暂行条例》第二条、第四条，《征收教育附加的暂行规定》第二条，《国务院关于教育费附加征收的紧急通知》《辽宁省地方教育费征收管理暂行办法》的规定，追缴税费71.32万元。

根据《中华人民共和国税收征收管理法》第六十三条规定，加收滞纳金4.23万元，并拟处少缴税款一倍的罚款63.1万元。

发票罚款0.5万元，未按规定保管账簿及财务资料的行为处以0.2万元罚款，上述查补合计139.25万元。

【问题分析及工作启示】 税警联动、突击检查、实地到户三种方式是对餐饮娱乐行业的检查的三件法宝，通过本案例，不难看出这三种方式在查处餐饮娱乐行业检查中发挥的重要作用。

1. 强化税警联动，打击力度更有效。由于餐饮娱乐行业的从业人员素质参差不齐，行业背景相对复杂，因此，对该类行业实施检查应由各级稽查局联合公安经侦支队共同开展，即我们通常所说的“税警联动”。根据以往对该行业的稽查工作经验看，这一方式方法的使用可以大大提升对该行业案件的稽查力度，强化打击效果。这主要是因为税务机关相对于公安机关无论是在检查手段上，还是人员控制上或者证据保全方面都存在一定的制约，同时公安机关对于涉税案件的处理又缺乏应有的专业性，因此，双方联动共同对涉税案件开展稽查是优势互补、效力提升的最有效手段。

2. 实施突击检查，获取资料更完整。餐饮娱乐行业以现金交易为主，这也为该行业经营业主提供了涉税违法行为的可乘之机。大多数经营者为达到少缴税款的目的，对自身的经营收入按开发票和不开发票两种情况进行人为分劈，并据此作为相关税金的申报和年报编制的依据，对此种情况如果税务机关仅按常规方式开展检查难免就账论账，不能发现重要的涉税问题。因此，必须采取突击检查的方式，在企业不设防的情况下，获取就餐水单和税控收款机记录等重要涉税证据，对复原企业经营原貌和查清涉税违法行为会起到至关重要的作用。

3. 实地到户走访，情况掌握更全面。到企业经营场所实地走访也是对餐饮娱乐行业实施检查的有效手段之一。实地走访这一方法的采用对案件的促进意义主要有以下三点：一是可以做足功课，不打无准备之仗。检查前最好以就餐者身份等方式摸清企业的财务室、电脑终端服务器所在位置，认准企业管理人员和财务人员，有利于为稽查工作奠定基础。二是可以掌握企业经营规模和相关宴会规模的承办能力。这对判断企业是否据实申报收入、土地及房产等税具有帮助。三是可以核清企业主业认定是否准确。有的餐饮娱乐行业存在经营跨界的行为，或者扩展经营项目的行为，这些都可能影响到企业主业的认定和适用税率的核定，因此到企业经营场所实地走访，对相关适用税率的认定判断大有裨益。

（辽宁省地方税务局稽查管理处供稿）

吉林市两关联公司隐匿收入偷税案

【案件类别】　偷税案例

【案件所属行业】　制造业

【案件特点】　本案的检查人员面对纳税人财务管理的混乱状况，以及相关账务资料的缺失，通过对同行业销售数据的分析比对发现疑点，以货物发出对象作为切入点，对销售开单、仓储提货、发票开出等诸环节进行检查，并采取从核查其“出货单”和购货方“入库单”等最基础资料入手，找出问题并取得突破，同时对发现的疑点充分运用书证、人证、物证等大量细致的基础工作予以确认，最终查实纳税人隐匿销售收入的违法事实。

【案件来源】　根据吉林省国家税务局对医药行业进行专项检查的统一部署，吉林市国家税务局稽查局检查组对吉林市某医疗器械有限公司的2010年5月1—2012年12月31日期间履行增值税、企业所得税纳税义务情况进行检查。

【基本案情】　接到《税务稽查工作任务通知书》后检查组立即对该企业进行案头分析，并制定了周密的检查预案，从2013年4月11日起对该企业进行了实地检查。随着对吉林市某医疗器械有限公司深入检查后发现，其入账的部分销售发票不是本企业领购的发票，而是一个叫吉林市某商贸有限公司的企业向税务机关领购的发票，通过CTAIS进一步查询，检查人员还发现吉林市某医疗器械有限公司的法定代表人与吉林市某商贸有限公司的财务负责人为同一人，至此，吉林市某商贸有限公司也存在重大偷漏税嫌疑，经申请并经稽查局长批准后，检查组对吉林市某商贸有限公司进行并案检查。

【违法事实】　1. 吉林市某医疗器械有限公司。2010年5月—2010年12月小规模纳税人期间共开具大头小尾普通发票59份，少计应税收入1726799.98元，未申报缴纳增值税和企业所得税。门市部零售收入，2010年小规模纳税人期间少计应税收入69020元，2011年1—5月小规模纳税人期间少计应税收入65550.98元，2011年6—12月一般纳税人期间少计应税收入73550.94元，2012年全年少计应税收入112552.05元，未申报缴纳增值税和企业所得税。采取已开出发票但未入账手段，2010年少计应税收入704.85元，2011年小规模纳税人期间少计应税收入1271.84元，未申报缴纳增值税和企业所得税。

2. 吉林市某商贸有限公司。2010年开具大头小尾普通发票66份，造成少计应税收入1384307.28元；2011年开具大头小尾普通发票47份，造成少计应税收入377794.66元，未申报缴纳增值税和企业所得税。

【查办过程】 1. 检查预案。检查组结合省局关于整个医药行业可能存在问题所提供的检查重点环节，对纳税人的纳税申报情况、发票领购情况进行了审核，根据静态资料分析，检查组初步确定了首先进行调账检查，然后实地核实，根据企业实际经营情况、财务数据进一步去购货方调查取证方式的预案。

2. 检查具体方法。首先，常规检查，未能取得突破。检查组迅速出击，依法定程序调取了吉林市某医疗器械有限公司有关资料进行检查分析，对企业相关人员进行询问。检查伊始，检查组就面临以下状况：货物销售业务采取现金交易，资金流难以检查落实；人员变动频繁，关键岗位人员证据难以取得；采购、保管、销售、财务等部门管理混乱；财务核算资料在不同时期核算口径不尽一致，数据钩稽关系前后矛盾；家族式管理模式造成提供的资料不能完整、系统地反映其经营情况。其次，突击检查，查获重要证据。为了尽快找到吉林市某医疗器械有限公司存在问题的蛛丝马迹，检查组在没通知企业的情况下连续几天进行蹲点调查核实，发现其门市部的销售没有正规管理，检查组在掌握大量现场提取的证据基础上，找来该公司法定代表人以及门市部管理人员，与他们进行现场对质，同时调取了几天连续的收发记录以及该公司以前保留的原始小票，经过大量深入细致的工作，最终确认了该公司门市部的零售收入未申报应税收入的违法事实。在检查该公司库存商品的过程中，检查组发现 2010—2011 年期间，该公司医疗器械主要销往吉林市某医院和桦甸市某医院，但发票存根联开具发票金额比较小，稽查人员决定从其主要销售对象入手，在销售环节发现疑点。检查组对吉林市某医院以及桦甸市某医院取得该公司的普通发票联与发票存根联上的发票号码、开具日期、金额、品名等数据逐一录入，经比对后发现大部分数据都不一致。同时，在稽核比对的过程中还发现该公司存在发票已经开出未及时计入销售收入，未按规定申报纳税的现象。在核对发票联复印件的时候，检查组又发现一条重要线索，就是有一部分发票的发票联盖有吉林市某商贸有限公司的财务专用章。吉林市某医疗器械有限公司的法定代表人承认吉林市某商贸有限公司的法定代表人与其是亲属关系，其实都是一家人在管理，财务比较混乱，发生了财务专用章盖错的情形。第三，跟踪检查，重大偷税问题浮出水面。在查实了吉林市某医疗器械有限公司开具大头小尾发票的证据后，检查组通过整理归类，制定了进一步对吉林市某商贸有限公司检查的重点环节及其检查预案，吉林市某商贸有限公司主要销售对象与吉林市某医疗器械有限公司基本相同，于是检查组以最快的速度依照法定程序调取了两家医院所取得的吉林市某商贸有限公司开出的发票联的全部数据，后与吉林市某商贸有限公司开出的发票存根联逐一比对，最终发现吉林市某商贸有限公司也存在开具大头小尾发票的严重问题。第四，正面交锋，偷税案水落石出。在掌握了上述重要证据后，检查组与吉林市某医疗器械有限公司和吉林市某商贸有限公司的主要负责人进行了正面交谈，告知其主要涉税问题的严重性和已经取得了其偷税的直接证据，要求其主动配合检查，并对上述业务的具体经办人，告知其只有把情况说明清楚，把责任分清楚，才能排除或减少相关法律责任。通过对财务人员、仓库管理人员、销售人员的耐心教育和开导，上述人员消除了顾虑，积极配合检查并主动提供了偷税证据，承认了违法事实行为，并对检查人员取得的相关资料一一签字、盖章确认。至此调查取证工作圆满完成。

3. 检查中遇到的困难及相关证据的认定。本案在检查中遇到的困难，一是检查资料比较多，有账内、账外资料，有纸质材料、电子文档，工作量较大；二是检查涉及面比较宽，从企业内部查到关联企业，外调任务重，各类信息比较多，稍不注意，就会做无用功，甚至产生错觉，偏离工作方向，影响工作质量和工作效率；三是两家公司都是家族管理模式，业务经办人员大部分是自己家里人，无法准确划分各职能部门的相关责任，且财务管理混乱，财务人员变动频繁，纳税申报资料保管不全，给认定销售数量、销售金额增加了难度。在相关证据的认定上，检查人员首先对财务核算资料按产品规格、型号、名称，理出期初数量、发出数量、期末数量，并进行归类整理，然后对照纳税申报资料，落实账面核算的产品发出是否存在没有及时做销售处理，已销售产品是否存在没有申报纳税问题。其次，根据门市部的“送货单”部分存根联和回执联以及提货人、数量、单价、金额、开单时间、发货时间等要素，理出每天实际发出商品的真实数量；再次，把所有商品规格、型号、名称，发出数量、期末数量录入电脑，将发票存根联数据及从医院调取的发票联数据录入电脑，工作量非常大，而且必须细致，其繁重程度可想而知。最终把生成的上述信息进行比对，才得以确定企业的违法事实所造成的偷税金额。

【处理处罚结果】 吉林市某医疗器械有限公司

1. 增值税。2010—2011 年 5 月小规模纳税人期间销售货物少计收入，少计应纳税额。根据《中华人民共和国增值税暂行条例》（国务院令第 538 号）第一条、第十一条、第十二条之规定，2010 年少计小规模纳税人应税销售收入 1796524.83 元，应调增应纳税额 53895.75 元，追缴当期少缴增值税 53895.75 元。2011 年 1—5 月少计小规模纳税人应税销售收入 66822.82 元，应调增应纳税额 2004.68 元，追缴当期少缴增值税 2004.68 元。

2011 年 6—12 月一般纳税人销售应税货物未计收入，未提销项税额，计税金额 73550.94 元。根据《中华人民共和国增值税暂行条例》（国务院令第 538 号）第一条、第六条及《中华人民共和国增值税暂行条例实施细则》（财政部、国家税务总局令第 50 号）第十二条之规定，应调增销项税额 12503.66 元，追缴当期少缴增值税额 12503.66 元。2012 年一般纳税人销售应税货物未计收入，未提销项税额，计税金额 112552.05 元，应调增销项税额 19133.85 元，追缴当期少缴增值税额 19133.85 元。

根据《中华人民共和国税收征收管理法》第六十三条第一款之规定，企业销售货物未计收入，造成少缴税款的行为已经构成偷税。

2. 企业所得税。2010、2011 年度企业所得税核定征收，销售货物少计销售收入，根据《中华人民共和国企业所得税法》第一条、第四条、第六条第（一）项，《中华人民共和国企业所得税法实施条例》（国务院令第 512 号）第十四条及《国家税务总局关于印发〈企业所得税核定征收办法（试行）〉的通知》（国税发〔2008〕30 号）第六条之规定，按照 8% 的核定应税所得率计算应缴企业所得税款。2010 年查补收入 1796524.83 元，追缴少缴企业所得税 35930.50 元。2011 年查补收入 140373.76 元，追缴少缴企业所得税 2807.48 元。

根据《中华人民共和国税收征收管理法》第六十三条第一款之规定，企业销售货物未计收入，造成 2010、2011 年少缴税款的行为已经构成偷税。

2012 年企业所得税查账征收（检查结束时企业汇算清缴尚未结束），销售货物未计销售收入、未结转销售成本的行为，根据《中华人民共和国企业所得税法》第一条、第六条第（一）项、第八条、第十五条及《中华人民共和国企业所得税法实施条例》（国务院令第 512 号）第十四条、第二十七条之规定，应调增 2012 年应纳税所得额 21490.97 元，追缴少缴企业所得税 5372.74 元。

3. 根据《中华人民共和国税收征收管理法》第六十三条第一款之规定，追缴少缴的增值税税款 87537.94 元，企业所得税税款 38737.98 元。处所偷税款 0.5 倍的罚款 63137.95 元。

根据《中华人民共和国企业所得税法》第一条、第六条第（一）项、第八条、第十五条及《中华人民共和国企业所得税法实施条例》（国务院令第 512 号）第十四条、第二十七条之规定，应调增 2012 年应纳税所得额 21490.97 元，追缴少缴企业所得税 5372.74 元。

4. 根据《中华人民共和国税收征收管理法》第三十二条之规定，从滞纳税款之日起至实际缴纳税款之日止，按日加收万分之五的滞纳金。

吉林市某商贸有限公司

1. 增值税。根据《中华人民共和国增值税暂行条例》（国务院令第 538 号）第一条、第十一条、第十二条之规定，企业销售货物未计收入，追缴 2010 年少缴增值税 41529.22 元，追缴 2011 年少缴增值税 11333.84 元。

2. 企业所得税。根据《中华人民共和国企业所得税法》第一条、第四条、第六条第（一）项、《中华人民共和国企业所得税法实施条例》第十四条及《国家税务总局关于印发〈企业所得税核定征收办法（试行）〉的通知》（国税发〔2008〕30 号）第六条之规定，应调增 2010 年度应纳税所得额 55372.29 元，造成当期少缴纳企业所得税 13843.07 元，应调增 2011 年度应纳税所得额 15111.79 元，造成当期少缴纳企业所得税 3777.95 元。

3. 根据《中华人民共和国税收征收管理法》第六十三第一款之规定，该企业销售货物未计收入，造成少缴税款的行为，已经构成偷税。追缴少缴的增值税税款 52863.06 元，企业所得税税款 17621.02 元。建议处所偷税款 0.5 倍的罚款，即罚款金额 35242.04 元。

4. 根据《中华人民共和国税收征收管理法》第三十二条之规定，从滞纳税款之日起至实际缴纳税款之日止，按日加收万分之五的滞纳金。

【问题分析及工作启示】 查处本案的认识及体会

1. 找准突破口是成功查办案件的关键。在新的经济形势下，纳税人偷税手段越来越诡秘，偷税过程越来越隐蔽，其提供的资料一般经过精心策划，从账面上很难发现其大的涉税问题。检查人员在检查过程中，一方面要善于使用企业的内部资料，利用其较真实的内部核算资料掌握其真实的情况，同时要全面了解其具体经营流程，从其经营流程中最真实反映经营状况的环节寻找突破口，并围绕疑点问题提取证据资料，用证据把涉税违法问题确定下来。

2. 电子查账是提高案件查办效率的重要手段。检查组面对查获的大量需要分类、统计、分析的杂乱、零散原始单据信息，通过建立计算机电子数据，利用计算机的多项辅助功能，极大地提高了办案效率和办案质量。

3. 适时调整检查思路是逐步接近事实真相的有效途径。对较复杂的案件，既要有检查预案还要有随机应变的能力。要根据具体检查情况，边检查、边分析、边整合，并适当调整检查思路，才能做到少走弯路，不断明晰检查重点，逐步接近事实真相。

工作建议

1. 日常税收管理要及时到位，要加强对纳税人的日常管理和辅导工作，做到对纳税人的基本经营情况、主要购销对象有所了解，对纳税人已经发生的业务给予正确指导，对纳税人将要发生的业务做好预判工作。提高税源管理的质量，有效地为纳税人规避涉税风险。

2. 要提高企业财务人员的责任心，要加强企业法定代表人与财务负责人的法律意识，增强法制观念、业务水平及纳税遵从度。财务人员对基本税收政策要熟记于心，跟上税收政策的变化，及时更新税收法律、法规知识，避免增加不必要的税收成本，从而可以促使企业进入良性的社会发展状态。

3. 在税务稽查工作中，一定要迎难而上，不能就账查账，要拓宽检查思路，结合企业的经营特点和规模，内查外调，顺藤摸瓜，必要时做好延伸检查工作，堵塞偷漏税的漏洞，严厉打击偷税违法行为。

（吉林省国家税务局稽查局供稿）

某医药企业偷税案

【案件类别】 偷税案

【案件所属行业】 医药业

【案件特点】 1. 线索由其他部门提供。

2. 涉税金额较大。国税、地税部门共计追缴税款、罚款和滞纳金21316万元，其中，税款11657万元；罚款5668万元；滞纳金3991万元。3. 涉案企业某年度账簿丢失且记载混乱，检查难度大。

【基本案情】 本案系审计署在对其他省医药企业审计时，发现该企业“隐匿收入，涉嫌偷税”问题后向国务院报告，国务院批示国家税务总局、公安部联合督办的“央批”案件。某药品经营有限公司成立于1994年，公司类型：有限责任公司，主要经营中成药、化学药制剂、生物制品批发、医疗器械经营等，注册资金1000万元。检查时限：2009年1月1日—2012年12月31日。该公司的增值税在国税缴纳，企业所得税及其他税种归地税管理。专案组认真研究了案件的基本情况，结合几次参加案情通报会获得的信息，并先后与国税稽查部门建立工作信息交换和联系制度，到主管地税局调取该公司的征管信息及纳税资料，向该公司下发税务文书并查前约谈，同审计部门交接了该公司2010—2012年度的账簿资料。

【违法事实】 从省国家税务局稽查部门移交的相关资料证明，该公司在2009—2012年期间隐匿收入45445万元，查补增值税、加收滞纳金、罚款合计15961万元。由于该公司2009年的账簿及凭证丢失。从审计部门调回的2010年、2011年、2012年三个年度的账簿、凭证存在主营业务成本无法与主营业务收入配比的现象，依法对该公司的企业所得税采用核定征收方式为查账征收。应税所得率四个年度分别为12%、10%、8%、8%。

【处理处罚结果】 根据《中华人民共和国税收征收管理法》第三十五条第四款、《中华人民共和国企业所得税法》第一条、第三条及《国家税务总局关于印发〈企业所得税核定征收办法（试行）〉的通知》（国税发〔2008〕30号）第四条之规定，2009—2012四年间应补企业所得税2231万元；根据《中华人民共和国城市维护建设税暂行条例》第一条、第二条、第三条、第四条之规定，依据国税局稽查局部门移交查补四个年度增值税合计8509万元，计算附征的城市维护建设税596万元；根据《国务院关于发布〈征收教育费附加的暂行规定〉的通知》（国发〔1986〕50号）第一条、第二条、第三条及《国务院关于修改〈征收教育费附加的暂行规定〉的决定》（国务院令第448号）之规定，查补四个年度教育费附加255万元；根据《吉林省地方教育附加征收使用管理办法》（吉财非税〔2011〕244号）第一条、第二条之规定，查补该公司2011年5月—2012年12月地方教育附加66万元。根据《中华人民共和国税收征收管理法》第六十条及《吉林省地方税务局关于印发〈税务行政处罚管理办法（试行）〉的通知》（吉地税发〔2013〕53号）第十一条第三款之规定，对该公司2009年账簿保管不善造成丢失行为处以5000元罚款。

【稽查建议】　建议征管部门加强政策宣传力度，提高纳税人的税法遵从度。进一步提高纳税服务水平，针对企业经营特点提供有行业针对性的纳税辅导。加快各部门信息共享协作，为案件查处提供有效信息。

（吉林省地方税务局稽查局供稿）

南京新奇汽配商城有限责任公司偷税案

【案件类别】　偷税案例

【案件所属行业】　批发零售业

【案件特点】　检查人员在不完整的财务资料、企业不配合的情况下，另辟蹊径，从股利分配中找线索，追回账外账，成功查处了隐匿销售收入案件。

【案件来源】　日常检查

【基本案情】　2012年7月南京市相关部门组织市公安局、市国税局和市地税局联合对南京新奇汽配商城有限责任公司2006—2011年期间涉嫌逃避缴纳税款的情况进行立案检查。检查人员克服时间紧、任务重、被查纳税人不配合检查等困难，于2013年查实该公司在账簿上不列、少列收入，多列支出的违法事实，追缴企业所得税1695万元，罚款1684万元，并按规定加收滞纳金。

【查办过程】　1. 检查开头难，整改加强制。2012年7月南京市国税局第一稽查局对南京新奇汽配商城有限责任公司立案检查，检查前对该企业进行资金摸底，行业情况调查，数据对比分析，调账准备工作，制定出检查预案。检查实施后，被查企业只见人员不见账目，调账无果，检查无功。7月到8月底5次上门检查，该企业法人以公司要拆迁、财务人员生病、账册凭证不在公司为由，拖延检查实施。7月26日对该企业发出《责令限期整改通知》限定在2012年7月31日之前提供涉税账册、凭证等资料。到期该企业拒不提供账册和凭证，拒不配合检查。根据《中华人民共和国税收征收管理法》第七十条之规定，于2012年8月10日对该企业未按规定提供账册行为罚款4万元。2012年8月29日，南京市公安局经侦支队对法人等涉案人员采取刑事拘留等强制措施，并取得申报用涉税账册凭证。

2. 检查实施后的困惑，资金露破绽，对比出震撼。2012年9月1日开始进入检查，经查账面和申报，看似无大问题；资金，现金、转账交织，难查；走访，商城已拆商户已走；六年经营尚可，税后利润始终未分配。检查人员知难而上，扩大资金查询范围，对该公司的账户和以个人名义为公司开立的29个账户进行银行调查，发现从个人账户汇出大额资金到第二大股东南京园元实业总公司等其他银行账户上，案件突破显端倪。如果是新奇公司的“分利”，与其申报应纳税所得额的对比数据让人震撼。

经对南京园元实业总公司账册的检查，发现南京园元实业总公司2006—2011年从南京新奇汽配公司取得的分红款2549万元。占投资60%的第一大股东南京杨扬物流有限公司应取得南京新奇汽配公司取得的分红款3823万元。南京新奇汽配公司从2006—2011年税后利润始终未分配，而且6年的应纳税所得额只有502万元，那么6373万元分红款从何而来？第二大股东南京园元实业总公司并不配合检查，找出多种借口回避，其后全部推脱给南京新奇公司法人杨某甲。案件检查有了明确的突破方向——找账！

3. 多方努力，追回另一套流水账。经过公安与税务人员的共同努力，南京新奇公司涉案人员供述确有一套账外流水账，原存放公司办公室，检查前被负责财务的副总杨某乙销毁，并承认有大量的收入未申报纳税和虚开费用发票进行税前抵扣。该公司存在偷税的违法事实基本确定，然而隐瞒多少收入、虚列多少成本，却因无账而难以确定。

经对新奇汽配商城各部门特别是经营部几位客服经理的调查询问，了解到业务经理们的业务情况和合同登记信息，检查人员立即决定对四名业务经理以及经营部经理的电脑数据进行拷贝，当进入其各自电脑时发现往年的数据均已删除。

于是检查人员从新奇汽配商城办公室找来了市场铺位平面图，和每个铺位的价格表以及近几年价格调整的情况，国地税又抽调了5位同志，对市场租赁合同数据录入，梳理铺位出租情况；每年约850份合同，共6年，每份合同录入10个字段，共录入了60000个字段。发现6年的收入在1.2亿多元，新奇公司申报收入只有7400万元！但偷税的直接证据在哪里？

重理思路，决定从两个股东入手，对相关人员摆事实、讲道理，新奇公司人员被采取强制措施的震慑，加上每年账上大额资金无法自圆其说的矛盾，几次针锋相对的交锋后，主要当事人供述实情并交出另一套流水账。通过流水账反映的事实，可以看出未申报应税收入，与已申报收入相差无几，更有甚者，隐瞒的收入几乎是无成本的收入。

4.“我的地盘我做主”。检查至此，有四个方面事实说明其隐瞒收入的方法：

第一，收入想做就做。市场内管理不正规的企业及个体户承租商户不需要发票，承租商铺只需要付钱拿铺位。账上如何做收入？其按“我的地盘我做主”，想怎么做就怎么做。

第二，收入偷梁换柱。该公司人为地把每户租金分为租金和广告费两块，分别由新奇汽配公司、众飞广告公司收取，实则收取的都是租金。

第三，小额收费不开发票。收取的楼顶广告费、物业费、清洁费和其他方面管理费，数额较小，也从来就没有开发票做收入的习惯。看似小额的收费，其内审报告证明，日积月累后并不是一个小数字。

第四，按行业税负自行调节企业所得税税前扣除。6年来，其始终按一定的税负比例，调控纳税，利润高就通过支付开票费方式搞点广告类、服务类发票来税前扣除。

5. 检查数据确立、分析对比。办案人员以“流水账”为索引，检查取证并固定证据，形成完整证据链：

经对所有参加内审报告的人员询问，以及新奇汽配公司法人杨某甲、负责财务的副总经理杨某乙的询问和自述材料，证实了内审报告的内容完整、真实地反映了新奇汽配公司经营、收入、费用和利润分配情况；对营业收入的租金收取和部分商铺租赁户进行了核实，新奇汽配公司所有租赁合同应收的租金和新奇汽配公司收到的租金是一致的，进一步证实了内审报告反映了新奇汽配公司经营和利润分配真实内幕。

对新奇公司与众飞广告公司两家，在资金、收入、支出，办案人员进行数据还原，并重计算收入成本和费用。

新奇汽配公司副总经理杨某乙，同时又是众飞广告公司的法人及众飞工贸公司的最大控股股东，因此，众飞广告公司所有经营收入来源于新奇汽配公司租赁费的一部分（40%左右），众飞广告公司的工资、水电费、保安费和保洁费等费用在新奇汽配公司列支，新奇汽配公司和众飞广告公司账内账、账外账合并在一起进行审核、利润分红。

检查人员共同努力，完整、准确、高效率，确立两个大类五个方面的证据，通过司法部门的指导，排除证据中存在的疑问，该案检查取证工作顺利完成，得出让人震撼的对比数据。

【处理处罚结果】 该公司2006—2011年在账簿不列、少列收入，少申报应纳税所得额7265.39万元，通过签订虚假合同，以支付手续费方式取得虚开发票等多种手段，在账簿上多列支出620万元，经南京市国税局审理并做出行政处理和行政处罚决定，追缴企业所得税1695万元，罚款1684万元，并按规定加收滞纳金。

【问题分析及工作启示】 各类市场按一定标准收取的场地租金，无论是横向还是纵向，是否有可比性，答案是有，建议管理部门在日常核查中多走访和进行市场调查，尽可能地减少这类“筹划”，制定出管理办法。稽查部门应在借鉴该案的基础上举一反三，加强对该类“筹划”的稽查。该案对被查企业拒不配合检查，稽查部门怎样应对，该案给了一个启示。加强税务稽查的职能，寻求多部门合作机制，值得探讨。

（江苏省国家税务局稽查局供稿）

江苏淮安某纺织有限公司偷税案

【案件类别】 偷税案

【案件所属行业】 制造业

【案件来源】 2012年7月，淮安地税稽查局根据分级分类检查要求，确定对某纺织公司2010—2011年纳税情况进行重点检查，调取了该公司2010—2011年的账簿凭证。稽查人员历时两个半月，内查外调，攻坚克难，挖出通过往来账户少列收入和利用假发票套取现金背后隐藏的税款。

【基本案情】 该公司成立于1996年，注册资本2000万元，主要从事针织品、纺织品、服装的制造、销售，纺织原料销售，自产产品及技术进出口业务，根据分级分类的划分标准，该公司为A类企业。该公司自成立以来，狠抓生产管理、产品研发、市场开拓，成长迅速，到2005年已跻身于全国行业的领先行列，从最初租房办厂到园区购地建厂，尽显现代企业形象。

1. 2010年度。通过“其他应收款”科目贷方隐匿借款利息725800元，未申报缴纳营业税及附加40281.90元；开具虚假广告业、咨询业发票套现支付股东分红1100000元，未代扣代缴个人所得税220000元；开具虚假广告业、咨询业发票，在账簿上多列支营业费用1100000元，隐匿借款利息收入725800元，未按规定调增应纳税所得额，少申报缴纳企业所得税446379.53元。

2. 2011年度。该公司处置自有房产，购房发票价为234402.87元，评估价为1077600元，购房时缴纳契税8706元，出售时缴纳营业税及附加46797.44元，印花税538.80元，土地增值税32328元，该公司未按规定提供评估重置成本价，但提供了原始购房发票。根据《财政部、国家税务总局关于土地增值税若干问题的通知》（财税〔2006〕21号）文件规定，应申报缴纳土地增值税289065.93元，少申报缴纳256737.93元。直接以自制凭证现金结算广告费，实际套现支付股东分红1020000元，未代扣代缴个人所得税204000元。2011年4月该公司将2002年购置的某小区房屋出售并签订旧房买卖协议，协议购房款合计627482元，并已于2011年年底前收齐全部购房款。该房产账面净值为88941.86元，经评估市场公允价值为1077600元，评估费由购买方承担。该公司将房产净值及缴纳的相关税费计入“固定资产清理”科目的借方，将协议价记入“固定资产清理”的贷方，差额为517212.14元挂“固定资产清理”科目贷方，未作处理。出售旧房未按市场公允价值确认处置收入，少确认收入450118元；直接以自制凭证虚列广告费1020000元。以上合计调增应纳税所得额1730592.21元（扣除土地增值税后），少缴企业所得税432648.05元。

【处理结果】 1. 2010年度。根据《中华人民共和国税收征收管理法》第三十二条、第六十四条第二款规定，追缴该公司2010年未申报缴纳营业税36290元、城市维护建设税2540.30元，加收滞纳金分别为10052.33元、703.66元，并处以百分之五十罚款，罚款金额分别为18145元、1270.15元。另按规定补缴教育费附加1088.70元、地方教育附加362.90元。根据《中华人民共和国税收征收管理法》第六十九条规定，对该单位2010年应扣缴未扣缴个人所得税220000元，处以百分之五十的罚款，罚款金额为110000元；根据《关于贯彻〈中华人民共和国税收征收管理法〉及其实施细则若干具体问题的通知》（国税发〔2003〕47号）的规定，责成该公司限期补扣应扣未扣的个人所得税220000元。根据《中华人民共和国税收征收管理法》第三十二条、六十三条第一款规定，对该公司2010年度利用虚假广告费发票和咨询费发票入账，虚列费用支出以及隐匿借款利息收入，造成少申报缴纳企业所得税446379.53元，定性为偷税，追缴所偷企业所得税446379.53元，加收滞纳金123647.13元，并处以一倍罚款，罚款金额为446379.53元。

2010年计查补税款706661.43元，罚款575794.68元，加收滞纳金134403.12元，查补总额为1416859.23元。

2. 2011年度。根据《中华人民共和国税收征收管理法》第三十二条、六十四条第二款规定，追缴该公司少申报缴纳土地增值税256737.93元，加收滞纳金24261.73元，并处以百分之五十罚款，罚款金额为128368.97元。根据《中华人民共和国税收征收管理法》第六十九条及《国家税务总局关于贯彻〈中华人民共和国税收征收管理法〉及其实施细则若干具体问题的通知》（国税发〔2003〕47号）规定，责成该公司限期补扣应扣未扣的个人所得税204000元，处以百分之五十的罚款，罚款金额为102000元。根据《中华人民共和国税收征收管理法》第三十二条、六十三条第一款规定，对该公司2011年度直接以自制凭证虚列广告费1020000元抵减应纳税所得额以及出售房屋少确认应纳税所得额710592.21元，造成少申报缴纳企业所得税432648.05元，定性为偷税，追缴所偷企业所得税432648.05元，加收滞纳金40885.24元，并处以一倍罚款，罚款金额为432648.05元。

2011年合计查补税款893385.98元，罚款663017.02元，加收滞纳金65146.97元，查补总额为1621549.97元。

2010—2011年合计查补税款1600047.41元，罚款1238811.70元，加收滞纳金199550.09元，查补总额为3038409.20元。

【问题分析及工作启示】 1. 深入排查涉税疑点。在企业发展形势看好，经营业绩逐年增加、资金相对充裕的同时，账面却一直不见分红，检查人员将此作为重要涉税疑点及突破方向，通过细查深挖，内查外调，最终案件的查处证明检查人员职业敏感是可靠的，分析排查是有根据的。

2. 关注大额现金结算。本案取得突破是稽查人员抓住大额现金支付广告费、咨询费真实性的核查，通过税务约谈，进一步追查现金去向，从而揭开大额现金支出背后隐藏的真相，既查补了虚列成本费用造成少缴的企业所得税，又查补了隐蔽的股东分红未按规定代扣代缴个人所得税。

3. 关注往来账的检查。由于其往来账相对隐蔽、复杂，变动多，有些纳税人通过往来挂账掩饰真实的交易内容，这就要求稽查人员提高业务技能，拓宽稽查思路，加强分析比对，必要时展开外调延伸检查，理清来龙去脉，及时发现异常情况。

4. 重视大额发票的核查。虚开发票是偷逃税的重要手段，虚开发票往往又是精心设计的，从形式上看并没有太大问题，稽查人员不要局限于就账查账，被表面的形式所迷惑，应关注发票背后交易的真实性，追查实物流、资金流，内查外调，还原事情的真相。

（江苏省地方税务局稽查局供稿）

杭州某饰品公司偷税案

【案件类别】 偷税案例

【案件所属行业】 批发和零售业

【案件来源】 此案件是举报案，为国税督〔2012〕71号和浙国税〔2012〕0013号督办举报信。2012年11月29日—2013年5月7日，杭州市国家税务局第一稽查局对案件进行检查，检查时段为2010年1月1日—2012年10月31日。

【基本案情】 杭州某饰品公司成立于2010年1月26日，系增值税一般纳税人。该公司经营地址为杭州市下城区西湖文化广场，经营范围：珠宝首饰、金银饰品等的批发零售，以及金银饰品的设计、研发、技术咨询等服务，注册资金200万元。

杭州市国家税务局第一稽查局根据举报信的内容，结合CTAIS系统查询结果，认真分析了本案案情，特别注意到该公司存在珠宝首饰、金银饰品的经营项目，却从未缴纳过消费税。在认真分析的基础上，检查组制定了针对性的检查预案，于2012年12月7日分两组对其杭州总公司及杭州分公司两个经营场地进行了突击检查。检查人员从会计电脑中获取了企业销售数据和相关产品赠送的资料，经比对发现企业存在少缴增值税、消费税、企业所得税的违法事实，并及时对违法事实进行了调查取证。

【违法事实】 经查，发现该公司存在如下违法事实：

1. 增值税方面：该公司在2010年3月—2012年10月，赠送金银首饰、铂金首饰和钻石、钻石饰品、摆件等商品共计55.33万元（不含税），未申报缴纳增值税。

2. 消费税方面：该公司在2010年3月—2012年10月，销售钻石收入共计4897.81万元（不含税），销售金银首饰、铂金首饰收入共计1017.03万元（不含税），赠送金银首饰、铂金首饰等商品共计35.74万元（不含税），赠送钻石共计3万元

（不含税），均未申报缴纳消费税。

3. 企业所得税方面：该公司 2010 年应调增应纳税所得额 9.19 万元，2011 年应调增应纳税所得额 0.62 万元；在 2010 年多申报销售收入 0.01 元，2011 年度多申报销售收入 14.25 万元，2012 年 1 月少报销售收入 14.25 万元，应调整应纳税所得额。

【处理结果】 1. 对增值税部分违法事实，根据《中华人民共和国增值税暂行条例实施细则》（财政部、国家税务总局令第 50 号）第四条第八项、第十六条第一款第（二）项之规定，应补缴增值税 9.41 万元。

2. 对消费税部分违法事实，根据《中华人民共和国消费税暂行条例》（中华人民共和国国务院令第 539 号）第四条第一款、第七条及《中华人民共和国消费税暂行条例实施细则》（财政部、国家税务总局令第 51 号）第六条第二款、《财政部、国家税务总局关于调整金银首饰消费税纳税环节有关问题的通知》（财税字〔1994〕95 号）第一条第一款、《财政部、国家税务总局关于钻石消费税有关问题的通知》（财税〔2013〕40 号）、《关于铂金及其制品税收政策的通知》（财税〔2003〕86 号）第七条之规定，应补缴消费税 297.68 万元。

3. 对企业所得税部分违法事实，根据《中华人民共和国税收征收管理法》第十九条、《中华人民共和国企业所得税法实施条例》第四十三条、第九条之规定，调增 2010 年应纳税所得额 9.19 万元，调减 2010 年应纳税所得额 0.01 元；调增 2011 年度应纳税所得额 6166 元，调减 2011 年度应纳税所得额 14.25 万元；应调增 2012 年度应纳税所得额 14.25 万元。由企业自行调整，由其主管下城区国家税务局监管。

4. 根据《中华人民共和国税收征收管理法》第六十三条第一款之规定，对少缴增值税处百分之五十罚款计 4.70 万元；根据《中华人民共和国税收征收管理法》第六十四条第一款之规定，对 2010 年度多报亏损、2011 年度少报亏损的行为，处罚款 10000 元。以上应缴款项共计 32.02 万元。

【稽查建议】 要结合行业特点善用 CTAIS 系统。该公司经营项目包含珠宝首饰、金银饰品等消费税应税项目，但是 CTAIS 系统上却查询不到消费税缴纳记录，这让检查人员在下户检查前就掌握了本案的重大突破口，减少了无效劳动，极大提高了稽查效率。

（浙江省国家税务局稽查局供稿）

浙江某房地产集团有限责任公司偷税案

【案件类别】 偷税案例

【案件所属行业】 房地产业

【案件特点】 本案案情复杂，但案件查处相对全面，查补税种涉及营业税及附加、房产税、个人所得税等税种，涉及企业所得税诸多调整项目。针对房地产企业不按规定及时结算开发产品计税成本并计算缴纳企业所得税的常见问题，稽查局分别调阅住建局《工程竣工验收备案表》和售楼处物业管理部门客户档案信息，科学确定房地产项目是否完工。全面调取企业台账、销售合同、招投标合同、施工预决算书、监理记录等资料，运用开发产品的实地盘点控制、建安成本分析控制，工程量测量控制、大额资金支付控制等方法找准疑点，采取实地核查与询问调查相结合，账内核查与账外调查相结合的方法，全面审核项目的收入和成本费用支出的真实性和合法性。

【案件来源】 房地产开发行业税收专项检查

【基本案情】 根据衢州市地方税务局关于房地产开发行业专项检查统一部署，浙江某房地产集团有限责任公司被选为重点检查对象。衢州市地方税务局稽查局派检查组于 2013 年 3 月 7 日—2013 年 5 月 6 日对该房地产集团有限责任公司 2010—2011 年度的涉税情况进行了重点检查。经检查发现纳税人未按规定确认项目销售收入和多结转计税成本，少申报企业所得税，少计自用房产原值和房屋出租收入少申报房产税、营业税等违法事实。此次检查共查补各项税费 721.21 万元，加收滞纳金 17.22 万元，处以行政罚款 19.05 万元，合计 757.48 万元。

【查办过程】 本次检查前，稽查局已责成纳税人对 2010—2011 年度纳税情况进行了自查，该公司自查补缴各项税费 22.83 万元，后被列入重点检查单位。接到工作任务后，检查人员综合分析相关资料，制定了以财务核算资料检查为主，项目实地调查为辅的总体检查预案，将开发项目的收入及成本列为检查重点，从项目销售收入确认及项目完工年度计税成本的结算为突破口进行检查。

下户后，检查人员依法要求该公司提供包括开发项目立项批复、土地出让合同，土建、水电、装饰、绿化等各项工程的中标通知、承包合同、预算书、决算书及明细，房屋预售证，地籍测绘报告，房产面积测绘报告，工程竣工验收备案表等一系列房地产开发的基础资料。将上述资料与公司提供的账簿、凭证进行核对，发现该公司存在2009年少调增当年度企业所得税应纳税所得额，并造成2010年少交企业所得税的情况，因此检查组对有关情况进行了延伸检查。经初步审核和口头询问，发现以下疑点：

1. 该公司2011年“主营业务收入”科目贷方发生数为零，从相关项目的《工程竣工验收备案表》中看出，其2号、3号楼于2011年8月25日竣工验收，2011年12月8日取得房屋建筑工程竣工验收备案表，相关部门已予以备案，检查组判断可能存在开发产品已完工并实现销售但未及时结转的问题。

2. 该公司开发项目的建筑安装工程是由其关联企业浙江L建设工程有限公司承建，工程完工后双方一直未办理工程造价决算。2012年该公司在办理2011年度企业所得税纳税申报时按暂估的4200元/平方米单位成本申报销售成本，经检查人员比较同期类似项目单位成本后，认为该公司申报的暂估成本偏高，可能存在多结转成本的问题。

为了核实上述情况，检查组先后赴住建、房管等部门确认该项目竣工备案的确切认定时间，确定该公司已于2011年完工并销售部分未及时确认并结转销售收入；检查组同时对该项目进行了实地考察，了解项目的用工用料情况。通过实地走访，外围调查，检查人员已对账面发现的疑点了然于胸，并准备以此为突破口，扩大成果，查清其他未知问题。

此外，检查组还发现该公司存在收取利息及房租未申报营业税金及附加情况，多申报销售不动产营业税金及附加情况，自用房产和出租房产未及时全额申报缴纳房产税情况，股东个人家庭消费在公司费用科目中列支未代扣代缴个人所得税，也未调增相应企业所得税应纳税所得额情况，以及2010年度存在虚报亏损等情况。

【违法事实】 1. 2011年4月收取江山市某乡政府老干部活动中心前期准备费利息330000元，未申报营业税及附加。

2. 2011年8月1日公司将财富中心1号楼4楼出租给衢州某酒业有限公司，合同约定年租金20000元。经查实2011年8—12月应收租金8333.33元未在公司账面反映，未申报相应的营业税金及附加、房产税、企业所得税。

3. 建造公司办公用房元亨商务中心（后更名为财富中心），工程于2011年1月竣工验收，未按规定及时申报2011年度房产税。

4. 该公司在检查年度内持有的位于衢州市区的某商城房产面积为6917.08平方米，其中出租给老百姓大药房等单位和个人涉及面积约为5484.07平方米，未按规定足额申报2010年、2011年房产税。

5. 该公司2010年2月1日从建行江山支行购买十二生肖金童鼠11套，金额57640元，计入“业务招待费”，至目前仍保存在公司投资人范某家中。该支出应视同公司对个人投资者的红利分配，未代扣代缴个人所得税，并应调增当年度企业所得税应纳税所得额。

6. 2010年1月公司投资人范某报销彩电、冰箱、洗衣机等支出7777元，计入“固定资产”账户，用于投资人所有的位于北京的住宅，应视同公司对个人投资者的红利分配，未代扣代缴个人所得税。所计提折旧不得在税前列支，应调增2010年、2011年企业所得税应纳税所得额。

7. 2009年公司所得税年度纳税申报财富中心预收账款预计毛利额应申报717032.14元，实际申报预计毛利额为162961.85元，少申报预计毛利额554070.29元。2010年7月将2009年财务费用中联社贷款利息361725元调整为开发成本，后在2011年作调减应纳税所得额处理。上述合计应调增2009年度企业所得税应纳税所得额，确认2010年度多弥补以前年度亏损额。

8. 2010年11月从北京购置紫砂壶一套用于公司日常使用，金额586800元，计入“业务招待费”，应列入固定资产进行管理，并相应计提折旧，调增当年度企业所得税应纳税所得额，调减2010年度业务招待费实际发生额，调减2011年度该项固定资产折旧所对应的企业所得税应纳税所得额。

9. 2011年11月公司在北京为一老人庆祝百岁生日，取得北京歌华开元大酒店出具项目为会务费的文化体育业发票，金额127500元，计入“管理费用——其他”，应属公司的业务招待费用，调增当年度业务招待费实际发生额。

10. 2011年度实际列支职工福利费为143043.34元，税前允许扣除职工福利费56372.52元，应调增企业所得税应纳税所得86670.82元，已申报调增69164.08元，少调增17506.74元。

11. 对公司因项目——财富中心2号、3号楼2011年12日已完工未及时结转利润计入当期应纳税所得额，核定其项目——财富中心2号、3号楼企业所得税应纳税所得额26907156.04元。

【处理处罚结果】 以上涉税违法事实经企业法定代表人签证无异议。2013年6月经衢州市地方税务局案件审理委员会审理，认为本案事实清楚、证据确凿、依据充分、定性准确，遂作出追缴全部税款、滞纳金、罚款的处理处罚决定：追缴2011年度营业税16916.67元，城市维护建设税1184.17元，教育费附加507.50元，地方教育附加338.33元，水利建设专项资金8.33元；追缴2010年度房产税64854.13元，2011年度房产税207598.08元；追缴2010年度企业所得税266301.11元，2011年度企业所得税6641353.35元；责成该公司限期补扣视同红利分配所得个人所得税13083.40元；对未按期缴纳的营业税、城市维护建设税、房产税、企业所得税从滞纳税款之日起按日加收万分之五的滞纳金共计172221.45元；对2009年度编造虚假计税依据的行为处以20000元的罚款；对少缴税行为处以少缴营业税、城市维护建设税、房产税、2010年企业所得税（不含2010年多弥补2009年虚报亏损部分的企业所得税税款）税款百分之五十的罚款，计金额163952.68元；对应扣未扣个人所得税的行为处以应扣未扣个人所得税税款百分之五十的罚款，计金额6541.70元。

以上应交税费、滞纳金及罚款总计7574860.90元，于2013年7月29日执行入库。

【问题分析及工作启示】 一是加强对房地产开发项目的跟踪管理，从项目立项开始建立完善的档案资料，利用信息化管理手段加强对房地产企业项目进度、项目决算、纳税申报的动态管理。同时根据《房地产开发经营业务企业所得税处理办法》（国税发〔2009〕31号）相关规定，建议完善《重点税源房地产企业开发经营信息表》内容，增加项目确认完工时间（确认完工依据）、项目决算时间等信息，便于税务机关及时、全面地掌握开发项目的基本情况。二是加强纳税评估，建立房地产开发项目税负（毛利率）评估模型，设立相应指标，及时发现异常情况，有效监控房地产开发项目企业所得税、土地增值税的申报缴纳情况。三是加强部门协作落实对房地产企业的全程监管。房地产企业开发项目从土地中标历经多个环节直至竣工结算，国土、规划、建设、房管与挂钩银行等部门都能产生和存储大量的涉税相关信息，税务部门要尽可能与上述部门建立制度层面上得涉税信息传递与涉税事项协作配合机制。

（浙江省地方税务局稽查局供稿）

某矿业集团有限公司偷税案

【案件类别】 偷税案例

【案件所属行业】 冶金矿产

【案件特点】 偷税方式隐蔽、偷税金额大、地方政府对案件查处进行干扰、取证难度大。

【案件来源】 上级交办

【基本案情】 某矿业集团有限公司是从事矿业开发及矿产品深加工的大型民营企业，位于安徽霍邱经济开发区，由吉某、郑某、王某于2004年出资680万元注册成立，2007年成立集团公司，下辖6家子公司。根据上级部门要求，我局指派检查人员自2013年8月27日起，历时3个月，对该公司2004年7月13日—2013年1月31日涉税情况进行了检查。为将案情查深查透，我局对公司自成立以来所有年度电子及纸质账簿进行检查，累计查阅账套44个，并对21个相关单位开展了延伸调查。共计查补收入79357531.80元，其中，税款55545695.65元，滞纳金1726108.57元，罚款22085727.58元。

【违法事实】 经检查，该公司采用收入不入账、销售所得资金账外循环等方法，形成账外资金762326300.41元，偷逃税款。上述资金均转入公司股东、法定代表人等个人账户，用于股东分红、支付职工工资薪金、增加个人股本金等。

1. 资源税。首先，该公司2012年8—12月销售给某钢铁集团A钢铁有限责任公司铁精粉139490.8吨，折合原矿418472.40吨，含税销售额147672982.57元，该公司未将此笔业务计入2012年度收入，也未申报缴纳相应的资源税。其次，该公司2012年9—12月销售给某钢铁集团B钢铁有限责任公司铁精粉109918.8457吨，折合原矿329756.5371吨，含税销售额106809454.66元，该公司未将此笔业务计入2012年度收入，也未申报缴纳相应的资源税。第三，该公司2013年1月销售给某钢铁集团B钢铁有限责任公司铁精粉11971.03吨，折合原矿35913.096吨，含税销售额11614393.43元，该公司未将此笔业务计入2013年1月收入，也未申报缴纳相应的资源税。

2. 个人所得税。首先，2008—2012年，该公司使用账外资金向股东分红80100000元，应代扣代缴个人所得税16020000元，扣除吉某已自行申报缴纳个人所得税6000000元，少代扣代缴个人所得税10020000元。其次，2008—2012年，该公司使用账外资金向股东（在公司任职）发放工资薪金22250000元，未代扣代缴个人所得税6203560元。第三，2008—2012年，2010年股东使用账外资金向集团公司及集团内子公司现金增资110620000元，未代扣代缴个人所得税22124000元。

上述2008—2012年，该公司少代扣代缴个人所得税合计38347560元。

【查办过程】 2013年8月27日，安徽省地税局指派稽查人员对该公司2004年7月13日—2013年1月31日涉税情况进行了检查。在检查过程中，虽然该公司账务核算看起来还比较规范，但检查人员凭借多年的职业经验，判断该企业有可能存在账外经营问题，及时调整了检查思路，不拘泥于企业账册，而是从外围寻求突破口，对该公司下属10多个非独立核算单位的生产、经营情况进行了全面摸底，实地对产品的生产、计量、销售的全过程，以及劳务结算、采选的整个工作程序进行了深入细致的了解。由于该公司当时已经处于半停产状态，很多部门人去楼空，即使有的部门有人，也不配合调查，但检查人员凭着坚强的毅力和超人耐力，经过了十多天的艰苦奋战，取得了大量的生产、销售一手资料。在与生产、运输、消耗、销售、申报数字进行仔细地排查比对后，该公司少记产品销售数量32万吨、少记产品销售收入3个多亿的违法事实终于浮出了水面。为防止该公司销毁证据或偷梁换柱，检查人员对与该公司相关十几个业务单位进行了外围调查，先后赶赴河南、浙江、六安、合肥等地进行调查，取得了该公司大量真实的业务资料。最终，检查人员经过三个月的努力，查清了该公司主要的涉税问题，共查补收入79357531.80元，其中，税款55545695.65元，滞纳金1726108.57元，罚款22085727.58元。

【处理处罚结果】 1. 资源税。根据《中华人民共和国税收征收管理法》第三十二条、第六十三条第一款规定，对该公司未申报缴纳资源税9096047.58元予以追缴，并从税款滞纳之日起，按日加收滞纳税款万分之五的滞纳金。根据《中华人民共和国税收征收管理法》第六十三条第一款规定，对该公司未申报缴纳资源税处一倍罚款，计9096047.58元。

2. 个人所得税。根据《中华人民共和国税收征收管理法》第六十九条规定，对该公司2010—2012年少代扣代缴个人所得税合计36324545元处百分之五十罚款，计18162272.50元。根据《中华人民共和国税收征收管理法》第六十九条和《国家税务总局关于贯彻〈中华人民共和国税收征收管理法〉及其实施细则若干具体问题的通知》（国税发〔2003〕47号）规定，对该公司少代扣代缴的个人所得税38347560元责成限期向主管税务机关补扣补缴。

【问题分析及工作启示】 1. 税务稽查的执法手段受到限制。在对该公司的检查过程中，检查人员了解到该公司的涉税问题早已存在，市、县两级税务机关都曾对其进行检查，但由于地方政府的地方保护主义，使得检查流于形式，查不深，查不透。本次检查过程中，由于纪检、公安等部门的介入，检查人员受到的干扰较少，在短短的三个月内将该公司涉税问题查深、查透，究其原因，是检查人员在检查过程中充分利用了其他部门的力量，发挥部门合力，使得地方政府对案件查处的干扰降到最低，保证了检查的顺利进行。

2. 税收政策亟需明晰。对该公司开采的铁矿石，由于税务总局下发的《几个主要品种的矿山资源等级表》中没有霍邱铁矿铁矿石资源等级，我省根据该公司开采的铁矿石品位，参照与其铁矿石品位相似的马钢（集团）控股有限公司桃冲矿业公司对应等级的铁矿石资源税税率对其征税。但多年以来，企业对此争议很大，认为霍邱地区矿石品位和地质结构和桃冲矿有很大差别。因手段和技术限制，我局一直无合理方法对其资源税进行核准。霍邱铁矿位于霍邱县西北部的周集至众兴集一带，铁矿资源丰富，已探明储量16.5亿吨，在全国居第五位。从2002年8月该公司开采出霍邱铁矿的第一块铁矿石开始，到如今的国内钢铁巨头马钢、首钢的先后加入，霍邱铁矿的开发已成规模。鉴于上述情况，建议税务总局在下一次的资源税税率调整中，将霍邱铁矿的主要开发企业纳入《几个主要品种的矿山资源等级表》中，使得霍邱铁矿的资源税征收政策更加明晰，减少税企争议。

（安徽省地方税务局稽查局供稿）

龙岩永佳房地产开发有限公司偷税案

【案件类别】　偷税案例

【案件所属行业】　房地产开发业

【案件特点】　对房地产开发流程环节全面审核，结合实地核查、比对分析、内查外调等“全流程解剖式”检查，并从各流程环节中取证，发现疑点，抽丝剥茧，去伪存真，逐项落实，最终揭开隐藏在地基工程中多列工程开发成本和隐匿房屋租金收入的偷税秘密。

【案件来源】　市局开展土地增值税清算专项检查选案确定。

【基本案情】　该公司成立于2006年2月，主要经营房地产开发与经营，企业所得税由国税部门负责征管，土地增值税实行先预征、后清算管理办法。公司已开发“香樟名都”项目和“富山国际中心”两个项目，土地为公开招拍挂取得。“香樟名都”为商住项目，“富山国际中心”为商业、写字楼项目。

【违法事实】　1. 隐匿收入。隐匿了租金收入49.85万元未入账。

2. 价格偏低，关联交易。销售台账比对，“富山国际中心”项目销售给股东等关联方的开发产品单价明显偏低，检查组按关联方交易核增不动产销售收入1012.69万元。

3. 分红未足额扣缴个人所得税。账上分发股利4000万元，少扣缴个人所得税38.05万元。

4. 审核调减扣除项目金额共计6497.89万元。第一，地基工程多列项目，多列开发成本。“香樟名都”旋喷桩地基处理项目，采取多列“桩地基”数量，多列开发成本2645.98万元；“富山国际中心”基坑支护加固项目，人为多列施工项目，多列开发成本600.11万元。第二，混淆开发成本与期间费用列支范围。“香樟名都”项目将办公费、咨询费、评估费、行销策划费、利息支出、售楼部工程款、临时停车场工程款等期间费用1608.8万元列入开发成本；将产权应属于燃气供应商所有的燃气供应站工程款202.01万元列入开发成本；将办公室装修款和用于出租的社区用房装修款309万元列入开发成本；“富山国际中心”项目将咨询费、防空协会会费、行销策划费、造价审核费等期间费用140.14万元列入开发成本。第三，违规使用发票。将异地工程安装发票28.6万元列入开发成本。第四，通过约谈方式主动调减。针对开发成本中主体工程钢筋混凝土的结算数量和定额与预算数量比对异常的问题，通过约谈纳税人，主动调减钢筋混凝土963.25万元。

【查办过程】　1. 从开发流程入手，发现疑点。“香樟名都”项目的开发成本中列支了两项地基处理工程，一项是CFG桩地基处理工程506根，造价64万元，另一项是旋喷桩地基处理工程5194根，造价2646万元。为什么要两次地基处理、两次造价巨额差别、两个施工队伍？“富山国际中心”项目开发成本中有支付给同一家施工单位的两笔基坑支护结算金额，结算时间相隔一年，房地产工程主管解释为基坑支护项目出现裂缝后的加固。合同中施工内容相同、结算金额都是600多万元是否可能？经咨询专业人员，基坑支护出现险情采取加固措施工艺、数量不可能与先前支护施工的相近或一样，那么是否重复列支基坑支护工程款多列成本呢？检查人员发现“香樟名都”和“富山国际中心”项目都有公共架空层和社区服务用房，经询问会计人员，“香樟名都”项目的社区用房尚未移交业主委员会，那么这两个项目的公共架空层和社区服务用房是在闲置还是出租他人使用呢？2009年、2011年账上房产租赁收入12.59万元，但2010年账上仅有0.24万元，明显不合理，是否隐匿了房租收入呢？

2. 外部调查、锁定证据。针对发现的“香樟名都”项目地基处理工程的疑点，检查组前往勘察、设计、施工、城建单位相关部门进行包抄式外围调查，对地基处理工程进行全面核实。第一，到勘查单位调取了地质勘查报告，了解“香樟名都”项目的地基地质状况。第二，前往设计单位调取了地基处理的设计图纸，从询问设计人员及设计部门图纸资料所示，“香樟名都”项目的地基处理设计只有506根的CFG桩，地基处理工程并没有设计变更。第三，从CFG桩的施工单位调取的相关工程资料及施工负责人调查笔录证实施工单位所施工的CFG桩是按图施工、顺利完成、并有完整的施工记录及检测报告，这证明地基处理工程完全按设计进行不需要进行二次处理。第四，前往旋喷桩施工单位调查，该单位无法提供有资质设计单位设计的旋喷桩施工图及旋喷桩完工检测报告。第五，前往城建档案馆查阅地基处理归档资料。按规定地基处理工程项目竣工后必须将相关资料存于城建档案馆之中，但检查人员在“香樟名都”项目存档资料中未找到旋喷桩的任何资料。据此，可以断定旋喷桩地基处理工程系多列项目，多列开发成本2645.98万元。

对于“富山国际中心”项目由同一家施工单位进行两次施工的疑点，检查组到该施工单位查找工程施工负责人，施工单位称负责人已离开该单位，相关基坑支护工程的相关施工图纸也无从提供。对房地产公司所称的第二次基坑支护加固工程是因为第一次基坑支护工程后出现裂缝后的处理，按照国家相关法律的规定，有关结构方面的设计在施工后出现较大问题需要变更设计的，必须要由原设计单位出具工程设计变更通知书。询问房地产公司技术负责人有关基坑支护工程事项，该负责人只提供了基坑支护工程的设计图纸，无法提供二次基坑支护加固工程的设计图纸及相关资料。证明基坑支护加固项目是虚构，多列开发成本600.11万元。

通过实地察看“香樟名都”和“富山国际中心”项目公共架空层和社区服务用房使用情况。发现“香樟名都”项目的社区用房和架空层，以及“富山国际中心”项目架空层目前均由其他单位在使用，在铁的事实面前，房地产公司最终提供了相关房产租赁合同，并承认有49.85万元租金收入未入账。

【处理处罚结果】 1. 查补税费：2007—2011年应补地方税费1330.44万元。

2. 加收滞纳金288.96万元。

3. 在账簿上少列房屋租赁收入、多列开发成本造成少缴税款的行为，除追缴税款、滞纳金外，并处少缴税款百分之五十罚款356.35万元。

【问题分析及工作启示】 问题分析：1. 开发成本是土地增值税清算的核心，多列开发成本，能够多列扣除项目金额和加计扣除，偷逃土地增值税、企业所得税。多列开发成本偷税手段有：一是虚构隐蔽工程或零星工程项目或配套设施工程项目和工作量，编造虚假工程合同和决算书，虚开建筑发票增加成本。二是开发商和施工方相互合作，采取虚假招投标或签订补充合同等方式虚构工程项目、多列业务量。2. 房地产开发项目中的零星工程和配套设施工程众多，涉及的开发成本繁杂，建筑工程造价成本构成具有很强的专业性，开发商与施工方利益关联，调查取证具有较大难度。从账面上看，施工合同、建筑发票、工程结算书等一应俱全，各种资料、手续完备，账务处理规范，如果检查人员没有事前突击学习工程、造价等相关基础知识，事中没有专业人员指导，那么确实难以查验其工程项目的真假与工程量的大小，无法确定其真实的建筑成本。

工作启示：1. 要打破“就账查账”的常规检查方法，要对项目流程和实地核查，并通过成本数据分析比对，对有疑点的问题内查外调，收集工程勘察、设计图纸、工程预（结）算等相关资料，锁定证据，为案件的查处寻找突破口。

2. 房地产开发过程中的工程施工成本的核算等技术性强、专业要求高，应加强房地产建安工程造价知识的培训，提高专业查账能力，适应行业检查需要。

3. 房地产企业的关联交易涉及收入、成本、费用等各个方面，对通过关联交易逃避纳税，应重点核查低价销售、资金占用等项目。

4. 参照本地建设工程造价及历年国家定期发布的建筑成本数据，确定土地增值税前期工程、建筑安装工程费、基础设施费、开发间接费用等四大成本的预警值，实行预警管理。

（福建省地方税务局稽查局供稿）

山东某石油化工集团有限公司偷税案

【案件类别】　偷税案例

【案件所属行业】　成品油生产企业

【案件特点】　本案中，检查人员从详细记载被查企业原材料购进、产品出库数量等核心信息的生产统计报表入手，深挖数据，强化分析，最终运用钩稽关系证实了调取的核心数据的真实性，为检查深入开展提供了强有力的证据。

【案件来源】　2013 年 10 月，按照山东省国税局稽查局对中国石油化工集团下属企业实施检查的统一部署，东营市国税局稽查局抽调业务骨干组成检查组，对该企业 2012 年的生产经营及纳税申报情况进行了检查。

【基本案情】　山东某石油化工集团有限公司是一家集石油化工、产品深加工及国际贸易于一体的石油化工企业，隶属于中国化工集团公司。通过检查发现，该公司将符合汽、柴油征收范围的油品按照燃料油的税目税率申报缴纳消费税。2012 年度共销售符合柴油征收范围的油品 8.40 万吨，销售符合汽油征收范围的油品 1.63 万吨，共计少申报消费税 2020.98 万元。

【违法事实】　1. 2012 年 1—12 月该公司销售账面名称为 2#燃料油的产品 8.40 万吨，该公司生产销售的 2#燃料油符合柴油的征收范围，应按柴油补缴消费税。

2. 2012 年 1—12 月该公司销售账面名称为 3#燃料油的产品 1.63 万吨，该公司生产销售 3#燃料油符合汽油的征收范围，应按汽油补缴消费税。

【查办过程】　1. 重视查前培训，部署调取资料数据工作。首先，由于石油炼化企业的生产流程较为复杂，检查组邀请熟悉石油炼化行业的专业人员进行了全面系统的讲解。通过查前培训了解，石油炼化企业加工工艺一般分为常减压、催裂化、延迟焦化装置、加氢装置四个工艺。东营本地炼化企业多采用的胜利原油属于中间基原油，含蜡量较低，含硫量较高，其加压馏分经催化裂化取得的轻质燃料必须通过加氢精制，才能使其硫含量达到产品标准要求。其次，采取电子数据与纸质资料同步调取的方式，按照检查预案兵分四路同时实施调取工作：第一路进驻生产车间，调取生产数据。重点调取生产月报，同时做好询问笔录和电子数据封存。第二路进驻调度中心，调取地图资料。重点调取整个工厂的检尺记录、罐区图。第三路进驻质检部门，调取检验报告。重点调取质量分析日报表、原料油化验分析报告、中控化验分析报告、成品油化验分析资料，同时对化验报告的内容情况做询问笔录。第四路进驻磅房、销售、财务部门，调取账务资料。重点调取磅房过磅单、企业财务会计账簿、电子账套、会计报表、纳税申报表和相关凭证以及企业防伪税控系统开票信息。

2. 运用钩稽关系，证实核心数据的真实性。第一，做好报表与笔录互证，确保来源真实。由于生产月报表由基层生产单位根据真实生产数据汇总上报，为了证明其真实性，检查人员对生产、管理人员进行了询问，并制作询问笔录，确保生产月报表数据的来源真实可靠。在制作询问笔录时，为防止直接询问报表数据是否真实，管理人员不据实回答，因此检查人员在询问时只询问报表的统计过程，取得统计报表是根据基层统计员报表汇总而成的证据。第二，做好表间比对，确保数据一致。一是对成品罐区库存日报表（检尺记录）进行统计对比，证实进、销、存原料及产品数量的真实性；二是对化验单汇总表与生产月报表进行比对，证实化验单成品库化验品种与生产月报表产品品种一致，确认生产产品的名称和消费税的归类；三是对调取的过磅单进行统计汇总，与财务表和生产月报表进行比对，对比证实生产月报表数据的有效性。通过对磅单的统计，可以确定企业开具变更名称油品的品种和数量。通过检查发现企业在磅单上注明了加油管线，根据企业的罐区分布图和清洗记录可以确定真实的销售成品油数量。第三，做好生产报表和实物比对，确保真实准确。一是通过成品罐区分布图，依次到现场查勘，证实企业生产产品种类与生产月报表一致，同时为确认购进原油的吨数（增值税专用发票抵扣联上的数量单位为桶），检查人员逐份凭证查找了入库时登记的称重吨数；二是将每天的成品罐区库存日报表按照每个罐号进行累加，再对人工记录的各罐号倒罐数量相互加减，得出确切的库存数量，与生产月报表进行比对。第四，做好票表比对，确保核算正确。统计企业取得的增值税专用发票、海关完税凭证中关于购进应税消费品的数量。因认证系统中没有品名和数量号段，需要将涉及应税消费品的增值税进项发票和海关完税凭证按品名和数量进行统计，再以统计完成后的数量，对比证实生产月报表数据真实有效。

3. 还原真实数据，计算补缴消费税款。由于企业生产报表数据与财务数据的统计口径不一致，需要对真实数据加以还原。如：企业将原料燃料油、半成品燃料油统一在一个科目下核算，造成企业账面记载的燃料油库存数量与消费税申报表填报的库存数量、生产月报表登记库存燃料油数量不一致；企业暂估入账部分、购进材料发票数量和财务账记载数量不一致，这种情况产生原因较多，如购进材料的亏吨、溢吨，海关购进的进口燃料油进项发票列明的单位是桶而不是吨等等，这都需要检查人员按照企业原始凭证或者原始统计报表登记的实际数量进行统计还原，用还原后的统计数据，再和生产部门的数据进行比对，找到正确计算纳税数额的确切依据。在还原得到企业真实数据的基础上，一方面，检查人员通过下列公式，计算出企业真实的应税消费品原料领用数量，即：当年生产领用应税消费品数量 = 当年期初库存 - 上年底暂估入库 + 当年进项 + 当年底暂估入库 - 直接销售 - 期末库存。另一方面，检查人员用生产部门生产月报表统计的成品油数量，准确计算出企业应税消费品变更品名应补缴的消费税，这样可以避免通过大量外调取证来落实外销成品油的种类和开票性质。

【处理处罚结果】 根据《中华人民共和国消费税暂行条例》第一条、《中华人民共和国消费税暂行条例实施细则》第十条、《财政部、国家税务总局关于提高成品油消费税税率的通知》第一条、第二条的规定，该公司 2012 年 1—12 月销售的 2#燃料油少申报消费税 1082. 34 万元，2012 年 1—12 月销售的 3#燃料油少申报消费税 938. 64 万元。由于 2012 年 1—12 月，2013 年 1—4 月消费税都有留抵，按月调整税款后，共计应补缴消费税 2020. 98 万元。

根据《中华人民共和国税收征收管理法》第六十三条第一款的规定，该公司采取虚假的纳税申报手段，少缴税款，定性为偷税，追缴消费税税款 2020. 98 万元，并对偷税行为处少缴税款百分之五十的罚款 1010. 49 万元。根据《中华人民共和国税收征收管理法》第三十二条、《中华人民共和国税收征收管理法实施细则》第七十五条的规定，对该公司滞纳的税款从滞纳之日起，至实际缴纳之日止，按日加收滞纳税款万分之五的滞纳金。

【问题分析及工作启示】 一是强化分析是做好稽查工作的有效路径。在如今企业会计核算越来越趋于规范和电算化，企业明显的偷税行为越来越少，而通过非专业人员难以看透的隐匿收入、增加成本的方式更趋于常态，这就需要稽查人员深入了解企业生产经营模式，通过基础数据进行成本还原，查找企业偷逃税款的根本路径。在对山东某石油化工集团有限公司检查过程中，检查人员通过对大量数据的统计、分析、排查，捋清了企业生产报表数据与财务数据、申报数据的钩稽关系，证实了生产报表的真实性，为正确核算税款提供了最坚实的数据基础。二是建议从对成品油生产企业核定产品收率入手，丰富预警评估分析指标，明确炼化企业产品名录和主要检测指标。根据企业生产工艺流程、主要设备生产能力、投入产出比以及关键耗能等生产经营要素，以耗定购、以购定产、以产定销、以销定票，从源头上杜绝虚增购进、虚构经营业务问题。

（山东省国家税务局稽查局供稿）

泰安某置业有限公司多列成本偷税案

【案件类别】 偷税案例

【案件所属行业】 房地产开发业

【案件特点】 1. 该公司采用的作案手法：采取多列主营业务成本等手段。2. 稽查方式方法：检查期间检查组采取了调账检查的方式，运用了详查法等检查方法，对该单位的会计账簿、记账凭证、报表和其他有关资料进行了细致的检查，对其申报缴纳税款及代扣代缴税款情况进行了全面核实，对其房产、土地等情况进行了账实核对。

【案件来源】 自 2013 年 5 月 6 日起，根据检查计划，泰安市地方税务局稽查局对泰安某置业有限公司 2011 年 1 月 1 日—2012 年 12 月 31 日地方税收申报缴纳情况进行了检查。

【基本案情】 某置业有限公司成立于 2010

年2月1日，注册资本为1000万元；注册类型为其他有限责任公司；经营范围为房地产开发、经营。该公司采取少计算应税土地面积少申报缴纳土地使用税33.47万元，采取多列主营业务成本等手段少申报缴纳企业所得税123.74万元。

【违法事实】 1. 土地使用税：该公司共有一等土地面积178459平方米，2011年应缴土地使用税142.77万元，已缴138.15万元，少缴4.61万元；2012年应缴土地使用税142.77万元，已缴113.91万元，少缴28.86万元。共计少缴土地使用税33.47万元。

2. 企业所得税：经检查，2012年该公司多列主营业务成本523.81万元，应调增应纳税所得额；其检查缴纳的2012年土地使用税28.86万元，应调减应纳税所得额；2012年该公司汇算清缴的应纳税所得额为1.5亿元，经调整后应纳税所得额为15.47亿元。应缴纳企业所得税3866.69万元，已缴纳3742.95万元，应补缴企业所得税123.74万元。以上税款共计157.21万元。

【查办过程】 1. 认真制定检查预案，做好查前准备。检查组查阅纳税人检查期间纳税征管资料，了解了纳税人的基本情况，在此基础上确定了土地使用税、营业税和企业所得税为检查重点。据此，要求纳税人按照《山东省地方税务局房地产开发企业土地增值税预征和清算管理暂行办法》（鲁地税发〔2004〕33号）第十一条规定提供全部的涉税资料，主要包括销售合同、建安合同、第三方审计报告、预收款发票、售楼发票、房屋销控表、房产规划建设批文等资料。

2. 首先，城镇土地使用税检查。房地产行业土地使用税是按照企业未销售部分的土地面积计算，未销售部分面积又根据商品房未销售面积占总建筑面积的比例进行计算，已销售面积的确认时间是根据《商品房销售合同》载明的时间为准。土地增值税清算为土地使用税计算提供了详尽的基础资料，我们在对该单位的土地使用税的清算检查中，详细到商品房的每一户，计算到每一个月的销售面积。精细的计算，使企业非常容易接受了补缴税款和并处罚款的事实。其次，企业所得税的检查。该公司属跨区域经营的分支机构，根据《山东省跨市总分机构企业所得税分配及预算管理暂行办法》（鲁财预〔2008〕19号）规定，该公司在当地缴纳企业所得税，根据掌握的资料向该公司下达了《限期缴纳税款通知书》，责令该公司限期缴纳税款，企业在规定的期限内缴纳了税款。

【处理处罚结果】 1. 根据《中华人民共和国税收征收管理法》第六十四条第二款规定，对该公司2011年少申报缴纳的土地使用税4.61万元、2012年少申报缴纳的土地使用税28.86万元、2012年少申报缴纳的企业所得税123.74万元，责令限期补缴入库。

2. 根据《中华人民共和国税收征收管理法》第六十四条第二款规定，对该公司少申报缴纳土地使用税33.47万元、企业所得税123.74万元的行为，建议处以未缴税款百分之五十的罚款，罚款金额为78.61万元。

3. 根据《中华人民共和国税收征收管理法》第三十二条规定，对该公司分别补缴2011年土地使用税4.61万元、2012年补缴的土地使用税28.86万元、2012年补缴的企业所得税123.74万元。从滞纳税款之日起，按日加收滞纳税款万分之五的滞纳金。

【问题分析及工作启示】 1. 本次检查暴露出房地产相关税收政策欠缺。通过此次检查，我们发现现行的房地产相关税收政策规定，不便于税收征管规范实施。房地产企业是制造产品的企业，企业的产品小到一栋楼房，大到一个小区，在我们日常征管中人为划分为按年度征收，这样的征收管理模式不利于对房地产行业的管理。按照会计法规，企业应该按照形象进度进行销售收入和成本核算，但一般企业做不到，所以对企业所得税的查账带来较大的难度和工作量，也给企业偷逃税款造成了可乘之机。

2. 对房地产行业税收征管的建议。结合查处该案例发现的税收征管、税收政策等方面的问题，我们建议采取以下措施加强对房地产开发企业税收管理，不断完善房地产税收相关政策，贴近行业税收实际，完善征管措施，努力推进房地产税收征管精细化、规范化、科学化进程。首先，设立专门机构，实行行业管理。鉴于房地产税收在地税收入总额中的比重越来越大，加上房地产行业的特殊性，给税收征管带来较大难度。为了确实增强房地产行业税收征管的实效性，各县（市）税务局可以指定或增设一个税务分局（科、所）专门负责房地产相关税收的征管及日常检查，既保证税收征管贴近房地产行业，也便于建立征管的长效机制。其次，完善房地产相关税收政策，规范税收执法。通过检查发现，房地产行业核算正确，但不规范，近几年，税务总局对房地产行业也出台了相应的土地增值税和企业所得税预征办法，结合相关政策规定，建议制定相关权威性的办法，对房地产行业全面实行各税预征，建设项目完工后以土地增值税清算为主体、其他各税统算的征管措施。

（山东省地方税务局稽查局供稿）

焦作市某煤业（集团）有限责任公司偷税案

【案件类别】 偷税案例

【案件所属行业】 制造业

【案件特点】 本案为近年来河南省查处的首例案值过亿案件，且执行到位，稽查成果巨大。尤其本案中对于“五年内未给予两次行政处罚”证据的取得和固定是取证环节的一个亮点。对于强化国有企业税收征管，打击税收违法行为起到了极大的震慑作用，极大地鼓舞了稽查人员的干劲，维护了税法的刚性。

【案件来源】 2012年12月24日，焦作市地方税务局稽查局收到一封省局来函，是由国家税务总局交办的一起实名举报案件。举报对象直指焦作市一家国有大型企业，举报内容为个人所得税。

【基本案情】 焦作市稽查局调集六名业务骨干，成立专案组，并由副局长带队，检查组从2013年1月5日起对举报对象——焦作市某煤业（集团）有限责任公司2009年1月1日—2011年12月31日涉税情况实施立案检查。

本案偷税金额巨大、偷税手法隐蔽、偷税性质恶劣。涉案公司发放的奖金未与工资薪金合并，导致少代扣代缴个人所得税；账上应付工资余额巨大，未作纳税调整，造成亿元企业所得税未申报缴纳。

【违法事实】 1. 通过该公司应付工资明细账、劳资部门提供的工资表以及财务科个人所得税申报明细进行核对，发放奖金未合并当月工资，致使2008年度少代扣代缴工资薪金个人所得17556531.26元；2009年度少代扣代缴工资薪金个人所得税5092176.71元。

2. 委托某银行贷款取得资金占用费收入925605.44元，计入投资收益，未按照税法规定如实申报纳税，造成2009年少申报缴纳营业税46280.27元，2009年少申报缴纳城市维护建设税3239.62元，2009年少申报缴纳教育费附加1388.41元。

3. 房屋出租取得租金收入未全额申报缴纳房产税，造成2009年少申报缴纳房产税44464.52元。

4. 该公司应付工资余额巨大，未按税法规定进行纳税调整，取得资金占用费收入计入投资收益，未合并应纳税所得额，未按照税法规定如实申报缴纳企业所得税。造成2009年少申报缴纳企业所得税70020095.68元；2010年少申报缴纳企业所得税56414835.63元；2011年少申报缴纳企业所得税23581159.32元。

共查补入库税款172760171.43元，滞纳金77898872.06元，罚款86379391.49元，合计337038434.98元。以上税款、滞纳金及罚款已全部追缴入库。

【查办过程】 1. 科学制定检查预案。首先，查前精心准备，找准检查切入点。检查人员在实施检查前研究制定了详细的检查预案：首先借助网络手段，查阅该企业的相关资料，在较短时间内了解其所经营项目的大致情况；其次借助征管系统，掌握了纳税人被检查年度税款缴纳情况；最后采取外围询问调查方法，了解摸清该企业的基本情况。知己知彼百战百胜，检查组通过上述大量查前准备工作，对该企业经营情况做到了心中有数，并根据行业特点和该企业实际情况制定了有针对性的稽查方案，为下一步检查工作指明了方向。其次，找准突破方向，确定实施方案。根据群众举报该公司少代扣代缴个人所得税这一情况，以及煤炭企业的特点，检查组首先把个人所得税作为检查的重点，决定采取运用审阅法和核对法相结合的方法，通过查询该企业职工薪酬发放和个人所得税申报情况去发现疑点，针对疑点展开一系列调查、询问、核实，并对检查过程中发现的疑点进行重点稽查。

2. 检查方法及过程。第一，仔细核对，发现端倪，层层推进，引出千万税款。检查组根据该企业2009—2011年各税种的缴纳情况明细表，逐一分析，经过研究对比，发现该企业2011年个人所得税申报异常，平常每个月个人所得税申报百十万元，而2011年5月却申报高达3490万元，这一巨额税款引起检查组高度重视，检查组向企业财务人员了解情况，经询问该笔税款是该单位2008年发放的奖金在2011年自查补缴的税款。了解到此情况后，检查组立即要求财务人员提供当时发放奖金的明细账，财务人员以不掌握各科室、各生产车间发放奖金的具体数额为由，婉言拒绝提供具体发放明细。专案组找到单位相关负责人，向其宣传税收政策，对其晓之以理，讲明利害关系，最终，企业将纸质发放奖金明细资料交给了专案组，但没有提供发放奖金明细的电子资料，单位财务人员解释说，奖金发放过后，因计算机更换，电子数据过多，就没有保存该电子数据，涉税人员3.4万余人，涉案年度4年，工资奖金发放数额巨大，这些数据需要检查人员进行原始数据的录入工作，这就意味着每个职工每月工资奖金至少输二次机，至少需要输489.6万次机，对这些数据进行分年度分人员进行计算，工作难度可想而知！但是检查组没有气馁，检查组设计了计算表格，将人员进行了两两分组，每组一人负责输机、一人负责核对，然后按年度分别将该公司账簿、凭证中每个人的工资、奖金、补贴、津贴等收入数据全部输入电脑，这样检查组加班加点，克服重重困难，及时锁定了大量证据。经过对大量数据的汇总计算，最后算出每个人全年应缴纳的个人所得税。从而确定该公司少代扣代缴工资薪金个人所得税的数额。

第二，小税种牵出账中账，个人所得税又有新篇章。在个人所得税烦琐无味的核查即将完成时，检查组一个新的发现让个人所得税核查结果产生了变数。在对该公司下属分公司以及集团本部企业所得税及其他地方各税检查过程中发现：该公司2009年申报缴纳800多万元营业税，报表上有其他业务收入，但在其提供的账簿中未发现对应的收入账目，并且该公司提供的报表上记载的实际发放应付工资总额与其所提供的账簿记载金额不符。专案组分析，该公司还有账簿没有提供，于是就此问题向该公司多次沟通，要求财务人员提供相应的账簿，但该公司财务人员一直推脱，检查组及时把情况向局领导进行了汇报。局领导高度重视，亲自到该公司协调此事，促使该公司最终提供了所有的账簿，为专案组顺利开展工作提供了极大的支持。专案组重新对该公司应付工资明细账、劳资部门提供的工资表以及财务科个人所得税申报明细进行核对，发现该公司2009年度个人所得税申报不实。也就是说，在第一次输机过程中输入的工资、奖金不完整、不准确，需要再次输入核查。面对这种情况，专案组的工作量陡然增加，长期疲惫、操劳，检查组成员焦虑、烦躁情绪出现。局班子及时洞察这一情况，召开专案会议，为专案组鼓劲、打气，鼓励大家咬紧牙关坚持到底，打一个漂亮的“攻坚战”，打造一个代表焦作地税稽查水平的“精品”案件。专案组重新对每一位职工取得的各种名目的收入逐笔进行了输机计算。经过大量烦琐的工作，精确地计算出了应缴纳的个人所得税明细。Excel计算表格多达1050页，最终确定了每位职工应缴纳的个人所得税总额，并汇总计算出该单位共计少代扣代缴个人所得税的总额。

第三，步步紧逼，剥茧抽丝，过亿元税款浮出水面。通过对该公司个人所得税的检查，涉及其企业所得税未足额进行纳税申报的疑点也逐渐明朗化。专案组发现该公司应付工资明细账贷方余额巨大，要求其提供企业年度纳税申报表以及调整明细进行核对，以确定该公司企业所得税缴纳情况。而该公司却以档案管理人员不在等各种借口推脱，迟迟不提供相关资料。被查公司刻意回避、遮掩、拖延的态度更加坚定了专案组的判断：该公司没有进行纳税调整，其企业所得税一定存在着重大偷税问题。专案组将此作为重大案情向稽查局班子进行了专题汇报。班子研究决定，由专案组组长做好与被查单位的沟通工作，表明专案组彻底查清、查透案件的决心，敦促被查单位端正态度，认清利害关系，积极主动配合检查工作。经过多次的谈话、沟通，被查单位切实认识到问题的严重性，主动提供了所有相关涉税资料，发现应付工资余额巨大，未按税法规定进行纳税调整，同时检查组对与工资项目相关费用进行核查。最终，专案组查明了该公司偷逃企业所得税税款上亿元的违法事实。

第四，抓大不放小，核查小税种。该公司总部有20多个部门，子分公司32个，各子分公司位置比较分散、偏远，而且每个单位都有自己的账套，并且要检查三个纳税年度，检查组人员少，这样给检查组增加了很大的工作量，由于小税种涉及面也比较广，检查组抱着不放过任何问题的态度，对各个小税种进行了核对，采取账簿和实地相结合的办法，深入各个部门及分公司了解其固定资产的使用和出租情况，经过仔细核查，发现该公司未将租金收入全额申报缴纳房产税，造成2009年少申报缴纳房产税44464.52元。通过对投资收益明细账的检查，发现该公司2009年委托光大银行贷款取得资金占用费收入925605.44元计入投资收益，未按照税法规定如实申报纳税，造成2009年少申报缴纳营业税46280.27元，少申报缴纳城市维护建设税3239.62元，少申报缴纳教育费附加1388.41元。

第五，花尽心思想调账，转移利润被推翻。针对专案组查出的企业所得税巨额偷税问题，企业为逃避税款，一计不成，又生一计，提出该公司向其关联企业下属单位自2009年起收取的综合服务费4.3亿元不应该由本公司收取，而应该由关联企业焦作某煤业能源收取，应将2010—2012年收取的综合服务费43897.54万元退给焦作某煤业能源，并提供了该公司董事会决议和相应的准备调账的凭证复印件。焦作市地税稽查局领导立即与检查组及审理科开会研究，认真调查事实后，明确表态，根据《国家税务总局关于确认企业所得税收入若干问题的通知》（国税函〔2008〕875号）第一条规定："企业销售收入的确认，必须遵循权责发生制原则和实质重于形式原则。"由于该公司收入已记账，资金已收取，且发票已开具，对方单位相应支出已计入管理费用税前扣除，说明相关综合服务费已经发生，所以对其退综合服务费不予认可。

第六，稽查人员费心思、锁定证据定铁案。随着检查工作的不断深入，由于涉税金额巨大，企业相关人员害怕承担责任，实行软抵抗，以请示领导、核对数据为由拖延时间，不签字、不盖章。检查组及时向该公司讲明政策，如不配合，稽查人员将协同公证人员全程对相关证据进行录像、拍照等有效手段锁定证据，还将承担相应的法律责任。经过检查组耐心细致地做工作，企业逐渐认识到不签字、不盖章并不影响案件的定性，反而会带来不良的社会影响，最终该公司积极配合专案组锁定相关证据材料，为本案顺利结案打下了坚实的基础。

第七，上下一心齐努力，高唱一曲结案歌。检查组检查完毕将案卷移交审理后，因该案件资料较多，涉案金额巨大，审理人员加班加点核对资料，查阅相关税收政策，进行精细审理，在最短的时间内审理部门认真梳理案情，组织人员对案卷资料的完整性、数字的准确性、证据的连贯性，进行了初步审理。并围绕案件定性和行政处罚等核心问题组织召开了市局稽查局案件审理会，在形成初步意见后，按照《焦作市地方税务局重大案件审理工作规程》规定，提请焦作市地方税务局重大案件审理委员会进行审理。市局法规科收到稽查局审理科提交的重大案件审理提请书后，及时组织召开了重大案件审理会。审理会成员一致认为：违法事实清楚，证据确凿，定性准确。市稽查局根据案情变化和企业实际情况，提出该企业主动将查补的税款缴纳入库，应当属于《河南省地税系统行政处罚裁量标准适用规则（试行）》第八条第二款规定的"主动消除或者减轻违法行为危害后果的"情形。鉴于该企业已将查补税款和滞纳金缴纳入库，按照有利于全市大局、有利于企业发展、有利于社会稳定、有利于税收执法的原则，决定按照《中华人民共和国税收征收管理法》的规定，根据《河南省地税系统行政处罚裁量标准适用规则（试行）》第四条，从轻处罚。最后重大案件审理委员会同意对该单位从轻处罚，处少代扣代缴税款和少缴税款百分之五十的罚款，罚款金额86379391.49元。

【处理处罚结果】 追缴税款。1. 根据《中华人民共和国营业税暂行条例》第一、二、十二、十四、十五条及《中华人民共和国营业税暂行条例实施细则》第二十五条之规定：责令该公司限期补缴2009年少申报缴纳的营业税46280.27元。

2. 根据《中华人民共和国城市建设维护税暂行条例》第二、三、四条之规定：责令该公司限期补缴2009年少申报缴纳的城市维护建设税3239.62元。

3. 根据《征收教育费附加的暂行规定》第二、三条及《国务院关于教育费附加征收问题的紧急通知》第一条之规定：责令该公司限期补缴2009年少申报缴纳的教育费附加1388.41元。

4. 根据《中华人民共和国房产税暂行条例》第一、二、三、四、七条之规定：责令该公司限期补缴2009年少申报缴纳的房产税44464.52元。

5. 根据《中华人民共和国个人所得税法》第一、二、三、六、九条，《国家税务总局关于贯彻〈中华人民共和国税收征收管理法〉及其实施细则若干具体问题的通知》（国税发〔2003〕47号）第二条第三款之规定：责成该公司补扣补缴个人所得税2008年17556531.26元、2009年5092176.71元，合计22648707.97元。

6. 根据《中华人民共和国企业所得税法》第一、二、三、四、五十三、五十四条规定：责令该公司限期补缴2009年少申报缴纳的企业所得税70020095.68元、2010年少申报缴纳的企业所得税56414835.63元、2011年少申报缴纳的企业所得税23581159.32元。

加收滞纳金。根据《中华人民共和国税收征收管理法》第三十二条的规定，对上述少申报缴纳的营业税、城市维护建设税、房产税、企业所得税，从税款滞纳之日起按日加收滞纳税款万分之五的滞纳金。

罚款。1. 该公司2009年少申报缴纳的营业税46280.27元，城市维护建设税3239.62元，房产税44464.52元，企业所得税70020095.68元，合计70114080.09元。2010年少申报缴纳的企业所得税56414835.63元，2011年少申报缴纳的企业所得税23581159.32元，根据《中华人民共和国税收征收管理法》第六十三条第一款的规定，该公司的违法行为已构成偷税。该公司2009—2011年偷税税款占被查期间应纳税款比例为17.58%，由于该公司在检查过程中能够积极配合，并且在下达处理决定书之前已经补缴了全部的税款、滞纳金，经市局审理委员会一致通过，对该公司少缴的税款处以百分之五十的罚款。

2. 该公司2008—2011年少代扣代缴的个人所得税22648707.97元，根据《中华人民共和国税收征收管理法》第六十九条的规定，该公司2008—2011年应扣或应收税款为153292714.6元，应扣未扣、应收未收税款占被查期间应扣或应收税款的比例为14.77%，由于该公司在检查过程中能够积极配合，并且在下达处理决定书之前已经补扣补缴了全部的税款，经市局审理委员会一致通过，对该公司少代扣代缴的税款处以百分之五十的罚款。

本案共查补入库税款172760171.43元，滞纳金77898872.06元，罚款86379391.49元，合计337038434.98元。偷税比例14.77%，该公司按照税务机关的规定缴纳了税款、滞纳金和罚款，并在五年内未因逃避缴纳税款受过刑事处罚或者被税务机关给予两次以上行政处罚，根据《刑法》第二百零一条、《刑法修正案（七）》以及《最高人民检察院公安部关于公安机关管辖的刑事案件立案追诉标准的规定（二）》的规定，不予移送司法机关追究刑事责任。

【问题分析及工作启示】　本案启示。1. 名目繁多的奖金、补贴及福利，未合并当月工资计征个人所得税。在检查中，检查组发现一个普遍存在的问题，当月分次发放的工资薪金所得未合并计税。单次发放的规模相对较小，适用的税率较低或达不到起征点，很多单位通过化整为零，或是不将各种形式的收入所得合并，从而造成个人所得税代扣代缴不足。很多单位为了增加个人收入而少缴纳个人所得税，通过工会经费、职工福利费或管理费用等科目以现金或实物的形式发给个人未按税法规定计入工资薪金所得项目扣缴个人所得税。

2. 税务稽查不能“就案查案”，办案人员要拓宽检查思路。在查案过程中，要善于利用收集的证据之间的关联关系，学会分析，透过蛛丝马迹，抓住线索，一查到底。此案的案源发现是针对个人所得税的问题。本案中，通过个人所得税的检查，专案组拓展思维，认真分析，大胆推测，小心求证。从个人所得税的检查上引出了巨额企业所得税的问题，最终查处了上亿元的大案。

3. 稽查部门要提高对案件的驾驭能力。大要案件的查处不仅能够打击震慑涉税违法行为，也是鼓舞士气、打造稽查队伍的重要途径。查办此类案件既要造声势，也要要成果。要在查出“震慑力”的同时能够保证案件不放、不拖，税款能够按时、足额入库。此案涉及单位是百年国企，社会影响大，企业自身包袱重。如果不能够全面衡量税收与经济发展的关系，不能够准确定位税收征管与稽查的关系，单从稽查的角度去要成效，势必会造成税企矛盾和税务部门内部摩擦，对于顺利结案形成阻力，影响检查人员办案热情。在此案的查办中，稽查部门充分考虑了多方因素，检查过程低调严谨，最大限度地降低了对被查单位的负面影响，并通过积极协调沟通各方，督促被查单位主动缴清税款、滞纳金、罚款，最终在政策允许范围内为被查单位争取了最低处罚，使案件得以圆满结案。

工作建议。1. 加强大企业税收管理，健全岗位责任制，提升大企业税源管理质量。大企业作为一个特殊的纳税群体，在现阶段税收收入比重中占有不可替代的地位。税务部门如何利用有限的税务资源，在帮助大企业有效管理税务风险的同时，进一步提高税收服务质量已成为当前税务征管工作中的重要课题。对大企业的税收管理与服务工作要按照总局制定的管理规范和技术标准统一实施。要树立管理理念，大企业的纳税服务、税源分析、纳税评估、风险防控、日常检查、反避税调查等事项由大企业部门实行专业化管理。要树立税收风险理念，改变传统的以事后打击为主的管理方式，树立事前预防、事中发现和事后管理相结合、相并重的全过程税收风险管理理念，做到最大限度地预防风险的发生，最大限度地以非对抗手段解决纳税遵从问题。要树立以企业需求为导向，实施业务创新，提供形式多样、更有针对性的服务，有效促进纳税人自觉遵从意愿和能力的不断提升。

2. 搭建信息平台，实现信息共享。税务机关与纳税人的信息不对称是造成国家税款流失的根本性原因。企业高度的信息化，没有相应的管理信息平台的支持税务机关是难以实现有效管理的。目前，综合征管软件中缺乏对大型企业组织结构关联业务的记录，更缺乏税收分析和纳税评估的支持。搭建信息共享平台，对切实保障国家税收足额入库，大力挖掘潜在税源税收，实现税务机关信息平台和企业会计软件的对接，维护国家税收利益的同时，要特别注意保密原则，保护纳税人的合法权益，不侵犯公民、法人的正当权益。为国家税收增长服务提供有力保障。

（河南省地方税务局稽查局供稿）

湖南达嘉维康医药有限公司偷税案

【案件类别】 偷税案例

【案件所属行业】 医药业

【基本案情】 湖南达嘉维康医药有限公司成立于2004年6月，法定代表人是王某，经营地址：长沙市岳麓区岳麓大道179号西岸润泽府综合楼，登记注册类型：有限责任，主要销售药品、医疗器械、保健品等。该公司的地税主管税务机关是长沙市岳麓区地方税务局。

【违法事实】 经长沙市地税局稽查局检查核实，该公司2009年1月1日—2011年12月31日涉嫌虚开、假开增值税发票，偷、逃增值税，城市维护建设税和教育费附加，少缴营业税及附加、土地使用税和房产税，少代扣代缴个人所得税。其中，少缴营业税102732.87元，城市维护建设税568195.11元，教育费附加383214.19元，土地使用税2812.80元，房产税38029.52元，印花税9409元，个人所得税392768.71元，税费合计1497162.20元。

【处理处罚结果】 查补税款：营业税102732.87元，城市维护建设税568195.11元，教育费附加383214.19元，土地使用税2812.80元，房产税38029.52元，印花税9409元，个人所得税392768.71元，税费合计1497162.20元。

处罚情况：处罚款合计210793.36元。

加收滞纳金：642281.33元。

执行情况：上述应缴税款、滞纳金、罚款已执行完结。

【问题分析及工作启示】 该公司主要采取虚开增值税发票等手段，达到偷逃增值税，城市维护建设税和教育费附加，少缴营业税及附加、土地使用税和房产税，少代扣代缴个人所得税的目的。

税务管理过程中应加强医药销售行业监管，建立涉税信息数据库，通过对涉税信息、发票进行比对，确定稽查的重点；加强国地税的交流与合作，增强与其他相关部门的配合，取得最新辅助信息；加强惩罚，加大企业违法的成本，维护税法刚性。

（湖南省地方税务局稽查局供稿）

广东某药业有限公司偷税案

【案件类别】 偷税案例

【案件所属行业】 医药批发业

【案件特点】 涉案企业是典型的中药批发企业，在检查过程中发现，该公司一直采用手工记账的方式，并未采用任何财务软件进行核算。如何在办案中掌握这类手工记账企业可靠的进销存数据信息，准确判断数据信息的关联性，是办理该案的难点。检查人员一方面通过人工比对进销存数据、及时对其进销项发票发函开展协查；另一方面通过实地检查医院购进的药物与该公司在销售清单上记载的药物是否一致。最终查实了该公司接受虚开增值税专用发票抵扣税款的涉税违法行为。

【案件来源】 国家税务总局交办的群众举报案件

【基本案情】 2013年，广东省国税局稽查局接国家税务总局交办的群众举报，反映广州某药业有限公司存在购买大量虚假增值税发票，在账上伪造了大量虚假购进的药品；帮挂靠的部门开具发票，收取手续费等涉税违法行为。广东省国税局稽查局随即批转广州市国税局稽查局查办。根据省局工作部署，广州市国税局稽查局迅速成立专案组，认真组织对该司2008年—2012年8月的经营纳税情况开展全面专案检查工作。经检查，发现该公司在明知实际销售单位为普宁某药业有限公司的情况下，仍接受销售方提供的海南某医药有限公司开具的增值税专用发票，向税务机关申报抵扣税额，造成少缴税款的涉税违法行为。

【违法事实】 广东某药业有限公司向普宁某药业有限公司购货，但却接受由普宁某药业有限公司提供的海南某医药有限公司2007年5月—2012年7月期间开具的增值税专用发票41份，金额19519406.85元、税额3318299.15元，价税合计22837706元。经检查，上述业务该公司在明知实际销售单位为普宁某药业有限公司的情况下，仍接受销售方提供的海南某医药有限公司开具的增值税专用发票，向税务机关申报抵扣税额，造成少缴税款的行为已构成偷税。其税额合计3318299.15元。该公司分别于2007年5月—2012年7月（税款所属期）向税务机关申报了抵扣，至检查日止未作增值税进项税额转出处理，少缴增值税3318299.15元。

【查办过程】 1. 开展突击检查。9月11日，广州市国税局稽查局对该公司突击调账检查，分别对其办公场地（包括财务、销售、采购、行政等部门）、仓库等进行检查。专案组分成三组分别对其财务、销售、采购以及仓库进行检查，发现并调取了该公司2008年—2012年8月的账册凭证，进项发票31000多份，2012年部分《销售单》等。同时，专案组对该公司财务总监、仓库负责人等进行询问，制作了现场笔录，了解该公司在财务、仓库管理方面的日常操作。

2. 全面核查进销情况。由于该公司采用手工记账方式，因此专案组分成两个小组，一组负责对销项的检查，一组负责进项的检查。销项检查方面：一是检查记账凭证中所附的销售发票清单。该公司开具销售发票时一般是在发票中反映货物名称，使用销售清单的发票数量不多。通过对其客户广州医学院第二附属医院、广州市妇女儿童医疗中心、广州市海珠区中医院等3间市内医院进行实地调查，发现该公司开具给医院的销售发票正常。二是核实该公司开具的增值税专用发票涉及业务的真实性。通过金税系统发函已对该公司开具给广州市外228户企业的1750份，涉及金额0.44亿元的增值税专用发票全部发函；通过疑点分析，抽取了开具给广州市内24户企业的1012份，涉及金额0.34亿元的增值税专用发票进行检查，累计检查幅度达67%，经检查未发现其开具发票存在异常情况。三是核实该公司开具的增值税普通发票涉及业务的真实性。结合全国七部委联合开展的2012年药品、医疗器械生产经营单位和医疗机构发票使用情况专项整治工作，对广州市28户三级以上公立医院公司取得的该公司的20638份增值税销售发票的数据（涉及金额3.3亿元）与广州市国税局发票稽核信息进行比对分析，未发现异常情况。同时发函至肇庆市国家税务局稽查局、阳春市国家税务局稽查局，对其辖区内五户企业接受该公司开具的23份广东增值税普通发票进行协查，未发现税务违法行为。通过对销项的检查，检查人员没有发现其存在涉税违法行为，于是进行了重新调整，将重点放在了进项的检查上：一是对广州市内涉及药物销售的61户供货企业开具的4191份增值税专用发票进行检查，未发现税务违法问题。二是通过金税系统对该公司取得的692户供货企业开具的21598份涉及金额14.9亿元（占涉及药品购进的进项发票的84%）的增值税专用发票进行协查，发现海南某医药有限公司开具的增值税专用发票涉嫌存在问题。

3. 迅速派员实地协查，固化证据。专案组随即派员赶赴海南，经实地协查并对海南省国家税务局稽查局金税回函提供的纸质资料进行核对，发现了该公司存在接受虚开增值税专用发票的涉税违法行为。

【处理处罚结果】 1. 根据《中华人民共和国税收征收管理法》第六十三条第一款、《中华人民共和国增值税暂行条例》第一条、第四条、第九条和《国家税务总局关于纳税人取得虚开的增值税专用发票处理问题的通知》（国税发〔1997〕134号）的规定。该公司接受海南某医药有限公司开具的41份增值税专用发票不得作为增值税扣税凭证，其税额不得作增值税进项税额抵扣，对该公司追缴增值税3318299.15元。

2. 根据《中华人民共和国税收征收管理法》第三十二条的规定，对该公司应补缴的增值税税款3318299.15元从税款滞纳之日起至2012年9月10日加收滞纳金901591.64元。

3. 根据《中华人民共和国税收征收管理法》第六十三条第一款和《国家税务总局关于纳税人取得虚开的增值税专用发票处理问题的通知》（国

税发〔1997〕134 号）以及《国家税务总局关于〈国家税务总局关于纳税人取得虚开的增值税专用发票处理问题的通知〉的补充通知》（国税发〔2000〕182 号）的规定，该公司从销售方取得第三方开具的增值税专用发票向税务机关申报抵扣税款，造成少缴税款的违法事实已构成偷税，按少缴增值税 3318299.15 元的百分之五十处以罚款 1659149.58 元。

【问题分析及工作启示】 从这起案件看出，涉案公司的法律意识薄弱，业务是真实的，但明知销售公司提供的增值税专用发票是由其他公司代开仍然接受，并用于抵扣进项。因此，作为税务部门，对外还是要加强税法的宣传，通过新闻媒体，有重点地曝光具有典型意义的、对社会影响广泛的大要案，提高企业税法遵循度。

对于税务稽查部门来说，针对本案中企业采用的手工记账方式，数据量大、查看不便等客观因素，采取正确的查账方式对发现疑点问题、推进检查进程起着重要的作用。本案中，检查组科学分工、循序渐进，随着检查工作的深入，在不同的阶段采取相应的查账方法，快速有效地推进了检查工作进程。同时，也要加强协查工作的监控，严格执行《案件协查管理办法》的规定，按照“真实、合法、相关和效率”的原则以及“受托地就是案发地”的要求，主动协调，做好工作，及时、准确地给对方复函。充分利用和发挥上级部门的协调作用，积极与兄弟单位和有关上级部门取得联系，争取工作主动权。

（广东省国家税务局稽查局供稿）

云浮市永光兄弟石材有限责任公司偷税案

【案件类别】 偷税案例

【案件所属行业】 制造业

【案件特点】 1. 作案手法：利用他人各义开设 POS 机，用于收取账外经营收入；利用股东及家属成员的银行卡直接收取销售收入；股东借用公司资金长期不归还；以预付货款名义将公司资金转移出去，未用于公司生产经营，挪作股东自用。

2. 稽查方法。首先，查前评估。从征管部门调来对该公司实施数字管税纳税评估发现该公司存在其他偷税嫌疑的所有资料进行案头分析，该公司每年的账面销售收入约 2000 万元，而征管部门申报表反映 2009—2011 年三年股东分红总共 451 万元，通过对行业情况的对比分析评估其纳税情况，列出疑点，确定检查重点。其次，账证检查与实地调查相结合。检查人员根据分析情况，调取该公司 2002—2011 年度的账簿、记账凭证、生产经营的所有涉税电子资料；多次到该公司的生产车间进行实地调查，了解该公司基本运作、生产经营流程，摸清生产经营情况。第三，外部调查取证，查清事实。通过外部调查取证，运用“逆查法”从而获取确凿证据：到银行检查资金收入划转情况，到海关调取其进出口石材的数据，到国税部门调取其纳税申报资料从成本倒推其收入，到工商、国土和房产部门调取其名下资产情况，到其他石材企业去了解各类石材的价格和产成品率，到多个地市稽查局实地协查，省局稽查局组织多个市稽查局予以协查等。通过多方调查走访，发现了该公司主要利用其他企业银行账户，并开设 POS 机将所收款项通过银行划转到其账外经营账户，利用未在税务机关备案的账户隐匿收入。

【案件来源】 企业申请著名商标冠名权要求地税部门出具意见，在审批环节了解公司纳税情况时发现，该公司 2009—2011 年三年的股东分红没有代扣代缴个人所得税，经主管税务分局实施数字管税纳税评估后发现该公司存在其他偷税嫌疑，逐移交稽查局立案检查。

【基本案情】 云浮市永光兄弟石材有限责任公司，注册资金为人民币 1230 万元，经营范围为加工、销售花岗岩、大理石荒料、板材及其制品；石材装饰装修。该公司 2002—2005 年度按 2% 带征率征收企业所得税，2006—2011 年度按 7% 核定应税所得率征收企业所得税。

经过检查取证，该公司主要利用其他企业银行账户，并用其名义开设两台 POS 机将所收款项通过银行划转到其账外经营账户，利用未在税务机关备案的账户隐匿收入，同时，该公司存在股东借用公司资金长期不归还情况。在检查年度内该公司少申报企业所得税应税收入共 74671858.32 元；2008

年、2009 年、2011 年少代扣代缴股东分红的个人所得税 6321760.66 元，少缴房产税 36216.10 元，以及股东借款利息少缴营业税及附加税费。

2013 年 7 月 11 日，云浮市地方税务局下发《税务行政处罚事项告知书》，告知该公司因违反《中华人民共和国税收征管法》第六十三条偷税之规定，《中华人民共和国税收征收管理法》第六十九条规定，拟决定由该公司补交以上应追缴税费共 8043274.51 元，滞纳金 361013.03 元，罚款 4605767.40 元。税费、滞纳金、罚款合计 12649041.91 元。截至 2013 年 8 月 9 日，该公司已将以上款项全部清缴入库。

【违法事实】 1. 该公司于 2009—2011 年期间，利用他人名义开设 POS 机两台，用于收取公司账外经营货款和加工费，少列销售石材收入 56002140.06 元（含税收入）。

2. 该公司利用多个账户进行账外经营，未按规定登记入账，少列销售石材收入 21762708.08 元（含税收入）。

3. 从该公司的账外经营账户和电子合同范本中选取部分可疑交易记录和合同范本进行外调取证，证实该公司账外收取销售石材款和加工费共 12055165.12 元，少列应税收入 12055165.12 元（含税收入）。

4. 该公司 2003—2011 年期间，企业会计科目的其他业务收入、营业外收入、利息收入、汇总损益收入等未按规定申报纳税，共少申报应税收入 2905934.23 元（含税收入）。

5. 公司股东使用公司资金 9800000 元，以个人名义用于投资；股东向公司借款 20850000 元，用于归还股东私人借款；所有借款在纳税年度内未归还公司，又未用于公司生产经营，未按税法规定视同分红代扣代缴公司股东个人所得税。公司 2008 年度分红 958803.31 元，未按规定履行代扣代缴该公司股东个人所得税义务。

【查办过程】 1. 统一行动，协调工作，合理组织专案人员。专案领导小组多次组织统一行动，即统一进场、统一询问、统一外调，保证了整个稽查行动的一致性和调查取证的有效性，极大提高工作效率。为了协调整个检查过程中各个小组的工作，专案领导小组采取了进度汇报会与实地了解相结合的形式，先后召开了 20 多次进度汇报会及专项工作会议，并实地了解检查情况 10 多次。通过及时交换情报和工作经验，加快了检查速度。

2. 重点检查往来账户，善用询问的方法，灵活运用外部调查取证的手段，巧从 POS 机数据获取证据。检查人员通过综合分析企业会计资料，对长期挂账和发生次数较多的科目重点检查，从“预付账款”“其他应付款”“其他应收款”中发现可疑问题。检查账目过程中，检查人员很难直接发现问题，通过当地人民银行查询该公司涉税人员的所有银行账号获得初步证据，再综合外调查证的资料，经过对财务人员及公司管理人员的统一询问，找出其不能自圆其说的破绽，从而进一步查实该公司通过其他两个企业的基本账户并以两企业名义开设 POS 机收取货款、以法人及其亲属等若干个人共 11 个账户进行账外经营。针对股东借用公司资金长期不归还，以预付货款名义转移资金，检查组通过外调、询问，逐一核实资金去向，最终查实资金是用于股东个人投资及私人还款。灵活运用外部调查取证，是本案成功查处的一大特色，运用过程中要注意程序的合法性，不能舍本求末。

【处理处罚结果】 1. 追缴该公司 2002 年度少缴的企业所得税 69999.69 元，并自滞纳税款之日起按日加收滞纳税款万分之五的滞纳金；对该公司少缴企业所得税 69999.69 元的行为，定性为偷税，处少缴税款百分之五十的罚款，罚款 34999.85 元。追缴该公司 2009—2011 年度少缴的企业所得税 1244986.46 元，并自滞纳税款之日起按日加收滞纳税款万分之五的滞纳金；对该公司少缴企业所得税 1244986.46 元的行为定性为偷税，处少缴税款 0.6 倍的罚款，即 746991.88 元。

2. 责成该公司履行代扣代缴义务，将 2008 年、2009 年、2011 年应扣未扣股东个人所得税 6321760.66 元向纳税人扣回，清缴入库；对该公司应扣未扣股东个人所得税 6321760.66 元的行为处 0.6 倍的罚款，即 3793056.40 元。3. 对该公司未依法保管账簿，不能提供 2009—2011 年现金出纳账的行为，处罚款 8000 元。

【问题分析及工作启示】 1. 领导的重视是关键，上级支持是保障。在该案件的查处过程中，省局稽查局和市局领导特别是一把手高度重视，并顶住各种压力，给予大力支持，不仅在人力、物力、财力上支持，而且在一些手续办理、与政策部门研究沟通等内部流程方面开通了绿色通道。到外部调取证时，协调好关系，甚至亲自带队外调取证，使取证工作进度得以加快。

2. 必须树立稽查办案的观点，要以查办案件为抓手，才能发挥稽查的“以查促管，以查促收”的职能作用。在当前形势下，税务稽查不能遵循传统的就账查账做法，而必须树立办案的理念，充分运用《中华人民共和国税收征收管理法》及其实施细则赋予的检查权限综合运用，即采取查账、询问、电子取证、外围取证、突击调账、检查经营场所，甚至与公安经侦协同作战，全方位、深层次寻找纳税人偷逃税款的证据或形成牢固的证据链，才能在纳税人维权意识强、执法风险高的环境下有效地追缴其偷逃的国家税款，充分发挥稽查“以查促管，以查促收”的职能作用。

3. 税警平台良好运作为案件的成功查处提供了有力保证。涉税违法犯罪案件往往具有案情复杂和隐蔽性强等特点，加强税警合作，联合办案，相互配合，充分发挥各自的特长，能提高办案质量和效率，及时、有效地打击涉税违法犯罪行为。

4. 成功查处背后的一些不足。一是由于缺乏经验和企业的不配合，未能在第一时间将企业的真实账册调取回来，增加了后期检查和取证的难度；二是手段和权限的制约及证据制度方面的缺失，可能未有彻底查清所有违法事实；三是稽查人员的业务水平有待进一步提高；四是由于该公司企业所得税的征收方式采用了核定应税所得率方式征收，大大削弱了查处的效果，直接降低了企业的违法成本。

5. 成功查处背后的思考。一是税务稽查执法权力有限，制约了税务稽查的执法效果，增加了取证难度；二是《中华人民共和国税收征收管理法》关于证据方面没有具体的规定，可能会留下税务行政案件败诉的隐患。

（广东省地方税务局稽查局供稿）

南宁市某城中村民委员会偷税案

【案件类别】 偷税案例

【案件所属行业】 其他取得收入的组织

【案件特点】 某村委会财务制度不健全，财务管理混乱，存在隐匿会计凭证及会计账簿、不申报少缴税款的行为。南宁市地税局第二稽查局（以下简称“第二稽查局”）引入司法鉴定，以司法鉴定结果作为定案依据，将案件检查完结。

【案件来源】 2011 年 11 月某村村民实名信访举报某村委会财务情况的审核公示存在资金数额不相符、固定资产没有进行公示明细、偷税等情况，2011 年 12 月南宁市兴宁区农林水利局、财政局、审计局、监察局、地税局等部门组成联合小组进入核查，发现某村委会涉嫌隐藏会计凭证及会计账簿行为。但检查过程中，某村委会一直不配合，拒不提供相关账证资料。2012 年 6 月南宁市公安局兴宁分局经侦大队对该村委会立案调查，依法对其进行了搜查，并搜出了某村委会的财务明细账、银行对账单及出纳收支流水账等财务资料，第二稽查局依据《南宁市地方税务局涉税违法案件举报中心税收违法检举事项交办函》（南地税举交〔2012〕23 号）的要求，介入检查。

【基本案情】 根据举报线索，第二稽查局从 2012 年 8 月 16 日起对某村委会 2008 年 7 月 1 日—2011 年 12 月 31 日涉税情况进行了检查。主要查阅了由南宁市公安局兴宁分局提供的某村委会黄某等人涉嫌隐匿、故意销毁的会计凭证案件相关书证材料。

【违法事实】 依据《关于南宁市某村委会 2008 年 7 月 1 日—2011 年 12 月 31 日涉税情况的鉴定报告书》（桂众司法〔2013〕001 号），第二稽查局计算得出某村委会 2008 年 7 月—2011 年合计少缴营业税 353671.77 元、城市维护建设税 24757.03 元、教育费附加 10610.13 元、地方教育附加 4729.57 元、防洪保安费 4606.08 元、水利建设基金 8605.63 元、房产税 785197.80 元、企业所得税 695377.47 元、少代扣代缴个人所得税 77358.15 元。此次检查该村委 2008 年 7—12 月偷税比例为 35.28%，2009 年偷税比例为 46.48%，2009 年偷税比例为 57.70%，2009 年偷税比例为 67.79%，均达到移送司法处理的标准。

【查办过程】 第二稽查局从 2012 年 8 月 16 日开始对某村委会 2008 年 7 月 1 日—2011 年 12 月 31 日涉税情况进行检查。2013 年 11 月 5 日经第二稽查局重案审理委员会讨论以及 2013 年 11 月 12 日南宁市地方税务局重案审理委员会讨论通过后，2013 年 11 月 18 日向某村村委会送达税务行政处罚事项告知书，2013 年 11 月 22 日向某村村委会送达《税务处理决定书》《税务处罚决定书》，2013 年

12 月 2 日执行入库税费 1887555.48 元、个人所得税 77358.15 元、罚款 1908293.28 元、滞纳金 440663.35 元，执行完毕。2013 年 12 月 25 日将该案件移送南宁市公安局兴宁分局经侦大队立案审查，2014 年 1 月 2 日经侦大队答复不予立案。

【处理处罚结果】 1. 根据《中华人民共和国税收征收管理法》第六十三条第一款规定，对该村委会隐匿账簿、记账凭证造成 2008 年 7 月—2011 年少缴营业税 353671.77 元、城市维护建设税 24757.03 元、教育费附加 10610.13 元、房产税 785197.80 元、企业所得税 695377.47 元的行为认定为偷税，追缴上述少缴的税款共计 1869614.20 元，并处以所偷税款 1 倍的罚款，即罚款 1869614.20 元。

2. 根据《中华人民共和国税收征收管理法》第六十九条以及《国家税务总局关于贯彻〈中华人民共和国税收征收管理法〉及其实施细则若干具体问题的通知》（国税发〔2003〕47 号）的规定，责成某村委会补扣补缴 2008 年 7 月—2011 年少代扣代缴的个人所得税 77358.15 元，并处以少代扣代缴个人所得税款 0.5 倍的罚款，即罚款 38679.08 元。

3. 根据《广西壮族自治区地方教育附加征收使用管理办法》（桂政发〔2004〕1 号）的规定，追缴某村委会 2008 年 7 月—2011 年少缴的地方教育附加 4729.57 元。

4. 根据《广西壮族自治区人民政府关于调整防洪保安费有关征收管理政策的通知》（桂政发〔2000〕5 号）的规定，追缴某村委会 2008 年 7 月—2010 年少缴的防洪保安费 4606.08 元，并从滞纳之日起至 2010 年 12 月 31 日按日加收 2‰的滞纳金。

5. 根据《关于印发〈广西壮族自治区水利建设基金筹集和使用管理实施细则〉的通知》（桂财综〔2012〕18 号）第二十八条的规定，追缴某村委会 2011 年少缴的水利建设基金 8605.63 元。

6. 根据《中华人民共和国税收征收管理法》第三十二条的规定，对该村委会 2008 年 7 月—2011 年少缴的营业税、城市维护建设税、教育费附加、房产税、企业所得税，从滞纳税款之日起至税款入库之日止，按日加收万分之五的滞纳金。

【问题分析及工作启示】 1. 问题分析。首先，把村民自治组织（即村民委员会）作为企业所得税纳税义务人，一直以来在税收工作中都是一个征管上的难点问题。在本案的检查中，某村委会向第二稽查局提出异议，认为某村委会是依《中华人民共和国村民委员会组织法》成立的基层群众性自治组织，主要办理本村的公共事务和公益事业，调解民间纠纷，协助维护社会治安，并非企业所得税法明确的企业所得税纳税人，不应缴纳企业所得税。第二稽查局认为，依照《中华人民共和国企业所得税法》及其实施条例的规定，该村委会应为企业所得税纳税人，应缴企业所得税。并就此请示市局所得税科，所得税科在《关于南宁市朝阳街道办事处某村委会征收企业所得税相关问题的批复》（南地税所便函〔2013〕13 号）中予以明确“村民委员会独立从事经营活动取得收入，应依法征收企业所得税。”其次，由于该村委会虽设置账簿，但账目混乱，成本资料、收入凭证、费用凭证残缺不全，企业所得税难以查账征收，第二稽查局根据《中华人民共和国税收征收管理法》第三十五条、《国家税务总局关于印发〈企业所得税核定征收办法（试行）〉的通知》（国税发〔2008〕30 号）、《广西壮族自治区地方税务局广西壮族自治区国家税务局转发国家税务总局关于印发〈企业所得税核定征收办法（试行）〉的通知》（桂地税发〔2008〕72 号）的规定，对该村委会企业所得税实行核定征收，确认应税所得率为 10%。查补入库企业所得税 695377.47 元。

2. 工作启示：纵观案件查处的全过程，得益于领导有力、精心组织、配合默契、查处及时。案件查处触及各方利益，遇到各种阻力，之所以能在相当艰难复杂的环境下完成检查工作，与各级领导和各部门的高度重视和大力支持密不可分。在本案查处过程中，南宁市公安局兴宁分局经侦大队首先对该村委员立案调查，依法对其进行了搜查，并搜出了该村委会的财务明细账、银行对账单及出纳收支流水账等财务资料，第二稽查局介入检查后，南宁市公安局兴宁分局与第二稽查局保持密切的协作状态，兴宁区政府同时给予大力支持和配合，几方努力下不间断地进行案情交换、进展交流等，并实现资料共享，为案件查处工作快速推进起到了重要作用。稽查工作方法开拓创新，引进中介服务机构，配合税务机关进行基础性的工作，是取得成效的关键。在本案中，针对检查对象是村民自治组织，财务制度不健全，财务管理混乱这一情况，采用常规的检查手段和查案方式，仅凭税务机关与公安机关的力量难以调查清楚。第二稽查局与公安机关协作，引入中介服务机构广西众益司法鉴定所，对某村委会 2008 年 7 月 1 日—2011 年 12 月 31 日的涉税情况进行审计司法鉴定，税务机关密切配合广西众益司法鉴定所，提供税收政策以及合法程序、人员上的支持。广西众益司法鉴定所通过实地考察，对每一笔收支账目进行详细的询问、审核，于2013年1月10日出具了《关于南宁市某村委会2008年7月1日—2011年12月31日涉税情况的鉴定报告书》（桂众司法〔2013〕001号）。第二稽查局以司法鉴定结果作为定案依据，既加快了检查进度，又提高了工作质量和效率。

（广西壮族自治区地方税务局稽查局供稿）

某农药公司偷税案

【案件类别】 偷税案例

【案件所属行业】 农药制造业

【案件来源】 计划选案

【基本案情】 对某农药公司的检查发现，该公司自2004年起，都建立了两套账簿、两套相对应的会计凭证和会计报表，并分别以数字“1”“2”区分两个账套。标有“1”符号的全套会计资料存列于财务办公室，而标有“2”符号的账簿和凭证存列于该公司门卫室里间房间，充分说明企业一直有计划地以两套账套核算，有偷税嫌疑。

【违法事实】 2004—2010年，该公司通过设立账外账，隐匿药品销售收入764.46万元，隐匿房屋租赁收入28.3万元，少缴营业税15381.05元、城市维护建设税30575.84元、土地使用税4581.46元、印花税2445.60元、房产税22970.03元、企业所得税249841.53元，合计325795.51元。该公司不按照《税收征管法》规定履行扣缴义务，少代扣代缴个人所得税622000元。

【处理处罚结果】 根据《中华人民共和国税收征收管理法》第六十三条的规定，对应查补的营业税15381.05元、城市维护建设税30575.84元、土地使用税4581.46元、印花税2445.60元、房产税22970.03元、企业所得税249841.53元，合计325795.51元，进行追征，并加收滞纳金223491.21元。该公司隐匿“第2套”账簿和在账簿上不列、少列收入的行为，属于偷税行为，按照《中华人民共和国税收征收管理法》第六十三条的规定，处其少缴税款325795.51元3倍的罚款977386.53元。根据《中华人民共和国税收征收管理法》第六十九条的规定，对公司应扣未扣个人所得税的行为，处以应扣未扣税款622000元1倍的罚款622000元；并向林某二人追缴个人所得税622000元。根据《中华人民共和国发票管理办法》第三十六条规定，对该公司未按照规定开具发票、未按照规定取得发票的行为，处1万元罚款。

【问题分析及工作启示】 该公司长期建立两套账簿进行核算，报送来的财务报表，长期亏损。对于这类长期亏损的企业，建议征收管理部门应该加大征管力度。税收管理员应按巡查制度要求经常深入企业，详细了解产品的种类、生产流程、原材料与产成品的投入产出比率，不定时地对库存的原材料和商品进行盘查和核对，对这些重点部门和环节实施跟踪管理和动态监控，就能够及时发现企业账簿中反映的生产状况是否真实。同时，也需要到企业的销售对象进行了解，掌握销售货物是否规范开具发票，与财务账上反映的销售品种和价格是否真实，充分利用各种信息对企业的纳税申报信息进行比对和评估分析，也要注意加强对与经营相关信息的对称性审核，特别要注意参照各个行业的行业平均利润率以及行业平均税负等指标，对同一纳税人不同时期的情况进行纵向比较，对同行业不同纳税人同一时期的情况进行横向比较，综合分析测算纳税人的应纳税额与实际纳税的差距，及时分析税源变化的一般性规律，从而做到有的放矢，查找出企业长期亏损的原因，才能提高征管质量和加强税收监管力度。

在实施税务检查的过程中，检查人员不能仅仅局限于账簿、凭证和报表，还应该深入实地了解生产流程，并对企业账簿中所有的资产的使用情况应该有充分的了解。本案中，企业账簿上反映的房屋资产很多，但真正用于生产经营的车间、库房和办公室只用到了公司房屋的一半，其余的房屋用途是怎样的？企业是否有资产出租方面的收入？就需要检查人员实地的了解和调查，才能够及时发现企业是否有隐匿资产出租收入的行为，及时堵塞税收漏洞。

税务机关在检查中应采取各类手段搜集资料，取证方式也应灵活多变。比如企业第2套账存放在门卫室，给检查人员的启发就是如果对一个单位采取突击检查时，应考虑查看企业所有可能隐匿账簿的场所，而不仅限于财务部门。另外2套账收入全部在体外循环，都是通过现金或者个人银行账户的方式进行，运用传统的就账查账很难有突破口。建议以后的检查在查询个人储蓄存款上应该加以重视，弄清个人股东的资金流向。

税收宣传的广度和深度不够，造成纳税人法制观念淡薄。近年来，税收宣传年年搞，但针对性不强，深度和广度不够，社会化的税收宣传体系没有形成。一方面，一些纳税人税法观念淡薄，纳税意识差。另一方面，一些纳税人不懂税法，对税收政策和税务机关的管理不了解或掌握不够，形成了不缴税款或违反税法的行为。因此需要通过查处典型案件来教育纳税人，让其知晓偷税的成本很高，不要以身试法。同时应加强一些政策性很强的税收知识宣传，特别是本案中股东评估增值转增股本的个人所得税问题，就需要多向纳税人宣传，使企业了解自己的扣缴义务，当发生应代扣代缴的行为时，能及时地将税款扣缴入库，防范个人所得税税款的流失。

（四川省地方税务局稽查局供稿）

赤水市黔兴精煤商贸有限责任公司偷税案

【案件类别】　偷税案例

【案件所属行业】　煤炭采掘业

【案件特点】　企业隐瞒收入，账外经营。税务机关在公安机关的协作下，利用公安机关侦查手段，收集固定若干证据资料，最终形成资金流、物流证据链条，确定了企业的税收违法事实。

【案件来源】　2012年11月14日，赤水市公安局就赤水市黔兴精煤商贸有限责任公司（以下简称黔兴公司）涉嫌偷税一事发函至赤水市国家税务局。经研究，赤水市国家税务局于2012年11月15日成立专案组，与公安机关联合开展对黔兴公司的涉税检查。

【基本案情】　黔兴公司在2009年11月—2012年4月期间，利用账外经营手段进行偷税，被赤水市国家税务局查补增值税270.6万元，企业所得税465.7万元，加收滞纳金188.3万元，查处罚款370万元，共计查补缴纳各项收入1294.7万元。该案已移送公安机关处理。

【违法事实】　该公司于2009年11月—2012年4月，采取账外经营的手段，销售煤炭及副产品合计2.61万吨，取得不含税销售收入1591.8万元，在账上不列收入，不进行纳税申报，少缴增值税合计270.6万元；2009年11月1日—2011年12月31日将取得的欠款利息收入、运输返点收入以及提取的运费收入291.3万元与取得的煤炭及副产品不含税销售收入1571.6万元两项合计应税收入1862.9万元在账上不列收入，不进行纳税申报，少缴企业所得税465.7万元。

【查办过程】　专案组依据初查结果和实际案情，制定详细的检查方案，确定以公安机关扣押的账外现金日记账和统计台账为主要证据和线索，通过公安机关控制案件关键人员，采取全查法对该公司2009—2012年账外经营涉税事项进行全面检查。在公安机关的协作下，利用公安机关侦破手段，通过对15名涉案相关人员多达25次调查询问，若干次的实地调查勘验和银行账户查询，查实该公司在2009年成立开始生产经营后，于2009年11月—2012年4月，将销售煤炭和副产品的现金收入款项，采取通过统计员、出纳直接收款或购货方直接打款等方式存入公司账外的个人账户，在账外现金日记账上进行现金收支管理，除购货方需索取发票才转入公司基本账户核算外，其余收入均采取账外经营的手段，未按规定进行纳税申报的事实。检查人员根据该公司账外经营应税收入金额、账外经营收支渠道、账外经营产品销售数量等，分类分项制作了相对应的账外经营检查表（汇总表），收集固定若干证据资料，最终形成资金流、物流证据链条，确定了企业的税收违法事实。

【处理处罚结果】　依法追缴增值税270.6万元、企业所得税465.7万元，加收滞纳金188.3万元，并对该公司偷税行为处以罚款370万元；同时因该公司涉嫌逃税罪，案件已移送公安机关处理。

【问题分析及工作启示】　1. 重点突破是案件顺利查办的关键。鉴于账外经营的会计核算资料不完整，专案组依据初查结果和实际案情，制定详细的检查方案，确定以公安机关扣押的账外现金日记账和企业统计台账为主要证据和线索，在账外经营事实、账外现金收支、账外销售数量等关键点取得重点突破，控制案件关键人员，以大量的书证、物证、证人证言对其税收违法事实予以固定，对案件的顺利查办起到了关键作用。

2. 协同作战是组织保证。一是税警协作机制彰显活力。公安机关查获了企业账外经营现金日记账和若干原始资料后，立即启动协作机制，税务机关当即响应。利用公安机关的威慑力和办案手段和税务机关的专业检查结合，使检查取得了事半功倍的效果；二是税务机关上下协同形成战斗力。该案案情重大，为省局督办案件，在赤水市局主要领导、分管领导的高度重视下，法规、税政、征管以及税源管理部门通力合作，审理委员会、稽查局审理人员提前介入，定期不定期对案件进展情况进行讨论和分析，并逐级进行大案要案报告，及时获取上级部门的业务指导，尤其是在案件的关键时刻，省局、遵义市局稽查局领导专程到赤水进行指导，有效解决了案件查办中存在的业务难点、疑点，加快了案件查处的进程。通过强有力的上下协同作战，切实保证了案件查办的质量和效率。

（贵州省国家税务局稽查局供稿）

某铝制罐有限公司偷税案

【案件类别】 偷税案例

【案件所属行业】 金属制品业

【案件特点】 本案稽查人员拓宽稽查思路，稳抓疑点，凭借敏锐的洞察力和缜密的逻辑推理，发挥多元化、信息化的稽查手段，发现被查对象存在向多家企业收受电费的情况。随后稽查人员顺藤摸瓜，经过由浅入深地梳理分析，一举查清租金收入未申报纳税、出口免抵增值税未申报缴纳相关地方税费和固定资产处置收益未并计应纳税所得额等违法行为，其办案思路和方法均有一定的借鉴意义。

【案件来源】 群众举报

【基本案情】 慈溪市某铝制罐有限公司是一家独立核算的有限责任公司，1996 年 11 月办理工商登记、税务登记，注册资本 958 万元，总投资额 958 万元，由陈某甲、陈某乙分别投资 488.58 万元、469.42 万元。检查期间主要经营铝罐、铝制半成品制造、加工。在职职工 292 人，企业所得税由地方税务局查账征收，国家税务局认定为增值税一般纳税人。2011 年申报营业收入 88192515.83 元，缴纳各项地方税费合计 1411247.90 元，2012 年申报营业收入 94709627.53 元，缴纳各项地方税费合计 1681119.85 元。根据群众举报，慈溪市地方税务局稽查局于 2013 年 7 月 24 日—2013 年 8 月 29 日对慈溪市某铝制罐有限公司 2011 年 1 月 1 日—2012 年 12 月 31 日期间的涉税事项进行立案检查。该公司主要采用租金收入不入账，出口免抵增值税不申报相关地方税费和固定资产处置收益未并计应纳税所得额，导致少缴营业税、企业所得税等地方税费的事实。本案共计追缴税（费）、滞纳金及罚款 412362.10 元。2013 年 10 月 25 日该公司自行缴纳入库。

【查办过程】 检查预案。1. 查前分析。稽查人员通过征管系统查询到该公司近年来的生产经营和缴纳税款的大致情况。结合耗电量数据分析，发现该公司近两年耗电巨大，远低于单位电耗产出平均指标，与其自身的生产销售规模不相匹配。因此，稽查人员确定以检查该公司账外销售收入为本案突破口。

2. 制定检查方案。第一，先遣征管分局的同志以核实情况为名进行实地探访，掌握公司财务室、仓库统计室等关键资料存放点，了解企业主要产品的种类、销售价格和主要销售去向，查找涉税疑点，确定检查重点。第二，采用突击检查的方法，提取财务、仓库、统计等岗位的资料，以及电脑中关键的财务、统计数据。

具体检查方法。1. 妙用正常核实手段，预先踩点，确定检查重点。为有效获取第一手资料，赢得案件查处中的主动权，2013 年 7 月 25 日上午，稽查人员偕同征管分局的新同志以正常核实的名义，对该公司进行探访。经理陈某已在得知只是新来的同志熟悉公司的情况后，就领着稽查人员来到产品展示厅，逐一介绍各类产品的销售价格、品质差异、成本差额等。在路过二楼财务室时，注意到财务室共分内外两间，外间只有 1 张办公桌，边上有 1 个铁质资料柜，坐着一名正在用电脑 Excel 表格埋头统计数据的小姑娘，桌上叠放着一些 A4 纸打印的数据清单，里间有 2 个人 2 台电脑，一个正在打印会计凭证资料，桌上放着的是一叠叠待装订的凭证资料，边上的两个文件柜都关着。对面坐着一个更为年长些的女士，桌上资料很少。在经过车间仓库时，眼尖的稽查人员一眼就看到了车间里边的书桌叠放着几堆类似出入库凭证的单据簿，估计这应该是仓管员登记仓库进出原材料、产成品原始数据的地方。经过 1 个半小时的探访，稽查人员充分掌握了公司生产规模、产品类型、价格及重要岗位位置分布等珍贵的第一手资料。回到单位后，对各自收集到的数据、观察到的种种细节进行了交流汇总，随即确定突击重点为经理室、财务室、仓管办公室。

2. 突击检查，战术灵活，化解取证难题。第二天上午，稽查人员直接找到经理陈某乙的办公室，向他出示了检查证，并把《税务检查通知书》交到他的手上，在重复多遍的“请签字”之后，陈经理最终缓缓提起笔，无奈的在送达回证上签了字。接下来兵分两路，第一路直接来到财务室，向正在做账的会计、出纳、统计员出示了检查证。稽查人员逐个检查电脑，并将相关文件拷贝到随身携带的 U 盘。眼看着稽查人员以专业、快捷的速度搜索电脑上的数据，会计却只能干坐着，而此时财务室外间的统计员却捂着肚子跑了出去。也就在之后的十秒之内，整个办公楼突然停电了。望着会计掩饰不住的一副轻松表情，多个问号出现在稽查人员脑海里：怎么不偏不倚刚好在这节骨眼上停电？为什么刚刚还好好的统计员就在稽查人员进门后却捂着肚子跑出门？可想而知，肯定是有人趁机把电闸关了，以阻止进一步取证。所幸昨天踩点时，细心的稽查人员早已观察到了一楼楼梯口的电闸开关，随即跑下楼，重新开启了电闸开关。果不其然，在那一瞬间，电又来了。稽查人员心中不免为先遣的战术暗暗叫好。此时，会计的脸色又变得难看起来，即使稽查人员再三要求重启电脑，她也置若罔闻，站在那里一动不动，无奈只好自己开启电脑。谁料，这台存有公司财务信息的电脑还设置了登录密码。解密？这可令这些对电脑操作并不精通的稽查人员束手无策。一时间，速度战陷入了僵局。

怎么办？想来想去，技术条件不够，只得采取攻心战术。面对会计的不配合，稽查人员只好耐心地劝导，告知她依法纳税是纳税人应尽的义务，身为管财务懂税法的企业员工，她有责任提醒和监督老总依照税法办税，而如此妨碍执法更是不可取的，如不配合检查，不是在维护公司利益，而是帮倒忙，公司将因为不配合税务检查而受到处罚。听到这里，会计缓缓抬起头，用害怕又像求助的眼神望着稽查人员。眼看攻心战术显效，稽查人员又顺水推舟地跟她讲，作为公司会计，包庇不是办法，积极配合才是拯救公司的上上之策，税法是公正的，如若好好配合，将酌情考虑减轻处罚。听到这里，会计沉默了一会儿。许久，她轻声说道：“那我配合你们工作。”便登录电脑输入了密码。稽查人员也比较顺利地把涉税资料拷贝完成。财务室外间用于统计的电脑，也在公司员工的配合下，成功拷贝了相关资料。此外，会计还应稽查人员的要求整理出了 2011—2012 年的账簿、凭证及送货单等账内外资料。此时，前往仓管办公室的另一路人员，也捧着两大箱出入库单据和有关账本来到二楼会合。趁着双方都在场，稽查人员清点了纸质资料种类及数量，填写了《调取账簿资料清单》，连同《调取账簿资料通知书》，给企业相关人员，并由相关人员在相应文书上确认签字。

3. 深入分析，疑点重重，案情初露端倪。稽查人员把 2011—2012 年的涉税纸质资料和电子资料带回办公室之后，仔细查看、汇总、统计，并作了深入分析。首先，以电耗量为突破口，遵循“电耗—产量—销售收入”测算法，先对耗电支出和各项收入进行了比对，发现该公司的耗电量与其实际生产规模不相配比，是否存在隐匿营业收入的嫌疑？后经仔细翻阅账簿凭证资料，在其他往来款科目中发现该公司存在向其他企业收取电费的情况。如果剔除这部分电费，则该公司的电耗指标趋向正常。带着这个主要疑问，继续查阅纳税资料，最后从电子资料中发现了五份租房协议书。而从该公司税款缴纳明细来看，没有收取租金收入的信息。经进一步梳理统计证据资料，稽查人员查实电耗与租房有关，排除了隐匿营业收入的嫌疑。其次，经查看该公司 2011 年度生产企业出口货物免、抵、退税申报汇总表发现，2011 年该公司免抵增值税 340645. 43 元，但从征管系统中反复查找，并未找到相关地方税费申报缴纳数据。出口免抵退政策规定，免抵的增值税，需缴纳地方税费，从这一点，初步判定该公司存在未申报缴纳免抵退增值税对应的地方税费的嫌疑。

4. 察言观色，攻破防线，案情终于水落石出。2013 年 8 月 5 日，在突击检查后的第二周，稽查人员向该公司出具了询问通知书。当天下午，公司负责人陈某某来到分局办公室。在向他出示了相关工作证件后，稽查人员便开始对其进行正式询问。一开始，负责人陈某甲抱着不松口就无事的侥幸心理，不直接正面回答问题，几次都以公司刚起步、经营情况不佳、业务量少为借口，试图逃避质问，蒙混过关。但相对而坐，眼尖心细的稽查人员不一会儿就发现，陈某某虽然看上去沉重冷静、应答自如，但他的双手却死死紧握，僵硬地搭在双腿上。稽查人员倒给他的一杯茶一动不动地放在一边。毕竟是没遇过这场面，心虚害怕不言而喻。见被询问人这副情态，稽查人员转身再次给他的茶杯里加了水，端到他手上，并耐心地开导他：有关公司的违法涉税行为，我们掌握了充分的证据，若不配合，只会对公司不利。随后，稽查人员摆出了一周以来的检查成果：厚厚一叠统计数据清单。白纸黑字，清清楚楚地摆在眼前，陈某甲的心理堡垒彻底被打垮了，终于低头承认了公司所有违法事实。

【违法事实】 1. 2011 年免抵增值税 340645. 43 元，未向地税部门申报相关城市维护建设税、教育费附加、地方教育附加。2. 2010 年 12 月签订租房协议书 5 份，租期均为 2 年，年租金合计 308232 元。双方口头约定每年年底收取一年的租金，但该公司取得的租金收入未开具发票，也未申报缴纳营业税、城市维护建设税等地方税费。3. 2011 年 4 月记载“固定资产清理”转入“以前年度损益调整”55363. 85 元，为出售一辆旧轿车产生的利润，未并计应纳税所得额缴纳企业所得税。

【处理处罚结果】 根据《中华人民共和国税收征收管理法》等法律法规规定，依法追缴企业所得税 150656. 21 元、营业税 30823. 20 元、城市维护建设税 18573. 43 元、印花税 616. 50 元、水利建设专项资金 616. 46 元、教育费附加 11144. 06 元、地方教育附加 7429. 37 元、加收滞纳金 29467. 40 元、处以罚款 163035. 47 元。合计共追缴税费、基金、滞纳金及罚款 412362. 10 元。

【问题分析及工作启示】 查处本案的认识和体会。1. 学好用透法律规程，创新思路另辟蹊径。随着经济社会、信息社会的不断发展，身为经济主体的企业，无论规模大小，都在追求利润最大化的驱动下，想尽办法在税务部门的监管下，巧妙编制“阴阳”两套账，保证自身真实信息不外泄，一旦遇到查账，就千方百计与税务人员周旋，能骗就骗，抽屉上锁、电脑加密、蓄意停电，各路招数软硬兼施。在本案中，为了获得更多的涉税信息，税务人员不惜一切努力，乔装身份进企业摸底，为的就是取得更多的有力证据，使案件查处顺利开展。

2. 仔细揣摩当事人心理，巧妙攻心事半功倍。如何应对纳税人的防御心态，由表及里地将税法宣传渗透人心，重塑税法的刚性，成为税务稽查人员的必修课。面对身着制服、公正执法的税务人员，纳税人心中纵使有万般惊恐慌乱，也会抱有一丝侥幸心理：只要死不承认就能蒙混过关。但终究是心虚害怕满心头，只要税务人员悄悄地察言观色，就会发现对方要么话语中逻辑混乱，要么形态上畏畏缩缩，只要稽查人员抓住不经意间流露出来的破绽，几经追问就能逼得对方无处遁形。

3. 熟练掌握电脑技能，技术难题迎刃而解。在本案中，为谨防他人随意窃取信息，涉案企业人员在保存关键资料的电脑上设置了登录密码，税务人员由于尚没有破解密码的技能，只能动之以情、晓之以理，劝导其自觉配合。其实这种情况在稽查一线十分常见，正所谓“上有政策，下有对策”，有的甚至更为“高明”，曾有企业在电脑上设置了防资料拷贝的特殊软件，有些防备心更强的，还定期将电脑中的数据转移，或者干脆用 U 盘储存。也就在这防与被防之间，身为税务人员的我们，体会到信息科技的飞速发展对稽查取证工作提出了新的要求。只有与时俱进，不断学习求进，熟练掌握基本的办公软件、财务软件、查账软件的操作方法，深入学习密码破解、数据恢复等稽查中可能遇到的技术问题，全面提高信息技术水平，才能在与纳税人的博弈中出奇制胜，取得主动权。

对税收政策、征管和稽查工作的建议。1. 增强查、征、评互动，三点一线提升税源管理质量。首先，实现涉税信息有效共享。税管员经常性核查了解企业的生产经营、用地用房等情况，并将同行业、同规模企业普遍存在的涉税问题和部分异常申报的企业情况记录在案，定期通汇评估部门；评估部门据此确定拟实施评估的行业方向和企业名单，并分析评估发现的各类疑点问题做出需立案的评估报告，为稽查选案提供可靠案源，提高税务稽查工作效率；通过税务稽查掌握纳税人各项经济指标相互间对应关系，为评估预警值测算提供重要参考，提高评估准确性；税管员再根据稽查和评估的结果，对相关行业和纳税人密切关注，定期跟踪反馈以保证评查后续的管理落实到位。其次，建立健全征管、评估、稽查互动机制。一是要建立和落实征管评估稽查联系会制度，拓宽各部门间信息互通、经营交流的渠道，强化部门间无缝衔接、零延迟解决；二是要实行责任追究联查。建立案件移送、稽查结果反馈和责任追究制度，确保应移送评估案件的全部移送和稽查结果的及时反馈，形成以查促评、以评促征、以征跟踪、以征反馈的良性互动。

2. 强化学习教育，增强取证方法的合法性和灵活性。在当前的稽查工作中，取证难是一个普遍存在的问题。随着企业财务制度的逐渐规范化，能在账面发现的问题已越来越少，都把工作的重心放在了取证和分析这两方面。而取证是分析的基础和前提，没有充足的证据，分析工作就无从开展。因此目前的取证工作面临的问题，也极大地阻碍了稽查工作的顺利开展。对此，建议税务部门从以下几点出发，加强学习交流，增强取证方法的灵活运用。首先，学好、用好法律规程，降低税收执法风险。要获取证据，首先必须保证取证手段的合法、科学、可行。因此，要督促稽查人员加强学习《税务稽查工作规程》，将其内容熟练于心，尤其是不能逾越检查权限，损害纳税人权益。其次，普及运用查账软件，按照法定程序和形式来收集和保存涉税证据，确保证据的有效性，提高稽查取证效率。

3. 密切国税局、地税局合作，加大宣传树立典型，树立良好税风。针对部分企业对出口免抵退政策执行不到位的现象，可以从以下几方面加强应对：首先，要加强国税局、地税局工作衔接。建议实行国地税联系单，要求企业申报出口免抵退增值税时，必须申报相关地方税费，并由地税部门出具电子联系单，将证明企业已如实申报的材料通过国地税征管平台递交国税部门，由国税凭此批准企业享受出口免抵退政策。其次，要拓宽国税局、地税局信息共享面。将双方信息交流的面加以拓展，将包括出口免抵退增值税等涉税信息上传到统一数据平台，使地税人员可方便地通过数据下载、比对，及时地查到相关企业异常涉税行为。同时，结合税管员的日常排查、评估人员的定期排摸和稽查人员的选案调查，三管齐下，共同将企业相关不法涉税行为通过管理、评估、稽查等适宜的手段，加以分类处理。

（宁波市地方税务局稽查局供稿）

厦门市某海上运输有限公司偷税案

【案件类别】　偷税案例

【案件所属行业】　交通运输业和旅游业

【案件特点】　该公司从事的是“海上看金门”的旅游客运业务，其取得的收入以现金为主，该公司仅对部分的收入入账并进行申报纳税。检查中，只就该公司提供的对外账簿资料是无法核查及确认其真实收入的，稽查人员通过对外围关联公司的调查及应用分配系数指标的推测等非常规方法核算出该公司隐瞒的收入。通过检查，发现该公司隐瞒收入的偷漏税行为系该行业普遍存在的问题，通过此次检查获取同类案源6件，共计查补税费、加收滞纳金、处罚款共计1253万元。

【案件来源】　专项检查

【基本案情】　本案为交通运输业专项检查案件，厦门市地方税务局稽查局于2012年10月15日立案，于2012年10月16日起至2013年1月6日对该公司2010年1月—2011年12月有关缴纳地方税收情况进行检查（因检查期间发现该公司涉嫌偷税，且偷税所属时间涉及以前年度及当年，经报批后将稽查所属时间变更为2007年1月—2012年9月）。经查，该公司主要从事“海上看金门”旅游运输业务，按“水上运输”税目及“3%”的营业税税率申报旅游收入、按“其他服务业”税目及“5%”营业税税率多申报其他服务业收入；该公司采用隐匿、在账簿上少列收入等手段，少申报各类收入，造成偷税。

【违法事实】　2007年1月—2012年9月，该公司采用隐匿、在账簿上少列收入等手段少计营业收入，造成营业税、城市维护建设税偷税及少缴教育费附加、地方教育附加。该公司按“水上运输”税目及“3%”的营业税税率申报旅游收入，因税率差少缴营业税及附加税费。该公司虽设置账簿，但内部账目混乱，成本资料、费用凭证不全，难以核实真实成本，该公司申请2007—2011年度所得税由查账征收改为核定征收。根据《中华人民共和国税收征收管理法》第三十五条第一款第四项规定，按其实际收入核定企业所得税及“利息、股息、红利所得”个人所得税。此外，该公司还存在未按规定全额代扣代缴“工资薪金所得”个人所得税的问题。

【查办过程】 2012年10月16日，稽查人员对该公司提供的2010年、2011年的账簿资料进行正常程序的审阅，发现该公司账务处理清楚齐全，未存在涉税的异常情况。但在审核收入过程中，发现该公司的营业收入大部分为现金，现金缴款单无相关人员签名，内控程序不符合逻辑，稽查人员立即对企业取得现金收入的第一环节售票进行重点的核查。通过核实，发现：该公司所从事的“海上看金门”旅游运输业务共涉及包括该公司在内的9家旅游运输公司，其中3家为国有企业。这9家公司共同成立联合管理公司——厦门欣某翔船舶有限公司（以下简称“欣某翔公司”）对“海上看金门”旅游运输业务进行统一的管理及售票代理，各成员公司每日从该管理公司按船舶的座位比例各自分得现金收入。现金缴款单系二次制作，无管理公司及相关人员印章，未能体现相应的旅客数量或航班数。

发现上述疑点后，稽查人员据此作为检查的重点审核事项，随之进行了周密的检查：一是走访旅游航运主管单位厦门水路运输管理处、厦门港口管理局及船舶停靠管理单位厦门和平码头，了解该行业船舶管理的规则、有关数据资料及各公司的船舶数量、船舶座位数及旅客数量及船舶出航次数等。二是对管理公司——欣某翔公司进行询问调查，调取并审阅公司章程及股东会决议等资料，通过调查，掌握欣某翔公司在“海上看金门”业务中所起的作用及运营、代理情况及收入分配规则，欣某翔船舶公司对取得的所有代理售票的现金收入当日即进行分配，但仅保存各成员公司当月的现金收入分配数据。三是通过分析认为该行业中的3家国企存在隐瞒收入的可能性较小，立即针对这3家国企每日分配的现金收入数据、船舶座位数、码头管理费用、分配系数等指标进行分析和比对，采用逆查法，推测出整个“海上看金门”行业全部的收入及其他6家公司2007年—2012年9月每日现金收入情况。四是在掌握上述收入真实数据后，稽查人员分组对另6家可能存在偷税嫌疑的企业同时进行全面的稽查，在众多证据的面前，6家公司承认了上述偷税事实，并提供了相关的内账资料，经核对，与稽查人员所推算的数字完全一致。

【处理处罚结果】 对以上违法事实，2007年—2012年9月，共计查补营业税及附加1371039.41元、企业所得税800731.46元，个人所得税483434.61元，税费合计2655205.48元，加收滞纳金869168.63元，处罚款1277735.68元，总计4802109.79元。经计算，2007年、2008年、2009年、2010年、2011年，该公司各年偷税数额占应纳税额比例分别为：43.70%、56.21%、35.05%、51.39%、39.2%，且偷税数额在5万元以上，达到移送公安标准。

【问题分析及工作启示】 案理分析。1. 营业税适用税目问题存在税企争议。该公司对其按“水上运输”税目及3%的税率申报缴纳营业税及附加提出以下理由：一是该公司认为现行国家法规未将“海上旅游客运“与“海上旅客客运”进行分类，统称“水上交通运输”，且2001—2002年该公司使用的是水运处购买的“厦门市水路客运通用船票”，2003年—2009年5月，该公司使用的是厦门地税购买的“厦门市水路客运通用船票”，2009年6月—2011年4月使用的是“厦门交通运输业通用发票”，2011年5月至今使用的是“通用机打票”。二是“海上看金门”业务兼具旅游客运及旅客客运性质，其在海上游览观光不是在旅游景区内发生，因此三家公司均按3%的“水上运输业”税目申报缴纳营业税及附加，税务机关不应按旅游业予以征收营业税。厦门市地方税务局稽查局处理依据：根据《国家税务总局关于风景名胜区景点经营收入征收营业税问题》（国税函〔2008〕254号）的批复“对单位和个人在旅游景区经营旅游游船、观光电梯、观光电车、景区环保客运车所取得的收入应按‘服务业——旅游业’征收营业税。”我局认为“海上看金门”海上旅游客运行业属于在旅游景区经营旅游游船业务，属于上述文件列举的范围，上述公司应按“服务业——旅游业”补缴营业税及附加。

2. 对有手段但税款采用核定征收方式是否可定性为偷税存在争议。第一，企业所得税：该公司采用隐匿、在账簿上少列收入的手段偷税，但其内部账目混乱，成本资料、费用凭证不全，难以核实真实成本，我局在该公司申请2007—2011年度所得税由查账征收改为核定征收的前提下对其企业所得税税种进行核定征收。在案件审理过程中，税务人员对核定征收的企业所得税是否能定性为偷税存在争议：一种意见认为：定性偷税要同时具备两个要素，一是有偷税手段，二是造成不缴少缴税款的后果，而采用核定征收方式补征的税款，偷税行为造成的不缴少缴税款后果不确定，不能定性为偷税。另一种意见认为：该系列案件企业隐瞒收入手段明显，证据确凿，我局并未改变其征收方式而是在本次检查中对其成本难以核实采用的一种稽查补税方式，参照《深圳市地方税务局关于对核定应纳税额的纳税人处罚问题的通知》（深地税发〔2004〕792号）的有关规定可以定性为偷税。厦门市地方税务局稽查局经集体审理确定：该系列案件有偷税手段，采用核定征收方式、其中因少列收入核定应查补的企业所得税定性为偷税，并报市局三审通过。第二，个人所得税：该公司采用隐匿、在账簿上少列收入的手段偷税，我局按规定对其企业所得税进行核定征收后对其股东股息红利所得个人所得税也进行核定征收，在案件审理过程中，税务人员对核定征收的个人所得税是否能定性为偷税同样存在争议：一种意见认为个人所得税是否认定为偷税应当同企业所得税认定标准一致，即属于账外隐瞒收入核定征收企业所得税定性偷税的部分跟着核定的个人所得税也应定性为偷税。另一种意见认为个人所得税属于代扣代缴性质，不应认定为偷税。厦门市地方税务局稽查局经集体审理同意第二种处理方法，上报市局三审后，三审认为按“利息、股息、红利所得”个人所得税核定征收该企业个人所得税有不确定性且并未取到企业有实际分红的证据，不定性为偷税。

3. 对确定具体偷税金额和比例时仍存在计算上的争议：一种意见认为：企业当年度同一税种有偷税，但同时又有多缴纳税款，计算偷税金额和比例时以隐匿收入金额为计税依据，不能互抵。另一种意见认为同一税种可以互抵，以其余额作为当年度的偷税金额并计算当年度的偷税比例。经市局三审确定：在计算补税金额时，同一税种不同定性可以互抵；在计算偷税金额确定处罚基数和计算偷税比例时按第一种意见处理，即偷税金额单独计算，不能互抵。

4. 对企业多缴纳税款的处理存在争议，不同的处理方式导致的结果截然不同，有失税收执法的严肃性和公允性，目前主要的处理方式：第一，直接让企业自行到管征局办理抵退手续，稽查报告以其补税金额为基数计算滞纳金和罚款，不考虑企业多缴因素。第二，多缴纳的税费抵减报告应补的同税种应补税费，并以抵减后的余额为基数计算滞纳金和罚款。第三，多缴纳的税费抵减报告应补的同税种应补税费，但罚款以应补税费为基数计算。

本案经市局三审确定：对多缴税款（非定偷税部分）分不同税种采用不同的方式：第一，企业所得税系按年汇算清缴，应分年核算，其多缴纳税款在同一年度可抵减应补税额，分年度按差额计算滞纳金（考虑多缴因素），但罚款应以当年度应补税款为基数并据此计算罚款金额（不考虑多缴因素）。第二，对未采用偷税手段造成少缴营业税、个人所得税等其他地方税费，同税种同税目的允许抵减，并以差额分别计算滞纳金和罚款；同税种不同税目的不允许相互抵减，直接对应补税费计算滞纳金和罚款，其多缴纳部分可由企业根据稽查处理决定书自行到管征局办理抵退手续。不同的抵缴方式会造成巨大差异。

5. 采用核定征收方式补缴税款是否要加收滞纳金存在一定争议。一种意见认为：按目前法律法规规定没有明确规定采用核定征收方式补缴税款需要加收滞纳金，法无明文规定即禁止，不予加收滞纳金。另一种意见认为：应按征管法第三十二条规定加收滞纳金。本案经市局审理按第一种意见处理。

稽查建议。1. 本案查处过程中采用的稽查方法值得借鉴：对日常经营中现金流量较大的企业，稽查人员应注意企业的现金内控体系，例如审核现金的来源途径、计算依据是否准确，缴款负责人及交接人员的签章、现金交接原始单据是否真实等。稽查人员在掌握财务知识、税收法律、法规政策的基础上，应当不断提升和创新稽查技能，不断扩充思路，探索更科学的检查方法和手段，摒弃“就账查账”的固有模式，不断研究各种行业特点、各个企业的生产经营规律，学会换位思考，从而更有针对性、更有效率地开展稽查工作。

2. 本案件系厦门市地方税务局稽查局对“海上看金门”旅游客运行业部署的地方税收专项检查，鉴于多家从事“海上旅游客运”业务的企业因适用税目错误导致少申报缴纳营业税及附加合计150万元。我们就其中涉及的政策征管问题向管理局发出了专项稽查建议：一是建议管理局加强对“海上旅游客运”行业业务实质的审核，特别是我市交通运输业实行“营改增”，“海上旅游客运”业务却属于“服务业——旅游业”营业税地税管征范围，要避免因企业适用税目错误导致用票、纳税错误从而造成错误移交管户，发现此类问题应及时予以纠正。二是建议管理局加强纳税人首次领购发票的审核。根据2011年2月1日开始实施的《中华人民共和国发票管理办法》第十五条“需要领购发票的单位和个人，应当持税务登记证件、经办人身份证明、按照国务院税务主管部门规定式样制作的发票专用章的印模，向主管税务机关办理发票领购手续。主管税务机关根据领购单位和个人的经营范围和规模，确认领购发票的种类、数量以及领购方式”之规定，在审批适用低税率或税收优惠的购票企业领票时应对企业的经营范围及所开具的发票进行比对，避免错误用票。三是建议加强对发票领购的后续管理，加强行业性纳税评估，发现问题及时纠正。

（厦门市地方税务局稽查局供稿）

源洲投资公司虚增成本巨额偷税案

【案件类别】 偷税案例

【案件所属行业】 房地产业

【案件特点】 源洲公司通过虚构工程量将巨额虚假成本计入成本，偷逃税款。检查组通过实地勘察，外调取证，走访相关部门等方式逐渐掌握了该公司偷税的来龙去脉，一举侦破了此案。

【案件来源】 2012年5月，青岛市国税局稽查局得到国务院审计署线索，青岛市源洲投资有限公司涉嫌利用深圳市建工集团股份有限公司青岛分公司向其开具的建安发票，虚构房地产开发成本4.87亿元，涉嫌逃避缴纳企业所得税1.22亿元。

【基本案情】 源洲公司与建筑安装企业工程确认工程量应为2.72亿元，但该公司从青岛胶州地税局实际代开发票金额4.87亿元，虚开发票2.15亿元，摊入成本偷逃税款。

【违法事实】 源洲公司在1869亩土地持有期间，委托某建工公司对地块进行了土方、换填施工作业。建工公司上述工程确认工程量应为2.72亿元，但该公司从青岛胶州地税局实际代开发票金额4.87亿元，虚开发票2.15亿元。

【查办过程】 1. 收集基本信息，确定检查主线。接到检查任务后，检查人员首先对某公司及其三个子公司和关联业务单位的土地出让及股权转让业务进行了初步调查，发现掌握的线索疑点集中指向源洲公司代3个项目公司支付的工程款4.87亿元，存在虚增成本，偷逃税款的可能性。国家税务总局稽查局高度重视此案，局领导专程赶到青岛听取本案查处情况汇报，并做出“重点落实涉案土地实际施工量”的指示精神。按照总局领导指示，青岛市国税局稽查局联系青岛市地税局稽查局，抽调骨干力量，成立专案组，并制定了相关工作方案，决定以账簿检查和外围调查相结合展开调查。

2. 开展常规检查，未能取得突破。专案组人员首先根据预定方案对源洲公司进行实地检查。经过对源洲公司负责人等人的询问，以及调取账簿进行检查，未发现该公司任何违法的蛛丝马迹。与源洲公司的正面交锋未取得进展，专案组迅速调整思路，围绕源洲公司该笔工程款的相关单位和外围企业进行了一系列的调查，以找到案件突破口。

3. 奔赴深圳，查清相关业务的资金往来情况。专案组赴深圳对源洲公司的母公司中洲集团进行外调，企业负责人黄某提供了相关业务的资金往来情况，并责成源洲公司全力配合检查工作。

4. 两次赴青岛胶州市少海发展管理处，取得关键佐证。专案组根据深圳取证、约谈情况，对少海新城进行了实地勘察，但时过境迁，要想摸清其开发以前的详细情况简直是难上加难。专案组到少海发展管理处调查取证，管理处出具了相关证明材料，根据地块原状地形图显示证明，该地块约160亩土地存在海拔高度在10米以上的土方。

5. 与土地受让方中信地产青岛投资有限公司约谈，获得有力佐证。中信地产青岛投资有限公司向青岛市国税、地税稽查局提供了相关情况的书面说明。

6. 调查建工公司，瓦解攻守同盟。在基本搞清事实真相的基础上，专案组对工程的施工方建工公司进行了突击调查，对土地置换、土方运输等情况进行调查取证。调查发现，源洲公司在1869亩土地持有期间，委托建工公司对地块进行了土方、换填施工作业，确认工程量应为2.72亿元，但该公司从青岛胶州地税局实际代开发票金额4.87亿元，虚开发票2.15亿元。

至此，源洲公司与建筑安装企业相互勾结虚开发票，虚增工程成本偷逃巨额税款的违法事实水落石出。

【处理处罚结果】 通过前述调查取证，源洲公司2010年度涉嫌虚构开发成本2.15亿元，涉嫌逃避缴纳的企业所得税5375万元，应依法追缴，并加收滞纳金1633万元，根据《税收征管法》的规定处以2687万元罚款。

【问题分析及工作启示】 1. 本案查处难度较大，凝聚了各级领导的智慧结晶和办案人员的辛勤汗水。虽然通过虚增工程成本偷逃企业所得税只不过是房地产行业众多偷税方式中的一种，但本案中的源洲公司最终未形成产品，只是将土地平整之后转让股权，这一点与其他房地产企业仍略有差别。本案中，各级领导多次对案件的查办做出具体指导，同时检查人员具有“挖地三尺”的精神，在本案迷雾重重的情况下，没有被表象所蒙蔽，没有局限于传统查账手段，而是坚韧不拔，连续作战，不查清问题誓不罢休，终于使真相暴露在阳光之下。

2. 适时调整检查思路是逐步接近事实真相的有效途径。在新的经济形势下，纳税人偷税手段越来越诡秘、偷税过程越来越隐蔽，其提供的资料一般经过精心策划，从账面上很难发现其大的涉税问题。对较复杂的案件，要有检查预案还要有随机应变的能力。要根据具体检查情况，边检查、边分析、边整合，并适当调整检查思路，才能少走弯路，不断明晰检查重点，逐步接近事实真相。

3. 高度关注关联行业，实现管理无缝对接。房地产开发行业偷税现象普遍，既有行业自身的原因，也有对其关联行业税务管理不到位的因素。现阶段，由于对施工企业的发票、所得税管理等存在着许多漏洞，房地产开发企业往往利用与施工企业的供需关系和关联关系，虚列成本或转移利润，从而达到偷逃税收的目的。因此，要提高房地产开发行业的税收管理水平，必须强化对施工企业的税收管理，扩大施工企业所得税查账征收面。

4. 进一步加强部门配合，形成齐抓共管合力。建议税务部门进一步加强与国土、建设、规划、房管、审计等部门的协作，及时、准确掌握房地产企业的开发、销售全过程，并联合出台有关管理制度和措施，堵塞税收流失漏洞。

（青岛市国家税务局稽查局供稿）

青岛中景创意产业发展有限公司逃避缴纳税款案

【案件类别】　偷税案例

【案件所属行业】　房地产业

【案件特点】　本案检查人员不局限于企业提供的账簿资料，而是针对房地产开发公司的经营特点，综合账务处理、合同文本、开发现场等情况，从多个环节和部门收集相关证据，采取多种检查方法进行了详细检查，从而发现疑点，查清问题，对行业检查具有一定的指导作用。通过此案也反映出目前税收征管环节存在的一些问题，对加强税收征管具有一定的借鉴意义。

【案件来源】　2012 年 9 月 10 日，根据日常稽查工作安排，青岛市地方税务局稽查局对青岛中景创意产业发展有限公司 2009 年 4 月 1 日—2011 年 12 月 31 日的纳税情况进行了检查。

【基本案情】　青岛中景创意产业发展有限公司成立于 2009 年 3 月，于 2009 年 3 月办理了税务登记，注册类型为其他有限责任公司。经营范围：一般经营项目：创意产业园区的规划、设计、开发、配套及建设；物业管理；市政设施配套及建设；房地产投资及开发等。该公司 2009 年度未实现收入，应纳税所得额 -59649.99 元。2010 年度未实现收入，应纳税所得额 -426809.29 元。2011 年实现收入 26098000 元，应纳税所得额 -6189150.81元。该公司成立以来只有一个政府支持项目，已于 2011 年 7 月竣工并全部销售完毕，但是账面却有高达 600 多万元的亏损，不符合常规，存在涉税疑点。

【违法事实】　该企业主要违法问题就是将自行开发建设的开发产品以各种手段和方式，以超低的价格转移到企业投资人个人名下。1. 2011 年该单位将自行开发的网点房以明显低于该单位同期同类对外销售的网点房的价格出售给投资者及投资者的家庭成员，根据《中华人民共和国营业税暂行条例》第七条、《中华人民共和国营业税暂行条例实施细则》第二十条第一款的规定，按纳税人最近时期同类应税行为的平均价格核定其营业额，应调增营业额为 3110898.28 元。2. 该企业将自行开发的商住房，全部以远低于成本的价格销售给企业投资者及投资者的家庭成员，根据《中华人民共和国营业税暂行条例》第七条、《中华人民共和国营业税暂行条例实施细则》第二十条第三款的规定，按照下列公式核定营业额：营业额 = 营业成本或者工程成本 ×（1 + 成本利润率）÷（1 - 应税税率）。应调增营业额为 3869577.92 元。3. 该单位将自行开发，不允许对外销售的科研教育用房，在开发产品建成后，转入固定资产，当月又转到固定资产清理科目，以远低于成本的价格销售给企业投资者及投资者的家庭成员，根据《中华人民共和国营业税暂行条例》第七条、《中华人民共和国营业税暂行条例实施细则》第二十条第三款的规定，按照下列公式核定营业额：营业额 = 营业成本或者工程成本 ×（1 + 成本利润率）÷（1 - 应税税率）。应调增营业额为 10427216.72 元。

以上合计应调增营业额 17407692.92 元。同时该企业还存在违反税收管理规定少申报缴纳土地使用税、印花税、土地增值税及企业所得税等方面的问题。

【查办过程】 检查期间检查组采取了调账检查的方式，该企业只有一个政府招商引资的鼓励性项目，业务单一，资料数量较少，我们运用了详查法，对该单位的会计账簿、记账凭证、报表和其他有关资料进行了全面、细致的检查，对其申报缴纳税款及代扣代缴税款情况进行了全面核实。1. 检查组调取并认真核对了该纳税人的销售台账，全部销售合同，销售发票。从中发现其商品房销售价格相差悬殊。经进一步实地勘察发现，该企业开发的项目共有三层，第一层全部为商业网点，平均销售单价为 2 万余元，其中有一套售价为 1 万元，经进一步落实，该套网点房的所有人为该企业的投资人和另一投资人的子女（该企业只有两名投资人）。对于该单位将自行开发的网点房以明显低于该单位同期同类对外销售的网点房的价格出售给投资者及投资者的家庭成员，检查组根据《中华人民共和国营业税暂行条例》第七条、《中华人民共和国营业税暂行条例实施细则》第二十条第一款的规定，按纳税人最近时期同类应税行为的平均价格进行核定，调增其营业额 3110898.28 元。

2. 认真核查该企业的固定资产账，发现该单位 2011 年“固定资产”科目数额变动大且频繁。主要是 2011 年 6 月由“在建工程”科目转入房产价值 10760768 元，但是，在当月就对“固定资产清理”科目进行了清理，固定资产清理形成了 600 余万元的亏损。经进一步落实，该企业转入“固定资产”科目的房产，属于科研用房，成本为 10760768 元，清理费用为 270000 元。以远低于成本价的二手房交易方式在房地产交易中心办理了过户手续，所有人为该企业投资人和另一名投资人的子女（同上）共有。对于该纳税人将自行开发不允许对外销售的科研、教育用房，采取变通的方法，在开发产品建成后，首先转入“固定资产”科目，当月又转到“固定资产清理”科目，造成将开发产品变成二手房的假象，利用税收对二手房交易的优惠政策，以远低于成本的二手房评估价格销售给企业投资者及投资者的家庭成员的问题，给税务部门执法定性工作带来了很大困难。该公司的上述行为不仅扰乱了正常的房地产市场秩序，有损交易的公开、公平原则，导致房产转移价格严重背离市场实际成交价格，造成了较大的税收漏洞。也给检查人员确定其营业额带来了很大难度，使工作处于两难境地。对于上述交易，纳税人所属管理局根据市局二手房交易评估价格指导标准，给该单位办理了各项税款的清算，并在辖区交易市场办理了过户手续，纳税人以征管局已经清算税款为由，不配合检查组工作，不断对检查组的工作提出异议和申诉。对于上述行为没有先例，涉税问题的正确定性和核定也找不到明确的税收政策依据。检查组在稽查局领导的支持下，顶住压力，积极寻求市局各业务处室的政策帮助，最后通过稽查局集体审议并报请市局审议，根据《中华人民共和国营业税暂行条例》第七条、《中华人民共和国营业税暂行条例实施细则》第二十条第三款的规定，按照下列公式核定营业额：营业额 = 营业成本或者工程成本 ×（1 + 成本利润率）÷（1 - 应税税率）。调增其营业额为 10427216.72 元。

3. 对于该企业将自行开发的商住房，全部以远低于成本的价格销售给企业投资者及投资者的家庭成员的问题，根据《中华人民共和国营业税暂行条例》第七条、《中华人民共和国营业税暂行条例实施细则》第二十条第三款的规定，按照下列公式核定营业额：营业额 = 营业成本或者工程成本 ×（1 + 成本利润率）÷（1 - 应税税率）。调增营业额为 3869577.92 元。

4. 检查组对该企业的成本列支情况进行了全面细致的检查核对，发现该单位有大量收据列支成本费用问题，经责令限期改正，该单位对有资金链证明实际发生的费用，补正了发票，但仍有近百万元的不合法凭证没有或无法改正。

5. 检查过程中，检查组抓大不放小，全面审核了该企业各税种的申报缴纳情况，针对其签订合同不按规定申报缴纳印花税、取得销售不动产收入不按规定申报预缴土地增值税及取得土地不按规定申报缴纳土地使用税等问题一并进行了检查。

【处理处罚结果】 1. 根据《中华人民共和国税收征收管理法》第三十五条第六款的规定，对该单位2011年少申报缴纳的营业税870384.65元、城市维护建设税60926.93元、企业所得税2152074.92元，责令限期补缴入库。

2. 根据《中华人民共和国税收征收管理法》第六十四条第二款的规定，对该单位2009年少申报缴纳的印花税6000元，土地使用税9345.60元，2010年少申报缴纳的土地使用税18691.20元，责令限期补缴入库。

3. 根据《国务院关于修改〈征收教育费附加的暂行规定〉的决定》（国务院令第60号）第二条、第三条及国务院《关于教育费附加征收问题的紧急通知》（1994年2月7日明传电报）规定，应补缴2011年度教育费附加26111.54元，责令限期补缴入库。

4. 根据《中华人民共和国税收征收管理法》第三十二条规定，2011年少预缴的土地增值税198540元，责令限期补缴入库。

5. 根据《中华人民共和国税收征收管理法》第六十四条第二款规定，对该单位少申报缴纳2009年土地使用税9345.60元，2010年少申报缴纳的土地使用税18691.20元，建议处以未缴税款百分之五十的罚款，对少申报缴纳2009年的印花税6000元的行为、建议处以未缴税款一倍的罚款，罚款金额为20018.40元。

6. 根据《中华人民共和国税收征收管理法》第三十二条规定，对该单位补缴2009年印花税6000元、土地使用税12525.33元，2010年土地使用税24504.66元，2011年少预缴的土地增值税198540元，2011年少申报缴纳的营业税870384.65元、城市维护建设税60926.93元、企业所得税2152074.92元，从滞纳税款之日起，按日加收滞纳税款万分之五的滞纳金。

以上应补缴税款3342074.84元，罚款20018.40元，合计应补税罚款3362093.24元。

【问题分析及工作启示】 1. 认真分析数据，仔细寻找线索。对于企业报表资料的数据进行全面、认真地分析对比，结合对被查企业同行业总体利润水平的评估和平衡，从中找寻存在的疑点。

2. 耐心说服引导，与纳税人加强联系和沟通。加强对企业财务人员的税法宣传工作，同时，就企业的经营及核算问题经常与企业财务人员沟通，从中了解企业总体经营情况，从经营活动的各个环节中查找问题，争取得到真实的第一手资料，寻找线索的突破口，发现问题。

3. 实地调查与相关部门外调也是获取信息的重要途径。检查人员在检查过程中，一方面要善于使用企业的内部资料，利用其掌握企业经营的概况，另一方面也要借助其他相关信息，到实地及相关机构了解真实情况，并围绕疑点问题提取证据资料，用证据资料把涉税违法问题确定下来，这是成功查办案件的关键。

（青岛市地方税务局稽查局供稿）

某房地产开发有限公司偷税案

【案件类别】 偷税案例

【案件所属行业】 房地产开发业

【案件来源】 专项检查

【基本案情】 深圳市地方税务局第一稽查局经过科学分析，发现深圳市某房地产开发有限公司存在重大偷税嫌疑，经深圳市地方税务局领导审批，将其纳入房地产专项检查工作对象。

该房地产公司于1999年12月开业，注册资金为5500万元人民币，是专业从事房地产开发、经营管理的综合性开发企业。自2005年该公司与深圳市某股份公司合作开发盐田区第一个旧改项目。2011年年初，取得商品房预售许可证并同期对外销售。

【违法事实】 检查人员初步翻阅了该公司的收入账本，发现账务处理比较规范完整，通过银行按揭销售的房屋都记载在“预收账款”科目并足额申报缴纳相关税费，而且财务报表反映的销售收入和销售税金都比较符合逻辑关系。向财务人员了解公司的缴税情况时，财务人员自信满满地说公司一直是辖区内的纳税大户，一年光纳税就好几千万元，是依法纳税的好企业，不存在偷税漏税的行为。出于职业的敏感，检查人员没有掉以轻心。为了查清企业经营的真实情况，检查人员采取全面检查与重点检查、账面检查与外围调查相结合的方法，以营业税、土地增值税和企业所得税等重点税种为突破口，对该公司进行全面细致的“解剖式”检查。

首先是理清该公司8个银行账户的收款记录，查实企业实际取得的售房款。紧接着到国土部门调查清楚该房地产项目预售的详细情况、合同备案情况以及该区域住宅市场享受优惠政策的普通价格标准。经过梳理、统计、分析、比较，检查人员得出该公司收入与税金明显申报不实的结论。于是检查人员再次细查账簿和记账凭证，最终在往来账中发现该公司利用“其他应付款”科目隐瞒已经实现的售楼款收入。并通过科目调整、乱列费用等方式虚减数千万元的利润。当事人对偷税事实供认不讳，承认因为国家出台了新的房地产行业调控政策，银行对企业贷款也陆续收紧，公司面临资金紧张的困境，才会在“税”上想办法。

【处理结果】 1. 根据《中华人民共和国税收征收管理法》第五十二条第二款的规定，对2010年少缴纳借款合同印花税6000元、财产租赁合同印花税2669.90元，合计8669.90元的行为，拟决定不予追缴。

2. 根据《中华人民共和国税收征收管理法》第三十二条和第六十三条第一款，《国务院关于教育费附加征收问题的紧急通知》（国发明电〔1994〕2号）第一条，《深圳市地方教育附加征收管理暂行办法》（深府办〔2011〕60号）第四条的规定，对2011年度少缴营业税金和附加的税收违法行为作出如下处理和处罚：

追缴2011年度销售不动产营业税2101836.55元、城市维护建设税147128.56元、教育费附加63055.10元、地方教育附加42036.73元，合计2354056.94元，对少缴税款2248965.11元从滞纳税款之日起至《税务检查通知书》送达之日止按日加收万分之五的滞纳金445703.42元，并处少缴税款2248965.11元0.5倍的罚款1124482.56元。追缴2011年度服务业营业税750元、城市维护建设税52.50元、教育费附加22.50元、地方教育附加15元，合计840元，对少缴税款802.50元从滞纳税款之日起至《税务稽查通知书》送达之日止按日加收万分之五的滞纳金90.29元，并处少缴税款802.50元0.5倍的罚款401.25元。

3. 根据《中华人民共和国税收征收管理法》第三十二条的规定，对未按照规定的纳税期限缴纳营业税11837461.65元、城市维护建设税828622.31元的行为，从滞纳税款之日起至实际缴纳之日止按日加收万分之五的滞纳金1136455.94元。

4. 根据《中华人民共和国税收征收管理法》第三十二条的规定，对未按照规定的纳税期限缴纳土地增值税6421385.60元的行为，从滞纳税款之日起至实际缴纳之日止按日加收万分之五的滞纳金627089元。

5. 根据《中华人民共和国税收征收管理法》第六十四条第二款的规定，追缴2011年产权转移书据印花税238488.50元，对少缴税款238488.50元的行为从滞纳税款之日起至《税务稽查通知书》送达之日止按日加收万分之五的滞纳金52555.22元，并处少缴税款238488.50元0.5倍的罚款119244.25元。

6. 根据《中华人民共和国税收征收管理法》第六十四条第一款的规定，对该公司2010年度编造虚假计税依据2747937.05元、2011年度编造虚假计税依据33841950.36元，合计36589887.41元的行为，处罚款50000元。

7. 根据《中华人民共和国发票管理办法》第三十五条第六款的规定，对2010年支付房租105306.80元、2011年支付房租199959.50元、物业管理费1470.20元，合计306736.50元，未按照规定取得发票的行为，处罚款5000元。

以上合计应补税款2488256.11元，教育费附加63077.60元，地方教育附加42051.73元，滞纳金2261893.87元，罚款1299128.06元，共计6154407.37元。

【案件特点】 该案是民营房地产行业偷税的典型案例，案中被查企业的偷税手段主要体现为：一是利用往来账户隐瞒已经实现的收入，偷逃大量税款；二是巧立名目，通过“会议费”“劳保费”“差旅费”等科目列支“业务招待费”，虚减利润。三是公私不分，将老板夫妇的个人日常消费通过各类费用科目进行报账，增大企业的当期费用。

【稽查建议】 一是以房地产公司开发项目为税务检查的切入点。由于房地产项目开发周期往往都在一年以上，通常以一个到两个纳税年度作为检查时限范围的方法，不能适应房地产业的具体情况，检查的内容及发现的问题带有明显的局限性和片面性。如果结合房地产行业特点，采取年度检查与开发项目检查相结合的方式，改进税务检查的方法，相信更能全面地把握其项目开发的过程，容易发现税收违法行为。

二是加强与房地产相关职能部门协调配合，实现信息共享。由于房地产行业的特殊性，在税收征管上仅靠税务部门的力量是不够的，它还需要房管局、国土局、金融、公安、房地产评估机构等部门的协同配合和协作，共同履行管理职责，共同把关，对房地产开发经营整个过程涉及的一系列数据资料做到及时沟通、及时传递，这样才能实现有效的管理和监控，提高征管和稽查工作的针对性，从根本上防止税收流失。

三是填补日常监控管理的缺位。本案的查处暴露出当前的税收征管工作还存在监控管理不严的问题。征管部门对房地产企业的申报资料及其他相关数据的分析还不够深入、透彻，没有发现涉案企业纳税申报的虚假性，从而出现管理缺失。因此应加强以下三方面的工作：

1. 征管部门应加强对房地产企业的评估监控，定期对纳税人的申报情况进行认真、细致的分析，及时了解辖区内纳税人的项目开发的变化情况、楼盘销售的进度、预售收入申报的信息，多角度对预收款进行监控，确保税款的及时足额入库，充分发挥“信息管税”的作用。

2. 针对房地产开发企业使用预收房款收据收取款项的现实情况，建议专门设立房地产行业专业收据进行票据的规范管理，实行统一印制、发放和缴销，并健全领、用、存制度。

3. 健全管查信息传导反馈机制。征管区局应定期向辖区稽查局传递房地产企业日常管理信息，便于税务稽查部门及时掌握房地产项目开发情况，结合具体情况适时地调整稽查方式。稽查局也应及时向辖区征管区局反馈税务稽查工作中发现征管工作中存在的薄弱环节和征管漏洞等问题，提出加强征管工作建议。

（深圳市地方税务局稽查局供稿）

少缴税款案例

北京某贸易公司股票收益少缴税款案

【案件类别】 少缴税款案例

【案件所属行业】 化工贸易

【案件特点】 以证券市场为主体的资本市场是市场经济中最重要的市场，随着中国资本市场二十年的快速发展，企业买卖股票也越来越普遍，如何发现企业股票交易中存在的税收问题，从而采取有效策略加强税收管理，引导企业提高税收遵从度是税务机关面临的新课题。本案在选案环节从外网信息出发，锁定了公司买卖股票获取巨额利润为线索，开展股票交易专项检查，使检查具有针对性，有较好的借鉴作用。

【案件来源】 专项自选案件

【基本案情】 北京某贸易公司成立于1995年7月，成立后一直从事化工贸易，2008年之后化工行业不景气、行业利润偏低，于2008年10月停止贸易业务，利用企业闲置资金进行股票投资。该公司于2008年10月在证券公司开立股票交易账户，于2012年3月在证券公司开立融资融券账户。检查组将获取的外部信息与该公司申报入库信息进行比对，发现涉税疑点较大。经税务机关检查，该公司补缴税款及滞纳金共计1796万元。

【违法事实】 该公司在2009—2012年买卖多支股票，取得股票差价收入共计7054.52万元：其中2009年买卖股票取得差价收入3540.54万元，取得的股息收入为14万元；2010年买卖股票取得差价收入2835.7万元，取得的股息收入为42万元；2011年买卖股票取得差价收入678.27万元，取得的股息收入为1.8万元；2012年买卖股票取得差价收入-2537万元，取得的股息收入为118万元。

【查办过程】 选案人员在某财经网站查询十大流通股股东变化情况时，发现该公司在2009—2012年期间买卖三只股票，选案人员选取该公司购买一只交易数额较大的GCN股票公司进行分析比对，GCN上市公司的市场公开信息显示该公司是十大流通股股东之一，持有GCN公司股票268.69万股。从信息披露得知2009—2010年十大流通股股东变化情况，发现该公司从2009年第四季度到2010年第一季度、第二季度分批减持了股票，2010年第三季度十大流通股股东名单上已经找不到该公司的名字。选案人员分析，该公司在2009年二季度之前购买了大量GCN公司股票并卖出赚取差价收益，经过选案人员对其建仓期间平均股价，估算其购入该支股票大致成本和通过减持期间平均股价，以及大宗交易系统平台估算其卖出价格，从而估算出该公司获利约为900万元。经我局征管系统中查询，该公司企业所得税入库金额与收入明显不匹配，可能存在隐瞒股票收益未申报的行为。

检查组调取了该公司的财务报表及相关会计凭证，发现2009—2012年的损益表中除了2010年租赁业收入15.7万元外，其他年份营业收入均为零，2009—2012年资产负债表中的其他货币资金科目年末余额在亿元以上。根据前期外部获取的股票交易信息，检查组与企业管理人员进行了沟通，企业承认在二级市场买卖多只股票，将所有投资股票的资金和取得的投资收益计入其他货币资金科目。检查组对其总账和明细账的其他货币资金科目有针对性地开展了检查。

为了进一步确认该公司买卖股票取得的差价收入，检查组又调取了该公司在证券营业部的股票交易信息和融资融券信息。经确认，该公司2009—2012年累计股票交易达到3284笔，累计购买股票达113只。

检查组将该公司买卖股票取得的差价收入应缴纳企业所得税和营业税的政策向企业告知后，企业财务人员表示不解，辩称买卖股票取得的收入不应缴纳企业所得税和营业税。检查组对其财务人员进行了耐心、细致的政策辅导，公司财务人员又咨询各会计师事务所，最终同意补缴股票买卖差价收入的企业所得税、营业税及附加。

【处理处罚结果】 1. 营业税。根据《中华人民共和国营业税暂行条例》第一条、第二条第一款、第四条第一款、第五条、第十二条第一款、第十五条第二款的规定，应补缴营业税352.72万元。

2. 城市维护建设税。根据《中华人民共和国城市维护建设税暂行条例》第二条、第三条、第四条的规定，应补缴城市维护建设税24.69万元。

3. 教育费附加。根据《征收教育费附加的暂行规定》第二条、第三条第一款的规定，应补缴教育费附加10.58万元。

4. 企业所得税。根据《中华人民共和国企业所得税法》第一条第一款、第三条第一款、第四条第一款、第五条、第六条第一款第（三）、（四）项、第八条、第二十二条、第五十三条第一款、第五十四条第三款的规定，应补缴企业所得税868.73万元。

5. 滞纳金。根据《中华人民共和国税收征收管理法》第三十二条规定，对该公司加收营业税滞纳金215.78万元，城市维护建设税滞纳金15.1万元，企业所得税滞纳金303.89万元，合计534.78万元。

【问题分析及工作启示】 随着中国资本市场的快速发展，越来越多的企业从事实业投资、持股联营、上市融资、股权交易等，以获取日常生产经营之外的资本性投资收益，资本交易项目被列为近几年税收专项检查的重点项目之一，如何确定案源和进行检查是稽查人员面临的一道难题。本案的查处对于资本交易项目的选案方法和检查提供了很好的工作思路，值得借鉴。

1. 应加强对资本交易项目的征管和稽查。随着越来越多的企业进入证券市场，统计数据显示，2012年沪深两市股票和基金交易额为32.28万亿元，日均成交金额1328亿元。企业股票交易成交数额体量巨大，活跃的股票交易已经形成潜在的新税源。税务部门有必要加强对股票交易的管理，增加税收收入、规范资本市场税收秩序，促进资本市场依法、有序健康发展。

2. 应加强对企业买卖股票税法宣传力度。部分企业对在二级市场买卖股票是否缴纳营业税认识上存在一定的误区。修订前的《中华人民共和国营业税暂行条例实施细则》（财法字〔1993〕第40号）第三条规定，非金融机构和个人买卖外汇、有价证券或期货，不征收营业税。而2009年修订后的营业税暂行条例实施细则规定，所有纳税人买卖金融商品均应征收营业税，取消了原来非金融机构买卖金融商品不征收营业税的规定。部分企业不了解2009年之后的营业税政策，还停留在2009年之前的非金融机构买卖金融商品不征收营业税的理解上，没有更新相关税收政策知识。

3. 税务人员应拓宽股票交易数据的信息采集渠道。股票投资收益属于金融资本投资所得，相对于企业自身经营所得较为独立，这也就意味着该项目与财务报表中的其他项目之间的关联性较弱，仅通过分析企业的财务报表较难发现端倪，而行业参数、历史参数在这方面的参考意义也不大。这就需要税务机关及时掌握第三方信息，提升股票交易数据的信息占有量，如获取工商、证券公司、证券交易所、大型的财经网站等机构取得的信息等。通过获取的信息，用一定的方法进行筛选，并与税务征管数据进行交叉比对，从而精准定位企业的涉税违法疑点。

（北京市地方税务局稽查处供稿）

中冶天工集团有限公司少缴税款案

【案件类别】 少缴税款案例

【案件所属行业】 建筑装饰业

【案件特点】 该案为重点税源户检查案件，涉及15户建筑安装企业（含外地建安企业11户）。本案中中冶天工集团有限公司作为总包方涉及支付工程款未取得合法凭证的问题，我们对此进行了延伸检查。

【案件来源】 重点税源户检查。

【基本案情】 根据工作安排，检查组从2013年4月1日—2013年12月20日对中冶天工集团有限公司进行专项检查。该案为重点税源户检查案件，涉及15户建筑安装企业（含外地建安企业11

户）。本案中中冶天工集团有限公司作为施工总包方涉及支付工程款未取得合法凭证的问题，检查组由此对分包企业进行了延伸检查。

【违法事实】 中冶天工集团有限公司作为施工总包方，存在支付工程款未取得合法凭证问题。

【查办过程】 接到检查任务后，检查组利用税管员工作平台对中冶天工集团有限公司的基本情况和涉税资料进行查询分析，确定了检查重点。进驻中冶天工集团有限公司后，检查人员对企业计算机中心进行了检查与数据备份。经分析，该公司作为中央企业财务系统采用的是以Oracle数据库为基础的用友NC系统，数据库源文件的数据量达5.12GB，规模庞大且业务量很大。通过与企业财务人员的谈话，了解到该企业下设十余个部门，三个大型管理分公司，十个专业分公司，一个直属项目部，十余家子公司和项目公司等。

为进一步确定正确的主攻方向，检查组突破"Oracle瓶颈"，对数据库源文件中的数据进行还原，并成功采集其所有电子账套。分析研究发现该公司下属渤海分公司的业务量达到了整个集团业务量的85%以上，而且相关人员众多，各项业务资金往来频繁，检查组果断决定进驻渤海分公司。根据前期检查情况，检查组决定从收款与开票情况、付款与收取发票情况这个角度切入，认真核对渤海分公司收取工程款与开具发票情况，并对其支付工程款与取得分包方开具发票的情况进行核实。通过不懈的努力，检查组共核实14个项目，涉及分包企业48家，合同200余份，资金往来达7亿多元。最终发现中冶天工集团有限公司作为施工总包方存在支付工程款未取得合法凭证的问题。

检查组及时约见中冶天工集团有限公司财务负责人及相关业务人员进一步核实情况。经过耐心政策宣讲和说明，企业最终确认了上述情况的存在，主动配合进行下一步的取证工作。检查组通过进一步调查取证，确定涉及补税的施工项目9个，建筑安装企业15户（含外地建安企业11户），涉及补税的工程款金额4.13亿元。检查组决定增加两组检查人员，对涉案的4户本市建筑安装企业进行延伸检查，并通过渤海分公司与有关外地建安企业进行联系。各家外地建安企业地理位置不一，管理情况不一，有关负责人配合程度不一，检查人员做了大量的沟通和协调工作。与此同时，检查组多次联系天津市外地施工队伍管理站，协调合同备案、纳税人进津备案、办理外经证等多方面事宜，确保税款及时入库与及时结案。最终，14户建筑安装分包企业，补缴税款及附加、罚款及滞纳金共计2000.8万元。

【处理处罚结果】 对上述外地施工企业及本市建筑安装企业已确认工程款未缴营业税及附加的问题，依据《中华人民共和国营业税暂行条例》及相关文件查补营业税及附加1204.3万元，依据《中华人民共和国税收征收管理法》加收滞纳金和罚款34.1万元。

对上述外地施工企业及本市建筑安装企业已确认工程款未缴企业所得税的问题，依据《中华人民共和国企业所得税法》以及《关于跨地区经营建筑企业所得税征收管理问题的公告》（天津市国家税务总局、天津市地方税务局公告2010年第2号）文件规定，补缴企业所得税700.5万元，依据《中华人民共和国税收征收管理法》加收滞纳金和罚款18.8万元。

对上述外地施工企业已确认工程款未代扣代缴个人所得税问题，依据《中华人民共和国个人所得税法》以及《天津市地方税务局关于加强外地进津建筑安装企业个人所得税征收管理的公告》（天津市地方税务局公告2012年第4号）文件规定，责成外地施工企业代扣代缴个人所得税43.2万元。

【问题分析及工作启示】 1. 需要加强对外地建安企业进津提供建筑安装服务的税收监管。日常征管工作中，对本市建筑安装企业的税收监管和纳税服务日趋完善，而对于外地建安企业，监管手段亟待健全。目前，外地建安企业进津提供建筑安装服务由天津市外地施工队伍管理站负责管理，但本案中涉及到的有关外地建安企业在合同备案、纳税人进津备案等方面均有未尽之处，可见在此方面的管理仍存在一定漏洞，有关部门应进一步研究有效措施解决此类问题，切实做好纳税监管和纳税服务。

2. 需要加强对建筑安装行业的管理。本案中建安企业存在收款与开票情况不一致、付款与收取发票情况不一致导致少缴税款的问题，应引起高度重视。目前，天津市已经开展有关行业的统一检查行动，对检查中出现的具有普遍性的问题应及时进行分析研究，制定解决方法，建立长效机制。

3. 需要加大税法宣传力度。通过专题纳税服务和税法宣传活动，督促引导建筑安装企业完善有关财务制度，确保收付款项与开收发票情况相统一，正确协税，与税务机关形成护税合力。

（天津市地方税务局稽查处供稿）

某证券公司少缴营业税涉税案

【案件类别】　少缴税款案例

【案件所属行业】　证券基金业

【案件特点】　利用复杂的金融创新工具的出现，掩盖金融交易的税收实质

【案件来源】　专项检查

【基本案情】　某证券公司经中国证监会批准于2002年7月设立。注册资本7亿元，该公司下设2个分公司、29个营业部，其中在某市的为总部及5个营业部。该公司经营范围包括：证券经纪；证券投资咨询；与证券交易、证券投资活动有关的财务顾问；证券承销与保荐；证券自营等。注册地址：某市某区，法定代表人：胡某。公司员工数量1150人。因5个营业部属非法人机构，未单独办理营业执照及税务登记，相关税费由总部汇缴，其余24个营业部由所在地区地方税务局进行管理。该公司的企业所得税由某市国家税务局管理。按照税收专项检查的统一部署和要求，某市地税稽查局对该企业2012年的经营情况进行了税收检查。

【违法事实】　1. 该证券公司2012年度从事自营业务时将股票投资收益－2900万元与债券投资收益6892万元互抵，造成少申报营业税计税营业额2900万元。

2. 该证券公司2012年度从事自营业务中股票买卖业务取得股票派息、红利合计137.56万元，未记入营业税计税营业额。

3. 该证券公司2012年度从事投资银行业务时给A企业做上市辅导业务时，20万元辅导费未确认收入。

4. 该证券公司2012年度申报营业税时将“手续费及佣金支出——三方存管费”32.61万元，在营业税计税营业额中扣除。

5. 该证券公司在2012年度计提投资者保护基金253.71万元，上缴投资者保护基金189.71万元，未上缴64万元，营业税计税营业额时多扣除64万元。

【查办过程】　1. 电子查账打头阵。检查人员采集检查所属期间2012年度的财务电子数据，并要求其提供当年度所有的上市辅导业务、承销业务、保荐业务等合同，审计报告及投资者保护基金核定比例的批文等相关涉税资料。通过对采集回的财务电子数据进行初步审核、分析，检查人员发现该公司2012年度的“投资收益”科目反映债券投资收益较大，股票投资收益为亏损，而营业税计税营业额明显偏低，“投资收益”科目反映股票持有期间取得的派息、红利未在营业税计税营业额中体现，“手续费及佣金收入”与“手续费及佣金支出”的关系不成比例等问题。检查组初步认为：一是该公司债券投资收益较大，营业税计税营业额明显偏低，可能存在将股票投资收益的亏损与债券投资收益和其他类的收益进行了互抵。二是手续费及佣金收入较大，而营业税计税营业额明显偏低，可能存在多扣除费用的情况。三是营业税计税营业额中未反映股票持有期间取得的派息、红利收入，可能存在问题。

2. 发现疑点、逐一落实。首先，对该公司的自营业务进行检查情况。检查人员根据采集的财务电子数据与该公司账表、账证、后台交易数据等进行核对检查。确认2012年度该公司“投资收益”科目累计金额为3992万元，其中：股票投资收益－2900万元，债券投资收益6892万元，申报营业税计税营业额时，将股票投资收益的亏损与债券投资收益互抵。检查人员根据该公司“股票投资收益——派息、红利”科目反映，与相关账证核对，确认2012年度取得股票持有期间的红利收入137.56万元，在申报营业税时从营业税计税营业额中减除。

其次，对该公司的经纪业务进行检查。检查人员对该公司2012年度账表反映的“手续费及佣金收入”“手续费及佣金支出”“应付账款”等科目核算的项目内容进行了详细审查。该公司“手续费及佣金收入”科目核算：取得的经纪、投资银行、资产管理等代理业务以及其他相关服务实现的手续费及佣金收入等；“手续费及佣金支出”科目核算：经纪、投资银行、资产管理等业务发生的各项手续费、佣金支出。其计提、上缴的投资者保护基金通过“业务及管理费”与“应付账款”科目核算。检查人员通过对其2012年度从事投资银行

中的保荐业务所有的保荐合同记载的收入与账面收入逐笔进行核对，发现该公司在检查所属期间，给A企业做上市辅导业务时，签订辅导合同，合同约定“辅导总金额为50万元，鉴定后三日内付30万元，其余20万元，在辅导结束5日内支付”（检查时辅导已结束）。而该公司“手续费及佣金收入——辅导费收入”科目只记入30万元，其余20万元截至检查时未确认收入，经对该公司财务人员询问，了解到其余20万元因A企业未支付给该证券公司，故未确认收入。检查人员通过查阅检查2012年度“手续费及佣金支出——证券经纪业务——三方存管费”科目与申报表进行核对发现，该公司将收到的“三方存管费”32.61万元在营业税计税营业额中扣除。

第三，对该公司证券投资者保护基金计提、上缴情况的检查。检查人员依据审计报告及证监会对该公司投资者保护基金核定比例的相关批文，对投资者保护基金的计提、上缴情况进行了审核。审计报告调整后的2012年度收入为12685.68万元，证监会批文确定上缴投资者保护基金比例为2.5%，2012年度应计提、上缴投资者保护基金253.71万元，已上缴证券投资者保护基金189.71万元，未上缴64万元。在申报2012年度营业税计税营业额时扣除投资者保护基金253.71万元，多扣除投资者保护基金，少计营业税计税营业额64万元。

3. 政策理解，税企各执一词。检查人员就上述发现的问题进一步核查，认定该公司的违法事实基本清楚，并就发现的问题与该公司财务人员核实，财务负责人似乎早已胸有成竹，“我公司自营业务本身就是股票买卖与债券买卖，核算同在‘投资收益’科目核算，年底报表反映的‘投资收益’科目是两业务相加或相减为余额，申报营业税计税依据是按报表投资收益的借贷方差额作为营业税计税营业额的”。检查人员就此类业务营业税计税营业额该如何确认向该公司出示了《国家税务总局关于印发〈金融保险业营业税申报管理办法〉的通知》（国税发〔2002〕9号）。就取得的股票投资收益——派息、红利，该公司财务负责人称：“根据《财政部、国家税务总局关于营业税若干政策问题的通知》（财税〔2003〕16号）文件的规定，营业税计税营业额应减去股票债券持有期间的股票红利收入。”这使检查人员产生了疑惑，难道是检查人员税收政策理解错误？经再次认真阅读财税〔2003〕16号文件，其中规定“金融企业从事股票、债券买卖业务，以股票、债券的卖出价减去买入价后的余额为营业额。买入价依照财务会计制度规定，以股票、债券的购入价减去股票、债券持有期间取得的股票、债券红利收入的余额确定。”企业断章取义称营业税计税营业额应当“减去股票债券持有期间的股票红利收入”实为“买入价以股票、债券的购入价减去股票、债券持有期间取得的股票、债券红利收入的余额”。关于投资者保护基金该公司财务负责人称：“根据证监会有关规定只要没有超过投资者保护基金所规定的比例在当年度营业税计税营业额中都应该抵扣。”检查人员向财务负责人指出财税〔2006〕172号文件规定：“准许证券公司上缴的证券投资者保护基金从其营业税计税营业额中扣除”，而企业已计提但未上缴的投资者保护基金不应扣除。就扣除三方存管费该公司财务负责人称：“三方存管费属于代收费用，应当在营业税计税营业额中扣除。”检查人员认为《财政部、国家税务总局关于资本市场有关营业税政策的通知》（财税〔2004〕203号）文件规定，准许证券公司扣除的代收费用中不含三方存管费，不应在营业税计税营业额中扣除。就该公司从事投资银行业务时给A企业做上市辅导业务，A企业未支付给的20万元辅导费，该公司财务负责人称“未收到不应确认收入”，检查人员认为根据《中华人民共和国营业税暂行条例》“营业税纳税义务发生时间为纳税人提供应税劳务、转让无形资产或者销售不动产并收讫营业收入款项或者取得索取营业收入款项凭据的当天。”《中华人民共和国营业税暂行条例实施细则》“取得索取营业收入款项凭据的当天，为书面合同确定的付款日期的当天；未签订书面合同或者书面合同未确定付款日期的，为应税行为完成的当天。”由此可见，该证券公司上述解释是没有法理依据的，显然是错误的，但该证券公司对上述政策依然存在疑问。

4. 政策明确、柳暗花明。为了依法处理上述涉税问题，检查组将情况整理汇总向市局有关税政部门请示，得到的答复是应该严格按照上述文件规定执行，文件已经明示该如何处理了，检查人员所引用的依据是正确的。经检查人员与该证券公司财务负责人员再三沟通、耐心解释，取得了财务人员和企业负责人的理解和对上述政策的认可。

【处理处罚结果】 1. 根据《中华人民共和国营业税暂行条例》第一条“在中华人民共和国境内提供本条例规定的劳务、转让无形资产或者销售不动产的单位和个人，为营业税的纳税人，应当依照本条例缴纳营业税”；第二条“营业税的税目、税率，依照本条例所附的《营业税税目税率表》执行”；第四条“纳税人提供应税劳务、转让无形资产或者销售不动产，按照营业额和规定的税率计算应纳税额”；第五条“纳税人的营业额为纳税人提供应税劳务、转让无形资产或者销售不动产收取的全部价款和价外费用”“外汇、有价证券、期货等金融商品买卖业务，以卖出价减去买入价后的余额为营业额”；《中华人民共和国营业税暂行条例实施细则》第二十四条“取得索取营业收入款项凭据的当天，为书面合同确定的付款日期的当天；未签订书面合同或者书面合同未确定付款日期的，为应税行为完成的当天”等规定，应补缴营业税157.71万元。

2. 根据《中华人民共和国城市维护建设税暂行条例》第二条“凡缴纳产品税、增值税、营业税的单位和个人，都是城市维护建设税的纳税义务人（以下简称纳税人），都应当依照本条例的规定缴纳城市维护建设税”；第三条“城市维护建设税，以纳税人实际缴纳的产品税、增值税、营业税税额为计税依据，分别与产品税、增值税、营业税同时缴纳”；第四条“城市维护建设税税率如下：纳税人所在地在市区的，税率为7%；纳税人所在地在县城、镇的，税率为5%；纳税人所在地不在市区、县城或镇的，税率为1%”；第五条“城市维护建设税征收、管理、纳税环节、奖罚等事项，比照产品税、增值税、营业税的有关规定办理”等规定，应补缴城市维护建设税11.04万元。

3. 根据《征收教育费附加的暂行规定》第二条“凡缴纳产品税、增值税、营业税的单位和个人，除按照《国务院关于筹措农村学校办学经费的通知》（国发〔1984〕174号）的规定，缴纳农村教育事业费附加的单位外，都应当依照本规定缴纳教育费附加”；第五条“教育费附加由税务机关负责征收”；第六条“教育费附加的征收管理，按照产品税、增值税、营业税的有关规定办理。”及《国务院关于修改〈征收教育费附加的暂行规定〉的决定》之规定，应补缴教育费附加4.73万元。

4. 根据《某某地方教育附加征收使用管理办法》第四条“某某行政区域内所有缴纳增值税、营业税、消费税（以下简称“三税”）的单位和个人均应缴纳地方教育附加”等规定，应补缴地方教育附加3.15万元。

5. 根据《中华人民共和国税收征收管理法》第三十二条“纳税人未按照规定期限缴纳税款的，扣缴义务人未按照规定期限解缴税款的，税务机关除责令限期缴纳外，从滞纳税款之日起，按日加收滞纳税款万分之五的滞纳金”的规定，对未按规定期限缴纳营业税、城市维护建设税加收滞纳金。根据上述规定，该公司2012年1—12月应补缴少缴各项税费共计176.63万元。

处罚决定及依据：根据《中华人民共和国税收征收管理法》第六十四条“纳税人不进行纳税申报，不缴或者少缴应纳税款的，由税务机关追缴其不缴或者少缴的税款、滞纳金，并处不缴或者少缴的税款百分之五十以上五倍以下的罚款”的规定对该公司不进行纳税申报少缴的营业税、城市维护建设税处少缴税款百分之五十的罚款。营业税处78.85万元罚款，城市维护建设税处5.52万元罚款，罚款共计84.37万元。

【稽查建议】　一是要在完善现有税收法律法规的基础上，及时发现新的行业和新的创新工具的特点，尽快出台相应的税收法规。二是在稽查过程中要加强税法的宣传辅导，使纳税人真正了解税法，能够按照税收法律的要求申报纳税，避免因所处位置和理解角度的不同而产生税收争执。三是加强稽查人员对各行业专业知识的培训，了解相关行业的经营特点，以便在相关检查中迅速找到突破口，适应行业检查的特殊要求。

（内蒙古地方税务局稽查局供稿）

某银行股份有限公司七台河分行少缴税款案

【案件类别】　少缴税款案例

【案件所属行业】　银行业

【案件特点】　一是将“应付职工薪酬”科目计提“辞退福利”，均没有实际支付；二是该企业为职工支付商业保险费，计提工会经费等应调增应纳税所得额；三是捐赠支出以及直接对外捐赠支出没有取得符合税法规定的公益性捐赠票据；四是为职工缴纳住房公积金过程中违反了《中华人民共和国企业所得税法》第八条和《中华人民共和国企业所得税法实施条例》第三十五条之规定，应调增应纳税所得额；五是以使用过的运钞车抵顶押运费、处置抵债资产（小汽车）等未按规定缴纳增值税。

【案件来源】 根据人工选案，七台河市国家税务局稽查局对某银行股份有限公司七台河分行2010年1月1日—2012年12月31日涉税情况进行检查。

【基本案情】 根据稽查工作安排，七台河市国税局稽查局自2013年6月19日起对某银行股份有限公司七台河分行2010年1月1日—2012年12月31日涉税情况进行检查。

【违法事实】 经检查该公司在2010年1月—2012年12月间履行纳税义务情况存在如下问题：1.“应付职工薪酬”科目中2010年计提“辞退福利”3306753.67元，2012年计提“辞退福利”3381000元，均没有实际支付；

2. 2010年企业为职工支付商业保险费45500元；2011年为职工支付商业保险费46869.20元；2012年为职工支付商业保险费25600元；

3. 2011年计提工会经费1066443.15元，实际拨缴134685元，应调增应纳税所得额931758.15元。2012年计提工会经费856906.40元，实际拨缴94259.71元，应调增应纳税所得额762616.69元。

4. 2012年捐赠支出19849元，没有取得符合税法规定的公益性捐赠票据，违反了《中华人民共和国企业所得税法》第九条和《中华人民共和国企业所得税法实施条例》第五十一条，应调增应纳税所得额19849元。

5. 2011年直接对外捐赠支出4950元，没有取得符合税法规定的公益性捐赠票据，违反了《中华人民共和国企业所得税法》第九条和《中华人民共和国企业所得税法实施条例》第五十一条，应调增应纳税所得额4950元，应补缴所得税1237.50元。

6. 2012年为职工缴纳住房公积金6281082.56元，应列支额为5177263.62元，违反了《中华人民共和国企业所得税法》第八条和《中华人民共和国企业所得税法实施条例》第三十五条之规定，应调增应纳税所得额1103818.94元，应补缴所得税275954.74元。

7. 2012年以使用过的运钞车抵顶押运费26277.90元、处置抵债资产（小汽车）35200元，未按规定缴纳增值税，违反了《财政部、国家税务总局关于部分货物适用增值税低税率和简易办法征收增值税政策的通知》（财税〔2009〕9号）第二条第一项第二目之规定，应缴纳增值税1193.75元，同时调减应纳税所得额1193.75元。2011年应调增应纳税所得额4950元，应补缴所得税1237.50元；2012年应调增应纳税所得额1102625.19元，应补缴所得税275656.30元；2012年应补缴增值税1193.75元。

【查办过程】 一是做好查前准备，熟悉金融企业会计制度。由于该企业属金融企业，在财务处理上与其他企业相比存在较多不同之处。所以对该企业进行检查之前，检查人员先对企业基本情况通过CTAIS系统进行了解，摸清企业多年来纳税申报和税款缴纳的具体情况。同时，对企业采用的会计准则和财务制度进行专门的学习和了解，对企业业务开展过程中涉及到的相关税收政策（包括特殊规定、税收优惠、涉税减免等）进行搜集、整理、归类，先在人员业务素质方面做好准备。二是向其他地市学习，借鉴先进的经验和方法。因为在我们对该企业进行检查之前，黑龙江省其他地市已经对类似企业开展了相关的检查工作，且都取得了较大成效。虽然各地运行模式和具体情况千差万别，但考虑到相同行业对某些涉税问题的处理上可能会存在较多相似或类似之处，因此我们积极主动地与相关地市进行联系和沟通，深入学习、充分借鉴他们的检查工作经验，并对一些具体工作开展方法进行了专门请教，从中受到了很大启发，为检查工作开展开辟了一条捷径。三是周密部署，合理安排，科学选用相应检查方法。在检查工作开展过程中我们首先阐明法律的严肃和严密性，争取企业的配合与协作，使其能够按照检查人员提出的要求，积极提供各类材料、资料，并对相关内容进行解释说明，方便检查人员对企业账务进行检查。其次对检查工作遇到的各类问题及时向上级请示汇报，做到对相关政策把握准确，执行到位，切实保证案件查办质量。

【处理处罚结果】 该公司2012年应补缴企业所得税27.69万元、补缴增值税1193.75元的税收违法问题，根据《中华人民共和国税收征收管理法》第六十四条第二款规定，追缴企业所得税27.7万元、增值税1193.75元、并处少缴税款百分之五十的罚款13.9万元，同时根据《中华人民共和国税收征收管理法》第三十二条规定，从滞纳税款之日起至实际缴纳之日止，按日加收万分之五的滞纳金。以上补税、罚款、滞纳金合计46.7万元。

【问题分析及工作启示】　一是要加强对企业所得税的管理，注重汇算清缴工作。通过检查发现，各管理分局对企业所得税的管理工作应进一步加强，特别是涉及税收减免等优惠政策的企业，在免税期满恢复征税后，极易出现各类税收问题，管理中应将恢复征税的当年列为管理的重点时期，加强对企业辅导、监督和检查，应充分利用好年度终了后5个月时间的汇算清缴期，通过汇算清缴工作的开展及时发现和解决各类涉税问题，尽量减少征管漏洞。二是要进一步提高一线稽查人员的业务素质。应该有意识地补充和培养一批具备较强专业知识的稽查人员，切实提高稽查干部业务水平。特别是对金融、证券、保险等缴纳营业税行业涉及到的财务、法律和税收政策等知识应有意识地进行补充、学习和完善。三是要赋予稽查人员适当的执法权限。建议考虑适当加大检查人员和稽查局的执法权限，以减少工作阻力，保证稽查工作开展顺利，提高稽查工作效能。

（黑龙江省地方税务局稽查局供稿）

旺达机动车检测服务有限公司少缴税款案

【案件类型】　少缴税款案例

【案件所属行业】　服务业

【案件特点】　该公司于2008年取得土地20188.5平方米，自2011年该地区成为土地使用税的开征区域，但由于财务人员未及时了解相关税收政策，两年的时间没有按照规定申报缴纳土地使用税。

【案件来源】　专项检查

【基本案情】　旺达机动车检测服务有限公司，法人代表为王某甲，注册资金2000万元，成立时间为2008年6月3日，由王某甲、王某乙等2名自然人出资构成，注册地址为铁锋区联通大道499号。企业所得税由地方税务局管辖，征收方式为查账征收。根据齐齐哈尔市地方税务局稽查局2013年专项检查工作计划，稽查人员对企业2011—2012年税收缴纳情况进行了全面检查。

【查办过程】　检查人员根据企业的经营特点，将营业税、企业所得税、土地使用税作为检查重点。采取实地检查的进行检查，检查方法为全面检查与逆查法相结合，将企业账簿、记账凭证、台账与交警部门管理的车辆信息进行比对稽查。并对土地面积采取实地勘测的形式取证，对确认收入采取企业发票开具情况与公安部门车辆信息系统同步取证的方式进行验证。

【违法事实】　旺达机动车检测服务有限公司于2008年2月28日取得土地20188.5平方米，根据《齐齐哈尔市人民政府办公厅关于调整市区城镇土地使用税收等级范围的通知》（齐政办发〔2010〕98号），从2011年该地区成为土地使用税的开征区域，单位税额每平方米6元。2011年齐齐哈尔市公安局车辆管理所建办公楼使用该单位土地10000平方米。因此，该公司实际使用土地面积为10188.50平方米，2011年和2012年每年应纳城镇土地使用税61131元，该公司每年已申报缴纳土地使用税15711.48元，每年应补缴城镇土地使用税45419.52元。

本次检查以企业账簿记载收入为基础，以省公安厅车辆信息系统为辅，互相比对确认该公司收入能够核算准确，能够准确及时缴纳营业税及附加等。虽设置账簿，但成本资料、费用凭证等不健全，利润核算不准确，难以查账。根据该公司的实际经营情况，对此下达《税务事项通知书》，要求其提供相关涉税资料，但该公司没能提供，致使检查组不能查账征收企业所得税。根据《中华人民共和国税收征收管理法》第三十五条第（四）项、《企业所得税核定征收办法》（国税发〔2008〕30号）第三条第（四）项的规定，对该公司的企业所得税实行核定征收，合计应补企业所得税212655.01元。

【处理处罚结果】　根据《中华人民共和国城镇土地使用税暂行条例》第二条、第三条、第四条的规定，补缴城镇土地使用税90839.04元。根据《中华人民共和国企业所得税法》第一条、第四条的规定，应补缴企业所得税212655.01元。根据《中华人民共和国税收征收管理法》第三十二条的规定，对未按规定申报缴纳的城镇土地使用税、企业所得税税款，自税款滞纳之日起至税款实际入库之日止，按日加收万分之五的滞纳金。根据

《中华人民共和国税收征收管理法》第六十四条第二款的规定，对该公司未按规定申报缴纳的城镇土地使用税、企业所得税税款的行为，处少申报税款百分之五十的罚款，金额合计151747.02元。

【问题分析及工作启示】 该案是由于税收政策发生变化，而企业未按照税收政策及时进行调整，导致少缴税款行为的发生。因此，税收管理部门在税收政策变化后，应及时进行宣传并加强监管，保证税收政策落实到位。在对机动车检测单位进行检查时，可以从公安部门车辆管理信息系统取得被查单位提供车辆检测数据，进而确定企业涉税问题。

（黑龙江省地方税务局稽查局供稿）

某钨业有限公司少缴税款案

【案件类别】 少缴税款案例

【案件所属行业】 采矿业

【案件来源】 2013年1月，九江市修水县地税局稽查局在对重点税源企业进行涉税数据分析时发现，修水县某钨业公司存在重大涉税嫌疑，2012年度该企业会计利润363847093.53元与其申报缴纳的企业所得税74997298.63元不配比，决定对该公司2012年度的涉税情况进行检查。

【基本案情】 纳税人在2012年1月1日—2012年12月31日期间取得会计利润363847093.35元，因为纳税人自身原因，通过少计应缴或应预缴税款，或者因计算错误少申报缴纳营业税485.79元，城市维护建设税5.65元，教育费附加14.59元，地方教育附加11.30元，印花税5179.30元，企业所得税18252262.15元，应补扣个人所得税9935.70元，税款合计18267894.48元。

【违法事实】 2012年取得租赁业收入838839.23元，应缴租赁业营业税41941.96元，已缴41456.17元，少缴485.79元。发放工资薪金、所得21718079元，应扣工资薪金所得个人所得税651542.37元，已扣641606.67元，少扣9935.70元。签订建安工程承包合同的计税依据37538333.33元，应缴建安工程承包合同印花税11261.50元，已缴6082.20元，少缴5179.30元。应缴的增值税、营业税合计86259245元，应缴城市维护建设税、教育费附加、地方教育费附加5175554.7元，已缴5175523.17元，少缴31.54元。

2012年企业所得税应纳税所得额372998243.12元，应缴纳企业所得税93249560.78元，已缴74997298.63元，少缴18252262.15元。

【处理处罚结果】 决定依法追缴该公司少缴的税款18267894.48元，并加收滞纳金、罚款。

【问题分析及工作启示】 一是要重视查前准备工作。该公司规模较大，会计凭证多，如果没有详细的检查方案、明确的工作步骤，在实地检查时就难以抓住重点、把握关键点。同时，深化稽查人员对相关业务的学习，并熟练掌握该行业的经验规律和特点，提高检查工作的针对性。

二是要重视查中沟通辅导。该公司涉及的税收政策比较繁杂、变化较大，财务人员对不少政策理解和税务人员理解存在差异，这就要求我们在检查时，注意宣传政策，多和财务人员交流看法，以取得他们的理解。

三是要重视税源管控力度。特别要加强对职工收入水平高、账册健全、易于监控的企业个人所得税的日常管理，对非主体税种要加强代征工作力度，同时对稽查查补的税款要严格按规定进行处罚，加大执法的刚性，提高企业依法扣缴的意识。

（江西省地方税务局稽查局供稿）

河南新野县新纺集团公司涉税检举案

【案件类别】 少缴税款案例

【案件所属行业】 纺织业

【案件特点】 纺织行业属劳动密集型产业，因产品科技含量不高，原材料既可连续生产，也可单环节生产，产出物既可作为成品出售，也可作下一个生产环节的原料出售。本案通过分析纺织企业特点，广泛查找证据，调查纺织企业与设在各地办事处之间的实际关系，查获其推迟申报销售时间的事实。同时，本案又属举报案件，在办案过程中，如何与举报人进行沟通，获取被举报企业违法证据和有效信息，为以后查处此类案件提供了借鉴。

【案件来源】 该案为税务总局督办案件。检举人实名检举河南省新野县新纺集团公司董事长兼党委书记魏某，1996 年骗取出口退税、1994 年起 10 年来偷税几亿元的问题。

【基本案情】 河南新野纺织股份有限公司，前身是河南新野纺织集团股份有限公司，1969 年成立，2002 年 3 月变更为现名，法定代表人魏某，国有控股大型棉纺织上市公司。经营地址位于新野县城关镇书院路 60 号，经营范围为棉纺及棉织品，服装加工销售，经营本企业自产产品及相关技术的进出口业务等。企业拥有纱锭 34 万枚，织机近 3000 台（其中无梭织机 1400 多台），是国内最大、国际领先的高档转杯纺生产线，拥有从德国等国引进的清梳联、无梭织机等国际一流设备 1500 多台（套），占公司关键装备总量的 80% 以上。企业主要生产各类棉（混纺）纱线、棉布、色织面料及家纺用品等四大系列 100 多个品种。1994 年被认定为增值税一般纳税人企业，1997 年 12 月被认定为出口退税企业。主管税务机关为新野县国税局城区税务分局，企业所得税归地税局征收。

【违法事实】 南阳市国税局稽查局接到督办函后抽调业务骨干成立专案组，迅速展开案头分析，掌握企业基本生产经营情况，针对举报内容，对该公司 1994—2012 年涉税情况、出口业务情况等进行检查。经查该公司申报的出口退税单证齐全，未发现举报人反映的骗取出口退税的行为；2000—2011 年，该公司作为南阳市新野县的重点税源企业，市县两级国税稽查局先后 6 次检查，入库税收 723 万元，检查落实情况与举报人反映的每年偷税 1200 万元情况不符。检查组对举报内容以外进行延伸检查，经查发现：1. 检查组对该公司纳税情况进行检查前，要求其先自行检查。由于该公司是上市公司，财务核算环节多且内部核算方法特殊，全国各地设有 10 多个带仓库的办事处，从厂里将货物移库到各地办事处（不是独立核算的法人机构）时，属于内部移库行为，开具普通发票和货物出库单，企业在账面对该部分发出货物做了销售处理，并计提了销项税额，但在申报时未并入申报收入，造成 2011—2012 年该企业账面销售收入与申报收入差异合计 8008 万元（不含税），应补缴增值税 1561.10 万元。在询问和查证期间，该公司意识到这一问题的严重性，于 2014 年 4 月 3 日对该项问题做了自查补税，查补预缴税款 1561.10 万元。

2. 2012 年 5 月，该公司将保险公司赔款 250 万元计入营业外收入。经调查，2011 年 7 月因纺纱分厂年久失修、保管员擅自脱岗等原因，造成一个产成品仓库棉纱库漏雨，部分棉纱淋雨发生质变，经保险公司认定实际损失为 257.32 万元，该公司未作进项税额转出，应补缴增值税 30.76 万元。

【查办过程】 1. 查前分析，制定周密的检查预案。了解企业历史变更，特别是 1994 年以来企业改制、发展历程、人员变动等基本情况。核查企业每年的销售情况、应纳税额、出口退税额等。因该公司属于大型纺织企业，各地都有销售办事处，了解其业务流程及纳税情况。

2. 内查外调、自查与检查齐头并进。采取突击调账检查为主，实地检查与外围调查等相结合，运用了全查法和抽查法相结合的检查方法，核实举报反映的相关问题。

3. 耐心沟通，了解举报相关情况。由于举报的时间跨度长、金额大、举报线索简单，为了解举报内容的真实性，获取更多证据材料，检查组积极与举报人沟通。经查发现：举报人刘某，对举报信的内容及被举报企业经营情况并不知晓，系他人伪造笔迹借其名义进行举报。举报人陈某，1971—

1993年7月任该企业车间工长、企业下属工贸公司副经理等职务，因工资待遇、退休手续等问题与被举报人魏某产生矛盾，为解决上述问题引发举报。其称所举报的内容均听高某讲的，也无法与高某取得联系。

【处理处罚结果】 1. 该公司是南阳市四家上市公司之一，新野县龙头企业、纳税大户，为该县的经济发展和社会稳定做出很大贡献；该公司的董事长兼党委书记，自1994年企业改制后一直任企业法定代表人，第十届全国人大代表，享受国务院颁发的政府特殊津贴等殊荣，在省市县党政部门等社会影响力较大；加之目前纺织行业普遍不景气，经营困难等因素，南阳市国税局稽查局同意该公司按查补预缴方式缴纳税款1561.10万元。

2. 根据《中华人民共和国增值税暂行条例》（国务院令第538号）第十条第三项、根据《中华人民共和国增值税暂行条例实施细则》（财政部、国家税务总局令第50号）第二十七条的规定，该公司应转出进项税额30.76万元。

3. 根据《中华人民共和国税收征收管理法》第三十二条、《中华人民共和国税收征收管理法实施细则》第七十五条之规定，加收滞纳金15.07万元。

【问题分析及工作启示】 1. 问题分析。随着公民法制意识的提高和税收意识的强化，署名举报不断增多，证据愈加详细充足，但有些举报内容真伪难辨，举报动机也呈现多样化。本案中，举报人因受到不合理待遇感到不平而举报，怀着不达目的决不罢休的想法，将搜集到的甚至猜想出的有关本单位涉税问题举报到税务机关。由于举报人的极端心理，加之对税收政策的不了解，会因不满意税务机关的处理结果而进行重复举报。这就给举报案件的检查、处理及沟通工作提出了更新更高的要求。

2. 工作启示。首先，积极沟通、引导举报人正确对待涉税举报工作。加强检查过程中与举报人的联系，及时掌握被举报企业违法行为的具体情况，使得案件查处工作取得重大突破。热情接待、耐心疏导，使举报人充分理解举报案件查处工作，对举报人不合理的诉求应明确告知。其次，查前分析，找准案件案件突破口。查前围绕举报线索进行多方位、多角度的综合对比分析，找准突破口，对举报的涉税问题查深、查细、查透，确保稽查质量。第三，管查互动，加强征管与稽查信息沟通。举报问题比较单一，涉嫌违法情节较轻的，应充分发挥征管部门日常检查的职能作用，既可以缓解稽查力量不足问题，也有利于征管部门及时掌握所管辖纳税户的涉税违法情况，采取有效惩戒措施。征管部门应重视和做好企业日常账实核对工作，对其经营产品与取得购货发票的核对，摸清企业货物流向，通过采集货物的购进、发生、库存等信息，资金流与货物流指标的比对，掌握企业的购销存动态变化，最大限度地减少企业的账外经营或延迟申报销售等行为。

（河南省国家税务局稽查局供稿）

某水利有限公司少申报缴纳土地使用税案

【案件类别】 少缴税款案例

【案件所属行业】 制造业

【案件特点】 本案通过聘请或提请专业机构、专业部门作专业测量、专业计量或专业分析。对纳税人尚未办理土地使用证，但实际占用的土地面积进行了确认，并以此作为税款的计税依据。既确保了计税依据的真实准确，又保证了证据链完整和合法。对以后此类案件的检查工作，提供了一个很好的借鉴。

【案件来源】 某市地税稽查局接收一起上级转办的举报案件，举报人在举报信中称被举报公司占地面积近47亩，近31000平方米。在对该举报信息进行调查核实中发现被举报公司土地使用证记载的面积仅12667.3平方米，其余部分为无证面积，而且该公司实际占地面积为不规则长方形。

【基本案情】 本案被举报对象某水泥有限公司是由原A水泥公司改制转民、B水泥公司关停收购的一户民营企业，主管税务机关：某市地方税务局第三分局，经营范围：水泥生产销售、塑料编织袋加工销售、运输服务等，该公司账务反映2010年度主营业务收入14542465.23元，净利润15120.06元，已向主管税务机关申报缴纳税费189939.50元；2011年度主营业务收入20050491.96元，净利润12471.99元，已向主管税务机关申报缴纳税费 261647.56 元；2012 年度主营业务收入 26472385.88 元，净利润 41544.35 元，已向主管税务机关申报缴纳税费 303675.12 元。

【违法事实】 该公司实际占地面积为 33.18 亩，即 22120.11 平方米，少申报土地面积 9452.81 平方米，少申报缴纳地方税费 308501.57 元。其中房产税 15669.14 元、土地使用税 199707.86 元、印花税 8403.59 元、企业所得税 27470.49 元、教育费附加 12267.46 元、堤防维护费 44658.60 元、地方教育附加 324.43 元。

【查办过程】 1. 制定预案。在接到检查任务后，稽查专班立即与主管税务机关联系调取该公司征管资料，认真审核该公司纳税申报表和会计报表，同时积极与该公司主管税务人员沟通，在对该公司基本情况充分了解后。检查专班确定以土地使用税为检查重点，兼顾地方各税费检查的实施预案。同时对检查任务进行了分解，第一组主要任务是对该公司地方各税进行检查，第二组负责对土地实际占用情况进行检查。

2. 兵分两路。制订好了稽查预案后，检查专班于 2013 年 5 月 28 日向该公司下达了《税务检查通知书》，送随同送达了《税务检查事项告知书》等法律文书，就企业应提供的备查资料进行了告知。并于 2013 年 6 月 1 日，在该公司办公地点对其 2010—2013 年度履行纳税义务的情况开展检查工作，在检查中检查人员发现该公司在建账和账务处理方面还是较为规范的，正是由于账务的规范使检查专班对该公司相关账簿凭证的查阅和对除企业所得税、土地使用税外其他税种的检查上进展顺利。为了进一步提高稽查效率，检查专班根据预案安排将第一组检查人员留在该公司，继续对其除土地使用税外其他税种开展检查和查阅、归集证据资料。同时第二组检查人员找到该公司财务人员对土地使用情况进行询问了解，经询问得知该公司是由原 A 水泥公司改制转民，B 水泥公司关停收购的一户民营企业。而该公司现在使用的土地正是原 A 水泥有限 B 水泥厂土地和厂房置换所得，该公司现在实际只拥有 1 个土地使用证，总共记载的面积仅 12667.3 平方米，对于实际占地的情况被询问人也不是很清楚，通过稽查人员实地查看，发现该公司土地形状极不规则。如果用皮尺卷尺等传统测量工具进行测量，不但测量工作量大，且无法确保测量数据的精确。

3. 沟通宣传。为了不让税款流失，检查人员反复向该公司负责人宣传土地使用税应以实际占地面积为依据，但该公司负责人坚持认为土地使用证记载面积只有 12667.3 平方米，应该按这个数据交税，且稽查人员没有证据证明该公司土地使用证记载面积与实际占用面积不符，为此稽查人员先后十余次与和该公司负责人进行沟通无果，经某市地税局批准决定将专业性的测量工作交由专业部门实施，委托该市规划局对该公司的实地占地面积进行测量。在取得该公司负责人同意后某市地税稽查局立即制作了《协查函》和《鉴定委托书》，正式委托该市规划局对某水泥有限公司进行测量，协助查证该公司的实际土地使用面积，并派遣一名同志到该市规划局就测量重点和数据要求与规划局的同志进行沟通，并全程参与整个测量活动。

4. 借力使力。通过对情况的了解，该市规划局技术人员建议使用 VúGTK 卫星定位测量系统对该企业的土地面积进行实地专业测量。VúGTK 卫星定位测量是一种较先进的测量方式，首先要在该企业的使用面积上，选取围墙延伸突出的 21 个点，作为测量的基准测量点，最后用专业的、科学的计算得到准确的土地面积，这种测量方法可以精准到毫厘，但是测量费用较高。考虑到案件的特殊情况，特别是为了维护税法尊严，打击涉税违法者的嚣张气焰，经向某市地税局领导请示后，最后还是决定使用 VúGTK 卫星定位测量系统进行测量，测量后该市规划局向某市地方税务局稽查局出具了《关于某水泥有限公司土地使用面积测量认定书》，确认该公司实际占地面积为 33.18 亩，即 22120.11 平方米。

5. 风波再起。面对无法否定的测量结果，该公司负责人又生一计。原来，该公司于 2010 年 9 月 1 日前关闭其∮ 2.2 × 7m 粉磨站，在关闭前近 2 年，该公司生产线基本上处于半停产状态。为此该公司根据某市政办《关于印发某市 2010 年淘汰落后产能工作实施方案的通知》，以某市人民政府专题会议纪要《关于解决 A 水泥公司改制和 B 水泥公司搬迁有关遗留问题的纪要》中有关税收优惠文件精神和关闭的生产线占用的土地未能有效使用为由，要求地税部门对土地使用税和房产税予以酌情减免，但没有得到批准，因而造成土地使用税申报不足。面对这个情况稽查人员再次对该公司进行税收政策宣传，解释虽然该公司已向税务机关就土地使用税方面申请了减免，但主管税务机关并未批准，仅减免税申请是不能作为减免税的依据的，通过稽查人员耐心细致的宣传，最后纳税人按规定补缴了税款。

【处理处罚结果】 税务机关根据相关税收法律法规向该公司下达了法律文书，该公司按规定补缴地方税费308501.57元。其中房产税15669.14元、土地使用税199707.86元、印花税8403.59元、企业所得税27470.49元、教育费附加12267.46元、堤防维护费44658.60元、地方教育附加324.43元。并对少缴的税款给予处罚。

【问题分析及工作启示】 对于无证但正在使用的土地面积的计税依据如何确定，本案提供了一个很好的方法。可以聘请或提请专业机构专业部门作专业测量、专业计量或专业分析。以此作为计算税款的计税依据。税务稽查在调查取证时，应该注重证据的原始性和实质性，而且证据之间应相互印证，形成完整的证据链，以合法、完整、充分、确凿的证据支持税务稽查认定的涉税违法事实，保证涉税案件的查处质量。该局提请专业机构进行专业测量，确保了计税依据的合法、完整、充分、确凿。这种做法，对于纳税人，也容易接受和理解。通过精准的测量方式，对于举报人的举报内容也是一个极好的佐证。确保了办案的公平公正，也容易得到举报人的理解和信任，避免了案件的反复。

（湖北省地方税务局稽查局供稿）

琼海中视房地产开发有限公司少缴税款案

【案件类别】 少缴税款案例

【案件所属行业】 房地产业

【案件特点】 本案税务稽查人员在检查过程中，采取“一体化稽查”的方法，注重对销售价格和开发成本的主要数据和指标进行对比、分析，注重对发票真实性审核和相应资金流向的追踪，为税务稽查人员检查房地产行业提供了值得借鉴的做法。

【案件来源】 海南省地方税务局稽查局选案。

【基本案情】 琼海中视房地产开发有限公司于2007年9月17日成立，住所：琼海市嘉积镇银海路19号，法定代表人：刘某，注册资本：8560万元，公司类型：有限责任公司，经营范围：房地产开发经营，房地产交易代理，室内外装修工程，水电安装工程设计、施工，土石方工程，经济信息咨询服务（凡需行政许可的项目凭许可证经营）。该公司企业所得税由国税部门征收管理。

根据海南省地税局稽查局下达的案件检查任务，第四稽查局于2011年5月11日—2012年11月15日对琼海中视房地产开发有限公司2008—2010年度的经营纳税情况及土地增值税清算情况进行检查。根据对企业财务报表、纳税申报表、销售明细表的结果分析，该公司在商品房销售过程中，成本不实。第四稽查局以核实收入和落实成本为主的稽查思路，深入调查该企业的涉税情况。一方面，检查人员采取实地调查的方法了解其商品房建造的具体情况，根据该公司建造商品房的规划图纸，落实每一栋楼、每一单元、每一层楼的入住情况，公共配套设施的面积情况等，同时，逐户核实合同金额、发票开具金额、每一户的建筑面积及同期同地段同类型商品房价格情况，最终确定其开发的总面积和实际收取销售收入。另一方面，检查人员以事实为根据，检查企业取得土地的成本和商品房开发成本，检查调减该公司土地评估费，前期工程费，建筑工程费，基础工程费，开发间直费3276405.44元。

【违法事实及处理结果】 通过本案的查处，发现企业的主要涉税问题：一是印花税处理，应补贴印花税票175604.96元，加收滞纳金68029.97元。二是城镇土地使用处理，逾期缴纳城镇土地使用税加收滞纳金541.42元。三是罚款87802.48元。四是根据《海南省地方税务局关于土地增值税有关问题的通知》（琼地税发〔2009〕104号）的规定：应分别清算普通住宅和非普通住宅土地增值税。经对该公司“金色港湾”项目清算审核，应征土地增值税47174797.80元，已预缴土地增值税8515044.92元，应补征土地增值税38659752.88元。

【问题分析及工作启示】 1. 查处本案的认识和体会。通过对该公司检查的经验和教训表明，检查房地产企业，单纯检查某一年度，很难发现重大隐匿收入问题。只有将整个项目合并检查，打破按年度检查的常规，才能进行较为彻底的检查，因此，在对该公司检查时按照已开票完毕的项目总建筑面积、销售进度和市场平均价格估算总收入，然后和企业账面项目历年累计收入比对，测试项目收入的完整性和可信度。检查对开发前后环节一并查，该项目产品周期长，建设环节多，施工队伍复杂，因此在检查中，对开发环节以前的土地使用权取得，以后的建安施工环节，进行了一体化检查。

检查组检查成本列支与查工程项目、工程预算、决算一并进行比对。一是对账簿资料的合理性进行分析、比对；二是对开发项目外部相关情况进行调查，将外部信息与账簿资料进行核对；三是对上下相关企业的调查核对。

由于该公司商品房建设周期跨3个年度，其营业收入及成本核算不准确。检查组从收入与成本配比，房地产销售形势与经营业绩等方面进行分析从而发现疑点，进而通过项目决算与项目成本比对确定突破口，最终对虚增成本行为给予了有力查处。

2. 工作建议。一是从行业特点出发改进税务检查方法。由单一的年度检查改为年度检查与开发项目检查相结合。房地产企业应以单位项目作为检查的重点。由于房地产项目开发周期往往都较长，通常以一个纳税年度作为检查时限范围的方法，不能适应房地产业的具体情况，检查的内容及发现的问题带有明显的局限性和片面性。如果以房地产公司开发项目为切入点进行检查，则能比较全面地把握其项目开发的过程，容易发现税收违法行为。

二是目前多数房地产企业结转销售成本的方法是以每平方米的单位造价×销售面积的金额来结转成本。由于项目开发周期跨度一般在1年以上，企业开发项目中的单位项目较多，对口的施工单位、供料商多，项目开发早期财务不能及时地取得各项目的“工程结算单”，所以在会计核算单位造价时往往使用以预算造价计算单位成本的方法。一些房地产企业的财务人员利用这一特点，自行加大早期单位成本的计划预算造价，严重影响企业所得税及时足额入库。

三是关系单位虚开发票，虚增企业成本。房地产开发企业涉及的行业较多，一个项目的开发涉及设计、建筑施工安装、加工业、建材商贸、房屋销售代理业、广告、物业管理等诸多部门。不仅使房地产企业的财务日常处理票据的工作量大、成本核算也容易混乱，也给房地产企业虚增成本带来了可乘之机。

四是房地产企业的往来款项较多，一些不易走账、性质相对模糊的业务，企业财务人员常在“往来科目”中列支。因此有针对性地对“其他应收款”“其他应付款”进行重点审查，对往来账上挂账时间长且金额较大的业务重点核实原始凭证、询问形成原因，常常能发现其中的涉税问题。

五是对所采集的数据进行分析，有利于发现企业提供的资料中所存在的疑点，为进一步检查提供依据。将开发手续情况登记表中反映的规划面积、施工面积、土地面积、合同造价与项目销售情况一览表的数据对照，看企业提供可销售面积与规划许可证之间反映的面积有无差异；建筑安装许可证的合同造价与实际合同和实际支付施工费有无差额；将开发成本明细表同项目部分会计科目汇总表、项目销售情况一览表对比，看房产交易费、维修基金支付额与账面销售收入是否成比例，销售面积是否一致，测定企业实现收入与账面收入是否存在差额等等。

六是透过本案，说明投资者为了达到自己的利益而不顾国家利益，法制观念不强，纳税意识淡薄。同时也可以看出征管部门平时的纳税辅导及管理力度不到位，特别是对房地产企业没有从源头上跟踪管理，没有建立一套行之有效的管理模式。建议征管部门要加大税法宣传力度，强化税收征管，对重点项目要跟踪管理，从源头上杜绝偷逃税现象的发生，确保国家税款及时足额入库。

（海南省地方税务局稽查局供稿）

重庆海德实业有限公司股权交易涉税案

【案件类型】 少缴税款案

【案件所属行业】 住宿业

【案件特点】 股权交易是近年来税务稽查的重点项目，股权转让案所表现出来的交易隐蔽性、公允价格认定的复杂性以及事后追征的艰巨性是当前股权交易税务检查必须攻克的难点。本案的成功查结资本交易项目企业所得税的征管和稽查具有启迪意义。

【案件来源】 协查案件

【基本案情】 重庆海德实业有限公司（以下

简称“海德公司”）成立于1995年6月，主要从事住宿业及酒店经营，注册资本23830万元。海德公司在2002—2007年股权投资期间，销售收入31837万元，销售成本16961万元，期间费用17006万元，申报应纳税所得额－59170万元，申报缴纳企业所得税0元。

2012年5月，重庆市南岸区国税稽查局收悉江苏常州市国税稽查局发来协查函，要求核实当地公司与重庆海德实业有限公司股权转让协议相关事宜。6月初，南岸局国税稽查局启动了海德公司2002—2007年经营期间的纳税情况进行了税收检查，该案被税务总局稽查局列为督办案件。历经近1年的调查取证和反复博弈，检查人员查实海德公司与常州大亚公司股权转让交易中未按规定申报股权转让收入9680万元，弥补亏损后，调增应纳税所得额3763万元，应补缴企业所得税1242万元，加收滞纳金903万元。

【查办过程】 1. 抓住协查线索，慧眼选出大案案源。该局在协查工作中坚持“协查地就是案发地”的工作理念，注重从协查中发现线索。通过分析海德公司西南证券股票交易信息，检查人员认为转让价格偏低，扣除相应的融资财务费用和股权转让顾问费后，此笔交易出现不合理亏损，对海德公司申报的真实性打了一个大大的问号。因此，南岸区国税稽查局安排专人与常州保持联系，随时了解进展情况，一直跟踪了四个月的时间才收到常州的资料。经对双方提供的资料进行分析比对，发现重大疑点，将海德公司选为专项检查重点检查对象进行立案检查。

2. 调查取证不怕难，痕迹追踪勇者胜。在此案调查中，检查人员遇到“一不、两难”的突出问题：一是海德公司不理解。因为海德公司从1995年成立以来，工商信息历经24次变更，现投资人北京中关村科技发展（控股）股份有限公司虽100%控股，但当初的股权交易与现股东无关，现在要承担责任觉得冤枉想不通。二是还原事实难。因为企业股东不断变更，当初股权交易经手人已全部离职无法联系。三是调取书证难。海德公司能提供的财务资料非常有限，原始资料不完整。检查人员并未气馁，一方面向重庆市国税稽查局汇报争取支持，另一面尽可能多的获取相关信息，包括国资委股权登记信息、工商登记变更信息、地税局个人所得税征收信息以及互联网上市公司年报信息，随着信息的不断积累，海德公司与广东珠海国利公司、北京天利伟业公司的关联关系浮出水面。在检查人员到常州、北京外调并向珠海发函取证后，基本证实海德公司转让西南证券申报收入存在问题。证据充分后，检查人员正式通知海德公司原股东正面交锋，最终认定海德公司转让西南证券实际转让收入应为2亿元，其中9680万元由关联方珠海国利公司以顾问费名义直接收取并支付至其另一个关联方北京天利伟业公司。

【违法事实】 2002年，海德公司以8000万元购入西南证券股票，2007年以2亿元的实际价格转让西南证券股票，其中：10320万元作为股票转让的名义对价，另9680万元由海德公司关联方珠海国利公司以顾问费名义直接收取并支付至其另一个关联方北京天利伟业公司海德公司与常州大亚公司。因此，海德公司在西南证券股权转让交易中未按规定申报转让收入9680万元，弥补亏损后，应调增应纳税所得额3763万元，海德公司少缴企业所得税1242万元。

【处理处罚结果】 根据《中华人民共和国税收征收管理法》第三十二条、《中华人民共和国企业所得税暂行条例》第二条、第三条、第四条、第五条的规定，对海德公司追缴企业所得税税款1242万元，并依法加收滞纳金903万元。

【问题分析及工作启示】 股权交易是近年来税务稽查的重点项目，海德公司股权转让案所表现出来的交易隐蔽性和交易价格确认的复杂性是当前股权交易税务检查必须攻克的难点。一是完善制度，加强对股权交易监管。海德公司对外经营业务是酒店经营，股权投资仅为当时股东知晓，并未完全在公司账务上反映，针对这种情况，应当充分利用现在所得税的年度申报中投资所得申报明细表（年度申报附表三的资料），结合从工商登记或产权交易所取得的股权变更信息，从总局的层面开发专门的稽核比对信息系统，提取其中疑点数据（比如A企业申报的转让收入与B企业申报的入账成本差异过大数据），让股权交易无处遁形。二是完善所得税的税收政策，解决所得税体制上存在的经济性重复征税问题，提高纳税人的税收遵从度。由于各地存在着不同程度的市场管制，由企业法人而非实际自然人“代持股”现象较为普遍，实际造成了实际投资主体投资所得的双重征税，纳税人会想尽办法进行税收策划降低税收负担。在此案中，海德公司原股东申辩由于重庆市政府要求必须是重庆企业才能持有西南证券，才不得以借壳海德公司代持股。税务总局对代持股政策在2011年《国家税务总局关于企业转让上市公司限售股有关所得税问题的公告》（国家税务总局公告 2011 年第 39 号）中才明确征收企业所得税。海德公司在股权转让时相关税收政策的缺失，给案件的定性处理上带来难度。三是建立中介机构评估和税务机关认定相结合的机制，解决交易公允价格难以确定的难题。海德公司转让股权价格最终仅将关联方收取的 9680 万元顾问费调整为股权转让收入，原因在于海德公司在产权变更登记时，申报的股权转让收入仅为 10320 万元，相对于初始投资成本 8000 万元，加上持股期间资金利息，转让收入明显低于股权成本。而主管税务机关并没有资格和能力进行评估定价，如果借助中立的第三方评估，对股权转让的公允价格进行评估定价相应会减少税务机关的执法风险。

（重庆市国家税务局稽查局供稿）

重庆某实业集团有限公司少缴税款案

【案件类别】　少缴税款案例

【案件所属行业】　房地产业

【案件特点】　房地产公司虚增建安成本，造成少缴企业所得税、土地增值税。

【案件来源】　举报案件

【基本案情】　2011 年 9 月，万州区地税局稽查局接到 12366 转来举报线索，于是组织检查人员对被举报的重庆某实业集团有限公司立案检查，但该公司不积极配合检查工作，检查工作一直延续到 2012 年。经查，该公司 2009—2011 年存在虚增建筑安装成本，少缴企业所得税、土地增值税的违法问题。

【违法事实】　该公司利用内部承包建安工程虚增建安成本，少缴企业所得税、土地增值税。

【查办过程】　1. 周密布置。一是分析征管资料，确定检查重点。在接到 12366 转来的线索后，调取了该公司 2009—2011 年的征管卷宗，从该公司报送的相关资料分析，该公司先后开发阳光国际、天江郦城、阳光城项目，销售收入近 4 亿元，但只申报企业所得税 3 万多元，预缴土地增值税 450 万元，明显低于本地房地产企业平均税负，故确定企业所得税、土地增值税两个税种作为检查重点。二是分析项目资料，确定突破点。根据检查重点，检查人员仔细分析了开发项目资料，并和主管税务机关进行了交流，把该公司项目开发成本和万州区同期同类房地产开发项目进行比对，针对该公司建安成本偏高的情况，把查实建安成本作为检查的突破点。三是抽调检查骨干，确保检查工作。在确定了检查重点和检查突破点后，抽调了多名检查骨干组成检查组，要求检查人员合理分工，团结合作，确保检查顺利进行，保证检查质量。

2. 内外攻坚。检查组详细查阅了该公司 2009—2011 年账簿，对有疑问的凭证进行了查阅，并抽查了发票 100 多张。在掌握了该公司基本情况后，检查组先后到 6 家相关单位进行了调查，到承租方重庆中天企业管理顾问有限公司和万州区房管局调查，核实该公司将“万州中天广场装饰城”自有产权房屋出租未计收入。到中介机构重庆宏发造价咨询有限公司调查核实阳光国际项目主体及附属工程审定造价为 64441694. 37 元，天江郦城项目主体审定造价为 53865685. 99 元，而该公司相应的账列成本分别为阳光国际 91859992 元、天江郦城 90230000 元，分别超过 27418297. 63 元和 36364314. 01 元。到万州区造价站调查获取万州区各年度单方造价参考指标，经比对，阳光国际每平方米建安成本比造价站提供的最高造价高约 300 元/平方米，天江郦城每平方米建安成本比造价站提供的最高造价高约 500 元/平方米。到承建商重庆渝万建设集团公司调查核实该公司工程系内部承包工程，承包人为王某等 6 人，工程也未纳入渝万公司核算，向承包人调查得知部分建安发票系该公司以渝万公司名义向税务机关申请代开。

3. 最终结果。经过大量的查阅和调查工作，检查组确认该公司采取虚增建安成本的办法少缴企业所得税及土地增值税。在初步查结后报请万州区地税局案审，案审意见：稽查局按照中介机构签订的开发成本调整企业账列成本并据此计算企业所得税及土地增值税的方法，法律依据不够充分。但从查处情况看，该公司企业所得税及土地增值税计税依据明显偏低，成本费用核算不规范，不能正确核算（查实）成本费用总额，为避免国家税收流失，决定对该公司企业所得税及土地增值税采取核定征收方式。经万州区地税局案审后，报经重庆市地税局案审同意，对该公司企业所得税及土地增值税采取核定征收。核定该公司2009—2011年应补缴地方税费28077396.29元。

【处理处罚结果】 根据市地税局案审意见，万州区地税局依法对该公司作出了税务处理决定：依法追缴该公司2009年1月—2011年12月少缴地方教育费附加12297.88元、印花税11636.90元、房产税81161.24元、契税328494.12元、土地使用税1082150.93元、车船税573.33元、企业所得税12730341.65元、土地增值税13830740.25元，合计追缴28077396.29元。

【问题分析及工作启示】 本案是一起利用增高建安成本，少缴企业所得税、土地增值税的典型案例，从中也给税务机关很多启示。一是加强日常管理，强化税收分析。该公司连续开发房地产项目，多年来都未实际缴纳企业所得税，明显与现阶段房地产企业经营情况不符，也明显低于房地产企业平均税负。只要加强日常管理和税收分析，这些问题应该提早发现，可以促使企业依法纳税，守法经营。二是运用税收保障办法，提高社会综合治税能力，加强政府各部门综合信息数据的交流和运用，强化与土地、建筑、房产等部门的合作，取得第一手数据资料，更好地服务于税收。

（重庆市地方税务局稽查处供稿）

云南某地产开发有限公司未扣缴税款案

【案件类别】 少缴税款案例

【案件所属行业】 房地产开发业

【案件特点】 该案从企业合同条款中发现疑点和线索，以小见大，顺藤摸瓜，进而查出该公司未按时履行扣缴税款的全部问题，这类问题在房地产税收检查中具有一定的行业代表性。

【案件来源】 日常检查

【基本案情】 该公司于2008年9月2日成立，注册类型为有限公司，并领取《企业法人营业执照》。其法定代表人秦某。主要经营房地产开发，属独立核算单位。地税主管税务机关为寻甸县地方税务局二分局。检查人员采取逆查法和抽查法，通过仔细审阅合同，最终查清了该公司应扣未扣缴税款的违法事实。

【违法事实】 稽查人员于2011年8月9日对云南某地产开发有限公司2009年6月1日—2011年6月30日的地方各税纳税情况进行了税务稽查。经查，发现：

1. 建筑安装工程承包合同6份，合同金额37875388.17元，实际支付金额38042597.12元，合同双方明确："所涉税收由甲方负责扣缴。"故应代扣代缴建筑安装营业税1141277.91元、城市维护建设税57063.90元、教育费附加34238.34元、地方教育附加22825.56元、企业所得税760851.94元，已代扣代缴营业税782881.77元，城市维护建设税39144.09元、教育费附加23486.45元、地方教育附加12657.64元、企业所得税521921.18元、应补扣补缴营业税358396.14元、城市维护建设税17919.81元、教育费附加10751.89元、地方教育附加10167.92元、企业所得税238930.76元，合计应补扣补缴营业税358396.14元、城市维护建设税17919.81元、教育费附加10751.89元、地方教育附加10167.92元、企业所得税238930.76元，合计636166.52元。

2. 印花税。共签订合同16份，其中建安合同11份金额28124790.81元，应申报缴纳印花税8437.44元；购销合同2份金额12146843元，应申报缴纳印花税3644.05元；建设勘察设计合同1份金额84300元，应申报缴纳印花税42.15元；根据《中华人民共和国印花税暂行条例》第一条、第二条，以上合计应申报缴纳印花税12123.64元，已缴7828.82元，未申报缴纳印花税4294.82元。

【查办过程】 截至检查组进驻检查之日，该公司部分商品房尚未销售且尚未作工程结算，不具备土地增值税清算条件，因此检查组主要采用逆查法和抽查法审核了该公司的会计报表、账簿、凭证、发票、合同等有关资料，检查了地方各税费的纳税情况。经查，该公司销售不动产营业税及附加、印花税按时足额申报缴纳、土地增值税按时足额预缴。为进一步发现疑点，检查组通过仔细审阅该公司签订的合同，发现一份《建筑安装工程承包合同》中明确规定："所涉税收由甲方缴纳。"

于是，检查组将该公司签订的全部合同编制成表格，一方面仔细核查公司的往来账，调取合同款相关支付凭证；另一方面向承包方询问拨款情况和税款缴纳情况；再次，有一份建设工程施工合同属于“干包工”合同，检查组调取了该公司购买本合同相关材料的支付凭证，汇集金额，并入建安合同一并计算缴纳地方各税；最后，向该公司财务人员及法定代表人作进一步询问、核实、多方印证。最终将应由甲方负责缴税的6份合同、金额、应缴税、已缴税、应补税情况形成表格，涉税事项一目了然。面对检查组周密、细致、认真的工作态度；面对大量的事实和证据该公司不但认可稽查数据，还积极主动配合检查组完善相关证据材料，使工作得以顺利开展。

【处理处罚结果】　鉴于在检查过程中，该公司积极配合检查，对查处的问题认识态度较好。据《中华人民共和国税收征收管理法》第三十二条、第六十九条、第六十四条第二款、《国家税务总局关于贯彻〈中华人民共和国税收征收管理法〉及其实施细则若干具体问题的通知》（国税发〔2003〕47号）、《国务院关于教育费附加征收问题的紧急通知》（国发明电〔1994〕2号）、《云南省人民政府关于印发云南省地方教育费附加征收管理办法的通知》（云政发〔2005〕137号）的规定：

1. 限期补扣补缴2009年6月1日—2011年6月30日建筑业营业税358396.14元、城市维护建设税17919.81元、教育费附加10751.89元、地方教育附加10167.92元、企业所得税238930.76元，合计636166.52元。并按规定计算加收营业税滞纳金36914.80元、城市维护建设税滞纳金1845.74元、企业所得税滞纳金24609.84元。

2. 限期补缴2009年6月1日—2011年6月30日合同印花税4294.82元，并按规定计算加收印花税滞纳金442.37元，并处以1倍的罚款计4294.82元。

以上应补税费合计640461.34元、加收滞纳金合计63812.78元、处以罚款4294.82元，总计708568.94元。

【问题分析及工作启示】　1. 该公司少缴营业税、城市维护建设税、教育费附加、地方教育附加、企业所得税、印花税，主要是由于该公司财务人员对税收法律、法规及有关政策理解错误，因此建议主管税务机关加强以上各税种的培训和政策辅导工作；

2. 日常管理中税务机关应仔细核查，及时纠正企业在执行税收政策过程中的错误；

3. 企业财务人员应加强对各项税收政策的学习和理解；

4. 主管税务机关应监督企业及时办理各税种的入库工作，及时足额解缴应缴税款。

（云南省地方税务局稽查局供稿）

陕西中泰集团有限公司违规抵扣少缴税款案

【案件类别】　少缴税款案例

【案件所属行业】　黑色金属冶炼和压延加工业

【案件来源】　根据日常选案工作安排，依据税务稽查任务通知书，检查组对该案进行了检查。

【案件特点】　该案查处中，检查人员通过对账面数和库存实物进行盘点、对比，发现疑点进行询问的方式查办案件，不怕麻烦、不怕工作量大，最终查实该案。这种办案的精神虽然传统，但行之有效的工作方法——账、实盘点法值得巩固、推广。

【基本案情】　陕西中泰集团有限公司属工业企业，经济性质：有限公司；法人代表：徐某；经营地址：勉县火车东站；财务负责人：王某。主要经营：硅锰合金的生产、加工和销售。实行独立核算，实收资本6200万元，现有职工320人。属增值税一般纳税人，增值税、企业所得税征收管理由勉县国家税务局负责。

【查办过程】　1. 检查预案。通过CTAIS中进行查询，了解被查对象的生产经营范围、经营地址、财务数据等基本生产经营情况。在下户检查前做到心中有数。针对该户近三年收入、缴纳税款均比较均衡、与市场经济形式（有起有落）不太相符的情况，怀疑该公司是否以少报收入、多抵进项的方式少缴税款。

2. 检查具体方法。在本案的查处中，检查人员主要采取账实盘点、对涉案当事人进行询问等，对该公司的“产品销售收入”“其他业务收入”“营业外收入”“库存商品”“应收账款”“生产成本”“制造费用”“销售费用”“管理费用”“财务费用”“营业外支出”“应交税金”等科目、会计凭证、纳税申报表、抵扣凭证、库存商品出入库单据及其他有关涉税资料进行检查等方法查实了该案。

【违法事实】 1. 经查，该公司在产品通过铁路运输过程中因被盗发生丢失，财务人员对该部分损失不做进项税转出处理，2009—2011 年共丢失 312.62 吨，金额 1970156.51 元，少作进项税转出 334926.61 元。

2. 2009 年 3 月在其他业务收入中冲减 2008 年 9 月多申报销售额 160979.35 元；5 月在申报代理出口货物时又冲减 2008 年 9 月多申报销售额 160979.35 元，造成少记、少申报销售额 160979.35 元，少缴税款 27366.49 元。

3. 少申报销售额 160979.35 元，少计应纳税所得额 160979.35 元，应补缴增值税 27366.49 元对应的城市维护建设税 1915.65 元，教育费附加 820.99 元，实际应调增应纳税所得额 158242.71 元。

【处理处罚结果】 1. 货物被盗发生损失，根据《中华人民共和国税收征收管理法》第三十二条“纳税人未按照规定期限缴纳税款的，扣缴义务人未按照规定期限解缴税款的，税务机关除责令限期缴纳外，从滞纳税款之日起，按日加收滞纳税款万分之五的滞纳金”、《中华人民共和国增值税暂行条例》第十条第三款“下列项目的进项税额不得从销项税额中抵扣：非正常损失的在产品、产成品所耗用的购进货物或者应税劳务”和《中华人民共和国增值税暂行条例实施细则》第二十四条“条例第十条第（二）项所称非正常损失，是指因管理不善造成被盗、丢失、霉烂变质的损失”之规定。依 17% 税率计算，追缴少缴增值税 334926.61 元并按日加收万分之五的滞纳金。

2. 少申报销售额 160979.35 元。根据《中华人民共和国税收征收管理法》第三十二条“纳税人未按照规定期限缴纳税款的，扣缴义务人未按照规定期限解缴税款的，税务机关除责令限期缴纳外，从滞纳税款之日起，按日加收滞纳税款万分之五的滞纳金”、《中华人民共和国增值税暂行条例》第一条“在中华人民共和国境内销售货物或者提供加工、修理修配劳务以及进口货物的单位和个人，为增值税的纳税人，应当依照本条例缴纳增值税”之规定。依 17% 税率计算，追缴少缴增值税 27366.49 元并按日加收万分之五的滞纳金。

3. 对该司 2009 年少调增应纳税所得额 158242.71 元的行为，根据《财政部、海关总署、国家税务总局关于支持汶川地震灾后恢复重建有关税收政策问题的通知》（财税〔2008〕104 号）第一条第二款“关于减轻企业负担，促进企业尽快恢复生产的税收政策措施：对受灾严重地区损失严重的企业，免征 2008 年度企业所得税”以及《财政部、国家税务总局关于延长部分税收优惠政策执行期限的通知》（财税〔2009〕131 号）第五条“经国务院批准，下列文件规定的 2008 年 12 月 31 日到期的有关税收优惠政策将继续执行至 2010 年 12 月 31 日：《财政部、海关总署、国家税务总局关于支持汶川地震灾后恢复重建有关税收政策问题的通知》（财税〔2008〕104 号）”及《中华人民共和国税收征收管理法》第六十四条第一款“纳税人、扣缴义务人编造虚假计税依据的，由税务机关责令限期改正，并处以五万元以下的罚款”之规定，对该公司编造虚假计税依据的行为，处 3000 元罚款。

【问题分析及工作启示】 1. 在案件查处的过程中，除了与时俱进，多掌握一些新的稽查方法、手段，也不能忘了一些行之有效的传统方法，如账实核对法、进销项比对法、实地调查法等，以严肃认真的工作态度保证查办案件质量。

2. 征管部门要加强管户日常巡查，多向纳税人宣传税收政策，将纳税人的涉税风险尽可能地化解在萌芽状态，避免因罚款、滞纳金等带来不必要的损失。

3. 作为税务稽查人员，一定要善于发现疑点并一追到底，不怕麻烦，克服困难，最终将涉税疑点逐步核实。

（陕西省国家税务局稽查局供稿）

陕西某矿产开发有限责任公司股权转让少缴税款案

【案件类别】　少缴税款案例

【案件所属行业】　采矿业

【案件来源】　陕西某矿产开发有限责任公司股权转让少缴税款案，来源于2012年全市地税系统税收专项检查，发现案件时间2012年12月，案件所属时间2009年1月1日—2011年12月31日，结案时间2013年1月，查处该案单位丹凤县局稽查局。该案检查前，检查人员与公司相关人员交谈中，发现股权转让线索，在检查过程中，检查人员通过“四多”的检查方式，查清了股权转让的真实情况，依法追缴了税款、罚款及滞纳金。

【基本案情】　陕西某矿产开发有限责任公司，登记注册类型为其他有限责任公司，属于有色金属矿采选业，地址丹凤县某镇某村，法定代表人惠某某，财务负责人郭某某，注册资本2000万元，从业人员20人，征管税务机关为丹凤县地方税务局直属税务分局。

2012年12月，丹凤县地方税务局稽查局根据税收专项检查工作安排，通过科学选案，确定将陕西某矿产开发有限责任公司作为被查对象，对其2009年1月1日—2011年12月31日纳税情况进行检查。检查人员在该公司，通过与公司相关人员交谈中，发现了公司股权转让线索，于是，检查人员以此为突破口，通过多查、多问、多看、多思的“四多”方式，查清了公司股权转让的真实情况，追缴税款11475.6元（其中，股权转让印花税10000元）、罚款14426.8元（其中，股权转让印花税10000元）、加收滞纳金1994.9元（其中，股权转让印花税1640元）。

【查办过程】　1. 查前预案，明确思路。检查小组接到检查任务后，一是借助税收征管系统，查阅了该公司近三年来的纳税相关信息，初步了解所涉及业务、税种和纳税方式等情况；二是到主管税务经过进行走访，进一步了解该公司财务管理、业务特点和工艺流程等生产经营情况；三是在对该公司相关涉税信息初步了解的基础上，制定了详细的稽查检查预案、税务稽查必查项目表。

2. 交谈中疑点重重。2012年12月18日，检查小组根据检查任务通知书，对陕西某矿产开发有限责任公司送达《税务检查通知书》，检查2009年1月1日—2011年12月31日纳税情况。检查人员来到财务部，经理热情地接待了他们。经理随即向公司老总进行了汇报，老总表示一定要亲自见一下检查人员。于是，老总来到财务部，寒暄之后，便与检查人员拉起了家常。老总首先简单地介绍了公司近年来产生经营情况、目前面临的困难及未来发展前景等，其次，他向检查人员介绍了坐在身边的经理：“我给各位领导介绍一下，这位就是去年年初公司改革后上任的‘财政部长’，今后还要请大家多多支持”。检查人员向老总说明了来意，出示了税务检查证，按规定下达了检查通知书。然而，说者无意，听者有心。老总的一番热情介绍，顿时让检查人员在思想中画出一个大大的问号：去年年底公司改制，是否涉及税收？缴纳情况如何？

3. 带着疑问展开检查。带着上述疑问，税收人员随即展开了检查工作。检查中，采取从报表到账簿、凭证的逆查并结合实地调查的检查方式，扎实推进检查工作稳步推进。当检查人员核查2011年12月账务时，一笔会计分录引起了注意：借：实收资本——惠某1000万元，贷：实收资本——杨某200万元、惠某400万元、樊某400万元。检查人员迅速将此笔分录在检查底稿上进行了记录，并画上了一个大大的问号。检查工作按照预案，仍在有条不紊地进行中。

4. 真相逐步水落石出。为了弄清上述会计分录的真实情况，检查人员随即向会计下达了《询问通知书》，要求对此笔会计分录的相关情况进行详细说明。会计随即提供了公司股东决议书及股权转让协议书。从提供的资料看，确实是一笔股权转让业务。检查人员再次要求提供此笔股权转让业务缴纳的相关税收，会计称此笔股权转让业务公司股东决议为平价转让，没有所得，所以没有所得税，其他也没有缴纳什么税。当检查人员提醒会计，此笔股权转让业务虽然按规定不缴纳所得税，但是却应该缴纳印花税，同时就印花税相关政策进行了宣传，此时会计如同初梦方醒，拍着脑袋叹息道："都是自己税收政策学习不够造成的啊！"其他检查工作同时也取得了进展。

【处理处罚结果】 根据检查组调查取证的情况，丹凤县地税局税务案件审理委员会对该案进行了审理，做出以下处理结果：1. 根据《中华人民共和国税收征收管理法》第六十四条二款的规定，依法追缴少缴印花税共计 11475. 6 元，其中财产转移书据税目 10000 元、购销合同税目 519. 2 元、建设工程勘查设计合同税目 316. 7 元、建筑安装工程承包合同税目 79. 3 元、财产租赁合同税目 5. 5 元、货物运输合同税目 95. 7 元、借款合同税目 301. 3 元、财产保险合同税目 7. 8 元、技术合同税目 125. 1 元、营业账簿税目 25 元。

2. 根据《中华人民共和国税收征收管理法》第三十二条规定，对你单位未按照规定期限缴纳的税款及未按照规定期限解缴的已扣收税款，从滞纳税款之日起至实际缴纳税款之日止，按日加收税款万分之五的滞纳金，共计 1994. 9 元。

3. 根据《中华人民共和国税收征收管理法》第六十四条二款的规定，对不进行纳税申报少缴财产转移书据税目印花税 10000 元，处以 1 倍罚款，罚款金额 10000 元；对不进行纳税申报少缴购销合同税目印花 519. 2 元，建设工程勘查设计合同税目印花税 316. 7 元、建筑安装工程承包合同税目印花税 79. 3 元、财产租赁合同税目印花税 5. 5 元、货物运输合同税目印花税 95. 7 元、借款合同税目印花税 301. 3 元、财产保险合同税目印花税 7. 8 元、技术合同税目印花税 125. 1 元、营业账簿税目印花税 25 元分别处以 3 倍罚款，罚款共计 14426. 8 元。

按照审委会审理决定，检查组对该公司制作并送达了《税务处理决定书》《税务行政处罚决定书》，该在公司规定的期限内未提出如何异议，于 2013 年 1 月 7 日在丹凤县地方税务局收入服务分局全部缴清上述税款、罚款及滞纳金。

【问题分析及工作启示】 办案启示。1. 查前准备工作非常重要。本案在查前，检查人员通过征管系统，查阅了该公司近年来相关纳税情况，到主管税务机关进行走访，进一步了解该公司生产经营情况，制订了详细的检查预案，确定了检查税种、项目等重点，确保了检查工作扎实、有序、有效地推进。

2. 检查人员要做到"四多"。俗话说得好，处处留心皆学问。检查人员在实施检查过程中，要做到"四多"，即多听、多问、多看、多思。本案在查处过程中，就是通过公司老总介绍生产经营状况时，检查人员捕捉到公司改制信息，联想到相关税收是否按规定缴纳，再在实际检查中看凭证、提问题，最终确定了公司未缴股权转让印花税的事实。

工作建议。1. 深入广泛开展税收宣传。各级税务机关，除坚持搞好每年 4 月全国税收宣传月活动外，还要深入广泛地开展一些针对性较强的税收宣传活动，突出重点区域、重点行业、重点人群，普及税收法律法规无盲点。本案中该公司，几乎印花税所有税目均涉及少缴问题，且对一些政策根本不了解，由此看来，税收宣传工作仍然任重道远。

2. 进一步加强印花税征管。《中华人民共和国印花税暂行条例》规定，凡在中华人民共和国境内书立、受领本条例所列举的凭证，都应该缴纳印花税。印花税虽然具有广泛性，但是也具有税额小的特点。因此，一些主管税务机关在税收管理上产生抓大放小的思想，对印花税等一些小税种管理不到位，缺乏有效的监督检查，甚至任其发展，严重地影响了税法的严肃性。本案中该公司存在的涉税问题，主要就是印花税问题，由此可见，进一步加强印花税征管非常必要。

（陕西省地方税务局稽查局供稿）

青海某矿冶煤化集团有限公司涉税案

【案件类别】 少缴税款案例

【所属行业】 煤炭开采和洗选业

【案件类型】 专项检查

【案件特点】 成功查处纳税人以前年度外购材料用于非应税项目、列支与生产经营无关的费用、以不符合规定的票据入账等违法事实。

【案件来源】 根据《关于对青海某矿冶煤化集团有限公司开展税收检查的实施意见》（稽便函〔2012〕11 号）的要求，及时成立了检查小组，对该企业 2010 年 1 月 1 日—2011 年 12 月 31 日纳税情况进行了检查。

【基本案情】　自查情况：1. 增值税。2010年4月转让购入时未抵扣进项税额的车辆，转让价120494元，应补缴增值税2317.19元。2010年10月购进吸油烟机、浴霸、热水器等货物，含税金额132400元，抵扣增值税进项税额（17%税率）19237.61元，购进橱柜含税金额115000元，抵扣增值税进项税额（3%征收率）3349.51元，用于职工集体福利，未作进项税额转出。2010—2011年对外捐赠生产生活煤7571.11吨，未计算缴纳增值税。按对外销售生活煤（草皮煤）单价（同期同类草皮煤含税价）150元/吨计，应缴纳增值税165011.37元。

2. 企业所得税。2010—2011年列支跨期费用共计2305.08元，应调增应纳税所得额。2010—2011年以不符合规定的票据列支费用27512元，应调增应纳税所得额。2010—2011年列支与生产经营无关的支出10779.40元，应调增应纳税所得额。2010—2011年企业对外捐赠生产生活煤7571.11吨，未计算缴纳增值税及企业所得税，按对外销售生活煤（草皮煤）单价（同期同类草皮煤含税价）150元/吨计，应调增应纳税所得额970655.13元。2010—2011年由于计算错误，造成多结转成本39753.40吨，金额20558637.66元，应调增应纳税所得额。

检查情况：1. 增值税。2010年度购进原材料88381278.52元用于非应税项目（土层、沙层的剥离和矿坑构筑劳务），应作进项税额转出15024817.35元。2010—2011年发生业务招待费等费用2443398.72元，通过开具运费发票申报抵扣增值税进项税额，应作进项税额转出171037.91元。

2. 企业所得税。2010年企业用取得的8份虚假发票列支成本费用，应调增应纳税所得额409337元。2010年度购进原材料用于非应税项目（土层、沙层的剥离和矿坑构筑劳务，属于当年生产成本，年末已结转到本年利润），应作进项税额转出15024817.35元，应调减应纳税所得额15024817.35元。2011年跨期列支以前年度土地使用费，应调增应纳税所得额2000010元。2011年补提以前年度原生矿产品补偿费30272680.53元，减少本年度应交企业所得税，应调增应纳税所得额30272680.53元。

【查办过程】　检查组调取了企业税收征管资料，对企业生产经营、纳税等情况进行了审核分析，制定了详细的《税务稽查实施方案》，并于2012年6月25日对企业下达了《税务检查通知书》。按照信息化税务稽查的要求，对企业的电子数据进行了复制分析，赴矿区了解企业产销流程，对采煤现场、原煤存储地、磅房的情况进行了实地调查。在此基础上，采用详查法对企业2010年1月1日—2011年12月31日的报表、账簿、记账凭证及有关原始单据和涉税资料进行检查核对。

【处理处罚结果】　对自查违法事实的处理决定：1. 增值税。对自查的违法事实第1项，依据《国家税务总局关于增值税简易征收政策有关管理问题的通知》（国税函〔2009〕90号）：“一般纳税人销售自己使用过的物品和旧货，适用按简易办法依4%征收率减半征收增值税政策的，按下列公式确定销售额和应纳税额：销售额＝含税销售额/（1＋4%），应纳税额＝销售额×4%/2”之规定，应补缴增值税2317.19元。对自查的违法事实第2项，依据修订后《中华人民共和国增值税暂行条例》第十条：“下列项目的进项税额不得从销项税额中抵扣：（一）用于非增值税应税项目、免征增值税项目、集体福利或者个人消费的购进货物或者应税劳务。”之规定，应补缴增值税22587.12元。对自查的违法事实第3项，依据修订后《中华人民共和国增值税暂行条例实施细则》第四条：“单位或者个体工商户的下列行为，视同销售货物：（八）将自产、委托加工或者购进的货物无偿赠送其他单位或者个人。”之规定，应补缴增值税165011.37元。

2. 企业所得税。对自查的违法事实第1项，依据《中华人民共和国企业所得税法实施条例》第九条：“企业应纳税所得额的计算，以权责发生制为原则，属于当期的收入和费用，不论款项是否收付，均作为当期的收入和费用；不属于当期的收入和费用，即使款项已经在当期收付，均不作为当期的收入和费用。”之规定，应调增应纳税所得额2305.08元。对自查的违法事实第2项，依据《中华人民共和国税收征收管理法实施细则》第二十九条第一款：“账簿、记账凭证、报表、完税凭证、发票、出口凭证以及其他有关涉税资料应当合法、真实、完整。”、修订前《中华人民共和国发票管理办法》第二十二条：“不符合规定的发票，不得作为财务报销凭证，任何单位和个人有权拒收。”、修订后《中华人民共和国发票管理办法》第二十一条：“不符合规定的发票，不得作为财务报销凭证，任何单位和个人有权拒收。”及修订前

《中华人民共和国发票管理办法实施细则》第三十二条："《办法》第二十二条所称不符合规定的发票是指开具或取得的发票是应经而未经税务机关监制，或填写项目不齐全、内容不真实、字迹不清楚，没有加盖财务印章或发票专用章、伪造、作废以及其他不符合税务机关规定的发票。"之规定，对取得不符合规定发票不得作为成本支出凭证，也不得在企业所得税前扣除，应调增应纳税所得额27512元。对自查的违法事实第3项，依据《中华人民共和国企业所得税法》第十条："在计算应纳税所得额时，下列支出不得扣除：（八）与取得收入无关的其他支出。"之规定，对列支的与生产经营无关的支出，应调增应纳税所得额10779.40元。对自查的违法事实第4项，依据《中华人民共和国企业所得税法实施条例》第二十五条："企业发生非货币性资产交换，以及将货物、财产、劳务用于捐赠、偿债、赞助、集资、广告、样品、职工福利或者利润分配等用途的，应当视同销售货物、转让财产或者提供劳务，但国务院财政、税务主管部门另有规定的除外。"之规定，应调增应纳税所得额970655.13元。对自查的违法事实第5项，依据《中华人民共和国税收征收管理法》第五十二条第一款："因纳税人、扣缴义务人计算错误等失误，未缴或者少缴税款的，税务机关在三年内可以追征税款、滞纳金；有特殊情况的，追征期可以延长到五年。"之规定，对企业因计算错误而多结转的成本，应调增应纳税所得额20558637.66元。

对检查的违法事实的处理决定：1. 增值税。对检查的违法事实第1项，依据修订后《中华人民共和国增值税暂行条例》第十条："下列项目的进项税额不得从销项税额中抵扣：（一）用于非增值税应税项目、免征增值税项目、集体福利或者个人消费的购进货物或者应税劳务。"和修订后《中华人民共和国增值税暂行条例实施细则》第二十三条第一款："条例第十条第（一）项和本细则所称非增值税应税项目，是指提供非增值税应税劳务、转让无形资产、销售不动产和不动产在建工程。"之规定，应补缴增值税15024817.35元。对检查的违法事实第2项，依据修订后《中华人民共和国增值税暂行条例》第八条第二款第（四）项："购进或者销售货物以及在生产经营过程中支付运输费用的，按照运输费用结算单据上注明的运输费用金额和7%的扣除率计算的进项税额。进项税额计算公式：进项税额=运输费用金额×扣除率。"和修订后《中华人民共和国增值税暂行条例实施细则》第十八条："条例第八条第二款第（四）项所称运输费用金额，是指运输费用结算单据上注明的运输费用（包括铁路临管线及铁路专线运输费用）、建设基金，不包括装卸费、保险费等其他杂费。"之规定，应补缴增值税171037.91元。

2. 企业所得税。对检查的违法事实第1项，依据《中华人民共和国税收征收管理法实施细则》第二十九条第一款："账簿、记账凭证、报表、完税凭证、发票、出口凭证以及其他有关涉税资料应当合法、真实、完整"、修订前《中华人民共和国发票管理办法》第二十二条："不符合规定的发票，不得作为财务报销凭证，任何单位和个人有权拒收。"和修订前《中华人民共和国发票管理办法实施细则》第三十二条："《办法》第二十二条所称不符合规定的发票是指开具或取得的发票是应经而未经税务机关监制，或填写项目不齐全、内容不真实、字迹不清楚，没有加盖财务印章或发票专用章、伪造、作废以及其他不符合税务机关规定的发票。"之规定，应调增2010年度应纳税所得额409337元，应补缴2010年度企业所得税61400.55元。对检查的违法事实第2项，依据《中华人民共和国企业所得税法》第八条："企业实际发生的与取得收入有关的、合理的支出，包括成本、费用、税金、损失和其他支出，准予在计算应纳税所得额时扣除。"和《中华人民共和国企业所得税法实施条例》第九条："企业应纳税所得额的计算，以权责发生制为原则，属于当期的收入和费用，不论款项是否收付，均作为当期的收入和费用；不属于当期的收入和费用，即使款项已经在当期收付，均不作为当期的收入和费用。本条例和国务院财政、税务主管部门另有规定的除外。"之规定，应调减2010年度应纳税所得额15024817.35元，应减少2010年度企业所得税2253722.60元。对检查的违法事实第3项、第4项，依据《中华人民共和国企业所得税法实施条例》第九条："企业应纳税所得额的计算，以权责发生制为原则，属于当期的收入和费用，不论款项是否收付，均作为当期的收入和费用；不属于当期的收入和费用，即使款项已经在当期收付，均不作为当期的收入和费用。本条例和国务院财政、税务主管部门另有规定的除外。"之规定，2011年应调增应纳税所得额32272690.53元，应补缴企业所得税4840903.58元。

以上合计应补缴增值税15385770.94元，应补缴企业所得税5884064.92元，合计应补缴税金21269835.86元。

根据《中华人民共和国税收征收管理法》第三十二条："纳税人未按照规定期限缴纳税款的，扣缴义务人未按照规定期限解缴税款的，税务机关除责令限期缴纳外，从滞纳税款之日起，按日加收滞纳税款万分之五的滞纳金。"之规定，对企业自查和检查出的违法事实应补缴的增值税、企业所得税，自滞纳税款之日起按日加收万分之五的滞纳金至税款入库之日止。本次税务检查查补税款共计21269835.86元，经该公司主动申请，按照《税务事项通知书》（青国税稽通字〔2012〕13号）的要求，查补税款已于2012年11月预缴入库。该公司2010—2011年度应缴纳各类税款共计1955613700元，查补税款占当年应缴税款总额的1.09%。其中2010年度查补税款占当年应缴税款总额的比例为1.89%，2011年度查补税款占应缴税款总额的比例为0.46%。依据《中华人民共和国行政处罚法》第二十七条第二款"违法行为轻微并及时纠正，没有造成危害后果的，不予行政处罚。"的规定，对以上违法行为不予行政处罚。该案共执行入库税款、滞纳金2833万元。

【问题分析及工作启示】　经检查，该公司存在以下问题：一是企业对税收政策与会计准则的差异理解不到位，造成跨年度列支以前年度费用等税收违法问题；二是企业虽然建立了较强的内控机制，但是对业务员的税收政策普及不够，审核不严，造成以运费发票代替业务招待费抵扣进项税金等问题；三是企业财务对取得发票的鉴别能力不够，出现以假发票报账问题。稽查建议：1. 加强煤炭购销企业的征收管理工作。针对煤炭购销企业的经营特点，在日常管理中加强与国土资源部门、地税部门的信息沟通，有效利用其他部门的数据，跟踪监督煤炭企业的实际经营情况，及时发现异常，规范管理。

2. 加强税法宣传和纳税辅导，把最新的税收政策带到企业，帮助企业财会人员学习税法知识，正确运用税收法律法规，掌握会计与税法的差异，解决纳税人亟需的问题，切实提高企业依法纳税水平和税法遵从度。

3. 引导和督促企业加强记账凭据管理工作。原始票证管理是税务部门强化征管、堵塞税收漏洞的有效手段，加强票证的取得、使用管理，杜绝以不符合规定的发票入账现象再次发生，督促企业对税法规定和财务制度的差异进行准确调整，降低税收风险。

（青海省国家税务局稽查局供稿）

青海紫恒房地产开发有限公司涉税案

【案件类别】　少缴税款案例

【案件所属行业】　房地产业

【案件特点】　该公司采用不申报或少申报等手段，造成少缴税款及附加6461725.13元。

【案件来源】　举报案件

【基本案情】　2012年4月接到群众举报，反映购房者在交清房款后，青海紫恒房地产开发有限公司有向购房者分别按房价的5.65%和3%收取营业税及附加、契税及每户收取服务费400元，并按1200元/平方米的价格强行销售地下室等行为，并涉嫌偷、逃税问题。我局将此案转交西宁市地税稽查局查办。经查，该公司成立于2000年2月，注册资本8166万元，注册地址：生物科技产业园经四路22号，公司类型：有限责任公司（自然人投资或控股），经营范围：房地产开发、经营。企业所得税由生物园区地税局征管。

该公司采用转嫁纳税义务及混淆业务性质等手段，不申报或少申报计税依据，达到不缴或少缴税款的目的。2011年销售地下室取得收入67万元，及向青海省三江集团有限责任公司分配开发的223套住宅，未申报缴纳营业税及附加333万元。2010年年初挂账未缴土地增值税27万元；销售地下室取得收入67万元，未预征土地增值税6733元；向青海省三江集团有限责任公司实际分配开发产品住宅223套，计税依据为5834万元，未预征土地增值税58万元。2010—2011年合计少缴土地增值税85万元。2010年1月取得生物园区经二路开发项目用地，面积15万元及2011年度减除已对外销售房屋的占地面积外，未申报缴纳土地使用税144万元。2009年签订合同开发房地产项目协议，取得经二路土地使用权和2010—2011年签订建安合同、房屋购销合同，少申报缴纳印花税9万元。该公司

2009年签订房地产合作开发项目协议，受让三江集团230亩建设用地使用权，未申报缴纳契税73万元。另外，2010年入账发票中有假发票58份，金额4900元；2011年入账发票中有假发票2份，金额7万元。

【查办过程】 接到举报后，西宁市地税局稽查局立即指派检查人员深入企业进行实地检查，重点对举报信反映的内容进行全面核实，并对2010—2011年期间的地方税申报缴纳和发票使用情况进行了详细检查。

经核实：2009年6月25日，青海省三江集团有限责任公司（甲方）与青海紫恒房地产开发有限公司（乙方）签订房地产合作开发项目协议。协议约定：开发项目用地由甲方提供（约230亩土地），乙方出全资开发；乙方从建成后的房屋中分配给甲方56000平方米的房屋，并负责办理房屋的产权证、土地使用证等手续，所有发生的税费由甲方负责。该房地产开发项目除给甲方分配的56000平方米的房屋以外，剩余房产由紫恒房地产开发有限公司自行出售。同时紫恒房地产开发有限公司负责所有土地地面住户私产房屋的拆迁回建，补偿青海省三江集团有限责任公司拆迁补偿费1400万元。该公司实际向青海省三江集团有限责任公司分配223套、建筑面积23490.02平方米的房屋，及该公司另外向住户收取的锅炉款、报警器款、天然气接口费、有线电视接口费、服务费等收入未申报缴纳营业税。对该公司受让三江集团230亩土地，开发房地产项目，取得的土地使用权未申报缴纳契税。

在实际检查过程中，对该公司受让三江集团230亩土地，开发房地产项目，建成后向三江集团分配56000平方米开发产品的行为，企业与检查人员就该公司向青海省三江集团有限责任公司分配的223套房屋是否征收营业税及附加，及另外向住户收取锅炉款、报警器款、天然气接口费、有线电视接口费、服务费等是否作为计税依据征收营业税及附加，紫恒房地产开发有限公司取得的土地使用权是否征收契税及如何确定计税依据等业务处理出现分歧。

针对这些争议，检查人员多次走访、询问青海省三江集团有限责任公司和紫恒房地产开发有限公司相关人员了解该业务的本质，明确“合作建房”与“土地使用权、房屋所用权的交换”的概念。以《最高人民法院关于审理涉及国有土地使用权合同纠纷案件适用法律问题的解释》（法释〔2005〕5号）有关合作开发房地产的司法解释“第二十四条：合作开发房地产合同约定提供土地使用权的当事人不承担经营风险，只收取固定利益的，应当认定为土地使用权转让合同”为依据。

【处理结果】 对销售地下室取得收入67万元及实际向青海省三江集团有限责任公司分配开发产品233套住宅未申报缴纳营业税的行为，根据《中华人民共和国营业税暂行条例》第一条的规定，应补缴营业税295万元，城市维护建设税21万元，教育费附加9万元，地方教育附加6万元，价格调节基金3万元。2010—2011年企业计提挂账未缴纳的土地增值税27万元，根据《中华人民共和国税收征收管理法》的规定限期补缴；销售地下室取得收入67万元及向青海省三江集团有限责任公司分配223套住宅的行为，根据《国家税务总局关于加强土地增值税征管工作的通知》（国税发〔2010〕53号）和省局转发《国家税务总局关于加强土地增值税征管工作的通知》的通知（青地税发〔2010〕99号）文件的规定，预征土地增值税59万元。2010年1月受让生物园区建设用地15万平方米及2011年度减除已对外销售房屋的占地面积未申报缴纳土地使用税，根据《中华人民共和国土地使用暂行条例》及青海省城镇土地使用实施办法的规定应补缴土地使用税144万元。2009年签订合同开发房地产项目协议，取得经二路土地使用权和2010—2011年签订建安合同、房屋购销合同，少申报缴纳印花税的行为按照《中华人民共和国印花税暂行条例》的有关规定补缴印花税9万元。该公司2009年签订房地产合作开发项目协议，受让三江集团230亩建设用地使用权，应根据《中华人民共和国契税暂行条例》应补缴契税73万元。对该公司取得的60份假发票的行为，根据《中华人民共和国发票管理实施细则》第四十九条第二款的规定，其行为属于：取得不符合规定的发票。根据《中华人民共和国发票管理办法》第三十六条的规定，处以3000元的罚款，并限期到主管税务机关换取规定发票。

【问题分析及工作启示】 1. 检查人员思路清晰、准确把握企业的业务实质，明确业务性质同时也确定了销售房地产业务的纳税义务人及营业税的计税依据，确保了本案的成功查处。

2. 征管查的分离使征管局对企业的日常税收征收管理偏松，加之管户多人员少深入企业的时间少，对企业实际经营业务了解不深，企业存在偷逃税款的行为只能通过稽查检查发现，税务机关的征收管理相对滞后。

3. 建议征管局对房地产企业管理中，加强与国土资源局、房产管理局的配合和协作，建立信息资源共享机制。使税收征管人员及时掌握土地、房屋交换等信息，加强征管减少税收流失。

（青海省地方税务局稽查局供稿）

银川市第一建筑工程有限责任公司补缴营业税、企业所得税案

【案件类别】　少缴税款案例

【案件所属行业】　建筑安装业

【案件特点】　本案税务检查人员结合被查单位行业特点，在营业税检查中，从往来科目入手，层层深挖，成功查处纳税人利用往来科目收取工程款不缴纳营业税的事实。在所得税检查中，从收入与成本的配比入手，成功发现企业利用白条列支工程施工、列支与取得收入无关的支出等违法事实。本案例对行业检查具有较好的指导作用。在检查方法的运用上，既发挥传统方法熟练的优势，也注意创新方法的运用，更注重在细节上深挖细查。

【案件来源】　专项检查

【基本案情】　在本案检查中，通过传统方法的运用、创新方法的突破，以及细节上的深挖细查，成功查证了企业少缴营业税、企业所得税的违法事实。

【违法事实】　1. 营业税：冲减期间费用，转移营业收入；预收账款未足额缴纳营业税；工程已决算，未开具发票，延迟申报纳税；取得价外费用未申报缴纳营业税；收取工程款，计入往来科目。

2. 企业所得税：发票不符合规定；房屋销售未做收入；列支非本单位职工工资。

【查办过程】　1. 在传统检查方法上，重点检查建筑行业容易出现问题的涉税科目，从而发现了公司少列收入、多列支出的违法事实。检查组采取逆查法，对企业会计报表、账簿进行逐一分析。在审核期间费用时发现，管理费用中列支了土地增值税，但固定资产明细账反映资产并没有减少。经调取原始凭证，该公司将所属房屋进行销售，营业税金及附加、土地增值税、印花税等均计入管理费用，但未进行固定资产清理，销售房屋取得的收入7.6万元未记入营业外收入，造成少缴企业所得税。在检查企业管理费用时，发现有红字冲减的现象。虽然在账务处理中红字冲减是一种正常处理方法，但是检查组也没有放过可能存在的涉税问题。经调取凭证发现，红字冲减实际上为公司收取的劳保基金返还、职工房费及工程管理费，劳保基金返还开具企业建筑业发票，房费及管理费均后附收据，虽然此笔业务不影响企业所得税，但却造成未缴纳营业税9.5万元的事实。

检查组在审核个人所得税时发现发放的奖金及福利中的人员明细与工资表中的人员有很大差距。经了解发现，该公司与房地产公司、物业公司均在一个办公楼办公，人员多为以前未改制时国有企业的职工。为了核实职工的真实性，检查组要求提供用工合同，但企业财务人员以办公室分管合同的人出差为由不提供，并再三声明确实都为本企业员工。在检查组无法取得证据时，发现办公室房地产企业的主管会计与奖金发放单中的姓名一样，会不会建筑企业将房地产企业及物业公司的部分人员的福利及奖金在该公司列支呢？检查组第二天向两个公司送达了《协查函》，调取了两个公司的工资表，通过与被查企业的奖金、福利发放表一一比对，发现确实存在相互列支的现象，在事实面前，财务人员承认了虚列支出12万元的事实。

2. 在创新检查方法上，通过获取第三方信息并绘制企业施工项目表，为检查提供了清晰的思路和方向。首先，梳理企业稽查年度内所有工程项目情况。进点检查后，稽查人员将账面所涉及的所有项目进行罗列，并要求企业提供所有施工承包合同，但企业以时间久、合同管理人员变更频繁为由，只提供了一部分的工程合同。稽查人员到当地建委调查了解该公司几年来领取《建筑工程施工许可证》的情况，通过第三方信息获取了重要的证据。检查组将第三方信息与企业账簿中的涉税数据结合起来，绘制表格，将施工项目、工程合同金额、合同签订日期、完工日期、预收金额、发票金额、决算金额、决算时间等一一对应。对已签订合

同但无收入的项目进行检查，并将重点放在往来科目上。检查组首先对供应商明细中涉及房地产企业的业务往来进行梳理，发现有三笔账务处理为借记“银行存款”，贷记“其他应付款”，摘要栏写明借款，金额总计 114 万元。检查组要求企业提供借款合同，财务人员称没有签订借款合同。检查组调取了原始凭证，发现后附的支票头及收据写的均是工程款，经再次询问财务人员，才承认是预收的工程款，因没有资金缴纳营业税，故先挂账处理。检查组根据企业核算方式，对“预收账款”及“应缴税金”科目进行了检查，发现企业未足额按照预收账款申报缴纳营业税 80 万元。发现有几笔业务借记“应收账款”，贷记“主营业务收入”，未计提“营业税金及附加”，因在核对预收账款所涉及的营业税时，已将应缴税金借方全部计算，故这些业务企业并没有缴纳营业税。同时还有几笔业务借记“银行存款”，贷记“应收账款”，财务人员称该笔业务先期已做主营业务收入，已计提税金及附加，但检查组根据供应商明细账，一直往以前年度追溯，发现应收账款的借方并没有余额，证明财务人员在收取工程款时直接计入了应收账款的贷方，从而少缴了 4.5 万元的营业税。

3. 在注重细节检查上，通过对异常现象的分析比对，突破了企业利用不合规发票入账虚列成本的违法事实。检查人员发现该公司账上材料票、汽油票、柴油票数量多、金额大，开具的都是国税发票。企业财务人员解释承建的道路施工项目中，压路机、挖掘机、砂石运输车、沥青铺设车都需要汽油、柴油，金额基本占材料成本的 10% 左右。于是检查组将每个施工项目中的成本汇集，并将成本中的汽油、柴油数字汇总，经过对上百份发票的检查，发现部分发票开具名称为个人，部分发票开票日期为以前年度，涉及金额 30 万元的不符合规定的发票。检查组将发票的真实性也作为检查重点，及时与银川市国税局联系，详细了解国税发票的比对方法及新、旧发票的换版时间。发现在 2011 年年底工程施工中出现手填式销售发票，而国税局在 2011 年 3 月已全部使用机打发票。通过发票比对系统对发票的真伪进行进一步核实，根据发票号码显示领票人并不是发票收款方，故证明发票为假票，涉及金额 127 万元。

【处理处罚结果】 1. 根据《中华人民共和国营业税暂行条例》第一条、第二条、第三条、第四条的规定：应补缴营业税 1012066.53 元。

2. 根据《中华人民共和国城市维护建设税暂行条例》第一条、第二条、第三条、第四条的规定，补缴城市维护建设税 70490 元。

3. 根据国务院《征收教育费附加的暂行规定》第二条、第三条及《宁夏回族自治区征收教育费附加的实施办法》的第一条、第二条、第三条规定，应补缴教育费附加 35251.84 元。

4. 根据宁财（综）发（2007）765 号文件规定，应补缴地方教育费 28734.69 元。

5. 根据《中华人民共和国企业所得税法》第一条、第二条、第三条规定，应补缴企业所得税 231483.33 元。

6. 根据《中华人民共和国税收征收管理法》第六十四条规定，对纳税人补缴的营业税 1012066.53 元、城市维护建设税 70490 元、企业所得税 231483.33 元处以 0.5 倍罚款 657019.93 元。

7. 根据《中华人民共和国税收征收管理法》第三十二条规定：对补缴的税款按日加收滞纳税款万分之五的滞纳金。

【问题分析及工作启示】 1. 本案中该公司所承接的项目部分都在异地，这也是当前建筑安装行业的行业特点，机构所在地税务机关在开具《外出经营活动税收管理证明》后，日常管理中难以对其经营情况进行有效的监控，而经营地税务机关又没有对其企业所得税的管辖权，使企业所得税的管理出现盲点。

2. 建筑工程的材料发票是增值税发票，由国税部门管理，而建筑业税收主要由地税部门征收，由于国、地税部门工作协同性欠缺，给地税部门的稽查带来相当大的难度。

3. 在现有征收方式下，税务机关普遍采取“以票控税”的方式，建筑业的税收管理停留在对建筑业专用发票实行代开监管的基础上。税务部门对建筑业纳税人征管信息的获取往往主要是从纳税人提供的纳税申报表和财务报表上。对纳税人的具体工程项目、税款缴纳情况难以及时准确把握，导致企业经常发生申报不实甚至不申报等现象，致使税款滞后或流失现象严重。

（宁夏回族自治区地方税务局稽查局供稿）

新疆红山村实业有限公司股权转让少缴税款案

【案件类别】　少缴税款案例

【案件所属行业】　批发和零售业

【案件特点】　作案手法：通过签订平价转让协议转让股权，隐瞒收益。

稽查方式方法：1. 案件查前准备。检查人员自接到检查任务后，精心准备，做了以下工作：第一，认真学习《关于加强股权转让所得征收个人所得税管理的通知》（国税函〔2009〕285号）等相关文件，通过多方渠道了解被查单位情况，做到有的放矢，为实地检查打好基础。第二，严明纪律，本着“查深、查细、查透”的原则严格程序规范执法，严肃认真确保检查工作质量，对待纳税人做到有理有节，实事求是。

2. 运用逆查法、抽查法的原则对该纳税企业会计报表、账簿、凭证及合同等相关资料进行检查，并对相关人员进行询问、查证。

【案件来源】　举报案件

【基本案情】　根据举报材料反映：新疆红山村实业有限公司2006年12月增资扩股，变更后的注册资本为3200万元。2009年5月7日，新疆红山村实业有限公司将3200万元股权一次性转让给九位自然人。2010年9月17日，九位自然人又将3200万元股权以平价转让给潘某、徐某两人。2010年10月20日，此二人再次以3200万元的价格转让给吴某、王某、陈某，实际交易价格为1.5亿元。新疆红山村实业有限公司两次以3200万元的平价价格将其处于繁华地段，面积达14127平方米的四处房产以股权转让方式转让给不同的自然人，实际上是巧借股权转让的方式进行土地使用权、地上建筑及附着物的交易，其目的就是逃避国家法律规定的税款。

【违法事实】　通过检查发现该公司在个人所得税、印花税及土地使用税中存在以下问题：

1. 印花税。经检查发现该公司股东2009年5月、2010年9月、2010年10月签订股权转让合同未按规定缴纳印花税，并且该公司存在签订租赁合同、借款合同未按规定缴纳印花税的情况。根据《中华人民共和国印花税暂行条例》第二条、《中华人民共和国印花税暂行条例施行细则》第四条、第五条及《国家税务总局关于在中国境内无住所的个人缴纳所得税涉及税收协定若干问题的通知》（国税发〔1991〕155号）文件的规定，共计应补缴产权转移书据印花税48000元，应补缴借款合同印花税3750元，应补缴财产租赁合同印花税16925元。

2. 个人所得税。第一，该公司2010年9月发生股权转让，原股东牛某、曹某等九位股东将其在该公司3200万元股权平价转让给潘某、徐某两人，股权转让后潘某出资6458500元，占股份比例20.18%，徐某出资25541500元，占股份比例79.82%。经检查转让股权时该单位所有者权益合计：42111086.66元，实收资本32000000元。第二，该公司2010年10月发生股权转让，潘某、徐某将其在该单位3200万元股权平价转让给吴某、王某、陈某，经检查转让股权时该单位所有者权益合计：42434916.96元，实收资本32000000元。

经检查该公司两次股权转让行为均不符合独立交易原则，不符合合理性经济行为及实际情况。根据《中华人民共和国个人所得税法》及其实施细则，以及《国家税务总局关于加强股权转让所得征收个人所得税管理的通知》（国税函〔2009〕285号）文件规定，对申报的计税依据明显偏低（如平价和低价转让等）且无正当理由的，主管税务机关可参照每股净资产或个人股东享有的股权比例所对应的净资产份额核定。根据《中华人民共和国个人所得税法》第六条第五款和《中华人民共和国个人所得税法实施条例》第八条第九款规定，牛某、曹某等九位股东以及潘某、徐某应按照“财产转让所得”缴纳股权转让个人所得税，以转让财产的收入额减除财产原值和合理费用后的余额，为应纳税所得额来计算，因此，股权转让所得应缴纳的个人所得税 =（股权转让收入 - 取得股权所支付的金额 - 转让过程中所支付的相关合理费用）×20%。牛某、曹某等九位股东应补缴股权转让个人所得税共计2019017.35元。潘某、徐某应补缴股权转让个人所得税共计61566.06元。

3. 土地使用税。经检查该公司出租两处房产，2009—2010年均未按规定缴纳城镇土地使用税。根据《中华人民共和国城镇土地使用税暂行条例》第三条、《新疆维吾尔自治区城镇土地使用税暂行条例实施细则》第三条、第四条以及《关于调整乌鲁木齐市城镇土地使用税征税范围与税额标准的通知》（乌地税函〔2009〕68号）文件，该公司应补缴2009—2010年城镇土地使用税103856.76元。

【查办过程】 由于该公司更换财务人员频繁，账簿资料保存不完整，现任会计来公司不到一年，对该公司股权转让情况并不了解，这些都给稽查工作造成了很大困难。稽查人员通过稽查系统找到该公司原财务负责人，并通过原财务负责人联系到原股东牛某，从其手中获取了2009—2010年的凭证及部分股权转让资料。通过多次询问、催促，现任法定代表人吴某补充了股权转让过程中的其余资料。

【处理处罚结果】 1. 根据《中华人民共和国税收征收管理法》第六十四条第二款的规定，追缴该公司2009—2011年度地方各税172531.76元，其中印花税68675元、土地使用税103856.76元。

2. 根据《国家税务总局关于贯彻〈中华人民共和国税收征收管理法〉及其实施细则若干具体问题的通知》（国税发〔2003〕47号）文件第二条的规定，责成扣缴义务人补扣2011—2012年应扣未扣的个人所得税2080583.41元。

3. 根据《中华人民共和国税收征收管理法》第三十二条以及《中华人民共和国税收征收管理法实施细则》第七十五条的规定，对该公司少缴的印花税、土地使用税从滞纳之日起至实际缴纳之日止，按日加收万分之五的滞纳金。

4. 根据《中华人民共和国税收征收管理法》第六十四条第二款的规定，对该公司少缴纳的印花税、土地使用税处所偷税款百分之五十的罚款计86265.88元。

5. 根据《中华人民共和国税收征收管理法》第六十九条的规定，对2011—2012年应扣未扣的个人所得税2080583.41元，处少扣缴税款的百分之五十罚款计1040291.71元。

【问题分析工作启示】 1. 加强跨地区信息交换和协查追缴。在实际工作中，由于股权转让的交易各方有可能不属于同一税务机关管辖，由于缺少有效的信息交换渠道，主管税务机关难以及时掌握股权交易的真实情况，导致企业偷逃税款，建议加强各管理部门之间的信息交换，堵塞征管漏洞，防止税源流失。

2. 加强对企业股权转让行为的日常管理。如果自然人股东转让股权涉及的个人所得税不能及时发现并收缴入库，则很可能在今后极难追缴，造成税源流失。因此税务部门有必要加强对企业股权转让的实时监控，对企业股东，尤其是自然人股东的股权变动情况及时掌握。同时应要求被投资企业将其股权变动情况及时向税务部门报告，并依法履行代扣代缴义务。

3. 强化纳税人对股权转让行为的纳税（扣缴）意识。目前，我国对个人转让非上市公司股权按“转让财产所得”征收20%的个人所得税，这项政策早已明确。然而由于大多数纳税人和扣缴义务人对个人股权转让的税收政策还比较陌生，不依法履行纳税义务和扣缴义务的现象比较常见。国税函〔2009〕285号文件对办理纳税（扣缴）申报的时间分两种情况进行了规定，一种情况是：股权交易各方在签订股权转让协议并完成股权转让交易以后至企业变更股权登记之前，负有纳税义务或代扣代缴义务的转让方或受让方，应到主管税务机关办理纳税（扣缴）申报，并持税务机关开具的股权转让所得缴纳个人所得税完税凭证或免税、不征税证明，到工商行政管理部门办理股权变更登记手续。第二种情况是：股权交易各方已签订股权转让协议，但未完成股权转让交易的，企业在向工商行政管理部门申请股权变更登记时，应填写《个人股东变动情况报告表》并向主管税务机关申报。建议纳税人加强股权转让纳税（扣缴）申报的学习，同时也建议管理局做好股权转让涉税宣传与辅导。

（新疆维吾尔自治区地方税务局稽查局供稿）

某房地产有限公司未按规定结转收入少缴税款案

【案件类别】 少缴税款案例

【案件所属行业】 房地产业

【案件特点】 涉税疑点库的信息资料为检查人员提供了第一手入门资料，使得检查人员在实施稽查过程中能够有的放矢、直达病灶，极大地提高了稽查效率。本案件不仅涉及行政复议和行政诉讼，还涉及公证送达保全证据、纳税担保等行政程序。

【案件来源】 专项检查

【基本案情】 针对涉税疑点信息反映的情况，检查人员首先检查了企业的相关账簿，但并没有发现这笔利息收入。经反复询问企业人员，并出具了涉税疑点信息中该公司向 AP 房地产开发有限公司开具的利息发票复印件后，该公司不得不承认收到了此笔利息收入，并直接存入了企业银行账户中，但并未在财务账簿上体现，也未申报缴纳企业所得税。同时，该公司对该笔业务的过程做了详细的说明：

2006 年 9 月 7 日 HL 公司与 AP 公司签订《大连金石滩玫瑰庄园建设项目联合开发合同书》，项目总投资 2945 万元。又于同年 9 月 8 日与张某、董某等 8 人签订了《大连金石滩玫瑰庄园建设项目内部投资协议书》，HL 公司陆续收到了 8 人的投资款合计 2945 万元，存入公司账户并出具了收据。此款又由 HL 公司转入 AP 公司账户，但 HL 公司相关账簿上未体现。

因合作双方发生纠纷，AP 公司于 2007 年 3 月 7 日与 HL 公司签订《解除合同协议书》，并约定将 HL 公司投入的 2945 万元作为借款，AP 公司按 18% 年利率定期返本付息给 HL 公司，具体返本付息情况约定如下：2007 年 12 月 31 日返本付息 530.1 万元，2008 年 3 月 31 日返本付息 2945 万元，2008 年 12 月 31 日返本付息 530.1 万元。

因 AP 公司未按期履行《解除合同协议书》中返本付息的约定，故 HL 公司委托北京中济律师事务所介入解决双方借款纠纷，辽宁省大连市中级人民法院 2009 年 8 月 18 日下达《民事判决书》，判决 AP 公司返还投资款及补偿共计 4388 万元，并支付违约金。HL 公司对上述判决不服又向辽宁省高级人民法院提起上诉，辽宁省高级人民法院 2010 年 2 月 20 日下达《民事调解书》，判决 AP 公司于调解书生效后先支付 1200 万元给 HL 公司，并明确规定剩余 3188 万元及利息分期支付的时间和金额：2010 年 4 月底支付 1000 万元及对应的利息；5 月底支付 700 万元及对应的利息；6 月底支付 700 万元及对应的利息；7 月底支付 788 万元及对应的利息。

AP 公司 2010 年 2 月支付本金 1200 万元，HL 公司存入董某个人账户；AP 公司 2010 年 4 月支付本金 1000 万元、利息 185 万元，HL 公司存入公司账户，但“银行存款”账上并无体现；AP 公司 2010 年 5 月支付本金 700 万元、利息 63 万元，HL 公司存入董某个人账户；AP 公司 2010 年 6 月支付本金 700 万元、利息 66 万元，HL 公司存入董某个人账户；AP 公司 2010 年 7 月支付本金 788 万元、利息 84 万元，HL 公司存入董某个人账户。

HL 公司合计收到 AP 公司支付款项 4785 万元，其中，委托普兰店地税局代开利息发票 1840 万元，支付律师费 295 万元、营业税 92 万元、城市维护建设税及教育费附加 10 万元，剩余款项按投资金额比例分配给 8 个投资人并缴纳了个人所得税。

【查办过程】 至 2010 年 HL 公司收到 AP 公司利息 1840 万元，未按规定结转收入。2013 年 1 月 23 日税务机关对该公司下达《税务处理决定书》，HL 公司收到 AP 公司利息后，未按规定结转收入，决定向 HL 公司补征 2010 年企业所得税 162 万余元，按日加收万分之五的滞纳金。但该公司四处托关系、找门路无果后，拒绝接收《税务处理决定书》。检查人员现场送达《税务处理决定书》并委托中华人民共和国辽宁省普兰店市公证处对该过程进行见证。

该公司收到《税务处理决定书》后不服，向大连市国税局申请行政复议。根据《纳税担保试行办法》（国家税务总局令第 11 号）第一章第三条规定，当纳税人同税务机关在纳税上发生争议而未缴清税款的，需纳税人或其他自然人、法人、经济组织以保证、抵押、质押的方式，为纳税人应当缴纳的税款及滞纳金提供担保，并且经税务机关同意或确认后才可以申请行政复议。HL 公司选择了以其所拥有的未设置抵押权的财产作纳税担保，提供了集体产权房作为纳税担保标的物，并解释说这套集体产权房的财产价值远远高于需缴纳的税款、滞纳金及相关费用。那么集体产权房是否可以作为纳税担保标的物，其价值是否不低于需缴纳的税款、滞纳金及相关费用呢？经请示税务总局、市局和网上查询后得知，集体产权房的土地归集体所有，如用作抵押，处置方只有处置土地上面建筑物的权利，而不含土地的建筑物价值远不足以抵缴这部分税款、滞纳金及相关费用。如果采用此种抵押方式，最终会发生无法执行的后果。所以根据《纳税担保试行办法》（国家税务总局令第 11 号）第一章第五条规定让其重新提供纳税担保。该公司重新提供价值 220 万元的存单做纳税担保后向大连市国家税务局申请行政复议。

大连市国家税务局认定此案事实清楚，证据确凿，法律适用正确，程序合法，于 2013 年 5 月 30 日向该公司下达《税务行政复议决定书》，决定维持原税务处理决定。

HL 公司收到《税务行政复议决定书》后不服，向法院提起行政诉讼。一审案件起诉到大连市沙河口区人民法院，该企业提出了三点诉求：一是 HL 公司不是这笔收入的纳税人；二是这笔收入是投资补偿而非利息收入；三是就算是需要补缴税款，当时向地税局缴纳个人所得税时地税局并未告知需要缴纳企业所得税，所以不应缴纳滞纳金。庭审中检查人员陈述了税务机关的立场，并根据《中华人民共和国税收征收管理办法》《民法通则》和《发票管理办法》对该公司诉求进行反驳。最后，一审法院驳回了原告的诉求，全面维持了税务机关的处理决定。

一审结束后，HL 公司不服上诉到大连市中级人民法院。目前庭审已结束，正等待最终处理结果。

【处理处罚结果】 根据《中华人民共和国企业所得税法》第六条第（五）项、第八条及《中华人民共和国企业所得税法实施条例》第十八条、第二十七条、第三十一条、第三十八条第（二）项规定，补征 2010 年企业所得税 1627228.20 元。

【问题分析及工作启示】 一是该案件作为涉税疑点案源之一，具有一定的典型性，涉税疑点库的信息资料为检查人员提供了第一手的入门资料，使得检查人员在实施稽查过程中能够有的放矢、直达病灶，极大提高了稽查效率，故信息疑点的采集是十分必要的，是值得持续与推广的。然而，在实施稽查的过程中，绝不能单单局限于疑点信息这一“点”，而应该由“点”引向“面”，从而更深入、透彻地查处税收违法案件。二是本案同时也提醒税务机关注意，目前由于银行利率低于民间借贷利率，类似的案件多有发生。许多个人对税法知之甚少，加强税法宣传十分重要。三是本案件不仅涉及行政复议和行政诉讼，还涉及公证送达保全证据、纳税担保等行政程序。检查人员在执法过程中严格遵守执法程序依法检查取证，并且第一次运用了“公证送达”的方法现场送达《税务处理决定书》，对后续涉及纳税担保、行政复议、行政诉讼方面的程序处理方面也滴水不漏。如果稍有不慎，就会引发无法执行或者败诉。在执行过程中的一系列措施不仅维护了税收执法的刚性原则，更是极大地鼓舞了税务干部的信心并对今后的工作提供了借鉴。检查人员将对此案的检查方法和后续行政复议、行政诉讼等环节进行探讨总结，力争在今后的工作中有更大的突破。

（大连市国家税务局稽查局供稿）

某商业开发公司涉税案

【案件类别】 少缴税款案例

【案件所属行业】 房地产业

【案件特点】 本案是某商业开发公司在账务处理过程中，将发生的财务费用应予以资本化处理的部分理解为一般管理费用，混淆融资费用与管理费用的划分标准，造成当期少缴企业所得税。此案的查结对房地产行业出现的多种融资模式下，发生融资费用是否应作资本化处理问题开展纳税检查具有一定的借鉴意义。

【案件来源】 根据税务专项检查工作计划安排，大连市地方税务局第二稽查局对大连某商业开发有限公司2010—2012年地方税缴纳情况进行了立案检查。

【基本案情】 大连某商业开发公司成立于2009年，为私营有限责任公司，经营范围为商业设施开发与销售、物业管理。2010年，该企业取得大连某地块开发项目，计划总投资30亿元，开发总建筑面积32万平方米，其中商业、酒店约8万平方米，2012年开始预售。稽查人员结合被查企业行业特点，采取电子稽查与实地调查交叉进行的方式，针对银行业在发放贷款时，将贷款分解为利息收入和财务顾问费这一疑点，挖掘关键环节，固化证据链条，最终查实该企业在2010—2012年间，将应进行资本化处理的利息和财务顾问费予以费用化，以及将取得的政府补贴收入记入往来账，导致2012年少申报缴纳企业所得税。

【查办过程】 接到稽查指令后，检查人员从征管信息系统进行了查询，并向征管部门了解企业相关情况，实地查看所开发的项目，初步掌握了该纳税人项目开发的基本情况，确定了案头检查与电子稽查相结合的方法，并制定相关预案。根据检查预案，检查人员对该户实施检查，并迅速提取电子账套数据。在实地检查中，检查人员对该企业提供的财务报表、账簿凭证以及其他相关纳税资料进行审核，申报数据显示，2010—2012年企业所得税连续三年为零申报。虽然该项目目前处于预售阶段，但2012年企业已实现预收款3.9亿元，这与正常的企业所得税纳税申报存在着很大的出入。检查人员又认真查阅该公司三年来的纸质账簿及电子数据，却发现账簿记载的各科目数据与企业所税申报表中填列的数据完全不符。经询问，财务负责人称以前的财务人员可能对整个账务记载出现了错误，所以后来调整了2010—2012年的账务，导致账表不符。经检查人员核实，2010年该公司为了开发项目，与沈阳关联企业共同从沈阳某银行借款35000万元，当年支付利息3700万元，为取得该笔借款支付财务顾问费568万元，均记入了开发成本；在当年企业所得税申报中，该公司对上述支付的利息及财务顾问费却做了纳税调减处理；2013年调整账务时，该公司又将上述利息与财务顾问费分别调整到财务费用和管理费用中。同样，对2011年发生的与开发项目贷款相关的财务顾问费2228万元，2012年发生的与开发项目贷款相关的财务顾问费3631万元，该公司都调整到当年的管理费用中。三年来，与开发项目贷款相关的财务顾问费共计6427万元，该公司均在发生当期在税前全额扣除，直接导致所得税较大的亏损额。另外，在检查企业往来账时，检查人员发现，该公司将2012年度一笔金额3700万元的政府扶持资金登记在其他应付款中，该公司称为“借款”，但却无法提供相关文件。检查人员到付款方街道调查核实，确认支付给该公司的是扶持资金而不是借款，应计入营业外收入进行所得税纳税申报。

【违法事实】 大连某商业开发公司2010—2012年取得贷款利息、融资顾问费共计10131万元未资本化；2012年收到政府扶持资金3700万元未做营业外收入处理；2012年发生的业务招待费超标准40万元，未按规定做纳税调增处理；因记账错误，导致2010—2012年均少记管理费用和财务费用。以上各项违法事实导致2012年少申报缴纳企业所得税1400余万元。

【处理处罚结果】 依法追缴大连某商业开发公司2012年企业所得税1400万元，加收滞纳金16万余元。

【问题分析及工作启示】 此案件重点检查的财务顾问费，实质是借款利息，银行部门出于业务考核，人为将财务顾问费归属到中间业务收入，借款企业掩人耳目逃避税款，对银行业行业秩序造成不良影响，对税务机关组织国家税收收入造成障碍。因此，必须重视财务顾问费相关问题，加强对借款企业的税收征管力度。税务工作必须适应社会经济形势的变化，对电子税务稽查的推广及应用已成为迫切需要。此案件检查过程中，电子稽查获得了全面准确的电子数据，与传统稽查相互促进和印证，提高了稽查质量和效率。但是也应该注意到，在远程服务器、财务软件的类型上，电子稽查还有很多需要解决的问题，其优势还没有充分发挥。

（大连市地方税务局稽查处供稿）

发票违法案例

“7·03”虚开增值税专用发票案

【案件类别】 发票违法案例

【案件所属行业】 批发零售业

【案件来源】 税务总局稽查局督办案件

【基本案情】 2013年7月2日，国家税务总局稽查局、公安部二局、审计署京津冀特派员办事处联合召开了专案检查工作会议，部署了对天津市百德旺金属材料有限公司等三户企业涉嫌虚开增值税专用发票案件的检查工作，通报了审计署京津冀特派办《审计要情第25号》，该要情反映天津市百德旺金属材料有限公司（以下简称“百德旺”）、天津市百达润金属材料有限公司（以下简称“百达润”）、天津市金运宏金属材料有限公司（以下简称“金运宏”）涉嫌虚开增值税专用发票。

【查办过程】 2013年7月12日，天津公安经侦将犯罪嫌疑人李某和徐某抓获，同日犯罪嫌疑人李某、徐某被依法刑事拘留。后经讯问，犯罪嫌疑人交代百达润、百德旺两公司在无实际业务的情况下，购买增值税专用发票抵扣进项税。同时在无实际业务的情况下，以收取票面金额6%～7%的价格，对外开具增值税专用发票获取非法利益，涉案企业实际控制人为杜某。

经检查核实，百达润、百德旺、金运宏三家企业互为关联企业，实际操控人员为杜某，此三户企业购买的增值税进项发票共涉及9个省市，开票单位39家，增值税专用发票1106份、金额4.43亿元、税额7528万元。货物名称主要为螺纹钢、标准黄金、油品、重芳烃、粗芳烃、燃料油、MTBE、热传导基础液混合芳烃等。资金流情况为：三户涉案企业将相关款项转入开票单位后，同期开票单位将上述款项全额转入相关个人或关联单位（中间人）后，中间人将扣除开票费后的余款，直接或经多环节划转，最终回流至三户涉案企业，造成资金流上所谓的吻合假象。

三户涉案企业开出的增值税销项发票涉及19个省市，受票企业130户，增值税专用发票4438份、金额4.33亿元、税额7370万元。开出的货物名称为：焊管、圆钢、中板、钢材边角、废铜、铜米、铜线、钢丝、生铁、无缝管、铁精粉等。资金流情况为：第一种情况是三户涉案企业收取受票单位款项后，于收款同期通过一些中间人及金运宏公司（该公司帮助百德旺、百达润回流资金）等单位，将款项回流至受票单位或受票单位相关个人及关联单位。第二种情况是三户涉案企业收取受票单位款项后，于收款同期通过上述中间人或单位，将款项流入实际供货人个人账户或实际供货人所控企业。第三种情况是受票单位与上述三户涉案企业并无任何资金往来。

目前公安机关已抓捕犯罪嫌疑人5人，上网追逃4人（含主犯杜某甲、杜某乙）。

【违法事实】 1. 经检查2012年3月—2013年3月期间，3户企业在无货物交易的情况下，通过收取开票费的形式，向天津、内蒙古、北京、山东、江苏、辽宁、河北等19个省、市、自治区130户企业开具增值税专用发票4438份、涉及金额4.33亿元、税额7370.89万元，价税合计5.07亿元。其中已申报7296.15万元、未申报74.74万元。

2. 经检查2012年3月—2013年2月期间3户企业在无货物购入的情况下，通过支付开票费的形式，取得北京、广西、河北、黑龙江、湖南、江苏、辽宁、山东、天津9个省、市39户企业增值税专用发票1107份、涉及金额4.43亿元、税额7528.25万元，价税合计5.18亿元。其中已抵扣7080.38万元、未抵扣447.87万元。

【处理处罚结果】 1. 依据《全国人民代表大会常务委员会关于惩治虚开、伪造和非法出售增值税专用发票犯罪的决定》（中华人民共和国主席令第57号）、《国家税务总局转发〈最高人民法院关于适用《全国人民代表大会常务委员会关于惩治虚开、伪造和非法出售增值税专用发票犯罪的决定》的若干问题的解释〉的通知》（国税发〔1996〕210号）之规定，三户企业对外开出的4438份增值税发票定性为虚开。

2. 依据《中华人民共和国增值税暂行条例》第九条、《国家税务总局关于纳税人虚开增值税专用发票征补税款问题的公告》（国家税务总局公告2012年第33号）“纳税人取得虚开的增值税专用发票，不得作为增值税合法有效的扣税凭证抵扣其进项税额”之规定，对三户企业追缴已经抵扣的进项税7080.38万元。

3. 依据国家税务总局公告2012年第33号“纳税人虚开增值税专用发票，未就其虚开金额申报并缴纳增值税的，应按照其虚开金额补缴增值税”之规定，对天津市金运宏金属材料有限公司追缴其2013年3月开出的，销项税已抄报税，但未进行申报纳税，涉及的47份发票税款74.74万元。

4. 依据《中华人民共和国税收征收管理法》第三十二条之规定，从税款滞纳之日起加收万分之五的滞纳金。

5. 依据《中华人民共和国税收征收管理法》第六十三条之规定，对三户涉案企业，取得的虚开的增值税发票已抵扣税款及未申报销项发票，处以1倍罚款，计7155.12万元。

6. 依据《中华人民共和国发票管理办法》第二十二条第一款、第三十七条之规定，对三户涉案企业处150万元罚款。

7. 依据《行政执法机关移送涉嫌犯罪案件的规定》（国务院令第310号）第三条、《国家税务总局转发〈最高人民法院关于适用《全国人民代表大会常务委员会关于惩治虚开、伪造和非法出售增值税专用发票犯罪的决定》的若干问题的解释〉的通知》（国税发〔1996〕210号）规定，天津市百德旺金属材料有限公司、天津市百达润金属材料有限公司、天津市金运宏金属材料有限公司虚开增值税专用发票的行为已涉嫌犯罪，移送司法机关。

【问题分析及工作启示】 1. 犯罪嫌疑人利用涉案公司，实施个人犯罪。该案件是不法分子精心准备，属有计划、有预谋、专业化、集团化的犯罪团伙，根据目前掌握的情况，专案组认为本案是由犯罪嫌疑人杜某甲、李某、杜某乙、杜某丙、孟某、徐某等多人组织实施，采取非法购买百德旺、百达润营业执照和税务登记证，然后采取抽逃注册资金、虚报经营场所、骗取增值税一般纳税人认定的手法，从税务机关领购增值税专用发票后对外实施虚开增值税专用发票的违法犯罪行为。按照《中华人民共和国公司法》的规定，上述犯罪嫌疑人从法律形式上并不是涉案企业的公司成员，而是涉案公司的实际控制人，其非法够买营业执照和税务登记证的目的不是经营而是对外虚开发票。上述犯罪嫌疑人对外虚开增值税专用发票所获取的违法所得，全部体现在上述犯罪嫌疑人个人银行账号，并不属于涉案企业的利益。由此可见，该案件明显属于自然人犯罪。

2. 涉罪关系网络复杂，虚开金额大、涉案企业众多、涉案地域广。三户涉案企业自2012年3月—2013年3月期间取得并对外开具增值税专用发票涉及北京、广西、黑龙江、云南、湖南、江苏、辽宁、山东、内蒙古等22个省、市169户企业增值税专用发票5545份，进销项价税合计涉及金额10.25亿元，专案组共计检查、整理、筛选出与案件相关的犯罪嫌疑人、中间人、相关人员多达几百人。

3. 地方政府招商引资成为虚开案件重灾区。三户涉案企业均注册在经济相对比较落后的宁河县和静海县，其原因之一是当地盲目的招商引资政策。

4. 作案主要手段向“票货分离”“变票”等手法转变。犯罪分子反侦查意识普遍较强，案件发现难。资金结算、货物流动、发票开具等关键业务仅从资金账面审查，很难发现疑点。根据已经抓获的犯罪嫌疑人交代，三户涉案企业从开业至被查获，企业自始至终就没有账簿记载，更没有进销发票的存根联、发票联等与其相关的所有资料。检查发现，部分进项发票，是取得的篡改专用发票，开票方和抵扣方二者信息不一致，而报税系统只能识别密码区信息却不能够识别专用发票中的汉字信息，这使得不法分子有机可乘。

犯罪分子经常采用“打一枪换一个地方”的方式，在不同地区注册或者控制多个企业，操纵“产业链”实施虚开，任何一个环节出了问题，立即对该环节上下游企业实施注销或恶意走逃，断开链条，加大了公安、税务机关固定证据链、深挖幕后主犯的难度。此外，资金结算多样化、复杂化，也使得虚开案件取证难度大。有时一笔交易多达十几次的转让，要到十几家银行网点查询，才能查清一个虚开环节的资金流。

税务机关在查办虚开增值税发票案件中，在对犯罪嫌疑人的取证，受到了《刑事诉讼法》第一百一十六条制约，税务机关仅能通过公安机关的讯问笔录，来完善税务行政案件相关证据。

5. 根据该案件的突出特点以及检查过程发现的虚开发票趋势的严重性，专案组提请各征管单位，要加强重点地区、重点行业管理。进一步加强税源监控和综合管理，抓紧研究制定切实可行的管理措施。

（天津市国家税务局稽查局供稿）

万荣县永耀饰品有限公司等八户企业涉税案件

【案件类别】 发票违法案例

【案件所属行业】 批发和零售业

【案件来源】 该案件是万荣县国税局稽查局根据万荣县国税局裴庄税务分局要求，对其管户万荣县永耀饰品有限公司注销税务登记事项进行检查时发现并立案查处的。于2013年9月17日被税务总局列为重大税收违法督办案件。

【基本案情】 检查初期，万荣县永耀饰品有限公司拒不提供全部账簿及有关涉税资料。万荣县国税局稽查局遂即对该企业生产经营状况及纳税申报情况进行综合分析评估，发现该企业：一是其生产经营场地小、加工设备简陋，申报销售收入与其生产经营能力不匹配。该公司在2010年11月—2011年11月实际经营期间，以收购动物毛皮加工生产皮毛制品（或饰品）等名义，对外开具增值税专用发票，申报销售收入48108700元。二是生产原料与当地种养殖经济不符。该公司业所在区域的当地农户大多以苹果种植为主，从事羊、兔等动物养殖的极其稀少，没有支持如此大规模生产加工的可能。三是税负极低。该公司在经营期间缴纳增值税232800元，增值税税负仅为0.48%。四是注销行为异常。该公司在其申请注销的前一个月（即2011年11月）申报销售收入600余万元，突然申请注销。这些疑点引起了万荣县国税局稽查局高度警惕，立即对其开具给12户企业的506份增值税专用发票进行了发函协查，发现其存在虚开发票嫌疑。万荣县国税局遂即于2012年5月28日提请万荣县公安局提前介入组成联合专案组共同查处。公安机关于2012年6月5日对该公司进行了立案侦查。

【违法事实】 万荣县永耀饰品有限公司等八户企业是以山东菏泽人张某为首进行组织策划，由郝某、吴某甲、吴某乙、于某等人实际控制的虚开增值税专用发票犯罪团伙，曾先后在山西省运城市注册成立的服饰类企业，在没有真实货物交易的情况下，通过虚假运营，采取虚开农副产品收购发票抵扣进项税额，利用多个网银账户虚构资金回流情况等手段，对外虚开增值税专用发票谋取暴利。涉案的八户企业共计虚开增值税专用发票1577份，涉及安徽、新疆、江西、河南、浙江、上海、深圳7省市的19户受票企业，涉案金额达158529164.15元，税额26949928.09元；同时利用虚开的农副产品收购发票29899份骗抵进项税额26326070.81元。

1. 犯罪嫌疑人郝某、吴某甲控制的4户企业查处情况。

联合专案组查证：2010年6月左右，郝某与张某（在逃）认识后，张某称成立服饰类公司，通过虚假运营，对外虚开增值税专用发票很赚钱。郝某与其妻吴某甲商量后决定在运城市境内负责成立服饰类公司，按张某的要求，一是在国税部门认定为一般纳税人，领购增值税专用发票和农副产品收购发票；二是联系多名亲朋好友用他们身份证件办理银行卡并开通网银，用他们的身份作为动物毛皮收购人，虚构农产品收购业务，进行虚假资金支出；三是用这些卡向张某提供的资金回流账户转回资金，完成资金回流，建立虚假交易账目，应付税务机关检查。公司运营期间，张某负责对外联系需要增值税专用发票的受票单位，向郝某和吴某甲提供开具增值税专用发票的信息及资金回流账户，并按增值税专用发票票面金额的3%向郝某和吴某甲支付开票费。

2010年10月—2012年3月期间，郝某和吴某甲先后注册成立万荣县永耀饰品有限公司、绛县安达利饰品有限公司、芮城县超翔饰品有限公司、平陆县世馨工艺制品有限公司4家公司，在无真实业务的情况下，通过街头打字复印部、移动营业厅和农村信用社等渠道非法获取农户身份信息，虚构羊皮、兔皮等农副产品收购业务，虚开农副产品收购发票12540份，同时取得虚开运输发票18份，涉及骗抵进项税额13125897.30元。随后，在未开展正常加工业务的情况下，虚构销售业务，按照张某提供的购货合同和开票信息，分别向安徽、新疆、江西、河南、浙江、上海、深圳7省（区）市的16户企业虚开增值税专用发票724份，涉及金额80373314.64元，税额13663433.42元。郝某和吴某甲从中非法获利2411200元（其中除向国税部门缴纳税款572868.37元外，其余的全部归自己所有、使用）。案发后，万荣县公安局已依法追缴其违法所得人民币32万元，扣押雪弗兰景程轿车一辆。

2. 犯罪嫌疑人吴某乙、张某控制的3户企业查处情况。

2010年6月—2011年11月期间，在张某的指使下，吴某乙（化名张琪）利用他人名义先后注册成立了万荣县德洋服饰有限公司、临猗县宝琪饰品有限公司、临猗县和运服饰有限公司3户企业，在没有真实货物交易的情况下，采用同样手段，虚开农副产品收购发票15150份和取得虚开运输发票7份抵扣进项税款11602984.21元，分别向安徽、新疆、江西、浙江4省（区）的7户企业虚开增值税专用发票787份，涉及金额71770588.83元，税额12201000.35元。

3. 犯罪嫌疑人于某控制的1户企业查处情况。

联合专案组根据该案相关犯罪嫌疑人供述的线索，在对万荣县永耀饰品有限公司业务收购人员于某进行调查时，发现其还另外经营着一家企业，即稷山县浩然服饰有限公司（法人为宁某）。于某山东郓城县人，与张某是朋友兼老乡。该公司在没有真实货物交易的情况下，也采用同样手段，虚开农副产品收购发票2209份抵扣进项税款1610195.30元，分别向新疆、江西两省（区）的3户企业虚开增值税专用发票66份，涉及金额6385260.68元，税额1085494.32元。

【查办过程】　1. 迅速成立专案领导组部署案件查办工作。运城市国家税务局领导获悉案情后，迅速成立了“万荣永耀饰品有限公司等八户企业虚开增值税专用发票案”专案领导组，责成市局稽查局抽调稽查业务骨干组成多个检查组，协同公安机关全面做好案件的查处工作。

2. 全面开展调查取证工作。案件发生后，各涉案地税务机关积极协同公安机关全面开展案件的调查取证工作。一是全面核查税务管理资料，查清涉案企业农副产品收购发票、增值税专用发票的领用和开具等基本情况及其纳税申报情况。二是查证通过非法渠道获取农户身份信息，虚构农产品收购业务、虚开农副产品收购发票情况；三是通过对涉案的银行卡网银业务查证虚构资金回流业务情况；四是通过对企业内部员工查证涉案企业未开展正常的收购加工业务情况；五是通过对部分货运司机查证未给相关涉案企业提供任何运输业务情况。

3. 充分发挥协查系统作用，努力挽回国家税款损失。为避免受票企业出现逃逸、注销等情况，最大限度地挽回国家税款损失，自2013年7月15日起，根据联合专案组已认定的虚开增值税专用发票情况，涉案地税务机关已对八户涉案企业开具的增值税专用发票全部按“确定虚开”发起协查并已全部回函。

4. 通过跨区域协作开展案件外调工作。在案件查处工作中，各涉案地税务机关多次组织稽查人员会同公安部门一同赴受票企业进行外调取证，得到了当地稽查部门的大力支持和积极配合。同时，安徽、新疆等省（区）的办案人员也到山西省相关涉案市县了解案情、固定证据。发案地和受票地税务机关通力协作、密切配合，完善了证据链条、查证了虚开事实。

【处理处罚结果】　1. 八户涉案企业全部定性为虚开发票企业。

2. 八户涉案企业在没有真实业务发生的情况下，采用非法手段获取农业生产者身份信息、虚开农副产品收购发票抵扣进项税额的行为，违反了《中华人民共和国发票管理办法》第二十二条第二款和《中华人民共和国增值税暂行条例》第九条的规定。根据《中华人民共和国税收征收管理法》第六十三条的规定，已构成偷税，同时根据《中华人民共和国税收征收管理法》第三十二条的规定，涉案地税务机关做出了补缴骗抵税款，处以1倍罚款并加收滞纳金的税务处理、处罚决定。八户涉案企业共涉及应补缴税款26339076.81元，罚款26339076.81元。

3. 根据《中华人民共和国发票管理办法》第三十七条、《中华人民共和国税收征收管理法》第七十七条的规定，涉案地税务机关对8户涉案企业虚开增值税专用发票的行为分别做出了处以50万元罚款的处罚决定，并依法移交司法机关追究刑事责任。

（山西省国家税务局稽查局供稿）

内蒙古某煤炭运销有限责任公司虚开发票案

【案件类别】 发票违法案例

【案件所属行业】 批发和零售业

【案件特点】 涉案金额大、地域广、人员多、办案难度大、成功办结

【案件来源】 根据内蒙古公安厅《关于请求对内蒙古某煤炭运销有限责任公司进行税务稽查的函》及内蒙古国税局稽查局的要求，按照区局下达的稽查任务，对该企业进行专案检查。

【基本案情】 购买取得增值税专用发票涉案企业9户，虚开增值税专用发票涉案企业17户，涉案人员达20多人，涉案企业26户，涉案地11个省市。

【违法事实】 1. 该公司某年1月至某年12月期间，共计虚开增值税专用发票64份，主要开往地的3户企业，货物名称均为煤，金额：632.32万元，税额：107.50万元，价税合计：739.82万元。以上虚开的增值税专用发票税额已于当期申报。

2. 该公司某年1月至某年12月期间，通过支付开票手续费的方式，非法购买增值税专用发票106份，货物名称均为煤，金额：1028.27万元，税额：174.81万元，价税合计：1203.08万元。以上取得的增值税专用发票申报抵扣税款174.81万元。

【处理处罚结果】 1. 根据《国家税务总局转发〈最高人民法院关于适用全国人民代表大会常务委员会关于惩治虚开、伪造和非法出售增值税专用发票犯罪的决定的若干问题的解释〉的通知》（国税发〔1996〕210号）文件规定："明确具有下列行为之一的，属于虚开增值税专用发票：没有货物购销或者没有提供或接受应税劳务而为他人、为自己、让他人为自己、介绍他人开具增值税专用发票；……。"根据《中华人民共和国增值税暂行条例》第九条规定："纳税人购进货物或者应税劳务，取得的增值税扣税凭证不符合法律、行政法规或者国务院税务主管部门有关规定的，其进项税额不得从销项税额中抵扣。"根据《国家税务总局关于纳税人虚开增值税专用发票征补税款问题的公告》（国家税务总局公告2012年第33号）文件规定："纳税人虚开增值税专用发票，未就其虚开金额申报并缴纳增值税的，应按照其虚开金额补缴增值税；已就其虚开金额申报并缴纳增值税的，不再按照其虚开金额补缴增值税，并按《中华人民共和国税收征收管理法》及《中华人民共和国发票管理办法》的规定给予处罚。纳税人取得虚开的增值税专用发票，不得作为增值税合法有效的扣税凭证抵扣其进项税额。"经计算，该公司上述违法事实应补缴增值税1688.61万元，调减期末留抵税额5.94万元。

2. 根据《中华人民共和国税收征收管理法》第三十二条"纳税人未按照规定期限缴纳税款的，扣缴义务人未按照规定期限解缴税款的，税务机关除责令限期缴纳外，从滞纳税款之日起，按日加收滞纳税款万分之五的滞纳金"的规定，依法加收滞纳金。

3. 根据《中华人民共和国税收征收管理法实施细则》第九十三条"为纳税人、扣缴义务人非法提供银行账户、发票、证明或者其他方便，导致未缴、少缴税款或者骗取国家出口退税款的，税务机关除没收其违法所得外，可以处未缴、少缴或者骗取的税款1倍以下的罚款"的规定，对该公司上述违法事实第1项处以造成受票方少缴税款1倍的罚款，即107.50万元。

4. 根据《中华人民共和国税收征收管理法》第六十三条"纳税人伪造、变造、隐匿、擅自销毁账簿、记账凭证，或者在账簿上多列支出或者不列、少列收入，或者经税务机关通知申报而拒不申报或者进行虚假的纳税申报，不缴或者少缴应纳税款的，是偷税。对纳税人偷税的，由税务机关追缴其不缴或者少缴的税款、滞纳金，并处不缴或者少缴的税款百分之五十以上五倍以下的罚款；构成犯罪的，依法追究刑事责任"的规定，对以上第2项违法事实处以少缴税款一倍罚款，金额1688.61万元。

5. 根据《中华人民共和国刑法》第二百零五条规定，该公司上述违法事实已涉嫌构成虚开增值税专用发票罪，移送公安部门。

（内蒙古国家税务局稽查局供稿）

辽宁济康医药有限公司虚开增值税专用发票案

【案件类别】 发票违法案例

【案件所属行业】 医药经销行业

【案件特点】 该案是典型的医药行业虚开发票案件。由于一些药品的生产成本较低，零售价格畸高，造成超额利润，经营者为了降低应该承担的税负，便通过虚开发票“提高”成本。为隐瞒违法行为，企业采取货票分离方式取得发票：企业实际购买了一定数量的药品，在厂家不提货直接低价出售给不需要发票购买者，企业获取发票后将所列项目修改成库存药品名称，虚增成本，逃避缴纳税款。

【案件来源】 专案检查

【基本案情】 辽宁济康医药有限公司（以下简称济康公司）在药品实际经营中购销差价高，存在高额利润，采取三种方式达到少缴税款目的。一是按票面金额8%的比例购买进项增值税专用发票；二是伪造购进货物《销售货物或者提供应税劳务清单》，将货物品名篡改成账面原有经营药品后，加大库存商品成本，将实际购进药品对外销售，不计收入；三是购进部分药品销售给不需要发票单位（个人），不计收入。

【违法事实】 在2010—2011年期间，济康公司在无真实货物交易的情况下，非法购买增值税专用发票合计1559份，金额合计4846万元，抵扣税额合计824万元，价税合计5670万元；取得伪造的41组增值税专用发票所附《销售货物或者提供应税劳务清单》，金额884万元，抵扣税额150万元，价税合计1034万元；购进货物直接对外销售，隐瞒收入11566万元。

【查办过程】 国家审计署驻沈阳特派员办事处在审计沈阳市社会保险时发现，济康公司在2010年、2011年的医药产品购销存管理系统中的数据与税务机关增值税专用发票认证抵扣系统中的数据严重不符，存在重大虚开增值税专用发票嫌疑，将有关线索移交税务机关。税务机关遂成立税警联合专案组查处此案，结合移交线索，专案组重点对涉嫌接受虚开的2.06亿元增值税专用发票进行检查。经过对江西、安徽等省涉案企业的实地外调取证后，确认济康公司虚开增值税专用发票行为。

【处理处罚结果】 依法追缴济康公司少缴的增值税税款2654万元，追缴企业所得税3884万元，处以少缴税款1倍的罚款。

济康公司法定代表人王某及其总经理张某分别被判处12年、8年有期徒刑。

【问题分析及工作启示】 医药经销行业采购量大，药品采购和经销涉及人员众多，取得虚假发票涉及地区广，给案件的取证带来很大的困难。因此，在查处医药行业案件时要第一时间税警联合办案，公安机关控制主要涉案人员，税务机关取得涉案企业账簿资料及电子数据，否则案件查办难以取得实质性的突破。

（辽宁省国家税务局稽查局供稿）

“4·12”特大虚开增值税专用发票案

【案件类别】 发票违法案例

【案件所属行业】 批发零售业

【案件特点】 上海市税务稽查部门运用自行开发的稽查案源管理系统，通过对进销项相关数据的分析，发现同一企业存在进项品名同时为手机及成品油发票，而其销项呈客户分散、一次性交易比例畸高的特点，梳理了150余户涉嫌虚开企业移送给公安部门。公安部门根据人员关联性整理出了一批重大涉嫌虚开企业的名单后，再由税务部门提供相关企业的基本信息以及进销项明细，经警税双方共同办案，破获了这起特大虚开增值税发票重大案件。

【案件来源】 该案由税务稽查部门利用稽查案源管理系统自主选案后移送公安机关侦办。

【基本案情】 2011年至今，犯罪嫌疑人范某、娄某等人，冒用他人证件通过多家企业登记代理公司在上海浦东、金山等区先后注册了多家“空壳”公司，同时结合“买壳”手法，共计获取了上海70余家企业的实际控制权。注册成功后，该团伙在无真实业务交易的情况下，通过收取票面金额6% ~9%开票费的方式，通过中间人介绍，为全国28个省市的5900余家企业虚开增值税专用发票10万余份，价税合计人民币44亿余元，税款5.9亿元。为获取“空壳”公司的进项发票来源，该犯罪团伙又向其他公司购买增值税发票。通过支付票面金额3% ~4%开票费的方式，在无真实业务交易的情况下，通过中间人让全国17个省市的1400余家企业为自己控制的公司虚开增值税专用发票4.4万余份，价税合计人民币41亿余元，税款5.1亿余元。

【查办过程】 上海公安经侦部门在浙江公安部门积极配合下，与税务部门组成联合专案组，两地统一行动，一举破获了该案。

【处理处罚结果】 税务稽查部门共计查补税款1.68亿元，滞纳金2400余万元，罚款6400多万元。移送公安机关1000余人。

【问题分析及工作启示】 一是深入研究规律，提高选案准确率。稽查部门深入研究虚开案件后，提出了进、销项增值税发票分析是核心，征管系统与预警指标是基础的风险防范理念，开发了“金山选案模型”，通过对销项发票交易频率、销项发票金额分布、销售对象离散程度的分析，锁定疑点虚开发票高风险企业实施打击。二是警税深度协作，加大案件查处。进一步健全警税协作办案机制，完善信息交换机制，与公安部门开展深度协作，充分利用公安部门技侦手段，发挥税务部门信息资源和稽查技能优势，加大案件查处力度。三是净化税收环境，推进社会诚信体系建设。近年来，涉税违法典型案例在媒体上的公开报道，为进一步提高企业的纳税遵从度，维护公平合理的税收秩序，加快税务领域诚信体系建设起到了积极作用。但在日常检查中遇到的企业不配合、查后逃避执行以及日常走逃等确是困扰着税务部门的一个现实问题，迫切需要研究制订相关应对办法。

（上海市国家〈地方〉税务局稽查处供稿）

安徽省A公司特大虚开增值税发票案

【案件类别】 发票违法案例

【案件所属行业】 批发和零售业

【案件特点】 纳税人利用对外销售货物时部分业务不开具发票的方式截流增值税开票额度，通过收取开票手续费的形式在无真实货物交易的情况下对外虚开增值税专用发票，从中牟利，从而引发犯罪。检查人员根据省局风险应对模型提供的风险指标，针对该公司属于商贸企业、涉税违法手段通常隐蔽性强、企业容易藏匿证据等特点，查前制定检查预案，拟定检查重点，查中采取突击上门，内查外调的检查方法，在发现涉嫌违法犯罪疑点后，及时向局主要领导汇报，研究下一步工作方向和工作重点，同时提请公安部门介入，成立联合办案组，加大检查力度，最终掌握其通过收取开票手续费的方式对外虚开增值税专用发票的违法事实，成功地打击税收违法犯罪行为，挽回国家税款损失，在检查过程中既突出重点又顾及全面，既注重效率又保证质量，充分凸显了税务稽查部门的打击职能。

【案件来源】 安徽省A公司自成立以来未进行全面的税务稽查。2012年5月，合肥市国税局第一稽查局根据省局风险应对指标提示，选定该公司作为稽查对象。

【基本案情】 安徽省A公司，成立于1998年4月，该公司主要从事家用电器、金属材料货物的销售，1998年6月被认定为增值税一般纳税人。自2009年起，在该公司法定代表人王某的组织下，A公司没有任何真实货物交易，利用公司有“富余票”的额度，采取收取6%开票手续手段，对外虚开265份增值税专用发票，税款合计372万元。2010—2012年5月，A公司隐匿销售收入4648万元（含税），少申报销项税675万元。

【查办过程】 2012年5月，合肥市国税局第一稽查局对安徽省A公司2010—2011年纳税情况进行了检查。

1. 开展查前调查分析，科学制定预案。检查组通过查询征管系统资料，2010—2011 年度期间，该公司收入逐年翻番，增幅巨大，但税收收入没有出现同比增长。检查人员分析认为，A 公司存在多项疑点：营业收入逐年翻番，增值税税负却逐年走低，近 3 年只有 0.1% 左右；在被监控风险指标中，其本期销售毛利率、增值税税负变动率、销售毛利变动率、本期存货变动率、存货周转变动率、连续亏损异常识别等 7 项指标均异常，风险指标高达 85 分，风险等级为 4 级。基于上述情况，合肥市国税局第一稽查局立即启动风险应对稽查工作模式，采取预案制稽查，制定稽查预案，拟定检查方法，确定检查方向。

2. 突发情况下做出应急判断，临时调整检查方法，有效实施全面检查。针对商贸企业的涉税违法手段通常隐蔽性强，企业容易藏匿证据的特点，检查组实施了突击上门检查方式。第一，突发状况下做出特殊判断，从细节突破。检查人员通过查看企业账本发现，该公司的账目混乱，业务往来复杂，单据缺失现象严重。检查时，传真机传来一份传真件，检查人员发现几个财务人员神色慌张，就抢先拿起查看，内容竟是，某产业园 B 公司要求 A 公司开具一张增值税专用发票的申请，特别嘱咐要将“电费”开具为“圆钢”。检查组立即对 A 公司的账务进行全面检查，选取从该公司取得发票最多的 C 公司开展外调。经查发现，C 公司涉嫌向该公司购买增值税专用发票，并已申报抵扣税款。第二，借助外力，深入挖掘犯罪事实。意识到可能案情重大，合肥市国税局第一稽查局将此案移送至市公安局经侦部门。很快，两部门成立“6·5”专案组，开展深入调查。专案组梳理 A 公司的经营记录发现，该公司主要经销家电产品和钢材，进货时都会取得增值税专用发票，而销货时却经常不需要开具销售发票。原因是，其家电产品部分销往乡镇和个体户，钢材主要销往建筑安装企业，这两种途径的销售对象一般不需要增值税专用发票。由此判断，A 公司很可能会富余大量增值税专用发票。专案组决定对该公司与其下游企业的往来进行深入排查，通过数据筛选和盘库分析发现，至少有几十家工业企业通过转账、资金回流以及虚假承兑汇票等方式与 A 公司进行资金往来，专案组从中选出若干户疑点较大的下游企业进行重点突破。在确凿证据和政策攻势下，第一家被调查企业的负责人和财务人员很快就承认，以支付票面金额 6% 的开票费形式，从 A 公司购买了增值税专用发票，并抵扣了税款。其他 20 余户被调查企业也纷纷供出了从 A 公司购买发票的事实。调查结果显示，这 20 多家被调查企业彼此勾结，通过股东、亲戚、熟人等相互介绍方式，互相虚开增值税专用发票，偷逃税款。第三，检查结果。通过近 3 个月的内查外调，最终，检查组查证 A 公司虚开增值税专用发票 266 份，发票金额合计 2206 万元，税额合计 375 万元，价税合计 2581 万元。同时，该公司 2010 年 1 月—2012 年 5 月期间在日常销售业务中，从未向客户开具发票的有 78 家，另有部分个人购买，也从未开具过发票，总计含税销售额 4648 万元。企业对该部分销售收入未申报纳税，涉及税款近 675 万元。

经法院审理认为，从 2009 年起，A 公司在无任何真实货物交易的情况下，向 30 家工业企业虚开增值税专用发票 265 份，合计税额 372 万元。作为该公司的法定代表人，王某组织实施了主要犯罪事实，依据《中华人民共和国刑法》和《〈全国人民代表大会常务委员会关于惩治虚开、伪造和非法出售增值税专用发票犯罪的决定〉若干问题的解释》等相关规定，主要案犯王某因虚开增值税专用发票数额巨大且情节严重，被判处有期徒刑 10 年，A 公司被判处罚金 30 万元，其余涉案公司和人员均被依法判决。

【处理处罚结果】 1. 依据《国家税务总局关于纳税人虚开增值税专用发票征补税款问题的公告》（国家税务总局公告 2012 年第 33 号）规定，纳税人虚开增值税专用发票，未就其虚开金额申报并缴纳增值税的，应按照其虚开金额补缴增值税；已就其虚开金额申报并缴纳增值税的，不再按照其虚开金额补缴增值税。A 公司已查证的对外虚开增值税专用发票部分，已申报并缴纳过增值税，故不需再补缴增值税。

2. 依据《中华人民共和国增值税暂行条例》第一条、第二条、第十九条以及《中华人民共和国增值税暂行条例实施细则》第三十八条第一款的规定，对该公司应确认未确认的销售收入部分，应计提销项税额，补缴增值税 675 万元。

3. 依据《中华人民共和国税收征收管理法》第六十三条第一款的规定，“纳税人伪造、变造、隐匿、擅自销毁账簿、记账凭证，或者在账簿上多列支出或者不列、少列收入，或者经税务机关通知申报而拒不申报或者进行虚假的纳税申报，不缴或者少缴应纳税款的，是偷税。对纳税人偷税的，由税务机关追缴其不缴或者少缴的税款、滞纳金，并处不缴或者少缴的税款百分之五十以上五倍以下的罚款；构成犯罪的，依法追究刑事责任”。该公司向客户销售货物，在账簿上不列、少列收入，是偷税。处少缴税款675万元1倍罚款，计675万元。

4. 依据《中华人民共和国税收征收管理法》第三十二条的规定，“纳税人未按照规定期限缴纳税款的，扣缴义务人未按照规定期限解缴税款的，税务机关除责令限期缴纳外，从滞纳税款之日起，按日加收滞纳税款万分之五的滞纳金”。对企业未按照规定期限缴纳的税款，依法加收滞纳金。

5. 依据《安徽省涉嫌危害税收征管犯罪案件移送暂行办法》（皖国税发〔2004〕180号）规定，该案件达到移送标准，前期公安已介入，故不需移送公安。

6. 依据《中华人民共和国发票管理办法》第三十七条规定，该公司虚开增值税专用发票金额在1万元以上，其违法开具增值税专用发票行为鉴于法院已判处该单位30万元罚金，不再对该行为处以罚款。

【问题分析和工作启示】 通过本案，可以看到，“真票虚开”仍是目前虚开增值税专用发票的主要手段。由于增值税专用发票要“先认证、后抵扣”，目前犯罪分子的首选虚开手段，仍是利用从税务机关购买的真票开具与实际业务不符的发票，包括票货分离、金额虚增、前后联汉字信息篡改等方式。本案中，30余户受票企业支付开票手续费后，非法让他人为自己虚开发票。其中，有的是为了偷逃税款，降低税负；有的是为了虚增收入，粉饰业绩。不管目的是什么，他们有一个共同点，就是所抵扣发票均通过了防伪税控系统认证，具有一定的隐蔽性、欺骗性。如果稽查部门不介入，相关问题很难被发现。

1. 钢材市场目前仍是虚开增值税专用发票犯罪的“重灾区”。由于钢材的销售对象既有建安企业，又有工业企业和商贸企业，而建筑安装劳务属于非增值税应税项目，导致增值税抵扣链条在此中断。建安企业购进的钢材往往会形成“富余票”，被不法分子利用并对外非法出售。在打击钢材销售行业虚开发票行为方面，各地国税部门采取了多种措施，但效果不大。必须通过制度设计，完善该行业的增值税链条，才能彻底根治问题。

2. 税务机关的管理应从事后向事中、事前设置。目前，往往是虚开发票行为发生后，由税务稽查部门与公安投入大量人力、物力进行调查取证，追征税款，但最终仍会有税款无法挽回。对于犯罪分子来说，事后受到法律惩处，丧失经济利益和人身自由，也得不偿失。如果事前、事中就加强发票管理，建立发票流、物流、资金流的自动筛选比对平台，形成有效的虚开发票防范和预警机制，这些问题就会得以避免。

3. 稽查人员在查前、查中都要做足功课，细心多思。本案中，由于稽查人员提前做足了功课，通过省局风险报告发现疑点，通过查前预案确定检查重点，通过现场调查锁定证据，通过外围调查固定事实，一系列“组合拳”都抓住了案件的关键，由此才揭开了企业账证资料的“面纱”，查证了犯罪分子虚开发票的事实。

4. 着力强化“依法纳税光荣、违法逃税可耻”的社会氛围。本案中，30余户涉案企业的负责人、会计人员之所以触碰虚开发票的“雷区”，很大程度上是因为在其交往的圈子里，很多人为谋取经济利益置法律于不顾，对虚开发票要承担的法律后果认识不足，或者即使知道也抱有侥幸心理。

（安徽省国家税务局稽查局供稿）

江西国恒虚开增值税专用发票案

【案件类别】 发票违法案例

【案件所属行业】 软件和信息技术服务业

【案件特点】 本案反映了虚开增值税专用发票犯罪的某类特点：一是以正常经营企业为掩体，对外大肆虚开增值税专用发票。二是短时间内涉案发票金额大，涉及企业多，影响恶劣。三是为了达到少缴税款以及对外虚开，企业利用虚开、伪造的抵扣凭证骗抵国家税款。四是启动税警联动工作机制，公安机关提前介入，充分利用税务、公安各自办案的优势，实现案件快速查处。

【案件来源】 2011年11月14日，南昌市高新区国税局稽查局收到高新区局批转税源科的

《关于江西国恒铁路有限公司海关完税凭证比对异常移送稽查的报告》，报告指出该企业2011年5—7月申报抵扣的海关增值税专用缴款书11份，经海关完税凭证稽核比对结果为缺联信息。

【基本案情】 江西国恒铁路有限公司，增值税一般纳税人。经营范围：对各类行业的投资；铁路投资；高新技术产品的开发；国内贸易；复垦项目及土地开发整理。注册资金1亿元人民币，股东为天津×铁路控股股份有限公司。2010年取得销售收入82.4万元，应交增值税2201.87元。已纳增值税13.82万元。2011年取得销售收入5658.98万元，期初进项留底税金13.60万元，应交增值税-359.30万元。已纳增值税41.12万元。期末留底税金400.42万元。该公司2011年5—7月分别以假海关进口增值税专用缴款书5份和4份抵扣进项税额合计1120.23万元。8月，以2份假海关进口增值税专用缴款书申报抵扣进项税1017.06万元，因比对发现异常未允许其申报抵扣。2011年4—7月，该公司先后以票面金额3.5%～4%收取开票费方式对外虚开增值税专用发票151份，虚开金额4539.19万元，税额771.66万元。

【违法事实】 1. 该公司2011年5月以假海关进口增值税专用缴款书5份抵扣进项税额387.32万元，7月以假海关进口增值税专用缴款书4份抵扣进项税额732.91万元，抵扣进项税合计1120.23万元。

2. 该公司2011年4—7月以票面金额3.5%～4%收取开票费方式先后向江西省萍乡市、南昌市、河南省新乡市、广东省平远县等地的企业虚开增值税专用发票151份，金额4539.19万元，税额771.66万元，价税合计5310.86万元。

【查办过程】 由于该案涉嫌虚开增值税专用发票，南昌市高新区国税局将案件移送到南昌市公安局高新开发区分局，国税与公安成立联合专案组对该案进行查处。检查组兵分两路：一路赴上海、深圳外调取证，另一路第一时间控制住企业的主要负责人和会计，并进行了询问调查。

经查实，2011年4—7月期间，江西国恒铁路有限公司总经理李某甲为提高业绩，伙同原江西省农行职员李某乙策划以虚开增值税专用发票的手段增加业务量。李某乙找到谌某，经谌某联系，先后以21万元和50万元购得假浦东海关进口增值税专用缴款书6份，假皇岗海关进口专用缴款书3份，假文锦渡海关进口增值税专用缴款书2份，共计11份，税款合计2137.28万元。已申报抵扣税款1120.23万元，另2份因比对时发现异常，未予以抵扣，税额为1017.06万元。谌某同时又为该公司联系受票单位，江西国恒铁路有限公司先后向江西萍乡、南昌、河南、广东等地的企业虚开增值税专用发票151份，并收取3.5%～4%的开票费，虚开金额4539.19万元，税额771.66万元。

检查组赴上海国税部门、上海浦东海关和深圳国税部门、深圳皇岗海关、深圳文锦渡海关外调取证，证实该公司取得的11份海关增值税专用缴款书全为假票。同时南昌市高新区稽查局对该公司对应取得假票开具销项专用发票全部发出协查处理，收到协查回复信息认定“票货不一致”，证实属虚开增值税专用发票。

【处理处罚结果】 1. 根据《国家税务总局关于进一步加强普通发票管理工作的通知》（国税发〔2008〕80号），合计调增该公司2010年应纳税所得额4780元。

2. 根据《中华人民共和国税收征收管理法》第六十三条第一款，追缴该公司2011年增值税719.81万元，并根据《中华人民共和国税收征收管理法》第三十二条规定加收滞纳金。

3. 根据《中华人民共和国税收征收管理法》第六十三条第一款及《江西省国税系统税务行政处罚自由裁量权参照执行标准》规定，对该公司所追缴的2011年度增值税处1倍罚款719.81万元。

4. 根据《中华人民共和国发票管理办法》第三十七条规定，对该公司虚开增值税专用发票行为处50万元罚款。

5. 根据《中华人民共和国税收征收管理法》第六十四条第一款及《江西省国税系统税务行政处罚自由裁量权参照执行标准》规定，对该单位2010年编造虚假计税依据行为处以500元罚款。

6. 对本案犯罪嫌疑人李某甲、李某乙、谌某移送司法处理。

【问题分析及工作启示】 从本案来看，导致企业和不法分子虚开增值税专用发票的原因主要有：1. 增值税专用发票具有抵扣税款的功能，不法分子必然逐利而为之。

2. 由于进项抵扣凭证的种类有税务、海关等多个部门监管，客观上增大了增值税违法犯罪行为的活动空间。

3. 国内中小企业的生存压力较大。无论企业有无盈利，我国税法规定都应就增值额缴纳增值税，企业为了生存就有可能铤而走险。

工作启示：一是强化税收宣传，增强诚信纳税意识。从检查所发现的问题和原因来看，企业财务人员职业操守不高，企业负责人税法意识淡薄，建议主管税务机关应加强税收法律法规的宣传，提高企业的税法遵从度。二是强化部门协作，充分发挥第三方的力量。本案的成功查处，得力于公安机关的提前介入与海关的积极配合。三是建立信息共享平台。以政府为主导，建立能够实现国地税、工商、银行、海关、审计等部门之间的横向信息共享的信息网络。

（江西省国家税务局稽查局供稿）

某工程研究院取得虚假发票多列成本案

【案件类别】 发票违法案例

【案件所属行业】 服务业

【案件特点】 本案揭开了企业取得虚假税务机关代开发票列支成本的违法事实真相，很大程度上推进了纳税人及税务检查人员对企业所取得的“税务机关代开发票”进行甄别的意识及方法，对打击发票违法行为和严肃税务机关形象起到了立竿见影的积极作用。

【案件来源】 2012 年，武汉市国税局第五稽查局在日常稽查过程中发现该企业存在取得虚假发票的嫌疑，随即对其立案查处。

【基本案情】 检查组在检查该企业“主营业务成本——勘探费”科目时，发现其账务凭证所附发票是国税局代开的工程服务类发票，但 2012 年 12 月前国税部门的管理范围不涉及“工程劳务类”税目，据此认定该公司存在取得虚假发票的嫌疑。

【违法事实】 经多方调查取证，检查组最终认定该公司取得的“税务机关代开发票”中有 32 份为虚假代开发票，涉案金额 550 余万元，需补缴企业所得税 90 余万元。

【查办过程】 1. 未雨绸缪，周密分析锁定检查重点。2012 年 11 月，检查组通过基本资料查询得知：该公司属国有企业，隶属于湖北省某局，主要从事建筑工程项目中的某设防级别鉴定业务。检查组通过网络查询了企业经营发展信息，并对其报送税务机关的各类报表进行了分析，制定了专门的查前预案。针对央企财务管控意识薄弱、管控方法单一而该企业又从事野外勘测工作的特点，检查组很快将检查重点锁定在了“主营业务成本”和“服务收入”两个方面。

2. 疑窦丛生，国税怎会代开地税发票？进驻该企业后，检查组首先与企业主要负责人进行交流，掌握到企业的生产经营，财务核算方法的第一手资料。了解到企业的“主营业务收入”为“某勘测服务费”，“主营业务成本”是人员工资、物料消耗和外协勘测费。该公司 2007—2012 年间外协勘测费账面发生额高达 1700 万元，占到主营业务成本的 65%。由于外协勘测受野外施工条件的限制，同时也出于对成本的考虑，企业将实地勘探业务承包给包工头，在款项全部支付时从包工头那里取得全额发票。由此可见，其外协勘测业务及取得发票真实性将是检查的重中之重。带着疑点，检查组对该企业所取得的“外协勘测费”发票采取了地毯式详查，发现从包工头那里取得的发票全部为“税务机关代开发票”。企业解释因包工头无正规资质、未办理营业执照、税务登记，无发票提供，每次结算企业都会责令包工头到税务机关取得“税务机关代开发票”后再结算。得到此解释后，检查组对企业的这种做法表示肯定，基本排除了检查组对业务及发票虚假性的假设。但在接下来对该企业取得的“税务代开发票”深入检查时，发现其取得的税务机关代开发票既有地税代开的，也有国税代开的。“营改增”前国税局怎会代开“建安服务类”发票呢？检查组再一次对该公司取得的“税务机关代开发票”产生了怀疑。带着这一重大发现，检查组抽取了一份盖有国税部门代开公章的发票号码上网查询，查询结果为“无此票号”，考虑到网上查询信息可能存在滞后，检查组又拨打了纳税服务电话 12366 进行人工查询，回复结果是：发票号码存在，但查询的发票受票方与此次检查的企业名称及金额均不一致。由此检查组初步断定，该企业所取得的“税务机关代开发票”存在为虚假发票的嫌疑。

3. 分析“猫腻”，确定案件突破难点。针对上述疑点，检查组及时将检查情况向局领导进行了汇报，快速制定了下一步检查的可行性方案。一是对取得地“涉嫌假发票”全部进行协查核实，锁定主要证据。二是待固定主要证据后，约谈该企业负责人、财务负责及具体经办人员，详细了解此项业务的来龙去脉，做好询问笔录，锁定相关人员“证人证言”的直接证据。三是责令该企业通知涉案的出票方（包工头）前来约谈，详细了解外协业务是否发生及发生的具体过程，做好询问笔录，取得资金流动的证据，为进一步界定该企业是恶意或善意取得虚假发票固定好关键证据。

4. 艰辛取证，内查外调拨开重重迷雾。由于该案涉及的假发票有68份之多，全部为普通发票，无法通过“金税”系统进行协查，且涉及湖北、湖南、深圳、贵州等6个地区的国、地税部门，取证难度很大。为此，经多方协调，检查组通过市国税稽查局联系了市国税征管处及市地税征管处首先取得武汉市内国、地税涉嫌虚假发票的纸质证明。其次，通过向上级汇报，获得了省国税局支持，应用省国税局征管平台取得了省内国税涉嫌虚假发票的纸质证明。再次，以“协查函”的形式发由各市、县地税局协查。最后，采取检查组和企业联合取证的方式，邻近省份，由企业提供发票地国、地税机关的地址、电话，检查组派人外出调查；远的省份，由企业通知该企业发票涉案地施工人员到国、地税机关取得证明材料，并附注税务机关联系人及办公电话，待收到证明材料后，检查组再通过电话核实其真实性。通过新方法的有效实施，短短一周，就完成对全国范围内涉嫌虚假发票的取证工作。

5. 水落石出，揭开接受虚假发票真相。通过系统内、外各部门、人员的协作配合，实施科学灵活的取证方案，经核查，此案涉嫌接受的虚假发票68份中有32份确定为虚假发票，涉案金额高达550余万元。随即，检查组对假票提供者——包工头袁某等人进行了询问，确认了其施工业务的真实性以及取得涉嫌虚假发票的经过，证实该企业属善意取得虚假发票。最后，武汉市国税局第五稽查局将该案案情向公安部门进行了案情通报。

【处理处罚结果】　根据《国家税务总局关于加强企业所得税管理的意见》（国税发〔2008〕88号）及《国家税务总局关于印发〈企业研究开发费用税前扣除管理办法〉的通知》（国税发〔2008〕116号），对该企业取得虚假发票在税前列支以及不属于研发人员的工资加计扣除，共计调增企业应纳税所得额596万余元，补缴企业所得税90万余元。并根据《中华人民共和国税收征收管理法》第三十二条规定，按规定加收滞纳金。

【问题分析及工作启示】　首先，必须坚持“查账必查票”“查案必查票”。本案中，如果检查组不通过查票来核实企业成本的真实性，想当然地认为“税务机关代开发票”肯定没问题；不通过创新发票协查方法及时锁定证据，就不会取得这样的稽查成果。其次，必须坚持打击发票违法犯罪行为。本案中，包工头群体就是强大的买方市场。2010年底，国务院修改了《发票管理办法》，加大了对虚开、伪造、变造、转让发票等违法行为的处罚力度，但目前假发票市场仍存在“供需两旺”的问题，应制定标本兼治的法律和更为严厉的打击手段，以保证整个市场经济活动的平稳运行。一方面要持续加大“买方市场”的打击力度，如果能阻止买方市场，则卖方市场也就自然会消亡。另一方面要加大部门协作力度，国税、地税、公安等部门要持续保持对打击发票违法犯罪行为的高压态势。再次，必须坚持普通发票信息化建设。一是要将普通发票纳入“金税工程”协查系统中，建立全国统一的普通发票监控协查体系。二是要加快推进普通发票网络开具的进程，从技术层面上控制假发票的危害。三是要加强普通发票协查的制度化建设，对协查回复时限作出明确要求，纳入工作考核。四是完善12366纳税服务平台功能，除电话回复外还可以出具书面证据。五是建立全国联网的发票查询系统，既方便纳税人及时查询真伪，也方便税务机关内部调查取证。最后，必须坚持“举一反三”。本案引起了“国家某局”的高度重视，成立了专案组到武汉市国税局第五稽查局进行非正式访问，双方就此案案情，作案手法，今后的防范措施等进行了交流。目前该局已发文要求各下级单位以本案为戒，全面开展“税务机关代开发票”的自查，及时发现问题，主动到税务机关进行自查补报。由此可见，该案件的查处意义深远，成效显著。通过总结经验，举一反三，对类似企业在辖区内开展专项发票检查及专项业务辅导，真正起到“查处一户，规范一片”和警示、服务纳税人的积极作用。

（湖北省国家税务局稽查局供稿）

湖南凯润家俱制造有限公司系列案

【案件类别】 发票违法案例

【案件所属行业】 有色金属加工业、废旧物资收购行业、家具制造

【案件特点】 一是涉及企业多，直接涉及5户企业。二是核实难度大，农副产品收购发票的对象多为个人。三是不同程度地涉及隐瞒现金收入偷税的问题。四是举报人反应较为激烈。

【案件来源】 2012年4月，湖南省局收到国家税务总局《关于查处湖南凯润家俱制造有限公司等企业涉嫌虚开增值税专用发票、骗取出口退税案的督办函》（国税督〔2012〕17号），即组织实施检查。

【基本案情】 岳阳市金渊铜业有限公司于2007年11月注册成立，私营有限责任公司。法人代表：胡某，经营范围：废旧铜、铝，不锈钢的压延加工，销售等。经过省市县三级稽查人员的努力，查清了该系列案的少计收入，扩大发票填开范围等违法行为。

【违法事实】 岳阳市金渊铜业有限公司。

1. 增值税部分：2009年度账外销售下脚料（塑料皮）51.39吨，未入账作收入47561元（含税），未提销项税额6910.57元。2009年度账外销售废铜190.8吨，未入账作收入4498920元（含税），未提销项税额653689.23元。2010年度账外销售下脚料（塑料皮）96.4吨，未入账作收入91815元（含税），未提销项税额13340.64元。2010年度账外销售废铜59.9吨，未作收入1736200元（含税），未提销项税额252268.38元。2010年9月10日销售焦炭65吨，未作收入53950元（含税），未提销项税额7838.89元。2011年度收外单位电费156657元（含税）计入营业外收入、冲减制造费用等，未提销项税额22762.13元。2011年度销售下脚料（塑料皮）145.03吨，未作收入186900元（含税），未提销项税额27156.41元。2011年12月17日销售废铜渣5.07吨，未作收入18759元（含税），未提销项税额2725.67元。2011年度账外销售铜米38.8吨，未作收入2630740元（含税），未提销项税额382244.27元。）2011年12月26日，销售铜米少记收入340600元（含税），未提销项税额49488.89元。2011年12月29日账外销售废铜84.2吨，未作收入4252100元（含税），未提销项税额617826.50元。以上2009—2011年共计查补增值税2036251.58元。

2. 企业所得税部分：2009年度账外销售下脚料及废铜未作收入应调增计税所得额3885881.20元。2010年度账外销售下脚料（塑料皮）、废铜及焦炭等未作收入应调增计税所得额1608517.09元。2011年度收外单位电费应补的增值税应调减计税所得额22762.13元，账外销售下脚料（塑料皮）、废铜渣、铜米、废铜等未作收入，应调增计税所得额6349657.26元，净查增计税所得额6326895.13元。2011年度多计提福利费266766.20元未作纳税调整。查增2009年计税所得额3885881.20元用于弥补当年亏损，核实弥补后亏损额为387327.53元；查增2010年计税所得额1608517.09元用于弥补2008年度亏损，查增2011年计税所得额6593661.33元先用于弥补当年亏损691649.34元后余额5902011.99元再弥补2008年亏损额，核实2008年亏损额为47196608.75元。

湖南凯润家俱制造有限公司于2006年7月注册成立，有限责任公司（私营）。法人代表：韩某，经营范围：木材收购、加工，各种木制工艺品的制造销售，家具的制造销售，五金配件的生产销售，仓储。该公司于2007年11月认定为增值税一般纳税人，2010年6月批准为出口企业。2009年1—12月扩大范围填开农副产品收购发票收购木材3557721.70元，多抵扣进项税额462503.82元，其中屈原区国家税务局稽查局于2010年6月对该单位进行税务稽查，已查出2009年度扩大范围填开农副产品收购发票收购木材979171元，补缴了增值税127292.23元。因此本次稽查应补缴2009年度增值税335211.59元。2010年1—12月扩大范围填开农副产品收购发票收购木材4511665.30元，多抵扣进项税额586516.49元应作转出。2011年1—12月扩大范围填开农副产品收购发票收购木材951916.2元，多抵扣进项税额123749.11元应作转出。2010年销售家具收取现金未入账，未申报含

税销售收入 41000 元，未按规定申报缴纳增值税 5957.26 元。2011 年销售家具收取现金未入账，未申报含税销售收入 248500 元，未按规定申报缴纳增值税 36106.84 元。2009—2011 年共应补缴增值税 1087541.29 元。

岳阳市新利科技有限公司，2008 年 3 月注册成立，私营有限责任公司，法人代表：姜某，注册资本 500 万元，经营范围：碳素的加工、销售；有色金属的压延加工，销售；稀有金属的加工；政策范围内允许的农副产品收购、加工、销售等。该公司于 2009 年 8 月认定为增值税一般纳税人，2011 年 4 月认定为福利企业。该公司厂房仓库采用租借方式，检查时已停产。

1. 增值税部分：2009 年 11 月—2011 年 10 月销售废石墨渣，取得不含税收入 1401303.59 元，隐瞒销售收入，未按规定申报缴纳增值税，应补缴增值税 238221.62 元。

2. 企业所得税部分：2009 年 11 月—2011 年 10 月销售废石墨渣，取得不含税收入 1401303.59 元，未按规定计入收入（其中：2009 年核实亏损额为 208421.51 元；2010 年度弥补上年亏损后应补缴企业所得税 163130 元；2011 年度核实亏损额为 16203.28 元），2010 年应补缴企业所得税 163130 元。

岳阳市屈原管理区湘江废旧物资回收有限公司，是岳阳市金渊铜业有限公司一对一的收购企业，2006 年 8 月注册登记，私营有限责任公司，法人代表：廖某，注册资本 200 万元，经营政策允许范围内的废旧物资的收购、销售。该公司于 2008 年认定为增值税一般纳税人、“废旧物资企业”，2010 年 6 月批准为出口企业。该公司与岳阳市金渊铜业有限公司同址办公，2011 年废旧物资回收企业有关退税政策停止执行后，该企业没有发生业务，每月为零申报。公司 2011 年之前的财务会计资料遗失。该公司向税务机关提供了 2011 年会计凭证 12 本，2011 年账簿 3 本，年度会计报表 1 份，2012 年 1—3 月凭证 3 本和现金账、银行存款账。经查，2011 年、2012 年 1—3 月账面无收入。

岳阳市祥凯木业有限公司，2009 年 1 月成立，私营有限责任公司，法人代表：霍某，注册资金 100 万元。主要经营木材的加工和销售；木、竹、藤、铁、芒、胶制工艺品生产、销售；家俱、木制品、实木指接板生产、销售；五金交电、其他竹木的生产、销售。该公司已于 2011 年 5 月 12 日注销。

【查办过程】　省局对此案高度重视，成立了专案领导小组。省局领导等多次听取案情汇报，并亲自前往案发企业实地调研，与案发地党政领导沟通协调。经前期调研，专案领导小组决定采取由企业自查、检查人员核查和重点检查的检查方法。

【处理处罚结果】　对岳阳市金渊铜业有限公司依法追缴增值税 2036251.58 元。从滞纳之日起至入库日止依法按日加收万分之五的滞纳金。对企业所得税虚报亏损的行为处以 10000 元的罚款。对未按规定保管凭证和账簿的行为处以 10000 元的罚款。湖南凯润家俱制造有限公司追缴增值税 1087541.29 元。从滞纳之日起至入库日止依法按日加收万分之五的滞纳金。岳阳市新利科技有限公司追缴增值税 238221.62 元。追缴 2010 年度企业所得税 163130 元。从滞纳之日起至入库日止依法按日加收万分之五的滞纳金。

【问题分析及工作启示】　必须加强对农产品收购发票的管理，严格审核填开范围，加强对企业现金的管理，堵塞征管漏洞。

（湖南省国家税务局稽查局供稿）

广西来宾市展宏制衣有限公司等 4 户制衣企业虚开增值税专用发票案

【案件类别】　发票违法案例

【案件所属行业】　纺织服装制造业

【案件特点】　1. 以合法“形式”掩盖非法目的，具有较大的欺骗性。犯罪嫌疑人虚构 4 户制衣企业的生产经营活动，制造其有生产设备、有原材料购进、有生产活动过程、有产品出入库销售的假象，以达到掩盖其虚开增值税专用发票犯罪的目的。

2. 税负极低。纳税申报资料反映，2011 年度 4 户制衣企业销售收入 15738 万元，应纳税额 29 万元，税负率为0.19%，远低于国家税务总局（国税函〔2012〕294号）公布“纺织服装制造”行业3.9%的同期税负。

3. 采取虚假注册手法迅速成立多家“空壳公司”。2010年12月，犯罪嫌疑人迅速成立注册成立4家“空壳公司”，为套取增值税专用发票虚开牟利做准备。

4. 企业法人代表或高管人员交叉“任职”。4户制衣企业的实际控制人是周某，为了更好地掌控4家公司，周某和妻子、外甥分别担任其中3家公司的法人代表，周某的妻子同时任4家公司的财务责任人。

5. 未按规定建立核算明细账。4户制衣企业均不按规定设立原材料和半成品、产成品明细账，以掩盖其取得进项发票的货物品名、品种、规格与其开具销项发票上记载货物不符的问题，此外其购进原材料总金额与销售产成品的总金额是相对应的，但原材料重量是产成品重量的2倍，不符合行业常规。

【案件来源】 2011年12月，来宾市国税局稽查局接到群众举报称，来宾市展宏电脑制衣有限公司、嘉荣电脑针织有限公司、汛兴电脑针织有限公司、广利电脑制衣有限公司4户制衣企业虚构生产活动，虚开增值税专用发票。2012年1月，来宾市国税局稽查局立案检查，查实4户制衣企业存在让他人为自已虚开增值税专用发票的问题，随即将案件移送来宾市公安机关进一步侦查。来宾市公安机关于2012年7月31日立案侦查。2012年8月15日和2012年12月19日，该案分别被公安部、国家税务总局列入督办案件。

【基本案情】 4户制衣企业于2011年1月—2012年6月间，采取虚构生产经营活动的手段，在没有货物出售给广州某进出口公司的情况下，为其虚开增值税专用发票2378份，金额22085.59万元，税额3753.34万元，价税合计25838.93万元。至2012年5月，广州某进出口公司利用上述增值税专用发票向广州市国税部门申请出口退税，已获退税款3026万元。

同时犯罪嫌疑人以按开票金额6.5%的比列支付手续费和开票货款在银行间空转为手段，通过中间人邱某某联系，在河南省鄢陵县天和纺织有限公司、漯河市金鑫纺织有限公司、项城市高寺胜亚纺织厂、鹿邑县金恒毛业有限公司与4户制衣企业中的汛兴、展宏、嘉荣3家公司在没有货物交易的情况下，虚开增值税专用发票106份，金额1012.66万元，税额172.15万元，价税合计1184.81万元，已抵扣进项税款172.15万元。

【违法事实】 1. 虚假的企业。4户制衣企业的实际控制人周某等人于2010年12月18—20日，利用民间临时借贷的资金连续成立了4家公司纺织企业，12月21日，犯罪嫌疑人把用于注册4户制衣企业资金全部转走；

2. 虚假的生产；

3. 虚构财务账册；

4. 虚假的运输。

【查办过程】 1. 确定目标，明确职责，确保案件查办工作稳步推进。2013年1月5日，自治区国税局、公安厅联合专案组进驻广西来宾市，迅速确定收集证据的重点方向，采取声东击西的办法，明确侦（检）查的方法和步骤，分解工作任务到每个工作小组和个人。

2. 围绕资金流向的核查，建立基础数据库，为推进检查工作提供保障。一是复印整理资料工作；二是查询银行账号，分析企业资金回流情况；三是分析企业财务数据，发现4户制衣企业原材料损耗率极高和单件产成品重量过重的问题，迅速反馈给审讯组，为审讯突破提供关键的材料，使犯罪嫌疑人在事实面前供认不讳。

3. 积极开展内查外调取证工作，查实4户制衣企业真实的生产经营情况。

4. 积极配合公安机关开展追逃工作，促使涉案人员到案接受调查。经过追逃组大量的工作，在公安机关强大的压力下，犯罪嫌疑人雷某、周某到来宾市公安局接受调查。他们就4户制衣企业对外开具的增值税专用发票、企业的部分内部账本等证据资料进行了确认。

【处理处罚结果】 1. 认定4户制衣企业虚开销项发票已经申报，因此没有查补税款。同时该案已进入刑事司法程序，待法院判决后，视情况再进行税务行政处罚。

2. 对已认定4户制衣企业虚开的2378份销项增值税专用发票和认定其取得虚开的106份进项增值税专用发票，按协查相关规定给涉案地税务机关发出已确定虚开增值税专用发票的证明单，最大限度地挽回国家损失。

【问题分析及工作启示】 针对本案存在的问题，我们认为应当加强日常税收管理，把打击虚开增值税专用发票的关口前移到日常征管环节。一是要加强对一般纳税人的管理。对生产异常企业加强监控管理。二是对用票企业不能仅凭“耗电量”

等单一指标来判断其是否有真实生产经营活动，还要对其生产经营情况进行调查核实，运用相关联的财务指标综合分析，以判断其生产经营活动的真实性并合理确定企业的用票量。三是加强一般纳税人的建账管理，要按规定设置总账、分类账、明细账，存货的进、销、存要有健全的明细账。对账证不全、不符合一般纳税人核算要求的企业，要严格按规定处理。四是加强对税负率异常偏低企业的监控。行业税负率是衡量一个行业税收负担的平均水平，对低于预警值的企业，应列为重点关注对象进行严密监控。

（广西壮族自治区国家税务局稽查局供稿）

海南华源醇和医药有限公司开具“大头小尾”发票违法案

【案件类别】　发票违法案例

【案件所属行业】　医药行业

【案件特点】　该公司以“大头小尾”方式开具增值税普通发票从而隐瞒销售收入，偷逃国家税款。

【案件来源】　举报案件

【基本案情】　海南华源醇和医药有限公司偷税案是海南省国税局稽查局2012年3月交办的举报案件，属于专案检查，案件所属期2009年1月1日—2012年3月31日，税种为增值税及企业所得税。该案件在检查期间成功的对纳税人进行了突击检查，从其财务人员笔记本电脑中顺利采集到内外两套“大头小尾”的开票清单。经查，该公司以“大头小尾”方式开具增值税普通发票从而隐瞒销售收入，偷逃国家税款。

【违法事实】　该公司以“大头小尾”方式开具增值税普通发票从而隐瞒销售收入，偷逃国家税款，造成少缴纳增值税4046108.97元，企业所得税5052886.21元。

【查办过程】　在收到省稽查局交办的举报资料后，检查组没有急于下户，而是先行对举报材料及该公司的申报数据、领购发票及开具情况进行了研究，初步判断华源醇和公司确实有很大的以开具“大头小尾”发票方式偷逃税款的违法嫌疑。该案件能否顺利查处关键在于能否顺利的搜查到华源醇和公司的真实开票数据资料。检查组先对华源醇和公司注册所在地及其外围进行了多次实地勘察。经勘查，该公司办公地为租用的一处三室一厅的住宅，但很少见到人员出入，这就加大了突击检查扑空的可能性。为此，检查人员拟定了突击检查预案：首先，为避免检查扑空，在进行突击检查前，先通过拨打该公司办公电话确认是否有人在公司办公；其次，对检查人员进行分组，划分检查责任人并预留机动人员，规定详细的突击检查流程以及突发情况应对方案。

2011年3月30日9时，检查人员在拨打华源醇和公司办公电话确认公司有人上班后，由局长带队共12人分乘2辆汽车到达华源醇和公司楼下待命。先由两名着便装检查人员叫开公司房门并确认有财务人员在场后，再通知楼下其他检查人员进入公司办公地点，按预先划分的负责范围进入了各个相关的办公室，并对公司相关人员进行监控，以防有人暗自隐匿或销毁证据资料。

检查人员依法对该公司办公场所的各种财务资料及办公电脑中的电子数据进行了检查取证，并最终从财务负责人笔记本电脑中发现了该公司自2009年起至检查当月的真实的开票信息清单及发票打印电子模板等相关证据，突击检查取得圆满成功，为案件的顺利查处奠定了最重要的基础。

通过对所获取的内外两套开票清单及发票打印电子模板等资料进行分析，该公司开具“大头小尾”发票的手法是这样的：在开具发票时，开票人将发票联抽出，放在未连接开票系统的普通打印机上，依照实际销售信息在事先设定好的发票联Word打印模板上进行填开并打印；其记账联则在开票系统填开并联机打印，所填开申报的购货单位、金额、货物名称等并非实际的销货信息。这样分别打印出来的发票联与在开票系统打印的记账联金额相差很多，但外观上基本一致，如果不放在一起进行比对很难发现问题。因此，要想落实华源醇和公司开具大头小尾发票的确凿违法证据，则必须取得该公司开具给各购货单位的发票联，再与其留存申报的发票存根联进行比对。

检查人员对所获取的内外两套发票开具清单等

相关开票资料进行了耐心细致的筛选、整理、比对、分析，基本掌握了华源醇和公司的实际销售信息，发现该公司的药品销售基本集中在海南、河南两省，检查人员按图索骥迅即展开外调。先后对省内7个市县的13家医院进行了实地调查取证，同时以协查发函方式对河南省的34家医院、卫生院及诊所等单位进行了取证，随后又组成了两个调查组对河南郑州、洛阳的几家协查未及时回函且涉案数额较大的几家医院进行了外调。通过外调和协查取证，检查组获取了华源醇和公司向海南、河南等地医院销售药品的真实销售收入信息。

在获取了全部的外调资料后，经比对，华源醇和公司向各购货单位开具的发票联金额总计为30341335.03元，而其对应申报的记账联总计仅6311771.46元，金额相差达24029563.57元。在确凿的事实证据面前，华源醇和公司不得不在税务稽查工作底稿上签字确认，最终，该案顺利提交海南省国家税务局重大案件审理委员会审理并通过，审理结束后，因华源醇和公司的行为已构成偷税且数额巨大，我局依法将该案已送到司法机关进行下一步处罚处理，该案至此顺利办结。

【处理处罚结果】 增值税方面：依据《中华人民共和国增值税暂行条例》（中华人民共和国国务院令第538号）第一条、第二条第一款的规定，对华源醇和公司2009—2012年3月少申报的应税销售额进行补税。华源醇和公司2009年应补缴增值税188133.56元；2010年应补缴增值税1840121.50元；2011年应补缴增值税1883348.31元；2012年1—3月应补缴增值税134505.60元。上述应补缴增值税款合计4046108.97元。企业所得税方面：依据《中华人民共和国企业所得税法》第六条、《中华人民共和国企业所得税法实施条例》第十四条的规定，并依据《中华人民共和国企业所得税法实施条例》第四十三条对该公司业务招待费项目进行调整、依据《国家税务总局关于查增应纳税所得额弥补以前年度亏损处理问题的公告》（国家税务总局公告2010年第20号）第一条对该公司以前年度亏损进行弥补后，检查核定，华源醇和公司2009年应纳税所得额为392904.90元，应纳所得税额为78580.98元；2010年应纳税所得额为10518922.28元，应纳所得税额为2314162.90元；2011年应纳税所得额为11083926.37元，应纳所得税额为2660142.33元。对华源醇和公司以上少缴的增值税和企业所得税税款，依据《中华人民共和国税收征收管理法》第六十三条的规定，拟对华源醇和公司少缴增值税4046108.97元、企业所得税5052886.21元的偷税行为处以0.5倍的罚款，罚款金额共计4549497.59元，并依据《中华人民共和国税收征收管理法》第三十二条规定加收滞纳金。

综上所述，该公司查补税款及罚款共计13648492.77元，其中：增值税4046108.97元，企业所得税5052886.21元，罚款4549497.59元。该公司2009年的偷税数额266714.54元，占应纳税额86.34%，且偷税数额在10000元以上；2010年的偷税数额4154284.40元，占应纳税额98.35%，且偷税数额在10000元以上；2011年的偷税数额4543490.64元，占应纳税额97.89%，且偷税数额在10000元以上。该案已依法移交至司法机关追究法律责任。

【问题分析及工作启示】 1. 做好做足突击检查的工作方案。对采用内外两套账隐瞒销售收入的企业，如何找到内账资料是案件顺利查处的关键。就本案来说，由于华源醇和公司所申报的开票信息都是虚假的，其发票记账联上所填开的购货单位名称五花八门、遍布全国，很多都是偏远地区的乡镇卫生院，如果不能获取该公司真实的开票清单，仅根据其提供的记账联信息去外调则无异于大海捞针，很难找到真正的购票单位进行取证。因此，在进行突击检查前一定要避免走漏风声并做好检查实施方案，考虑好各方面的意外情况，对整个行动的流程、人员的配备、检查区域的划分，器材设备的配备等都要在预案中有所准备，这样才能给突击检查的实施打下良好的基础。

2. 突击检查过程要果断，迅速，并保持对纳税人的压力。本案的突击检查之所以成功，就是很好地做到了上述几点。在接到检查计划后，检查人员马上就进行了资料分析，并于次日即派人进行现场勘察，了解该公司的办公环境及人员出入情况，再根据实际情况制定周密的查前预案，以防检查扑空、打草惊蛇，并及时地进行了突击检查，在最大程度上避免了因信息泄露、行动迟缓而造成的不良后果。同时，在面对纳税人不愿意打开保险柜，交出内藏的财务负责人笔记本电脑时，检查人员果断地通过进行现场笔录等措施保持对纳税人的压力，最终迫使纳税人打开了保险柜，也正是在这台笔记本电脑中取得了该公司全部的内外两套开票信息清单等关键证据，使得突击检查圆满成功。

（海南省国家税务局稽查局供稿）

广安“5·10”虚开增值税专用发票案

【案件类别】　发票违法案例

【案件所属行业】　批发和零售业

【案件特点】　通过提供虚假税务登记证件购货，骗取开具购货方纳税人名称与购货方纳税人识别号不相符的增值税专用发票，虚抵税款。

【案件来源】　广安市国税局稽查局接到省外来函协查发现

【基本案情】　2012 年 4 月，广安市国税局稽查局接到省外来函协查发现：2011 年 8 月，吉某等人通过提供虚假税务登记证件，在中国石油天然气股份有限公司四川广安销售分公司（以下简称“广安石油公司”）购油，取得“广安石油公司”开具的 8 份增值税专用发票，金额合计 85 万元，税额 14.5 万元，其发票存根联和记账联填写的购货方纳税人名称为中铁十三局集团第二工程有限公司，购货方纳税人识别号为 140525672317414（经查，该识别号对应的纳税人为泽州县坤蓥工贸有限公司，相应的税款已在山西省主管国税机关申报抵扣）；2012 年 1—3 月，吉某等人采取相同的手段取得“广安石油公司”开具的 13 份增值税专用发票，金额合计 209.95 万元，税额 35.69 万元，其发票存根联和记账联填写的购货方纳税人名称为四川中铁二局成都工程有限公司，购货方纳税人识别号为 120113752211898（经查，该识别号对应的纳税人为天津市辰鹏商贸有限公司，相应的税款已在天津市主管国税机关申报抵扣）。

【查办过程】　案发后，广安市局领导高度重视，迅速制定查处方案，及时向省局汇报，申请督办，取得支持，并于 2012 年 5 月 8 日将案件线索移送广安市公安局经侦支队。5 月 10 日，公安机关正式立案侦查，成立了广安市副市长亲自挂帅，公安、国税主要领导任组长，市、县公安、国税部门人员为成员的“5·10”专案组。历时 5 个多月，专案组先后赴北京、成都、南充等地调查取证及向省内、省外发函协查，采取查封扣押涉案财物和抓捕、审讯涉案人员等措施，查明吉某等人通过向“广安石油公司”提供虚假税务登记证件，私自伪造公章和委托书，利用本人或他人在石油公司购油不开发票这一“资源”，冒用中铁二局、中铁十三局、中铁十五局和遂宁翔宇公司的名义取得购货单位名称与纳税人识别号不相匹配的增值税专用发票共计 25 份，价税合计 395.5 万元，税款 57.5 万元；查明“广安石油公司”员工李某于 2012 年 1—2 月，主动为吉某虚开增值税专用发票 1 份，金额 7.8 万元，税款 1.14 万元。同时，专案组在侦破过程中还牵出了“7·01”涉嫌虚开增值税专用发票案，两个案件的涉案人员达 40 人。

【处理处罚结果】　两个案件共追回非法所得 570 多万元，依法查处一接受虚开发票企业，补缴税款 22.67 万元。2013 年 7 月 29 日，广安市中级人民法院依法对广安市“5·10”虚开增值税专用发票案作出一审宣判，被告人吉某、李某因犯虚开增值税专用发票罪，分别被判处有期徒刑 10 年和 3 年（缓刑 4 年），并分别被处以罚金 10 万元和 5 万元。

（四川省国家税务局稽查局供稿）

李某挂靠某建安企业开具假建安发票案

【案件类别】　发票违法案例

【案件所属行业】　建筑业

【案件特点】　李某通过挂靠某建筑安装工程有限公司并以该公司的名称与工程发包单位签订工程承包合同，李某按工程承包金额的 1% 向该公司上交管理费，并任该项目负责人，收入未纳入该公司核算。2012 年 5 月 23 日、7 月 27 日李某通过非法渠道向工程发包单位开具两份假《建筑业统一代开发票》（代开），套取工程款。

【案件来源】　专项检查

【基本案情】 在2013年度的税收专项检查工作中，将建筑安装业作为重点组织全行业自查。检查人员在进行实地走访及自查资料核实的过程中，发现贵州省兴义市马岭河峡谷风景名胜区管理处存有一张黔西南某建筑安装工程有限公司开具的《建筑业统一发票》（代开）（发票代码252001023301，号码00001268，开具金额1000000元），但在该公司自查申报项目清册中并没有相应的工程项目，经发函到兴义市地方税务局核实，该票系假票，检查人员立即将此条案源线索移送选案科，根据选案科安排由稽查一分局对该公司2010—2012年的纳税情况及涉嫌开具假建安发票的情况进行立案检查。

【查办过程】 1. 检查预案。通过mis系统调阅该公司的注册登记、纳税申报等相关信息。实地到该公司了解情况，掌握相关人员、场地、经营活动等信息，再调取该公司的账簿凭证和建安发票，找出疑点。

2. 检查具体方法。首先，账簿检查及相关生产经营资料。2013年7月29日，稽查局一分局对该公司下达《税务检查通知书》，实地检查该公司2010—2012年的账簿资料、凭证以及《建筑业统一代开发票》（代开）的情况进行检查。通过查阅该公司相关账簿凭证，发现该公司应补缴的税款与自查申报的税款相符，但开具的建安发票中未发现承包贵州省兴义市马岭河峡谷风景名胜区管理处工程项目及开具建安发票的相关情况。其次，询问公司法人代表及挂靠人。经过对公司法人代表的询问，发现承包贵州省兴义市马岭河峡谷风景名胜区管理处工程项目系挂靠人李某，公司按工程承包金额的1%向其收取管理费，对其向贵州省兴义市马岭河峡谷风景名胜区管理处开具假建安发票的行为，公司并不知情。经过对李某的询问，发现开具假建安发票系其个人行为。2009年11月28日，李某以黔西南某建筑安装工程有限公司名义中标了贵州省兴义市马岭河峡谷风景名胜区管理处峡谷山庄附属工程项目并任该项目经理，中标金额为315.8万元，李某按中标金额的1%向该公司上缴管理费。2012年5月25日，李某以项目负责人身份，用该公司名称通过非法渠道向工程发包单位——贵州省兴义市马岭河峡谷风景名胜区管理处开具了金额100万元的假《建筑业统一发票》（代开）。除此之外，李某还承认了另外2份开具给贵州省兴义市马岭河峡谷风景名胜区管理处的假建安发票。一份以黔西南州某建筑安装工程有限公司名称开具，开票日期2012年7月27日，开票金额1847530.80元；另一份是以其挂靠的另一公司（贵州建筑工程联合公司）的名义开具，开票日期2012年9月17日，开票金额3701170.42元。经检查人员到兴义市地方税务局比对确认，上述两份建安发票确属假发票。第三，开展延伸检查。针对贵州省兴义市马岭河峡谷风景名胜区管理处对外发包的工程项目比较多的情况，稽查人员对兴义市马岭河峡谷风景名胜区管理处2012年度取得的29份《建筑业统一发票》（代开）进行逐一的核实比对，又发现一份黔西南州鸿建安装建筑公司2012年7月20日开具的可疑《建筑业统一发票》（代开），2013年8月13日经兴义地方税务鉴别为假发票，开票金额720000元。

【处理结果】 根据《中华人民共和国营业税暂行条例实施细则》第十一条“单位以承包、承租、挂靠方式经营的，承包人、承租人、挂靠人（以下统称承包人）发生应税行为，承包人以发包人、出租人、被挂靠人（以下统称发包人）名义对外经营并由发包人承担相关法律责任的，以发包人为纳税人”的规定，认定黔西南某建筑安装工程有限公司为纳税人，为纳税人。为了使税款及时足额入库，根据《中华人民共和国发票管理办法》第三十五条的规定，2013年8月26日，责令该公司到主管税务机关兴义市地方税务局重新申请代开《建筑业统一发票》（代开），2013年9月3日该公司到兴义市地主税务局补缴相关税费184804.74元并重新申请代开了《建筑业统一发票》（代开）。根据《中华人民共和国发票管理办法》第三十九条第二款“知道或者应当知道是私自印制、伪造、变造、非法取得或者废止的发票而受让、开具、存放、携带、邮寄、运输的，由税务机关处1万元以上5万元以下的罚款；情节严重的，处5万元以上50万元以下的罚款；有违法所得的予以没收”之规定，对该公司开具假票行为处50000元的罚款，将假票作为线索移送公安机关。对黔西南州鸿建安装建筑公司、贵州建筑工程联合公司开具假票的行为另案处理。

【对征管和稽查的启示】 随着贵州经济的高速发展和社会生活水平的提高，城市化进程的加快，建筑行业得到快速发展，由于建筑业具有流动性强、工程周期长、核算时间长、收入成本核算复杂，如何加强和改善建筑行业的管理越来越重要。目前建筑行业主要存在以下问题：一是招投标市场有部分项目承包人往往挂靠和借用多家本地或外地建筑企业资质，只需支付一定比例的管理费就行了，在这种情况下，往往容易出现被挂靠企业与挂靠人之间的信息不对称，包括对工程质量的监督不到位、对完税情况不了解等，形成管理混乱。二是很大一部分工程为挂靠建筑企业的个人所承包，存在大量现金交易和虚假发票往来现象。三是不合法发票大量存在，以票控税效果不明显，在建筑行业中收入、成本费用中大量使用收据、白条或假发票现象，导致国家税款的流失。本案中，李某个人挂靠多个建安公司并以被挂靠公司名义向发包方开具假建安发票，而被挂靠单位对此均不知情，其管理之薄弱可见一斑，而现今个人挂靠建安企业进行工程承包的情况更是比比皆是，如何加强建安行业的税收征管值得思考。

【稽查建议】 1. 政策建议。关于个人挂靠经营中纳税人的认定。根据《中华人民共和国税收征收管理法及其实施细则》第四十九条规定，承包人或者承租人有独立的生产经营权，在财务上独立核算，并定期向发包人或者出租人上缴承包费或者租金的，承包人或者承租人应当就其生产、经营收入和所得纳税，并接受税务管理；但是，法律、行政法规另有规定的除外。这里强调承包人必须具备独立的生产经营权。因此，挂靠经营的个人只有具备独立的生产经营权才能够成为纳税主体。根据《营业税暂行条例实施细则》第十一条规定，单位以承包、承租、挂靠方式经营的，承包人、承租人、挂靠人（以下统称承包人）发生应税行为，承包人以发包人、出租人、被挂靠人（以下统称发包人）名义对外经营并由发包人承担相关法律责任的，以发包人为纳税人；否则以承包人为纳税人。根据上述各项规定认定，本案的纳税义务人为黔西南州某建筑安装工程有限公司。

2. 检查工作建议。稽查部门而言，稽查人员要灵活运用多种检查方式，不能守株待兔，将检查停留在资料分析的层面上，要主动出击，及时发现可疑线索，在检查中一定要做到“查账必查票”“查案必查票”“查税必查票”，切勿让违法线索因疏忽大意而溜走。

3. 征管建议。针对建筑行业的管理和核算混乱，征管水平较低，税务机关应加强税法宣传，使广大纳税人了解有关税收法规和政策规定。通过此案我们认为，主管税务机关应进一步加强对辖区内工程项目的跟踪管理，建立健全与其他相关政府职能部门的信息交换及共享机制、特别是加强与规划、住建部门的协作。如对于工程项目的管理可到住建部门获取辖区内工程项目的招投标情况，建立工程项目跟踪管理台账，及时掌握工程进度和动态，做到辖区内工程项目心中有数，尤其要重点加强对个人挂靠建安公司从事工程承包和挂靠个人的个人所得税的管理，同时考虑对挂靠公司实行信用等级评分制度，以此来规范对挂靠公司的监督、管理责任。在日常检查中对发现可疑的发票要及时核实。

（贵州省地方税务局稽查局供稿）

某商贸有限公司
虚开增值税专用发票案

【案件类别】 发票违法案件

【案件特点】 税务机关联合公安部门对被查单位采取内查外调的方式，特别是税务机关运用协查系统对其是否存在虚开增值税专用发票予以调查核实，查清了其利用该地区钢材、水泥经营行业“潜规则”而产生的“富余”增值税专用发票，对外虚开增值税专用发票的涉税行为。同时以查处的案件为契机，对该地建材、成品油经营秩序进行有针对性的治理整顿，达到“检查一户企业，规范相关行业”目的，较好地发挥了以查促查、以查促管的作用。

【案件来源】 2012 年 1 月，某国税局税源管理部门在某商贸有限公司（以下简称 A 公司）最高开票限额审核调查工作中，发现 A 公司税负偏低，运输费用较少，销售收入不配比，其主要销售对象为省外客户，无汽车倒短运费支出，短期进销量增幅过大，仅 2011 年 11 月—2012 年 1 月销售收入达 1.01 亿元，相关运输、入库和出库等原始单据缺失，经调查约谈无法释疑，上报县局办公会集体研究交稽查部门委托协查核实。税源管理部门于

2012年2月将A公司部分销售数量金额较大，购销双方距离较远的部分开票信息移交稽查局发函求证。受托方税务机关回函中上海某公司涉嫌没有实际货物交易，收取约3.5%开票费。根据上海协查回复的情况，立即报告市局稽查局并对该公司立案检查，同时联络移送公安部门立案查处。本案上报后，被列为省局督办案件。

【基本案情】 A公司是其他有限公司，属商业企业，成立于2010年2月8日，于2010年5月经申请被认定为增值税辅导期一般纳税人，防伪税控最高开票限额十万元，经申请于2010年8月转为正式一般纳税人资格。法定代表人王某，注册资本：500万元，经营范围：建筑材料、矿山机械设备、机电产品、耐火材料、钢材销售，实际经营钢材和水泥。A公司从2010年2月开业至2012年4月申报增值税销售收入39415.80万元，销项税额6700.69万元，进项税抵扣6684.62万元，缴纳增值税：16.06万元，缴纳企业所得税1.90万元。期间领购增值税专用发票3820份，已填开增值税专用发票3621份，受票企业140户，涉及北京、上海、广东、湖南、贵州、云南等12个省市区，涉及销售金额33982万元，税额5777万元。

【违法事实】 A公司法定代表人王某在其经营过程中，了解建材（主要是钢材、水泥）交易市场存在虚开增值税专用发票的情况，其公司经营钢材、水泥的主要销售客户和零散客户大量购进建材，而不需要发票，造成销售建材的增值税纳税人形成大量发票“剩余”现象，为其虚开、代开增值税专用发票提供了空间。主要违法手段：一是在无货物交易的情况下，按增值税专用发票开具金额的一定比例买卖增值税专用发票。如2011年8月—2012年2月，上海某物资有限公司与A公司没有实际货物交易，先通过网银将货款和手续费打入A公司账号，A公司扣除手续费后，将多余货款通过A公司法定代表人的私人账户，再打回上海某物资有限公司法定代表人魏某的私人账户，形成资金回流，然后按相关货款金额向上海某物资有限公司虚开增值税专用发票，开票费用为货款总额的2.6%~3%。二是利用在现金销售钢材时，其为了促销和拉拢客户，便按照提货人提供的受票企业，“张冠李戴、甲货乙票”，虚开增值税专用发票给与其无任何货物交易的受票企业，由于其实际销售的钢材的金额与开具发票的金额相同，会计账上总数量相等，总金额相符，商品明细账进销平衡，而企业总销售额不会增加，纳税额也不会增加，不会出现账面上的漏洞，具有很大的隐蔽性。

【查办过程】 根据对方税务机关的系统回函（纸质资料尚未收到）情况，初步判定A公司涉嫌虚开增值税专用发票。鉴于案情重大，及时将协查回复情况向上级稽查局报告，4月初，在市局稽查局的指导下，与公安经侦部门召开公安、税务联席会议，专题研究布置该案的查处工作。一是成立联合专案组对该企业涉嫌虚开增值税专用发票进行立案检查，并于当日移送公安机关立案查处，公安机关提前介入开展联合办案，确保检查成效；二是以日常检查为名到企业开展现场稽查，依法调取企业账簿资料（含电子账套）及相关资料，防止销毁账册资料现象发生给案件查办带来更大困难；三是由公安机关对企业账户进行检查并采取控制措施，防止企业转移资金；四是对企业相关人员进行询问，防止涉案的主要嫌疑人员潜逃，配合公安部门对企业法定代表人王某办理了取保候审手续；要求企业按照要求在银行缴纳了100万元的保证金用于缴纳税款，由公安经侦部门办理账户冻结手续。配合县公安经侦大队到六盘水市调查了企业法定代表人王某的户籍信息及犯罪前科情况，同时告知对方公安机关，其已办理取保候审，限制其出国出境。

检查方法：案件上报大要案报告后，被云南省国家税务局列为督办案件，省局稽查局领导布置查处，并指定省局稽查局检查一科和市局稽查局具体负责指导案件办理。

1. 外部调查，确认虚开增值税专用发票事实。根据确定的检查方案，针对上海协查回函信息所反映的情况，稽查局对协查反馈情况进行了整理，按上级稽查局的工作指导。2012年5月稽查局配合县公安经侦大队到上海调查，调查情况为：确认上海某物资有限公司与A公司没有实际货物交易，都支付了货款总额的2.6%~3%的开票费。确认其资金流转方式为上海某物资有限公司先通过网银将货款和手续费打入A公司账号，A公司扣除手续费后，将多余货款通过A公司法定代表人的私人账户，再打回上海某物资有限公司法定代表人魏某的私人账户，回款2900余万元，形成资金回流。同时受托方税务机关已查证上海某物资有限公司，将从A公司取得的增值税专用发票对应的开票去向为以下3家：上海某重工设备工程有限公司、某集团（上海）流体设备工程有限公司和某集团（上海）净水技术有限公司。均没有实际货物交易，收取约3.5%的开票费，相关货款通过网银或支票收取，部分尚未收到，手续费收取现金。鉴于上述情况，对方税务机关将该户移送公安机关处理。结合相关当事人的询问笔录等证据资料，联合专案组确定了A公司向上海某物资有限公司虚开增值税专用发票的行为。根据前述调查情况，2012年5月，经县人民检察院批准对A公司法人王某正式以虚开增值税专用发票罪进行了逮捕。

2. 提请上级国税局稽查局组织协查，核查其他存在虚开增值税专用发票的事实。经过前期紧张的清理、统计，A公司购进钢材、水泥等业务涉及2省市22户企业，涉及增值税专用发票1103份，金额39107.30万元，税额6648.24万元；A公司销售业务（开具增值税专用发票部分）涉及12个省市140户企业，3621份发票，销售金额33982万元，税额5777万元。以县级稽查局的力量要在短期将A公司所有购销业务查清楚基本上是不可能完成的任务，在关键时候，省市局稽查局给予检查工作大力支持和指导，根据该案的特点，对A公司是否存在取得虚开的增值税发票和是否存在上海某物资有限公司虚开发票的情况通过发函委托协查来完成。由县级稽查局组织录入A公司所有取得或开具增值税专用发票的信息，录入协查系统，涉及省外的购销发票信息的由省局组织协查，涉及省内的由省局安排协查，市内由市局安排协查，县内由县稽查局组织检查。减轻检查组的外地协查压力，在保障案件质量的情况下加快案件查处的进度。通过近6个月的时间，相关的委托协查，检查取证工作完成，对A公司其他涉及取得不符合规定的发票、其他涉嫌虚开增值税专用发票的证据资料移送公安机关查办。

【处理处罚结果】 该案涉及的违法行为已涉嫌触犯《中华人民共和国刑法》第二百零五条的规定，根据《中华人民共和国税收征收管理法》第七十七条以及国务院《行政执法机关移送涉嫌犯罪案件的规定》第三条的规定，依法将该案移送公安机关处理。2012年4月11日，公安机关对犯罪嫌疑人王某依法办理了取保候审手续，2012年5月19日，以涉嫌虚开增值税专用发票罪正式逮捕。2013年2月26日，A公司法定代表人主犯王某被县人民法院开庭审理，判处有期徒刑5年，判处罚金50万元。

稽查局在本案调查的同时，对昆明某S公司向A公司开具协查结果为“违规开具发票”的发票83份，金额802.67万元，抵扣税额136.45万元，根据《中华人民共和国增值税暂行条例》第九条规定：纳税人购进货物或者应税劳务，取得的增值税扣税凭证不符合法律、行政法规或者国务院税务主管部门有关规定的，其进项税额不得从销项税额中抵扣。由此该项进项税额应作进项税额转出，即补缴其增值税136.45万元并按规定加收滞纳金，通过联系公安部门解冻用于缴税的保证金等执行措施保障税款、滞纳金全部追缴入库。

【问题分析及工作启示】 自2008年以来，全国每年都布置打击发票违法犯罪活动，但虚开增值税专用发票案仍屡禁不止。究其原因，一方面是涉税犯罪分子在利益的驱使下铤而走险，另外与税务机关在部分环节的监管薄弱有关，如现金交易较多较乱，税务机关无有效监管手段。这就要求税收征管部门进一步加强日常税收监管，在对增值税专用发票严格进行抄税认证的同时，结合资金流、货物流、业务流等企业基础资料强化对其经营数据的逻辑分析，及时发现利用增值税专用发票涉税违法犯罪行为。加强与公安等部门的配合，严厉打击此类涉税犯罪分子。此案查结后，该国税局针对建材市场管理现状，积极采取措施强化该行业的税收管理。一是从源头上加强发票管理。对建材行业纳税人的开票情况进行重点审核，对存在问题的给予相应处罚，并提醒建材经销公司加强内部控制，严格执行付款方向与发票开具方向一致等发票管理规定，在源头上遏制虚开发票的行为；二是继续将打击虚开增值税专用发票的行为作为稽查重点，对涉嫌虚开专用发票的，依法移送公安机关追究相应的法律责任，从根本上整顿和规范税收秩序。

工作启示。1. 尽快推进“营改增”扩围到建筑安装行业，完善增值税链条。现行税收政策导致建筑安装业增值税抵扣链条中断，个人或建筑企业购买建材不要发票，直接导致其上游的建材经销商产生“富余”的增值税发票，加之现金交易管理不严格，为建材经销商虚开增值税专用发票创造了“有利条件”。若能加快建筑安装行业的“营改增”进程，可解决现行税制带来的税收征管风险。

2. 实施分类管理，加大打击力度。对虚开发票突出的钢材经销企业，建议上级部门在充分调研各地工作现状和取得经验的基础上，研究制定统一的税源管理工作指引。对不易取得进项抵扣、税负较高的矿产品生产经销企业等行业，加强对进项抵扣的审核检查。与公安经侦等有关部门联合，加大对联系、倒卖增值税发票的“中间人”的打击力度，从源头上遏制虚开发票行为。

3. 加强日常税收、财务管理。税收管理部门应加强对纳税人货物购、销、存监控，对经营异常、税负过低的企业要查明原因，对发现偷税线索的要及时移送稽查局立案查处。重点是建议财政会计主管部门加强对纳税人健全财务核算制度，确保会计主体财务核算资料的真实、完整。减少税收管理的难度和税收征管风险，同时也减少企业的经营风险。

（云南省国家税务局稽查局供稿）

西藏“8·30”系列虚开增值税专用发票案

【案件类别】 发票违法案例

【案件所属行业】 农副产品加工及收购

【案件特点】 该案件涉及地区广，涉案人员多，涉案金额较大，利用农牧民身份证信息大量虚开农副产品收购发票及增值税专用发票，进行偷逃税款。国税局稽查局会同公安部门成立专案组，采取外围调查、查封经营场所、扣押会计资料、协查取证、调取税收信息情况等多种手段进行侦查。

【案件来源】 西藏自治区国家税务局稽查局及西藏自治区公安厅经侦总队陆续接到多起涉嫌虚开增值税专用发票举报案件，这些举报案件主要涉及拉萨市、日喀则地区、那曲地区所辖19家农副产品加工及收购企业。

【基本案情】 2011年11月以来，拉萨久昌商贸有限公司、西藏金鼎皮业有限公司、日喀则东盛皮革制品有限公司等19家公司利用自治区农副产品收购税收优惠政策，在无真实业务的情况下，利用全区2083个农牧民身份证信息，制造虚假收购牛、羊皮等事实，虚开农副产品收购发票2366份，虚开发票金额7.8亿元，抵扣农副产品收购税款1.02亿元；在取得进项发票的情况下，向广东、河南、福建、四川等17个省市352家企业虚开增值税专用发票4072份，虚开金额6.28亿元，涉及税额1.07亿元。涉案金额达到14亿元之多，涉嫌犯罪人员36名。

【违法事实】 经查证，拉萨久昌商贸有限公司、西藏金鼎皮业有限公司、日喀则东盛皮革制品有限公司等19家公司利用农副产品收购税收优惠政策，在无真实业务的情况下，盗用全区2083个农牧民身份证信息，编造虚假收购牛、羊皮等事实，虚开农副产品收购发票2366份；在解决进项发票后，向广东、河南、福建、四川等17个省市352家企业虚开增值税专用发票4072份，虚开金额6.28亿元，涉及销项税1.07亿元。

【查办过程】 为了尽快侦破此案件，自治区国税局及自治区公安厅立即成立了由自治区国税局副局长为组长，自治区公安厅副厅长为副组长，区国税局稽查局局长、副局长、涉案地公安处处长、副处长、国税局副局长以及各涉案地税务干部和公安干警为成员的西藏“8·30”系列虚开增值税专用发票联合专案组，共抽调税务、公安部门40余人参加专案行动。专案组下设四个小组，一是综合信息组，二是调查取证组，三是案件审讯组，四是抓捕追逃组。为了尽快查清全案，税警密切配合，召开专题会议，研究和制定《西藏自治区国税局、西藏自治区公安厅关于打击涉嫌虚开农副产品收购发票和增值税专用发票企业违法犯罪活动联合办案实施方案》，采取外围调查、查封经营场所、扣押会计资料、协查取证、调取税收信息情况等多种手段进行侦查。

【处理处罚结果】 1. 根据《中华人民共和国刑法》《中华人民共和国税收征收管理法》及其实施细则、国务院《行政执法机关移送涉嫌犯罪案件的规定》和《税务稽查工作规程》等相关法律法规规定，将以上19家涉案企业全部移送西藏自治区公安厅经侦总队立案侦查。经公安机关立案19起，确定涉嫌犯罪人员36名，已抓捕归案14人，网上追逃22人，5名主要嫌疑人已被批准逮捕。

2. 根据《中华人民共和国税收征收管理法》及其实施细则和《税务稽查案件协查管理办法》等相关法律法规，将《已证实虚开通知单》发至各涉案省市，并要求各涉案省市稽查局根据相关规定将处理处罚结果反馈西藏自治区国家税务局稽查局。截至2013年10月底，各涉案省市回复结果统计，已查结105户，涉及发票1030份，追缴增值税2455万元，滞纳金20万元，罚款247万元，企业所得税462万元。其余发票各涉案省市稽查局及相关部门正在立案查处中。

【问题分析及工作启示】 目前从西藏自治区

税务系统来看，农副产品收购发票的管理是税收征管工作的薄弱环节，也是亟待税务部门及时采取有效措施、堵塞漏洞的重要环节。全区农副产品收购发票的管理手段落后，掌控难，加之纳税人的依法纳税意识淡薄，利用税收技术手段落后的漏洞大肆实施税收违法行为，为不法分子营造可乘之机。通过“8·30”系列虚开发票案所暴露出来的现象，我们不难看出，目前自治区农副产品收购发票使用环节中主要存在以下几点问题：一是农副产品收购环节较为复杂，从事农产品购销业务的多以个体经济为主，交易行为多以现金形式发生，收购行为的真实性和合法性不易界定，给税收征管带来了极大难度。二是故意虚开发票。由于企业是自行填开、自行抵扣税款，为了达到虚增成本、虚抵税款、调减利润的目的，在明知虚开发票是违法行为的情况下，无视国家法律法规的规定，肆意盗用他人身份资料，大量虚开农副产品收购发票，抵扣凭证虚假成分居多。三是扩大发票开具范围。将运输、装卸、包装等费用混入农副产品收购的价款中，开具农产品收购发票进行抵扣进项税。利用多开农产品发票取得收益，既可以多计算抵扣进项税，又可以人为操纵利润，不缴或少缴企业所得税，导致国家税收流失。四是发票开具不规范、随意性大。存在每一笔收购业务未按逐笔开具、填写项目不齐全、内容不真实、金额不符、开具大头小尾等不规范开具发票现象。五是“农业生产者”身份难确认。企业收购农副产品的对象有很多一部分并不是税法所规定的“农业生产者”身份，因农产品流通渠道多，而大多都是中间从事购销业务的个体私营业主，这样就导致了中间商户税收的流失和管理漏洞。六是缺乏有效的稽核比对。税务部门管理手段落后，目前还没有利用信息化手段对农产品收购发票进行信息化管理，对收购产品的规格、单价、等级的确认也没有专业的核实能力，存在无据可依、真假难辨的现象。

（西藏自治区国家税务局稽查局供稿）

甘肃白银李某团伙虚开增值税专用发票案

【案件类别】　发票违法案例

【案件所属行业】　批发零售业

【案件特点】　1. 系公安部、国家税务总局联合督办案件；2. 作案时间长、地域跨度大、涉及公司多；3. 参与人数多，涉案金额大，在当地有较大影响；4. 虚开增值税专用发票违法行为较为隐蔽，即有货物交易，但发票是虚开；5. 案发后查处及时。

【案件来源】　举报案件

【基本案情】　2013 年 10 月，甘肃省白银市、平川区两级公安、税务机关根据举报线索联合办案，成功破获了由公安部、税务总局、省公安厅、省国税局挂牌督办的“6·17”李福全等人虚开增值税专用发票案。该案共涉及 6 省 8 家公司，涉案增值税专用发票 236 份，金额 2 亿余元、税额 3 千余万元。抓获犯罪嫌疑人 15 人，7 人被判刑，挽回税收损失 42 万元。

【违法事实】　2005 年 8 月以来，犯罪嫌疑人李某、刘某等 15 人为谋取非法利益，组成虚开增值税专用发票犯罪团伙，寻找需要增值税专用发票的企业，以代理安徽、四川、江苏等地公司购煤为名，长期在甘肃省靖远县 3 户大型煤矿订购煤炭，将煤炭以不带发票且低于市场销售价的价格，向前来煤矿购煤的零散客户大量销售，然后持所谓被代理公司的税务登记证、一般纳税人资格证和介绍信等资料，向上述 3 家煤矿公司骗取开具增值税专用发票，提供给受票公司。受票公司持增值税专用发票在当地税务机关通过认证抵扣后，以票面价税合计金额的一定比例付给代理人手续费。

【查办过程】　接到举报后，公安、税务部门及时向上逐级汇报，并注重加强警税协作。甘肃省公安厅、省国税局迅速成立联合督导组，多次深入实地督导办案，并积极向上反映。8 月 20 日，公安部、国家税务总局将该案列为全国打击整治发票违法犯罪集群战役案件。通过成立税警联合专案组、召开案情分析会、制定调查取证方案和工作步骤、控制侦查询问犯罪嫌疑人等基础性工作，掌握基本情况后，税务部门从税收征管信息系统中，提取统计 3 户涉案企业的开票信息，并到企业实地核实。然后将基本案情、证据材料分省组卷，对 236 份疑点发票，通过金税协查系统逐级审批，全部发出协查函，还多次前往宁夏、四川、安徽等省

（区）调查取证，历时5个月该案成功告破。

【处理处罚结果】 甘肃省平川区人民法院于2013年12月20日，依据《中华人民共和国刑法》第二百零五条第一款、第二十五条第一款、第二十七条、第六十七条第三款规定，判处刘某虚开增值税专用发票罪有期徒刑三年，并处罚金6万元；依据《中华人民共和国刑法》第二百零五条第一款，第二十五条第一款，第二十七条，第六十七条第一款、第三款，第七十二条第一款、第三款，第六十四条之规定，判处李某乙等6人虚开增值税专用发票罪有期徒刑2~5年，并处罚金5万~8万元。截至2013年年底，白银市人民法院对主犯李某及其他案件涉嫌人员的犯罪事实，仍在审理中。

【问题分析及工作启示】 虚开增值税专用发票违法手段不断翻新，越来越隐蔽，即使企业有真实的销售货物行为，也不排除有虚开增值税专用发票违法行为的可能。税源管理部门应加强对企业增值税专用发票领用、开具内容、货物运输方式及运费承担方等因素的分析，发现规律，找出疑点，从源头上加强监管。

（甘肃省国家税务局稽查局供稿）

宁夏固原鑫盛源农副产品有限公司虚开发票案

【案件类别】 发票违法案例

【案件所属行业】 农副产品加工业

【案件特点】 涉案企业自行虚开农副产品收购发票抵扣进项税款后，大肆虚开增值税专用发票，涉案数量多、金额大、范围广，被税务总局列为督办案件。

【案件来源】 根据群众举报，反映固原鑫盛源农副产品有限公司为其开具的增值税专用发票不符合规定，致使其无法抵扣税款，存在虚开嫌疑，经初步核查，即将该案确定为检查对象。

【基本案情】 该公司2010年3月—2013年5月期间，在没有真实货物交易的情况下，向外大规模虚开增值税专用发票。经查证，对外开具的货物名称为“淀粉”的增值税专用发票全部为虚开，涉及专用发票313份，金额7607.95万元，税额1293.35万元，价税合计8901.3万元。受票企业涉及福建、广东、内蒙古、上海等17个省（区）市的35户企业。

【违法事实】 一是虚构委托加工业务。为了达到虚开增值税专用发票的目的，涉案开票企业在没有任何生产场地、生产设备和生产能力的情况下，与固原市某淀粉有限公司签订虚假的委托加工合同，虚构淀粉委托加工业务。二是虚构收购业务。为了抵扣税款、达到不缴或少缴税款的目的，该公司在没有实际收购马铃薯的情况下，编造虚假的收购业务和虚假的农业生产者身份证信息，虚开用于自己抵扣税款的农副产品收购发票。三是虚构销售业务。为了达到虚开增值税专用发票并收取手续费的目的，该公司在自己没有实际销售马铃薯淀粉的情况下，根据中间人提供的购货方企业信息，对外虚开货物名称为“马铃薯淀粉”的增值税专用发票，并按照开票金额的一定比例收取手续费。四是虚构资金往来。为了掩盖自己的虚假销售业务，该公司在没有实际货物销售和资金往来的情况下，通过“应收账款”科目、公司银行账户、个人银行卡之间的资金往来对冲来平衡会计账务。

【查办过程】 根据有关举报线索，固原市国税局稽查局立即组织骨干力量对涉案企业展开外围调查，发现固原鑫盛源农副产品有限公司有虚开增值税专用发票重大嫌疑。鉴于涉案企业开票数量、金额巨大，市国税局及时将案情向固原市公安局进行通报，并提请公安机关提前介入，公安、税务成立联合专案调查组，开展联合侦办。为尽快落实涉及全国17省、市（区）的35户企业的受票情况，自治区国税局稽查局会同自治区公安厅经侦总队联合下发了协查取证函，部署了全国范围的协查工作。按照重大税收违法案件报告制度规定向税务总局进行了报告，税务总局将该案件列为税务总局督办案件。公安和国税部门先后抽调公安干警8名、税务稽查人员16名，赴辽宁、山东、湖北、重庆、内蒙古等5省（市）、区的11个市县开展外调47户次，由于措施有力、重点突出，使得案件的查办工作迅速取得了突破，将犯罪嫌疑人李某、王某抓捕归案，有关中间人已取保候审，公安机关对案件已侦查终结并将案件移送检察机关进行诉讼审查。

【处理处罚结果】　根据《国家税务总局关于纳税人虚开增值税专用发票征补税款问题的公告》（国家税务总局公告2012年第33号）“纳税人虚开增值税专用发票，未就其虚开金额申报并缴纳增值税的，应按照其虚开金额补缴增值税；已就其虚开金额申报并缴纳增值税的，不再按照其虚开金额补缴增值税”之规定，固原鑫盛源农副产品有限公司已就其虚开金额进行了纳税申报，不再按照其虚开金额补缴增值税。由于企业法定代表人已被逮捕，企业无可供执行的财产、财物，企业已申报抵扣的进项税1145万元已无法追征。通过协查系统发出的销项发票的委托协查已全部收到协查回函，受票企业所在地主管税务机关共补缴税收收入合计667万元。

【问题分析及工作启示】　一是挖掘疑点为案件查办打开了突破口。检查人员正是通过将增值税专用发票存根联所开具的购货方纳税人识别号和纳税人名称逐份录入国家代码中心的数据库进行比对和校验，初步发现部分发票对应的法人名称不符，通过发起协查对抵扣联和存根联的比对，发现了抵扣联购货方、销货方名称以及货物名称等汉字信息被篡改的违法事实，成为整个案件查处的突破口，为后期传讯和拘留犯罪嫌疑人找到了主攻方向。二是税警协作是案件成功侦破的有力保障。正是由于税警双方密切协作，才迅速控制犯罪嫌疑人，通过突击审讯取得重大突破，并在更大范围和更高层面发起集群战役和安检协查，进一步掌握其虚开增值税专用发票的犯罪事实并固定证据，发挥各自优势形成了打击合力，为案件成功查处奠定了基础。三是要更加注重防范新型涉税违法活动蔓延。一些专业化的犯罪团伙，利用认证系统不能比对汉字信息的缺陷，通过虚构收购业务、虚构生产和销售业务、虚构资金往来的方式，达到虚抵进项、虚开销项而短时间内不被发现谋取非法利益。尤其是管理部门要强化对发票领用异常、销售增长异常等企业的监控，及时发现和查处各类涉税违法犯罪行为，防止造成税款损失无法挽回的局面。

（宁夏回族自治区国家税务局稽查局供稿）

航天广宇接受虚开增值税专用发票案

【案件类别】　发票违法案例

【案件所属行业】　批发和零售业

【案件特点】　隐蔽性强

【案件来源】　浙江8.6虚开增值税专用发票专案检查

【基本案情】　航天广宇接受浙江之润科技有限公司共计增值税专用发票130份，金额合计11987465.79元，增值税额2037869.21元，与原案源信息不符。2012年10月10日，杭州市国家税务局第二稽查局发来《已证实虚开通知单》（协查编号：633010700110503，案件编号：1330107201100001），明确航天广宇接受浙江之润科技有限公司虚开增值税专用发票130份，金额合计11987465.79元，增值税额2037869.21元。上述增值税专用发票已定性为虚开。

【违法事实】　2010年航天广宇接受浙江之润科技有限公司虚开增值税专用发票130份，金额合计11987465.79元，增值税额2037869.21元，并已取得退税额2037869.27元。

【查办过程】　依照《税务稽查工作规程》规定权限和程序，按照本案的稽查要求，税务机关对航天广宇进行实地检查并调取账簿、会计凭证、出口退税等资料；为防止纳税人逃避纳税义务，我们向深圳市国家税务局直属税务分局发起《暂缓出口退税函》，暂缓出口退税金额203.79万元。

1. 购进环节。在2010年5—8月期间，航天广宇向浙江之润有限公司购进“手机”货物。稽查小组一方面取得涉及该批货物的采购合同、会计处理凭证和购货发票联等证据；另一方面，取得航天广宇向浙江之润科技有限公司支付货款的银行转账客户回单及相关凭证。针对该批货款，稽查小组通过向中国工商银行深圳分行查询航天广宇开户账号的交易数据，查询结果证实：2010年度航天广宇与浙江之润有限公司之间共发生17笔交易，全部用于航天广宇的货款支付，与取得的原始凭证（客户回单）金额、对方户名、对方银行、付款日期等比对相符。同时，未发现该账户存在资金回流情况。

2. 出口销售环节。在2010年8—12月期间，航天广宇通过皇岗海关或梅林海关，以陆运方式将该批货物出口香港科迪电子有限公司，在2010年9月—2011年1月期间，航天广宇通过办理出口退税报批手续等事宜，分3次从国库取得该批货物的出口退税款。稽查小组取得涉及该批销售货物收款收汇银行凭证及会计处理凭证、《中华人民共和国海关出口货物报关单》《内地海关及香港海关陆路出/进境载货清单》《售货确认书》。经核查，供销双方、货物品名、金额等数据比对相符。另一方面，稽查小组检查了涉及该批货物的退税业务及调取相关单据凭证，包括《外贸企业出口退税进货明细申报表》《退税收款凭证》及企业会计凭证，证实航天广宇已经原国税退税分局审核通过，办理并取得退税款。

3. 内部文书取证方面。根据市局信息中心查询结果的回复：上述130份增值税专用发票已通过税务机关认证；根据市局直属税务分局的证明内容：航天广宇已到我局办理过上述130份增值税专用发票所对应的出口退税，已退税额2037869.27元；根据市局信息中心和市局直属税务分局核实：原案源（深国税稽要〔2011〕31号）提及代码为“3300094140”，发票号码为“03101621－03101636”的16份增值税专用发票，没有抵扣记录和办理对应的出口退税业务，经与案件主办税务机关（杭州市国家税务局）联系，确定该16份增值税专用发票不属虚开行为，不在以上证实虚开通知单之列。

4. 询问笔录方面。根据业务主管和经办人的反映情况，航天广宇是在参加广交会展出的期间，接洽一位外商及一位联系人（经办人称其系浙江之润有限公司的业务联系人“李某”），经商谈达成该批出口业务，此后稽查小组督促航天广宇与联系人“李某”联系，航天广宇表示已积极配合但确实无法再联系上此人，检查人员通过努力也无法联系“李某”，因此，税务机关无法印证事实情况。

【处理处罚结果】 航天广宇接受虚开增值税专用发票并取得对应出口退税的行为，根据《国家税务总局关于出口货物税收若干问题的补充通知》（财税字〔1997〕14号）第五条第三款的规定，反纳出口退税款2037869.27元。

【问题分析及工作启示】 问题分析。1. 本案中对于是否存在恶意接受虚开骗取出口退税行为，难以界定。

2. 有关“四自三不见”规定操作性不强，企业存在规避骗税风险而采取见货、见客户等手段达到合法化目的。

3. 对于该公司的经办业务人员进行询问，他们坚持认为根本不清楚销售方人员的身份。

4. 对于《出口代理购销合同》难以取证，按规定代理出口不予退税，但许多企业都不会轻易留下证据，对于实质是代理出口行为而未找到《出口代理购销合同》的，也难定性反纳税款。

工作启示。1. 从上游开票企业深入挖掘证据是发现骗税的关键所在，如本案从浙江案发地搜集证据，我方再结合检查印证线索，才能形成完整证据链；

2. 首先应联合公安部门控制外围经办人员或介绍人，这是证据链是否完整取证的关键；

3. 对服装、电子等敏感行业要多加关注，对有苗头性的骗取出口退税的行业要及时建立预警，把违法犯罪控制在萌芽之中。

（深圳市国家税务局稽查局供稿）

骗取出口退（免）税案例

福建某进出口有限公司
骗取出口退税案

【案件类别】 骗取出口退税案例

【案件所属行业】 出口贸易

【案件特点】 以自营名义出口，未实质参与出口经营活动，接受并从事由中间人介绍的出口业务并从中收取手续费，不承担出口货物的质量、结汇或退税风险。

【案件来源】 国家税务总局稽查局《关于对第三批出口企业办理出口退（免）税情况进行检查的通知》涉及企业。

【基本案情】 经对福建某进出口有限公司案源分析，发现企业有虚开增值税专用发票和骗取出口退税的嫌疑，于是福建省南平市国税局与南平市公安局联合成立专案组对企业开展检查。经查发现，企业违反国家出口贸易管理和出口货物退（免）税管理的有关规定，从事不规范的出口业务，其中：在没有真实货物交易的情况下，取得虚开增值税专用发票 227 份、金额 1820.24 万元、税额 309.44 万元、价税合计 2129.68 万元申报办理出口退税。南平市国税局认定企业取得虚开增值税专用发票骗取国家出口退税款，追缴出口已退税款 314.7 万元、不予退税 235.31 万元，停止出口退（免）税资格，并依法将该案移送公安机关处理。

【违法事实】 企业 2010 年 10 月—2011 年 12 月期间，从福建某竹木业有限公司取得虚开增值税专用发票 216 份、金额 1710.71 万元、税额 290.82 万元、价税合计 2001.53 万元，申报办理木家具出口退税 256.61 万元，已退税款 237.50 万元；从内蒙古巴彦淖尔市某绒毛制品有限公司取得虚开增值税专用发票 11 份、金额 109.53 万元、税额 18.62 万元、价税合计 128.15 万元，申报办理针织女装毛衫出口退税 18.62 万元，已退税款 3.03 万元。以上合计骗取出口退税 240.53 万元。

【查办过程】 1. 向上游生产供货企业发出协查，发现企业涉嫌取得虚开增值税专用发票骗取出口退税。

2. 警税联合专案小组，发挥各自专业优势，共同侦破案件。

3. 询问相关人员。经询问得知企业经营模式，即企业按照中间人的要求提供相应的外汇核销单和报关委托书给中间人，中间人负责提供出口货物的增值税进项发票和申报出口退税有关资料等出口业务所需的材料及后续办理出关手续，出口业务完成后中间人将所有资料给企业，由企业申报出口退税并收取每一美元人民币六分钱的手续费。

【处理处罚结果】 1. 根据《中华人民共和国税收征收管理法》第六十六条、《最高人民法院关于审理骗取出口退税刑事案件具体应用法律若干问题的解释》（法释〔2002〕30 号）第一条第（三）项、《国家税务总局关于进一步加强出口货物税收管理严防骗税案件发生的通知》（国税发〔1999〕228 号）、《国家税务总局、商务部关于进一步规范外贸出口经营秩序切实加强出口货物退（免）税管理的通知》（国税发〔2006〕24 号）第二条的规定，追缴已退税款 314.7 万元、不予退税 235.31 万元。

2. 根据《中华人民共和国刑法》第二百零四条、《最高人民法院关于审理骗取出口退税刑事案件具体应用法律若干问题的解释》（法释〔2002〕30 号）第一条第三款、《行政执法机关移送涉嫌犯罪案件的规定》第三条、《关于公安机关管辖的刑事案件立案追诉标准的规定（二）》（最高人民检察院、公安部〔2010〕2 号）第六十条之规定，依法将该案移送公安机关处理。

【问题分析及工作启示】 1. 建立科学的选案机制，对系统提取的案源数据认真分析，寻找案件突破口。

2. 加强税警协作机制的常态化、规范化管理，发挥税务、公安各自职能优势，形成打击合力，震慑不法分子。

（福建省国家税务局稽查局供稿）

昌吉州“6·5”特大骗取出口退税案

【案件类别】 骗取出口退税案例

【案件所属行业】 对外贸易业

【案件特点】 “6·5”案件是一起以新疆某贸易有限公司法定代表人尤某为核心及紧密关联的8户外贸企业涉嫌骗取出口退税案件。涉案企业采取“配货、配票、配资金流”三大环节“成功”骗取出口退税。骗税团伙通过代理报关行及国际货运代理公司（报关团伙）套取旅行购物等他人货物报关信息填制虚假报关单；外贸公司根据报关单向疆外开票团伙（中间人）索要发票及合同；根据收到的增值税专用发票将货款通过网银转入开票企业账户，资金周转担保人负责将货款回笼到该团伙的个人卡账户，个人再将资金以借款的名义回到公司用于周转。期间，骗税团伙财务人员根据报关单、发票、合同进行配单，并根据配单情况频繁与内地两地中间人通过QQ及电邮等方式联系，用现金购买外汇携带证及黑市结汇（结汇团伙）进行外汇核销。骗税团伙在完成配单、配票、配合同、外汇核销等手续后向当地出口退税管理部门办理申请退税；最后将骗取的出口退税与中间人进行利润分成。

【案件来源】 2014年5月，昌吉州国税局出口退税部门在办理新疆某贸易有限公司（以下简称A公司）出口退税业务时，向广州市国税局发函调查得知A公司货物流“异常”，遂暂停办理该纳税人的出口退税，并将此户移交昌吉州国税局稽查局。通过对移交线索和综合征管软件数据分析研判、突击调账等，昌吉州国税局稽查局初步掌握了包括A公司在内的8户外贸企业诸多涉案疑点及线索。6月5日，昌吉州公安局、昌吉州国税局成立联合专案组，正式命名该案为“6·5”案件。

【基本案情】 “6·5”案涉及8家出口企业，先后于2006—2012年成立，主要经营各类商品和技术的进出口业务、边境小额贸易、旅游购物出口业务，均为增值税一般纳税人。实际经营负责人尤某、汪某。从全国各地500多家企业取得用于出口退税的增值税专用发票10682份，金额15.01亿元，获取出口退税2.06亿元。增值税专用发票涉及20个省、89个市、157个县。截至2014年6月，已抓捕10人，正式批捕3人，网上追逃4名。此案已移交昌吉州检察院。8家出口企业中有6家公司涉及蒙绒产品出口退税业务。

【违法事实】 目前，已查明涉及蒙绒产品出口业务的6家公司以支付手续费方式取得虚开增值税专用发票用于出口退税，属假报出口骗取国家出口退税款行为，骗取国家出口退税款2114.66万元。其他违法事实待查实后另行处理。

【查办过程】 1. 由稽查局领导亲自带队组成四个小组，严格保密，突击调账。通过对所调取资料、涉案人员工作笔记本及电脑备份资料梳理分析，检查组排查归纳出涉案疑点及线索11项，根据疑点信息安排人员逐一核实，取得第一手证据资料，同时提请公安部门提前介入，组成联合专案组。组织专案组成员进行查前培训，为此次检查打牢理论基础。专案组制定详细检查预案，各小组迅速在疆内、疆外同时展开调查取证。

2. 通过深入分析不法分子的作案手法和特点，理清办案思路，确定检查方向。一是以虚开发票线索为突破口，撕开骗税面纱。根据票流、资金流、货物流的情况分别采取了顺查、逆查和两者相结合的方法，通过内查外调，取得了虚开增值税专用发票的确凿证据。二是以取得运输发票的运输业务是否真实，核查货物流向。通过对江西某运输公司实地核查后，证实涉案企业取得的运费发票均未发生真实运输业务。三是以购货资金是否回流，锁定虚开增值税专用发票的违法事实。根据企业账面反映相关人员大额借款，梳理出涉案公司、人员及广州、深圳中间人的银行账号，以新疆、广东、深圳三地为重点，查证落实回流资金，取得重大突破。四是充分利用协查系统，配合公安部门开展全国

“集群会战”。向虚开增值税专用发票企业所在地的国税局及公安部门发起大规模的协查行动，通过外调协查，案件取得突破性进展，各地也利用本案线索查处了多起出口骗税和虚开增值税专用发票案件。五是核实出口贸易真实性，提请启动国际情报交换机制。专案组根据涉案企业外贸合同及财务核算资料疑点，对涉案企业出口贸易商进行梳理，通过政府渠道对境外贸易商与涉案外贸企业开展贸易情况实施情报交换。六是以迅速抓捕重点嫌疑人为依托，发挥税警联合办案优势。根据案情进展情况，准确果断地确定并抓捕重点嫌疑人归案。七是整理归类证据资料，提请检察机关提前介入，为实施起诉做准备。

3. 查缴并举、清理资产、采取措施、减少损失。为及时挽回国家财政损失，根据掌握的涉案企业资产状况，配合公安部门冻结嫌疑人存款800多万元、查封房产14处、车辆1部。同时通知出口退税部门停止办理已审待退税款800万元、已申报未审未退税款1900余万元。其中：有两户涉案企业主动补缴已退增值税40万元。

【处理处罚结果】　昌吉州国税局稽查局对已查实的涉及骗取蒙绒产品出口退税业务的6家公司分别下达《税务处理决定书》。上述6家公司以支付手续费方式取得虚开增值税专用发票用于出口退税，属假报出口骗取国家出口退税款行为。根据《中华人民共和国税收征收管理法》第六十六条之规定，依法追缴骗取国家出口退税款2114.66万元。其他违法事实待查实后另行处理。

2014年12月，2家公司在未缴纳税款，也未提供纳税担保的情况下，向昌吉州国税局提起行政复议，昌吉州国税局以上述两公司未缴纳税款，也未提供纳税担保为由不予受理。上述两家企业就昌吉州国税局未受理其行政复议，向昌吉市人民法院提起行政诉讼。经昌吉市人民法院开庭审理，判定昌吉州国税局胜诉。2家公司不服判决结果，向昌吉州人民法院提起上诉，昌吉州人民法院已2014年5月6日做出维持一审判决的终审判决。目前涉案犯罪嫌疑人中尤某、蔡某、李某、吴某已被检察机关批捕，其余涉案人员已提请取保候审。

【问题分析及工作启示】　1. 案件特点分析：一是作案企业团伙化、骗税环节“专业化”，作案手段更具欺骗性。“单货分离”非法套取出口报关单和“票货分离”虚开增值税专用发票，成为当前骗取出口退税的主要手段。二是利用多家单位经营，逃避税务机关风险监控。三是逐年设立6家外贸企业，均出口同类商品，后成立的公司业务量逐年递增，而先成立的公司在运行2～3年后业务量迅速萎缩，然后申请注销。四是是疆外涉案人员均为广东、深圳等经济发达地区人员，主要以家族式、同乡居多，团伙之间联系紧密，反侦察能力极强。

2. 查办案件的几点体会：一是领导重视、果断决策是办好案件的基础。在案件侦办过程中，领导靠前指挥，集思广益，群策群力、果断决策，稳扎稳打，保证案件查办在短期内取得突破性进展。二是思路清晰、方法得当是办好案件的关键。该案件以出口退税函调异常回函和核实企业提供的运输单据真伪等为突破口，去伪存真，从办案方法上探索创新，取得显著成效，并积累了一定的办案经验。三是加强部门协作配合是办好案件的保障。税务、公安、海关等相关部门的密切配合并采取有效措施，是顺利侦破出口骗税案件的关键。四是专业化、团队化检查是办好案件的基础。五是打击骗取出口退税专项工作，任重道远。应将出口退税企业专项检查作为稽查部门的常态化工作，持之以恒。探索研究如何更好地启动出口退税、日常征管和税务稽查的良性互动是当前摆在国税部门面前的新课题。

（新疆维吾尔自治区国家税务局稽查局供稿）

象山某机电厂综合服务公司骗取出口退税案

【案件类别】 骗取出口退（免）税案例

【案件所属行业】 批发和零售业

【案件特点】 第一，案情复杂，办案时间长，涉案人员数量多且分布地广，取证难度大。第二，税警精诚合作成立专案组，齐心协力，发挥了高超的办案技巧。第三，案件执行难度大，采取了执行前置、税款预缴等措施，确保了税款足额入库。第四，案件拓展成果大。该案件被公安部、国税总局立为督办案件，共抓获犯罪嫌疑人16名，全国有五地对本案所涉及企业进行立案侦查。

【案件来源】 专项检查

【基本案情】 象山某机电厂综合服务公司，属增值税一般纳税人，是该机电厂于1983年5月出资成立的独立法人资格全资子贸易公司，具有进出口经营权，主要经营范围为食品机械设备、汽车配件、金属材料、建筑材料、电器、日用百货、五金交电批发零售，自营和代理各类货物和技术的进出口等。

2012年5月，象山县国税局按专项检查工作部署，在对该公司进行查前案头分析时，发现其存在较大涉税疑点，存在出口量大幅增长，出口敏感产品及出口地在敏感地区等情况。经检查发现，福建人施某利用该公司的进出口权，人为操作“四自三不见”业务，是一起典型的利用当地企业虚假出口骗税案件。

【违法事实】 经检查发现，该公司在2010年8月—2011年12月期间，通过与深圳市某进出口有限公司签订业务出口合作补充协议，由福建人施某人为操作“四自三不见”业务，接受虚开增值税专用发票，套用其他外贸出口企业报关信息及货运提单进行伪造，共代理货物出口业务107单，其中液晶显示屏业务1单、化纤布业务23单、手机出口业务83单。以上的液晶显示屏和化纤布业务已办理出口退税，并已取得出口退税款1909801.52元，手机出口业务已办理了出口退税手续，申报应退税款8843061.68元（至目前为止还未取得出口退税款）。以上欺骗手段骗取出口退税已违反了税法的有关规定。

【查办过程】 鉴于案情重大，象山县国税局稽查局向市局、县局有关领导作了汇报，并及时与公安联系。各部门领导高度重视，决定成立联合专案组，精选两单位业务骨干为组员，联合查办此案。查办过程具体如下：1. 梳理资金往来，查清资金回流。该公司与深圳市某出口有限公司签订了业务出口合作补充协议，2010年度代理费按1美元收取0.07元人民币，2011年度收汇按1美元收取0.03元人民币，两年共结算收汇9619336.96美元，收取代理费447911.23元。在检查中，专案组人员发现代理费明细表中的出口产品资金的流向，都流向施某个人借款和支付指定生产供应商货款。

2. 分析进项发票，确认涉案发票。专案组对该公司取得的增值税专用发票进行统计分析，发现其取得大量由贸易公司开具的增值税专用发票。第一，出口手机业务涉及5家供货商：深圳市某贸易有限公司、某电子器材东北公司、某通信设备有限公司及其天津、深圳分公司。这5家供货商开具进项发票169份，均连号、顶额开具，具有明显的虚开发票特点。从账务处理来看，从5家供货商购进大量货物却无运费发生。于是专案组发出了出口退税函调及稽查协查函调，从函调情况反馈，深圳市某贸易有限公司开具的增值税专用发票为虚开发票，某通信设备有限公司深圳分公司正在接受当地税务机关检查，其余回函均正常。第二，液晶显示屏供货商分别是惠州市某实业有限公司、东莞市某五金电子有限公司，运费及报关费用由供货方出。函调回复正常。第三，化纤布供货商是4家江苏吴江市的纺织有限公司，运费及报关费用由供方承担，抵运国泰国、新加坡、尼日利亚等10个国家，货款汇出地香港。函调回复正常。

3. 组织抽调力量，北上实地调查上游企业进项发票。专案组前后共三次去江苏吴江、天津、沈阳调查。经实地调查，江苏4家公司已关闭，业主已失踪。对天津、沈阳2家公司外调，货源从各地购入，有几十家，且比较分散。专案组通过调查后认为，若要从上游企业突破，找出骗取退税的确凿证据，工作量巨大且难度也大。

4. 转换思路，南下调查下游出口单证。2013年4月，专案组决定改变策略转变方向，从产品出口单证上寻找突破口，检查组到深圳海关、集装箱出运码头、出具海运提单的船公司审查货物流的真实性。第一，从调查船运公司发现，出口退税备案单证的24份化纤布、液晶屏海运提单是伪造的。根据该公司提供的已在2011年度办理退税的液晶显示屏、化纤布纸制报关单，海运提单上集装箱号和出口时间，专案组找到船公司提取真实海运提单和订仓单，证实提单上发货人既不是该公司，也不是报关单上货物代理物流公司。在出口退税备案单证资料中由该公司提供的美国某轮船（中国）公司出具的24份液晶显示屏、化纤布海运提单是伪造的，已由该轮船公司出具鉴定证明书。第二，从调查相应出口海关，发现手机出口的品牌不一致。出口退税备案的单证与从深圳海关调取的报关单及随附资料进行比对，发现海关存档的纸制的外销发票、外销合同所盖的该公司的公章是伪造的。存档的商品（手机）出口商检通关清单上手机是无牌名，而从上游企业取得的与该公司签订购货合同上手机都是有品牌名的手机。第三，调查走访货代物流报关公司。专案组对广州、深圳代理报关的26家货代公司逐户进行调查，发现该综合服务公司出口商品的信息都是货代公司套用其他各公司出口报关的有关信息进行申报操作的。

【处理处罚结果】　根据《中华人民共和国税收征收管理法》第六十六条第一款、第二款、《最高人民法院关于审理骗取出口退税刑事案件具体应用法律若干问题的解释》第二十五条之规定，对当事人上述违法事实处理如下：1. 追缴所骗取的出口退税款1909801.52元；

2. 对其出口手机申报办理未退税额8843061.68元不予退税；

3. 该案已构成刑事犯罪，移送公安部门追究相关涉案人员刑事责任。

【问题分析及工作启示】　第一，该案中退税部门都已严格按规定程序手续进行了出口退税审核、发函、审批，仍被骗税分子骗税得逞。建议要加强退税部门与征管、稽查部门的衔接，特别是对出口退税金额超过上年30%～50%以上的企业，加强调查与检查，建立定期联系制度。

第二，加强税务、海关、商检、外管之间的协作、配合，出口退税的有关资料需要几个部门共同把关，目前商检、海关部门对资料的保管期限为2年，而税务部门资料保管期限是5年以上，两者不一致。

第三，建议在市一级稽查部门设立专门查处出口骗税部门。查处出口骗税工作量大、业务性强，涉及的精力、财力、物力及横向联系等不是一般检查所能相比拟。成立专案部部门能有效整合各方优势，从重打击出口骗税。第四，在出口退税的资料审核中，主要有增值税专用发票、结汇单、出口发票，现各地在审核操作中主要是前两项。应加强关注货运提货单证，货运提货单上的集装箱号是全世界唯一统一代码。有利于检查出口商品的真实性。第五，政府有关部门应加强整顿、培训出口退税各种代理报关行、中间机构。既能服务于出口业务，又能严格遵守行规和国家的法律法规，促进出口代理报关中间行业的健康发展。

（宁波市国家税务局稽查局供稿）

中国航空技术厦门有限公司违规办理出口退税案

【案件类别】　骗取出口退（免）税案例

【案件所属行业】　海洋工程船舶贸易业

【案件特点】　本案属税务总局部署的专项检查，稽查人员结合被查单位的行业特点，通过查前制订预案，查中对疑点分析，运用内查外调、寻求其他单位的配合等手段，查获了纳税人违规多列成本和违规办理出口退税。对查处此行业案件有一定的借鉴作用。

【案件来源】　根据2012年税务总局部署的重点税源检查工作要求，厦门市国家税务局稽查局于2012年7月起对中国航空技术厦门有限公司（以下简称中航技厦门公司）的纳税义务履行情况进行专项检查。

【基本案情】 该公司将他人委托其代理出口的业务以自营出口业务申报出口退税，违规退税36938050.65元。且存在支付佣金不符合税前扣除条件、将代扣营业税、企业所得税等税款税前列支船舶成本、支付设计费、安装费、船检费未代扣代缴税款等问题。

【违法事实】 企业所得税。1. 2006年12月6日，江苏韩通船舶重工有限公司作为卖方分别与三家买方单船公司MS“TAMARA”Schiffahrtsgesellschaft mbH & Co. KG和MS“Kilian S” H + HS chepers GmbH & Co. kG以及KG Einunddrei Bigste RKSS hipping GmbH & Co签订船舶建造合同。2006年12月11日，以补充船舶建造合同形式，将该公司并入成为船舶建造合同的联合卖方。该公司在2008—2011年间共支付Peter Doehle Schiffahrt skontor KG佣金美元853416元，折合人民币5786203.17元，根据该公司提供的相关资料，Peter Doehle Schiffahrt skontor KG不是上述三家单船公司船舶业务的中介服务机构或个人（不含交易双方及其雇员、代理人和代表人等）；该公司于2008—2011年间支付MLOH Consultancy Pte佣金新加坡币809179元，折合人民币4084059.72元；2010年支付Catex Marine Offshore Pte. Ltd. 佣金新加坡币215903元，折合人民币1070426.01元，上述佣金与该公司取得的船舶收入无关；

2. 该公司2007—2010年间将代扣营业税、企业所得税等税款列支船舶成本，其中：2007年度列支212124.05元，2008年度列支440442.91元，2009年度列支123896.57元，2010年度列支216926.86元。

增值税（出口退税）。2010—2012年期间该公司共取得厦门恒仁达公司开具的增值税专用发票1714份，金额合计137943489.52万元，增值税进项税额合计23450393.52元，已申报办理出口退税22065503.85元；取得晋江恒和公司开具的增值税专用发票1010份，金额合计92958357.61元，增值税进项税额合计15802921.11元，已申报办理出口退税14872546.80元；合计已取得出口退税款36938050.65元。经查，上述出口货物该公司既签订购货合同，又签订委托代理出口协议，整个出口业务实质上是由该公司以外的其他经营者（或企业、个体经营者及其他个人）假借该公司名义操作完成。该公司未实质参与出口经营活动，不承担出口货物的质量、结汇或退税风险，但该公司仍以自营名义接受并从事由中间人介绍的其他出口业务的违法行为。

【查办过程】 该案是根据2012年税务总局部署的重点税源检查工作要求开展检查，检查小组在开展检查前对该公司的架构和经营情况进行分析，确定检查方向。该公司业务部下设贸易一部、贸易二部，贸易一部为出口贸易，贸易二部为内贸经营。2010—2011年度内外销各占50%，内销主要是进口商品和设备的销售，暂不列为这次专项检查的重点；外销主要船舶出口占出口的70%，其他为服装和鞋帽出口。通过分析，经报局领导同意，检查小组将这次专项检查的重点确定为船舶和服装出口为重点检查对象。

船舶业务检查情况。厦门市国家税务局稽查局对该公司2010—2011年间，建造完并已交付买方的9艘船舶的企业所得税情况进行检查，发现一些问题。

1. 支付佣金不符合税前扣除条件。2006年12月6日，江苏韩通船舶重工有限公司作为卖方与三家单船公司分别签订船舶建造合同，2006年12月11日，以补充船舶建造合同形式，将中航技厦门公司并入成为船舶建造合同的联合卖方。中航技厦门公司在2008—2011年间，共支付Peter Doehle Schiffahrtskontor KG（以下简称Peter KG）佣金折合人民币5786203.17元，支付MLOH Consultancy Pte. 佣金折合人民币4084059.72元，支付Associated-Shipbroking china Ltd 佣金折合人民币5791088.96元，2010年支付Catex Marine Offshore Pte. Ltd. 佣金折合人民币1070426.01元。检查人员发现买方三家单船公司的英文版船舶建造合同签约人与Peter KG英文版佣金合同的签约人为同一人，作为佣金合同的签约人可不经三家单船公司的授权直接代表三家单船公司进行船舶建造合同及补充合同的签订，说明该签约人相对于合同签约公司具有相应的民事权利能力和民事行为能力，并非中介机构。检查人员要求中航技厦门公司提供Peter KG与上述三家单船公司的关系证明及签约人授权委托文书，但该公司未能提供。因此认为中航技厦门公司支付给Peter KG佣金折合人民币5786203.17元不符合《关于企业手续费及佣金支出税前扣除政策的通知》（财税字〔2009〕29号）规定：企业的佣金支出按与具有合法经营资格中介服务机构或个人（不含交易双方及其雇员、代理人和代表人等）所签订服务协议或合同确认的收入金额的5%计算限额。另外中航技厦门公司成为上述三艘船舶卖方之一前，江苏韩通船舶重工有限公司与上述三家单船公司的船舶建造合同已经订立，中航技厦门公司并未参与。对此，认为 MLOH Consultancy Pte. 和 Catex Marine Offshore Pte. Ltd. 并不存在为促成上述补充船舶建造合同的订立提供居间服务。

2. 将代扣营业税、企业所得税等税款税前列支船舶成本。2007—2010 年间，中航技厦门公司将代扣营业税、企业所得税等税款列支船舶成本，2007—2010 年间合计 993390. 39 元。

3. 支付设计费、安装费、船检费未代扣代缴税款。厦门市国家税务局稽查局对中航技厦门公司就部分船舶建造项目，支付给相关管理、设计等公司的费用情况进行调查。其存在支付船检费、设计费、安装费、调试及安装费用少申报代扣代缴应纳税所得额、少代扣代缴企业所得税的行为。

服装出口业务情况。在检查过程中，检查小组发现中航技厦门公司进出口贸易一部 2010—2011 年期间存在大量的服装、鞋帽自营出口，检查小组抽取了该公司关于与服装出口最大的供应商厦门市恒仁达服装制造有限公司、晋江市恒和服装有限公司（占服装出口业务 80%）的相关账务进行调查发现，该公司有关两家供应商出口业务中仅有少量报关费用的支付，其余港杂、银行议付费等相关自营出口的费用均未支付，自营出口业务有关的费用以及索赔、理赔、罚款等相关应由中航技厦门公司承担的各项费用，中航技厦门公司也均未承担；而且出口业务的毛利在 1 美元为 5 分人民币。

检查组在调查中发现经常有一位蔡小姐负责货物的运输、报关等具体事物的操作，她既不是中航技厦门公司的员工也不是厦门恒仁达公司和晋江恒和公司的员工。检查小组从邮政快递的记录发现，该办公地点是泉州清蒙工业区的太子酒店，通过当地税务稽查部门的配合，检查小组来到位于太子酒店的办公地点调查，发现蔡小姐是德国进货商在泉州的办事处的一名员工。经询问办事处的负责人，发现该业务是由境外商家直接下单给上述两家厂家生产的，与中航技厦门公司无关。在取得大量证据面前，厦门恒仁达公司和晋江恒和公司的法定代表人陈某、业务经理吴某不得不承认，由于两家公司没有出口权，需要出口的货物全部委托中航技厦门公司代理出口，出口货物的具体操作事项，包括货物的拖柜、码头、报关、商检换单、海关验货、银行议付费（国内、国外）、排载、订舱等均由两家公司操作，出口所需的一切费用也均由两家公司承担。两家公司与中航技厦门公司共同签订了代理出口协议，中航技厦门公司根据代理出口协议的约定按每美元收取人民币 0. 05 分作为出口代理手续费。经核实，外国采购商并没有与中航技厦门公司签订采购合同，而是与其进行洽谈并确认价格后确定订单合同，样品由外国采购商直接提供给两家供应商，品质检验由外国采购商委托他方进行，中航技厦门公司没有派人跟单和进行品质检验。外国采购商根据厦门恒仁达公司和晋江恒和公司的要求将货款汇入中航技厦门公司的账户上，中航技厦门公司按汇率换算成人民币，扣除代理手续费及代垫的费用后汇入厦门恒仁达公司和晋江恒和公司账户。对于上述存在的事实，检查小组认为中航技厦门公司在 2010 年 1 月—2012 年 12 月间，存在将厦门恒仁达公司和晋江恒和公司委托其代理出口的业务以自营出口业务申报出口退税，违规退税 36938050. 65 元。

【处理处罚结果】　企业所得税。1. 根据《中华人民共和国企业所得税法》第八条，《国务院关于实施企业所得税过渡优惠政策的通知》（国发〔2007〕39 号），《关于企业手续费及佣金支出税前扣除政策的通知》（财税字〔2009〕29 号）文件的规定，该公司支付给 Peter Doehle Schiffahrt skontor KG 的佣金不得在企业所得税税前扣除，应调增 2008 年度应纳税所得额 487969. 05 元，追缴企业所得税 87834. 43 元；应调增 2009 年度应纳税所得额 1457229. 16 元，追缴企业所得税 291445. 83 元；应调增 2010 年度应纳税所得额 2904167. 55 元，追缴企业所得税 638916. 86 元；应调增 2011 年度应纳税所得额 936837. 41 元，追缴企业所得税 224840. 98 元。该公司支付给 MLOH Consultancy Pte. 和 Catex Marine Offshore Pte. Ltd. 的佣金不得在企业所得税税前列支，应调增 2009 年度应纳税所得额 1299851. 50 元，追缴企业所得税 259970. 30 元；应调增 2010 年度应纳税所得额 3854634. 23 元，追缴企业所得税 848019. 53 元。

2. 根据《中华人民共和国企业所得税暂行条例》第七条第（八）项，《中华人民共和国企业所得税法》第十条第（二）项、第（八）项，《国务院关于实施企业所得税过渡优惠政策的通知》（国发〔2007〕39 号）文件的规定，该公司将代扣营业税、企业所得税等税款税前列支船舶成本，2007 年度代扣代缴税款 212124. 05 元不得在企业所得税税前扣除，应剔除追缴企业所得税 31818. 61 元；2008 年度代扣代缴税款 440442. 91 元不得在企业所得税税前扣除，应剔除追缴企业所得税 79279. 72 元；2009 年度代扣代缴税款 123896. 57 元不得在企业所得税税前扣除，应剔除追缴企业所得税 24779. 31 元；2010 年度代扣代缴税款 216926. 86 元不得在企业所得税税前扣除，应剔除追缴企业所得税 47723. 91 元。

以上合计应追缴企业所得税 2534629. 48 元，其中 2007 年应追缴企业所得税 31818. 61 元；2008 年应追缴企业所得税 167114. 15 元；2009 年应追缴企业所得税 576195. 44 元；2010 年应追缴企业所得税 1534660. 30 元；2011 年应追缴企业所得税 224840. 98 元。

3. 根据《中华人民共和国税收征收管理法》第三十二条的规定，以上应追缴企业所得税 2534629. 48 元，从税款滞纳之日起至实际缴纳之日止，按日加收滞纳金。

增值税（出口退税）。根据《国家税务总局、商务部关于进一步规范外贸出口经营秩序切实加强出口货物退（免）税管理的通知》（国税发〔2006〕24 号）文第二条第二项、第六项的规定，决定收回该公司 2010—2012 年将取得厦门恒仁达公司和晋江恒和公司开具的增值税专用发票用于办理出口退税的已退税款 36938050. 65 元。

【问题分析及工作启示】 厦门市作为外向型商贸城市，近年来违规出口退税现象频发，“假自营、真代理”“四自三不见业务”等情形较为猖獗。此案中涉案企业的做法也有一定典型性。为加大对出口骗税违法和违规退税行为的打击力度，挽回违法、违规出口退税给国家税收造成的损失，有必要对相关企业的退税行为加强日常管征和检查，须着重从以下几方面加强审查。1. 出口销售行为是否真实存在。出口货物行为必须符合增值税的“销售货物”法定行为要件，即有偿转让货物的所有权。货物报关单与增值税专用发票是表示其货物“出口”“采购”行为的单证，而非货物交易的实质定性。若企业不承担出口各项费用、商品交割过程中的品质责任和风险，则应判定为“虚假销售”。

2. 货物的交易额是否以实际价值作为依据。若企业是根据出口货物的退税率及美元汇买价计算货物总值，则很可能存在违规现象。

3. 是否为享有出口退税权益的主体。应审查出口业务由谁操作完成、所需的各项费用由谁承担。本案中中航技厦门公司只是作为供应商的一个出口平台，根据代理出口协议的约定收取手续费，不是税法所规定的退税主体，不享有出口退税权益。

4. 货物买卖合同是否有效。应重点审查企业对出口的货物有没有处分权，中航技厦门公司对所出口的货物并无处分权，中航技厦门公司与其供应商既签订了代理出口协议，又签订了购销（赊销）合同，取得退税款后以支付货款的形式转入供应商账户。因此，其业务的实质是代理出口业务，而非购销业务。

（厦门市国家税务局稽查局供稿）

第六篇

法规及规范性文件

国家税务总局稽查局关于印发《2013 年全国税务稽查工作要点》的通知

2013 年 1 月 23 日　税总稽便函〔2013〕1 号

各省、自治区、直辖市和计划单列市国家税务局、地方税务局：

现将《2013 年全国税务稽查工作要点》印发你局，望认真遵照执行。

（编者略，详见本书重要文献篇）

国家税务总局关于印发《税收违法案件发票协查管理办法（试行）》的通知

2013 年 6 月 19 日　税总发〔2013〕66 号

各省、自治区、直辖市和计划单列市国家税务局、地方税务局：

为进一步规范税收违法案件发票协查工作，提高协查质量和效率，在充分调研和广泛征求意见的基础上，税务总局制定了《税收违法案件发票协查管理办法（试行）》，现印发你们，请认真贯彻执行。对执行过程中遇到的情况和问题，请及时反馈税务总局（稽查局）。

附件：1. 关于××案件的协查函（编者略）

2. 关于××案件的协查回复函（编者略）

税收违法案件发票协查管理办法（试行）

第一章　总　　则

第一条　为了规范税收违法案件发票协查工作，提高协查管理工作效率，根据《中华人民共和国税收征收管理法》《中华人民共和国发票管理办法》及相关法律法规，制订本办法。

第二条　税收违法案件发票协查是指查办税收违法案件的税务局稽查局（以下简称委托方）将需异地调查取证的发票委托有管辖权的税务局稽查局（以下简称受托方），开展调查取证的相关活动。

第三条　协查工作遵循合法、真实、相关和效率的原则。

第四条　税务局稽查局负责实施税收违法案件发票的协查。

第五条　国家税务总局应当逐步推进税收违法案件发票协查信息化，将税收违法案件发票协查全面纳入协查信息管理系统进行管理。

第二章　委托协查

第六条　委托方对税收违法案件中需调查取证的发票采取发函或者派人参与的方式进行协查。

发函是指委托方向受托方发出《税收违法案件协查函》，包括寄送纸质协查函和通过协查信息管理系统发出协查函。纸质协查函原则上采取同级发函的方式进行。

派人参与是指重大案件或者有特殊要求的案件，委托方可派人参与受托方的调查取证，提出取证要求。

第七条 委托方根据案件查办情况，确定协查对象，需要发起委托协查的，向受托方发出《税收违法案件协查函》。

《税收违法案件协查函》内容包括：委托方案件名称、基本案情、涉案发票记载的信息、已掌握的疑点或者线索、作案手法、提出有针对性的取证要求、回复期限、组卷及寄送要求、联系人和联系方式等。

第八条 国家税务总局督办案件的发票协查应当按照《重大税收违法案件督办管理暂行办法》有关规定执行，并在协查函中予以说明，注明督办函号。

第九条 已确定虚开发票案件的协查，委托方应当按照受托方一户一函的形式出具《已证实虚开通知单》及相关证据资料，并在所附发票清单上逐页加盖公章，随同《税收违法案件协查函》寄送受托方。

通过协查信息管理系统发起已确定虚开发票案件协查函的，委托方应当在发送委托协查信息后5个工作日内寄送《已证实虚开通知单》以及相关证据资料。

第十条 委托方收到协查回函后，根据协查回函信息依法对被查对象进行查处。

第十一条 委托方派人协查方式进行协查的，应当向受托方通报情况、沟通案情，派出人员需携带加盖本单位公章的《介绍信》和《税收违法案件协查函》《税务检查证》以及相关身份证明，参与受托方的调查取证，提出取证要求。

第十二条 委托方应当及时登记《委托协查台账》，跟踪协查函的发出、回复和处理情况。

《委托协查台账》包括以下内容：

（一）函件发出日期，派人协查日期；

（二）函件名称、编号或者文号、是否督办；

（三）涉及企业名称、资料种类、数量；

（四）是否立案；

（五）负责检查的人员；

（六）协查回函情况、回函日期；

（七）案卷号和归档地；

（八）其他。

第三章 受托协查

第十三条 受托方收到《税收违法案件协查函》后，应当根据协查请求，依照法定权限和程序调查，并按照要求及期限回函。

第十四条 《税收违法案件协查函》涉及的协查对象不属于受托方管辖范围的，受托方应当在收函之日起5个工作日内，出具本辖区县（区）级主管税务机关证明材料，并将《税收违法案件协查函》退回委托方。

第十五条 有下列情形之一的，受托方应当按照《税务稽查工作规程》有关规定立案检查：

（一）委托方已开具《已证实虚开通知单》的；

（二）委托方提供的证据资料证明协查对象有税收违法嫌疑的；

（三）受托方检查发现协查对象有税收违法嫌疑的；

（四）上级税务局稽查局要求立案检查的。

第十六条 国家税务总局督办的案件，受托方在回函期限前不能完成检查工作的，可以逐级上报国家税务总局申请延期，在得到国家税务总局同意后，在延期期限内给予回复。

申请延期应当说明延期理由、延期期限以及与委托方沟通的情况。

第十七条 受托方需要取得协查对象的税务登记、变更、注销、失控或者查无企业、发票领用、发票鉴定、纳税申报、抵扣税款、免税、出口退税等征管资料和证明材料的，应当向其县（区）级主管税务机关提出要求。县（区）级主管税务机关应当在5个工作日内提供相关资料并出具相应的证明材料。

第十八条 受托方应当依据调查取证所掌握的情况及所获取的证据材料，向委托方出具《税收违法案件协查回复函》。

《税收违法案件协查回复函》的内容包括：

（一）协查来源；

（二）涉案企业的基本情况及协查发票记载的信息；

（三）协查取证要求的说明；

（四）协查结论或者协查结果；

（五）税务处理和税务行政处罚事项；

（六）其他应予说明的事项。

第十九条 受托方应当对取得的证据材料，连同相关文书一并作为协查案卷立卷存档；同时根据委托方协查函委托的事项，将相关证据材料及文书复制，注明“与原件核对无误”，注明原件存放处，并加盖本单位印章后一并寄送委托方。

受托方通过协查信息管理系统收到的协查函，应当通过协查信息管理系统进行函复。经检查有问题的以及委托方要求寄送取证材料的，应当在回复协查结果后5个工作日内将相关证据材料及文书复制，注明“与原件核对无误”，注明原件存放处，并加盖本单位印章后一并寄送委托方。

第二十条　受托方应当在收到协查函后60日内回函。

通过协查信息管理系统发出的协查函，受托方应当在收到协查函后30日内回函。

国家税务总局对协查回函期限有特殊要求的，应当按照相关要求办理。

第二十一条　受托方应当登记《受托协查台账》，及时掌握协查工作安排、回复、处理情况。

《受托协查台账》包括以下内容：

（一）函件收到日期，来人协查日期；

（二）函件名称、编号或者文号、是否督办；

（三）涉及企业名称、资料种类、数量；

（四）是否立案；

（五）负责检查的人员；

（六）协查复函情况、复函日期；

（七）案卷号和归档地；

（八）其他。

第四章　协查管理

第二十二条　地市级以上税务局稽查局应当定期对本辖区协查台账进行统计汇总，全面掌握本辖区协查情况，督促指导下级协查工作。

第二十三条　上级税务局稽查局对下级税务局稽查局的协查质量和效率进行考核，包括受托方按期回复情况、委托方选票针对性、协查函和回复函的信息完整性等。

第二十四条　稽查机构设置发生撤销、合并、增设的，应当及时向上一级税务局稽查局提出与本稽查机构对应的协查信息管理系统节点的变更申请，并逐级上报国家税务总局备案。

第二十五条　税务违法案件发票协查资料按照《税务稽查工作规程》的规定归档。

第五章　附　　则

第二十六条　本办法适用于各级税务机关。

第二十七条　各级税务局可以依据本办法对辖区内税务违法案件发票协查工作制定考核制度和奖惩实施办法。

第二十八条　本办法所称以上、日内，包括本数（级）。

第二十九条　本办法自发布之日起施行。2008年5月14日印发的《国家税务总局关于印发〈增值税抵扣凭证协查管理办法〉的通知》（国税发〔2008〕51号）同时废止。

国家税务总局关于做好全国地方税务局协查信息管理系统推广工作的通知

2013年3月8日　税总发〔2013〕23号

各省、自治区、直辖市和计划单列市国家税务局、地方税务局：

为了进一步加强全国税务稽查部门的相互协作，严厉打击各类涉税违法犯罪活动，根据国家税务总局信息化建设的总体安排，拟于近期在全国地方税务系统开展协查信息管理系统（以下简称协查系统）推广上线工作，现就有关事项通知如下：

一、切实加强组织领导

为统筹做好协查系统的推广工作，各地必须树立“全国一盘棋”的观念，按照税务总局的工作部署，加强协调配合，加快协查系统的安装，积极开展推广运用，不得以各种理由拖延。各级税务稽查局和信息中心应成立协查系统推广协调小组，由稽查局牵头，各司其职，密切配合。稽查局负责协查系统的业务操作和管理，要挑选既熟悉稽查业务又能熟练操作计算机的人员（协查岗位）负责协查系统的日常管理和操作；信息中心负责系统维护和技术支持。

二、完成人员培训和用户授权工作

各级税务稽查局要认真做好协查系统及税务稽查案例库操作人员的用户权限统计工作，并将填写的“协查信息管理系统操作人员统计表”移交信息中心进行初始化，信息中心在完成初始化后应及时将用户名及密码通知稽查局。协查系统操作人员应及时变更初始密码，严格遵守保密纪律。2013年4月30日前各地应完成协查系统业务操作人员和技术维护人员的培训工作，5月15日前完成业务操作人员和技术维护人员的用户授权工作。

三、做好技术支持和维护工作

协查系统在全国地方税务局推广工作涉及全国国家税务局、地方税务局，各单位信息技术部门应按要求做好相应的技术支持和准备工作。

（一）地方税务局

1. 运行环境准备。协查系统以省级集中方式部署，各省、自治区、直辖市和计划单列市地方税务局应按照《国家税务局关于做好在全国地方税务局系统推广协查信息管理系统准备工作的通知》（国税函〔2012〕385号）要求，于2013年3月31日前完成软、硬件环境的部署。

2. 系统安装。协查系统（地税）软件（补丁）名称为：XC_DS_V1.0_ZS_20130109，安装补丁包及其相关技术文档在税务总局金税工程运维网（http：//130.9.1.248/软件库/协查系统）和电子税务网站（http：//100.16.92.105）上发布。各单位在安装前应仔细阅读软件（补丁）说明的有关要求，并于2013年4月30日前完成软件（补丁）安装。

（二）国家税务局

协查系统在地税推广上线后将在全国正式启用货运发票协查功能，各省、自治区、直辖市和计划单列市国家税务局需在2013年6月1日前开启协查系统货运发票协查功能相关数据接口，处理货运发票协查数据。接口开启数据脚本在税务总局金税工程运维网（http：//130.9.1.248/软件库/协查系统）和电子税务网站（http：//100.16.92.105）上发布，各单位自行下载运行。

各单位可通过税务总局呼叫中心（4008112366）和税务总局金税工程运维网（http：//130.9.1.248）或电子税务网站（http：//100.16.92.105），获取推广工作技术支持服务。

税务总局稽查局业务咨询电话：010－83551232。

附件：协查信息管理系统操作人员统计表（编者略）

各地发文目录

北京市国家税务局

北京市国家税务局关于印发《北京市国家税务局2013年税务稽查工作要点》的通知
2013年3月15日　京国税发〔2013〕56号

北京市国家税务局稽查局关于印发《北京市国家税务局稽查局重点工作完成情况通报办法（试行）》的通知
2013年9月18日　京国税稽便函〔2013〕23号

北京市国家税务局稽查局关于印发《北京市国家税务局稽查局税务稽查案例管理办法（试行）》的通知
2013年11月8日　京国税稽便函〔2013〕30号

北京市国家税务局稽查局关于印发《北京市国家税务局税务稽查能手选拔实施方案》的通知
2013年11月8日　京国税稽便函〔2013〕31号

北京市地方税务局

北京市地方税务局关于印发《北京市地方税务局税务稽查案件协查管理办法》的通知
2013年4月24日　京地税稽〔2013〕70号

北京市地方税务局关于印发《北京市地方税务局重大税收违法案件审理工作办法》的通知
2013年10月12日　京地税稽〔2013〕149号

北京市地方税务局关于深化税务稽查体制机制改革的意见
2013年12月18日　京地税稽〔2013〕189号

北京市地方税务局关于印发《北京市地方税务局税务稽查机构改革方案》的通知
2013年12月24日　京地税人〔2013〕194号

河北省国家税务局

河北省国家税务局关于印发《重大税收违法案件督办管理实施办法（试行）》的通知
2013年6月27日　冀国税发〔2013〕103号

河北省地方税务局

河北省地方税务局关于印发《稽查办案补助经费管理办法（试行）》的通知
2013年3月7日　冀地税函〔2013〕14号

河北省地方税务局关于印发《集中使用稽查人员管理办法》的通知
2013年12月6日　冀地税发〔2013〕94号

山西省国家税务局

山西省国家税务局关于印发《税务稽查审理实施办法》的通知
2013年3月28日　晋国税发〔2013〕55号

山西省国家税务局关于印发《税务稽查执行实施办法》的通知
2013年3月28日　晋国税发〔2013〕56号

山西省国家税务局关于印发《税务稽查实施办法》的通知
2013年3月28日　晋国税发〔2013〕57号

山西省国家税务局关于印发《税务稽查选案实施办法》的通知
2013年3月28日　晋国税发〔2013〕58号

山西省国家税务局关于印发《山西省国家税务局违法普通发票联动查处暂行办法》的通知
2013年4月16日　晋国税发〔2013〕67号

山西省国家税务局关于印发《税务稽查档案管理实施办法》的通知
2013年4月24日　晋国税发〔2013〕66号

山西省地方税务局

山西省地方税务局稽查局关于印发《稽查人员廉政管理制度》的通知
2013年3月7日　晋地税稽发〔2013〕3号

山西省地方税务局关于印发《山西省地方税务局稽查工作考核暂行办法》的通知
2013年3月8日　晋地税发〔2013〕28号

内蒙古自治区国家税务局

内蒙古自治区国家税务局稽查局关于加强重大税收违法案件报告工作的通知
2013年9月24日　内国税稽便函〔2013〕59号

内蒙古自治区国家税务局稽查局关于企业办理注销税务登记的有关通知
2013年9月24日　内国税稽便函〔2013〕65号

吉林省国家税务局

吉林省国家税务局关于开展2013年税收专项检查工作的通知
2013年3月22日　吉国税发〔2013〕28号

吉林省国家税务局稽查局关于煤炭、铁精粉行业及利用成品油增值税专用发票虚抵进项税额的其他企业开展专项整治“回头看”活动的通知
2013 年 3 月 22 日　吉国税稽函〔2013〕15 号

吉林省国家税务局关于认真做好 2013 年打击发票违法犯罪活动工作的通知
2013 年 3 月 28 日　吉国税发〔2013〕30 号

吉林省国家税务局办公室关于印发《吉林省国家税务局重点税源企业稽查选案管理办法》的通知
2013 年 6 月 17 日　吉国税办发〔2013〕13 号

吉林省国家税务局关于开展“营改增”试点行业虚开骗税违法行为专项整治工作的通知
2013 年 7 月 25 日　吉国税发〔2013〕74 号

吉林省国家税务局稽查局关于对重点税源企业开展重点检查工作的通知
2013 年 7 月 25 日　吉国税稽函〔2013〕25 号

上海市国家（地方）税务局

上海市国家税务局稽查局关于表彰 2012 年上海市税务稽查案例评比先进单位和个人的通报
2013 年 2 月 4 日　沪国税稽〔2013〕1 号

上海市国家税务局稽查局关于印发《2013 年上海市税务稽查工作要点》的通知
2013 年 2 月 25 日　沪国税稽〔2013〕2 号

上海市国家税务局稽查局关于印发《2013 年税务稽查信息化工作方案》的通知
2013 年 3 月 7 日　沪国税稽〔2013〕3 号

上海市国家税务局稽查局关于开展 2013 年税收专项检查工作的通知
2013 年 3 月 18 日　沪国税稽〔2013〕4 号

上海市国家税务局稽查局关于认真做好 2013 年打击发票违法犯罪活动工作的通知
2013 年 3 月 19 日　沪国税稽〔2013〕5 号

上海市国家税务局关于开展“营改增”试点行业虚开骗税违法行为专项整治工作的通知
2013 年 8 月 13 日　沪国税稽〔2013〕7 号

上海市国家税务局、上海市地方税务局关于印发《重大税务案件审理工作规程（试行）》和《重大税务案件审理委员会议事规则（试行）》的通知
2013 年 11 月 21 日　沪国税稽〔2013〕8 号

江苏省国家税务局

江苏省国家税务局稽查局关于印发《2013 年全省国税稽查工作要点》的通知
2013 年 5 月 3 日　苏国税稽便函〔2013〕24 号

江苏省国家税务局稽查局关于认真做好 2013 年发电、供电行业打击发票违法犯罪活动工作的通知
2013 年 5 月 11 日　苏国税稽便函〔2013〕25 号

江苏省国家税务局稽查局关于在淮安市开展废旧物资收购企业税收专项整治工作的通知
2013 年 10 月 17 日　苏国税稽便函〔2013〕50 号

江苏省国家税务局稽查局关于印发《〈江苏省国家税务局税收检查任务管理办法〉稽查实施办法》的通知
2013 年 11 月 26 日　苏国税稽便函〔2013〕60 号

江苏省地方税务局

江苏省地方税务局关于印发《江苏省地方税务局税务稽查管理改革总体方案》的通知
2013 年 4 月 9 日　苏地税发〔2013〕35 号

江苏省地方税务局稽查局关于印发《江苏省地方税务局稽查局区域稽查分局案件查处管理暂行办法》的通知
2013 年 9 月 12 日　苏地税稽便函〔2013〕46 号

江苏省地方税务局关于印发《江苏省地方税务局税务稽查会计服务外包工作管理办法（试行）》的通知
2013 年 10 月 29 日　苏地税函〔2013〕254 号

江苏省地方税务局稽查局关于印发《江苏省地方税务局稽查局税务案件审理工作规程（试行）》的通知
2013 年 10 月 30 日　苏地税稽便函〔2013〕55 号

江苏省地方税务局关于印发《江苏省地方税务局区域稽查分局办案经费管理办法（试行）》的通知
2013 年 12 月 5 日　苏地税发〔2013〕80 号

安徽省国家税务局

安徽省国家税务局关于印发《安徽省国税系统稽查检查人员监督制约办法》的通知
2013 年 12 月 26 日　皖国税发〔2013〕170 号

安徽省地方税务局

安徽省地方税务局关于表彰 2012 年度全省地税系统稽查工作考核评比优秀单位的通报
2013 年 3 月 8 日　皖地税函〔2013〕103 号

安徽省地方税务局关于 2012 年度全省地税系统稽查案卷评审情况的通报
2013 年 3 月 11 日　皖地税函〔2013〕105 号

安徽省地方税务局稽查局关于印发《稽查案件飞行检查暂行办法》的通知
2013 年 6 月 4 日　稽便函〔2013〕6 号

安徽省地方税务局关于开展全省重点税源企业税收检查工作的通知
2013 年 7 月 11 日　皖地税发〔2013〕60 号
安徽省地方税务局稽查局关于印发《检举接访制度》的通知
2013 年 9 月 30 日　稽便函〔2013〕15 号
安徽省地方税务局稽查局关于印发《稽查回访暂行办法》的通知
2013 年 9 月 30 日　稽便函〔2013〕16 号
安徽省地方税务局稽查局关于做好安徽地方税收综合管理信息系统稽查域上线工作的通知
2013 年 12 月 19 日　稽便函〔2013〕23 号

福建省地方税务局

福建省地方税务局稽查局关于集中开展稽查欠税清理整顿工作的通知
2013 年 6 月 9 日　闽地税稽便函〔2013〕15 号
福建省地方税务局稽查局税务稽查突发事件应急预案
2013 年 6 月 19 日　闽地税稽便函〔2013〕16 号
福建省地方税务局关于印发《福建省地方税务分类分级稽查管理办法》的通知
2013 年 12 月 18 日　闽地税函〔2013〕166 号

江西省国家税务局

江西省国家税务局稽查局关于认真做好 2013 年打击发票违法犯罪活动工作的通知
2013 年 4 月 1 日　赣国税发〔2013〕29 号
江西省国家税务局关于进一步规范税务检查工作的通知
2013 年 12 月 4 日　赣国税函〔2013〕312 号

江西省地方税务局

江西省地方税务局关于印发《江西省地方税务局关于加强全省地税稽查业务建设的意见》的通知
2013 年 1 月 11 日　赣地税发〔2013〕10 号
江西省地方税务局关于印发《江西省地方税务局地方税收违法行为检举管理实施办法》的通知
2013 年 2 月 17 日　赣地税发〔2013〕24 号
江西省地方税务局关于印发《江西省地方税务局重大税收违法案件管理办法》的通知
2013 年 2 月 25 日　赣地税发〔2013〕27 号

山东省国家税务局

山东省国家税务局稽查局关于印发《2013 年全省国税稽查工作要点》的通知
2013 年 3 月 7 日　鲁国税稽便函〔2013〕9 号
山东省国家税务局稽查局关于对中国移动通信集团山东有限公司开展税收专项检查的工作方案
2013 年 6 月 18 日　鲁国税稽便函〔2013〕26 号
山东省国家税务局关于印发《山东省国家税务局营业税改征增值税试点工作涉税风险防控预案》的通知
2013 年 7 月 22 日　鲁国税发〔2013〕105 号
山东省国家税务局稽查局关于对中国联合网络通信有限公司山东省分公司开展税收专项检查的工作方案
2013 年 9 月 13 日　鲁国税稽便函〔2013〕37 号
山东省国家税务局稽查局关于明确省局稽查局内部工作职责分工的通知
2013 年 10 月 30 日　鲁国税稽便函〔2013〕48 号

山东省地方税务局

山东省地方税务局稽查局关于转发《青岛市地方税务局稽查局调研式检查寻找税收风险　征管查互动创新应对方式经验做法》的通知
2013 年 1 月 10 日　鲁地税稽函〔2013〕5 号
山东省地方税务局关于开展 2013 年全省地方税收专项检查工作的通知
2013 年 3 月 5 日　鲁地税发〔2013〕10 号
山东省地方税务局稽查局关于印发《2013 年全省地税稽查工作要点》的通知
2013 年 3 月 7 日　鲁地税稽函〔2013〕1 号
山东省地方税务局关于开展 2013 年全省地方税收专项检查和打击发票违法犯罪活动的通告
2013 年 3 月 15 日　通告〔2013〕1 号
山东省地方税务局稽查局关于报送重大税收违法企业信息的补充通知
2013 年 4 月 12 日　鲁地税稽函〔2013〕3 号
山东省地方税务局稽查局关于对中国中信集团公司等重点税源企业及所属成员企业开展税收专项检查工作的通知
2013 年 4 月 23 日　鲁地税稽函〔2013〕4 号
山东省地方税务局稽查局关于印发《山东地税税务稽查文书流程及范本（试行）》的通知
2013 年 4 月 27 日　鲁地税稽函〔2013〕5 号
山东省地方税务局办公室关于进一步加强税收违法行为检举管理工作的通知
2013 年 5 月 9 日　鲁地税办发〔2013〕10 号
山东省地方税务局稽查局关于 2013 年度全省地税系统电子查账竞赛的预备通知
2013 年 9 月 9 日　鲁地税稽函〔2013〕7 号

山东省地方税务局稽查局关于协助做好总局《税务稽查要情》编发工作有关事宜的通知
2013 年 9 月 25 日　鲁地税稽函〔2013〕9 号
山东省地方税务局办公室关于全省地税系统电子查账技能竞赛的表彰通报
2013 年 11 月 20 日　鲁地税办发〔2013〕22 号
山东省地方税务局关于 2013 年度打击发票违法犯罪活动工作的报告
2013 年 12 月 23 日　鲁地税发〔2013〕57 号

河南省国家税务局

河南省国家税务局关于开展 2013 年税收专项检查工作的通知
2013 年 3 月 5 日　豫国税发〔2013〕48 号
河南省国家税务局稽查局关于印发《2013 年全省国税稽查工作要点》的通知
2013 年 3 月 8 日　豫国税稽便函〔2013〕20 号
河南省国家税务局关于深入开展 2013 年打击发票违法犯罪活动工作的通知
2013 年 3 月 27 日　豫国税发〔2013〕68 号

河南省地方税务局

河南省地方税务局关于印发部分《税务稽查文书式样》的通知
2013 年 2 月 1 日　豫地税发〔2013〕8 号
河南省地方税务局稽查局关于 2012 年度税务稽查情况的通报
2013 年 2 月 25 日　豫地税稽发〔2013〕6 号
河南省地方税务局稽查局关于 2012 年税收违法案件检举管理工作情况通报
2013 年 2 月 25 日　豫地税稽发〔2013〕7 号
河南省地方税务局稽查局关于 2012 年度稽查信息工作情况的通报
2013 年 2 月 25 日　豫地税稽发〔2013〕8 号
河南省地方税务局关于 2012 年全省地税系统“十大规范典型案例”评选结果的通报
2013 年 2 月 26 日　豫地税发〔2013〕18 号
河南省地方税务局关于表彰 2012 年度稽查工作优秀单位的通报
2013 年 2 月 27 日　豫地税发〔2013〕19 号
河南省地方税务局关于表彰 2012 年度稽查工作先进单位的通报
2013 年 2 月 27 日　豫地税发〔2013〕20 号
河南省地方税务局关于表彰 2012 年度全省打击发票违法犯罪活动工作优秀单位、先进单位和先进个人的通报
2013 年 2 月 27 日　豫地税发〔2013〕21 号
河南省地方税务局办公室关于召开全省地税稽查工作会议的通知
2013 年 2 月 27 日　豫地税办函〔2013〕4 号
河南省地方税务局关于印发《2013 年全省地税稽查工作要点》的通知
2013 年 3 月 8 日　豫地税函〔2013〕96 号
河南省地方税务局关于开展 2013 年税收专项检查工作的通知
2013 年 3 月 11 日　豫地税发〔2013〕26 号
河南省地方税务局稽查局关于印发《证券、基金公司税收专项检查方案》的通知
2013 年 3 月 11 日　豫地税稽发〔2013〕12 号
河南省地方税务局稽查局关于印发《房地产业税收专项检查方案》的通知
2013 年 3 月 11 日　豫地税稽发〔2013〕13 号
河南省地方税务局稽查局关于印发《建筑安装业税收专项检查方案》的通知
2013 年 3 月 11 日　豫地税稽发〔2013〕14 号
河南省地方税务局稽查局关于开展重点税源企业税收检查工作的通知
2013 年 3 月 11 日　豫地税稽发〔2013〕15 号
河南省地方税务局关于认真做好 2013 年打击发票违法犯罪活动工作的通知
2013 年 3 月 27 日　豫地税发〔2013〕38 号
河南省地方税务局稽查局关于推荐“规范典型案例参评专家库”人员的通知
2013 年 4 月 8 日　豫地税稽发〔2013〕18 号
河南省地方税务局稽查局关于上报重大税收违法企业信息有关事项的通知
2013 年 4 月 9 日　豫地税稽发〔2013〕20 号
河南省地方税务局关于印发《2013 年度税务稽查工作目标考核办法》的通知
2013 年 5 月 20 日　豫地税发〔2013〕47 号
河南省地方税务局稽查局关于对专项检查企业、重点税源企业开展重点检查的通知
2013 年 5 月 20 日　豫地税稽发〔2013〕22 号
河南省地方税务局稽查局关于印发《2013 年税收法制宣传工作计划》的通知
2013 年 6 月 4 日　豫地税稽发〔2013〕23 号
河南省地方税务局稽查局关于印发《2013 年服务型行政执法宣传月活动方案》的通知
2013 年 6 月 4 日　豫地税稽发〔2013〕24 号
河南省地方税务局稽查局关于进一步提高行政执法案卷质量的若干要求
2013 年 6 月 19 日　豫地税稽发〔2013〕25 号

河南省地方税务局稽查局关于印发《开展安全大检查工作方案》的通知

2013 年 7 月 25 日　豫地税稽发〔2013〕28 号

河南省地方税务局稽查局关于印发《深入开展党的群众路线教育实践活动实施方案》的通知

2013 年 8 月 13 日　豫地税稽发〔2013〕29 号

河南省地方税务局稽查局关于成立党的群众路线教育实践活动领导小组的通知

2013 年 8 月 21 日　豫地税稽发〔2013〕31 号

河南省地方税务局稽查局关于对证券公司涉税检查中有关税收政策问题的请示

2013 年 9 月 6 日　豫地税稽发〔2013〕31 号

河南省地方税务局关于 2013 年打击发票违法犯罪工作情况的报告

2013 年 12 月 20 日　豫地税发〔2013〕108 号

湖北省国家税务局

湖北省国家税务局关于印发《全省国税系统推行"阳光稽查"实施方案》的通知

2013 年 9 月 27 日　鄂国税发〔2013〕105 号

湖北省国家税务局关于印发《湖北省国家税务局分类分级稽查管理办法（试行)》的通知

2013 年 12 月 2 日　鄂国税发〔2013〕122 号

湖南省地方税务局

湖南省地方税务局稽查局印发《关于加强异地稽查工作的意见》

2013 年 3 月 6 日　湘地税稽函〔2013〕6 号

广西壮族自治区地方税务局

广西壮族自治区地方税务局稽查局关于印发《2013 年全区地税稽查工作要点》的通知

2013 年 3 月 12 日　稽查便函〔2013〕8 号

广西壮族自治区地方税务局关于开展 2013 年税收专项检查工作的通知

2013 年 3 月 13 日　桂地税发〔2013〕11 号

广西壮族自治区地方税务局办公室关于印发《2013 年度全区地税系统稽查工作绩效考评细则》的通知

2013 年 4 月 9 日　桂地税办发〔2013〕18 号

广西壮族自治区地方税务局办公室关于开展 2013 年全区地方税收专项交叉检查工作的通知

2013 年 5 月 3 日　桂地税办发〔2013〕23 号

广西壮族自治区地方税务局稽查局关于开展重点税源企业专项检查有关工作的通知

2013 年 6 月 24 日　稽查便函〔2013〕23 号

海南省国家税务局

海南省公安厅、海南省国家税务局、海南省地税局关于印发《警税协作办法（试行)》的通知

2013 年 12 月 26 日　琼地税发〔2013〕237 号

海南省地方税务局

海南省地方税务局关于加强税务稽查成果利用的通知

2013 年 12 月 26 日　琼地税发〔2013〕232 号

贵州省国家税务局

贵州省国家税务局办公室关于印发《贵州省国家税务局专项经费支出绩效评价办法（试行)》的通知

2013 年 1 月 8 日　黔国税办发〔2013〕1 号

贵州省地方税务局、贵州省国家税务局关于印发《贵州省税务系统行政强制措施（执行）流程（试行)》的通知

2013 年 1 月 9 日　黔地税发〔2013〕4 号

贵州省地方税务局

贵州省地方税务局关于印发《检举纳税人税收违法行为奖励暂行办法》的通知

2013 年 2 月 26 日　黔地税发〔2013〕11 号

贵州省地方税务局关于印发《2013 年全省地方税务稽查工作要点》的通知

2013 年 3 月 7 日　黔地税函〔2013〕54 号

贵州省地方税务局关于认真开展 2013 年打击发票违法犯罪活动工作的通知

2013 年 3 月 15 日　黔地税发〔2013〕15 号

贵州省国家税务局、贵州省地方税务局关于开展 2013 年税收专项检查工作的通知

2013 年 3 月 15 日　黔国税发〔2013〕37 号

贵州省地方税务局稽查局关于印发《贵州省地方税务局稽查局电子稽查应用管理办法（试行)》的通知

2013 年 3 月 26 日　黔地税稽函字〔2013〕3 号

贵州省地方税务局印发《关于切实加强全省地方税务稽查工作的意见》的通知

2013 年 12 月 3 日　黔地税发〔2013〕86 号

云南省地方税务局

云南省地方税务局关于下达省稽查局专项经费预算的通知

2013 年 1 月 11 日　云地税财字〔2013〕8 号

云南省地方税务局关于 2012 年稽查工作总结的报告

2013 年 1 月 25 日　云地税稽字〔2013〕2 号

云南省地方税务局关于组织参加 2013 年全国税务稽查工作视频会议的通知

2013 年 2 月 1 日　云地税发电〔2013〕7 号

云南省地方税务局关于2012年稽查工作总结的报告
2013年2月6日　云地税稽字〔2013〕2号

云南省地方税务局关于2012年四季度稽查收入统计情况的通报
2013年2月6日　云地税稽字〔2013〕3号

云南省地方税务局关于召开2013年全省地税稽查工作视频会议的通知
2013年3月6日　云地税发电〔2013〕12号

云南省地方税务局关于印发《2013年稽查工作要点》的通知
2013年3月14日　云地税稽字〔2013〕4号

张红霞副局长在全省地税系统稽查工作视频会议上的讲话
2013年3月14日　情况通报〔2013〕5号

云南省地方税务局关于举办稽查业务培训的通知
2013年3月28日　云地税发电〔2013〕21号

云南省地方税务局稽查执法管控平台建设专题会议纪要
2013年4月28日　会议纪要〔2013〕1号

云南省地方税务局关于稽查执法管控平台项目建设资金的请示
2013年5月13日　云地税发〔2013〕98号

云南省地方税务局转发《国家税务总局电子税务管理中心稽查局关于做好地方税务局系统协查信息管理系统推广工作补充文件》的通知
2013年5月15日　云地税发〔2013〕87号

云南省地方税务局关于2013年一季度稽查收入统计情况的通报
2013年5月30日　云地税稽字〔2013〕5号

云南省地方税务局关于2013年二季度稽查收入统计情况的通报
2013年7月12日　云地税稽字〔2013〕6号

云南省地方税务局关于举办"智力援西"云南地税系统2013年稽查业务骨干培训班暨稽查业务技能考评活动的通知
2013年7月15日　云地税宣字〔2013〕18号

云南省地方税务局关于2013年二季度稽查收入统计情况的通报
2013年7月15日　云地税稽字〔2013〕6号

云南省地方税务局关于召开全省地税稽查工作会的通知
2013年8月20日　云地税发电〔2013〕69号

云南省地方税务局关于举办第二期"以查代训"稽查业务培训的通知
2013年8月27日　云地税发电〔2013〕72号

中共云南省地方税务局稽查局党组关于成立工会的请示
2013年8月27日　云地税稽党组发〔2013〕11号

云南省地方税务局关于召开全省地税稽查工作会的通知
2013年9月2日　云地税发电〔2013〕69号

云南省地方税务局关于举办第二期"以查代训"稽查业务培训的通知
2013年9月6日　云地税发电〔2013〕72号

云南省地方税务局关于全省地税系统稽查业务技能考评活动有关情况的通报
2013年9月25日　云地税发〔2013〕184号

中共云南省地方税务局机关委员会关于同意省局稽查局成立党总支的批复
2013年10月9日　云地税发〔2013〕178号

云南省地方税务局关于下达2013年稽查办案经费的通知
2013年10月11日　云地税发〔2013〕201号

云南省地方税务局关于全省地税系统稽查业务技能考评活动有关情况的通报
2013年10月12日　云地税发〔2013〕184号

云南省地方税务局关于印发《税务稽查案件复查办法（试行）》的通知
2013年10月12日　云地税发〔2013〕190号

云南省地方税务局关于印发《税务稽查案件复查办法（试行）》的通知
2013年10月18日　云地税发〔2013〕190号

云南省地方税务局关于2013年三季度稽查收入统计情况的通报
2013年10月28日　云地税发〔2013〕198号

云南省地方税务局关于下达2013年稽查办案经费的通知
2013年10月30日　云地税发〔2013〕201号

中共云南省地方税务局机关委员会关于省局稽查局党总支实施总支部委员会选举的批复
2013年11月7日　云地税机关党字〔2013〕11号

在中共云南省地方税务局稽查局党的群众路线教育实践活动专题民主生活会上的讲话
2013年11月15日　群众路线教育实践〔2013〕25号

中共云南省地方税务局机关委员会关于省局稽查局总支部委员会选举结果的批复
2013年11月18日　云地税机关党字〔2013〕13号

云南省地方税务局关于下达2013年第二批稽查办案经费的通知
2013年12月17日　云地税财字〔2013〕115号

甘肃省地方税务局

甘肃省地方税务局稽查局关于地税系统稽查办案中有关问题明确方式的通知

2013 年 1 月 25 日　甘地税稽函〔2013〕2 号

甘肃省地方税务局关于印发《税务稽查案件复查实施办法（试行)》的通知

2013 年 4 月 10 日　甘地税发〔2013〕91 号

甘肃省地方税务局　甘肃省审计厅关于加强税审协作打击发票违法行为有关问题的通知

2013 年 5 月 9 日　甘地税发〔2013〕116 号

甘肃省地方税务局关于印发《稽查案卷复查考核办法（试行)》的通知

2013 年 8 月 15 日　甘地税发〔2013〕200 号

宁夏回族自治区地方税务局

宁夏回族自治区地方税务局关于开展 2013 年税收专项检查工作的通知

2013 年 2 月 27 日　宁地税发〔2013〕18 号

宁夏回族自治区地方税务局关于印发《2013 年全区地税稽查工作要点》的通知

2013 年 3 月 7 日　宁地税函〔2013〕148 号

宁夏回族自治区地方税务局关于认真做好 2013 年打击发票违法犯罪活动工作的通知

2013 年 3 月 21 日　宁地税发〔2013〕28 号

新疆维吾尔自治区地方税务局

新疆维吾尔自治区地方税务局关于开展 2013 年税收专项检查工作的通知

2013 年 3 月 15 日　新地税函〔2013〕86 号

新疆维吾尔自治区地方税务局关于认真做好 2013 年打击发票违法犯罪活动工作的通知

2013 年 3 月 22 日　新地税发〔2013〕62 号

新疆维吾尔自治区地方税务局关于在全区开展 2013 年重点税源企业税收检查工作的通知

2013 年 3 月 22 日　新地税函〔2013〕97 号

新疆维吾尔自治区地方税务局关于印发《全区地税系统税务稽查绩效奖励资金管理暂行办法》的通知

2013 年 4 月 23 日　新地税发〔2013〕91 号

新疆维吾尔自治区地方税务局关于印发《自治区地税系统征管与稽查工作互动管理办法（试行)》的通知

2013 年 5 月 6 日　新地税发〔2013〕101 号

新疆维吾尔自治区地方税务局关于印发《自治区地税系统税务稽查业务考核暂行办法》的通知

2013 年 5 月 14 日　新地税发〔2013〕108 号

大连市地方税务局

大连市地方税务局关于开展 2013 年税收专项检查工作的通知

2013 年 3 月 8 日　大地税发〔2013〕21 号

大连市地方税务局关于认真做好 2013 年打击发票违法犯罪活动工作的通知

2013 年 4 月 7 日　大地税发〔2013〕36 号

大连市地方税务局关于开展集中清理稽查欠税工作的通知

2013 年 8 月 19 日　大地税发〔2013〕129 号

大连市地方税务局关于印发《税务稽查信息反馈管理办法》的通知

2013 年 10 月 28 日　大地税发〔2013〕165 号

大连市地方税务局关于印发《税务稽查案件复查办法》的通知

2013 年 10 月 28 日　大地税发〔2013〕166 号

厦门市地方税务局

厦门市地方税务局关于开展 2013 年税收专项检查工作的通知

2013 年 3 月 14 日　厦地税发〔2013〕23 号

厦门市地方税务局关于开展 2013 年打击发票违法犯罪活动的通知

2013 年 3 月 28 日　厦地税发〔2013〕28 号

厦门市地方税务局关于印发《稽查预案试行办法》的通知

2013 年 4 月 16 日　厦地税发〔2013〕39 号

厦门市公安局、厦门市国家税务局、厦门市地方税务局关于印发《全市打击整治发票违法犯罪专项行动方案》的通知

2013 年 6 月 27 日　厦公综〔2013〕193 号

厦门市地方税务局关于重大税务稽查案件集体审理有关问题的通知

2013 年 7 月 18 日　厦地税发〔2013〕89 号

青岛市国家税务局

青岛市国家税务局关于开展 2013 年税收专项检查工作的通知

2013 年 3 月 15 日　青国税发〔2013〕34 号

青岛市国家税务局关于印发《青岛市国税系统税收违法大要案报告制度》的通知

2013 年 3 月 19 日　青国税发〔2013〕3 号

青岛市国家税务局关于印发《2013 年全市国税稽查工作要点》的通知

2013 年 3 月 19 日　青国税函〔2013〕34 号

青岛市国家税务局关于认真做好2013年打击发票违法犯罪活动工作的通知
2013年3月28日　青国税发〔2013〕45号

青岛市国家税务局转发《关于传发打击整治发票违法犯罪转总行动方案的通知》的通知
2013年6月21日　青国税函〔2013〕90号

青岛市国家税务局稽查局关于进一步强调市级重点税源企业检查工作安排的通知
2013年6月24日　青国税稽便函〔2013〕2号

青岛市国家税务局稽查局转发《关于上报重大税收违法企业信息有关事项的通知》的通知
2013年6月24日　青国税稽便函〔2013〕3号

青岛市国家税务局稽查局关于转发《国家税务总局稽查局关于报送〈税务稽查机构查处税收违法案件动态分析情况统计表〉的通知》有关事项的通知
2013年7月2日　青国税稽便函〔2013〕4号

青岛市国家税务局关于稽查管理体制改革的请示
2013年7月9日　青国税发〔2013〕96号

青岛市国家税务局稽查局关于印发《青岛市国税系统稽查业务工作交流制度》的通知
2013年8月6日　青国税稽便函〔2013〕5号

青岛市国家税务局关于2013年税收专项检查工作总结的报告
2013年11月11日　青国税发〔2013〕135号

青岛市国家税务局关于2013年打击发票违法犯罪活动工作总结的报告
2013年11月27日　青国税发〔2013〕137号

青岛市国家税务局稽查局关于修改《青岛市国家税务局稽查局检查工作实施办法》部分内容的通知
2013年12月19日　青国税稽便函〔2013〕7号

第七篇

统计资料

2013 年全国税务稽查机构查处税收违法案件情况统计表（1）

单位：万元

按企业类型统计	税务登记总数	检查户数	有问题户数	结案户数	被查户应纳税额	查补总额					入库总额		
						税　款	滞纳金	罚　款	没收违法所得	合　计	合　计		入库税款
											小计	其中：入库以前年度查补额	
	1	2	3	4	5	6	7	8	9	10	11	12	13
合　计	60131521	176797	170510	171874	398192801	4808562	537515	768505	1446	6116029	5677137	381220	4548219
内资企业	23620573	149297	144120	145440	383395739	4286136	476751	699561	1420	5463869	5034854	323785	4030600
港澳台商投资企业	386439	2744	2525	2495	6058062	166594	18964	18712	5	204276	209823	20207	169193
外商投资企业	385017	3459	3152	3198	6964513	206128	22914	14455		243496	225182	9171	187211
外国企业	107657	130	119	122	138993	4703	867	206		5776	5754	3008	4681
个体经营	34376352	16845	16496	16507	415615	56948	9447	16636	21	83053	77735	15626	56347
其他	1255483	4319	4095	4110	1219880	88053	8573	18935		115560	123789	9422	100187

<table>
<tr><th colspan="10">附　列　资　料</th></tr>
<tr><td>立案情况</td><td colspan="2">件　数</td><td>综合指标</td><td colspan="2">百分率（%）</td><td>案件统计分析资料</td><td>结案户数</td><td>查补税款</td><td>项　目</td><td>件　数</td></tr>
<tr><td>上期移案</td><td colspan="2">16527</td><td>选案率</td><td colspan="2">96</td><td>100 万元以下</td><td>165376</td><td>1711783</td><td>纳税人提请听证</td><td>104</td></tr>
<tr><td>本期立案</td><td colspan="2">176060</td><td>入库率</td><td colspan="2">96</td><td>100 万～500 万元以下</td><td>5317</td><td>1148122</td><td>纳税人提请复议</td><td>50</td></tr>
<tr><td>本期结案</td><td colspan="2">174118</td><td>处罚率</td><td colspan="2">16</td><td>500 万～1000 万元以下</td><td>665</td><td>455904</td><td>其中：决定撤销或变更</td><td>30</td></tr>
<tr><td>本期存案</td><td colspan="2">18469</td><td>查补总额±%</td><td colspan="2">2</td><td>1000 万～5000 万元以下</td><td>458</td><td>922555</td><td>纳税人提起诉讼</td><td>28</td></tr>
<tr><td colspan="6">自查和查补总额</td><td>5000 万～1 亿元以下</td><td>42</td><td>278478</td><td>其中：判决撤销或变更</td><td></td></tr>
<tr><td>自查户数</td><td>282809</td><td>自查查补总额</td><td>6720695</td><td>自查入库总额</td><td>6662556</td><td>1 亿元以上</td><td>16</td><td>291720</td><td>国家赔偿</td><td></td></tr>
<tr><td colspan="2">查补总额（含自查）</td><td>12836724</td><td colspan="2">查补入库总额（含自查）</td><td>12339693</td><td>合　计</td><td>171874</td><td>4808562</td><td>国家赔偿（金额）</td><td></td></tr>
</table>

注：本表中的“空格”表示该项统计指标数据为“0”、不足本表最小单位数或无该项数据，下同。

2013 年全国税务稽查机构查处税收违法案件情况统计表（2）

单位：万元

按违法性质统计	户数	查补税款	滞纳金	罚款	没收违法所得	合计	实际入库额		按税种统计	查补税款	入库税款	按其他稽查成果统计	户数	税款	金额
							合计	其中：税款							
	14	15	16	17	18	19	20	21		22	23		24	25	26
合　计	191701	4808562	537515	761902	8049	6116029	5677137	4548219	合　计	4808562	4548219				
偷税	47811	747469	141843	458933	4826	1353071	1037806	596776	增值税	1216293	1075218	调减留抵税额	2356	78065	
逃避追缴欠税	229	3183	512	619		4314	4160	2916	消费税	31160	26226	不予抵扣税款	414	7970	
骗取出口退税	44	8965	210	1677	665	11517	1899	1273	营业税	474131	472784	不予免、抵、退税	31	11848	
抗税									企业所得税	1926887	1810617	调整应纳税所得额	7400		1551062
编造虚假计税依据	2996	63883	4233	7439	7	75562	73038	62439	个人所得税	251293	243879	其中：弥补亏损	4224		591525
不进行纳税申报	30557	647777	76094	119440		843311	821129	624224	其他	908798	919495				
发票违法	27921	113971	7705	32098	2033	155808	131218	95605							
其他	82143	3223315	306919	141694	518	3672446	3607888	3164986							

2013年国家税务局稽查机构查处税收违法案件情况统计表（1）

单位：万元

按企业类型统计	税务登记总数	检查户数	有问题户数	结案户数	被查户应纳税额	查补总额					入库总额		
						税款	滞纳金	罚款	没收违法所得	合计	合计		入库税款
											小计	其中：入库以前年度查补额	
	1	2	3	4	5	6	7	8	9	10	11	12	13
合计	26473699	109473	105461	105646	87629262.69	2759380.62	304380.72	462141.73	1263	3527166.07	3135306.78	142725.28	2509730.85
内资企业	10242724	90851	87597	87775	75259693.73	2407598.87	264871.91	425338.77	1238	3099047.55	2724457.63	118460.69	2176210.16
港澳台商投资企业	209020	1920	1758	1748	5469420.43	138598.92	15952.13	14639.85	5	169195.9	170165.21	14728.4	138995.14
外商投资企业	202494	2500	2256	2268	6274937.19	173302.13	17916.98	9789.53		201008.64	189088.02	7309.32	158842.81
外国企业	77640	71	63	64	73644	707.92	198.08	78		984	968	24	667.92
个体经营	15585399	13198	12922	12918	233094.67	20115.21	3464.47	8982.59	20	32582.27	30565.76	1179.87	19560.25
其他	156422	933	865	873	318472.67	19057.57	1977.15	3312.99		24347.71	20062.16	1023	15454.57

附列资料

<table>
<tr><td colspan="2">立案情况</td><td>件数</td><td>综合指标</td><td colspan="2">百分率（%）</td><td>案件统计分析资料</td><td>结案户数</td><td>查补税款</td><td>项目</td><td>件数</td></tr>
<tr><td colspan="2">上期移案</td><td>9586</td><td>选案率</td><td colspan="2">96.34</td><td>100万元以下</td><td>101955</td><td>922970.67</td><td>纳税人提请听证</td><td>54</td></tr>
<tr><td colspan="2">本期立案</td><td>108940</td><td>入库率</td><td colspan="2">88.89</td><td>100万～500万元以下</td><td>3044</td><td>668673.82</td><td>纳税人提请复议</td><td>29</td></tr>
<tr><td colspan="2">本期结案</td><td>107431</td><td>处罚率</td><td colspan="2">16.75</td><td>500万～1000万元以下</td><td>365</td><td>246427.27</td><td>其中：决定撤销或变更</td><td>25</td></tr>
<tr><td colspan="2">本期存案</td><td>11095</td><td>查补总额±%</td><td colspan="2">7.88</td><td>1000万～5000万元以下</td><td>240</td><td>494602.86</td><td>纳税人提起诉讼</td><td>14</td></tr>
<tr><td colspan="6">自查和查补总额</td><td>5000万～1亿元以下</td><td>29</td><td>187326</td><td>其中：判决撤销或变更</td><td></td></tr>
<tr><td>自查户数</td><td>155877</td><td>自查查补总额</td><td>3082186</td><td>自查入库总额</td><td>3073674</td><td>1亿元以上</td><td>13</td><td>239380</td><td>国家赔偿</td><td></td></tr>
<tr><td colspan="2">查补总额（含自查）</td><td>6609352</td><td colspan="2">查补入库总额（含自查）</td><td>6208981</td><td>合计</td><td>105646</td><td>2759380.62</td><td>国家赔偿（金额）</td><td></td></tr>
</table>

2013年国家税务局稽查机构查处税收违法案件情况统计表（2）

单位：万元

按违法性质统计	户数	查补税款	滞纳金	罚款	没收违法所得	合计	实际入库额		按税种统计	查补税款	入库税款	按其他稽查成果统计	户数	税款	金额
							合计	其中：税款							
	14	15	16	17	18	19	20	21		22	23		24	25	26
合　计	117436	2759380.62	304380.72	455538.73	7866	3527166.07	3135306.78	2509730.85	合　计	2759380.62	2509730.85				
偷税	39835	574754.43	100389.03	371092.44	4825	1051060.9	738059.76	413145.1	增值税	1216293.27	1075218.38	调减留抵税额	2356	78065.44	
逃避追缴欠税	96	2151	450	164		2765	2700	1938	消费税	31160.35	26225.57	不予抵扣税款	414	7970.42	
骗取出口退税	44	8965.11	210	1677	665	11517.11	1899	1273	营业税	21272	21574	不予免、抵、退税	31	11848	
抗税									企业所得税	1460566.32	1370651.59	调整应纳税所得额	5163		617656.22
编造虚假计税依据	2384	27992.56	3297.12	2661.08	7	33957.76	32746.03	27914.83	个人所得税	10003	8984	其中：弥补亏损	3613		441684.33
不进行纳税申报	6525	104513.04	9155.07	19451.05		133119.16	131614.14	102855.9	其他	20085.68	7077.31				
发票违法	15935	83692.33	4728.17	20345.81	1851	110617.81	87049.62	64705.63							
其他	52617	1957311.65	186151.33	40147.35	518	2184128.33	2141238.23	1897898.39							

2013 年地方税务局稽查机构查处税收违法案件情况统计表（1）

单位：万元

按企业类型统计	税务登记总数	检查户数	有问题户数	结案户数	被查户应纳税额	查补总额					入库总额		
						税　款	滞纳金	罚　款	没收违法所得	合　计	合　计		入库税款
											小计	其中：入库以前年度查补额	
	1	2	3	4	5	6	7	8	9	10	11	12	13
合　计	33657822	67324	65049	66228	310563538.1	2049181.55	233134.76	306363.17	183.24	2588862.72	2541830.12	238494.35	2038487.75
内资企业	13377849	58446	56523	57665	308136045	1878536.82	211879.43	274222.6	182.24	2364821.09	2310396.57	205324.17	1854389.84
港澳台商投资企业	177419	824	767	747	588641.28	27995.55	3011.51	4072.58		35079.65	39658.27	5478.62	30197.74
外商投资企业	182523	959	896	930	689575.91	32825.57	4996.74	4665.15		42487.47	36093.75	1862.05	28367.69
外国企业	30017	59	56	58	65348.76	3995.18	668.65	127.79		4791.63	4786.2	2983.86	4013.14
个体经营	18790953	3647	3574	3589	182520.09	36833.2	5982.68	7653.5	1	50470.39	47168.85	14446.13	36787.04
其他	1099061	3386	3230	3237	901407	68995.19	6595.73	15621.53		91212.46	103726.46	8399.49	84732.28

附　列　资　料

立案情况	件数	综合指标	百分率（%）	案件统计分析资料	结案户数	查补税款	项目	件数
上期移案	6941	选案率	96.62	100 万元以下	63421	788812.82	纳税人提请听证	50
本期立案	67120	入库率	98.18	100 万～500 万元以下	2273	479447.81	纳税人提请复议	21
本期结案	66687	处罚率	14.95	500 万～1000 万元以下	300	209477.05	其中：决定撤销或变更	5
本期存案	7374	查补总额±%	5.96	1000 万～5000 万元以下	218	427951.87	纳税人提起诉讼	14
自查和查补总额				5000 万～1 亿元以下	13	91152	其中：判决撤销或变更	
自查户数 126932	自查查补总额 3638509	自查入库总额	3588882	1 亿元以上	3	52340	国家赔偿	
查补总额（含自查）	6227372	查补入库总额（含自查）	6130712	合计	66228	2049181.55	国家赔偿（金额）	

2013年地方税务局稽查机构查处税收违法案件情况统计表（2）

单位：万元

按违法性质统计	户数	查补税款	滞纳金	罚款	没收违法所得	合计	实际入库额		按税种统计	查补税款	入库税款	按其他稽查成果统计	户数	税款	金额
							合计	其中：税款							
	14	15	16	17	18	19	20	21		22	23		24	25	26
合　计	74265	2049181.55	233134.76	306363.17	183.24	2588862.72	2541830.12	2038487.75	合　计	2049181.55	2038487.75				
偷税	7976	172714.57	41453.89	87841.01	1	302010.47	299745.93	183630.98	增值税			调减留抵税额			
逃避追缴欠税	133	1032	62	455		1549	1460	978	消费税			不予抵扣税款			
骗取出口退税									营业税	452858.98	451210.39	不予免、抵、退税			
抗税									企业所得税	466320.19	439964.98	调整应纳税所得额	2237		933405.28
编造虚假计税依据	612	35890.08	935.43	4778.25		41603.76	40291.56	34523.88	个人所得税	241290.01	234894.55	其中：弥补亏损	611		149840.64
不进行纳税申报	24032	543263.91	66939.01	99989.17		710192.09	689514.5	521367.68	其他	888712.37	912417.83				
发票违法	11986	30277.94	2977.14	11752.61	182.24	45189.93	44168.79	30899.13							
其他	29526	1266003.05	120767.29	101547.13		1488317.47	1466649.34	1267088.08							

2013 年全国税务稽查机构行政强制措施及移送司法机关案件情况统计表

单位：万元

按保全措施、强制执行统计	税收保全措施		强制执行措施					其他行政措施				移送司法统计		移送司法机关案件		
	户数	金额	户数	金额合计	税款	滞纳金	罚款	户数	人数	金额	欠缴税款			件数	人数	金额
	1	2	3	4	5	6	7	8	9	10	11			12	13	14
合　计	270	32418	209	23997	14378	6677	2942	341	57	12791	6680	本期移送司法机关处理案件		3096		
冻结存款	224	17226										其中：不予立案退回案件		316		
扣押查封财产	39	11978										公安机关提前介入及联合办理案件		2066		
扣缴税款			202	23589	14165	6514	2910					免予起诉或予以驳回案件		15		
依法拍卖或变卖			7	408	212	163	32					已判决案件		424	556	
责成提供纳税担保	7	3214										判决情况	管　制	2	2	
暂停出口退税								50					拘　役	16	30	
收缴或停售发票								169					有期徒刑	382	526	
行使代位权、撤销权								3					无期徒刑	5	4	
阻止出境								55	57		6680		死　刑	1	1	
提请人民法院强制执行								64		12791			罚　金	335		3745
													没收财产	12		173

2013年国家税务局稽查机构行政强制措施及移送司法机关案件情况统计表

单位：万元

按保全措施、强制执行统计	税收保全措施		强制执行措施					其他行政措施				移送司法统计		移送司法机关案件		
	户数	金额	户数	金额合计	税款	滞纳金	罚款	户数	人数	金额	欠缴税款			件数	人数	金额
	1	2	3	4	5	6	7	8	9	10	11			12	13	14
合　计	228	18815.13	123	8635.1	6547.09	1769.01	319	254	55	9815	6526	本期移送司法机关处理案件		2935		
冻结存款	194	10842.6										其中：不予立案退回案件		288		
扣押查封财产	31	7476.53										公安机关提前介入及联合办理案件		2017		
扣缴税款			118	8602.6	6517.81	1765.79	319					免予起诉或予以驳回案件		8		
依法拍卖或变卖			5	32.5	29.28	3.22						已判决案件		408	516	
责成提供纳税担保	3	496										判决情况	管　制	1	1	
暂停出口退税								50					拘　役	16	24	
收缴或停售发票								98					有期徒刑	372	493	
行使代位权、撤销权								3					无期徒刑	5	4	
阻止出境								53	55		6526		死　刑	1	1	
提请人民法院强制执行								50		9815			罚　金	324		3457
													没收财产	12		173

2013 年地方税务局稽查机构行政强制措施及移送司法机关案件情况统计表

单位：万元

按保全措施、强制执行统计	税收保全措施		强制执行措施					其他行政措施				移送司法统计	移送司法机关案件		
	户数	金额	户数	金额合计	税款	滞纳金	罚款	户数	人数	金额	欠缴税款		件数	人数	金额
	1	2	3	4	5	6	7	8	9	10	11		12	13	14
合　计	42	13602.84	86	15361.79	7830.64	4908.15	2623	87	2	2976	154	本期移送司法机关处理案件	161		
冻结存款	30	6383.84										其中：不予立案退回案件	28		
扣押查封财产	8	4501										公安机关提前介入及联合办理案件	49		
扣缴税款			84	14986.79	7647.64	4748.15	2591					免予起诉或予以驳回案件	7		
依法拍卖或变卖			2	375	183	160	32					已判决案件	16	40	
责成提供纳税担保	4	2718										判决情况：管　制	1	1	
暂停出口退税												判决情况：拘　役		6	
收缴或停售发票								71				判决情况：有期徒刑	10	33	
行使代位权、撤销权												判决情况：无期徒刑			
阻止出境								2	2		154	判决情况：死　刑			
提请人民法院强制执行								14		2976		判决情况：罚　金	11		287.5
												判决情况：没收财产			

2013年税收专项检查工作统计表（基本情况表）

单位：户

税收专项检查项目	税收专项检查子项目	检查级次	税务机关直接检查户数统计			企业自查户数统计		
			检查户数	查结户数	问题户数	移送司法机关户数	开展自查的企业户数	企业自查有问题户数
指令性检查项目	成品油批发零售企业	省级检查	143	107	107	1	18	14
		地市级检查	2091	1639	1451	20	3103	777
		区县级检查	2994	2589	2237	12	3728	1527
		本子项小计	5228	4335	3795	33	6849	2318
	办理电子、家具、服装类产品等出口退（免）税企业	省级检查	572	308	263	35	1	
		地市级检查	1270	792	757	24	2351	723
		区县级检查	646	487	437	11	1425	981
		本子项小计	2488	1587	1457	70	3777	1704
	证券、基金公司	省级检查	510	251	216		877	410
		地市级检查	2029	1304	1025		3976	1571
		区县级检查	530	416	231		1040	422
		本子项小计	3069	1971	1472		5893	2403
	本项合计		10656	7818	6679	95	16505	6417
指导性检查项目	房地产、建筑安装业	省级检查	1224	894	824		315	174
		地市级检查	7822	5975	5986	11	27662	8149
		区县级检查	7259	5939	5400	5	28480	9032
		本子项小计	16305	12808	12210	16	56457	17355

续表

税收专项检查项目	税收专项检查子项目	检查级次	税务机关直接检查户数统计			企业自查户数统计		
			检查户数	查结户数	问题户数	移送司法机关户数	开展自查的企业户数	企业自查有问题户数
指导性检查项目	中介、培训服务机构	省级检查	298	246	233		62	17
		地市级检查	1308	1073	1040		3508	1148
		区县级检查	1502	1256	995	1	2975	1238
		本子项小计	3108	2575	2268	1	6545	2403
	高收入者个人所得税	省级检查	39	32	34		89	38
		地市级检查	464	356	348		1415	763
		区县级检查	1349	1254	1023		2034	1230
		本子项小计	1852	1642	1405		3538	2031
	资本交易项目	省级检查	94	61	53	1	245	82
		地市级检查	539	350	318	2	2449	551
		区县级检查	304	261	243	1	1200	579
		本子项小计	937	672	614	4	3894	1212
	承接出口货物业务的货代公司、报关公司	省级检查	144	112	102	2	103	23
		地市级检查	1592	1233	1227		2352	373
		区县级检查	391	371	368		416	139
		本子项小计	2161	1749	1724	2	2876	527
	本项合计		24363	19446	18221	23	73309	23527

续表

税收专项检查项目	税收专项检查子项目	检查级次	税务机关直接检查户数统计			企业自查户数统计		
			检查户数	查结户数	问题户数	移送司法机关户数	开展自查的企业户数	企业自查有问题户数
各地自行开展检查项目		省级检查	3409	2341	2150	2	3642	1645
		地市级检查	24195	19435	18249	111	48825	26386
		区县级检查	29988	26871	21799	73	56188	29091
	本项合计		57592	48647	42198	186	108656	57123
区域税收专项整治项目	“营改增”地区交运	省级检查	2070	1482	1453	57	1494	500
	农产品加工企业	省级检查	1129	1039	891	10	942	559
	矿产品采选经销	省级检查	1356	1146	1014	8	1374	586
	其他项目	省级检查	7046	6561	4217	65	10717	4532
	本项合计		11557	10184	7531	138	14520	6170
所有项目		省级检查	18115	14644	11621	180	19958	8624
		地市级检查	41540	32393	30632	162	95936	40726
		区县级检查	45176	39640	32929	108	97586	44304
		合计	104831	86677	75182	450	213480	93654

2013年税收专项检查工作统计表（入库情况表）（1）

单位：万元

税收专项检查项目	税收专项检查子项目	检查级次	查补收入入库统计						
			入库查补收入合计	入库税款小计	增值税	消费税	营业税	城市建设维护税	企业所得税
指令性检查项目	成品油批发零售企业	省级检查	4919.28	4325.95	1330.40			1.83	1593.62
		地市级检查	22195.76	17241.37	11238.04	27.95	159.67	90.32	5008.72
		区县级检查	10048.10	7154.06	5621.56	6.55	33.45	16.78	1549.11
		本子项小计	37163.14	28721.38	18190.00	34.50	193.12	108.93	8151.45
	办理电子、家具、服装类产品等出口退（免）税企业	省级检查	16632.46	15509.49	3441.89		0.37	0.76	266.02
		地市级检查	18363.45	15770.62	11373.09		15.23	28.01	4095.36
		区县级检查	5772.53	4488.09	3029.31		141.57	83.86	1090.95
		本子项小计	40768.43	35768.19	17844.29		157.17	112.63	5452.33
	证券、基金公司	省级检查	23171.30	21528.16	363.97		4108.74	286.21	12384.58
		地市级检查	8614.90	7133.05	0.98		378.17	24.71	4552.00
		区县级检查	355.23	271.77	5.67		19.34	0.73	50.09
		本子项小计	32141.44	28932.98	370.62		4506.25	311.65	16986.67
	本项合计		109976.86	93365.48	36361.30	34.50	4856.54	533.21	30577.00

续表

税收专项检查项目	税收专项检查子项目	检查级次	查补收入入库统计						
			入库查补收入合计	入库税款小计	增值税	消费税	营业税	城市建设维护税	企业所得税
指导性检查项目	房地产、建筑安装业	省级检查	123831.26	109594.98	34.37		11923.82	762.32	64982.93
		地市级检查	692379.02	626857.40	6482.73		83320.63	5319.41	345867.99
		区县级检查	271959.73	239063.41	1058.96		49064.12	2919.04	89510.25
		本子项小计	1088170.01	975515.78	7576.05		144308.57	9000.77	500361.18
	中介、培训服务机构	省级检查	4430.91	3882.15	10.87		679.72	21.18	1029.84
		地市级检查	6511.98	4566.78	198.53		779.73	52.55	2082.51
		区县级检查	5026.21	3631.00	28.62		963.21	52.91	920.65
		本子项小计	15969.10	12079.92	238.02		2422.66	126.64	4033.00
	高收入者个人所得税	省级检查	8854.73	7580.53			140.69	0.61	4496.76
		地市级检查	8098.16	7138.27			140.26	11.69	1046.63
		区县级检查	10691.17	8793.33			217.65	36.24	1057.96
		本子项小计	27644.06	23512.13			498.60	48.54	6601.35
	资本交易项目	省级检查	7985.84	6542.55	3.99		105.31	6.89	5433.59
		地市级检查	52109.45	49786.70	3659.00		1074.66	184.52	40177.04
		区县级检查	8390.27	6945.29	5.73		264.51	14.63	2148.08
		本子项小计	68485.55	63274.54	3668.72		1444.48	206.04	47758.71

续表

税收专项检查项目	税收专项检查子项目	检查级次	查补收入入库统计						
			入库查补收入合计	入库税款小计	增值税	消费税	营业税	城市建设维护税	企业所得税
指导性检查项目	承接出口货物业务的货代公司、报关公司	省级检查	3120.99	3068.30	8.87		1718.44	1.15	1262.90
		地市级检查	1175.79	811.40	73.07		64.44	5.62	439.99
		区县级检查	261.05	208.34			56.12	4.31	6.21
		本子项小计	4557.83	4088.04	81.94		1839.00	11.08	1709.10
	本项合计		1202745.74	1076662.51	11564.73		150513.30	9393.07	558655.44
各地自行开展检查项目		省级检查	149825.87	123501.69	20530.16		22513.20	1337.02	56127.06
		地市级检查	586010.55	463732.44	157274.59	4286.57	30925.98	3191.45	179224.86
		区县级检查	353138.99	272905.88	105176.50	1033.38	15087.31	2164.69	101511.63
	本项合计		1088975.41	860140.00	282981.25	5319.95	68526.48	6693.16	336863.55
区域税收专项整治项目	“营改增”地区交运	省级检查	8268.81	6086.68	1550.39		915.00	75.24	2312.70
	农产品加工企业	省级检查	7472.29	5645.62	4492.40			4.00	1135.38
	矿产品采选经销	省级检查	29578.64	22496.42	15082.97		1.00	1.00	6996.65
	其他项目	省级检查	68797.12	48725.35	19852.75	0.46	1417.37	179.71	14548.52
	本项合计		114116.86	82954.07	40978.51	0.46	2333.37	259.95	24993.25
所有项目		省级检查	456889.49	378487.86	66703.03	0.46	43523.65	2677.92	172570.56
		地市级检查	1395459.06	1193038.01	190300.03	4314.52	116858.76	8908.28	582495.11
		区县级检查	665643.28	543461.16	114926.35	1039.93	65847.28	5293.19	197844.93
		合计	2517991.83	2114987.03	371929.40	5354.92	226229.69	16879.40	952910.60

2013 年税收专项检查工作统计表（入库情况表）（2）

单位：万元

税收专项检查项目	税收专项检查子项目	检查级次	查补收入入库统计						企业自查补税入库金额
			个人所得税	资源税	土地增值税	其他各税	入库滞纳金	入库罚款	
指令性检查项目	成品油批发零售企业	省级检查	26.01			1374.09	224.54	368.79	593.79
		地市级检查	342.68		10.83	457.07	1534.20	3417.71	9332.03
		区县级检查	201.99			282.34	824.40	2069.74	12739.17
		本子项小计	570.68		10.83	2113.50	2583.15	5856.24	22664.98
	办理电子、家具、服装类产品等出口退（免）税企业	省级检查	17.55			74.24	325.42	797.55	
		地市级检查	79.89			178.69	1056.40	1537.05	14850.57
		区县级检查	6.29			136.72	463.61	820.21	8569.24
		本子项小计	103.73			389.64	1845.43	3154.81	23419.81
	证券、基金公司	省级检查	3716.53		109.67	558.48	353.28	1289.86	18386.35
		地市级检查	1866.16		0.68	310.34	388.43	1093.55	35740.43
		区县级检查	141.12			53.93	15.81	68.55	768.44
		本子项小计	5723.81		110.35	922.75	757.52	2451.97	54895.22
	本项合计		6398.22		121.18	3425.89	5176.26	11433.55	100303.69

续表

税收专项检查项目	税收专项检查子项目	检查级次	查补收入入库统计						企业自查补税入库金额
			个人所得税	资源税	土地增值税	其他各税	入库滞纳金	入库罚款	
指导性检查项目	房地产、建筑安装业	省级检查	1326.04		11270.60	20194.90	11292.96	3307.09	53374.67
		地市级检查	12000.60	81.28	95025.10	79129.73	41128.95	24159.67	698773.92
		区县级检查	6983.47	227.64	60494.87	28646.98	16879.14	16109.88	577092.33
		本子项小计	20310.11	308.92	166790.57	127971.61	69301.05	43576.65	1329240.92
	中介、培训服务机构	省级检查	672.86		702.00	765.69	191.11	357.65	556.27
		地市级检查	737.12			616.33	594.50	1350.71	5667.31
		区县级检查	1152.11	0.18	1.01	522.31	407.52	993.69	7247.08
		本子项小计	2562.09	0.18	703.01	1904.33	1193.12	2702.05	13470.66
	高收入者个人所得税	省级检查	1476.12			1466.35	217.98	1056.22	1552.91
		地市级检查	5125.92	9.72	78.06	720.29	239.23	747.64	15480.36
		区县级检查	6917.88	1.52	169.69	396.03	184.99	1710.92	16189.78
		本子项小计	13519.92	11.24	247.75	2582.67	642.20	3514.78	33223.05
	资本交易项目	省级检查	924.85		18.00	49.93	979.09	464.19	2117.20
		地市级检查	4184.13	35.00	109.27	363.08	1572.58	758.87	63362.82
		区县级检查	4031.16	0.60	20.28	460.30	526.25	918.73	20137.75
		本子项小计	9140.14	35.60	147.55	873.31	3077.92	2141.79	85617.77

续表

税收专项检查项目	税收专项检查子项目	检查级次	查补收入入库统计						企业自查补税入库金额
			个人所得税	资源税	土地增值税	其他各税	入库滞纳金	入库罚款	
指导性检查项目	承接出口货物业务的货代公司、报关公司	省级检查	68.76			8.18	13.72	38.97	
		地市级检查	150.60			77.68	72.51	291.88	200.52
		区县级检查	21.18			120.52	22.42	30.29	229.53
		本子项小计	240.54			206.38	108.65	361.14	430.05
	本项合计		45772.79	355.94	167888.87	133538.30	74074.55	52271.89	1460164.93
各地自行开展检查项目		省级检查	3998.91	23.97	3628.52	17353.99	18072.14	7535.42	113923.76
		地市级检查	20913.71	699.17	7451.48	61038.55	59108.94	62602.16	559510.58
		区县级检查	12678.88	1032.20	3694.49	30638.90	32191.79	48515.14	619995.45
	本项合计		37591.49	1755.34	14774.49	109031.44	109372.88	118652.71	1293429.79
区域税收专项整治项目	“营改增”地区交运	省级检查	199.06			1026.88	501.09	1656.72	7001.24
	农产品加工企业	省级检查				10.84	694.42	1135.25	3800.07
	矿产品采选经销	省级检查	37.56	163.76	2.00	136.38	4612.26	7042.31	19066.75
	其他项目	省级检查	1678.24	36.07	189.88	10822.34	7014.52	13079.76	55166.55
	本项合计		1914.86	199.83	191.88	11996.44	12822.29	22914.04	85034.61
所有项目		省级检查	14142.48	223.80	15920.67	53842.28	44492.53	38129.78	275539.56
		地市级检查	45400.81	825.17	102675.41	142891.76	105695.74	95959.25	1402918.53
		区县级检查	32134.08	1262.14	64380.34	61258.02	51515.93	71237.14	1262974.59
		合计	91677.37	2311.11	182976.42	257992.07	201704.20	205326.17	2941432.68

2013 年税收专项检查工作统计表（查补情况表）（1）

单位：万元

税收专项检查项目	税收专项检查子项目	检查级次	查补收入统计								
			查补收入合计	查补税款小计	增值税	消费税	营业税	城市建设维护税	企业所得税	个人所得税	资源税
指令性检查项目	成品油批发零售企业	省级检查	20930.38	20127.37	3785.26	4196.21		1.84	10582.87	26.60	
		地市级检查	43188.04	37047.91	28169.53	27.95	160.47	102.31	6731.54	368.12	
		区县级检查	12449.39	8734.38	6454.04	6.55	33.45	19.14	1643.74	278.50	
		本子项小计	76567.81	65909.66	38408.83	4230.71	193.92	123.29	18958.15	673.22	
	办理电子、家具、服装类产品等出口退（免）税企业	省级检查	27591.57	26717.81	24292.44		0.71	0.78	1712.99	74.02	
		地市级检查	23096.64	19996.33	14405.53		17.49	28.06	5273.48	80.13	
		区县级检查	9826.22	8304.27	4710.82		141.57	83.86	3225.62	6.29	
		本子项小计	60514.43	55018.40	43408.79		159.77	112.70	10212.10	160.44	
	证券、基金公司	省级检查	38544.32	34540.00	368.59		7348.26	512.88	20698.47	3892.86	
		地市级检查	14455.47	12507.12	7.20		912.64	56.92	8598.79	2547.44	
		区县级检查	712.96	554.57	5.67		22.33	0.76	159.53	260.44	
		本子项小计	53712.75	47601.69	381.46		8283.23	570.55	29456.80	6700.74	
	本项合计		183189.46	160960.95	81107.63	443.71	8636.92	806.54	50683.21	7534.40	

续表

税收专项检查项目	税收专项检查子项目	检查级次	查补收入统计								
			查补收入合计	查补税款小计	增值税	消费税	营业税	城市建设维护税	企业所得税	个人所得税	资源税
指导性检查项目	房地产、建筑安装业	省级检查	184275.52	155975.04	42.55		17991.19	855.18	98199.51	2002.55	
		地市级检查	812251.97	719255.13	6570.86		89858.38	6133.34	399152.33	13963.92	115.56
		区县级检查	290164.89	253982.97	1200.55		52417.50	3154.96	96565.86	7559.71	196.08
		本子项小计	1286692.38	1129213.14	7929.73		160267.07	10143.49	593917.70	23526.18	311.64
	中介、培训服务机构	省级检查	5893.69	4961.91	30.33		823.75	30.72	1359.58	805.41	
		地市级检查	8626.92	5898.32	198.59		1028.24	70.60	2727.63	1031.46	
		区县级检查	5530.64	4123.73	28.62		1044.94	56.01	1229.99	1224.90	0.18
		本子项小计	20051.25	14983.97	257.54		2896.93	157.33	5317.20	3061.76	0.18
	高收入者个人所得税	省级检查	9065.87	7778.86			140.69	0.61	4498.05	1584.57	
		地市级检查	9603.80	8229.62			153.78	12.59	1106.57	5733.44	9.72
		区县级检查	11221.84	9212.89			222.93	36.75	1102.25	7281.76	1.52
		本子项小计	29891.51	25221.37			517.40	49.95	6706.87	14599.77	11.24
	资本交易项目	省级检查	10635.53	9058.08	3.99		108.09	7.44	7937.09	930.31	
		地市级检查	52159.07	49706.94	3866.95		1078.18	194.76	39163.98	4864.71	35.00
		区县级检查	9821.33	8368.62	5.73		275.51	14.63	3199.53	4355.86	0.60
		本子项小计	72615.93	67133.63	3876.67		1461.78	216.83	50300.60	10150.88	35.60

续表

税收专项检查项目	税收专项检查子项目	检查级次	查补收入统计								
			查补收入合计	查补税款小计	增值税	消费税	营业税	城市建设维护税	企业所得税	个人所得税	资源税
指导性检查项目	承接出口货物业务的货代公司、报关公司	省级检查	243.48	185.54	8.87		12.25	1.44	90.21	69.06	
		地市级检查	1318.19	916.96	73.52		119.38	5.11	475.94	161.53	
		区县级检查	304.91	252.30	43.96		56.12	4.31	6.21	21.18	
		本子项小计	1866.58	1354.80	126.35		187.75	10.86	572.36	251.77	
	本项合计		1406322.63	1233389.57	11621.05		165330.92	10578.45	643402.69	51590.37	358.66
各地自行开展检查项目		省级检查	214152.21	186714.53	42338.91	1103.75	27122.37	1991.06	77176.16	5128.71	18.18
		地市级检查	671387.74	528504.37	173581.50	4286.57	36283.23	3510.97	205258.62	23696.39	807.17
		区县级检查	372244.66	288751.29	108110.59	1035.05	15882.64	2217.04	109145.46	14000.08	1293.89
	本项合计		1257784.61	1003970.19	324031.00	6425.37	79288.25	7719.07	391580.23	42825.17	2119.24
区域税收专项整治项目	“营改增”地区交运	省级检查	10494.27	7997.97	2379.12		945.20	78.84	3009.71	280.53	
	农产品加工企业	省级检查	8294.85	6361.51	4749.23			4.39	1533.36	56.09	
	矿产品采选经销	省级检查	36386.33	25123.18	17597.89		1.00	1.00	7010.51	57.02	228.75
	其他项目	省级检查	82509.19	60215.25	20917.55	0.46	2216.42	236.84	15794.45	1921.72	36.07
	本项合计		137684.64	99697.91	45643.79	0.46	3162.62	321.07	27348.03	2315.36	264.82
所有项目		省级检查	649017.22	545757.04	116514.73	5300.42	56709.92	3723.03	249602.96	16829.45	283.00
		地市级检查	1636087.84	1382062.71	226873.68	4314.52	129611.79	10114.66	668488.88	52447.14	967.45
		区县级检查	712446.84	582455.02	120559.98	1041.60	70096.99	5587.46	216448.20	34988.71	1492.27
		合计	2991756.53	2510274.77	463948.38	10656.54	256418.70	19425.15	1134540.04	104265.30	2742.72

2013年税收专项检查工作统计表（查补情况表）（2）

单位：万元

税收专项检查项目	税收专项检查子项目	检查级次	查补收入统计				其他			企业自查补税金额
			土地增值税	其他各税	加收滞纳金	罚款	冲减增值税留抵税金	调减亏损企业申报亏损额	不予退税金额	
指令性检查项目	成品油批发零售企业	省级检查		1534.59	225.84	577.17	9.38	1747.32		596.37
		地市级检查	10.83	496.27	1573.62	4590.31	847.79	21471.22		9480.33
		区县级检查		461.70	962.53	2752.58	316.13	795.32		12828.56
		本子项小计	10.83	2492.56	2761.99	7920.06	1173.30	24013.86		22905.25
	办理电子、家具、服装类产品等出口退（免）税企业	省级检查		72.94	456.53	981.16	54.78	370.06	10513.33	
		地市级检查		185.85	1112.53	1994.58	2951.47	8281.69	15712.29	16313.23
		区县级检查		136.72	505.30	1016.03	586.42	2550.47	1256.74	8578.48
		本子项小计		395.51	2074.36	3991.77	3592.67	11202.22	27482.36	24891.71
	证券、基金公司	省级检查	109.90	1636.40	998.17	3006.15		490.22		19122.98
		地市级检查	0.68	383.61	478.98	1469.35		4838.62		35950.45
		区县级检查		105.84	54.48	103.91		214.97		820.67
		本子项小计	110.58	2125.85	1531.63	4579.41		5543.81		55894.10
	本项合计		121.41	5013.92	6216.66	16379.86	4765.97	40757.68	19259.20	102930.53

续表

税收专项检查项目	税收专项检查子项目	检查级次	查补收入统计				其他			企业自查补税金额
			土地增值税	其他各税	加收滞纳金	罚款	冲减增值税留抵税金	调减亏损企业申报亏损额	不予退税金额	
指导性检查项目	房地产、建筑安装业	省级检查	14308.45	22575.60	18658.81	9641.67	1.96	16435.95		54801.75
		地市级检查	113292.55	90161.19	47209.63	45794.21	1240.57	18242.06	470.00	769892.97
		区县级检查	62500.99	30373.90	18234.06	17945.38	673.75	6036.40	7.00	637327.30
		本子项小计	190102.00	143110.69	84102.50	73381.26	1916.28	40714.41	477.00	1462022.03
	中介、培训服务机构	省级检查	800.00	1112.13	453.10	478.68		512.44		628.27
		地市级检查		841.81	775.16	1982.97	62.49	124.26		5830.94
		区县级检查	1.01	578.37	443.88	955.17		333.67		8596.99
		本子项小计	801.01	2532.31	1672.14	3416.82	62.49	970.37		15056.21
	高收入者个人所得税	省级检查		1554.94	206.92	1080.09				1702.91
		地市级检查	78.06	1135.46	267.21	1106.97		15.29		22505.68
		区县级检查	169.69	397.99	145.56	1863.39				16196.43
		本子项小计	247.75	3088.39	619.69	4050.45		15.29		40405.02
	资本交易项目	省级检查	18.53	52.61	1053.56	523.90		4262.07		3090.84
		地市级检查	109.82	393.54	1619.35	841.48		2358.19		66254.58
		区县级检查	16.80	499.96	531.51	921.20	300.00	1843.33		19858.57
		本子项小计	145.15	946.11	3204.42	2286.58	300.00	8463.59		89203.99

续表

税收专项检查项目	税收专项检查子项目	检查级次	查补收入统计				其他			企业自查补税金额
			土地增值税	其他各税	加收滞纳金	罚款	冲减增值税留抵税金	调减亏损企业申报亏损额	不予退税金额	
指导性检查项目	承接出口货物业务的货代公司、报关公司	省级检查		3.71	11.71	46.23		266.22		
		地市级检查		81.48	74.26	326.97		76.98	3.07	200.52
		区县级检查		120.52	22.42	30.19				186.97
		本子项小计		205.71	108.39	403.39		343.20	3.07	387.49
	本项合计		191295.91	149883.22	88209.50	83431.43	2278.77	47918.51	480.07	1590079.75
各地自行开展检查项目		省级检查	13328.67	20267.87	15671.38	10077.43	307.14	12421.68		126488.39
		地市级检查	9357.93	68057.81	62534.70	80389.91	8719.09	84816.18	28.90	593951.48
		区县级检查	3606.25	33567.54	32941.81	50707.85	5408.99	37937.92	4.00	676467.40
	本项合计		26292.85	121893.21	111147.88	141175.19	14435.22	135175.78	32.90	1396907.28
区域税收专项整治项目	“营改增”地区交运	省级检查		1303.52	539.11	1957.00	68.61	4802.85		7001.24
	农产品加工企业	省级检查		15.43	706.29	1230.05	147.06	1431.03		4333.12
	矿产品采选经销	省级检查	2.00	149.91	5076.62	10758.88	184.79	3336.42		20364.26
	其他项目	省级检查	188.92	18914.10	7359.32	14944.93	375.37	1695.69		55179.66
	本项合计		190.92	20382.96	13681.34	28890.86	775.83	11265.99		86878.28
所有项目		省级检查	28756.48	69193.75	51417.36	55303.33	1149.09	47771.95	10513.33	293309.79
		地市级检查	122849.87	161737.02	115645.43	138496.76	13821.42	140224.49	16214.26	1520380.18
		区县级检查	66294.74	66242.54	53841.55	76295.69	7285.29	49712.08	1267.74	1380867.20
		合计	217901.09	297173.32	220904.34	270095.78	22255.80	237708.52	27995.33	3194557.17

2013 年重点税源企业税收自查情况统计表（1）

单位：万元

企业名称	检查年度	成员企业数量	自查情况								
			自查小计	增值税	消费税	营业税	企业所得税	个人所得税	资源税	其他各税	滞纳金
中国中信集团公司	2012	444	18903.43	60.63		7645.32	6585.93	1509.79		2890.16	211.60
	2011	29	9094.05	40.44		4865.44	617.45	984.88		1109.98	1475.87
	2009—2010	6	4935.70	17.67		79.22	3388.95	10.52		108.22	1331.12
	小计	479	32933.18	118.74		12589.98	10592.33	2505.19		4108.36	3018.59
中国化工集团公司	2012	454	15200.97	2295.64	124.36	927.50	5044.10	2044.74	24.57	4653.26	86.80
	2011	111	11381.42	1751.97	1574.19	1600.99	1643.57	1449.43	36.36	3168.26	156.65
	2009—2010	26	1353.28	62.27	602.19	520.94		32.78		99.58	35.52
	小计	591	27935.67	4109.88	2300.74	3049.43	6687.67	3526.95	60.93	7921.10	278.97
中国铁路物资股份有限公司	2012	342	7618.12	2277.05		756.92	673.54	404.53	145.18	3126.13	234.77
	2011	67	1793.87	112.53		150.59	261.00	395.04	0.54	684.60	189.57
	2009—2010	14	29.84				21.71			6.41	1.72
	小计	423	9441.83	2389.58		907.51	956.25	799.57	145.72	3817.14	426.06
中国机械工业集团有限公司	2012	1136	13612.80	1762.44	0.08	999.10	6635.72	1864.22		2271.99	79.25
	2011	173	5950.55	371.20	0.26	349.16	1428.13	1483.53		2254.98	63.29
	2009—2010	18	467.11	31.71		47.52	3.93	86.11		296.64	1.20
	小计	1327	20030.45	2165.35	0.34	1395.78	8067.78	3433.85		4823.60	143.74

续表

企业名称	检查年度	成员企业数量	自查情况								
			自查小计	增值税	消费税	营业税	企业所得税	个人所得税	资源税	其他各税	滞纳金
中国黄金集团公司	2012	420	16811.67	2313.62	6.68	304.16	3293.91	380.30	377.86	10114.83	20.30
	2011	126	5140.18	688.84		49.45	1550.20	339.00	6.60	2428.12	77.97
	2009—2010	23	179.95	9.23		2.00	60.72	9.28	1.51	66.49	30.72
	小计	569	22128.80	3011.69	6.68	355.61	4904.83	728.59	385.97	12606.45	128.99
广厦控股集团有限公司	2012	92	10610.67	167.18	0.26	969.82	6329.58	281.10		2800.54	62.18
	2011	26	522.30	1.58		211.42	40.67	88.27	0.09	90.41	89.85
	2009—2010		23.37			0.89		0.17		18.53	3.78
	小计	118	11156.34	168.76	0.26	1182.14	6370.25	369.55	0.09	2909.48	155.81
杭州娃哈哈集团有限公司	2012	24	145.09	1.96		3.24	122.96	0.14		4.65	12.13
	2011	8	50.52	1.53		1.92	8.70	0.05		34.64	3.68
	2009—2010	5	415.72				302.65			0.01	113.06
	小计	37	611.32	3.49		5.16	434.31	0.19		39.30	128.87
联合利华（中国）有限公司	2012	5	5.70	1.32				4.32			0.06
	2011		495.33	4.72				45.71		444.36	0.54
	2009—2010	1	408.43	0.57				2.81		404.76	0.29
	小计	6	909.46	6.61				52.84		849.12	0.89
海尔集团公司	2012	174	8436.46	3830.27		57.83	3529.20	301.93		668.67	48.56
	2011	33	718.28	54.66		7.20	204.42	189.67		194.72	67.61
	2009—2010	21	27.95	8.87						13.89	5.19
	小计	228	9182.69	3893.80		65.03	3733.62	491.60		877.28	121.36

续表

企业名称	检查年度	成员企业数量	自查情况								
			自查小计	增值税	消费税	营业税	企业所得税	个人所得税	资源税	其他各税	滞纳金
珠海格力电器股份有限公司	2012	35	3546.42	2036.13		66.99	(570.00)	291.55		1332.29	389.46
	2011	10	6704.84	1499.83		56.99	2600.31	898.82		861.56	787.33
	2009—2010	4	5945.81	2515.38		67.01	168.54	0.23		1141.30	2053.35
	小计	49	16197.08	6051.34		190.99	2198.85	1190.60		3335.15	3230.14
中国国际海运集装箱（集团）股份有限公司	2012	371	10333.74	821.21		105.71	3889.02	600.74		4885.35	31.71
	2011	65	5853.77	339.64		339.78	2545.80	485.08		1996.80	146.67
	2009—2010	17	94.79	27.97		33.27	6.91	10.78		9.98	5.88
	小计	453	16282.30	1188.83		478.76	6441.73	1096.60		6892.13	184.26
华晨汽车集团控股有限公司	2012	86	2468.49	917.18	5.29	349.15	175.13	20.01	0.54	971.62	29.56
	2011	56	298.13	68.81		7.04	52.96	12.77	0.04	153.35	3.15
	2009—2010	2	0.42					0.07		0.35	
	小计	144	2767.03	985.99	5.29	356.20	228.09	32.85	0.58	1125.32	32.71
新疆金风科技股份有限公司	2012	63	927.16	128.89		2.32	257.20	339.69		143.69	55.37
	2011	20	527.05	38.49		32.48	61.89	257.92		99.62	36.65
	2009—2010	1	3.31					3.15		0.16	
	小计	84	1457.52	167.38		34.80	319.09	600.76		243.47	92.02
新希望集团有限公司	2012	409	49650.98	2044.72		398.90	32156.07	54.99		14794.68	201.62
	2011	157	3378.88	426.19		15.06	1363.66	63.43		1350.93	159.62
	2009—2010	40	495.33				255.10	200.11		21.97	18.15
	小计	606	53525.20	2470.91		413.96	33774.83	318.53		16167.59	379.38

续表

企业名称	检查年度	成员企业数量	自查情况								
			自查小计	增值税	消费税	营业税	企业所得税	个人所得税	资源税	其他各税	滞纳金
中国东方电气集团有限公司	2012	28	11884.10	8775.10		122.19	1267.16	856.42		795.80	67.43
	2011	10	7413.29	5514.26		0.93	498.37	863.81		461.13	74.79
	2009—2010	2	1181.35	522.13		24.76	455.80	98.19		80.47	
	小计	40	20478.75	14811.50		147.88	2221.33	1818.42		1337.40	142.22
云天化集团有限责任公司	2012	89	1963.75	425.92		2.26	1056.16	76.39		403.02	
	2011	6	3487.25	2165.77		9.61	786.95	112.23		412.69	
	2009—2010	5	1064.63	545.51		9.25	156.86	150.90		202.11	
	小计	100	6515.63	3137.20		21.12	1999.97	339.52		1017.82	
美的集团有限公司	132792	288	14445.14	1739.00		462.54	2570.00	1425.73		7231.88	1015.99
	132726	34	5528.50	702.73		220.23	2567.22	944.09		780.80	313.43
	2009—2010	7	63.00				45.00	3.00		15.00	
	小计	140	10396.71	1678.26		342.27	3373.56	1724.28		1948.92	1329.42
自行开展的重点税源企业检查	132792	8188	342095.63	21378.62	3.41	55286.08	172448.32	15652.74	606.63	73494.62	3225.23
	132726	2940	93519.10	16006.77	0.32	10983.88	40836.99	4565.96	333.56	18601.33	2190.29
	2009—2010	2385	14007.44	3426.16	0.02	1815.61	2713.98	1737.39	0.12	2605.29	1708.87
	小计	13513	449622.17	40811.54	3.75	68085.56	215999.29	21956.09	940.31	94701.24	7124.39
	合计	18718	701929.21	86407.37	2317.06	89281.67	306495.13	40337.18	1533.60	158631.48	16917.68

2013 年重点税源企业税收自查情况统计表（2）

单位：万元

企业名称	检查年度	自查入库情况									冲减增值税留抵税金	调减亏损额
		入库小计	增值税	消费税	营业税	企业所得税	个人所得税	资源税	其他各税	滞纳金		
中国中信集团公司	2012	5975.30	24.16		3685.99	15.99	738.71		1418.56	91.89		189.88
	2011	3885.59	15.29		2291.51	33.14	504.62		451.03	590.01		9.08
	2009—2010	58.29	2.30				5.26		46.73	4.00		
	小计	9919.18	41.75		5977.50	49.13	1248.59		1916.32	685.90		198.96
中国化工集团公司	2012	7116.66	1164.73	1.88	441.19	2254.38	974.10	5.32	2171.38	103.69	136.67	4.17
	2011	4704.97	807.64	945.13	479.94	361.51	688.28	18.18	1213.39	190.90	91.24	2.81
	2009—2010	1342.52	51.91	602.19	520.94		32.38		99.58	35.52	10.36	
	小计	13164.16	2024.28	1549.20	1442.07	2615.89	1694.76	23.50	3484.34	330.11	238.27	6.98
中国铁路物资股份有限公司	2012	3858.39	759.02		374.42	105.87	166.80	72.76	2282.01	97.51	320.88	
	2011	712.40	13.01		73.84	84.94	164.18	0.54	307.16	68.73		
	2009—2010	16.62				8.49			6.41	1.72		
	小计	4587.41	772.03		448.26	199.30	330.98	73.30	2595.58	167.96	320.88	
中国机械工业集团有限公司	2012	5655.96	886.09	0.04	561.65	2034.97	890.29		1185.36	97.57	241.13	1193.90
	2011	2719.52	110.51	0.13	208.37	309.71	804.58		1212.47	73.74	51.04	83.26
	2009—2010	202.73			1.14	2.59	46.51		151.29	1.20		
	小计	8578.21	996.60	0.17	771.16	2347.26	1740.38		2549.12	172.51	292.17	1277.16

续表

企业名称	检查年度	自查入库情况									冲减增值税留抵税金	调减亏损额
		入库小计	增值税	消费税	营业税	企业所得税	个人所得税	资源税	其他各税	滞纳金		
中国黄金集团公司	2012	11668.75	246.21	6.68	88.48	1526.45	198.99	249.49	9331.81	20.63	0.22	667.33
	2011	2054.89	265.43		4.60	913.55	173.18	4.30	600.92	92.91	3.70	21.56
	2009—2010	158.72	9.23		2.00	60.72	9.28	1.51	45.26	30.72		
	小计	13879.36	520.87	6.68	95.08	2500.72	381.46	255.30	9975.00	144.26	3.92	688.89
广厦控股集团有限公司	2012	8306.00	167.18	0.26	969.46	4042.52	274.97		2789.42	62.18	107.77	836.58
	2011	508.52	1.58		211.42	36.74	79.27	0.09	89.56	89.85		279.72
	2009—2010	22.36					0.17		18.41	3.78		
	小计	8836.88	168.76	0.26	1180.89	4079.26	354.42	0.09	2897.39	155.81	107.77	1116.30
杭州娃哈哈集团有限公司	2012	136.65	1.95		3.24	122.97	0.09		2.32	6.07		
	2011	32.30	1.53		1.92	8.70			17.32	2.83		
	2009—2010	415.72				302.65			0.01	113.06		
	小计	584.66	3.48		5.16	434.32	0.09		19.65	121.96		
联合利华（中国）有限公司	2012	5.15	0.77				4.32			0.06		
	2011	492.57	1.96				45.71		444.36	0.54		
	2009—2010	408.43	0.57				2.81		404.76	0.29		
	小计	906.16	3.30				52.84		849.12	0.89		
海尔集团公司	2012	7516.20	3557.90		57.82	3496.31	225.40		149.72	29.05	202.61	57.63
	2011	520.79	23.38		1.31	172.23	117.45		146.17	60.25	110.23	155.48
	2009—2010	21.71	8.87						7.65	5.19		
	小计	8058.70	3590.15		59.13	3668.54	342.85		303.54	94.49	312.84	213.11

续表

企业名称	检查年度	自查入库情况									冲减增值税留抵税金	调减亏损额
		入库小计	增值税	消费税	营业税	企业所得税	个人所得税	资源税	其他各税	滞纳金		
珠海格力电器股份有限公司	2012	3528.86	2020.36		65.62	(569.49)	291.55		1331.36	389.46	139.62	193.46
	2011	6560.82	1494.40		56.69	2462.71	898.82		860.87	787.33	5.89	210.17
	2009—2010	5866.18	2515.24		67.01	89.07	0.23		1141.28	2053.35	81.00	
	小计	15955.87	6030.00		189.32	1982.29	1190.60		3333.51	3230.14	226.51	403.63
中国国际海运集装箱（集团）股份有限公司	2012	3955.34	163.45		43.96	3096.64	241.37		380.70	29.23	12.65	1176.70
	2011	2425.05	93.31		61.03	1527.42	193.48		411.00	138.81	3.97	53.61
	2009—2010	68.52	1.70		33.27	6.91	10.78		9.98	5.88	0.29	26.27
	小计	6448.91	258.46		138.26	4630.97	445.63		801.68	173.92	16.91	1256.58
华晨汽车集团控股有限公司	2012	2260.95	917.18	5.29	349.15	175.13	19.45	0.54	790.68	3.52	10.06	144.82
	2011	296.08	68.81		7.04	52.96	11.26	0.04	153.22	2.75	8.95	230.30
	2009—2010	0.42					0.07		0.35			
	小计	2557.45	985.99	5.29	356.20	228.09	30.78	0.58	944.25	6.27	19.01	375.12
新疆金风科技股份有限公司	2012	880.13	128.89		2.32	253.72	333.24		106.59	55.37		
	2011	520.62	38.49		32.48	61.89	251.68		99.43	36.65		13.94
	2009—2010	0.71					0.55		0.16			
	小计	1401.46	167.38		34.80	315.61	585.47		206.18	92.02		13.94
新希望集团有限公司	2012	38840.05	226.10		398.90	23179.44	57.99		14772.53	205.09	1922.97	1778.49
	2011	2024.02	24.74		15.06	422.25	62.65		1336.61	162.71	1.53	605.51
	2009—2010	295.13				255.09	0.34		20.85	18.85		16.06
	小计	41159.20	250.84		413.96	23856.78	120.98		16129.99	386.64	1924.50	2400.06

续表

企业名称	检查年度	自查入库情况									冲减增值税留抵税金	调减亏损额
		入库小计	增值税	消费税	营业税	企业所得税	个人所得税	资源税	其他各税	滞纳金		
中国东方电气集团有限公司	2012	3934.20	1078.00		119.02	2031.18	17.27		621.30	67.43	1337.82	
	2011	1270.24				841.32	5.63		348.50	74.79	1274.43	
	2009—2010	83.91			22.81	22.50			38.60			
	小计	5288.35	1078.00		141.83	2895.00	22.90		1008.40	142.22	2612.25	
云天化集团有限责任公司	2012	1904.09	401.98		2.26	1055.69	65.02		370.30	8.84	50.93	778.21
	2011	3488.51	2131.50		9.61	786.95	91.75		324.03	144.67	64.21	944.69
	2009—2010	1130.33	532.29		9.25	156.86	67.23		132.86	231.84	25.13	242.83
	小计	6522.93	3065.77		21.12	1999.50	224.00		827.19	385.35	140.27	1965.73
美的集团有限公司	2012	1697.82	156.93		117.00	635.59	775.45	0.68	1146.02	1016.15	22.28	206.00
	2011	3222.69	699.44		215.00	2533.55	937.44	0.75	776.24	313.27	16.07	242.00
	2009—2010	18.00					3.00		15.00			1400.00
	小计	4938.51	856.37		332.00	3169.14	1715.89	1.43	1937.26	1329.42	38.35	1848.00
自行开展的重点税源企业检查	2012	294744.47	18692.00	2.25	43334.81	154381.73	12958.22	433.96	61848.81	3094.49	967.33	8787.10
	2011	93945.92	15645.20	1.48	10966.28	18206.71	27182.31	333.56	18601.25	3009.13	361.57	147.58
	2009—2010	13980.91	3330.14	0.02	1815.61	2713.98	1737.05	0.12	2599.41	1784.58	96.02	3.48
	小计	402671.29	37667.33	3.75	56116.69	175302.42	41877.58	767.64	83049.47	7888.20	1424.92	8938.16
	合计	555455.68	58481.36	1565.35	67723.42	230274.23	52360.20	1121.84	132824.98	15508.08	7678.57	20702.62

2013 年重点税源企业税收重点检查情况统计表（1）

单位：万元

企业名称	检查年度	成员企业数量	重点检查情况									
			重点检查小计	增值税	消费税	营业税	企业所得税	个人所得税	资源税	其他各税	滞纳金	罚款
中国中信集团公司	2012	372	2053. 63	434. 40	114. 27	0. 12	1267. 20	74. 98		81. 57	32. 87	48. 22
	2011	15	553. 93	90. 29	50. 49	5. 63	150. 99	83. 05		113. 36	44. 58	15. 54
	2009—2010	3	176. 87					0. 27		116. 57	59. 56	0. 47
	小计	390	2784. 43	524. 69	164. 76	5. 75	1418. 19	158. 30		312. 00	137. 01	64. 23
中国化工集团公司	2012	364	115822. 82	3760. 19	14381. 63	40. 72	94957. 15	200. 56	38. 00	680. 64	150. 33	1613. 60
	2011	62	20507. 45	929. 22	58. 46	42. 46	16811. 27	299. 08	0. 03	1819. 27	36. 47	511. 19
	2009—2010	32	244994. 03	96. 78		0. 19	244629. 55	11. 34		112. 14	71. 82	72. 21
	小计	458	381324. 31	4786. 19	14440. 09	83. 37	356397. 97	510. 98	38. 03	2612. 05	258. 62	2197. 00
中国铁路物资股份有限公司	2012	286	3589. 54	1259. 35	22. 30	10. 68	405. 98	30. 49		1726. 99	108. 07	25. 68
	2011	42	2467. 06	213. 39		10. 20	895. 92	17. 90		1215. 96	98. 84	14. 85
	2009—2010	17	1701. 73	1. 37			670. 33			1030. 00	0. 03	
	小计	345	7758. 33	1474. 11	22. 30	20. 88	1972. 23	48. 39		3972. 95	206. 94	40. 53
中国机械工业集团有限公司	2012	875	2018. 52	409. 40		43. 84	937. 81	177. 68		296. 13	36. 85	116. 81
	2011	78	1046. 58	341. 73		91. 87	185. 67	157. 90	0. 24	119. 29	47. 78	102. 10
	2009—2010	16	250. 04	184. 40		4. 33	21. 53	1. 57		13. 67	10. 32	14. 22
	小计	969	3315. 14	935. 53		139. 05	1145. 01	337. 15	0. 24	426. 56	94. 05	233. 13

续表

企业名称	检查年度	成员企业数量	重点检查情况									
			重点检查小计	增值税	消费税	营业税	企业所得税	个人所得税	资源税	其他各税	滞纳金	罚款
中国黄金集团公司	2012	339	4049. 30	2101. 43		20. 34	1386. 39	101. 04	109. 29	99. 70	61. 72	169. 39
	2011	81	2462. 28	1112. 22		2. 14	868. 43	45. 82	19. 01	232. 32	86. 85	95. 49
	2009—2010	12	441. 13	151. 38		1. 63	6. 44	44. 34	146. 12	19. 95	52. 95	18. 32
	小计	432	6952. 71	3365. 02		24. 11	2261. 26	191. 20	274. 42	351. 97	201. 52	283. 21
广厦控股集团有限公司	2012	46	804. 34	18. 70		53. 75	572. 37	15. 29		59. 25	22. 44	62. 53
	2011	21	177. 58	6. 29		23. 16	9. 23	15. 02		54. 34	10. 67	58. 87
	2009—2010		22. 31	0. 77			1. 60	8. 91			6. 52	4. 51
	小计	67	1004. 23	25. 76		76. 91	583. 20	39. 22		113. 59	39. 63	125. 91
杭州娃哈哈集团有限公司	2012	21	17. 45	8. 12			0. 67			7. 77	0. 41	0. 48
	2011	6	9. 14	7. 10			0. 27			0. 96		0. 81
	2009—2010	4	2075. 57	1. 72		680. 17				118. 38	12. 66	1262. 64
	小计	31	2102. 16	16. 94		680. 17	0. 94			127. 11	13. 07	1263. 93
联合利华（中国）有限公司	2012	2	6. 55					2. 00		4. 55		
	2011		5. 00					5. 00				
	2009—2010											
	小计	2	11. 55					7. 00		4. 55		
海尔集团公司美的集团有限公司	2012	32	3504. 10	183. 80		853. 51	2032. 10	145. 27		258. 41	19. 33	11. 68
	2011	13	307. 62	6. 71		3. 90	169. 09	44. 30		45. 84	18. 62	19. 16
	2009—2010	9	5559. 00				5260. 00				299. 00	
	小计	54	9370. 72	190. 51		857. 41	7461. 19	189. 49		304. 25	336. 95	30. 84

续表

企业名称	检查年度	成员企业数量	重点检查情况									
			重点检查小计	增值税	消费税	营业税	企业所得税	个人所得税	资源税	其他各税	滞纳金	罚款
珠海格力电器股份有限公司	2012	13	376.06	27.66			272.93	6.23		56.71	6.86	5.67
	2011	2	32.99	4.00				1.84		19.32	5.90	1.93
	2009—2010	1	405.00					405.00				
	小计	16	814.05	31.66			272.93	413.07		76.03	12.76	7.60
中国国际海运集装箱（集团）股份有限公司	2012	89	1284.84	112.58		62.82	411.65	205.62		128.63	138.61	224.93
	2011	37	1434.36	29.65		24.77	551.80	125.58		140.63	451.53	110.40
	2009—2010	7	158.35	95.70			0.43	1.00		9.68	2.03	49.51
	小计	133	2877.55	237.93		87.59	963.88	313.46		278.94	592.17	384.84
华晨汽车集团控股有限公司	2012	51	271.06	14.11		0.81	68.59	144.97		10.96	4.74	26.88
	2011	34	392.52	0.33		0.09	5.19	143.82		133.55	40.19	69.35
	2009—2010	8	36.52			17.48				5.85	11.23	1.96
	小计	93	700.10	14.44		18.38	73.78	288.79		150.36	56.16	98.19
新疆金风科技股份有限公司	2012	21	3.97				3.68	0.10		(1.06)	0.05	1.20
	2011	5	8.26				8.26					
	2009—2010	1	16.77				16.67			0.07		0.03
	小计	27	29.00				28.61	0.10		(1.00)	0.05	1.23
新希望集团有限公司	2012	218	445.71	16.84		0.06	46.53	46.95	0.12	264.90	26.55	43.76
	2011	44	335.95	6.06		19.16	27.26	32.98	0.69	192.56	16.10	41.14
	2009—2010	11	79.04	0.58			44.88			22.21	2.29	9.08
	小计	273	860.70	23.48		19.22	118.67	79.93	0.81	479.67	44.94	93.98

续表

企业名称	检查年度	成员企业数量	重点检查情况									
			重点检查小计	增值税	消费税	营业税	企业所得税	个人所得税	资源税	其他各税	滞纳金	罚款
中国东方电气集团有限公司	2012	9	34.07					0.50		29.19	3.26	1.12
	2011	3	49.21					3.93		37.57	6.51	1.20
	2009—2010											
	小计	12	83.28					4.43		66.76	9.77	2.32
云天化集团有限责任公司	2012	3	54.22	46.25				3.48	0.05	0.06	0.23	4.15
	2011	2	171.02	93.63		7.08	0.06	8.95		49.38	5.64	6.28
	2009—2010											
	小计	5	225.24	139.88		7.08	0.06	12.43	0.05	49.44	5.87	10.43
美的集团有限公司	2012	43	1910.24	246.31		3.64	1369.89	25.60		167.35	58.05	39.40
	2011	19	3465.04	1471.27		5.43	1838.53	29.18		99.39	14.06	7.18
	2009—2010	5	5.48							5.48		
	小计	67	5380.76	1717.58		9.07	3208.42	54.78		272.15	72.11	46.58
自行开展的重点税源企业检查	2012	4588	307301.85	44344.48	6.40	28382.80	105273.02	12994.14	179.77	57897.01	23581.58	34642.65
	2011	1512	112249.37	26181.90		9008.86	25652.92	2285.96	285.89	26985.33	12915.82	8932.70
	2009—2010	653	79568.54	22218.50	20.31	1039.36	39900.98	212.16		5132.77	6234.22	4810.22
	小计	6753	499119.76	92744.88	26.71	38431.02	170826.92	15492.26	465.66	90015.12	42731.62	48385.57
	合计	10127	924714.01	106228.60	14653.86	40458.01	546640.26	18140.99	779.21	99594.51	44773.24	53216.52

2013 年重点税源企业税收重点检查情况统计表（2）

单位：万元

企业名称	检查年度	重点检查入库情况										冲减增值税留抵税金	调减亏损额
		入库小计	增值税	消费税	营业税	企业所得税	个人所得税	资源税	其他各税	滞纳金	罚款		
中国中信集团公司	2012	415.65	171.50		0.12	148.48	47.22		11.02	20.41	16.90		8334.25
	2011	184.78	24.27			72.75	51.69		17.59	6.32	12.16		10421.43
	2009—2010	2.27					0.27		1.53		0.47		
	小计	602.70	195.77		0.12	221.23	99.18		30.64	26.73	29.53		18755.68
中国化工集团公司	2012	1335.97	459.07		4.98	350.66	65.32		231.27	148.13	76.54	39.21	3738.46
	2011	635.67	262.42		1.66	103.13	88.68	0.03	96.08	17.83	65.84	154.52	467.79
	2009—2010	304.55	96.30		0.19	22.27	11.34		35.42	70.82	68.21	222.80	
	小计	2276.20	817.79		6.83	476.06	165.34	0.03	362.77	236.78	210.59	416.53	4206.25
中国铁路物资股份有限公司	2012	707.65	562.87	22.30	0.46	42.70			4.36	68.49	6.47		7.54
	2011	171.93	77.21			34.97			19.33	38.30	2.12		197.91
	2009—2010												24.95
	小计	879.58	640.08	22.30	0.46	77.67			23.69	106.79	8.59		230.40
中国机械工业集团有限公司	2012	976.53	190.96		40.05	412.04	105.43		90.79	38.69	98.57	52.62	223.62
	2011	392.99	79.94		67.37	76.52	26.36	0.24	70.17	18.24	54.15	1.54	176.76
	2009—2010	91.87	35.85		4.33	11.05	1.57		13.67	11.18	14.22		
	小计	1461.39	306.75		110.68	499.61	133.36	0.24	172.10	67.21	166.94	54.16	400.38

续表

企业名称	检查年度	重点检查入库情况										冲减增值税留抵税金	调减亏损额
		入库小计	增值税	消费税	营业税	企业所得税	个人所得税	资源税	其他各税	滞纳金	罚款		
中国黄金集团公司	2012	858.10	517.99		19.62	79.40	63.17	57.22	44.65	17.52	58.53		547.79
	2011	381.20	45.41		2.21	127.70	26.12	19.01	91.35	32.70	36.70		66.09
	2009—2010	156.33	33.18		0.10	2.84	11.12	63.44	5.50	38.82	1.33		
	小计	1395.63	596.58		21.93	209.94	100.41	139.67	141.50	89.04	96.56		613.88
广厦控股集团有限公司	2012	640.46	23.18		22.82	565.13	0.47		6.92	4.27	17.67		978.69
	2011	27.76				8.72	1.96		9.58	2.58	4.92		437.76
	2009—2010	2.24				1.60				0.64			
	小计	670.46	23.18		22.82	575.45	2.43		16.50	7.49	22.59		1416.45
杭州娃哈哈集团有限公司	2012	10.89	2.04			0.67			7.77	0.41			
	2011	0.27				0.27							
	2009—2010												
	小计	11.16	2.04			0.94			7.77	0.41			
联合利华（中国）有限公司	2012	6.55					2.00		4.55				
	2011	5.00					5.00						
	2009—2010												
	小计	11.55					7.00		4.55				
海尔集团公司美的集团有限公司	2012	2365.14	96.67		3.51	1915.44	145.27		173.41	19.16	11.68		
	2011	299.74	6.27		3.90	163.22	44.30		45.84	17.27	18.94		
	2009—2010	5559.00				5260.00				299.00			
	小计	8223.88	102.94		7.41	7338.66	189.49		219.25	335.43	30.62		

续表

企业名称	检查年度	重点检查入库情况										冲减增值税留抵税金	调减亏损额
		入库小计	增值税	消费税	营业税	企业所得税	个人所得税	资源税	其他各税	滞纳金	罚款		
珠海格力电器股份有限公司	2012	122.07	24.66			72.93				24.48			
	2011												
	2009—2010												
	小计	122.07	24.66			72.93				24.48			
中国国际海运集装箱（集团）股份有限公司	2012	502.91	76.19		32.40	81.34	35.78		119.97	55.92	101.31		226.78
	2011	434.23	3.24		25.44	202.01	2.71		137.64	29.58	33.61		186.30
	2009—2010	11.34					1.00		8.24	1.73	0.37		
	小计	948.48	79.43		57.84	283.35	20.75		265.85	87.23	135.29		413.08
华晨汽车集团控股有限公司	2012	22.41	12.20			0.16	5.27		2.09	0.48	2.21	1.08	44.67
	2011	2.69							1.88	0.11	0.69		1.44
	2009—2010	7.68							3.93	1.79	1.96		
	小计	32.77	12.20			0.16	5.27		7.90	2.38	4.86	1.08	46.11
新疆金风科技股份有限公司	2012	1.65					0.10		0.30	0.05	1.20		
	2011												
	2009—2010	16.77				16.67			0.07		0.03	11.33	
	小计	18.42				16.67	0.10		0.37	0.05	1.23	11.33	
新希望集团有限公司	2012	352.81	16.84		0.06	9.69	41.95	0.12	218.43	26.49	39.23		1.11
	2011	246.65	6.06		19.16	7.01	32.38	0.69	131.30	13.39	36.66		34.13
	2009—2010	15.18	0.35						8.46	2.02	4.35		
	小计	614.64	23.25		19.22	16.70	74.33	0.81	358.19	41.90	80.24		35.24

续表

企业名称	检查年度	重点检查入库情况										冲减增值税留抵税金	调减亏损额
		入库小计	增值税	消费税	营业税	企业所得税	个人所得税	资源税	其他各税	滞纳金	罚款		
中国东方电气集团有限公司	2012	34. 25					0. 50		29. 19	3. 44	1. 12		
	2011	49. 21					3. 93		37. 57	6. 51	1. 20		
	2009—2010												
	小计	83. 46					4. 43		66. 76	9. 95	2. 32		
云天化集团有限责任公司	2012	7. 97					3. 48	0. 05	0. 06	0. 23	4. 15		
	2011	105. 19	26. 88		7. 08		8. 95		49. 38	6. 62	6. 28		
	2009—2010	94. 18	89. 78							4. 40			
	小计	207. 34	116. 66		7. 08		12. 43	0. 05	49. 44	11. 25	10. 43		
美的集团有限公司	2012	976. 33	19. 99		3. 16	803. 00	5. 90		74. 68	53. 68	15. 92	333. 58	2489. 51
	2011	391. 77	32. 02		4. 73		1. 86		58. 50	291. 51	3. 15		
	2009—2010	5. 48							5. 48				
	小计	1373. 58	52. 01		7. 89	803. 00	7. 76		138. 59	345. 19	19. 07	333. 58	2489. 51
自行开展的重点税源企业检查	2012	192704. 16	25377. 28	6. 40	18039. 66	46695. 15	10354. 72	159. 78	42934. 66	22137. 16	26999. 35	6271. 61	20073. 43
	2011	97595. 70	24665. 43		7429. 29	21469. 58	2273. 59	273. 89	24354. 58	10409. 21	6720. 14	127. 03	3846. 83
	2009—2010	65714. 54	18444. 05	20. 31	1024. 33	31266. 15	222. 80		4563. 64	5587. 99	4585. 26	1320. 21	8886. 43
	小计	356014. 40	68486. 76	26. 71	26491. 28	99337. 88	12851. 12	433. 67	71834. 88	38094. 35	38251. 75	7718. 85	32806. 69
	合计	374947. 71	71480. 10	49. 01	26755. 56	110023. 25	13673. 40	574. 47	73718. 75	39526. 67	39123. 61	8535. 53	61413. 67

2013年税务违法举报案件情况统计表

单位：件/万元

项目名称	受理、查处、举报案件数		查处结果				执行情况							
								入库税款		入库滞纳金		入库罚款		
	受理件数	查处件数	合计	税款金额	滞纳金金额	罚款金额	合计	金额	比例（%）	金额	比例（%）	金额	比例（%）	移送案件数
列号	1	2	3	4	5	6	7	8	9	10	11	12	13	14
省级	16166	2305	83813.4	50926.37	11029.43	21857.6	46453.38	37981.93	74.58	4693.9	42.56	3777.55	17.28	5
地（市）级	19880	14318	319094.58	224709.91	38067.49	56317.18	269819.65	194735.68	86.66	33195.31	87.20	41888.66	74.38	113
县级	8367	9754	121368.36	75913.26	13518.69	31936.41	96774.27	67027.45	88.29	11417.91	84.46	18328.90	57.39	75
合计	44413	26377	524276.34	351549.54	62615.61	110111.2	413047.30	299745.06	85.26	49307.12	78.75	63995.11	58.12	193

2013年举报奖金支付情况统计表

单位：件/万元

项目名称	案件情况		应计奖案件税款入库情况			本年度本级支付奖金数
	查处举报案件总数	应计奖案件总数	合计	应计奖案件入库税款金额	应计奖案件入库罚款金额	
列号	1	2	3	4	5	6
省级	2305	20	1597.94	1197.04	400.9	13.18
地（市）级	14318	694	23393.74	19876.98	3516.76	424.4
县级	9754	1220	8679.54	6528.76	2150.78	95.9
合计	26377	1934	33671.22	27602.78	6068.44	533.48

2013 年税务违法举报案件分析统计表（1）

单位：件/万元

项目名称	举报人结构						案发地		
	税务干部	被举报企业内部人员		被举报企业同行	其　他	合　计	中心城市（地市级以上）	县及县以下	合　计
		总　数	其中：直接责任人						
列号	1	2	3	4	5	6	7	8	9
受理数	42	3505	667	2276	37923	44413	29872	14541	44413
查处数	31	2960	493	1930	20963	26377	17660	8717	26377
滞补罚合计	427.68	119069.12	4956.76	35765.53	364057.25	524276.34	354760.42	169515.92	524276.34

2013 年税务违法举报案件分析统计表（2）

单位：件/万元

项目名称	国有企业	集体企业	股份合作企业	联营企业	有限责任公司	股份有限公司	私营企业	港澳台商投资企业	外商投资企业	个体经营	其他企业	合　计
列号	1	2	3	4	5	6	7	8	9	10	11	12
受理数	381	319	334	28	11382	1119	5346	405	491	7475	17133	44413
查处数	344	288	300	30	10185	1043	4722	338	424	4888	3815	26377
滞补罚合计	16564.94	6292.79	9266.79	572.72	303917.78	21246.28	85069.37	19822.11	11588.31	19005.05	30930.20	524276.34

2013 年税务违法举报案件分析统计表（3）

单位：件/万元

行业类型	农林牧渔业	采掘业	制造业	电力、煤气及水的生产和供应业	建筑业	地质勘察业、水利管理业	交通运输、仓储及邮电通信业	批发和零售贸易、餐饮业	金融保险业	房地产业	社会服务业	卫生体育和社会福利业	教育、文化艺术及广播电影电视业	科学研究和综合技术服务业	国家机关、党政机关和社会团体	其他行业	合计
列号	1	2	3	4	5	6	7	8	9	10	11	12	13	14	15	16	17
受理数	101	277	5266	113	1113	22	949	10810	280	1780	3134	216	380	275	82	19615	44413
查处数	100	273	5087	86	890	20	746	9070	219	1419	2356	173	272	242	57	5367	26377
滞补罚合计	7208.99	16723.7	162341	1577	25540.1	1883.14	4736.8	77786.76	4759.63	130354.11	18315.22	471.96	6180	3252.22	4325.17	58820.07	524276.34

2013 年税务违法举报案件分析统计表（4）

单位：件/万元

违法类型	偷　税	逃　税	骗　税	抗　税	避　税	发票违法	违反税务管理规定	其　他	合　计
列号	1	2	3	4	5	6	7	8	9
增值税	3994	19	7		1	1080	182	1146	6429
营业税	969	156			95	1742	854	634	4450
消费税	21					3		14	38
企业所得税	1295	94	1		36	324	894	470	3114
个人所得税	615	78			51	197	508	553	2002
其　他	546	31			306	1023	929	979	3814
合　计	7440	378	8		489	4369	3367	3796	19847

2013年全国分省增值税抵扣凭证委托协查情况汇总表

金（税）额：万元

地区名称	委托发出情况					委托收到协查结果情况						委托查处情况						
	协查起数	委托方户次	发票份数	金额	税额	收到发票份数	协查问题类型：有疑问			协查问题类型：已确定虚开发票份数	选票准确率（%）	查补数			入库数			移交司法机关起数
							正常	有问题发票份数	无法核实			查补税款	查补罚款	查补滞纳金	入库税款	入库罚款	入库滞纳金	
北京市国家税务局稽查局	1786	1802	16041	219716	35888	16235	11031	431	4757	16	3.89	805	166	105	739	167	107	1
天津市国家税务局稽查局	1915	1992	43197	723821	121636	42624	27110	3885	4337	7292	29.19	156	3	4	161	3	4	
河北省国家税务局稽查局	1702	1740	5605	146211	23940	6650	4284	390	1972	4	8.42	52	6	1	52	6	1	
山西省国家税务局稽查局	744	751	5667	132167	22047	5105	2784	152	578	1591	38.50	1			1			
内蒙古自治区国家税务局稽查局	743	761	4371	108740	18056	4357	2708	84	557	1008	28.74							1
辽宁省国家税务局稽查局	450	471	29221	345917	58432	28466	1606	765	1954	24141	93.94	29	50		29	50		1
大连市国家税务局稽查局	294	295	2466	45072	7657	2446	1832	41	573		2.19							
吉林省国家税务局稽查局	330	341	8172	420900	71472	8082	728	232	254	6868	90.70							
黑龙江省国家税务局稽查局	2152	2534	36045	1666632	283018	34043	5592	587	2078	25786	82.51	2	1		2	1		
上海市国家税务局稽查局	1416	1728	59396	1061815	179803	64288	19321	3088	29468	12411	44.51	99			99			
江苏省国家税务局稽查局	2449	2749	26916	282387	46563	23754	6565	2608	3186	11395	68.08	3424	478	160	3295	501	162	34
浙江省国家税务局稽查局	1895	2009	57103	632891	107203	44936	26656	1546	11030	5704	21.38	137	62	13	137	60	13	
宁波市国家税务局稽查局	443	532	1692	20187	3390	1615	586	88	912	29	16.64	697	6	6	697	6	6	
安徽省国家税务局稽查局	1100	1139	12300	161752	27061	12701	3536	912	1166	7087	69.35	4413	49	11	4414	52	11	78
福建省国家税务局稽查局	1393	1472	51824	601866	97254	50382	27745	4836	17796	5	14.86	129	9		129	9		1
厦门市国家税务局稽查局	277	278	3114	38204	6490	3151	2193	123	831	4	5.47							
江西省国家税务局稽查局	438	459	6602	96633	15143	5992	1869	1202	591	2330	65.40	28	3	1	28	3	1	3
山东省国家税务局稽查局	797	816	6345	128479	21007	5659	2104	755	2082	718	41.18	1170	101	59	599	101	60	1

续表

地区名称	委托发出情况					委托收到协查结果情况						委托查处情况						
							协查问题类型：有疑问					查补数			入库数			
	协查起数	委托方户次	发票份数	金额	税额	收到发票份数	正常	有问题发票份数	无法核实	协查问题类型：已确定虚开发票份数	选票准确率（%）	查补税款	查补罚款	查补滞纳金	入库税款	入库罚款	入库滞纳金	移交司法机关起数
青岛市国家税务局稽查局	326	328	3518	33263	5650	3697	2493	98	964	142	8.78	8	5	1	8	5	1	1
河南省国家税务局稽查局	963	993	15724	205757	34893	19434	883	91	475	17985	95.34	195	29	8	195	29	8	1
湖北省国家税务局稽查局	611	805	6506	99205	16636	6166	3252	526	856	1532	38.76	174			179			4
湖南省国家税务局稽查局	555	560	15580	362271	60706	14013	5542	185	8150	136	5.48	25	10	2	25	10	2	3
广东省国家税务局稽查局	3300	3421	59176	540118	89761	58849	43884	3418	8288	3259	13.21	633	15	5	467	15	5	
深圳市国家税务局稽查局	642	656	8929	103231	16976	9100	3067	855	1784	3394	58.08	64			64			
广西壮族自治区国家税务局稽查局	466	492	12082	139252	23236	8604	2107	624	1649	4224	69.71	174	7	4	165	14	7	10
海南省国家税务局稽查局	213	215	23906	265620	45049	16157	8110	6833	1214		45.73							
重庆市国家税务局稽查局	418	423	4254	59782	10153	4302	1570	134	1018	1580	52.19	38			38			
四川省国家税务局稽查局	1316	1364	14645	182065	29140	14828	11359	1019	2061	389	11.03	29		1	29		1	1
贵州省国家税务局稽查局	561	589	7866	319963	54355	8487	5477	399	1300	1311	23.79		1			1		
云南省国家税务局稽查局	680	689	8064	411738	69905	9443	4209	236	709	4289	51.81							
西藏自治区国家税务局稽查局	18	53	8181	126004	21420	8167	2313	893	903	4058	68.16							
陕西省国家税务局稽查局	713	744	4070	111815	18866	4058	3023	96	410	529	17.13	71	1	1	71	1	1	
甘肃省国家税务局稽查局	394	399	4704	164666	27201	4621	2815	677	541	588	31.00	8			8			1
青海省国家税务局稽查局	120	133	3255	72365	12208	2971	2242	285	344	100	14.66	182	17	5	254	17	5	
宁夏回族自治区国家税务局稽查局	226	226	834	22021	3608	825	619	45	126	35	11.44	20			20			
新疆维吾尔自治区国家税务局稽查局	427	617	14622	221375	37492	13827	3113	427	1185	9102	75.38	215	21	123	215	21	123	1
合　计	32273	34576	591993	10273901	1723316	568035	254328	38566	116099	159042	43.72	12976	1040	509	12118	1072	517	142

2013年全国分省增值税抵扣凭证受托协查情况汇总表（1）

金（税）额：万元

地区名称	受托收到情况					逾期未回发票份数	累计回复发票情况									逾期已回发票份数
	协查起数	受托方户次	发票份数	金额	税额		累计回复发票份数	协查问题类型：有疑问			协查问题类型：有疑问			有问题发票占受托协查发票的比率（%）	累计回复率（%）	
								正常	有问题的发票份数	无法核实	正常	有问题的发票份数	无法核实			
北京市国家税务局稽查局	1302	2040	15875	266807.59	44343.28		14439	9566	714	1579	846	738	996	12.24	100.00	54
天津市国家税务局稽查局	1620	3552	26797	443439.12	74892.45		26214	10220	717	4457	1129	2201	7490	20.45	100.00	
河北省国家税务局稽查局	2647	5130	51491	1285477.58	216670.64		50312	17551	2770	4848	915	13050	11178	46.14	100.00	1
山西省国家税务局稽查局	748	1124	11150	253177.96	42816.61		10972	2648	565	604	536	2039	4580	44.99	100.00	
内蒙古自治区国家税务局稽查局	1139	1533	27263	790189.93	134116.59		27320	6608	866	17808	502	325	1211	14.35	100.00	
辽宁省国家税务局稽查局	871	1428	21337	369397.78	62368.52		21236	5529	603	9053	1441	2182	2428	28.55	100.00	
大连市国家税务局稽查局	288	405	2056	66486.87	11258.94		1996	860	206	331	64	488	47	42.89	100.00	
吉林省国家税务局稽查局	597	891	7138	175582.47	29562.38		6744	3082	141	1648	322	884	667	23.14	100.00	
黑龙江省国家税务局稽查局	777	1123	6317	193412.52	32708.64		6187	2911	341	1261	407	722	545	24.26	100.00	
上海市国家税务局稽查局	4020	5888	29347	418157.15	70444.53		31038	15604	1942	7656	725	4016	1095	26.73	100.00	
江苏省国家税务局稽查局	3658	5935	37204	506200.8	84994.42		36825	15809	3071	8987	344	5765	2849	35.36	100.00	
浙江省国家税务局稽查局	2350	5386	34752	446724.53	75601.93	12	25349	10140	3161	2555	1212	7846	435	49.23	99.95	33
宁波市国家税务局稽查局	540	897	5747	84393.84	14261.73		5126	2763	298	553		1379	133	37.77	100.00	
安徽省国家税务局稽查局	1038	1840	26007	256039.11	42550.45	2	23391	7159	2551	5979	260	6255	1187	54.27	99.99	
福建省国家税务局稽查局	934	1385	13312	215262.84	36140.01		12734	7295	1087	584	2336	1409	23	20.58	100.00	7
厦门市国家税务局稽查局	332	426	3688	59189.49	9905.7	1	3709	2729	302	155	86	421	16	20.44	99.97	
江西省国家税务局稽查局	927	1726	25562	314070.02	50557.98		26859	11866	1290	8322	703	3021	1657	25.54	100.00	
山东省国家税务局稽查局	2287	4097	33799	760652.7	127983.97		33361	13702	1179	4790	3444	8040	2206	34.97	100.00	

续表

地区名称	受托收到情况					逾期未回发票份数	累计回复发票情况									逾期已回发票份数
	协查起数	受托方户次	发票份数	金额	税额		累计回复发票份数	协查问题类型：有疑问			协查问题类型：有疑问			有问题发票占受托协查发票的比率（%）	累计回复率（%）	
								正常	有问题的发票份数	无法核实	正常	有问题的发票份数	无法核实			
青岛市国家税务局稽查局	365	582	3013	50641.74	8487.18		3030	1789	119	423	325	352	22	18.22	100.00	3
河南省国家税务局稽查局	1611	2441	29702	390517.87	64135.49		28932	10398	2222	8767	1232	4131	2182	35.33	100.00	
湖北省国家税务局稽查局	920	1429	12588	177022.06	28916.35		12178	5881	890	1656	1141	2235	375	30.80	100.00	2
湖南省国家税务局稽查局	662	977	13525	249163.95	41385.13		12307	4343	1289	343	283	4381	1668	55.07	100.00	9
广东省国家税务局稽查局	3180	6553	57599	698873.24	117607.39		56502	39430	2433	7679	1058	4523	1379	14.66	100.00	
深圳市国家税务局稽查局	1905	2454	28487	361430.04	61130.24		28666	13516	1790	6017	1414	2208	3721	21.12	100.00	
广西壮族自治区国家税务局稽查局	465	678	6025	99305.92	16761.13		5746	2370	738	360	40	2142	96	54.44	100.00	
海南省国家税务局稽查局	104	189	3679	42284.49	7179.19		3602	2961	486	102	41	9	3	14.15	100.00	6
重庆市国家税务局稽查局	400	722	5920	97986.51	16618.51		4835	3010	354	579	550	332	10	16.16	100.00	
四川省国家税务局稽查局	1123	1961	14296	242389.47	40337.48	3	14251	9486	1952	714	351	1735	13	27.26	99.98	3
贵州省国家税务局稽查局	207	308	2964	90505.4	15068.26		2958	1979	176	99	47	653	4	29.04	100.00	1
云南省国家税务局稽查局	476	1120	7775	252967.39	42685.4		8659	4707	615	792	4	2520	21	39.96	100.00	3
西藏自治区国家税务局稽查局	35	38	222	8393.6	1426.13		209	118	1	90				0.84	100.00	3
陕西省国家税务局稽查局	884	1252	7096	140858.49	23666.49		6977	3598	325	1230	324	667	833	20.19	100.00	6
甘肃省国家税务局稽查局	350	462	2490	108739.42	18163.7		2437	1248	172	409	73	159	376	20.04	100.00	
青海省国家税务局稽查局	118	188	1905	44835.1	7609.41		1868	846	558	76	6	380	2	52.40	100.00	
宁夏回族自治区国家税务局稽查局	255	350	6881	171263.65	29017.67		6870	3940	90	2494	31	272	43	8.35	100.00	
新疆维吾尔自治区国家税务局稽查局	331	465	4864	81779.53	13585.87		4824	2157	576	1095	108	867	21	38.92	100.00	3
合　计	39466	66975	587873	10213620.17	1714959.79	18	568663	257819	36590	114095	22300	88347	49512	30.84	100.00	134

2013年全国分省增值税抵扣凭证受托协查情况汇总表（2）

金（税）额：万元

地区名称	累计按期回复发票情况									受托查处情况						
	累计按期回复发票份数	协查问题类型：有疑问			协查问题类型：已确定虚开			有问题发票占受托协查发票的比率（%）	累计按期回复率（%）	查补数			入库数			移交司法机关起数
		正常	有问题的发票份数	无法核实	正常	有问题的发票份数	无法核实			查补税款	查补罚款	查补滞纳金	入库税款	入库罚款	入库滞纳金	
北京市国家税务局稽查局	14385	9512	714	1579	846	738	996	12.29	99.63	628	96	91	528	105	92	1
天津市国家税务局稽查局	26214	10220	717	4457	1129	2201	7490	20.45	100.00	910	90	104	938	90	104	2
河北省国家税务局稽查局	50311	17550	2770	4848	915	13050	11178	46.14	100.00	3133	612	240	3129	462	232	7
山西省国家税务局稽查局	10972	2648	565	604	536	2039	4580	44.99	100.00	1534	995	219	1304	995	219	3
内蒙古自治区国家税务局稽查局	27320	6608	866	17808	502	325	1211	14.35	100.00	746	73	103	746	73	103	1
辽宁省国家税务局稽查局	21236	5529	603	9053	1441	2182	2428	28.55	100.00	2286	432	215	2282	451	223	16
大连市国家税务局稽查局	1996	860	206	331	64	488	47	42.89	100.00	80	25	13	65	22	13	6
吉林省国家税务局稽查局	6744	3082	141	1648	322	884	667	23.14	100.00	2525	431	199	2111	241	228	24
黑龙江省国家税务局稽查局	6187	2911	341	1261	407	722	545	24.26	100.00	325	34	18	325	34	18	19
上海市国家税务局稽查局	30983	15559	1933	7655	725	4016	1095	26.76	100.00	3969	2409	420	3983	2458	424	59
江苏省国家税务局稽查局	36825	15809	3071	8987	344	5765	2849	35.36	100.00	12777	3954	1019	13352	4542	1212	437
浙江省国家税务局稽查局	25272	10109	3118	2552	1212	7846	435	49.20	99.82	1991	301	155	538	290	142	6
宁波市国家税务局稽查局	5126	2763	298	553		1379	133	37.77	100.00	2873	1475	199	2873	1475	199	12
安徽省国家税务局稽查局	23391	7159	2551	5979	260	6255	1187	54.27	99.99	7448	94	39	6935	104	54	21
福建省国家税务局稽查局	12727	7288	1087	584	2336	1409	23	20.59	99.95	769	374	147	769	374	147	4
厦门市国家税务局稽查局	3709	2729	302	155	86	421	16	20.44	99.97							
江西省国家税务局稽查局	26859	11866	1290	8322	703	3021	1657	25.54	100.00	277	92	20	282	92	20	5
山东省国家税务局稽查局	33361	13702	1179	4790	3444	8040	2206	34.97	100.00	4932	370	499	4652	368	496	5

续表

地区名称	累计按期回复发票份数	协查问题类型：有疑问			协查问题类型：已确定虚开			有问题发票占受托协查发票的比率（%）	累计按期回复率（%）	受托查处情况						
										查补数			入库数			移交司法机关起数
		正常	有问题的发票份数	无法核实	正常	有问题的发票份数	无法核实			查补税款	查补罚款	查补滞纳金	入库税款	入库罚款	入库滞纳金	
青岛市国家税务局稽查局	3027	1786	119	423	325	352	22	18.24	99.90	257	67	52	257	67	52	
河南省国家税务局稽查局	28932	10398	2222	8767	1232	4131	2182	35.33	100.00	1604	9	70	1500	9	70	1
湖北省国家税务局稽查局	12176	5881	888	1656	1141	2235	375	30.78	99.98	2338	464	70	1867	469	69	34
湖南省国家税务局稽查局	12298	4334	1289	343	283	4381	1668	55.12	99.93	1192	47	85	706	47	41	11
广东省国家税务局稽查局	56493	39421	2433	7679	1058	4523	1379	14.66	100.00	6435	429	436	5939	215	389	6
深圳市国家税务局稽查局	28666	13516	1790	6017	1414	2208	3721	21.12	100.00	9221	487	109	5205	375	97	
广西壮族自治区国家税务局稽查局	5746	2370	738	360	40	2142	96	54.44	100.00	619	30	11	375	30	11	2
海南省国家税务局稽查局	3596	2955	486	102	41	9	3	14.18	99.83							
重庆市国家税务局稽查局	4835	3010	354	579	550	332	10	16.16	100.00	34	5	6	32	4	5	
四川省国家税务局稽查局	14248	9485	1950	714	351	1735	13	27.25	99.96	3391	22	35	2947	22	35	8
贵州省国家税务局稽查局	2957	1978	176	99	47	653	4	29.05	99.97	1442	48	304	1131	47	304	8
云南省国家税务局稽查局	8656	4704	615	792	4	2520	21	39.97	99.97	696	83	60	504	45	48	4
西藏自治区国家税务局稽查局	206	118	1	87				0.84	98.56							
陕西省国家税务局稽查局	6971	3596	325	1226	324	667	833	20.20	99.91	938	533	131	938	533	131	
甘肃省国家税务局稽查局	2437	1248	172	409	73	159	376	20.04	100.00	363	39	15	363	39	15	1
青海省国家税务局稽查局	1868	846	558	76	6	380	2	52.40	100.00	1875	29	17	2382	29	17	1
宁夏回族自治区国家税务局稽查局	6870	3940	90	2494	31	272	43	8.35	100.00	215	95	32	1208	95	32	
新疆维吾尔自治区国家税务局稽查局	4821	2154	576	1095	108	867	21	38.95	99.94	89	5	4	81	5	4	
合　计	568421	257644	36534	114084	22300	88347	49512	30.85	99.97	77908	14249	5136	70246	14205	5246	704

2008—2013年全国手工录入协查发票数据汇总表

金额单位：万元

项目	2008年				2009年				2010年				2011年				2012年				2013年			
	发票份数	委托收到协查结果发票份数	委托收到协查结果有问题发票份数	选票准确率(%)	发票份数	委托收到协查结果发票份数	委托收到协查结果有问题发票份数	选票准确率(%)	发票份数	委托收到协查结果发票份数	委托收到协查结果有问题发票份数	选票准确率(%)	发票份数	委托收到协查结果发票份数	委托收到协查结果有问题发票份数	选票准确率(%)	发票份数	委托收到协查结果发票份数	委托收到协查结果有问题发票份数	选票准确率(%)	发票份数	已确定协查结果发票份数	有问题发票份数	选票准确率(%)
1月	15653	7208	988	13.71	6348	8153	2790	34.22	8132	17303	3616	20.90	172623	306668	17455	5.69	12111	15431	2966	19.22	27260	19495	9162	47.00
2月	7722	10983	1494	13.60	7073	4133	1156	27.97	2773	10163	1476	14.52	269230	30162	2145	7.11	32246	14491	5070	34.99	14626	16221	8539	52.64
3月	21189	7282	2204	30.27	4922	8434	1727	20.48	7224	4078	1353	33.18	20909	272855	8361	3.06	21302	31669	2929	9.25	26519	15199	2917	19.19
4月	23025	24876	3656	14.70	6692	5276	1145	21.70	23321	10987	2206	20.08	13289	22511	3683	16.36	19042	19402	5494	28.32	53518	22288	12533	56.23
5月	24259	22234	3953	17.78	6331	5983	957	16.00	11901	15478	6570	42.45	25512	17570	1641	9.34	22253	20055	4615	23.01	63213	54396	16418	30.18
6月	28247	21016	3715	17.68	8891	7039	800	11.37	24748	18329	8395	45.80	19512	23541	7594	32.26	40951	26548	7234	27.25	30837	47714	18992	39.80
7月	31530	23574	6869	29.14	15423	12079	2609	21.60	14970	23274	7520	32.31	23420	21445	2513	11.72	40592	39948	7822	19.58	34258	27871	10760	38.61
8月	15811	32485	11347	34.93	19154	12846	2301	17.91	14909	14140	4540	32.11	22306	16468	2242	13.61	126873	56949	8614	15.13	112368	35166	11921	33.90
9月	46236	24912	8013	32.17	23172	19990	4851	24.27	77399	26647	6069	22.78	33031	34553	4281	12.39	41051	121238	22908	18.90	84640	76234	27890	36.58
10月	21194	34996	8343	23.84	9595	20189	5573	27.60	81853	45914	4715	10.27	19748	25909	4315	16.65	119019	36632	9004	24.58	32857	53101	34580	65.12
11月	28937	27159	7011	25.81	15355	11950	2333	19.52	161560	112381	24641	21.93	34538	28022	3382	12.07	51122	110907	57907	52.21	48256	31037	12776	41.16
12月	9603	35759	7104	19.87	23622	16902	3030	17.93	193589	177857	17292	9.72	19605	28272	4346	15.37	53602	81788	31762	38.83	49114	47234	27732	58.71
合计	273406	272484	64697	23.74	146578	132974	29272	22.01	622379	476551	88393	18.55	673723	827976	61958	7.48	580164	575058	166325	28.92	577466	445956	194220	43.55

说明：1. 2008—2012年：选票准确率=委托收到协查结果为有问题发票份数/委托收到协查结果发票份数

2. 2013年：已确定协查结果发票份数=委托收到发票份数-委托收到“有疑问类型”协查结果无法核实发票份数（或者为：委托收到“有疑问类型”协查结果正常发票份数+委托收到“有疑问类型”协查结果有问题发票份数+“已确定虚开类型”发票份数）

有问题发票份数=委托收到“有疑问类型”协查结果有问题发票份数+“已确定虚开类型”发票份数

选票准确率=有问题发票份数/已确定协查结果发票份数

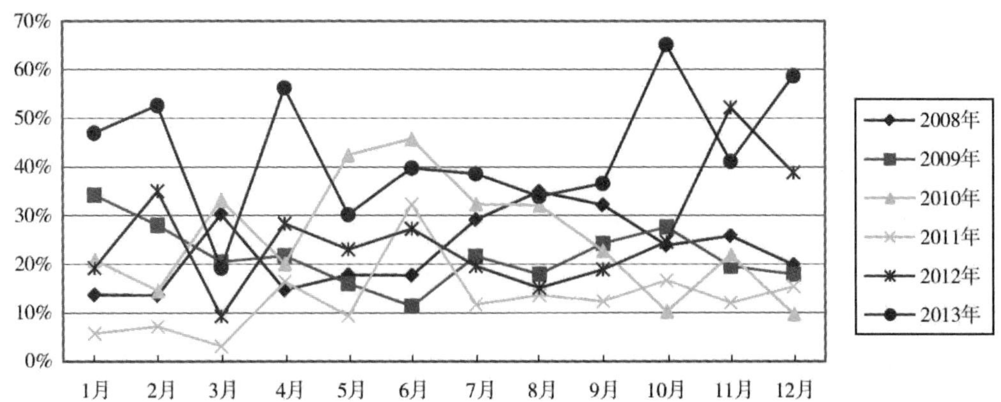

2008—2013 年手工录入协查选票准确率图

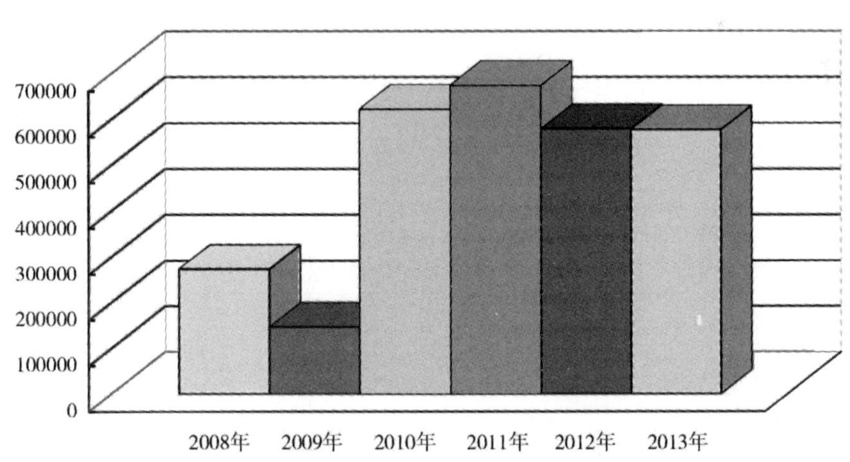

2008—2013 年手工录入委托协查发票量图

2013年全国分省增值税抵扣凭证分捡质量情况统计表

下级地区	统计期内待分捡发票份数	逾期未分捡发票份数	累计分捡发票份数	累计分捡率(%)	逾期已分捡发票份数	累计按期分捡发票份数	累计按期分捡率(%)
北京市国家税务局稽查局	112		99	100.00	1	98	98.99
天津市国家税务局稽查局	114		111	100.00	8	103	92.79
河北省国家税务局稽查局	697		628	100.00	152	476	75.80
山西省国家税务局稽查局	2263	2	2253	99.91	6	2247	99.65
内蒙古自治区国家税务局稽查局	405	56	348	86.14	60	288	71.29
辽宁省国家税务局稽查局	7083		7053	100.00	1	7052	99.99
大连市国家税务局稽查局	57		41	100.00		41	100.00
吉林省国家税务局稽查局	2		2	100.00		2	100.00
黑龙江省国家税务局稽查局	575	2	548	99.64	27	521	94.73
上海市国家税务局稽查局	131		130	100.00		130	100.00
江苏省国家税务局稽查局	8296		8207	100.00		8207	100.00
浙江省国家税务局稽查局	298		263	100.00	25	238	90.49
宁波市国家税务局稽查局	2		2	100.00		2	100.00
安徽省国家税务局稽查局	17521		17095	100.00	266	16829	98.44
福建省国家税务局稽查局	494		479	100.00	6	473	98.75
厦门市国家税务局稽查局	447		437	100.00		437	100.00
江西省国家税务局稽查局	2380		2376	100.00	24	2352	98.99
山东省国家税务局稽查局	341	93	246	72.57	2	244	71.98
青岛市国家税务局稽查局	90		90	100.00		90	100.00
河南省国家税务局稽查局	47		46	100.00	1	45	97.83
湖北省国家税务局稽查局	361	30	296	90.80	30	266	81.60
湖南省国家税务局稽查局	6812	1	6747	99.99	45	6702	99.32
广东省国家税务局稽查局	2143		2063	100.00		2063	100.00
深圳市国家税务局稽查局	80		78	100.00		78	100.00
广西壮族自治区国家税务局稽查局	10589		10174	100.00	6	10168	99.94

续表

下级地区	统计期内待分检发票份数	逾期未分检发票份数	累计分检发票份数	累计分检率（%）	逾期已分检发票份数	累计按期分检发票份数	累计按期分检率（%）
海南省国家税务局稽查局	7396		7332	100.00	117	7215	98.40
重庆市国家税务局稽查局	35		35	100.00		35	100.00
四川省国家税务局稽查局	2290	5	2216	99.77	15	2201	99.10
贵州省国家税务局稽查局	94	2	90	97.83	4	86	93.48
云南省国家税务局稽查局	94		93	100.00	11	82	88.17
西藏自治区国家税务局稽查局	357	11	337	96.84	17	320	91.95
陕西省国家税务局稽查局	136	5	124	96.12	12	112	86.82
甘肃省国家税务局稽查局	135		135	100.00	16	119	88.15
青海省国家税务局稽查局							
宁夏回族自治区国家税务局稽查局	319	6	268	97.81	17	251	91.61
新疆维吾尔自治区国家税务局稽查局	92	17	75	81.52	13	62	67.39
合　计	72288	230	70517	99.67	882	69635	98.43

2013年全国税务稽查机构人员、装备情况统计表

单位：人

机构人员统计	税务机构（个）	税务机构人员	税务稽查机构（个）		税务稽查人员			政治面貌		文化结构			专业资格				年龄结构		
			合计	其中：副科级稽查机构（个）	合计	男	女	党员	团员	研究生	大学本、专科	其他	注册会计师	注册税务师	法律职业资格	资产评估师	35岁以下	35至45岁	45岁以上
	1	2	3	4	5	6	7	8	9	10	11	12	13	14	15	16	17	18	19
合　计	7034	746863	5273		83062	55894	27168	61704	1762	3584	75371	4107	973	4694	446	72	10916	30676	41470
省（自治区、直辖市、计划单列市）	81	22497	103		3973	2471	1502	2960	98	620	3268	85	135	421	70	14	873	1347	1753
市（地）	1003	217922	1008		36847	23015	13832	27108	722	2284	33309	1254	522	2429	228	33	5443	14240	17164
县（区）	5950	506444	4162	2988	42242	30408	11834	31636	942	680	38794	2768	316	1844	148	25	4600	15089	22553

装备统计	税务稽查机构主要装备配置情况								备　注
	汽车（辆）	复印机（台）	传真机（台）	摄像机（架）	照相机（架）	扫描仪（台）	计算机（台）		
							合计	其中：便携式计算机（台）	
	20	21	22	23	24	25	26	27	
合　计	9960	6360	4809	2852	6940	2429	109607	34347	
省（自治区、直辖市、计划单列市）	631	424	687	234	703	257	7740	3315	
市（地）	5131	2532	2433	1273	3313	1081	55323	19796	
县（区）	4198	3404	1689	1345	2924	1091	46544	11236	

2013年国家税务局稽查机构人员、装备情况统计表

单位：人

机构人员统计	税务机构（个）	税务机构人员	税务稽查机构（个）		税务稽查人员			政治面貌		文化结构			专业资格				年龄结构		
			合计	其中：副科级稽查机构（个）	合计	男	女	党员	团员	研究生	大学本、专科	其他	注册会计师	注册税务师	法律职业资格	资产评估师	35岁以下	35至45岁	45岁以上
	1	2	3	4	5	6	7	8	9	10	11	12	13	14	15	16	17	18	19
合　计	3543	393323	2673		45486	30830	14656	33038	987	1811	41529	2146	407	2262	247	29	5204	15727	24555
省（自治区、直辖市、计划单列市）	36	10866	56		2105	1273	832	1475	48	349	1714	42	68	258	46	7	474	704	927
市（地）	514	113774	551		20809	13156	7653	15011	445	1134	18993	682	203	1206	129	13	2770	7544	10495
县（区）	2993	268683	2066	1816	22572	16401	6171	16552	494	328	20822	1422	136	798	72	9	1960	7479	13133

装备统计	税务稽查机构主要装备配置情况								备　注
	汽车（辆）	复印机（台）	传真机（台）	摄像机（架）	照相机（架）	扫描仪（台）	计算机（台）		
							合计	其中：便携式计算机（台）	
	20	21	22	23	24	25	26	27	
合　计	5045	3391	2757	1609	3895	1108	56357	16036	
省（自治区、直辖市、计划单列市）	277	211	395	151	404	117	4106	1737	
市（地）	2646	1545	1361	741	1857	567	28965	9712	
县（区）	2122	1635	1001	717	1634	424	23286	4587	

2013年地方税务局稽查机构人员、装备情况统计表

单位：人

机构人员统计	税务机构（个）	税务机构人员	税务稽查机构（个）		税务稽查人员			政治面貌		文化结构			专业资格				年龄结构		
			合计	其中：副科级稽查机构（个）	合计	男	女	党员	团员	研究生	大学本、专科	其他	注册会计师	注册税务师	法律职业资格	资产评估师	35岁以下	35至45岁	45岁以上
	1	2	3	4	5	6	7	8	9	10	11	12	13	14	15	16	17	18	19
合　计	3491	353540	2600		37576	25064	12512	28666	775	1773	33842	1961	566	2432	199	43	5712	14949	16915
省（自治区、直辖市、计划单列市）	45	11631	47		1868	1198	670	1485	50	271	1554	43	67	163	24	7	399	643	826
市（地）	489	104148	457		16038	9859	6179	12097	277	1150	14316	572	319	1223	99	20	2673	6696	6669
县（区）	2957	237761	2096	1172	19670	14007	5663	15084	448	352	17972	1346	180	1046	76	16	2640	7610	9420

装备统计	税务稽查机构主要装备配置情况								备　注
	汽车（辆）	复印机（台）	传真机（台）	摄像机（架）	照相机（架）	扫描仪（台）	计算机（台）		
							合计	其中：便携式计算机（台）	
	20	21	22	23	24	25	26	27	
合　计	4915	2969	2052	1243	3045	1321	53250	18311	
省（自治区、直辖市、计划单列市）	354	213	292	83	299	140	3634	1578	
市（地）	2485	987	1072	532	1456	514	26358	10084	
县（区）	2076	1769	688	628	1290	667	23258	6649	

第八篇

机构和人员

国家税务总局稽查局领导名单

局　　长：马毅民
副 局 长：刘建国
副 局 长：于海春（上挂）
副 局 长：文月寿
巡 视 员：李国成（援疆，自2013年7月）
副巡视员：沈甫明（挂职，自2013年12月）

国家税务总局稽查局处级机构及副处级以上人员名单

综合处
处　　长：张宝江
副 处 长：孔向荣
调 研 员：徐丽平（自2013年6月）

制度处
处　　长：陈居奇

系统工作处
处　　长：宋　杰
副 处 长：刘　森
调 研 员：王若华（至2013年5月，退休）

举报中心（案源管理处）
主　　任：尹　雁
副 主 任：李光辉
调 研 员：付津华

稽查一处
处　　长：徐　平（自2013年6月）
副 处 长：张达光
副调研员：郑晓燕

稽查二处
处　　长：沈甫明（至2013年12月）
副 处 长：张小平
调 研 员：郭六武　郭大庆
张　茗（自2013年6月）

稽查三处
处　　长：李亚兵
调 研 员：佟国涛
副调研员：王　磊
艾　玥（自2013年6月）

稽查四处
处　　长：金　鑫
调 研 员：李璆梅　刘小鹃
王　军（自2013年6月）
副调研员：张运增

稽查五处（协查处）
处　　长：邹秀芹
副 处 长：刘征宇
调 研 员：白淑芬

稽查六处
处　　长：陈　杰（自2013年6月）
副 处 长：曾静蓉（自2013年6月）
副调研员：马　琪

税务稽查系统副处级以上人员名单

北京市国家税务局稽查局
主管领导：郑怀远（市局总经济师）
局　　长：高永杰（至2013年12月）
武建春（自2013年12月）
副 局 长：王红虎　李云龙
黄滟君（自2013年4月）
副调研员：郝　增　张允安　李颖嘉

北京市地方税务局稽查处
主管领导：吕兴渭（市局副局长）
处　　长：杨晓东
副 处 长：常春雨　李怀成　华　方
孟　刚
副调研员：周燕玲　马　昕

天津市国家税务局稽查局
主管领导：郭凤鸣（市局副局长）
局　　长：张全生
副 局 长：王　廉　金玉发
纪检组长：李淑君

天津市地方税务局税务稽查处
主管领导：高秋丰（市局副局长）
处　　长：邢汝霖
副 处 长：朱　力　李　刚
第一稽查局
局　　长：刘玉文
副 局 长：耿　浩　张文霞
纪检组长：丁　胜
调 研 员：郭俊杰
副调研员：王国栋
第二稽查局
局　　长：虞锡平
副 局 长：王孝清　柴　晶
纪检组长：庞志强

河北省国家税务局稽查局
主管领导：韩月朝（省局副局长）
局　　长：赵国宏
副 局 长：于　洋　白铁柱
张文锦（自2013年3月）
李　伟
调 研 员：窦希慧　陈占奎
第一稽查局
局　　长：李芙蓉
副 局 长：王胜军　赵　耕

河北省地方税务局稽查局
主管领导：高志立（省局局长）
局　　长：谢江宜（省局党组成员、副厅级）
副 局 长：强宝贵　姜　伟　王志彬
副调研员：肖延升　马怡宏

山西省国家税务局稽查局
主管领导：范扎根（省局副局长）
局　　长：侯树森
副 局 长：易东东　韩建刚
副调研员：傅国强　王　茜　王丽英

山西省地方税务局稽查局
主管领导：刘建光（省局副局长）
局　　长：孟来茂
副 局 长：王少挺　孙三平
调 研 员：温四香
副调研员：杨英群　姚晓波

内蒙古自治区国家税务局稽查局

主管领导：霍文刚（区局副局长）
局　　长：郭树安
副 局 长：张铁林　常　力
调 研 员：樊远康　段永胜
副调研员：温玉祥　乔　利

内蒙古自治区地方税务局稽查局

主管领导：包清泉（区局副局长）
局　　长：常恒峰
副 局 长：高国青　于长明
调 研 员：潘　英
直属东部稽查分局
局　　长：康万利
副 局 长：苏　华
纪检组长：李万成
副调研员：董建青　苑国志
直属中部稽查分局
局　　长：韩庆忠
副 局 长：吕晓明　刘　智
纪检组长：刘　智
总会计师：王　飞
调 研 员：廉宝兰　王培荣
副调研员：张　杰　邢福旺
直属西部稽查分局
局　　长：赵哲民
副 局 长：雷震星　许振军（挂职）
纪检组长：樊存礼
副调研员：张海英　白雪飞　马　维

辽宁省国家税务局稽查局

主管领导：何　力（省局总经济师）
局　　长：张保林
副 局 长：池福贵　贾欣宇　李　丹
调 研 员：姜万中　谷跃龙
副调研员：关剑秋

辽宁省地方税务局稽查部门

主管领导：赵振芳（省局副局长）
辽宁省地方税务局稽查管理处
处　　长：张　宏
副 处 长：孙锦秀　周　力
辽宁省地方税务局稽查局
局　　长：张广平（副厅级）
副 局 长：李　扬　栾沛业　何　清

吉林省国家税务局稽查局

主管领导：于颖哲（省局总审计师）
局　　长：王书剑
副 局 长：张　铭　宫　伟　张学伟
副调研员：王春强　娄晓鹏

吉林省地方税务局稽查局

主管领导：傅圣方（省局副局长）
局　　长：李茹宝
副 局 长：张雅军（调研员）
关　平　洪　光
副调研员：程德一　刘兴伟　付有志
王　鹤　康文波

黑龙江省国家税务局稽查局

主管领导：许　峰（省局总审计师）
局　　长：韩焕章（至2013年5月）
杨　楠（自2013年5月）
副 局 长：谭昭民　王国伟
纪检监察员：郭真源（自2013年5月）

黑龙江省地方税务局稽查局

主管领导：娄云世（省局副局长，正厅级）
局　　长：唐岱君
副 局 长：刘彦君　亢　勇
调 研 员：赵雪荫
副调研员：蔡可威

上海市国家（地方）税务局稽查处

主管领导：庄晓玖（市局党组书记、副局长）
协管领导：曹　晖（市局总经济师）
副 处 长：陆友清（主持工作）
唐林玮　徐建军（挂职）
调 研 员：杨敏庸

江苏省国家税务局稽查局

主管领导：葛元力（省局副局长）
局　　长：沈金元
副 局 长：王　强　赵　飞
调 研 员：杨鹏飞
副调研员：董明慧　尚美武

江苏省地方税务局稽查局

主管领导：陈　筠（省局副局长）
局　　长：朱中良
副 局 长：项　明　周　森

浙江省国家税务局稽查局

主管领导：崔成章（省局总会计师）
局　　长：王黎明
副 局 长：赵灿根
副调研员：楼锣银　陈　群　俞成根

浙江省地方税务局稽查局

主管领导：王　平（省局副局长）
局　　长：边宏庆
副 局 长：宋根松　贝　加

安徽省国家税务局稽查局

主管领导：徐光伟（省局副局长）
局　　长：朱祥胜
副 局 长：王永春　王晓虹　王晴岚

安徽省地方税务局稽查局

主管领导：洪晓建（省局副局长）
局　　长：仇应广
党总支书记：叶丽雪（调研员）
副 局 长：李晓文　卢年春　陈明洋
周光伟
副调研员：谢建君

福建省国家税务局稽查局

主管领导：雷致青（省局总经济师，
至2013年7月；
省局副局长，
自2013年7月）
局　　长：张梦桂
副 局 长：梁建华
林家云（自2013年5月）
聂　霞（自2013年5月）

福建省地方税务局稽查局

主管领导：施维雄（省局副局长）
局　　长：杜红兵（至2013年7月）
黄乃田（自2013年7月）
副 局 长：周少艳　肖　珍
调 研 员：杨日意　詹卫华　潘福平
副调研员：廖建敏

江西省国家税务局稽查局

主管领导：黄中根（省局副局长）
局　　长：江亚庆
副 局 长：刘火忠　帅　克　李　轩
副调研员：吴新生　钟国兴

江西省地方税务局稽查局

主管领导：刘理达（省局副局长）
局　　长：胡成龙
党支部书记：刘远来
副 局 长：黄同佐　汪明荣　温淑萍
调 研 员：徐志军　聂彩辉
副调研员：林建华　王兵　衷华红

山东省国家税务局稽查局

主管领导：孙德仁（省局总审计师）
局　　长：李腾蛟
副 局 长：胡峻峰
调 研 员：韩建炬　刘峰光　唐　锐
副调研员：王慎纲　高　雷　孙庆利
邱文东

山东省地方税务局稽查局

主管领导：李　功（省局副局长）
局　　长：王发升
副 局 长：孟宪岭

调 研 员：高德成　张贤波
副调研员：刘昌建　张建明

河南省国家税务局稽查局

主管领导：席七万（省局副局长）
局　　长：李天星
副 局 长：叶继海　卢宏丽
第一稽查局
局　　长：王永钦

河南省地方税务局稽查局

主管领导：李建华（省局副局长）
局　　长：王财兴
副 局 长：任国甫　姚慧群　袁　弘
纪检监察员：张兴昌
调 研 员：李开喜　王汴梁
副调研员：杜运生　张占铎　胡国民

湖北省国家税务局稽查局

主管领导：梅昌新（省局副局长，至2013年10月）
柳现青（省局副局长，自2013年10月）
局　　长：张有斌（至2013年4月）
刘　琼（自2013年4月）
副 局 长：张　武（至2013年5月）
王继军
副调研员：夏腊梅　张曙光

湖北省地方税务局稽查局

主管领导：肖厚雄（省局副局长）
局　　长：吴　鸿（副厅级）
副 局 长：梁卜华　汪学东
纪委书记：陈汉桥
副 局 长：魏建平
综合处
处　　长：张　军
稽查一处
处　　长：马建军
副 处 长：张季超
稽查二处
处　　长：任　伟
副 处 长：余晓东　杨　帆
审理处
处　　长：李建新
副 处 长：冯红梅
调 研 员：刘洪华
副调研员：曹进丰　冯烨华　谢　颖

湖南省国家税务局稽查局

主管领导：皮本固（省局副局长）
局　　长：李　韧
副 局 长：端木阳　刘　宇　薛洪发
副调研员：肖重建　徐孟希
第一稽查局
局　　长：刘湘晖
副 局 长：谭元奎　匡　雄　陈少波

湖南省地方税务局稽查局

主管领导：郑　惠（省局总会计师）
局　　长：刘绪东（副厅级）
副局长（正处级）：何小鸣　宁　平　罗志强　曹传生
正处级干部：张晓飞
综合处
处　　长：李科全（副处级）
审理处
处　　长：张芙蓉（副处级）
稽查一处
处　　长：陈树生（副处级）
稽查二处
处　　长：朱杰夫（副处级）
副调研员：王小青　沈莉敏

广东省国家税务局稽查局

主管领导：朱江涛（省局副局长）
局　　长：张巧珍
副 局 长：叶　松　张智洪
调 研 员：陈继明
副调研员：陈　东　袁　涛　黄攸响　朱　虹　邱惠敏

广东省地方税务局稽查局

主管领导：杨荣华（省局副局长）
局　　长：余振荣（副厅级）
副 局 长：黄松宜（正处级）
　　　　　范思鑫　欧阳华　林华儿
纪检监察员：张　弟
调 研 员：龚寿文　黄燕平
副调研员：庞信城　朱伟馨　陈　蕾

广西壮族自治区国家税务局稽查局

主管领导：杨　辉（区局副局长）
局　　长：陈　建
副 局 长：陶绍兴　覃木荣　刘小冬
副调研员：滕纪丰

广西壮族自治区地方税务局稽查局

主管领导：赵汉臣（区局副局长）
局　　长：黎海君
副 局 长：兰　野　覃东汉
调 研 员：唐啟壮　王怡菲
副调研员：潘七昌　谢冬玲

海南省国家税务局稽查局

主管领导：蒋焕民（省局纪检组长）
局　　长：林　电
副 局 长：郑　勇
调 研 员：安宝林　符儒新

海南省地方税务局稽查局

主管领导：刘自更（省局副局长）
局　　长：王　冀（自 2013 年 2 月）
副 局 长：朱进艺　符　伟
　　　　　王国强（至 2013 年 8 月）
调 研 员：庄锦明（自 2013 年 5 月）
副调研员：吴　芬　颜灿星

重庆市国家税务局稽查局

主管领导：卢自强（市局副局长）
局　　长：向垣树
副 局 长：雷仕勇（正处级）
　　　　　郑甫华　苏发旺（挂职）
调 研 员：江师见　刘兴建
副调研员：刘继全　王小鲁

重庆市地方税务局稽查部门

主管领导：冯邦富（市局总会计师）
重庆市地方税务局稽查处
　处　　长：张　目
　副 处 长：屈　涛
重庆市地方税务局稽查局
　局　　长：曾洪波
　副 局 长：任　红　黄　劲
　调 研 员：方　全

四川省国家税务局稽查局

主管领导：张　兵（省局副局长）
局　　长：李　波
副 局 长：唐德友　李亚非　袁　淮
调 研 员：金施明
副调研员：廖述全　张树新　钟学娅
　　　　　游　慧

四川省地方税务局稽查局

主管领导：车　伟（省局副局长）
局　　长：杜　锦
副 局 长：王永东　姚茗国　白振兴
　　　　　汤　华
纪检监察员：施　德
总会计师：王　琦
调 研 员：陈友辉
副调研员：郭明哲　宋　伟　周跃群
　　　　　胡七芳　丁大林

贵州省国家税务局稽查局

主管领导：付巧晨（省局副局长）
局　　长：甘　石
副 局 长：杨晓峰　顾黔春　蒋　勇
副调研员：李贵玉

贵州省地方税务局稽查局

主管领导：杨　军（省局副局长）

局　　长：谭尚辉
副 局 长：刘桂珍

云南省国家税务局稽查局

主管领导：刘卫民（省局总会计师）
局　　长：赵金友（至2013年9月，提任省局副巡视员）
副 局 长：李庆阳（自2013年9月，主持工作）
　　　　　李明义
副调研员：王晓龙　解道勇

云南省地方税务局稽查局

主管领导：陈建国（省局局长）
局　　长：李培仁
副 局 长：孙旭伟
　　　　　张世文（至2013年7月）
　　　　　李　睿（自2013年7月）

西藏自治区国家税务局稽查局

主管领导：杨承碧（区局副局长）
局　　长：达娃云丹
副 局 长：李　刚
副调研员：石晓蓉

陕西省国家税务局稽查局

主管领导：寇伟斌（省局副局长）
局　　长：李　杰
副 局 长：张国栋　赵新科　刘黎军
　　　　　米晓东（至2013年12月）

陕西省地方税务局稽查局

主管领导：姚　炬（省局局长）
局　　长：张甲虎
副 局 长：唐陇利　柴治义　王　卫
调 研 员：刘　群

综合处

处　　长：张　峰（自2013年4月）
副 处 长：赵九虎
调 研 员：史军勇　李连顺

举报中心

主　　任：刘开放
副调研员：杨恩政

稽查一处

副 处 长：马林乾（主持工作）
　　　　　祝洪刚
副调研员：焦广利

稽查二处

处　　长：鲁　强
副 处 长：吴爱成
副调研员：王小敏

稽查三处

副 处 长：郑宏斌（自2013年4月）
　　　　　马　伟
副调研员：安　鹏

甘肃省国家税务局稽查局

主管领导：梁云才（至2013年7月，省局副局长）
　　　　　刘　虎（自2013年7月，省局总会计师；自2013年8月12日，省局副局长）
局　　长：李　楫（至2013年9月）
　　　　　彭正国（自2013年9月）
副 局 长：房全喜　徐长瑛
副调研员：田建浩

甘肃省地方税务局稽查局

主管领导：白继成（省局副局长）
局　　长：陈岸颖
副 局 长：崔　麟　方晓芬
调 研 员：孙宝生　沈三荣

青海省国家税务局稽查局

主管领导：胡苏华
局　　长：阮余农（至2013年5月）
副 局 长：汤仲才　王玉莲　张晓琴

青海省地方税务局稽查局

主管领导：陈宗华（省局纪检组长）

局　　长：孙庆禄
副 局 长：杨敬秀　马秀琳

宁夏回族自治区国家税务局稽查局
主管领导：杨　勇（区局总会计师）
局　　长：周　晔
副 局 长：杨继荣　倪永刚　李进来
调 研 员：赵培春
副调研员：马海英

宁夏回族自治区地方税务局稽查局
主管领导：杜学章（区局副局长）
局　　长：王占河
副 局 长：张宏伟　张维俊　王少元
　　　　　蔡　菁
调 研 员：陈　健（自2013年7月）
　　　　　张宏伟
副调研员：董西平

新疆维吾尔自治区国家税务局稽查局
主管领导：李　桓（区局总会计师）
局　　长：孙建东
副 局 长：芦文革　罗志伟　尹君石
副调研员：张　辉　韩力宏

新疆维吾尔自治区地方税务局稽查局
主管领导：李体超（区局副局长）
副 局 长：张家存（党组书记）
局　　长：朱国兴（党组副书记）
纪检组长：李中华
副 局 长：马志忠　葛　刚
副调研员：李　斌

大连市国家税务局稽查局
主管领导：徐成义（市局副局长）
局　　长：宋承彦
副 局 长：卢秉刚　王志宇　吴振宁
　　　　　葛宏文
副调研员：曲传清　言　军

大连市地方税务局稽查处
主管领导：李敬忠（市局总经济师）
处　　长：赵喜民
副 处 长：王玉武　金　岩
副调研员：郭义明

宁波市国家税务局稽查局
主管领导：蒋荣富（市局副局长）
副 局 长：章　程（主持工作）
　　　　　潘新光　余建平　邬杨杰
副调研员：陶仁兴

宁波市地方税务局稽查局
主管领导：张镇岳
局　　长：石惠明（自2013年9月）
　　　　　徐江元（至2013年9月）
副 局 长：李至峰（至2013年7月）
　　　　　马　鸿　张筱逍
调 研 员：徐江元（自2013年9月）
　　　　　赵仁吉

厦门市国家税务局稽查局
主管领导：陈　健（市局副局长）
局　　长：李垂福
副 局 长：洪清辉　林　翊
纪律检查员：苏法吾

厦门市地方税务局稽查局
主管领导：王增加（市局副局长）
局　　长：蔡木卿
副 局 长：郑　澍　王勤慧
调 研 员：许国荣

青岛市国家税务局稽查局
主管领导：赵福增（市局副局长）
局　　长：于　波
副 局 长：罗良毅　郑小华　刘海生
第一稽查局
　局　　长：韩　斌
　副 局 长：赵景源　高东旭　王丽华

第二稽查局

局　　长：刘瑞旭

副 局 长：张充航　丁明富　董小波

第三稽查局

局　　长：苗宏伟

副 局 长：苟校书　刘民生　张勇强

调 研 员：徐玉光

青岛市地方税务局稽查局

主管领导：李　钢（市局副局长）

局　　长：李爱红

副 局 长：董福常　刘崇东

纪委书记：薛桂林

办公室

主　　任：葛敬书

副 主 任：宋文晶

监察室

主　　任：王立国

副 主 任：张　鲁

综合业务处

处　　长：郭建春

副 处 长：宋　涛

选案处

处　　长：李　敏

审理处

处　　长：桑　磊

执行处

副 处 长：杨　凡（主持工作）

检查一处

处　　长：孙宗祥

检查二处

副 处 长：孙　军（主持工作）

检查三处

副 处 长：曲在棣（主持工作）

检查四处

处　　长：张仲禹

深圳市国家税务局稽查局

主管领导：李显著（总审计师）

副 局 长：杨小河（主持工作）

郑颂飞　袁　林　叶向阳

陈德胜

副调研员：李东敏　段世龙

深圳市地方税务局稽查局

主管领导：林伟明（市局副局长）

局　　长：叶德重

副 局 长：李庭旭　于中华　林伯坚

税务稽查系统领导任免情况（2013年）

北京市国家税务局稽查局

4月19日，北京市国家税务局发出京国税任字〔2013〕8号文件，任命黄滟君为北京市国家税务局稽查局副局长，试用期一年。

12月19日，北京市国家税务局发出京国税任〔2013〕30号文件，任命武建春为北京市国家税务局稽查局局长，免去其北京市国家税务局财务管理处处长职务；任命高永杰为北京市国家税务局集中采购中心主任，免去其北京市国家税务局稽查局局长职务。

天津市国家税务局稽查局

4月27日，天津市国家税务局发出津国税任字〔2013〕20号文件，王铁玖任天津市河东区国家税务局副局长，免去其天津市国家税务局稽查局副局长职务。

4月27日，天津市国家税务局发出津国税任字〔2013〕30号文件，王廉任天津市国家税务局稽查局副局长。

5月24日，天津市国家税务局发出津国税任字〔2013〕51号文件，李淑君任天津市国家税务局稽查局副局长，试用期为一年。

河北省国家税务局稽查局

1月5日，河北省国家税务局发出冀国税任字〔2013〕4号文件，赵国宏任河北省国家税务局稽查局局长，免去其河北省国家税务局机关服务中心主任职务。

3月21日，河北省国家税务局发出冀国税任字〔2013〕31号文件，张文锦任河北省国家税务局稽查局副局长，免去田二周的河北省国家税务局稽查局副局长职务。

10月11日，河北省国家税务局发出冀国税任字〔2013〕117号文件，赵耕任河北省国家税务局第一稽查局副局长；免去王朋志的河北省国家税务局第一稽查局副局长（挂职）职务。

河北省地方税务局稽查局

4月28日，河北省地方税务局发出冀地税任〔2013〕11号文件，决定任命强宝贵为河北省地方税务局稽查局副局长，王志彬为河北省地方税务局稽查局副局长（试用期一年），免去白景山、张慧霞的河北省地方税务局稽查局副局长职务。

山西省地方税务局稽查局

11月22日，山西省地方税务局发出晋地税任字〔2013〕17号文件，任命温四香为山西省地方税务局稽查局调研员，免去温四香的山西省地方税务局稽查局副局长职务。

内蒙古自治区国家税务局稽查局

6月20日，内蒙古自治区国家税务局发出内国税任字〔2013〕23号文件，常力任内蒙古自治区国家税务局稽查局副局长。

8月1日，内蒙古自治区国家税务局发出内国税任字〔2013〕25号文件，郭树安任内蒙古自治区国家税务局稽查局局长，免去卫广江的内蒙古自治区国家税务局稽查局局长职务。

10月12日，内蒙古自治区国家税务局发出内国税任字〔2013〕33号文件，免去孟令春的内蒙古自治区国家税务局稽查局副局长职务。

内蒙古地方税务局稽查局

11月25日，内蒙古自治区地方税务局发出内地税任便函〔2013〕55号文件，免去常恒峰内蒙古自治区地方税务局稽查局局长职务，到达法定退休年龄，退休。

辽宁省地方税务局稽查局

11月11日，中共辽宁省地方税务局党组发出辽地税任字〔2013〕75号文件，何清任辽宁省地方税务局稽查局副局长，试用期一年，任免时间从2013年10月算起。

黑龙江省国家税务局稽查局

5月31日，黑龙江省国家税务局发出黑国税任〔2013〕12号文件，省局党组会议研究决定：杨楠任黑龙江省国家税务局稽查局局长；郭真源任黑龙江省国家税务局稽查局纪检监察员（副处长级）。免去韩焕章黑龙江省国家税务局稽查局局长职务；郭真源黑龙江省国家税务局监察室纪检监察员（副处长级）职务。

6月19日，黑龙江省国家税务局发出黑国税任〔2013〕17号文件，按照国家公务员退休的有关规定，经个人申请，免去张凤琴黑龙江省国家税务局调研员职务，办理退休手续，退休时间自2013年7月起计算。

黑龙江省地方税务局稽查局

2月18日，黑龙江省地方税务局发出黑地税任〔2013〕9号文件，经2013年2月18日省局党组会议研究决定：叶金萍任计划统计处（财务审计处）副处长（列陈思前）；亢勇任稽查局副局长。免去叶金萍稽查局副局长职务，亢勇办公室副主任职务。

上海市国家（地方）税务局稽查处

8月14日，上海市国家税务局、上海市地方税务局发出沪国税任〔2013〕68号文件，陆友清任上海市国家税务局稽查处副处长（主持工作）、上海市地方税务局稽查处副处长（主持工作）。

8月15日，上海市国家税务局、上海市地方税务局发出沪国税任〔2013〕71号文件，徐建军任上海市国家税务局稽查处副处长（挂职锻炼）、上海市地方税务局稽查处副处长（挂职锻炼），时间一年。

12月13日，上海市国家税务局、上海市地方税务局发出沪国税任〔2013〕103号文件，杨敏庸任上海市国家税务局稽查处调研员、上海市地方税务局稽查处调研员。

江苏省国家税务局稽查局

8月19日，中共江苏省国家税务局党组发出苏国税党组发〔2013〕72号文件，经省局党组

2013 年 8 月 7 日研究决定，任命王莉为江苏省国家税务局稽查局副调研员。

12 月 9 日，中共江苏省国家税务局党组发出苏国税党组发〔2013〕105 号文件，省局党组研究决定，沈金元任职试用期满，考核合格，按期转正，任命沈金元为江苏省国家税务局稽查局局长。任职时间从 2012 年 9 月起计算。

2014 年 1 月 8 日，中共江苏省国家税务局党组发出苏国税党组发〔2014〕1 号文件，经省局党组研究决定，任命王强为江苏省国家税务局稽查局副局长，免去其江苏省国家税务局稽查局副调研员职务；赵飞为江苏省国家税务局稽查局副局长，免去其江苏省国家税务局稽查局副调研员职务。上述人员试用期均为一年，试用期时间从 2013 年 8 月起计算。

2014 年 1 月 10 日，中共江苏省国家税务局党组发出苏国税党组〔2014〕2 号文件，经省局党组研究决定，任命王莉为江苏省国家税务局督察内审处副处长，免去其江苏省国家税务局稽查局副调研员职务。试用期为一年，试用期时间从 2013 年 11 月起计算。

2014 年 1 月 20 日，中共江苏省国家税务局党组发出苏国税党组发〔2014〕19 号文件，经省局党组 2013 年 12 月 18 日研究决定：张予田任江苏省国家税务局监察室副主任，免去其江苏省国家税务局稽查局副局长职务。

江苏省地方税务局稽查局

1 月 7 日，中共江苏省地方税务局党组发出苏地税党组〔2013〕9 号文件，朱中良任江苏省地方税务局稽查局局长。

5 月 30 日，中共江苏省地方税务局党组发出苏地税党组〔2013〕48 号文件，项明任江苏省地方税务局稽查局副局长。

福建省国家税务局稽查局

7 月 24 日，福建省国家税务局发出闽国税任〔2013〕36 号文件，决定任命聂霞为福建省国家税务局稽查局副局长（试用期一年）。

7 月 24 日，福建省国家税务局发出闽国税任〔2013〕37 号文件，决定任命林家云为福建省国家税务局稽查局副局长，免去其福建省国家税务局稽查局副处级纪检员职务。

福建省地方税务局稽查局

3 月 25 日，福建省地方税务局发出闽地税任〔2013〕15 号文件，经省局党组 2013 年 3 月 5 日研究决定：林金俤任宁德市地方税务局副局长（排李林之后）。免去林金秋、林家忠的宁德市地方税务局副局长职务。

7 月 1 日，福建省地方税务局发出闽地税任〔2013〕27 号文件，任命黄乃田为福建省地方税务局稽查局局长，免去其福建省地方税务局所得税处处长职务，免去杜红兵的福建省地方税务局稽查局局长职务。

山东省国家税务局稽查局

6 月 19 日，山东省国家税务局发出鲁国税任〔2013〕69 号文件，任命刘峰光、唐锐为山东省国家税务局稽查局调研员；任命胡峻峰为山东省国家税务局稽查局副局长；任命邱文东为山东省国家税务局稽查局副调研员。

河南省国家税务局稽查局

1 月 31 日，河南省国家税务局发出豫国税任〔2013〕5 号文件，任命王永钦为河南省国家税务局第一稽查局局长，试用期一年，不再担任稽查局调研员职务。

湖北省国家税务局稽查局

4 月 18 日，湖北省国家税务局发出鄂国税任〔2013〕55 号文件，任命刘琼为省国家税务局稽查局局长；免去张有斌省国家税务局稽查局局长职务。

5 月 17 日，中共湖北省国家税务局直属机关委员会发出鄂国税机关党发〔2013〕10 号文件，任命张武为湖北省国家税务局机关工会主席。

湖南省国家税务局稽查局

7 月 19 日，湖南省国家税务局发出湘国税任字〔2013〕62 号文件，湖南省国家税务局 2013 年 7 月 17 日决定：刘湘晖任湖南省国家税务局第一稽查局局长，试用期一年。

湖南省地方税务局稽查局

8 月 19 日，湖南省地方税务局发出湘地税干〔2013〕20 号文件，决定免去张冰的湖南省地方税务局稽查局协查处处长职务。

8月24日，湖南省地方税务局发出湘地税干〔2013〕22号文件，决定曹传生任湖南省地方税务局稽查局副局长，免去张晓飞的湖南省地方税务局稽查局副局长。

广东省国家税务局稽查局

7月2日，广东省国家税务局发出粤国税任〔2013〕63号文件，任命张巧珍为广东省国家税务局稽查局局长，试用期一年，免去其广东省国家税务局进出口税收管理处副处长职务；梁培文不再担任广东省国家税务局稽查局副局长职务，另有任用。

7月2日，中共广东省国家税务局党组、广东省国家税务局发出粤国税党组〔2013〕36号、粤国税任〔2013〕51号文件，任命梁培文为梅州市国税党组副书记、局长，试用期一年。

广东省地方税务局稽查局

5月22日，广东省地方税务局发出粤地税任免字〔2013〕53号文件，广东省地方税务局2013年5月6日决定：朱伟馨提任广东省地方税务局稽查局副调研员；陈蕾提任广东省地方税务局稽查局副调研员。

11月25日，广东省地方税务局决定：龚寿文任广东省地方税务局稽查局调研员，免去其广东省地方税务局稽查局副局长职务；黄燕平任广东省地方税务局稽查局调研员。（2014年1月14日，粤地税任〔2014〕6号）

重庆市国家税务局稽查局

5月17日，重庆市国家税务局发出渝国税任〔2013〕35号文件，重庆市国家税务局决定，任命苏发旺为重庆市国家税务局稽查局副局长（挂职）。

四川省地方税务局稽查局

1月21日，四川省地方税务局发出川地税任〔2013〕6号文件，任命王琦为四川省地方税务局稽查局总会计师。

5月30日，四川省地方税务局发出川地税任〔2013〕42号文件，任命胡七芳、丁大林为四川省地方税务局稽查局副调研员。

6月8日，四川省地方税务局发出川地税任〔2013〕23号文件，徐勉同志已到退休年龄，省局批准退休。

7月19日，四川省地方税务局发出川地税任〔2013〕59号文件，任命杜锦为四川省地方税务局稽查局局长，陈友辉为四川省地方税务局稽查局调研员。免去陈友辉的四川省地方税务局稽查局局长职务。

贵州省国家税务局稽查局

12月16日，贵州省国家税务局发出黔国税任字〔2013〕69号文件，蒋勇任贵州省国家税务局稽查局副局长。

贵州省地方税务局稽查局

2月16日，中共贵州省地方税务局党组发出黔地税党组字〔2013〕20号文件，根据《公务员法》等有关政策规定，经中共贵州省地方税务局党组研究决定：汪丽平不再担任贵州省地方税务局调研员职务，并办理退休手续。退休时间从2012年12月起计算。

云南省地方税务局稽查局

7月26日，中共云南省地方税务局党组发出云地税党组任免〔2013〕72号文件，李睿任云南省地方税务局稽查局党组成员、副局长（试用期一年）；张世文任云南省地方税务局稽查局调研员，免去云南省地方税务局稽查局党组成员、副局长职务。

西藏自治区国家税务局稽查局

5月27日，西藏自治区国家税务局发出藏国税任〔2013〕9号文件，决定曹云任拉萨经济技术开发区国家税务局副局长（列邱韶昆之后），免去其西藏自治区国家税务局稽查局副局长职务。

陕西省国家税务局稽查局

12月18日，陕西省国家税务局发出陕国税任〔2013〕22号文件，免去米晓东陕西省国家税务局稽查局副局长职务。

陕西省地方税务局稽查局

4月10日，陕西省地方税务局发出陕地税任〔2013〕21号，郑宏斌任陕西省地方税务局稽查局稽查三处副处长，免去其陕西省地方税务局稽查局税务违法案件举报中心副主任职务。

4月15日，陕西省地方税务局发出陕地税任

〔2013〕22 号文件，王卫任陕西省地方税务局稽查局副局长，试用期一年，免去其陕西省地方税务局稽查局稽查一处处长职务。

4 月 15 日，陕西省地方税务局发出陕地税任〔2013〕23 号文件，决定张峰任陕西省地方税务局稽查局综合处处长，试用期一年。

甘肃省国家税务局稽查局

9 月 25 日，甘肃省国家税务局发出甘国税任字〔2013〕36 号文件，经甘肃省国家税务局 2013 年 9 月 12 日会议研究决定，任命彭正国为甘肃省国家税务局稽查局局长；免去李楫的甘肃省国家税务局稽查局局长职务。

青海省国家税务局稽查局

5 月 9 日，青海省国家税务局发出青国税任〔2013〕9 号文件，经 2013 年 5 月 8 日中共青海省国家税务局党组会议研究决定：免去阮余农的青海省国家税务局稽查局局长职务。

宁夏回族自治区国家税务局稽查局

6 月 9 日，宁夏回族自治区国家税务局发出宁国税发〔2013〕92 号文件，马海英任自治区国家税务局稽查局副调研员。

宁夏回族自治区地方税务局稽查局

7 月 18 日，宁夏回族自治区地方税务局发出宁地税任〔2013〕9 号文件，任命蔡菁为自治区地方税务局稽查局副局长，免去其永宁县地方税务局局长职务。

7 月 18 日，宁夏回族自治区地方税务局发出宁地税任〔2013〕8 号文件，任陈健为宁夏回族自治区地方税务局稽查局调研员，免去其宁夏回族自治区地方税务局稽查局副调研员职务。

新疆维吾尔自治区国家税务局稽查局

4 月 23 日，新疆维吾尔自治区国家税务局发出新国税任〔2013〕33 号文件，任命罗志伟为新疆维吾尔自治区国家税务局稽查局副局长。

7 月 1 日，新疆维吾尔自治区国家税务局发出新国税任〔2013〕43 号文件，任命尹君石为新疆维吾尔自治区国家税务局稽查局副局长。

新疆维吾尔自治区地方税务局稽查局

5 月 16 日，新疆维吾尔自治区地方税务局发出新地税任〔2013〕31 号文件，经自治区地方税务局党组 2013 年 5 月 7 日会议研究决定：李斌任自治区地方税务局稽查局副调研员。

大连市国家税务局稽查局

9 月 6 日，大连市国家税务局发出大国税发〔2013〕152 号文件，吴振宁、葛宏文任大连市国家税务局稽查局副局长。

大连市地方税务局稽查局

1 月 16 日，中共大连市地方税务局党组发出大地税党发〔2013〕8 号文件，赵喜民任大连市地方税务局税务稽查处处长；免去李敬忠兼任的大连市地方税务局人事教育处处长职务，赵喜民的大连市金州区地方税务局局长职务。

宁波市地方税务局稽查局

7 月 19 日，宁波市地方税务局、宁波市财政局发出甬财税干〔2013〕64 号文件，李至峰任宁波市鄞州地方税务局副局长，免去其宁波市地方税务局稽查局副局长职务。

9 月 18 日，宁波市财政局、宁波市地方税务局发出甬财税干〔2013〕88 号文件，石惠明任宁波市地方税务局稽查局局长，免去其宁波市地方税务局财政二处处长职务；徐江元任宁波市地方税务局稽查局调研员，免去其宁波市地方税务局稽查局局长职务。

青岛市国家税务局稽查局

7 月 1 日，青岛市国家税务局发出青国税任〔2013〕15 号文件，青岛国家税务局 2013 年 6 月 17 日决定，任命徐玉光为青岛市国家税务局第三稽查局调研员，不再担任原任职务。

深圳市地方税务局稽查局

5 月 28 日，深圳市地方税务局发出深地税发〔2013〕100 号文件，林伯坚任深圳市地方税务局第四稽查局副局长，免去其深圳市地方税务局稽查局副局长职务。

11 月 28 日，深圳市地方税务局发出深地税发〔2013〕247 号文件，经局党组研究决定：李庭旭任深圳市地方税务局稽查局一级执法员，免去其深圳市地方税务局稽查局副局长职务。

税务稽查系统获部委以上奖励项目及名单

一、2013 年 8 月 21 日，国家税务总局发出《国家税务总局关于2012 年度机关工作人员记功和嘉奖情况的通报》（税总函〔2013〕492 号）。国家税务总局决定，给予税务总局稽查局张宝江、金鑫、徐平记三等功奖励，给予刘建国、陈居奇、王磊、刘淼、刘征宇、沈甫明嘉奖奖励。

二、2013 年 4 月 18 日，国家税务总局发出《国家税务总局关于表彰2012 年度税务系统打击发票违法犯罪活动工作成绩突出的单位和个人的决定》（税总发〔2013〕46 号）。决定指出：2012 年，各地税务机关按照全国打击发票违法犯罪活动工作协调小组（以下简称协调小组）和国家税务总局的统一部署，认真贯彻落实协调小组第五次会议精神和《国家税务总局、卫生部、国务院纠风办等七部委《关于认真做好2012 年打击发票违法犯罪活动开展药品、医疗器械生产经营单位和医疗机构发票使用情况专项整治工作的通知》（国税发〔2012〕1277 号）精神，在当地党委、政府政领导的高度重视和大力支持下，积极会同相关部门继续深入开展打击发票违法犯罪活动工作，并继续保持对虚假发票“卖方市场”和虚假发票“买方市场”的高压打击态势，同时结合税收监管和税收监管和稽查执法对重点领域、重点行业、重点企业的发票使用情况进行专项整治，查处了一批重大发票违法犯罪案件，成效显著，为进一步规范进一步规范维护税收经济秩序作出了重要积极贡献。经研究，国家税务总局决定对工作成绩突出的北京市西城区国家税务局稽查局等145 个单位和杨永增等185 名个人予以通报表彰。

表彰集体

北京市

北京市西城区国家税务局稽查局
北京市海淀区国家税务局稽查局
北京市朝阳区国家税务局稽查局
北京市地方税务局燕山分局稽查局
北京市丰台区地方税务局稽查局
北京市石景山区地方税务局稽查局

天津市

天津市东丽区国家税务局稽查局
天津市西青区地方税务局稽查局
天津市河北区地方税务局稽查局

河北省

河北省邯郸市国家税务局稽查局
河北省衡水市国家税务局稽查局
河北省邯郸市地方税务局稽查局
河北省承德市地方税务局稽查局

山西省

山西省太原市国家税务局稽查局
山西省大同市国家税务局稽查局
山西省地方税务局稽查局

内蒙古自治区

内蒙古自治区巴彦淖尔市国家税务局稽查局
内蒙古自治区阿拉善盟国家税务局稽查局
内蒙古自治区地方税务局直属中部税务稽查分局

辽宁省

辽宁省沈阳市国家税务局第二稽查局
辽宁省铁岭市国家税务局稽查局
辽宁省昌图县地方税务局

吉林省

吉林省长春市国家税务局稽查局
吉林省白城市国家税务局稽查局
吉林省四平市国家税务局稽查局
吉林省长春市地方税务局稽查局
吉林省吉林市地方税务局稽查局

黑龙江省

黑龙江省哈尔滨市国家税务局稽查局
黑龙江省七台河市国家税务局稽查局
黑龙江省哈尔滨市地方税务局稽查局

上海市

上海市国家税务局第四稽查局、上海市地方税务局第四稽查局

上海市虹口区国家税务局、上海市地方税务局虹口区分局

上海市青浦区国家税务局、上海市地方税务局青浦区分局

上海市金山区国家税务局、上海市地方税务局金山区分局

江苏省

江苏省南通市国家税务局稽查局

江苏省无锡市国家税务局稽查局

江苏省苏州市国家税务局稽查局

江苏省南京市国家税务局稽查局

江苏省地方税务局稽查局

江苏省南通地方税务局稽查局

江苏省苏州工业园区地方税务局稽查局

浙江省

浙江省国家税务局稽查局

浙江省台州市国家税务局稽查局

浙江省绍兴市国家税务局稽查局

浙江省义乌市国家税务局稽查局

浙江省台州市地方税务局稽查局

浙江省嘉兴市地方税务局稽查局

浙江省温州市地方税务局稽查局

安徽省

安徽省合肥市国家税务局稽查局

安徽省蚌埠市国家税务局稽查局

安徽省宣城市国家税务局稽查局

安徽省芜湖市国家税务局稽查局

安徽省合肥市地方税务局稽查局

安徽省马鞍山市地方税务局

安徽省亳州市地方税务局

福建省

福建省漳州市国家税务局稽查局

福建省泉州市国家税务局稽查局

福建省莆田市国家税务局稽查局

福建省地方税务局稽查局

福建省漳州市地方税务局稽查局

江西省

江西省国家税务局稽查局

江西省南昌市国家税务局稽查局

江西省萍乡市国家税务局稽查局

江西省地方税务局稽查局

江西省赣州市地方税务局稽查局

山东省

山东省国家税务局稽查局

山东省潍坊市国家税务局稽查局

山东省临沂市国家税务局稽查局

山东省烟台市国家税务局稽查局

山东省潍坊市地方税务局稽查局

山东省烟台市地方税务局稽查局

山东省聊城市地方税务局稽查局

河南省

河南省国家税务局稽查局

河南省安阳市国家税务局稽查局

河南省濮阳市国家税务局稽查局

河南省新乡市国家税务局稽查局

河南省地方税务局稽查局

河南省郑州市地方税务局稽查局

湖北省

湖北省武汉市国家税务局

湖北省宜昌市国家税务局稽查局

湖北省襄阳市国家税务局稽查局

湖北省地方税务局稽查局

湖北省武汉市地方税务局稽查局

湖北省黄石市地方税务局稽查局

湖南省

湖南省长沙市国家税务局稽查局

湖南省怀化市国家税务局稽查局

湖南省湘潭市国家税务局稽查局

湖南省长沙市地方税务局稽查局

湖南省湘西自治州地方税务局稽查局

广东省

广东省广州市国家税务局稽查局

广东省东莞市国家税务局稽查局

广东省佛山市国家税务局稽查局

广东省广州市地方税务局

广东省惠州市地方税务局稽查局

广西壮族自治区

广西壮族自治区南宁市国家税务局稽查局

广西壮族自治区柳州市国家税务局稽查局

广西壮族自治区柳州市地方税务局稽查局

海南省

海南省国家税务局稽查局

海南省地方税务局第一稽查局

重庆市

重庆市国家税务局稽查局

重庆市九龙坡区国家税务局

重庆市国家税务局第二稽查局

重庆市高新区地方税务局稽查局
重庆市渝北区地方税务局稽查局

四川省

四川省成都市国家税务局稽查局
四川省遂宁市国家税务局稽查局
四川省内江市国家税务局稽查局
四川省乐山市地方税务局稽查局

贵州省

贵州省贵阳市国家税务局稽查局
贵州省安顺市地方税务局稽查局

云南省

云南省国家税务局稽查局
云南省曲靖市国家税务局稽查局
云南省红河州地方税务局稽查局

西藏自治区

西藏自治区日喀则地区国家税务局稽查局

陕西省

陕西省咸阳市国家税务局稽查局
陕西省渭南市国家税务局稽查局
陕西省地方税务局稽查局
陕西省西安市地方税务局稽查局

甘肃省

甘肃省兰州市国家税务局
甘肃省陇南市国家税务局
甘肃省张掖市国家税务局
甘肃省嘉峪关市地方税务局稽查局

青海省

青海省海东地区国家税务局稽查局
青海省海南州国家税务局稽查局
青海省地方税务局稽查局工业园区稽查分局

宁夏回族自治区

宁夏回族自治区银川市国家税务局稽查局
宁夏回族自治区吴忠市国家税务局稽查局
宁夏回族自治区吴忠市地方税务局稽查局

新疆维吾尔自治区

新疆维吾尔自治区乌鲁木齐高新技术产业开发区（新市区）国家税务局稽查局
新疆维吾尔自治区巴音郭楞蒙古自治州国家税务局稽查局
新疆维吾尔自治区乌鲁木齐市地方税务局稽查局

大连市

大连市国家税务局第四稽查局
大连市地方税务局第四稽查局

宁波市

宁波市国家税务局第三稽查局
宁波市镇海地方税务局稽查局

厦门市

厦门市国家税务局稽查局检查五科
厦门市同安区国家税务局稽查局
厦门市地方税务局稽查局
厦门市思明区地方税务局

青岛市

青岛市国家税务局稽查局
山东省胶州市国家税务局稽查局
青岛市地方税务局稽查局
青岛市地方税务局崂山分局稽查局

深圳市

深圳市国家税务局稽查局综合选案科
深圳市地方税务局稽查局

表彰个人

北京市

杨永增　北京市燕山地区国家税务局稽查局
见春雨　北京市平谷区国家税务局稽查局
王永刚　北京市顺义区国家税务局稽查局
魏铁功　北京市地方税务局第一稽查局
闫　贺　北京市地方税务局第二稽查局
吕国庆　北京市西城区地方税务局稽查局
郎　青　北京市朝阳区地方税务局稽查局

天津市

白　静　天津市国家税务局稽查局
杨来顺　天津市东丽区国家税务局
于洪军　天津市静海县地方税务局稽查局
吴　兵　天津市滨海新区第四地方税务局稽查局
梁瑞钧　天津市津南区地方税务局稽查局

河北省

杨殿阁　河北省国家税务局稽查局
王桂梅　河北省承德市国家税务局稽查局
段黎强　河北省秦皇岛市国家税务局稽查局
臧　旭　河北省保定市国家税务局第一稽查局
彭保东　河北省地方税务局稽查局
张亚宾　河北省唐山市地方税务局稽查局

付俊峰　河北省石家庄市地方税务局稽查局

山西省

赵卫东　山西省国家税务局稽查局
晋喜龙　山西省长治市国家税务局稽查局
王雪峰　山西省忻州市国家税务局稽查局
杨继文　山西省太原市地方税务局稽查局
武　斌　山西省运城市地方税务局稽查局

内蒙古自治区

郝继红　内蒙古自治区乌海市国家税务局稽查局
王　赟　内蒙古自治区包头市昆区国家税务局稽查局
王国祥　内蒙古自治区通辽市地方税务局税务稽查分局

辽宁省

刘志强　辽宁省盘锦市国家税务局稽查局
郑学才　辽宁省清原县国家税务局
周明阳　辽宁省朝阳市国家税务局稽查局
刘敬东　辽宁省沈阳市地方税务局第五稽查局

吉林省

陈学义　吉林省延边州国家税务局稽查局
张　岩　吉林省白山市国家税务局稽查局
周　树　吉林省地方税务局稽查局
关英伟　吉林省通化市地方税务局稽查局
肖树安　吉林省松原市地方税务局稽查局

黑龙江省

王建安　黑龙江省黑河市国家税务局稽查局
孔祥东　黑龙江省佳木斯市国家税务局稽查局
徐丽欣　黑龙江省鸡西市国家税务局稽查局
张润海　黑龙江省哈尔滨市地方税务局稽查局
朱智宏　黑龙江省伊春市地方税务局稽查局

上海市

倪　峰　上海市国家税务局稽查处、上海市地方税务局稽查处
崔惠俊　上海市国家税务局第六稽查局、上海市地方税务局第六稽查局
陈　军　上海市杨浦区国家税务局、上海市地方税务局杨浦区分局
江　军　上海市嘉定区国家税务局稽查局、上海市地方税务局嘉定区分局稽查局
徐菊初　上海市浦东新区国家税务局稽查局、上海市浦东新区地方税务局稽查局
杨嘉伟　上海市金山区国家税务局稽查局、上海市地方税务局金山区分局稽查局

江苏省

王　斌　江苏省国家税务局稽查局
王晓勇　江苏省常州市国家税务局稽查局
卢海鹏　江苏省徐州市国家税务局稽查局
赵继明　江苏省泰州市国家税务局稽查局
张述成　江苏省淮安市国家税务局稽查局
施胜雄　江苏省地方税务局稽查局
沈晓青　江苏省南京市地方税务局稽查局
范虹华　江苏省镇江市地方税务局稽查局
赵　振　江苏省徐州市地方税务局稽查局
谢　伟　江苏省常州市地方税务局稽查局

浙江省

刘生才　浙江省国家税务局稽查局
郦建伟　浙江省杭州市国家税务局第二稽查局
厉伟阳　浙江省金华市国家税务局稽查局
黄建生　浙江省苍南县国家税务局稽查局
顾揖明　浙江省嘉兴市国家税务局稽查局
周青峰　浙江省杭州市萧山区国家税务局稽查局
翁旭东　浙江省地方税务局稽查局
管俊宝　浙江省杭州地方税务局稽查二局
邵洁琼　浙江省舟山市地方税务局稽查局
朱学其　浙江省湖州市地方税务局稽查局
吴　莹　浙江省永嘉县地方税务局

安徽省

赵　钰　安徽省合肥市国家税务局第一稽查局
马凡云　安徽省宿州市国家税务局稽查局
王康鹏　安徽省淮南市国家税务局稽查局
汪迎春　安徽省安庆市国家税务局稽查局
张洪光　安徽省阜阳市国家税务局稽查局
熊向辉　安徽省地方税务局稽查局
朱成松　安徽省宣城市地方税务局稽查局
杨阿林　安徽省芜湖市地方税务局稽查局
杨西明　安徽省宿州市地方税务局稽查局

福建省

游在雄　福建省国家税务局稽查局
陈　平　福建省漳州市国家税务局稽查局
郭万里　福建省泉州市国家税务局稽查局
谢　勇　福建省地方税务局稽查局
苏伟东　福建省南平市地方税务局稽查局

江西省

熊战波　江西省国家税务局稽查局
朱建平　江西省景德镇市国家税务局稽查局
朱伟林　江西省宜春市国家税务局稽查局

黄丽婷　江西省赣州市国家税务局稽查局
涂茜茜　江西省地方税务局稽查局
曹文智　江西省九江市地方税务局稽查局

山东省

陈　兵　山东省济南市国家税务局稽查局
杨　洁　山东省淄博市国家税务局稽查局
金　钢　山东省枣庄市国家税务局稽查局
高智勇　山东省泰安市国家税务局稽查局
闫文行　山东省聊城市国家税务局稽查局
刘洪军　山东省东营市地方税务局稽查局
张　宁　山东省济南市地方税务局稽查局
张大鹏　山东省泰安市地方税务局稽查局
吴志文　山东省临沂市地方税务局稽查局

河南省

周宇明　河南省郑州市国家税务局稽查局
张　峰　河南省周口市国家税务局稽查局
薛群栓　河南省南阳市国家税务局稽查局
王惠英　河南省许昌市国家税务局稽查局
马占峰　河南省洛阳市国家税务局稽查局
董　华　河南省地方税务局直属分局
王　晶　河南省洛阳市地方税务局稽查局
贾利敏　河南省安阳市地方税务局稽查局
史　磊　河南省信阳市地方税务局稽查局

湖北省

李秋莲　湖北省武汉市国家税务局稽查局
王立峰　湖北省十堰市国家税务局稽查局
万松田　湖北省孝感市国家税务局稽查局
丁金琼　湖北省黄冈市国家税务局稽查局
周西亮　湖北省武汉市地方税务局稽查局
李细运　湖北省鄂州市地方税务局稽查局
朱葵阳　湖北省荆门市地方税务局稽查局
王　辉　湖北省恩施州地方税务局稽查局

湖南省

许　军　湖南省长沙市国家税务局稽查局
肖志明　湖南省邵阳市国家税务局稽查局
梁　洪　湖南省娄底市国家税务局稽查局
钟志荣　湖南省衡阳市国家税务局稽查局
张　冰　湖南省地方税务局稽查局
苏小驹　湖南省株洲市地方税务局稽查局
沈艳萍　湖南省永州市地方税务局稽查局

广东省

肖学波　广东省国家税务局稽查局
冯俊铭　广东省广州市国家税务局稽查局
周莹斐　广东省东莞市国家税务局稽查局
李建平　广东省湛江市地方税务局稽查局
刘华峰　广东省佛山市地方税务局稽查局

广西壮族自治区

龙　琳　广西壮族自治区南宁市国家税务局第一稽查局
周　怡　广西壮族自治区贵港市国家税务局稽查局
韦虹宇　广西壮族自治区柳江县国家税务局稽查局
韦善林　广西壮族自治区柳州市地方税务局稽查局
韦昌阳　广西壮族自治区南宁市地方税务局第二稽查局

海南省

唐　磊　海南省国家税务局稽查局
符杏蕊　海南省地方税务局稽查局

重庆市

胡　嵛　重庆市国家税务局稽查局
张元敏　重庆市北碚区国家税务局稽查局
张冰冰　重庆市沙坪坝区国家税务局稽查局
石胜永　重庆市秀山县地方税务局
陈　屏　重庆市合川区地方税务局稽查局

四川省

山　川　四川省成都市国家税务局稽查局
王高华　四川省绵阳市安县国家税务局稽查局
姜红芸　四川省凉山州国家税务局稽查局
李小澎　四川省地方税务局稽查局

贵州省

徐　锦　贵州省仁怀市国家税务局稽查局
邓雪飞　贵州省铜仁市国家税务局稽查局
谭尚辉　贵州省地方税务局稽查局

云南省

易友华　云南省曲靖市罗平县国家税务局稽查局
董庆伟　云南省临沧市云县国家税务局稽查局
张金花　云南省大理州国家税务局稽查局
曹恒山　云南省地方税务局稽查局
王家祥　云南省玉溪市地方税务局稽查局

西藏自治区

边巴次仁　西藏自治区国家税务局稽查局

陕西省

倪志宏　陕西省西安市国家税务局稽查局
王延芳　陕西省延安市国家税务局稽查局
潘银花　陕西省西安市地方税务局稽查局
郝叶维　陕西省咸阳市地方税务局稽查局
孙　坚　陕西省商洛市地方税务局稽查局

甘肃省

赵文芸 甘肃省国家税务局稽查局

朱江玲 甘肃省白银市国家税务局稽查局

张 伟 甘肃省嘉峪关市国家税务局稽查局

刘 炜 甘肃省地方税务局稽查局

青海省

包连合 青海省西宁市国家税务局稽查局

胡传玲 青海省西宁东川工业园区国家税务局稽查局

高庆忠 青海省西宁市地方税务局稽查局

宁夏回族自治区

赵寿军 宁夏回族自治区国家税务局稽查局

孙慧萍 宁夏回族自治区银川市国家税务局稽查局

莫晓莉 宁夏回族自治区中卫市国家税务局稽查局

孔隽婕 宁夏回族自治区石嘴山市地方税务局稽查局

新疆维吾尔自治区

冀建峰 新疆维吾尔自治区乌鲁木齐高新技术产业开发区（新市区）国家税务局稽查局

李依蓉 新疆维吾尔自治区巴音郭楞蒙古自治州国家税务局稽查局

卢树斌 新疆维吾尔自治区和田地区地方税务局稽查局

大连市

郭荔萍 大连市国家税务局第二稽查局

刘家祥 大连市地方税务局第二稽查局

宁波市

顾旭峰 宁波市国家税务局稽查局

朱 涛 宁波市鄞州地方税务局稽查局

厦门市

叶界华 厦门市国家税务局稽查局

颜 令 厦门市集美区国家税务局稽查局

陈 敏 厦门市地方税务局稽查局

杨伟展 厦门市湖里区地方税务局

青岛市

彭 军 青岛市国家税务局稽查局

崔焕启 山东省胶南市国家税务局稽查局

杨宝泉 青岛市地方税务局稽查局

王金魁 青岛市地方税务局稽查局

深圳市

陈 冰 深圳市国家税务局稽查局

章 涛 深圳市国家税务局福田区局稽查局

欧 海 深圳市地方税务局第一稽查局

2013年全国税务稽查机构设置情况表（1）

单位：个

单位	机构设置情况				机构级别设置情况								
	合计	省级	地市级	县级	合计	厅级单位	处级单位			科级单位		股级单位	
						省级	省级	地市级	县级	地市级	县级	地市级	县级
北京市国家税务局稽查局	20	1	19		20		1	19					
北京市地方税务局稽查处	21	2	19		21		2			19			
天津市国家税务局稽查局	20	1	19		20		1	19					
天津市地方税务局稽查处	26	4	22		26		4	22					
河北省国家税务局稽查局	185	2	46	137	185		2	46			137		
河北省地方税务局稽查局	202	1	13	188	202		1	13			188		
山西省国家税务局稽查局	130	1	11	118	130		1	11			118		
山西省地方税务局稽查局	107	1	11	95	107		1	11			95		
内蒙古自治区国家税务局稽查局	123	1	13	109	123		1	13			109		
内蒙古自治区地方税务局稽查局	125	4	15	106	125		4			15			106
辽宁省国家税务局稽查局	77	1	42	34	77		1	13		29			34
辽宁省地方税务局稽查局	61	1	20	40	61		1	20			40		
吉林省国家税务局稽查局	56	1	13	42	56		1	13			42		
吉林省地方税务局稽查局	49	1	10	38	49		1	10			38		
黑龙江省国家税务局稽查局	135	1	17	117	135		1	17			117		
黑龙江省地方税务局稽查局	150	1	13	136	150		1	13			136		
上海市国家（地方）税务局稽查处	14	5	9		14		5	9					
江苏省国家税务局稽查局	87	1	17	69	87		1	17			69		

2013 年全国税务稽查机构设置情况表（2）

单位：个

单　位	机构设置情况				机构级别设置情况								
	合计	省级	地市级	县级	合计	厅级单位	处级单位			科级单位		股级单位	
						省级	省级	地市级	县级	地市级	县级	地市级	县级
江苏省地方税务局稽查局	83	1	15	67	83		1	15			67		
浙江省国家税务局稽查局	68	1	13	54	68		1	13			54		
浙江省地方税务局稽查局	71	2	11	58	71		2	11			58		
安徽省国家税务局稽查局	79	2	22	55	79		2	22			55		
安徽省地方税务局稽查局	91	1	16	74	91		1	16			74		
福建省国家税务局稽查局	69	1	8	60	69		1	8			60		
福建省地方税务局稽查局	82	1	9	72	82		1	9			72		
江西省国家税务局稽查局	96	1	11	84	96		1	11			84		
江西省地方税务局稽查局	95	1	12	82	95		1	12			82		
山东省国家税务局稽查局	153	1	16	136	153		1	16			136		
山东省地方税务局稽查局	149	1	16	132	149		1	16			132		
河南省国家税务局稽查局	132	2	19	111	132		2	19			111		
河南省地方税务局稽查局	139	1	20	118	139		1	20			118		
湖北省国家税务局稽查局	90	1	21	68	90		1	21			68		
湖北省地方税务局稽查局	89	1	14	74	89	1	1	13			74		
湖南省国家税务局稽查局	125	2	14	109	125		2	14		15	94		
湖南省地方税务局稽查局	137	1	13	123	137	1		13			123		

2013 年全国税务稽查机构设置情况表（3）

单位：个

单　　位	机构设置情况				机构级别设置情况								
	合计	省级	地市级	县级	合计	厅级单位	处级单位			科级单位		股级单位	
						省级	省级	地市级	县级	地市级	县级	地市级	县级
广东省国家税务局稽查局	120	1	28	91	120		1	28			91		
广东省地方税务局稽查局	109	1	26	82	109		1	26			82		
广西壮族自治区国家税务局稽查局	97	1	14	82	97		1	14			82		
广西壮族自治区地方税务局稽查局	93	1	17	75	93		1	17			75		
海南省国家税务局稽查局	9	9			9		9						
海南省地方税务局稽查局	6	1	5		6		1	5					
重庆市国家税务局稽查局	36	1	35		36		1	35					
重庆市地方税务局稽查局	44	1	24	19	44		1	24			19		
四川省国家税务局稽查局	186	1	21	164	186		1	21			164		
四川省地方税务局稽查局	206	1	21	184	206		1	4		17			184
贵州省国家税务局稽查局	84	1	12	71	84		1	12			71		
贵州省地方税务局稽查局	12	1	11		12		1	11					
云南省国家税务局稽查局	138	1	16	121	138		1	16			121		
云南省地方税务局稽查局	138	1	19	118	138		1	19			118		
西藏自治区国家税务局稽查局	8	1	7		8		1	7					
陕西省国家税务局稽查局	117	1	13	103	117		1	13			9		94
陕西省地方税务局稽查局	97	1	11	85	97		1	10		1			85
甘肃省国家税务局稽查局	93	1	16	76	93		1	16			76		

2013 年全国税务稽查机构设置情况表（4）

单位：个

单位	机构设置情况				机构级别设置情况								
	合计	省级	地市级	县级	合计	厅级单位	处级单位			科级单位		股级单位	
						省级	省级	地市级	县级	地市级	县级	地市级	县级
甘肃省地方税务局稽查局	142	1	25	116	142		1			25	116		
青海省国家税务局稽查局	14	1	9	4	14		1	9			4		
青海省地方税务局稽查局	6	1	5		6		1	5					
宁夏回族自治区国家税务局稽查局	28	1	6	21	28		1	6			21		
宁夏回族自治区地方税务局稽查局	6	1	4	1	6		1			4	1		
新疆维吾尔自治区国家税务局稽查局	48	1	27	20	48		1	20		7	20		
新疆维吾尔自治区地方税务局稽查局	20	1	19		20		1	15		4			
大连市国家税务局稽查局	5	1	4		5		1	4					
大连市地方税务局稽查局	11	1	7	3	11		1			7		3	
宁波市国家税务局稽查局	9	2	2	5	9		2	2			5		
宁波市地方税务局稽查局	13	1	7	5	13		1			7	5		
厦门市国家税务局稽查局	5	1	4		5		1	4					
厦门市地方税务局稽查局	5	1	4		5		1	4					
青岛市国家税务局稽查局	10	4	1	5	10		4	1			5		
青岛市地方税务局稽查局	9	1	3	5	9		1	3			5		
深圳市国家税务局稽查局	7	1	6		7		1	6					
深圳市地方税务局稽查局	6	1	5		6		1	5					

2013 年全国税务稽查人员基本情况表（1）

单位：人

单　　位	人员配置情况				政治面貌		文化结构			专业资格				年龄结构		
	合计	省级	地市级	县级	党员	团员	研究生	大学本、专科	其他	注册会计师	注册税务师	法律执业资格	资产评估师	35 岁以下	35 至 45 岁	45 岁以上
北京市国家税务局稽查局	941	56	885		617	27	51	846	44	11	56	15		111	256	574
北京市地方税务局稽查处	1005	223	782		709	8	42	826	137	45	6	3		147	459	399
天津市国家税务局稽查局	756	64	692		406	27	18	730	8	3	22	1		73	167	516
天津市地方税务局稽查处	679	221	458		411	52	28	628	23	20	47	5		152	163	364
河北省国家税务局稽查局	2662	43	989	1630	2231	35	69	2495	98	25	111	8		194	1025	1443
河北省地方税务局稽查局	3359	23	1228	2108	2885	30	90	2959	310	22	198	11		487	1337	1535
山西省国家税务局稽查局	1388	23	427	938	937	31	13	1215	160	9	37	5	1	118	386	884
山西省地方税务局稽查局	1435	22	524	889	1081	31	21	1270	144	19	55	13		196	485	754
内蒙古自治区国家税务局稽查局	1314	20	496	798	858	19	34	1225	55	7	22	5		224	559	531
内蒙古自治区地方税务局稽查局	730	77	226	427	497	22	32	681	17	2	6			128	331	271
辽宁省国家税务局稽查局	2558	25	1975	558	1965	76	186	2372		13	150	8		387	748	1423
辽宁省地方税务局稽查局	1922	54	1202	666	1402	28	262	1581	79	32	140	12	6	251	644	1027
吉林省国家税务局稽查局	1202	16	744	442	737	27	52	1099	51	4	55	7		122	372	708
吉林省地方税务局稽查局	994	84	552	358	607	36	80	879	35	8	64	12		196	402	396
黑龙江省国家税务局稽查局	1336	17	401	918	929	29	28	1255	53	16	52	4	1	195	316	825
黑龙江省地方税务局稽查局	1199	14	304	881	911	43	59	1140		13	73	6	5	353	417	429
上海市国家（地方）税务局稽查处	1241	686	555		685	24	99	1093	49	39	148	20	7	247	290	704
江苏省国家税务局稽查局	2229	17	881	1331	1680	38	59	2104	66	36	265	13	3	241	577	1411

2013年全国税务稽查人员基本情况表（2）

单位：人

单位	人员配置情况				政治面貌		文化结构			专业资格				年龄结构		
	合计	省级	地市级	县级	党员	团员	研究生	大学本、专科	其他	注册会计师	注册税务师	法律执业资格	资产评估师	35岁以下	35至45岁	45岁以上
江苏省地方税务局稽查局	1775	22	785	968	1463	43	119	1627	29	55	414	21	3	239	798	738
浙江省国家税务局稽查局	2051	19	753	1279	1337	32	53	1907	91	33	98	16	2	131	626	1294
浙江省地方税务局稽查局	1711	20	501	1190	1205	62	54	1582	75	34	65	4	7	191	505	1015
安徽省国家税务局稽查局	1254	41	647	566	1051	18	128	1074	52	26	111	6	1	143	437	674
安徽省地方税务局稽查局	1099	34	366	699	892	12	153	929	17	39	177	5	5	77	502	520
福建省国家税务局稽查局	903	24	309	570	677	10	28	850	25	5	29	6		70	260	573
福建省地方税务局稽查局	861	20	270	571	645	27	9	829	23	11	43	6		110	339	412
江西省国家税务局稽查局	1209	16	468	725	921	10	43	1147	19	22	84	2		85	347	777
江西省地方税务局稽查局	1026	20	330	676	781	8	38	959	29	51	119	19	3	92	472	462
山东省国家税务局稽查局	2429	17	591	1821	2144	47	77	2131	221	25	162	11	3	153	917	1359
山东省地方税务局稽查局	2267	18	565	1684	2016	67	67	2047	153	44	154	6	4	433	1004	830
河南省国家税务局稽查局	3756	56	2064	1636	2846	21	60	3290	406	16	113	10	3	324	1646	1786
河南省地方税务局稽查局	2275	29	1194	1052	1980	17	49	1989	237	10	126	6	2	396	983	896
湖北省国家税务局稽查局	2343	15	1162	1166	1868	54	116	2145	82	14	82	7		272	1033	1038
湖北省地方税务局稽查局	1480	29	625	826	1301	27	69	1377	34	14	77	5		235	570	675
湖南省国家税务局稽查局	1890	43	813	1034	1483	21	36	1771	83	18	72	8	1	167	794	929
湖南省地方税务局稽查局	1522	22	386	1114	1189	34	28	1423	71	29	72	3		289	583	650

2013年全国税务稽查人员基本情况表（3）

单位：人

单位	人员配置情况				政治面貌		文化结构			专业资格				年龄结构		
	合计	省级	地市级	县级	党员	团员	研究生	大学本、专科	其他	注册会计师	注册税务师	法律执业资格	资产评估师	35岁以下	35至45岁	45岁以上
广东省国家税务局稽查局	2294	29	702	1563	1799	61	151	2065	78	20	79	23	1	313	803	1178
广东省地方税务局稽查局	2308	43	1288	977	1798	38	160	2068	80	23	107	21		287	943	1078
广西壮族自治区国家税务局稽查局	1312	20	458	834	914	14	46	1230	36	2	25	7	1	112	531	669
广西壮族自治区地方税务局稽查局	983	21	405	557	685	21	29	908	46	3	13	4	1	131	389	463
海南省国家税务局稽查局	126	126			87	3	32	94		2	5	3		50	53	23
海南省地方税务局稽查局	269	269			196	8	15	241	13		3			43	72	154
重庆市国家税务局稽查局	586	28	558		411	18	50	527	9	5	19	6		70	169	347
重庆市地方税务局稽查局	713	36	442	235	479	5	29	676	8	9	31	5		98	245	370
四川省国家税务局稽查局	1961	20	706	1235	1344	65	82	1834	45	7	128	16		241	730	990
四川省地方税务局稽查局	2184	62	574	1548	1505	54	59	2021	104	27	100	17	2	290	871	1023
贵州省国家税务局稽查局	756	17	349	390	495	7	28	716	12	2	42	6	1	65	340	351
贵州省地方税务局稽查局	350	9	341		246		15	331	4	4	8	2	1	61	176	113
云南省国家税务局稽查局	1216	13	283	920	705	16	18	1145	53	1	22	3		86	351	779
云南省地方税务局稽查局	1141	22	283	836	698	22	20	1030	91	6	57	2		137	430	574
西藏自治区国家税务局稽查局	84	18	66		73	2	3	81						39	38	7
陕西省国家税务局稽查局	1777	31	592	1154	1226	60	43	1545	189	3	36	3		230	576	971
陕西省地方税务局稽查局	1238	43	598	597	857	22	73	1069	96	1	52	1		146	492	600
甘肃省国家税务局稽查局	783	17	285	481	569	23	16	731	36	5	40	1		109	278	396

2013 年全国税务稽查人员基本情况表（4）

单位：人

单位	人员配置情况				政治面貌		文化结构			专业资格				年龄结构		
	合计	省级	地市级	县级	党员	团员	研究生	大学本、专科	其他	注册会计师	注册税务师	法律执业资格	资产评估师	35 岁以下	35 至 45 岁	45 岁以上
甘肃省地方税务局稽查局	778	10	239	529	560	3	6	715	57	13	81		2	173	315	290
青海省国家税务局稽查局	470	16	409	45	314	3	33	421	16	2	9	3	1	116	186	168
青海省地方税务局稽查局	122	13	109		80		1	117	4		6			15	53	54
宁夏回族自治区国家税务局稽查局	408	29	248	131	282	85	23	374	11	1	17	1	1	65	144	199
宁夏回族自治区地方税务局稽查局	181	26	147	8	129	2	10	171			5			31	84	66
新疆维吾尔自治区国家税务局稽查局	763	18	603	142	484	19	39	685	39	16	108	6	1	219	279	265
新疆维吾尔自治区地方税务局稽查局	666	27	639		486	18	26	637	3	17	43			158	324	184
大连市国家税务局稽查局	378	26	352		237	33	35	343		7	7	5		102	77	199
大连市地方税务局稽查局	481	8	411	62	346	17	57	423	1	6	36	1		83	190	208
宁波市国家税务局稽查局	354	148	48	158	232	6	4	340	10			1		19	105	230
宁波市地方税务局稽查局	280	65	93	122	205	3	13	261	6	1	9	1		25	134	121
厦门市国家税务局稽查局	106	80	26		56	5	6	97	3		7	2		18	41	47
厦门市地方税务局稽查局	98	67	31		62	3	3	94	1	1	6	4	1	15	47	36
青岛市国家税务局稽查局	300	171	22	107	222	1	8	272	20	4	34	2		11	133	156
青岛市地方税务局稽查局	292	153	49	90	236	2	12	257	23	3	29	1	1	8	126	158
深圳市国家税务局稽查局	350	100	250		216	20	44	280	26	8	15	7	1	82	137	131
深圳市地方税务局稽查局	153	62	91		123	10	45	97	11	4	10	3		39	64	50

第九篇

文　　选

三化同步推进稽查管理体制改革

薛建英*

税务稽查是依法治税的最后一道防线，在税收工作中发挥着重要作用。而稽查管理体制是否优化、合理，是影响税务稽查效能的基础性支撑条件。

一、推进稽查管理体制改革势在必行

贵州省国税系统稽查管理体制同全国同行大致相同。自分税制以来，在管理架构上按省、市、县三级设置稽查机构，在管理方式上实行属地管辖原则下的“四分离”模式。随着经济社会的快速发展，现行稽查管理体制与构建现代化征管体制要求的矛盾日益凸显。

（一）横向上总量不足，存在稽查工作任务繁重与稽查整体力量薄弱的矛盾

当前税收违法行为普遍存在，虚开发票、骗取退税等重大涉税案件时有发生，“做假账、用假票、报假表”等现象较为普遍，不少税收违法问题难以遏制。稽查部门承担着重点税源企业检查、税收专项检查、重大涉税案件查处、打击假发票违法犯罪活动等繁重工作任务，但全省仅有稽查人员749人，占税务人员比例仅为9.3%。

（二）纵向上资源分散，存在税源分布与稽查人力资源配置的矛盾

目前总部经济、集团经济发展迅速，全省75%左右的税源集中在省、市两级征管，但省、市两级稽查力量仅占全省稽查人员的35%左右，“倒挂”现象严重。这种人力资源配置不利于对重点税源企业的风险防范和重大税收违法案件的查处。

（三）结构上层级过多，存在垂直管理体制与专业化管理要求的矛盾

现行稽查管理体制下，行政管理层级过多、行政岗位人员占比较大、一线检查力量不足、决策层与执行层之间的信息沟通不畅，不利于实现专业化管理。

上述矛盾已严重制约稽查工作的发展，不利于推进稽查现代化建设。因此，应该按照深化税收征管改革的总体要求，对稽查管理体制进行改革。

二、推进稽查管理体制改革应当“三化同步”

稽查管理体制改革应当顺应构建现代化征管体系的要求，突破行政区域限制，合理调整各级稽查机构职责，科学统筹配置稽查资源，优化稽查组织结构，将“集约化、扁平化、专业化”作为一个整体考虑，理顺相互间的关系，做到“三位一体”、同步推进。

（一）资源配置集约化

通过对稽查工作各管理要素优化配置，使优质资源配置到省、市两级稽查局，用以突出对总局、省局管理的重点企业、重大涉税案件进行监控和查处，有效应对和防范涉税风险，实现稽查效益的最大化。

（二）管理模式扁平化

突破行政区域限制，构建稽查机构省、市“两级架构”，调整稽查部门职责，完善管理体制，顺畅决策层和执行层之间的信息沟通渠道，建立起分工合理、责任清晰、运转灵活、监管有力的稽查组织体系，实现扁平化管理。

（三）工作方式专业化

根据纳税人的实际情况和不同特点，按照分级分类管理的要求，实现组织机构、人才配置、检查方式专业化，有效解决现在的检查方式、效能与税源专业化管理不匹配、不适应的问题。

三、推进稽查管理体制改革应坚持顶层设计

顶层设计就是要从深化税收征管改革的全局出发，对制约税务稽查工作发展的管理机制、组织结

* 薛建英，贵州省国家税务局局长。

构、人力配置等全局性、关键性环节，由税务总局进行总体谋划、统筹协调，确保改革步调一致、整体推进。改革的目标是建立“统一选案、专业检查、集中审理、属地执行”的省级重点稽查和市级“一级”稽查相结合的稽查模式。

（一）省级实行重点稽查模式

在省级设立省局稽查局及2~3个直属稽查局，加大重点企业涉税风险防范力度。省局稽查局主要承担行政管理职能，省局直属稽查局主要承担执法职责。省局稽查局对直属稽查局实行案源统一管理、经费统一使用、审理统一组织、文书统一出具。省级稽查局主要负责税务总局安排布置的重点企业检查、税收专项检查、省级重点税源企业、重大涉税案件的查办工作，应对重大涉税风险。其中，省局直属稽查局侧重对省级重点税源企业的检查，也就是省级层面上的“一级稽查”。省级稽查局人力资源配置应占到全部稽查力量的20%左右。

（二）市级实行“一级”稽查模式

根据税源管理专业化的要求，在市级突破行政区域限制，撤销县级稽查局，设立市局稽查局及其若干个直属稽查局，实行“一级”稽查模式。原有县级稽查人员相应调整到各直属稽查局，不作物理意义上的集中（人员驻原所在县级局，按税源专业化管理的要求，负责直属稽查局管辖范围内某个或某些行业的专业稽查）。市局稽查局承担行政管理和执法两类职责，侧重于执法职责，负责对市级重点税源企业实施一级稽查；查处直属稽查局在专业稽查中报送的重大涉税风险案件；完成省局稽查局下达的检查任务。人力资源配置占稽查人员的比重应在30%左右。直属稽查局应打破行政区划，按照行业专业化检查的需要设置，按照与税源专业化管理相适应的要求开展专业稽查。市局稽查局对直属稽查局实行案源统一管理、经费统一使用、审理统一组织、文书统一出具。

按照上述设想，稽查机构、人员将向省、市两级集中。以贵州国税为例，机构数将从原有的84个减少至40个以内，稽查人员达到1000人左右，占在职人员的比重达12%以上。这样，管理层级减少，直接从事检查工作人员的比例增加，稽查优质资源集中到省、市两级直接防范重大涉税风险，稽查管理体制将得到进一步的优化。

安徽地税系统稽查信息化建设实践与探索

洪晓建*

稽查信息化是稽查现代化面临的一个重要问题，也是稽查现代化的一个突破口。安徽省地税系统近年来对稽查信息化工作进行有益探索，不断总结经验、强化实践，对稽查信息化体系进一步设计、规划、求证，以期建立更加科学、高效的稽查信息管理模式和工作体系。

一、安徽地税系统稽查信息化建设实践

自2000年起，安徽省地税系统试用稽查管理软件；2005年试用电子查账软件。在信息化实践中，依托稽查管理平台和电子查账软件，安徽地税在摸索中尝试和创新，扬稽查质效之长、避执法风险之短，倚稽查管理之便、就稽查威慑之重，因地制宜，因时而变，切实提升工作质效。

（一）深度优化稽查管理平台

2013年，以全省征管数据大集中为契机，稽查管理软件历经两次升级后进入AHTAX2013版本。在严格按照稽查四环节正常流转案件基础上，AHTAX2013平台还提供了丰富的特色功能：一是基于任务推送。分岗、分人实时通过消息提示任务，使得职能和权责匹配，实现整个平台有效有序运转，避免执法风险。二是将全省数据集中到省局服务器。实现了全省稽查案件的信息互通，方便全省稽查工作的监督、管理和指导。三是实现了可视化的案件统计功能。按期计算稽查工作数据，定期分析案件类型、查处结果，自动生成选案、检查、审理、执行台账，为稽查工作提供直观决策依据。四是支持在线多级审理。凸显程序规范化、结果透明化。

* 洪晓建，安徽省地方税务局副局长。

（二）全面装备电子查账“利剑”

2008—2013 年，安徽省地税系统从试点到全面应用电子查账软件，不断探索、推进电子查账软件创新应用。一是合理配置查账软件。针对不同层级稽查力量的强弱，合理配置查账软件，实现硬件、软件与人员的匹配，有效提高稽查资源利用效率。截至 2013 年 12 月，省稽查部门共购进电子查账软件 274 套，实现省局稽查局检查人员人手一套，市局稽查局每个检查组、每个县局稽查局至少保有一套，进一步加大了查账软件的推广应用。二是加强学习培训。历年来不断通过集中培训、专题培训、春训等形式，对电子查账应用进行培训，提高使用效率，为有效、有序开展电子查账奠定了基础。2013 年，全省地税稽查系统针对电子查账软件累计培训 18 次，共培训 1450 人天。三是完善电子取证流程。提取数据时采取双备份，一份复制到所采集的计算机上，一份复制到 U 盘，现场封存并现场签字，有效规避了电子取证漏洞和执法风险。四是创新联合办案机制。依托公安部门取证优势，调取数据时联合公安部门及软件公司人员，现场取证，遇到问题及时处理，不给待查企业转移和隐匿电子账簿的机会，固定了证据，规避了执法风险，强化了稽查效果。2013 年，全省地税稽查系统共采用电子查账方式检查纳税人 381 户次，约占总检查户数（除去自查户数）的 56.5%，与传统稽查方式相比，电子查账优势明显，使用电子查账户均查补税款数是传统检查平均数的 7 倍，户均检查时间是全省平均数的 30%。对比数据见图 1。

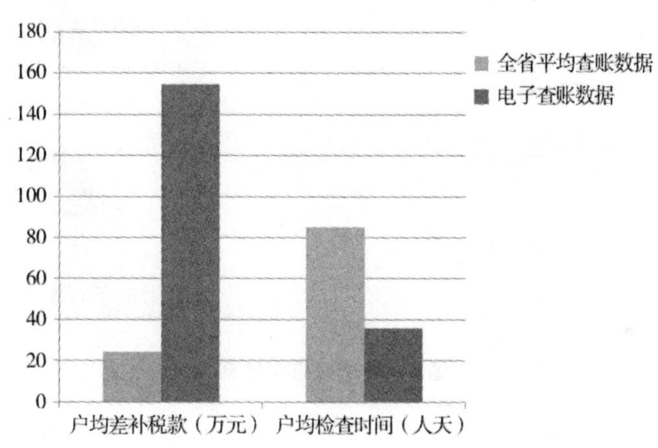

图 1　电子查账效果比对

二、稽查信息化建设思路

（一）当前稽查信息化建设存在的问题和不足

从安徽省稽查信息化应用实践看，目前，稽查信息化还存在以下不足：一是选案信息化质量不高。选案工作是稽查工作的第一关，选案的质量决定了稽查资源的分配和稽查工作的效率。但现阶段选案工作信息化应用不够，信息渠道狭窄，选案手段落后，与纳税评估推送来的案件“水土不服”。二是稽查管理平台扩展性不够。对第三方软件的拓展接口不足，案头审计功能有待完善。三是电子查账使用受限。数据采集环节技术有障碍，面对 SAP、基于 ORACLE 的财务软件及一些在线财务软件平台，很难有效实施；数据采集机制不完善，遇到借口拖延不提供检查账号的企业，数据采集便无法实施；无明确法律及制度规范，电子查账实施有一定法律风险；四是对稽查信息化认知有误区。稽查信息化是个科学化、智能化、系统化的系统。很多人认为稽查信息化只是“简单”的稽查辅助手段，稽查信息化就是将纸上能做的东西放到计算机上再做一遍。这种消极、简单的理解将妨碍稽查信息化的过程。

（二）稽查信息化基本框架构思

针对现阶段数据信息利用不足、稽查平台扩展不够、电子查账使用较浅等现实，安徽地税借鉴国内外先进经验，在实践基础上，对稽查信息化体系进行了构思：稽查信息化体系以稽查数据中心为基础，由个性化选案系统、稽查管理平台、网格化电子查账系统三部分组成。个性选案系统基于人工经验建模，利用基于异常点检测的方式实现计算机选案，并推送案源；稽查管理平台采用基于任务推送的方式，有丰富的可扩展接口，为稽查流程管理提供保障；网格化电子查账系统实现稽查案件检查的共享，节约人力资源，提升及稽查效率。各部分关系见图2。

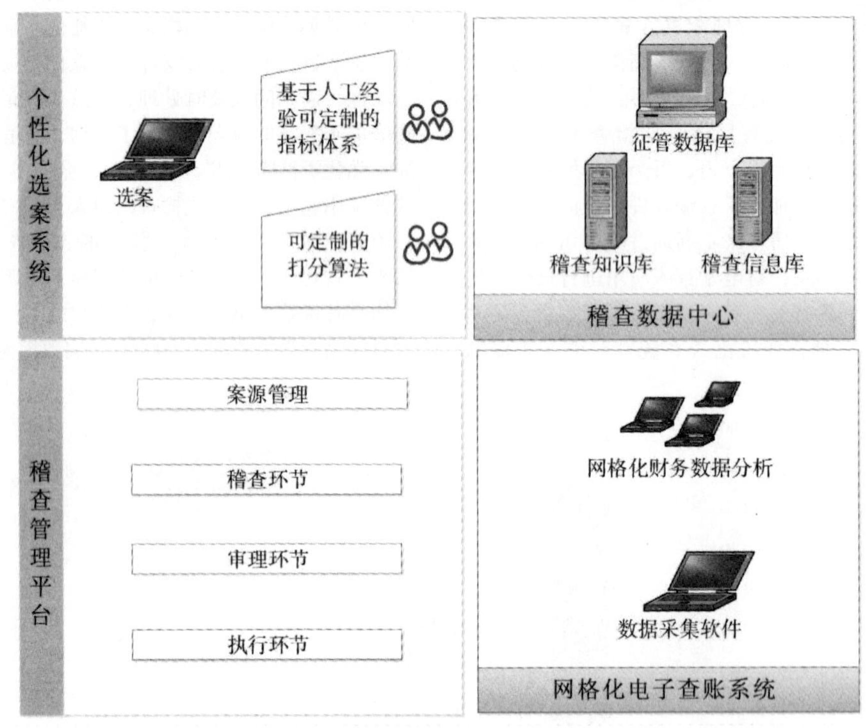

图2　稽查信息化体系

三、稽查信息化方案设计

（一）打造稽查数据中心

稽查数据中心包括稽查信息库和稽查知识库。稽查信息库在实际稽查中用到的数据，包括企业财会信息、企业基本资料、企业纳税申报数据、稽查信息、第三方信息。稽查知识库是指稽查过程中获取的相关知识，包括检查企业的基本信息、涉税情况、作案手法、征管建议等。稽查知识库是对稽查案例的有序组织和再创造，便于优化改进选案模型，为检查提供可借鉴的经验，为案件审理提供数据和依据，帮助改进查账软件相关的数据分析模型。对信息库和知识库数据的处理包括获取、存储和管理等过程。不同的数据类型存储方式不同，可以以ORACLE作为存储后端，采用BS架构，配置岗位权限面向全部稽查人员开放。

（二）个性化选案系统

传统的计算机选案是运用纳税评估的思路，根据纳税人的纳税指标检测异常户，这种方法在实际操作中难免会有偏差。如：某个企业的某些指标和所有企业相比可能是异常的，但是和其他的同类型企业或者同行业企业相比较却并非如此；某个企业涉嫌偷逃漏税信息可能仅在部分指标上有显示，即局部异常，而整体指标却是正常的，这种基于统计的或者是有监督的学习方法的选案往往误报率很高。基于此，可以采用数据挖掘中无监督的学习办法，即基于密度的离散点检测方法。涉税企业往往与同行业同规模企业指标有差别，在数学模型上，将其理解为异常点。这种方法可通过行业和规模参数调节使范围可控，更符合实际的选案方式，也使稽查选案更具准确性和科学性。

经对安徽省地税局稽查局2010—2012年检查的104户典型涉税企业的问题类型、原因和手段分析，初步建立了分行业、分税种的31项涉税问题和以财务指标和账目指标为基础的28项指标组合，然后用基于密度的离散点方法测试，在部分市进行了试点并取得较好效果。

（三）可扩展的稽查管理平台

基于安徽省稽查管理平台的实践和应用，可以对稽查管理平台进行完善和改造。目前流程管理工作仍限于“四环节”内部，下一步工作方向是与外部的各软件及模块对接：一是完善与选案系统的对接，使选案系统推送来的企业数据及提供的涉税疑点信息直接进入稽查管理平台；二是与电子查账系统中数据采集软件对接，支持常用财务软件数据的导入，方便稽查人员的检查、比对、分析；三是实现知识管理，在平台中提供丰富稽查知识库接口，将每次查案的企业基本资料、作案手法和查办方法进行整理、归纳，并保存下来。

（四）网格化电子查账系统

为扩大电子查账软件的使用力度，提升电子查账软件的使用效率，可以构建网格化电子查账系统，将所查案件部署到省局服务器上，实现数据的共享，方便多人看账，最大限度地利用资源，将电子查账与稽查知识库紧密地结合起来。

提升税务稽查执法能力的实践与思考

孙德仁*

2013 年，全国税务稽查工作会议要求以提升执法能力为主线推进税务稽查现代化建设。山东国税围绕提升税务稽查执法能力作了一些探索，同时也遇到了一些矛盾和问题，有待研究和解决。

一、税务稽查执法能力的内涵和外延

稽查执法能力来源于政治学上的执政能力、管理学上的执行力以及法学上的行政执法能力。这三种能力在税务稽查领域的具体化就是稽查执法能力。稽查执法能力直接决定执法效率，进而影响税收征管效率，是税务稽查现代化的主线和目标。具体来讲，税务稽查执法能力是稽查部门依法履行自身职责所应具备的主观条件，即依据税收法律法规及税收政策，组织全体稽查人员，动员各方积极因素，采取科学的制度和方式，有效履行稽查职责、服务税收工作和经济社会发展大局的本领。

税务稽查执法能力是一个系统完备的体系，既包括稽查人员的个体执法能力和稽查团队的整体执法能力，也包括管理体制、法律制度、工作机制、财物装备、外部环境等客观条件。稽查人员的个体执法能力可以分为意识（法治意识、责任意识、创新意识、风险意识、团队意识等）、知识（学历教育、继续教育、干中学等）、素质（思想政治、人文科学、专业技术、科研创新、管理指挥等）、技能（科学选案、依法检查、公正审理、严格执行等）等层次；稽查团队的整体执法能力可以分为服务大局、依法履责、管理创新、科技支撑、协调配合、机构设置、队伍建设等能力。

二、山东国税提升税务稽查执法能力的探索与实践

（一）明确提升税务稽查执法能力基本思路

根据提升站位、依法治税、深化改革、倾情带队的要求和全国税务稽查工作会议精神，全省国税稽查工作会议明确要求全省必须围绕提升稽查执法能力，提高全省国税稽查工作水平。提高执法能力，必须始终坚持服务大局、充分发挥稽查职能，始终坚持依法行政、严格规范稽查执法，始终坚持创新驱动、持续提升稽查效能，始终坚持统筹兼顾、科学整合稽查资源，始终坚持加强领导、切实改进工作作风。

（二）强化稽查部门组织机构建设

优化稽查部门机构设置，注重引进高层次专业人才。与 2011 年 4 月底相比，目前全省国税稽查系统研究生及专业资格人员占全部稽查人员的比例分别上升了 0.82%、13.42%，均高于同类人员占全省国税干部的比例。

（三）提高稽查干部队伍整体素质

省局先后举办金融、成品油企业查前培训、信息化管理企业税务稽查等 10 个业务培训班和稽查局局长专题培训班，积极选派人员参加税务总局培训，抽调骨干参加上级重大案件查处实训，并加大

* 孙德仁，山东省国家税务局总审计师。

对各类资格证书考试的支持力度。税务稽查员（岗）在全省国税系统组织的六员、四岗等考试中，成绩名列前茅。

（四）完善税收检查工作机制

实施分类分级检查，建立省局牵头、市局组织、县局参与三级联动机制。加大重大涉税违法案件查处力度，紧紧抓住查处虚开增值税专用发票和骗取出口退税两个重点，加强稽查人力资源的统筹使用。大力推行典型解剖、模版检查、全面铺开的检查方式，形成适合不同类型企业的检查工作机制。全省税收专项检查查补收入比同期提高 9 个百分点。

（五）创新税务稽查工作方式

在稽查资源利用上，实行统一选案、联合检查、集中审理模式，广泛运用上下联动、上级督查、交叉检查等形式，形成检查合力。积极探索开展信息化稽查，自主研发稽查选案软件，推广使用辅助查账软件。不断加强数据分析利用，推进稽查精准定位，比如在成品油受票企业专项检查中，通过对全省 4077 户成品油生产和经销企业近 3 年开具的 284 万余组专用发票信息进行提取分析，筛选出 128 户重点检查企业，查实率 100%。

（六）加大部门协调配合力度

在内部，加强与征管、税政、法规等部门的配合，利用税收检查获得的资料，全面总结和剖析被查行业的经营规律、特点和带有行业共性的税收违法问题，提出有针对性的解决措施。在外部，加强与地税、公安、银行、工商等部门的协作，形成了强有力的执法保障体系。

三、提升税务稽查执法能力面临的矛盾与问题

（一）税收法制建设滞后弱化税务稽查刚性

税务稽查的上位法依据不充分，虽然现行《税收征管法》及其实施细则明确了税务稽查的执法主体资格和相应职能，但赋予稽查部门的执法权限仍然有限，与稽查部门实际承担的职责不匹配。税务稽查的具体法律依据不完备，目前稽查执法的主要依据是税务总局制定的《税务稽查工作规程》等文件，法律效力不强。稽查局职责划分不清，实际工作中日常检查取代税收检查、评估取代稽查等现象比较普遍。

（二）稽查部门组织架构与税源结构不配比

从当前税收贡献情况看，2% 的大中型企业贡献了 90% 以上的税收，重点税源企业主要分布在市以上中心城市，税源结构呈倒三角形分布，而省、市、县三级稽查部门人员数量却呈正三角形配置。从横向上看，稽查机构设置及人员组成拘泥于行政区划，也制约了稽查效能的充分发挥。

（三）传统稽查执法手段跟不上企业科学化管理的步伐

当前，推行电算化管理核算的企业数量快速增加，企业利用信息化手段和高层次财务管理人才掩盖涉税违法事实、逃避稽查打击的能力大大增强，常规稽查手段越来越不能满足稽查工作实际需要。与企业管理核算的高度信息化、专业化形成鲜明对比，税务稽查信息化程度还处在一个相对较低的水平。

（四）稽查干部队伍现状不能胜任稽查执法需要

目前，山东省稽查人员 2417 人，占全省国税干部的 10.5%，低于全国平均水平；从 2011 年 4 月到 2013 年 10 月，全省稽查人员绝对数下降 4.47%；稽查干部老龄化问题严重，稽查部门高端专业人才短缺；另外，受机构规格、职级待遇、工作环境等影响，稽查人员工作积极性和队伍稳定性不高。

（五）稽查执法环境有待改善

部分税务机关对稽查职能作用的认识存在误区，仍然把稽查执法作为调节收入的工具，致使稽查执法时紧时松。个别地方存在地方保护主义，稽查执法面临较大外部行政压力。个别税务机关过分考虑优化经济环境的需求，以评代查、以补代罚，削弱了稽查执法刚性。相关部门支持配合力度不够，第三方证据获取难、信息共享程度低，多部门稽查执法协作制度不够完善。

四、进一步提升税务稽查执法能力的对策与建议

（一）树立现代化稽查理念是提升稽查执法能力的先导

税务稽查部门应把牢固树立法治、效率、集约、专业、创新的现代化税务稽查理念，作为提高稽查执法能力的指引和评价标准。其中，法治是核心，增强稽查干部的法治意识，提升稽查部门依法行政能力，提高纳税人税法遵从度；效率是方向，加强对稽查信息系统的应用和管理，不断提高税务稽查工作质效；集约是基础，以优化稽查资源配置

为目标，完善稽查管理方式；专业是保障，加强行业性涉税问题研究，开展专业化检查，培养行业检查专家型人才，用专业化推动稽查现代化；创新是动力，以创新思维和科学方法破解制约稽查发展的难题，通过对稽查机制、方式方法的拓展和创新，助推稽查执法能力提升。

（二）加强稽查法律体系建设是提升稽查执法能力的保障

一是修正《税收征管法》，科学合理划分税务局和稽查局的职责，避免职责交叉，同时赋予稽查部门更大的调查取证权，增加强制性规定，明确代位权、撤销权的具体行使程序。二是提升《税务稽查工作规程》法律级次，将其上升为税务总局的部门规章，进而以此为基础形成《税务稽查条例》，并进一步上升为国务院的行政法规，将稽查人员的数量和质量要求、专业化和现代化要求固定下来，扩张税收检查权能，对恶意税收违法和对抗、逃避税收检查行为赋予一定的强制手段，提高稽查取证效力，建立税务稽查结果与企业征信衔接运用机制，进一步完善社会协税护税机制，优化涉税犯罪案件移送机制，加大稽查处罚力度。三是明确《税收征管法》及其实施细则与《行政处罚法》《行政复议法》《行政强制法》《刑法修正案（七）》的衔接适用问题，尽快明确税收保全措施及强制执行的种类、审批（实施）主体、程序、时限，以及逃税（罪）案件的认定处理等问题，确保稽查部门有法可依，防止引起税收争议。

（三）加强稽查管理方式建设是提升稽查执法能力的基础

一是优化资源配置，构建高效组织体系。按照省局要强、市局要扩、县局要缩的基本原则，调整省、市、县三级稽查机构职能，打破行政区域限制，适当提高省、市稽查人员比例，逐步推行省、市一级稽查模式。二是调整职责范围，建立高效管理模式。按照税源分布结构和分级分类稽查管理的要求，赋予不同级次稽查局不同的执法任务，使稽查资源与稽查执法对象相匹配。适当上收稽查事权，加强稽查工作一体化管理，在更大范围内统一调配稽查人力资源，做到统一选案、统一检查、统一审理。

（四）加强信息化建设是提升稽查执法能力的支撑

一是完善网络信息平台和工具软件。依托金税三期工程，逐步建立上下贯通、内外互联的信息化网络平台，实现总局、省局、市局、县局贯通，税务稽查网络平台与税务部门征管各系统相连，并与相关执法部门网络相连。二是拓展稽查信息化应用领域。深化电子查账系统应用，对总分企业和一些重要行业探索构建实时监控、动态监测的在线稽查系统，实行联网稽查。探索建立覆盖各级稽查部门的数字化稽查指挥中心。强化稽查痕迹管理，以工作底稿为载体，全面推行模板化、格式化检查。三是加强稽查数据资源开发利用。进一步整合分析涉税信息，提出协同应用的解决方案，加强数据智能管理和深度分析，增强判断评价宏观经济、感知经济安全风险等方面的能力。做好稽查案件分析整理工作，逐步建立重要行业、重点企业、高风险纳税人的稽查模型，形成稽查案件知识库。

（五）充分发挥稽查职能作用是提升稽查执法能力的生命线

坚持两手抓，两手硬：一手抓打击震慑，严格履行税务稽查法定职责和授权职责，始终把案件查处作为稽查工作的中心任务，扎实抓好常规税收检查、税收专项检查和专项整治、重点税源检查、打击发票违法犯罪等工作；一手抓促管促改，抓好行业及个案检查成果的深加工，剖析问题成因，注重从体制、机制、制度层面改进和完善征管措施。

（六）加强稽查执法队伍建设是提升稽查执法能力的根本

一是重数量。按照稽查人员占全部税务人员比例不低15%的标准，进一步增加稽查人员数量。二是提素质。研究制定稽查人才培养规划，建立稽查分类分级培训机制，积极鼓励干部职工参加各类培训和考试，充实完善稽查人才库。三是强激励。抓好思想政治和职业道德教育，畅通稽查干部职务上升渠道，全面推行稽查执法能级管理制度。四是严监督。加强对行政执法的日常监督管理，严格落实稽查执法责任追究制度。

转变职能　践行承诺
整合各类税务检查事项

席七万*

2013年7月，国家税务总局出台了《关于转变职能改进作风更好为广大纳税人服务的公告》，向社会公开承诺“避免多头检查”和“整合各类税务检查事项，统筹安排年度检查工作，限定每年检查次数。推行联合检查，防止多层级、多部门重复检查”。这一规定，对构建和谐征纳关系，提高行政执法效率，树立税务机关良好形象，具有重要的指导意义。为更好地落实公告精神，转变职能，践行承诺，有必要对税收检查实践的现实进行再思考、再分析、再认识。

一、多头重复检查的现象分析

2012年，河南省纳税人座谈会上，一户企业反映：一年内管理局、稽查局、征管处、大企业管理处、退税处等都对其进行了“检查”，若再加上日常的数据核查，次数更多；据河南省“税源监控系统”中“纳税评估成果统计”：2013年1—7月河南省某商行，7个月内“被评估”4次，其中1个月“被评估”2次，补缴税款2700多元；2012年上级税务机关直接指派异地税务人员对河南省某大企业开展历时8个月的税务审计工作，初核疑点问题过亿元，要求企业确认时，企业因不明白此为何种检查行为，予以拒签，最终以补税80万元了事。上述工作项目，无论纳税评估、税务审计、税务稽查还是数据核查，无论以何名称，对纳税人来说，只要进企业、看账簿，均认为“被检查”。据了解，稍具规模的企业一年内一般要接受4~5次这样的“税务检查”。这种“税务检查”因多头布置、频繁进户、内容重复、耗时长久，影响了企业正常经营。企业穷于应付，怨声载道，要求税务部门规范检查行为的呼声日益高涨。河南省纳税人座谈会上，企业代表迫切要求税务机关对税务检查要做到“统筹规划、归口管理、信息共享、避免重复”。

分析多头重复检查、不依法检查现象，当前反映强烈、矛盾集中、问题突出的主要在于“纳税评估”“税务审计”“税务稽查”三个方面。而这三项工作分属不同部门，不同部门又难免任性地安排布置检查项目，且未按照《税收征管法》要求厘清职责、行使职权，是多头重复检查的乱源所在。

（一）纳税评估“超越职权”

纳税评估出现了泛滥扩大的情况，成了多头重复检查的乱源之一。一是扩范围。无论是当期还是往期纳税情况，无论是程序性、日常性还是实体性、系统性纳税义务的履行都在纳税评估的范围之内；无论税源管理部门还是税收政策部门，不同层级管理部门都分别开展纳税评估工作，这种本以提醒并减少纳税人过错为目的的服务措施，却成了对纳税人过多的打扰。二是扩手段。目前多数纳税评估脱离了案头审核的主体方式，而是根据简单的税负分析或上级派单，滥施实地核查；在实在核查时，往往采取调取账簿、查阅凭证、询问纳税人等税务稽查手段，且不出具相应检查文书；有时抽调稽查人员直接从事评估工作，甚至对企业进行评估和稽查的是同一批税务人员。纳税评估成为了没有法定文书规范的“异化稽查”。三是扩职权。由于缺乏执法依据和制度规范，纳税评估存在着随意评估、协商谈税的问题。或将当期（甚至后期）正常税款“划”为评估成果，或发现企业存在偷逃税款等税收违法问题，却允许纳税人简单自查补税了事，不移送稽查，不按规定加收滞纳金和罚款，削弱了税收执法的刚性。

（二）税务审计“师出无名”

大企业管理部门积极作为，对加强重点税源的管理发挥了作用，但其开展的跨年度、综合性的税务审计也成了多头重复检查乱源之一。一是没有法

---

* 席七万，河南省国家税务局副局长。

定权限。我国现行税收法律、法规没有“税务审计”这一概念，行政行为合法中权限合法、程序合法的要件缺失。二是概念名称混淆。审计通常指审计署、政府授权的地方审计机关或受聘的会计师事务所等对内部关联单位开展的监督检查工作，对外的监督检查工作则称为检查。现对大企业开展的税务审计是管理手段还是检查行为，税务机关内外均不明了。三是职责多重交叉。税务审计前期的数据采集分析，与纳税评估的工作内容、工作方法相同；后期采取调取账簿、查阅账簿、询问等方式，与税务稽查手段相同；特别是大企业管理部门探索开展的“多税种、跨年度、综合性的税务审计”，与税务稽查突出以往性、系统性、全面性的检查工作职责相交叉。

（三）税务稽查“重拳难出”

按照“征、管、查”三分离的征管模式要求，税务稽查部门要固守“重中之重”的定位，发挥税务检查的促管促收、惩戒震慑的职能作用。但每年税务稽查部门的检查户占全部纳税人户数的比重不足1%，并没有真正承担起“守住最后一道防线”的职责。一是人力资源不足。1997 年《国务院办公厅关于转发〈国家税务总局深化税收征管改革方案〉的通知》中，明确“征管查”三分离模式时，强调稽查人员的比例一般要占总人数的40%，但现有稽查人员仅 12% 左右。在涉税违法案件频发的当前，稽查部门难以顾及对纳税人的日常、全面检查的规范。面对不断涌现的新的经济主体、经营模式、交易方式和企业经营集团化、信息化趋势，稽查队伍缺少高素质、专家型、复合型人才。二是执法手段有限。当前，重大税收违法案件仍呈多发、高发态势，专业化、网络化、团伙化的趋势更加明显，但《税收征管法》对稽查部门的授权有限，缺乏应有的强制检查权等执法手段，税警协作机制尚不健全，耽搁了最佳查办时机，制约了稽查案件的深入查处，甚至形成陈案、积案，直接导致稽查执法刚性不足。三是执法空间压缩。由于纳税评估、税务审计等手段的滥施，冲击和弱化了税务稽查这一法定职责，税务稽查发挥系统、全面监控职能的空间被挤压，税务稽查重中之重的作用没有体现出来。如河南省历年坚持对重点税源纳税人开展的三年轮查制度，因受纳税评估和税务审计等影响，原有职责格局和计划格局被打破。若纳税人在所属期间内接受过纳税评估或税务审计，除税务总局部署安排外，原则上不再列入检查计划。

二、多头重复检查的成因分析

（一）依法行政观念不牢固

《税收征管法》是税收工作的根本大法，但一些税务部门依法行政、依照《税收征管法》强化税收征管的观念不牢固。做事情从主观愿望出发，不考虑法律是否有授权；任务治税理念依然严重，因“纳税评估”“税务审计”无程序规定，任性为之而成了调节收入进度的手段；错误地将“改革”凌驾于“法治”之上，任意创新管理名词，成为税收管理的“乱源”。

（二）现有政策执行不到位

《税收征管法》和 1997 年国务院税收征管改革方案都明确规定了税务管理、征收和检查的工作职责和内容，但执行不到位，存在着合意的、容易的就执行，不合意的、不容易的就不执行的情况。导致发票管理、财务制度和软件、银行账号报备等基础管理不扎实，外部信息共享平台未建立；稽查人员占总数一定比例的要求未实现；《控制对企业进行经济检查的规定》《税务检查计划制度》执行不到位，除稽查部门外，其他部门的检查未纳入计划统筹安排。

（三）深化改革设计不科学

“税收征管改革方案”确实需要不断深化。但改革不是全盘否定，是针对现行制度问题的自我完善和发展。对何要坚持，何需改进，朝何方向、依何原则、搭何框架、按何步骤、如何实施，缺乏科学顶层设计和统筹规划，缺乏继承性和连续性。造成一些部门唯改革而改革，不明方向，“剑走偏锋”，违背规律，生搬硬套，不接地气。如有的改革设计管查不分，走回头路。

（四）分权协作机制不健全

我国征管机构既按流程设置征收、征管、稽查、法制监督等部门，又按不同税种设置管理部门，近年又增设了纳税服务、大企业管理等项目部门。机构重叠设置，各部门职责交叉、工作内容重复，加之协作意识不强，本为一体的征、管、查协作运作机制未真正建立起来，各自为战，单兵突破，甚至滥扩权责，乱种别人的地、荒了自己的田等乱象丛生。

三、整合各类税务检查事项建议

（一）正本清源，坚持依法行政不动摇

实践证明，“以申报纳税和优化服务为基础，以计算机网络为依托，集中征收、重点稽查”的税收征管模式有利于专业分工、监督制约和提高效率，符合法治文明的发展方向。应强化这种理论自信、道路自信和制度自信。应当做到坚持依法行政不动摇，坚持征、管、查三分离的征管模式不动摇，坚持《税收征管法》关于税务机关的职责应当“相互分离、相互制约”的规定不动摇。应把依法治税理念转化为制度体制机制，任何创新改革都必须纳入依法行政的框架下，具体工作名称、工作项目、职权范围都要有法律依据，工作程序文书、处理标准都要坚持法制化。坚决反对以改革名义走“管查不分”的回头路。

（二）与时俱进，做好顶层设计不懈怠

要真正避免重复检查，必须在框架搭建、机构设置、职责划分、资源配置上毫不懈怠地做好顶层设计。在顶层设计时，要遵循税收工作规律，注重成功模式传承，针对现实问题症结，与时俱进，统筹兼顾，保障前瞻性和可持续性。按照“服务 + 执法 = 纳税遵从”的征管理念，分别设置纳税服务、税务稽查、行政管理三大类部门，形成“有限管理，大服务，大执法”的服务执法型征管模式，税务人员按三大职能大致平均分配。按照“信息采集—风险分析与识别—风险应对”的基本流程，厘清各部门的业务边界。

（三）厘清职责，实行查字归口不折腾

征、管、查三分离的模式经国务院批准并由《税收征管法》明确，要解决多头重复检查问题，必须进一步厘清职责，实行“查字归口”，依法坚持政策规定不折腾。建议进一步从检查的范围、时间、手段等方面划分纳税评估的职责范围。纳税评估范围上承担非现场检查类的风险应对工作，不开展实地核查。手段上主要采取案头审计和约谈等非调账类的手段。时间上应针对纳税当前年度，不涉及以往年度；建议取消“税务审计”。大企业管理部门应逐步推行实体化，本着“基层能做的事，上级不争权；基层做不到的事，提升管理层级”的原则，着力于跨区域集团企业税收管理部门间信息共享、上下互动等管理工作，着力解决总、分支机构所在地税务机关“管得住，看不着”和“看得着，管不住”的问题。建议对纳税人的实地检查实行归口管理，即税务机关只能由稽查部门根据统筹计划到企业开展实地检查、核查工作。各部门风险分析需要到企业开展实地检查、核查的信息，作为主要案源扎口推送，由稽查部门汇总统筹，报经批准后组织实施。

综上，整合各类检查事项，避免多头重复检查，要毫不动摇地坚持依法行政，坚持不懈地做好顶层设计，一如既往地坚持管查分离，实行“查字归口”。同时，在各自领域中“深耕细作”。纳税评估等管理工作要强化税源基础管理，提升信息获取能力；大企业管理部门实体化后，对重点税源企业实行专业化管理，要管住管好重点税源；税务稽查要根据国务院对稽查人员比例的要求，进一步充实稽查人员，强化业务培训，增强稽查队伍执法能力；要进一步完善管查互动机制，丰富管查互动形式，从而形成分权制约、职责明晰、执行顺畅、监督有力的税收工作运转体系。

医药行业乱象综合整治的对策分析

——以湖北省医药行业为例

梅昌新*

近年来，在“卫生强省”为目标指引下，湖北省稳步推进医疗卫生体制改革。医疗卫生行业发展步伐不断加快，但是医疗资源分布不均衡，省内医疗市场恶性竞争，医疗机构业务收入呈两极分化的现象也越发明显。

一、主要问题及成因

药品和医疗器械的消费和使用关系着人民的生命健康，其特殊性还表现在：它的生产和最终使

* 梅昌新，湖北省国家税务局副局长。

用，要经医院（医生）这一关键环节，因此也产生了其他行业不具备的特殊问题。

（一）医院药价虚高问题比较严重

很多药品生产企业的制药成本相对来说并不高，但经过流通环节，最终到达患者手里的药品的价格可能是成本价的 10 倍、20 倍以上。造成医院药品价格虚高的原因主要有两方面：一是由我国的医疗卫生体制造成的。当前，我国医疗卫生行业的资金投入，一小部分依靠国家财政补偿，另一大部分依靠医院“自筹”解决。由于国家财政对卫生事业经费投入不足，医院只能在“自筹”上多做文章，从而使医院出现片面追求经济利益的倾向。二是由行业的特殊性决定的。这种强势的垄断容易滋生权力寻租，由此引发的药品回扣和随意定价直接造成药价虚高。

（二）医疗机构乱收费问题比较普遍

湖北省某地对医疗服务收费检查结果显示：药品（医疗器械）违规加成占 61.5%，自立项目收费占 24.3%，扩大范围收费占 9.5%，超标准收费占 3.6%，自定标准收费 0.6%，重复收费占 0.5%，综合测算还有近 4 成的乱收费项目存在。经了解，其原因主要是，自 20 世纪 90 年代医改以来，因医院（特别是公立医院）等医疗机构基本上采取事业单位企业化管理模式，一些医院通过自立收费项目或提高收费价格来提高本单位的经济效益，更直接的原因则是医保付费制度。长期以来，我国的医保付费一直是按服务项目付费。在按服务项目付费的支付方式下，医疗服务方多提供治疗就能获得更多的经济收益，医院为了创收，会增加检查、手术等医疗项目，造成“小病大治，大病久治”，致使费用不断攀升。

（三）医药购销领域商业贿赂现象难以遏制

一直以来，医药购销领域的商业贿赂被默认为“潜规则”。以医药集中招标采购制度为例，该制度本意是防范商业贿赂等不正当竞争，但在实际执行过程中却为多层代理虚抬价格、肆意“攻关”提供了空间，反而助长了“商业贿赂”。

（四）行业不正之风依然存在

不管是营利性还是非营利性医疗机构，都存在“大处方”“滥检查”现象；另外，由于行业的种种乱象导致医患矛盾尖锐，加剧了行业不正之风的蔓延。

（五）相关职能部门的监管效能没有得到发挥

医疗机构、医药经销行业的监督和管理是一项需要多部门配合协调的综合管理工作，涉及商贸、药检、工商、银行、税务、财政、物价等部门，加之药品、医疗器械种类繁多，生产、经营企业成本难以掌握，医疗器械产品规格多样、替代性强，无法统一制定价格标准，实际监管效果十分有限，且协调监管难度很大。

二、工作建议和改进措施

要理顺医药行业秩序，推动医药行业健康发展，还得标本兼治，深化改革，从治本入手。

（一）深化医疗卫生体制改革，建立政府引导、市场主导的医药卫生体制机制

一是理顺体制，推进医药分开。当前公立医院存在的种种问题，都与现行体制机制不合理有关。要坚持“管办分开、政事分开、医药分开、营利性与非营利性分开”，开展重大体制机制改革，加快建立符合公益的运行机制和监管机制，切实减轻群众用医用药负担。二是加大投入，完善补偿政策。目前，政府投入一般只占公立医院总收入的 6% ~8%，仅靠这些投入，无法保证公立医院的公益性。深化公立医院改革，政府要加大投入，补偿公立医院实行医药分开后减少的收入或亏损，并落实对医院基本建设和大型设备购置、重点学科发展、离退休人员费和政策性亏损补贴等的投入，为公立医院回归公益提供保障。与此同时，要保障医务人员合理待遇，充分调动医务人员的积极性，使其安心从医，更好地为人民健康服务。三是创新机制，充分发挥市场调节作用。其一，创新医疗机构管理机制。重点是要理顺分配机制和医疗服务价格体系，取消“以药补医”，体现医生劳动价值。鼓励医生在公立和非公立医疗机构间合理流动，为广大医生尤其是基层医生提供良好的职业发展空间。此外，借鉴国外经验，建立私人医生和医疗咨询师制度。其二，鼓励社会资本办医。其三，探索构建第三方药品电子交易平台。打造在线竞价、在线交易、在线支付、在线融资、在线监管的药品交易模式，通过网上竞价、量价挂钩等措施，降低药品虚高价格。

（二）加强医药卫生行业税收监管，规范医药卫生行业税收征管秩序

一是完善医药卫生行业税收征管制度。把好非营利医院关口，制定适合非营利医院使用的纳税申报表，要求非营利医院定期提供账票据合法性、真实性的审核资料；对非营利医院实行即征即退的税收政策，既能使非营利性医院回归公益性质，也有

利于督促其加强自身财务管理，不断健康发展。此外，借鉴国外对非营利性医院的税收管理措施，加大对接受商业贿赂的医院及个人的惩罚力度，如取消一定时间的免税资格，课以惩罚性消费税等举措，以消除行业不正之风。二是大力加强行业发票使用管理。其一，推广网络发票使用范围。在网络发票管理模式下，医药行业纳税人可以通过互联网的电子发票管理系统，实现发票的在线申领、开具、查询、购销等功能；与此同时，国税部门可以通过后台监管系统，将医药行业纳税人的发票信息与其纳税申报以及财务报表信息进行对比，及时发现医药行业纳税人使用虚假发票等违法违规问题。其二，建立专业的发票验证平台。要在现有发票查询系统的基础上增加关键信息自动比对功能。纳税人只要按照系统提示，输入查询码、开票时间、开票金额、验证码等相关信息，便可对发票开具信息全面通查，进而辨别发票真伪，从业务上杜绝“克隆发票”等现象。其三，推行使用税控收款机。对于消费者不索取发票通过现金交易的，必须通过税控收款机开具销货凭证。保证计税依据和有关数据的正确生成、安全传递、可靠存储，实现税收控制和管理功能的正常运行，确保增值税计税依据不被侵蚀。

（三）构建全社会综合治理机制，促进医药卫生行业健康发展

一是加强立法研究，规范医药卫生行业管理。尽快建立规范医药卫生行业管理的法制体系，通过立法来规范和促进医药行业的健康发展。具体来说，建议修改完善发票相关法律条款，加大处罚打击力度。将使用假发票一定数量或票面填入一定金额的行为纳入《刑法》治罪，对被动和恶意使用发票者则区分对待，以凸显法治威严，彻底扭转发票法律地位低下的尴尬局面。二是构建信息平台，推动行业综合治理。借鉴国外经验，建立非营利医院信息披露制度，接受包括税务部门、社会大众的监督。同时，建议对从事生产、经营的纳税人由国家有权机关根据身份证号或组织机构代码证号赋予一个终身银行账号，该账号须报税务机关备案。这是解决纳税人利用隐匿账号账外经营的彻底办法。在此基础上，各相关职能部门，如卫生、药监、工商税务、公安、监察等要建立配合协作机制，搭建信息共享平台，完善情报交换制度，以便充分发挥各部门的职能作用，做到齐抓共管、综合治理。

整合资源　优化职能　提升稽查工作质效

车　伟　陈友辉　李小澎*

国家税务总局稽查局对稽查体制机制建设提出了全力推进一级稽查的工作要求，由于四川省地税稽查系统的体制特点，推行一级稽查时机尚不成熟，因此，四川省地方税务局针对地税工作实际，按照“保留机构，整合资源，优化职能”的工作要求，在乐山、南充两市开展职能整合试点工作，期望达到厘清思路、明确方向、以点带面、全面推广、促进工作的效果。

一、现行稽查体制的总体运行情况

新的《税收征管法》实施以来，特别是通过近年来征管改革的不断深化和税收信息化程度的普遍提高，四川省各级地税机关在探索建立以专业化稽查和各环节分工制约为标志的新型稽查体系方面取得了积极的成效，但由于受到认识、体制、手段、人员素质等方面因素的制约，在建设适应新形势的税务稽查体制上仍有许多不足之处，仍然存在一些“瓶颈”。

（一）稽查体制建设相对滞后

目前，四川省的稽查机构设置是在省市县三级地税局下普遍设立稽查局，形成了“大而全”和“小而全”的格局。这种格局的优点是，各级地税机关的税收执法体系较为全面，税务稽查的震慑作用能够得以有效发挥，对规范税收秩序，治理整顿治税环境起到了一定作用，但却存在着不少问题：

* 车伟，四川省地方税务局副局长；陈友辉，四川省地方税务局稽查局局长；李小澎，四川省地方税务局稽查局系统管理科科长。

一是由于税务稽查职责在范围上划分不够明确，使得上下级稽查机构之间相互争夺范围，抢夺税源，甚至出现两份稽查通知或处理决定下达同一企业，使得纳税人无所适从，既造成误解，又使稽查出来的问题或扩大化或缩小化；二是由于稽查的收入型模式和上述问题的存在，导致了稽查不深入，力度不够大，为收入而稽查，从而出现了对一些违法行为查而不清、决而不刚的现象，执法的严肃性、公正性受到极大地削弱；三是由于多级稽查格局的原因，一个年度内企业接受二级稽查十分普遍，部分企业甚至接受三级稽查，乃至更多级的税务稽查，从而造成了重复稽查的问题，如果再加上地税部门的稽查，企业不堪重负；四是由于现行税收征管整体模式中征收、管理与稽查三者之间职责划分不清，或相互混淆，或相互脱节，从而出现税收工作“盲点”；五是由于对税收政策把握和理解的程度不同，相同类型的涉税违法行为，在处理上时有尺度把握不一的情况，影响了执法的公正性。

（二）稽查手段较单一，打击力度有待加大

一是检查手段单一。在检查选案上，仍依靠人工选案，其针对性与准确性较差；在检查实施上，对问题的发现、判断和定性，主要依赖检查人员的素质和经验。二是打击力度不够。稽查执法中仍存在以补代罚、以罚代刑等问题，处罚率有待提高。

（三）税务稽查力量仍显薄弱

有关研究数据表明，稽查人员占全体税务干部的比重以40%最为适宜。目前，四川省稽查人员所占比例只有10%左右。此外，稽查人员的综合素质还有待大幅度提高。

二、稽查职能整合的模式

税务总局《关于改进和规范税务稽查工作的实施意见》明确提出，根据税收征管改革的总体部署，在市（地）、县（市）两级逐步实行一级稽查体制。按照税务总局稽查工作的整体要求，省地税系统在部分地区开展“整合资源，优化职能”试点工作，其主要内容是：加强市级稽查局的力量，将县级稽查局的选案、审理职能上收到市级稽查局，县级稽查局主要负责检查和执行环节的工作。

2012年，结合四川省地税稽查工作实际，经省局同意，南充、乐山两市开展“机构保留、整合资源、优化职能”试点工作，形成两个模式。

（一）南充地税模式

以“分级管理与属地检查相结合、与规范执法相结合”为原则，坚持因地制宜、统筹安排、稳步实施、注重实效的总体要求，在保留各县（市）、区地税局现有稽查机构的前提下，将县（市）、区地税局稽查机构的选案、部分审理权集中到市地税局，由市地税局稽查局统一对辖区内的稽查案件进行选案和审理，县（市）、区地税局稽查机构只负责对辖区内有关稽查案件的检查和税款执行工作。

选案集中。市地税局稽查局的选案计划由市地税局稽查局初选报市地税局审批后执行；对县（市）、区地税局的稽查选案在全市选案原则下由县（市）、区地税局提出初选计划上报，经市地税局稽查局审核报市地税局审批后，由稽查局分期分批下达稽查计划。稽查计划选案原则实行4年一轮查，并采取每年按4个行业进行；对举报案件和专案由各级稽查局独立实施。

审理统一。市地税局稽查局直接检查的案件由市地税局稽查局按五级审理模式进行统一审理；对市地税局稽查计划中由县（市）、区级检查的案件，选取部分由市地税局稽查局审理；县（市）、区地税局稽查部门独立检查范围的案件由市地税局稽查局指导当地检查部门审理；审理方式实行集体审理、集中审理和会审。

检查分类。在税收检查环节，市地税局稽查局主要对市地税局审批后的稽查计划实施稽查；对纳入市地税局重点税源监控的业户由市地税局稽查局分类分批组织实施检查。县（市）、区地税局稽查部门检查范围的涉税单位，由本级稽查部门组织实施检查并出具相关法律文书。对上级布置的专项检查和举报案件实行分级检查。举报案件按照“谁接受、谁检查”的原则进行。

执行细化。由市地税局审理的案件由市地税局稽查局负责执行，或按属地管理原则由各县（市）、区地税局稽查局协助执行，并按属地管理原则组织税费入库。各县（市）、区地税局审理的案件由各地稽查局负责执行，并就地组织入库。

（二）乐山地税模式

将市中区、沙湾区、五通桥区、峨眉山市4个试点区（市）局稽查局的选案、检查、审理和执行权限集中到市局稽查局，并以市局稽查局名义对试点区（市）稽查局符合立案条件的案件实施检查、审理和税款执行，县（市）、区局稽查局只负责对辖区日常案件协查和举报受理、系统报表等工作。试点工作采取“总体规划、分步实施”方式推进。

市局稽查局职责：统筹全市稽查力量，负责市局本级和4个试点区（市）局稽查案件的选案、检查、审理和执行工作。

4个试点区（市）局稽查局职责：负责辖区范围内税收违法案件举报、征管移送案件接收、司法机关（纪检机关）交办案件受理等工作；凡受理案件经初核符合立案条件的，须及时书面报告市局稽查局，市局稽查局根据审核情况，确定由市稽查局或区（市）局稽查局实施检查。

三、职能整合过程中可能出现的几种情况

（一）体制方面

选案权。按规定应当在年度终了前制订下一年度的稽查工作计划，经所属税务局领导批准后实施；同时，年度稽查工作计划可以适当调整。目前，由市地税局审批下达年度稽查计划并规定当地不得擅自调整，从而缩小了主管税务机关的选案权限，容易引起少数主管局的不理解。

执法权。在集中办案方面，由于各抽调人员来自不同的税务局，虽然统一办理了全市范围内的检查证，但检查对象、执法范围与工作单位不一致，执法资格方面仍然值得探索。

审理权。市地税局稽查局计划检查的案件达到当地（主管局）重审标准的，是否先由当地法制部门审理后再移交市地税局稽查局审理，以谁为标准各地认识不一。

（二）运行方面

选案环节。由于市地税局稽查局上收了选案权，个别地方为了当地的税收任务或其他目的，在市地税局下达的稽查计划外，下达内部稽查计划，如何规避部分地方的选案工作流于形式，还需要制定相应的选案工作办法和措施。

审理环节。针对市地税局稽查局对市地税局安排检查的企业进行全部审理，工作量大，案卷审理与实地审理相结合的审理方式很难执行到位。

检查环节。在检查的运行中，各地检查的案件的要求与市地税局对案件检查质量的要求有差距，如个别地方报送的稽查报告、证据资料收集不齐或不提处理、处罚意见等。

四、稽查职能整合应该把握的原则

（一）坚持稽查理念创新，准确把握稽查职能

一要树立独立稽查观念。在法定的职权范围内，稽查局独立开展税收执法活动；科学界定征收、管理、稽查的职责分工，避免职责交叉；稽查的“选案、检查、审理、执行”四个环节应保持完整，不能人为分解；理顺上下级稽查之间的关系，合理确定各级稽查局的职能和职责，强化上级对下级的管理。二要树立统一稽查观念。将稽查业务相对集中，逐步做到各类涉税检查均由稽查部门统一实施；盘活稽查人力资源，实行稽查干部的动态管理和跨地区调配使用；严格检查计划制度和“集团作战”稽查制度，避免重复检查，降低税收成本。三要树立打击型稽查观念。实行打击型稽查，是确保征管权力行使到位的重要手段。只有让纳税人在经济上不愿违、在声誉上不敢违、在法律上不能违，才能从根本上减少涉税违法犯罪行为。因此，要突出对重大案件、重点行业和重点领域的检查，提高稽查办案效率和质量。四要树立服务型稽查观念。认真研究充分履行稽查服务职责的方式方法，研究如何从事务性的工作中解脱出来，真正能够关注当前大要案的新特点，改变工作方式，变被动为主动，有针对性地主动出击，查处大要案，并通过改进稽查服务方式，创新稽查服务手段，整合稽查服务资源，进一步引导和促进纳税人遵从税法。

（二）推进稽查体制改革，实现稽查机构的专业化

实施税务稽查体制改革是构建现代化征管格局进程中的必然要求，重点要规范稽查管理体制和税务稽查机构，突出稽查的打击、惩处和教育职能。

一要规范稽查管理体制。应强化税务稽查的相对独立性，国际上大多数发达国家都实行稽查管理机构完全独立于征收系统之外的税务稽查模式，要进一步完善一级稽查体制，新的税务稽查局不再按行政区域设立，而是按经济区划设立。

二要规范税务稽查机构。一是尽快明确两个问题，即举报中心和协查机构的问题以及稽查机构规格方面的问题。二是构建以“集中稽查”为标志的专业化稽查，人、财、物和机构的集中，稽查人员、专项经费、稽查装备等统一调度机制。三是实行选案、审理适当集中和分级分类稽查的管理模式。

（三）建立风险防范型稽查，加强税务稽查风险控制

加强税务稽查风险控制应该做到以下几个方面：一是强化稽查人员法治教育和风险意识，克服执法上的侥幸和麻痹心理。同时，要提高稽查人员综合运用税收、财会、法律知识和经验进行职业判断的能力，建立防范和化解执法风险的制度措施。二是建立健全税务稽查准则与各项法规，规范化操作稽查业务，严格考核和评价税务稽查质量，约束和监督稽查人员，降低税务稽查风险。三是加强稽查基础建设，科学制定稽查工作标准，实现稽查工作的标准化，实行科学化规范化管理，规避税收执法风险。

（四）完善稽查监督机制，提高稽查工作质量

首先，切实加强对稽查“四个环节”的监督制约。选案环节，尽可能使用计算机选案；检查环节，实行税务案件抽、复查制度，结果与个人考核挂钩；审理环节，实行初审、复审和集体审理三级审理制度。其次，不断拓宽监督制约渠道，建立上下级之间的纵向监督、不同部门之间的横向监督、稽查部门内部监督和社会外部监督并举的监督机制。要完善稽查复查制度和执法责任追究制度，形成有效的稽查监督制约机制。最后，努力提高税务稽查信息化水平，将税务稽查的各个环节置于计算机网络的严密监控之下，逐步建立起一套以计算机网络为依托、纵横交错的监督制约体系。

（五）注重管查联系沟通，强化管查协调机制

一要处理好稽查与征管的关系。二要处理好国、地税稽查局之间的合作关系。三要处理好与公安部门的合作关系。四要处理好与被查对象的关系。五要处理好执法与目的的关系。

（六）提升稽查专业化素质，加快建立“专家型”稽查队伍

当务之急是应尽快建立一支由精通法律、税务、财会的专家和具有丰富实践经验的专业化人才组成的高素质的税务稽查队伍，吸引优秀人才加入稽查队伍，实行资格考试制度，严把进人关口，全面提高稽查干部的专业技能，以适应稽查工作的新要求。

重庆市国税系统一级稽查改革探析

卢自强*

经过数年的跨区稽查模式试点，重庆市国家税务局逐步达成共识：按照税务总局部署，进一步打破行政区域限制，探索省级一级稽查模式，既是推进税务稽查现代化建设的重要制度创新，也是税务稽查自身科学发展的客观需要。

一、推行市级一级稽查的可行性分析

计算机网络系统强大的信息采集和数据分析能力，为有效地处理和利用海量信息提供了现实条件。作为首个试点单位，重庆市国税局可以充分运用金税三期工程强大的第三方数据采集功能以及信息应用的市级集中优势，以数据流为导向，高效地完成稽查信息采集、筛选、分析、审核、分发、反馈各环节，为市局集中进行选案、审理、行使稽查业务的计划和管理职能提供决策支持系统。

交通状况的有效改善为扩大直接管理幅度、推行一级稽查提供了有利条件。近年来重庆市交通建设快速发展，二环八射高速公路网全面建成，通车里程2000公里，覆盖了除城口、巫溪以外的全市所有区县，高速公路网密度达2.46公里/百平方公里，居西部第一；境内铁路运营里程1342公里，形成了一枢纽五干线二支线铁路交通网。重庆市面积仅8.2万平方公里，便捷的公路、铁路交通基本实现了“半小时主城，四小时重庆”。

大城市带动大农村的经济特点决定了重庆市经济税源分布比较集中的特点。作为老工业城市，重庆市的税源主要分布在重庆市主城九区和万州、涪陵、永川、长寿等工业基础较好的区域。2012年，重庆市主城九区国税收入占全市国税收入比例达74.8%。随着退城进郊城市战略和经济开发区的蓬勃发展，老主城九区的税源尤其是重点税源出现了

* 卢自强，重庆市国家税务局副局长。

向开发区加速集中的趋势。2012 年，北部新区、高新区等5个开发区国税收入占全市国税收入比例为40%，且比例逐年提高。重庆市经济税源分布高度集中的特点为实施集约化的市级一级稽查提供了有利条件。

重庆市国税局两个跨区稽查局成立两年来，执法刚性和稽查工作质效显著提高。两个跨区稽查局以全市国税系统7%的稽查力量，查补各项税收收入9.55亿元，占同期全市国税系统稽查查补收入的45%；稽查收入贡献率3.1%，增长近2倍。跨区稽查的成功试点为重点税源检查、大要案查处组织、管查协作互动、稽查人才选配及培养等市级一级稽查涉及的诸方面积累了宝贵经验。

二、市级一级稽查体制的基本框架

（一）推行步骤

重庆市国税局市级一级稽查体制改革，按照先主城、后全市的步骤分三步走：一是在两个跨区稽查局成功实践的基础上，再成立3个跨区稽查局，将跨区稽查模式覆盖到整个主城区，进一步厘清市局稽查局、跨区稽查局和征收管理局的职能界限，确立市局集中选案和大要案查处+跨区稽查的基本框架；二是与重庆市主城区1个特大城市和万州、涪陵、江津、合川、永川、长寿6个中心城市的总体建设规划相适应，在完成主城区市级一级稽查改革后，在上述6个中心城市成立若干跨区稽查局，每个跨区稽查局下设若干检查科，覆盖周边区县的稽查工作，将市级一级稽查管理体制推广到全市范围；三是在条件成熟的时候，进一步打破行政区域限制，分行业设立若干专业化稽查局，形成分类分级专业化稽查格局。

（二）职能划分

市级一级稽查体制成功运行的基础是按照职责明晰、联系畅通、协同良好的原则，科学厘定市局稽查局、跨区稽查局与征收管理局的职责。市局稽查局的职责是在市局党组领导下代表市局进行案件指挥和业务管理，负责对全市国税稽查局具体案件查处的指挥、管理、监督和考核。具体包括：代表市局进行办案经费管理，组织、监督和考核全市国税稽查工作等纵向管理职能；与市局相关业务处室就税收法律、法规、政策理解和适用进行内部协调；代表市局与市公安局经侦部门、市地税稽查局、重庆海关缉私等相关市级职能部门进行稽查业务的外部协调；全市国税稽查案件的指挥、管理、督办，以及对主城九区集中受理涉税案件举报、集中接收各类案源、集中稽查选案、任务下达和大要案合议；上级交办案件的查处或组织查处跨区域案件及其他大要案；全市国税稽查系统稽查核心业务培训的管理职能。5个跨区稽查局按照市局划定的管辖范围，完成发票协查、专项检查、专项整治、打击发票违法犯罪活动工作；负责市局交办案件的检查、一般案件审理及大要案件的初审、执行；在管辖范围内提出选案建议，提请稽查案源。

按照3个一协调工作原则（即：各征管局指定1名分管领导负责协调，指定1个征管部门受理稽查事项，指定1个征管岗位办理具体事务），建立健全定期联席会议、专项检查协作、稽查协查配合、信息反馈共享、税收宣传联动等一系列管查协作工作规程，实现管查互动。

三、市级一级稽查业务流程

按照税源专业化管理及分类分级稽查的要求，建立和完善“集中选案、分类实施、分级审理、属地入库、全面反馈”的市级一级稽查业务流程，完善监督考核，实现纳税遵从风险识别、应对、反馈的闭环运行，达到抓大、管中、震小的执法效果。

（一）集中选案

市局稽查局举报中心集中管理主城九区的案件举报。各征收管理局、跨区稽查局接待的税收违法举报，按照首问负责制的原则做好登记，并及时报送市局稽查局处理。举报、征管局转来、跨区稽查局提请、上级交办以及其他部门转办的各类案源，由市局稽查局统一管理、选取和下达。拓展第三方信息采集渠道，整合征管系统、稽核系统、出口退税系统、纳税评估系统、税收风险预警管理平台，运用金税三期工程决策包，逐步建立科学、全面的稽查选案指标分析体系，建立以预警指标为基础的预警分析和计算机选案系统，实现选案的科学化和自动化。市局稽查局原则上每半年集中选取一次案件，经市局分管局领导批准后下达各跨区稽查局。各征收管理局、跨区稽查局提请的选案建议，由市局稽查局结合税务总局年度指令性计划的要求一并下达。上级交办的案件、协查案件、举报案件随时下达。市局稽查局集中选取的应查涉税案件，通过下达“检查任务通知书”和“检查指引”的方式通知相应稽查局实施，同时通报相应的征收管理局。

（二）分类实施

市局稽查局集中选取的应查涉税案件，原则上按照属地管辖原则由对应跨区稽查局管辖；重点税源轮查、领导交办案件或其他不宜转办、交办的大要案由市局稽查局查处或组织稽查人才库人员查处。

（三）分级审理

跨区稽查局负责本局检查的一般案件的审理及重大涉税案件初审、听证、处理处罚决定的送达、应诉；市局稽查局负责本局检查案件的审理、听证、处理处罚决定的送达、应诉及各跨区稽查局检查的重大案件的合议，市局稽查局合议的案件，仍由实施检查的单位制作和送达稽查法律文书。

（四）属地入库

为增强征管、稽查和辖区政府的稽查合力，坚持谁检查、谁执行的原则，查补的各项税款及其滞纳金、罚款在纳税人属地征管局缴款入库。

（五）全面反馈

稽查局在税务稽查各环节向征收管理局进行查前告知、查中通报、查后建议三级通报，全面反馈稽查信息。就拟立案检查的纳税人名单在实施稽查前告知征收管理局，因案件情况需要保密的除外。就检查发现涉税违法方式手段在检查中向征收管理局进行通报，提出停供发票、停止办理出口退税等加强征管的举措。检查结束后就检查发现的行业性或趋势性问题提出加强征管的意见和建议，纳税人应当进行账务调整的违法事项，由征收管理局负责督促。

按照“制度＋科技”的思路，市局稽查局正在开发稽查案件流程管理系统，加强内控机制建设，实施痕迹工程，对稽查全过程进行实时监控，提高税务稽查纵向管控力度，强化稽查四环节相互监督制约，推进稽查过程的法治化和标准化。为强化系统管理，应进一步细化稽查工作考核指标体系。在稽查工作绩效考核方面，逐步修改专业稽查绩效考核指标体系，除稽查收入外，重点突出稽查案卷、结案率、处罚率、入库率、协查按期回复率等稽查质量考核指标，促进税务稽查从收入型向执法型转变。要强调提高办案经费的使用效益，在保证日常办案所需基本经费的基础上，将办案经费与稽查绩效挂钩，进一步提高稽查业务系统管理水平和稽查办案经费的使用效益。

税务稽查执法风险防范的实践与思考

杨　勇*

随着经济社会的不断发展，依法行政对稽查执法的要求越来越高，社会各界对稽查工作的关注程度不断提升，税务稽查面临的执法风险也日益凸显。如何有效降低和防范稽查执法风险，成为当前税务稽查工作的一项重要任务。

一、当前税务稽查执法风险的成因及表现

（一）制度设计因素

从税收立法体系来看，现行税收法律法规体系自身不完备，税收实体法主要以国务院颁布的行政法规为主，同时附之以大量的规范性文件进行补充，总体上法律层级较低、且过于繁杂，这些缺陷成为稽查执法产生风险的隐患。从制度设计的科学性来看，有些规范性文件在制定过程中，对落实稽查执法要求考虑较多，但对可能产生的风险因素思量较少，制度设计时缺乏风险防范因素评估，导致制度不够严谨，可操作性不强，加大了税务人员的执法风险。比如，对同一项工作层层制定本级的管理制度，对上级的规定在质量要求上层层加码，增加了目标实现难度，无形中加大了稽查执法风险。

（二）管理体制因素

目前，各地普遍实行省、市、县三级稽查管理模式，按照《税务稽查工作规程》的要求，稽查选案、检查、审理、执行四环节应当明确分工、相互制约，但由于稽查力量不足，各环节往往无法完全分离，难以实现真正意义上的监督制约，缺乏灵活性的稽查运行模式，弱化了内部风险防控功能。

* 杨勇，宁夏回族自治区国家税务局总会计师。

稽查案源管理和人力资源配置仍然存在不匹配问题，稽查力量在保障重大案件查处上还有待强化，基层稽查部门在查办一些大要案件上还存在“小马拉大车”的风险。从稽查自身管理体制来看，尚未建立一套指导稽查工作科学发展的目标体系，稽查管理自身还带有浓厚的重收入轻执法、重查处轻服务、重检查轻促管等思想。有的单位出于对稽查查补任务考虑，对部分重点税源户年年查，对规模较小的企业无人问津；有的单位把案件查结认为是完成了稽查任务，对税收管理中的漏洞和薄弱环节未能向管理部门提出意见建议，增加了自身未能履行工作职责而带来的风险。

（三）社会环境因素

随着我国经济社会发展，稽查执法的潜在风险逐渐显现，新生风险不断增加。首先，现代企业经营活动不断发展变化，经济主体及交易方式多元化、管理手段信息化等特征突出，各类涉税违法活动智能化、专业化、复杂化趋势日益明显，一些涉税违法案件难以查证、难以定性，稽查案件查处风险随之加大。其次，稽查工作环境日趋复杂，贯彻依法行政对稽查执法要求也更高更严，纳税人的法制观念、自我维权意识不断增强，稽查人员容易因执法上的纰漏带来执法风险。再次，市场经济发展带来社会价值观的多元化，尤其是利益至上的观念向社会各个领域不断渗透，有的纳税人为了一己之利，通过寻求各种关系拉拢腐蚀、干扰稽查干部严格执法的现象时有发生，在缺乏有效监督的环境下，为稽查人员廉洁执法埋下隐患。同时，有的地方以保护和发展地方经济为由，干预或影响稽查正常执法，这些都不可避免地增加了稽查执法风险。

（四）干部队伍因素

稽查工作具有专业性强、政策性强、涉及面广、素质要求高、信息管理手段广泛运用等特点，部分干部难以适应形势发展，在工作中出现失误或失察的可能性越来越大，有岗难尽责、出工难见效的问题凸显。从干部队伍管理机制看，税务系统实行垂直管理，干部入口、出口相对较小，晋升空间有限，随着工资津补贴改革的推进，干部的成长和待遇诉求难以在现有制度规定的框架内得到妥善解决，队伍的活力未能得到有效激发，甚至引发个别稽查人员价值观念偏离，发生以权谋私等违法违纪行为。

二、强化税务稽查执法风险防范的对策建议

（一）优化税务稽查管理体制

一是完善稽查组织体系建设。充实省、市两级稽查部门力量，对于人员较少的县级稽查部门，上收稽查选案、审理职能，减少监督制约弱化潜在的风险，建立与推进税源专业化管理相配套的人力资源保障机制。二是完善稽查工作指标体系。推进执法型稽查、服务型稽查、促管型稽查建设，引导各级稽查部门坚持走质量效益协调发展的路子，公正、公平、规范地开展稽查执法，防止执法不公、倚轻倚重的现象发生。三是实行分级分类稽查与风险管理相结合的案源管理制度。按照纳税规模大小、税收流失风险排序划分各级稽查部门稽查案源，创新稽查案件查办组织模式，推行集约型稽查，加大统一调配人力资源统筹保障稽查案件查处的力度。四是建立“稽查综合考核”机制。实行稽查人员信用等级管理制度，建立稽查人员德、能、勤、绩、廉档案，对执法过错率、稽查规范落实等情况进行全面考评，增强风险管理持续改进的能力。

（二）加强风险防控机制建设

一是提高顶层制度设计的科学性。对现行稽查工作制度进行全面梳理，做好相关制度的废、改、立，将风险评估作为制度制定的重要环节，增强执法风险防范的预见性，降低制度执行潜在的执法风险。二是合理规避制度缺陷带来的风险。如在稽查工作实践中面对纳税人丢失账簿不予配合、取证法律保障机制乏力、打击发票违法手段弱化的制约，通过加强部门协调配合、集体定案等方式有效化解和分散稽查人员执法风险。三是完善稽查管理制度。对稽查工作中可能出现的随意选案、程序违规、定性不准等风险点制定相应的防范措施，完善稽查工作业务操作规程以及协查、举报案件管理等工作规范，对相关业务的主要内容、政策依据、业务流程、表证单书进行明确，对检查重点、涉税风险、检查方法、援引条款进行梳理，制定重点税源企业和行业稽查检查指南，实现案件查处规范化。四是建立群防群控风险防范体系。法规部门要定期对稽查执法开展检查，监察部门要加大对稽查查结案件的抽复查力度，上级稽查部门要加强对下级稽查案件检查的指导。实行稽查告知制度和税务违法案件公告制度，畅通监督渠道，主动接受社会各界和纳税人的监督。

（三）大力推进稽查依法行政

一是积极引导稽查人员学法、用法、守法，尤其要以法律精神和全局视角审视、判断税务稽查执法的合法性和合理性，将依法行政全面贯彻到稽查工作的各个环节，不断增强依法行政意识。二是加强对稽查执法活动的管理，严格依照法定程序和标准开展执法，增强当事人对稽查执法的认同感，减少因执法程序不规范带来的直接风险和当事人税法遵从风险，提高稽查执法的规范化水平，减少人为执法、随意执法。三是落实税务稽查工作规范和管理制度，有效规范稽查执法行为，提高依法行政的能力和水平。

（四）强化稽查专业化管理

从推进税源专业化管理的全局出发，准确理解和把握税务稽查在税收专业化管理体系中的职责，拓展税务稽查工作“查”的成效，全面发挥以查促管等职能。选案环节，实行统一选案、集体选案、信息化选案、评估数据分析人员和稽查选案人员联合选案模式，注重利用纳税评估、情报交换、信息共享等案源线索，引入包括纳税规模、历年稽查情况、指标异常变动等内容的涉税风险系数选案机制，防止出现人情选案、随意选案等执法风险。实施环节，采取制定检查预案、推行审计型检查工作底稿、稽查案件查处项目组组长负责制等方法加强过程控制，重大涉税案件进行集体查前会商、查中会办、查结会审，防范案件查处质量不高和办人情案的风险。审理环节，根据涉案金额、案情复杂程度、证据收集情况实行案件分级集体评议，严把案件质量关、定性关，减少适用法律法规不准、证据不足、定性不准等风险。执行环节，强化对纳税人履行纳税义务情况及能力的全程监控，加强对执行入库率的考评，杜绝懈怠执行等引发的税收流失风险。

（五）提升稽查队伍整体素质

一是根据建设税务稽查现代化的目标加强稽查队伍素质建设，提高重点风险岗位准入门槛，对工作技能、稽查年限等做出基本要求。加强稽查队伍核心业务能力建设，采取分级负责、分层次培训等方法，全面提升稽查队伍素质。二是不断提升运用现代设施和技术的能力。针对涉税违法活动的新特点，充分发挥信息技术在辅助稽查管理中的优势，积极借鉴现代风险管理、审计检查方法，在提高稽查工作成效的同时降低稽查执法风险。三是注重抓好稽查队伍风险教育。根据稽查职业特点开展稽查执业风险专题讲座，组织业内专家学者结合稽查工作实践讲授稽查风险防范措施，开展廉政教育和警示教育活动，增强稽查人员防范执法风险的意识和能力。

征退查联动　防范与打击出口骗税

李显著*

深圳市外贸出口总量约占全国的1/7，已连续20年保持全国大中城市首位。出口规模越大，累积的退税风险就越高。2012年深圳市共办理出口退（免）税945亿元，约占全国总量的9%，位列全国第一，综合退税率已处于历史高位。同时，异地报关的推行使得全国出口企业均可在深圳报关出口。出口退税工作面临的风险日益增大，防范和打击出口骗税的形势十分严峻。

一、虚开、骗税违法犯罪活动活跃

“富余票”成为虚开增值税专用发票的最大源头。深圳是珠三角的商品集散中心，各类专业市场数量众多，货物零售量巨大，在经营中会产生大量“富余”进项税额，造成商贸企业零售环节税控的失效。在高额利润的驱使下，经营这些产品的企业往往会充当虚开增值税专用发票用于“洗票”的“源头”，把本该开给不能抵扣进项税额纳税人的增值税专用发票，虚开给偷骗税分子控制的可以抵扣进项税额的企业。

（一）利用非法增值税专用发票进项抵扣或出口退税

常用的手法主要有：一是不法分子利用偏远落后地区“招商引资”的政策，或者成立虚假企业，

* 李显著，深圳市国家税务局总审计师。

在虚开增值税专用发票一段时间后注销或走逃；或者控制具有一定生产能力的企业，“借壳”开展违法活动。二是通过零售端不开发票产生抵扣不完的进项税额，将富余的进项“转卖”给不法企业，再流向出口退税环节。三是利用增值税抵扣链条中的“四小票”套取虚开的进项发票，再通过“洗票”，最终流入出口退税环节。近年来查处的CPU骗税案、木制品、劳保用品等骗税案，基本上均采取了上述手法。

（二）非法取得出口报关单和收汇核销单

骗税分子经常利用小规模纳税人的产品出口免税无须退税，与报关行、货代公司等相互勾结，买卖其掌握的众多真实的出口货物信息和报关资料，取得虚假的出口货物报关单和外汇核销单。或者报关时虚构货物的品名等信息，通过“低价高报”甚至空箱出口等假报行为取得报关单。

不法分子取得报关单证和增值税专用发票后，辅之以虚构外商、虚构出口合同、伪造装箱单或海运提单（此类票证完全由企业自行制作、自行开具），并通过金融企业或“地下钱庄”形成收汇、结汇、付款的资金往来假象，最终完成骗取出口退税所需的“真实”的单证和票据。

二、骗税团伙作案手段不断翻新

近年来，深圳国税局对出口骗税活动采取高压打击态势，成功查处了“闪电一号”“6·19”专案、“7·18”专案等一系列重大案件。根据案件情况分析，当前骗取出口退税的特征主要有以下四点。

（一）团伙化、专业化、信息化趋势明显

骗税团伙成员分工明确、手法专业，分别负责虚开增值税专用发票、申请出口退税、伪造虚假出口报关信息等，形成了跨地区、跨行业的犯罪网络；部分以“血缘、地域”为纽带结成骗税团伙，如“7·18”专案中，虚开买进进项发票、报税、开发票、做假账等均由亲戚、老乡完成，由于血缘、地域关系起着凝聚作用，对抗性强；骗税团伙采用信息化管理，资金调拨全部通过互联网进行，买卖双方一般不直接联系，由中间人幕后操作，便于案发后逃脱。

（二）跨区域流动作案

以“闪电一号”为例，涉案省份包括广东、湖南、安徽、河南、新疆、内蒙古等，涉及地市多达20个。骗税分子以出口企业为平台，退税地、出口地、供票地各不相同，虚开发票经过层层“洗票”，最后到达骗税分子手中，涉及地区多、跨度大，给税务检查和取证造成重重困难。

（三）报关行、货代公司和外贸企业参与其中

报关行、货代公司的从业人员利用部分企业（或个人）出口不需要退税的特点，与骗税团伙相互勾结，买卖报关单证和出口信息，由骗税团伙配单、配票、票货分离，伪造虚假出口报关信息实施骗税。另有外贸企业“假自营、真代理”，为犯罪分子提供空白核销单，垫付税款，客观上“帮助”骗税流程最终得以完成。

（四）骗税载体主要为高退税率产品

服装、家具及电子产品退税率在15%~17%，成为骗税主要载体。这些行业附加值高，价格不透明，便于虚报出口价格；产品规格型号多，价格变动频繁，便于以次充好；虚开源头可追溯到农副产品收购发票，便于形成链条，骗取退税款。

三、征退查联动整治

（一）源头防范

深圳国税局根据深圳外贸出口的特点，提出了“两防一堵”（即防范骗税、防范风险、堵塞漏洞）的工作思路，努力防范出口骗税风险。一是坚持以退税函调作为主要的防范手段。2011年，发出调查函14882份，涉及应退税额62.76亿元，占外贸企业申报退税额的三成。通过复函，确认问题回复981份，不予退税247亿元，暂扣退税款3.74亿元。二是对部分地区果断采取“暂缓退税特别措施”。从2010年5月起，深圳国税局针对中部及邻近省份出现木制品出口急剧增长的情况，并结合函调复函情况采取“暂缓退税特别措施”。三是全面推进出口退税预警评估系统。自2012年8月1日起，深圳国税局引进并开发了出口退税预警评估系统，累计对13户生产型出口企业开展重点关注，对其中6家存在账实不符、进项发票异常等重大疑点的企业，移交稽查部门作进一步调查处理。四是认真组织出口退税风险排查。2010年以来，深圳国税局坚持开展出口退税风险排查。与深圳海关建立合作机制，开展了联合专项行动，对19户外贸企业进行重点检查，发现存在问题的企业11户，移交稽查3户，检查涉及退税款共计5.98亿元。

（二）强化征管

依托专业化和信息化，通过强化日常征管有效防范出口骗税。一方面，努力提升信息管税水平。在信息采集和分析上，通过做好纳税人基础信息采

集和管理，有效防止虚假公司的虚开和骗税行为的发生。如在信息系统开发应用方面，自主开发应用“两表衔接”① 及“一票两用”② 信息比对系统，征税部门与退税部门信息数据传递和共享逐步得到增强，有效防范了外贸企业“一票两用”的情况。另一方面，着力推进内部协作。致力于推进征退查衔接及部门协作，建立征退查部门的联合工作机制。如大力加强外贸企业征退税衔接，针对外贸企业九成集中在罗湖、福田两区的特点，由退税部门与两个区局建立“征退税衔接联动机制”，向区局开放退税企业信息查询，加大区局稽查局的协查工作。

（三）严厉打击

以专项检查为主线，专案检查为重点的稽查打击模式，对涉嫌骗税的企业进行点面结合式的检查。2011 年以来，共检查企业 546 户，追回已退税款 3.03 亿元，暂停暂扣出口退税款 2.02 亿元。

四、四项措施构建长效机制

2013 年，深圳国税局通过四项措施进一步推进防范和打击出口骗税长效机制的建立。

（一）不断优化选案机制

对海关移送疑点信息，稽查部门进行分类，普通风险等级移送出口退税管理部门，高风险等级列入名单进行评估选案。对税务管理部门和举报线索相关信息，根据其违法疑点是否明显、违法性质是否严重进行综合评估选案。在综合评估选案时，根据企业税负率、企业状态、是否在查和案源管理系统信息等决定是否立案检查。

（二）提高稽查信息化水平

积极应对虚开、骗税活动新的手段特点，利用“信息管税”系统工程，不断加强稽查信息化建设，充实稽查信息化装备，提高稽查手段的科技含量，加大稽查部门引进和选配专业人才的力度，有针对性地提升信息技术在稽查办案中的应用水平。

（三）推进稽查工作专业化

成立专业化检查科室，专司生产企业和外贸企业出口骗税活动的稽查。加强出口退税检查培训，培养出口退税方面的专家型人才，发挥其在专项检查和专案检查中的引领作用。逐步建立、完善、规范行业检查手册，推进稽查效率提升。同时，强化查后分析、评估，建立健全行业检查指南，摸清行业分布、规模和涉税违法特点，提升稽查专业化水平。

（四）健全部门协作机制

对内，加强征退查衔接问题，明确征税部门、退税部门和稽查部门在防范虚开和骗税中应负的责任，实现退税凭证电子信息的全面共享；对外，协调建立海关、银行、外汇等多方信息交换机制，明确各部门的监管责任，将防范和打击出口骗税的任务予以分解，各司其职，形成合力。

税务稽查务必坚持法律至上

刘绪东*

“法律至上”是湖南地税稽查系统顺应依法治国、依法行政形势发展的需要确立的核心价值观首要表述语，其实质是明示依法行政是税务稽查工作的生命线，税务稽查执法活动必须在国家依法授权、许可的框架内作为。做好税务稽查工作，就是要牢牢坚持依法行政不动摇，坚定不移地推进税务稽查法治建设。

一、顺时应势，推进依法行政

党的十八大报告将“全面推进依法治国”确立为推进政治建设和政治体制改革的重要任务，对“加快建设社会主义法治国家”作了重要部署。全面推进依法治国，就是使任何组织或个人都不得有

① 两表衔接，指生产企业“免、抵、退”税申报中生成的“应退税额”强制性地填入下月增值税日常纳税申报表中的 15 行应退税额中，避免企业少填或不填的情况发生。

② 一票两用，即已回函未抵扣的企业办理退税后，再申请税款抵扣。

* 刘绪东，湖南省地方税务局稽查局局长。

超越宪法和法律的特权，绝不允许以言代法、以权压法、徇私枉法。依法行政是依法治国的重要方面，当前社会经济发展处于新阶段，对依法行政提出了新的更高要求。税务稽查作为国家行政执法部门，要顺应国家政治体制改革发展趋势，把大力推进依法行政作为一项重要且紧迫的任务。

（一）从发展方向看

依法行政作为现代政治文明的重要标志，伴随国家新一轮行政体制改革已拉开序幕，迫切要求税务稽查部门进一步深刻认识推进依法行政的重要意义，把依法行政作为稽查工作的基本准则贯穿始终，规范执法，优化服务，切实维护纳税人的合法权益，促进征纳关系的和谐，更好地履行税务稽查职责。

（二）从地税事业看

依法行政是税收工作的核心要义。要强化依法行政的法制意识、自觉规范行政行为的意识，以及严格遵守法律、自觉接受监督的意识。税务稽查部门作为税收工作的生力军，必须把思想、认识、行动高度集中统一到推进依法行政的部署要求上来，在依法治税上有新作为，在依法稽查上有新举措。

（三）从稽查工作看

稽查作为税收征管最后一道防线，征纳矛盾相对突出，依法行政工作标准、要求更高。这就需要税务稽查部门既要充分发挥税务稽查在公平税负、促进竞争、打击违法等方面的积极作用，又要找准依法行政方面的薄弱环节，有的放矢地加强依法行政工作，不断提升执法办案水平。

二、履职尽责，推进稽查执法

抓好税务稽查部门依法行政工作，必须紧扣稽查工作职能特点，坚持运用法治思维、法治方式履行职能，依法办事、秉公用权，做到权为民所用、情为民所系、利为民所谋，切实强化对行政权力运行的监督制约，规范自由裁量权的行使，杜绝滥用职权和权力寻租的现象，严格稽查执法，规范依法办案。

（一）抓住“风险防控”关键

案件查办如果只重实体，不重程序；案件处理如果只重事实，不重证据，就会背离依法行政的要求，税务稽查执法风险隐患就会无时不在，无处不在。因此，要紧紧抓住稽查部门税收执法权和行政管理权运行风险这一关键环节，在以岗位职责为基础、逐一清理各项职权的基础上，认真分析稽查执法各环节可能发生不廉行为的风险点，落实税收执法责任制，落实各环节之间的监督制约，强化稽查重点岗位、重要环节、重大事项的风险防控，坚持案件集体审理制度，重点抓好稽查办案取证等工作的风险防控。积极构建防范、补救稽查执法风险的长效机制，真正把稽查成果意识与稽查风险意识紧密结合起来，把提高稽查工作质量与防范稽查风险紧密结合起来，把风险防控措施与稽查业务流程管理紧密结合起来。

（二）把握“制度建设”根本

制度建设是落实依法行政要求的具体量化和细化。要有效发挥制度的治本功能，把法律法规的规定科学转化为便于操作、管控的步骤流程，做好税收自查、分级分类稽查、异地稽查等稽查制度执行情况分析，进一步探索和掌握税务稽查工作的基本规律，不断增强工作的系统性、预见性和能动性，在预防、打击税收违法行为上下功夫，在规范执法、精细管理方面求突破，依靠制度创新固化稽查工作实践成果。要积极推行稽查标准化管理，即对税务稽查实施范围、步骤、质量等各要素，对选案、检查、审理、执行各环节均建立依法依规、简约明晰的质量标准参数，抓好稽查检查底稿、稽查报告、稽查文书、证据等重点把控，最大限度地激活稽查各环节、要素的效能，实现稽查工作首尾兼顾，过程可控。

（三）搭建“信息支撑”平台

利用现代信息技术手段规范程序运作，将制度和科技完美结合是依法行政规范化、精细化的前行之路。要充分认识信息在税收执法中的关键作用，紧紧围绕“信息管税”工作思路，加快实现稽查业务与信息技术的有机融合，大力依托信息技术平台，保障稽查各项执法行为都依据法定职权和法定程序运行，增强稽查工作透明度，使稽查执法过程始终处于严密的受控状态，及时发现执法中出现的问题并加以纠正。要通过推行信息化的管理手段，实施效能化的绩效考评，建立实时化的内控机制，切实增强稽查部门依法行政的内生动力。

三、提质增效，推进法治稽查

稽查法治建设是具有长期性、艰巨性和复杂性特点的系统工程，是税务稽查落实依法行政的具体行动。随着社会经济的发展，社会公众对政府行政机关依法行政的要求会越来越高，对依法行政的评判会越来越严。因此，税务稽查部门要拓宽思路，采取切实可行措施，大力推进稽查法治建设的发展进程，深化依法行政工作。

（一）要科学评价

建立、完善税务稽查依法行政评估指标体系。通过设立工作目标、指标，以相应的办法和制度作为支撑，完善岗责规范，加强对依法行政工作的岗责考核和成果评价，以有利于全面掌握依法行政有关情况，客观评价稽查法治建设状况，通过系统总结、科学分析，找准突出问题，制订解决方案，对症下药，立改立行。同时要适时修正评价指标，突出指标的科学性、可操作性，不断调整评价内容、完善评价办法、改进评价方式。

（二）要持续改进

依法行政不可能一蹴而就，而是一个持续的、不断修正的过程。面对时代发展的新情况依法行政的新要求，税务稽查部门要以变应变，在变化中改进，在改进中发展，既认真总结和坚持以往执法实践中积累的成功经验，又坚持用改革精神推动依法行政，积极实践；既从加快推进的要求出发，高起点确定依法行政的推进步骤，科学论证其实现途径和具体措施，又充分考虑现有条件，稳扎稳打；既着力解决当前稽查工作中存在的突出矛盾和主要问题，又考虑长远发展的要求，统筹兼顾，确保税务稽查部门依法行政工作持续改进，执法绩效稳步提升。

（三）要创新发展

依法行政水平的提高，需要在实践中不断发现、分析和解决问题。要在积极稳妥地弘扬社会主义法治精神、严格落实依法行政各项要求的基础上，切实加强税务稽查法治体制、机制创新工作，深入研究、及时制定促进税务稽查部门依法行政的新思路、新举措，以此提高税务稽查工作质效，加快稽查法治进程，真正让税务稽查部门依法行政工作步入“创新—发展—再创新—再发展”的良性循环。

依托协查系统　提高稽查水平

李培仁*

一、充分认识推广应用协查软件系统的重要性和必要性

近年来，随着市场经济不断深化，经济流动性不断增强，具体体现是货物流、资金流、票据流逐年倍增，“以票管税、属地管理”的税收管理模式已不能完全适应经济发展需要，导致跨区域、多元化的涉税违法行为普遍存在而不能及时、有效查处。在上述背景条件下，协查工作作为税务稽查的有效补充手段，地位日益重要。近年税务总局稽查局组织查办的“重庆聚奎案件”“南疆税案”等一系列案件，协查工作均体现了重要的作用。

地税协查原有的纸质传递及管理方式，导致协查案件痕迹模糊，管理不规范，协查案件不回复、迟回复、调查不深入、不充分的问题屡见不鲜。税务总局研发的协查信息管理系统对税务稽查通过认证和交叉稽核及时发现问题，迅速组织协查，能够起到有力的推动作用，扩展了协查覆盖范围，加快了案件查处速度，提高了稽查工作质量，有利于规范协查工作的方法，有利于突出协查工作实效。

二、树立正确的协查意识和观念

（一）树立整体协查系统观念

由于历史原因，协查工作面临着几个难题：一是难度大，协查工作取证难，工作部署开展难。二是信息量大。三是来人多案件多。要深刻认识协查工作与“重建信用，重塑形象”的关系，将协查工作同稽查、稽核、征管等工作紧密相联，协同运作，将协查工作置于整个工作的重要位置来抓，克服困难，积极创造条件，做好协查工作。

（二）树立协查系统打击犯罪保护纳税人合法利益的观念

把协查工作作为打击涉税犯罪的重要手段，充分发挥协查系统的快速、高效和准确的优势，严厉

* 李培仁，云南省地方税务局稽查局局长。

打击各种涉税违法犯罪行为。一是利用协查系统快速、高效的优势，严厉查处涉税违法案件。二是发挥协查准确率高的特点，有效遏制违规行为。三是“关口”前移，有效防止涉税违规行为的发生。

（三）树立把好关口提高协查质量的观念

一是规范性，从委托协查函制作等基础工作抓起，从协查函名称、内容逐项规定协查函制作标准，让受托方从协查函上能够直观了解委托方的协查要求、目的。二是代表性，对税务稽查实施过程中发现的疑点，在发出协查委托时，对涉及同一受托方的只选取有代表性的上网协查，待其回复反映有问题时再将涉及该纳税人，避免了委托协查的盲目性。三是科学性，以市县为单位利用同级认证系统、征管系统、报税系统提供的数据建立数据库，按照制定的数据标准口径对大量的发票信息进行筛选、比对，解决人工选票的局限性。四是及时性，对认证、交叉稽核系统转入的有问题信息一律当日委托发出。

（四）树立依托协查系统提高稽查水平的观念

始终把充分发挥协查系统的应用效能，逐步实现协查系统运行与稽查工作的有机结合作为协查工作的重点来抓。一是充分应用协查系统在查处涉税案件中的情报效能，分析协查系统信息从中直接发现案件线索。二是充分发挥协查系统对日常稽查工作的促进作用，扩展协查系统运用范围。要通过协查工作和日常稽查工作的有机结合，较好地解决协查涉及地域广，取证难度大等问题，提高稽查工作的质量和水平。三是充分利用协查系统的数据分析功能促进税收征管。形成征、管、查“三位一体”，信息共享，良性互动的税收征管新格局，体现协查系统最直接、最重要的成效。

三、完善工作制度，依法规范协查工作

（一）实行归口管理，责任到人

协查案件统一归口检查一科管理，由专人专责接待、登记、建账、调查、总结。必要时，调动科、局力量支援。使协查工作始终分工明晰，规范有序进行。提高干部素质以及个体办案水平，着重加强业务培训和岗位练兵，突出提高干部收集、发现、分析、评估线索的能力。

（二）坚持“三审查”原则

一是审查身份。对请求协查单位人员的介绍信、身份证、工作证逐一核对，必要时，以电话方式向请求协查单位查询核实相关情况。二是审查请求协查的文书是否齐全。如果遇到协查文书不齐全的情况，经办人员马上启动评估程序，对有关手续的合法性、正当性、可行性进行评估。三是审查请求协查事项是否符合法律及上级有关规定，以及案件的管辖、协查的目的、对象、要求、性质、内容是否明确、具体，强制措施等相关手续是否完备。

（三）坚持协查案件审批呈报制度和重要事项报告制度

协查相关工作制度要创新，实行关口前置，坚持协查案件审批呈报制度和重要事项呈报上级机关的报告请示制度。充分评估协查案件的办案风险和社会稳定风险，提高协查案件评估的针对性和准确性，从源头防范因协查环节决策不当而引发不稳定因素，以违纪案件零发案和委托、受托单位零投诉为目标，减低因协查不当造成的风险，促进协查办案的政治效果、社会效果、法律效果的统一。

（四）以高度的责任感，选好配强协查人员

要选配具有高度责任心、业务能力强、善协调、能吃苦的办案骨干到协查岗位；在协查工作中坚持协查地就是案发地的观念，把协查案件视作自办案件同等地位来办，改变以往就协查而协查的被动做法。

（五）坚持依法、规范的协查原则，维护协查对象的合法权益

协查工作为办案服务，也要和保障区域经济社会发展双结合，以“保增长、保民生、保稳定”的三大任务为己任，坚持“四个有利于”（有利于案件的查办，有利于维护企业正常生产经营、有利于维护企业职工利益、有利于促进经济社会稳定）。协作工作中既做到严格依法办案，又积极履行为企业的健康发展提供法制保障的职能。

（六）强化意识，推进优质有效协查

一是在协助外地调取证据、询问证人时，注重实事求是了解相关案情，与请求协查方认真探讨调查方向和策略，从而更准确地把握协查重点，提高协查效率，强化协查人员发现隐藏案件线索的敏锐性。二是尽心尽责认真负责地对待协查案件，受理的协查案件均要做到件件有落实，事事有答复，争取委托单位的好评。三是设身处地为办案人员解决困难，力争在最短的时间内完成，尽量为办案人员减少办案时间和节省办案经费。

（七）及时总结调研，提升协查工作价值

在每次协查任务完成后，协查人员都要及时与协查委托方联系，了解协查效果，听取意见建议，总结工作经验，为今后工作的开展奠定良好基础。

同时，结合协查案件实践，建立一案一总结制度，及时报送信息，分析案件高发行业与突出领域的违法行为规律，健全完善内外部联络协调机制，实现协查工作价值的不断提升。

（八）依托信息化，提高协查管理质效

一是把全国地方税务局协查信息管理系统在云南地税推广使用落到实处。省局稽查局要制定具体的协查工作措施以及各地应用信息管理系统的具体考核办法，确保工作落实；二是要依托协查系统提炼出信息管理系统设置的协查工作流程，将之应用于全省地税协查工作，协查案件痕迹要明晰，流程要规范，全面提升协查案件管理质量；三是要充分利用现有服务器设备，扩展服务器的功能，争取先将协查报表、台账等管理工作集成进去，实现信息化管理，再逐步扩展应用范围，务求通过信息化降低协查成本，提升协查管理质效。

探索税务稽查体制改革的方向

达娃云丹*

建立、健全和完善税务稽查体制，对于强化税收征管，推进依法治税，保证税收收入，发挥税收调控功能，有着极其重要的意义。

一、我国税务稽查体制的形成和发展

20 世纪 50 年代初，我国的税务稽查工作才开始起步，当时称为“税务检查”，税务稽查体制尚处于萌芽阶段。财政部、税务总局于 1950 年 4 月制定《各级税务机关检查工作规则（试行草案）》，其中税务检查相当于现在的税务稽查和税务监察。1952 年 12 月 17 日，政务院颁布《省市以上各级人民政府财经机关与国营企业部门监督室暂行组织通则》，才使税务稽查与税务监察分开。此后，税务稽查业务融进各业务单位及基层征收管理的专管员职责中，不再有专门机构。到“文革”开始以后，这项工作陷入瘫痪。

改革开放以后，我国的税务稽查体制初步建立，并与以前时期相比仍有许多的特点或进步之处，主要表现在：机构开始恢复和发展，制度逐步建立和规范，职能作用得到重视。从 1987 年起，财政部、税务总局通过选择征管基础较好的三省（吉林、河北、湖北）一市（武汉）进行征管改革试点，并于 1988 年确定将原有的“各税一人统管，征、管、查合一”的征管形式改为“征、管、查”三分离或者“征管、检查”两分离，从而使税务稽查与税款征收、纳税管理逐步分离开来，税务稽查的职能开始独立出来。

1993 年 1 月 1 日，《税收征管法》实施以后，税务稽查工作已不再是仅仅查处举报案件，而是具有“外反偷骗、内防不廉”的双重监督职能。随着依法治国写进宪法，税务稽查各项规章制度逐步建立，《税务稽查工作规程》《大案要案报告制度（试行）》《税务稽查案件公告办法》等工作制度日趋完善，为强化稽查执法功能提供了法律依据。根据 1993 年国务院批准的《工商税制改革方案》确立的“税务机关的主要力量转向重点稽查”原则，结合国际上的通行做法，税收征管模式经历了两次大的转变。与此同时，税务稽查体制改革纵深推进，以构建一个统一、制衡、高效的税收稽查体制为总体目标，实现了由“三分离”或“两分离”为基础的“稽查管理”逐步向“重点稽查”方向转变，并进一步向“一级稽查”模式过渡。

二、我国税务稽查体制改革的必要性

自 1997 年国家税务总局成立主管税务稽查工作的职能部门稽查局以来，稽查体制改革虽然取得了突破性进展，但是体制本身存在很多问题。

（一）稽查职权配置不明确

由于稽查部门与征管部门的职权关系没有法定化，从而造成税收征管体制的系统性混乱，引发诸如“多头执法”“重复检查”等问题。因内部制约监督远比外部监督，稽查部门自身也缺乏相应监督，因而不能从根本上形成监督的机制。

* 达娃云丹，西藏自治区国家税务局稽查局局长。

（二）稽查机构设置较混乱

税务稽查内部虽然实行了按其“选案、检查、审理、执行”职能相分离的工作机制，但是内设机构并不与其职能相对应，并且由于编制有限，科多人少，导致工作中的个别环节成为“摆设”，严重地影响了稽查管理的质量。

（三）稽查执法程序欠规范

税务总局制定了《税务稽查工作规程》，将整个稽查工作分为选案、检查、审理、执行四个环节，但是这四个权力并没有彻底得到分解，这样的“权力链”也极易使涉税问题被内部“消化”，无法对行政执法权运作过程实施有效的监督与制约。

（四）稽查管理手段落后

现阶段我国税务稽查部门因存在经费来源管道较窄、供给不足和分配不合理等问题，导致稽查部门装备较落后，缺乏先进的交通、通信和办案工具。更为重要的是，我国税务稽查部门的计算机应用水平低，一些单位还停留在原始的手工操作阶段，重复劳动多，工作效率低，稽查信息化推广慢，不能与税收征管实现信息共享。

（五）稽查人员素质不适应

我国目前税务稽查人员占整个税务队伍人数不到15%，其中能够独立查账的人员只占稽查人员总数的20%左右，不能完全适应稽查工作的现实和未来的需要。

三、我国税务稽查体制改革的探索和借鉴

近些年，我国税务稽查体制改革方面的探索也较多，其中较为成熟的是“一级稽查”的税务稽查新体制，很多地方税务部门也不断创新工作模式，完善税务稽查体制。

在深化税务稽查体制方面，我们同样可以“洋为中用”，借鉴国外税务稽查管理体制的先进经验。通过与美国、德国、日本的税务稽查体制相比较，我国税务稽查体制可以在以下几方面加以完善。

（一）在税务稽查职能的定位上

这些发达国家对税务稽查的职能定位是非常清晰的，即打击和惩戒税收犯罪。从根本上来说，税务稽查的作用是对税收违法犯罪行为进行打击和惩戒。职能定位一旦偏离这一点，税务稽查就可能弱化为获得税收收入的工具，从而损害税法的严肃性，损害纳税人的利益。稽查的工作重点是查处税收违法犯罪行为，因此，稽查工作量和稽查的对象应该取决于纳税人遵守税法的状况。但是，目前我国对稽查的考核却在一定程度上偏离了打击违法犯罪的目标。比如，考核指标包括两个：一是稽查面，反映工作量；二是查补率，反映稽查取得的收入。在考核指标的导向下，往往出现两种情形：一是指标不容易完成时，为了完成稽查面和查补率这两个指标，不需要查、没有列入选案范围的也查。而且主要为了完成收入指标，将主要精力集中在查纳税大户上，而忽视了占绝大多数的中小规模纳税户的稽查；二是在指标完成的情况下，已经立案，并掌握了纳税户一定违法事实证据的案件也不再稽查。也就是说目前我国的税务稽查在功能定位上，表现出明显的收入导向。

（二）在税务稽查的设置上

从发达国家的税务稽查机构设置可以看出，他们对税务稽查的重视程度很高，几乎都将一般的违法案件稽查与性质恶劣、涉及犯罪的案件稽查分开，后者由独立的部门或机构来执行。例如，美国在国内收入署内部分别设置了稽查部门和税案调查部；德国将税务稽查与税收违法案件调查局分设，日本的税务警察专司打击税收犯罪活动，违法活动则由一般的税务人员负责调查。与税收违法活动相比，税收犯罪活动的性质更为恶劣，使国家遭受的损失更大，所以将负责处理违法行为与犯罪案件的机构分设开来，有利于更加合理地安排稽查力量，集中打击犯罪。

（三）在稽查权限上

对于打击税收犯罪，发达国家除了设置专门负责的机构外，还通过法律赋予税务稽查足够的权限。除了一般的询问、检查等权限外，还规定税务稽查人员在调查案件时，拥有搜查住所、封存账册、查封财产等刑事侦查权。无论是美国的税务稽查部门、德国的违法案件调查局，还是日本的税警，在调查犯罪案件时都可以在不同程度上行使刑事侦查权，如强制检查权或人身自由限制权，从而为打击犯罪提供了强有力的法律保障。因此，通过修改法律，增加适用于特定情况下的特殊权限是完全可以考虑也是十分必要的。

税收专业化检查的思考

马志忠*

现阶段，新疆地税两级稽查局逐步形成了分工明确的选案、稽查、审理、执行四个环节工作机制，在四环节工作中进行了人员的交叉履职，初步形成了专业化分工机制，不同程度地改变了以前职责划分不清的局面，使税务稽查向专业化稽查的方向迈进。但是，税务稽查四环节的专业化研究进程尚不足，各环节在总结、借鉴、创新上步履缓慢，规范化、专业化建设潜力还很大。现就税务稽查的检查环节的规范化、专业化进行思考和探讨。

一、现状及不足分析

新疆地税两级稽查局共有20个单位，除阿拉尔等4个规模较小局外，其余16个局（包括区稽查局）都设有专门的检查科，检查环节的人员配备相对其他三个环节要多，而且为保证检查环节的工作，其他环节的人员也因工作需要随时被抽调到检查工作中，基本确保了检查工作的顺利进行。但是在检查的专业化、规范化方面还存在潜力，有待挖掘并完善。

（一）从检查环节内部人员工作分工来看，缺乏专业性

目前，检查人员基本处在“多面手”状态，在各类检查中没有专业化划分，即：没有按纳税人行业特点和每个人的能力专长来安排检查任务。现有人员是按任务指向实施检查，似乎大家都是“多面手”。这种局面的形成，一是人员配备不足，不仅难以设置专业检查机构，而且难以进行人员方面的专业化调配；二是队伍培训方面，长期以来努力培养“复合型”人才，而淡化了专业性、专家型人才的培养。“复合”是有了，但不够“精”、也不够“专”，不能“专一”或“侧重”就难以“专业”，因此，对行业的专业性检查方法、检查流程、行业财务特点、税收政策、税收风险指标体系建立等，也就缺乏研究。

（二）从检查的方法看，欠统一、规范、现代

在目前各局尚没有形成统一规范的行业税收风险管理指标体系、行业税务稽查实施指南的情况下，检查组和检查人员只能凭传统经验工作，方法不够统一、流程不够规范的问题不同程度地普遍存在，并且因人而异。因此，“税种查全、环节查到、项目查清、问题查透”的工作要求，落实程度也有差异。

二、专业化检查的思考

“专一方能专业。”推行税务稽查的专业化检查，不断提高税务稽查质效，要以分级分类稽查为指导，在稽查实施环节全面推行专业分工检查。要结合新疆地税稽查工作实际从以下几个方面突破。

（一）检查机构或人员配置向专业化转换

人才是基础，没有专业化人才就无法实现专业化检查。一切从实际出发。从全疆情况看，各局人员配备差异较大，有条件的局，如乌鲁木齐市稽查局等应该设置专业化检查机构，各类检查任务按经济行业特点分别下达和实施；人员较少的局可以采取专业性配备主查方式，把有限的人员按行业和每个人的能力专长进行“侧重”划分，在检查过程中，“侧重”某个行业的人员即作为该行业的主查。逐步引导并要求检查机构和检查人员由综合向专业转化，培养“行业专家”。

（二）结合实际进行行业划分

根据地税部门的征管权限，主要以房地产业、建筑安装业、金融保险业、工业、商业和服务业6个行业和其他，可按“6+1”模式划分。各地可以结合本地行业经济规模特点进行划分，如有的地区矿产行业是支柱产业，也可以单设。按照行业实施检查，推进税务稽查的专业化和标准化进程。

（三）逐步建立分行业税务稽查实施指南

通过开展重点税源行业稽查调研，深入研究税源行业规模、经营特点和发展趋势，以及行业税收

---

* 马志忠，新疆维吾尔自治区地方税务局稽查局副局长。

违法行为趋势和稽查案源发展规律，行业的征管和稽查难点；强化监控要点、把握税收违法风险点；围绕提高稽查执法效能、防范稽查执法风险、优化稽查流程和方法，总结、归纳各行业工艺流程、管理模式和财务核算主要经营方法；分析税收与会计核算差异、行业税收法律法规；洞悉行业税收违法风险点；结合税务稽查工作流程和执法程序、组织方式和检查方法，逐步建立行业税收风险管理指标体系、行业检查底稿以及具有普遍指导意义的行业检查指南，解决查什么，怎么查，查到什么程度的问题。

当然，全疆19个地（州、市）经济行业特点不同，各局税收管理和检查重点、检查人员配备也不同，行业税收风险管理指标体系、行业检查底稿、行业检查指南的研究和制定，不能追求“小而全”，可由区稽查局牵头，分片、分阶段实施完成。

另外，稽查检查环节的工作，也不能“单打独斗”，要协同税源专业化管理，大胆探索，勇于创新，本着先易后难、循序渐进的原则，逐步推进专业化稽查改革，不断取得阶段性成效。

（四）其他需要完善的工作方法

1. 推行案件分析制度。稽查实施环节接到检查任务后，应组织相关人员实施案件分析。一是利用内外网信息对稽查对象的财务报表数据与业务流量、税收执行情况进行静态对比分析。二是利用获取的企业业务真实信息和财务信息，通过涉税风险管理指标体系分析企业存在的涉税风险点。在实施检查前要进行培训，统一检查人员的工作思路和方法，最大限度地让参加检查人员明确“查什么，怎么查，查到什么程度”等问题。

2. 积极推行案件主查制。按照业务水平和工作实战能力分设稽查主查员、稽查协办员。推行案件主查制，在案件分配阶段指定案件主要负责人。由主要负责人负责案件实施工作的开展及组内分工，明确职责，分层控制。同时，打破固定的检查小组模式，每个案件指定不同的主责人和配合人员，从而调动检查人员的主观能动性。分配案件要合理，按照检查人员的能力和专长确定分配方案。根据被查单位的行业性质，安排对该行业更加熟悉，检查更有心得的人员对其实施检查，做到有的放矢，提高案件实施的质量和效率。值得全疆各局学习借鉴的是：塔城地税稽查局大胆创新，按照岗位职数和职责及能力需求设置ABCD岗，向“主协查制”迈出可喜步伐。

纳税评估与税务稽查互动机制的探讨

王志彬　岳建英　李　兴*

随着税制改革的深入和税收征管模式的变化，税源管理工作得到新的定位，尤其是在税务总局提出税源专业化管理具体要求之后，纳税评估和税务稽查作为税源管理的重要手段和重要环节，在税源管理中的作用和地位日益突出，如何正确处理和把握纳税评估与税务稽查的关系，建立纳税评估和税务稽查的良性互动，对于充分发挥两者对税源管理的促进作用具有十分重要的意义。

一、纳税评估与税务稽查的区别与联系

《纳税评估管理办法（试行）》（国税发〔2005〕43号）对纳税评估的定义是：税务机关运用数据信息对比分析的方法，对纳税人和扣缴义务人纳税申报（包括减免缓抵退税申请）情况的真实性和准确性作出定性和定量的判断，并采取进一步征管措施的管理行为。纳税评估主要工作内容包括：根据宏观税收分析和行业税负监控结果以及相关数据设立评估指标及其预警值；综合运用各类对比分析方法筛选评估对象；对所筛选出的异常情况进行深入分析并作出定性和定量的判断；对评估分析中发现的问题分别采取税务约谈、调查核实、处理处罚、提出管理建议、移交稽查部门查处等方法进行处理；维护更新税源管理数据，为税收宏观分析和行业税负监控提供基础信息等。

《税务稽查工作规程》（国税发〔2009〕157号）对税务稽查进行了这样的描述：税务稽查由税务局稽查局依法实施；税务稽查的基本任务是依

* 作者单位为河北省地方税务局稽查局。

法查处税收违法行为，保障税收收入，维护税收秩序，促进依法纳税；稽查局主要职责是依法对纳税人、扣缴义务人和其他涉税当事人履行纳税义务、扣缴义务情况及涉税事项进行检查处理，以及围绕检查处理开展的其他相关工作；稽查局设立选案、检查、审理、执行部门，分别实施选案、检查、审理、执行工作，主要包括专项稽查、专案稽查和举报检查、涉税案件协查等。

两者的区别：一是目的不同，纳税评估是对纳税人申报应纳税额与真实税源之间的相关合理性的评估，重点在于发现纳税人在纳税过程中存在的一般性违规违法现象，侧重于分析评价，并给企业自查补救机会，其目的在于筛选案源，强化管理，对纳税人的纳税行为进行辅导；税务稽查是对纳税人和扣缴义务人以及其他税务当事人履行各项法定义务的核查，是全面、综合的检查，并且偷逃税款数额达到一定标准的需要进入司法程序，稽查的目的在于重点打击涉税违法犯罪，维护税法的严肃性，体现税收执法刚性。二是实施主体不同，纳税评估由税源管理部门和税源监控部门组织实施；税务稽查由税务稽查局组织实施。三是程序不同，纳税评估是按照《纳税评估管理办法（试行）》要求，根据工作需要来确定评估程序，目前主要为案头分析、实地调查、约谈举证、结果处理等；税务稽查依据税收征管法赋予的职责，根据《税务稽查工作规程》进行税务稽查，具有严格的法律程序，必须具备选案、检查、审理、执行四个环节。

两者的共同点：一是都有纠错功能。都可运用一定的方法，通过某种方式纠正纳税人的一些违法、违规行为。二是都有审查功能。两者的工作内容和工作方法都具有运用一定专业方法对纳税人的纳税情况进行审查的特点。三是都有补税的职能。通过纳税评估和税务稽查发现少缴和未缴税款，经履行必要程序，将税款补缴入库。

二、纳税评估与税务稽查现状调研

在现行税源管理模式下，纳税评估的执行主体是税源管理部门的税收管理员和市、县税源监控部门的应对岗位人员。评估对象是各级税源监控部门按照《全省地税系统税源监控业务工作规范（试行）》的标准确定的不同等级风险的纳税人。税务稽查的执法主体是省以下税务局的稽查局，稽查对象有选案确定的纳税人、经监控部门评定为最高风险等级的纳税人、举报案件确定的纳税人、专项检查确定的纳税人等。

通过到保定、承德、邢台、邯郸、张家口等地调研，并广泛征求省稽查局和各市税源监控部门意见，发现在实际工作中，纳税评估与税务稽查工作存在相互交叉、重复工作的情形，并且部门之间、上下级之间信息共享度不高，评估与稽查的成果没有得到充分利用，反映在税源监控和税务稽查工作中，突出的问题主要有：一是大部分基层地税部门受到人员少、业务素质不高等因素的限制，纳税评估工作难于开展。二是外部信息获取渠道窄、征管系统数据质量不高，各级开展纳税评估工作均受到了不同程度的制约。三是部门间缺乏信息反馈共享机制，造成评估、稽查工作不衔接。评估管理部门不能及时掌握案件的查处结果和稽查建议，稽查部门不了解征管流程和纳税人经营现状，对纳税人账外的动态情况掌握较少，不利于稽查工作开展。四是稽查、管理部门因工作衔接、资料传递等程序没有明确的机制加以限制，常常出现评估内容不传递，关键信息不传递，实质问题不传递等问题，使税务稽查不能及时准确地掌握纳税人的涉税信息，增加了税务稽查的难度。为此，迫切需要建立一种评估与稽查的互动机制，将纳税评估和税务稽查统筹考虑，通过纳税评估为稽查提供案源，提高稽查选案的准确性和大要案查处率，通过稽查成果的转化，提高纳税评估工作的质量和效率，在相关部门之间、上下级之间构建起一个信息共享、良性互动、有机统一的工作格局。

三、制定具体互动办法，建立纳税评估与税务稽查互动机制

纳税评估与税务稽查既有相同点又有不同点，在实际工作中，纳税评估与税务稽查相互交叉、重复工作的情况时有发生。因此，建立纳税评估与税务稽查互动机制就显得尤为必要，其作用主要表现在以下几方面：一是充分运用税收分析、税源监控的积极成果，减少纳税评估对象选择随意性，防止查评混同、以评代查等现象。二是可以防止和避免多头评估、多头检查和重复检查情况的发生。三是最大限度地提高信息共享度，评估与稽查的结果可以相互利用，有效提高两者的效率和质量。四是纳税评估为税务稽查输送有效案源，可以通过审核分析为稽查提供案源信息，使稽查实施有的放矢，提高稽查选案的准确性。五是通过税务稽查可以反馈纳税评估的质量，可以对评估中发现的重大问题及

时进行实地查处，及时反馈评估疑点信息，促使纳税评估部门高效率、高质量的运转。

从调研情况看，大部分县级监控部门人员少、评估能力弱，且担负着收入规划核算的工作，不具备开展纳税评估的能力。但也有小部分县级监控部门人员比较多、素质较高，具备开展纳税评估的条件。管理分局是现有体制中最基层直接面对纳税人的部门，虽然目前是开展纳税评估的主体，但也存在着人员年龄偏大、业务能力不强等问题，因此也不具备开展纳税评估的能力，并且从税务总局征管模式的总体思路来看，从管理分局发展的角度来说，应该是一个以纳税服务和风险提醒为主要职责的部门，不应该具有纳税评估的职责。

构建纳税评估与税务稽查互动机制的总体思路：一是纳税评估工作由省、市级税源监控部门负责，县级税源监控部门和管理分局主要负责数据质量的管理和第三方信息的核实工作。部分具备条件的县级税源监控部门也应开展纳税评估工作。二是风险等级评定工作由税源监控部门负责，风险等级设置为四个档次，四级为最高风险，一级为最低风险，风险应对工作原则上由稽查部门负责。三是纳税评估原则上采取案头分析形式，确需实地取证的，也可以采取外围调查、实地核实等形式。

按照构建纳税评估与税务稽查互动机制的总体要求，制定《全省纳税评估与税务稽查互动办法》（以下简称《办法》），明确规定二者互动程序与内容，已显得刻不容缓。具体应包括以下内容：

总则部分，应主要明确制定《办法》的目的、法律依据、纳税评估和税务稽查互动机制的定义、互动的内容、互动的原则等。

工作职责部分，主要明确各级税源监控部门、稽查局、管理分局在互动工作中的职责。

互动程序部分，主要明确各部门之间的互动工作程序和流程。主要包括风险等级评定结果的应用、风险纳税人的推送、稽查结果的反馈等内容。

四、纳税评估与税务稽查互动的实践及评价

2013 年，河北省地税局稽查局对纳税评估和税务稽查互动工作进行了初步探索，年内由税源监控部门通过纳税评估，向稽查部门推送高风险等级案源 14 件，推送的案件包含风险点 120 多个，经稽查选案人员进一步分析梳理出涉税疑点 40 多项，由税务稽查部门检查核实全部涉税疑点，核实有效疑点 20 多项。一是推送必查。按照纳税评估与税务稽查互动办法的要求，年内税源监控部门分两次向稽查部门推送高风险等级案源，稽查部门将推送的案源由稽查选案部门进行分析后，列入省局直查计划并向检查部门下达稽查任务。二是认真总结。稽查部门检查完毕后，由检查、审理人员向选案部门反馈检查情况，经过选案部门的总结汇总分析，将检查结果同提供的全部疑点进行比对分析，提出对纳税评估的意见和建议。三是查结反馈。税务稽查部门将推送案件的疑点分析评价后，及时向税源监控部门反馈纳税评估的意见和建议。通过整改完善，进一步提高纳税评估的质量，为税务稽查提供更加科学准确的案源分析，提高大案要案的查处力度。

总之，纳税评估与税务稽查互动机制的建立，是河北省地税局稽查局在落实税务总局税源专业化管理方面的有益探索和创新，相信“互动办法”的实施，必将对河北省纳税评估和税务稽查互动工作起到很好的促进作用。

建筑安装行业涉税问题分析

吉林省地方税务局稽查局建筑安装行业调研课题组*

近几年，建筑安装业税收已成为地方税收的主要增长点之一。但由于建筑安装行业具有跨区域性、工程周期长和成本核算复杂等特点，其税收一直是地税征管的一大难点。对此，我们进行了大量调研，并结合征管实际提出了解决问题的对策和方法。

* 吉林省地方税务局稽查局建筑安装行业调研课题组组长：李茹宝（稽查局局长），关平（稽查局副局长）；成员：蒲雨（检查六科科长），闫海涛（检查六科副科长），姚苏纹（检查六科科员）。

一、建筑安装行业普遍存在的涉税问题

（一）建筑工程进度款不按规定及时入账申报纳税现象普遍

税法规定，纳税人提供建筑业应税劳务，施工单位与发包单位签订书面合同，如果合同明确规定付款日期的，按合同规定的付款日期为纳税义务发生时间，合同未明确规定付款日期的，其纳税义务发生时间为纳税人收讫营业收入款项或取得索取营业款项凭据的当天。对预收工程价款，其纳税义务发生时间为工程开工后，主管税务机关根据工程形象进度按月确定的纳税义务发生时间。但我们发现，有部分企业存在当年工程完工未决算的情况，对未决算的工程，企业只按收取的价款计入营业收入，未结算部分未计入营业收入，还有一些工期较长的跨年度工程项目，企业实际收到工程进度款作账外登记或根本不登记的情况也时有发生，从而使各项税费严重滞后，影响税收均衡入库。

（二）建安企业利用“甲供材”滞纳税款或偷税

按规定，建筑安装工程不论合同如何签订，必须以工程所用的各种原材料、人工工资、其他费用的合计总金额为营业税计税依据。由于建筑工程项目一般周期较长，有的甚至要好几年，建安企业一般要在整个工程项目全部竣工完毕，才办理“甲供材”价款结算手续，申报缴纳营业税金。而这些建筑材料早就已经实际使用，按照税法规定应在使用时缴纳税款，由此造成税款延迟缴纳。还有少数单位在工程结算支付价款时，由建设单位凭购买建筑材料的原始发票直接入账，施工单位按差额开具建安发票纳税，造成税款流失。

（三）所得税纳税地点与营业税纳税地点不一致，给税收管理带来难度

有关规定：纳税人提供的应税劳务应当向应税劳务发生地主管税务机关申报纳税。而其所得税的纳税地点，税务总局规定企业离开工商登记注册地或经营管理所在地到本县以外地区施工的，应向其所在地的主管税务机关申请开具外出经营活动税收管理证明，其经营所得，由机构所在地或经营管理所在地主管税务机关一并征收所得税。企业所得税的纳税地点与营业税纳税地点可能不在同一个主管税务机关。纳税人外出经营往往是跨省经营，纳税人使用的发票是经营地税务机关提供的，开具情况机构所在地的主管税务机关无法及时掌握，难于监管，给偷税提供了方便。纳税人在经营地取得的收入不记账，机构所在地税务机关又不能及时提供纳税人经营情况的信息的情况下，机构所在地的主管税务机关就发现不了纳税人有偷税的嫌疑。如发现纳税人偷税还必须跨省调查，要耗费大量的人力、物力，增加税收征收成本。

（四）企业所得税与流转税的管理机关分离，易导致税收难以控管

企业使用的发票按流转税的管理范围分别进行管理，企业所得税和流转税在国税、地税分别管理的纳税人，目前在国税、地税征管信息没有达到及时共享的情况下，纳税人少记、漏记应税收入在短时间内很难被发现。在现行的管理模式下，国税机关负责管理建筑安装企业所得税纳税人，使用的销售发票是通过地税机关进行发售、核销，纳税人申报的营业收入地税机关是可以得到有效的控管，到国税管理机关申报企业所得税，其申报的收入要进行有效的控管很难，必须从地税机关获得有关信息。这就需要国税、地税进行配合才能达到有效的控管。

（五）建筑安装业管理特殊性和财务核算欠规范性，给税收征管提出挑战

主要表现为：建筑安装市场竞争激烈，承接建筑安装工程前期运作复杂，成本较高；施工项目经理一般挂靠建筑安装企业，借助其经营资质从事工程承包。建筑安装企业大多不直接从事工程施工，依靠项目经理承包工程的产值保住经营资质，并通过收取项目经营管理费以维持企业运转；工程建设投资方与项目承包经理私签“鸳鸯协议”（即双方按照工程招投标及国家规定的工程定额签订承包合同外，另行签订一个私下协议），要求施工方压价让利（压价幅度一般为工程中标总价款的7% ~ 15%），在很大程度上降低了建筑施工方的实际赢利水平，并导致中标合同价款和行业既定工程定额有名无实；建筑安装企业收取的项目经营管理费收入总额较为有限，其账面经营亏损或微利，建筑工程项目经营所得主要归项目经理所有和支配；项目经理只进行简单流水核算，实际赢利难以查实；等等。这些都给建筑安装企业经营收入及成本费用的归集、分配增添了难度，给企业所得税征管提出了挑战。

（六）挂靠经营工程项目经理的所得税征管政策模糊，给企业所得税征管带来困扰

建设投资方支付的工程结算款一般先拨付到项目经理挂靠的建筑安装企业账户上，但在建筑安装

企业提取一定比例的项目管理费后，余额全部被项目经理提走，工程项目经营成果主要归项目经理所有和支配。在这种运作模式下，对挂靠经营的工程项目经理，是将其收支全部并入所挂靠的建筑安装企业先征收企业所得税，然后对项目经理个人所得再征收个人所得税；还是不将其收支并入所挂靠的建筑安装企业，不征收企业所得税，仅仅就项目经理个人所得征收个人所得税，目前并没有统一、明确的政策规定。这在很大程度上影响了实际征管效果，导致建筑安装企业所得税收入总额和比重较低。

（七）地区之间企业所得税征收标准畸轻畸重，税负有失公允

一是同行业所得税征收标准（核定预征率）不统一，引发建筑业税源的无序游动。二是不同赢利水平的企业之间所得税预征比率“一刀切”，导致利润率高、效益好的企业税负畸轻，企业所得税未能应收尽收；而一些利润率低、效益不好的企业，税负畸重，加重了企业负担。企业所得税征收标准不科学，造成各建筑安装企业之间所得税税负苦乐不均，进而影响税务机关与企业之间的和谐关系，不利于提高企业所得税征管质量。

（八）对异地施工企业实行单纯的“机构所在地”管理模式，导致其企业所得税难以及时足额征管到位

由于税务异地信息查询系统目前尚未全面建立，企业机构所在地（核算地）和施工地税务机关双方缺少联系，机构所在地税务机关无法及时、全面、准确了解其外出经营建筑安装企业财务状况等，从而造成税收征管上的脱节和滞后，影响了企业所得税的及时足额征缴入库。异地建筑施工企业凭一张“外出经营证”，就可以不接受施工地税务机关的所得税管理，这种片面的规定存在风险。一旦外来企业申报不实，如提供虚假的“外出经营证”等资料，待工程结束后人员散走、银行账号撤销，再追缴税款将面临很大的困难。

二、解决建筑安装企业税收征管问题的建议

（一）明确建筑安装企业所得税征收对象及范围

对挂靠经营的项目经理，应按照“实质重于形式”的原则，参照“个人独资企业和合伙企业投资者征收个人所得税”的管理规定，明确对其所得只征收个人所得税（即不将其收支全部并入所挂靠的建筑安装企业征收企业所得税）。对建筑安装企业直接施工取得的工程项目收入和向挂靠经营的项目经理收取的项目管理费收入，依法征收企业所得税。

（二）对异地施工企业所得税实行“机构所在地管理为主、施工地管理为辅”的征管原则

建筑安装企业的财务核算一般在其机构所在地，其所得税应继续以机构所在地税务机关管理为主。同时，要充分利用施工地税务机关对外来建筑施工企业管理方便、经营情况清楚的优势，对不能提供机构所在地税务机关开具的“外出经营证”、企业所得税完税凭证及施工地税务机关要求提供的其他涉税资料的外来施工企业，应由施工地税务机关对其所得税实行就地征收和查补，以确保外来建筑安装企业所得税及时足额征缴入库，减少税收流失。

（三）在企业应税收入的确定上坚持“三个结合”

税务机关在计算确定建筑安装企业及项目经理的实际收支、盈利水平及应税所得时，应将企业中标合同、私下签订的“鸳鸯协议”、工程结算报告三者结合，确保企业所得税计税依据、适用税率的确定科学、准确，与企业的实际经营情况相符，避免收“过头税”。

（四）制定所得税预征标准应实行“统一前提下的差别对待”原则

一是建筑安装行业所得税总体预征标准（征收率）应全面统一，防止因地区之间税负差距过大引发税务恶性管理和竞争、纳税人规避税收、税源无序游动等问题产生。二是不同建筑安装企业之间所得税征收标准应差别对待。应区分纳税人的经营方式（直接施工和间接挂靠）、企业规模、赢利水平、工程量大小等情况，分别确定不同档次的所得税预征比率。对利润率高、效益好的企业适当提高征收率，对利润率低、效益不好的适用低档征收率，充分体现“量能负担”的税收原则。

（五）加快金税三期工程建设

加快税收征管软件的统一开发和全面推广使用，形成全省乃至全国的国税、地税信息交流共享平台，及时将本地外出经营建筑企业的内部管理、财务核算、税款缴纳等信息传递给施工地税务机关，最大限度地实现涉税信息资料共享，从而完善和强化建筑安装企业所得税征管。

（六）统一和规范建筑安装票据使用

企业之间的结算必须使用税务机关统一、正式

的票据，是落实建筑安装企业所得税“以票控税”源头征收的关键。为此，税务机关应严格建筑业营业税自开票纳税人的认定程序和标准，加强对工程投资建设方接收发票情况的检查。对买卖、使用假发票的单位和个人、未取得合法票据而支付工程价款的建设单位，要从严从重处罚。

（七）加强部门之间的协作配合

各级税务机关应加强与工商、发改委、土地、城建、规划、房管等部门的联系与协作，及时了解掌握项目审批、资金概算及工程决算等有关涉税信息，加强对工程项目的监控管理，做到施工前登记、施工中预缴、竣工后清算，切实提高建筑安装企业所得税征管水平。

（八）加大税法宣传和税务稽查力度

有针对性地开展税收宣传，加强税企联系，普及税法知识，提高建安企业自觉纳税意识。同时，加强税收稽查，促进建筑安装业税收征管秩序全面好转。

推进三个创新　打造绩效稽查
不断提升稽查现代化建设水平

江苏省南通市地方税务局

2013 年，南通市地方税务局按照税务总局、省税务局加快推进稽查现代化建设的要求，创新管理体制、工作机制和方式方法，构建以“一级稽查”“风险导查”“绩效稽查”为主要特征的稽查工作体系，在稽查管理扁平化、集约化、高效化上取得明显成效。

一、创新管理体制，构建“一级稽查”模式，推动稽查管理扁平化

构建全市一级稽查模式，加强稽查资源统筹，提高执法层级，统一执法规范，以扁平化的管理体制奠定改革提效的基础。

（一）优化组织管理体制

一方面，在组织架构上做强市级稽查。按“行业＋区域”原则拓展市稽查局第一、二分局职能，在原下设市区行业检查执行科的基础上，增设 6 个县（市、区）的区域检查执行科，作为市级稽查的直属机构；县级稽查局直接接受市稽查局的业务管理。另一方面，在稽查对象上做大市级稽查。将全市的重点税源户纳入市级稽查对象；县级稽查局主要负责各地一般税源户的检查。

（二）优化人力资源配置

一方面，充实稽查整体力量。按照改革要求，调整到市稽查局区域检查执行科的“三师”人员达到 30%、稽查业务骨干占 70% 以上、40 周岁以下人员占 73%。另一方面，强化市级稽查队伍管理。区域检查执行科的科长、副科长由市局党组任免；市级稽查人才库人员涉及岗位调整的须征求市稽查局意见；进入税务总局、省税务局稽查人才库人员涉及岗位调整的，须征求省稽查局意见。

（三）优化案源联动机制

为适应一级稽查改革需要，建立风险评估与稽查之间案源确立联动机制，按照“稽查与管理部门不多头下户、良性互动”的原则，明确“稽查需求—风评初核—回流征求—双方确认”的工作机制，有效地确保案源库建设的科学性、准确性，提高稽查的精准打击力。按要求，市稽查局提出规模企业的案源库建设的 1000 户需求，风险评估部门结合企业的规模、行业、地区、所得税管辖机关等因素，充分利用系统信息和第三方信息，按照 1∶1.2的比例回流至稽查局，稽查局再根据自身需求商定应对名单，最终由市局在全市范围内统一选案、推送、检查、审理。同时，每年年底年初市局风险评估部门要对案源库在实行动态管理的基础上，按时按质明确任务发起和工作考核要求，确保各序列高效互动，力争在 3 年内对所有案源库企业实施检查一次。

（四）优化制度考评体系

一是完善岗责体系。整合选案、检查、审理、执行四环节职能，修订稽查岗责体系；修订业务流程及制度规范 12 个，新增制度规范和实施办法 22 个。二是突出考评问责。出台与新机制相配套的《南通地税稽查绩效考核办法》，采取限时督办的办

法，按月通报案件查结率、入库率和处罚率等，并将个人绩效与单位绩效挂钩；区域检查执行科人员的考评由市稽查局负责，结果向对应县（市、区）地税局反馈。三是强化过程监督。建立稽查各环节制约、上级稽查局对下级稽查局监督、税务机关内部专业监督、“行风监督员”跟踪监督与社会舆论监督相结合的“五位一体”稽查执法监督制约体系，完善“一案一议、一月一议、一季一议”制度，实现对稽查执法活动全方位、全过程监督制约。

二、创新工作机制，实施“风险导查”策略，推动稽查管理集约化

将“风险导查”贯穿于稽查实施的全过程，突出稽查资源的统筹和精准利用，以集约化的工作机制提升稽查应对效能。

（一）实施信息导查战略，构建“三分析、三比对”机制

一是查前批量分析，精准定位案源。在案源确定前，稽查部门将风险部门推送的企业名单、疑点信息，与稽查选案细化指标进行比对分析，进而选定稽查案源。2013 年，市局风险评估部门向稽查局推送风险应对任务 179 户次，稽查应对面 95% 以上，直接检查 170 户，选案准确率 98.5%。二是查中个性分析，形成检查预案。检查人员根据数据部门推送的风险疑点进行分析，并结合长期积累的鉴别经验，形成检查计划、路径和预期目标，确保检查有的放矢。三是查后总结分析，放大增值效应。将检查结果分析情况及时反馈给风险部门，实现风险点“推送—应对—反馈—修正”的闭环管理。采取行业检查分析报告和管理风险防范建议等形式，梳理管理疏漏，掌握涉税违法新手段。

（二）创新集约稽查模式，构建“三集中、三快捷”机制

一是集中选案，快捷推送任务。风险评估部门根据稽查任务需求，集中排查高风险户，经风险管理领导小组集体审议后，通过省级大集中系统发起任务，并按户推送风险点到稽查局案源管理部门。二是集中检查，快捷调查取证。以市稽查局为主导，跨部门、跨地区兼顾业务特长组队查处大要案，实现市、县两级稽查在“稽查工作计划、稽查人力资源、稽查组织实施”上的“三统筹”与“工作部署、案件查处、政策把握”上的“三联动”，实现了“一般案件 5 个工作日、重大案件 1 个月内查结”的工作目标。三是集中审理，快捷解决难题。对市稽查局统一布置的专项检查、专案整治、交叉检查，集中全市审理骨干按照“统一审理要求，统一政策尺度”进行会审，一般 5 个工作日审结；大要案一般 10 个工作日审结。

（三）贯穿柔性服务理念，构建“三约谈、三通报”机制

一是查前约谈，通报政策。在专项检查任务发起前，市稽查局统一制定全市实施方案，统一编制自查指南、表式，统一发放“稽查预警通知书”，并采取集中预警、集体约谈、个别辅导的方式，提高企业自查的广度和深度。二是查中约谈，通报疑点。在实质性检查告一段落后，向被查对象提交“税务事项通知书”，通报涉税疑点，给纳税人陈述申辩的机会。对征纳双方有争议的问题，运用通案会等形式尽力在查中解决。三是查后约谈，通报结果。检查结束后，向被查对象提交“防范涉税风险建议书”，通报检查结果，提出改进建议。同时，定期归集典型案例、共性问题发送给纳税人，引导企业加强涉税风险防范。

三、创新方式方法，确立“绩效稽查”目标，推动稽查管理高效化

基于新型管理模式、工作机制，提出打造“绩效稽查”的目标，以交叉式、快捷式、竞标式等稽查方法提升查案办案效率。

（一）组织交叉式检查，实现统筹提效

一是精心准备，保障交叉检查有序推进。从组织机制、时间安排、人员确定、实施方法、纪律要求等方面强化前期准备，做好预案。二是源头分析，保障交叉检查案源质量。根据稽查部门确定的当年全市交叉检查的重点行业和重点企业范围，市局风险部门通过数据分析、排定并推送被查对象名单。三是跟踪问效，保障交叉检查规范实施。市稽查局每周召开案情分析会，市局每半个月听取交叉检查专题汇报。

（二）组织快捷式应对，实现简化提效

一是启动从慎。制定稽查部门《税收风险快速应对处置办法》，将查补税款不超过 10 万元的列为快速应对案件，进入快速应对程序。二是实施从快。审理环节，由检查执行科之间或科内组与组之间互审、检查执行科科长复核，一般 2 个工作日；执行环节一般在文书送达后 2 个工作日内执行完毕。三是管理从严。稽查局定期组织随机复审、案件抽查，对涉嫌偷、逃、抗、骗或对违法事实有较

大争议的案件，及时终止快捷式应对，按规定进入正常程序。

（三）组织竞标式稽查，实现优选提效

创建稽查竞争机制，集中优势资源应对重大疑难案件。一是制定规程。制定《竞标式稽查实施办法》，明确案件选择等方面的流程和操作规范。二是有序组织。在案源下达前，由检查组根据案源管理部门推送的特定对象风险疑点，制定检查预案；案源管理部门根据参评预案，择优遴选中标组别，并经领导审定，由中标组实施检查。三是全程监控。竞标过程由市局督察内审处监控，确保结果公正；检查实施过程由市局稽查局监控，确保依法规范。

创新管理方式
推进稽查信息化建设的探索

福建省地方税务局稽查局课题组

有效整合信息资源，创新改进检查方式和手段，加快推进税务稽查信息化建设，是税务稽查工作适应信息时代发展的迫切需求，值得深入探索和思考。

一、近年福建省稽查信息化运用成果

福建省地税稽查的信息化建设始于 1997 年，并随着全省统一的稽查管理信息系统的开发和逐年的全面应用而不断完善。除厦门外，2000 年统一应用基于省、市、县“三层”架构的稽查管理信息系统进行各项业务操作。之后历经多次完善，从 2011 年 5 月起，开始试点运行省级大集中的新系统，11 月全省全面应用，基本满足稽查事务处理功能的实现。

（一）推进系统管理，规范稽查工作

统一审批配置，规范业务流程，减少了稽查执法的随意性。将税务稽查选案、实施、审理、执行等重点执法环节均纳入计算机管理，实现了对稽查执法全过程的实时监控，强化了内部监督和制约，杜绝案件手工处理时执法随意、人为控制的不规范行为。

（二）强化数据分析，提高选案质量

重视对纳税人征管基础数据的加工、对比分析和综合利用，通过对纳税人的涉税数据横向、纵向、定性、定量的分析，进而有目的地提取、加工、利用，大量减少了人工分析、筛选评估对象的工作量，有效提高了选案工作的公平性、准确性和规范性。

（三）设定取数功能，加强内部考核

在征管系统的稽查子系统实现按照设定条件自动取数，可以时时掌握全省各地所有稽查案件查办情况、定期汇总分析，对全省稽查工作考核指标完成情况、成效、不足进行通报，完善内部考核机制，督促稽查管理质量的不断提升。

（四）运用查账软件，提升检查深度

主要体现在：一是对单机版财务软件，能普遍运用穿透式阅账功能及各种分析、评估工具对纳税人的涉税数据进行分析、提取。二是实现了对企业局域网络版财务软件涉税电子数据的采集、导入及综合阅账的创新。三是实现了对娱乐业、餐饮业数据库破解的检查突破。四是实现了对互联网电子商务网络版财务软件涉税电子数据的采集、导入及查账的创新。五是积累了对第三方电子化信息来源采集的大量经验。

二、稽查信息化存在的问题与不足

信息化建设成果在稽查管理工作中的运用成效是显著的，但其运用范围及程度还很局限，步伐偏慢，影响了稽查工作的质效。

（一）缺乏科学化、系统化的指标体系，选案精准度不高

税务稽查的有效性是建立在信息的完整、真实的基础上，由于对纳税人情况不能全面掌握，仅依据财务报表等表面数据和举报信息，很难抓住重点。全国税务系统尚未建立一套统一的计算机选案分析系统，也未建立起一套便于操作、科学严密的选案指标及数据分析模型支持计算机选案工作。选案人员往往只能根据税源大小、自身系统的纳税申报数据等固化的指标和经验选案，科学完备的选案体系尚未形成，在筛选检查对象时，带有一定的盲

目性。另外，由于缺少外部信息协作联动支撑，选案的准确性与公正性难以保障。

（二）检查手段和方法落后，不能完全适应稽查信息化要求

事实上很多偷逃税问题根源并非会计核算功能上，而在于原始数据是否经过加工。如采用ERP系统、网络版或管理型会计核算软件的企业，可通过后台程序对会计核算模块的数据进行加工处理后导入财务软件，或者另设会计核算软件应付税务部门检查，稽查人员很难获取真实可靠的原始数据。同时，查账软件自身功能的不足也制约其效用发挥。如：跨网段无法取数，网络版、专业版会计核算软件无法通过客户端采集数据，采集软件不能通过现在市面上大多数主流安全杀毒软件的检测，标准科目不够全面、指标模型不够科学、部分功能模块实用性有所欠缺等问题。

（三）检查思路单一，应对会计电算化就账论账

现行电算化条件下的税务稽查过多关注财务信息，实质上仍是传统手工条件下稽查方式的生搬硬套，未能有效利用企业管理信息系统的价值，也无法在稽查思想和稽查手段上适应经营主体的变化。在以ERP、CRM等为代表的管理信息技术广泛应用于公司治理的今天，这些信息技术使企业的产、供、销、人、财、物的电子信息一体化，从而突破了企业传统的经营方式和会计信息处理模式，在账外账、二套账的情况下，就账查账很难发现企业存在的问题。

（四）复合型人才缺乏，制约稽查信息化运用的层次

稽查人员缺乏专业的计算机知识，计算机专业人员缺乏税收政策和财会知识，是普遍存在的问题，精通税收、财务、行业经济和信息化等多学科、多领域的复合型人才较为匮乏。税收业务与信息技术的有机结合遭遇断层，使深层次的信息技术应用开发受到限制，制约了税收信息化建设良性、健康的发展。

（五）信息共享机制不完善，降低稽查工作实效

一是部门数据相融性差；如从工商局、房管等部门取回的比对数据，数据格式不一，在现有系统平台进行自动接入读取的可能性差。二是信息传输渠道缺乏。稽查部门与银行、公安、工商、海关、司法、建委等部门之间信息数据交换方式缺乏有效的科技手段，缺少第三方信息资料的实时传递渠道，缺少有效的信息反馈制度，降低了案件检查取得突破的概率。

（六）缺乏政策查询平台，影响了政策把握的准确性

在税务稽查实际工作中，查处一个案件往往需要对税收政策进行大量的查询和具体的把握，需要一个税收政策库提供支撑。目前却没有一个可以支持模糊查询和智能检索的政策库。

三、创新管理方式推进稽查信息化建设的建议

（一）提升数据综合利用水平，提高选案精准度

一是加大数据信息的采集和加工分析力度。充分借助征管数据大集中平台在信息共享、数据分析与应用方面的功能优势，利用数据仓库技术，将独立于各计算机应用系统的数据信息，通过加工、过滤、整合，为稽查选案提供更全面、有效的数据分析来源。二是大力开展有关计算机选案方面的理论应用研究。探索和构建科学有效的评定指标体系及数据分析模型，深入挖掘相关数据间存在的关联关系，通过数理分析准确查找和筛选出疑点较大的稽查对象；尽快建立一套客观、科学、全面、准确的稽查选案指标及参考值体系，促进各级税务部门提高稽查选案准确率。

（二）全面推广应用查账软件，提升检查质效

一是提高对稽查信息化重要性的认识，逐步扩大软件的应用范围。二是不断完善现用查账软件的各项系统功能。不断完善查账软件的智能分析功能，使其可根据企业特点、行业特点、税收政策等因素，自动列示涉税疑点；增强查账软件对各种财务软件的接口支持能力，完善电子采集工具的采集功能，相应增加进销存管理、固定资产管理、工资管理以及其他业务系统的采集功能；建立查账模型库，通过案例积累，实现稽查经验共享；加强与公安和司法部门的技术协作，掌握破译密码和数据删除恢复技术，以及破解企业阻碍查账可能运用的各类信息技术手段的方法。

（三）探索创新检查方式方法，应对信息化挑战

一是创新稽查思路、方法。尽快转变稽查思路、方法，加大案件检查深度的剖析，充分运用内查外调、核查比对等方式，对涉税疑点进行排查，避免就账查账。二是针对税务稽查难点、热点问题开展税收调研式检查，建立和完善解剖式检查工作

模式和工作办法，有效提高税收检查的针对性和检查效果。三是探索建立分类检查机制。利用数据分析平台，挖掘数据应用深度，构筑纳税人分类平台模型，根据不同纳税人，采取不同类型的检查方式实施税务稽查。在具体操作上，结合历年来税务稽查中发现的纳税人涉税违法金额大小、性质轻重和违法频率，将纳税对象分为 A、B、C 三类，在稽查的组织方式上可采取分级稽查与交叉稽查相结合、集中稽查与分散稽查相结合；对税收专项检查采取管理型检查，对重点税源企业检查采取辅导型检查，对重大违法案件采取打击型检查等不同的稽查方法。

（四）完善稽查管理系统运用，构建交流平台

一是建立稽查决策分析系统。充分利用现有业务数据，采用数据仓库、数据挖掘、统计分析等技术，建立一体化业务数据分析平台，实现查询、监控分析、风险管理等运用，及时准确掌握检查计划的下达分配情况、检查进度、处理结果，以及每个稽查部门的查补情况和每个稽查人员的工作质量和效率，实现对稽查工作过程和质量的有效监督和管理。二是建立信息化稽查政策法规库。三是建立信息化稽查子系统案例库，方便稽查人员查询借鉴和学习共享。四是建立稽查内部信息交流平台。五是构建部门协作信息共享应用平台。

（五）加大稽查人才培养力度，提升人员素质

一是改善稽查人员知识结构，建立长期学习培训的机制，不断提升“作战”能力。二是建立专业化税务稽查队伍。三是建立税务稽查人员的优选工作机制。

（六）完善立法强化制度建设，确保取证合法

一是赋予异地数据的管辖权。在财务软件客户端与服务器端相分离的情况下，如果服务器端所在地超出检查单位的管辖范围，如有证据表明其为被检查单位所有，应赋予检查单位直接检查权。对于被检查单位租用服务器、服务器托管等情况，应明确服务提供相关单位有配合检查的义务，并对不配合检查、协助被检查企业偷逃税款或逃避阻扰检查等行为制定相应的惩戒措施。二是加强会计软件开发及应用的管理制度建设。首先，统一审计数据接口标准，规范会计电算化软件的开发和应用，要求各种商品化的会计软件必须预留审计数据接口，使用统一的数据结构，保证审计数据接口中的数据文件和在会计软件内部生成的数据一致。其次，规定会计电算化系统必须具有自动记录能力，防止企业擅自修改或删除历史数据。纳税人应当对储存数据的各种磁盘或光盘做好必要的标号，确保计算机会计系统产生的数据和信息被适当的储存，便于调用、更新和检索；文件的修改、更新等操作都应附有修改通知书、更新通知书等书面授权证明，对整个修改更新过程都应做好登记。最后，规范对会计软件的修改和二次开发。三是探索电子数据信息取证制度。在立法层面确立电子证据的合法地位，制定电子数据信息的收集、固定、保全统一规则，确保所搜集证据的真实性和合法性。

防范税务稽查审理风险的实践与探索

广西壮族自治区地方税务局稽查局课题组

随着稽查机构改革的深化，稽查干部队伍建设进一步加强，如何进一步完善稽查工作模式，提高工作质量，防范税务稽查风险，成为当前税务稽查部门的一项重要课题。

一、稽查审理中容易引发风险的主要问题

（一）审理方式单一，工作质量不高

长期以来，税务稽查审理通常只是对纸质报告和相关证据资料进行案头审理，由于缺乏与被查企业的直接沟通，难以掌握稽查案件的全面情况，加之检查实施人员对案件的理解以及工作水平存在个体差异，对案件情况的描述、资料的取证等方面也会有所不同，难以对纳税人实际经营情况和依法纳税情况进行深层次审查，案件审理环节的工作难度加大，造成审理案头材料的局限性，制约了审理工作的有效开展，从而影响案件审理定性的准确性。

（二）优势资源分散，专业化程度不高

从广西地税局稽查岗位设置情况看，主要力量在检查岗位，审理人员仅占稽查人员的 4%。4%的审理人员中还有部分人员工作能力、政策掌握程

度、业务水平不高，不能满足越来越高的稽查审理工作要求，增加了定性不准确，补税、处罚适用条款错误，超越权限、滥用自由裁量权，处罚显失公正，违反税收执法程序等风险。

（三）审理内容不全面，工作协同性差

根据《税务稽查工作规程》相关规定，审理人员只能对检查环节提供的《税务稽查报告》及所有与案件有关的其他资料在违法事实是否清楚、证据是否确凿、数据是否准确、资料是否齐全；适用税收法律、法规、规章是否得当；是否符合法定程序；拟定的处理意见是否得当四个方面加以确认。除四个方面内容外，对审理环节的具体内容及审理标准没有详细明确的制度及规范要求，税务稽查审理案件更多的是依据审理人员个人的经验、业务素质对案件进行审理。此外，在现行的税务稽查模式下，稽查实施环节同案件审理环节相对分离，双方缺乏有效的沟通，在案件审理过程中，当实施环节取得的案件证据资料不全或有误差时，就需要由稽查人员重新补证取证，制作相关的文书及其证据资料。案件审理的周期就会相应变长，造成案件不能及时结案，容易引发质疑。

（四）审理责任弱化，监督作用发挥有限

稽查审理责任追究机制尚未建立，审理质量大打折扣。加之案件审理局限于就案审案，注重对案件程序性和逻辑性审理，对检查人员在执行税务检查过程中查而不实、查多报少、避重就轻、办人情案等很难被及时发现和纠正，加大了税务稽查执法的风险。

（五）外界干扰多，审理公正性受到影响

在实际工作中，部分审理人员难免会受到各种人情或其他因素的干扰，难以完全做到公正、客观，不可避免地影响案件审理的质量。

二、探索建立降低税务稽查审理风险的新模式

（一）实施稽查集约化集中审理

实行集约化集中审理工作模式是加大实现稽查资源效益管理的一种方式，是集中、简约、强化的统一，是在一定区域内集中稽查审理人员进行审理，实现人、财、物的集中整合的审理新模式。

南宁市地税局目前正在试行此种模式，由市局统一组织稽查审理环节的工作，集中审理市区范围内的税务稽查案件，并依托南宁市地税征管信息系统平台，统一案件审理标准、执法标准，推行网络审理、交叉审理，逐步实现稽查案件信息化管理。具体做法是：各稽查局指定专人为审理联络员，负责移送、交接本单位的案件案卷材料到市局稽查审理办公室；市局稽查审理办公室受理各稽查局移送审理的税务案件后以各稽查局审理股名义出具审理报告、拟制处罚告知书和处理处罚决定书以及其他执行文书，并递交各稽查局领导审批；审理报告审批后，由市局稽查审理办公室制作相应税务处理文书，经各稽查局局长批准后交各对应执行部门执行；执行完毕的案件全部资料由市局稽查审理办公室收集整理成稽查案卷后，移交各稽查局归档保管。

实施集约化集中稽查审理优化稽查资源配置，创新稽查管理机制，有效防范了稽查执法风险，提升了审理团队业务水平，极大提高了稽查办案质效。

（二）区域内交叉式审理

交叉式审理是指税务稽查审理部门以全区税务交叉检查企业为依托，组织各地审理人员对其他地区检查人员所查企业进行审理（即本地审理人员审理其他地区检查人员所检查的企业）的模式。广西区地税局稽查局尝试了交叉式审理的模式，不仅充分发挥了各自的业务优势，同时确保了审理工作合法、真实、公正，保证了涉税案件的查处质量，有效地降低税务执法风险。

（三）试行扁平化的审理模式

柳州市地税局稽查局探索试行了扁平化的审理模式。将审理权限上收，由上一级稽查局统一实施，既减少管理层级，提高了工作效率，又优化了资源配置，充分发挥上一级稽查局的业务优势，有利于统一执法标准，排除地方干扰，降低税务稽查风险。

三、防范和化解税务稽查审理风险的有效途径

（一）审理提前介入，提升审理主动性

提前介入是指税务稽查审理环节根据检查工作需要，派员参加检查环节对于重大案件的讨论和其他检查活动的一项检查监督活动。提前介入改变坐等审理的方法，案件审理工作提前启动，由审理人员对案件的实施检查环节进行指导，监控案件进展。对于一些涉及税收难点或争议较大的案件，适时开展审理关口前置程序，可以起到事半功倍的作用。一是便于及时掌握稽查进展情况；二是加强了

对稽查工作的指导；三是提高了稽查工作效率；四是降低了稽查审理风险。

实践证明，税收违法案件在稽查实施过程中审理环节先行介入，不仅能够及时了解案情，掌握证据，认定事实，依法从快审结案件，还能发挥审理的业务优势，及时介入检查办案过程，实施有效监督，避免执法差错，防范稽查风险，是一种行之有效的办案制度和检查监督途径。

（二）实施延伸审理，强化审理针对性

延伸审理是根据审理的工作需要将审理向前——向纳税人延伸，向后——向执行环节延伸。将审理工作向前延伸——对于争议较大、情况复杂的案件，在实施检查环节由审理人员进行指导，召开案情分析会，检查和审理人员共同研究讨论，提出切实可行的办法，使疑难问题提前得以解决。经过案头审理和案情分析会，仍然无法解决的难点难题，审理人员可以延伸至企业进行调查或与纳税人直接沟通，必要时可进行实地审查，保证案件处理的准确性。将审理工作向后延伸——审理工作对执行环节存在困难的案件实施跟踪指导，着力化解执法风险。

（三）提高职业素养，防范稽查审理风险

稽查审理是定案的关键环节，涉及面广、政策性强、风险性高，审理人员也就成为各方利益关注和公关的焦点。因此确保税务稽查审理公正性、及时性，必须全面提高审理人员的专业化水平和职业素养。一是练就过硬的业务素质，增强工作责任心。二是培养敏锐的观察力和缜密的思维能力。三是强化法制观念，做到严格执法、规范执法。四是注重风险教育，增强稽查人员防范执法风险的意识和能力。

金融行业涉税问题检查的探索

李　杰　王蔚铭　闫小宁*

金融企业涉税问题的检查始终是税务稽查工作的难点，而且难度在增加。所以，有必要寻求一种简洁明快的检查方法，以期达到对金融企业涉税问题的有效控制，为该行业税收征管提供帮助。

一、城市商业银行税收情况分析

（一）城市商业银行税收负担水平的分析

2010—2012 年是城市商业银行高速发展的 3 年，其经营性收入和税收贡献水平呈逐年递增的态势。选取我国 15 家城市商业银行 2010—2012 年数据为样本进行测算，其税收负担水平大致在 30% 左右，这与“中农工建”四大专业银行的税收负担水平基本一致，可见这一负担水平是国家税收可掌控的范围。但是通过比较，不难发现，城市商业银行税收负担水平仍然存在巨大差异。如 2010 年税收负担水平天津银行为 13.89%、富滇银行为 36.49%，两者相差 2.63 倍。这种差异是非常惊人的，如果剔除经营管理不善等因素，应当将目光放在税收政策的执行和企业在费用管理方面的一些漏洞上。

（二）对城市商业银行资产利润率、资本利润率和税收负担水平的综合分析

衡量一家银行基本盈利状况和最基本指标包括：平均资本收益（ROE）、资产收益率（ROA），反映银行运营状况的主要指标包括资本充足率、不良贷款率等。以某城市商业银行 2003—2012 年十年间实际税率与其平均资本收益（ROE）、资产收益率（ROA）的走势对比分析，见图 1。

由图 2 可以直观地看出作为衡量银行盈利能力的两大指标均与实际税收负担率存在着高度相关。2008 年以后城市商业银行盈利水平迅速提升，主要得益于两个方面：一是施行新的企业所得税法，银行业所得税率由原来的 33% 降至 25%，大大地降低了银行业的税负。二是城市商业银行 2008 年进行了资产重组，引进了优质资产，盈利能力和运营水平大幅提高。

* 作者单位为陕西省国家税务局稽查局。

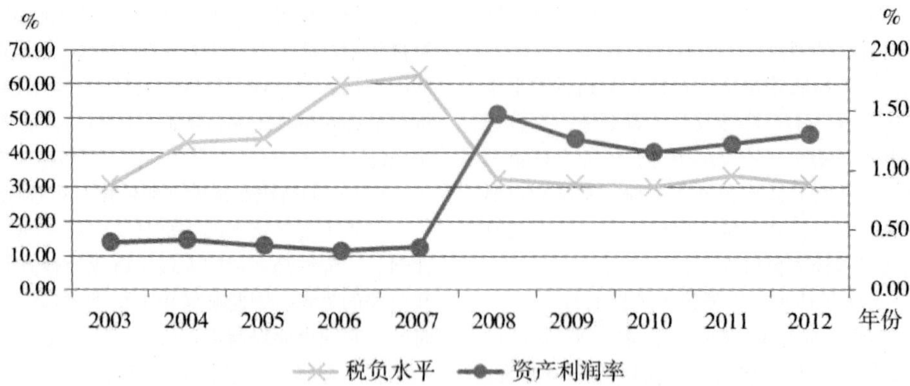

图1　2010—2012年我国城市商业银行税负水平和资产利润率走势

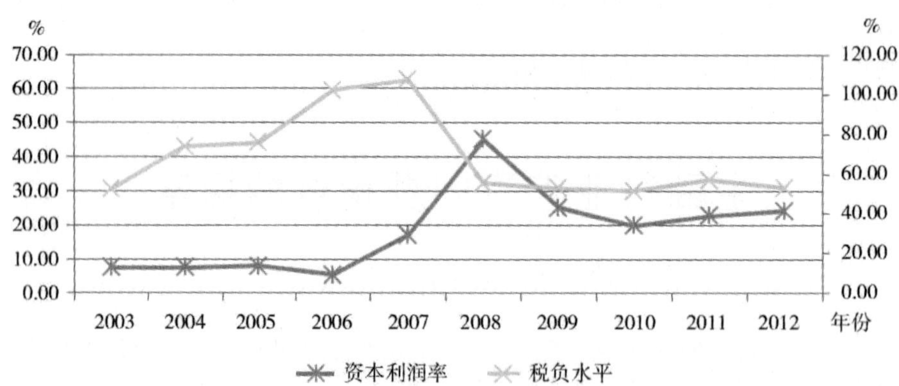

图2　2010—2012年我国城市商业银行税负水平和资本利润率走势

如果剔除政府对城市商业银行的支持，应当将目光放在企业利用税收特定条款、税制要素、计算公式、组织形式、税收优惠等进行税收筹划上。

（三）对城市商业银行税收缴纳情况的分析

就目前税种设置而言，我国城市商业银行同其他大型国有及股份制商业银行基本相同。需缴纳的主要税种有：营业税、企业所得税、城市维护建设税、印花税、土地使用税、车船使用税、房产税、消费税、土地增值税、耕地占用税、证券交易税和具有税收性质的教育费附加等。

营业税。银行业目前执行营业税税率为5%，计税营业收入涵盖贷款利息收入、手续费收入、外汇业务净收入、外汇有价证券等金融商品的转让净收入等。贷款利息收入、中间业务收入是按照营业额全额征税，而不是按照净额即差价征税。从18个行业纳税占比来分析，2011年《中国税务年鉴》数字显示，金融行业的营业税税金总额为2163.87亿元，占营业税总税金的15.82%，在行业中仅次于房地产和建筑业，排名第三位。

企业所得税。目前，中国银行业同服务业的其他行业统一适用25%的企业所得税率，税基为应纳税所得额。2011年《中国税务年鉴》数字显示，金融业的企业所得税金总额为3777.30亿元，占企业所得税税金的26.61%，排名第一位。

个人所得税。2011年《中国税务年鉴》数字显示，我国金融行业的个人所得税金总额为126.15亿元，占个人所得税税金的14.44%，排名第二位。

其他税费。其他税费的总额通常占总税负的10%以内。2011年《中国税务年鉴》数字显示，金融行业的其他税金总额为765.94亿元，占其他各税税金的3.47%，在各行业中，税负处于中上等水平。

在银行整体税负中，营业税与企业所得税占银行业纳税总额的95%左右。总体而言，中国银行业税收体系表现为营业税和所得税双重主体的特点。2011年《中国税务年鉴》数字显示，金融行业的税金总额为7937.85亿元，占税金总额的8.29%，为税收规模排名第四的行业。

二、对城市商业银行检查的要点

1994年至今，金融行业的税收优惠政策先后出台了大约76条，多是对金融行业的松绑，然而新老文件混用，许多政策存在冲突，更有一些政策存在概念含糊，不易操作的问题。此外，对银行业纳税检查存在三大困难：一是自动化程度高，二是会计科目采用代码表示，三是会计凭证调阅困难。

（一）做好前期准备工作

一是分析比对征管信息，了解主要经营业务范围，分析有关年度的纳税申报及税款缴纳情况，掌握各税种的分布情况，对各分支机构的组成、人员数量进行分析，对各年度之间纳税申报数额的异常比对。二是对银行的组织机构及各机构职能进行分析。

（二）检查要点

1. 确认利息收入

银行利息收入确认及财务核算的时点是关键。主要检查利息收入的及时性、准确性；有无混淆利息收入，将一般贷款利息收入作为转贷业务处理，或扩大转贷借款利息的扣除范围，将应税利息收入计入非应税利息收入；或者用利息收入抵减经营费用。

检查方法及步骤：审核贷款台账及合同，对额度大、贷款时间长，运行良好的企业进行抽查核实，看有无未计收入现象。审核往来科目，看是否有长期挂账现象；审核中长期贷款、逾期贷款发生额，审核表外应收未收利息贷方发生额，看是否并入收入计税；审查金融机构往来收入，看国内联行及辖内往来收入。

2. 审查手续费收入

银行手续费收入具有隐蔽性、多发性和散乱性的特点，常常出现无票可查的现象，所以必须有效掌握银行的内部管理制度。

检查方法和步骤：首先尽最大可能搜集银行内部规章制度，并对这些规章制度进行纵向横向分析，即从历史记录入手，参照同行业管理规定，进行综合分析，看金融经纪、结算业务等的手续费收入的真实性和全面性，有无将各项手续费收入直接抵冲支出，或长期挂往来科目，在账外核算；对代发行、代兑付国债所取得的手续费是否列入应税收入；审核返还给大户的证券买卖手续费和上缴交易所的手续费，有无直接从手续费收入科目中用红字冲减的情况。

3. 汇兑收益和投资收益

银行经营的金融产品越来越多，存贷款利率浮动空间较大，检查时必须了解所属单位的所有金融产品，并掌握其实际利率与浮动利率的具体情况，以及有无扩大、混淆金融商品转让负差的冲减范围，重点审核金融产品转让负差相抵出现负差时，是否严格按照规定只冲减本类、同一纳税期的其他品种金融商品的正差。

4. 审查其他营业收入

对其他营业收入的审查主要看是否存在将收入和费用相抵的情况。

方法和步骤：这部分业务量一般比较小，应当采取详查法。通过账簿和记账凭证的全面检查，看其他业务收入是否全面如实反映并计税，例如有无将支付的印刷及用品费用直接冲减收入，直接冲减营业费用的收入是否按规定计税。审核逾期罚款、罚息、加息收入等营业外收入全额计税。中间业务、证券发行等收入项目或有在其他业务收入中反映，对此也应当全面检查。

5. 检查税前扣除项目

税前扣除项目是企业所得税检查的重点，其检查方法和步骤类似于对其他行业的检查。在此不再详述。

6. 检查理财产品涉税问题

掌握理财资金的运作，了解成立专门管理部门、理财资金使用情况、理财资金的具体运作流程、理财资金纳税情况。

涉税问题：（1）将个人存款、企业存款转化为同业存款，因为同业存款利率远远高于个人存款和企业存款，且不需要缴纳利息税，因此就直接提高了存款利率。（2）通过引入银行信用、国家信用或其他特殊制度安排等，提升金融产品的信用度，提供隐性的保底收益，达到略高于银行存款利率的目的。（3）通过在企业债、国债提供的利息基础上（实际上是提供一种保底收益）进一步给予流动性和部分投资收益，从而提高投资者总体的投资收益等。（4）通过委托账户管理提高企业存款利率。（5）通过提供额外服务方式变相提高存款利率。（6）通过投资收益、费用转移、委托贷款等方式降低贷款利率。（7）有些银行为了应对市场上各种突破利率管制的行为，保持自己的市场份额，特别是留住黄金客户，表面上以法定利率浮动幅度的方式收取贷款利率，实际上在走账的时候，却以普通的浮动利率作为利息收入，同时多设计了一笔管理费用冲抵实际未收到的利息收入。

7. 检查费用

对银行的纳税检查，费用应是一个最主要的环节。由于银行是高收益的行业，如何进行合理、合法的分配，是个非常困难的问题。对此许多家银行各显神通，尽量避开税收规定，巧妙地达到进入费用的目的。所以，在对费用进行检查时，应依靠银行提供的损益明细表中列举的具体科目，逐一进行分析检查，发现问题的实质。

三、主要涉税问题成因分析

在对城市商业银行的检查中发现，该行业涉税问题主要表现在两个方面：税收筹划工作非常到位、费用管理与企业所得税法有冲突。具体为：一是由于银行业利润数额巨大，税负相对较高，加之近年来经营模式和经营手段不断变化，虽然国家制定了一系列针对该行业的税收征管措施，但同时又出台了许多税收优惠政策，而企业常常利用其核算体系复杂、票据数量繁多、为客户保密等进行税收筹划，日常管理和检查困难重重。二是银行作为一个特殊的服务行业，其成本费用大多是在计算中产生，缺少实物衡量标准，要进入其核算体系又受到许多客观因素制约，而面对巨额的资金量和堆积如山的票据，税务机关的监控很难落到实处。三是用户众多，运营形式复杂，又是大量现金交易，税务机关检查时取证难度极大。

四、对城市商业银行检查的体会和建议

（一）克服畏难情绪

战略上藐视，战术上重视，明晰检查思路，切忌盲目介入，否则会陷入其复杂的核算体系和海量的凭证单据中而不能自拔。

（二）认真甄别

银行营业费用项目繁多，偷税手法五花八门，要做到耐心、心细、眼明、腿勤，了解银行费用的核算方式，要注意了解所检查银行的费用管理制度。

（三）换位思考

深入思考企业在困境中的经营支撑点，或企业在高速发展中的经营亮点，掌握企业的“主动脉”，再与企业的实际纳税情况进行对比印证，看是否符合企业实际。要学会摆脱企业的财务核算无形中给稽查人员带来的思维禁锢，站在另一个角度看问题，发现有价值的证据。

（四）利用关联关系

采用顺藤摸瓜的方式，准确高效地找到涉税问题。调整工作思路，对可能出现的涉税问题，在点上深挖，从关联方入手，进行大面积调查取证，然后再回到点上，找出问题症结。

（五）加强对发票信息的监控、审查

第一，应当对发票的真实性进行审查；第二，要审查发票的真伪；第三，对发票票面进行审核；第四，对发票所反映经济业务的关联性进行审查。通过发票审核该项经济业务的合同、业务计划、费用明细、会计科目、报销单位职能、会计年度等。

（六）加强地区间稽查信息交换

全面掌握该行业各网点之间经营情况。当前，该行业设立跨地区关联企业日渐增多，要加强地市间、县区间信息交换，更大限度地利用有价值的上游数据，提高检查成效。

（七）加强纳税评估

有效监控企业的营销情况，保全税基，实行国地税联动，对其各税缴纳情况进行评估，防止少计收入和人为增加成本的问题发生。

资本市场税收稽查的实践与征管建议

郑 澍 刘 南 郑光忠*

新兴的资本经济已成为重要的税收来源，与此同时，股权转让形式也日益复杂，纳税人利用现行税收政策间隙来逃避缴纳税收的问题较为突出，因此加强资本市场的征管迫在眉睫。

厦门市地税局稽查局从2009年开始，组织了多次针对资本市场税收的专项检查，从2009年的大小非减持专项检查到2012年的股权转让专项检查，已开展资本项目检查146户，查补税款18602万元，同时取得了一些实践经验与启示。

一、资本市场在税收管理实践中的表现形式

（一）“大小非”减持与IPO限售股减持

限售流通股占总股本5%以上的为大非，5%以下的为小非。IPO限售股，是指2006年“新老划断”以后，首次公开发行，具有一定限售期的股票，即“大小限”。“大小非”与IPO限售股减持的情形，因为其原始持有成本低廉，增值巨大，涉及丰富的企业所得税与个人所得税，而且机构持有者在2009年营业税暂行条例修改之后还涉及金融业营业税及附加，如不加以征收，则形成巨大的税收漏洞。

就厦门而言，目前厦门境内上市公司总数28家，其中主板15家、中小板7家、创业板6家。此外，已申报有意上市的后备企业数量达100多家。上述数据即蕴含数量可观的原始股股东减持涉税问题；此外，不少企业多元化投资，持有并交易大量的境内外上市公司股票，也涉及税收问题。

（二）一般股权转让

这里是指非上市公司的股权转让，即证券交易二级市场以外的股权转让。目前各省市纷纷出台优惠政策，努力搭建服务企业股权交易的平台，促进股权转让交易，以期实现资源有效配置。此项经济行为一般易涉及股权增值转让，涉及数额较大的企业所得税与个人所得税，但由于交易的真实数据较难取得，目前形成较大的征管漏洞。

（三）私募基金、风险投资基金、创业投资基金

私募基金主要有私募证券投资基金、私募房地产投资基金、私募股权投资基金等形式；风投创投基金则从事具有高风险、高潜在收益的投资。目前国内基金投资已是相当活跃，大量投资于成长性良好的中小企业并运作上市，如果未能上市亦有收获不小的“对赌”收益，但对此项的税收管理却较少涉及，容易形成征管中的一个盲点。

（四）股权激励

通过“股权激励”的方式转移财富，分配公司控制权，已经成为上市公司的常见手段，其中也涉及了新型的个人所得税税收问题。

上述多样的形式及巨额的数量意味着资本市场具有丰富的税源。

二、对资本市场典型税收案例剖析

可以通过如下案例来分析资本市场常见涉税问题。

案例一：大小非减持案例

厦门某科技公司在2007年4月1日，与华融资产管理公司沈阳办事处签订一份《资产转让协议》，以3221.88万元的支付对价取得天津海泰科技股份有限公司1638万股法人股。该公司在2008年8月法人股解禁之后售出海泰科技全部持股，扣除佣金、手续费、印花税后实际取得转让收入为8533.53万元。

该公司在此项转让事宜中扣除投资成本后共取得投资收益5311.65万元。但该公司直接冲减其他项下的长期债权投资，未在账上体现该项收益，也未作该项税款申报。

稽查局在大小非专项检查中，从证券交易所披露信息中发现该公司的减持公告及明细。在强大证据面前，该公司承认违法事实并迅速补缴了该项企

* 作者单位为厦门市地方税务局稽查局。

业所得税 1010.09 万元。

案例二：股权转让案例——转让价格偏低却无正当理由的核定

自然人 A 拥有甲房地产公司（注册资本 1 亿元）66%的股权，2010 年 3 月以 6600 万元转让。甲公司账面显示，股权转让前连续三年亏损。股东认为股权转让时点的收入、成本无法可靠计量，相关产品的风险和报酬未转移，转让股权不需缴个人所得税。

检查人员发现，截至 2010 年 2 月，虽然甲公司账面净资产只有 0.69 亿元，但是该公司名上的房产项目处于销售之中，截至 2010 年 2 月 28 日实际取得的项目售房款 2.31 亿元，只是暂未结转收入而已。认定该情形属于售价偏低且无正当理由，应进行调整。

检查人员按如下思路进行了纳税调整：首先将实际取得的售房款 2.31 亿元确认收益，其次按已售面积占可售面积配比的方法，扣除相应的成本（按预估方式）以及可能产生的土地增值税、企业所得税等税金，并弥补以前年度的亏损后，经计算核定产生净收益 0.98 亿元。

因此截至 2010 年 2 月 28 日核实后的净资产 1.67 亿元。（0.69 + 0.98 = 1.67）税务机关以此为净资产价值对该股权转让收益进行确认，并补征了相应税款。

该案的难点在于转让价格偏低无正当理由，税收机关进行核定时，如何对净资产进行确定。该家房地产公司因为项目开发未完工，必然是存在多年亏损情形，而且账面资产价值也仅体现开发成本，净资产值肯定不高。但是该公司的开发项目已经进行了预售，其现金流及项目价值已经体现，如果仅以账面净资产进行核定，显然不符合客观价值。因此，检查人员对该公司的销售房产收入到房管局的备案数据进行取证确认，对该股权转让时的客观价值进行重新评估认定，并以此作为核定的股权转让的计税依据。

该案体现了核定思路上并不局限于企业的账面净资产，而是将股权转让时企业的客观成长性及实际收益情形而进行了价值确定，是一个可供参考与推广借鉴的案例。

三、资本市场的发展对税收征管的启示

一是资本市场的重要运行方式是股权交易，股权交易是一处远远未被探明的税收“富矿”，“大小非”仅仅是最简单、最明显的一个形式而已，而一般的股权转让广泛存在且存在较大的税收漏洞。二是股权交易活动中，更复杂、更重要的形态是金融商品买卖、集合理财产品、私募基金等，它们普遍产生巨大的资本增值以及涉及所得税与营业税，而我们的关注还远远不够。因此，资本市场发展的虚拟经济膨胀非常迅猛，税收如果要想真正成为反映经济运行的“晴雨表”，就必须大力开展股权交易税收问题研究。三是资本市场税收问题呈现多种特征：信息管税思路成效显现；二级资本市场的涉税信息比较公开，大量的经济活动都能在网络上寻找到踪迹，比如大小非，在两个交易所的网页上都能查询到每个上市公司的减持股东及情况；由于资本市场经济形态瞬息万变，税务机关必须进行有效的跟踪管理，不然很多税源就会稍纵即逝。

四、资本市场税收的征管难点

（一）主动申报率较低

股权转让不申报纳税。由于大多数纳税人对股权转让的税收政策比较陌生，加之股权转让的隐蔽性和偶发性，以及税务征管部门日常监管缺位，许多股权转让者没有向税务机关申报纳税。此外，股权转让中较多存在隐瞒非货币性收入的情形。股权转让收到的货币资金计入合同纳税，其他非货币性补偿收入未申报纳税。

（二）一般股权转让价格的真实性难以核实

从税务稽查部门对个人股权转让稽查的反馈信息看，大多数企业的股权转让合同反映的都是平价甚至低价转让股权，而税务机关要取得其真实转让价格信息，在调查取证时存在很大难度。因为，工商管理部门办理变更登记手续时仅是原出资人的变化，而从企业财务账上也只能反映新公司的股东发生了变化，无法反映具体转让金额。

（三）对股权转让价格缺乏有效的核定征收手段

虽然《税收征管法》明确了对于计税价格明显偏低的情况可以核定计税价格，但未明确具体操作手段。《关于加强股权转让所得征收个人所得税管理的通知》（国税函〔2009〕285 号）第四条规定：“对申报的计税依据明显偏低（如平价和低价转让等）且无正当理由的，主管税务机关可参照每股净资产或个人股东享有的股权比例所对应的净资产份额核定”，但该条文也只是针对自然人股东转让股权而言，对于法人股东股权转让价格明显偏

低的，税务机关仍缺乏有效的核定征收手段。

（四）对股权转让缺乏有效监控

在纳税人不主动进行税务登记变更的情况下，税务机关无法及时获取股权转让的动态信息。对法人股东股权转让的税收政策，还需要进一步完善。

五、对资本市场加强税收管理的若干建议

（一）加强征管意识及信息数据的系统采集

应将企业股东变更、是否发生股权转让，列入税务检查的必查项目。

（二）堵塞政策漏洞，完善资本市场税收政策

对企业利用各地对税收股权转让的管理办法不同而有意采取的逃避税行为，进行规范与调整。国家应尽快出台《股权转让管理办法》，对股权转让行为予以规范，并对现行股权转让税收政策进行整合统一，使政策更加明确、完善。

完善办理股权变更登记前的纳税义务履行制度。各方当事人在签订股权转让协议，完成股权转让交易后，负有纳税义务或代扣代缴义务的转让方或受让方，应到主管税务机关办理纳税申报，并持税务机关开具的股权转让所得的相关凭证，到工商行政管理部门办理股权变更登记手续。强化执行股权转让及时申报纳税制度。

（三）强化部门配合，畅通综合治税渠道

应建立各部门配合、数据共享的股权转让税收管理机制，有效解决股权转让中存在的“信息隐蔽滞后、转让价格难确定、税收检查难度大”的问题。

（四）建立评估指标体系，完善核定征收体系

要积极寻找计税依据明显偏低判断方法的突破。总体而言，企业净资产是判断股权转让交易计税依据是否偏低的一个重要指标，但除此外，要突破该思维，赋予了税务机关更多的主动权。

税务机关应建立完善的评估指标体系，完善约谈机制，充分利用纳税评估，加大对股权转让的征管力度。

引入中介评估定价机制，完善核定征收体系。对于股权转让价格明显偏低的情况，可以引入中立的第三方中介结构，对股权转让价格进行客观评估定价。

（五）做好政策辅导，强化税务核查工作

预警在先。税收人员应加强对股权转让企业的税收宣传与辅导，提高纳税人依法纳税意识和税法遵从度。

严格核查。对发生股权转让行为的企业应进行实地核查，全面掌握企业股权转让行为信息，找准征管切入点，堵塞漏洞。同时，加强对企业报送资料的审核，不仅要认真审核合同，还要认真审核与股权转让相关的资金流动情况以及银行单据证明，核查交易的真实性。

积极开展资本市场涉税问题的调研性稽查。通过典型案例，探索掌握股权转让、资产证券化、电子商务等运行规律，积极推行虚似经济税源专业化管理，并开展对股票交易营业税、企业所得税、个人所得税专项检查，以查促管，以检查促遵从。

SAP 环境下开展税务稽查的思考

高东旭*

20 世纪 90 年代以来，国内企业掀起了 ERP 系统应用的高潮。说起 ERP，必须提到 SAP 系统。SAP 起源于公司名称（Systems Applications and Products in Data Processing），即 SAP 公司，成立于 1972 年，总部位于德国沃尔多夫市的全球最大的企业管理和协同化电子商务解决方案供应商、全球第三大独立软件供应商。SAP 也是其 ERP（Enterprise-wide Resource Planning）软件名称，是 ERP 解决方案的先驱，也是全世界排名第一的 ERP 软件，作为 ERP 管理软件的龙头，SAP 在全球 100 多个国家有着超过 7 万家用户，可以帮助企业实现物流、资金流、信息流的高度集成和统一，提升企业整体信息化水平，逐步实现快速反应、高效服务，针对不同客户满足个性化需求，进而带来竞争力的

* 高东旭，青岛市国家税务局第一稽查局副局长。

提高和管理的规范化。

随着SAP的业务扩展到中国，国内很多大型企业都成了SAP的用户。ERP的应用大大推动了国内企业管理信息化进程，改变了企业传统的会计工作模式，给企业管理注入了新的活力，同时SAP系统的应用也给企业税务稽查带来了新的挑战。如何针对SAP系统下的企业有效地开展计算机税务稽查，结合工作实践笔者提出几点看法。

一、税收征管法部分条款已经滞后，亟待修改

《中华人民共和国征管法实施细则》第二十六条规定："纳税人、扣缴义务人会计制度健全，能够通过计算机正确、完整计算其收入和所得或者代扣代缴、代收代缴税款情况的，其计算机输出的完整的书面会计记录，可视同会计账簿。"但是目前国内如海尔等世界五百强企业都采用了SAP用于企业生产经营管理，而该ERP系统与征管法最大的背离是大部分账簿资料无法按照上述法规要求进行纸质打印并输出，所以税收征管法亟待修改。

二、SAP系统下企业管理管理环境的重大变化

（一）实现了财务业务一体化

传统管理模式下，财务数据的生成和处理仅限于财务部门内部；SAP系统的实施，集团企业内部财务、销售、生产和仓储等部门有机地整合在一起。在SAP系统环境下，一项业务发生的当时，采购、销售等部门一线岗位人员就将信息直接输入计算机，并即时传递至财务系统。信息传递速度的加快，不但保证了财务数据更新的及时性，还可以让公司领导及时掌握公司的最新经营管理信息，即时地根据情况变化适时做出决策，加强了对业务的控制。

（二）促进了管理数据的标准化

实施SAP系统之前，企业内部各部门信息管理各自为政，各有各自的编码系统，人为增添了企业管理的麻烦，税务稽查部门在实施税务稽查时也无法取得统一的数据。SAP系统的实施，在全企业范围内建立了统一的编码标准，SAP系统上线的各子公司和部门根据统一规划，编制全公司的财务科目、资产分类、客户及供应商编码。编码的统一，为企业信息标准化建设奠定了基础，促进了企业资金流、物流和信息流的集成，支持根据不同的决策需要采集和应用各种管理信息。

三、SAP系统的运行对税务稽查的影响

（一）税务稽查痕迹发生了根本性变化

在传统财务环境下，税务稽查人员主要对记载企业经济活动的原始凭证和附件资料检查，无论是顺查法，还是逆查法，面对的都是凭证、账簿和报表等可见的文字和数字记录，税务稽查痕迹非常清晰。SAP系统运行后，会计数据的生成、传递方式发生了变化，会计数据不仅由会计人员录入，大量的同业务相关的数据是来源于业务系统等，SAP系统再根据预定义的流程，自动完成中间会计处理，生成财务凭证、报表、总账和明细账，原有的检查痕迹改变或者消失了。这导致SAP环境下的税务稽查工作需要更多地关注SAP环境下计算机程序的运行和控制情况，而非人工痕迹。

（二）税务稽查数据采集和分析困难增大

针对国内的主流ERP软件系统，比如用友、金蝶、浪潮等，税务稽查人员都可以应用通用接口导出数据，并转换成标准模式进行分析。但是，目前尚未开发出直接从SAP系统采集数据的通用软件。SAP环境下，财务信息数据结构也完全不同，单张数据表比如凭证表、科目表的格式与国内财务数据的格式差别很大。SAP系统的数据结构与国产ERP软件完全不同，税务稽查人员原有的数据分析模式已经不再适用。

四、利用五步法破解SAP记账查账难

（一）充分了解企业组织结构和业务流程

SAP系统的成功实施，是建立在对企业业务流程进行优化重组的基础之上的，并且覆盖了企业全业务流程和主要组织部门，包括财务、分销、物流等，企业组织机构中的各个部门均会被整合到SAP系统中，因此，精确全面理解企业组织机构是执行税务稽查的基础。SAP系统实施后，各部门之间的业务流程被整合到一起，各个模块自动生成各自交易数据和会计分录，税务稽查人员必须弄清数据之间关系和流程，才能为进一步进行数据分析奠定基础。税务稽查人员应通过与企业管理层和各业务主管部门的沟通，了解企业的SAP系统各项目是否真正成功上线，在SAP系统实施过程中存在什么困难，企业是怎么应对的，企业各部门之间的业务

流程是如何进行数据传输的，通过询问发现控制中的风险点，并进一步追查核实。

（二）SAP 记账税务稽查五步法

在企业实施 SAP 环境后，由于其引入的管理模式和会计核算方法同国内传统会计核算模式有很大区别，如果还是按照针对国内核算软件的思维模式去税务稽查，则会面临难以入手的困境。比如 SAP 系统中会计科目的设置同国内会计核算软件完全不同，SAP 中只有最末级科目，没有一级、二级等上级科目的概念，所有使用的会计科目都是末级科目，在这种环境下，如果还是按照原有思维去税务稽查，会感觉无从下手。笔者依托本局的查账软件，探索并总结出 SAP 记账税务稽查“五步法”。通过“五步法”，SAP 系统不仅仅是一个企业的软件管理平台，还可以变成税务机关查账的工作平台。创新的“五步法”，分以下五步：

第一步，查前准备，摸透企业 SAP 的应用基本情况。包括是否进行了备案？应用层次如何？企业的生产经营情况和组织如何？企业操作员及其分工情况，等等。

第二步，初始检查，查清 SAP 系统基本框架，包括取得系统口令，审查的系统核算期是否已结账，初步判定系统是否可信。

第三步，使用查账工具软件破解 SAP，人机结合实现对海量信息数据的全面分析。目前稽查局应用的查账软件，功能非常强大，主要应用于检查环节，以企业的涉税电子数据和税务征管信息为基础，将检查人员的经验与计算机信息处理充分结合，把强大的智能处理放置于后台，深入挖掘企业数据，并自动与税收征管数据交互分析，实现对大型企业的全面检查。

第四步，分析检查，在这一步，要从全面分析转入重点检查。包括，对记账凭证与原始凭证进行抽样性的对照。

第五步，详细检查，确认企业存在的问题，找准方向，重点审核。可以进行顺查、逆查，等等。

通过“五步法”，实现了三个变化：一个是 SAP 本来是企业的管理工具，现在为我所用，成为开展税务检查的工作平台。另一个是检查质量有了保证，以前受人力物力限制，很容易出现查到哪儿算哪问题，现在得到有效解决。再一个，工作效率明显提升，大量需要人工处理的工作，变成了计算机后台处理，速度快、准确性高，而且一定程度上还排除了人为干扰。

按照税务总局对海尔集团检查的要求，青岛国税局第一稽查局按照“项目制”原则，组成联合检查组，在对海尔集团 103 家法人企业督导自查的基础上，采用上述“五步法”，对 31 家企业进行了重点检查。在该方法的强大功能支持下，共补缴入库各税 1.1 亿元。海尔集团也对检查组的效率和质量非常赞赏。

总之，查账软件是稽查威力强大的武器，创新的 SAP 记账税务稽查“五步法”，就是目前最大程度运用好这个武器的工作规程。